传
记
文
库

特立，不独行

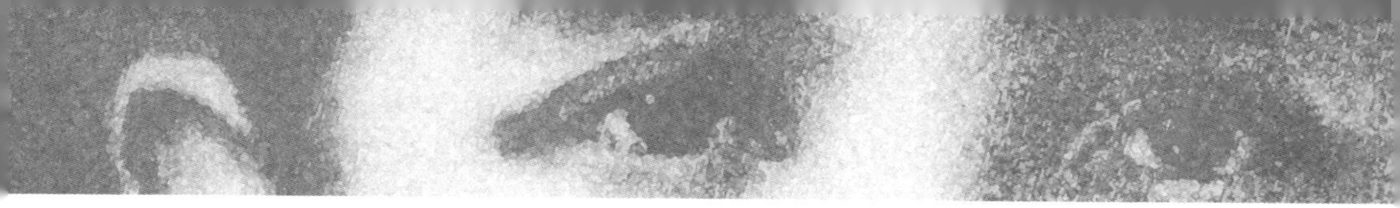

孙中山图文全传

Biography of Sun Yat-sen

（上）

尚明轩 著

新 星 出 版 社 NEW STAR PRESS

谨以此书

纪念孙中山先生诞辰一百五十周年

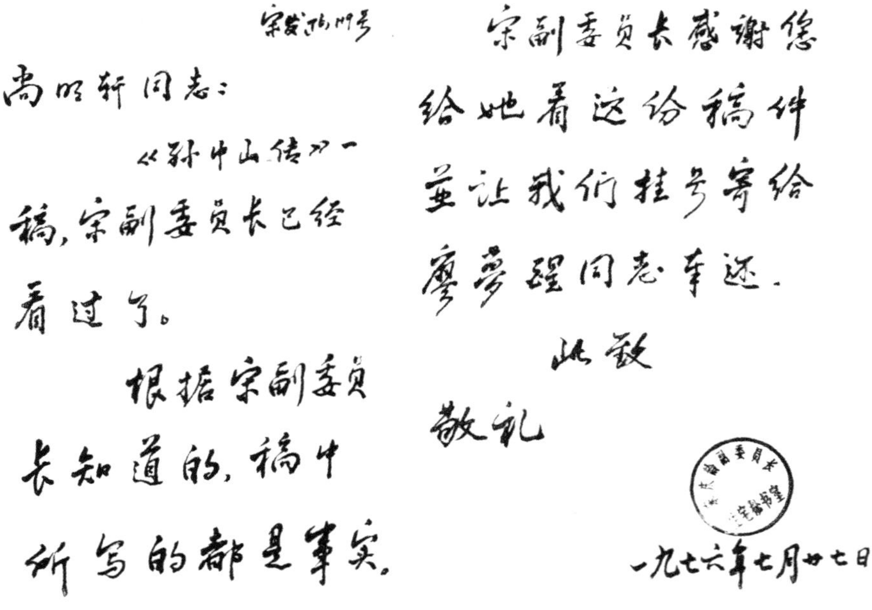

宋发(76)149号

尚明轩同志：

《孙中山传》一稿，宋副委员长已经看过了。

根据宋副委员长知道的，稿中所写的都是事实。

宋副委员长感谢您给她看这份稿件，并让我们挂号寄给廖梦醒同志奉还。

此致

敬礼

一九七六年七月廿七日

宋庆龄给作者关于《孙中山传》意见的复函

出版说明

屈指算来，著者从事孙中山研究的时间，已逾一个甲子。用历史年代来衡量，过去的60多年，只不过是白驹过隙一刹那而已；但用人的寿命来计算，一甲子的时光，确实不算短促。在这半个多世纪的时日里，我在孙中山研究方面做过些微贡献，与孙学研究凝成了难分难解的特殊情结，孜孜矻矻，潜心探究，辛勤耕耘，始终无怨无悔。现虽已过鲐背之年，仍以这一课题为伴，它几乎成了我生活中不可或缺的一部分，并且促使我老骥骋蹄，夕霞奋耕，迄未辍笔。

孙中山是伟大的民族英雄、伟大的爱国主义者、中国民主革命的伟大先驱。他在历史舞台上奋斗了凡四十年，著述甚多，广为交游，并始终站在历史潮流的前头，给时代留下了个人的鲜明印记。他是中外学者、亿万人民热衷关注和进行潜心研究的一代巨人，对他的研究已成了近代历史人物研究中最有特色、开拓面最宽、成果最多的一个领域；但学习无止境，研究更无止境。孙中山的事业、思想和他的时代，有着极为丰富的内容和广阔的研究空间，需要长期地继续深入探索、研究，并使之造福当代。所以，摆在学人面前的工作仍是任重而道远。我期盼继续与学界同仁一道为此做出努力。

笔者旧著《孙中山传》，是新中国成立后出版的第一本孙中山先生的传记，它 1979 年问世后，连续出过 4 版，6 次印刷，有日、朝鲜、蒙古、藏、哈萨克等文译本；与此书相关联，笔者还著有《民国之父孙中山》和《中华名人孙中山》等书，这些著作分别出版于 1979—1998 年间，迄今已分别超过了 30 或 10 多个寒暑。

在这几十年中，中外学人对孙中山的研究热潮迭起，总的说来是日趋活跃，内容已逐步深入，陆续出版和发表了数量可观的专著、论集、年谱长编和学术论文等；挖掘出的新资料亦得到一一披露和整理，先后出版了中国社会科学院近代史研究所等编的、中华书局版《孙中山全集》11 卷，和笔者主编的人民出版社版《孙中山全集》16 卷；并先后在国内外举办过数十次有关孙中山专题的国际学术研讨会。与此同时，仅笔者个人在孙中山研究这一课题上，也先后出版了《孙中山的历程》（解放军文艺出版社，1998—2004 年间出版过 3 版，4 次印刷）、《孙中山与国民党左派研究》（人民出版社，1986 年）、《孙中山与辛亥革命论丛》（东方红书社，2001 年）、《晚清风云人物孙中山》（民族出版社，2003 年）等书，并在国内外学术报刊上发表了《孙中山与废除不平等条约》、《孙中山振兴亚洲的思想与实践》、《孙中山与中华民族的崛起》、《孙中山与祖国的和平统一》、《辛亥革命与 20 世纪中华民族复兴》和《中国大陆半个多世纪来孙中山研究的回顾与展望》等70余篇有关孙中山的专题论文。众多学者和本人的这些工作，就为拙著几本旧稿的增补修订提供了很好的条件。因此，我在2013年，由西苑出版社又出版了上下卷凡80万字的《孙中山传》增订版；该书并由台北思行文化传播有限公司以繁体字竖排版本上下册于2014年出版。

今年是孙中山先生诞辰150周年。值此重要的日子，作为学人理应倍加努力，拿出孙中山研究的新成果，以加深人们对孙中山的了解并为纪念。因此，我特地再次对增订版《孙中山传》进行了较大的增订和修补，以飨读者。这次修订，除修正了已发现的错讹，吸收和补充了学术界的最新研究成果和新面世的珍贵资料，主要是大量增添了图录遗墨等文物资料。

由于考虑到孙中山一生奔走革命，在中外各地为人民留下了许多珍贵的影像图录、题词遗墨和各种文物等，那些都是历史的重要载体，反映着孙中山当时的活动和社会交往的轨迹线索，具有真实而形象的特征；通过它们展示历史，有着更为深广的内涵，其作用是文献资料所不能完全代替的。曩昔虽然先后出版过颇多的孙中山图传、题词墨宝集和文物手札录等，但却分散难全，各有所长及所短，更缺乏翔实的文字相对照，所以我们通过努力广泛搜集、遴选，在本书中增添了631幅照片和墨迹等文物资料，与正文相互对照，以求严谨又不失生动，力争使这部书成为图文兼备的传记，更加准确、生动、全面地反映一代伟人的生平业绩及后人对他的景仰和评价。

在当今充满希望和挑战的21世纪里，我衷心祝愿人们能够传承和光大孙中山爱国、革命、建设及与时俱进、不断进步的革命精神，和他的立志与追求实现振兴中华及“天下为公”、

“世界大同”的和谐社会的伟大理想，深思他在世时对中国、亚洲乃至世界的发展所揭示的真理，从中得到启迪和力量，共同推进祖国的和平统一大业，努力实现中华民族伟大复兴的“中国梦”，并全力促进世界的和平与发展。

本书责编孙立英为本书出版劳心费力，特此表示感谢。

借此旧书新编并修订出版之机，企盼得到读者们的再批评与指正。

九十五叟　尚明轩

2016年6月于北京芳城园书屋

序言

一个民族不能忘却自己的历史，也不能忘却引导人民前进的伟大历史人物。若忘却历史或伟大历史人物，忘却过去，我们就无法创造未来。只有铭记历史，才能深刻了解过去，全面把握现在，正确创造未来。

近百多年来，中国人民为了从帝国主义和封建势力的严重压迫下解放出来，前仆后继，进行了可歌可泣的革命斗争。无数的革命先行者苦心积虑地摸索救国救民的真理，寻找祖国独立、民主、统一和富强之路，并且为实现他们当时所能提出的革命理想而英勇奋斗。中国人民是永远尊崇和缅怀这些优秀人物的。在中国近代史上，一个赫然醒目的名字——孙中山，就是他们之中杰出的代表。

中国的封建社会延续了两千多年，到了18世纪末的清朝中期已经十分腐朽。1840年鸦片战争后，随着外国资本主义的侵入，我国逐步沦为半殖民地半封建社会。旧有的封建主义压迫加上新来的帝国主义侵略，使祖国灾难日益深重，人民处于水深火热之中，无法生活下去。革命已经成为不可避免的了。经过 1851 年至 1864 年的太平天国革命和 1900 年的义和团运动，革命风暴席卷全国，一浪高过一浪。在这风起云涌的革命浪潮中，孙中山登上了中国民主革命的舞台。他是第一个振臂高呼“振兴中华”的倡导者，这一响亮口号曾经深深打动和激励几代中华儿女。他领导人民经过长期曲折和艰苦的斗争，终于推翻了封建专制制度的最后一个王朝，缔造了民主共和国——中华民国，实现了 20 世纪中国历史上的第一次飞跃。孙中山为中国的历史翻开了崭新的一页。他在近代中国人民反帝反封建的历史上，谱写了光辉的篇页。

孙中山是中国民主革命的伟大先驱，是杰出的爱国主义者和民族英雄，是对中国近代历史发展起过巨大推动作用的革命家。并且，他在世界上也享有巨大的声誉，是受人们景仰的具有崇高威望的世界性的伟大政治家，不仅如此，孙中山还是一位与时俱进的思想家。他追求真理，坚持革命，随着时代的发展而不断更新、发展自己的思想。尤其是晚年，他果敢地吸取历次革命失败的教训，毅然抛弃某些过时的观点，“适乎世界的潮流，合乎人群的需要”，将其思想和实践提到一个前所未有的新高度。他把三民主义做了新的发展，实行革命的“联俄、容共、扶助农工”三大政策，改组中国国民党，建立三民主义和共产主义的革命统一战线，实现了第一次国民党和共产党合作。从此，兴起大革命的风暴，成功地打击帝国主义和封建势力，推动了国民革命战争的发展，促使中国革命走向新的高潮。

为了改变中国衰败落后的命运，孙中山献出了毕生的精力。

近40年艰苦卓绝的奋斗，最终目的是力图使祖国摆脱殖民主义和封建主义的双重枷锁，并尽快从中世纪进入近代先进国家之林，与世界先进国家“并驾齐驱”。他亲手规划设计了中国现代化的发展蓝图，体现了作为革命领导人的宏图大志和远见卓识。他有着放眼世界的博大胸怀，向往“天下为公”、“世界大同”，以“世界潮流，浩浩荡荡，顺之则昌，逆之则亡”为自己的座右铭，希望世界各民族能够和睦相处，携手共进。他在政治思想和理论上，留给后人许多值得回味和思考的历史遗产，其中有不少理论与构想在现今仍然有着很强的建设性与指导意义，仍旧带有开拓未来的潜力，它将永远是中国人民的珍贵财富。孙中山在中国民主革命时期的丰功伟绩，将永垂青史。他在中华民族发展史上的历史地位和作用是不会动摇的。

总而言之，孙中山是中国民主革命之父，是中国现代化的开创人，又是国家统一的坚定捍卫者，也是社会主义先行者。他是中国人民的伟大儿子，又是世界性的巨人。可以说，孙中山所起的作用和影响是无人可以替代，也是经得起历史检验的。

但是，在对孙中山的评价问题上，不同的社会集团、政治派别和人物从不同立场和角度做出了种种截然相反的答案，在社会上产生了令人迷惑难解的作用。因此，运用历史唯物主义的观点，根据翔实史料和认真研究，介绍、分析和总结孙中山一生的革命实践和革命思想，全面地了解孙中山的革命事业，正确地认识和评价孙中山，对于我们了解近百多年来中国人民争取解放的复杂斗争过程，并从中吸取有益的经验和教训，无疑是很有帮助的，也是十分必要的。尤其是今天，当13.7亿中国人齐心协力，立志实现中华民族伟大复兴之际，继承和发扬孙中山的爱国主义及革命思想，学习他的与时俱进、不断进步精神，深思他在世时对中国、亚洲以至世界的发展所揭示的真理，从中得到启迪和力量，会有助于人们为完成祖国统一大业、实现中华民族伟大复兴的“中国梦”、促进世界的和平与发展贡献聪明和才智。

本书就是试图从上述角度撰写的一部图文兼备孙中山传记。

总目录

目　录

（上册）

第一章

青少年时代

（1866—1892年）

第一节　家世探源

一、准确的名号

150 年前，即公元 1866 年 11 月 12 日晨 4 时（清同治五年农历丙寅十月初六寅时），在中国广东省香山县大字都（今中山市南朗镇）翠亨村，伟大的民主革命先驱者、中华民国的创始人孙中山先生诞生了。

孙中山这位历史巨人的名字是人们非常熟悉的，在中国可谓家喻户晓。但他的各种名号，并不为一般人所知晓，并且在现有各类成书中对其名号的记载也颇不一致，还出现有程度不等的颠倒错乱之处。

例如：在《辞海》（历史分册，上海辞书出版社 1979 年版）的有关条目说："孙中山……名文，字逸仙。"

而在《辛亥革命辞典》（武汉出版社 1991 年版）的有关条目则说："孙中山名文，字德明，号日新，改号逸仙。1897 年在日本化名中山樵以从事革命，后遂以中山名世。"

另在《民国人物大辞典》（河北人民出版社 1991 年版）的有关条目又说：“孙中山幼名帝象、日新，名文，字德明，号逸仙，又号中山……”

至于在《中华民国史》（中华书局 1981 年版）中则说：“孙中山名文，字德明，号逸仙。1897 年在日本流亡时，化名中山樵，后来人们都习惯地称呼他为孙中山。”在该书的注释中还指出：“他幼名帝象，1876 年，塾师为他取名文，稍长取号日新，字德明，1886 年改号逸仙（日新的粤语谐音）。”

此外，还有不少成书或文章中均有此类似的情况，致使学者讹以传讹，谬以袭谬。

因此，实宜于有个经过认真考证后的准确记述。

粗略一算，孙中山一生取用过的名、字、号和化名、笔名确实很多，据不完全统计，总数竟达五十多个。其数目之多，并世政治人物中似无出其右者。他的取名、改字、择号、化名、笔名等，都有内在的含义。所有这些名号都反映了他所进行的斗争和他的意向。从这一侧面，也可以在一定程度上窥视出孙中山一生的斑斓多彩和奋斗历程的艰苦辛劳，并为后人理解他的思想、活动和人生观念变化轨迹，开启了一扇小小的窗口。

准确地说，孙中山的谱名（即上族谱的名）是德明，他幼名帝象，稍长读书时取名文，字载之。

1883 年底，他在香港拔萃书室读书入基督教受洗礼时，取号日新。1886 年在香港补习国语时国学老师区凤墀为其改号逸仙（日新的粤语谐音），以后在广州、香港、澳门学医、行医及游历欧美各国时常用化名，有时也把名号“孙文逸仙”连在一起并用，如给人书写“序”、“跋”之文以及签署某种个别委任状时曾是如此。1897 年，他在日本进行秘密革命活动时，一位掩护他的日本友人平山周在旅馆登记簿上为他写了“中山樵”的化名，孙则言其意为“中国的山

同進文明
孫文
強國強種
孫文題

孙中山题词及落款

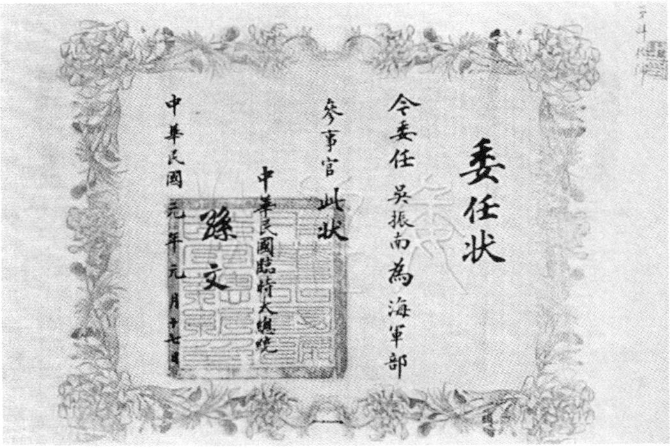
委任狀
令委任吳振南為海軍部
參事官此狀
中華民國臨時大總統
孫文
中華民國元年元月十七日

孙中山签署的任命状及落款

樵”。“中山”既是日本人的姓，也是“中山樵”的省略，孙中山的名字由此得来。在此前后，又化名为陈文、陈载之、林行仙、兴公、中山二郎、中山平八郎、高野长雄、张宣、吴仲、山月、翠溪、高达生、杜嘉偌、东山、艾斯高野、萧大江、武公、逸人、孙方、高野方、阿路夏、Sr.Alaha、Dr.Nakayama、Longsang 等。曾用笔名中原逐鹿士、南洋小学生、杞忧公子等。他在公文、函电及书写条幅等时，多自署孙文，家书则署德明。

辛亥革命以来，在中国，人们习惯地称呼他为孙中山；在日本，统称孙文；在欧美各国，则称孙逸仙（Sun Yat-sen）。

孙中山的名字中“中山”二字，平山周曾有专文回忆，录之如下：

> 1896 年秋，弟与宫崎自暹罗归，有一友介绍犬养先生，弟等见先生直述怀抱，先生赞之，荐引周旋，使弟等行其志。明年 5 月，弟等为外务省嘱托，将游支那，适宫崎有恙，弟独先发。初到上海，过书肆见《伦敦被难记》，乃购归而读之，喜极不能眠。是时宫崎见陈少白，又得《伦敦被难记》，西东隔海，如合符节又一奇也。弟知总理是广东人，因欲入广东究其情形，前往香港，偶见《北支日报》伦敦来电，某月某日，总理发利物浦向东洋，始知总理之行止。宫崎次到，相携游广东，由少白之介绍，见何君树龄。何君胆小似畏之者，去游澳门，有一日友介绍张君寿波，弟等问以知否总理？张君曰：“香港普济会堂区君凤墀应知之。”弟等回港访之，问以总理之近状，区君曰：“不识。”然欢待具至，弟等以为区君必知之，相见再三。一日，区君开宴于会堂，王君煜初亦在座，区君曰：“总理有来书，欲回港，然港回粤太危险，今见两君热心诚意，敢以实告，愿两君留总理于日本保护之。”弟等诺之，匆匆返国。船入横

滨，上陆趋谒总理，总理到滨正一礼拜云。弟等传以区君之语，总理曰："好意，多谢！惟我欲从安南入内地，实行革命。"天真流露，不设城府，弟等前闻其名，今见其人，益倾慕之。是日，谈未尽，约再会而辞，收行归京。翌早，总理来京曰："昨夜熟虑，欲且留于日本。"即同车访犬养，归途过日比谷中山侯爵邸前，投宿寄屋桥外对鹤馆，掌柜不知总理之为中国人，出宿泊帖（旅客登记簿）求署名。弟想到中山侯爵门标，乃执笔书（姓）中山，未书名；总理忽夺笔自署（名）樵。曰："是中国山樵之意也。"总理号中山，盖原如此。①

孙中山一生中除曾用过许多名号外，还有过一些尊称和绰号。这些名号和尊称等的来源，说来颇有意思，也饶有兴味。兹择要者，略述其来由梗概——

谱名德明，是最先之名。孙中山长兄谱名德彰，名眉；次兄谱名德祐，名典。1885 年，孙中山在家乡与卢慕贞结婚时，使用的是谱名。他平时与亲属通信，多用此名。

孙中山出生不久，就由他的长辈取"象"为乳名，家人则昵称"阿象"，嗣即惯称"帝象"。据冯自由《革命逸史》第二册（中华书局 1981 年版）载："其帝象二字之称谓，乃由其母杨太夫人平日信奉乡人所崇祀之神祇有所谓北方真武玄天上帝者，因以此名赐之。"在封建社会神权思想的束缚下，一些人为了求助神灵的保佑，总让新出生的孩子契某神某佛，拜为谊父（母）的。孙中山的母亲杨氏也不能免俗，她把两个儿子于满月时都拜"北方真武玄天上帝"为"契爷"，长子取名帝眉，次子取名帝象，藉获神明保佑，健康成长。孙中山自己则说："因我母向日奉关帝像，生平信佛，取号'帝象'

①贝毕：《中华革命史》，上海光明书局 1933 年 8 月版，第 28—30 页。

者，望我将来像关帝耳。”[1] 此即孙中山幼名帝象的由来。尚有一说：该名是孙中山的祖母黄氏所起，“象之意义系取义于某山形状”。一直到1884年4月15日孙中山在香港中央书院注册入学时，还是用“孙帝象”这个名字。

文，是孙中山的正式名字，乃1876年孙中山读村塾时，塾师为他取的名字；另一说是他父亲所取学名；尚有一说，它是孙中山“立志革命时，自改名文，取义于前有武子，以兵法而垂后世；己则以文治而改革……”（《总理故乡调查纪要》，台湾国民党党史会藏档）最早使用此名见于1890年上郑藻如书，此后至1925年3月11日逝世前在遗嘱上签字，三十多年间所颁发的各种政令、文告、通讯、题签等，大抵皆用此名。

“载之”之字，据孙中山自述：“系由成语‘文以载道’而来，并无别情。”

“日新”之号，则是从《大学》中“汤之盘铭‘苟日新，日日新，又日新’”一语取义的。改号“逸仙”，出自于“日新”的粤语谐音。孙在与友人、亲属通信中常用此名。1895年孙中山亲自发动的第一次广州起义失败后，清政府悬赏缉拿的通缉令中注明孙文即孙逸仙。

因为革命斗争的需要和在流亡生活期间为摆脱清政府派出的密探的跟踪，孙中山曾先后用过前已提明的三十多个化名，都是分别反映着他自己的意向。

在此之前，孙中山18岁在香港中央书院读书时，由于他爱读诸子百家的著述，涉猎群书，知识广博，同学们给取了一个绰号叫“通天晓”。同时，由于他思想激进，鼓吹革命，崇拜太平天国革命领袖和英雄，人们便给他起了“洪秀全”的绰号。稍后，又誉称他

---

① 《与邓廷铿的谈话》，尚明轩主编《孙中山全集》第八卷，人民出版社2015年版，第4页。

为“反清英雄”。他与陈少白、尢列、杨鹤龄四人志同道合，经常抨击清朝的黑暗统治，倡言革命，被人称为“四大寇”。孙中山志高言大，曲高和寡，有人误认为他徒尚理想，不切实际，而被某些人敌视致呼称曰“孙大炮”，意思是只会吹牛。

民国成立以后，在各个不同时期，人们又以孙中山的职衔相称。由于孙中山在中国同盟会、中华革命党和中国国民党中都担任过总理职务，所以人们称他为孙总理。他又于 1912 年在南京就任中华民国临时大总统及 1921 年在广州就任中华民国非常大总统，1917 年以后曾在广州就任中华民国军政府大元帅，所以人们又尊称他为孙大总统或孙大元帅。

孙中山为中国的独立、民主、富强奋斗了终生，他领导的辛亥革命推翻了两千多年的封建帝制，创建了中华民国，对中国人民的革命事业做出了杰出的贡献。中华民国建立后，国民党内及民间已有尊称他为国父者。为了表彰和纪念孙中山的伟大功勋，国民党中央常务委员会于 1940 年 3 月作出决议，同年 4 月 1 日国民政府通令全国正式尊崇孙中山为“中华民国国父”。从此以后，人们皆尊称他为国父。

二、家乡与家世

孙中山出生在香山县的大字都（今中山市南朗镇）翠亨村。

香山县，位于广东省中南部的珠江口西岸，富饶美丽的珠江三角洲南部，濒临南海，属于亚热带气候，物产丰富，交通便利，南达香港、澳门，北通广州，有着独特和优越的地理位置。相传“香山”二字，是由于该县山中盛产“沉香”而得名。翠亨村在县城之东南面，距县治石岐镇 29 公里，位于穗、港、澳三大埠之间，南

孙中山的故乡——坐西向东的翠亨村

行 37 公里可达澳门，离广州 116 公里，东南方隔珠江口与香港遥遥相对。它濒临波澜壮阔的珠江和南海，四面丘陵起伏，东有黄牛山，东南面临金槟榔山，北靠犁头尖山，群山环抱，峰峦挺秀。由于背山临海，村前清溪潺潺流过，绿树苍翠成荫，虽非风景胜区，景色也相当宜人。但这里地多沙碛，土质硗劣，耕作技术落后，粮食产量甚低，加之村中绝大多数土地集中在杨、陆两姓地主手中，他们对翠亨一带农民进行十分残酷的封建剥削，更由于在封建王朝的黑暗统治下官府苛捐杂税繁多，群众生活水平极其低下。不少农民忍受不了沉重剥削和贫困生活的煎熬，离乡背井，出外劳动谋生，有的还漂洋过海侨居美国、菲律宾、檀香山等异国他乡。当时全村的居民约六七十户，是一个贫穷落后的普通小山村。

孙中山先世迁来香山县以前的祖籍在何地？

根据《孙氏家谱》的记载：孙家的“始祖、二世、三世、四世俱在东莞县长沙乡（今上沙乡）居住。五世祖礼赞（墓碑作瓒）公在东莞县迁居来涌口村居住。妣莫氏太安人生下长子乐千、次子乐南，乐千居左埗头，乐南居涌口……”以往，从翠亨孙氏历代口碑相传及《孙氏家谱》，人们都认为孙中山祖先是在明代从广东东莞县迁移到香山县来的。20 世纪 30 年代一些刊物所发表的关于孙中山先世状况的文章，以及一些成书如《总理事略》等，均采是说。因此，这一说法已成定论。但是，自从 1942 年广州中山大学教授罗香林著《国父家世源流考》一书出版后，长期以来关于孙中山的祖籍问题，便出现有东莞、紫金两说。罗香林否定孙中山祖先从东莞县迁来香山的成说，提出孙氏十二世连（琏）昌公于清初始从广东省紫金县经增城辗转移居香山的论点。在近半个世纪中，这一问题一直有争论，到 80 年代，海内外均有学者发表著作研究孙中山的祖籍问题，东莞、紫金也分别公布一些史料。饶富兴味的是，事隔四十多年后，还是广州中山大学的教授邱捷等，依据翠亨孙中山故居的文物及其

摄于60年代的翠亨孙中山故居二楼卧室陈设照

孙中山为住宅建成亲笔题写的楹联

1930年的翠亨村孙中山故居，于1892年由孙中山自行设计监造

他可靠文献和调查材料，在前人研究的基础上对此问题做了一次全面的认真研究，明确地指出：罗香林“对引起自己假设的各种资料并未仔细研究。由误会引出假设，用经不起推敲的孤证资料来证明假设，证明的方法又纯为推测，这样，当然不可能得出合乎实际的结论来。因此，即使没有反证，罗先生的论点仍是难于成立的。何况，有大量可靠的文物资料证明罗先生的论点是错误的”。从而辨析了罗书的错误，又否定了紫金说，再次认定孙氏先世于明代已从东莞迁居香山，并非清初始从紫金迁来。[①]

上述结论，无论如何较之罗先生的翠亨孙氏在清初始从紫金迁来的说法更有根据。罗先生提出的自唐代孙俐开始的河南陈留——江西——宁都——福建长汀——广东紫金——广东增城——广东香山的所谓“国父家世源流”，“是缺乏根据，不能成立的”。他们还说得好，孙中山“由一个农家子而成为近代中华民族的伟大革命领袖，是他所处的时代造成的，也是他自己‘适乎世界之潮流，合乎人群之需要’，奋斗终生的结果。家世的影响，主要是使他从幼年起便体察到人民的苦难，植根于人民群众之中，培养了一些中华民族固有的优秀品质。……如果硬要从不存在或不确切的远祖那儿去寻找孙中山‘聪明睿智’的根源，未必对尊崇孙中山有何种益处”。

据有关资料记载，孙中山家族原来源于中原和江浙，在广东省和香山县分为若干个支系。资料并显示，从清初到清末近两个半的世纪中，“翠亨孙氏曾是一个较有规模、较有社会地位的家庭体系，其族人大多富有努力改善家庭生活环境、勇于外出开辟生活新路的

①参见邱捷、李伯新《关于孙中山的祖籍问题——罗香林教授〈国父家世源流考〉辩误》，载《中山大学学报》哲学社会科学版 1986 年第 4 期；邱捷：《关于孙中山家世源流的资料问题》，载中山大学《孙中山研究论丛》第 5 辑，1987 年；邱捷：《再谈关于孙中山的祖籍问题——兼答〈孙中山是客家人，祖籍在紫金〉一文》，载《中山大学学报》哲学社会科学版 1990 年第 3 期。

传统”。[①] 孙中山就是这样的人。从他后来的言行中，体现了他的家族和宗族观念，也使他可以站在“国族”利益的高度来看问题，来领导他的革命事业。

兹将翠亨孙敬贤房系世系列表（含女性）如下：

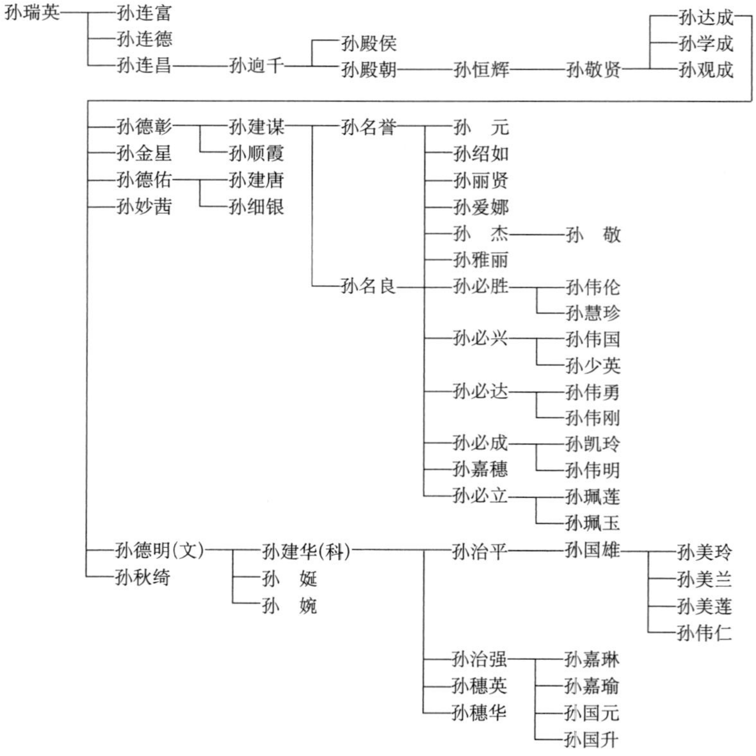

（根据《翠亨孙氏达成祖家谱》一书列表）

①邹佩丛：《孙中山家世之史料考述与说法辨析》，山西人民出版社 2011 年版，第 288—289 页。

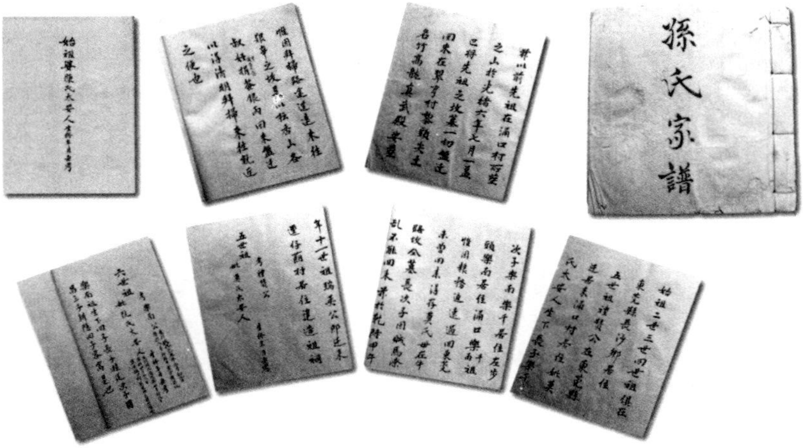

翠亨《孙氏家谱》

至于孙中山是不是客家人呢？也是一个长期以来颇有争论而又迄今尚未完全认识一致的问题。

所谓客家，是汉族的民系之一，一般泛指在4世纪初（西晋末年）、9世纪末（唐朝末年）和13世纪（两宋之间）这三次，中国历史上因战乱和灾荒从黄河流域大规模辗转迁徙到南方，最后于明清之际定居于闽粤赣毗邻地区的汉人。由于这些地区交通闭塞，相对安定，使数以万计的客家先民能在战乱中得以生息发展，并形成了稳定群体——客家民系。客家作为汉民族内的一个特定方言群体，总体上是北方汉族人民南迁的产物。

对于孙中山是否是客家人的问题，近年来肯定者与否定者各抒己见，进行了专题深入的探讨，发表了一些针锋相对的文章。应该说，20世纪八九十年代之交，邱捷根据孙家的语言、风俗习惯传统等各种资料，与客家独特的方言和宗教信仰、生活礼俗相对照所做的考证，例如孙家讲本地白话而不是讲客家话；孙家居住在讲白话的翠亨村而不住在附近的客家村，孙氏上世住过的涌口村也不是客

孙中山的父亲孙达成画像

孙中山的母亲杨氏画像

家村；孙家连续几代与本地讲白话的人通婚而不与附近的客家人通婚；孙家的风俗习惯（像妇女有缠足陋习等）与一般客家人不同等，而得出结论：孙中山不是客家人。这符合于历史的事实，是可信的。

最近，仍有人把孙中山作为“客家先贤”，说孙中山“身上就体现了客家精神”等，似乎就有点过于强调“名人效应”之嫌了。其实，孙中山不是客家人，既不会减低他具有的开拓进取、艰苦奋斗和爱国主义等精神（华侨也同样具有这种崇高精神），也不会影响客家人对中华历史和中华文化的杰出贡献。

孙中山的先世、亲属与子孙的情况如何呢？

孙中山自述说：“文之先人躬耕数代。”他的曾祖父孙恒辉（1767—1801年），娶程氏，有田产十余亩，堪称小康之家。他的祖父孙敬贤（1789—1850年），娶黄氏（1792—1868年），继承父业，亦务农，起初薄有田产，由于笃信堪舆学，醉心术士们的风水之说，常登山玩水，致后来家道中落，成为一个没有土地的佃农。他的父亲孙达成，字观林（1813—1888年），为了生活，在16岁时被迫离乡背井，到澳门打工，先是学裁缝，后来又在外国人办的一家鞋铺当鞋匠，每月工钱只有四元。他一直干到32岁，当薄有积蓄时，才回乡结婚安家。后来主要依靠佃耕二亩半田地，并兼作村中更夫，为村里人打更报时，一年可得谷12石来养家糊口，以维持全家人的生计。他的母亲是距翠亨不远的隔田村（今崖口乡）农民杨胜辉之女杨氏（1828—1910年），这是一位温柔善良而又非常勤劳俭朴的农村妇女，不仅料理家务，还参加辅助性农业劳动。孙中山有两个叔父，孙学成（1826—1864年）、孙观成（1831—1867年）。他们因在家乡难于谋生，只好离乡，先后远赴美国金矿当华工，在异国苦苦挣扎，最后均身遭不幸，一人病逝海外旧金山，一人葬身于附近的大海里。

孙中山的家庭中，除父、母和祖母黄氏外，有同胞兄妹四人，他排行第三，上有哥哥孙眉（谱名德彰，号寿屏，1854—1915年）和姐姐孙妙茜（1863—1955年），下有妹妹孙秋绮（1871—1912年）。此外，有一姐姐孙金星（1857—1860年）及哥哥孙德佑（1860—1866年），在孙中山出生之前均已先后夭亡。

孙中山幼年时，家境非常穷困，全家六七口人挤在村边一间简陋的泥砖屋（屋长约二丈六尺，宽约一丈二尺）里。尽管一家人终年辛勤劳动，也只能勉强维持着半饥半饱的穷困生活。到孙中山三岁那年，刚刚15岁的哥哥孙眉迫于生计，便到邻乡南蓢村地主程名桂家里做长工。后来由于受不了东家的欺压，1871年17岁时，又被迫背井离乡，跟随舅父杨文纳远渡重洋，跑到遥远的檀香山（当时华侨对位于太平洋中部的夏威夷群岛的泛称）另谋生计。开始在一家菜园里当工人，不久转到一个农牧场作雇工，后来前往茂宜岛（Maui，是夏威夷群岛中五大岛之一）开垦荒地。他凭着自己的慧敏聪颖，加上经营得当，经过艰苦劳动，逐渐积累下一些资财而“渐致富商”，又开办起商店和畜牧场，还兼营酿酒、伐木等业，使

孙中山的大哥孙眉

孙眉夫人谭氏

孙中山的二姐孙妙茜、妹妹孙秋绮

1904 年，孙中山在檀香山与侄儿孙昌（孙眉之子）合影

经营规模日益扩大，并积聚了颇多资本。到1877年左右，他已自有6000英亩山地的大牧场，雇工数百人，从事畜牧垦殖，逐渐发展成了一个华侨资本家。到1885年时，孙眉自有大牧场的领地达20000英亩，有雇工1000多人，畜养牛、马、猪等数万头，发展成为一个富裕的农场主，进而成为茂宜岛的首富，曾被当地人称曰“茂宜王”。当孙眉的经济富裕后，他寄回的侨汇成为孙家主要经济来源，家庭经济状况发生了根本的变化，孙达成也不再充当更夫，并有时雇工从事耕种。这样，孙家便由贫农户逐渐转化成为华侨资本家的家庭。

孙妙茜与孙中山，姐弟相貌酷似，自幼朝夕相处，共同劳动，备尝艰辛，致二人甚是骨肉情深。后来她和同里商人杨子辉结婚，杨曾在檀香山、台湾经营树胶等商业。孙中山五岁时，妹妹孙秋绮出生，她成人后嫁同邑东镇榄边墟林喜智。林曾在美国旧金山经商，资产富厚，孙中山旅居美国时，相互过从甚密。

1885年夏，在孙中山17岁半时，奉父母之命、媒妁之言与八字之合，与同县外壆乡（今珠海市外沙村）卢耀显之女、年刚16岁的卢慕贞（1867—1952年）结婚。成婚七年之后，先生子孙科（字建华，号哲生，1891—1973年）；后又生二女，长女孙娫（1895—1913年），次女孙婉（1896—1979年）。卢慕贞是一个没有多少文化的旧式女子，是传统的贤妻良母型的人。她不理解孙中山的革命理想，更反对他因此而长期过艰难困苦的流亡生活；她要求丈夫安分守己，走读书做官之路，不要去做那些“大逆不道”、累及全家之事，不然就在家乡过安宁的日子。这些，对于有强烈爱国激情的孙中山来说，都是不能接受的。由于他们夫妇两个在理想、志趣、知识和生活习惯上都相差甚远，特别在革命事业上则完全是一对陌生人，因此，两人之间感情上产生隔阂，生活在一起时没有什么乐趣，并且长期的聚少离多，天各一方，彼此徒有夫妻名分。后来，在

孙中山与原配夫人卢慕贞及子孙科，女孙娫、孙婉的全家福

1913年3月，到日本观光时的卢慕贞（中立者，其左为宋霭龄，右为孔祥熙）

1915 年 3 月，孙中山与分居多年的卢慕贞便经过协议而离婚了。

据《香山孙氏族谱》中的记载，孙中山还有一妾侍陈粹芬（原名香菱，又名瑞芬，1873—1960 年）。对这件事，长期以来由于观念、资料及“为贤者讳”等多方面的原因，都避而未述。其实，把此事放在一百多年前的当时社会及闽粤习俗（旧社会长期都有“妾侍”及“平妻”之说）的历史背景下进行考察，就毫不足奇，也毋庸讳避了。

那是在 1891 年，孙中山在香港西医书院读书时，通过好友陈少白认识了当时 19 岁的陈粹芬。陈粹芬原籍福建厦门，出生于香港新界之屯门，家庭贫寒，文化程度不高，为人聪敏热诚，性格敦厚、刚毅，愿意追随孙中山进行反清革命。不久，两人在距屯门不远的红楼租屋，结成伴侣。以后，她伴随孙中山奔走于日本、南洋各地，一起策划革命工作，共度颠沛流离的流亡生活。其中，“日本横滨是他们居住和生活的一个据点。她经常为往来的同志洗衣、做饭。革命党人在香港和横滨之间，密运枪械，她上下船只，传递信息。同志们都称赞她的英勇和勤劳”。在两人朝夕相伴的十余年岁月里，她照顾孙中山和一些革命党人的生活，诚心竭力，任劳任怨，备尝艰辛，深为人们所称道，革命党人多半称其为“陈四姑”（因她排行第四）。1910 年，她身患肺病，返香港疗养，后来隐居于澳门和中山石岐。孙眉等孙家人一直视其为家族之一员，待之甚善，并在其去世后把她的遗骨安葬于翠亨村村北山头脚。

孙中山和夫人宋庆龄（1893—1981 年）结合的概况是这样的：在 1913 年孙中山领导的“二次革命”失败后，当他流亡日本处于艰苦斗争日子里，得到了宋庆龄的关心和帮助。热情洋溢的爱国者宋庆龄，担负起孙中山同国内外所有书信往来等的繁重而又危险的革命工作。两人在形势险恶的战斗工作中，甚为契合，彼此相爱，便于 1915 年 10 月在东京结为了夫妇。此后，彼此相濡以沫，互相扶

孙中山侧室陈粹芬(民国建立后留影)

卢慕贞（右）和陈粹芬（左）合影

1907 年，孙中山与侧室陈粹芬在南洋合影

1916年4月24日，孙中山与宋庆龄在东京合影

持、砥砺和促进，不仅是生活伴侣，而且成为亲密的战友。宋庆龄在孙中山逝世后，仍矢志不渝地忠诚于孙中山的遗志和未竟事业，并做出了卓越的贡献。有关他俩之间富有传奇色彩的事迹及双向影响的情况，将在本书后面的有关章节中详予阐明，现不赘述。

在孙中山 25 岁时，他的儿子孙科出生。孙科从小随母亲到檀香山读书，16 岁便加入中国同盟会，参与革命党的办报工作。1912 年赴美留学，专攻政治经济科。曾先后担任过民国时期的广州市长，交通、青年、铁道等部部长，立法院长、行政院长、国民政府副主席等职。1973 年病逝于台北。

孙科的夫人陈淑英（1893—1990 年），亦是中山县人，与孙科同学于美国，早年曾协助孙中山的革命事业，后移居台湾。以 97 岁高龄病逝。孙科另有情人严蔼娟和二夫人蓝妮。

孙中山的长女娫（1895—1913 年），曾在美国柏克莱加州大学读书，英年早逝。次女婉（1896—1979 年），毕业于美国加州大学文学系，1912 年与戴恩赛结婚，生有一子永丰（1923—1952 年），一女成功（1921—1991 年）。

孙中山有孙子女六人：长孙治平（1913 年生）、次孙治强（1915 年生），孙女穗英（1922 年生，丈夫林达文）、穗华（1923 年生，丈夫张家恭）、穗芳（1936 年生）、穗芬（1938 年生）。

他的第四代，曾孙有国雄、国元、国欣[①]，曾孙女有嘉琳、嘉瑜等。

他的第五代玄孙女有美玲、美兰等。

概而言之，孙中山的后裔现散居美国、加拿大及中国台湾等地，他们承继祖志，基本上都学有所成，各安其业，在各自的岗位上为祖国的统一大业，为振兴中华，为世界和平作应有的贡献。

---

①国欣出生于 1980 年，后改名为国升。

孙科、孙娫、孙婉合影

孙娫、孙婉在南洋生活时留影

第二节“贫困之农家子”

一、凄风苦雨的年代

孙中山出生的那年，距第一次鸦片战争已有二十余载，是英法联军攻入北京后六年，太平天国天京（南京）陷落后两年。

那时的中国，由于外国资本主义的入侵，社会发生了巨大变化，正加速着由封建社会变为半殖民地半封建社会的过程。腐朽透顶的清政府在 1840 年 6 月—1842 年 6 月和 1856 年 10 月—1860 年 10 月两次鸦片战争中，先后惨遭失败并屈辱投降，使中国在政治上丧失了独立地位，领土的完整遭到破坏，司法、海关等各种主权受到侵犯；另一方面在经济上也开始丧失独立性，逐渐沦为国际资本的附庸，诸如丝、茶等商品经济的发展为外国侵略者所控制，走上依赖外国资本的道路，被逐步地拖进了半殖民地的深渊，神州大地陷入了凄风苦雨的年代。

不过，与此同时，虽生活在水深火热中但富有革命传统的中国人民，也开始了反对外国侵略势力及其走狗——中国封建势力的不屈不挠的斗争。

1851年爆发的洪秀全领导的太平天国农民起义，虽在国内封建统治阶级和外国侵略者的联合进攻下最终失败，但它所播下的革命火种是无法完全扑灭的，各地人民的武装起义仍在坚持着艰苦的斗争。

孙中山的家乡，位于广东的珠江三角洲。这里是中国近代革命的摇篮，有着光荣的革命传统。1840年爱国军民抗击英国侵略的战争，就是从这里开始的。太平天国运动的领导人，也是在这里形成了他们的革命思想。在鸦片战争中，具有爱国思想的林则徐曾亲率士兵驻扎香山县城；壮烈牺牲的水师提督关天培在香山辖属的磨刀洋面迎击过英国海军。香山县的人民群众也武装起来，多次打击过入侵的英国侵略军。名震中外的广州北郊三元里抗英反侵略斗争，显示了中国人民不甘屈服于外国统治的坚强意志。香山县的水勇（水兵）在广州白鹅潭抗英的水上作战中，表现出了英勇的革命气概。1851年太平天国的革命狂飙，在这里有过十分热烈的反响，不少人前仆后继地参加了战斗。例如，1854年广东天地会首领陈开等在南海县佛山镇起义，响应太平天国革命，率领起义军围攻广州城达半年之久，连克附近几个县城。同年，以卢灵飞、黄福等为首的香山县群众，也曾组织红巾军，积极投入太平天国的革命洪流，给予清朝统治者以沉重的打击。1864年，香山县又发生了袁亚兴等领导的武装反清暴动。在这个地区，流传着很多关于人民英勇反抗外国侵略、反抗清朝统治的革命故事。因此，孙中山后来曾一再赞扬故乡“人民进取性之坚强”和“爱国心之勇猛”。

正是这样的历史背景和社会环境，对孙中山以后的成长道路有着很大的影响。同时，也给处在这样历史背景下的孙中山的童年带来极大的苦难。

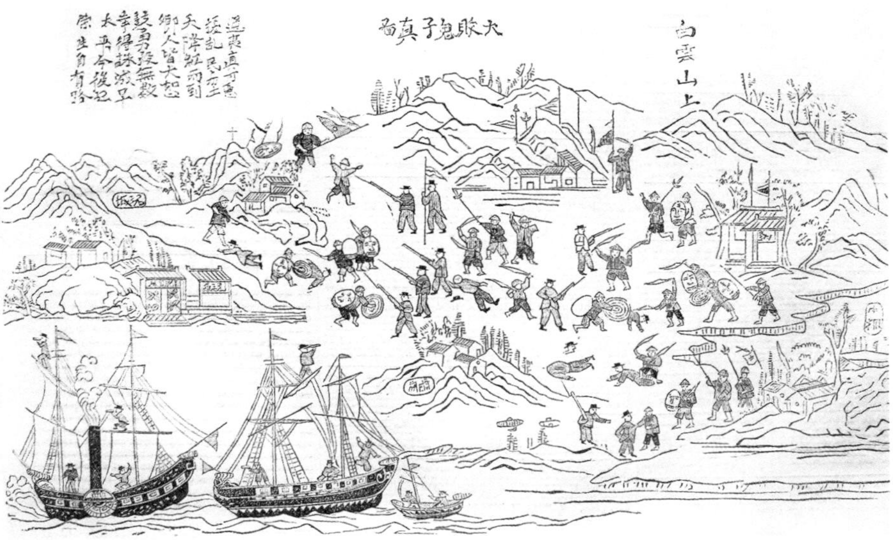

《伦敦新闻画报》1858 年 1 月 23 日刊、根据中国画绘制的《大败鬼子真图》，画面为珠江上发生的佛山水道战役

二、苦难的童年

孙中山是在农村中成长起来的革命家。当他降生在人间的时候，他的家庭和社会生活并没有对他呈现瑰丽的色彩。他的童年是在闭塞的家乡度过的，是在贫穷、落后和苦难、黑暗的社会环境中度过的。

由于“生而为贫困之农家子”，孙中山如同在半封建半殖民地中国农村中许多贫苦人家的孩子一样，从小就帮助家里干活或到田里帮忙，参加了多种农业劳动。1872 年，他刚刚六岁，便经常跟随大他三岁的姐姐孙妙茜上山砍柴、下地割草和四处拾取猪粪，以及去村外塘边捞塘飘（猪饲料）。年纪稍大一些，便要下田插秧、除草、排水、打禾，每年有好几个月都要替人牵牛到山埔放牧，以抵偿租牛耕地的工价；有时还去邻村跟着外祖父杨胜辉驾船出海捞蚝。

孙中山全家的人，尽管男女老幼齐出动，想方设法劳动谋生，还是缺衣少吃，日子过得十分艰难，常把番薯当作主粮，勉强果腹。孙中山幼年的时候，很少穿鞋子，没有米饭吃。因为在村边的那间破烂小屋中实在容纳不下逐渐长大的孩子们，他有一段时间，晚上只好借宿邻居杨成发的家中。生活的艰辛在童稚的心灵上留下了深刻的印痕，他后来曾不止一次地坦率对人讲：他是苦力的儿子，他自己也是苦力，是和穷人一起长大的。如此艰苦的生活环境，使孙中山的童年充满了辛劳和苦难，没有欢乐和幸福。但是，生活的困苦并没有压倒这个聪颖活泼的孩子，他时而沉浸于游水、捉鱼、踢毽子等玩耍之中，时而也跑到附近武馆看三合会员们练武，或同小朋友在山野间模拟太平军与清军打仗的游戏。

苦涩的童年境遇，给了孙中山以深刻的影响。正是由于“生于畎亩，早知稼穑之艰难”，[①] 他对地主的贪婪残暴和农民的痛苦境遇

---

① 《拟创立农学会书》，《孙中山全集》第二卷，人民出版社 2015 年版，第 18 页。

童年
孙中山出生于
为贫困之农家
子，幼年时已对
农民的痛苦境遇
和要求有着较深
刻的了解，亦切身
感受使他后来
对广大受压迫
农民的苦难深表
同情，认为中国
农民的生活不该
长此这样困苦
下去，中国的
儿童应该有鞋
穿，有米饭吃。
摘自孙中山传
为纪念孙中山先生诞辰一百二十周年而作
一九八六年八月周波画于广州美术学院

童年（周波画）

有切身体会，从而一方面使他形成了健壮的体魄，磨炼了吃苦耐劳的意志，初步养成了勤劳俭朴、勇敢刚强等美德；另一方面对受苦的农民大众抱有真挚的同情态度，培养了对劳苦大众的深厚感情，并朦胧地察觉出社会的不公平，在幼小的心田里常常溅起不满现实的浪花。尽管这朴素的觉悟还不免带有几分孩子的天真，但这却是后来革命思想在他身上扎根的土壤，对孙中山以后走上革命道路，有着十分重要的影响。孙中山后来多次和宋庆龄谈起，从那时开始，他就想到“中国农民的生活不该长此这样困苦下去。中国的儿童应该有鞋穿，有米饭吃”。①

也正是童年时代的辛酸经历，使孙中山从对农民的恳切同情出发，特别关注农民大众的生活，很早就有改变农民困苦生活状况的崇高意愿。并且努力谋求改善农民的生活状况和重视振兴农业问题，就成为他毕生的奋斗目标。

孙中山在大学时代，在学好医学专业知识之余，对农业亦产生了浓厚的兴趣，进行了认真的学习和研究。他从1879年赴檀香山起，“负笈外洋”十余年，在完成所攻读的专门学业的同时，进一步精心钻研有关近代农业的书籍，“至于耕植一门，更为致力”，希望运用近代农业科学知识，首先对家乡的农业实行改良，以增加农民的收入，改善农民的生活。同时，还悉心考察了欧美诸国的农事和农政，观察到世界农业的发展潮流，深感“农桑之大政，为生民命脉之所关”，曾先后上书郑藻如和李鸿章，撰写《农功》一文，组建农学会，阐述引进西欧农法以振兴农业的主张，视农业的兴败关系国计民生而极为重视。其后，他为着中国的农业近代化，还进行过各方面深入的探讨和调查研究，并制定出具体全面的总体规划，它们集中体现在其撰述的《建国方略·实业计划》和《三民主义·民

① 《宋庆龄选集》上卷，人民出版社1992年版，第45—46页。

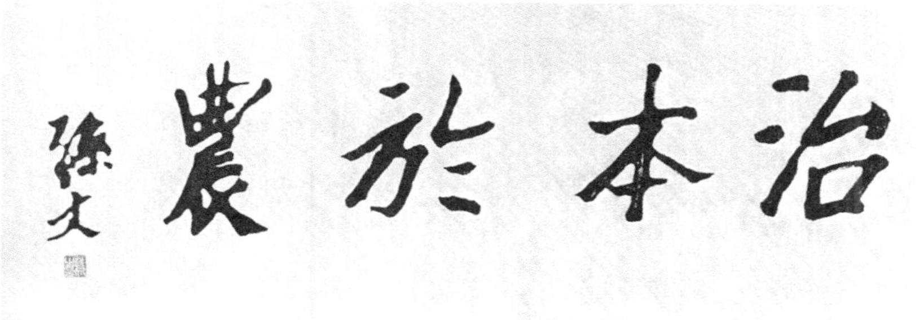

孙中山题词

生主义》两部重要著作之中。

孙中山曾认为，自己提出的民生主义和平均地权思想，是与“幼时境遇之刺激”有关，并明确地说：“吾若非生而为贫困之农家子，则或忽视此重大问题（指民生主义——引者），亦未可知。”① 他还曾对广东同乡梁士诒说过：“中国以农立国，倘不能于农民自身求彻底解决，则革新匪易，欲求解决农民自身问题，非耕者有其田不可。”② 应该说，孙中山的这些活动和思想的最早根源，都是出自幼年乡村农民悲惨生活的亲身体验和对贫苦农民大众的极大同情。

三、勇敢机智的“石头仔”

孙中山从小参加谋求生存的各种农业劳动，山上山下跑，风里雨里闯，性格坚强，身体结实，好打抱不平，扶弱抑强，而且勇敢、机灵，在翠亨村的孩子们中间有很高的威信。

在孙中山孩提时代，有关这方面的富有趣味的轶事颇多，仅择

①［日］宫崎滔天：《孙逸仙》，《建国月刊》第五卷第四期。

②凤冈及门弟子（岑学吕）：《三水梁燕孙先生年谱》（上），上海书店出版社 1939 年版，第 124 页。

其要者略述一二：

孙中山的家邻近有一间豆腐店，店主叫亚秀，人称“豆腐秀”。他夫妻二人忠厚老实，待人和气。可他的两个十多岁的儿子却十分顽劣，经常欺负村里的小孩子，还暗地里时不时地用弹叉装小石弹射击孙中山。孙中山被弹射了，就忍着疼痛追赶他们。但狡黠的哥俩早已哈哈大笑着逃之夭夭，气得孙中山直跺脚。

有一次，孙中山又遭弹射。他忍无可忍，拾起一块石头就朝前追赶，一直追到豆腐店里，狠狠地将石头砸过去，刚好砸在正在煮豆浆的大铁锅上。“咚”的一声，锅砸坏了，滚烫的豆浆流了一地。亚秀全家大惊失色，手足无措。亚秀见到孙中山屹然站着，怒目直瞪他的两个孩子，才明白过来。后来，亚秀到孙中山家里论理，要求赔偿。父母严加责问，孙中山说明原委，据理力争，是非终于明白。亚秀深知自己的孩子顽皮，理屈词穷而去，回到家里把孩子狠狠地训斥了一顿。

此后，亚秀的两个儿子再也不敢欺负村里的孩子了。

由于孙中山赋性耿介如石，像石头一样打不烂、掷不碎，再加上发生石头砸铁锅一事，所以村里孩子们给幼年的孙中山取了个绰号——“石头仔”。

有一天清晨，11岁的孙中山挎着篮子，去给距翠亨村十多里地的“三乡”一家亲友送东西。当他沿着小路走到一个一面临海三面环山的偏僻山坳里，突然遇到一个又高又瘦的陌生人。那人见孙中山独自一个人在赶路，就堆着笑脸问：“细佬，细佬，你这么早到哪里去呀？”孙中山说了自己要到“三乡”的亲戚家去，那人马上接着说他也要去“三乡”，正好同路。走没多远，那人便假意要帮孙中山拎篮子：“你力气小，我来帮你拎一会。”孙中山警惕地拒绝说：“不，不。我自己拿，我拿得动。我六岁就上山砍柴，现在能挑七八十斤呢。”

孙中山边走边想起妈妈曾说过，这一带地方地势险恶，僻静人稀，常有人贩子出没，又见那人行动鬼祟可疑，心中顿时警觉起来。当走近一个叫“河头浦”的村口时，他灵机一动，对那人说道：“阿叔，我要送一些东西给这里的亲戚，你能在这里等我一会儿吗？我一会儿就来。”没等那人答话，孙中山便急步朝村里走去。走了老远，还回头大声叫道：“阿叔，我马上就来，你等着我！”那人忙答应说：“我等着你，你要快点啊！”

不一会儿，孙中山领来几个人从村里走出来，大家一起拦住了那个可疑的人。盘问的结果，那人果真是个专门拐骗小孩、贩卖人口的歹徒。村里人齐声称赞年幼的孙中山胆大心细，机智勇敢，遇事很有主意。

四、记忆中的幼年故事

美国人林百克（P.Linebarger，1871—1939年），受孙中山革命思想影响，辞去在菲律宾所担任的审判官职务，追随孙中山，1912—1925年间任孙的法律顾问。他为真实地反映孙中山光辉的一生，1919年在上海开始从事英文《孙逸仙传记》（*Sun Yat-sen and The Chinese Republic*）的撰著工作，后出版了该书。书中引述了许多“中山先生口述的童年时代的故事”。下文即为其访谈记录之一：

林问道：“博士，人家说你是生在火奴鲁鲁的，这话确不确？”

孙笑着，说道：“这种传说确是有的。我的几个过于热心的同志以为我倘若说生在火奴鲁鲁，便可以得着美国政府的保护，而同满清反抗。我也确是在那里住过好多年，所以他们便这样说。其实我和我的几代近祖，的确是生在翠亨村里的。不过我家住在那里只有

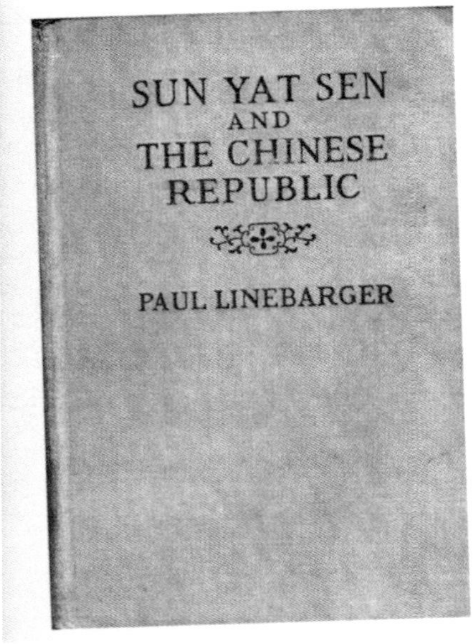

1925 年 4 月，孙中山生前的法律顾问美国人林百克所著 *SUN YAT SEN AND THE CHINESE REPUBLIC*（《孙逸仙与中华民国》）一书由美国世纪公司出版。图为该书封面

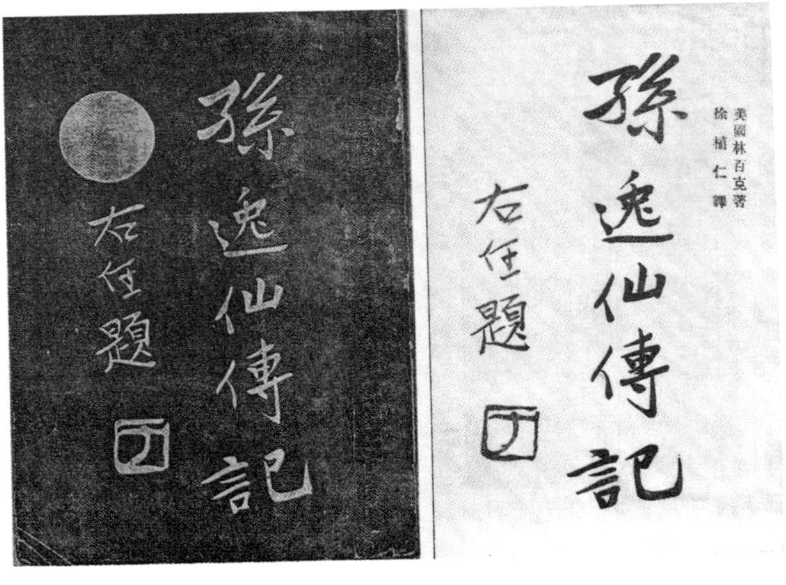

徐植仁翻译的林百克著《孙逸仙与中华民国》，书名改为《孙逸仙传记》，于 1926 年 2 月和 5 月，上海开智书局出版、上海三民公司再版

数代，我们的家庙，却在东江上的一个龚公村（译音）里。”[①]

孙说：“我所记忆最早的，是住在吾家一位老叔母讲给我听的一桩故事。那时我是一个小孩，伊以为这金星港的事很可以使我听了快活。虽然这金星港相离很近，但是那时我年纪很小，总以为是很远的。叔母从前住的地方，可以望见那金星港的全景。伊是善于讲故事的。伊说这些外国船停在那儿实在不妥当，因为常有可怕的事情，在他们船上发生。这些外国人，金钱都很富足。他们所穿的衣服，很是奇怪。最异样的便是他们头上，个个没有辫子，有几个竟一丝儿头发也没有，但却有不少胡须。他们的胡须，有时会像火一样的红。伊听人说，那些外国人是用锋利的刀子来吃东西。伊并且说，伊曾经亲眼看见，有烟从他们常用的枪里出来。因此伊见了那些洋人，心里实在害怕。伊教好的中国小孩子，应该远远地离开他们，因为那些洋人十分暴躁。

“我很小的时候曾经遇到一过（个）侨商。他讲他游历的故事的时候，我站在一家茶馆门前。他讲他在海洋中经过了许多日子，于是到了一块地方，有山有水，同中国一样，不过那边有很多的金子。又有一种人，叫作红人，还有截路的强盗，为了抢劫金子总杀死人命。有一桩这个侨民讲的故事使我终身不会忘掉。他说他总把自己的金子分做两起：一起放在容易看见的地方，待强盗看见了就让他抢去；另一起藏得很秘密，强盗去后依旧可以保存着。因为翠亨也有水盗，所以我们听了引起一种兴味。最使得我们有深的印象的是把金子分成两起；因为他又说有几个同伴把全部的都隐藏起来，因此就遭杀害。我那时候觉得这个侨民在取与得的世界里得到了一种实际有益的特殊哲理了。”

林问道：“虽有反对的，你不想私下跑去乘了一只外国船到美国

① “龚公”村，英文原文“Kungkun”。据邱捷、李伯新：《关于孙中山的祖籍问题》一文谓“英文原文之‘Kungkun’当系‘Tungkun’（东莞）之误”。

去吗？”

孙答道：“我从来没有这样想过，因为这是违反了我对于国民的责任了。”

林问道：“你的父亲在澳门居住了多少时候？”

孙答道：“据我所知，他住在那里并不长久，因为他害了恋乡病，渴念着翠亨，这是因为他重视对于家庭责任的缘故。”

林说：“我想你的父亲是很特异的。”

孙说：“特异么？他是和善可亲的，所以一家的和同他在一起的人，都很敬重他。”

林取出一张孙中山全家照片来，指着孙的母亲的肖像说：“这是一件很美丽的衣服，并且鞋子很美很小。”

孙用很郑重的口气说道：“是的，我的母亲是中国人，自然是缠足的！”

孙注视着这张照片又说道：“我所以这样长久地容忍这种习俗的原因，是因为敬重我的母辈。”孙说到他母亲的时候，音调低下来了。

林问：“你小孩子的时候，你们家里的人叫你什么？”

中山听了这句话，脸上的笑容，突然收敛，回想到小时候一家的人，现在差不多都故世了，回答说：“他们叫我文。”

林又问：“你小时候最不可少的东西是什么？这是指关于你游戏的事情，并不是关于学校的。”

孙很快回答：“这是一个奇怪的问题，我那时常常想，我要一只鸟，一只真会叫的鸟。”

林接着问道：“博士，你小时候用什么枕头枕着睡觉的？”

孙笑道：“我喜欢用装豆的枕头，因为这种枕头，既不像那套硬布的砖枕那么生硬，又不像那装茶叶的枕头那么柔软，我那时虽是一个小孩，却知道采用一种舒适的中和之道。”

林又说道："现在我可以知道为什么西太后要悬赏全球，买你的头了；因为你并不用中和之道对待满洲人。"

林又问道："你们每天什么时候，从田里回来吃饭？"

孙答道："天才亮，我们大家起身，那些要到田里工作的人，便要吃些充足力气的食物。但是其余的人，每天只吃两餐规定的广东饭，一餐大约在早晨九点钟，还有一餐差不多在下午四点钟，不过这也随各人家便的。"

林接着问道："翠亨地方可有什么能发扬志气的事情吗？"

孙说："我的母亲是很好的；我的父亲也是很好的；家庭中虽是守旧些，但却是古朴之风，另有一种美德存在着，我因为要博得他们重视，所以一心上进。所说的那种美德，是保守的，并不是进取的，不过却是很适合于人生道德的。我的母亲希望我能得家庭中的信任，和全村人的敬礼，使我自己得以身心愉快。"

五、少年的愤慨

孙中山因为家境贫困交不起学费，到 1876 年他 10 岁的时候，才正式进翠亨村的私塾读书。

村塾以祖庙的名义开办，设于翠亨村冯氏宗祠，所习功课除了练习写字，有《三字经》《千字文》《幼学琼林》《古文评注》，以及《四书五经选读》等。在村塾里，没有星期天，也没有寒暑假，只在农历新年、端午和中秋前后，才给学生放几天假期。孩子们每天从早到晚，都是机械地背诵书本。塾师教课时从不解说书中的意义，唯一的要求就是要学生一字不漏地死读硬记。

孙中山爱动脑筋，又很聪明，记性也好，读了几遍就能朗朗上口，背诵无误。他热衷于学习，为了节省灯油常在月光下阅读，但

孙中山10岁入村塾读书的地方——翠亨村冯氏宗祠

慢慢地对不求甚解一味背诵儒家经籍的传统封建教学方法，产生了怀疑和不满。他曾要求塾师讲解“大学之道，在明明德”的涵义，并对塾师提出质疑说：“老师，我天天读书，不知书中讲些什么道理，这有什么用呢？”塾师不仅不给他满意的回答，并且气得拿起戒尺严加训斥说：“自古以来就是这样的教法，看谁胆大竟敢违背先贤的教诲！”但是，孙中山始终不服气，他在要求讲解课文遭塾师拒绝后暗自想：“就是这个经书里面一定也有道理的。我总有一天要寻求出来。”

许多年以后，孙中山还对同学谈起当时之所以敢于提问的想法，他说：“学问学问，想学就要问，学而不问，怎么能懂呢！”

孙中山在幼年的启蒙时期，所显露出来的坚强性格和敢于抒发已见去追求真知的精神，是难能可贵的。这对他后来出洋留学时努力探求新知，并在一生中都重视读书是一种直接的推动。

在翠亨村，有一位曾经跟随洪秀全打过清军的太平军老将士，名叫冯爽观。他早晚在孙中山住屋门前的大榕树下乘凉，常常给孩子们讲述太平天国反清的革命故事。当他绘声绘色地讲到金田起义、定都南京、打破江南江北清军大营和逼得曾国藩要投水自杀时，孩子们个个眉飞色舞。在这些孩子中，孙中山听得最认真、最动情。他对洪、杨等农民起义的革命故事，产生了极大兴趣，深深地感到它比村塾里那死板的书本子有趣得多，所以久听不倦，每每听得出神。太平天国革命者的英雄形象和清朝统治者的狰狞面目，在他幼小的心灵里留下深刻印象，激起了阵阵波澜。

孙中山十分敬慕洪秀全，在眉宇间充满了对这位农民起义领袖的崇仰，有一次在听讲中禁不住脱口而出说："洪秀全灭了满清就好咯！"冯爽观特别喜欢敏捷聪慧的孙中山，他曾高兴地摸着孙中山的小脑袋说："你真是'洪秀全第二'啊！"从此，孙中山在儿童嬉戏中也以此自居，常常思考着消除天下的不平事。后来，他在香港学医时，还常常谈起洪秀全，称他是反清第一英雄，对太平天国没有成功深表惋惜，暗中下定决心要学习洪秀全。

革命思想的种子，从此便在孙中山的心里深深埋下了。

然而，促使孙中山开始认识到封建制度的没落和腐朽的，还是他当时隐隐地觉察到中国社会所存在的一些不合理的地方。

孙中山看到香山县差役到翠亨村来，不是催粮，就是逼税；要么就是蛮不讲理地抓人、派差。人民交纳的钱粮和税捐，年年增多，而清朝统治者不但不替老百姓办一件好事，还只顾贪赃纳贿、欺压人民。村里一家杨姓三兄弟，颇有资财，他的屋后有一座满是花草树木的园子，村中的孩子们常常在那里嬉戏耍闹流连忘返。有一天，清朝官兵到翠亨村办案时，乘机诬陷善良，用莫须有的罪名

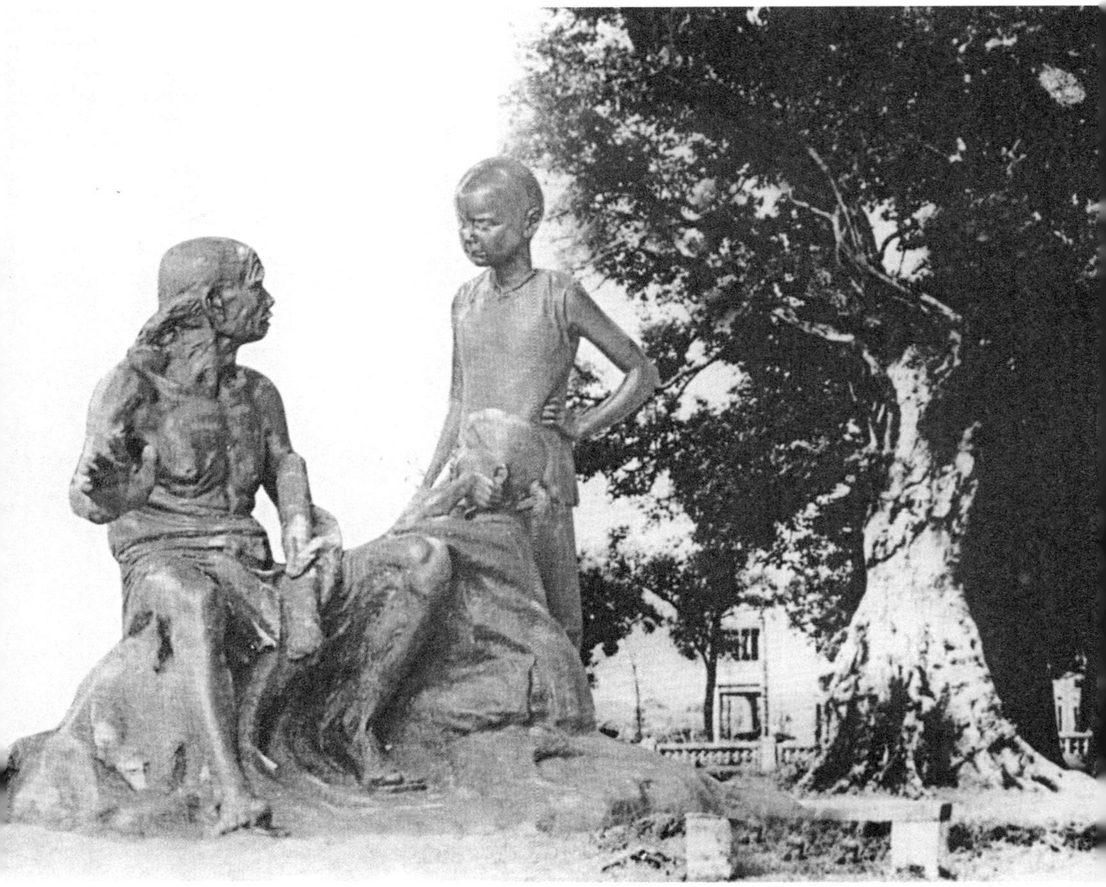

孙中山在大榕树下听太平天国革命故事铜塑

把三兄弟抓进衙门的牢房里，洗劫了他们的财物，还霸占了他们的房舍，并对他们分别判处死刑和无期徒刑。孙中山看到这些胡作非为的事情，非常气愤地对父亲说：“这些官兵就像强盗一般，假使他们人少，我就上前跟他们拼，看他们能奈我何！我们一定要报复！”他有一天勇敢地闯进被虎狼官兵看管的三兄弟的花园，质问一个头上戴着红缨圆顶帽、身佩腰刀的官吏说：“你们为什么把他们兄弟抓去？为什么把他们杀的杀关的关？”那个家伙气得拔出雪亮的佩刀要刺孙中山，他机智地跑掉了。

从这件事中，孙中山意识到清朝官兵的残暴蛮横，和杀人劫财的强盗没有什么不同。

又一天，翠亨村中一家归国侨商的财物被“海盗们”凶狂地抢劫去了。孙中山十分憎恨邪恶的“海盗”，同情侨商的遭遇。他暗想：为什么这个华侨冒了生命的危险挣到的诚实的金钱，在中国遭到抢劫竟没有人管呢？从此之后，孙中山对官府的不满情绪就潜滋暗长起来了。

在中国封建社会中，妇女必须缠足，这是一种沿袭千百年的残害妇女身心的传统陋俗。女孩子一到六七岁就要缠脚，社会上几乎所有的妇女照例都裹着小脚。孙中山的母亲两只脚缠得又瘦又小，行动很是不便。后来他的姐姐因家里穷要帮干家务和农活，直到 15 岁才开始缠足。这时脚已长大，硬要缠小，更加痛苦。孙中山见姐姐因缠足痛苦地呻吟、流泪，心中十分不忍，就一再向母亲央求说：“姐姐的脚好好的，为什么要用布把它包扎起来呢？你看姐姐痛得这么厉害，不扎不可以吗？”他母亲却无可奈何地回答说：“唉！孩子，你姐姐不缠足，是没有人家要的。”孙中山争辩说：“山里的那些客家人妇女，不也是不缠足的吗？”他对这种折磨人的传统习俗，怎么也想不通，愤愤地说：“把姐姐的两脚毁伤，实在是毫无理由的。”[1]

随着年龄和知识的增长，孙中山目睹自己身旁发生和耳闻的黑暗事实和不良现象越来越多。当他渐渐懂事后，对周围的封建陋习日益不满和反感，十分厌恶赌博、蓄奴等事。这个喜欢思索的少年，不但敢于反对家庭中的愚昧落后现象，并且开始抗议村里的蓄奴现象，向这一封建制度提出了挑战。

翠亨村里有三家富户，家里都有奴婢。那些女孩子被卖给东家后，哭哭啼啼地告别自己的亲生父母，受尽了鞭笞辱骂的苦楚，吃的是残汤剩饭，穿的是破衣烂袄，过着非人的悲惨生活。孙中山对于这种买卖、虐待奴婢的现象，表示了极大的不平和愤慨。他认为任何人都不应该有奴役别人的权力，用一种难以容忍的激愤声音对村中父老说：“这种蓄奴制度是违背常理的，是不人道的！”

对于旧中国农村的悲惨生活和贪官污吏欺压人民的种种黑暗现象，以及不合理的封建传统习俗，少年的孙中山不但有亲身的感受，而且开始产生了怀疑及憎恨，表示了自己的愤慨和抗议。

生活里那么多极端不合理、不公平的黑暗事情，深深地触动着少年时代的孙中山。为什么是这样呢？他的心弦上，悬着一个又一个问号。孙中山开始严肃地思索着应该怎么办才好的问题。一个大胆的念头，闪过了他小小的脑海。

从孙中山不能容忍社会上一切不合理、不公平事情的存在，到产生出怀疑和憎恨并开始进行抗争的这一过程，说明他的少年时代已显露出非凡的胆识和意志。

①杨连逢：《孙中山先生少年时代的生活片断》，载《广东辛亥革命史料》，广东新华书店 1962 年版，第 448 页。

第三节　在黑暗中探索

一、首次出洋

当孙中山逐渐成长的时候，中国社会中原先自然经济占统治地位的封建经济结构日益解体，商品经济有了较快发展，中国资本主义近代工业已开始出现。随着中国民族资本的形成和发展，中国民族资产阶级开始作为一个独立的政治力量，登上历史舞台。新的阶级、人物和思想已逐渐引人注目。

孙中山的家乡位于广东珠江三角洲地区，在这里，19 世纪 70 年代以后，已勃然兴起一批以机器缫丝业为主体的民族资本主义企业，同时华侨资产阶级也在各侨居地逐渐形成。翠亨村虽然是一个贫穷落后的村落，但它东与香港隔海相望，南与澳门紧相毗邻，距村不远又有外国轮船经常停泊的金星港，这就大大有别于内地村庄，而能够较早、较多地接触到新事物、新思想。孙中山幼年时不断听到一些海外发生的新奇事情，还听到已经在檀香山垦殖致富的哥哥孙眉对海外生活绘声绘色的种种描述，譬如海外的风土人情、社会习俗和檀香山的土地肥沃、食物丰富、果园和葡萄园众多，太平洋群岛都是“草经冬而不枯，花非春而亦放”，以及那里地广人稀、开垦致富容易等等，引起了他的强烈向往，遂萌“出洋之志”，一心想去看看那个未曾见识过的广阔世界。他希望能够找到自己所期望的美境，不再憋闷在翠亨村这个落后、黑暗的狭小天地之中。

但是，孙中山的父亲却认为自己的两个弟弟死在海外，连尸体都找不到，举家悲痛，现在有一个儿子出外冒险已经够了，不愿心爱的小儿子再去冒海上的风涛之险，所以拒绝了孙中山的请求。此后，孙中山一直闷闷不乐，憧憬着外部的世界，连续多次向父亲提出去檀香山的要求。不久，他的母亲准备去檀香山探望发了财的儿子，孙中山就乘机提出要与母亲同行，以广见闻。在他一再恳求下，终于获得父亲的同意，实现了梦寐以求的出洋愿望。

1879 年 6 月的一天，13 岁的孙中山，穿着中国农村的土布服装，拖着长辫子，随同母亲去澳门，然后登上一艘二千吨级的英国轮船“格兰诺曲”号，远离家乡，向波涛汹涌的太平洋驶去，开往檀香山。

第一次离开农村走向世界，孙中山感到无比欢欣和激动。他伫立船头，展现在面前的是浩瀚万里、一望无际的太平洋和轮船劈波斩浪向前飞驶的壮观景象。孙中山怀着强烈的求知欲，好奇地观察着一切，什么蒸汽机、锅炉和巨大坚实的金属大梁等，使这个从小生活在贫穷山村里的少年惊叹不已。一切都是那样奇异新鲜，这个陌生又崭新的世界有那么多好的东西。

数十年后，美国友人林百克（P.Linebarger）曾问过孙中山：“上了船，你感触最深的是什么？”

孙中山回答说感触很多，特别重视的是船上的铁梁：“这么重的一个梁，要多少人才可以把它装配好。忽地想到那已发明这个大铁梁的天才，又发明了应用它一个机械的用法。外国人所做的东西，

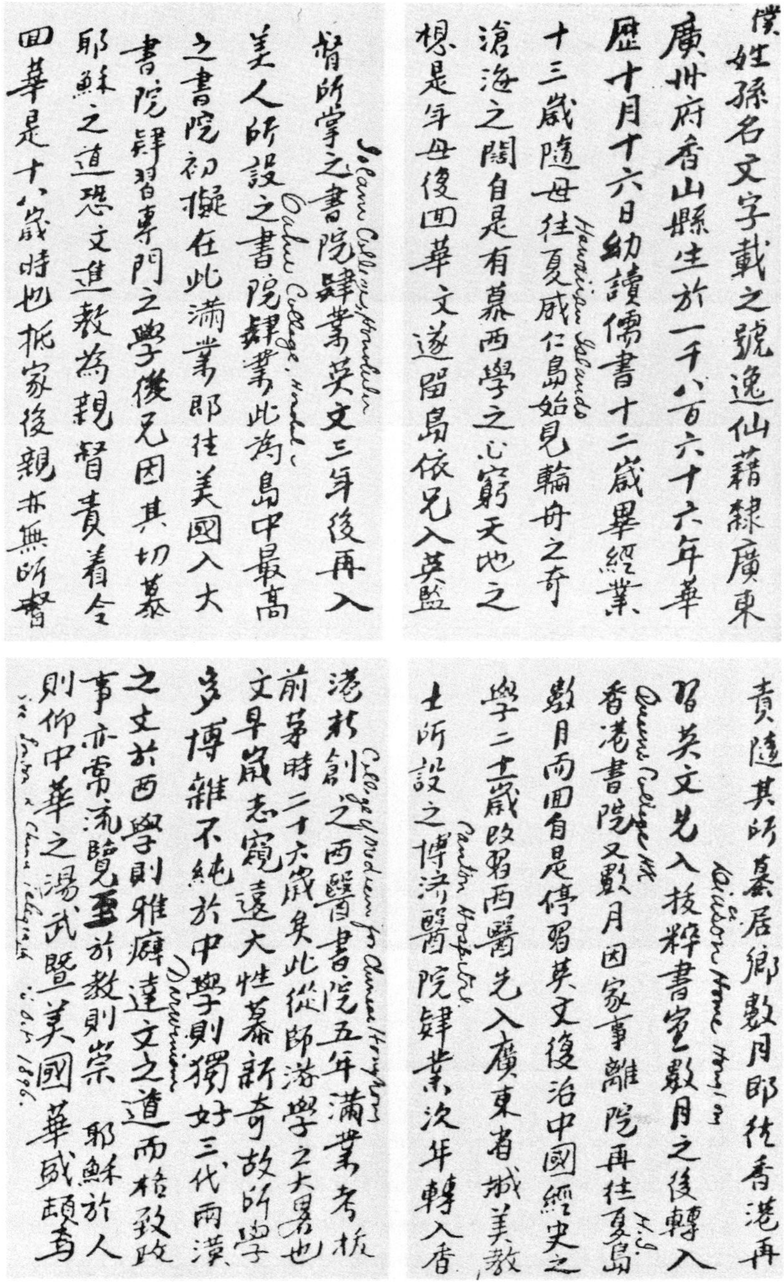

僕姓孫名文字載之號逸仙藉隸廣東廣州府香山縣生於一千八百六十六年華歷十月十六日幼讀儒書十二歲畢經業十三歲隨母往夏威仁島始見輪舟之奇滄海之闊自是有慕西學之心窮天地之想是年母後回華文遂留島依兄入英監督所掌之書院肄業英文三年後再入美人所設之書院肄業此為島中最高之書院初擬在此滿業即往美國入大書院肄習專門之學後兄因其切慕耶穌之道恐文進教為親督責着令回華是十八歲時也抵家後親亦無所督責隨其所慕居鄉數月即往香港再習英文先入拔粹書室數月之後轉入香港書院又數月因家事離院再往夏島數月而回自是停習英文復治中國經史之學二十一歲改習西醫先入廣東省城美教士所設之博濟醫院肄業次年轉入香港新創之西醫書院五年滿業考拔前茅時二十六歲矣此從師游學之大略也文早歲志窺遠大性慕新奇故所學多博雜不純於中學則獨好三代兩漢之文於西學則雅癖達文之道而格致政事亦常流覽至於教則崇耶穌於人則仰中華之湯武暨美國華盛頓焉

孙中山 1896 年复翟理斯函所做《自传》手迹

我们中国人不能做，吾立刻觉得中国总有不好的地方了。”[①]

确实，当时还只能建造木船的中国，与建造远洋轮船的外国相比，实在是落后太多了。少年孙中山能从中发现问题，思索着探求究竟的道理，志向是不凡的。

孙中山的这一次长达二十多个昼夜的远航，使他大开眼界，成为他早年生活经历中的一个重要转折点，也是他一生中第一个重大转折。他后来在给英国著名汉学家翟理斯（H.A.Giles）的信中，追述当时自己的感受说：“始见轮舟之奇，沧海之阔，自是有慕西学之心，穷天地之想。”[②]

二、中国的小留学生

经过二十多天的航程，“格兰诺曲”号的前方出现了一片陆地，已经望得见教堂的尖顶和高大的树木。当轮船靠近码头后，孙中山怀着异常欢快的心情，立即踏上了万顷碧波环抱的檀香山的土地。

檀香山，即夏威夷群岛，位于北太平洋之中，介于亚洲和美洲之间。它由二十多个岛屿组成，气候温和，风景秀丽，盛产糖、米和水果等。那时它虽是一个君主制国家，但资本主义正在这里发展，并且随着欧风美雨的影响，已兴办了资产阶级学校。孙中山到达后，起初被安排在茂宜岛茄荷蕾（Kahului）埠孙眉开设的商店里当店员。除照料店务外，他勤奋地学习中国式的商业会计，又进盘罗河学校补习算术等科，很快就学会了记账和珠算。由于顾客多是当地居民，说的是方言“楷奈楷”语，孙中山也很注意学习当地语言，不多久便学会了日常生活用语，能应付自如。孙眉很快发现自己的

①林百克：《孙逸仙传记》，上海三民公司1926年版，第105页。

②孙中山：《复翟理斯函》，佚名编：《总理遗墨》，广东省社会科学院藏影印原件。

弟弟很聪明，对这里的事务饶有兴趣，有强烈的求知欲和很好的领悟能力，又肯刻苦学习，就改变了要孙中山学经商的打算，在同年的九月中旬送他进学校读书。从此，他开始系统地接受资本主义教育，所学的主要是西方的文化知识。

孙中山进入的是火奴鲁鲁（Honolulu，位于柯湖岛“Oahu Island”上，是当时夏威夷这个君主制国家的首都，华侨又称作檀香山正埠）英国基督教监理会所办的意奥兰尼书院（Lolani School，男子初中）。这所学校只收夏威夷人子弟和混血种的夏威夷青年，后来才兼收东亚人，中国学生极少。孙中山入学时，只有钟工宇、唐雄和李弼三名中国学生，以后又陆续增加了六名。这是一所英国色彩十分浓厚的学校，教科书全是英文，讲授英国历史，算术是以英镑、先令、便士计算，教材的内容，包括西方社会政治学说和自然科学的基础知识，以及英语、圣经等科目。教师讲课都用英语，孙中山刚入学时一点也听不懂，简直像个聋子，教师只得用手势向他表达意思。最初一段时间，孙中山觉得十分为难，但他并不气馁，而是怀着强烈的求知欲，刻苦、顽强地攻读。他很注意掌握正确的学习方法，没有去死记硬背。他花了十天功夫，仔细观察英、汉两种语言在发音和构词方面的差异，发现学习英语的关键，在于掌握它的发音规律和构词方法。由于方法得当，他成绩提高得很快，时间不长便在读和写方面都取得了惊人的成绩，较熟练地掌握了英语。英语是国际性语言，孙中山通过勤奋学习逐步掌握了这种语言工具，使他后来在全世界从事革命活动，博览外国图书馆的各类书籍以及同各国的朝野人士打交道，都从中获益匪浅。

他在校珍惜时间，勤奋学习，除了完成学校布置的课业外，还利用课余时间补习中文，浏览中外群书。对于有关美国独立战争的书籍，以及华盛顿、林肯等资产阶级革命家的传记，他特别感兴趣，希望从中能找到他一直追求的真理。他对欧美民族、民主革命领袖

夏威夷国王架剌鸠（1836—1891）

们推崇敬仰，并产生了以为师表的念头。孙中山少年时代的一些知识积累，为他以后的政治思想、哲学思想奠定了初步基础。

1882 年 7 月，孙中山完成了在意奥兰尼书院的学习。在盛大的毕业典礼上，他得到了学校的嘉奖。这个三年前连 A、B、C 都不懂的中国农村孩子，今天却在全校数百名英、美籍和本地土著学生中成绩出众，成了名列全年级英语文法考试得第二名的优秀学生，夏威夷国王架剌鸠向他亲颁奖品。对于这件事，孙眉以及当地华侨皆引以为骄傲，并在华侨社会中传为美谈。

孙中山从意奥兰尼书院毕业后，曾有一段时间在孙眉经营的商店里协理店务。同年秋，他考入当地的一所高级中学——奥阿厚书院（Oahu College）继续求学。该校是檀香山的最高学府，由当地的美国基督教公理会于 1841 年创办，学生大多是与夏威夷福音堂（公理会教友和长老会教友）有关系的传教士子女。在这所学校里，孙中山除学习正式课程外，对世界各国的历史和现状产生了兴趣，知识面开阔，学业也与日俱进，他曾打算毕业后赴美国读大学，继续深造。

当时，正值夏威夷（檀香山）人民为反抗美国吞并夏威夷而英勇斗争的时期。早在19世纪50年代，美国就认定夏威夷是它侵略太平洋各地区的跳板，起了吞并的野心。自南北战争（1861—1865年）以后，美国的势力逐渐侵入夏威夷；1874年，美国乘夏威夷统治集团发生内讧，派出海军陆战队支持架剌鸠取得王位，次年即胁迫架剌鸠去美签订“互惠条约”，从而在夏威夷享有种种特权，把它变为自己的经济附庸，插手干预它的政治和法律事务，控制它的文化教育事业。自此以后，夏威夷失去了独立地位，实际上已处于美国政治、经济和军事的绝对控制之下。美国的侵略激起了夏威夷人民的极大愤懑，反美斗争情绪日益高涨，他们响亮地喊出“夏威夷是夏威夷人民的夏威夷”的口号，英勇抗击美国侵略者，“几乎天天在那里反抗”，到处都在驱逐和打击入侵的敌人。

在檀香山的华侨中，不少人支持夏威夷人民的反美斗争，而意奥兰尼学校的师生们，也积极参加了支持当地人民的独立事业，抨击亲美的吞并主义者的图谋，该校已成为一个“反美和反吞并主义情绪的堡垒”。孙中山身临其境，耳闻目睹夏威夷这个弱小国家人民的斗争，感受到他们反抗侵略的觉悟和勇气，从而促使他对清朝统治下的中国前途与命运产生无限联想。孙中山思绪万千，联想到中国遭受帝国主义侵略的事实，对清政府的腐败统治进一步产生了不满，为祖国的前途和民族的命运感到担忧，开始萌发了以西方资本主义国家为榜样，来改造中国社会的朦胧理想。他在课余时间，经常和中国的留学生聚在一起，交谈如何才能改良祖国和拯救同胞的想法。

在意奥兰尼书院和奥阿厚书院里，宗教教育都占着很重要的地位。前者的校长韦礼士牧师为了使该校的学生们皈依上帝，有计划地专门开设了《圣经》课程，规定学生们每个星期日必须去圣安德

孙眉在檀香山的住所

1879—1882 年间孙中山就读的檀香山意奥兰尼书院旧址

奥阿厚书院校舍旧址。1882 年秋，孙中山转入该校，曾在此楼上课

勒大教堂做礼拜；后者除圣经课和星期日礼拜外，更安排由主教亲自讲授圣经课，学生们早晚要在学校教堂祈祷。有不少学生是教徒。所有这一切，都对孙中山产生着很大影响。耳濡目染，他在不断的宗教灌输中被基督教义所吸引，对其中的平等、博爱的内容十分感兴趣，热心地背诵《圣经》，觉得比中国儒教“君君臣臣父父子子”那一套严格的封建等级制度要好得多，因此，他积极参加唱诗班等各种宗教的聚会，对早晚在学校教堂的祈祷和星期日去教堂做礼拜都准时参加，对基督教的感情也随之愈来愈浓，“信道渐笃”。基督教是一神教，具有着强烈的排他性。孙中山与日俱增的宗教感情，不久便见诸行动。一天，在孙眉的家中，他勇敢地嘲弄并撕毁了哥哥供奉着“保佑”人们“平安出海”的关帝（关云长）的神像，认为：“关云长只不过是三国时代的一个人物，死后怎能降福人间，替人们消灾治病呢？”① 同时，他还想受洗礼入基督教。这引起他哥哥的震怒和强烈反对。坚守旧俗的孙眉担心孙中山违背中国旧的宗教信仰，皈依基督而遭亲人的谴责。于是，兄弟失和，他毅然责令孙中山停止学业，并决定送其回国，以遏止弟弟日益升腾的宗教感情的发展。

海外四年多的生活和学习，是孙中山早年的一段重要经历。这个正处于成长期的小留学生，通过四年多的国外经历和所受的系统的西方教育，开拓了胸怀和眼界，丰富了他的民主思想和科学知识，思想上发生着巨大变化。他将国内情况和国外见闻相对照，越来越感觉到，西方的资本主义教育制度和教学方法比中国好，中国社会的许多不合理的状况应该改变，从而促使他的生活情趣、价值观念、思维方法等方面，也开始发生潜移默化的蜕变。据孙中山在意奥兰尼学校的中国同学钟工宇回忆说：“我们在课外常用方言交谈，他告

①吴相湘：《孙逸仙先生传》上册，台北远东图书公司 1970 年版，第 31 页。

诉我：他‘想知道何以英美政府和人民相处得这样好’？有一天晚上，他问我：‘为什么满清皇帝自命为天子，而我们是天子脚下的虫蚁，这样对吗’？”① 这表明孙中山的头脑中已萌发了改良祖国使之为“良善政府”的愿望。他后来回忆说，在檀香山“就傅西学，见其教法之善，远胜吾乡。故每课暇，辄与同国同学诸人，相谈衷曲，而改良祖国，拯救同群之愿，于是乎生。当时所怀，一若必使我国人人皆免苦难，皆享福乐而后快者”。②

三、大闹北极殿

1883 年（清光绪九年）7 月，英俊、倜傥的孙中山穿着一身崭新的丝绸衣服，从夏威夷乘轮船启程回国。

这时的孙中山，已不再是四年前出国时那个“仅识之无”的农家少年，而是一位已初步具有民主政治观念和近代科学文化知识的 17 岁青年知识分子了。他的头脑里装了不少的西方文化观念，对于祖国的腐败政治和旧的社会风尚，更深切地感到无法忍受，改造中国社会的愿望越发强烈，从而推动着他由昔日的怀疑、不满，进而将要采取反抗的行动了。

经过一个又一个日夜，孙中山乘坐的轮船终于驶近了神州大陆。他到香港后又改乘中国沙船赴香山县金星港。途中，沙船必须经过一个设有海关的无名小岛。船主根据过去的经验，事先告诫乘客们要小心，千万别惹那些海关老爷，否则出了麻烦谁也不会好受。

沙船到了那个小岛一靠岸，一批接着一批拖着长辫子的清朝官吏跳上了船，他们以“缉私”为名进行无理搜查，千方百计向旅客

①迟景德：《国父少年时代与檀钪环境》，转引自吴相湘《孙逸仙先生传》上册，第 33 页。
②《在广州岭南学堂的演说》，《孙中山全集》第七卷，人民出版社 2015 年版，第 75 页。

们勒索钱财。许多旅客生怕被扣留和罚款，为求太平纷纷主动送礼物给他们。这样，凶暴、贪婪的清朝关吏以征海关税、收厘捐、缉鸦片、查火油等名目为借口，对乘客进行了四次蛮横的勒索。孙中山对这帮贪吏们公开无法无天地为非作歹，深感惊愕和痛恨，也激起他极大愤慨。最后一次，他忍无可忍，挺身抗辩，拒绝检查，并声言要向官府控告这帮害民虫。船主告诉他这样做是没有用的。结果，船被这批官吏扣留了，一直等到敲诈船主一大笔称作“罚款”的贿赂以后，第二天早晨才准许开行。

这一遭遇，给刚入国门的孙中山很大刺激。他用一种深沉的愤恨语调对乘客们演说，宣传中国政治必须改革的道理，并向乘客们提出一个发人深思的问题。孙中山痛心疾首地问大家：“中国掌握在这些腐败万恶的官吏手中，怎么得了啊！国家兴亡，人人有责！你们还坐视不救吗？”乘客们对这位年轻人的见识和抱负很是惊讶，纷纷投以钦佩的眼光，思考着他这个深刻的问话。

回到家乡后，孙中山看到翠亨村风貌依旧，和四年多前没有什么两样，还是那么美丽而贫困，处处充满陈旧的气氛，落后得不见一丝生机。如狼似虎的差役，贪赃枉法的官吏，求神拜佛的乡邻，抽鸦片、纳妾、滥赌的富人，连白薯也吃不上、依然过着饥寒交迫苦日子的农民，所有的一切都依旧是那么令人窒息。孙中山用其比照檀香山的进步和文明，竟有天渊之别，真像是两个世界，就愈加显出清朝政府的腐败，社会的黑暗。他的心中愤愤不已，不满的情绪进一步加深。

当时，孙中山一面帮助家庭做些农活，自修语文，并在余暇进行游泳、体操等锻炼；一面在村民中继续宣传社会改革的必要，抨击腐败的中国政治和落后的社会习俗，并对清朝政府统治下农村的市场状况进行尖锐的批评，指出：“一个政府至少应该使他的人民得到些便利于商业的基础。”他呼吁乡亲不能再听任官府摆布，要谋求改善自己的境遇。他向乡亲们说："朝政这样腐败，你们为什么不觉醒起来，要知道大家只有团结起来，才能改善自己的地位。"他还用自己学得的知识，热情地在村里进行一些改良乡政的社会活动，例如，积极筹办修建村路和打更防盗，发动全村集资安装街灯，清扫街道及卫生防病等公共事务，努力改善家乡的落后面貌。

稍后，在1890年，他还写了一篇效法西方改革社会、兴办农桑、兴办学校等的《致郑藻如书》，希望这位退职官员首先在香山县倡行，然后推广各地。

孙中山从事的改良乡政的努力，是他向往的"善良政府"思想在家乡的一次小小实验。其指导思想属于一种资产阶级的地方自治思想，也符合中国农村一向有自行管理乡政的传统。这种思想在封建社会里是一种进步思想。所以一时颇得父老赞誉，但它有很大的局限性，不可能解决根本的问题。

当时，在孙中山有关改革乡政行动之中，最具兴味的记述，是打泥菩萨。

偶像崇拜，是愚弱国民的精神癌瘤。翠亨村的村庙北极殿，正是地主阶级用来麻醉劳动人民，以神权进行统治的工具。孙中山认为那些泥塑木雕的偶像，骗人钱财，误人正事，对它们顶礼膜拜是一种愚蠢的迷信行为，也是人民愚昧的原因、落后的标志。要唤醒人民，必须破除迷信。

打泥菩萨之事，孙中山是与他的总角之交陆皓东一起干的。

陆皓东（1868—1895年），名中桂，字献香，号皓东。他原随在上海经商的父亲居住，父死后随母回乡。在翠亨村塾读书时，孙中山和他是同窗好友，两个人常谈论社会的黑暗和腐败，志同道合，几至形影不离。孙中山从檀香山归来后，好友重聚，更为投契。以后他长期追随孙中山进行革命活动。

就在这一年秋季，有一天，孙中山和陆皓东等几个年龄相仿

翠亨村的村庙北极殿内神像

的伙伴去庙中游玩，正碰上几个农民在香烟缭绕的大殿里虔诚地烧香拜佛。他即公开向宗教迷信宣战，当场指出木偶无知，劝告他们信奉无益，不要去相信世界上真有什么神仙能帮助穷人。为了证实自己的见解，血气方刚的孙中山边说边腾地跳上正殿的供桌，对着“北方真武玄天上帝”的手用力一击，只听“哗啦”一声，神像的手指和身体分了家，泥塑里面的烂泥、稻草和木头统统裸露了出来。在场的人都被惊呆了。孙中山指着砸坏了的神像说：“看你这样威风，现在又奈我何！”他又拿起神像的断指笑着对他们说：“你们看，这就是所谓能保护乡民的神灵，我打断了它的手指，它还照样对着我傻笑，这种神灵有什么可以相信的！”接着，他又将左廊专司生育的“金花娘娘”塑像的脸皮刮破，划成又花又丑的大花脸，并毁掉它的一只耳朵。胆小的孩子给吓坏了，大惊失色，生怕连累自己，都慌忙逃了出去。在场的老人全给吓懵了。有个老人跪在地上，满口“罪过，罪过！”“作孽，作孽！”恐慌得浑身发抖，头也不敢抬起来。孙中山和陆皓东等几个勇敢的青少年，却在旁边哈哈大笑，尽兴而去。

由于当时群众还没有反对迷信的觉悟，所以孙中山这次破坏神像的勇敢行为，闹得满村风雨，引起了轩然大波。它震撼了全村父老，引起许多人的反对，尤其是遭到本村豪绅地主的猛烈攻击。他们认为亵渎神灵，大逆不道，是不可宽宥的天大的罪行，纷纷向孙达成兴师问罪。

孙达成诚惶诚恐地对上门问罪的乡人作揖认错，保证严厉管教儿子。他为了平息众怒，答应交纳银子 10 两修复神像和献上供奉，祈求神佛宽恕，给全村人消灾除难，并要把孙中山逐出村子，责令他离开家乡，以示对他的处罚，这场风波才算了结。

陆皓东也同样遭到乡人的责难，被迫出走香港。

孙中山破除迷信大闹北极殿的风波，就此总算平息下来，却在历史上遗留下来一段可纪念的革命轶事。

四、“切慕耶苏之道”

传统的习惯势力难以抵挡，孙中山无法在翠亨村站住脚跟，他只好被迫悄悄地黯然离开生养自己的美丽故乡了。

在一天凌晨，天刚蒙蒙亮，孙中山乘着四周还不见人影的时刻，乘上一条小船驶赴香港。

1883 年 11 月，到港不久的孙中山进入了由英国圣公会主办的拔萃书室（Diocesan Boys Home，男子中学），攻读高中课程，并在课余常到伦敦会长老区凤墀处补习国文。他在该校就读时间很短，不足两个月即退学了。

同年冬季，孙中山在香港结识美国公理会传教士喜嘉理（D.R.Hager，1840—1917）。喜嘉理原籍瑞士，入籍美国，1883 年承美国纲纪慎会（American Congregational Mission）委托，与在美华侨的请求，到中国传教。他的足迹遍及广东各县。结识孙中山不久，知其服膺基督教义而未受洗，就极力劝其早日受洗奉教。数月后，在年底的一天，在喜嘉理牧师主持下，与陆皓东一起在美国纲纪慎会（公理会）的布道所（香港必列者士街 2 号二楼）受洗加入了基督教。

据喜嘉理的记述：

> 1883 年秋冬之交，余与（孙）先生初次谋面，声容笑貌，宛然一十七八岁之学生。……余职在布道，与之觌晤未久，即以是否崇信基督相质问。先生答云：‘基督之道，余固深信，特尚未列名教会耳。’余询其故，则曰：‘待时耳，在己固无不可

陆皓东

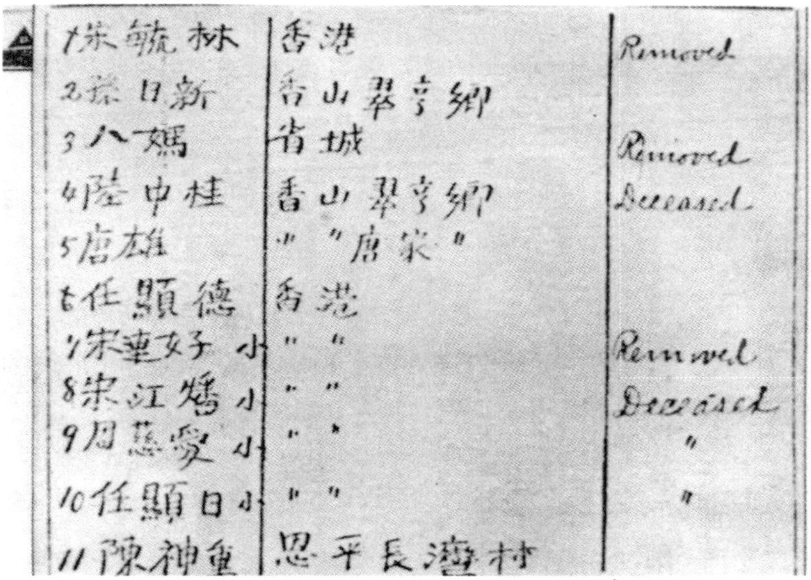

1宋毓林	香港	Removed
2孫日新	香山翠亨鄉	
3八嫣	省城	Removed
4陸中桂	香山翠亨鄉	Deceased
5唐雄	" "唐家"	
6任顯德	香港	
7宋蓮好 小	" "	Removed
8宋江嬌 小	" "	Deceased
9周慈愛 小	" "	"
10任顯日 小	" "	"
11陳神重	恩平長灘村	

孙中山在香港加入基督教时的受洗名单（局部）。孙日新是其当时所用名，陆中桂即陆皓东

也。’嗣后数月，果受礼奉教，余亲身其事。其受礼之地，在香港旧设之华人学堂中，距现有之美以美会教堂，约一箭之地。地不著名，仪不繁重，而将来中华民国临时第一大总统，于是受圣礼皈依道焉。①

随后，孙中山移居该教堂之二层楼，与居住三层楼的喜嘉理牧师时相往返，接触甚密。

孙中山自受洗加入基督教以后，热心传教布道，在 1884 年暑假曾协助喜嘉理到澳门、香山各地布道，分售《圣经》，并劝说两位友人入了教。此后，在他长期的革命生涯中，始终与基督教有着千丝万缕的联系。例如，他所创建的兴中会、同盟会、中华革命党等团体，其誓约均冠以“当天发誓”字样，“是亦一种宗教宣誓的仪式，从基督教受洗之礼脱胎而来者也”。又如兴中会成立时，孙中山“率先宣誓，将左手置于开卷的圣经上，高举右手，恳求上苍明鉴，以示矢志革命，卒底于成”。② 等等。基督教对于孙中山及其革命事业方面也产生过深远的影响。譬如，辛亥革命时期，革命党人往往借助教堂为革命机关；一些基督徒参与孙中山领导的革命斗争；孙中山利用宗教信仰争取海外华人的教会人士对其革命运动的同情和支持等。

当然，孙中山自受洗以后，随着科学知识的丰富和阅历的增长，他对基督教的信仰也不是一成不变的，而是有一个反复的发展过程。他曾对日本友人宫崎寅藏说过：“我对基督教的信念，随着科学研究而逐渐减退。我在香港医学院求学期间，觉得基督教的理念缺乏逻辑，因而开始翻阅哲学书籍。当时我的信念相当倾向于进化论，可

---

①尚明轩、王学庄、陈崧编：《孙中山生平事业追忆录》，人民出版社 1986 年版，第 521 页。
②庄政：《国父革命与洪门会党》，台北远东版，第 85 页。

1883年秋的孙中山

是又没有完全放弃基督教。”[①] 说明由信仰进化论而导致他宗教信仰的衰退，他对基督教的兴趣较之过去有所淡薄。所以孙中山虽是一个基督教徒，却不妨碍他后来在哲学上对自然观方面的阐述达到了唯物论的结论。在孙中山一生中，既“雅癖达文之道”，又“教则崇耶稣”，正是宗教与科学的尖锐矛盾，促使他的思想不时进行着进化论与宗教神学的激烈搏斗，矛盾双方的分量是互有消长地变化着。但是，他从来没有否定上帝的存在，在入教后长达 41 年的时间中也从来没有否认自己的基督教身份，对基督教一直怀有颇深的感情。

1922 年间，孙中山曾明确地指出：“予始终是基督教信徒。不但予为基督教信徒，予之子、予之媳、予之女、予之婿、予之家庭、予之岳丈、岳母、予妻、予妻之姐、之弟、之妹，甚至连襟至戚，固无一而非基督信徒也。予有家庭礼拜，予常就有道之牧师闻道讲学，孰谓予非基督教徒乎？”[②] 甚至在孙中山逝世前一天，在弥留之际，他在病榻上还执着教友的手说：“我是基督教徒，上帝派我为我国人民去同罪恶奋斗，耶稣是革命家，我也一样。”[③] 他还用手指着宋庆龄嘱咐何香凝说：“彼亦同志一分子，吾死后望善视之，不可因其为基督教人而歧视之。”[④]

可以这样说：基督教伴随着孙中山走过了伟大、光辉的一生。但是，也应该看到，事实证明，在孙中山身上存在着复杂的双重性，尽管他始终是一个基督教徒，宗教信仰在其身上曾起到过消极作用，却不影响他成为进化论者和伟大的民主主义革命家。恰又正因为他是一个品德高尚的基督教徒，且所皈依的是公理教派，深受宗教伦理和公理派“鼓励民众自主和民族自立”的教义的影响，笃信博爱、

---

①吴相湘：《孙逸仙先生传》上册，台北远东图书公司 1970 年版，第 34 页。

②包世杰：《孙中山先生逝世私记》，《近代史资料》总 71 号，第 217 页。

③ Y.Y.Tsu：*The Christian Service At Dr.Sun Yat-Sen' Funeral.March 18, 1925*, The Chinese Recorder，PP89-90，February，1931.

④《中山先生临终之情节》，《中山先生荣哀录》，第 20 页。

孙中山题词

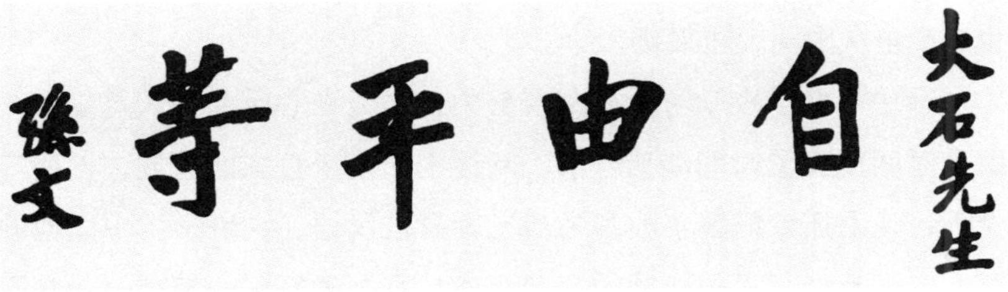

孙中山题词

平等、信义和民族自立等教义，使他产生为世人追求博爱、平等、中华民族要自立心向“天国”的革命理想，进而促使他常保旺盛的百折不挠永远革命的奋斗精神。

五、革命思想的酝酿

1884 年 4 月 14 日，孙中山转入香港英国当局开办的一所设备较完善的中央书院（Central School），继续高中学业。

这所学校创办于 1862 年，1889 年改名域多利书院（Victorian College），1894 年改名皇仁书院（Queen’s College）。该校办学宗旨是“沟通中西文化”，它的学科设置完备，师资力量充实，教学方法新颖，是当时堪称全港第一流的高级中学。学校中的所授学科与课程有英语、文学、世界史、英国史、地理、几何、代数、卫生、机械绘画、簿记及常识等。教师全部是来自英国本土的剑桥、牛津等名牌大学的毕业生，年轻饱学，思想新进；学生除在港华人子女外，还有来自英国、美国、葡萄牙、印度、菲律宾等许多国家的青年，也有少量从中国大陆来就读的学生。

孙中山在学校学习十分刻苦努力，白天专心听课并认真复习；课余时间便抓紧时间涉猎群书，阅读中国诸子百家的著述，以增广见识；晚上还专门请了教师为自己辅导古汉语。全班学生中以他的英文成绩最好，深得教师的夸奖。他具有勤学好问的精神，一有不懂的问题，就虚心向教师和同学请教。当时有的学生为此而讥笑他时，他就不以为然地对人说：“学问学问，不学不问，怎样能知！”他平时不苟言笑，可是谈论起来，便滔滔不绝，三教九流，无不知晓，“通天晓”的绰号真是名不虚传。

孙中山在这所学校就读共两年半时间。由于他认真学习各门课

1862 年建于香港的中央书院（后改名为皇仁书院）

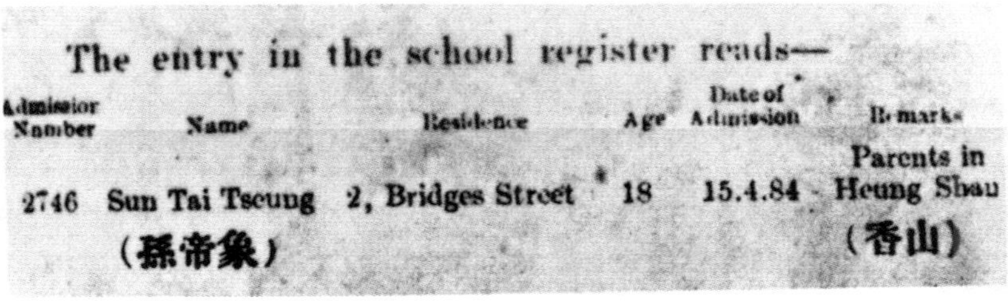

The entry in the school register reads—

Admission Number	Name	Residence	Age	Date of Admission	Remarks
2746	Sun Tai Tseung (孫帝象)	2, Bridges Street	18	15.4.84	Parents in Heung Shan (香山)

孙中山在中央书院的注册记录，孙帝象是其当时所用名

程和刻苦攻读中外书籍，尤其是广泛涉猎西方国家政治、历史、文学等类书籍，从而进一步掌握了西方资产阶级文化知识，加深了对西方科学、社会及政治制度的认识。同时，由于接触到许多国家的优秀青年，不仅对他西学知识的增加大有裨益，而且对其世界意识的拓展也是一个难得的机会，更有可能认识和观察中国和世界的局势。这是他思想发展的一个重要时期。

孙中山身处具有特殊地位的香港，每天看到建筑在山上的华丽的殖民者的别墅、宅院和繁华的街道及近代的市政建设。他在课余经常细心地观察着周围的一切，特别是香港这个近代城市的市政面貌及管理方式等，尤其引起他的注意。孙中山将在香港见闻之所得，对照和比较了清政府统治下的内地，特别是香山县城的情况，越来越感觉到西方近代文明要比中国固有的文明进步，中国社会的许多不合理的状况应该改变。从而促使他对原有的祛除恶政府的志向更为坚定，并促使他由市政研究发展为政治之研究，由向往西方文明到决定改革中国的恶劣政治。后来，孙中山在回答自己革命思想得自于何时何地时说，香港的市政建设给他以深刻印象并导致他进行政治上的反思。他说：

> 我于三十年前在香港读书，暇时辄闲步市街，见其秩序整齐，建筑闳美，工作进步不断，脑海中留有甚深之印象。我每年回故里香山二次，两地相较，情形迥异，……我恒默念：香山、香港相距仅五十英里，何以如此不同？外人能在七八十年间在一荒岛上成此伟绩，中国以四千年之文明，乃无一地如香港者，其故安在？[①]

①《在香港大学的演说》，《孙中山全集》第七卷，人民出版社 2015 年版，第 421 页。

一般说来，人们总是从活生生的事实中得到感受，从现实的差异中产生疑问并获得启示。康有为不也是在1879年年初游香港时，从香港市政面貌中悟出“乃知西人治国有法变，不得以古旧之夷狄视之”的道理吗？对于古老文明和近代文化的辨认，总是通过两种文明的外观进入理想思考的。孙中山从香港市政建设联想到内地何以落后，正是他理性反思的开始。后来他在一次讲演里，把香港说成是自己的“知识之诞生地”，并认为自己的“革命思想完全得之于香港”，从一定意义上说是符合实际的。

在香港，孙中山虽然受的是殖民教育，但并没有模糊他的爱国思想。这时，由于法国的侵略，爆发了1883年12月—1885年5月的中法战争。这场导致民族危机加深的战争，极大地吸引了孙中山的注意力。

从这场战争爆发以后，他和在港读书的一些中国学生，就认真阅读报纸和听取前线回港士兵的口述，密切注视着祖国所遭受的这场新的灾难。当爱国将领、广西提督冯子材率领前线军民浴血奋战，在中越两国接壤地区重伤法军前敌统帅尼格里，打死打伤法军二三千人，先后收复了谅山等地和十多个州县时，捷报传来，孙中山和爱国的人们一齐欢欣鼓舞，激奋不已。他经常和同学们议论这场战争，希望人人都能奋起救亡。当时，各省人民群众积极支持反侵略的战争，全国掀起了反法斗争的热潮。广东、浙江、福建、广西、湖南、贵州等省先后发生焚毁教堂和反对从事间谍活动的法国等国传教士的事件。广东地方当局还查封了全省的法国教堂。旅居美国、日本、古巴、新加坡等地的华侨，也纷纷捐款支援国内的抗法斗争。但是，怯懦无能的清朝政府却在打胜仗的情况下卑屈求和，谕令抗法各军停战，放弃收复的土地，于1885年4月，在巴黎签订了“停战协定”，又于6月9日派李鸿章与法国公使在天津签订了投降卖国的《中法新约》，承认法国侵占越南，并且给予法国以在广西、云南通商的特殊权益，还规定以后如在这两省修造铁路，要同法国人商办等等。中法战争不败而败，使法国侵略者在军事失利的形势下，却在谈判桌上取得了战场上没有得到的东西，这真是中华民族的奇耻大辱！

清朝政府的昏庸、腐败及卖国，祖国蒙受的奇耻大辱，深深地刺痛了孙中山的爱国热情和民族自尊心，进一步激发了他的爱国热忱和对清朝的愤懑，认识到这个政府的统治是非除去不可的，从而增强了改革现状的思想和勇气。

当时，有一艘侵略中国受损伤的法国军舰，从台湾开到香港修理。尽管军舰上的法国人用尽威胁利诱的手段，却没有中国工人肯为他们修船。法国商船到了香港，中国码头工人也不替它卸货。为抗议法国侵略，1884 年 9 月中旬，香港的其他各行业工人、爱国商人和各阶层人民，也都纷纷举行罢工、罢市和采取其他形式进行斗争。同年 10 月初，香港工人和各阶层人民为抗议英殖民当局勾结法国侵略者镇压爱国运动，掀起大规模的抗暴斗争。示威群众和英国警察进行了英勇的搏斗。接着，九龙工人奋起响应，也举行了示威游行。这些同仇敌忾的反帝爱国壮举，深深教育了孙中山。清政府在对法战争中的怯懦和人民群众的奋勇反抗，在他思想上形成强烈的对照。热爱祖国的孙中山从广大群众，特别是工人的英勇斗争中受到巨大鼓舞，看到了中华儿女的“爱国心”，觉得这些斗争“证明中国人民已经有相当觉悟”，“表示中国人还有种族的团结力”，已经自动走上谋求救亡的道路，并且认为“中国不是没有办法的”。

孙中山的革命思想萌芽于何时？他后来曾不止一次地说过，产生于中法战争之后。“余自乙酉中法战败之年，始决倾覆清廷，创建民国之志。”为什么这样说呢？原因在于清朝政府在打胜仗的情况下卑怯求和，签订了屈辱的《中法新约》，这种不败而败的结局令孙中山大为震撼，对他刺激甚深，使其看到了清廷的腐败、昏庸和卖国，

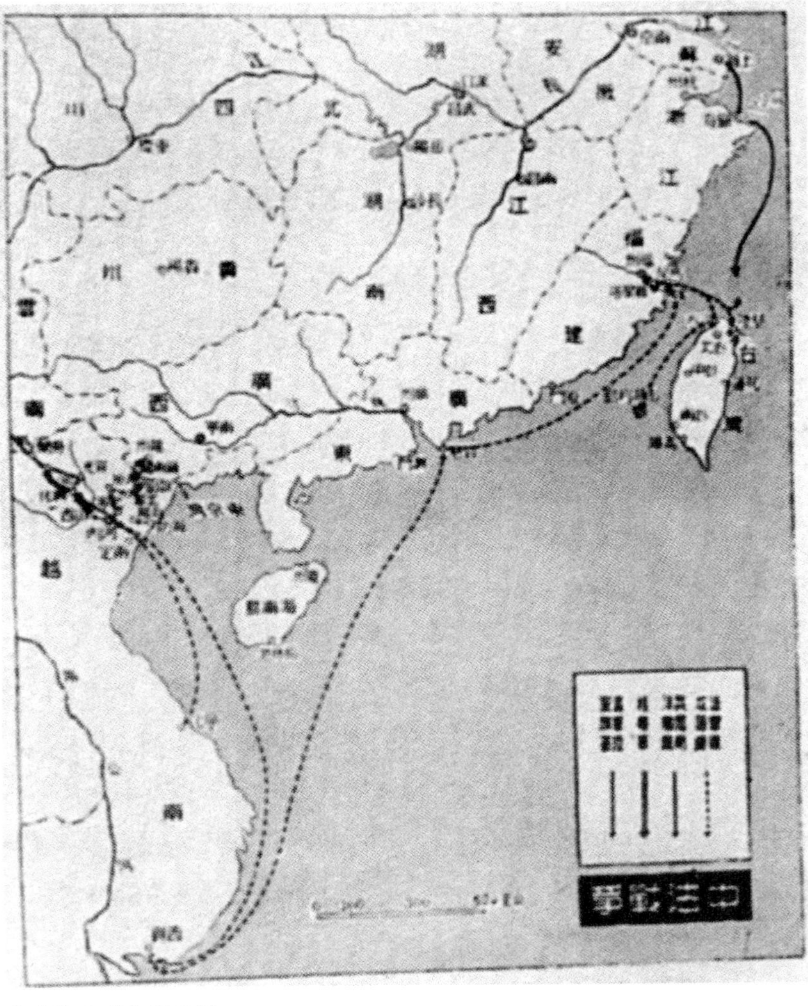

中法战争形势示意图

进一步激发了爱国主义感情，增强了革新求变的思想。孙中山正是在中法战争的刺激和华人反抗侵略、压迫的壮举鼓舞下，增强对多灾多难的祖国的责任感，开始萌发了反清、反异族政权的革命思想的。

中法这场战争，确实在中国思想界引起了巨大的震动和危机感。康有为也是在中法战争后的1888年第一次上书请求变法图强的。“春江水暖鸭先知”。孙中山和康有为这两位近代史上的伟人几乎是同时按着了时代的脉搏。他们从不同的侧面以不同的方法预告着近代中国革命时代的到来。

孙中山早期思想发展的历程表明：他是先在西方基督教的熏染下有了宗教救世的感情，又在西式教育的启示和夏威夷人民反美情绪的感召下，由宗教救世拓展到“改良祖国，拯救同群”的理想追求，萌生了良善政府的朦胧之想，然后在清政府腐败专制现实的反复刺激下，朦胧的善良政府思想和汉族反抗异族统治的种族感情相契合，终于在乙酉中法战败的强烈震激中跃进到“决覆清廷”的反叛境界。从此，他的政治觉醒时代开始到来。

孙中山的革命思想是由香港激发而萌生的。他在香港的生活经历以及所接受的教育，是使其产生革命思想的重要因素，也是启发其革命思想的根源，因此，孙中山晚年说香港是他的革命思想的发轫地。如果没有在香港的这一段（包括此后的五年大学）生活经历，孙中山不可能在大学毕业两年后就走上革命道路，逐步地成为一位杰出的革命家。

第四节　大学生涯

一、“财富不足以动我的心”

孙中山在翠亨村毁像渎神，并在香港受洗入基督教的事情，不久都被在檀香山的孙眉所获悉。孙眉极为不满，他很生气地写信痛加斥责，警告孙中山如不与基督教断绝关系，就要终止经济支援，不再供给他的学费。但孙中山毫不理会。孙眉接着采取了第二个步骤，他又写信给孙中山，佯称在檀香山的生意遭到失败，如今要另谋生路，但因过去有的商业财产用了孙中山的名义，故需他急速前来商量解决。这样，就在救国思潮激荡于孙中山胸怀之时，他应孙眉之召，于 1884 年 11 月在香港辍学奔赴檀香山。

到檀香山后，孙中山在茂宜岛姑剌埠牧场见到了孙眉。兄弟二人，因信教观念的不同，发生口角，双方各执一端，争持不下。一时间，觉醒与懵懂，思变与循旧，忧国与齐家难以协调，俩人都怒火中烧，情绪激动。在极其沉闷的气氛里，他受到脾气暴躁的哥哥严厉的斥责和打骂，说他任性妄为，贻羞家庭，并言这样轻举妄动，有了金钱适足为累，因此宣布要收回1882年间立约分给他的一笔财产。在孙眉看来，除用这一办法相要挟之外，没有别的办法能迫使其放弃宗教思想，使弟弟驯服。然而，使孙眉吃惊的是，这一严厉的惩罚，并没有使孙中山退缩。面对信仰与财富的取舍抉择，他不改初衷，表示绝难遵守腐朽的习俗，而是毫不犹豫地同意放弃已得的财产所有权，并坦诚地申辩说：

> 我抱歉我使你失望，我抱歉不能在中国古人所走的路上尽我的责任，如果我的良心允许我，我也愿意遵守中国的法律做事……但是，中国自己并不能尽自己的责任。我不能遵守已败坏的习惯，你所很慷慨给予我的产业，我很愿意还给你，我不再有什么要求，财富不足以动我的心。①

办理完退还全部财产的法律手续之后，孙中山被孙眉安排到茄荷蕾埠开设的商店里去当店员。孙中山去商店学做生意并非所愿，虽能忍让一时，终觉负气难言。他勉强干了三个月，翌年春便设法脱离那里，准备动身回国。他先请姐夫杨紫辉（即孙妙茜的丈夫）帮他归国升学，没有如愿；便又跑到火奴鲁鲁去，向过去奥阿厚书院的教师、美国传教士芙兰蒂文（F.W.Damon）以及旧日同学钟工宇等求援。师友们为他筹集到300美元的赠款，他便带上这笔路费于1885年4月离开檀香山经日本返国。

当孙中山在火奴鲁鲁行将启程归国的时候，孙眉闻讯曾赶去阻拦，但孙中山坚定地表示要回国，绝不再留在檀岛。当时，他还充满信心地向一位朋友表示："我回到中国后，一定要谋求在学业上有成就。"

---

①林百克：《孙逸仙传记》，上海三民公司1926年版，"不爱钱"节。

孙眉虽然认为孙中山从事的信教等活动是“胡作非为”，可回想到弟弟的性格亢直，又深悔对他督责过严，并因处置太重而感到内疚。因此，便立即写信给他的父亲说明情况，并汇款支持孙中山继续读书。

同年 8 月，孙中山离开家乡再赴香港，回到中央书院复学，并在 1886 年夏季他 20 岁时修完了中学课程。

二、升学方向的抉择

在香港中央书院高中毕业后，孙中山面临着选择未来职业以继续深造的困惑。他曾对升学就业问题十分踌躇，进行过一番仔细考虑。正像大多数青年人一样，他对未来也有着美好的向往和憧憬。

早在 1883 年，孙中山在香港拔萃书室读书时，就已经考虑到自己终身职业的问题了。当时，有一些朋友劝他捐个一官半职，走入官场；后来，檀香山的另一些朋友希望他投考神学院，将来做一名布道救世的传教士。而孙中山自己，则在中法战争中国不败而败的刺激中，认为学军事可以救国，为了抵御外侮，一度想投笔从戎。他希望做个海军军官，报考海军学校，但当时中国南方唯一的海军学校福建马尾水师学堂已遭法军炸毁而停办，使他无法实现从军报国的愿望。继之又想研习法律，期望做一名主持正义的律师，也因当时中国尚无法律学校而作罢。在这期间，在中法战争中有关伤员惨状和应用西方医学进行抢救的报道，给了孙中山非常深刻的印象。他几经思考熟虑，终于决定了学习医科。

孙中山认为“医亦救人苦难术”，[①] 且“行医最能为功于社会”，[②]

①《在广州岭南学堂的演说》，《孙中山全集》第七卷，人民出版社 2015 年版，第 75 页。

②冯自由：《孙总理信奉耶教之经过》，《革命逸史》第二集，商务印书馆 1946 年版，第 4 页。

可以通过战胜疾病，立己济人，保障国民健康，使国家强盛起来，所以应该从学医着手进行拯救祖国的活动。

孙中山对学医的兴趣和念头，还应追溯到他在檀香山读书的时候。据《总理开始学医与革命运动五十周年纪念史略》一文记载：孙中山在檀香山时，“日往访教会司铎杜南山君，见其架上有医科书籍，问何以需此？杜答谓：‘范文正公有云：不为良相，当为良医，窃采此意耳。’公（指孙中山）颔之。”

杜南山的这句话对孙中山的启发很大。他经过思考后，第二天又到杜家，对杜南山说：“君为我奉范氏之言，窃以为未当。吾国人读书，非骤能从政；即从政矣，未必骤秉国钧。倘殚心力以求作相，久不可期，然后为医，无论良医不易为，即努力为之，晚矣！我意一方致力政治，一方致力医术，悬其鹄以求之，庶有获也。”他的意思是要政治与行医二者相并而行才好。杜南山默默地听着，十分欣赏这个年轻人思考问题的能力。由此可见，孙中山“救国学医所行之志，已肇于此时矣”。

孙中山决定学医后，在 1886 年秋季，经过喜嘉理介绍，以减免学费的优待，进入了美基督教长老会所办广州博济医院附设医校（今广州中山医科大学孙逸仙纪念医院）学习。

三、入广州博济医院医校学医

博济医院（Canton Hospital）创办于 1835 年（清道光十五年），是美国公理会及长老会为“医疗传道”之目的而设立，为东方各国西医西药之鼻祖，也是在中国创立的第一所西式医院，由此才开始有正式的“传教医生”（Missionary doctor）出现。咸丰五年（公元 1855 年）附设医学堂，最初仅收男生。该院除为病患医疗外，

广州博济医院附属医校旧址

并设有宣教所，同时负有向病人传播福音的使命，所以医师或护理人员都须接受神学的训练。

孙中山入学时，有同学男生12人，女生4人，男女合班上课时，必须分开左右两旁而坐，中间挂有幔帐区隔。有一次，教师带领同学们到妇产科临床实习，只许外国籍的学生去实习，不许中国学生参加。当时，孙中山对此大为不满，竟与教师争执起来，闹到校长嘉约翰办公室。校长询问原因，孙中山答曰："同是学生，为什么歧视我们中国人，不许往妇科学习？"校长说："你们中国人向来男女授受不亲，有礼教之防，我们美国人则无须拘此。"孙中山问："学医是否为治病救人？"校长只好答："是。"他又理直气壮地问："那么，中国学生学医不是为了治病救人吗？中国妇女有病，中国医生能不救吗？究竟以救命为重，还是以不合理的礼教为重？"问得校长无言以对，自知理屈，从此也允许中国学生诊查妇科，并且将课堂间隔的男女生之间的幔帐也撤除了。

还有，该校在产科学习时，只限女生参加，男生则排除在外。孙中山极不以为然，当面向校长嘉约翰教师建议："学生毕业后行医救人，遇有产科病症也要诊治，为了使学生获得医学技术，将来对病人负责，应当改变这种不合理的规定。"开明豁达的嘉约翰校长认为这是合理的要求，遂采纳他的建议。自此以后，男生便能参加产科的临床实习。后来，孙中山行医时，妇产科乃是其专业特长之一。

孙中山提出这一建议，和他少年时反对姐姐妙茜缠足一样，表现出不能容忍社会上一切不合理、不公平的事情存在，敢于反对所有愚昧落后的品格。

孙中山入博济医院附设医校后，住哥利支堂十号宿舍。他在校学习期间，自奉甚简，布衣粗食，半工半读，勤奋异常，除攻读医学外，仍很重视研究古代文史书籍，曾延请了一位国文教师陈仲尧教授中国经、史，他在课余便到陈仲尧寓所受业。他对经史加意研求，特自购置了《二十四史》和《四书》书籍。这时的学习生活情形，据他当年的同学忆述：孙中山“年少聪明过人，记忆力极强，无事不言不笑，有事则议论滔滔，九流三教，皆可共语。竹床瓦枕，安然就寝，珍馐藜藿，甘之如饴”。[①]

在学校里，孙中山结识了一个和“会党”有密切交往、广东反清秘密组织三合会会员的同学郑士良（1863—1901 年，字安医，号弼臣，广东归善即今惠阳县人）。会党是封建性的旧式秘密结社，成分相当复杂，其成员主要是失去土地的农民和失业手工业工人，其中有的会党组织具有反对清封建王朝的政治要求。郑士良“为人豪侠尚义，广交游，所结纳多江湖之士，同学中无有类之者”。孙中山和他谈论政局，甚为投机。郑在 1888 年从博济医校辍学后，返回家乡，联络会党，被推为三合会首领，是以后兴中会的重要骨干和反清起义的领导人员，也是孙中山早期革命的亲密战友之一。以后孙中山在革命过程中联络会党起事，得到郑士良很多帮助。

四、转学香港西医书院深造

孙中山自述道：“予在广州学医甫一年，闻香港有英文医校开设，予以其学课较优，而地较自由，可以鼓吹革命，故投香港学校肄业。”[②] 他所说的英文医院，即香港西医书院（The College of Medicine for Chinese，HongKong，香港大学医学院前身）。

先是，1887 年 1 月，香港议政局议员、又兼律师兼医生的何启（1858—1914 年，字迪之，号沃生，广东南海人），为纪念其亡妻英人雅丽氏（Alice Walkden），在香港荷李活道创办了雅丽氏医

---

① 《总理开始学医与革命运动五十周年纪念史略》，广州岭南大学 1935 年版，第 8 页。

② 《建国方略》，《孙中山全集》第一卷，人民出版社 2015 年版，第 75 页。

香港西医书院校舍

院，于当年2月中旬开业。该医院的中文称为：“利济医院”，意谓“上帝以利益济人”。它原系太平山之伦敦教会“赠诊所”，其性质与广州博济医院一样，同为传教而免费施诊赠药。嗣因业务需要日增，于10月又在医院内开设香港西医书院。派人到广州招考能谙中、英文的新生。孙中山有感于该院师资、设备皆优，且香港较为自由，发表政治言论少受束缚，便于同年9月转学到该院就读。

西医书院采用英国医科的五年学制，教学设备较完善，师资水平较高，直接用英语教学。除上课讲授外，尤其注重临床实习，学生经常在雅丽氏医院门诊室和药房担任外科医生及药剂师的助手，上化学课时还常到植物园参观和在化学实验室从事化验。孙中山在同学中年纪较长，功课成绩甚好，人缘又好，被推选为班长。师长们出诊时，常约他陪诊，作为助手，从而更增加了学习的机会。

孙中山在这所高等学校学习了整整五年。在这五年时间内，他除刻苦钻研医学本科知识外，还广泛研读西方国家的政治学、军事学、历史学、物理学、农学等，尤其爱读《法国革命史》和达尔文的《物种起源》。这两部书对他影响很大，他期望从中找到解决中国社会问题的钥匙。它们使孙中山接受了达尔文学说中的积极进化论和欧美资产阶级革命的天赋人权理论，从而向往着法、美的共和革命，在思想上日益积累着在中国实行反清革命的因素，为其以后的政治活动奠定了基础。

同时，他在课余仍很重视进修中文，经常秉烛夜读，并先后获得王孟琴、陈仲尧两位教师的辅导。孙中山后来曾对他所涉猎的知识范围，作过这样的概述：“文早岁志窥远大，性慕新奇。故所学多博杂不纯，于中学则独好三代两汉之文，于西学则雅痴达文之道，而格致政事亦常浏览。”[①]“于圣贤六经之旨，国家治乱之源，生民

---

①《复翟理斯函》，佚名编：《总理遗墨》影印本，第4页。

孟生

康德黎

根本之计，则无时不往复于胸中；于今之所谓西学者概已有所涉猎，而所谓专门之学亦已穷求其一矣。……游学之余，兼涉树艺，泰西农学之书，间尝观览，于考地质、察物理之法，略有所知。”①

康德黎博士（Dr.James Cantlie），在西医书院成立时自英国前来执教，后来接替孟生博士（Dr.Partrick Manon），出任第二任教务长。他在西医书院见到的第一个学生便是孙中山。康德黎十分喜欢这个品学兼优的学生，师生关系十分融洽。他引导孙中山善爱科学，向著名的科学家学习。孙中山热爱达尔文的学说，与这位老师的启发诱导是分不开的。康德黎说：在其所教的24名学生中，孙逸仙对我最具吸引力，因为他的品质文雅，勤奋求学；不论在学校或私人生活都表现如绅士般的仪态，他实在是其他同学的模范。后来，他还曾这样称赞道：“我从未认识像孙逸仙这样的人，如果有人问我所知的最完美者是谁，我将毫不迟疑地指出孙逸仙。”②

当时，孙中山在香港读书的学费，是由孙眉自檀香山汇款资助

① 《上李傅相书》，《万国公报》月刊，第七十册。

②张绪心、高理宁：《天下为公——孙中山先生及其革命思想》，斯坦福1991年版，第21页。

的。有时汇票不能按时寄到，他为购买书籍等物，只好暂时挂账；可是汇款一到，立即清偿，同时邀约同学餐叙，大快朵颐。等到把钱花得所剩无几，他就索性待在校里，用功读书，心无旁骛。后来他获得了工读的机会，每个学期都有奖学金可拿，就不再仰赖哥哥的供给了。

孙中山工读，缘以香港屈臣药房的主人夏菲士病情严重，特聘康德黎诊治。康氏便选拔了孙中山和江英华两个高才生充当夜间的特别看护，分别值班上半夜与下半夜。病人痊愈后为感谢对自己的照顾，便捐出一笔巨款充作西医书院的奖学金。该院从中拨款一部分，帮助孙、江二人缴纳学费和零用金。为了读书，孙中山青少年求学时期，曾先后在檀香山、广州及香港等地，当过四次的工读生，分别在学校中具体管理校园中的蔬菜和其他杂务等工作。

孙中山在青少年时代积累的广博的学识，不仅为他以后从事政治思想的探索打下了一个坚实的基础，并且终生受用。他读书又很注重于应用，在学农学知识时，就和他假日在家乡从事的改良农业实践结合了起来——曾为老农介绍科学选种、施肥等农学知识，并进行了考察土壤、试验种植桑树等活动。

孙中山在香港读书时，课余或节假日和周末，经常往来于广州、澳门等地，和有救国愿望的朋友共同研究学问，寻找救国真理，探索中国的出路。特别是和同住香港的志同道合的几个知友，交游尤密。昕夕往还，以谈革命为欢，而被人视为大逆不道的寇贼。他还不断关切政治问题，“以学堂为鼓吹之地”，常对人抒发爱国情怀，阐述革新政治的抱负，用“中国现状之危，我人当起而自救”一类言词来提高人们觉悟。孙中山常常谈起杰出的农民革命领袖洪秀全，尊称他为“反清第一英雄”，自许为“洪秀全第二”，以太平天国革命事业直接继承者自任。他还利用课余时间写了一些论文，投送到香港教会报纸和上海《万国公报》等处，阐述他对于改善中国政治

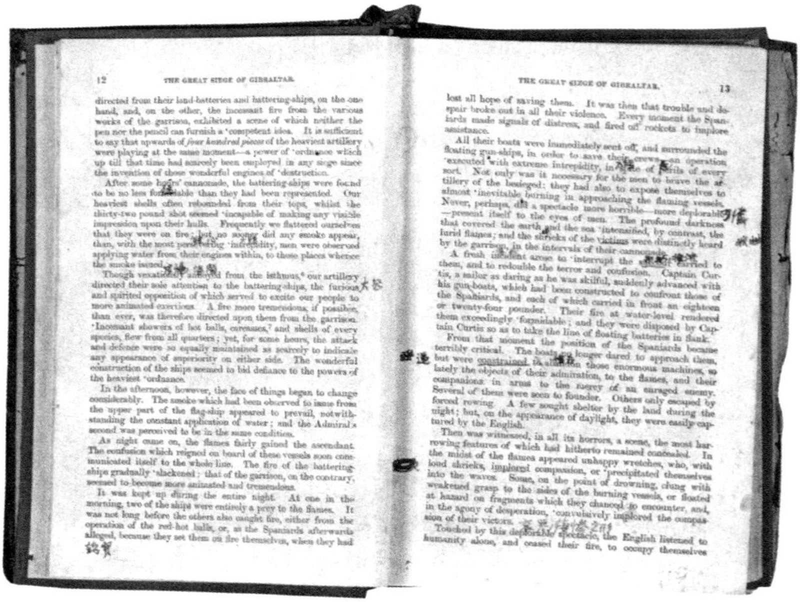

孙中山在香港西医书院就读时所用的皇家读本

局势的见解。在1891年前后所写的一篇发展中国农业生产的文章中，孙中山通过对西方国家的农业组织和耕作技术的介绍，主张清政府派员出洋考察，学习西方国家“讲求树艺农桑、养蚕牧畜、机器耕种、化瘠为腴一切善法”，回国推广，并从中央到地方采取措施以加强农业生产的领导。他还建议根据不同的自然条件，因地制宜，从事种植或牧畜。他说：“地属高亢，则宜多种赤米……若卑湿之田，则宜种耐水之稻……其余花果草木，皆宜审察土宜，于隙地广行栽种。如牛羊犬豕之属，皆当因地制宜，教以牧畜。庶使地无遗利，人有盖藏。”文章最后指出发展民族经济——农业和工商业是使国家富强的中心课题，“以农为经，以商为纬，本末备具，巨细毕赅，是即强兵富国之先声，治国平天下之枢纽也”。这在客观上也正是对洋务派思想的批评。

孙中山在香港西医书院历年的考试成绩，均名列前茅。1892年7月（清光绪十六年六月），他参加了第五学年考试，又获全级第一。孙中山历年成绩总汇，在12门课程中成绩得优等者10门，及格2门，总成绩是“最优异”，他以全校之冠的优秀成绩毕业了。在同月23日举行的毕业典礼上，他接受了教务长英国人康德黎（J. Cantlie）颁发的西医书院第一名毕业执照，并获得《婴孩与儿童之病症》《外科肾症》和《神经之损伤与病症及其治疗》三书作为奖品。毕业典礼结束后，康德黎又特别在家里设宴为毕业生孙中山和江英华二人庆贺，应邀作陪者50人，师生欢谈，气氛至为热烈。

至此，孙中山结束了他的大学生涯。

大学时代是孙中山一生中不可忽视的阶段。如果没有这六年的勤奋学习、刻苦钻研，在学习自然科学的同时，热心研究社会科学，并参加实践，广交爱国志士，从而奠定了较坚实的基础，孙中山就难以在1894年成长为一位民主革命家。

总体来说，从12岁到26岁，孙中山在学生时代接受西方资本

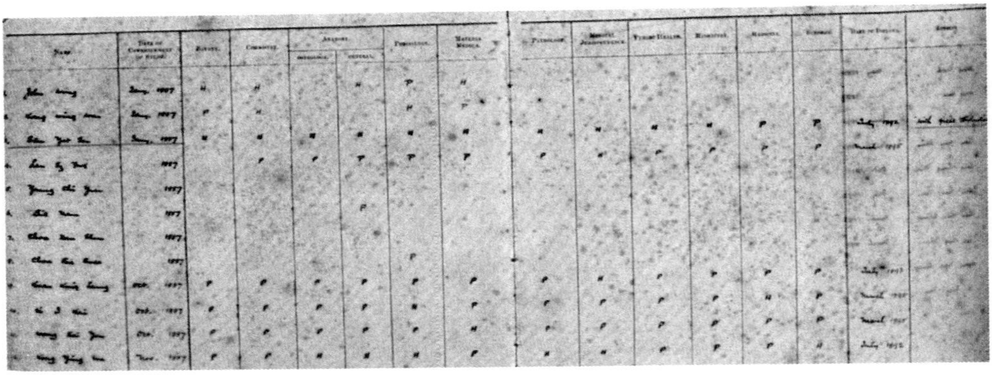

孙中山大学成绩单，其中有10门课获得优异成绩

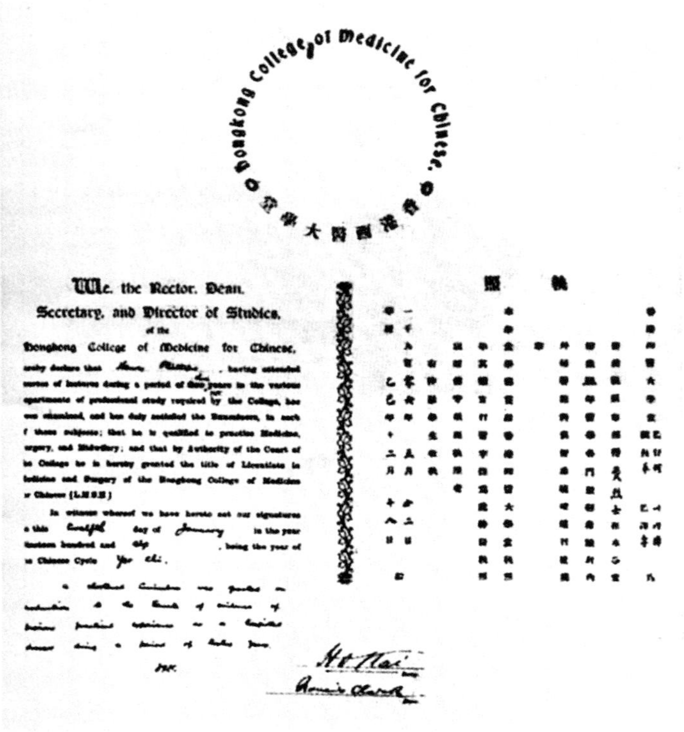

We, the Rector, Dean,
Secretary, and Director of Studies,
of the
Hongkong College of Medicine for Chinese,

孙中山香港西医书院毕业证书

主义教育共 14 年之久。在这期间，作为一个积极向西方学习，探求救国真理的青年，他学到了不少先进的自然科学知识，也接触了资产阶级的一些社会政治学说，使他向往西方资产阶级的文明。与此同时，国内外人民反帝、反封建斗争的生动事实，也给予孙中山以积极的影响。这些，对于他的民主革命思想的形成，都起了重要作用。

至于孙中山西医书院毕业时是得了什么学位的问题，说法不一。目前，海内外有关孙中山的著述中仍有着不同的说法，宜予辨证说明之。

长期以来，“孙逸仙博士”的称谓流传甚广。1935 年，原博济医院旧址（今广州中山医科大学孙逸仙纪念医院）竖立的纪念碑，雕刻有“孙逸仙博士开始学医及革命运动策源地”等字样。博士之称实际是一种误会。《伦敦被难记》的中文本提到孙中山西医书院毕业一事的文字为：“阅五年而毕业，得医学博士文凭。”但查对 1879 年伦敦出版的英文原著，这一段作“After five year's study(1887—1892 年) I obtained the diploma entitling me to style myself Licentiate in Medicine and Surgery，Hong Kong”。[①] 可译成：“经过五年（1887—1892 年）学习之后，我领得有资格在香港开业行医的毕业文凭。”并无博士的字样。

罗香林在《国父大学时代》一书中，有的地方称孙中山获得的学位是学士，有的地方又说是硕士。如该书叙述康德黎在毕业典礼上演说完毕后，即颁发国父与江英华二人成绩优秀之毕业执照，内载中英文证明文句，大意相同，唯英文方面增加“并由书院当局授予香港西医书院医学及外科等硕士（Licentiate）之学位称号”。其实 Licentiate 在这里并无硕士的含义，只是有开业行医资格者的意

① Sun Yat-sen：*Kidnapped in London*，Bristol，1897，P10.

思。揆诸事实，孙中山在香港西医书院学习五年，只有本科考试成绩，仅能授予学士学位，迄今尚未发现孙中山硕士或博士学位的考试成绩、论文及答辩情况等资料。

事实上，西医书院当时尚属草创阶段（1892年才转入正轨），是没有资格授予博士或硕士学位的。康德黎在颁发证书时说得很清楚："今日对在座青年同学颁发准许各位为书院信誉而从事医药与外科及产科医师职务的证书执照，乃一较任何事情为感觉兴奋的事。这种学士证书执照的获得，用各位过去五年在书院努力工作，而今日仅得发展初阶的结果，且显示为书院开创新纪元。因为学士荣衔的获得，在本院还是第一次呢！"①

1925年，孙中山在北京逝世，香港大学注册部的唁电说："此校（指香港大学——引者）可认为先生之母校"，因为孙中山"1892年得医学士之阿飞斯（Alice）（即雅丽氏另译音，原文如此——引者）纪念医院，顷已合并于斯校矣"。②可见，孙中山所获得的是一般大学本科的学士学位。孙中山本人也从未提及自己得过博士或硕士学位。相反，他明确自称医学士。

五、大学时期的广泛交游

孙中山的大学时期，既是他政治上开始成熟的时期，也是他作为一个民主革命者不可缺少的思想准备的时期。这个时期与他日后革命思想的形成和革命事业的发展有着密切的关系。其中，他的勤奋治学和广泛交游，就为他日后的革命工作准备了条件和奠定了基础。

①②据《日本外务省档案各国内政杂纂·中国部分·革命党方面》，1900年机密受第1162号，驻上海小田切代总领事报告。

孙中山 1892 年 2 月 7 日在香港留影

孙中山是个学习勤奋、成绩优良的学生，但不是一个埋头读死书的书呆子，他并没有一头栽进医书堆去，而是经常关心国家大事，怀抱救国救民的宏愿。他的学习范围远远超出了医学院课程的要求，凡有关国利民福的知识都潜心钻研，阅读了大量与国计民生有关的各种书籍。他在给郑藻如的信中云："某留心经济之学十有余年矣，远至欧洲时局之变迁，上至历朝制度之沿革，大则两间之天道人事，小则泰西之格致语言，多有旁及。"[①] 当时孙中山才是个大学三四年级的学生，课外学习的范围却已如此广阔。稍后，他在上李鸿章书中，谈到自己"幼尝游学外洋，于泰西之语言文字、政治礼俗，与夫天算地舆之学，格物化学之理，皆略有所窥；而尤留心于其富国强兵之道，化民成俗之规；至于时局变迁之故，睦邻交际之宜，辄能洞其阃奥"。[②] 孙中山这些表述，参照与孙中山同学五年并同住一室的关景良的回忆所云"孙中山白天学科学和医术，夜间则攻读中文，特别喜欢中夜起床读书，最爱读的是《法国革命史》和进化论诸书。他常将地图挂在墙上，频频注视，深深慨叹美好江山付之非人"等情况，证明其言并无虚夸。正因为孙中山有远大的抱负，所以，他除学好医科的各项课程，如生理学、解剖学、病理学、外科学、产科学等以外，还阅读了大量中国古代典籍及西方政治、经济、科技方面的著作，知识面是宽广的。

关于孙中山在大学时期的广泛交游情况，是他读书时期值得记述较多浓重的一笔。

当时，孙中山有意识地结识一批有革命倾向的知识青年，交流个人的政治抱负与爱国理想。他所交游的人群中，既有同学、老师、商贾、工人，又有士绅等不同类型的人。他们政治面貌虽然不同，但不乏进步、开明甚至抱有反清思想的人士，并分别对孙中山思想

① 《兴利除害以为天下倡》，《孙中山全集》第二卷，人民出版社 2015 年版，第 3 页。

② 《上李鸿章书》，《孙中山全集》第二卷，人民出版社 2015 年版，第 8 页。

孙中山在香港西医书院与同学合影（摄于 1891 年左右）。前排左起：江英华、关景良、孙中山、刘四福；后排左起：王九皋、王以诺、黄怡益、王泽民、陈少白

的发展及早期的革命活动有着不同程度的影响，还形成了一个没有组织形式而有共同反清愿望，以他为核心的政治小团体。

当时，孙中山与之交往最密切的，首推被人称为“四大寇”中的陈少白、尢列、杨鹤龄三人。

陈少白（1869—1934 年），广东新会人，自小就从叔父处获得“西学译本多种”，因而“知世界大势，发生国家观念”。1889 年，他在广州新办的格致书院就读，因家境日渐困难，预备到香港去半工半读，经区凤墀介绍，开始与孙中山相识。俩人一见如故，“谈谈时局，觉得很入港，谈到革命的事，也是很投机”。[①] 第二年，陈少白在孙中山引荐下，得到康德黎同意，进入西医书院就读。俩人关系是十分亲近的，据冯自由在《革命逸史》初集中说，在孙中山肄业雅丽氏医院时期，及兴中会成立前后，“诸同志中与总理关系密切者，以陈君为最，总理实不啻倚之为左右手”。

尢列（1866—1936 年），字令季，别字少纨，广东顺德人，其祖与父都是学者，在当地是有影响的知识分子。尢列在结识孙中山以前，就游历过不少地方，足迹所及，内而大河南北，长江上下，外而朝鲜、日本。他还在上海加入过洪门会，又到过南京寻找太平天国遗迹。在民族危机深重的情况下，尢列“蒿目时艰，慨然有匡复之志”，是一个见多识广而又有爱国反清思想的青年。1886 年夏，他开始与孙中山结识。后来，他去香港考取了华民政务司署书记的职务，这样就使孙、尢有更多机会相聚。尢列曾从事舆图测绘工作，又游历甚广，他这方面的知识，自然会使熟悉地图、注意山川形势、关心风俗人情的孙中山感兴趣，加上两人同有反清思想，因而成为密友。

杨鹤龄（1868—1934 年），是孙中山的同村青年，自幼相熟。

---

① 《兴中会革命史要》，见《辛亥革命》（资料丛刊）（1），第 24 页。

“四大寇”（摄于1888年）。由右至左：尢烈、陈少白、孙中山、杨鹤龄，后立者为关景良

杨父在香港开设了一间名为杨耀记的商店，孙中山在西医书院时，经常到杨耀记，与杨鹤龄来往更为密切。杨鹤龄与尢列为广州算学馆同学。在1889年至1890年间，孙、陈、尢、杨就常聚集在杨耀记商店楼上，一起“高谈造反覆满，兴高采烈，时人咸以‘四大寇’称之”。孙中山这样回忆：“予与陈、尢、杨三人常住香港，昕夕往还，所谈者莫不为革命之言论，所怀者莫不为革命之思想，所研究者莫不为革命之问题。四人相依甚密，非谈革命则无以为欢，数年如一日。故港澳间之戚友交游，皆呼予等为‘四大寇’。”①他的这段回忆，反映了这几个具有爱国思想、受过西方文化教育而又渴望改造中国的青年开始寻求革命道路的情况。其时正是孙中山所说的“革命言论之时代”，它酝酿着向革命行动时代的过渡。

孙中山早年已认识的陆皓东和郑士良，也是当时的亲密朋友。陆和孙是翠亨村孩提时的同学。1883年孙中山在翠亨毁坏神像，就是和陆皓东一起干的。后来，陆皓东在上海电报局任报务员，他每次从上海回广东途经香港时，一定要找正读大学的孙中山畅谈国家大事，并常下榻于杨耀记，与“四大寇”会见。孙中山与陆皓东的来往一直是很密切；后来，陆皓东在孙中山影响下决心参加革命，成了为中国近代民主革命而牺牲的第一位烈士。

郑士良因父辈的关系，从小就与会党绿林中人有交往，受到反清复明思想的影响，痛恨清朝官吏的贪污腐败。孙中山在广州博济医校读书时，与郑士良是同学。郑士良“为人豪侠尚义，广交游，所结纳皆江湖之士”。孙中山与郑士良谈到反清的事，郑听了以后表示悦服，并告诉孙中山，他日有事可罗致会党以听指挥。孙中山转学西医书院后，郑士良则于1888年回到归善淡水开设西药房，继续从事联络会党的工作。在此期间，他与孙中山的联络并未中断，经

---

①《建国方略》，《孙中山全集》第一卷，人民出版社2015年版，第75页。

郑士良

杨衢云

常到香港杨耀记与孙中山会面，极赞成孙中山的政治主张。

上述同孙中山有密切交往的陈、尢、杨、陆、郑五人，尽管出身不同，经历各异，但有一点是相同的，就是他们都与孙中山一样，是不同程度接受了西方资产阶级文化教育、具有强烈爱国思想和反清倾向的青年知识分子。这些年轻的志士高谈反清言论，仰慕反清的农民起义领袖洪秀全，他们互相鼓励，互相促进。孙中山固然首先以自己激进的思想影响着周围的青年朋友，但另一方面，这些青年朋友又都在不同的方面，或给孙中山以鼓励，或增长了孙中山的见闻，或与孙中山同作日后的谋划，总之，他们也给孙中山以影响，使孙中山增强了信心和勇气。这对孙中山日后革命思想的形成和发展革命活动是有重要意义的。这样，一个以孙中山为核心的革命小团体正在形成之中。孙中山最早的革命事业都以这几个人为骨干，如陆皓东在1895年的广州起义，郑士良在1900年的惠州起义，陈少白于《中国日报》、创立兴汉会、与康梁改良派商谈等，都起过十分重要的作用。

在大学时代的后期，孙中山还结识了香港辅仁文社的社长、后来成为香港兴中会总部会长的杨衢云（1861—1901 年，原名飞鸿，福建海澄人）。杨衢云生于一个有种族意识的知识分子家庭，自小随父在香港学英语，后在香港任英文教员、招商局船务书记长。香港时有英国海陆军人酗酒闹事，凌辱殴打中国人。杨衢云每遇这种情况，即“挥拳奋击醉兵”，因而屡被执送警署。他常愤慨地说：“外人待我不平，同胞必须发奋图强，其所以致此，皆因满胡压迫汉人，不能致中国强盛，故受外人欺侮也。”[①] 他也是与“四大寇”、陆、郑等思想相似的青年。约在 1891 年，孙中山与其相识后，经常谈论救国大计。1892 年，杨和一些友人组成了“辅仁文社”。孙中山当时与杨衢云虽已认识，但交情不能与尤、陈、杨、陆、郑等相比。而辅仁文社又并不是一个具有明显政治目的的小团体，该组织以“砥砺品行”、“开通民智”、“尽心爱国”的宗旨，不失为一个具有进步倾向、有较多西学知识的爱国青年组织。从目前所见的资料看，除尤列外，“四大寇”中的孙、陈、杨三人均未参加该组织。其主要成员杨衢云、谢缵泰（1872—1937 年，字圣安，广东开平县人，出身于澳大利亚华侨资产阶级家庭）等颇富民族意识和爱国思想，正因如此，孙中山后来在檀香山创立兴中会后回港，该社的杨衢云、谢缵泰、黄咏商、周昭岳等人才能与“四大寇”等结合，组成香港兴中会总部。

此外，孙中山还结识了一些有志于改革的维新派人士。其中对孙中山产生直接影响的，首推他的业师何启。何启是香港中央书院的毕业生，后赴英国学医，毕业后再学法律，获法律学学士学位。1881 年，何启回香港，先行医，后操律师业务，不久被推为香港议政局议员，在香港社会是个有影响的人物。他精通西学，又是一个

① 《国民革命文献丛录》，见《广东文物》（中），第 102 页。

主张改革的爱国忧时之士。1887 年 1 月，著名的洋务派外交官曾纪泽在伦敦《亚洲季刊》上发表《中国先睡后醒论》一文，为清政府的腐朽统治涂脂抹粉。何启读后，立即写了《曾袭侯〈中国先睡后醒论〉书后》，揭露清政府“政治不修，风俗颓靡”的腐朽状况，指出这才是中国的真忧所在。该文要求在制度上实行改革，取信于民。认为国家之兴之立在于人民，“为君者其职在于保民，使民为之立国也；其事在于利民，使民为之兴国也”。[①] 何启还提出：“政者，属众人之事也”，“政者民之事而君办之者也，非君之事而民办之者也，事既属乎民，则主亦属乎民”。[②] 对中国儒家的“民贵君轻”、“民无信不立”等民本主张，以西方资产阶级主权在民的思想作了新的解释。他明确提出中国在政治上必须改革，成为当时鼓吹改良最有力的人物之一。

何启是西医书院的创办人、学校的名誉秘书，并任法医学和生理学教师。西医书院规模不大，师生之间易于交往，何启关于主权在民的论说，对孙中山民主革命思想的形成，起了一定的启蒙作用。在何启影响下，孙中山在大学时已喜欢写文章，发表改革和救国的言论。孙中山在早年上书中的一些改革主张，就和何启的某些主张颇为近似。何启后来对孙中山的革命活动抱同情和支持的态度。

另一位与大学时代的孙中山有较密切关系的早期改良主义者郑观应，是孙中山的同乡，比孙中山年长 24 岁，曾是洋行买办，在洋务派经营的企业中任过总办、帮办等职务。他是一个“熟谙洋务”的官员，又是一个颇具爱国思想的维新人物。孙中山通过好友陆皓东的介绍相识后，俩人经常交谈对时局的看法及学习西方的主张。后来，郑观应曾为孙中山上书李鸿章一事函请盛宣怀向李鸿章推荐，说明郑观应对孙中山是了解和熟识的。

---

① 《胡翼南先生全集》卷三，广州 1916 年版。

② 《新政真诠》，见《戊戌变法》（资料丛刊）（1），第 200 页。

何启

孙中山与西医书院的两位英国教师康德黎与孟生也有密切关系。后来，1896 年 10 月，孙中山在伦敦被清政府驻英使馆诱捕囚禁，康德黎获讯后与孟生竭力营救，使孙中山最终获释，充分体现了他们深厚的师生情谊。

此外，孙中山还与同学关景良、教友区凤墀、区凤墀的女婿尹文楷、区凤墀的朋友王煜初（王宠惠的父亲）建立了较为深厚的友谊，他们对孙中山的事业或生活，都给过一定的支持或帮助。

综上所述，可以看出当时孙中山这种交游为他日后形成革命团体，进行反清，具有重要的意义。“物识有志学生，结为团体，以任国事”，[①] 这是孙中山在大学时期已开始实行的一种主张；十几年后，他在日本对廖仲恺夫妇、马君武等人，也曾嘱告他们用同样办法联络人士以推进革命工作。后来，孙中山即以革命知识分子为骨干，组成中国第一个民族民主革命政党中国同盟会，把中国民族民主革命推向新阶段。

① 《建国方略》，《孙中山全集》第一卷，人民出版社 2015 年版，第 82 页。

第二章

推翻封建帝制，创建共和民国

（1892—1911 年）

第一节　踏上民主革命的征途

一、行医与思索

1892年7月，26岁的孙中山以优异的学习成绩结束了他的学生生活。是年9月，他应澳门镜湖医院的邀请，去到该院充当西医师，挂牌行医。12月间，他改在澳门大街仁慈堂附近（后迁至草堆街84号，今为“大生匹头”店）开设了一间中西医药局（西医房），自己单独行医，打算用听诊器和手术刀来悬壶救世，造福人民，成了中国籍西医师在澳门开业的第一人。

镜湖医院是中国人在澳门开设的最大的一所慈善医院，一向以中医中药为患者治病，但因孙中山学的是西医，这家医院主持人为此特开先例，允许孙中山兼用西医西药为人诊治疾病。孙中山擅长外科手术和治疗肺病，他的医德很好，以自己一贯认真负责的态度，待人亲切，不避麻烦，热情地为患者解除病痛。无论门诊或出诊，诊费一律随意而付，如有急诊，不论贫富，有求必应；遇到一些穷人前来求医，常常免费诊治。他的医术较高，药到回春，加上每逢

澳门镜湖医院原貌

澳门中西药局旧址（位于澳门草堆街 80 号）

遇到疑难重症，他的老师康德黎博士必自香港乘船来澳门悉心指导，使许多病人经他细心诊治，解除病痛，恢复了健康；他还两次把垂危的病人从死亡的边缘上救回来，大得人们的赞誉。因此，他在澳门行医“不满两三月，声名鹊起”，“就诊者户限为穿”。由于求治者纷至沓来，十分拥挤，他常常应接不暇。

1893年在澳门创刊的《镜湖丛报》，曾两次刊登《春满镜湖》告白，介绍孙中山在澳门行医的情况。它详细记述了孙中山当时的行医地点、时间及业务范围，尤其表彰他精湛的医术和高尚的医德。具名刊登广告者，均为当时澳门的知名人士。其广告全文如下：

> 大国手孙逸仙先生，我华人而业西医者，性情和厚，学识精明，向从英美名师游，洞窥秘奥。现在镜湖医院赠医数月，甚著功效。但每月除赠医外，尚有诊症余闲。在先生原不欲酌定医金，过为计较，然而称情致送，义所应然。今我同人，为之厘订规条，著明刻候：每日由十点钟起至十二点钟止在镜湖医院赠医，不受分文，以惠贫乏；复由一点钟至三点钟止在写字楼候诊，三点钟以后出门就诊，其所订医金，俱系减赠。他如未订条款，要必审视其人其症，不事奢求，务祈相与有成，俾尽利物济人之初志而已。下列条目于下：
>
> 一、凡到草堆街中西药局诊症者，无论男女，送医金二毫，晨早七点钟起至九点钟止。
>
> 二、凡亲自到仁慈堂右邻写字楼诊症者，送医金一元。
>
> 三、凡延往外诊者，本澳街道送医金二元，各乡市镇远近随酌。
>
> 四、凡难产及吞服毒药延往救治者，按人之贫富酌议。
>
> 五、凡成年包订，每人岁送医金五十元；全家眷口不逾五人者，岁送医金百元。

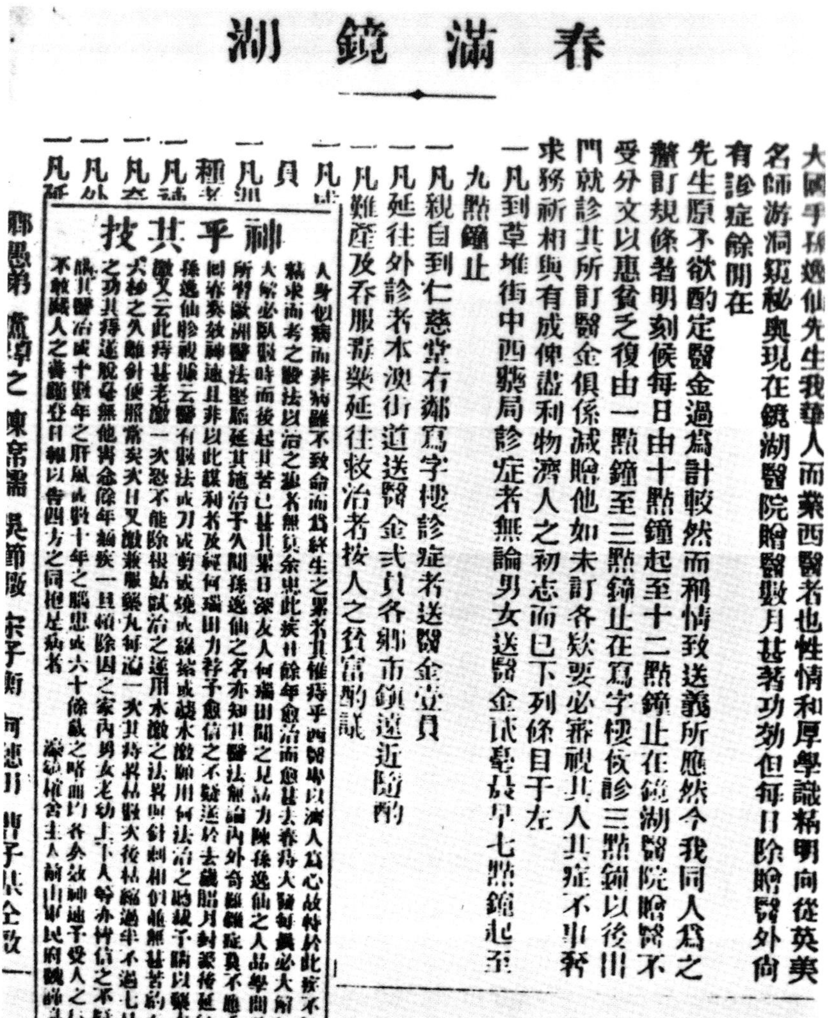

春滿鏡湖

大國手孫逸仙先生我華人而業西醫者也性情和厚學識精明向從英美名師游洞窺秘奧現在鏡湖醫院贈醫數月甚著功効但每日除贈醫外尚有診症餘閒在

先生原不欲酌定醫金過爲計較然而稱情致送義所應然今我同人爲之釐訂規條著明刻候每日由十點鐘起至十二點鐘止在鏡湖醫院贈醫不受分文以惠貧乏復由一點鐘至三點鐘止在寫字樓候診三點鐘以後出門就診其所訂醫金俱係減贈他如未訂各款要必審視其人其症不能刻求務祈相與有成俾盡利物濟人之初志而已下列條目于左

一凡到草堆街中西藥局診症者無論男女送醫金貳毫晨早七點鐘起至九點鐘止

一凡親自到仁慈堂右鄰寫字樓診症者送醫金壹員

一凡延往外診者本澳街道送醫金貳員各鄉市鎮遠近隨酌

一凡難產及吞服毒藥延往救治者按人之貧富酌議

一凡……

神乎其技

鄭觀弟 盧焯之 陳席儒 吳節薇 宋子衡 何穗田 曹子基 仝啟

澳门《镜海丛报》刊登的《春满镜湖》告白

六、凡遇礼拜日十点钟至十二点钟，在写字楼种牛痘，每人收银一元；上门种者，每人收银三元。

七、凡补崩口、崩耳，割眼膜、痈疮、疠瘤、淋结等症，届时酌议。

八、凡奇难怪症，延请包医者，见症再酌。

九、凡外间延请，报明急症，随时速往，决无迁延。

十、凡延往别处诊症，每日送医金三十元，从动身之日起计。

乡愚弟卢焯之、陈席儒、吴节薇、宋子衡、何穗田、曹子基同启。①

但是，好景不长，孙中山在澳门仅仅一年左右时间，他的高明医术和声誉日隆，引起了原先在澳门行医的一些葡萄牙人的妒忌和排挤。他们散布了关于孙中山的不少流言蜚语，并借口孙中山无葡国文凭，不得为葡人治病，还通知各药房不得为中国医生配方，进行多方刁难，阻止他继续开业。孙中山被迫于1893年春愤然离开澳门，转赴广州行医。

孙中山在广州冼基（今十八甫南路）开设了东西药局。他行医赠诊，使医务之盛，一如澳门。不久，为适应医务发展的需要，又在圣教书楼（今北京路白沙巷口）开设一处东西药局的分诊所；同时，还在香山石岐镇与人合股开设东西药局的支店。在广州《中西日报》（光绪二十年正月二十二日，即1894年2月27日）上，有一则《东西药局启事》的广告，勾勒了他的医务的轮廓："在药局赠诊，不受分文，以惠贫乏。……先生素以济人利物为心，若有意外与妇难产、服毒药症，报名危急，无论贫富俱可立时邀至，设法施

①陈锡祺主编：《孙中山与澳门》，中华书局1991年版，第64—65页。

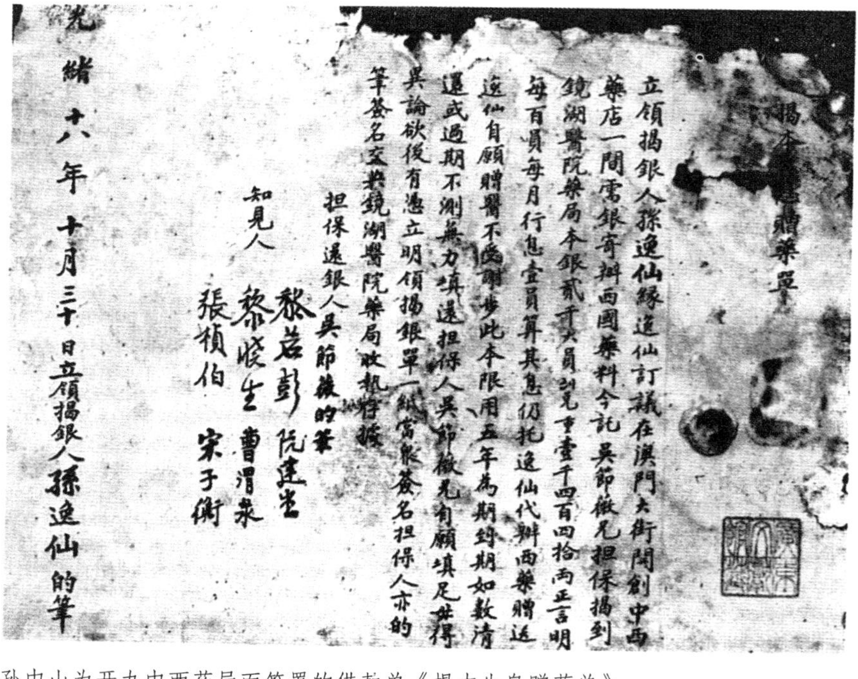
揭本生息贈藥單

立領揭銀人孫逸仙緣逸仙訂議在澳門大街開創中西藥店一間需銀寄辦西國藥料今託吳節薇兄担保揭到鏡湖醫院藥局本銀貳仟大員計重壹千四百四拾兩正言明每百員每月行息壹員算其息仍托逸仙代辦西藥贈送逸仙自願贈醫不受酬步此本限用五年為期到期如數清還或過期不測無力填還担保人吳節薇兄自願填足毋得異論欲後有憑立明領揭銀單一紙當衆簽名担保人亦的筆簽名交執鏡湖醫院藥局收執存據

担保還銀人吳節薇的筆

知見人 黎若彭 阮建堂
黎晙生 曹渭泉
張禎伯 宋子衡

光緒十八年十月三十日立領揭銀人孫逸仙的筆

孙中山为开办中西药局而签署的借款单《揭本生息赠药单》

救。”[①] 他很快获得了人们的赞誉，“病家趋之若鹜”。

孙中山一面热情为患者治病，施医赠药，拯救同胞；一面继续“借医术为入世之媒”，多方联络，广交朋友，考虑救国大计。在澳门的遭遇，使他亲身感受到由于国家贫弱而遭受外国欺凌的屈辱和痛苦，更加真切地感到必须改革中国的现状。另外，在行医中接触到一些官僚、士绅和商人，加深了解到清朝政府的黑暗和腐败，也越来越认识到“医术救人所济有限”，若单凭自己的医术，做一个好医生，只能为一部分人治病，医道纵然再高，也不可能从根本上解决中国的贫弱问题，也不能使广大贫苦群众真正摆脱苦难，因而“医国”比“医民”更重要。正如他常对要好的同学说：“医生救人只几命，反满救人无量数，吾此生舍反满莫属矣！”所以，他不满足于做一个治疗人体疾病的良医，更加关心的是国家民族的“痼疾”，便下决心通过其“医人生涯”，放大医生的职业去从事“医国”的事业。

从此，孙中山由“医人”走向“医国”，开始了“借医术”进行挽救民族危亡的政治活动。

“医国”如何入手呢？

这时期的孙中山，不再把医务工作置于首要的地位，他“行医日只一两小时，而从事革命者，实七八小时”，主要精力已注入革命准备工作之中。正如孙中山自己所说，他“悬壶于澳门、羊城两地以问世，而实则为革命运动之开始也”。[②]

当时，孙中山除和大学时代一起鼓吹反清革命的陆皓东、郑士良、陈少白、尢列等旧友密切来往外，又积极地物色反清志士，结识了一些具有爱国思想和对清朝不满的新朋友，如书店经理王斗山、基督教牧师王质甫、教师魏友琴、海军军官二程兄弟等人。其中程

①冯自由：《孙总理行医广告》，载《革命逸史》初集，中华书局 1981 年版，第 7—8 页。

②《建国方略》，《孙中山全集》第一卷，人民出版社 2015 年版，第 76 页。

璧光系广东水师广丙舰管带，毕业于福建水师学堂，曾被派赴英国学习过海军业务；其弟程奎光为镇涛舰管带，也毕业于福建水师学堂。这部分人有一定社会地位，是一些对西方比较了解的近代知识分子。

孙中山和这些新朋旧友经常聚集在一起，在广州圣教书楼后的礼拜堂及广雅书局南园的抗风轩（今文德路省立中山图书馆南馆内，原房子已不存在）谈论时事和政治，谋求救国办法，为实现理想做准备。

1893年冬初，孙中山邀集陆皓东、郑士良、魏友琴、尢列和程耀辰、程璧光、程奎光三兄弟，聚会在抗风轩，在推心置腹的秘密议论中，曾酝酿要成立一个组织团体，以从事“医国”活动。

他们选择抗风轩密议时政，是有特别意义和便利条件的。抗风轩渊源流长，历为名人集社之所。在明初，翰林典籍孙贲、给事中王佐、翰林侍制黄哲、洛阳长史李德和监察御史赵介五人结社吟咏于此地，后废为总镇府花园。嘉靖年间，改建为三忠祠，祀宋信国公文天祥、丞相陆秀夫和越国公张世杰。清光绪十三年，两广总督张之洞在广州创立广雅书院，次年修葺三忠祠设为广雅书局。尢列在广雅书局附近的广东舆图书局任测绘生，与局员相熟，得借抗风轩以会友为名举行密谈。该处环境幽静，有利于避开清吏的耳目。孙中山、郑士良等人由仰慕前贤而效法古人，在抗风轩谈古论今，鞭挞时弊，抒发反对封建制度枷锁的情感，议论成立政治组织，其寓意之大自然非同一般。

这次会议，由尢列主持，孙中山提议“宜先成立团体”，倡设兴中会，以“驱除鞑虏，恢复华夏”为宗旨，“从皆赞成之”。后来因为参加人数很少，没有形成具体组织，并无实际结果。

尽管如此，但抗风轩的聚会和议盟，表明了孙中山的民族革命思想已趋于成熟，他已进入了结集同志、团聚力量、组织革命团体

抗风轩旧址

以促进和领导革命的新阶段。这次议盟，也为后来兴中会的建立和乙未广州首义作了思想和组织上的准备。

其实，孙中山所提出的“驱除鞑虏，恢复华夏”的宗旨，实际上是仿照朱元璋《北伐檄文》中的“驱除胡虏，恢复中华”而来。它体现不出近代民主革命历史潮流的趋势，更多地带有反满复汉的种族主义色彩。尽管近代中国一切腐败落后的集中体现是与帝国主义相勾结的清政府，要解决民族独立的根本问题必须首先推翻这个卖国政府；反清革命确实也反映了广大人民群众的愿望，但狭隘的种族主义毕竟不能成为民主革命的思想武器；恢复汉人统治也不可能解决民族独立的任务。孙中山虽然经过大学时代的政治思想陶冶，反对专制、主张宪政的民主主义思想成分有了很大增长，师法西方、建设良善政府也已有所考虑，但旧传统与新思想相互交织在一起，以致在凝聚同志、结合团体、楬橥宗旨时，仍然模仿古代人来兴政图强和使用传统的语言。所以，他当时倡议成立的兴中会即使形成具体组织，也只能算作一个种族革命的团体。

二、上书李鸿章

1894 年，当时 28 岁的孙中山虽然已经有了一些革命思想，但是还没有成长为革命的民主主义者。他与发表过不少鼓吹改良主义主张论文的何启早有结交，又不断和改良主义者郑观应就时局问题通信交换意见，思想上受到了他们的一些影响；加上国内改良主义思潮盛极一时，所以，孙中山与当时的某些先进人物一样，对清朝政府抱着幻想，寄希望于统治阶级上层某些人物。他的主要精力用在了探求、试验并向统治者提出改革救国主张方面。

早在 1890 年，孙中山还在香港西医书院读书时，就曾写信给已退职的清廷官员郑藻如。郑藻如（1824—1894 年），字志翔，号豫轩，广东香山县濠头乡人，咸丰三年（1851 年）中乡试恩科举人，曾办过洋务，当过外交官，1886 年因病返乡居住，成为当地德高望重的官员。因此，一心为国、改造社会的孙中山对其寄予很大期望，便写信给他阐述自己的变革政见，希望得到支持。信中主张效法西方国家，进行改良，提出“兴农会以倡革农桑业”、“立会设局以禁绝鸦片”和“兴学会设学校以普及教育”三项具体意见，建议先在香山县倡行，然后逐渐推广到全国各地。

《致郑藻如书》是针对国家时局、社会弊病提出的变革举措，反映了孙中山青年时代革新乡政、改造社会的最初设想。

郑藻如

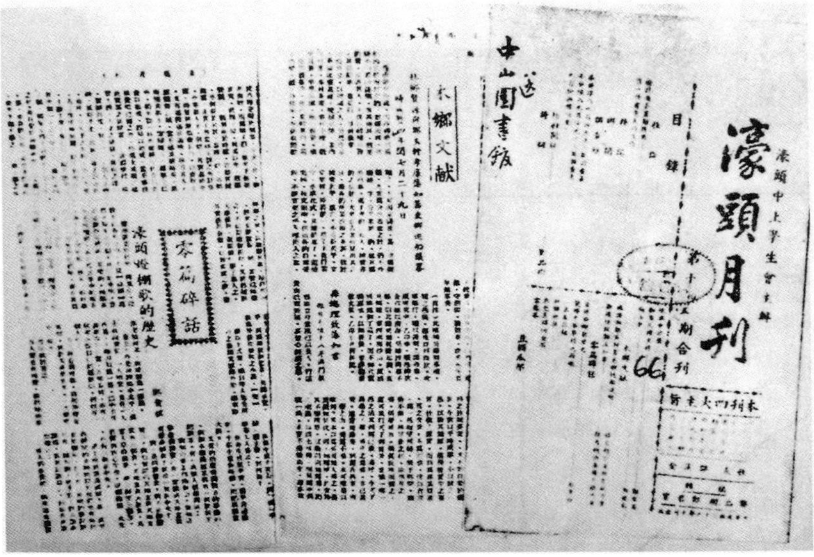

《濠头月刊》刊登的孙中山《致郑藻如书》

在《致郑藻如书》同时，即1891年前后，孙中山撰写了《农功》[①]一文，阐述关于中国现代农业发展的见解，和农业对于国计民生的重要性等问题。在这篇文章中完全没有涉及变革农业中的封建生产关系问题，只是主张学习西方的科学技术以改良中国的农业生产，反映了孙中山在不触动封建主义经济基础的前提下要求发展资本主义农业的愿望，也是其改良主义作品之一。

到1894年春夏之间，热情奔放的孙中山又特地寻找门路，通过种种关系去求见当时在清政府里掌握军、政、外交大权的直隶总督兼北洋通商大臣李鸿章，期望着通过建议改革政治以谋求民富国强。

事情的经过是这样的：

1894年（清光绪二十年）1月底，正在广州开东西药局诊所的孙中山突然不知去向了，失踪了。诊所里的人，急切地写信给香港孙中山的好友陈少白，告急说药房中的现金已所剩无几，开销都成大问题了，却不见了店主的影子。陈少白立即回到广州找了几天，但仍杳无音讯。又过了几天，还是一点消息都没有，大家都非常焦急。

原来，在春寒料峭、淫雨纷飞的一个早晨，孙中山丢下他的药房，静悄悄地一个人回故乡翠亨村的家里，关起门来，埋头去起草《上李鸿章书》去了。

陈少白在《兴中会革命史要》中忆述说，到了第16天，孙中山忽然跑回来了，“手里拿着很大一卷像文件的东西，他见了就说：‘对不起！对不起！’我问他：‘你跑到什么地方去了？’他说：‘这些事不要去管他了’。”说着把手里的文稿打开，给了陈少白，商量如何修改。经陈少白“稍为修改一下”后，便研究怎样寻找门路去求见李鸿章。

①此文后被郑观应酌加修改后收录于《盛世危言》一书。

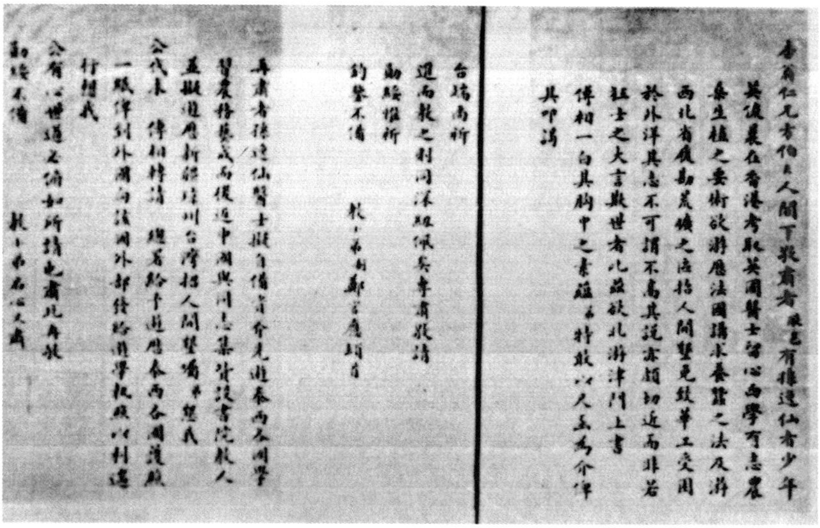

郑观应的推荐信

要会晤李鸿章，绝非是轻而易举的事。孙中山几经周折，商请了曾经做过澳门海防同知、当时已辞官在广州闲居的魏恒替他写了去见盛宙怀的推荐信。魏恒在信中要求盛宙怀出面转请他的堂兄盛宣怀向李鸿章推荐孙中山。信上说，孙中山“人极纯谨，精熟欧洲掌故，政治、语言、文字均皆精通，并善中西医术。……现拟远游京师，然后仍作欧洲之游”。

孙中山携带着陈情书和推荐信，在挚友陆皓东的陪同下，于同年春夏间从广州北上，前往上海。在上海，他除了如愿以偿地得到盛宙怀的介绍之外，还专访他的前辈郑观应，得到郑观应的帮助，并由郑观应介绍结识了另一著名改良主义者、太平天国的状元王韬，为孙中山疏通投见李鸿章的门路。王韬写信给与李鸿章关系密切的幕僚罗丰禄，请求帮助“玉成其志”；郑观应则直接修函盛宣怀，称孙中山“其志不可谓不高，其说亦颇切近，而非若狂士之大言欺世者比”。要求盛宣怀介绍孙中山去见李鸿章，“一白其胸中之素蕴”。

《上李鸿章书》约八千字，后改题为《上李傅相书》在当年上海出版的《万国公报》月刊第六十九、七十两册连载。孙中山主张以西方资产阶级为楷模，采用先进科学技术以发展工农业生产，使工商业摆脱封建束缚；改革教育制度和选拔人才制度，达到国家独立富强的目的。强调优先发展农业，认为“农政之兴尤为今日之急需”，建议开设农师学堂、举办农艺博览会、派人出洋考察、开垦荒地、集商经营等，以促进农牧业生产。要求“人能尽其才，地能尽其利，物能尽其用，货能畅其流”，认为“此四事者，富强之大经，治国之大本”。并就这四件事的内涵分别展开了阐述：“所谓人能尽其才者，在教养有道，鼓励有方，任使得法也。”“所谓地能尽其利者，在农政有官，农务有学，耕耨有器也。”“所谓物能尽其用者，在穷理日精，机器日巧，不作无益以害有益也。”“所谓货能畅其流者，在关卡之无阻难，保商之有善法，多轮船铁道之载运也。”还逐项地详细加以论证。它反映着孙中山关于富强国家、发展生产和建立一个资本主义中国的初步构想，是一个在教育、农业、工矿业、商业、交通运输业等方面学习西方使中国实现现代化的建设方案，可以说是全面经济建设的整体蓝图。总之，信的基本内容，就是希望统治阶级上层由上而下地实行、引进资本主义的改良措施，改变中国贫穷落后的面貌。他认为清政府如采纳他的主张，只要做到上述方面，就会“以中国之人民材力，而能步武泰西，参行新法，其时不过二十年，必能驾欧洲而上之”。①

应该说，孙中山的这些要求，是他早期学习西方、观察和思考的一大成果，也反映了中国社会历史发展的需要，表达了正在不断成长的中国民族资产阶级要求解除封建主义束缚，发展资本主义的强烈愿望，是具有进步意义的主张。《上李鸿章书》确是解读孙中山

---

①《上李鸿章书》，《孙中山全集》第二卷，人民出版社 2015 年版，第 14 页。

李鸿章

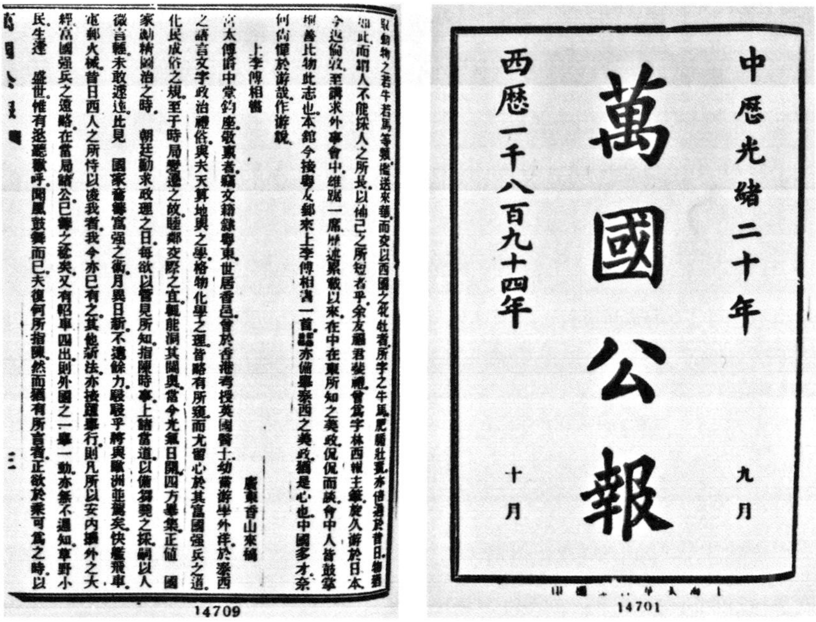

萬國公報

馭動物之若牛若馬等類。僱送來華。而交以西國之牝牡者。所孳之牛馬。肥腯壯實。亦倍過於昔日。物猶如此。而謂人不能採人之所長。以補己之所短者乎。余友繙君斐禮。曾爲字林西報主筆。旋久游於日本今返倫敦。至講求外事會中。維踞一席。歷述累歲以來。在中在東所知之美政。侃侃而談。會中人皆鼓掌稱善。此物此志也。本館今接粵友鄉來上李傅相書一首。照亦備舉泰西之美政。猶是心也。中國多才。奈何尚憚於游哉。作游說。

上李傅相書　　廣東香山來稿

宮太傅爵中堂鈞座。敬稟者。竊文籍隸粵東。世居香邑。曾於香港考授英國醫士。幼嘗游學外洋。於泰西之語言文字。政治禮俗。與夫天算地輿之學。格物化學之理。皆略有所窺。而尤留心於其富國強兵之道。化民成俗之規。至於時局變遷之故。睦鄰交際之宜。輒能洞其閫奧。當今光氣日開。四方畢集。正值　國家勵精圖治之時。　朝廷勤求政理之日。每欲以管見所知。指陳時事。上諸當道。以備芻蕘之採。嗣以人微言輕。未敢遽達。比見　國家奮筆富強之術。月異日新。不遺餘力。駸駸乎將與歐洲並駕矣。快艦飛車。電郵火械。昔日西人之所恃以凌我者。我今亦已有之。其他新法。亦接踵舉行。則凡所以安內攘外之大經。富國強兵之遠略。在當局諸公。已籌之稔矣。又有軺車四出。則外國之一舉一動。亦無不週知。草野小民。生逢　盛世。惟有逖聽歡呼。聞風鼓舞而已。夫復何所指陳。然而猶有所言者。正欲於乘可爲之時。以

三

14709

中歷光緒二十年　九月

萬國公報

西歷一千八百九十四年　十月

14701

1894 年 10 月《万国公报》刊登的孙中山《上李鸿章书》（部分）

早期思想的重要文献，它代表了孙中山全面改革中国的初步设想。

孙中山为上书言事而闭门奋笔疾书，之后又四处奔波进行活动，寻找疏通投见李鸿章的门径，表明他对这次上书抱有很大的期望，充满信心地认为“李鸿章在当时还可算识时务的大员”，较之那些一味守旧的顽固派官僚显得要开明些，既握有重权又是汉人，如果他能够接纳自己的主张，促使清政府重新振作，使中国现状有所改观，这样“办起来，也未尝不可以挽救当时的中国”。[①] 正是抱着这种心情，他兴冲冲地又从上海赶赴天津，去求见李鸿章。

1894 年（清光绪二十年）6 月下旬，孙中山偕陆皓东抵达天津，寄寓在法国租界佛满楼客栈，随即通过盛宣怀、罗丰禄等人，将自己的上书转呈李鸿章。

由于打通了关节，得到有力人物的介绍，孙中山的陈情书递到了李鸿章手里。但是，李鸿章的态度极为冷淡，他借口军务繁忙，拒绝接见他们，只随便地传话说：“打仗完了以后再见吧！”（其时中日战争即将爆发，李鸿章在芦台督师）对上书的主张未加理睬。这次政治活动的受挫，使孙中山受到一次巨大的刺激和打击！

严峻的现实，使抱着满腔热情的孙中山彻底失望。以试图通过上书请愿来促使清政府奋起的活动失败为标志，孙中山从此义无反顾地走向了革命道路。

三、创立兴中会

津门上书的失败，对孙中山是一次深刻的教育，促使他打消了对清政府尚存的一些幻想。

---

①陈少白：《兴中会革命史要》，中国近代史资料丛刊《辛亥革命》第一册，上海人民出版社 1957 年版，第 28—29 页。

这年夏秋间，闷闷不乐的孙中山同陆皓东又游历了京津等地，他在北京目睹清政府的种种腐败龌龊现象，看到“满清政治下之龌龊，更百倍于广州”[①]，深感清朝统治者积弊已深，无可救药，从而更醒悟到上书请愿等和平方法无济于事，这条道路是走不通的，必须用根本改造来代替局部改革。于是，他就毅然决定转上用武力推翻清政府的民主革命道路。

1894 年 7 月 25 日，甲午中日战争爆发。在这次战争中，中国的一些爱国官兵英勇作战，宁死不屈。可是，清朝政府腐朽无能，不敢坚决抵抗，战争遭到惨重失败，引起全国震动，人民激愤。这时，孙中山再次感到国家面临着严重的民族危机，进一步认识到“和平方法，无可复施”。炽热的革命救国意念，促使他“积渐而知和平之手段不得不稍易以强迫”[②]，应该立即行动起来，只有革命才是解决中国危机的唯一出路。

也就在这一年的 10 月，孙中山怀着革命的远大抱负，从上海乘轮船经日本，再度到自己少年时读书的地方——檀香山，去联络华侨，宣传革命思想，进行组织革命的活动，为策动反清革命做准备。

当时，檀香山共有华侨两万多人[③]，其中绝大部分是因为在家乡生活不下去，被迫背井离乡，漂洋过海的。他们多靠种田地、辟蔗园、经营商业为生计。其中有少数人靠辛勤劳动的积聚所得，慢慢发迹成为资本家。孙中山在孙眉的帮助下，在当地华侨中积极开展革命的宣传工作，获得了经营商业的宋居仁、夏百子等少数人的响应。多数侨胞虽然也怨愤由于清政府的腐败，使其在国外备受殖民主义者的欺压，但却安于现状，把孙中山的反清宣传视为“作乱谋反言论”，害怕招致“破家灭族”之祸，根本不理睬他。就是亲友故

① 《在香港大学的演说》，《孙中山全集》第七卷，人民出版社 2015 年版，第 421 页。

② 《伦敦被难记》，《孙中山全集》第二卷，人民出版社 2015 年版，第 218 页。

③郑东梦：《檀山华侨》，“檀山华侨”部分，檀香山华侨编印社 1929 年版，第 4 页。

兴中会经常活动的场所——华侨李昌的住宅

旧，也多掩耳惊走，“奔避不遑”。[①] 所以，起初赞同他主张的人寥寥无几，有的甚至嘲讽他是痴人说梦。孙中山后来把这种情况描述为“风气未开，人心锢塞”。但是这种遭遇，并没有使孙中山气馁、颓丧。由于他坚韧不拔地努力活动，奔走逾月，终于得到了一些爱国侨胞和香山籍同乡的同情并愿意接受所宣传的反清革命思想。同年11月，他在华侨中动员了二十多名关怀祖国命运的人（主要是经营小商店和小农场的华侨，另有少数工人、医生、会党等），创立了中国早期的资产阶级革命小团体——兴中会。

11月24日，在火奴鲁鲁美商卑涉银行华人经理何宽寓所举行的成立会议上，孙中山以主席的身份提议将成立的团体宜定名为“兴中会”，以“振兴中华挽救危局”为宗旨，[②]并宣布所起草的章程九条，获得大家赞同。会后，孙中山要求各会员填写盟书，由李

①②冯自由：《兴中会组织史》第四集，中华书局1981年版，第3页。

昌宣读，各人以左手置于《圣经》之上，高举右手，向天逐句诵读。盟书的内容为：“联盟人某省某县人某某，驱除鞑虏，恢复中国，创立合众政府，倘有贰心，神明鉴察。”[①] 这个誓词中所提出的“驱除鞑虏，恢复中国，创立合众政府”的革命主张，第一次向中国人民提出推翻帝国主义走狗清朝政府、建立一个以美利坚合众国为模式的民主共和政体的理想。这是中国历史上第一个资产阶级性质的革命纲领，是孙中山的民族主义和民权主义思想的初步萌芽。

在成立大会通过的孙中山亲自起草的《兴中会章程》中，以强烈的爱国激情，揭露了帝国主义列强瓜分中国所造成的民族危机，指出当时的险恶局势：“方今强邻环列，虎视鹰瞵，久垂涎于中华五金之富，物产之饶，蚕食鲸吞，已效尤于接踵；瓜分豆剖，实堪虑于目前。有心人不禁大声疾呼，亟拯斯民于水火，切扶大厦之将倾。”而清政府“上则因循苟且，粉饰虚张，下则蒙昧无知，鲜能远虑”，造成“辱国丧师，……乃以庸奴误国，荼毒苍生，一蹶不振，如斯之极”。强烈地谴责了清朝统治者的腐败无能、祸国殃民的罪行，发出了联络一切有志救国的中外华人群起共同救国的呼吁，其目的就是为了民族独立和国家富强。“振兴中华”的口号，便是在《檀香山兴中会章程》中第一次提出来的。此外，《章程》还就经费、组织机构、议事制度以及吸收新会员等问题做了一些规定。

在成立大会上，还分别选出刘祥（火奴鲁鲁永和泰杂货店司理）和何宽为檀香山兴中会的正副主席，程蔚南（商人）和许直臣（教员）为正副文案，黄华恢（商号司帐）为管库，李昌（政府机关及《檀山新报》译员）、郑金（商人、移民局译员）等八人为值理，并决定会址设在“华人消防所”二楼。

兴中会是第一个中国资产阶级革命组织。它的创建，发出了资

①冯自由：《华侨革命开国史》，商务印书馆1946年版，第26页。

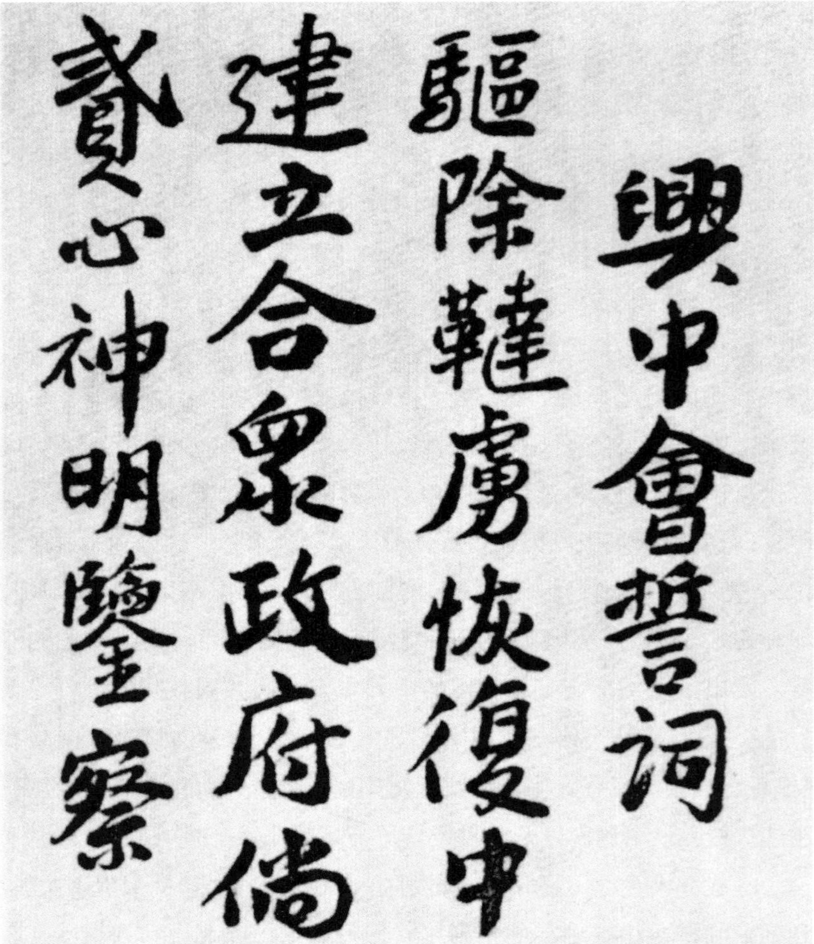
興中會誓詞
驅除韃虜
恢復中國
建立合眾政府
倘有貳心
神明鑒察

兴中会誓词

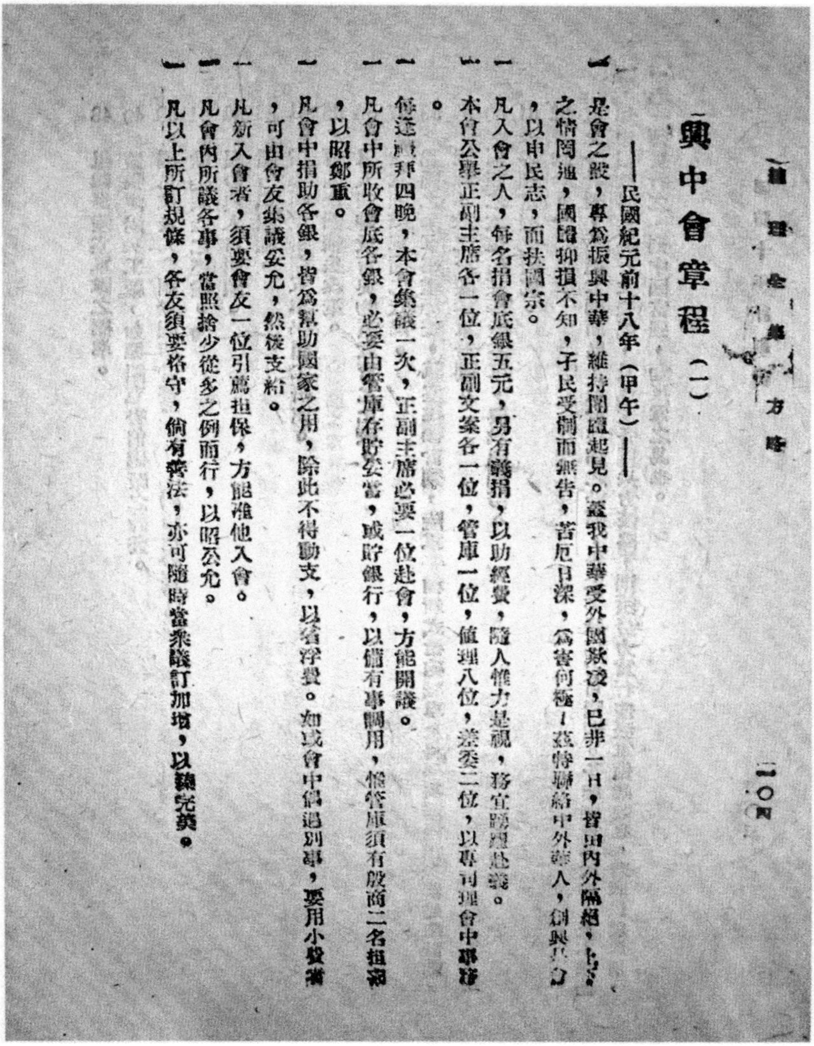

總理全集　方略　二〇四

興中會章程（一）

——民國紀元前十八年（甲午）——

一、是會之設，專爲振興中華，維持國體起見。蓋我中華受外國欺淩，已非一日，皆由內外隔絕，上下之情罔通，國體抑損不知，子民受制而無告，苦厄日深，爲害何極！茲特聯絡中外華人，創興是會，以申民志，而扶國宗。

一、凡入會之人，每名捐會底銀五元，另有義捐，以助經費，隨人惟力是視，務宜踴躍赴義。

一、本會公舉正副主席各一位，正副文案各一位，管庫一位，值理八位，差委二位，以專司理會中事務。

一、每逢禮拜四晚，本會集議一次，正副主席必要一位赴會，方能開議。

一、凡會中所收會底各銀，必要由管庫存貯妥當，或貯銀行，以備有事調用，惟管庫須有殷商二名担保，以昭鄭重。

一、凡會中捐助各銀，皆爲幫助國家之用，除此不得動支，以省浮費。如或會中偶遇別事，要用小費，可由會友集議妥允，然後支給。

一、凡新入會者，須要會友一位引薦担保，方能准他入會。

一、凡會內所議各事，當照捨少從多之例而行，以昭公允。

一、凡以上所訂規條，各友須要恪守，倘有善法，亦可隨時當衆議訂加增，以臻完善。

兴中会章程

产阶级民主革命的第一个信号；它成立后的反清活动为革命播下了火种，从而也宣告了中国近代资产阶级民主革命活动的开端。

兴中会成立后，孙中山又派人到檀香山各埠进行扩展组织、发展会员的工作。宋居仁、李昌到茄荷蕾埠，建立了以孙眉为主席的兴中会分会；孙眉又到百衣（Paia），建立了以邓荫南为主席的兴中会分会。这年冬天和次年间的数月内，陆续有一些华侨入会。在有名籍可稽的129名会员中，华侨资产阶级（工商业者、小农畜牧场主、银行家等）占62.5%，自由职业者（公务员、教员、新闻记者、技师等）占11.7%，工人占25.8%；他们均属广东省籍，其中香山县人占56.3%。他们之中有一些会党分子，如邓荫南、钟木贤等。

不过，檀香山兴中会毕竟是中国民主革命派建立的最早的组织，是中国近代史上第一个具有现代意识的完全新型的革命团体。它的创建发出了民主革命的第一个信号，为反清革命活动播下了火种，也宣告中国近代民主革命活动的开端；它还表明着中国资产阶级民主革命在组织形式上的初步形成，从此中国的民族民主革命进入了正轨时期。

当然，无论它的章程（并没有公开提出革命的主张），还是它的组织成员状况（带有狭隘的地域性，缺乏更为广泛的群众基础），都明显地带有早期的、不成熟的特征，存在很大的弱点，因而它并没有能成为一个坚强的革命团体，没有真正形成中国民主革命派的战斗核心。当孙中山离开檀香山后，它的活动几乎立刻停止，在以后的革命斗争中也未能发挥重要作用。

兴中会的出现，并不是偶然的。它是近代中国社会经济、政治发展的产物。鸦片战争后，外国资本主义的入侵，一方面破坏了中国自给自足的自然经济的基础，给资本主义造成了商品市场和劳力市场；另一方面又促进了城乡商品经济的活跃，使一部分人掌握了一定数量可以转化为资本的货币。这就给中国资本主义生产的发展造成了某些客观条件和可能。19 世纪 70 年代，以广州、上海二地创办的企业为起点，中国民族资本主义近代工业开始缓慢地发展起来。1894 年，全国有名的民族资本主义企业达 107 家，内有资本可计者 67 家，共有资本 6289035 元。它们主要是轻工业部门，包括纺织、缫丝、轧花、榨油、造纸、火柴、机器、制药等业。尽管这些企业资金不足，规模较小，技术设备落后，但它却意味着一个进步阶级的产生和新的斗争的到来。随着民族资产阶级的初步发展，其政治力量也有明显的增长。孙中山就是这个阶级的代表。在中国社会半殖民地化日益加深和民族危机日趋紧迫下，中国各阶层人民反抗外国侵略势力及其在中国的走狗的斗争也日益加剧，以孙中山为代表所发动的民主革命运动随之开始兴起。兴中会便是在这样的历史条件下由资产阶级革命分子所组成的革命团体。

四、首次武装起义——乙未广州之役

1895 年（清光绪二十一年）1 月下旬，孙中山从檀香山赶赴香港，准备利用清政府在甲午战争中一败涂地而民心愤懑的有利时机，在广州发动武装起义。檀香山兴中会的少数激进分子，如邓荫南、宋居仁等人，自愿随同孙中山回港准备参加起义。孙中山一回到香港，便约集过去志趣相投的挚友陆皓东、郑士良、陈少白、杨鹤龄等，又联系和物色了同气相求的一些人士，商议如何发动起义的问题。同年 2 月 21 日，他在香港中环士丹顿街 13 号成立了兴中会总机关。为避人耳目，对外用“乾亨行”“乾亨”一语，取自《易经》，寓“乾无奉行天命，其道乃亨主义”。意为“物极必反，汉族已有否极泰来之象”。名义作掩护。其骨干成员，有陈少白、陆皓东、郑士良，以及香港的杨衢云、谢缵泰等人。他们都是思想比较激进的反清志士，形成了一个战斗的领导核心。他们修订了《兴中会章程》，明显加强了革命色彩。它激烈抨击清政府的腐败残暴，指出当时的“政治不修，纲维败坏，朝廷则鬻爵卖国，公行贿赂；官府则剥民刮地，暴过虎狼。盗贼横行，饥馑交集，哀鸿遍野，民不聊生”；强调发动更广泛的群众，要求将救国主张“务使举国之人皆能通晓，联智愚为一心，合遐迩为一德，群策群力，投大遗艰”，一起参加救国的革命行动。这样，它就大大高超于檀香山的兴中会一筹了。

之后，孙中山偕同陆皓东、郑士良等人到了广州，在双门底王家祠云冈别墅成立了兴中会组织，陆续入会者达数百人之多。

孙中山早在檀香山兴中会成立后，便已开始引导会员筹集军费，并召集宋居仁、夏百子等二十余人组织兵操队，聘请一个丹麦人为教官，进行军事训练，准备回国进行反清武装起义。待香港兴中会一建立，他便着手组织武装起义，同大家筹划如何去袭取广州。正在这个时候，清政府于 1895 年 4 月 5 日与日本签订了割地赔款的《马关条约》，使日本侵占了台湾和澎湖列岛，勒索了两亿多两白银的赔款；还允许日本资本家直接来中国开办工厂。全国人民闻讯无不痛心疾首，义愤填膺。许多人撰写文章和诗歌，反对割让台湾，要求废除这个丧权辱国的条约，声讨清朝政府卖国罪行。孙中山更加激愤，认为时机已到，不能再等了。他立即筹备用革命的暴力推翻清政府，走上武装斗争的道路。

为发动起义，孙中山和战友陆皓东、杨衢云、郑士良等辛勤奔走，往来于港、粤之间策划部署一切，在广州设立“农学会”作为掩护起义的机关，又在香港同兴中会领导成员多次开会，讨论起义计划和起义后的具体政策。经过商议，决定由孙中山驻广州亲自担任军务，直接指挥起义，郑士良、陆皓东、陈少白随同前往，协助行动；杨衢云、黄咏商等人则留在香港，负责筹措经费和购运军械

兴中会广州分会旧址之一

兴中会广州分会机关王氏书舍（今已不存）

等工作，担任后方接应和人力、物力的补给。

为了增强起义成功的把握，孙中山还积极活动，争取外援。他派谢缵泰与《德臣西报》主笔黎德（T.H.Reid）、《士蔑西报》主笔邓肯（C.Duncon）联系，争取这两家英文报纸的支持；又与日本驻香港领事中川恒次郎接触，明确表示自己的革命目标，要求给予支持，但遭到日本政府的断然拒绝。幻想得到帝国主义的援助是不切实际的，这是孙中山革命生涯中的一个很大的弱点，对此他直到晚年才有清醒的认识。

经过半年的积极活动，购买了600支新式手枪，联络并组织了珠江三角洲地区和广东省各地的会党、“绿林”、游勇及防营、水师队伍，先后建立秘密机关数十处，决定于当年10月26日（旧历九月初九），利用重阳节回乡群众来省城扫墓的机会，炸毁两广总督署，在广州举行武装起义。规定了参加起义用红布缠臂作标志，以“除暴安良”为口号，陆皓东又设计了一种青天白日旗以代替清王朝的黄龙旗，并制定了夺取广州后挥师北上，直捣京师，推翻清王朝的计划。到10月25日晚，各地的“绿林”首领、军队首领等，多已集中到广州等候命令，他们摩拳擦掌，准备着投入战斗。

不料，就在这时，情况突然发生了变化。孙中山接到杨衢云从香港发来的电报，通知原定由他带领的充当起义主力的3000名敢死队员和一部分枪支弹药，不能按期到达广州。这样一来，就打乱了起义计划。正当他们采取紧急措施以应变时，又由于谋事不密，加上参加起义的朱淇向清政府告密，起义计划事先被清政府察觉，同时香港殖民当局也暗中向清政府的两广总督通报了兴中会的活动情况。于是，两广总督谭钟麟便急调军队加强广州防卫，并大举出动，封闭革命机关，四处搜捕起义人员。这次起义尚未正式发动就被查获破坏了。陆皓东及会党首领朱贵全、丘四等被捕后英勇就义，另有四十余人被捕入狱。这是孙中山领导的第一次武装起义。确切地

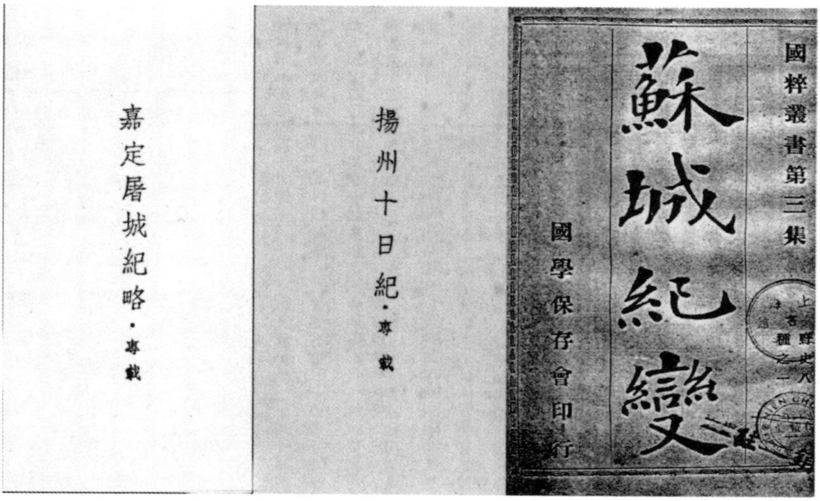

兴中会秘密从事反清活动的宣传物

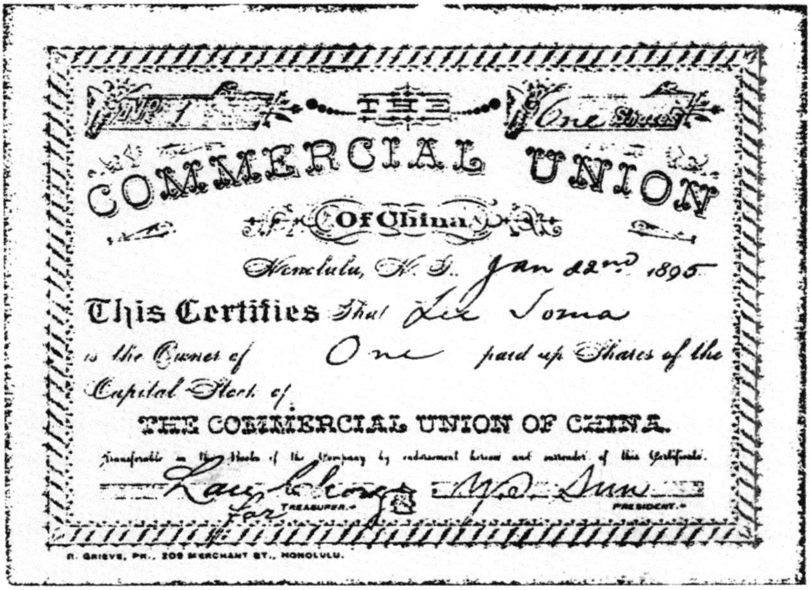
No 1
One Share
COMMERCIAL UNION
Of China
Honolulu, H. I. Jan 22nd 1895
This Certifies that Lee Soma
is the Owner of One paid up Shares of the
Capital Stock of
THE COMMERCIAL UNION OF CHINA.
Transferable on the Books of the Company by endorsement hereon and surrender of this Certificate.
TREASURER. PRESIDENT.
R. GRIEVE, PR., 209 MERCHANT ST., HONOLULU.

1895年，孙中山为筹集革命经费，以中国商务公会名义发行的股单

陆皓东设计、孙中山亲绘的起义军军旗

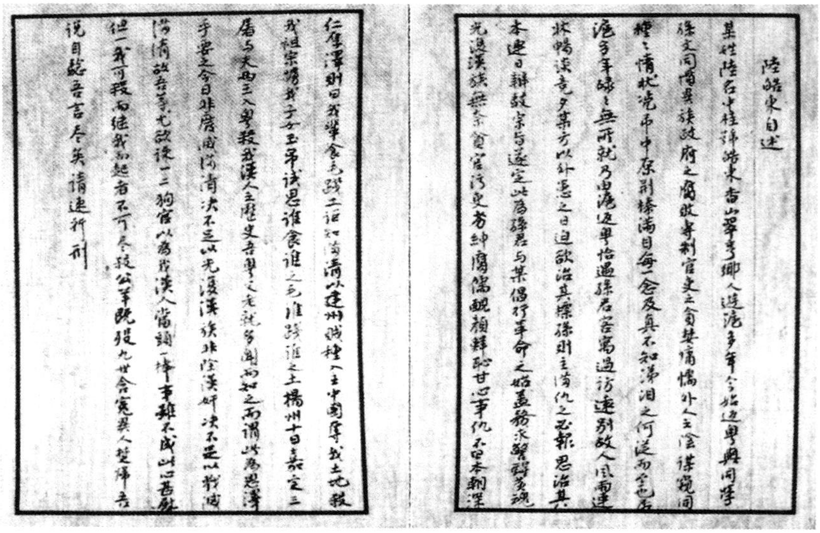

陸皓東自述

某姓陸名中桂號皓東香山翠亨鄉人遊滬多年今始返粵與同學
孫文同憤異族政府之腐敗專制官吏之貪婪庸懦外人之陰謀窺伺
憑弔中原荊榛滿目每一念及真不知涕淚之何從而至也居
滬多年碌碌無所就乃由滬返粵恰遇孫君客寓過訪遠別故人風雨連
床暢談竟夕吾方以外患之日迫欲治其標孫則主滿仇之必報思治其
本連日辯駁宗旨遂定此為孫君與某倡行革命之始蓋務求驚醒黃魂
光復漢族無奈貪官污吏劣紳腐儒靦顏鮮恥甘心事仇不曰本朝深
仁厚澤則曰我輩食毛踐土詎知滿清以建州賊種入主中國奪我土地殺
我祖宗擄我子女玉帛試思誰食誰之毛誰踐誰之土揚州十日嘉定三
屠與夫兩王入粵殘殺我漢人之歷史尤多聞而知之而謂此為恩澤
乎要之今日非廢滅滿清決不足以光復漢族非誅除漢奸決不足以廢滅
滿清故吾等尤欲誅一二狗官以為我漢人當頭一棒事雖不成此心甚慰
但我可殺而繼我而起者不可盡殺公羊既歿九世含冤異人歸楚吾
說自驗吾言盡矣請速行刑

陆皓东被捕后自述

说，这次起义是一枪未发，即归于流产。

广州起义，实际上是一种单纯军事冒险的行动。它不是扎根于广大群众之中，而是依靠外面输入队伍袭击大城市。当时广州清军有一万多人，兴中会用几千名临时集结并没有经过扎实组织和宣传工作的队伍举行起义，又加之内部步调不一和谋事不密，以致起义失败。

尽管广州起义未及发难就告失败，但在近代中国革命斗争的史册上，仍然有着重要意义和积极的影响。它是“孙中山战斗事业的起点”，是孙中山及兴中会领导的第一次反清武装起义。它是民主革命派以暴力革命形式宣告一种新的政治力量登上历史舞台的开始。烈士们的鲜血为中国近代的民主革命史谱写了壮烈的首页，它是孙中山及其革命党人企图以革命手段来实现民主共和国理想的第一次尝试，并为此后一系列反清革命斗争提供了有益的经验和教训。从此中国近代革命民主派正式揭举起武装革命的的旗帜，清王朝的丧钟因此而敲响，革命先行者孙中山也开始为人所注目，他在兴中会和广大人民中的地位得到了提升。

广州起义反映了孙中山和他的同志们还远不是成熟的革命家，这次暴力尝试的失败和上次上书和平改良的失败一样，都只是孙中山革命思想和活动逐渐发展成熟过程中的一个环节。

第二节　流亡中矢志不移

一、避难日本，远奔美洲

广州起义失败后，清朝政府疯狂捉拿革命党人。广州城内外及南海、番禺等县，遍贴两广总督谭钟麟缉拿革命者的告示，并分别悬赏花红银一千元或数百元，通缉孙中山、杨衢云、郑士良等人。孙中山被清廷视为务在必得的“首犯”，白色恐怖如影随形。

孙中山临危不惧，他在10月26日镇定地遣散了前来参加起义的队伍，把起义用的名册、檄文烧掉，短枪等物抛入井底，隐匿在广州城内王煜初家中。两天后，鉴于敌人搜索严密，便于27日夜里机智地化装成商人，“租到一艘小船，经顺德驶到香山唐家湾，坐轿子到澳门，再从澳门搭船到香港”。这样，走弯弯曲曲的小水道，躲过敌人的盘查，兜了一个大圈子，费去两天时间，终于逃脱了清政府的魔掌。

孙中山于29日到达香港，与先期逃到那里的郑士良、陈少白等人会合。但是，当时港英当局与清政府勾结，宣布两年内禁止孙

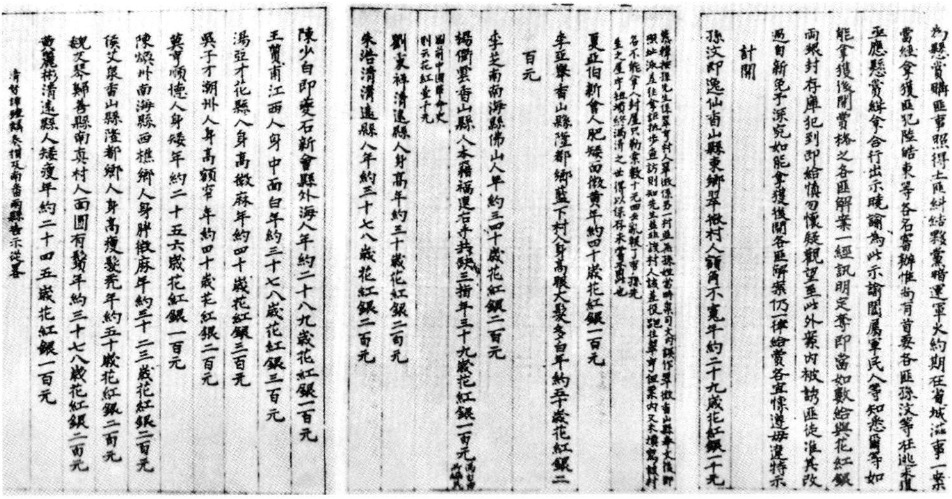

為懸賞購匪事照得土匪糾結黨羽暗運軍火約期在省城滋事一案
當經拿獲匪犯陸皓東等各名審辦惟尚有首要各匪孫汶等在逃未獲
亟應懸賞緝拿合行出示曉諭為此示諭閤屬軍民人等知悉爾等如
能拿獲後開賞格之各匪解案一經訊明定奪即當如數給與花紅銀
兩照封存庫犯到即給慎勿懷疑觀望至此外案內被誘匪徒准其改
過自新免予深究如能拿獲後開各匪解案仍一律給賞各宜懍遵毋違特示
計開
孫汶即逸仙香山縣東鄉翠微村人額角不寬年約二十九歲花紅銀一千元
夏亞伯新會人肥矮面微黃年約四十歲花紅銀一百元
李亞擧香山縣隆都鄉盤下村人身高眼大鬚多白年約五十歲花紅銀二百元
李芝南南海縣佛山人年約三四十歲花紅銀二百元
楊衢雲香山縣人本籍福建右手缺三指年三十九歲花紅銀一百元
劉家祥清遠縣人身高年約三十歲花紅銀二百元
朱浩清清遠縣人年約三十七八歲花紅銀二百元
陳少白即變石新會縣外海人年約二十八九歲花紅銀一百元
王質甫江西人身中面白年約三十七八歲花紅銀三百元
湯亞才花縣人身高微麻年約四十歲花紅銀三百元
吳子才潮州人身高額窄年約四十歲花紅銀二百元
莫亨順德人身矮年約二十五六歲花紅銀一百元
陳燦州南海縣西樵鄉人身胖微麻年約三十二三歲花紅銀二百元
侯艾泉香山縣隆都鄉人身高瘦髮禿年約五十歲花紅銀二百元
魏友琴[illegible]縣南崗村人面圓有鬚年約三十七八歲花紅銀二百元
黃麗彬清遠縣人矮瘦年約二十四五歲花紅銀一百元

广州起义失败后，清政府悬赏缉拿孙中山等革命党人的告示和赏格

孙中山与陈少白（右）、郑士良（左）流亡日本后，于 1895 年 11 月合影

中山等人登港入境。他们听从达尼思律师“赶快离开香港”的劝告，当即在 11 月 2 日晨搭乘日本货轮“广岛丸”东渡，远避日本。

与此同时，杨衢云、邓荫南等也先后出逃避难。广州起义失败后，孙中山在广东经营的一切丧失殆尽，香港兴中会总会无形瓦解，革命进入了“最艰难困苦之时代”。

从此时起，直到辛亥革命成功，前后有 16 年之久，孙中山一直流亡在国外。他继续为拯救祖国四处奔波，并殚精竭虑地进行了忘我的艰苦斗争。

孙中山和陈少白、郑士良三人所乘的“广岛丸”，是一条只有四个仓位的货船。它刚一驶出港口，便遭遇大风，途中一再拖延，经过近八天的时间，于 1895 年 11 月 10 日才到达日本神户。一上岸就见当地日本报纸以醒目的字体，赫然登载着“支那革命党首领孙逸仙”的消息。陈少白以示孙中山说：“我们起义为造反，日人名曰革命？何哉？”孙中山应声拊掌曰：“好！好！好！自今以后，但言革命，勿言造反。”他并加说明道：“‘革命’二字出于《易经》‘汤武革命顺乎天而应乎人’一语，此与吾辈排满宗旨相符，即以称吾党可也。”从此，革命二字就为党人所沿用。

初到日本，孙中山人地生疏，处境十分困难。据陈少白回忆，他们在神户住了一天，第二天就去了横滨，但一个人都不认识。后来孙中山想起他认识一个在横滨开服装店名叫谭发的华侨，找到谭发后，三个人才找了一间六席大的小房间住下。过了一两天，经谭发介绍，孙中山结识了当地文经印刷店店主冯镜如等人。

冯自由在《革命逸史》一书中追忆说：“乙未余随父居横滨，时年十四。一日，见有久未剃头之长衫客二人来访余父（按：即冯镜如），谓有密事相谈，良久始出。后乃知来客为孙总理、陈少白。”这是很生动的写照，如实地描绘出了孙中山初次流亡日本时的情景。

由于冯镜如的协助，孙中山等得以在横滨居留，他们在当地华

孙中山题词

冯镜如经营的文经印刷所招牌

侨中宣传反清革命，发展兴中会组织。同年11月底，横滨华侨十余人在孙中山指导下组成了兴中会横滨分会，众举冯镜如为会长，赵明乐为管库，赵峄琴为书记，冯紫珊为干事。半月后，设会所于山下町175番，又有冯懋龙（后易名自由）、温芬等十余人入会。[①]他们将孙中山带来的《扬州十日纪》和黄梨洲所著《明夷待访录》中的《原君》《原臣》两篇予以刊印，作为鼓动反清革命的宣传品，散发给海外各埠的华侨。

当孙中山在横滨进行革命活动时，中日和议已成，两国恢复了外交关系，清政府驻日公使即将入境，外间又盛传日本政府将把革命党人引渡给清政府。在这种情况下，孙中山鉴于在日本的革命活动一时很难发展，决定与郑士良、陈少白分头活动，他命郑士良回国收拾余众，静待时机，以谋卷土重来，再图起事；陈少白暂留日本，进行考察日本国情和结交朝野友人的活动；自己则准备远奔美洲，重去檀香山，继续在该地华侨中开展革命活动。孙中山从此开始了职业革命家的生涯。

1895年12月中旬，孙中山在横滨剪去拖在脑后的发辫，脱下长袍，改穿了西装，抛弃清朝的打扮，表示自己决心与清政府斗争到底。但这时旅费匮乏，难以成行，后来幸得冯镜如兄弟慨然捐赠一部分，又得梅屋庄吉从香港汇款1300美元，解决了问题。

1896年（清光绪二十二年）1月，孙中山只身抵达檀香山。他向孙眉详述了广州起义失败的经过。孙眉对孙中山的失败非但毫无怨言，而且“慰勉有加，且嘱勿馁初值志”。[②]哥哥的安慰和鼓励，使孙中山增加了继续奋斗的动力。孙中山立即投入了紧张的工作。他在檀香山期间，在《檀山新报》（《隆记报》）报馆设立了兴中会联络处，并组织兴中会员进行军事训练，聘请丹麦籍军官柏奇担任教

①冯自由：《革命逸史》第四集，商务印书馆1946年版，第15页。

②冯自由：《孙眉公事略》，《革命逸史》第二集，中华书局1981年版，第3页。

1896年6月孙中山在美国留影，后于同年10月由康德黎提交给英国警探辨认

官，为革命训练军事人才。当时参加训练的有郑金、陆灿等十数人。但是因为革命刚刚失败，清朝驻各地使节又对华侨大肆恫吓，因此，就连兴中会员也大多不敢和他往来，工作开展不易，虽历时数月，革命活动进行迟滞。他看到美洲大陆的华侨远比檀香山的多，于是便决定渡海赴美，前去开展宣传鼓动工作，以扩大兴中会的力量。

1896年4月，在动身的前一天，孙中山漫步檀香山街头。这里气候温和，树木葱茏，奇花烂漫，四周碧波浩荡，风景异常美丽。当孙中山正在欣赏四周的热带景色时，突然一辆载着数人的马车迎面奔驰而来。孙中山仔细一看，车上的人竟是他的老师康德黎夫妇和随员。“他乡遇故知”，孙中山喜从天降，忘却了礼仪，立即用矫健的步法迅疾跳上马车的踏脚板。这一意外举动，使康德黎夫妇吓了一跳，还以为这位“不速之客”是拦路抢劫的暴徒。孙中山满脸是笑地操着英语问候说："老师，您好！我是孙逸仙。"康德黎夫妇定眼一看，面前这个短发改装并留了胡须的人果然是学生孙逸仙，立即转惊为喜，大笑着和他热情握手。原来，康德黎夫妇是在休假归国途中顺便在檀岛登岸观光的。师生分别已有半年多了，这次不期而遇，都是喜出望外。孙中山热情地引导他们游览了岛上的风光，并报告了自己将启程赴美再转英国的计划。临别时，康德黎夫妇留下了自己在伦敦的住址，并约定孙中山日后到英国时欢聚。孙中山当时并没有想到，幸亏有了这次巧遇，日后他在伦敦才得以死里逃生，躲过杀身大祸。

送别康德黎老师的次日，孙中山即登轮赴美。他在同年6月18日抵达美国旧金山。旧金山华侨人数颇多，而且集中，但革命风气不盛，视革命行动为大逆不道，愿赞助革命的甚少。孙中山在旧金山住了一个多月，便乘火车东行，途经沙加缅度、芝加哥等城市，横过美洲大陆，到了大西洋西岸的纽约。所到之处，凡华侨较多的地方，即停留数日或十数日，进行革命宣传，告以"祖国危亡，清政腐败，非从民族根本改革，无以救亡；而改革之任，人人有责"。然而，得到的结果却是"劝者谆谆，听者终归藐藐，其欢迎革命主义者，每埠不过数人或十余人而已"。[①] 后来，与洪门会（天地会的别称，是反清复明的一种组织，在国内是秘密会党）人士有所接洽，不仅收效不大，而且成绩更差。

孙中山的美洲之行，历时三个月，使他强烈感受到华侨"风气未开"，政治意识很是淡漠，奔波的结果"不过为初期之播种，实无大影响于革命之前途"。于是，在同年9月，孙中山决定横渡大西洋，转往英国和欧洲大陆，去对那里的华侨进行革命宣传。同月23日，孙中山由纽约启程，搭上了"麦竭斯底"号远洋轮前往英国。

---

①《建国方略》，《孙中山全集》第一卷，人民出版社2015年版，第77页。

二、伦敦蒙难

孙中山流亡海外，清政府却未就此罢休，他们视孙中山为“叛逆要犯”，一面派出大批暗探到香港、澳门、新加坡一带“购线跟踪”（即收买叛徒进行跟踪），设法逮捕；一面由总理衙门通令驻亚、美、欧洲各国驻外使节，紧密跟踪，相机擒拿，千方百计要把他缉拿回国处置。他们甚至救助于书法上的把戏，不惜在“孙文”的“文”字边上加了“氵”旁，变成“孙汶”，企图把孙中山说成是“货真价实”的山角水涯的草贼。清政府驻英公使馆还特此雇了碧眼高鼻的外国侦探，侦察孙中山的行踪。当时还不是一位成熟革命者的孙中山到达伦敦不久，就发生了轰动一时的清使馆绑架他的事件。

1896 年（清光绪二十二年）9 月 30 日，孙中山自美国纽约乘船抵利物浦，同日转乘火车到达伦敦，住在赫胥旅馆。次日上午，他去钵兰大街覃文省 46 号拜访了老师康德黎夫妇，并转移在葛兰法学

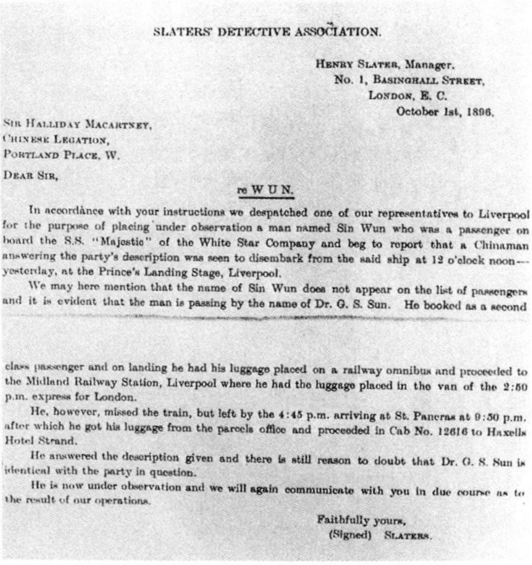

SLATERS' DETECTIVE ASSOCIATION.

HENRY SLATER, Manager.
No. 1, BASINGHALL STREET,
LONDON, E. C.
October 1st, 1896.

SIR HALLIDAY MACARTNEY,
CHINESE LEGATION,
PORTLAND PLACE, W.

DEAR SIR,

re W U N.

In accordance with your instructions we despatched one of our representatives to Liverpool for the purpose of placing under observation a man named Sin Wun who was a passenger on board the S.S. "Majestic" of the White Star Company and beg to report that a Chinaman answering the party's description was seen to disembark from the said ship at 12 o'clock noon—yesterday, at the Prince's Landing Stage, Liverpool.

We may here mention that the name of Sin Wun does not appear on the list of passengers and it is evident that the man is passing by the name of Dr. G. S. Sun. He booked as a second class passenger and on landing he had his luggage placed on a railway omnibus and proceeded to the Midland Railway Station, Liverpool where he had the luggage placed in the van of the 2:50 p.m. express for London.

He, however, missed the train, but left by the 4:45 p.m. arriving at St. Pancras at 9:50 p.m. after which he got his luggage from the parcels office and proceeded in Cab No. 12616 to Haxells Hotel Strand.

He answered the description given and there is still reason to doubt that Dr. G. S. Sun is identical with the party in question.

He is now under observation and we will again communicate with you in due course as to the result of our operations.

Faithfully yours,
(Signed) SLATERS.

英国一私家侦探向清政府驻英使馆报告孙中山第一天抵达伦敦情况的文书

院坊8号住下。旋又去访晤了也曾在西医书院工作过的英籍教师孟生（Manson，原西医书院首任教务长）。此后几天，过着悠闲自得日子的孙中山或上街，或游览博物院或参观古迹，或了解英国的风土人情，他毫未觉察到自己一到伦敦就陷于危险境地，一张黑网正在悄无声息地朝他撒来。

10月11日上午10时半，孙中山从葛兰法学院坊住所出来，准备再去康德黎家探望。这天正是星期日，旅店附近比较清静，行人稀稀落落。他在路上，被早已窥伺在那里的使馆人员邓廷铿等三人纠缠住，他们装出一副和蔼可亲的样子，以认同乡为名，推推拉拉，要孙中山到他们家"吃茶"。忽然，路旁一幢房屋的门打开了，孙中山被左右两人挟持进去，大门旋即被关闭，并插上了铁锁。就这样，孙中山被强行绑架到波兰德广场（Portland Place）的清朝政府驻英公使馆，陷入囚笼。清驻英公使龚照瑗以7000英镑的高价，向格来轮船公司雇了一艘2000吨的轮船，造了一只木箱，阴谋把孙中山装在箱内，在几天后秘密地运回国内处以极刑。这就是轰动一时的"孙逸仙伦敦蒙难"事件。

设计诱捕孙中山的主谋者之一，是英国人马格里（H.Macartney）。这个人当时充当清朝政府驻英公使馆的二等参赞，秘密进行侦察孙中山行踪的"司赖特侦探社"就是经他手雇定的。他们把孙中山幽禁在使馆三楼的一个房间里，窗户上装有铁栅，门外加锁，又有专人日夜看守，和外界完全失去联系。由于看守很严，孙中山想了很多办法，如多次将托求友人营救的密信揉成一团用力扔出窗外，期盼有人拾起后帮他送出去，但每次都被看守发现，无法送出去一点信息。经过苦苦的思索，他终于想出了一个有可能获得成功的办法。

10月16日，当清洁工英国人柯尔（G.Cole）到房间进行清扫时，孙中山以恳切的心情向他低声简述了自己的经历和将要面临的厄运，请求他帮助搭救自己。孙中山的话打动了柯尔，他答应孙中

密囚孙中山的清政府驻英公使馆

山的请求，暗中把孙中山求救的信送到康德黎手中。与此同时，使馆女工英国人贺维（Howe）很同情孙中山的遭遇，将孙中山被关押的消息也告诉了康德黎。

康德黎闻讯后，立即去找了孟生，一起商量如何搭救。他们四处奔走，积极设法营救。二人跑到英国外务部和伦敦警察署，要求政府干预这桩公然违反外交惯例的事情；又去了伦敦《泰晤士报》等，请求舆论伸张正义；还雇了两名私家侦探在使馆门前日夜监视，提防清使馆秘密偷运孙中山回国。并到清政府驻英公使馆当面交涉，而龚照瑗等都装聋作哑，狡猾地矢口否认有这件事，硬说："这里根本没有这么一个人。"康德黎几次去找马格里，马格里拒不见面，回答说："不在家。"于是，他们再次呼吁舆论的干预。

到了 21 日，《地球报》（*The Globe*）通过采访，以显著的标题"可惊可骇之新闻：革命家被诱禁于伦敦，公使馆的拘囚"作了报道，首先发表了清使馆非法绑架本国革命党领袖的消息。其他各报相继转载，伦敦舆论一时哗然。这个消息震动了伦敦的朝野各界人士，引起了英国人民对清朝公使馆的极大不满。公使馆的门口，聚集着数以百计的同情中国革命的群众，他们进行抗议，一再高呼"释放孙逸仙！"甚至有些市民号召人们捣毁清使馆。群众抗议、社会舆论的强大压力，使清公使馆的处境十分狼狈。慑于社会舆论的压力，英国政府派遣代表向清政府驻英公使馆提出交涉，首相兼外相索尔兹伯里侯爵（Lord Salisbury）并于 22 日向清使馆递交备忘录，要求按国际公法和国际惯例，迅速释放私捕的国事犯。23 日下午，清使馆终于被迫将被羁囚了 12 天的孙中山释放。

当孙中山在康德黎等人陪伴下走出清使馆时，受到街头人山人海围观的英国公众的热情问候，他们纷纷向孙中山挥手致意，祝贺其获得了自由。

伦敦被难事件，在全球引起了轰动，孙中山被非法囚禁以及有

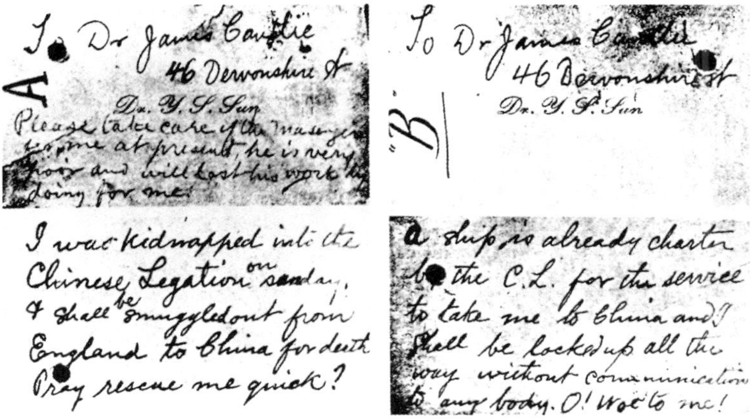

A

To Dr James Cantlie
46 Devonshire St
Dr. Y. S. Sun
Please take care of the messenger for me at present, he is very poor and will lost his work by doing for me.

I was kidnapped into the Chinese Legation on sunday, & shall be smuggled out from England to China for death. Pray rescue me quick?

"B"

To Dr James Cantlie
46 Devonshire St
Dr. Y. S. Sun

A ship is already charter by the C. L. for the service to take me to China and I shall be lockedup all the way without communication to any body. O! Woe to me!

1896年10月，孙中山被囚禁时给老师康德黎的两封求救信

康德黎1913年赠送孙中山的签名照

幸获释的消息不胫而走，风传天下。美国、澳大利亚、香港、新加坡、日本等地许多报刊和上海的《万国公报》《时务报》等，都纷纷报导了事件的来由。这样既使清政府的卑鄙凶残面目大白于天下，又使孙中山的革命主张由此在国际上得到广泛的传播。孙逸仙的英名和他的革命业绩，也因此被许多国家的人所熟知，声名大著，被人誉为“历史中之重大人物”，受到一些被压迫民族和主持正义人士的崇敬，成为中国革命运动的象征人物，从而意外地提高了孙中山和他领导的中国革命的影响。

三、考察欧洲社会

伦敦被难，使孙中山深深体会中英两国人民的友好情谊。他被英国人看作与封建暴政作坚决斗争的中国英雄，一下子成了舆论和公众注目的对象。

孙中山为满足外国人对乙未广州起义的探求欲，约在1896年12月用英文写了有关广州起义的原因和经过一文。1897年初又用英文撰写了《伦敦被难记》（*Kidnapped in London*）一书，叙述被囚禁的始末。该书在1897年春在英国布里斯特耳（Bristol）出版，以后又被译成日、俄、汉等文，在海内外流传。[①]

此后，孙中山在伦敦继续居留了九个月左右。他虽蒙此大难，但斗志益坚，毫不顾虑清使馆雇侦探仍在对自己的日夜监视，要利用伦敦大英博物馆等处图书馆继续去探求救国的真理。他博览群书，潜心阅读和研究政治、外交、法律、经济、矿物、农业、畜牧、机械等各方面的书籍，广泛学习了欧美资产阶级的代表著作，希望从中寻找救国救民的真理和道路。他经常夜以继日、如饥似渴地刻苦

① 《伦敦被难记》中有意错讹之处，孙中山后来在《建国方略》中均声明予以订正。

孙中山著《伦敦被难记》英文和中文版本书影

钻研，孜孜不倦地学习，有时晚上疲倦了，就伏在桌上假寐一会儿，醒来又继续攻读。他的学习劲头，使一些图书管理员和师友们既惊讶，又敬佩。康德黎回忆说："孙中山没有浪费一分钟时间去玩乐，他总是不停地工作，阅读一切学科的书籍，如关于政治、外交、法律、军事和造船、采矿、农业、牧畜饲养、工程、政治经济学等等，都引起他的注意，并且仔细地、坚持不懈地加以研究。很少有人在追求知识上达到他这样的范围。"

孙中山曾说过："我一生的嗜好，除了革命之外，只有好读书。我一天不读书，便不能够生活。"[1] 他日常生活简朴，饮食衣着也不讲究，但对读书却极为重视，经常手不释卷。他爱好读书，甚至遇到危急情况时也毫不减弱。后来有这样一件事情：孙中山在流亡中生活十分困窘，有一次，吃饭的钱都快用完了，一些中国留学生凑集了三四十英镑送给他。不到三天，他把这笔钱几乎都用来买了新书，其中有卢梭的《民约论》、富兰克林的《自传》，还有许多关于英法资产阶级革命的书籍。在孙中山看来，为了探求救中国的真理，生活苦一点没有什么，甚至一两顿饭不吃也不要紧，学习比吃饭还重要。这也正是孙中山革命精神的表现。

当时，孙中山在进行学习研究的同时，也利用各种机会与各国的革命志士进行交往。他在大英博物院图书馆和几个俄国人讨论问题，互相交流看法，对"他们的计划稳健，气魄雄大"深感钦佩。又曾在一个叫克雷格斯（KP3TC）的家中，与俄国民粹派在圣彼得堡所办《俄罗斯财富》杂志记者等多人晤谈，强调必须用武力推翻清朝统治，改良主义主张是不济事的。孙中山还在伦敦《双周论坛》（*Fortnightly Review*）发表英文《中国的现在和未来——革新党呼吁英国保持善意的中立》（*China's Present and Future: "The*

---

①黄昌谷：《孙中山先生的生活》。转引自陆达节编：《孙中山先生逸语》，1935年陆军印刷所发行，第51页。

1896年11月，孙中山在伦敦留影

Reform Party's Plea for British Benevolent Neutrality"）的长篇文章，阐述他所主张的革命理论和方案。在该文中，孙中山用大量生动具体的事实揭露了清王朝的贪污腐朽和黑暗统治，指出由于贪婪腐败“是根深蒂固遍及于全国的，所以除非在行政的体系中造成一个根本的改变，局部的和逐步的改革都是无望的”。他强调必须“完全打倒目前极其腐败的统治而建立一个贤良政府，由道德的中国人……来建立起纯洁的政治”。并指出中国“全体人民正准备着要迎接一个变革”，警告帝国主义不要袒护清政府和阻挠中国人民的革命斗争。

也是在这时期，孙中山认识了日本进步志士南方熊楠（1867—1941 年）、镰田荣吉、田岛坦等。

留居英国这段时间虽然不算长，但却是孙中山革命思想发展的一个重要阶段。他不仅进一步研究了资产阶级民主主义理论，接触到有关社会主义运动的学说，而且多次赴宪政俱乐部调查访问，到爱顿农业馆家畜展览会、李勤街工艺展览会等处参观，考察英国社会经济状况。他学习西方并非囫囵吞枣，昧于国情，诚如他当时所说的，不是把欧洲文明“全盘照搬过来”，“我们有自己的文明”。因此，他比较认真地考察了欧美各国的政治制度，观察了西方资本主义社会。

那时世界各主要资本主义国家正从自由资本主义走向垄断资本主义，向帝国主义阶段过渡，贫富分化悬殊，社会矛盾十分尖锐。而英国是一个老牌资本主义国家，它具有一套以君主立宪的外壳、实质上是资产阶级专政的社会政治制度和富庶的物质文明，随着英国资本主义进入垄断资本主义阶段，它的社会矛盾日趋尖锐化。由于世界工业霸权地位的逐渐丧失，英国企业主从 19 世纪末起加紧对工人阶级进攻，社会贫富的两极分化日益尖锐，造成了日益广泛的工人运动。就在孙中山居住伦敦的这一时期，当地的产业工人曾举

南方熊楠

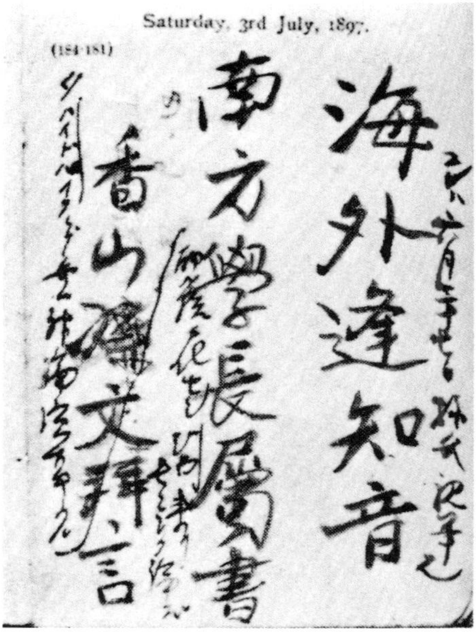

孙中山 1897 年 7 月 3 日为南方熊楠题词

行了持续 30 个星期的总同盟罢工，英国政府调动军队，实行了残酷镇压。当时英国的工人运动已处于低潮，社会改良主义思想泛滥。美国人亨利 · 乔治（H.George，1839—1897 年）的“单税论”学说，在欧美颇为流行，风行一时。这种学说把资本主义社会贫富悬殊的现象，归因于社会进步和发展、地租不断高涨的结果，因此主张废除其他一切租税，单独征收地价税，而土地涨价归代表全体人民的国家所有，反对以暴力夺取土地。这种经济理论，从根本上忽视了资本家榨取工人剩余价值这一资本主义制度的基础。正是资本主义制度才造成了社会的两极分化和财富分配的不公平。它所宣称的“土地国有”、“公用事业公有化”可以解决资本主义社会的各种问题，实际上是一种根本不触动资本主义生产方式的社会改良主义学说。

身历其境的孙中山亲眼看到伦敦的产业工人举行总罢工遭到政府军队残酷镇压的情景，并进一步仔细探究了其利弊得失，认识到欧美各国工业革命后尽管富强，而广大人民并未臻于极乐之乡，资本主义社会并不是像他原来想象的那样完美无缺，因而不断有社会革命运动兴起。孙中山在感触颇深之时，亨利·乔治的学说又给他以深刻的影响，稍后明确表示“此种方法，最适于我国社会经济之改革”。于是，孙中山意识到要挽救中国，仅仅拿西方社会的一切作为现成的榜样是不行的，还需要探求新的道路。为免重蹈西方覆辙，防患于未然，他设想通过一些办法避免资本主义进一步发展带来的“祸害”，力图防止中国将来也踏上西方国家工业化后走上歧路。他的社会经济观点——民生主义，就是在这时开始形成的。孙中山开始思考通过平均地权，使全国人民既能摆脱封建主义压迫，又能避免受资本主义的剥削。正如他后来自述，这时“所见所闻，殊多心得。始知徒致国家富强、民权发达如欧洲列强者，犹未能登斯民于极乐之乡也；是以欧洲志士，犹有社会革命之运动也。予欲为一劳永逸之计，乃采取民生主义，以与民族、民权问题同时解决”。① 不过，也应该指出，孙中山的以“平均地权”作为社会革命内容的民生主义，主要是从亨利·乔治那里学来的。所以它一开始也就带有不少社会改良主义的色彩。

① 《建国方略》，《孙中山全集》第一卷，人民出版社 2015 年版，第 78 页。

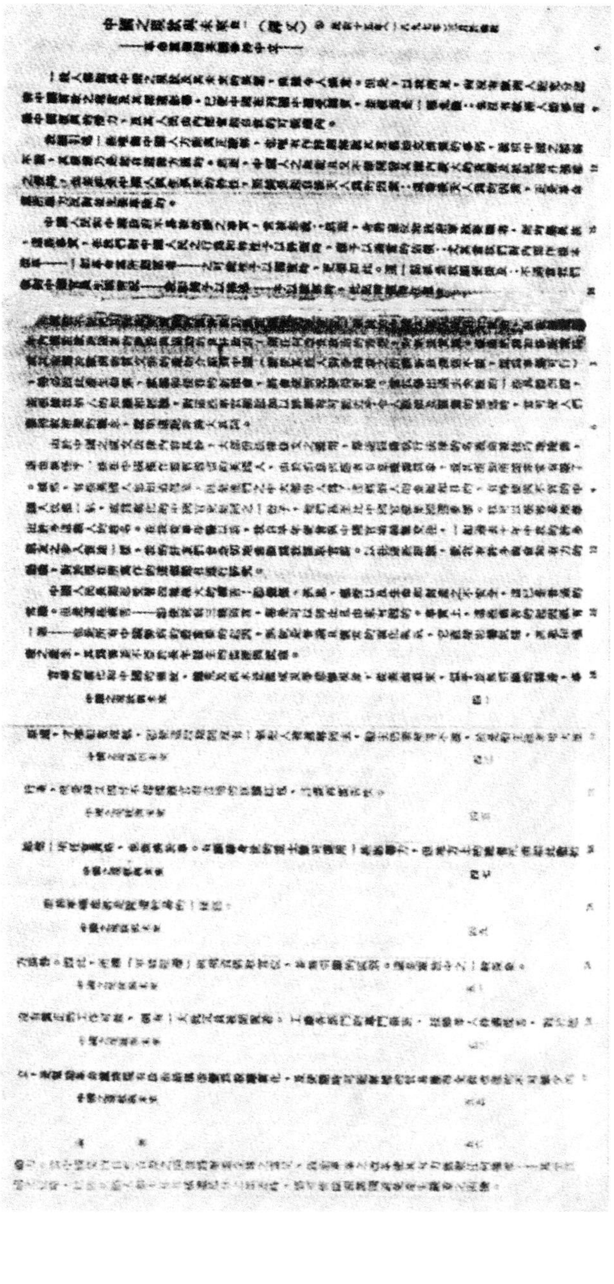

1897年3月1日，孙中山发表《中国之现状与未来》一文

第三节　努力开拓革命新局面

一、广交日本朝野人士

孙中山在伦敦居住近一年后，看到“欧洲尚无留学生，又鲜华桥（侨），虽欲为革命之鼓吹，其道无由”[①]，便不愿久留欧洲，旷废时日，决定离英重去日本，就近谋划中国的革命。

1897 年 7 月 1 日，孙中山怀着日趋成熟的革命思想离开伦敦，乘“努美丁”号轮船经加拿大的满地可（蒙特利亚）、温哥华、南尼亚木、域可利（维多利亚）等地，于 8 月 16 日到达日本横滨。

当时的环境，对革命的发展十分不利。甲午战争后，中国民族资产阶级的另一派别——维新派，在国内有了迅速发展，并逐渐形成为一种政治力量。1895 年康有为发动“公车上书”，是维新派登上政治舞台的标志。康有为等人的维新变法主张，成为当时社会的主要思潮，吸引了众多的爱国知识分子和海外华侨，使改良主义在国

① 《建国方略》，《孙中山全集》第一卷，人民出版社 2015 年版，第 78 页。

内外占据着绝对的优势。因此，抱有近代革命民主思想的资产阶级、小资产阶级知识分子当时人数极少，孙中山的革命主张，一时尚不能为多数人所接受。

此外，孙中山在伦敦脱险后，清政府并未放松对他的跟踪，仍在继续采取各种卑鄙手法对其进行迫害。他们甚至密谋以高价雇用暴徒，在海外暗杀他。就在孙中山去日本的轮船上，也有清政府的密探监视着，孙中山随时都有牺牲的可能。清政府软硬兼施，硬的一套失败了，又使出软的手段，多次对孙中山诱降。他们分别由驻日公使李盛铎通过日本人士、驻美公使伍廷芳通过孙眉、两广督署通过绅商刘学询等，阴谋用高官厚禄诱其归顺，让他们传话劝诱孙中山放弃革命，但是每一次都遭到孙中山的断然拒绝。孙中山梦寐以求的，是祖国的富强和人民的幸福，而决不是个人的荣华富贵。

就是在如此艰难险恶的环境下，孙中山丝毫没有动摇自己的革命意志。他矢志不移，冒着极大风险经常往返于东京、横滨、长崎等地，积极宣传革命，继续为重新组织革命力量而坚持不懈地工作，努力开拓革命的新局面。在他的鼓励下，陆续有一些华侨参加了兴中会，使革命组织得到一些扩大并重新开展了活动。

为了扩大革命的影响，孙中山还与日本朝野人士进行广泛接触和交往，结识了一大批同情中国革命的朋友。是年 9 月，他首先结识了宫崎寅藏和平山周。孙中山和宫崎在横滨初次相识时，就“一见如故”，畅谈革命，“相对久之”。他们两个思想非常接近，又都是基督教徒，所以为中国革命事业结下了终生友好的情谊。经宫崎和平山周的介绍，孙中山结识了民党领袖、当时初执日本政权的犬养毅和大隈重信等政界人士。随后，又结识了萱野长知、头山满、平冈浩太郎、山田良政、福平诚、宗方小太郎等人。

孙中山这次重返日本后，有将近三年时间，一直寄居在日本。他为什么从欧美转向日本，把日本作为革命活动的一个基地呢？

1898 年，孙中山在横滨与日本友人合影

1899 年 5 月，孙中山在东京与宫崎寅藏（后排中立者）等日本友人合影

促使孙中山这一转变并长期坚持下来的主要因素有三：

首先，日本为中国的近邻，如孙中山所说："以其地与中国相近，消息易通，便于筹划也。"[①] 加上孙中山经过西游北美和侨居伦敦近一年的观察，了解欧洲没有中国留学生，华侨也少，滞留下去徒"旷废革命之时日"；而日本则有不少的留学生，自1896年清政府派出13名学生赴日揭开了近代中国人留学日本的序幕后，一批又一批青年东渡日本，出现了留日热，留学生人数日益增多，又有华侨一万余人，在日本可就近谋划中国的革命。

其次，中日两国关系源远流长，历史文化一脉相通，有许多的文化基因，易于相互了解。孙中山相信中日是"同种同文"、"兄弟之邦"，比之西方白种人有较多的感情联系，容易接受，可以得到他们各界人士对革命的支持。他这一年9月和宫崎寅藏谈起革命动机时就曾表示，要"拯救中国的四亿苍生，雪除东亚黄种人的耻辱"。此后孙中山亦认为："亚洲今日因为有了强盛的日本，故世界上的白种人不但不敢藐视日本人，并且不敢藐视亚洲人。所以日本强盛之后，不但是大和民族可以享头等民族的尊荣，就是其他亚洲人也可以抬高国际的地位。"还说："因为日本能够富强，故亚洲各国便生出无穷的希望。"[②] 日本对孙中山颇有吸引力，使他深信向这个国家谋求援助和在那里发展革命力量，能够有所作为。

还应该指出的是，孙中山很早就有中日两国联合共谋亚洲复兴的思想，并且是他的一贯思想，在他的著述中曾再三阐述中日友好对于振兴亚洲的重大意义。这也是孙中山之对外政策所以长期集注于日本的思想因素中不可忽视的一点。

第三，孙中山十分向往"明治维新"后的日本，视其为中国争取独立和解放的典范。

---

①《建国方略》，《孙中山全集》第一卷，人民出版社2015年版，第78页。

②《三民主义》，《孙中山全集》第一卷，人民出版社2015年版，第335页。

孙中山认为，日本“明治维新”，为中国的近代化提供了成功的经验，他曾明确提出：“我们要中国强盛，日本便是一个好模范。”对明治维新的深刻印象，使孙中山在日后将它与中国革命联结在一起。他在阐释日本明治维新与中国革命的关系时指出：“日本维新是中国革命的第一步，中国革命是日本维新的第二步，中国革命同日本维新实在是一个意义。”[①] 正是根据这种思想，孙中山要向日本学习富强之路。早在1894年春的《上李鸿章书》中他就说：“试观日本一国与西人通商后于我，仿效西方亦后于我，其维新之政为日几何，而今日成效已大有可观，而能举此四大纲而举国行之，而无一人阻之。”他认为，中国如能“步能泰西，参行新法，其时不过二十年，必能驾欧洲而上之”。孙中山坚信学习西方，走日本的路，是实现国家富强的最好办法，因而日本就成为他理想中的求助国家。

当时，走上资本主义发展道路的日本正向外侵略扩张，为了争夺中国，它图谋利用中国的革命势力对中国内政施加压力，对中国革命派给予容纳和资助，相当长时间内并不阻挠他们在日本国土上的活动。这一客观的有利条件，使孙中山得以较长时间侨居日本进行革命筹划活动，并可就近联络国内各省的革命势力。

历史证明，在当时的条件下，孙中山转向以日本作为从事革命活动的一个基地，并把谋求外援之要集注于日本，确属明智的选择。这一选择，对他日后进行革命的宣传和组织工作极为有利，诸如1900年的惠州起义、1905年的中国同盟会成立和《民报》创刊、同盟会发动的多次武装起义以及1914年的中华革命党组建等重大历史事件，都发生在日本并得到了日本各界人士的多方帮助而进行或完成的。同时，大批革命党人长期汇集于日本，有很多和日本人士接触和交流的机会，对中日两国人民之间此后的相互了解与增进友谊

① 《与长崎新闻记者的谈话》，《孙中山全集》第八卷，人民出版社2015年版，第727页。

也大为有利。

也正因为如此，在孙中山的一生中，曾频繁地到日本去，他前后总计 15 次踏上东瀛国土，侨居时间累计达九年半之多，约占其三十余年革命生涯的三分之一，因之孙中山竟“视日本无异第二之母邦”。

那么，孙中山交往的日本朝野人士情况又如何呢?

孙中山自 1895 年秋初第一次踏上日本国土，迄 1924 年冬永诀日本的近三十年中，为了谋求日本政府、军部、财界及大陆浪人的支持和援助，曾与日本朝野各界众多的人士广泛交往。他交往的日本人有多少说法不一。孙中山自己记述在日本结识的友人“直接于予者而略记之”，主要有宫崎寅藏等数十人；[①] 往昔一些书刊多笼统言之数十人或百人；台湾学者张玉法列出了 146 人的名单；日本学者杉山龙丸查找出有 270 个人的名字；孙中山好友萱野长知的统计，有将近 300 人之多；据日本京都大学人文科学研究所库藏资料，举出的与中国革命有关的日本人名单约为 300 人。实际的确切数字和全部名单，尚有待进一步清查和统计。

孙中山在致日本友人的一通函件中写道：“弟所交游者以贵国人为多，则日本人对于支那之革命事业必较他国人为更关切，为吾人喜慰者必更深也。他日唇齿之交，将基于是。”[②] 充分说明他与日本人士友谊之深厚和对日本期待之殷切。

孙中山与日本的关系，正是通过他所交往的众多的日本人士结成的。孙中山认为这些人士可以影响执政者对政策的制定，从而促进对中国革命事业的帮助和中日友好的实现。然而，这些日本人类型不同，地位不一，情况复杂，态度各异。其中既有全力支持和援助孙中山革命事业的真诚朋友，为中国革命在经济上屡有资助或奔

---

① 《建国方略》，《孙中山全集》第一卷，人民出版社 2015 年版，第 78—79 页。

② 《复宗方小太郎函》，《孙中山全集》第四卷，人民出版社 2015 年版，第 220 页。

1900年，孙中山与日本友人合影

走不懈，有的甚至为中国的革命献出自己的生命，用鲜血在中日人民友谊史上谱写出了动人的篇章；也有心怀叵测的假朋友，其阴险、卑鄙而又惟“利权”是图，实际是为实现其侵华意图的人；更有公开敌视和破坏中国革命的人。他们和孙中山交往所起的作用自然也不尽相同。

按职业来划分，在这些日本人中，有政界要人（如犬养毅、大隈重信、尾崎行雄、井上馨、桂太郎、后藤新平等）、财界人物（如平冈浩太郎、山本条太郎、中野德次郎、久原房之助、涩泽荣一、梅屋庄吉、山田纯三郎等）、陆海军将领（如儿玉源太郎、寺内正毅、田中义一、青木宣纯等）、外务省官员（如中川恒次郎、小池张造、重光葵等）、大陆浪人（如宫崎寅藏、平山周、内田良平、头山满、萱野长知、宗方小太郎等）、知识界（如南方熊楠、寺尾亨、和田瑞、秋山定辅等）和妇女领袖（如下田歌子）等多种类型。其中现职官员不多，多数是大陆浪人和在野人员。至于日本对华关系密切的东亚同文会、黑龙会的许多成员，与孙中山都有往来。可见，孙中山为寻求日本的同情与援助而交往的日本人士极为广泛，几乎包括了日本社会的主要层面。

这些日本人与孙中山交往的动机和目的各不相同。其中，头山满、内田良平等，系极端的国权主义者，其背景是日本军阀，他们援助孙中山的目的在于以“帮助”革命为代价借机为日本政府的侵华政策服务，妄图在东亚建设日本的“皇道乐土”；而平冈浩太郎、大石正已等，属于民权主义右翼分子，他们对孙中山的革命事业寄以同情，希望在援助中国革命成功之后，能攫取在华的经济特权；至于民权主义左翼分子宫崎寅藏、萱野长知等人，则是孙中山称之为“侠肠义骨”的真正盟友，他们坚持不渝地无私援助孙中山的革命事业，其目的是想促进中国民主革命成功，进而解放亚洲的弱小民族，共同促进亚洲的复兴。

宫崎寅藏、萱野长知和梅屋庄吉三人与孙中山的关系，特别值得珍视。他们有共同的理想和共同的主张，建立的是一种互相支持、互相信赖的纯真友谊关系，真正称得上是“同志”加“战友”。

宫崎寅藏（1871—1922年），原名虎藏，号白浪庵滔天。生于日本熊本县玉名郡荒尾村一个下级武士家庭。他的几个哥哥都是日本自由民权运动的积极参与者，成长于“自由民权之家”。他以自由民权论为背景的家庭传统和教育同孙中山的思想非常接近，他的“支那革命主义”理想，与孙中山信奉的“天下为公”、“世界大同”等理想一脉相通。自1897年在横滨结识后，两人很快就建立了深厚情谊，成为生死与共的盟友。宫崎由衷钦佩孙中山的见解和为人，称赞“孙逸仙先生是一代的大人物”，认为“在今日日本还没有能够跟他相比的人物，无论在学问、见识、抱负、胆量、忠诚和操守，他都比今日的任何日本人高超一等”。[①] 他对孙中山的革命事业始终持赞助态度，而且确曾在革命的艰难岁月提供了各方面的重要的支援。他和孙中山为中国民主革命并肩战斗，患难与共，历经二十多年而无任何大的龃龉疏隔与裂痕。孙中山给予宫崎很高的评价，认为他“识见高远，抱负不凡”，赞扬其帮助中国人民的“再造支那之谋，创兴共和之举”，及一生中“固穷不滥，廉节可风”，“为他人国事，坚贞自操，艰苦备尝”的高尚品德，肯定他对中国革命有“极伟大的功绩”。

萱野长知（1873—1947年），号风梨，日本高知县人，退役军人，是孙中山革命事业的坚定支持者。他曾加入中国同盟会，与孙中山一起商议兴亚策略，思想达到一致，产生了共鸣。在1905年至武昌起义前的历次武装起义过程中，孙中山对他“以东军（按，即广东革命军）顾问之任相托”，期望“襄助教督，以建伟业；并恳延

①日本《中央公论》，1911年11月号。

宫崎寅藏

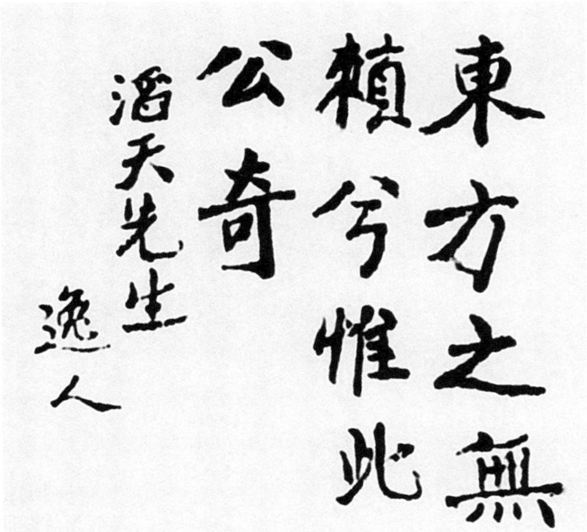

孙中山 1899 年为宫崎寅藏题词

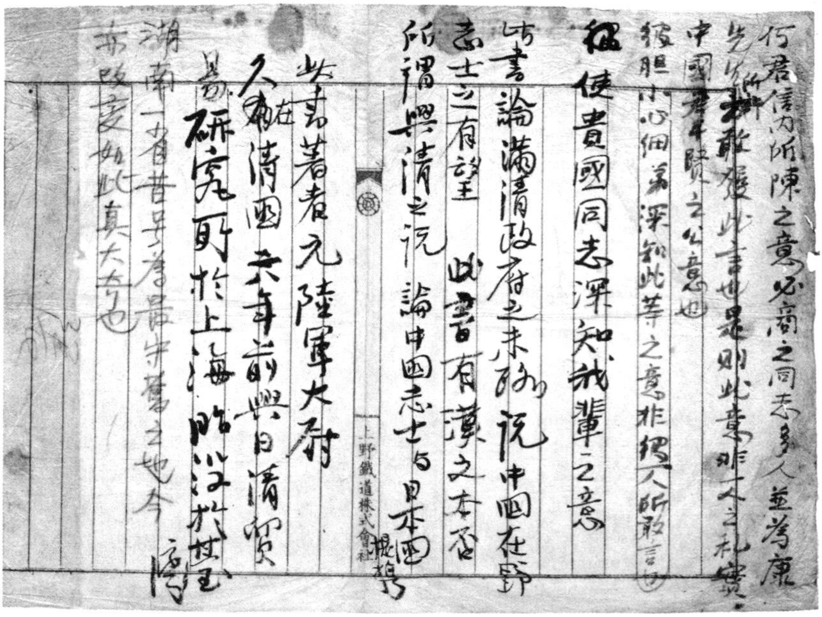

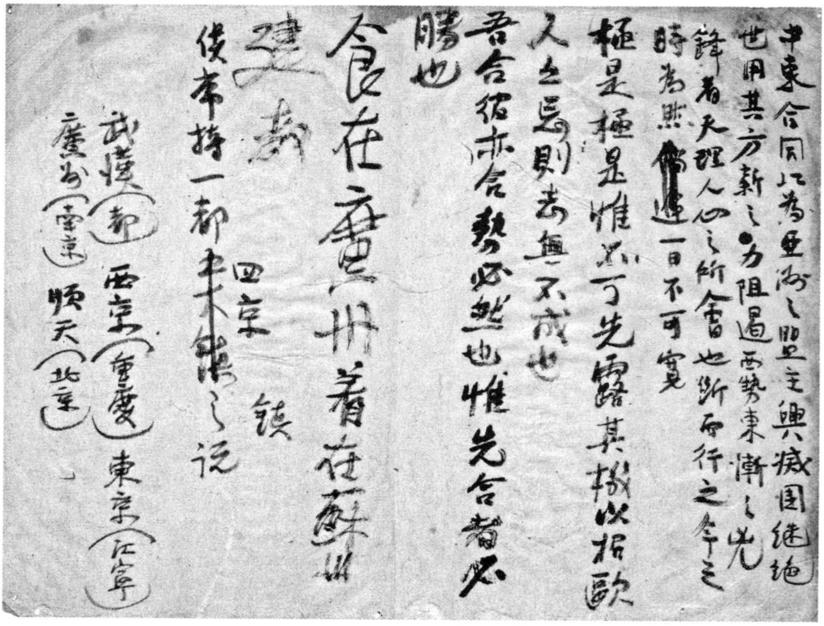

孙中山与宫崎寅藏笔谈残稿

萱野长知

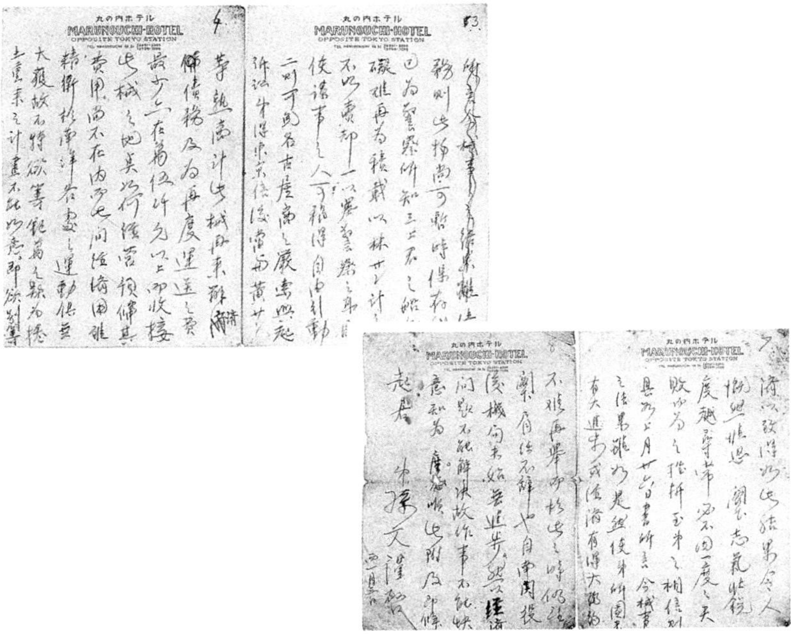

孙中山致萱野长知函

梅屋庄吉

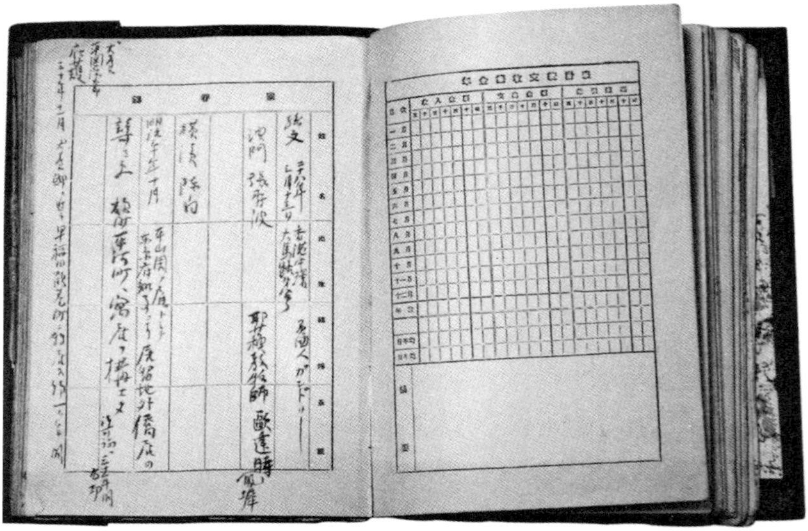

梅屋庄吉《永代日记》中关于他和孙中山初次会面的记载

揽同志，以资臂助”。他追随孙中山三十年之久，是屡参密务的战友，对中国民主革命贡献甚多。1925年孙中山逝世时，在其身边的日本人只有萱野长知和山田纯三郎等很少几个人，也可看出两人情谊弥深。萱野撰写的《中华民国革命秘笈》一书，真实地记录了他与中国民主革命的关系。

梅屋庄吉（1868—1934年），日本长崎市西滨町人。他1895年在香港与孙中山结识时，两人“谈天下事，中日之亲善，东洋之兴隆，以及人类之平等，所见全同”，一见如故，遂相引为知己。这已在前面叙及。他支持孙中山发动惠州起义，并在东京设立机关从经济上支援中国革命，还为一系列西南边境武装起义筹措资金和购运军械。后来尽管他身处逆境，仍然多次捐款，即使负债累累而被迫出让所经营公司的股票也在所不惜。当日本舆论指责孙中山改组国民党、实行三大政策为“赤化”、“受骗”时，梅屋泰然解释说：“我相信孙中山所做的都是为了中国革命。”他与孙中山风雨同舟整整30年，而且在孙中山逝世后依然情谊不衰，坚持不懈地贯彻孙中山遗志，继续维护中日人民间的友好。

上述三位日本人与孙中山的高尚情谊，以及他们对中国民主革命的卓著贡献，不愧为孙中山数百日本友人中的佼佼者，堪称中日人民友好的典范。

二、和康、梁会谈合作救国

正当孙中山在日本努力开拓革命新局面的时候，国内政局发生了急剧变化。1898年（清光绪二十四年）9月21日，西太后发动戊戌政变，血腥镇压了颇具声势的维新变法运动。维新派的骨干谭嗣同、杨锐等六名志士血洒北京菜市口；支持维新的光绪皇帝被软囚

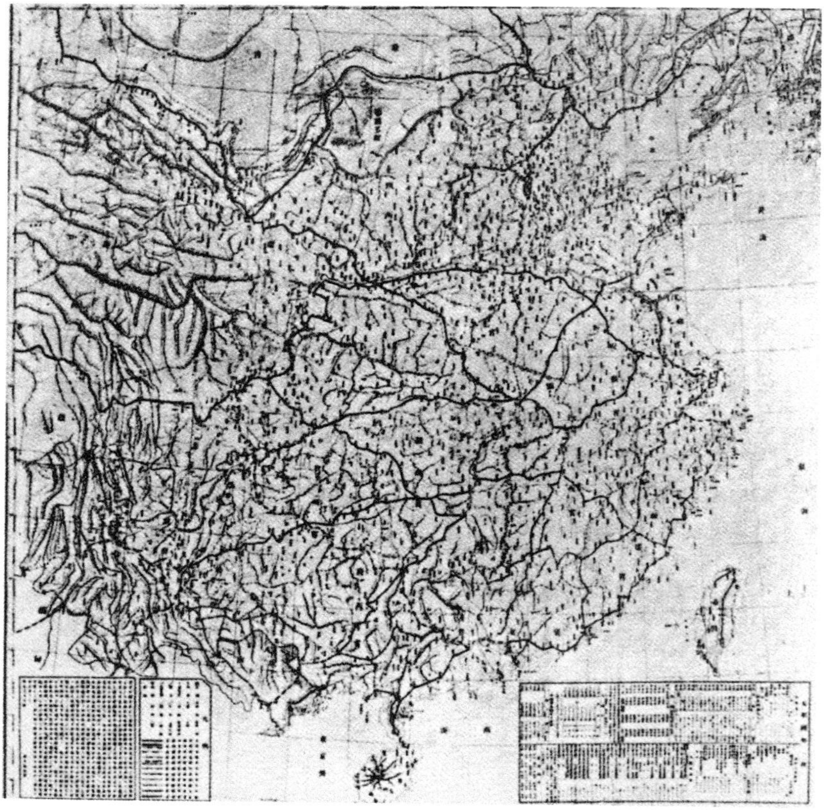

1899年，孙中山编制《支那现势地图》，以唤醒中华民族

于中南海的瀛台；康有为、梁启超在国内无容身之地，相继仓促亡命日本。

孙中山与康有为、梁启超都是广东人。早在1893年，孙中山和康有为就在国内有所接触。当时，在广州行医的孙中山得悉在广州“万木草堂”讲学的康有为有志西学，很想与其结交，一起研讨如何使中国富强起来的问题。但是，康有为当时根本没有把孙中山放在眼里，竟申言：“孙某如欲订交，宜先具门生帖拜师乃可”；孙中山以康有为妄自尊大，也就不再去理睬他了。现在，双方都被迫流亡海外，孙中山不计前嫌，设想如将康有为、梁启超争取到革命阵营里来，可以扩大革命声势。加上当时他刚踏上民主革命的征途，还认识不清革命与改良之间有着本质的不同，所以主动提出了合作的建议。当时，日本朝野人士出于对华政策的需要，亦有借此机会，促成两派合作的意图。所以，通过宫崎寅藏、平山周等的居间联络和撮合，约定了孙、陈（少白）、康、梁四人同到犬养毅的早稻田寓所进行两派合作的会谈。

这首次会谈，康有为借故不来，由犬养毅作陪，仅孙、陈、梁三人商议。孙中山出于大局的考虑，并不计较康有为的态度，他满腔热忱地和陈少白一起，与梁启超长谈了一夜，耐心劝说他们转向革命，联合起来共同反清。梁启超答应回去和康有为商量后答复。

此后，他们又进行了多次会谈。在一次会谈中，孙中山、陈少白和梁启超在一起，详细讨论了合作方法。随后，孙中山又派陈少白偕平山周去拜会康有为，代表革命派要求康等“改弦易辙”，放弃保皇的改良主义道路，实行革命的办法，共同努力推翻清政府来救中国。但是，由于康有为坚持“无论如何不能忘记‘今上’（指光绪皇帝载湉）”的顽固立场，视革命为大逆不道，致使谈判没有取得任

康有为

梁启超

何进展。[1]

1899年，康有为在日本受到冷遇后，离开日本去加拿大，在海外建立了保皇会，反对革命。从此，便由梁启超代表维新派再次与孙中山进行合作谈判。由于梁启超一度有联合愿望和合作表现，孙中山和他的往来逐渐密切，便又在横滨就合作问题进行多次会谈，使谈判出现过转机，并且两派曾形成了一个合并的初步方案，准备联合组成一个政党，由孙中山任会长，梁启超为副会长。不久，因为康有为得知后的强烈反对，加上梁启超又口是心非，合并方案始终没有实现。此后，尽管革命运动不断向前发展，康、梁却一直坚持保皇立场。其中，梁启超在合作幌子下，以“保皇为名，革命为实”的谎言，用两面派手法窃夺兴中会地盘，暗地里大拆革命派的台，终于导致孙中山无法容忍而与之决裂了。

1900年秋季以后，孙中山对康、梁就不再抱有任何希望，他在一次谈话中明确指出：“我们打算推翻北京政府……没有这个行动，中国将无法改造。南方数省人民已经组织好了，目前的平静主要是由于我们没有采取行动。我想，大概除了康党以外，都能够结成一体。”从此，革命派与改良派彻底划清了界限，并对他们破坏革命的活动展开了坚决的斗争。

从1896年到1900年间，国内政治每况愈下，中国上空风云日紧，英、美、俄、德、法等帝国主义掀起瓜分中国的狂潮，中华民族陷入了日益严重的危境。孙中山面对着祖国灾难的日益深重，对清政府的媚外卖国极为愤慨，因此，他虽处境十分困难，但再举义旗的意念却益发迫切，积极准备着时机一到，便发动第二次武装起义。在1899年（清光绪二十五年）这一整年中，他一直在作各种联络和鼓动工作，在春夏之交，派毕永年偕日本友人平山周等赴湖南、

①陈少白：《兴中会革命史要》，《建国月刊》第一卷四期。

湖北等地联络哥老会，提出了兴中会和哥老会联合反清的建议。毕永年等在两湖地区活动了一个多月，联络会党工作有了显著进展，准备在湘、鄂、粤同时发动起义。为了推进这项计划，同年秋，孙中山又派郑士良、陈少白等在香港设联络会党的机关，与广东三合会（反清秘密结社天地会在广东的支派）取得密切的联系。同时，又命毕永年等人再入长江流域，发动哥老会各首领，并亲拟“万象阴霾打不开，红羊劫运日相摧，顶天立地奇男子，要把乾坤扭转来”的歌诀，作为起义时的联络暗号。

到了冬季，11 月间，联络会党的工作基本就绪后，兴中会便邀约哥老会、三合会各首领在香港集会，与会者有杨衢云、陈少白、郑士良、毕永年、杨鸿钧、李云彪、张尧卿、宫崎寅藏、平山周等十余人。在会议上，议定纲领，歃血为盟，兴中、三合、哥老三会结成一个大团体，取名“兴汉会”，并一致公推孙中山为总会长。会后，由宫崎寅藏携带特制的总会长印章赴日本送给孙中山。这一事件，具有大家公认孙中山为革命领袖的含意，说明孙中山在人们心目中的地位日益提高了。

1900 年（清光绪二十六年）春夏之交，中国华北地区掀起了震撼世界的义和团狂飙。这是广大下层人民自发行动起来，反对帝国主义侵略、拯救民族危亡的群众性反帝爱国运动。当时，孙中山虽看到这是发动武装起义的大好时机，但他没有认识到这场群众爱国运动的伟大意义与革命作用，对它的单纯排外行动尤为不满。所以，他不但和这一运动没有发生联系，不敢参加人民战斗的计划，领导义和团共同反抗民族的大敌，而且把义和团看作是制造祸乱之人，对义和团运动采取了责难和否定的态度。只是后来，随着革命形势的发展和事实的教育，他的思想认识逐步提高，对义和团运动的看法和评价也随之有了改变。孙中山在 1908 年指出：义和团运动表现了“中国人民有敢死之气”，迫使列强“皆知瓜分中国为必不能行之事”，“变其政策，不倡瓜分”。对义和团运动中表现出来的中国人民不甘屈服于帝国主义及其走狗的顽强的反抗精神，不畏强暴并敢于斗争的英雄气概，以及粉碎帝国主义瓜分中国迷梦的巨大的革命力量，已有了一定认识，在肯定其作用时给予了好的评价。而到了五四运动以后，他在《民权主义》和《国民会议为解决中国内乱之法》等著述中，对义和团无所畏惧的革命精神和不可磨灭的历史功绩，给予了更加热情的赞扬和更高的评价。

正当义和团在北方沉重打击帝国主义之际，帝国主义各国都想在“保护”其在华侵略利益的同时，乘机扩大自己的势力范围，因而彼此间发生龃龉，其中英、俄之间的矛盾特别尖锐。沙俄除派出军队参加八国联军进攻北京外，又出兵十余万人侵入中国东北，妄图在那里永久建立起他们的殖民统治。英国则想先控制两广和长江中下游，再与沙俄争夺华北；但它在远东的军事力量不多，因而就设想利用中国地方势力和反清力量来达到其分裂和控制中国的险恶目的。在长江中下游，拉拢湖广总督张之洞、两江总督刘坤一等策动“东南互保”，与清政府对外宣战命令唱反调；在华南又策动两广总督李鸿章与兴中会合作，脱离清政府，据两广“自主”，建立一个亲英政权。这一年的五六月间，香港议员英籍华人何启，在香港总督卜力（Henry A.Blake）授意下，与陈少白密商，拟请孙中山帮助李鸿章组织“独立”政府。李鸿章幕中要人刘学询函邀孙中山来广东“协同进行”。

孙中山得讯后，由于过去在天津投书、求见被拒绝和中日甲午战争的失败，他开始有些怀疑和犹豫，“颇不信李鸿章能具此魄力”；但又认为只要有利于反清以拯救祖国，也可以考虑拉拢和利用，“此举设使有成，亦大局之福，故亦不妨一试”。[①]

①冯自由：《中华民国开国前革命史》上卷，上海中国文化服务社 1929 年版，第 51 页。

随后，孙中山决定“分头办事”：一方面仍加紧准备在广东第二次武装起义；一方面偕杨衢云、郑士良、宫崎寅藏等赴广州同李鸿章商谈“合作”。他于6月1日自横滨乘轮船赴广州。途经香港时，得知李鸿章尚在观望形势，且有企图诱捕自己的阴谋，便改派宫崎寅藏、清藤幸七郎、内田良平三名日本人前去谈判，自己乘原船迳赴越南西贡。7月间，孙中山仍打算借英国的力量推翻清政府，在南方成立“独立”政府，来实现他救国的目的。这月10日下午，他与香港政府三个英国人谈话，力述准备在华南建立一“独立”政府的决心；24日，他又带领陈少白、杨衢云、郑士良等兴中会骨干联名致书港督卜力，历数清政府祸国殃民罪状，请求英国帮助，以“除去祸根”，“改造中国”，并提出“平治章程六则”。这些活动，表明孙中山对帝国主义和封建统治阶级中“洋务派”的幻想还没有完全破灭。

也就在7月中旬，李鸿章奉清政府诏令离粤北上，在北京窥测风向，以定行止；跟着，英国准备放弃搞华南“独立”的计划。孙中山根据当时的形势，认为或许有可能与李鸿章等人取得合作，便于8月22日由日本横滨乘船驶往上海。当他抵沪时，英国驻沪领事对其反应甚为冷淡，而与李鸿章幕僚刘学询的会谈又毫无结果，兴中会与李鸿章的“合作”尝试最后全部落空。孙中山遂于9月1日原路返回日本。从此，他便以全力投入武装起义的准备工作。

孙中山在自身革命力量还不够强大的时候，头脑中就一直存有不惜争取与各种反动政治势力妥协、“合作”的思想，以求达到拯救危难中的祖国的目的。但是，一旦经过亲自的实践，有了惨痛的教训之后，他就能果断地与这种反动的政治力量划清界限，并与之进行坚决的斗争。这一点，与改良派、李鸿章等进行联络的情况是如此，就是在以后他的革命斗争中也是不乏事例的。

1900 年策划惠州起义时的孙中山

三、再举义旗——惠州三洲田之役

为了筹划第二次武装起义，早从义和团运动兴起之后，孙中山就一直密切注视着中国北方的局势，思考着待机而动。1900年夏季，在义和团主力进入北京、天津，反帝爱国运动发展到最高峰，帝国主义八国联军武装干涉也已开始的时候，孙中山看到清朝统治力量遭到严重削弱，认为“时机已发，祸福之间不容发，万无可犹疑”，决定把握时机，加紧在广东布置和发动武装起义。他偕同杨衢云、宫崎寅藏等人，不避艰险地奔走于日本、香港、新加坡之间，具体布置起义的发动、策动和进攻路线等。6月中旬，孙中山从日本乘船抵香港海面，由于港英当局不准登岸，便在船上召开干部紧急会议，商定以会党为主力，由郑士良赴惠州发难，史坚如等去广州组织策应，杨衢云等在香港负责接济饷械。之后大家便分头行动。

惠州起义的行动计划是：由郑士良负责在三洲田发难后，率起义军向西北方向前进，会合新安、虎门一带由江公喜等率领的三千余绿林，直趋广州；由史坚如（1879—1900年，广东番禺人）负责在广州响应，牵制省城清军使之不能出兵援助惠州。在此期间，孙中山由台湾内渡，亲临指挥，而起义军的军火则由台湾通过海运接济。

惠州起义的武装人员，由两部分人组成。一部分是新安一带的绿林，他们都配有枪支，成为起义的主力，由黄耀庭、江公喜等统率，部署在新安、虎门一带，待起义发动后由郑士良率领的义军向广州方向转移时与之会合；另一部分是嘉应州一带的三合会会众，由郑士良通过黄福召集。黄福是归善本地人，三合会中的显要人物。他原在南洋北婆罗洲谋生，被郑士良派人请来，因为三合会众对他唯命是从，他就成了召集会众的关键人物。这部分人，约六百名左右，半数有枪械，作为发难的基本力量，都集中在三洲田待命。

被孙中山称为“外国义士为中国共和牺牲第一人”的山田良政

平山周

1900年7月，孙中山为准备惠州起义致平山周函

7月16日，孙中山在停泊于香港海面的“佐渡丸”轮船上，再次举行军事会议。会议决定，由于港英当局不准孙中山登岸，将惠州起义的指挥权交给郑士良；史坚如、杨衢云等人仍分留广州、香港，负责策应和接济；又派毕永年赴长江流域联络会党；孙中山则转回日本折台湾，待起义发动后设法潜入内地亲自指挥。会后，孙中山于7月20日离开香港重返日本，随即在神户、大阪等地为起义商洽购置军械事宜。9月28日，他由神户经马关抵台湾基隆，即与日本台湾总督儿玉源太郎的代表后藤新平（当地民政长官）取得联系，请求支援中国革命。这时台湾日本统治当局拟利用兴中会的活动插手华南，阴谋乘机占领福建，以达到其扩张侵略势力的目的，所以对孙中山筹备的这次起义伪表支持，应允在起义之后给予帮助。孙中山旋在台北建立起义指挥中心，召集了一批军事人员，等待起义军占领沿海一带进抵厦门时，准备渡海接应起义。

10月6日，惠州三洲田山寨起义爆发。三洲田属惠州归善（今惠阳）县，这里群山环抱，“山深林密，路径迂回”，形势险要，又是会党啸聚之区，三合会深入周围农村之中；同时，归善是郑士良的家乡，他对这里人地熟悉，与当地会党及绿林首领素有联系，选择在此地发难非常适宜。当天夜间，郑士良率领三合会的精壮人员600人猛袭新安县沙湾清军，毙俘敌七十余人，缴获枪支四十余枝，清军不知革命军的虚实，“惊溃退却”。起义军犹如猛虎下山，初战告捷，士气高涨，接着就按原计划向东朝福建挺进，一路势如破竹，节节胜利，十几日间经过佛子坳、崩岗墟等地到达三多祝。沿途屡次击败清军，击毙、俘虏敌军数百人，缴获很多枪械。起义军经过的地方，人民燃放爆竹迎送，自动参军的越来越多，一度发展到近三万人，声势浩大，士气很旺。

正当起义军顺利向前挺进时，后方的补给接济却出现了问题，特别是弹药严重缺乏。这时计划中的海外接济，因日本政府内阁易

郑士良

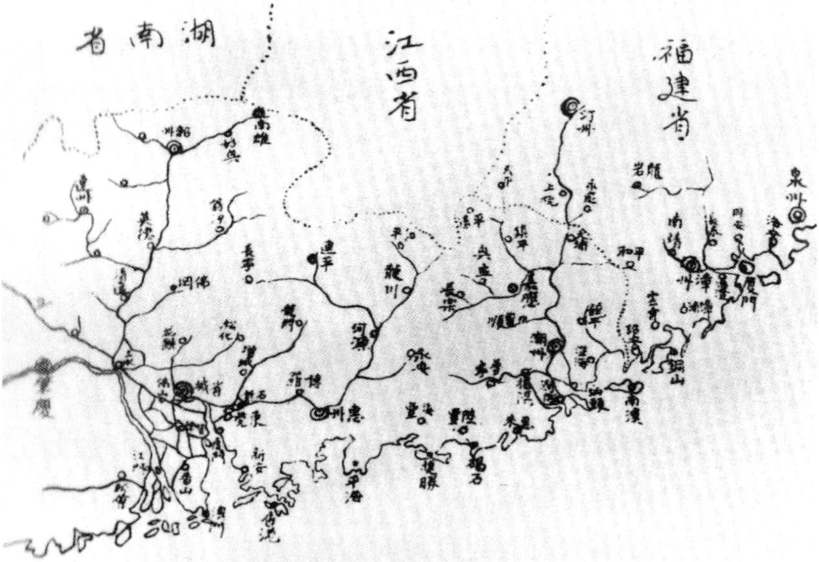

惠州起义中郑士良绘制的闽粤进军形势图

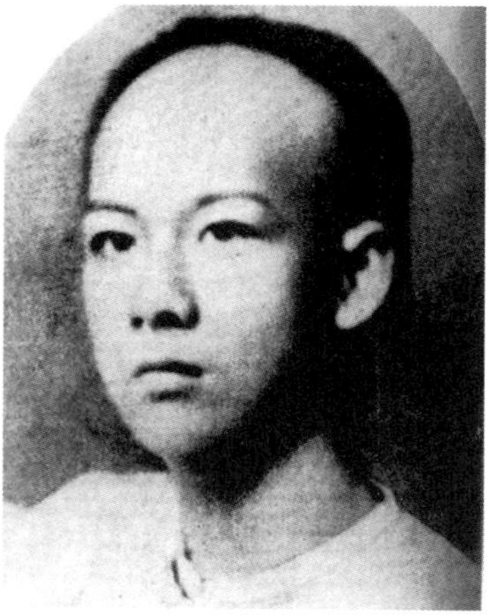

史坚如

人，他们顾忌染指华南会遭英、美诸国的干预，中途变卦，禁止台湾军火外运和日本军人参加起义军，使一切诺言均成了画饼；孙中山也被禁止从台湾渡海进入内地。这样，起义军虽然连获胜利，却逐渐陷入弹粮失继的困境，最后弹尽粮绝，又遭到清军优势兵力的围攻。这时，远在台湾的孙中山为保存革命力量，便向郑士良下达了命令。22日，日本人山田良政等持孙中山令赶到三多祝前线，书中指示："政情忽变（按指日本临时变卦——引者），外援难期；即至厦门，亦无所为。军中之事，请司令自决行止。"[①] 这个手令使郑士良等惊呆了！最后，他不得已便将起义队伍就地解散，自己率领千余人折返三洲田，又与骨干退往香港，不久避地海外。惠州起义半途而废。

当起义军苦战惠州时，负责策应的兴中会员史坚如，在广州屡谋响应，皆因没有机会而未能如愿，迫不得已，决定用炸药炸毁广东巡抚衙门，炸毙署理两广总督、广东巡抚德寿，打乱敌人的中枢

---

① ［日］宫崎寅藏著，P．Y．校刊：《三十三年落花梦》，上海出版合作社 1933 年版，第 134 页。

和后方，配合起义。他“以为德寿一死，清兵必自相惊扰，既可解惠州的危险，广州也可乘机起义”。[1] 为此，他们于10月下旬租了一处位于督署后院的民宅，每晚在宅内开掘通向督署的地道，准备用炸药炸死德寿。26日夜地道开通，但炸药至时却没有轰发。史坚如于次日重回租宅，发现引爆导火线的盘烟燃至半途而灭，于是他再次安装引爆盘烟后离开现场，到友人毛文明牧师家静候消息。不料当夜炸药虽然爆发，仅震坍抚署磡墙一角，德寿从床上震落在地面，饱吃一惊，没有受伤。史坚如深为疑惑。28日晨，他不听友人劝告，不避危险，亲到现场察看究竟，不幸为叛徒认出，被捕下狱。在狱中受尽酷刑，坚贞不屈。11月9日英勇就义，死时仅22岁。孙中山后来称他“为共和革命而殉难之第二健将”，表示了深切的敬意。

史坚如是辛亥革命时期革命派中采取暗杀手段的第一人。其英勇无畏、视死如归的精神确实值得后人敬仰，但采用暗杀清政府权要的办法并不是真正的革命道路，而是资产阶级英雄史观的反映。革命派并不认为暗杀主义不足取，他们在歌颂史坚如等英勇牺牲的同时大力宣扬暗杀，这就在革命党人中助长了暗杀情绪，后来革命党人中出现了不少暗杀活动，与革命派中个人英雄主义的滋长是密切相连的。

随着史坚如谋炸德寿的失利，孙中山发动的第二次反清起义至此完全失败。与乙未广州起义相比，庚子惠州起义筹备得更充分，也拥有一定的群众基础。起义前，革命党人在会党中进行了不少工作，参与者都目标明确，比之广州起义多为乌合之众不可同日而语；革命派在起义前已设立了基地，安营扎寨，武装力量集结了数月之久，比之广州起义临时凑合、届期不至，有了确实的保证；起义过程中又得到沿途群众的支持，曾扩军至两万余人，而且郑士良

①史坚如：《致妹书》，《辛亥革命烈士诗文选》第4页。

在进军途中还曾到处张贴过号召人民反对清朝统治的告示，对争取当地农民的同情支持也起了一定作用。这些都是惠州起义发动后得以取得若干胜利的重要原因。但是，这次起义的指导思想完全放在依靠日本的支持上，及至日本态度发生变化时，起义便不得不半途而废。所以，惠州起义不是败在清军之手，而是败在日本政府对孙中山的出尔反尔态度上，归根到底，是败在孙中山与兴中会对帝国主义抱有不切实际的幻想上。

惠州起义是孙中山在兴中会时期亲自策划的一次重要武装起义，也是他发动的历次起义中规模较大的一次。这次起义虽遭失败，但是它产生了十分积极的影响。这是孙中山第一次成功发动起来的起义，使越来越多的反清志士聚集在武装革命的旗帜下，促进了有识之士的觉醒。并进一步推动了广大人民群众的逐渐觉醒和民主革命浪潮日益高涨，孙中山的处境也较前大为好转。当五年前第一次广州起义失败时，他被不少不理解的人视为“乱臣贼子”、“大逆不道”，得不到人们的支持，甚至在檀香山的亲友也把他看作洪水猛兽，不敢和他接近。而这次惠州起义失败后，情况就完全不同了。以前咒骂他是“乱臣贼子”的，这次反而惋惜起义没有成功，认识到他不是什么“强盗”了。理解、同情或赞助革命的人空前增多。这种形势使身历其境的孙中山感触很深，他后来追述说：“前后相较，差若天渊。吾人睹此情形，中心快慰，不可言状。”人民有觉醒和群众对革命斗争的热情支持，大大鼓舞了孙中山，日益增强了他的革命信心，从而开始步入一个崭新的时期。在这个新时期中，孙中山也从一个孤独的革命先行者成了继之而起的民主革命派公认的领袖。

惠州起义失败后，孙中山化名“吴仲”，于 1900 年 11 月离开台湾，流亡海外。从 1901 年到 1904 年，他远涉重洋为革命四处奔走。1901 年在日本横滨、本州和歌山县及檀香山等地，1902 年冬到了香

1901 年，孙中山在日本东京与起义失败的自立军骨干人物合影

1901 年 1 月，孙中山在日本东京与尢列（右坐）、侄儿孙昌（左立）等合影

1901 年 2 月 14 日，孙中山赴和歌山市访问日本生物学家南方熊楠时合影。
左起：常楠、南方熊楠、孙中山、温炳臣、楠次郎

1901 年 4 月，孙中山在檀香山与家人合影。中坐者为孙母杨氏，后排左起：月红（侍女）、孙眉夫人谭氏、孙威、孙眉、孙中山、卢慕贞、孙顺霞（孙眉养女）、新兰（侍女），前排三小孩，左起：孙科、孙婉、孙娫

港及越南，1903 年秋又从越南西贡往暹罗、日本和檀香山，1904 年春再去美洲的美国旧金山、华盛顿和纽约等地，同年底又由美洲到了欧洲的英国伦敦。孙中山历尽了千辛万苦，足迹遍及亚、欧、美洲许多地区，一再宣传非革命不能救亡的道理，广泛传播革命思想，召集革命同志，联合华侨和在美洲的会党，组织革命团体；并考察资本主义各国经济、政治和社会、历史的发展状况，结交外国朝野人士，争取他们赞助中国革命。孙中山虽然饱经挫折，备尝艰辛，其革命信念坚定不移。他这种不远万里，风尘仆仆，劳苦奔波，为革命不畏艰难和风险的精神，是很可贵的。

四、援助菲律宾独立运动

孙中山在日本准备再次武装起义的同时，对于其他被压迫民族的解放事业也给予热情的帮助，他把兄弟国家人民的斗争看作是为世界人道而进行的共同斗争，要力图联合亚洲反殖民主义力量一起斗争，而不是把革命局限在中国范围之内。他援助菲律宾独立运动是其中一例。

孙中山是怎么认识菲律宾独立运动的领导人呢？事情的原委是这样的：

19 世纪 70 年代，自由资本主义开始向垄断资本主义过渡，随之出现了夺取殖民地的“高潮”。亚洲是帝国主义列强争夺的主要场所之一。在瓜分亚洲的“高潮”期间，帝国主义发动一系列侵略战争，使亚洲许多国家的人民遭受了空前的灾难。帝国主义及其代理人，在政治上实行西方殖民主义和亚洲封建专制主义相结合的残酷统治。在经济上，除了直接掠夺和倾销商品之外，还大量输出资本，控制亚洲各国的经济命脉。这一切，激起亚洲人民的无比愤恨，他们纷纷奋起斗争。19 世纪末，菲律宾率先爆发了反对帝国主义、反对殖民主义的资产阶级革命。

1521 年西班牙殖民者首次侵入菲律宾，1565 年菲律宾开始沦为西班牙的殖民地。西班牙殖民者在菲律宾实行政教合一的殖民统治，垄断对菲贸易。菲律宾人民不堪忍受残酷的压迫和剥削，同殖民者进行了三百多年的英勇斗争。19 世纪末，菲律宾资本主义获得了初步发展。随着菲律宾人民同殖民者的矛盾日益尖锐，菲律宾出现了资产阶级革命运动。1892 年 7 月，安德列斯 · 波尼法秀创立秘密团体“最崇高的、最受尊敬的菲律宾儿女协会”（简称卡蒂普南），与殖民者进行斗争。1898 年 8 月，卡蒂普南发动起义，各地群起响应，武装斗争的怒火迅速燃遍菲律宾群岛。正当斗争进入高潮时，卡蒂

孙中山题联

普南领导层内部发生分裂，艾米利奥·阿奎那多取代波尼法秀，掌握了斗争的领导权。1897 年 11 月，阿奎那多宣布菲律宾独立，成立菲律宾临时共和国，制定宪法，并出任第一届总统。但是，同年 12 月，他与西班牙殖民者妥协，订立《边那巴多条约》，规定阿奎那多政府停止战斗；西班牙殖民者则虚伪地允诺民族平等，进行社会改革，保护人身自由，并付给阿奎那多等八十万比索。条约签订后，阿奎那多解散共和国政府，流亡香港。

西班牙殖民者并未履行诺言，菲律宾人民也没有放下武器，他们在激进派领导下，继续坚持斗争。在人民革命的推动下，阿奎那多在香港成立了“爱国委员会”，并重新取得革命运动的领导权。

1898 年 4 月，美国和西班牙重新瓜分殖民地的美西战争爆发。菲律宾革命军乘此机会向西班牙殖民军发起猛烈进攻。美国为假手菲律宾革命军打击西班牙军队，声称支持菲律宾人民的武装斗争。阿奎那多于 5 月乘美国军舰回菲，6 月发表宣言，宣布菲律宾独立。

1898 年 1 月中旬，阿奎那多和其部下彭西（M.Ponce，马尼拉大学毕业后留学西班牙，著《菲律宾史考》和《孙逸仙——中华民国的缔造者》）接待了梅屋庄吉。这时，梅屋庄吉在孙中山的影响下，认为亚洲黄种人必须团结起来，反抗西方的侵略；亚洲各国的革命具有互相呼应、互相推动的作用。因此，应互相援助。阿奎那多和彭西完全赞同他的见解，从此，梅屋庄吉与阿奎那多和彭西结为肝胆相照的知交。不久，菲律宾革命政府成立，设在香港的秘密机关改为外交本部。彭西负责对日本的外交事务。梅屋庄吉与他的往来于是更为密切。他为声援菲律宾人民的反美斗争，积极奔走。

在美西战争期间，菲律宾独立军对日本抱有幻想，认为日本是一个强大的国家，希望它像法国在美国独立战争中援助美国那样，援助菲律宾。在这种意愿的驱使下，菲律宾政府派彭西赴日活动，争取援助。日本首相大隈重信为染指菲律宾，声称对菲律宾独立运动抱有“好感”。彭西因此得以与日本签订了订购村田式步枪5000支的协定。然而，菲律宾政府当时严重缺乏资金，驻香港的外交本部无款可汇，协定很快被废弃。年底，菲律宾人民奋起抗击美国侵略军，军械消耗很大。菲律宾政府再次派彭西赴日购运军械。彭西途经香港时，拜访梅屋庄吉，说明赴日的目的，并坦率承认，购运军械的经费要向国际友人募集。梅屋庄吉当即允诺资助，并致信流亡在日本的孙中山，请他协助彭西。

当时，孙中山在日本正在联络国内外友人准备再次武装起义，忙得不可开交，但他对其他被压迫民族的解放事业也很关心，要尽能力之所及给予热情的支持。早在1897年，他在一次谈到关于革命的动机时曾表示，决心要与亚洲被压迫民族一起“为亚洲黄种，为世界人道而尽力救支那四万万之苍生，雪亚东黄种之屈辱”[①]，而不是把革命斗争局限在中国的范围之内。

彭西到达日本横滨后，打听到孙中山住在横滨本牧的南京街里，便于1899年3月初在孙中山住处与孙中山、宫崎滔天、平山周等人会晤，介绍了菲律宾人民反对美国入侵，为独立而战的情况，并恳切说明，坚持斗争需要国际援助。孙中山当即表示，如能确保登陆地点，兴中会可动员广东同志三万人赴菲律宾投入反侵略战争。彭西则表示，菲独立军面临最大困难是军械缺乏，如不及时补充，将不战自溃。孙中山就转请宫崎滔天帮忙，并说：“我们一旦帮助他们争得了菲律宾的独立，接着便可凭借菲律宾同志的力量攻陷广东，掀起一场大风暴，他们有钱，又有准备，我决心带领支那的同志和部下去帮助他们打仗，希望你们也来和我们一起，速其成效。”“好，来他个痛快的，先干它美国一家伙。”[②]宫崎滔天与平山周二人都表示赞成。当时，因为中国革命党人和支持他们的日本友人都受着日

① ［日］宫崎寅藏著、P.Y.校刊：《三十三年落花梦》，上海出版合作社1933年版，第65页。
②上村希美：《宫崎兄弟传——亚洲篇》，上卷，苇书房1987年版，第220—221页。

1901 年 1 月，孙中山在横滨寓所与美国《展望》杂志记者林奇（右二）、彭西（后立右一）等合影

1901 年 1 月，孙中山在日本横滨与菲律宾独立党代表彭西合影

本当局的监视，不能直接出面去购军火，必须找一个与中国革命党没有联系、不受当局注意的人来办这件事情。他们经过商量，决定向民党领袖犬养毅求助。宫崎滔天与犬养毅交往甚密，次日拜访犬养府，说明来意，犬养毅欣然应允协助，并推荐中村弥六负责具体事宜。

中村弥六是日本众议院议长，曾任大限内阁的副司法相，常出入参谋本部。他们又找到了中村弥六，还没等他们说完，这位中村就表示说："小意思，这事我包了。"大家对他信而不疑，彭西将全部军费交给了孙中山，孙中山又转交给了中村弥六。

菲律宾独立军领袖阿坤雅多（Emilio Aguinaldo）得彭西报告，知孙中山计划率中国革命党赴菲律宾助其独立，而后菲律宾助中国革命的事，极为赞同。为表示协作之诚意，赠给孙中山日金 10 万元作为革命经费。兴中会得到这笔款后，在开展各项活动中，起了很大作用。当年秋季，派陈少白在香港士丹利街 24 号创办兴中会机关报《中国日报》；派史坚如赴长江一带，联络会党，扩大兴中会组织；派郑士良在香港设立机关接待会党；策动惠州军事等各项费用，就是用的这笔款子。事后，保皇党康有为、梁启超师徒借题在檀香山《新中国报》及香港《商报》上肆意诋毁，说孙中山"骗取了菲律宾独立党巨款"云云，企图败坏革命党的声誉。这种国际间革命党人同心共济、患难相助的精神，是他们所不能理解的。两国革命党的战斗协作精神，在中菲友谊史上留下了光辉的篇章。

孙中山在等候中村弥六购运军火时，派兴中会员、日本退职武官远藤隆夫、山下稻、清藤幸七郎、岛田经一、伊东正基等赴菲律宾与独立军进行部署，待军火运到，在适当时机由孙中山率中国革命党赴菲律宾助战。

广东兴中会员向孙中山发电表示准备起义，要他回国主持。孙中山这时在计划组织革命党同志赴菲律宾，就派宫崎滔天到广东向

1901 年，孙中山在日本

党人说明情况，先稳住那里的局势，准备出国参加抗美援菲战斗。

当宫崎滔天赴广东途经上海一带时，听说一艘叫“布引丸”的船沉了，是三井商社的船。当他到了香港之后，正遇到一个来香港旅游的三井商社的职员。宫崎滔天和他提起在途中听到沉船的事，这人说：“那真不走运呀！这船不久前还是我们的，不过好在已经卖给了中村弥六，所以我们毫无损失。”宫崎滔天听了这人的话便惶恐起来，以为十有八九就是装运菲律宾军械的船。他急忙找到陈少白，两人一同到菲律宾独立军驻香港的办事处，见到菲律宾革命委员会委员长正焦灼地一个人在屋里。他把一份日文电报递给了宫崎滔天，说：“昨有一电，而不能了悟，推其大要，凶多吉少，故未敢出示同志。”当宫崎滔天给他翻译出“船沉”二字时，他悲痛欲绝，拍案悲呼：“天何不佑吾党之甚也，吾受任以来，购军械之事，已失误三次，所费已不赀，且皆吾党之膏血，而竟付之洪流，吾将何面目以见大统领与吾国民乎，惟自杀，以谢罪。”几个人悲怆不已，陈少白勉慰他说：“革命家苦心之所在，非千曲百折殆无有直达目的之日，古来之英雄，举事谁非如此。”这位委员长“稍返初志而有起色”。

原来，中村弥六用一个德国人的名字做买主，以财政股的名义，从日本枪械包商大仓会社购妥步枪一万支、子弹 500 万发、旧式山炮一门和机关枪 11 挺。孙中山为运出这批军械，于 6 月 18 日买下三井物产公司的旧船“布引丸”，准备运到菲律宾。孙中山派日本兴中会员林及、高野二人押运。7 月 17 日，“布引丸”满载军械从门司港起锚出航，约定运至马尼拉附近一个小岛，由菲律宾独立军接收。但“布引丸”行驶在中国浙江马鞍岛处时，不幸于 21 日遇强台风袭击而沉没了。押运人员林及、高野等全部遇难。

中村弥六见孙中山因人械俱失，甚为沮丧，表示愿为菲律宾独立党二次购买。孙中山与彭西商议可行，再托中村弥六二次向大仓会社购了原数村田式枪支子弹，计划取道台湾运往菲律宾。正待雇船运载时，日本政府鉴于“布引丸”沉没，决定取缔枪支船运出口，监视甚严，无法起运，蹉跎数月。菲律宾独立党因军械缺乏，连战失利。

当年 10 月，兴中会在惠州起义时，得彭西同意，借用了这批军械。孙中山在台湾致电东京宫崎寅藏办理取运。宫崎寅藏派远藤隆夫找中村弥六协助提取。中村弥六借口要往外地，不予办理。远藤隆夫要他先取出军械，再动身。中村弥六支吾其词，要远藤隆夫直接与大仓交涉。军商大仓以为远藤隆夫与中村弥六同谋，直言不讳地说：“此物原属废物，不如运销国外，以图厚利，此中村所贻与君等之利益。”于是，中村弥六与大仓合谋舞弊的勾当，暴露于众。宫崎寅藏回电孙中山：“中村代购武器，尽属废物。”

孙中山原计划前方将士得这批武器接济后，即由台湾潜入内地，指挥惠州起义。接宫崎寅藏电报之后，知失去后援，进展不利，令郑士良撤军解散，并复电宫崎寅藏：“向中村索还械弹原价六万五千元。”

犬养毅亲自出头向大仓交涉，要他归还原价，大仓得赃款五万元，中村弥六及其同伙分贪一万五千元。犬养毅要他至少退三万元，大仓最后答应退一万五千元。

但当犬养毅派宫崎向中村寅藏交涉，要拿回退款一万五千元时，中村弥六竟矢口抵赖，不退赃款。

孙中山由台湾回到日本时，又发现中村弥六曾伪造有“孙逸仙”字样的印章及书信等赝件。中村弥六的狡黠行径，遭到日本民党内外一致谴责，后又被东京《万朝报》载露，中村弥六恼羞成怒，拒不退款，犬养毅不得已，将他开除民党名籍。

孙中山也请了两个日本律师，准备向日本法院起诉，后因此案关系日、中、菲三国外交问题，而且非短时期所能解决，在黑龙会首领头山满出面调解下，中村弥六退款一万三千元了事。

犬养毅

这位堂堂的民党干事、众议院议员与军商大仓的卑劣行径，传闻东京。而日本也有另外一些人物，对犬养毅和宫崎寅藏等向中村弥六交涉索还赃款的事，进行责难，说他们“无情”，“无血无泪”，“欲杀中村而反自伤”，“未免太甚”云云。他们颠倒黑白到了何等程度!

孙中山对菲律宾人民反美斗争运动的支援，虽然由于日本奸商和卑劣政客的破坏而失败，但是这段真诚的协助精神，在中菲友谊史上，却留下可贵的一页。

之后，孙中山与彭西仍不断来往，直到 1905 年彭西移居越南西贡菩里连街 140 号后，孙中山每过西贡，必去访见。而且两人常有书信来往，互相关心着两国革命运动的进展情况。后来彭西还著写了《孙逸仙——中华民国的缔造者》一书。在书中提到孙中山对亚洲革命运动所起的作用时说：“孙逸仙善于把远东各国的共同问题综合起来加以研究，因此，他成为一群来自朝鲜、中国、日本、印度、暹罗和菲律宾的青年学生的热情鼓动者之一。”①

①彭西之原著系西班牙文，1912 年在马尼剌出版。转引自［美］詹逊（M.B.Janson）:《日本人和孙逸仙》，美国哈佛大学 1954 年英文版，第 73 页。

第四节　创建中国同盟会

一、推动革命高潮的到来

在历史进入 20 世纪，革命形势迅速发展，群众广泛倾向革命的时候，为了进一步推动革命浪潮的高涨，孙中山风尘仆仆，四处奔走，热情宣传，积极扩大革命队伍。

早在义和团运动爆发之前，孙中山即在留日学生中开展工作，支持其中的激进分子从事革命活动。惠州起义失败后，孙中山一面总结起义失败教训，一面继续在旅日的知识分子中开展工作。

19 世纪末叶以后，受到民族危机不断加深的刺激，一批批青年学生带着寻找救国真理的热切愿望，纷纷到国外留学。离中国最近的日本，中国留学生去得最多。1900 年（光绪二十六年），在日本的中国留学生约有百余人，1902 年后陡增至千余人。留日学生中不少著名的革命活动家如黄兴、邹容、陶成章、廖仲恺和何香凝等，都是在 1902 年到达日本的。在这些留日学生中，虽然绝大部分人充满着爱国救亡的热情，但他们多数暂时还没有接触到最尖锐的政治问题——革命的问题。他们普遍存在着一个模糊的想法，认为中国之所以衰弱和被侵略，主要在于文明的落后，因此到国外去最迫切的任务，就是要学习新知识，把它们介绍到国内，提高国民的觉悟程度。

针对大多数留日学生的这种思想状况，孙中山把对他们的工作重点，放在支持部分主张革命的激进分子在留日学生中开展革命宣传活动上。其中受到孙中山直接启发、帮助的，有秦力山、刘成禺和章太炎等人。在孙中山等人的努力下，留日学生中的革命思潮逐渐高涨。1902 年冬，留日学生中的激进分子秦毓鎏等二十余人，发起成立了青年会，“明白揭示以民族主义为宗旨，以破坏主义为目的”，表明他们已开始趋向革命。

这时孙中山虽注意在留日学生中开展工作，培养革命的种子，但他当时对于日益壮大的爱国知识分子队伍在中国革命中即将发挥的重大作用，还缺乏足够的估计，而对于争取欧美各国对中国革命的援助尚抱有很大的期望。所以，他在 1902 年 12 月离开了日益扩大并日趋革命化的留日学生群体，前往越南河内谋求法国殖民当局对中国革命的支持。

孙中山在河内住了半年多，其间谋求法国支持的努力并无结果，而在发展革命力量方面则取得一定进展。他在河内建立了兴中会分会。三年后，这个分会改组为同盟会越南分会，曾在同盟会发动的钦廉、镇南关、河口三次武装起义中，发挥了重要作用。

在孙中山逗留河内的这段时间里，形势有了很大的变化。突出表现为，在留日学生和上海地区知识界中掀起了火热的爱国运动，众多的知识分子从爱国的立场出发，迅速地走上革命的道路，革命已成为不可阻挡的时代潮流。

促使众多知识分子投身革命的，是 1903 年（光绪二十九年）发生的拒法、拒俄运动。这年 4 月（阴历三月）间，广西巡抚王之春

1902年，江苏留日学生秦毓鎏等组织的第一个革命小团体东京青年会成立时合影

欲借法国军队镇压广西的农民起义，激起上海爱国人士的激烈反对。接着，由于沙俄背弃协议，拒绝撤回在义和团运动期间乘机侵占中国东北的军队，并向清政府提出七项新的侵略要求，妄图永久霸占东北，引发了留日学生与上海爱国知识界轰轰烈烈的拒俄运动。这一运动的性质并未超过一般爱国运动的界限，但清王朝却以“名为爱国，实则革命”为由，下令逮捕爱国青年。这样，清政府就充当了一名出色的“反面教员”，逼使众多知识分子在“爱国无路”的情况下，迅速走上革命的道路。黄兴、陈天华等人，相继回到国内从事革命的组织活动。

紧接着，邹容所著《革命军》一书在上海出版，章太炎则在《苏报》上发表了《驳康有为论革命书》与《革命军序》。邹容在《革命军》中，以通俗的笔调，有力地揭露了封建专制制度的罪恶，论述了革命的必要性与正义性，提出了用革命手段结束君主封建专制制度，建立“中华共和国”的口号。全书文字生动，激情洋溢，产生了巨大影响。章太炎的文章，则从批判改良主义的角度，论述了革命的巨大意义。改良派企图以会流血牺牲来吓唬人们不要革命；章太炎则从历史上论证，人民群众要取得政治上的权利，实现民主政治，革命和流血是不可避免的，也是完全必要的。改良派诬蔑人民智力、道德低下，不配革命；章太炎则用具体的历史事实来论证革命的实践，正是提高人民觉悟的有效途径。改良派以革命会引起社会紊乱为借口，来反对革命；章太炎则指出革命是明公理、去旧俗、补泻兼备的良药。改良派歌颂光绪帝为“今上”圣明；章太炎则直斥光绪帝为“载湉小丑，未辨菽麦”。全文论证严密，笔锋犀利，是革命派对改良派正面进行批判，战斗力较强的第一篇文章。邹容、章太炎反清革命论著的发表，在群众中引起巨大反响，清王朝极为恐惧，勾结帝国主义租界当局逮捕了章、邹两人，酿成轰动全国的“《苏报》案”。清政府的反动面目再次暴露，越来越多的人

革命軍

不文以生居於蜀十有六年，以辛丑出揚子江，旅上海，以壬寅游海外，留經年，
輒讀人名家著，印於腦中者，及思想間所不平者，列為編次，以報
我同胞。其亦附於文明國中言論自由、思想自由、出版自由者歟？嗟夫！中國人奴
隸也，奴隸無自由，無思想，然不文不揣此區區微意，自以為以是報我四萬萬
同胞之恩，我父母之恩，我朋友兄弟姊妹之愛，我其有責我為大逆不道者，其有
信我為光明正大者，吾不計，吾但信盧騷、華盛頓、威曼諸大哲於地下有靈，必
哂曰：孺子有知，吾道其東；吾但信鄭成功、張煌言諸先生於地下有靈，必笑曰：
後起有人，吾其瞑目。文字收功日，全球革命潮，吾言，吾心不已。
皇漢民族亡國後之二百六十年歲次癸卯三月日革命軍中馬前卒鄒容記

邹容及其《革命军》

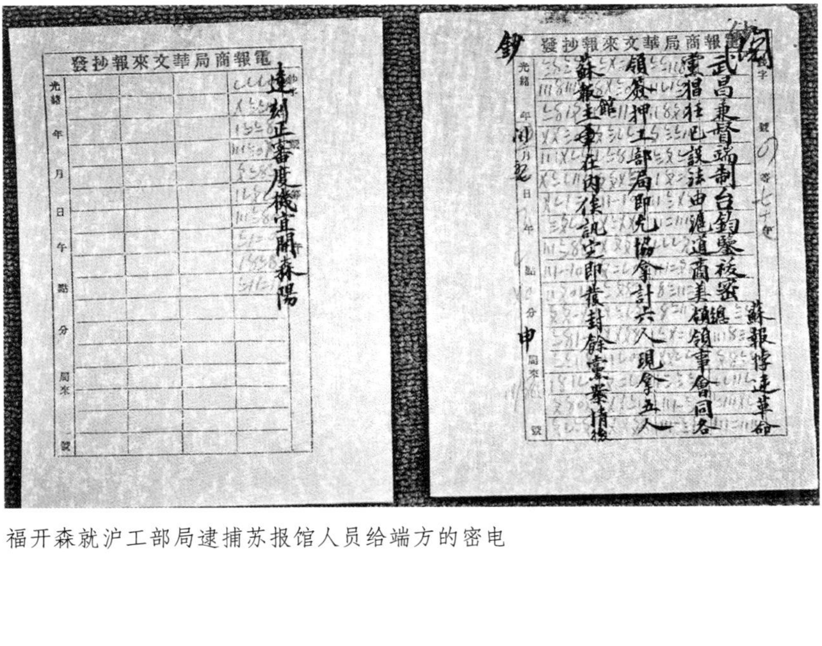

電報商局華文來報抄發

電報商局華文來報抄發

蘇報悖逆革命

武昌東督端制台鈞鑒：核密。
黨猖狂，已設法由滬道商美總領事會同各
領簽押，工部局即先協拿，計六人，現拿五人。
蘇報館主筆在內，俟訊定即發封。餘[illegible]

福开森就沪工部局逮捕苏报馆人员给端方的密电

踏上了反清革命的征程。

在革命浪潮飞速发展的形势下，1903年（光绪二十九年）7月，孙中山从越南返回日本，继续在留日学生中积极开展革命活动。同年8月，孙中山在东京青山练兵场附近秘密创办了一所军事学校，培养革命的军事干部。这所学校前后办了半年左右，共有14名中国留日学生在这里接受训练。该校的创办，体现了孙中山一贯重视武装斗争的鲜明特点。

同年9月，孙中山在留日学生进步刊物《江苏》杂志第六期上，以“逸仙”署名，发表了《支那保全分割合论》一文，驳斥了一些日本帝国主义分子所谓“保全”清王朝和“分割”中国领土的谬论，指出：“就国势而论，无可保全之理也；就民情而论，无可分割之理也。”孙中山强调，清政府的腐败统治正被越来越多的中国人民所唾弃，企图继续“保全”这样一个腐朽政权是绝对不可能的；而义和团的英勇斗争，则充分反映了中国人民反抗侵略的坚强意志，外人如胆敢瓜分中国，中国人民必将“出死力以抗”。这篇文章的发表，显示了孙中山对革命宣传工作的进一步重视。

随后，孙中山从日本动身，前往欧美。此行的主要目的，是针对康、梁等人在海外各地华侨中大肆散布的保皇论调和对革命派的攻击，从政治上和理论上开展对改良主义的批判，肃清改良主义的影响，把群众争取到革命的旗帜下来，改变各地兴中会组织软弱涣散的局面，并成立新的革命团体，来领导日益兴起的革命运动。

孙中山首先到了檀香山。这里原是兴中会的诞生地，但自从梁启超等人破坏后，兴中会的力量损失很大。孙中山抵达后，连续发表扣人心弦的演说，并在当地报纸上撰写了《敬告同乡书》和《驳保皇报》等长篇文章，痛斥保皇谬论，阐述革命道理。孙中山强调，中国要摆脱瓜分危机，要谋求国家的富强，就必须推翻清政府的统治，扫除这块挡道的绊脚石。康、梁等人极力鼓吹的保皇论调，是要束缚人们的手脚，阻止人们去参加革命，结果必然是清政府的统治依然维持，广大中国人民继续受苦受难。孙中山明确指出："革命、保皇两事，决分两途，如黑白之不能混淆，如东西之不能易位。"大声疾呼革命是救国的唯一出路，号召爱国侨胞人人"大倡革命，毋惑保皇"。

孙中山的演说，明白易懂，感染力强，听讲者十分踊跃，每次都在千人以上。他的文章，论据严密，说理透彻，具有无可辩驳的威力。在孙中山的教育、鼓动下，许多原来受骗脱离兴中会的人相继归队，并先后有一批新会员加入。此后，当地兴中会的活动日有起色，保皇会的势力则大为削弱。

1904 年（光绪三十年）春，孙中山抵达美国，继续在华侨中以及在美国人民中抨击清政府的腐败统治，揭露保皇派的虚伪面目，宣传反清革命的思想，扩大了革命派的影响，争取了一批革命的同情者和参加者。

当孙中山在欧美积极活动时，国内的革命形势正以迅猛的势头在向前发展。自拒法、拒俄运动和"《苏报》案"以后，随着中国资本主义的发展和留学国外热潮的推动，出现于 20 世纪初年的资产阶级、小资产阶级知识分子群体，以空前的规模，冲破旧的精神枷锁，纷纷倾向革命。这些小团体的成立，为建立全国性的革命团体，在组织上做了准备。

1904 年（光绪三十年）以后，留日学生中的革命思想也在急剧高涨，赞成革命的人越来越多，并突破了原先同乡会的范围，出现了跨省区的革命团体。同年 12 月，由黄兴、宋教仁等人发起，湖南、云南、直隶、江苏等省留日学生一百余人成立了革命同志会。它的出现，反映了当时许多革命青年要求突破地域性的限制，实现更广阔范围内联合的强烈愿望。此外，宋教仁、陈天华等人还一起创办了《20 世纪之支那》杂志，从它的刊名和成员来看，也都在突

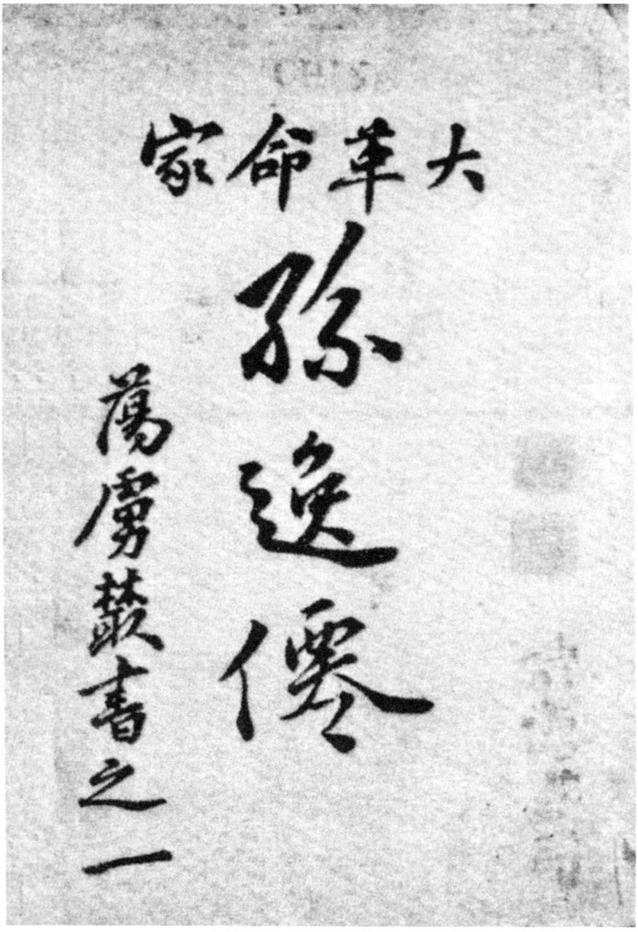

1903年，黄中黄（章士钊）将宫崎寅藏著《三十三年落花梦》节译为《大革命家孙逸仙》，扩大了孙中山的政治影响

破地域性团体的狭隘圈子。

形势的发展，要求人们迅速将各地分散的革命力量联合起来，建立一个全国性的统一的革命组织，以迎接全国规模革命运动的早日到来。联合，已成为革命形势发展到这一阶段的必然要求；团结，是当时每一个爱国者的共同愿望。而中国民族资本主义在20世纪初年的明显发展，也为这种全国性资产阶级革命组织的建立，提供了必要的阶级基础和物质条件。

就在这个关键时刻，远在欧洲的孙中山审时度势，高瞻远瞩，决定立刻返回日本，抓住大好时机，团结各方面的革命力量，建立一个全国性的统一的革命组织，领导和推动民族民主革命运动的更大发展。

二、各地的革命潮

震撼中国大地的义和团反帝爱国运动，被帝国主义和清朝统治者联合镇压下去了。1901年，清政府与英、俄、美、德、日、奥、法、意、西、荷、比11国代表，在北京签订了出卖大量主权的《辛丑条约》。这一条约，使帝国主义进一步对中国的军事、政治、经济等方面加强了控制和掠夺。单是赔款一项，就4.5亿两白银。从此，清政府不但割地赔款，助纣为虐，为帝国主义清除仇敌地方，而且要“永禁或设或入与诸国仇敌之会”，还公然提出他们的对外方针是“量中华之物力，结与国之欢心”，[①] 完全变成了帝国主义者的忠顺走狗。

帝国主义和清朝政府紧密地勾结在一起，结成了反动的政治同

①《上谕》（光绪二十六年十二月二十六日），国家档案局明清档案馆编：《义和团档案史料》下册，中华书局1959年版，第945页。

盟，把更加沉重的半殖民地半封建枷锁套在中国人民的脖子上。帝国主义不仅在中国强占所谓“租借地”，划分“势力范围”，侵略边疆地区，还加紧在中国投资设厂、开矿、筑路和扩张银行活动范围，进一步掠夺中国的各种权益，控制中国的财政经济命脉。它们还派遣大批披着宗教外衣的人员，混入中国，进行思想和文化侵略。并在各地调查资源，进行间谍活动。又勾结地方官吏，任意霸占人民的田地房产，为所欲为，无恶不作。清朝政府则依靠帝国主义，对中国人民进行残酷的搜刮，打着举办“新政”的幌子，巧立名目，增加许多新的捐税。当时的苛捐杂税，层出不穷，多如牛毛，连骡马、草料、粪便都要上捐。1899 年以前，每年财政收入是纹银 8000 万两，1903 年增加到 1 亿两，1908 年又增加到 2.3 亿万两，1910 年再增加到 3 亿两。10 年之间，使人民的负担增加了三四倍。此外，还发行“昭信股票”，[①] 举办“赔款捐”，对人民任意敲诈勒索。农民纳税，往往一两银子的税款，有四五两的附加。地主阶级依靠强力兼并土地，全国土地更加集中，农民大量破产；豪绅地主对佃农、雇工的压迫和剥削，敲骨吸髓，日益加重。这种极端腐败、反动的统治，残酷的压迫与剥削，逼得广大劳动人民走投无路，卖妻鬻子，家破人亡。

丧心病狂的清朝统治者，生活极度糜烂腐化。早在 1894 年，为了给掌握最高权力的慈禧太后过 60 岁的生日，仅修理颐和园就挪用海军建造费达 800 万两银子。八国联军撤退后，1901 年 10 月，慈禧太后带行李车 3000 辆，从西安返回北京，途经开封举办“万寿庆典”，大收贡品。回到北京就“大修颐和园，穷极奢丽，日费四万金，歌舞无休日”。为了保存慈禧太后脱落的头发，竟不惜用一百多两黄金铸成存放头发的发塔。皇帝做一件衣服要用上千两银子，吃

① “昭信股票”，是清政府在 1898 年为了筹集甲午中日战争失败后对日本的巨额赔款而试办的国内公债。因为这种公债实际上是欺骗性质的硬性摊派勒索，所以遭到了广大群众反对。

一顿饭要用上百两银子。大贵族荣禄嫁女儿时，仅是他的门房得到的赏赐就有 32 万两银子。全国人民看穿了清朝政府的腐败与凶残，逐渐认识到这个卖国政府是全国人民的公敌。

当时社会上普遍流传着这么一首歌谣：

这世界，不得了！
富的富（得）不（得）了，
穷的穷（得）不（得）了。
不造反，不得了！

这不仅反映了当时社会矛盾的极端尖锐化，而且道出了广大劳动人民不忍黑暗，要奋起反抗的心声。

中国人民群众日益觉醒了。自义和团运动以来，农民、手工业工人和其他劳动群众，连续不断地在全国各地掀起了反帝、反封建的风暴，如 1902 年到 1905 年间，各地举行的武装起义就有广西皈朝和兴义三合会领导的农民起义（1902 年 6 月）；有李纪堂与原太平天国将领洪全福领导的广州起义（1903 年 1 月）；有王和顺为首的南宁地区和陆亚发为首的柳州地区的农民起义，该次起义曾控制了广西数十州县，参加起义的有汉、壮、苗、瑶等族群众几十万人（1904 年）；有黄兴、马福益领导的华兴会谋划的长沙起义（1904 年 11 月）等，正在逐渐形成持续高涨的革命形势。

当时，随着民族资本主义的初步发展，办学堂和出国留学风气的盛行，资产阶级、小资产阶级知识分子的队伍迅速扩大。知识分子中的一批人，在严重的社会危机和民族危机之下，因热爱祖国逐步走上了挽救国家危亡的民主革命道路。其中有很多人，为了寻找真理，纷纷到国外留学。日本离中国最近，向西方学习又有成效，所以到日本留学的人最多。1906 年去日本留学的达八千多人，去欧

陈天华

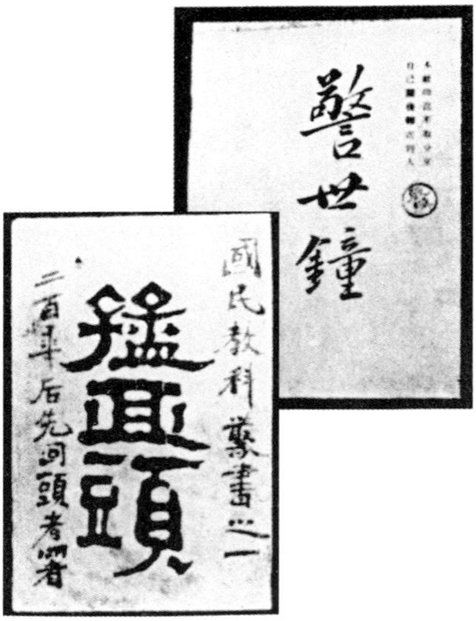

《警世钟》和《猛回头》封面

美各国的也不下几千人。

1903年后，资产阶级革命派的知识分子在政治上表现得非常活跃，他们在日本和国内先后出版了大批书报杂志，宣传反清革命和民主思想。其中特别是邹容的《革命军》、章炳麟（太炎）的《驳康有为论革命书》和陈天华的《猛回头》《警世钟》等著作，更是轰动一时，影响很大。这些书的作者充满着强烈的爱国感情和旺盛的革命意志，无情地揭露了清朝政府对人民残酷压榨和媚外卖国的罪恶，痛斥改良派反对革命的谬论，热情地歌颂中华民族的伟大，歌颂革命事业的伟大；宣称革命是“至尊极高，独一无二，伟大绝伦”之壮举，革命是“天演之公例”，“世界之公理”，是“顺乎天而应乎人”的伟大行动。指出献身革命是每一个人不可推卸的责任，无论“老年、中年、壮年、少年、幼年，无论男女”，都要“相存、相养、相生活于革命”。这些著作强调要“杀尽胡儿（按：指清朝统治者）方罢手”，杀退外国侵略者，清除为侵略者效劳的汉奸走狗。号召人民对内要和“爱新觉罗氏（按：清朝皇族的姓）相驰骋于枪林弹雨之中”，对外要扫荡侵犯中国主权的“外来之恶魔”。孙中山积极支持这些民主革命思想的传播，他在1904年一次就刊印《革命军》一万多册，分寄美洲、南洋各地。又指示在新加坡的革命党人赶印这本书，分送到各处。同时，还大量翻印《猛回头》和《警世钟》等书。这些书，在广大人民中，特别是对知识分子起了很大的鼓动作用，激励人们争先恐后地投身到革命洪流中。

从1903年夏到1905年夏这两年中，随着反清革命运动的发展，国内外各地——特别是南中国各省的重要城市中，如湖南、湖北、江苏、浙江、上海、安徽、福建、江西、四川、陕西等省区，都陆续涌现了不少反清革命小团体，秘密地或公开、半公开地进行活动。这些小团体，人数一般都很少，活动范围绝大多数局限在本省，有的仅几县，互不联络，各自为战，具有明显的地域性。它们中有的主要从事革命鼓吹，如福州的“益闻社”以设阅报所、秘密传布反清革命书刊等方法“惊醒国人之迷梦”；四川的“公强会”、“公德会”，或以在会员中树立革命思想为目标，或以“保障人权、铲除强暴为社旨”；陕西的“励学斋”，以广购书报、劝导有志之士；江西的“易知社”，“明则以诗文结社，暗则进行革命宣传活动”。这类组织，虽尚不及密谋起义，但开了当地结合社团的先河。有的专以联络会党作为发动起义的预备，如福州的“文明社”、嘉兴的“温台处会馆”。前者表面上以阅报社的公开面貌出现，实质上专以联络当地各山堂堂魁以图举事；后者则以联络江浙皖三省交界处的会党为职志。有的主要在学界发展成员，如安徽的“岳王会”主要成员是安徽公学师生，也有部分武备学堂学生；有的则以联络军界为己任，如南京的“强国会”、安庆的岳王会分会。这些情况表明，当时不少革命小团体的活动大都具有因地因时制宜的性质，缺乏全局观和较为周密的计划性。它们虽在各自的活动区域内对传播革命思想和结集反清力量起过很大作用，但毕竟因地域分散、缺乏联络配合而显得势孤力单。

在上述众多的革命小团体中，活动范围不以省界为局限且规制初具、组织发动比较深入细致、反清起义有切实计划、在辛亥革命史上有较大影响和重要地位的，当推1904年成立的华兴会、科学补习所和光复会。

华兴会酝酿于1903年11月，1904年2月15日在湖南长沙正式成立。它的发起人和会长，是后来与孙中山齐名，世以“孙黄”并称的湖南善化人黄兴；副会长是衡山刘揆一（霖生）、桃源宋教仁（钝初）。黄兴原名轸，字杞园，从事秘密革命后改名兴，字克强，一字厪午、庆午。1874年10月25日生于善化一户塾师之家。1896年中秀才，后来又就读于武昌两湖书院。他最初仰慕的是谭嗣同和唐才常。1902年以湖北官费留学日本进弘文学院速成师范科后，开始表现出革命的积极性。当年，他参与创办《游学译编》，又赞助湖北人刘成禺等创办《湖北学生界》。1903年参加拒俄义勇队和军国民教育会，不久又秘密加入以暗杀为宗旨的团体，并且练得一手好枪法。1903年6月毕业，以军国民教育会“自认特派员”身份回国，从事秘密革命活动。

华兴会是内地成立的第一个比较正规的革命团体，成员大多为两湖地区的学界中人，以湘籍的留日学生和国内新式学堂学生为主体，也是当时国内除兴中会外最有影响的革命团体。它以“同心扑满，当面算清”[①] 为隐语，将工作重点放在联络会党和军队方面，曾专门成立了联络会党的“同仇会”和运动军队的“黄兴会”两个外围组织，并筹划在慈禧太后70寿辰（即当年的11月16日）在长沙

①湖南省社会科学院编：《黄兴集·前言》，中华书局1981年版，第4页。

黄兴

刘揆一

黄兴与留日学生中的部分华兴会会员合影

发动起义，曾提出过“驱除鞑虏，复兴中华”的口号。

科学补习所是湖北省一批下层知识分子运动军队在武昌成立的组织，发起人是吕大森、张难先、欧阳瑞骅、曹亚伯等12人，成立于1904年7月30日，所址设在武昌多宝寺街，后迁至武昌魏家巷一号。

湖北的革命志士早在1902年起就注意在新军中进行工作，他们认为，要革命非运动军队不可，而运动军队又非亲身加入军队不可。所用的方法是将倾向革命的学生和士子利用党人吴禄贞担任军界要职的机会，派入军队，对新军士兵进行革命思想的灌输。同时，又在武昌花园山设立秘密机关，使学堂和军队中的志士得以经常聚会。到1903年上半年，湖北新军中聚集了不少新型知识分子和革命志士，其中著名的有张难先、朱元成、陈从新、雷天壮、陈教懋、毛复旦、李胜美、刘静庵以及由湖南转入湖北的华兴会会员胡瑛等人；学界中有吕大森、冯特民、李亚东、范腾霄、欧阳瑞骅、曹亚伯、朱和中、贺子才、史青等。军、学两界的工作初见成效之后，于是有发起组织之议。科学补习所正式成立时，主要由投身新军的鄂籍知识分子组成，公举武备学堂学生吕大森为所长，华兴会会员、新军第八镇工程营士兵胡瑛为总干事，由两湖书院学生曹亚伯任宣传，文普通学堂学生、华兴会会员宋教仁任文书，康建唐任庶务，并在军队与学堂中分设干事。其公开的宗旨是“集各省同志取长补短，以期知识发达”①，实际上以心记之的宗旨是“革命排满”②四字。

光复会的成立比较复杂。先是1897年由章太炎等在杭州发起成立“兴浙会”。其性质，与当时维新思潮盛行时期各地学会“名实或少异”，强调要以复兴浙江“用武”传统作为复兴中国、复兴亚洲的

---

①《警钟日报》1904年7月26日。

②张难先：《湖北革命知之录》，商务印书馆1946年版，第55页。

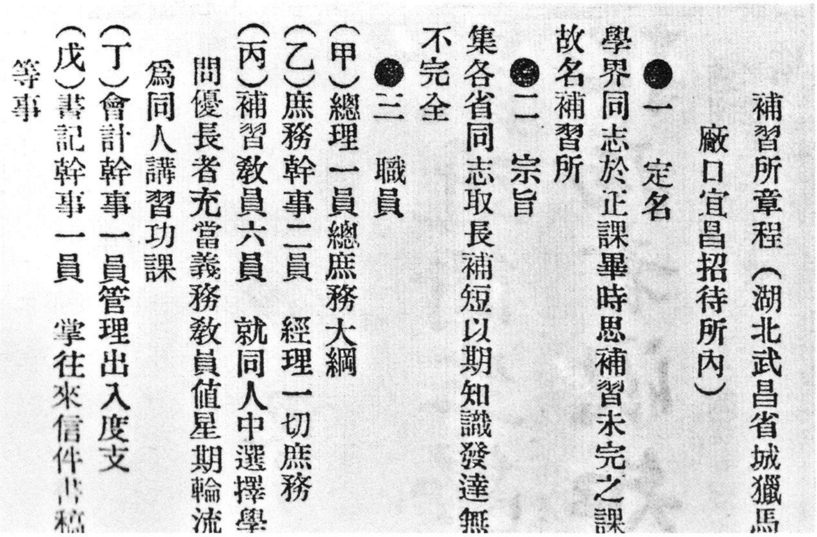
補習所章程（湖北武昌省城獵馬
廠口宜昌招待所內）
●一　定名
學界同志於正課畢時思補習未完之課
故名補習所
●二　宗旨
集各省同志取長補短以期知識發達無
不完全
●三　職員
（甲）總理一員總庶務大綱
（乙）庶務幹事二員　經理一切庶務
（丙）補習教員六員　就同人中選擇學
問優長者充當義務教員值星期輪流
爲同人講習功課
（丁）會計幹事一員管理出入度支
（戊）書記幹事一員　掌往來信件書稿
等事

科学补习所章程（局部）

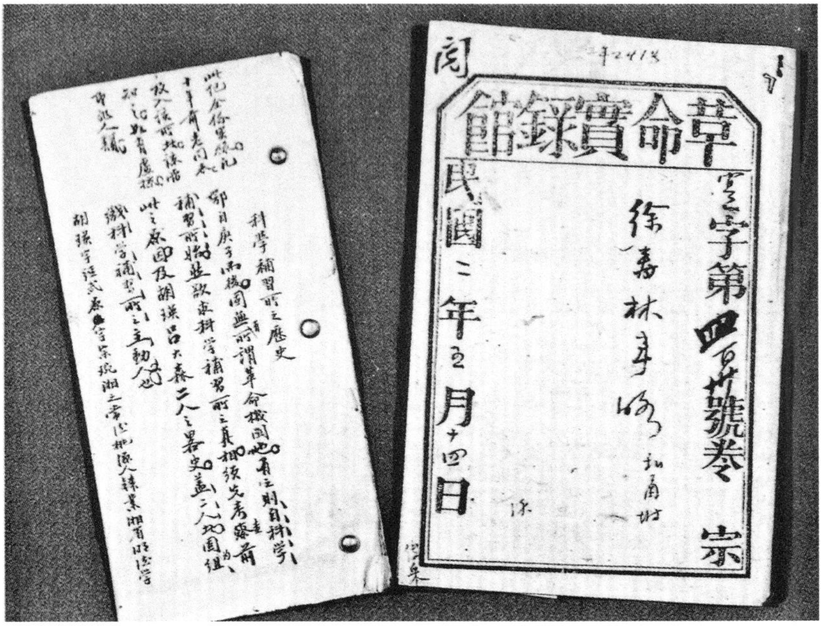

吕大森等于1912年9月交存湖北革命实录馆的《科学补习所之历史》（部分）

第一步。所谓“用武”传统，指的是黄宗羲、张煌言的反清斗争传统，所以“兴浙会”是一个隐含着反清意义的政治团体。

在光复会成立前，浙江志士正在对会党进行秘密联络和发动工作。这一工作，实际上有两条线并肩进行。一条是以陶成章、魏兰、孙翼中等留日学生组成，目的是为了在浙江建立一个能利用会党的革命团体；一条是以敖嘉熊为首的当地革命志士，目的在使会党组成一支反清的军事武装。两条线并行发展，未能结合，但有联系，居间联络者主要是陶成章。他虽已拟有组织革命协会以统一全省会党的计划，但结果未能实现。随着客观革命形势的发展，浙江需要一个领导革命的核心组织，通过它，把全省志士和分散的会党组织起来。于是，光复会在1904年10月间在上海正式成立。

光复会又名复古会。光复一词的含义，章太炎在《革命军·序》中早有解释：“抑吾闻之，同族相代，谓之革命；异族攘窃，谓之灭亡；改制同族，谓之革命；驱除异族，谓之光复。今中国既灭亡于逆胡，所当谋者，光复也，非革命云尔。”复古一词的意义，至今未见到当时人的解释，但若联系到光复一词的原义，则它要复的古，应该是汉族的文化制度似无疑问。所以，它的入会誓词规定为：“光复汉族，还我山河，以身许国，功成身退”[①]。

光复会最初选择会员极为严格，会内制度也很严谨。会员彼此都不相识，只有在共同参加多次会议和秘密工作之后，才知道对方是自己同志。会员入会时，必须举行秘密的入会仪式，入会者要歃血和对天发誓表示革命决心。据说，会员以金牌为徽章，中镂一“复”字篆文，旁刻楷书。

截至同盟会成立前，光复会的会务发展较为集中于浙江、江苏和安徽三省，它成了与兴中会、华兴会三足鼎立的国内重要的革命

---

①陈魏：《光复会前期的活动片段》，《辛亥革命回忆录》第四册，文史资料出版社1963年版，第127页。

光复会会长蔡元培

科学补习所负责人胡瑛

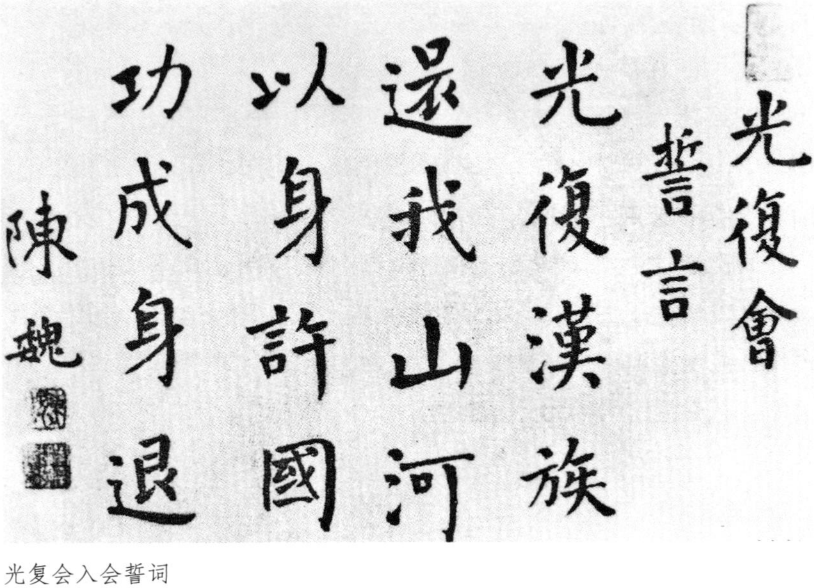

光復會
誓言
光復漢族
還我山河
以身許國
功成身退
陳魏

光复会入会誓词

团体了。但是，由于活动分散，难以采取一致的步调。

三、联系知识界

同盟会成立前，孙中山怎样看待读书人的？他与国内知识界的关系究竟如何？

首先，孙中山自己就是一位读书人，在檀香山、香港等地受过系统的西式教育，又努力学习中国文史，一生酷爱书籍。在其早期的几篇著述中，已经把教育和读书人与国家的兴衰存亡直接联系起来考察。他认为，中国“不识丁者十有七八，妇女识字者百中无一”，因而“虽多置铁甲，广购军装，亦莫能强也！”主张广设学校，“使天下无不学之人，无不学之地”。[①] 他批评时人徒羡欧美诸国多善政，强调泰西国强民富的根本原因，在于“其国多士人”。这种认识后来体现到兴中会的组织原则中去。该会章程规定：本会干部必须是“品学兼优，才能通达者”。其领导者和骨干主要是知识人。像杨衢云等人的辅仁文社，本来就是一个新学人士的组织。特别是史坚如这样出身正途的少年英俊投身革命，令日本人士群相推重，给孙中山留下深刻印象。他与朱和中等人争论时，即“列述史坚如、陆皓东诸人之学问以证之”。

其次，孙中山很早就把联络知识界作为兴中会的组织方针。该会成立之初，便主张“联结四方贤才志士”，[②] 还主动提出与维新派合作，共谋大业。广州起义前，孙中山拜访日本驻香港领事中川恒次郎，声称将以康有为、吴瀚涛、曾广铨等人为统领，[③] 至少有借重

---

① 《兴利除害以为天下倡》，《孙中山全集》第二卷，人民出版社 2015 年版，第 4 页。

② 《香港兴中会宣言》，《孙中山全集》第三卷，人民出版社 2015 年版，第 5 页。

③ 《原敬关系文书》第二卷，书翰篇，日本放送出版协会 1984 年版，第 392 页。

其声名之意。起义失败后，孙中山流亡海外，从1898年起，与为数不多的留日学生建立联系，促使其中不少人反清革命。他总结历史经验，特别是太平天国失败的教训，认为："历朝成功，谋士功业在战士之上。读书人不赞成，虽太平天国奄有中国大半，终亡于曾国藩等儒生之领兵。""士大夫以为然，中国革命成矣。"[①]1900年尢列到日本，和孙中山"议定革命进行两种计划，一联络学界，一开导华侨"。[②]此后孙中山努力贯彻这一方针。1902年，他以"中国士大夫尚无组织"，邀集李书城、程家柽、冯自由等人开会于东京竹枝园饭店，要求他们分别对本省学生进行发动联络，并称这次聚会为"中国开天大会"。[③]这说明孙中山非但没有轻视读书人，相反清醒地认识到新知识群体在近代革命中的地位与作用。而重视开通士人，又表明其致力的事业不同于历史上的改朝换代。

当然，孙中山争取知识人的努力，也有局限。1899年以前，他主要致力于武力反清，对宣传和组织工作重视不够，因而活动重心偏向会党。就早期新学界的政治小团体而言，与会党结合才能更快地进入武力反清轨道，华兴会、光复会同样如此。华兴会入会者虽达500人，因为多数是知识人士和青年学生，还是要依靠会党发动起义。光复会初期，会员"大部分是小资产阶级知识分子，顾虑动摇，行动不坚决"，也将"注意力集中到运动江苏、浙江、安徽、福建、江西五省会党方面，动员参加，以达到武装革命的目的"。[④]而另一些革命小团体，因未与会党联合，活动就只能停留在宣传方面。革命党人对此深有感触，他们说："会党党羽众多，又能脱离政府，超然自有所建树，隐然为一国之潜势力不可诬也。数年以来，爱国

①刘成禺：《先总理旧德录》，《国史馆馆刊》创刊号，1947年12月。

②冯自由：《革命逸史》初集，北京中华书局1981年版，第31页。

③刘成禺：《先总理旧德录》，《国史馆馆刊》创刊号，1947年12月。

④沈瓞民：《记光复会二三事》，中国人民政治协商会议全国委员会文史资料研究委员会编：《辛亥革命回忆录》第四集，北京，文史资料出版社1981年版，第34页。

志士倡仆满独立之议，而赤手空拳，无所凭借，不足当伪政府剑头之一映，则折而属意于会党，思有以运动而联络之。”[①]

知识界本身的状况以及孙中山具有的条件也制约其努力的效果。庚子以前，国内知识界接受排满革命主张者的确不多。如章太炎所说：“方今支那人士日益阘茸，背弃同族，愿为奴隶，言保皇者十得八九，言复汉者十无二三。”[②] 而孙中山自1895年广州起义失败后就成为清廷缉捕的“钦犯”，与国内联系十分困难，更难以踏足国土。1903年后，随着新知识群的革命化，孙中山与国内知识界的联系大大加强，而后者的活动和作用仍集中于宣传方面。孙中山认为读书人不宜作为武装起义的主力去冲锋陷阵，的确反映了知识界的实情。他与朱和中等人争论的问题之一，正是知识分子在武装斗争中的作用。不过，即使在这方面，孙也没有轻视读书人的作为。他认为会党固然重要，但“必其联合留学，归国之后，于全国之秘密结社有以操纵之，义旗一起，大地皆应，旬日之间，可以唾手而摧虏廷”，[③] 主张用留学生统帅和指挥会党。

从1898年起，孙中山鉴于广州起义失败后，清朝地方官防范严密，以广东作为起义的发难之地，“今日非善矣”，考虑把战略重点转向长江流域，但又感到“万端仍以聚人为第一着”，[④] 这方面对长江流域没有把握。于是，他一面立足广东，一面努力扩展活动范围，为此采取了两项重大措施：第一，指示陈少白到香港创办《中国日报》，加强宣传，发动国内知识界。第二，派人联络湘鄂闽粤会党，组织兴汉会，又与梁启超商议联合组党，一致反清。不料后一方面努力的结果多半是为他人作嫁衣裳，从此直到同盟会成立，孙中山

---

①《会党之进步》，《复报》第六期，1906年11月11日。

②《来书》，《中国旬报》第十九期，1900年8月9日。

③宋教仁：《程家柽革命大事略》，《国史馆馆刊》第一卷第三号，1948年8月。

④《与宫崎寅藏笔谈残稿》，《孙中山全集》第八卷，人民出版社2015年版，第35页。

陈少白

中國日報

"China"

日報行情晨派 每逢禮拜停派 週年價銀六員 每月價銀六毫 閏月照加 外埠郵費長年五員

省佛澳無寄費

No 1215 Tuesday, 22nd MARCH 1904, Nos. 92 & 94, Hollywood Road, Hongkong.

甲辰年弍月初六日 禮拜二 新聞紙第壹仟弍百伍拾號

論說

陈少白在香港创办的《中国日报》，被称为“中国革命提倡者之元祖”

没有再度大规模联络国内会党，而把主要精力放到与保皇会争夺华侨和留学界之上。他对于宣传组织工作较前重视，并得到在士林中颇负时名的章太炎等人的支持声援。1900 年章氏因主张严拒满蒙人入国会，不为同人见纳，愤然断发出会，以示与保皇派决绝，随即将所撰《请严拒满蒙人入国会状》《解发辫说》投寄《中国日报》，引兴中会为同志。以后又在《国民报》上发表《正仇满论》，公开与保皇派论战。同盟会成立前，章太炎等人的革命宣传对孙中山的活动很有帮助，“影响所及，就地域言，由上海扩及长江流域；以对象言，由下层阶级，普遍到知识阶级，这于后来革命成功关系是很大的”。[①] 与知识界的革命化相适应，孙中山不仅思想上而且行动上越来越重视联络知识分子，并逐渐形成以知识分子为主体组建革命大团体的计划。

同盟会成立前，孙中山争取知识界的重点是留学生，同时通过各种渠道，特别是留日归国学生和一些往返于海内外的革命人士，与国内一些重要省区的知识界建立了不同程度的联系。

孙中山与国内知识界的联系集中在江浙、湖北、广东三个重要地区。以上海为中心的江浙一带，有近代中国经济文化最为发达的优势，成为进步知识人士的荟萃之所和国内学界风潮的发源繁盛之地；湖北省垣武汉号称“东方芝加哥”，洋务新政力开风气之先，兴学留学均跻于全国前列，进步知识界的组织与生活持续活跃；广东则为近代维新与革命运动的发祥地，开放既久，人心思变。由于上述三地新知识界的实力较强，与之联系，既可以反映国内知识界的基本动向，又足以影响全国局势。

孙中山与江浙知识界的联系发端甚早。1898 年初，赴日考察报务的汪康年等人就和他有过接触。在日期间，孙中山结识了不少留

①张继：《五十年历史之研究与回顾》，台北 1965 年版，第 7—8 页。

1904年，美国军事家荷马里与孙中山结识，此后，长期追随孙中山

学生中的英俊之士以及章太炎等著名新学士绅，许多人归国后就在上海开展活动，如章太炎、张继、马君武等人参加中国教育会，创办爱国学社，为《苏报》撰述；秦力山、戢元丞等开办《大陆》杂志、《少年中国报》，办新译社；叶澜等组织东亚谈话会等，彼此联系日见紧密。尤其是孙中山与中国教育会的关系，值得重视。“《苏报》案”后，中国教育会会长黄宗仰亡走日本，孙中山特邀其同居一楼，两人情谊甚笃。黄宗仰以“仰瞻星斗十年久，菿汉声闻三度雷”[①]的诗句，表达对孙中山的久慕之情。此后，孙中山与其保持通信往来，还通过黄宗仰与上海革命党人联系。邹容的《革命军》刊行于沪，“是时禁网方密，除镜今书局外，无人敢为出售，乃由黄宗仰寄千册予先生（即孙中山）。嗣先生来函，称《革命军》为南洋所崇拜”，[②]汪德渊为中国教育会会员。这对宣传能力不敌保皇派的兴中会帮助极大。孙中山复函请求继续予以臂助，“务望在沪同志，亦遥作声援，如有新书新报，务要设法多寄往美洲及檀香山分售，使人人知所适从，并当竭力大击保皇毒焰于各地也”。[③]鼓动以中国教育会为中心的国内进步知识界加入反对保皇派的斗争。张继甚至称：“‘《苏报》案’未决之先，余时至巡捕房探问，太炎致书总理，称‘总统钧鉴’，交余设法转递。”[④]

1903 年秋，中国教育会内部发生纠纷，大起争执，多方调解无效，兴中会机关报《中国日报》社社长陈少白闻讯，“以同党内哄，有碍大局，特亲至上海设法和解，并设宴邀集沪上诸同志联络感情”[⑤]，终于平息了风波。是年底，孙中山又致函上海同志，讲述平

①中央：《与中山夜登冠岳峰》，《江苏》第九、十期合刊，1904 年 3 月 17 日。

②《汪德渊致孙中山函》，转引自杜呈祥：《邹容的思想演变及其在中国现代革命史上之地位》，中华民国开国 50 年文献编纂委员会编印：《中华民国开国五十年文献》，第一编第十册，台北，1962 年版，第 585 页。

③《复黄宗仰函》，《孙中山全集》第四卷，人民出版社 2015 年版，第 32 页。

④张继：《回忆录》，《国史馆馆刊》第一卷第二号，1948 年。

⑤冯自由：《革命逸史》初集，北京中华书局 1981 年版，第 136 页。

均地权思想及其与保皇派斗争的情况。值得注意的是，他把所定的新誓词和宣誓方法详告上海方面，说："公等既为同志，自可不拘形式，但其余有志者，愿协力相助，即请以此形式收为吾党。"可见这已不是组织外部的一般关系了。1904 年 4 月 26 日，《警钟日报》将此函全文刊登，以为号召。6 月 10 日，孙中山在另一致黄宗仰函中询问："上海同志近来境况、志气如何？"[①] 除黄宗仰、章炳麟外，教育会与孙中山有过交往或通信联系的还有干事王慕陶、戢元丞、会员张继、马君武等。双方在扫荡保皇派方面的配合协作，几近统一组织的共同行动，所以孙中山、陈少自称上海方面为"同党"或"同志"。

湖北方面，庚子自立军起义时，孙中山与湖北知识界的关系一度密切，以后双方的联系通过两条渠道保持和扩展，一是湖北留日学生，如吴禄贞、刘成禺、李书城、戢元丞等。另外，程家柽、沈翔云等祖籍不是湖北，而与湖北学界关系密切。吴禄贞等人回国后，与武昌新学界中的激进分子共组花园山机关，俨然成为当地进步知识界的领袖。结会者筹议运动方法，其中一条是"寻孙逸仙，期与一致"。

孙中山与湖北知识界联系的另一渠道，是旅居上海的鄂籍人士。花园山机关成立后，"公开招待各处来访之志士。于是远自东京，近至上海，莫不互通声气"。[②] 还派人到上海设立联络处。当时活动于上海的各省进步人士很多，为了便于联系，增强影响，建立了一些地缘性小团体，如福建学生会，参加者不限于学生，还包括教员、编辑、记者和邮政、路矿、船政等部门的职员。湖北在沪同人也有类似机构，即国民丛书社。该社"为王君（慕陶）所创立，为吾湖

① 《复黄宗仰函》，《孙中山全集》第四卷，人民出版社 2015 年版，第 33 页。

②朱和中：《欧洲同盟会纪实》，《辛亥革命回忆录》第六集，北京文史资料出版社 1981 年版，第 3 页。

1905 年之前宣传革命思想的进步书

北学生公益起见，递书售报，同乡公举以为上海机关，于吾湖北关系甚大”。[①] 武昌花园山机关派赴上海创办联络处昌明公司的万声扬，就与国民丛书社有直接关系。该社实际上成为湖北知识界与国内外志士沟通的联络机关，不仅刘成禺、戢元丞与之关系密切，孙中山本人还与该社负责人王慕陶有通信往来。

广东是孙中山的故乡，也是他最早进行政治活动并长期重视之地，他与广东进步知识界的关系之紧密，不言而喻，兴中会就吸收了一批优秀的广东新学之士。孙中山在日本期间，积极赞助留日粤生组织广东独立协会，创办《开智录》。兴中会还在香港开办了两家报纸，直接对广东新学界进行宣传，一是陈少白主持的《中国日报》，一是郑贯一主持的《广东日报》。他们十分关注广东学界动向，特别是对 1903 年兴起的学堂风潮，大加报道评论，推动运动在粤省的发展。因此不少学生以二报为自己的舆论喉舌，寄文投稿，通过报纸向社会吐露心声。不过，由于革命派和保皇派都以广东知识界为力争对象，清政府特别注意这一地区新知识界的动向，甚至有因为害怕孙中山的影响计划蔓延而主张废弃新学及学堂教育者。[②] 对于兴中会的活动，更是严加防范。加上广东知识界缺乏组织，保皇会的影响又多所掣肘，孙中山与之联系难以进一步发展。

除上述三地外，湖南、福建两省知识人与孙中山的关系也值得注意。两湖社会联系密切，孙中山与湖北知识界的交往，势必辐射到湖南。同时，上海的湘籍进步人士秦力山、章士钊等与孙中山有着直接间接关系，秦力山还被认为是“宗旨惟在革命”的“孙党”。[③]

---

① 《湖北在沪学生代王刘二君公告》，《大陆》第十二号，1903 年 11 月。另据《湖北学生界》第 3 期《湖北同乡会敬告》：“宜昌王君慕陶寓居上海新闸新马路余庆里十九号国民丛书社，愿以所寓作湖北同乡招待处。”

② 《两广总督陶制军批斥洪牧嘉与札稿》，《选报》第九期，1902 年 3 月 10 日。

③ 1902 年 3 月 18 日《致吴君遂等书》，汤志钧编：《章太炎政论选集》上册，北京中华书局 1977 年版，第 163 页。

他们在向国内知识界宣传孙中山方面起过积极作用，又与原籍进步人士保持紧密联系。1903 年底从东京归国到长沙任教、加入华兴会的翁浩、郑宪成，是孙中山所创东京青山军校成员，曾由孙亲自主持宣誓，对其革命主张有比较全面的了解。此外，华兴会会员中，张继、叶澜等见过孙中山，苏子谷则到过《中国日报》社。他们均对湖南知识界有所影响。赵声在《保国歌》中唱道："新湖南与新广东，社会秘密通消息。"[①] 虽然受欧榘甲、杨毓麟鼓吹湘、粤独立的同名作品的影响，所指显然不是保皇的康、梁，而是兴中会、华兴会这类反清团体。两湖和江宁学生将这份传单在长江流域广为散发，华兴会也以此为重要宣传品。尽管这些联系带有间接性，毕竟不像有些学者所说，自从毕永年隐迹后，孙中山失去了他和湖南、湖北两省的唯一联系；直到五年后结识黄兴，与两湖的联系才得以恢复。[②]

1903 年，福建进步人士"闻国父倡义岭南，豪俊风从，遂在沪组织福建学生会"。[③] 该会与中国教育会关系很深，不少会员同时加入两个组织，如林獬、林宗素兄妹，既是中国教育会会员，参加编辑《中国白话报》《警钟日报》，又是福建学生会的骨干。青山军校的翁浩、郑宪成（均为闽籍）归国途经上海时，也参与该会活动。当时湘闽两省的新学界，尤其是青年学生运动十分活跃，孙中山与之接触联系，很有积极意义。以后湖南进步知识界中不少人成为同盟会的骨干，福建学生会也加入了同盟会。

综上所述，孙中山从开始革命活动之日起，就重视读书人的地位和作用，随着知识界革命倾向的增强以及联合会党、联合维新派

---

① 《在湖南革命之气运》，《中国日报》，1904 年 4 月 11 日。

② 薛君度：《黄兴与中国革命》，长沙，湖南人民出版社 1980 年版，第 41 页。该书注明此意出自冯自由《革命逸史》初集的《毕永年削发记》，但冯著原话为："自庚子至乙巳同盟会成立。长江流域各省之运动一时为之停顿云。"

③ 《林森事略》，中国国民党中央党史史料编纂委员会编印：《革命先烈先进传》，台北 1965 年版，第 813 页。

尝试的屡次受挫，其倚重态度日益明显，行动也日趋积极。1903年以后，通过各种渠道媒介，孙中山与国内知识界建立起直接或间接的联系，国内知识分子普遍加深了对孙中山的认识。结果，孙中山在国内知识界的声望影响不断增长，成为革命分子的公认代表。双方共识增多，互信接纳程度加强，为同盟会的成立及革命形势的发展创造了条件。从此，“秀才造反”在中国有了崭新的含义，一个由读书人扮演主角的新纪元拉开序幕。

四、“华侨为革命之母”

千百万海外华侨，都是中华民族的子孙。他们中的大多数是在国内封建统治阶级残酷剥削压迫下，为了求生，被迫漂洋过海的。有的是被外国侵略者勾结本国恶势力拐骗和绑架到国外充当契约劳工，也有的是为了逃避国内的政治迫害而不得不逃亡海外。原因种种，但都是无可奈何地抛妻别子、流落异国他乡的。他们主要分布在南洋一带，即印尼、泰国、马来西亚、越南、缅甸、菲律宾等国。欧洲、非洲的数量很少，但美洲和大洋洲却很多。据统计，在1907年时，华侨总人数约六七百万人。他们漂泊重洋到了海外，曾对居住国的开发和经济建设做过重要贡献。但不少居住国政府和殖民统治当局出于政治和其他需要，对华侨进行了肆无忌惮的迫害，各地排华乃至屠华事件时有发生。清政府对华侨不但不予保护，而且歧视、指责，把他们视为“自弃王化”的莠民。鸦片战争后，中国一步步沦为半殖民地，华侨在海外更受轻侮。因此，广大华侨痛恨帝国主义对中国的侵略，迫切希望国家强盛起来，有一个良好政府保护他们的应有权利和人身安全。正是这种强烈的爱国感情和救国愿望，推动了他们中的一批先进分子积极支持和参加孙中山领导的反清斗争。

孙中山领导的民主革命事业，首先是从海外华侨中开始的。孙中山的家乡是侨乡，他本人出身于华侨家庭，他的两个叔父早年随华工的人流到美国谋生；其兄孙眉是檀香山侨商。从某种意义上说，孙中山既是一位民主革命的领袖，又是一位华侨革命的领袖，是华侨的贴心人。在他领导的辛亥革命中，把华侨作为革命的动力之一，而华侨也把他视为救星和知己。因此在革命中华侨和孙中山结下了生死与共的情谊。

孙中山进行革命活动一开始，就得到其兄华侨农牧资本家孙眉的大力支持；兴中会成立后，又成为孙中山革命的重要资助者。据统计，辛亥革命前，孙眉慷慨资助孙中山的革命经费总数约达 75 万美金，可见数量之大。在广大的下层华侨中支持孙中山革命的更有许多生动感人的事例。如越南堤岸华侨关唐是一名挑水的佣工，为人家挑一担水，只得一文钱，但他有一次将一生挑水积蓄的三千多元，全部捐给孙中山，表现了华侨工人无私的报国精神。

从 1894 年孙中山在檀香山创建兴中会以来，兴中会一直是他发动反清起义的组织中心，华侨作为各地兴中会组织的基本成员，为革命做出了重要贡献。但兴中会在发展过程中暴露了不少缺陷，华侨也在革命与保皇势力的斗争中表现出彷徨与困惑。一部兴中会组织史，既反映出革命派在组织建设方面的认识水平，也显示出华侨的政治觉醒程度。在惠州起义失败后相当长的一段时间内，困扰孙中山的是如何整顿他亲手创建的兴中会组织。而要整顿兴中会，就势必要在华侨中加强革命思想的宣传。

华侨散居世界各地，他们的年龄、经历、职业各别。各地的政治环境也不一样，因此不同地区和不同的人的心境和政治态度也有别。在有清一代，充当“苦力”的华侨占华侨中的大多数，他们属于华侨社会的下层。这一部分华侨一向期望祖国能够独立、繁荣和

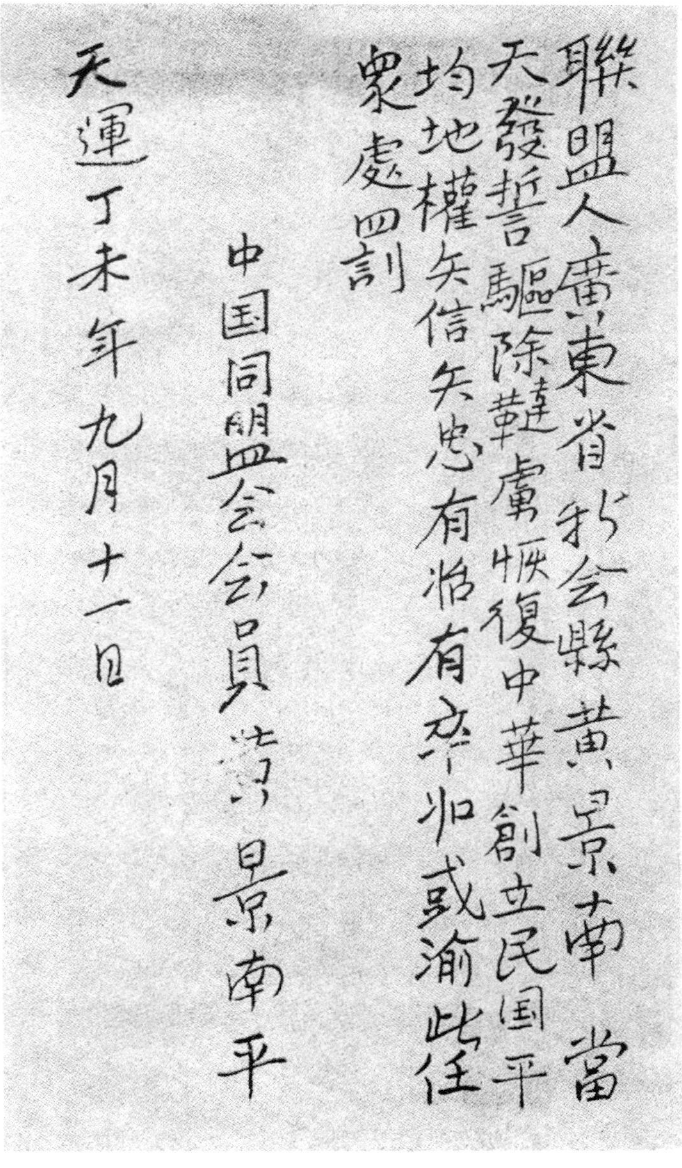
聯盟人廣東省新會縣黃景南當
天發誓驅除韃虜恢復中華創立民国平
均地權矢信矢忠有始有卒如或渝此任
衆處罰

中国同盟会会員黃景南平

天運丁未年九月十一日

1907 年 9 月，南洋华侨黄景南加入同盟会的入会盟书

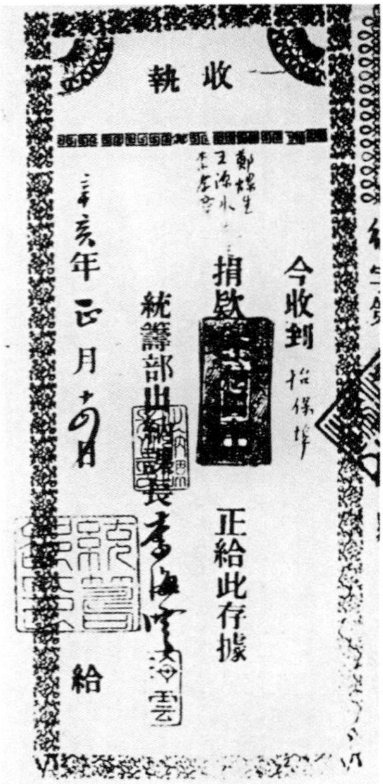
收執

今收到

捐款

正給此存據

統籌部出納課長

給

辛亥年正月十四日

南洋华侨支持广州起义的捐款收据

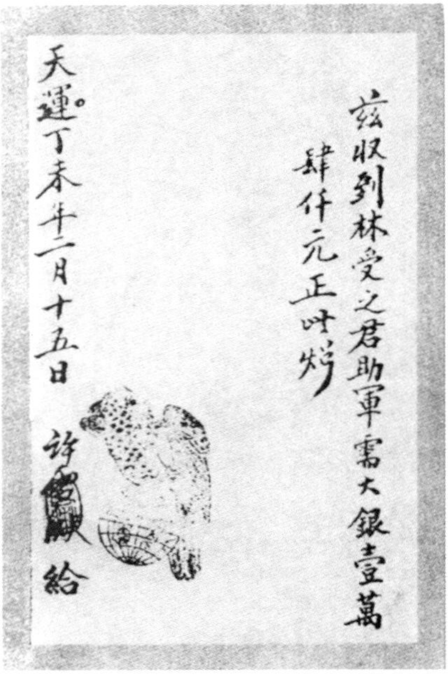
兹收到林受之君助軍需大銀壹萬肆仟元正

天運丁未年十二月十五日

給

南洋华侨支持黄冈起义的捐款收据

富强，作为他们坚强的后盾，支持他们摆脱苦境，他们积极支持孙中山的反清革命。有一部分华侨，尤其是一些富商，或属上层社会的人，由于他们同国内的封建统治者和国外的殖民主义者，以及和所在国的统治集团有诸多的关系，政治态度稍为保守，他们对孙中山的反清革命态度较为冷淡。所以，华侨对孙中山革命的态度只是就它的大多数，就它的主体方面来说的，不是说它的全体。

在孙中山近四十年的革命斗争史上，“无不有华侨二字”。正因为这样，孙中山高度评价华侨对中国革命的贡献。他说：华侨“热诚爱国，赞助独先”，或“牺牲头颅，或赞助军实”，“华侨为革命之母”，“每次起革命都是得海外同志的力量”，“华侨不自言功者，盖知救国为真天职，不事矜举”。

孙中山为了反清革命，他的足迹由亚洲而美洲，又由美洲而欧洲而亚洲。他所到之处都深入华侨社会，关怀他们的生活，开导华侨关心国家大事，号召华侨出钱出力，赞助革命；保护华侨的利益，尽力解除华侨的苦境。他四处奔走于华侨居住地区，不辞辛劳地鼓励华侨勤奋创业，宣传爱国爱乡，动员华侨投身排满革命。孙中山与华侨心脉相系，骨肉情深，并在华侨中具有崇高的威望，为全球华侨所共仰。孙中山领导的革命的胜利，是与华侨的大力支援分不开的。

不过，从各方面的情况看，当时华侨上层比较保守，对孙中山反清革命所持的态度十分谨慎，多数都是持观望的态度。对孙中山反清革命做出重大贡献者，严格说来是华侨中的知识分子和属于中下层的工商业者，及其他劳动大众。

孙中山为争取美洲致公堂华侨支持革命，对其做了大量工作，并且在檀香山加入致公堂，促使致公堂中一些进步华侨，对孙中山的革命活动给予满腔热情的支持。如 1904 年 3 月底孙中山赴美国旧金山，当地保皇派分子及清领事互相串通并勾结美国海关执事，以

孙中山被美国移民局扣押时所拍摄的档案照

孙中山在获释后在木屋外留影

孙中山所持护照为伪照，将其扣留在码头的木屋中，并拟驳回檀岛。后经当地美洲致公堂总部领导人多方设法，大力营救，才使被关木屋 17 天的孙中山脱难。

爱国华侨对孙中山革命事业的支持，除去参加兴中会组织外，突出表现在以下两个方面：

一是为革命捐款助饷，甚至毁家纾难，表现了极大的爱国热忱。据现有材料统计，1894—1900 年间，华侨捐助革命经费共 32000 美元又 500 港元。总额虽不是很大，但捐款者大多是工农劳动阶层和中小商人，积赀不多，这三万余美元，包含了他们辛勤劳动所得的血汗。有的甚至倾家相助，如檀香山华侨邓松盛（即邓荫南），为支持孙中山发动第一次反清起义，便尽卖其商店农场，表示“一去不复返之决心”。所以，他们对中国革命的资助，体现了海外赤子的一腔热忱。在革命初起、经费艰难的情况下，对孙中山的革命事业无异是“雪中送炭”，其意义是无可限量的。当然，这一阶段中华侨捐款总数不大，还包含着康梁保皇会对华侨蛊惑的客观因素在内。由于保皇会的欺骗，1900 年唐才常自立军勤王时，康有为在南

陈楚楠

《图南日报》及月份牌

洋、美洲华侨中募得百万元以上的巨款，其中富商邱菽园一人就捐了二十万元，檀香山华侨也捐款“逾华银十万元”，致使革命派同年发动的惠州起义，未得檀香山华侨的资助。

二是积极参加革命斗争。从爱国思乡发展到投身革命行列，这是华侨政治觉醒的轨迹。虽然，1900 年前后广大华侨的革命觉醒整体上还未到来，但其中的一些先进者就已开始投身反清起义队伍。1895 年广州起义时，华侨参加起义的有邓荫南、宋居仁（广东花县人，1894 年加入檀香山兴中会）、侯艾泉、夏百子等，其中不少是工人；1900 年惠州起义时，邓荫南、宋居仁、卢文泉等华侨也参加了起义军。

除上述两个主要方面外，爱国华侨在革命思潮影响下，集资办报、宣传革命，也是一个必须强调的贡献。这一点，在兴中会时代虽然因华侨整体上的政治觉醒尚未到来而并不普遍，但南洋地区的华侨因地缘关系可得风气之先，所以仍有突出的表现，其代表人物就是新加坡华侨陈楚楠。他在南洋创办了《图南日报》，销售量达两千多份，终于撑起了南洋革命宣传的半壁江山。

孙中山在组织兴中会及发动反清起义革命过程中，从人力、物力、财力等方面，源源不断地得到了广大华侨的支持。从一定意义上说，没有华侨就没有兴中会，也就没有孙中山的革命事业。

五、中国同盟会的成立

形势的发展，要求人们迅速将各地分散的革命力量联合起来，建立一个全国性的统一的革命组织，以迎接全国大规模革命运动的早日到来。联合，已成为革命形势发展到这一阶段的必然要求；团结，是当时每一个爱国者的共同愿望。而中国民族资本主义在20世纪初年的明显发展，也为这种全国性资产阶级革命组织的建立，提供了必要的阶级基础和物质条件。

孙中山正是从革命形势的发展、革命知识分子作用明显加强中，受到莫大的鼓舞。早在1903年7月，他从越南回到日本后，就增多了同新兴的知识阶层的接触，开始加强重视和注意团结知识分子，在留日学生中开展工作，支持其中的激进分子从事革命活动。他在横滨的住处山下町寓庐，经常有留学生出出进进，其中以军国民教育会的积极分子为多。孙中山和他们促膝谈心，畅论革命救国的道理和方法，并从中物色人才。这是孙中山革命历程的一个重大变化。过去，他主要是从“联络会党入手”，进行革命活动，此后，除继续从事会党工作外，把活动的重点开始转向日益觉悟起来的知识分子，并着手用大的力量去联络、发动和组织这支突起的新军。当时，一些留学生经拒俄爱国运动后有学习军事的要求，孙中山便在东京青山练兵场附近秘密创办革命军事学校，聘请新结识的日本军事学家日野熊藏为校长，退役军官小室健次郎为助教，传授军事知识及枪炮火药制造方法，尤其注重布尔人（Boer，曾译作婆尔人，是南非荷兰人移民的后裔，他们在南非建立了奥伦治、德兰士瓦两个共和国。1899 年至 1902 年间，英国和布尔人进行了为时三年的英布战争）的游击战术及以寡战众的夜袭法。孙中山为组织反清武装起义，这时也专心研究军事，读了大批关于英布战史的书籍资料和图册，并和日野熊藏共同研讨布尔人的游击战术，认为这种战术“最适用于揭竿起事之中国革命”。孙中山规定入学学生（共 14 人）必须填写盟书，表示革命决心，并亲自主持宣誓，誓训是：“驱除鞑虏，恢复中华，创立民国，平均地权，如有不遵，应受处罚。”这是孙中山第一次用这样内容的誓词。誓词中“平均地权”的提出，标志着后来定名为民族、民权、民生三民主义的思想内容已经基本具备。同时，还应该看到，这是孙中山把具有爱国革命思想的知识分子，提高到完整的民主主义革命纲领的创举。从此，这个誓词就成为孙中山聚集人才和进行革命的行动纲领。不久，孙中山离开日本时，把同留学生的联系工作，专门委托给冯自由等人。这所革命军事学校维持了近半年的时间，因孙中山离日后校内发生纠纷而停办。

1903 年 9 月 26 日，孙中山从日本赴檀香山。他自 1896 年离檀，已过八年，当 10 月 5 日重抵檀香山后的所见所闻大出意外，竟看到自己亲手组织成立的兴中会被破坏得面目全非，许多老会员变成了保皇党的骨干，兴中会的阵地几尽为保皇党夺去，痛感保皇党的危害甚大。他立即一面大力批判保皇党的谬论，一面着手重建和发展革命组织。建立起来的团体，不再叫兴中会，命名为“中华革命军”，以强化革命意识，其动因是纪念“《苏报》案”入狱的《革命军》作者邹容。规定了入会者都要举行宣誓，并把“驱除鞑虏，恢复中华，创立民国，平均地权”16 字正式列入誓词。参加者在希炉有十余人，在火奴鲁鲁有数十人。

与此同时，孙中山还采取发行公债券的方式募款，以供起义的需要。华侨购买颇为踊跃。他还经常为华侨病人义务诊治疾病，深得侨胞们的敬仰和信任。当时，檀香山华侨加入致公堂（即洪门，是国内具有革命传统的天地会的一个支派，在美洲和檀香山华侨中拥有广大的成员）者十居六七，为了与保皇党争夺群众，孙中山于1904年1月11日在火奴鲁鲁又毅然加入致公堂。致公堂为孙中山举行了特别“开台戏”（洪门称招收会员拜盟行礼为演“开台戏”），欢迎孙中山加入，并封他为“洪棍”之职。“洪棍”，又称元帅，它和纸扇、草鞋是洪门组织的三种重要职务。洪棍掌刑罚，有人犯罪，可以开堂审判和施加刑罚，地位极高。

在完成兴中会整顿任务和初步肃清保皇思想在华侨中的影响后，孙中山于1904年3月31日离开檀香山作美洲大陆之行。7月，他在美国纽约时，与中国留学生的接触也较多。他同留学生王宠惠、薛仙舟、陈锦涛等人时相过从，共同讨论后来被称为三民主义、五权宪法的一整套革命思想，以及革命后有关外交、财政等方面的问题。这时，由于日俄在中国境内鏖战方酣，全世界注意力集中于远东。美帝国主义更是野心勃勃，企图在“门户开放”的幌子下继续扶持清政府作为侵略中国的工具。孙中山便于8月底在圣路易（Saint Louis）城用英文撰写《中国问题的真解决》（*The True Solution of Chinese Question*）一文，向美国人民发出呼吁，要求“在道义上与物质上给以同情和支持”。这是一篇重要的文章，它揭露了帝国主义“争夺亚洲霸权”的野心，并驳斥了为帝国主义侵略中国服务的反动的“黄祸论”，指出“中国人的本性就是一个勤劳的、和平的、守法的民族，而绝不是好侵略的种族；如果他们确曾进行过战争，那只是为了自卫。……如果中国人能够自主，他们即会证明是世界上最爱好和平的民族”。文中充满信心地说：“在中国人民中有许多极有教养的能干人物，他们能够担当起组织新政府的任务；把过时的满清君主政体改变为‘中华民国’的计划，经慎重考虑之后，早就制定出来了。”它还警告帝国主义“瓜分中国”的殖民政策只会给

1904年秋孙中山在美国留影

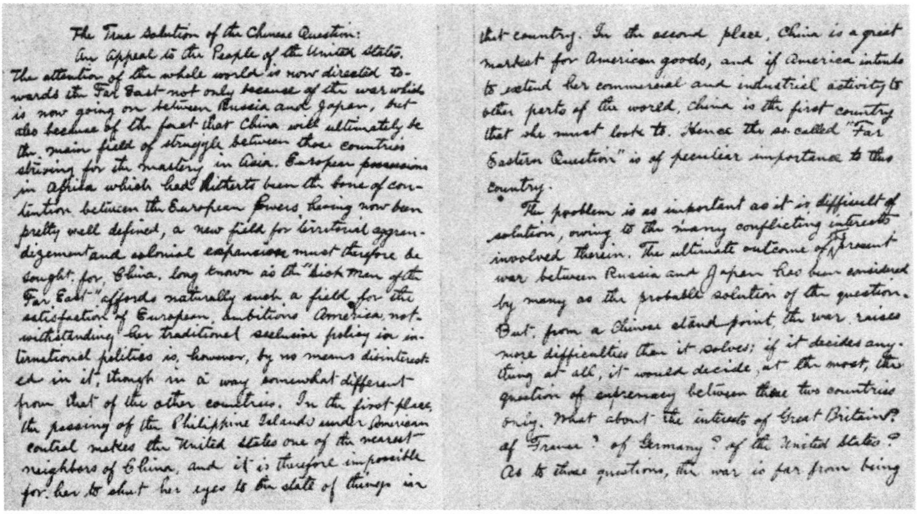

The True Solution of the Chinese Question:
An Appeal to the People of the United States.

The attention of the whole world is now directed towards the Far East not only because of the war which is now going on between Russia and Japan, but also because of the fact that China will ultimately be the main field of struggle between those countries striving for the mastery in Asia. European possessions in Africa which had hitherto been the bone of contention between the European powers having now been pretty well defined, a new field for territorial aggrandizement and colonial expansion must therefore be sought for. China, long known as the "Sick Man of the Far East" affords naturally such a field for the satisfaction of European ambitions. America, notwithstanding her traditional seclusion policy in international politics is, however, by no means disinterested in it, though in a way somewhat different from that of the other countries. In the first place, the passing of the Philippine Islands under American control makes the United States one of the nearest neighbors of China, and it is therefore impossible for her to shut her eyes to the state of things in that country. In the second place, China is a great market for American goods, and if America intends to extend her commercial and industrial activity to other parts of the world, China is the first country that she must look to. Hence the so-called "Far Eastern Question" is of peculiar importance to this country.

The problem is as important as it is difficult of solution, owing to the many conflicting interests involved therein. The ultimate outcome of the present war between Russia and Japan has been considered by many as the probable solution of the question. But, from a Chinese stand-point, the war raises more difficulties than it solves; if it decides anything at all, it would decide, at the most, the question of supremacy between these two countries only. What about the interests of Great Britain? of France? of Germany? of the United States? As to these questions, the war is far from being

孙中山撰《中国问题的真解决》

自己带来“危险与灾难”，支持清政府也“注定是要失败的”。[①] 文章较为系统地反映了孙中山的革命思想，既有助于民主革命思想的传播，也促进了世界各国对中国民主革命面貌的认识。与此同时，这篇文章也在一定程度上流露出孙中山仍对帝国主义抱有幻想。

当孙中山闻知有些学生新从内地或日本到了欧洲，便决定离美赴英作第二次欧洲之游，积极进行结纳志士、组织革命团体的活动。他向中国留欧学主宣传民主革命思想，阐明要挽救祖国，必须“驱除鞑虏”，“创建民国”。

1904 年 12 月下旬，孙中山从美国纽约到达伦敦后，一如既往，常到大英博物馆阅读各种书籍，丰富学识，并结识留居英国的吴稚晖等人。这时留欧学生较之 1896 年孙中山第一次到欧洲时确是增加了许多。1904 年春湖北、四川等省派出的留学生都到达欧洲，分往比利时、法国和德国入学。在革命潮流影响下，他们中的不少人表示赞成或同情革命。翌年春，孙中山应留欧学生史青、朱和中、贺子才等的邀请，离开英国渡海到了比利时首都布鲁塞尔。他同当地的中国留学生会见，向他们介绍了自己的革命经历、政治主张和未来的思想。在会晤中就革命方略和依靠力量等问题有过激烈辩论，曾“反复争论三日三夜”。在革命的依靠力量问题上，孙中山非常重视这些学生的意见，他开始还认为可以会党、知识分子双方并进，在听取了他们进一步的申述后，扩大了视野，开始转向以发展学生为骨干领导会党的方针，并宣布今后将在留学生界发展革命力量，“留学生之献身革命者，分途作领导之人”。这一正确的决策，使留欧学生大为欣悦，他们向孙中山表示：“此吾辈倾心于先生之切愿也。”辩论结束的当夜，孙中山即提议大家宣誓，组织革命团体，并亲书不久前青山军事学校所确定的“驱除鞑虏，恢复中华，建立民

① 《中国问题的真解决》，《孙中山全集》第二卷，人民出版社 2015 年版，第 67—68 页。

国，平均地权”十六字纲领为斗争目标的誓语。众人依次宣誓，加入组织者有朱和平、贺子才等三十余人。由于当时革命团体处于秘密活动的状态，各成员间须用暗号保持联络，必须以暗号相通，才能确定对方身份。所以孙中山在宣誓完毕后，向各人授联系暗号：

问：君从何处来？

答：从南方来；

问：向何处去？

答：向北方去；

问：贵友为谁？

答：陆皓东、史坚如二人。①

这个革命组织，当时并没有定名。它是留欧学生的第一个革命团体，也是孙中山以留学生为对象所建立的第一个组织。

孙中山在布鲁塞尔期间，还在5月中旬访问了设在该地的国际社会党执行局（第二国际常设执行机构）主席王德威尔德（E.Vandervelde）和书记处书记胡斯曼（C.Huysmans），并且同他们举行了会谈。在会谈中，孙中山为了向西方寻求革命真理和支持，曾提出接纳他的革命组织为第二国际成员的请求，试图与第二国际建立联系。据报道，孙中山“简要地说明了中国社会主义者的目标。……他们纲领的第一点是驱除篡权的外来人（满人），使中国成为中国人的中国。第二点，要使中国的土地全部或大部公有，亦即很少或没有大地主，土地由公社照章租给农民，……每人依其财产数量缴纳租税”，目的在于“防止一个阶级剥夺另一个阶级的现象，

①冯自由：《中华民国开国前革命史》上编，上海中国文化服务社1916年版，第188页。

1905年春，孙中山在比利时首都布鲁塞尔与中国留学生合影

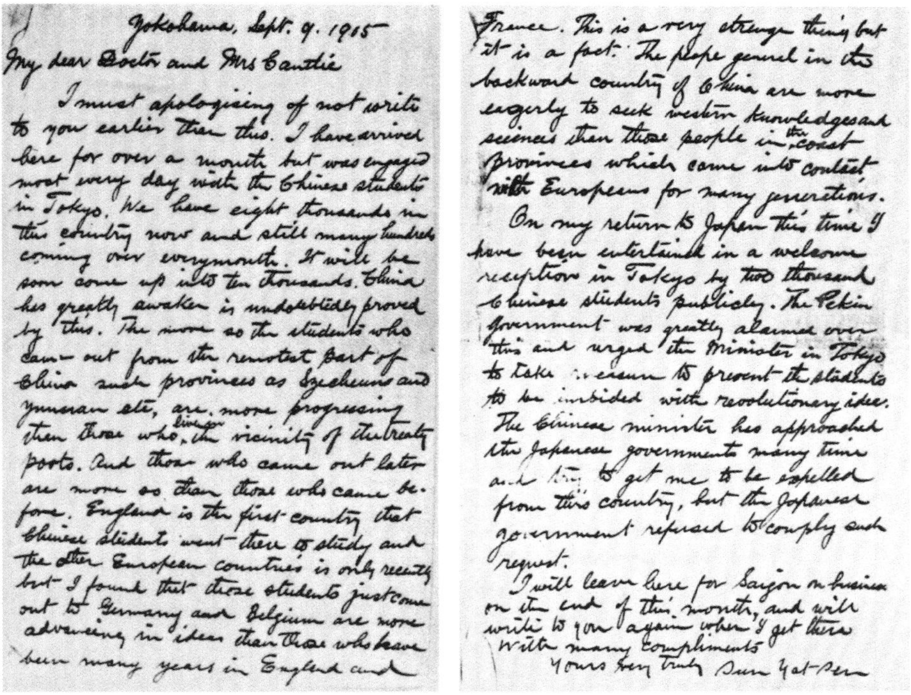

Yokohama, Sept. 9. 1915

My dear Doctor and Mrs Cantlie

I must apologising of not write to you earlier than this. I have arrived here for over a month but was engaged most every day with the Chinese students in Tokyo. We have eight thousands in this country now and still many hundreds coming over everymonth. It will be soon come up into ten thousands. China has greatly awaken is undoubtedly proved by this. The more so the students who came out from the remotest part of China such provinces as Szechuens and Yunnan etc, are more progressing than those who living in the vicinity of the treaty ports. And those who came out later are more so than those who came before. England is the first country that Chinese students went there to study and the other European countries is only recently but I found that those students just come out to Germany and Belgium are more advancing in ideas than those who have been many years in England and France. This is a very strange thing but it is a fact. The people in this backward country of China are more eagerly to seek western knowledges and sciences than those people in the coast provinces which came into contact with Europeans for many generations.

On my return to Japan this time I have been entertained in a welcome reception in Tokyo by two thousand Chinese students publicly. The Pekin Government was greatly alarmed over this and urged the Minister in Tokyo to take measure to prevent the students to be imbided with revolutionary idea. The Chinese minister has approached the Japanese governments many time and try to get me to be expelled from this country, but the Japanese government refused to comply such request.

I will leave here for Saigon on business on the end of this month, and will write to you again when I get there

With many compliments

Yours very truly Sun Yat-sen

孙中山在1905年写给康德黎夫人的亲笔信，信里谈及其在中国留学生中开展革命工作的情况如像欧洲各国所发生的那样”。[①] 由于第二国际领导人这时越来越深地陷入修正主义，他们百般为帝国主义的殖民政策辩护，无视殖民地、半殖民地人民的革命作用，所以没有对孙中山的请求给予热情的支持。孙中山的这一活动表明他很早就对社会主义充满了真诚的同情和支持。

不久，孙中山离开布鲁塞尔再往伦敦。同年5月下旬，他自英赴德，到了柏林，向留德学生宣传民主革命主张，吸收留学生宾步程、王发科等二十余人加入革命组织。接着，他于6月初又到达法国巴黎，复有留法学生十余人加盟，组成了革命团体。[②]

孙中山对欧洲留学生抱着殷切的希望，他用了几个月时间，把留欧学生当中的七八十人都吸收到他所领导的革命队伍中，使他们形成了一支有组织的革命力量。孙中山把上述的比、德、法三个革命组织的成立视为中国同盟会的起点。在当时，他曾谆谆嘱咐加盟者努力向学，以为他日有用之人才，并语重心长地指出：“诸君加入革命矣，仍应努力求学，即返国后，亦可仍为清廷官吏；他日革命军起，诸君以官吏地位，领导民众，更易奏效。如诸君学业未毕，而国内革命军已起事，遇有必要，余当来电，电到盼即返国，为我臂助也。”[③]

1905年夏，孙中山在欧洲了解到国内和东京反清革命运动蓬勃发展的情况，决定结束美欧之行前往日本，以便把各种革命力量联合起来，组织成一个有能力领导全国民主革命运动的大团体。6月

---

①布鲁塞尔佛兰德文《人民报》1905年5月18日报道。转引自［美］伯纳尔（M.Beinal）：《1907年以前的中国社会主义》（*Chinese Socialism to 1907*），美国康奈尔大学1976年英文版，第65—66页。

②孙中山在欧洲比、德、法国建立革命组织的名称，已无可考查。也有说并未正式命名的。据邓慕韩：《孙先生自述拾遗》（载《建国月刊》第一卷第四期）中说：“其以前在欧洲各处所收党员各盟书，均未填有会名，通称革命党而已。”

③刘光谦：《总理在欧洲最初倡导革命之情形》，《中华民国开国五十年文献》第一编第十一册，台湾1963年版，第379—380页。

1905年夏，孙中山在巴黎与中国留学生合影

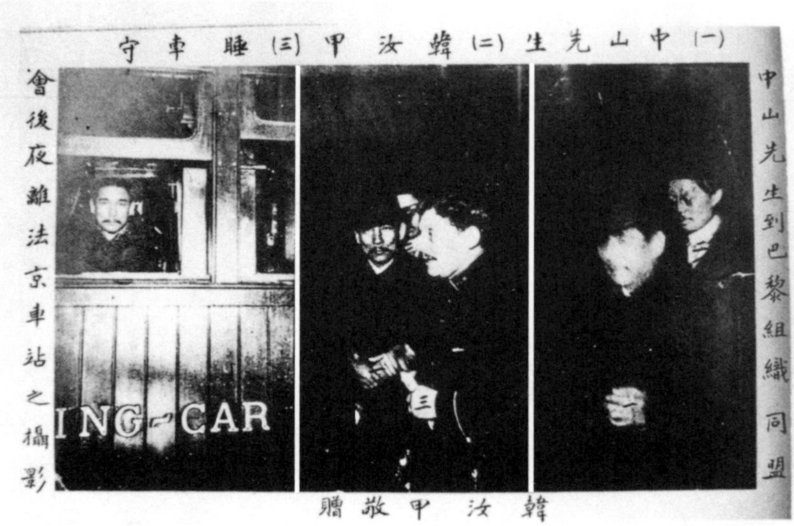

1905年夏，孙中山离开巴黎时的情景

11日，他从法国马赛乘船东返，途经新加坡、西贡等地，略事停留，于7月19日再次来到日本横滨。

还在孙中山由欧洲来日本前，一些革命青年就以组党之事相期待。宋教仁在《程家柽革命大事略记》中说："以同志日渐加多，意欲设立会党，以为革命之中坚，以谋诸君（按：指程家柽）。君立阻之，谓革命者阴谋也，事务其实，弗惟其名。近得孙文自美洲来书，不久将游日本。孙文于革命，名已大震，脚迹不能履中国一步。盖缓时日以俟其来。以设会之名奉之孙文。而吾辈得以归国，相机起义，事在必成。"这说明孙中山的爱国热忱和为革命而坚持战斗的不屈意志，已在群众中赢得了极高的威望。这证明，留学界包括流亡日本的革命志士在内，都已深感有建立统一的大团体的必要，迫切希望孙中山早日到来，磋商一切。不到同盟会成立，孙中山已成为大家公认的有威望的革命领袖了。

当时留日学生已增至2400人之多，全国除甘肃一省外，各省都有俊秀之士去日本学习，他们绝大部分荟萃东京，革命热情非常高涨。恰好前不久，华兴会、光复会、科学补习所等革命团体的一些领导和骨干分子，由于1904年10月间长沙起义计划的败露，和11月间爱国志士万福华在上海刺杀卖国贼王之春案件的牵连，也先后逃亡到日本东京。在留日学生和革命团体领导人物中，以黄兴、宋教仁二人最露头角。黄兴是影响较大的革命团体华兴会的领袖，在留学生中也为众望所孚；宋教仁主办宣传反清革命的《二十世纪之支那》杂志，交游较广泛。所以，孙中山为了准备"召集同志，合成大团，以图早日发动"[①]，就立即找黄兴、宋教仁等人进行商谈。7月下旬，他通过宫崎寅藏的介绍，先前往神乐阪凤乐园拜访黄兴，畅谈革命形势的发展。孙、黄二人虽是首次会晤，但他们二人在中

①田桐：《同盟会成立记》、《革命文献》第二辑，台湾1955年版，第314页。

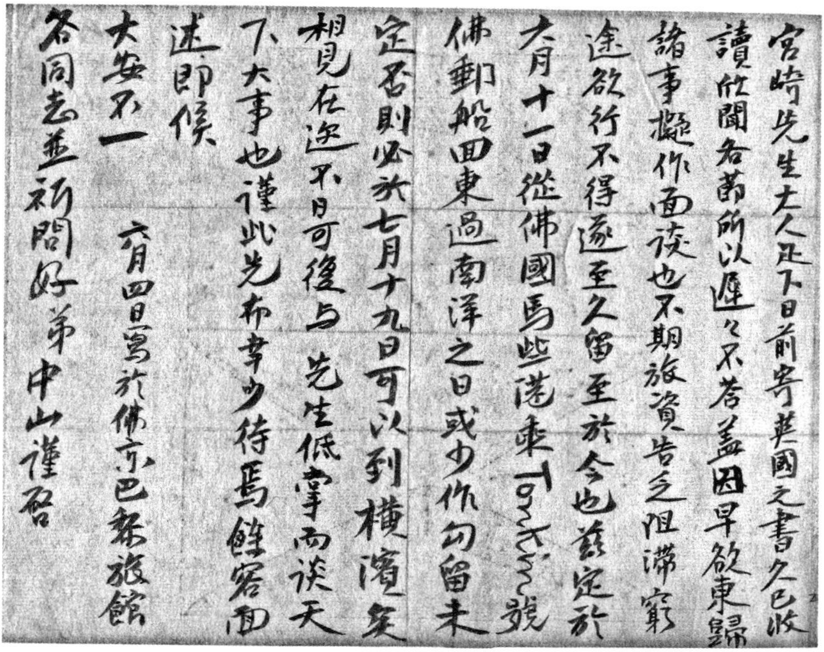
宮崎先生大人足下日前寄英國之書久已收
讀欣聞各節所以遲〻不答蓋因早欲東歸
諸事擬作面談也不期旅資告乏阻滯窮
途欲行不得遂至久留至於今也茲定於
六月十一日從佛國馬些港乘Tonkin號
佛郵船回東過南洋之日或少作勾留未
定否則必於七月十九日可以到橫濱矣
相見在邇不日可復與先生抵掌而談天
下大事也謹此先布幸少待焉餘容面
述即候
大安不一
六月四日寫於佛京巴黎旅館
各同志並祈問好 弟中山謹啟

1905年6月4日，孙中山复函宫崎滔天，告知其将前往日本餐馆凤乐园聚谈时“既不吃，又不饮，专心谈话”，足足两个小时。最后他们高呼“万岁”！并举杯庆祝他们的愉快会晤。共同的革命理想和光明磊落的品格，使他们相见恨晚，立刻成了挚友。

孙、黄在凤乐园的首次会晤的情节，据宋教仁日记7月29日记载：“先是，孙逸仙已晤庆午[①]，欲联络湖南团体中人，庆午已应之。”则两人所谈是关于合成大团的问题，即兴中会与华兴会的联合问题。黄兴对联合的态度是积极的，会谈气氛十分愉快，无怪最后两人要举杯庆贺、高呼万岁了。凤乐园会晤，不仅奠定了孙、黄领导的两个革命团体未来合作的基础，而且也奠定了中国民主革命时期两个最伟大的革命家长期合作、携手共事的基础。

为了进一步消除合作中可能出现的障碍，又托程家柽函约了宋教仁、陈天华与孙中山晤谈。7月25日，宋教仁得到程家柽的口头通知，称：“孙逸仙已至东京，君可与晤面”，宋教仁当即“允之”。三天后，即7月28日，又接程家柽来信，约定该天下午在《二十世纪之支那》社，与孙中山见面。下午1时左右，宋教仁如约，见“孙逸仙与宫崎已先在”，在场的还有陈天华（星台）。这次会晤，据宋教仁日记所记，情况如下：

> 余既见面，逸仙问此间同志多少，如何？时陈君星台亦在座，余未及回答，星台乃将去岁湖南风潮事稍谈一二及办事之方法，讫。逸仙乃纵谈现今大势及革命方法，大概不外联络人才一义，言中国现在不必忧各国之瓜分，但忧自己之内讧，此一省欲起事，彼一省亦欲起事，不相联络，各自号召，终必成秦末二十余国之争，元末朱、陈、张、明之乱，此时各国乘而干涉之，则中国必亡无疑矣，故现今之主义，总以相互联络为要。

①黄兴字廑午。“庆午”乃书写之同音字。

又言方今两粤之间，民气强悍，会党充斥，与清政府为难者已十余年，而清兵不能平之，此其破坏之能力已有余矣，但其间人才太少，无一稍可有为之人以主持之。去岁柳州之役，彼等间关至香港招纳人才，时余在美国而无以应之也。若现在有数十百人者出而联络之，主张之，一切破坏之前之建设，破坏之后之建设，种种方面，件件事情，皆有人以任之，一旦发难，立文明之政府，天下事以此定矣（逸仙之言馀尚多，不悉记）。①

孙中山纵谈天下势及革命方略，畅谈到五时，并相约在来日往赤坂区黑龙会继续会谈。

从上述记载中可以看到，孙中山虽长期孤处海外，但他不仅对国内革命形势的发展有清醒的认识，而且还保持着与国内反清力量之间的联系。他从历史与现实的比较中看出了国内革命形势发展过程中隐伏着地域主义、分散主义的危险，并从救亡图存的爱国主义出发，指出了这种“内乱”有可能导致“外患”乘机而入的可怕后果，以此说明革命团体之间的联合，既为革命事业取得成功所必需，也为避免列强乘机瓜分的上策。这种论断，不但切合当时国内小团体纷起而互不统一的实情，而且把历史经验和中国现实境遇有机地结合了起来。以历史经验说，一个统一的王朝在农民战争打击下，一旦垮台，就会出现群雄割据的纷争局面；从现实境遇来说，列强环视，亡我之心不死，内乱就有可能导致外患。这样，建立一个统一的革命组织，其重要性和必要性也就不言而喻了。

7 月 29 日，黄兴召集在东京的华兴会骨干会议，讨论如何与孙中山联合的问题。原来自凤乐园孙、黄会晤后，黄兴分别征求过华

---

①宋教仁：《我之历史》，《宋教仁集》下册，湖南桃源三育乙种农校 1920 年石印本，第 545—546 页。

兴会骨干的意见，同人中有不愿与兴中会联合之说，黄兴不得不召开会议，“商议对于孙逸仙之问题”。据宋教仁日记所记：

> 既至，庆午先提议。星台则主以吾团体与之联合之说；庆午则主形式上入孙逸仙会，而精神上仍存吾团体之说；刘林生则主张不入孙会之说；余则言，既有入会不入会者之别，则当研究将来入会者与不入会者之关系如何。其余亦各有所说，终莫能定谁是，遂以“个人自由”一言了结而罢。[①]

显然，会议出现了明显分歧，最后决定采取“个人自由”即自愿的原则。这说明，华兴会并不是以集体的名义加入中国同盟会，而是在自愿的基础上，以个人身份加盟的。黄兴虽然有“形式上入会”之说，但从加盟后的表现看，他始终保持着全心全意为同盟会服务的精神，成了孙中山最亲密最重要的助手；刘揆一虽有“不入孙会之说”，但事实上不但参加了同盟会，而且在孙、黄离开总部时曾长期主持总部工作。

华兴会是当时国内最重要的革命团体之一，在两湖，尤其在湖南有较好的基础。长沙起义尽管在未起之前流产，但华兴会的元气没有受到大的伤害，它的主要骨干都先后流亡日本，在日本留学生中仍然是一支活跃的力量。孙中山以华兴会作为联合大团的主要对象进行说服工作并取得了积极成果，证明他不愧是一个富有经验和富有魅力的革命家。

在此前后，湖北、四川、广州以及其他一些省的留学生，有李书城、邓家彦、何天炯等人，也先后拜会了孙中山。他们都拥护组织统一的革命团体的主张。

---

①宋教仁：《我之历史》，《宋教仁集》下册，湖南桃源三育乙种农校 1920 年石印本，第 546 页。

经过孙中山的积极活动，他提出的建立统一革命组织的意见，得到了在日本的各革命小团体中多数人士的赞同。

根据孙中山原定计划，7月30日在赤坂区桧町三番黑龙会的会所（内田良平宅）召开了被史家称之为同盟会成立前的预备会议。孙中山率兴中会会员梁慕光、冯自由自横滨莅会，各省同志之由黄兴、宋教仁、程家柽等通知到会者，有张继、陈天华、田桐、董修武、邓家彦、吴春旸、康宝忠、朱炳麟、匡一、鲁鱼、孙元、权道涵、张我华、于德坤诸人。由冯自由通知到会者，有马君武、何天炯、黎勇锡、胡毅生、朱少穆、刘道一、曹亚伯、蒋尊簋、但焘、时功玖、谢良牧诸人。由胡毅生带领到会者，有汪精卫、朱大符、李文范、张树枏、古应芬、金卓、杜之杕、姚礼修、张树棠诸人。由宫崎寅藏通知到会者，有内田良平、末永节诸人。共计七十九人。[①] 与会者包括兴中会、华兴会、光复会、科学补习所的部分成员，并有留学生中其他团体的成员和个人参加。除甘肃未派学生留日外，全国内地有十省有人到会。会议推孙中山为主席，孙当场发表演说，申论“革命之理由及革命之形势与革命之方法”，“详言全国革命党各派应合组新团体”[②] 以从事反清革命之必要。演说约一个小时，之后，由黄兴宣布今日开会宗旨在于成立组织，请与会者签名以示正式加入。曹亚伯率先签名，到会者随之也都“签名于一纸”。

接着讨论组织名称。孙中山提议定名为中国革命同盟会，“时有主张用对满同盟会名义者，亦有谓本会属秘密性质，不必明用革命二字者”。孙中山指出“革命宗旨不专在对满，其最终目的尤在废除专制，创造共和”，经过讨论，决定采用“中国同盟会”的名称，简称“同盟会”。

关于组织的宗旨，孙中山提议采用“驱除鞑虏，恢复中华，创

①陈锡祺主编：《孙中山年谱长编》上册，中华书局1991年版，第342—343页。

②冯自由：《革命逸史》第二集，中华书局1981年版，第148页。

立民国，平均地权”十六字为纲领。但有数人对平均地权一节略有疑问，要求取消。孙中山当即作了详细解释，论述世界革命趋势及解决社会民生问题的重要，并说：“平均地权即解决社会问题之第一步方法，吾党为世界最新之革命党，应高瞻远瞩，不当专向种族、政治二大问题，必须并将来最大困难之社会问题亦连带解决之，庶可建设一世界最良善富强之国家。”经解释后，虽然仍有少数人持保留态度，所提出的同盟会宗旨终于获得会议通过。

在讨论中国同盟会领导人时，“黄兴倡议公推孙中山先生为本党总理，不必经选举手续，众咸举手赞成”。其余则按会章投票选举。

孙中山是近代中国提倡民主革命的第一人，并为此进行了不懈的斗争，在国内外爱国志士中间享有极高的威望，很自然地成为众望所归的革命领袖，成为足以团结各方面革命力量的中心人物。

接着，由孙中山拟盟书，经会议公推黄兴、陈天华两人审定，盟书全文如下：

> 联盟人□□省□□县人某某，当天发誓，驱除鞑虏，恢复中华，创立民国，平均地权。失信矢忠，有始有卒，如渝此盟，任众处罚。
>
> 天运　年　月　日
>
> 中国同盟会会员　　×××
>
> 主　　盟　　人　　×××
>
> 介　　绍　　人　　×××

然后由各人自书盟书一纸，由孙中山领导大家同举右手向天宣誓，行宣誓仪式，明确规定入会的人必须为实行上述十六字宗旨而奋斗到底；之后，孙中山至隔壁室内传授同志相见握手暗号和三种秘密口号。问：何处人？答：汉人；问：何物？答：中国物；问：

何事？答：天下事。事毕，孙中山即与各会员一一行新握手礼，并欣然祝贺说："自今日起，君等已非清朝人矣！"最后，会议推定黄兴、陈天华、马君武、宋教仁、汪精卫等八人组成会章起草小组，约定在成立大会上提交讨论。

会议将要结束时，因与会者太多，会场后边的座席不负重压有一木板猝然倒塌，发出轰隆一声巨响，声如裂帛，众人皆惊。孙中山目睹此景，应声笑着对大家幽默地说："此乃颠覆满清、革命成功之预兆！"他的风趣和机智，赢得全场一阵热烈的鼓掌和欢呼。①

7月30日会议的圆满成功，为中国同盟会的正式成立奠定了良好的基础。自7月19日孙中山到达日本横滨起，仅仅十天左右的时间，就完成了在日志士的革命联合，这说明经过民主革命思潮的洗礼，建立统一的革命组织是人心所向，众望所归。在这一联合过程中，孙中山作为联合之议的首倡者，作为中国民主革命的先行者，受到众人的拥戴和推崇，从而确立了他在中国民主革命派中的领袖地位；他的名字，从此真正地超越自然、狭隘的兴中会小团体而成了中国民主革命派的象征。宫崎寅藏和程家柽，在联合过程中居间联络、搭桥牵线，功不可没；而以黄兴为首的原华兴会在日骨干，显然是促成联合顺利实现的主要力量，这就使他们在同盟会这一大联合团体中处于重要地位。后来，黄兴、宋教仁、刘揆一等成了同盟会东京总部的主要领导人员，除了他们自身的才能外，与他们在联合过程中做出的贡献，不是没有关系的。事实上，黄兴在这次预备会议上已经被公认为仅次于孙中山的第二号人物，而孙中山也已把他看作有号召力的领袖。从此，孙、黄并称的时代开始了。

7月30日会议之后，程家柽、黄兴、宋教仁、张继、田桐等人为了使更多的留学生了解孙中山的革命主张，以扩大其在留日学生

---

①冯自由：《中国同盟会史略》，《革命逸史》第二集，中华书局1981年版，第139页。

中的影响，为同盟会的正式成立做好准备，发起并积极筹备召开留日学生欢迎孙中山的大会。其中。宋教仁尤为出力。8 月 7 日上午 9 时许，他去程家柽寓所晤孙中山，约定当晚 6 时与诸同志在山口方同孙相会。为此，整个下午他接连去鲁文卿、高剑公、彭荫云寓所通知。当夜 7 时许又到黄兴寓所，坐到 9 时许始回。9 日下午，他先到程家柽寓所，“谈良久”，至 3 时许，又与田桐、张步青同去富士见楼，为欢迎孙中山大会租房间。结果没有租到，他就将此事委托田桐处理。11 日，田桐报告说：富士见楼房间已经租得，定于 8 月 13 日下午 1 时至 6 时开会。宋即嘱田桐“书邮片发各处”，自己则到中国留学生会馆张贴会议通知。下午 4 点钟，又到黄兴寓所汇报一切。13 日欢迎会召开当天的中午 11 时，宋教仁先到富士见楼，“经理开会一切事宜毕”，12 时整至樱亭，嘱孙逸仙“早至会场”，自己则再到富士见楼做会前检查。宋教仁的上述活动表明，这次留日学界欢迎孙中山的大会，是在原华兴会在日志士的努力下进行筹备的，黄兴居中指挥，而宋教仁则承担了类似会议秘书长的角色。这一情况既说明了华兴会在革命大联合中的重要地位，又显示了孙、黄合作的诚意。

8 月 13 日下午 1 时，留日学生欢迎孙中山大会准时在东京曲町区饭田河的富士见楼举行。这是孙中山首次在盛大的留学生集会上公开露面，也是同盟会正式成立前夕，由它的领袖向广大群众宣布其政见的重要政治活动，因而吸引了许许多多的留日学生。8 月的东京，天气十分炎热，人坐着不动也汗流不止，但人们还是顶着酷暑从四面八方赶来，把一个不大的会场挤了个水泄不通，连会场外边马路旁边也站满了与会的人群。据宋教仁日记称：“时到者已六七百人，而后来者犹络绎不绝，门外拥挤不通，警吏命封门，诸人在外不得入，喧哗甚。余乃出，攀援至门额上，细述人众原因，又开门听其进，遂罢。”[①] 结果，只能容纳五六百人的会场，挤满了一千多人，为留日学界历次会议所未见。这次大会盛况空前，气氛热烈，人们把孙中山当作献身革命的“中国英雄中的英雄”和“四万万人之代表”来欢迎。时隔仅两年，孙中山在留学生中的形象已大大不同了。

大会开始后，先由宋教仁致欢迎词，与会者对孙中山的到来报以热烈的掌声和喝彩。接着，身穿一套洁白的西装，“以蔼然可亲之色，飒爽不群之姿，从人群中出现于演台上”，向听众发表了近两个小时动人心弦的重要演讲。他首先对满腔热忱欢迎他的留学界表示感佩，接着就救国方针作了详细阐发。概而言之，就是充分认识中国固有的文明，认真学习西方的长处，以振兴中国为己任，创造一个 20 世纪头等的共和国。孙中山一开始就指出认清中国固有文明和救国的关系。他说：“顾诸君之来日本也，在吸取其文明也，然而日本之文明非其所固有者，前则取之于中国，后则师资于泰西。若中国以其固有之文明，转而用之，突驾日本无可疑也。”他根据自己欧美大陆之行的观察所得，指出西方文明的中心点已经由希腊、罗马转移到阿利安民族，所以西方的近代文明不过数百年的历史，“而中国之文明已著于五千年前，此为西人所不及，但中间倾于保守，故让西人独步。然近今十年思想之变迁，有异常之速度。以此速度推之，十年、二十年之后不难举西人之文明而尽有之，即或胜之焉，亦非不可能之事也”。显然，孙中山不仅看到了中国文明的悠久，也看到了“中间倾于保守”的事实，但他更主要的是把文明的载体——民族的努力振兴作为文明转换的原动力，把吸取先进民族的优秀文明作为固有文明发展的必要条件，这就使他对中国的前途充满信心。

①宋教仁：《我的历史》，陈旭麓主编：《宋教仁集》下册，中华书局 1981 年版，第 549 页。

在学习西方的问题上，孙中山主张“取法其上”。他批判了“中国今日亦只可为君主立宪，不能躐等而为共和”之说的荒谬，指出：“世界立宪，亦必以流血得之，方能称为真立宪。同一流血，何不为直截了当之共和，而为此不完不备之立宪乎？”他说这种不能躐等论，是“择其中而取法之，是岂智者所为耶？”

孙中山在分析了中国各种优越条件之后，认为“生在中国，实为幸福”。“吾侪既据此大舞台，而反谓无所措手，蹉跎岁月，寸功不展，使此绝好山河仍为异族所据，至今无有能光复之，而建一大共和国以表白于世界者，岂非可羞之极者乎？”因此，他衷心希望在座诸君“将振兴中国之责任，置之于自身之肩上”；把不能躐等的荒谬想法，“淘汰洁尽，从最上之改革着手，则同胞幸甚！中国幸甚！”①

像历次演说一样，孙中山的这次演说没有什么深奥玄妙的哲理，都是自己游历欧美的亲身感受，说得实在而真切；在驳论时，所举事例通俗生动、观点鲜明易懂。唯其实在真切，才可使人信赖；唯其鲜明易懂，才可使人迷途知返。

孙中山的世界眼光，对革命目标和方略的精辟见解，富有鼓动力量的雄辩口才，以及他的谦虚诚恳、平易近人和风趣幽默，都使他具有强烈的魅力，令与会者叹服。在这个富有政治远见和激动人心的讲演中，孙中山以强烈的民族主义精神和坚定的革命信念，充分表达了中国人民争取祖国的独立、民主和富强的强烈愿望，并充分估计了迅猛发展的革命形势，热烈地号召中国人民下定决心，迎头赶上，不惜以流血为代价，“以谋独立而建共和”。他强调，只要

①演讲词现存有两个记录稿：一、后人题作《中国民主革命之重要》，载《孙中山全集》第七卷，第9—11页，人民出版社2015年版，原是陈天华发表在《民报》第一号（1905年11月）上的摘要；二、后人题作《中国应建设共和国》，载《孙中山全集》第七卷，第5—9页，人民出版社2015年版，为吼生的详细记录（由留学生欢迎会于1905年9月在东京出版，题为《孙逸仙演说》）。

全国人民团结奋斗，中国是大有希望的。孙中山的演说，激起全体与会者的强烈共鸣，会场里不时爆发出一阵阵经久不息的掌声和欢呼声。大家群情激昂，决心跟随孙中山为革命英勇奋斗。

孙中山演说后，接着程家柽等留日学生相继登台演说，热情地表示对孙中山的敬仰和信任，并呼吁大家效法和追随孙中山的革命事业，“以人人志孙君之志，为孙君之为，中国庶克有济。”①

孙中山的这次演说，使那些受保皇思想所惑的留学生，“涣然冰释”，而他作为革命党领袖所具有的那种真切实在的个性，从此深深地印在与会者的心中。

经过二十来天的筹备后，中国同盟会正式成立于 1905 年 8 月 20 日，成立大会的会场设在东京赤坂区灵南坂邻近清驻日公使馆的日本子爵阪本金弥住宅内。在敌人的卧榻之旁，开革命司令部的成立之会，多少带有点戏剧性；而有些与会者因不认识子爵府邸，据说误将清使馆当作会场，更平添了些许笑料。

参加成立大会的留日志士，一百余人，超过了筹备会议的人数，这无疑应是留学界欢迎孙中山大会产生的积极成果。会议在下午 2 时正式开始，在孙中山主持下，大会议程二项：一通过会章；二选举干事。会章由黄兴代表八人起草小组在孙中山主持下，大会宣读，共 30 条，“读时会员有不然者，间有所增减”。干事选举，据宋教仁日记所载，举得司法部职员八人，议员 20 人，由总理指定执行部职员 8 人，合计 36 人。最后由黄兴提议，“谓《二十世纪之支那》杂志社同人半皆已入本会，今该社员愿将此杂志提入本会作为机关报”，这项建议获得与会者鼓掌通过，至于具体改刊办法则留待下次讨论。会议开到下午 5 时，在全场一片热烈的气氛中、“大呼万岁”声中宣告结束。

①过庭（陈天华）：《纪东京留学生欢迎孙逸仙事》，《民报》第一号。

同盟会成立。图为当代油画家沈加蔚、陈宜明所绘

正式通过的同盟会章程规定以“驱除鞑虏，恢复中华，创立民国，平均地权”十六字纲领为宗旨，以东京为同盟会本部所在地，设总理一人，由全体会员投票公举，任期四年，可连选连任，总理对于会外有代表本会之权，对于会内有执行事务之权。

会章规定，采取立法、司法、行政三权分立的原则设立机构，总理之下分设执行、评议、司法三部。执行部权力最重，由总理直接领导，内分庶务、书记、内务、处务、会计及经理六部；它的负责人“庶务”相当于同盟会副总理的职务，可代行总理他适时的一切职权。会上推举黄兴为执行部庶务，协助总理主持本部工作。除同盟会本部设在日本东京外，并在国内外分设九个支部，即国内设东（上海）、西（重庆）、南（香港）、北（烟台）、中（汉口）五个支部，分辖各省及蒙、藏、新疆等区；海外设南洋、欧洲、美洲、檀香山四个支部。至于全国各省区，都成立分会；各省区主盟人也经分别推定，负责本省留学界入会主盟事务，并负责派遣人员回国活动。大会还授权孙中山、黄兴、章太炎等制定同盟会《革命方略》，以供各地革命党人武装起义时使用（该“方略”的 11 个文件于 1906 年秋冬间制定出来）。

同盟会东京本部的职员，根据参加成立大会职员选举的田桐所记，照录如下：

执行部　总理孙文

庶务部　黄兴。黄兴他适，朱炳麟代理之；又他适，张继代理之；继他适，孙毓筠继之；最后为刘揆一。

书记部　首定马君武。马未就职，由黄兴荐田桐继之；后孙中山又调胡衍鸿（汉民）、但焘、李肇甫三人。

内务部　朱炳麟、匡一。

外务部　程家柽、廖仲恺。

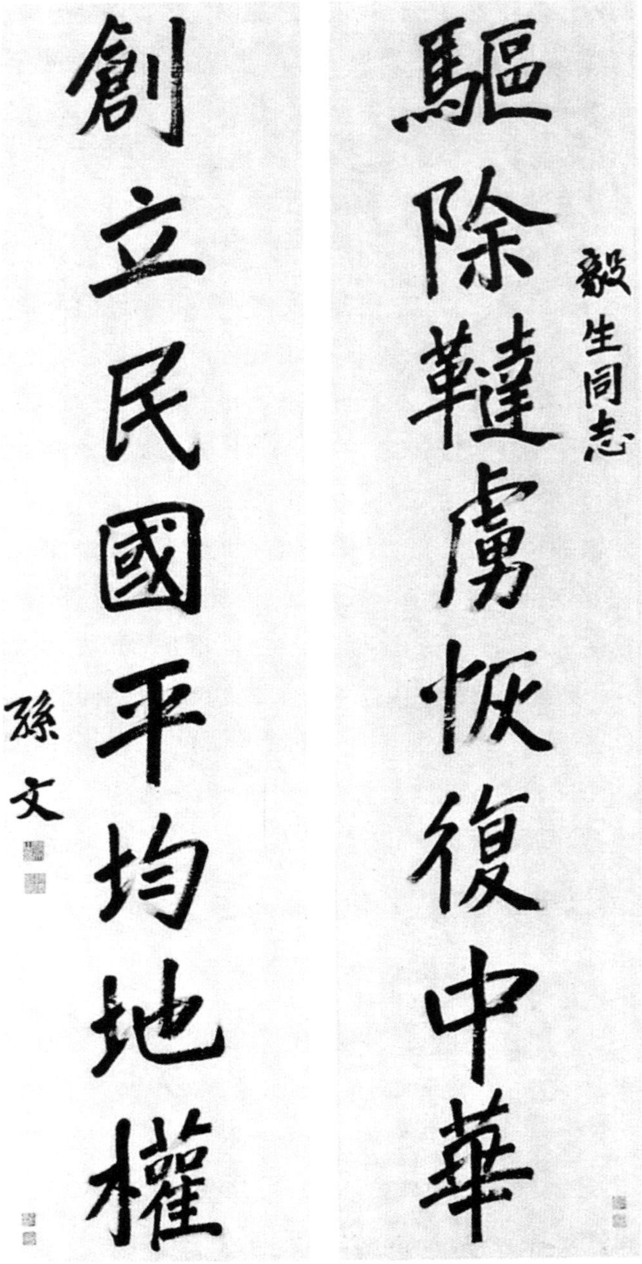
驅除韃虜恢復中華
毅生同志
創立民國平均地權
孫文

孙中山为胡毅生题写的同盟会十六字纲领

会计部　刘维焘。刘未就职，谢延誉继之；谢后赴南洋，何天炯继之。

经理部　谷思慎、程克。

评议部　议长汪精卫。议员董修武、熊克武、于德坤、王琦、吴鼎昌、张树枏、冯自由、梁慕光、胡汉民、田桐、吴琨、但懋辛、周来苏、胡瑛、朱大符（执信）、范治焕、吴永珊（玉章）、康宝中。书记朱大符。

司法部　总长邓家彦。判事张继、何天瀚。检事宋教仁。[①]

同盟会的成立，是孙中山领导的民主革命发展过程中的一个重要里程碑，也是中国民主革命进程中的一个重大事件。它标志着中国民主革命的广泛联合，使全国革命从此有了一个领导核心，从而使中国民主革命向前跨进了一大步，加速了革命的步伐，促进了全国革命高潮的到来。孙中山后来曾经这样论述同盟会成立的重大意义："自革命同盟会成立之后，予之希望则为之开一新纪元。盖前此虽身当百难之冲，为举世所非笑唾骂，一败再败，而犹冒险猛进者，仍未敢望革命排满事业能及吾身而成者也。……及乙巳之秋，集合全国之英俊而成立革命同盟会于东京之日，吾始信革命大业可及身而成矣。于是乃敢定立中华民国之名称，而公布于党员，使之各回本省，鼓吹革命主义而传布中华民国之思想焉。"他还在同年 9 月 30 日致陈楚楠函中，欣喜万分地叙述了同盟会成立之后的革命新形势："近日吾党在学界中，已联络成就一极有精彩之团体，以实力行革命之事。现舍身任事者已有三四百人矣，皆学问充实，志气坚锐，魄力雄厚之辈，文武才技俱有之。……将来总可得学界之大半。有此等饱学人才，中国前途诚为有望矣。"[②] 因此孙中山就比过去更加

①邹鲁：《中国国民党史稿》第一篇《中国同盟会》，东方出版中心 2011 年版，第 54—55 页。
②《致陈楚楠函》，《孙中山全集》第四卷，人民出版社 2015 年版，第 40-41 页。

1905 年，孙中山在日本与同盟会书记马君武合影

坚信自己一定能够亲睹革命成功之日。

新成立的同盟会和以往的革命小团体有很大的不同。它是真正统一的全国性的革命组织，国内 17 省都有人加盟，打破了以省界组织革命团体的习惯；它有公举的领袖，有明确的党章、党纲和其他各种规定；它是以资产阶级、小资产阶级知识分子为主体的革命组织，有人统计说：在 1905—1907 年间加入同盟会的成员中，出身可考知者有 379 人，其中留学生和学生为 354 人，占了绝对多数，达到 93% 以上，其次是官僚、有功名的知识分子 10 人，教师、医生 8 人，这两类各占 2% 多一点，至于资本家、商人 6 人，不到 2%；农民 1 人。这就使它区别于以往的任何一个革命团体，而成为近代中国第一个民主革命政党。

同盟会成立后，在孙中山的联络和感召之下，留日学生相继加盟的有 400 多人；至 1906 年末，仅东京一地加盟的已达 800 多人；不到一年，海内外会员总数就迅速扩展到 10000 人以上。在孙中山的领导和会员的共同努力下，“从此革命风潮一日千里，其进步之速，有出人意表者矣！”[①]。不过，同盟会是一个由资产阶级、上层小资产阶级等许多不同阶层、集团和派别组成的革命政党，其成员来源既复杂又广泛，参加的成员在政治态度上并不一致，自然存在派系纷争和思想歧异，有着明显的左、中、右的差别，并且组织也相当松懈，这就隐伏日后在政治上、组织上分裂的因素。

在同盟会本部的主要干部中，与孙中山最为接近的有胡汉民、汪精卫、朱执信、廖仲恺等人。胡汉民（1879—1936 年），原名衍鸿，字展堂，广东番禺人，是清末举人，1902 年留学日本，1905 年任《民报》编辑，用笔名“汉民”发表政论，影响甚大。他先担任评议部议员，后任执行部中书记部书记。汪精卫（1883—1944 年），

① 《建国方略》，《孙中山全集》第一卷，人民出版社 2015 年版，第 82 页。

胡汉民

汪精卫

原名兆铭，字季新，广东番禺县人。1904年留学日本，任《民报》编辑，用笔名“精卫”发表文章，起过积极作用，后来堕落为汉奸。他当时担任评议部议长。朱执信（1885—1920年），原名大符，字执信，笔名蛰伸、去非等，广东番禺县人。1904年留学日本，1905年7月参加同盟会。以后在反袁、护法运动中是孙中山的主要助手之一。他当时担任评议部议员兼书记。廖仲恺（1877—1925年），原名恩煦，字仲恺，广东惠阳县人。1903年和妻子何香凝先后留学日本，1905年加入同盟会。以后，成为孙中山的得力助手。他当时

廖仲恺

何香凝

担任执行部中的外务部干事，还被选为中国留日学生会会长。胡、汪、朱、廖曾在孙中山的亲自指导下为《民报》撰写文章，宣传三民主义，批判保皇党的谬论。廖仲恺和夫人何香凝的东京寓所，是革命党人的通信联络站和聚会场所，孙中山经常在那里集会，商议和谋划革命工作。廖仲恺按照孙中山的指示，与何香凝等向海外华侨宣传反清革命，驳斥改良派的反动谬论，并经常和留学生中的保皇分子进行斗争。后来，胡汉民、汪精卫随孙中山去南洋进行革命活动，朱执信回广州参加南部起义，而廖仲恺则先后潜回天津及吉林等地，从事发展革命势力的活动。到中国革命进入新民主主义阶段后，他们走了不同的道路。思想激进的朱执信不幸早死，只有廖仲恺始终是孙中山的亲密战友。

六、提出三民主义

1905 年 11 月 26 日，同盟会机关刊物《民报》（由《二十世纪之支那》改组而成）在日本东京正式出版发行。孙中山在《〈民报〉发刊词》中，对他的十六字纲领进一步明确阐述，首次公开提出了“民族”、“民权”、“民生”三大主义的革命号召，鲜明地树起了三大主义的革命旗帜。

中国同盟会是以孙中山提出的“驱除鞑虏，恢复中华，创立民国，平均地权”为立会宗旨的。这十六字，原是兴中会“驱除鞑虏，恢复中国，创立合众政府”誓词的继续和拓展，初次使用于 1903 年东京青山革命军事学校的入校誓词中，后来，一直为孙中山在他所创建的革命团体坚持使用。就这方面说，中国同盟会与兴中会，尤其是兴中会后期的组织活动，在思想体系上是一脉相承的。

这 16 字的宗旨，蕴涵着一个完整的思想体系。这就是 1905 年

10月孙中山在《〈民报〉发刊词》中揭橥的民族、民权、民生“三大主义”。由于该文中提到“是三大主义皆基本于民”，因此，世人又称之为“三民主义”。

三大主义或曰三民主义，是孙中山从世界历史的递嬗变易和中国革命面临的社会实际中得来的悟性。他在《发刊词》中说：

> 余维欧美之进化，凡以三大主义：曰民族，曰民权，曰民生。罗马之亡，民族主义兴，而欧洲各国以独立。洎自帝其国，威行专制，在下者不堪其苦，则民权主义起。十八世纪之末，十九世纪之初，专制仆而立宪政体殖焉。世界开化，人智益蒸，物质发舒，百年锐于千载，经济问题继政治问题后，则民生主义跃跃然动，二十世纪不得不为民生主义之擅场时代也。是三大主义皆基本于民，递嬗变易，而欧美之人种胥冶化焉。其他旋维于小己大群之间而成为故说者，皆此三者之充满发挥而旁及者耳。①

从这段话中可以看到，孙中山所谓民族主义，其基本内涵是反对外来民族统治，争取本民族独立；民权主义是反对帝制专制、争取民主立宪政体；民生主义是产业革命时代为解决日见严重的经济问题而实行的社会革命。孙中山又说：

> 今者中国以千年专制之毒而不解，异种残之，外邦逼之，民族主义、民权主义殆不可以须臾缓。而民生主义，欧美所虑积重难返者，中国独受病未深，而去之易。是故或于人为既往之陈迹，或于我为方来之大患，要为缮吾群所有事，则不可不

① 《〈民报〉发刊词》，《孙中山全集》第二卷，人民出版社2015年版，第69页。

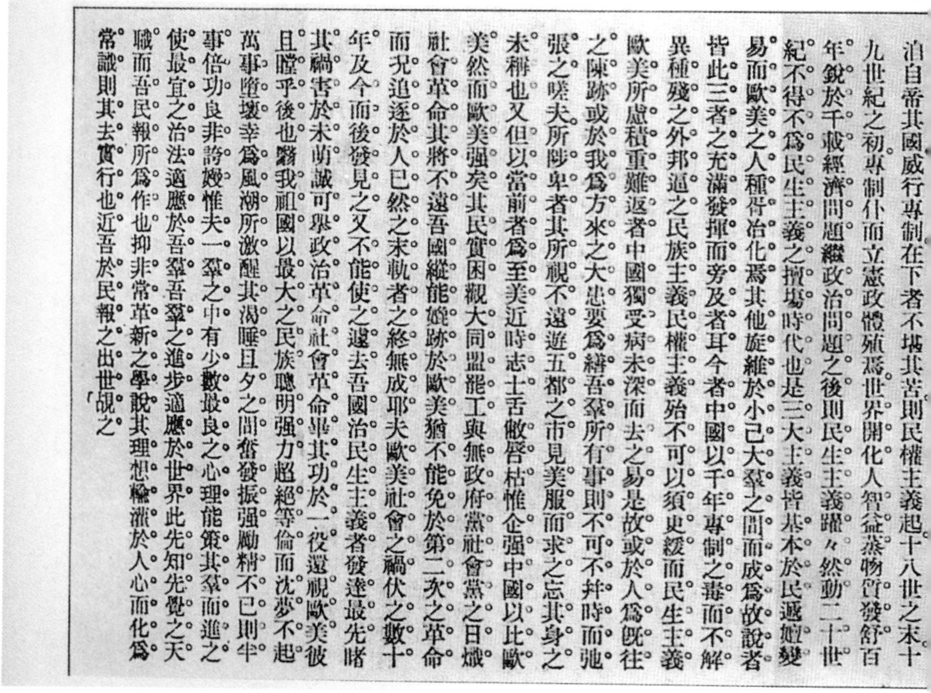
洎自帝其國威行專制在下者不堪其苦則民權主義起十八世之末十
九世紀之初專制仆而立憲政體殖焉世界開化人智益蒸物質發舒百
年銳於千載經濟問題繼政治問題之後則民生主義躍々然動二十世
紀不得不爲民生主義之擅場時代也是三大主義皆基本於民遞嬗變
易而歐美之人種胥治化焉其他旋維於小己大羣之間而成爲故說者
皆此三者之充滿發揮而旁及者耳今者中國以千年專制之毒而不解
異種殘之外邦逼之民族主義民權主義殆不可以須臾緩而民生主義
歐美所慮積重難返者中國獨受病未深而去之易是故或於人爲既往
之陳跡或於我爲方來之大患要爲繕吾羣所有事則不可不并時而弛
張之嗟夫所陟卑者其所視不遠遊五都之市見美服而求之忘其身之
未稱也又但以當前者爲至美近時志士舌敝唇枯惟企强中國以比歐
美然而歐美强矣其民實困觀大同盟罷工與無政府黨社會黨之日熾
社會革命其將不遠吾國縱能媲跡於歐美猶不能免於第二次之革命
而況追逐於人已然之末軌者之終無成耶夫歐美社會之禍伏之數十
年及今而後發見之又不能使之遽去吾國治民生主義者發達最先睹
其禍害於未萌誠可舉政治革命社會革命畢其功於一役還視歐美彼
且瞠乎後也翳我祖國以最大之民族聰明强力超絕等倫而沈夢不起
萬事墮壞幸爲風潮所激醒其渴睡旦夕之間奮發振强勵精不已則半
事倍功良非誇嫚惟夫一羣之中有少數最良之心理能策其羣而進之
使最宜之治法適應於吾羣吾羣之進步適應於世界此先知先覺之天
職而吾民報所爲作也抑非常革新之學說其理想輸灌於人心而化爲
常識則其去實行也近吾於民報之出世覘之

孙中山撰《民报》发刊词

并时而弛张之。[①]

从西方的历史陈迹和当前面临的困境，反观中国社会，则以民族主义解决异种残之、外邦逼之；以民权主义解决千年专制；而民生主义既然将成为中国今后之大患，则应与民族民权同时解决。他特别说明了提出民生主义的依据，强调实行民生主义的必要，“欧美强矣，其民实困”，阶级斗争日益尖锐，“社会革命将其不远”；中国资本主义尚不发达，“睹其祸害于未萌”，故提出“举政治革命、社会革命毕其功于一役”的主张。这就是孙中山主张中国革命必须以

① 《〈民报〉发刊词》，《孙中山全集》第二卷，人民出版社 2015 年版，第 69 页。

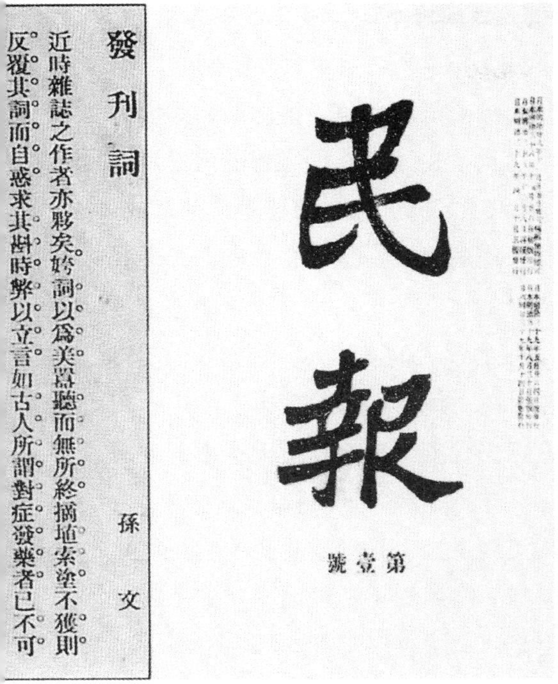
發刊詞
孫文
近時雜誌之作者亦夥矣。姱詞以爲美囂聽而無所終摘埴索塗不獲則
反覆其詞而自惑求其斟時弊以立言如古人所謂對症發藥者已不可
民報
號壹第

三大主义作为宗旨的理由。

西方历史的递嬗变易是否按民族、民权、民生三个阶段截然分开并不重要，重要的是孙中山悟出了西方历史和现实的症结所在，并把它用作解决中国革命的钥匙，以此构成自己的革命思想体系。所以，孙中山的三民主义既反映了当时先进中国人的学习西方、寻求救民真理的思维轨迹，又显示了他对中国革命思考的卓越识见。

孙中山为同盟会所制订的纲领，是以三民主义为理论基础的。继《〈民报〉发刊词》上提出民族、民权、民生主义之后，孙中山又发表了一些著述，如 1906 年他与黄兴、章太炎制定的同盟会《革命方略》中的《军政府宣言》——即《同盟会宣言》，和同年 12 月在

《民报》创刊周年纪念会上发表的重要演讲（这一演讲后来题为《三民主义与中国前途》）等，对三民主义的基本内容分别作了阐述。

民族主义所宣布的目标，是要通过武装斗争，推翻腐朽卖国的满清贵族集团所把持的清朝反动统治，重建汉族人当权的政府。孙中山指出，“民族主义，并非是遇着不同族的人，便要排斥他”，更不是“要尽灭满洲民族”。“民族革命的原故，是不甘心满洲人灭我们的国，主我们的政。定要扑灭他的政府，光复我们民族的国家。”因此，“我们并不是恨满洲人，是恨害汉人的满洲人。假如我们实行革命的时候，那满洲人不来阻害我们，决无寻仇之理”。孙中山在阐述“反满”这一战斗口号时，在相当程度上扬弃了不少革命党人所持有的单纯“种族革命”的观点，并把少数掌握政权的满洲统治者与一般满族人民加以区别，指出民族主义不是种族复仇主义，这是一个重大的进步。同时，反对腐朽卖国的清王朝也包含了打击帝国主义，争取民族独立的内容。但是，他毕竟还没有明确提出反对帝国主义侵略，以实现民族的真正独立的主张，因而不能科学地反映近代中国社会的主要矛盾，这是民族主义的历史局限性所表现的一个根本弱点。

民权主义所宣布的目标，是要铲除封建君主专制政治制度，建立民主共和国。孙中山指出，“民权主义，就是政治革命的根本”；中国仅仅有民族革命是不够的，在进行民族革命推翻清朝的同时，还必须进行政治革命，推翻君主专制。他认为君主专制主义是“恶劣政治的根本”，说“中国数千年来都是君主专制政体，这种政体不是平等自由的国民所堪受的”，故必须把政治革命同民族革命并行，“颠覆君主政体”，去掉“那恶劣政治的根本”，“建立民主立宪政体”。孙中山明确表示，“照现在这样的政治论起来，就是汉人为君主，也不能不革命”。他告诫革命者不可“存有一些皇帝思想”，“当国家做私人的财产”，“彼此相争”，弄得国家“四分五裂”、“自亡其国”。孙中山的民权主义，具有完整的共和国要求，同改良派的君主立宪主张截然对立，在当时的社会条件下，具有积极的战斗意义。但是，他的矛盾集中指向封建专制政体，而没有进一步提出清除这一政体赖以存在的社会阶级基础，即推翻地主士绅阶级的统治，由人民直接行使权力。

民生主义所宣布的目标，是用“平均地权”的办法，改变陈腐的土地制度，解决土地问题，以防止资本主义制度下贫富分化的对立。孙中山认为欧美资本主义各国“文明越发达，社会问题越着紧”，如英国“富者极少，贫者极多”；“善果被富人享尽，贫民反食恶果，……故成此不平等的世界”。这种“社会问题，在欧美是积重难返”，而在中国“是将来总会发生的，到时候收拾不来，又要弄成大革命了”。

因此，在“实行民族革命、政治革命的时候，须同时想法子改良社会经济组织，防止后来的社会革命”。如果发展到像欧美那样的田地“才去讲民生主义，已经迟了”。他认为，欧美之所以不能解决社会问题，根本原因在于没有解决土地问题。针对社会经济发达后，地价高涨，地主垄断土地，危害民生的前景，他主张核定地主土地的现有地价，而将此后地价中因经济发展而增涨的部分收归国有，这就是“平均地权”。孙中山认为只有用这种办法才能杜绝“少数富人把持垄断的弊窦”，他不赞成“夺富人之田为己有”，也没有能提出彻底能解决土地问题的途径。

尽管孙中山的民生主义，带有浓厚的空想色彩，是一种主观的社会主义，然而它在中国人民心目中是一种崭新的思想，而受到了人民的拥护。“平均地权”的主张，虽难以真正解决中国人民的土地问题，但它反映了孙中山对劳动人民受压迫受剥削的苦难的真挚同情和关怀，实质上有利于资本主义的发展，因而具有一定的进步意义。至于预防资本主义的主张，则是不符合社会经济发展规律的设想。

三民主义，是孙中山的革命理论，是他从兴中会以来政治思想的巨大发展，是他长期革命斗争的总结。既是孙中山政治思想的结晶，是他解决中国独立统一与民主富强的理念基础，又是他在中国旧民主主义革命阶段政治思想的基本内容。它集中反映了中国资产阶级在政治上、经济上的要求，同时还曲折地显示了广大劳动人民对于获得土地和生活改善的希望，体现出这场革命斗争是一场争取建立新的社会制度的革命。在马克思主义传入中国之前，同当时中国各家各派政治学说相比较，三民主义是最具有进步性的思想。它的内容的民主性与革命性，正如列宁所赞誉的：表明着孙中山当时是代表了“真正伟大的人民的真正伟大的思想”。[①] 这一思想的初步形成和提出，实际上标志着孙中山早期革命思想的臻于成熟。

三民主义，是中国近代史上第一次出现的最完备的民主革命政纲，反映了旧民主主义革命的特点。当时的中国，由于帝国主义的侵略压迫和封建王朝的野蛮统治，使国家变得极度贫弱，造成山河破碎，人民挣扎在悲惨的死亡线上，整个国家沉沦在半殖民地、半封建的深渊之中，濒临于被瓜分和灭亡的边缘。三民主义就是针对当时中国最迫切需要解决的三个首要问题：民族独立、政治民主、共和及人民生活与社会进步所鲜明地提出的革命主张，为它领导的革命斗争制定的革命纲领。因此，这一主张，在一定程度上把握了中国社会的半殖民地和封建性质及它的社会矛盾。它既提出了“中国向何处去”的时代难题，又是一个摆脱封建王朝的统治和帝国主义的压迫，克服空前的社会危机和民族危机的拯救方案。所以，这一主张，受到了人民的广泛拥护，曾经给了为振兴中华而战斗的中国人民以极大的鼓舞，从而把许多革命力量联合了起来，成为当时

---

①《中国的民主主义和民粹主义》，《列宁全集》第十八卷，人民出版社 1959 年版，第 152 页。

革命党人的战斗口号以及团结反清力量的鲜明旗帜，武装了人民的思想，能够动员和组织革命群众，共同为推翻清朝统治、建立共和国而斗争。因此，改变了革命的现状和进程，推动了中国历史的前进。三民主义对革命斗争的发展起了重要的作用。

不仅如此，它对亚洲一些从事民族独立、民主革命的国家也发生了深刻的影响，如印度尼西亚的苏加诺就这样说过："在青年时代，我阅读过三民主义。……我受到孙逸仙博士所提出的三民主义的鼓舞。"[①]

事实上，还不仅如此，它不但产生过显著的社会作用，武装了人民奋勇战斗的思想，推动了中国历史的前进，而且在理论方面也给后人留下了许多有益的东西。例如，孙中山为着实现民主，创立了他的"破天荒"的五权分立的政治学说，以使国家的政治体制能够互相制约、互相监督，确保官吏成为国民的公仆，而不致成为官老爷，能够廉洁奉公，防范贪污腐败。孙中山的五权宪法思想，凝聚了民主思想的精华，其中闪光之点，对今天我们的现实仍有重要的借鉴作用。

从同盟会有了这一比较完备的资产阶级革命纲领后，就极大推动了革命运动的前进，促使中国的民主革命出现前所未有的高潮。

①苏加诺在清华大学的讲演，载《中国青年》，1956年第21期，第5页。

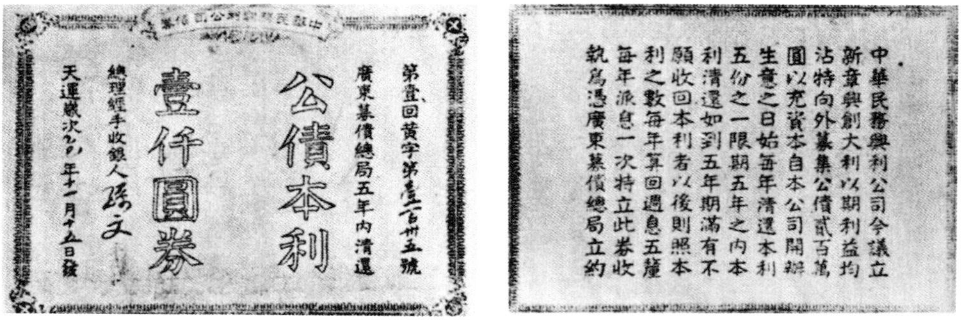

1905 年 11 月 15 日，孙中山为筹集革命经费，用“中国兴利公司”名义发行的债券

1906 年 1 月，中国同盟会印制发行的中国革命政府债券

第五节 “与保皇派大战”

一、同盟会成立前的早期论战

革命运动的前进不是一帆风顺的。在民主革命日益向前发展的这一时期，即同盟会成立前后的中国民主革命准备时期，在拯救国家危亡问题上存在着两种截然不同的救国道路：一种是孙中山所代表的民主革命道路，一种是康有为、梁启超所代表的改良主义道路。孙中山从革命民主派的立场出发，宣传科学进化论思想，主张用革命的手段推翻清朝封建帝制，建立民主共和国。康有为和梁启超则恰恰相反。他们从改良派的立场出发，宣扬庸俗进化论思想，反对民主革命，主张在保存清朝封建统治的基础上实行君主立宪，通过自上而下的改革来发展资本主义。这种主张，实质上是使中国人民继续沉沦在半殖民地和封建社会的苦难深渊中，以适应帝国主义和封建主义的需要。

以康有为和梁启超为代表的保皇派，原是 19 世纪末期的维新派。变法失败以后，在 20 世纪初，他们仍念念不忘他们的“圣主”，站在历史潮流的对立面，坚持改良主义道路，维护卖国的清王朝，反对暴力革命，日益成为民主革命潮流冲刷的对象。他们认为只要“劝告”清廷改良政治，“要求”清廷实行立宪，就可以挽救中国，所以主张在保存清朝封建统治的基础上做枝枝节节的改良。

早在1899年7月后，康有为和梁启超就分别在加拿大、日本和南洋等地，在海外华侨和留学生中组织“保救大清光绪皇帝会”，简称保皇会，以拥戴光绪皇帝反对慈禧太后、鼓吹君主立宪制度为宗旨，拼命活动，抢夺兴中会的阵地和群众。他们为贯彻其反对革命主张，编制种种谎言，混淆是非，甚至不择手段地招摇撞骗以扩大其影响，来抵制民主革命思想的传播。梁启超曾一度伪装愿与孙中山合作，向孙中山保证“合作到底，至死不渝”，骗取了孙中山给孙眉等兴中会会员的介绍信，持赴兴中会的发源地——檀香山活动。他还用诡辩把君主立宪的反动主张涂饰起来，说什么“名为保皇，实则革命”，[①]以假乱真，欺骗蛊惑群众。其实梁启超在给康有为信中就曾经说过：“与革命党死战，乃是第一义。有彼则无我，有我则无彼。”[②]他先在日本横滨创办《清议报》，鼓吹“斥后保皇”；后又主编《新民丛报》（半月刊），作为保皇会开展反革命“死战”的喉舌。

当时，在国内外知识界和华侨中，曾有许多人被改良派所迷惑，在思想上分不清改良与革命的界限。就是兴中会中也有不少会员（包括孙眉在内）受到欺骗，檀岛的会员竟被保皇会夺去大半，海外其他各埠兴中会会员也有很多被拉进保皇会为康、梁所利用。到了1903年，保皇会在海外的势力极为膨胀，仅在美洲各埠就设立了11个总部和86个支会。保皇会人在华侨中间竭力打击革命力量，鼓吹

①冯自由：《兴中会组织史》，《革命文献》第三辑，台北1958年版，第55页。

②《致蒋观云、徐佛苏书》，丁文江、赵丰田编：《梁任公先生年谱长编初稿》第四册，油印线装本，第360页。

君主立宪主张，还借救国之名，招摇撞骗，诈骗钱财，谋取私利。而兴中会的组织被破坏得零落不堪，已经是今非昔比。在这种情况下，保皇派已成为革命前进道路上的一大拦路虎，如果不对其给予迎头痛击，在政治上、思想上揭穿他们的反动面目，革命就不可能向前发展。

1900年以前，孙中山为扩大革命力量，曾经争取改良派，准备和他们合作。没想到改良派“为虎作伥，其反对革命，反对共和，比之清廷为尤甚”。[①] 他在国内外革命形势推动之下，逐渐从保皇会阴谋夺取阵地、夺取群众的活动中，进一步看清了改良派的面目，觉察到了问题的严重性，认识到必须严格划清革命与改良的界限。为了扫除前进道路上的障碍，发展革命力量，孙中山从1900年以后就针对康、梁掀起的保皇逆流，逐步展开了不调和的斗争。他是高举民主革命的旗帜与改良派进行坚决斗争的第一人。

早在1900年，孙中山对梁启超上年在檀岛招摇撞骗的无耻行径已给以严厉的谴责；随后，在孙中山的指导下，横滨的革命派半月刊《开智录》、香港革命派机关报《中国日报》对保皇派一些报刊[如《清议报》、《商报》（香港）、《岭南报》（广州）以及后创的《新民丛报》等]上的反动谬论，都进行批驳。两派之间初步进行了理论上的交锋。当时，孙中山认识到，要想唤醒群众，不被康、梁所迷惑，必须大力创立宣传机关。于是，他先后指派干部陈少白、秦力山、沈翔云、陈天华、刘成禺等在香港、檀香山、旧金山、日本、新加坡、缅甸等地创办、改组或支持《国民报》、《檀山新报》（原为华侨程蔚南办的商业报纸，俗名《隆记报》）、《大同日报》（原是致公堂的机关报，曾被保皇会人篡夺），以及后来的《民报》《中兴日

① 《建国方略》，《孙中山全集》第一卷，人民出版社2015年版，第79页。

报》《光华日报》等多种中文报刊，[①] 积极开展革命宣传，号召人民从思想上、组织上同改良派划清界限。同时，他还号召国内外各地革命派的组织，也广为创办报刊，共同对改良派进行斗争，“竭力打击保皇毒焰于各地”。

1903 年夏，孙中山在日本先向应聘赴檀香山任教职的兴中会会员、基督教会牧师毛文明布置了两项任务：“（一）扫除保皇邪说；（二）规复革命机关”；[②] 然后，他亲自赴檀香山领导对改良派的论战。孙中山认为“非将此毒铲除（按：指肃清梁启超等人欺骗宣传的流毒），断不能做事”，他决心“尽力扫除此毒，以一民心”。[③]

为扩大革命宣传和广泛联络同志，孙中山应毛文明等所请，前往奥华湖（Oahu）岛的希炉（Hilo），假该城日本戏院公开发表演讲，批判保皇，宣传革命，听众达千余人。跟着，又在火奴鲁鲁的各大戏院中多次举行大规模的公开演讲，每次往往一连两三天，听众常常超过千人。

在这些演讲中，孙中山揭露了改良派的欺骗手法，批判了他们散布的谬论，宣传了革命道理。12 月 13 日在荷梯里街戏院的演说中指出：“革命为惟一法门，可以拯救中国出于国际交涉之现时危惨地位”，“我们必要倾覆满洲政府，建立民国，革命成功之日，效法美国，选举总统，废除专制，实行共和”。[④] 通过辛勤地宣传活动，使

---

①孙中山非常重视宣传工作，他在辛亥革命前于海外创办、改组或支持的中文报刊，据不完全统计，主要的有 13 种之多。这些报刊创刊的时间和地点是：1899 年香港的《中国日报》；1901 年日本的《国民报》；1902 年檀香山的《檀山新报》；1905 年日本的《民报》；1907 年加拿大的《大汉公报》、暹罗（今泰国）的《华暹新报》和新加坡的《中兴日报》；1908 年缅甸的《光华日报》；1910 年美国的《大同日报》和《少年中国晨报》、加拿大《新民国报》和马来亚（今马来西亚）的《光华日报》；1911 年菲律宾的《公理报》。

②毛文明：《纪癸卯总理重至檀香山事》，《中华民国开国五十年文献》第一编第十五册，台北 1965 年版，第 48 页。

③《致黄宗仰函》，《孙中山全集》第四卷，人民出版社 2015 年版，第 32 页。

④檀香山英文《早报》（*Advertiser*）1903 年 12 月 14 日，转引自《檀山华侨》“檀山华侨”部分，檀香山自由新报社 1929 年版，第 14 页。

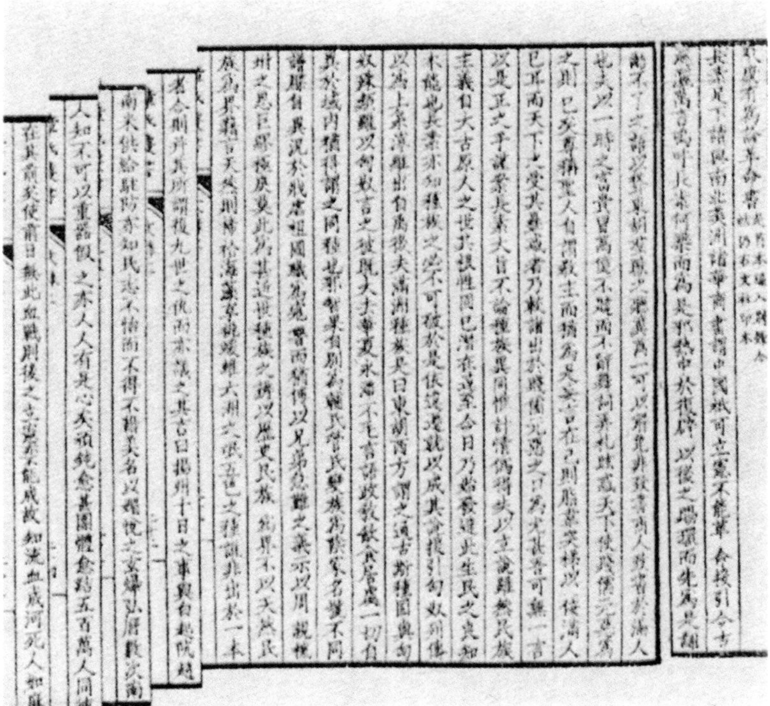

1903年，刊登于香港《中国日报》的章太炎《驳康有为论革命书》

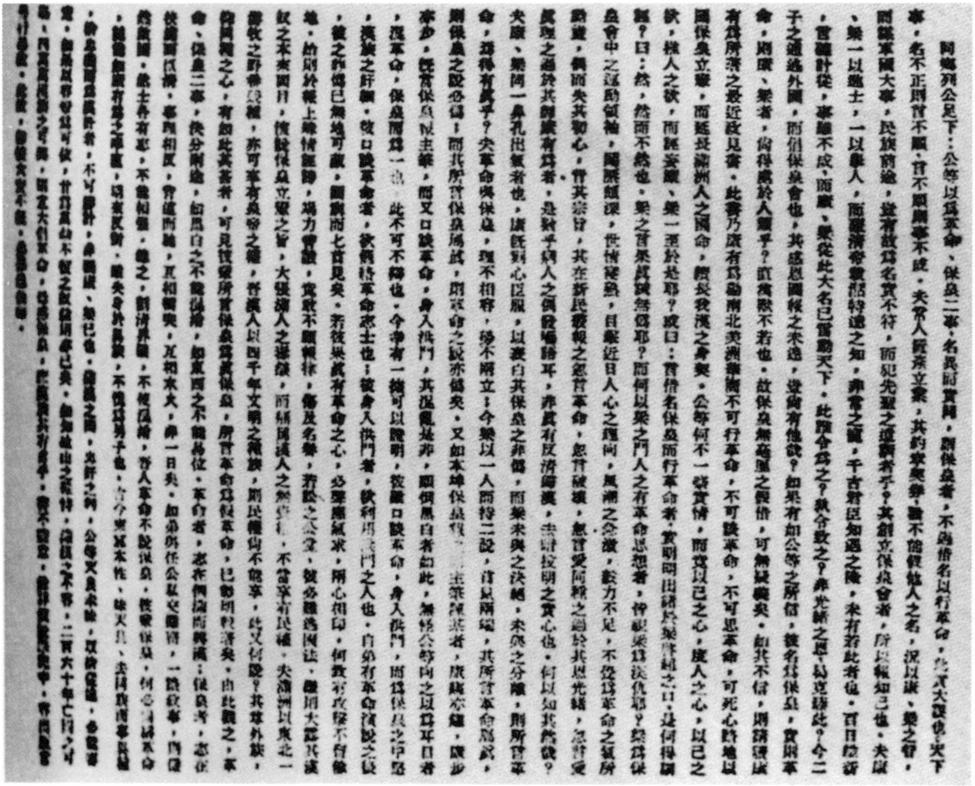

1903年12月，孙中山在《檀山新报》上发表《敬告同乡书》一文，批驳保皇谬论

许多华侨开始了解革命与保皇的歧异，误入保皇会者纷纷退出。孙中山在1904年1月给朋友的信中叙述同改良派斗争所取得的成绩说：檀香山“四大岛中已肃清其二，余二岛想不日可以就功”。[①]

1903年12月和1904年1月，孙中山针对保皇党徒对革命的攻击及散布的谬论，在檀香山《檀山新报》上先后发表《敬告同乡书》和《驳保皇报》两篇重要文章，对改良派的“保皇”宣传，作了猛烈的抨击。他和梁启超私人感情过去很好，但他严格划清思想界限。他说：我和梁启超“私交虽密，一谈政事，则俨然敌国。然士各有志，不能相强。总之，划清界限，不使混淆”。这说明孙中山对待政治生活坚持原则的严肃态度。改良派把自己打扮成“爱国者”，硬说在民族危机深重的当时，被统治的各族人民和满洲贵族集团统治者之间的利害是一致的，根本否认国内的阶级矛盾和民族矛盾。他们认为如果进行革命反对清朝，就是破坏国内的“团结”，还要引起“下层社会”暴乱，破坏社会秩序，也就不可能抵抗外国的干涉和侵略，结果就会招致帝国主义瓜分而亡国。针对这样一派胡言，孙中山尖锐地责问，改良派的所谓“爱国”，是爱虐民媚外的“大清国”呢，还是“中华国”？指出他们的“保皇”、“保满洲政府”，绝不是爱国行为。并指出，清朝的统治是中国不能抵抗外国侵略者的首要因素。清朝政府腐败无能，是“宁赠友邦，勿与家奴”的卖国政府。它对帝国主义的侵略无力抵抗或者不抵抗，才使中国陷于被瓜分的危险境地。“革命召致瓜分”论纯粹是改良派反对革命、蛊惑人心的诡辩。这样，就揭穿了改良派的维护清朝反动统治的反革命面目，说明他们所谓的“爱国”实际是在爱国的幌子下充当背叛人民的奸细。

孙中山认为“若人心日醒，发奋发雄，大举革命，一起而倒此

---

①《致黄宗仰函》，《孙中山全集》第四卷，人民出版社2015年版，第31页。

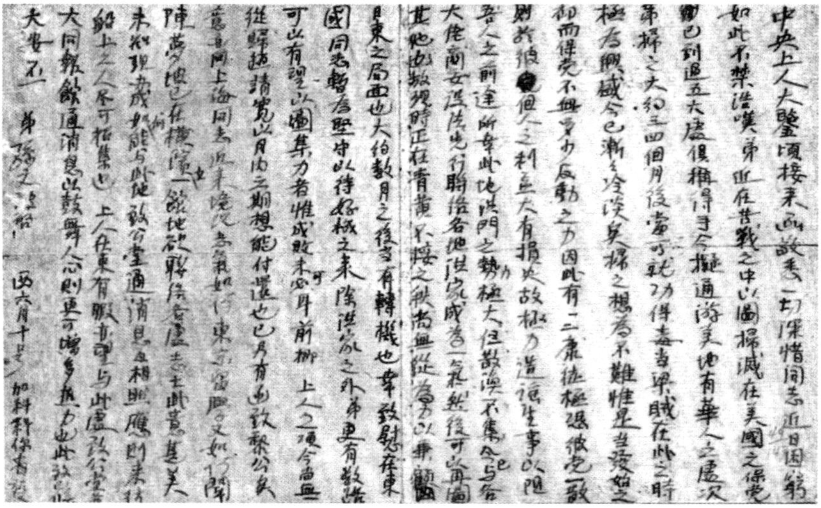

1904 年 6 月 10 日，孙中山就与保皇派论战问题致黄宗仰函

1903 年 12 月出版的《檀山新报》上登载孙中山的《驳保皇报书》

残腐将死之满清政府，则列国方欲敬我之不暇，尚何有窥伺瓜分之事哉”？明确指出：“欲免瓜分，非先倒满洲政府，则无挽救之法也。”他号召一切真正的爱国者，必须首先推翻这个腐朽、卖国的统治，然后才能救中国，才能免于被列强瓜分的命运。

孙中山还列举大量事实，严厉驳斥了保皇会宣扬的所谓“名为保皇，实则革命”的骗人鬼话，义正词严地宣告：革命与保皇“理不相容，势不两立”，是截然对立的两条道路，“如黑白之不能混淆，如东西之不能易位”。两者的关系只能是“互相冲突，互相水火”，绝不能互相混淆；号召侨胞“大倡革命，毋惑保皇”。他尖锐地指出，保皇派所谓“借名（保皇）以行革命”，所讲的“革命”是假革命。他痛斥了保皇派替清朝政府辩护，反对暴力革命的荒谬论调，坚决主张进行推翻清朝政府的民主革命斗争。不少受过骗的侨胞读了他的文章后，耳目为之一新，重新集合在革命旗帜之下。檀香山又成了革命党人在海外的一个重要的据点。

1904 年春，孙中山在檀香山击败保皇派后，于 4 月 6 日专程到了旧金山。那里风气闭塞，没有接受过多少革命的影响，又是保皇派势力的集中地，华侨中的上层人物多受“保皇”宣传之骗。在旅美华侨中十之八九都参加了洪门，还有为数不少的基督教徒。孙中山为了使宣传易于生效，便先利用教徒和洪门的身份，对基督教徒和致公堂职员宣传革命，邀集教友们召开救国会议，提高他们的认识；随后又在小商人及工人（大部分为洗衣工人、园丁和其他劳动者）中进行活动，发表公开演讲，力驳“保皇”谬说，博得了人们日益广泛的同情。他还在旧金山及其附近城市的一些戏院中，演说“爱国要义”，鼓吹革命排满。当时，孙中山几乎无日不在和改良派“苦战之中”，“以图扫灭在美国之保党”。[①]

---

①《复黄宗仰函》，《孙中山全集》第四卷，人民出版社 2015 年版，第 33 页。

美洲致公堂是以美洲华侨劳动者为主体，总部设在旧金山，并在纽约、芝加哥、波士顿等百数十埠设有分堂，在华侨中的势力很大。但是，它的组织涣散，主张分歧，总堂、分堂，各自为政，不可能进行一致的行动。孙中山两度游美，发现洪门人士多已忘却反清的革命宗旨，总堂职员除少数热心人士外，多半泥守旧习。又经康有为、梁启超等保皇会的歪曲宣传，洪门成员特别是各堂职员多为所愚，兼充保皇会职员，并延聘保皇会分子主办报纸，反清思想渐就泯灭。但在国内革命形势和美帝国主义迫害华工的刺激下，下层华侨仍有革命要求。因此，孙中山认为联络洪门组织是当务之急，“先行设法联络各地洪家，成为一气，然后可以再图其他”。于是，他很快同旧金山致公堂大佬黄三德、书记唐琼昌等结为好友，使他们成为反清革命的拥护者，从而推动致公堂的改革。

当时，孙中山向总堂建议举行全美洪门会员总注册（即重新举行登记），并表示愿亲往各地对洪门会进行革命宣传。这主张得到黄三德和总堂各职员的赞同。他还亲为美洲致公堂重订新章程，在新章程中强烈谴责清政府的黑暗统治和保皇会的反动立场，并明文规定“本堂以驱除鞑虏、恢复中华、创立民国、平均地权为宗旨”。[①]接着，便于5月24日偕同黄三德从旧金山出发，赴美国各地对洪门会众进行注册和宣传活动。所到之处，黄三德必“开台演戏”，孙中山则发表演说，阐扬反清革命宗旨，驳斥保皇谬论；并且，在各个地方“俱称得手”，和改良派斗争方面取得一些成效。他们奔走数月，访问了几十个城市，在华侨中间广泛进行革命宣传。这一行动，对削弱保皇会在美国华侨中的影响，促使华侨倾向反清革命，起了颇大的作用。

特别是1905年8月孙中山在东京的讲演中，针对改良派散布

① 《致公堂重订新章要义》，《民报》第一号。

的反对革命的谬论，给予了尖锐的、深刻的批驳。改良派叫嚷什么革命只是破坏，有害无益。孙中山说，革命不仅是破坏，而且是建设；正是为了建设才进行破坏。改良派胡说什么西方国家都是“由野蛮而专制，由专制而君主立宪，由君主立宪而始共和”，这是“进化的次序”，“断难躐等”。孙中山指出了这个“断难躐等”的论点是愚蠢、可笑的。譬如说，中国过去向来没有火车，按改良派的“次序”，难道初用火车，必先用英、美几十年前的“旧物”，然后才可以逐渐换用新式火车吗？他认为应该取法乎上，向外国学习最进步的东西，严正驳斥了康、梁的在目前“只可立宪，不能革命”的庸俗进化观点。他说：“而且世界上各国的立宪，也必须从流血中得来的才算是真正的立宪。同一的流血，我们为什么不从事于直截了当的共和立宪，而从事于这不完不备的君主立宪呢？！”对改良派仿照殖民主义者的口吻，诬蔑中国人“恶劣”、“愚蠢”，没有做共和国民的资格，中国不配实行民主共和制度，“程度不够”，连君主立宪也不能立刻实行的无耻谰言，孙中山予以严正的呵斥，指出这是对中国人民的极大侮辱。他高度赞扬中国人民的智慧和能力，认为只要敢于革命，就一定能出现一个飞跃发展的局面。他号召大家摒弃改良主义道路，不惜流血，从“最上之改革（按：指进行革命）着手”，在封建皇朝的废墟上建立一个“头等民主大共和国”。

孙中山在抨击那种认为只能跟在外国人后边一步步爬行，不能“躐等”的谬论的同时，还提出了一个光辉的预言：中国有几千年的文明史，有广大的土地和众多的人口，只要“发愤自雄”，“易旧为新”，推翻清朝政府，就一定能够打破常规，以“异常之速度”前进；在数十年内不仅“举西方之文明而尽有之”，而且胜过他们也是可能的。孙中山并认为，有志革命的人绝不能“无所藉手，蹉跎岁月，寸功不展”，而应当“建一大共和国以表白于世界”，不然那就“可羞之极”。

“断难躐等”论，是改良派反对革命的一种诡辩。如果照着去做，中国就永远处于落后的状态，永远也不能成为世界上的先进国家。孙中山敢于对当时看来颇为强大的西方资本主义国家挑战，提出了超过西方的豪言壮语，痛斥了那种认为只能跟在外国人后边一步步爬行的谬说，这种无所畏惧的精神和胆略，是值得赞扬的。

孙中山亲自主持舆论宣传，通过他的这些讲演和文章，有力地揭穿了改良派的反革命真面目，帮助许多侨胞逐步了解到革命与保皇的区别；促使误入保皇会的人觉醒，他们纷纷登报与保皇会脱离关系，重新回到革命派立场上来。其中，南洋华侨资本家邱菽园觉醒后，进一步揭发了保皇会的黑幕；华侨郑螺生、李源水等还参加了孙中山领导的革命组织。

孙中山与改良派经过激烈的论战，终于夺回了革命派在日本、檀岛等地华侨中间的阵地，初步打击了保皇派的嚣张气焰，在政治上、思想上扩大了革命派的影响，为民主革命思想的传播创造了更好条件，并为中国同盟会的建立做了精神准备。

二、1905 年后的大论战

在同盟会成立之后，孙中山更加意气风发地领导革命派，对疯狂反对革命的保皇会进行更广泛、更全面的斗争，把论战引向新的高潮，展开了和保皇会改良主义思想的大论战。

经过同盟会成立前一个阶段的初步辩论，保皇会的改良主义思想曾受到一次冲击，他们的嚣张气焰也遭到一定的打击；但是，在海内外思想、舆论界和一些群众中，改良派仍然有着相当大的影响。并且，当时康、梁的保皇派依然没有停止他们反对革命的活动。1906 年夏，“保皇党”筹备改组政党，将组织定名为“帝国宪政

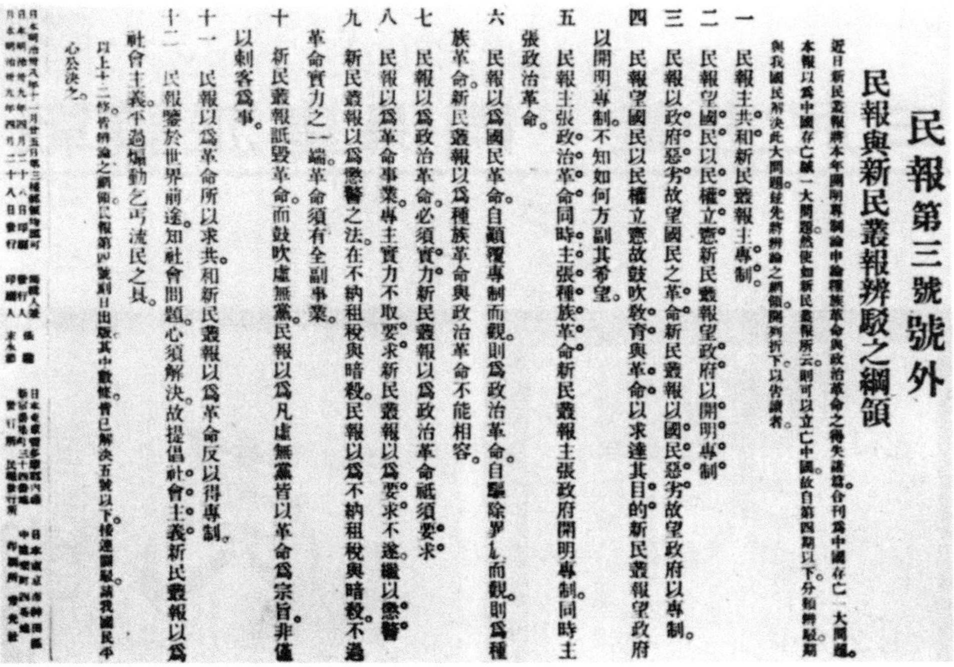

民報第三號號外

民報與新民叢報辨駁之綱領

近日新民叢報將本年開明專制論中論種族革命與政治革命之得失諸篇合刊爲中國存亡一大問題。本報以爲中國存亡誠一大問題然使如新民叢報所云則可以立亡中國故自第四期以下分類辨駁期與我國民解決此大問題兹先將辨論之綱領開列於下以告讀者。

一 民報主共和新民叢報主專制。

二 民報望國民以民權立憲新民叢報望政府以開明專制

三 民報以政府惡劣故望國民之革命新民叢報以國民惡劣故望政府以專制。

四 民報望國民以民權立憲故鼓吹教育與革命以求達其目的新民叢報望政府以開明專制不知如何方副其希望。

五 民報主張政治革命同時主張種族革命新民叢報主張政府開明專制同時主張政治革命。

六 民報以爲國民革命自顛覆專制而觀則爲政治革命自驅除□□而觀則爲種族革命。新民叢報以爲種族革命與政治革命不能相容。

七 民報以爲政治革命必須實力新民叢報以爲政治革命祇須要求

八 民報以爲革命事業專主實力不取要求新民叢報以爲要求不遂繼以懲警

九 新民叢報以爲懲警之法在不納租稅與暗殺民報以爲不納租稅與暗殺不過革命實力之一端革命須有全副事業。

十 新民叢報詆毀革命而鼓吹虛無黨民報以爲凡虛無黨皆以革命爲宗旨非僅以刺客爲事。

十一 民報以爲革命所以求共和新民叢報以爲革命反以得專制。

十二 民報鑒於世界前途知社會問題必須解決故提倡社會主義新民叢報以爲社會主義不過煽動乞丐流民之具。

以上十二條皆辨論之綱領民報第四號以下所辨駁者其中數條曾已解決五號以下陸續辨駁請我國民平心公決之。

《民报》第三号号外刊登的革命派同保皇派论战的提纲

会”。梁启超声言：“今者我党与政府死战，犹是第二义，与革命党死战，乃是第一义。”[①] 他在其机关报《新民丛报》对孙中山提出的“民生主义”大肆攻击。翌年10月，梁启超等在东京又成立“政闻社”，全力配合清政府的“预备立宪”活动。之后，“保皇党”机关报《南洋总汇报》记者以“平实”的笔名，连续发表《论革命不可强为主张》等文，提出革命不能行于今日，以及革命足以瓜分中国的胡说，肆意攻击革命党。

为了民主革命的胜利开展，必须彻底扫清思想上的这一障碍。因此，孙中山直接领导下的《民报》，从创刊号开始，在大力宣传同盟会的政纲的同时，就对保皇党进行猛烈、系统的批判。这一批判，主要是通过与改良派的宣传工具《新民丛报》开展论战实现的。

1906年4月《民报》第三号发行号外，列举《民报》和《新民丛报》根本分歧的12个问题，声明自第四号以下，分类辩驳。革命派有组织、有计划地同改良派的大论战剧烈展开了。

《民报》是论战的主要阵地，同时散布在海内外各地的革命报刊，如南洋的《中兴日报》、檀香山的《自由新报》、曼谷的《华暹新报》、仰光的《光华报》、温哥华的《大汉公报》等，也纷纷投入战斗，同当地改良派的喉舌《南洋总汇报》《新中国报》《启南新报》《商务报》《日新报》等，展开针锋相对的激烈论战。卷入论战的报刊共达数十种。论战的主要地点为上海、广州、香港以及国外的东京、横滨、檀香山、旧金山和新加坡等城市。论战的规模之大、时间之长、斗争之激烈，在中国近代历史上是少见的，形成了思想战线上的一次大辩论。

孙中山在这段时间所写的《〈民报〉发刊词》和演讲，全面地阐释了三民主义，有力地驳斥了改良派对同盟会及其纲领的污蔑和攻

① 《致蒋观云、徐佛苏书》，丁文江、赵半田编：《梁任公先生年谱长编初稿》第四册，油印线装本，第360页。

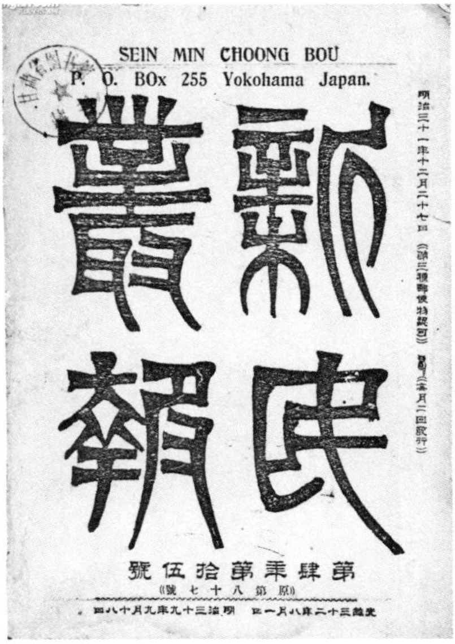
SEIN MIN CHOONG BOU
P. O. BOx 255 Yokohama Japan.
新民叢報
第肆年第拾伍號
（原第八十七號）

《新民丛报》

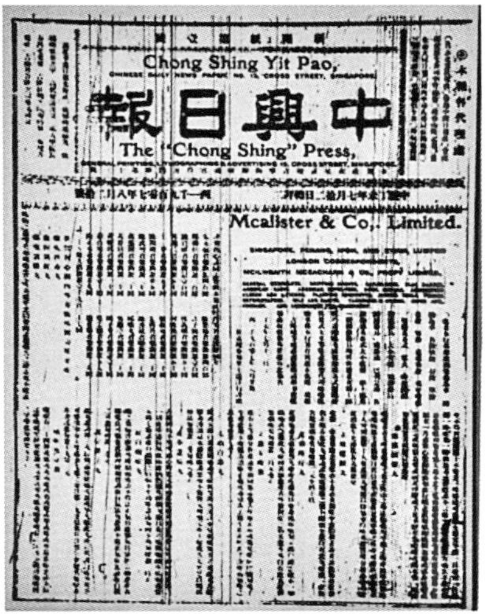
Chong Shing Yit Pao,
中興日報
The "Chong Shing" Press,
Mcalister & Co., Limited.

《中兴日报》创刊号

1906 年，孙中山为《云南杂志》题词

1908 年，孙中山为巴达维亚华侨书报社题词

击，成为革命派与改良派斗争的犀利武器。在《民报》上刊载的重要论战文章，不少是出自孙中山口授，或根据其授意撰写的。例如《革命不致召瓜分说》一文，就是孙中山口授而由汪精卫执笔写成的。①

这些文章，列举大量无可辩驳的事实，揭露了清朝政府投降卖国、残虐人民的罪行，指出清王朝是中国贫穷落后不能独立的根源，只有用革命办法推翻这一“野蛮专制政体”，建立民主共和的国家，才能避免瓜分，走上独立富强的道路；而改良派死心塌地为清王朝的反动统治辩护，正说明他们所说的爱国是假的，真正爱的是虐民媚外的清政府。

孙中山在旅居日本期间，一直坚持不懈地对改良派的谬论进行驳斥。他对1907年1月梁启超托人找宋教仁疏通，提出《民报》与《新民丛报》双方“以后和平发言，不互相攻击”的求和要求，坚决反对，不同意章太炎“可以许其调和”的错误主张，坚持把论战进行到底，及时制止了同盟会内部的妥协倾向。②

同年3月初，孙中山被日本政府迫令出境，转赴南洋活动。次年10月，《民报》又被日本政府无理封禁。于是，革命派和保皇会的重要骨干陆续南移，南洋成了两派激烈争夺的重要地盘。1908年夏季以后，新加坡保皇会利用同盟会在军事上遭到严重挫折之机，通过《南洋总汇报》加紧了对革命党人的攻击，两派的论战日趋激烈。孙中山亲自领导了这一批判改良派的斗争，他提出以“攻心为先，以至理服人”的指导方针，并组织同盟会重要骨干黄兴、胡汉民、田桐、林时塽、汪精卫等人先后到该地参加论战，撰文批判保皇派。

当时，孙中山曾口授胡汉民等编印有关立宪和外交等问题的小

---

①《胡汉民自传》，《革命文献》第三辑，台湾1955年版，总第389页。

②宋教仁：《我之历史》第六册，湖南桃源三育乙种农校1920年石印本，第3页。

册子，散发各地，力批保皇谬说。他还在9、10月间的不到一个月的时间内，亲自撰写了《论惧革命召瓜分者乃不识时务者也》《平实尚不肯认错》《平实开口便错》三篇论战文章，以“南洋小学生”为笔名，在《中兴日报》上连续发表，逐一批驳、抨击了保皇会宣扬中国革命会招致瓜分等的谬论。

孙中山在《平实开口便错》的文章中指出，从南洋到内地，革命思想一天比一天高涨，革命者的责任就是要挺身而出，“唤起同胞，使之速醒，而造成革命之形势”[①]。

通过论战，阐明了民主革命的主张，澄清了被歪曲了的事实，使保皇派理屈词穷，也不得不承认“革命党理长、保皇党理短”。影响所及，南洋各埠革命派报纸纷纷投入了批判保皇派的斗争。这场论战，挫败了南洋的保皇势力，扩大了革命派的阵地，增强了革命党人的决心和勇气，促进了华侨的革命觉醒，对当时的斗争起了直接的配合和支援作用。

1909年后，孙中山又转往美洲。美洲是康有为等经营多年的一块基地。孙中山在极其艰难的条件下，仍然孜孜不倦地宣传革命主张，揭露保皇会。经过他的努力，促使华侨纷纷登报脱离保皇会，转向了革命。

在孙中山指导下，革命派在许多宣传阵地上大张旗鼓地同改良派进行了论战。其中，表现比较突出的，是孙中山的革命战友、民主革命派杰出的活动家和理论家朱执信。他从1905年到1908年，在《民报》上发表了一系列政论文章，以孙中山民主革命思想为纲，驳斥改良派的反革命谬论。在《论满洲欲立宪而不能》《驳“法律新闻”之论清廷立宪》《论社会革命当与政治革命并行》《心理的国家主义》等文中，他从当时存在的国内民族矛盾现状出发，论证了社

---

①《中华民国开国五十年文献》第一编第十五册，台湾1963年版，第679页。

朱执信

会革命与政治革命当“以一役而悉毕其功”，分析了社会革命的主力和对象，以及其形成的原因，抨击了清朝政府对外妥协、对内镇压的反动政策，说明这个政府就是“内忧外患”的祸根；揭露了清朝政府假立宪的骗局，把康、梁之流所散布的种种谬论斥之为欺骗人民的谎言，指出清朝统治者不可能进行任何真正的改革。他极力主张用革命办法去求得共和的实现，反对改良主义的调和论，号召人们摒弃对清朝政府的幻想，举起反清的旗帜，为“驱除鞑虏，恢复中华”而斗争。

革命派与改良派之间的这场论战的内容，涉及的范围很广，归纳起来，主要是环绕三个方面：是“保皇”还是革命？是维护清政府，行君主立宪，还是推倒它，新创民主共和国？是维护还是改变封建土地所有制？在这一系列的问题上，革命派和改良派都是针锋相对的。革命派对问题的回答是明确的，同盟会的十六字纲领就是具体答案。

1906年12月2日，孙中山在东京神田锦辉馆举行的《民报》创刊周年庆祝大会上，发表了系统阐述三民主义思想的演说。他对三民主义政治纲领作了一个总的概括："因不愿少数满洲人专制，故要民族革命；不愿君主一人专制，故要政治革命；不愿少数富人专制，故要社会革命。"[①] 这就是说，坚决主张用革命手段推翻清王朝，建立民主共和国，并且在政治革命胜利以后，进行改造封建社会经济制度的"社会革命"。而改良派对问题的回答却截然相反。他们千方百计为清王朝注射"强心剂"，妄图用改良主义的方法实行君主立宪，并且极力反对任何"社会革命"。

现将论战的三个方面内容概述如下：

（一）在"保皇"还是革命的问题上，改良派由于否认民族歧视和民族压迫的存在，因而也就否认推翻满清政府的必要。他们从维护清朝封建政权的立场出发，大肆宣扬"忠君保皇"，极力鼓吹光绪皇帝的"圣德"，并胡说清政府经过"外患刺激"已经觉悟，确有决心实行立宪以求变法图强。提出若要革命就会使人们陷入一场"杀人流血之惨"的灾祸，就会引起瓜分和内乱，必然要导致亡国。在论战中，革命派以大量无可辩驳的事实，从各方面深刻揭露了清朝政府所实行的民族歧视和压迫政策，以及投降外国侵略者和暴虐残害人民的罪行，并揭露了清政府玩弄假立宪以图苟延残喘的卑劣阴谋。进而指出：革命有百利而无一害，它的目的在于推翻君主专制的黑暗统治，摧毁一切"陋俗弊政"，以建设新的国家，新的社会，根本不是什么"杀人流血"。至于中国所以面临被瓜分的危机，是同清政府的腐朽和媚外卖国政策分不开的；清朝专制政府的存在，是中国不能独立，遭到瓜分的重要原因。认为一日不推翻卖国的清朝政府，瓜分的危机就一日不能解除。只有推翻清朝专制政府，建立

---

① 《纪十二月二日本报纪元节关祝大会事及演说辞》，载《民报》第十号。

民主政治，才能把中国从危亡中挽救出来。

（二）在行君主立宪还是新创民主政体问题上，改良派认为中国万万不能建立共和政体。他们为了维护清王朝统治和反对革命，诬蔑中国人“民智不逮”，实行民主必将引起混乱，只能实行君主立宪，胡说君主立宪是民主共和的必然阶段。革命派坚决驳斥了这种荒谬论调。他们认为在进行“种族革命”的同时，还必须进行“政治革命”，这就是要彻底改造几千年来君主专制之政府，建立实行民权立宪制度的共和政体。他们以西方资产阶级革命时期的“天赋人权”学说作为依据，认为“民权”的兴起是不可抗拒的时代潮流，中国人民只有也必将在革命斗争和民主政治的实践中、学会行使自己应该享有的权利。并有力地指出，中华民族的聪明才智，并不下于世界各民族；通过流血革命由君主专制变为民主共和，也是“进化之公理”。据此，中国人民进行民主革命，不但有资格，有才力，而且是适应“进化之公理”。他们果断地说：为了革除封建专制的弊病，这次革命不只是打倒皇帝改朝换代，更重要的是要建立民族的国家、民主立宪政体和实行民生主义。

（三）在维护还是改变封建土地所有制的问题上，两派就能不能实行以民生主义为内容的“社会革命”进行辩驳。改良派完全否认中国有实行“社会革命”的必要。他们胡说封建主义的土地制度是完美无缺、不可侵犯的，如果鼓吹“社会革命”，触动封建土地制度，就会危害“国本”。并谩骂孙中山的“平均地权”主张是为乞丐、流氓着想，若实行这种革命就会引起“下等社会”的骚动，就会破坏社会秩序，就会亡国。革命派严厉驳斥了改良派的谬论和种种污蔑。他们指出：封建主义的土地制度弊病百出，使土地垄断在少数人手里，“全国困穷，而资本富厚悉归于地主”。“社会革命”之所以出现，不是出于人们的主观意愿，而是起因于“社会经济组织之不完全”。并指出“平均地权”是为了实现革命的平等社会，不是破坏社会秩序；认为应趁中国资本主义大生产还没有发达以前，用“平均地权”和“土地国有”政策来防止发生贫富过分悬殊的问题。

以上三方面问题的论战，归根结底是要不要实行孙中山三民主义的政治路线，即要不要武装推翻清王朝建立资产阶级共和国。在这场论战中，尽管孙中山领导的革命派还有自己理论上的弱点，但他们坚决反对媚外卖国、腐朽透顶的清朝政府，反对君主立宪，是符合人民的利益和要求的。

以孙中山为首的革命派，在《民报》上逐期发表论文，宣传民主革命的道理，介绍西方资产阶级革命时期的进步学说，驳斥了改良派的反革命谬论，揭穿了改良派的反动嘴脸。这一宣传鼓动工作发挥了很大的作用。

《民报》在它的宣传中，在驳斥改良派谬论的同时，把同盟会的纲领更加具体化地传播到全国各地。一些同盟会员和革命知识分子编写的革命宣传品，流传到各地的学校和清政府编练的新军① 内部，学生和士兵争相传诵，成为秘宝，大大促进了人民的觉醒。革命思想在群众中“一唱百和，如饮狂泉”，它的传播有一日千里之势，形成了“以不谈革命为耻”的风气。许多进步青年，争先恐后地涌向革命队伍。据孙中山记述，同盟会成立不期年而加盟者就超过了万人。

孙中山在这一时期，又不辞辛苦地到处奔走，在揭露保皇会，宣传和捍卫民主革命思想方面做了大量的工作。他亲自作讲演，写文章，通过各种方式“打击保皇毒焰”，宣传中国必须革命的道理。他赢得的声誉越来越高，团结在他周围的革命志士越来越多，支持他的人越来越广泛，形成“孙文演说，环听辄以数千，革命党报发

---

①新军是清政府为加强镇压人民，用资本主义国家练兵方法训练出来的一支军队，用的是新式武器，他们中有一部分青年知识分子。

中国同盟会机报《民报》第一号封面

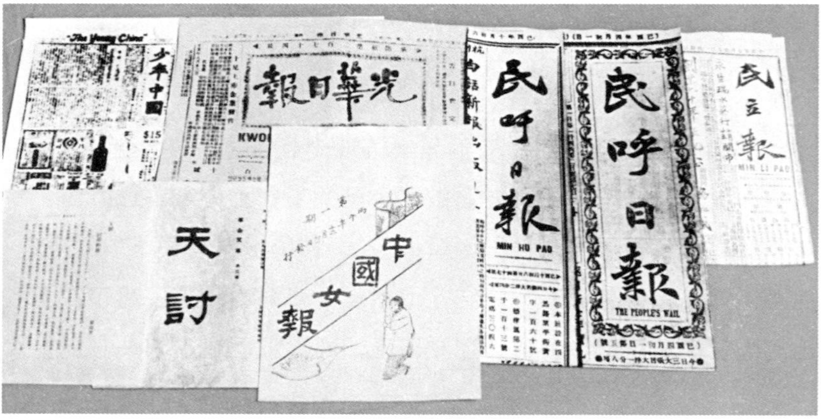

同盟会时期革命党人在海内外发行的革命报纸

行购阅，数逾数万……入会之人，日以百计”① 的极为兴盛的景象。

而改良派的势力则一落千丈，被人们唾骂。革命形势蓬勃发展，使得改良派自己也不得不承认失败，他们惊呼：“近几年来，中国到处都在谈论革命，现在又得到政治上、法理上的阐发、赞助，它的旗帜更鲜明，它的壁垒更森严，它的势力越加磅礴而壮大，连贩夫走卒，都谈论革命，甚至真正行动起来了。”②

作为中国革命民主派的旗手，孙中山领导革命派对改良派进行的这一场大论战，前后持续了数年之久。这场意识形态领域中的论战，是中国革命派同保皇派的政治大搏斗。论战的实质是革命还是保皇的两条救国道路的问题。

在这一论战中，孙中山指导《民报》与其他革命报刊一起痛斥保皇派的谬论的同时，并撰写了许多文章，批驳保皇派害怕民众、害怕革命、害怕列强瓜分的错误观点。他再三强调，只有采用世界上最先进的社会政治制度，由先进分子去领导民众，才能建设一个独立、民主、平等、繁荣、富强的新中国。在辩论中，孙中山进一步发展了自己的革命理论和策略，提出了革命的次序，第一期为军法之治，第二期为约法之治，第三期为宪法之治，使国民循序渐进，养成自由平等的资格。同时，提出将来的宪法，在西方行政权、立法权、裁判权（司法权）三权分立的基础上，增加考试权、纠察权，构成五权宪法作为治理国家的根本大法。

孙中山及其领导的革命派，在这场激烈的论战中斗志昂扬，意气风发，表现了朝气蓬勃的革命精神。他们剥开了改良派充当清朝走狗的画皮，驳斥了其反对革命的谬论，并清除掉改良派的反动影响，捍卫并发展了民主革命纲领，夺取了思想战线上的领导权。于是，革命民主主义得到广泛传播，影响日益扩大，有力地推动了民

①中国近代史资料丛刊：《辛亥革命》（四），上海人民出版社 1957 年版，第 41 页。

②与之：《论中国现在之党派及将来之政党》，《新民丛报》第九十二期。

主革命高潮的到来，从而为辛亥革命作了重要的思想准备和舆论准备。后来，毛泽东曾高度赞扬孙中山“在中国民主革命准备时期，以鲜明的中国革命民主派立场，同中国改良派作了尖锐的斗争。他在这一场斗争中是中国革命民主派的旗帜”。[①]

综上所述，革命派与立宪派之间的这场大论战，从根本上说，是资产阶级两个政治派别在如何改造中国问题上的争论。它不是要做什么的目的之争，而是应该怎么做的方法、手段、道路之争。立宪派的理论宣传存在着严重的错误和缺陷，遭到革命派的严词驳斥是理所当然的。但是，他们决不是维护清王朝反动统治的反动派，更没有与大地主大资产阶级结成政治联盟。他们虽然在一些根本性、全局性问题上的观点是错误的，但并非所有的论据都是无的放矢、恶毒攻击，其中包含着某些合理的成分，某些对时局发展的估计，也具有一定的思想深度。因此，在重视对革命派理论体系研究的同时，对立宪派理论体系的研究和分析，同样是必要的。

这场论战，确实在 20 世纪中国的思想领域有着重要的意义。它不仅使民主革命思想得到了广泛传播，而且也促使国人对中国的前途命运进行了更深层的反思。从一定意义说，这次没有硝烟的反对保皇党的论战，决定了中国的政治前途和命运。

当然，在这场论战中，以孙中山为首的民主革命派也明显地暴露出自己的弱点，即在反帝、反封建两个根本问题上，依然缺乏革命的彻底性。这主要表现在：首先，他们不是把帝国主义看作是革命的最主要的敌人，却极力向外国侵略者表白“排满”决不是“排外”，力图避免“刺激”帝国主义强盗，幻想帝国主义会同情革命、赞助革命，甚至企图以让步来换取这种同情和支持。其次，他们虽然驳斥了改良派指控“平均地权”的谬论，但“平均地权”远不是

①《纪念孙中山先生》，《毛泽东文集》第七卷，人民出版社 1999 年版，第 156 页。

一个彻底的土地纲领，它并不能彻底动摇封建地主阶级的土地所有制。最后，他们不是把劳动群众看作是革命的最主要的动力，反而害怕和要求限制劳动群众的革命行动，强调必须把“文明排外与野蛮排外”、“秩序的革命”与“自然的暴动”加以区别，从而限制了反帝反封建斗争的彻底进行。这些不彻底性，是历史和时代条件的局限性使然，不宜苛求的。

通过这场大论战，孙中山的三民主义得到了发扬，同盟会的政治纲领得到广泛传播。可以说，同盟会正是在论战中显示了它作为中国资产阶级革命司令部的政治威望，而孙中山的名字，也在大众传播媒介效应下获得了国内外更多的知音。从更深远的意义上说，这场大论战无疑地促成了近代史上又一次思想解放潮流，为辛亥革命的胜利奠定了必要的思想基础。

第六节 “兄弟阋于墙”

同盟会成立后，在其内部曾发生严重的派系纷争和思想分歧，并出现过“倒孙”的风潮。这种分歧是怎样发生的？矛盾的产生应归罪于谁呢？过去学人曾有过探讨和争论，[①] 兹予以综述之。

一、同盟会的内部分裂

在 1908 至 1910 年间，同盟会和孙中山都处于最困难的低潮时期。既有在西南边境的军事行动频遭失败，又发生同盟会内部的矛盾，日益加剧，上层发生了严重的分裂，使艰难的革命之旅雪上加霜，进一步增加了艰辛险阻。

同盟会本来就是一个比较松散的联盟。1905 年，以兴中会、华兴会、光复会等革命团体的骨干及留日学生为主体而共同组成同盟

①参见章开沅：《论同盟会的性质及其内部分歧》，杨天右、王学庄：《同盟会的分裂与光复会的重建》，方志钦：《析同盟会的衰亡》和吴剑杰：《论同盟会的内部矛盾及其分化》等文。

会，实现了各派反满力量的联合。但是，参加同盟会的人，并不是都同意孙中山的三民主义，有的人仅仅热衷于“排满”，有的人则只是醉心于民主共和国的理想，存在着所谓的“一民主义者”、“二民主义者”和“三民主义者”的分歧；在武装起义的策略问题上，即对武装起义发难地点的选择问题方面，有到清王朝的心脏地带北京发难，即所谓的“中央革命”；有主张在长江流域举义，即所谓的“中部革命”或“长江革命”；有的主张在沿海和边疆地区起义，即所谓的“边地革命”。并对孙中山的起义活动偏重广东却劳而无功产生质疑。此外，同盟会成立之前的小团体的和地域的界限，依然影响着一部分人。这样，在一些问题上自然的会出现种种分歧。犹如1911年12月同盟会本部所发表的宣言中所说的那样，在它的内部“意见不相统属，议论歧为万途”的现象十分严重。政治、思想、策略上的分歧的恶性发展，再加上一些具体的人事纠纷，必然导致组织上的涣散和分裂。1907年夏，同盟会发生严重分裂是必然的结果。

在漫长的革命进程中，总难免有光明与阴暗两面，如实的阐释其原委过程，当会给人以启示和借鉴。

历史上的政治斗争不乏借题发挥的例子，“倒孙”风潮可以说也是如此。它借助于个别具体问题爆发出来，其中隐藏的是深刻的思想分歧。这次促使同盟会分裂的导火线是孙中山离开日本时所接受日本政府和商人的一笔捐款。

早在1907年2月，孙中山与黄兴曾因国旗设计图案问题发生争执，公开暴露出同盟会内部分歧。孙中山主张沿用兴中会的青天白日旗，理由是这一图案是陆皓东烈士所设计，兴中会先烈们曾为之流血牺牲；黄兴则主张用井字旗，以示平均地权之意。两人为此发生激烈争执，孙中山认为井字旗既不美观，又嫌有复古思想；黄兴则认为青天白日旗与日本旗相近，“有日本并华之象”，必须迅速毁弃。争论中，黄兴坚持毁弃青天白日旗的主张使孙中山很激动，他厉声说：“仆在南洋，托命于是旗者数万人，欲毁之，先摈仆可也。”黄兴也被激怒，“发誓脱同盟会籍”。[①]

情感冲动常常使人走向歧途。冷静下来之后，黄兴接受了孙中山的方案，他致书胡汉民说：“余今为党与大局，已勉强从先生意耳！”

尽管国旗风波没有使孙、黄关系破裂，但是，却在孙中山和宋教仁之间留下了阴影。宋教仁本来就认为孙中山“素日不能开诚布公，虚心坦怀以待人，做事近于专制跋扈，有令人难堪之处”。当他得知此事后，就更增加了不满。考虑到同盟会成立以来，“会员多疑心疑德，余久厌之，今又如是，则将来之不能有所为，或亦意中事，不如另外早自为计，以免烧炭党人之讥”[②]，也向孙中山正式提出辞职。孙予以挽留，宋坚持辞职，他在 3 月 1 日，向孙中山辞去了同盟会庶务干事一职。23 日，偕白逾桓等离开东京赴奉天运动绿林武装，单独活动。就因此事，宋教仁、章太炎对孙中山始终耿耿于怀。

对孙中山的不满使宋教仁以后一度加入了“倒孙”的行列中，但在当时，还仅限于两人间；去奉天之后，宋教仁仍然使用中国同盟会孙文、黄兴的名义进行活动。因此，在同盟会的内部矛盾中，国旗图式问题只是一个小序曲。

对同盟会分裂具有决定意义的事件，是孙中山接受日本政府和商人的赠款问题。

清朝政府镇压了萍、浏、醴起义之后，感到对革命力量不可忽视，追寻“祸本”，认为出于流亡在日本的孙中山，因此，通过驻日公使杨枢等出面交涉，要求日本政府逮捕并引渡孙中山。日本西园寺内阁对此采取了两面政策，即一面向清朝政府表示同意驱逐孙中山出境，一面又力争不得罪中国革命党人。日本政府通过内田良

①汤志钧：《章太炎年谱长编》上册，中华书局 1979 年版，第 240 页。

②宋教仁：《我之历史》，陈旭麓主编《宋教仁集》下册，中华书局 1981 年版，第 718 页。

平、宫崎寅藏等对孙中山说：清朝要求日本把孙中山抓起来，日本政府考虑不抓，但孙中山必须迅速离日，否则不能保证安全。同时，日本政府并资助 5000 元，另一日本股票商人铃木久五郎也资助一万元，作为孙中山离日的经费。当时，孙中山因急需一笔款子去中国南方发动起义，以便趁热打铁，适应萍、浏、醴起义所带动的革命高涨形势，便接受了这两笔资助。

除赠款外，日本政府还通过内田良平出面为孙中山饯行。2 月 25 日，内田良平在赤阪区三河屋设宴，应邀者有孙中山、章太炎、宋教仁、胡汉民、刘师培、汪东、宫崎寅藏、清藤幸七郎、和田三郎等人。3 月 4 日，孙中山偕胡汉民及日人萱野长知等南下。事后数日，西园寺内阁才通知清朝政府，已经驱逐孙中山出境。清朝政府立即大肆宣扬，炫称为外交上的胜利。

对日本政府的态度，孙中山是满意的。他觉得："各国政策无论如何文明，其对于与国必重于对民党，但日本政府两方面皆存好意，庶几平等相待"，"殷勤备至"。① 他完全没有想到，此事却在同盟会中激起了巨大的风波。

铃木久五郎资助万元一事章太炎是知道的，孙中山曾从中提取 2000 元交章太炎作为《民报》经费，章太炎嫌少，认为一万元应全部留下，但对日本政府资助 5000 元一事，章太炎等则一无所知。孙中山离日后，这一情况为参加同盟会的日本人平山周、北一辉、和田三郎等探悉，首先和中介人宫崎寅藏等吵了起来。接着，张继、章太炎、刘师培、谭人风、田桐等也得知了这一情况，并传闻孙中山临行时的宴会就是一去不复返的保证，云云。张继等认为孙中山"受贿"，"被收买"，"有损同盟会的威信"，便闹了起来。张继破口大骂，声言"革命之前，必先革革命党之命"。②章太炎把挂在《民

①② ［日］北一辉：《支那革命外史》，东京，昭和十五年改订六版，第 48 页。

陶成章

北一辉

报》社的孙中山照片撕下来，批上“卖《民报》之孙文应即撤去”等字。他以为孙中山在香港，便把照片和批语寄去，以羞辱孙中山。可能为此事他还写过声讨性的檄文。刚到日本不久的刘师培也同声附和。他们一致要求罢免孙中山的同盟会总理职务。

在这一事件中，北一辉起了挑拨和扩大矛盾的作用。他原是日本新潟佐渡地方一个酿酒业主的儿子，因家庭破产而倾向于当时流行的社会主义思潮。1906 年出版《国体论及纯正社会主义》一书。同年 11 月加入宫崎寅藏、和田三郎等组成的《革命评论》社。不久，又经宫崎介绍，加入同盟会。他认为孙中山是西欧主义者，因而，憎恶孙中山，接近章太炎、宋教仁等人。在其所著《支那革命外史》一书中，他自述说：“当时所发生之内讧，诸友皆以发生于不肖入党数月之后，因而归罪于不肖之行动。然而不肖方以彼等各自之色彩逐步趋向鲜明为快，深希彼等各自贯彻其思想之所向，因此敢于置不肖一身之毁誉于不顾也。”从这段叙述不难看出，北一辉当时并不以同盟会的团结为重，而是强烈期望分歧加大。他又说：“以孙君英美化之超国家观视之，当其被逐时，日本政府赠予之数千金，未尝不可视为对亡命客所给予之国际怜悯，然以太炎国粹主义之自尊心视之，则深以孙君率留学生离去而不示威为憾，且认为孙君实不应密收金钱，如丧家狗之被逐，太炎之所以逼使孙君辞去总理之理由，亦可使人理解者也。”《支那革命外史》一书写于1914年，虽然事隔已久，偏袒章太炎等人的感情仍然很强烈。

平心而论，双方都有其不当之处。

从孙中山一方看，他对西园寺内阁的两面政策缺乏认识，这是事实。但是，当时中国革命党人以日本为活动基地，日本政府并未采取明显的敌视态度，因此，自然不应采取率领留学生“示威”一类轻率的做法。孙中山处理不当的地方是：在接受日本政府赠款问题上没有和大家商量，并说明有关情况。

从张继等一方看，他们反对孙中山接受西园寺内阁的赠款可能不无道理，但是，孙中山接受赠款是为了南下起义，他们视此为“受贿”是错误的；由此大吵大闹，提出革孙中山的命，要求撤换其总理职务尤其错误。章太炎的做法更是一种人身侮辱，是只图一时痛快，不顾后果，严重伤害同志关系的行为。

屋漏偏逢连夜雨。当东京的“倒孙”风潮正闹得沸沸扬扬的时候，又传来了黄冈及其响应者七女湖起义失败的消息。这是孙中山离日后领导的第一次军事行动，它的失败使同盟会的内部矛盾犹如火上加油，反对孙中山的人日益增多。张继等催逼同盟会庶务干事刘揆一召集大会，罢免孙中山，改选黄兴为总理。刘揆一认为孙中山接受赠款是为了供应黄冈、七女湖起义急需。当时，孙、黄二人正筹划于广东发动新的起义，“万一因总理二字而有误会，使党军前途，顿生阻力，非独陷害孙黄二公，实不啻全体党员之自杀”，[①]

①刘揆一：《黄兴传记》，载《辛亥革命》（四），上海人民出版社1957年版，第289页。

因此，力排众议。张继于盛怒之下，和刘揆一扭打了起来。与此同时，刘师培则进一步要求改组同盟会本部。他自己想当同盟会领导人，并企图援引北一辉与和田三郎为本部干事，也遭到刘揆一的拒绝，因此，北一辉也对刘揆一动了武。

一波未平，一波又起。同年6月17日，为筹备在广东钦、廉二府同时起义，孙中山派萱野长知赴日购械。在宫崎寅藏协助下，共购得村田式快枪2000支，每支带弹600发，计划运至白龙港起岸，供革命军使用。村田式在日本已经落后，在中国尚不失为先进武器。但章太炎却认为不能使用，吵吵嚷嚷地说："这种式子在日本老早不用了，用到中国去不是使同志白白地丢了性命吗？可见得孙某实在不是道理，我们要破坏它！"① 当时，宋教仁已被张继从奉天叫回东京，他支持章太炎，并联络了同盟会本部的一些人，以《民报》社名义用明码打电报给香港《中国日报》，说是"械劣难用，请停止另购"。因而，购械计划搁浅。

在倒孙风潮中，陶成章支持张继、章太炎等。据当时人回忆说："其时党人购买枪械靠日本浪人介绍代购"，"章太炎先生与陶公均主宁可少购，购必精良"，"而孙黄二公但求其多而价廉，认为械多可张大声势"，"陶于争论时坚持尤力，因与孙黄失和。我彼时耳闻其事，曾于日比谷昌口医院访陶时有'大家不要争夺领袖'的话，陶闻言即谓：'年轻人不要胡说'，但言词之中却嫌孙先生武断"。② 这里所说的"争夺领袖"虽被陶成章斥为"胡说"，但印证了以上所引其他史实。

倒孙风潮中支持张继、章太炎等的还有谭人凤、田桐、白逾桓等，但他们的表现不那样突出，以后的表现也不尽相同。

钦、廉起义由孙中山亲自策划。他联络了当地抗捐的民团，联

①张永福：《南洋与创立民国》，中华书局1933年版，第81页。

②许钦民：《从陶成章先生被害说起》，《上海文史资料选辑》第四辑，油印本。

络了在清军中任职的同盟会员赵声和郭人漳，并派黄兴和王和顺归国领导，原以为只要武器一到，立即可以组成一支“声势甚大”的军队，然后收两广，出长江，会合南京、武昌的新军，形成破竹之势，“革命可收完全之效果矣”。[①] 及至王和顺攻克防城，武器不到，孙中山自觉失信于起义同志和当地团绅，极为恼火，便由胡汉民出面致函同盟会本部，“力责之”，表示要执行党中纪律。不久，又派林文（即林时塽）回东京，禁制章太炎和宋教仁，令其以后不得再干预军事问题。9 月，孙中山致函宫崎寅藏，谴责平山周、北一辉、和田三郎等“不顾公义”、“破坏团体”、“侵入内部，几致全局为之瓦解”。他将运动日本各方面的任务交给了宫崎寅藏一人，表示“不特平山、北、和田数子，不可使之闻知”，连同盟会本部及《民报》社中人，亦不必与之商议。在同盟会的内部分歧中，北一辉等起了十分恶劣的作用，孙中山完全应该采取断然措施，但是，专任宫崎寅藏一人，却危险地表现了抛开同盟会本部和《民报》社的意向。

由于东京同盟会本部的混乱状态日益严重，刘揆一写信告知黄兴，又写信给冯自由、胡汉民，引用“万方有罪，罪在一人”的譬语，要求冯、胡劝孙中山向东京同盟会本部引咎谢罪。对此，孙中山复函谓：“党内纠纷，惟事实足以解决，无引咎之理由可言。”他表示可以辞去总理一职，但必须在同盟会本部及章太炎承认不是之时。刘揆一要孙中山“引咎”，意在以孙中山的高姿态来平息越来越盛的倒孙风潮，但这是一种息事宁人的糊涂做法，孙中山对此表示拒绝是正确的。但是，他并没有及时采取积极措施来增强团结，而是等待“事实”的解决，要求同盟会本部及章太炎“承认不是”，这就不仅将分歧的种子保留了下来，而且以感情代替了理智。

在孙中山复函刘揆一的同时，黄兴也复函称：“革命为党员生死

① 《建国方略》，《孙中山全集》第一卷，人民出版社 2015 年版，第 84 页。

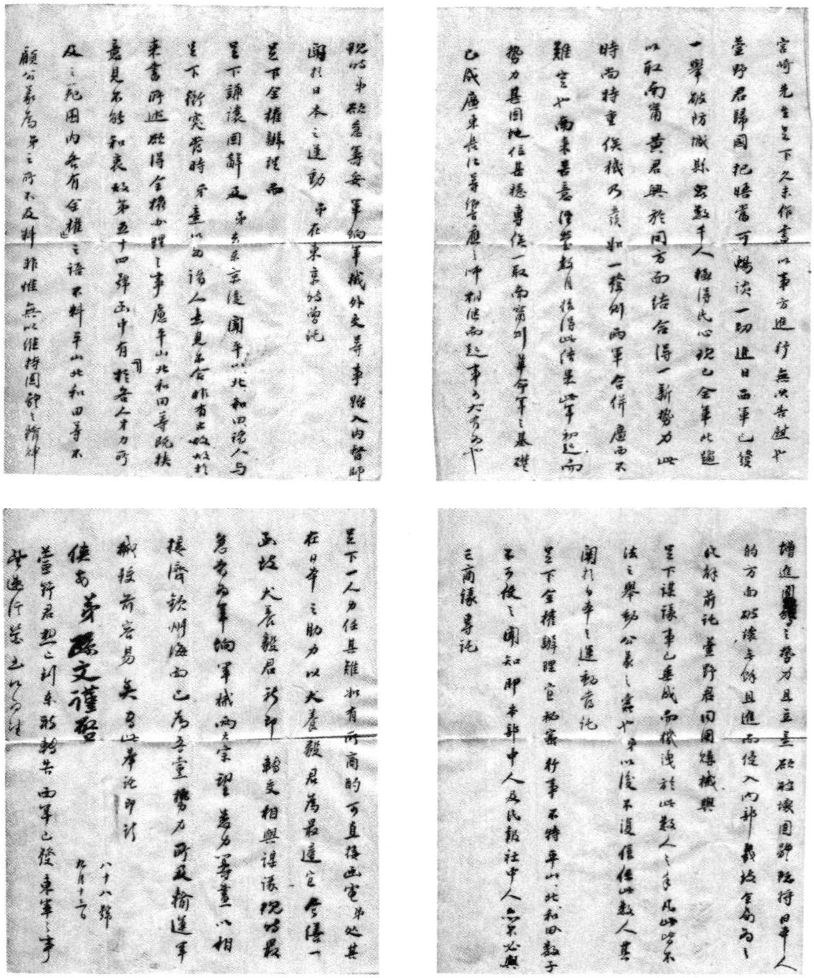

宫崎先生足下：久未作書，以事方進行，無以告訴也。
萱野君歸國，想晤當可暢談一切。近日西軍已發
一舉，破防城，聚衆數千人，極得民心，現已全軍北趨，
以取南寧。黄君興於同方面結合得一新勢力，此
時尚持重俟機乃發，如一發，則兩軍合併，廣西不
難定也。而東京意見，俟數月後得此結果，始起而
勢力甚固，地位甚穩，專俟一取南寧，則革命軍之基礎
已成，廣東長江等省應之，即相繼而起，事乃大有可為也。

現以弟欲急籌安軍餉軍械外交等事，將入內督師，
關於日本之運動，弟在東京時曾託
足下全權辦理，而
足下謙讓固辭。及弟去東京後，聞平山、北和田諸人與
足下衝突，當時弟意以為諸人未見不合，非有大故，故於
來書所述，既得全權辦理之事，慮平山、北和田等既挾
意見，不能和衷，故弟五十四號函中有「於各人才力所
及之範圍內，各有全權」之語。不料平山、北和田等不
顧公義，為弟之所不及料，非唯無以維持團體之精神，

增進團體之勢力，且立意欲破壞團體，挾持日本人
的方面，破壞弟所經營，且進而侵入內部，幾致全局為之
敗壞。前託萱野君回國購械與
足下謀議，事已垂成，而機洩於此數人之手，凡此皆不
法之舉動，公義之害也。弟以後不復信任此數人，其
關於日本之運動，盡託
足下全權辦理，宜秘密行事，不特平山、北和田數子
不可使之聞知，即本部中人及民報社中人，亦不必與
之商議。是託。

足下一人力任其難，如有所商酌，可直接函電弟處。其
在日本之助力，以犬養毅君為最適宜，今復一
函與犬養毅君，祈即轉交，相與謀議。現時最
急者為軍餉軍械，而大宗望盡力籌畫一二，以相
接濟。欽州海面已為吾黨勢力所及，輸運軍
械較前容易矣。專此奉託，即請
俠安。弟孫文謹啟
八十八號
九月十三
萱野君想已到東，所報告西軍已發，東軍之事
亦進行矣，此以附達。

1907 年 9 月 13 日，孙中山致宫崎寅藏函

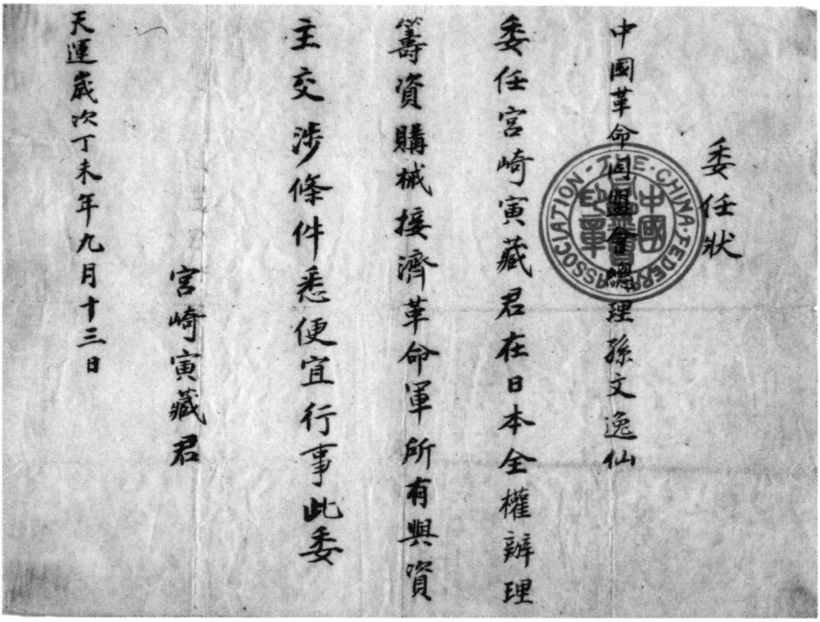
委任狀
中國革命同盟會總理孫文逸仙
委任宮崎寅藏君在日本全權辦理
籌資購械接濟革命軍所有與資
主交涉條件悉便宜行事此委
宮崎寅藏君
天運歲次丁未年九月十三日

1907 年 9 月 13 日，孙中山签发的中国同盟会给宫崎寅藏的委任状问题，而非个人名位问题。孙总理德高望重，诸君如求革命得有成功，乞勿误会而倾心拥护，且免陷兴于不义。”孙中山是当时中国革命民主派的一面旗帜，黄兴以其正确态度维护了孙中山的威信，也维护了同盟会的团结。但是，他也没有做更多的工作来消除矛盾。

由于黄兴拒绝出任同盟会总理，东京的倒孙风潮暂时平息下来了，但裂痕并没有弥合，双方的对立情绪仍然存在。这年 7 月 6 日，徐锡麟在安庆发动起义失败，清吏在审讯时问及行刺是否为孙文指使，徐锡麟答道：“我与孙文宗旨不合，他亦不配使我行刺。”[①] 在光复会并入同盟会后，徐锡麟始终拒绝加入同盟会，他与孙中山“宗旨不合”的情况早已存在，但是，“不配使我行刺”云云，显然是由于倒孙风潮的影响。它反映了光复会领导人对孙中山远非一般的不满。

倒孙风潮的主力是张继、章太炎、刘师培、陶成章，他们当时都在不同程度上受到了日本社会主义运动中正在流行的无政府主义思潮的影响。

关于无政府主义派别出现的概况是：20 世纪初年，国际社会主义运动中占优势地位的是第二国际的右倾机会主义和“左”的无政府主义，日本的情况也是如此。当时，日本已进入帝国主义阶段，资本主义社会的固有矛盾充分表现出来，罢工斗争高涨，社会主义运动处于活跃阶段。1901 年，在片山潜领导下，建立了社会民主党。1903 年，幸德秋水组织平民社，宣传“平民主义、社会主义、和平主义”，翻译出版了《共产党宣言》。1906 年，社会民主党以社会党的名义重新建立。但是，这一时期，日本社会主义运动还很幼稚。片山潜说：“尽管在我们中间对于马克思主义进行了热烈的争辩和讨论，尽管我们翻译了马克思和恩格斯的一系列经典著作，但是我们

① 《徐锡麟供》，陶成章：《浙案纪略》下卷，《辛亥革命》（三），上海人民出版社 1956 年版，第 81 页。

仍然处于一团混乱的状态之中，不善于理解马克思主义，在我们中间占统治地位的是马克思主义跟改良主义和无政府工团主义的稀奇古怪的杂拌。”① 1907 年，日本社会党分裂为软硬两派。软派以片山潜、田添铁二为代表，在第二国际机会主义影响下，主张通过议会道路来实现革命；硬派以幸德秋水、堺利彦、山川均、大杉荣为代表，完全否定议会斗争，宣扬无政府主义，主张除“直接行动”——总同盟罢工外，别无其他革命的途径。前者组织社会主义研究会，后者组织金曜（星期五）讲演会。

日本社会党开始分裂后不久，张继、章太炎等便和硬派发生了接触并接受了其影响。

1906 年，张继根据幸德秋水的日译本，转译了马拉跌士达的《无政府主义》一书，成为无政府主义的狂热信徒。1907 年春，他和章太炎通过北一辉的关系结识了幸德秋水，深受影响。在幸德秋水的遗物中，保存有章太炎、张继一封求教的手札，中云：“明日午后一时，往贵宅敬聆雅教，乞先生勿弃。3 月 26 日。”此后，双方来往日益密切。陶冶公回忆说：“（我们）参加了日本原始社会主义者幸德秋水为首组织的座谈会”，“经常以旅行玩山游水为名，到东京郊外一些地方秘密开会”。不仅如此，幸德秋水等有时还深入中国留学生宿舍，大谈特谈巴枯宁和克鲁泡特金的学说。这样，在中国留日学生和革命者中，就逐渐形成了一个倾向无政府主义的派别。对于这一派别，幸德秋水描述说：“亡命的革命党中多数青年，则已不满足于以往搞的驱逐鞑虏，复我中华，创立宪政，创立共和政体等运动，而进一步主张民生主义，即社会主义，其中最进步的人则热心倡导共产的无政府主义或个人的无政府主义，把几万册杂志、小册子陆续秘密输入其国内”，“对于当前的国会、选举、商业、经济，都

①片山潜：《论马克思主义在日本的发展》，《共产国际》第七、八期，1933 年俄文版，第 84 页。

幸德秋水

根本不信任，他们对当前的政治组织和社会组织都表示绝望，而另外要谋求人民幸福之途”。[①]

1907年4月，幸德秋水在《平民新闻》上撰文，提倡中国的革命家与日本的革命家携手，东洋各国的社会党应当联合起来。章太炎首先响应幸德秋水的倡议，开始与印度流亡在东京的革命者筹组亚洲和亲会。和亲会以“反抗帝国主义，期使亚洲已失主权之民族各得独立”为宗旨，主张凡亚洲人，无论民族主义、共和主义、社会主义、无政府主义皆可入会。中国方面参加者有章太炎、张继、刘师培、何震、苏曼殊、陈独秀等数十人，日本方面参加者有幸德秋水、山川均、大杉荣等。和亲会约章表现了某些无政府主义的影响，例如它规定“无会长、干事之职，各会员皆有平均利权”，这正是无政府主义者反对一切“在上之人”的传统主张。6月，刘师培通过他的妻子何震出面创办《天义报》，声称其宗旨在于“破坏固有之社会，颠覆现今一切之政府，抵抗一切之强权，以实行人类完全之

① 《病中漫谈》，《高知新闻》，明治四十一年（1908年）1月1日。

张继

刘师培

平等”。同月，正当倒孙风潮大起的时候，张继和刘师培共同发起组织“社会主义讲习会”，其广告称：“近日以来，社会主义盛于欧美，蔓延于日本，而中国学者则鲜闻其说，虽有志之士知倡民族主义，然仅辨种族之异同，不复计民生之休戚，即使光复之说果见实行，亦恐以暴易暴，不知其非”，因此，他们要研究“社会主义”。这份广告实际上是别树一帜的宣言书，它应是刘师培改组同盟会本部的要求遭到拒绝之后的产物。经过两个多月的筹备，“社会主义讲习会”于8月31日召开成立会。会上，刘师培表明了和孙中山完全不同的政治纲领。他宣称：“吾辈之宗旨，不仅以实行社会主义为止，乃以无政府为目的”，“吾辈之意，惟欲于满洲政府颠覆后，即行无政府。”据他说，如果“排满以后另立新政府”，那就“势必举欧美、日本之伪文明推行于中国”，其结果必将是“中国人民愈无自由，愈无幸福，较之今日，尤为苦困”。[①]“建立民国”是孙中山为同盟会规

① 《社会主义讲习会第一次开会记事》，《天义》第六卷。

定的重要任务，刘师培这里所指责的“排满以后另立新政府”，显然针对孙中山和同盟会而言。它表明，刘师培等决心和孙中山分道扬镳了。幸德秋水参加了成立会，在演说中，他声言社会主义运动中有两派，“平和派属马克思，激烈派则属巴枯宁”；又表示：“中日两国，地域相近”，“两国国民，均可互相扶助”，“以促无政府主义之实行”。[①]

最初，“社会主义讲习会”每星期活动一次，后来改为每月活动两次。在讲习会上发表演说的，中国方面有张继、刘师培、章太炎、陶成章、何震、汪公权、景定成、乔义生等；日本方面有幸德秋水、堺利彦、山川均、大杉荣、宫崎寅藏等。

章太炎是讲习会的积极分子，曾先后作过《国家论》《人之根性恶》等讲演。1907 年 12 月，又曾提议派张继去青岛举办讲习会。当时，山东同盟会员邀请章太炎等派人去青岛办学，章回信说：“鄙意学堂不当骤办，盖此事既须经费，讲师又不易求，不如专在学会讲社会主义为妙，溥泉可至青岛一游，与同人开讲社会主义一两礼拜。”[②] 张继所讲的“社会主义”，当然是无政府主义。同一时期，章太炎在为张继所译《无政府主义》一书的序言中也说：“若能循齐物之妙义，任夔蚿之各适，一人百族，势不相侵，井上食李之夫，犬儒裸形之学，旷绝人间，老死自得，无宜强相陵逼，引入区中，庶几吹万不同，使其自己，斯盖马氏所未逮欤？”章太炎这里所说的“马氏”，就是意大利老无政府主义者马拉跌士达。在章太炎看来，无政府主义虽然赶不上庄子的《齐物论》，但它还是实现人类平等，救护贫民的好药方：“然其批捣政家，锄犁驵侩，振泰风以播尘埃，鼓雷霆以破积坚，堕高堙卑，邱夷渊实，荡复满盈之器，大庇无告之民，岂弟首途，必自兹始。虽有大智，孰能异其说耶？谅知大戟

① 《幸德秋水演说词》，《新世纪》第二十五号。

② 《致陈干书》，章太炎佚稿。

荛花，是时为帝者也。”

章太炎之外，陶成章也是讲习会的积极分子。魏兰《陶焕卿先生行述》记载说：“（丁未）冬，在清风亭，偕张继等演说，提倡社会主义。”这里所说的清风亭，正是社会主义讲习会集会的常用地点。

社会主义讲习会介绍过马克思主义。他们翻译过《共产党宣言》，刘师培还为中译本写了个序。他称马克思主义关于阶级斗争的理论为“不易之说”，“与达尔文发现生物学，其功不殊”。但是，刘师培认为，马克思主义的革命性又还远远不够。其一，马克思主义不排斥作为手段之一的议会斗争，这在他看来，就是导致第二国际“利用国会政策，陷身卑猥”的根由。其二，马克思主义主张无产阶级在推翻了旧制度之后，还必须建立自己的国家，这在他看来，就是使人还要成为国家的奴隶，“均背于平等之旨”。

“社会主义讲习会”推崇蒲鲁东、巴枯宁、施蒂纳尔、克鲁泡特金等无政府主义者的思想，也推崇极端仇视资本主义文明、“否定政治”的托尔斯泰主义。

在他们看来，巴枯宁堪称“近世之英杰”，施蒂纳尔的学说“最为高尚”，克鲁泡特金的学说“最为圆满”，“悉以科学为根据”。托尔斯泰主义被称为“消极无政府主义”，“足箴中国新党之迷”。他们不要政府，不要国家，不要政治，不要军队，不要法律，幻想建立一个“完全平等”的人类社会。

章太炎的思想和刘师培等略有不同。他认为不能立即废除一切政府，而必须设新政府以为“无政府之阶”，同时，他又认为不能以“无政府”为最高理想，而应该“高蹈”尽善尽美的“太虚”，即除“无政府”之外，还要“无聚落，无人类，无众生，无世界”。在章太炎这一时期的思想里，无政府主义和佛教虚无主义是密切结合着的。

章太炎

小资产阶级不可能正确地理解和接受科学社会主义。20世纪初年，中国近代工业还很微弱，无产阶级还处在幼年阶段，“社会主义讲习会”诸人接触到了马克思主义，但却拒绝接受，有其历史必然性。

如果连马克思主义都还被认为革命性不够，那么孙中山的革命民主主义纲领当然就更不在话下。“社会主义讲习会”诸人和孙中山在一系列问题上存在着分歧。它们分别是：

一、在对帝国主义的态度上。孙中山民族主义思想的主要矛头指向对外卖国投降的清朝政府，它包含有反对帝国主义侵略的爱国主义内容。但是无可否认，孙中山对帝国主义存有某种幻想。他长年奔走于世界各地，固然是为了发动华侨，但也是为了争取帝国主义国家的援助。《民报》六大主义即要求“世界列国赞成中国之革新事业”。对于日本政府，他尤其寄予希望。章太炎等人则强烈反对帝国主义。他们认为，帝国主义绝不可能赞助中国革命，也反对向帝国主义国家争取任何形式的援助。对《民报》六大主义中的上述条文，章太炎解释道：“此本含混言之，要之列国政府必不赞成。”他声言：“借援强国，冀以自全，在品格则为下劣，在事实则无秋毫之效。”孙中山接受日本政府赠款一事之所以使章太炎等那样激动，其原因盖在于此。

应该承认，在对帝国主义本质的认识上，章太炎等优于孙中山，但是，他们不懂得帝国主义国家之间存在着错综复杂的矛盾，由于这种矛盾，他们的对华政策（包括对中国革命的态度）并不完全相同，在不丧失原则的条件下，革命党人并非不可以接受某些帝国主义国家某种形式的“援助”或“支持”。

二、在对民主立宪的态度上。孙中山指摘中国数千年来的君主专制政体，主张通过“政治革命”以建立“民主立宪政体”。《同盟会宣言》规定：“由平民革命以建国民政府，凡为国民皆平等以有参政权。大总统由国民共举。议会以国民公举之议员构成之，制定中华民国宪法，人人共守。”这是孙中山民权主义思想最完整的表述。孙中山认为这种政体于中国“最为相宜”。

“社会主义讲习会”诸人则不然。他们不仅反对君主立宪，而且也反对民主立宪。章太炎说：“政府之可鄙厌，宁独专制，虽民主立宪犹将拨而去之。借令死者有知，当操金椎以趋冢墓下，见拿破仑、华盛顿则敲其头矣！”在“社会主义讲习会”上，他大声疾呼：“无论君主立宪，民主立宪，均一无可采。”陶成章也说：“况且立宪实在是有弊病，无论什么君主立宪、共和立宪，总不免于少数人的私意，平民依旧吃苦。”在当时，他们尤为激烈地反对代议制度，章太炎指责议院为国家“诱惑愚民而钳制其口”的工具，把“议士”和政府、官吏一起视为“天下之最下流者”，刘师培则指责议会政策为万恶之源，认为“凡以议会政策为目的者，无论出何党派，决无有利平民之一日”。

20 世纪初年，欧美、日本等资本主义国家议会选举制度弊端百出，资产阶级民主已经充分暴露了它的虚伪性，“社会主义讲习会”诸人看到了这一点，但是，他们不了解，资产阶级民主比之封建专制制度来，仍然是个大进步。

三、在土地问题上。孙中山看到了欧美资本主义发展所形成的贫富悬殊现象，因此，在民族主义、民权主义之外，特别提出了民生主义。孙中山民生主义的核心是“平均地权”，即由国家核定地价，现有的地价归原主所有，革命后因社会进步所增加的地价归国家所有，“为国民所共享”，《民报》称之为“土地国有”。孙中山主观上企图以此来防止资本主义发展所产生的弊端，而实际上，它只限制了地主阶级对土地价格的垄断，使土地买卖更适合于资本主义发展的需要。因此，列宁曾称之为“纯粹资本主义的、十足资本主义的土地纲领”。

《民报》时期，孙中山还没有提出“节制资本”的口号，但《同盟会宣言》中有“敢有垄断以制国民之生命者，与众弃之”一语，《民报》在和《新民丛报》辩论时，曾特别指出，国民经济命脉不能“归一二私人所垄断”，要求将邮政、电线、铁道、银行、轮船、烟草、糖酒诸事业收归国家所有。可见，孙中山等反对的是垄断资本主义，而不是一切资本主义。

和孙中山的“平均地权”思想不同，章太炎主张“均配土田，使耕者不为佣奴”；陶成章主张“把田地改作大家公有财产，也不准富豪们霸占”，刘师培则主张通过“农人革命”以没收地主的土地，按口均分，“使人人之田，均有定额”。他尖锐地抨击同盟会的“土地财产国有之说”，指摘其为“名曰均财，实则易为政府所利用。观于汉武、王莽之所也。则今之欲设政府又以平均地权愚民者，均汉武、王莽之流也”。从无政府主义的立场出发，刘师培反对任何政权机构来干预土地问题，而主张诉诸农民群众完全自发的行动。

刘师培等主张把土地分给农民，这自然较孙中山和同盟会为急进，但其目的在于维护小私有制和小农经济。他们反对在中国发展资本主义和近代工业。刘师培主张“杀尽资本家”，称实业为“民生之蠹”。据他说：工业日进，机械日新，那么，小民的生活也就愈加困难。章太炎认为，小艇如果可乘，就不必去造轮舰；躬耕如果可以足食，就不必去搞什么机械。在“社会主义讲习会”上，他甚至公然主张人类倒退回去学猴子，“拟猿可也”。

四、在革命策略上，孙中山主张发动会党、新军以进行武装起义。1895 年，孙中山即在广州举行了武装反清的最初尝试。1906 年之后，他又积极筹备在广东、广西、云南等省边境发动起义。整个辛亥革命准备时期，在以武装斗争推翻清朝政府这一点上，孙中山始终坚定如一。

刘师培等反对孙中山的武装起义路线。1907 年，张继译出了德国无政府主义者罗列的《总同盟罢工》，该书提倡“非军备主义”，主张以“直接行动”——全社会的总同盟罢工作为“工人阶级反抗掠夺者的不二法门”。刘师培、章太炎均曾为之作序。刘序认为，如果罗列的策略能够在中国推行起来，就会出现“握政之人，丧其所依”的局面，革命就大功告成了。他批评孙中山发动会党以进行武装起义的策略为“罔恤民劳”。章序的观点与刘序大体相近。他天真地设想：只要全体劳动者发动起来，“一市之间，闭门七日”，那么，不仅统治者的“馈饷役使”无人供给，而且连军队也将无法发挥作用，“虽有利器，且缩不前”了。这一时期，在东京的一些集会上，章太炎、刘师培、张继三人曾密切配合，多次宣扬过总同盟罢工。例如 1907 年 11 月，留日中国学生因收回苏杭甬路权事在东京集会，即首由章太炎建议运动省城罢市、罢工，次由刘师培声称“惟罢市、罢工尚为有益”，末由张继“申明无政府主义罢工之说”。

在“社会主义讲习会”诸人中，陶成章这一时期是主张武装起义的，但和孙中山在南方边境发动不同，他主张在浙江、江苏、安徽、福建、江西一带发动。为此，他于 1908 年春夏间积极组织五省革命协会。

双方在思想观点和斗争策略方面的分歧大体如上，这些分歧也是导致同盟会分裂的真正原因。关于此，日本人竹内善朔说：“到了明治四十年（1907 年），张继、刘光汉[①]（当时都在二十四五岁左右）等优秀青年才受到社会思想的刺激，因而改变了过去指望通过‘大陆浪人’取得日本朝野较著声望的政治家们对中国革命提供援助的那种想法，转而希望自己去掌握科学的、哲学的、条理清楚的革命原理，用以唤起人民大众的觉醒。据我看来，他们正是为了实现这个目的才开始面向社会主义。换言之，不依靠外力而要自力更生的

①刘光汉，即刘师培。

这种愿望促使他们开始了社会主义的研究。而恰恰在这一点上，恐怕正是孙文和章炳麟及其他青年革命党员之间发生裂痕的原因所在。北一辉写的《支那革命外史》一书中也曾提到，这大概是明治四十年孙逸仙从日本政府某机关得到5000日元（当时我们听说是犬养毅派人从中斡旋的）后离开日本的原因。《民报》社的人们都指责这件事，说孙文被收买了；其实，我们当时都有这样一种感觉；孙文看来，对于当时留日青年中的这种思想变化情况，继续在日本待下去也已无能为力了。因此可以说，当时的社会主义思想研究在一部分中国同志之间构成了发生内讧的原因。如果这种看法是对的话，这和日本社会主义者之间的派别问题如出一辙。可以说，思想的成长引起了他们之间的分裂，而且其中又掺杂了感情活动。”[①] 竹内善朔是幸德派的金曜讲演会成员，同盟会分裂的目击者，他的这段回忆为我们提供了理解这一段历史的第一手资料。

不难看出，“社会主义讲习会”诸人的观点中除谬误的成分外，也有若干合理的成分，但是，极端狂热的无政府主义把它们扭曲了。

无政府主义是一种小资产阶级思潮，这一阶级经常在“左”和右两极滚动。列宁指出道：小资产者，在资本主义条件下，由于“经常受到压迫，生活往往陡然下降，所以容易激发一种极端的革命狂热，而缺乏坚忍性、组织性、纪律性和坚定精神”。“这种革命狂热动摇不定，华而不实”，“很快就转为俯首听命，消沉颓丧”。“社会主义讲习会”诸人生长于半殖民地、半封建的中国，亲身感受到了帝国主义的压迫，亲眼看见了或听到了日本、西欧资本主义发展所造成的各种罪恶，因此，对中国资产阶级民主主义革命的前途绝望。刘师培等认为，与其在中国发展资本主义，还不如保持封建主义。刘师培声称：“若于政府尚存之日，则维新不如守旧，立宪不如

---

①《明治末期中日革命运动的交流》，日本评论社《中国研究》（五），1948年9月。

专制”，“代议之制度，较之官吏之专制，其害尤深”。章太炎也表示，如果没有均配土田、官立工场、限制财产相续、解散议员等四条作为保证，那么，“勿论君民立宪，皆不如专制之为愈”。他说：“盛唐专制之政，非不可以致理”，“今之专制，直刑罚不中为害，佗犹少病”。这就从“左”边滚到右边去了。

1907 年冬，由于悲观失望，章太炎想到印度去做和尚。他先是通过清朝政府驻长崎领事卞綍昌向张之洞谋求路费，未成，又连续给短期归国的刘师培夫妇写过五封信，要他们和端方等联系。他没有想到，刘师培夫妇这时已决计叛变革命。到上海后，刘师培立即写信向端方自首。次年 1 月，张继因参加幸德派的第 20 次金曜讲演会，被日本警察追捕，辗转逃往法国。这样，“社会主义讲习会”就失去了一员干将。其后，刘师培夫妇回到东京，改出《衡报》，托名在澳门出版，继续高唱无政府主义，暗中则为清朝政府做侦探。4 月，章太炎与刘师培、何震、汪公权之间因事吵翻，章太炎从刘、何的住处搬回了《民报》社。6 月，发表《排满平议》，明确表示和无政府主义决裂，宣称“无政府主义者，与中国情状不相应，是亦无当者也”。这样，“社会主义讲习会”又失去了一员干将。此后，刘师培夫妇逐渐受到东京中国革命党人的冷落。在此期间，刘师培、陶成章之间也发生不和。这年 11 月，刘氏夫妇回到上海。为了制造混乱，挑拨关系，将章太炎要他们和端方等联系的五封信影印寄给了黄兴等人。黄兴当时“一笑置之”，但以后引发一场轩然大波。

同盟会的内部矛盾本来就相当复杂，由于出现了刘师培之流内奸，它就更加复杂化了。

二、再次“倒孙”风潮

同盟会中无政府主义派别的出现反映出革命派内部政治上、思想上的深刻矛盾。但是，除个别人与之稍有辩驳外，并没有形成一场是非明辨的论战。

从孙中山一面看，他对无政府主义的破坏性认识不足。曾经有人提醒他：无政府主义“其性质与同盟会之民生主义迥殊”，但孙中山却回答说：“无政府论之理想至为高超纯洁，有类于乌托邦，但可望而不可即，颇似世上说部所谈之神仙世界。吾人对于神仙，既不赞成，亦不反对，故即以神仙视之可矣。”①

从“社会主义讲习会”一面看，由于张继出走，章太炎、陶成章和刘师培之间不睦，这个派别也已处于涣散状态，无法继续活动，更无力从思想上、理论上对同盟会进行新的攻击。除刘师培外，无政府主义的旗号也逐渐收了起来。

自 1908 年下半年起，同盟会内部矛盾的焦点转为经费问题。

章太炎等人在东京掀起的风潮严重地伤害了孙中山的感情，自此，他将全部心血和热情都浇注到了南洋方面。1907 年 8 月，孙中山积极支持同盟会新加坡分会创办《中兴日报》，使之成为宣传革命和与改良派论战的新阵地。他不仅亲自为该报撰稿，过问编辑、财务、招股等事，而且多次表示，《中兴日报》的文章议论“颇惬人心”，“于大局甚为有关”，维持《中兴日报》乃“吾党在南洋之极急务”，要求南洋各地同志积极支持。

与此同时，孙中山又积极整顿南洋各地同盟会，并酝酿将它改组为中华革命党。1908 年秋，他在新加坡建立同盟会南洋支部，订立分会总章十六条及通信办法三条，委胡汉民为支部长，统一领导

---

①冯自由：《同盟会四大纲领及三民主义溯源》，《革命逸史》第三集，商务印书馆 1946 年版，第 75 页。

1907 年 3 月，孙中山与新加坡同盟会员陈楚楠等在晚晴园合影

1908 年 3 月，孙中山在新加坡与印尼华侨黄甲元等合影

南洋各地同盟会分会，以期互相联络，“协力相扶，同心共济”。通讯办法规定：各团体间至少每两个月互相通讯一次，住址有移换时，须即时通知南洋支部，如有新团体成立，即由南洋支部发信通知。这样，南洋支部实际上形成一个与东京总部并峙的中心。

和南洋相反，东京同盟会总部愈来愈涣散，《民报》的问题也愈来愈多。

《民报》在归章太炎编辑后，逐渐倾向于谈国粹，说佛理。孙中山、胡汉民离日后，原主要撰稿人朱执信、汪精卫等也陆续离日，《民报》谈佛理的文章逐渐增多。1908 年 2 月印行的第 19 号居然以首要篇幅刊登《大乘佛教缘起说》。有读者批评其为不作“民声”，而作“佛声”。这种不满当然不会是个别的，因此，销数锐减，“印刷房饭之费，不足自资”，窘迫得开不了伙，章太炎有时就靠啃几块“麦饼”过日子。其后，章太炎曾写过五六封信，打过三四次电报，呼吁南洋方面接济，据说，“或无复音，或言南洋疲极，空无一钱，有时亦以虚语羁縻，谓当挟五六千金来东［相］助，至期则又饰以他语，先后所寄，只银圆三百而已”。

为了维持《民报》出版，陶成章准备亲往南洋招股。对此，孙中山及东京部分革命党人均加劝阻，理由是“南洋同志甚少，且多非资本家”，“必无效果”，建议在东京另筹。陶成章没有听取这一意见，于 1908 年 9 月南行。

陶成章南行的目的有二，除为《民报》募捐外，还要为筹备中的五省革命协会募集经费。到南洋后，陶成章向孙中山要求拨款 3000 元作为《民报》印刷费，并要求增加股款及维持费。据有关人士回忆：“孙中山四处张罗，无法筹措，乃出其手表等物，嘱往变款，以救燃眉之急”，陶成章因此发生误会，与孙中山“争执不休”。此外陶成章又要求孙中山为他筹款五万元，以便“回浙办事”。对此，孙中山“推以近日南洋经济恐慌，自顾不暇，断难办到”。陶成章要求为他写介绍函去各地募捐，孙中山同意了。

“南洋经济恐慌”并非完全是孙中山的托词。自1907年黄冈之役起，至1908年5月河口之役止，孙中山共在南方边境发动了六次起义，用去近20万元，南洋华侨中有力捐款的同盟会员大都已成强弩之末；加上河口之役后，六七百名起义战士被法国殖民当局解除武装，强行押送至新加坡，再加上要解决他们的生活出路问题，经济更加拮据。10月16日孙中山致檀香山同志函云：“党中财政日困，虽香港一隅，或得檀埠同志之接济，而他方则无法可设也。”信中所言，应是事实。

由于在经费上没有得到孙中山的积极支持，陶成章决计“独自经营”。他制定了章程，开始以江、浙、皖、赣、闽五省革命军决行团为名进行筹饷。章程中，陶成章特别说明：“本光复会，由来已久。乙巳夏，由总会长蔡、湖南分会长黄，从舆论众望，请孙中山先生为会长，开会日本东京，改名同盟会，而以本会附属之。但该时浙江内地，势力异常扩张，章程发布已久，更改为难，故内地暂从旧名。然重要事务员，均任同盟会职事，故又名浙江同盟会分会。”这段文字突出地夸张了光复会的作用。它绝口不提兴中会，把成立在前的华兴会说成是光复会的湖南分会，把光复会说成是同盟会的母体，显然都是在为重新打出光复会旗号做准备。稍后，陶成章即积极联络在南洋的李燮和等人，印制会章、盟书，雕刻图印等物，计划发展会员，建立组织。

南洋是同盟会的根据地。从兴中会起，孙中山就在南洋活动，当地华侨对同盟会是熟悉的，光复会则还是一个陌生的名词。因此，在一段时期内，陶成章还不得不仰仗孙中山和同盟会的威望，筹饷章程中，陶成章特别声明“本会既为同盟会分会，故本章程订立后，移知东京总部及南洋支部”，所得款数“亦移知东京总会及星洲分会”。但是，陶成章的募捐活动却一直进行得很不顺利。11月，陶成章到缅甸仰光，在《光华日报》上发表记述秋瑾、徐锡麟起义的《浙案纪略》以为宣传，临行时募得千元。12月6日，到槟榔屿，该地办事人声称，按章程，必须孙中山本人来运动方可，仅邀集三四人，认捐300元。1909年1月23日，到坝罗，正值《中兴日报》代表到埠演说，言"《中兴报》事紧要"，并声言："陶君来此，不过来游历而已，并非筹款而来。"因此，亦仅认捐三百数十元。陶成章怀疑孙中山在"暗中设法播弄"，开始攻击孙中山。他在与人书中说："弟本不说中山坏事，盖犹为团体起见，不得不稍留余地，至是逼弟无可奈何，不得不略陈一二已。"其间，陶成章曾向孙中山索取介绍函至各地收款，被孙中山拒绝。

这以后，陶成章到爪哇，开始建立光复会组织。2月14日致李燮和等书云："前此寄上盟书、图章等物，未识已收到否？念甚。此次弟又携来二千四百张，如要用，可写信来爪哇，弟当寄上。"不久，各地分会陆续建立。新加坡参加者有许雪秋，文岛有李燮和及侨商曾连庆、蒋报礼等。许雪秋等原是同盟会会员，由于在黄冈起义失败后群居南洋，埋怨孙中山等"招待不周"，因此，积极支持陶成章别树一帜，并带动了一批潮州、嘉应人加入。这样，南洋就有了两个并行的各成系统的组织，一个是同盟会南洋支部，一个是自称附属于同盟会总部的光复会。

光复会的传统活动地点在江、浙，陶成章在南洋树旗活动，明显地造成了和南洋支部争夺群众和影响的对垒局面。如果说，东京的倒孙风潮表现为对个人的不满，"社会主义讲习会"的建立表现为思想上的分歧，这一时期就进一步发展为组织上的对立了。

在树旗活动后不久，陶成章又在错误的道路上迈出了一大步。

还在1909年5月间，陶成章就在文岛等地散布流言，声称孙中山将各处同志捐款攫为己有，河口起义所用不过千余元等等。9月，陶成章去到槟港，纠合李燮和、柳聘农、陈方度、胡国梁等七八人，

1909年5月，孙中山在巴黎从事革命活动时留影

以东京南渡分驻英、荷各属办事的川、广、湘、鄂、江、浙、闽七省同志的名义起草了一份《孙文罪状》，声言“罄南山之竹，书罪无穷；决东海之波，流恶无尽”，指责孙中山有“残贼同志之罪状”五条，“蒙蔽同志之罪状”三条，“败坏全体名誉之罪状”四条，并表示：“恶莠不除，则嘉禾不长”，共提出要求九条，其主要者为：一、开除孙文总理之名，发表罪状，遍告海内外。二、另定章程，发布南洋各机关，令其直接东京总会。嘱令南洋支部章程一概作废。三、再开《民报》机头。四、兼于《民报》社内，附设旬报，凡《中兴日报》之所至，亦踪寻之而往。[①]

《罪状》并诬蔑孙中山在香港、上海汇丰银行贮款 20 万；其兄在九龙起造屋宇，用款不足，孙中山电汇款项助建云云。其后，陶成章便带着这份《罪状》赶赴东京，要求同盟会本部开会讨论。

在东京的“倒孙”风潮之后，孙中山即不大过问同盟会本部和《民报》的工作，这是事实，但是《罪状》大部分属于诬陷。它得到了少数江浙人的支持，却遭到了黄兴等的坚决拒绝。黄兴一面向陶成章作调停、劝说，一面和谭人风、刘揆一联名发表长达千余言的致李燮和等公函，逐条为孙中山申辩。

黄兴的调停、劝说、申辩都没能打动陶成章。在公布《罪状》的要求被拒绝后，陶成章便决定自行发表。他在与人书中表示：“与中山已不两立”，“不若由二三人出面发表之，从此分为两歧罢了”。其后，便由陈威涛、魏兰将《罪状》油印百余份，寄给了南洋各报。

革命的首要问题是分清敌我，陶成章等把孙中山视为敌人，不顾大局，不顾影响，恶意诬陷，这是一个极为严重的错误。

陶成章等的行动迅速影响了章太炎。在公布《孙文罪状》的同时，章太炎也刊发《伪〈民报〉检举状》，再次参加了对孙中山的

①陶成章：《南洋革命党人宣布孙文罪状传单》，汤志钧编：《陶成章集》，中华书局 1986 年版，第 170—176 页。

攻击。

《民报》于1908年10月遭日本政府封禁，1909年秋，黄兴在林文等帮助下筹备恢复。因为对章太炎主持时的《民报》不满，黄兴邀汪精卫到东京任编辑；又因避免日本政府干涉，托名以巴黎《新世纪》为发行所。

恢复《民报》本来是陶成章等在《孙文罪状》中提出来的“善后办法”，但是，他坚持不能替孙中山“虚张声势”，必须以革除其总理职务为先决条件。自然，这也遭到了黄兴的拒绝。因此，他便支持章太炎出面反对。章太炎多年困苦维持《民报》，一旦恢复，却被排斥在外，对此大动肝火。他指责续刊《民报》为伪《民报》，在《检举状》中攻击孙中山“背本忘初，见危不振”，并主观武断地说：“夫孙文怀挟巨资，而用之公务者十不及一，《民报》所求补助，无过三四千金，亦竟不为筹划，其干没可知已。”[①] 没有任何根据，一个想当然的“可知已”就定了孙中山“干没”巨资的案！

对孙中山的公开诽谤为保皇派提供了炮弹。不久，《南洋总汇报》发表了《伪〈民报〉检举状》。其后，保皇派大规模地开展了对孙中山的攻击，各种秽词如水般泼来。他们辱骂孙中山为“马骗”、“棍骗”，诬蔑其“假借革命名目，以为衣食饭碗之计”，说是：“孙文腔中，何尝有一滴爱国之血，眼中何尝有半点爱国之泪，心中何尝有分毫爱国之思，不过口头禅焉耳！”[②]

和陶成章、章太炎相呼应，当时在法国的张继则写信给孙中山，要求他“退隐深山”，或“布告天下，辞退同盟会总理”。[③]

这样，就出现了第二次“倒孙”风潮。

敌人的辱骂、镇压并不可怕，可怕的是同营垒人的反诬和倒戈。

---

①转引自《党人》，《新世纪》第一一七号。

②介民：《敬告捐助革命军饷者》，加拿大《日新报》1911年4月26日。

③《复张继函》，《孙中山全集》第四卷，人民出版社2015年版，第126页。

1909年8月，孙中山在伦敦

1909年11月，孙中山（右一）与友人在纽约汽车上留影

长期以来，孙中山把实际领导起义的责任交给了黄兴等人，而以在华侨中募集起义经费为己任。陶、章这两份材料的公布对孙中山工作所造成的困难是可想而知的。为了破坏孙中山赴美募捐，陶成章等甚至冒名作信，将攻击材料寄发美洲各华字日报。10月22日孙中山与王子匡函云："近接美洲来信，谓有人托同盟会之名，致书各埠，大加诋毁于弟，不留余地，该处人心颇为所惑云。此事于联络华侨一方面，大有阻碍矣！"但孙中山毫不灰心，一面要求吴稚晖在巴黎《新世纪》上撰写长文，"加以公道之评判"，一面对张继严正指出："此时为革命最衰微之时，非成功兴盛之候，是为弟冒艰危、茹困苦以进取之时代，非退隐之时代也。"他并愤愤地说："同盟会及太炎至今未自认过，则弟已不承为彼等之总理者久矣。前、去两年，两广、云南起兵，皆奉革命党本部之名义，并未一用同盟会名义也。"①

经历种种挫折而革命之志不挠，这是孙中山作为一个伟大人物的突出优点，但是，因章太炎等少数人而迁怒及于同盟会，仍然是以感情代替了理智。在很长一段时期里，东京同盟会员处于群龙无首的状态，国内各地同盟会分会也无人领导，在这方面，孙中山不无责任。

1910年2月，孙中山在旧金山建立同盟会分会，在誓词中将同盟会会员改称中华革命党党员，开始实现其酝蓄已久的打算。同年秋，抵达槟榔屿后，又通知南洋各地同盟会分会，一律照改。但由于同盟会已在群众中留下深刻的影响，事实上难以执行，不久也就作罢。

得道多助，失道寡助。陶成章对孙中山的攻击激起了革命党人的义愤。东京方面，黄兴等决定不和章太炎计较，只在即将续刊

---

①《致张继函》，《孙中山全集》第四卷，人民出版社2015年版，第126页。

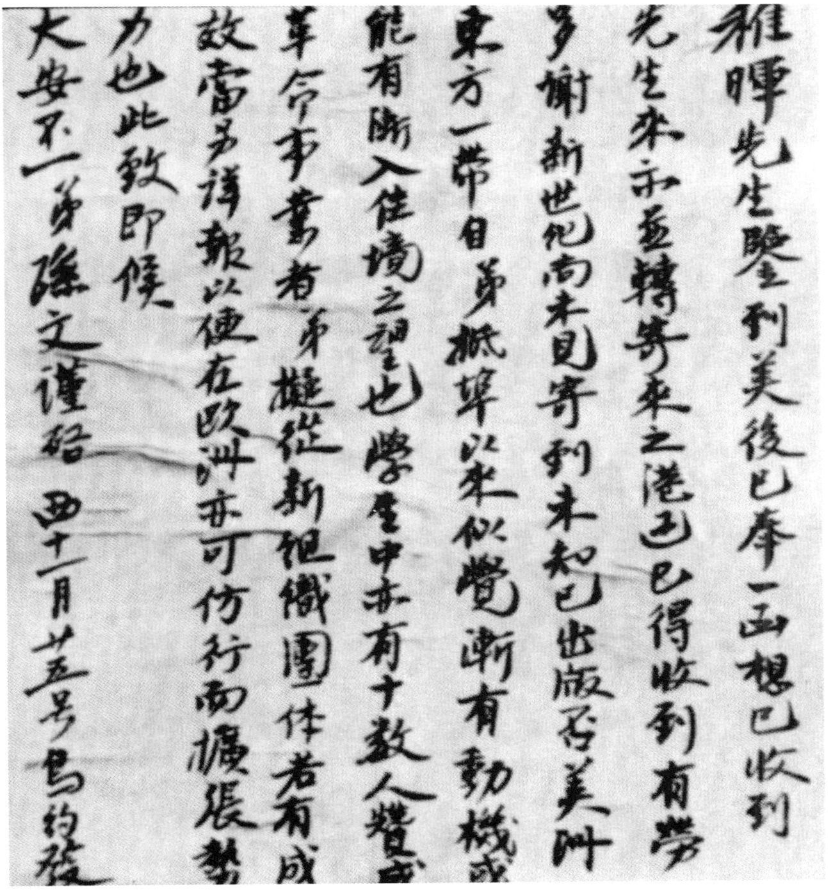

稚暉先生鑒到美後已奉一函想已收到
先生來示並轉寄來之港函已得收到有學
多謝新世紀尚未見寄到未知已出版否美洲
東方一帶自弟抵埠以來似覺漸有動機或
能有漸入佳境之望也學界中亦有十數人贊成
革命事業者弟擬從新組織團体若有成
效當另詳報以便在歐洲亦可仿行而擴張勢
力也此致即候
大安不一弟孫文謹啓 西十一月廿五号紐约發

1909年11月25日，孙中山在纽约致函吴稚晖，打算重组革命团体

1909 年 12 月 25 日，孙中山在纽约主持纽约同盟会分会成立大会时合影

1910 年春，孙中山与底特律同盟会员合影

的《民报》上登一启事，宣布章太炎为“神经症之人”。他要孙中山“海量涵之”，表示“陶等虽悍，弟当以身力拒”。为了给孙中山赴美活动扫除障碍，黄兴又函知美洲，指出有人从东京发函攻击孙中山，“用心险毒，殊为可愤”，要求美洲同志乘孙中山到美机会，同心协力，以谋团体之进步，致大业之成功。

安南方面，中国革命党人发表《河内公函》，详述发动云南、广西起义的情况，针对陶成章的诽谤，一一予以驳斥。

南洋方面，革命党人焚毁了陶、章散发的印刷品，派人调查，发现孙中山在九龙的家除几间旧房外，别无所有；孙中山的哥哥孙眉自己盖了草房子在那里种地；于是，将实情公布，真相大白。

多年来，同盟会在其内部分歧中，既无同志式的讨论，又无思想上的必要交锋。现在交锋了，这对于澄清真相，维护孙中山的威望来说都是必要的，但是，这种交锋无助于填平双方感情上的巨大鸿沟。

在“倒孙”风潮的掀起者中间，刘师培的叛徒面目此时已经暴露。1908 年冬，刘师培回上海后即出卖了同盟会会员张恭，不久，又投入端方幕中。1909 年 8 月，端方由两江调直隶，报上发表了随员名单，刘师培赫然在内。在此情况下，人们不得不思考，和刘师培一度关系极为密切的章太炎是什么人？他为什么对孙中山如此攻击不遗余力呢？在未经冷静分析的情况下，东京革命党人公布了章太炎致刘师培、何震五函，指责章太炎为端方侦探。11 月 30 日，《中兴日报》发表《章炳麟与刘光汉之关系历史》及《为章炳麟叛党事答复投书诸君》等文。12 月，孙中山得悉保皇派报纸发表了章太炎的《伪〈民报〉检举状》，认为章太炎“破坏党事之心已不留余地”，要求吴稚晖将章太炎致刘师培、何震五函的笔迹照片寄给他，“以证明太炎之所为，庶足以破其言之效力”。不久，香港《中国日报》、巴黎《新世纪》、美国《少年中国晨报》先后发表了这五封信，

《中国日报》声称章太炎受端方委任，担任解散革命党及常驻东京之侦探员，《新世纪》指责章太炎以“万金出卖一革命”。

将章氏五函的问题一下子提到如此的高度，当然也严重伤害了章太炎的感情。刚愎自负而又极易冲动的章太炎对此的态度是可以想象的。

在再次“倒孙”风潮中，思想分歧退居次要地位，但是，双方的关系则由彼此猜忌、怨憎发展为互相敌视和进行势不两立的攻击，分裂成为不可避免的了。

三、光复会的重建和倒退

陶成章到东京时做了两手准备：一手是争取黄兴，开除孙中山，另推同盟会总理，掌握同盟会的领导权；另一手是取消对同盟会形式上的附属关系，公开分裂，重建光复会山头。

在开除孙中山的要求被拒绝之后，陶成章便按第二手行事。他多次与李燮和、胡国梁等通函，声称同盟会东京总会已经“一败涂地，无可整顿”，必须“另行组织新机关”。他说：“何妨另开局面乎？前次之事，终算一场大晦气罢了！”[①] 在此同时，又积极争取章太炎，以光复会成立在先来打动他，说：“逸仙难与图事，吾辈主张光复，本在江上，事亦在同盟会先，曷分设光复会？”[②] 章太炎长期对孙中山不满，他的性格又一向是任情孤注，不考虑利害得失，对此自然表示同意。

1910 年 2 月，光复会总部成立于日本东京，章太炎任会长，陶成章任副会长，章梓任庶务员，沈家康任书记员。由于基本群众在

---

①《致若愚、铁仙》，陶成章手札，未刊稿。

②章炳麟：《太炎先生自定年谱》，《近代史资料》第一期，1957 年。

爪哇等地，因此，光复会在南洋设行总部，代行东京本部职权，以李燮和、沈钧业、魏兰为执行员，下辖各地分会，形成了所谓“以南部为根基，推东京为主干”的局面。

后期光复会收容了同盟会中包括原华兴会内对孙中山不满的分子，以同盟会的反对派面目出现，但是，比起同盟会，它在不少方面都倒退了。

章太炎是后期光复会中唯一的理论家。这一时期，他思想中的封建主义成分进一步向前发展。3 月 10 日，他和陶成章在东京一起创办《教育今语杂志》，以“保存国故，振兴学艺，提倡平民普及教育”为宗旨。《缘起》中说：“恨欧学东渐，济济多士，悉舍国故而新是趋”，“同人有忧之，爰设一报”，借以“明正道，辟邪词”。中国是个封建古国，清王朝是个实行高度封建专制主义的王朝，因此，在这一历史条件下，“欧学”，即西方资产阶级上升时期的民主主义文化，仍然可以发挥其进步作用，但是，《教育今语杂志》却视为“邪词”，要“辟”。在此之前，续刊《民报》正在介绍卢梭的《民约论》，《教育今语杂志》的出版可以说唱的是对台戏。同年由章太炎编辑的《学林》也一样充满了国粹气。该刊《缘起》说：“世人多急（利）近功，以古学不足治，惟异化之务”，它号召“一二耆儒故老”们起来挽救即将“坠入粪壤”的“文武之道”。这里所说的“异化”，指的是鸦片战争以来先进的中国人向西方寻找救国真理的热潮，所谓“文武之道”，指的是长期成为中国人民精神枷锁的封建文化。在该刊第二期上，章太炎发表了著名的《秦政记》，歌颂“卓绝在上，不与士民等夷”的“天子”，说是“人主独贵者，政亦独制”。同期发表的《非黄》则抨击“尚贤”、“任众”的民主政治，说是“诚听法，虽专任，与武断莫比；诚尚贤，虽任众，与武断奚分？”如果说，1908 年章太炎发表《代议然否论》，主张“代议政体，必不如专制为善”时，还曾经特别提出了一个“恢廓民权”的方案，那么，这一时期，他已经更多地神往于“王者一人秉权于上”的法家封建专制主义了。

陶成章是后期光复会的组织者和实际领导人。这一时期，他的活动逐渐向改良主义方向靠近。

前文指出，当张继等迷信“直接行动”——总同盟罢工时，陶成章仍然主张进行武装起义，但是，光复会重建后，他却抛弃了自己的主张。在《致石哥函》中，他说：“夫我辈之目的，在一举覆清，若东放一把火，西散一盘沙，实属有害而无益。”又说：“如不用暗杀，则用地方起兵，丧民费财，祸莫大焉！一有不慎，必引外国人之干涉，后事益难着手矣！”① 和人民群众缺乏充分的联系，实行单纯的军事冒险，这是同盟会所领导的武装起义的弱点，但是，这些起义毕竟打击了清朝统治，锻炼了革命者，教育了群众，不能称为“有害无益”，更不能称为“祸莫大焉”，至于所谓“必引外国人之干涉”云云，更是被革命派痛驳过的改良派谬论。

当时，国内各省革命力量迅速发展，他们武装反清的总目标一致，只在策略上互有歧异：“有欲向云贵以进取者，有欲向两广以进取者，有欲向江浙以进取者，有欲向两湖以进取者，有欲向山东、河南以进取者，有欲向中央革命。”② 这本来并不难统一，对于上述各种力量，陶成章一概采取排斥态度，他说：“如此纷纷之热心人各欲乞此总会以求运动整顿，其将奈之何哉！当是时也，不与则名不正，言不顺。欲与则无款以给之，即令有稍稍之款，与其一不与其二不可也，与其先不与其后不可也，全力助他人，未见他人之能集事，本己之方针，且先乱矣。秦末之项羽，隋末之李密，其失败皆因此也。”在陶成章看来，多一些人革命反而会造成麻烦，唯此一家最好，因此，他给光复会规定了“必不汲汲扩张”的关门主义方针。

---

①陶成章手札，未刊稿。

②《致石哥》，陶成章手札，未刊稿。

1910年5月，孙中山在檀香山与孙科及《自由新报》主编卢信（右）合影

《浙案纪略》中，陶成章说："浙人素多个人性质，少团体性质，其行事也喜独不喜群。"这可以说是陶成章的夫子自道。

一不靠武装起义，二不靠全国各地的革命力量，陶成章靠什么"一举覆清"呢？他靠的是暗杀活动。光复会重建后，他曾建议集款数千金或万金，专办此事，以振动华侨，扩大影响。[①] 甚至，他想入非非地提出了一个实行"中央革命"的妓院方略：收罗一批美女，在北京开设妓院，诱惑满族亲贵，席间放毒，一网打尽。

弱者和穷途窘促的人常常盼望奇迹。妓院方略的提出，说明了陶成章和同盟会分裂后，既软弱无力，又穷途窘促。

当然，生活中出现奇迹的可能并不大，这一点，陶成章完全明白。因此，他为后期光复会规定的方针是"专主个人运动，以教育为根本"，"察学生之有志者联络之"。据他说，如果能得到两三个有资本的学生的赞成，就于愿已足。光复会重建后，陶成章立即和章太炎编辑《教育今语杂志》，目的在此；随之，他在东京埋头编写小学历史、地理教科书，目的也在此。1911年初，他又曾计划到南洋找一个寺院住下，专力编撰教科书。《致石哥》函云："盖弟近立定主意，不为虚耗金钱之事，更不为无益之举，而虚耗其精神，实事求是，以图渐进，不为躐等。"[②]

"虚耗金钱"、"无益之举"云云，指的都是武装起义，"渐进"云云，指的就是教育。"不为躐等"云云，完全是改良派的爬行哲学。和刘师培、章太炎一样，陶成章也经历了一个从"左"到右的转化。

反革命的暴力必须以革命的暴力去推翻。同盟会领导的武装起义虽然存在着种种弱点，但是，历史证明了，使清朝皇帝滚下龙座的还是武昌新军手中的枪炮，而不是陶成章的"教育根本"论。

---

①② 《致石哥》，陶成章手札，未刊稿。

在经费问题上，后期光复会也逐渐效法改良派。

同盟会解决经费问题靠在华侨中募捐，这使他们在一定的范围内还能联系群众。后期光复会成立后，陶成章主张靠经商，他说：“历观万事，皆与财政相为因果，然财政之道，非自行筹划无由，此商业之所以不得不速为经营。”① 为此，他和李燮和等积极筹办商业公司，计划经营教科书籍、图画、科学仪器、体操、音乐用具，学校用品、衣衫、牙粉、肥皂等；并计划把《教育今语杂志》改变为广告机关。②这一套，都是流亡海外的改良派的做法。

由于分裂不得人心，光复会重建后不久即在各方面陷入困境。

首先是对孙中山的攻击不得不停下来。本来，陶成章已经编印好了《布告同志书》一册，“直言孙文种种之非”。由于舆论，包括光复会内部的强烈反对，仅散发了九册，不得不宣布“余皆不寄了”。

其次是陶成章视为“吾辈面目所存”的《教育今语杂志》停刊。陶成章原以为该刊发行后会“普及南方各地”，结果只售出了不到 300 本，大部分搁置在代办所无人问津，已销之款又迟迟收不到，因而“亏折甚巨”，“真正困难万分”。

再次是筹款门路均已断绝。据陶成章说：内地可筹之处，久已筹之一空；东京万无可筹，南洋呢？所筹之款又不见寄来，气得他准备发表声明，将不再向南洋各地募捐。

此外，商业活动也进行得极不顺利。陶成章《致石哥》函云：“祈老哥善自珍重，勿以经商目的之不能遽遂，多生烦懑，致生理有碍也。”

按照计划，陶成章还准备创办《光复报》与《光复杂志》，但都因找不到作文之人而告吹。据陶成章说：章太炎虽有几个弟子，但多半是为了学成后往内地当教员，“非特不肯作文，且亦不能请其

---

①②陶成章手札残页，1910 年。

作文”，其中虽有一二稍有志者，但“皆欲独善其身”，不愿意介入，章太炎本人呢？“乃其不肯作文何”！章太炎反对创办《光复报》和《光复杂志》。这一时期，陶、章之间也产生了某种矛盾。

革命需要团结，陶成章肆无忌惮的分裂行为使他陷入了四面楚歌中。在东京，他觉得“实在难以过日”；回南洋吧，当地同盟会员反对分裂的呼声很高，“风潮方作，来反遭忌”。一直踌躇到 1911 年 4 月，他才从东京回到南洋，已经是广州起义的前夜了。

在筹备广州起义过程中，黄兴电邀李燮和、王文庆、陈方度等参加，建议“捐除意见，同任艰巨”，主动向光复会伸出了合作之手。李燮和等积极响应。1910 年 10 月，李燮和受槟港同志委托，参加了孙中山在槟榔屿召集的发难会议。会后随即回槟港传达，动员华侨捐款。经过几个月的努力，筹得 17000 余元，由李燮和、陈方度带给了黄兴。不久，胡国梁、柳聘农也带着募得的 5000 元赶到香港，向统筹部报到，一起参加了震惊中外的广州起义。

与此同时，陶成章也应李燮和、王文庆电召，到达香港，表示出和同盟会合作的意向。这样，在经过了长期的分裂之后，同盟会、光复会矛盾重重的关系出现了转机。但不幸的是，这一转机很快就消失了。

广州起义失败后，赵声极为悲愤。一日，胡汉民招饮，食后，赵声腹痛剧作，延医诊治，知为盲肠炎，经割治无效，于 5 月 18 日逝世。赵声先是光复会员，后加入同盟会，是在双方会员中都具有威望的革命者。对赵声之死，陶成章疑为胡汉民所毒，进一步加深了对同盟会的猜忌。其后，陶成章回到上海，在嵩山路沈宅开会时与陈其美发生冲突，陈其美掏枪欲打陶成章。数日后，陶成章匆匆离开上海，再返南洋。于是，旧矛盾之外又加上了新矛盾，同盟会、光复会之间的关系又增添了新的复杂因素，它埋下了辛亥革命后两会继续摩擦、龃龉、对立的种子。

通过以上分析，不难看出，同盟会的分裂是个复杂的历史现象，它是一系列政治、思想、策略分歧和人事纠纷发展的结果。既有其时代原因，也有其社会原因。

中国资产阶级民主革命发生于帝国主义时代，资本主义社会的腐朽、丑恶的一面早已暴露无遗，在欧美和日本，摆在日程上的已经是从资产阶级下面解放出来的问题。因此，在这一情况下，必然会产生对资产阶级民主革命的不满、怀疑以至绝望的情绪。同时，中国又是个小资产阶级极其广大的国家，在国际无政府主义思潮一度抬头的情况下，同盟会中有人受到这一思潮的影响是很自然的。中国同盟会的分裂发生于日本社会党的分裂之后，张继、刘师培诸人的行为不少是对后者的模仿。

“社会主义讲习会”诸人在反对帝国主义、实行土地革命和不能建立资产阶级共和国等问题上向同盟会提出了挑战。由于中国民族资产阶级的阶级局限和其由娘肚子里带出来的特殊软弱性，它无法解决这些问题。孙中山的三民主义在对改良派的论战中已经被证明了不是很有力的理论武器；在回答“社会主义讲习会”的挑战上，当然更加发挥不了多大作用。

“社会主义讲习会”诸人自身同样也解决不了这些问题。在书面上，口头上，他们可以连篇累牍、喋喋不休地发出极端革命的豪言壮语，沉溺于“无政府革命”的狂热幻想，然而却提不出任何切实可行的办法。在严峻的现实面前，他们很快就会暴露出墙上芦苇的劣根性来。其中有些人就会向右转，倒向封建主义和改良主义，或颓唐，或倒退，或动摇，或叛变投降。

同盟会的分裂渊源于思想分歧，但是，在其发展过程中，思想分歧逐渐被掩盖起来，个人主义、宗派主义、分散主义、行会主义和山头主义逐渐上升，旧的感情上的裂痕和新的摩擦、猜忌、怨憎结合在一起，引发出新的攻击。终于愈演愈烈，一发不可收拾。

克服个人主义、宗派主义等倾向需要以大局为重的广阔胸襟和高度的组织观念，而这对世界上任何伟大人物来说，都是比较难以做到的。因此，在研究同盟会内部风潮与孙中山的关系问题上，就有人剖析了同盟会内部分歧与孙中山性格特征的内在联系，认为孙中山性格的否定规定性明显表现为偏激固执、我行我素等特点。由于他始终没有清醒地认识到自身的性格特点，没有从主观上尽量避免自身性格特征可能带来的负面影响，因此也就一直没有正确地、有效地建立起他在革命领导层中应有的伟岸形象。“无论对于孙中山的本人，还是整个革命事业，这都不能不说是一个遗憾。”[①]

同盟会内部分歧的激化和其上层出现的分裂，严重损害了革命党人的威信，极大地损害了革命团体的内部和谐，进而分散和削弱了革命政党的战斗力。这使当时孙中山在军事上迭遭失败的同时，又面临着另一个大的困难。它对孙中山和同盟会都是一个考验。孙中山经受了考验。他在这极端困难的时期，并没有被骂倒，被吓怕，依然毫不灰心，仍是孜孜不倦地策划筹款和再次起义的革命工作。他认为最艰难困苦的时代，就是要努力进取的时代，并大度地表示当前“胡氛黑暗，党内有哄”之时，既是“艰危困苦之时代”，也是“吾人当努力进取之时代”，只要“毅力不屈，奋勇向前，支撑得过此厄运，则以后必有反动之佳境来也”。[②] 孙中山愈挫愈奋，毫不气馁，依然勇猛向前，他的这种坚强斗争意志和革命乐观主义精神，是非常难能可贵的。历史发展的事实证明，孙中山的确是在经历了一次又一次的考验之后，才赢来了革命的胜利和共和来临的美好境地。

①刘云波：《孙中山与同盟会上层的分歧》，《社会科学战线》，2001 年第一期。

②《复吴稚晖函》，《孙中山全集》第四卷，人民出版社 2015 年版，第 130 页。

第七节　坚持武装斗争

一、革命风潮鼓荡全国

从义和团运动失败到辛亥革命爆发的十年中，中国人民反对清朝反动统治的斗争汹涌澎湃，发展很快。参加反抗斗争的群众非常广泛，农民、工人、手工业者、市民和商人等都越来越多地加入了斗争行列。

孙中山领导的民主革命，所以能得到广大人民的同情和支持而迅速发展，是因为有了新的社会阶级基础。这个新的社会阶级基础就是资产阶级。在前面论述兴中会成立时曾提到，中国的民族工业在 19 世纪 70 年代就已经开始产生，随着民族工业的产生，新兴的资产阶级也开始出现。到了 20 世纪初，由于外国资本主义侵入中国，使得民族资本主义工业随之也有了相应的发展。这个继续发展的趋势，到了 1905 年以后，就更加明显了。据不完全统计，1895 至 1904 年的十年间，全国新设厂矿为 168 家，而在 1905 至 1911 年的六年间，新设厂矿就有 322 家；虽然它们主要是轻工业（如棉纺织、面粉、缫丝、火柴等部门）和小型企业（如煤矿），但由此而促进民族资产阶级力量的增长，却是一个明显的事实。这个新兴的阶级，在它的发展过程中，切身感受到帝国主义和封建主义的压迫和束缚，迫切要求经济发展上得到政治保障，因此，对于改革政治、夺取政权的斗争就特别关心。华侨资产阶级中有很多人出身小商人甚至工人，同国内封建统治阶级联系较少；同时由于他们接触了西方资产阶级文化，又受到外国人的歧视，痛恨清朝政府的腐败无能，有较高的革命情绪。孙中山所建立的兴中会，华侨占会员总数的78%，其中有48%是华侨资产阶级。孙中山进行革命活动和在沿海各地从事武装起义，都是靠华侨在经济上给予支持的。这个时期，各省蓬勃开展的反对帝国主义控制中国的铁路、矿产资源和倾销洋货的运动，也是在这一条件下发生的。资产阶级积极参加和领导了这个斗争。1903至1904年间，京汉、津浦、苏杭甬等铁路线所经各省，先后提出收回自办的要求；湖北、湖南、广东三省要求从美帝国主义手里夺回粤汉铁路，各省群起响应。1904年冬和1905年春夏间，由于反对美帝国主义迫害华工、要求废止中美华工条约，以上海工商界为主的中国资产阶级，又发起了大规模的抵制美货运动，波及十多个省的大中小城镇。反美爱国运动在全国展开，给美帝国主义以有力的打击。

但是，新兴的资产阶级在国内外反动统治阶级面前，力量毕竟是弱小的。并且，这个阶级是具有两面性的阶级，一方面，由于它是半殖民地国家中的资产阶级，受着帝国主义的压迫，所以，在一定时期中和一定程度上，具有反对外国帝国主义和本国的官僚军阀政府的革命性。另一方面，也正是因为它是半殖民地国家中的资产阶级，他们在经济上和政治上是异常软弱的，所以又保持着对于革命敌人的妥协性。中国的民族资产阶级，即使在革命时，也不愿意同帝国主义完全决裂，并且他们同农村中封建地主阶级的地租剥削

哭告天下拒約同志

不用美貨抵制苛約辦法文明不涉國際發起以來不特海內風從且令歐西震動所以美遣專使特來調處就我範圍在指顧間乃不謂業美貨者別具肺腸必欲破壞團體希圖私利不惜以十萬金錢運動各路近接商部某丞堂來函有示撤海外華僑先覺華商發本堅令疏通存貨等語不顧全局寔堪痛哭現在敝處抱定不用美貨四字縱有危險亦所不顧頃以恭奉 上諭有不應禁用美貨暇思抵制等語此蓋對於煽惑暴動者而言然同胞相戒不用美貨爲個人自有之權素嘗禁用無關國際深恐有人以此藉口函電各處誘爲疏通若一疏通則功敗垂成前途將有不堪設想爲特哭告環球熱誠同胞眷念華民生機惟此一綫萬一解散恐二萬萬方里任人豆剖瓜分四萬萬同胞聽人水深火熱國勢既不可挽人格亦不能復爲今之計惟有哭求同胞堅持到底美約一日不改美貨一日不用衆志成城事必有濟盖舍此別無他法也願於梁欽使二次覆電力請堅持初議勿恐流言我同胞可不爭自存於物競世界乎況此舉爲各國人觀綫注重之点願我同胞勿改初心不達其目的不止天下幸甚大局幸甚

上海學商界同人公具

1905年上海商学各界在抵制美货运动中散发的《哭告天下拒约同志》传单

有密切联系，因此，他们就不愿和不能彻底推翻帝国主义，更不愿和不能彻底推翻封建势力。所以，反对反动统治的主要力量是农民和其他广大劳动群众。

农民一直是反对帝国主义和封建势力的主力军。这一时期，以农民为主体的劳动群众，踏着义和团勇士们的血迹，威武不屈地继续向着帝国主义和封建势力发起勇猛的进攻。抗捐、抗税和反对外国教会的斗争，在各省、县此伏彼起，连绵不断，几乎遍及全国。其中规模较大的是1904年7月江西乐平人民反对抽收“靛捐”的斗争。种靛农民和会党群众联合起来，在夏廷义的率领下冲入县城，夺取枪支，焚毁县衙门，捣毁盐卡、厘卡、统捐局和洋教堂，狠打帝国主义及其走狗，并且连续几天英勇地抗击了清朝政府调来镇压的反动军队。这次斗争坚持了半年之久，严重地打击了清朝统治者和外国侵略者。与此同时，大小规模的武装起义，也接二连三，层出不穷。例如，直隶（河北）人民在广宗县联庄会首领景廷宾领导下，于1902年以“扫清灭洋”为号召，掀起了冀、鲁、豫平原24州县的20万农民大起义。他们向清朝政府的贪官污吏和帝国主义教会、教士进攻，包围了威县、广宗、冀州、南宫、枣强、隆平、宁晋、柏乡等县，革命声威大震，反动派闻风丧胆。规模更大的是1903年到1905年广西全省几十州县人民的武装斗争。这次起义，最盛时有汉、壮、苗、瑶等族数十万群众参加起义军，他们把清朝政府在广西的统治者打得焦头烂额，毫无办法，最后不得不向“洋主人”法帝国主义“乞援”，因此，引起了全国舆论的愤怒声讨，使帝国主义者也不敢妄动。孙中山从这次农民起义中受到很大鼓舞，他当时就满怀信心地指出：“满清军队在任何战场上都不足与我们匹敌，目前爱国分子在广西的起义就是一个明显的例证。”①

① 《中国问题的真解决》，《孙中山全集》第二卷，人民出版社2015年版，第68页。

在这一时期，中国工人阶级还没有作为一个觉醒的、独立的阶级力量登上政治舞台，但在逐步发展中，已和农民阶级一起成为反帝反封建斗争的重要力量。1897 年在上海“租界”里，5000 名小车工人为抗捐举行罢工，并以棍棒、扁担、砖瓦、石头作武器，和镇压他们的巡捕进行斗争。1903 年，云南个旧锡厂工人为反抗法国侵略者修筑滇越铁路、侵占锡厂举行起义。他们提出“抗官仇洋”的口号，很快就攻占石屏、临安等地，发展到一万多人。1905 年，汉口铜货工人三千多人，为反对资本家克扣工资进行罢工。在反帝反封建的战线上，这支新兴的社会力量，逐渐引起人们的重视。

还有，城镇手工业者和中小商人，多年以来被繁重苛刻的摊派所困扰，不能维持正常的营业，在全国许多地方也不断掀起抗捐罢市的斗争。

这些群众性自发的反抗斗争和武装起义，席卷全国，声势浩大，震撼着清朝政府的反动统治，有力地推动了革命形势的飞速发展。孙中山受到了国内这些劳动人民反帝反封建斗争的有力推动，从广西会党起义的烽火中，看到了美丽祖国“新纪元的曙光”；从各处蓬勃发展的群众斗争中，他得出了“中国现今正处在一次伟大的民族运动的前夕”的正确结论。孙中山认为，清朝统治已经像一座破房子，整个结构从根本上彻底地腐朽了，只要抽掉一根木头，或者挖去一块墙脚，就会整个倒塌下来。他庄严宣告：“全国革命的时机，现已成熟。”在大变动即将到来的时刻，“只要星星之火就能在政治上造成燎原之势”，烧遍全国，就能推翻清朝统治者。[①] 因此，他在和改良派进行论战的同时，更积极地筹划武装革命斗争。

在半殖民地半封建社会的中国，帝国主义及其追随者都握有庞大的反革命武装，人民大众要挽救祖国的危亡，只有拿起武器，采

① 《中国问题的真解决》，《孙中山全集》第二卷，人民出版社 2015 年版，第 68 页。

用武装革命的形式。孙中山作为民主革命的先行者，其最先进的一点，是他在中国资产阶级改良主义思潮泛滥之时，就揭举武装起义的旗帜。此后他一直把武装斗争放在重要地位，始终坚持武装起义的正确道路。正如他 1903 年在一封信中所说的，自己“向来专心致志于兴师一事”[①]，要用武装起义的手段推翻清朝的统治。在同盟会成立之后，孙中山在两条战线上领导着资产阶级革命的斗争。即一方面领导了与改良派的论战，如前面之所述；另一方面就是指挥革命党人积极开展武装斗争。当时，他除了派遣一部分同盟会会员秘密回国，为准备武装斗争集结力量外，他本人也付出了大量的时间和精力，投入武装起义的种种筹备工作。他往来于日本、南洋、欧美各地，除了建立革命组织、宣传革命道理以外，还联络会党，筹措款项，目的都是为了组织起义。如果说，从孙中山组织兴中会起，就进行了几次反清的武装起义，那么到了同盟会时期，和兴中会时期相比较，是“更充满了武装起义的事迹”。他在 1907—1911 年的四年中，领导革命党人连续不断地组织了八次武装起义。

二、萍、浏、醴起义

同盟会成立一个多月，孙中山于 1905 年 10 月 7 日就离开日本前往越南、新加坡等地，发展同盟会组织，并筹划在中国的华南地区发动武装起义。

1906 年秋冬间，孙中山回到日本东京，和黄兴、章太炎等同盟会领导人一起，编制了中华国民军政府的《革命方略》，它由 11 篇文件组成（1908 年又增订了《招军章程》和《招降清朝兵勇条件》两个文件），以作为推动国内革命运动的纲领性文件。

---

①《复黄宗仰函》，《孙中山全集》第四卷，人民出版社 2015 年版，第 32 页。

《革命方略》，包括《军政府宣言》、革命军和地方政权的建制、各项军政布告和《对外宣言》等，通过对同盟会十六字政纲的具体阐述和实施秩序的明确划分，凸显了通过革命战争，推翻清王朝，建立民主共和国的伟大意义，指明了实施方案和步骤，专供各地革命党人发动起义时动员群众、鼓舞士气、瓦解敌军和指导对外关系之用，从而再次集中反映了孙中山用武力推翻清政府的一贯思想，和显示了他的巨大决心。

《革命方略》的编制及其在各省的秘密流传，曾在一定程度上将其中的各项规定和设想付诸实施，对同盟会发动的多次武装起义以及武昌起义后各省独立，都曾产生了一定影响。

当时，孙中山在东京的生活十分俭朴。据在其身边的同盟会员回忆说："他的生活和一般的平民一样，屋内的陈设，除了书籍和必需的用具以外，并无其他物。孙先生的服装很朴素、清洁。"有些青年同盟会员到他那里去，孙中山见他们穿的衣服带灰尘或是鞋袜脏了，就亲自替他们刷衣擦鞋。有亲身感受的梁瑞堂回忆说："这件事使我很受感动，至今还留下不可磨灭的印象。像孙先生这样一位当时已经著名的革命领袖，对于我当时还不到二十岁的一个青年，如此亲切关怀，我和当时追随孙中山先生的许许多多同志一样，觉得他不仅是一位可尊敬的革命领袖和导师，而且又是一位和蔼可亲的父兄。"

这一时期，革命取得了迅猛的发展，正如孙中山所概括的："自革命同盟会成立之后，予之希望，则为之开一新纪元。……吾始信革命大业可及身而成矣。于是乃敢定立中华民国之名称，而公布于党员，使之各回本省鼓吹革命之主义，而传布中华民国之思想焉。不期年而加盟者逾万人。支部则亦先后成立于各省。从此革命风潮，一日千丈，其进步之速，有出人意表者矣。当时外国政府之对中国

《革命方略》书影

革命党亦多刮目相看。”[1]

1906年春，长江流域洪水成灾，米价大涨，不少地区处于饥饿状态。东京同盟会总部派刘道一、蔡绍南回湖南运动军队，重整会党，做起义的准备。他们回到长江后，决定刘道一留驻长江，负责和总部联系，蔡绍南则前往江西萍乡一带联络会党。

江西的萍乡县和湖南的浏阳县、醴陵县位于两省交界处，地处罗霄山脉北段，是清政府统治薄弱之地，又是秘密会党十分活跃地。蔡绍南到达目的地后，得到同盟会员、明德学堂学生魏宗铨的帮助，很快和萍乡、浏阳、醴陵一带的洪江会首领龚春台等取得了联系。

在湘赣哥老会和他们的共同策动下，12月4日，萍、浏、醴起义（史称“萍醴之役”，又称“萍浏醴起义”）全面爆发。贫苦农民、会党群众、萍乡安源矿工和部分防营兵勇参加了起义。起义军定名为中华国民军南军革命先锋队，龚春台为都督，蔡绍南为左卫都统领兼文案司，魏宗铨为右卫都统领兼钱库都粮司，廖淑保为前营统带，沈益古为后营统带。在所发布的《中华国民军起义檄文》中，列举了清政府的“十大罪状”，愤怒揭露清廷对外投降卖国、对内残酷压榨人民的滔天罪行，宣布革命宗旨是“破除数千年之专制政体”，“建立共和民国”，并“使地权与民平均，不致富者愈富，成不平等之社会”。并声言：未来社会的“幸福”，“不但在鞑虏宇下者所未梦见，即欧美现在人民，亦未能完全享受”。[2] 这一檄文表达了以孙中山为代表的资产阶级革命派的全部纲领，使起义具有和旧式农民起义截然不同的新色彩。从檄文的主张中，可以明显看出同盟会员在这次起义中的影响。洪江会的义旗一举，受到广大人民群众的热烈拥护，群众如潮水般涌来，发展很快，十天之内，队伍就扩大到三万多人，一度控制了四五个县，震动了长江中、下游各省。当

①《建国方略》，《孙中山全集》第一卷，人民出版社2015年版，第82页。

②中国近代史资料丛刊：《辛亥革命》（二），上海人民出版社1957年版，第477页。

刘道一

起义消息传到东京时，在同盟会中引起了很大反响，会员们纷纷要求回国参加战斗，孙中山也认为“机不可失”，他和黄兴立即派同盟会员宁调元、杨卓霖、胡瑛、孙毓筠等人，先后赶回国内，分赴苏、皖、湘、鄂、赣、粤各省组织起义，以声援萍、浏、醴起义。但各地起义还未发动，萍、浏、醴起义军经半个多月顽强奋战，终因仓促发难、枪械不济、力量悬殊，已在五万多清军的围攻下，于是月下旬失败。

起义失败后，清军大举“清乡”，搜捕革命群众，一直进行了三个月。12 月下旬，同盟会员刘道一和会党领袖冯乃古等人被捕就义。1907 年 3 月 7 日，魏宗铨也被捕杀。总计，起义军前后遇难者一万余人，群众被杀害者两万余人。

对于萍、浏、醴之役的失败和刘道一的死，孙中山极为沉痛，称此为“同盟会员之第一次流血”。特作七律诗志哀。诗云：“半壁东南三楚雄，刘郎此去霸图空。尚余遗孽艰难甚，惟与斯人慷慨同。塞上秋风悲战马，神州落日泣哀鸿。几时痛饮黄龙酒，横揽江流一奠公。”[①]

在萍醴之役发生后不久，日本的个别报纸刊文诽谤孙中山是“叛徒”，革命党人闻后非常气愤，并把这一情况告诉孙中山。孙中山微笑说：“常人毁誉无足轻重，吾党行事，一本义理，义理所在，虽毁何伤！我们革命目标既定，务使达到而后已，天下后世，自有定评。”

当时，在广西壮族流传的歌谣中，是这样概述孙中山的革命活动的：

多亏孙文倡导革命，
四处奔走救国救民。
他劝告老少齐参加，
恢复中华打倒满清。

声势浩大的萍、浏、醴起义，表现了广大人民的革命积极性，农民、工人及其他劳动群众对清朝统治的仇恨已经达到了一触即燃的程度。他们欢迎先进的政治势力的领导，少数同盟会员的活动给起义带来了深刻的影响。这次起义爆发于中国腹心地区，虽然失败了，但其规模之大是前所未有的，因而在国内外引起巨大反响，革命派的士气也大受鼓舞。孙中山后来总结革命历程时，指出这次起义之后“革命风潮之鼓荡全国者，更为从前所未有，而同盟会本部之在东京，亦不能久为沉默矣”。[②] 这次起义告诉人们：如果革命党人集中力量在国内活动，深入到劳动群众中去，宣传革命纲领，施行正确的策略，反清武装起义的怒火并不难遍及全国。

---

①这首诗，系由同盟会员汤增璧代笔。

②《建国方略》，《孙中山全集》第一卷，人民出版社 2015 年版，第 84 页。

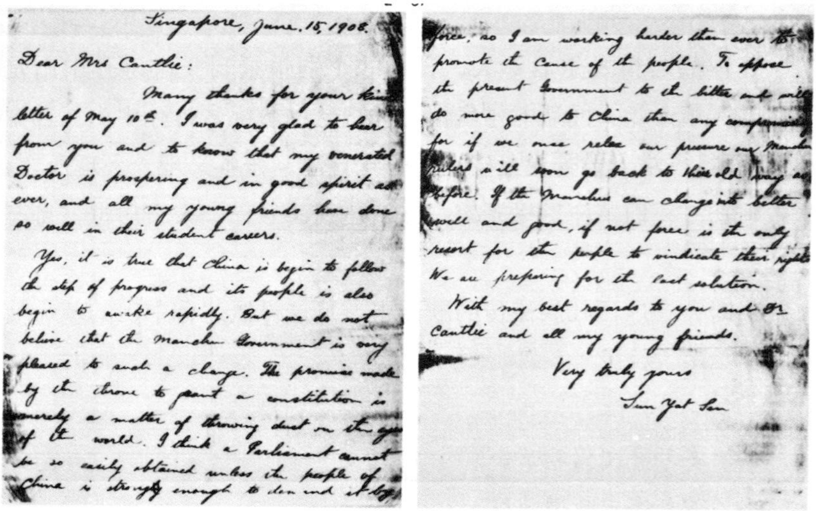

Singapore, June. 15, 1908.

Dear Mrs Cantlie:

Many thanks for your kind letter of May 10th. I was very glad to hear from you and to know that my venerated Doctor is prospering and in good spirit as ever, and all my young friends have done so well in their student careers.

Yes, it is true that China is begin to follow the step of progress and its people is also begin to awake rapidly. But we do not believe that the Manchu Government is very pleased to such a change. The promise made by the throne to grant a constitution is merely a matter of throwing dust on the eyes of the world. I think a Parliament cannot be so easily obtained unless the people of China is strongly enough to demand it by force. so I am working harder than ever to promote the cause of the people. To oppose the present Government to the bitter end will do more good to China than any compromising for if we once relax our pressure our Manchu rulers will soon go back to their old way as before. If the Manchus can change into better well and good, if not force is the only resort for the people to vindicate their rights. We are preparing for the last solution.

With my best regards to you and Dr Cantlie and all my young friends.

Very truly yours

Sun Yat Sen

孙中山于1908年从新加坡写给康德黎夫人的英文亲笔信，表示决心用武力推翻清廷

三、起义起义再起义

（一）潮州黄冈之役

萍、浏、醴起义失败后，清政府了解到同盟会是萍、浏、醴起义的策动者，便要求日本政府驱逐孙中山出境。1907年3月4日，孙中山被迫离开日本经新加坡赴越南。他于3月14日到达河内后，立即在甘必达街61号设立了领导西南武装起义的总机关，准备就近筹划广东、广西和云南三省的起义。他所以要选择两广和云南作为起义地点，是由于这些省份地处边境，群众基础好，易于发动；地域宽广，便于迂回作战；而且从国外输送武器和人员也比较方便，“容易得到海外的接济”。他计划先夺广东，次取广西、云南，然后就可占领南部七省。长江流域和华北平原各省也会纷起响应。这样便能实现夺取全中国的革命目标。

1907年时的孙中山

张静江

在孙中山偕胡汉民、汪精卫、胡毅生、黎仲实等在河内设立起义的总机关时，窘于军款不足，他又想起在法国轮船上相遇的张静江。他先后两次给张发电，第一次写的“A”字，第二次写的“E”字。不久收到张静江汇来的一万法郎和五万法郎。之后，孙中山命胡汉民致函感谢，并详述军事用款计划。张静江回电说：“我深信你必用于革命，所以愿尽力助你成此大业，你我既成同志，彼此默契，实无报告事实之必要。若被敌人所知，于革命进行有所不利。你能努力猛进，即胜于作长信。”信中充满对孙中山的信赖和崇敬之情。

黄冈是广东潮州府饶平县的一个大镇，地处岭东，市况繁荣，为闽、粤省交通要道。当地三合会势力很盛，其重要头目为许雪秋。

许雪秋（1875—1912 年），为一华侨富商，喜击剑舞拳，与江湖会党有联系，有“小孟尝”之称。1903 年受到福建人黄乃裳的影响，立志革命。1906 年 6 月孙中山在新加坡时，吸收其加入了同盟会，并任命他为中华国民军东军都督，主持岭东一带军务，积极联络会党，准备在潮州起义。同年冬，在日本又派廖仲恺、乔义生、方汉成、方瑞麟、李思唐、张煊、方次石、邓慕韩、谢良牧，还有日本会员萱野长知、池亨吉先后前往协助。途经新加坡时，又选派了黄耀廷、邓子瑜、余绍卿等到广东惠州东江一带准备配合许雪秋并举。

许雪秋在他的家乡宏安，召集了一次军事会议，决定在 1907 年 2 月 19 日（正月初七）乘清军春节疏于防务，分头大举。派乔义生、李思唐、张煊、郭公接赴饶平县的浮山墟部署，计划至期夜袭潮州府，由黄伟斋率潮州城内十八馆党人为内应。余丑、余通、方汉成、方次石赴黄冈；黄德胜等赴惠来；罗飞雁等赴揭阳；谢良牧、李次温、李于伟等人计划埋伏于潮汕车站、蔡家祠、敌山台、潮安内城各处；陈芸生、萧竹荷担任运动揭阳清炮台兵反正。一切安排均已就绪，但至期因风雨大作，浮山党人时聚时散，黄冈一部也无

1907 年春，许雪秋与萱野长知在新加坡筹划起义时合影

法集合。许雪秋见时机已过，令各部暂行分散，候命进取。不料风声已被泄露，敌人四处搜捕党人，薛金福、黄志、张顺数人被捕遇害。许雪秋委派陈宏生进行安置。他与谢良牧、方瑞麟等到香港同盟会分部汇报并请示，冯自由向河内发电向孙中山报告，孙中山电示："此后起事时期须与惠州及钦廉义师，约定同举，以便牵制清军，令雪秋万勿孟浪从事，致伤元气。"

许、谢、方等寓居香港阑桂坊等候惠州方面的消息。乔义生、池亨吉驻汕头幸阪旅馆传递情况。到了5月下旬，余丑、陈涌波来香港报告：黄冈同志又被清吏捕去二人，同志拟克日举义营救，许雪秋等听了也跃跃欲动。香港分部再三劝阻，让他们"静候总理命令，务与惠州、钦廉同时发动"。令余丑、陈涌波二人回黄冈设法制止。潮州总兵黄金福，接黄冈都司隆启报告说黄冈确有革命党聚众情形，即派守备蔡河宗带兵防范，并捕捉党人两名。余丑、陈涌波主张非速举事不能营救同志，遂聚众700人，在6月21日晚9点，围攻黄冈协署，血战一天，城内各衙署皆为革命军占领，擒都司隆启。革命军仅亡二人，伤十余人。起义军顺利地占领黄冈后，成立了军政府，推举陈涌波、余丑为正副司令，同时以"广东国民军大都督孙"等名义发布檄文，宣布"各行店，照常交易，免除一切苛捐杂税"。

24日夜，余丑、陈涌波又率兵向黄金福大本营浒洲港进攻，激战两天，因清军援兵四集，革命党腹背受敌，加上械劣弹乏，孤立失援，队伍宣布解散。这时，许雪秋、乔宜斋、萱野长知正在汕头幸阪旅馆，策划丰顺、揭阳、惠阳、潮安各县响应。这时，清提督李准统兵到汕头，许雪秋还想轰击敌人兵船，因戒备严密，无从下手。于是，许雪秋又回香港，发电河内，向孙中山报告经过。之后，许雪秋到河内向孙中山说明起义失败原因："土炮不敌洋炮，为黄冈一役失败之主因。倘能从外国购运新式军械至惠州汕尾洋面，可预雇

潮州黄冈起义军誓师出发情形

大贝船在海上收接，即在海丰、陆丰沿岸召集党人大举发难。”孙中山表示同意，派萱野回日本购买军械，命许雪秋等回香港继续策划。

10月7日，萱野来电：“械已购妥，村田式快枪2000支，短枪3000支，日本古刀50具，将校用刀20具，民党领袖犬养毅赠古刀三具以壮声势。”香港分会派邓慕韩、陈二九到日本协助萱野启运。许雪秋、刘思永、谭剑英赴汕尾准备接迎。8日，萱野、邓慕韩、陈二九乘“幸运丸”自日本长崎起航，于12日船抵汕尾。但当船到岸时，未见帆船接应。三小时后，才见许雪秋驾一小舟，前来探视，萱野急命速备大船卸械。这期间由于许雪秋在汕尾、捷胜沿岸屡聚党人，风声四起，及械船驶近海岸时，围观群众竟聚一万多人。清碣石镇总兵吴祥达严加戒备，派小兵轮不断游弋侦察。萱野要把船驶往外海晚间再来，但船主因船中还运有三井洋行煤炭，定要驶赴香港。等许雪秋租用帆船出海时，货船已经驶去。邓慕韩、陈二九、萱野到《中国日报》社同盟会支部找冯自由、胡汉民商量补救办法。议决该轮三日后煤炭卸竣，再由萱野率党人500人乘原船赴惠州海丰洋面，将军械交该地同志，就在平海举事。这期间，香港当局得到广东督署照会要求扣留“幸运丸”。日本领事为免生交涉，令该船迅速回日本，近万元的军械由此化为泡影。海丰、陆丰起义计划落空。孙中山于26日在河内向萱野写了长信进行慰勉：“阁下之任务，以能使军械运至目的地，即为完全无阙，而许氏乃遇事仓遑，侦候不明，不知有兵舰，预备不周，不能雇备大船，报告不实，以至虽已运送到目的地之军械，而仍不得其用……而绝无所疑阁下之行事者也。……以后所倚托于阁下之事正多，愿阁下更为鼎力赐助是幸。”

这次潮州黄冈起义，在清军大举进攻下，坚持战斗了五天，因粮械短缺而失败。27日，陈涌波、余既成等“为保存实力，以图再举”，解散起义军。余等由海道潜赴香港。

（二）惠州七女湖之役

5月底，孙中山派在惠州地区策划起义的同盟会员邓子瑜等，听说黄冈之役已发动，并不知道黄冈之役已经失败，带领一部分会党武装于6月7日在归善（今惠阳）县七女湖响应。

邓子瑜是惠州归善人，在香港、新加坡经营旅馆业，与内地会党声息相通。孙中山派他协助黄耀廷在惠州等地的军务，负起惠州起义全责。5月，因潮州军事紧迫，他派陈纯、林旺、孙稳等到惠州归善、博罗、龙门分三路起事，结果只有归善一路有所发动。6月2日，在归善县的七女湖举义，劫夺了敌军防营，缴枪多支，击毙巡勇及水军巡舰哨弁多人。5日，进攻泰尾，清守兵望风而逃，又连占杨树、三达、柏塘、八子岭、公庄等地。义旗一举，各乡会党和群众纷至沓来欢迎，纷纷前来参加，声威大震。

其时，由于惠州府陈兆棠急电广州督署营务处求救，粤督周馥即调驻惠州东路巡防各营管带洪兆麟、李声振、吴鳌等部，又增调新会右营守备、中路巡防第十营管带钟子才援助。革命军只有二百余人横行于水口、横沥、三经、蔗浦等处。双方混战十多天，多次击败清军，敌人死伤甚多。革命军出入于山村路岔之中，使清兵疲于奔命。但终因寡不敌众，加以缺乏弹药，起义队伍迫不得已于6月19日将武器埋在地下后自行解散。

（三）钦州、廉州、防城之役

1907年春，广东的钦州、廉州（今均属广西壮族自治区）两地人民因反抗当地官府强行糖捐制度而发生暴动，官军开枪打死数十人，激起民愤，集结日众。粤督周馥派统领郭人漳率防军二营，标统赵伯先（赵声）率新军步队一营前往镇压。孙中山派邝敬川到廉州良屋与抗捐乡团首领刘思裕、黄世钦、唐甫珠接洽，晓以革命大义，并说明抗捐义举应与革命党一致行动，进行有计划、有组织的起义，不但可免受清军的攻击，还可完成光复中华的大业，刘思裕

邓子瑜

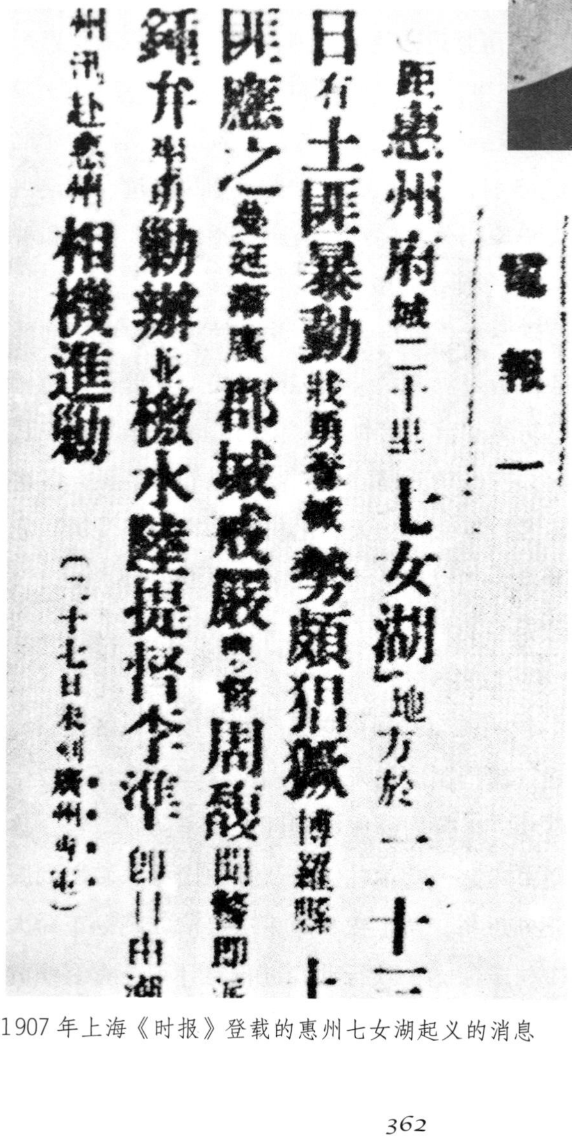

電報一

距惠州府城二十里七女湖地方於二十二日有土匪暴動戕勇奪械勢頗猖獗博羅縣土匪應之發延綿處郡城戒嚴督周馥聞警即派鍾弁率勇勸辦並檄水陸提督李準即日由湖州汛赴惠州相機進勦

（二十七日來自廣州）

1907 年上海《时报》登载的惠州七女湖起义的消息

等欣然赞同。因清军统领郭人漳、标统赵伯先素与革命党有联系，孙中山遂派胡毅生到北海赵伯先营处约同郭、赵乘机举义，又派陈油持书给胡毅生令其转告郭、赵："钦、廉团兵已与党人联，勿相杀！"但陈油到北海时，郭、赵所部已开走，陈油未能追赶将信送到，故郭人漳不知内情，到了钦州米村，向乡团攻击，刘思裕等以为革命党已与郭人漳联系，未加防备，死伤甚众，刘思裕被害。胡毅生到河内时才知这是由于陈油未能将信送到造成的失误，导致自相残杀。

孙中山命王和顺（1869—1934 年，字德馨，号寿山，壮族，广西邕宁人，原是提督刘永福部哨官，后参加反清会党，曾在南宁梧州起义，1906 年冬在西贡参加同盟会）为中华国民军南军提督，主持钦、廉军务。派黄兴和王和顺随胡毅生到北海与郭人漳、赵伯先两人联络。郭、赵二人表示："若有堂堂正正革命军起，必反戈相应。"黄兴随郭人漳营在钦州，胡毅生随赵伯先营在廉州，王和顺在各乡镇深入乡团联络，准备一致行动。孙中山素知钦、廉人民骁勇善战，决定派日本会员萱野长知携款回日本购买军械，准备大举。

钦州、廉州起义前夕，钦州乡团有六七千人，革命军两千人，准备反正的郭人漳、赵伯先所率新军有六千人，只待萱野所购武器一到，先占防城，再取东兴沿海一带作为革命根据地。东兴位于中国与越南交界处，仅一河之隔，桥南就是越南的芒街。当时的计划是："武器一到，则我党可成立正式军队两千余人，然后集合钦州各乡团勇六七千人，而后约合郭人漳、赵伯先二人所带之新军约六千余人，便可组成一声势浩大之军队。再加以训练，当成精锐，则两广尽可收入掌握之中。而后出长江以合南京、武昌新军，则破竹之势可成，而革命可收完全之效果矣。"但"不期东京本部之党员忽起风潮，而武器购买运输之计划为之破坏"。

王和顺于 9 月 4 日率领革命军攻防城。5 日，清军驻防城衡守营

王和顺

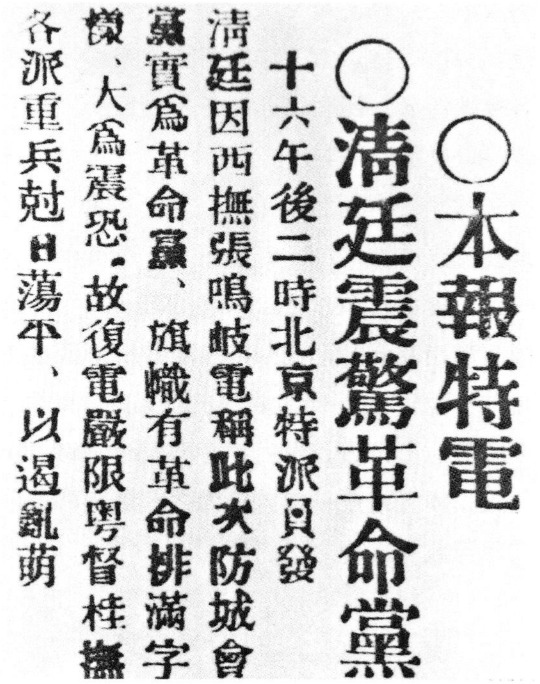

○本報特電

○清廷震驚革命黨

十六午後二時北京特派員發

清廷因西撫張鳴岐電稱此次防城會黨實爲革命黨、旗幟有革命排滿字樣、大爲震恐．故復電嚴限粵督桂撫各派重兵尅日蕩平、以遏亂萌

1907年钦廉防城起义时，某报关于清廷震惊的电文

连长左营哨官刘辉廷、右营哨官李耀堂先后反正响应，革命军很快占领了防城，杀了县官朱鼎元等。随后留邝敬川率少数队伍驻守防城，即移师攻袭钦州府城及灵山等地。天将亮到达距钦州还有 40 里的涌口。中午，黄兴、郭人漳率卫队 60 人出城来迎。郭人漳表示："钦城不必战，晚来便得。"刘辉廷以郭言不足信，与王和顺商量，"宜将所部，改换郭之军服，疾进钦城东门，留郭与大队随后掩至，而占领之，乃上策之上"。王和顺以"黄兴与郭深交，且在郭部多时，尚无危险，不宜以不肖待人"，又纵郭人漳回钦州。革命军 9 月 6 日早 4 点从涌口出发，将近钦州，郭人漳派党人郭时安来说："钦廉道王瑚及驻钦宋安枢部，已戒备，所部不能发动，请党军勿来起义。"等郭时安回城时，郭人漳勃然变色，指郭时安通敌，为了灭口将其杀掉。原来，郭人漳昨日出城，见涌口党军势弱，以为很难成事，不便与起义军为伍。起义军探悉郭人漳已无意反正，王和顺率起义军改道攻灵山，与清军激战，三日未克。他们先后发布了《告粤省同胞书》《告海外同胞书》及《招降满洲将士布告》三种起义文告，申明"以自由、平等、博爱为根本，扫专制不平之政治，建民主立宪之政体，行土地国有之制度，使四万万人无一不得其所"。号召广东省同胞"共矢忠贞，以图大业"，[①] 发展到三千多人。

孙中山得知占领防城后，立即从河内派人四处募款购械，准备接济。当时起义军并没有和当地农民的武装——抗捐队伍相结合，形成孤军作战的局面；加上清朝新军统领郭人漳一面称"赞成革命"，一面又派兵袭陷防城，使起义军腹背受敌。尽管如此，起义军一直坚持到 9 月中旬，由于枪械弹和军需给养均发生困难，最后被退入粤、桂两省交界的十万大山中。

①香港《中国日报》，1909 年 9 月 28 日。

镇南关城门

黄明堂

（四）镇南关之役

钦州、防城之役后，孙中山又和黄兴计划从越南袭取要塞镇南关（今友谊关），进攻广西。

镇南关介于中国、越南两国之间，为广西游勇活动的地方。孙中山为配合防城起义军进取西南，过去曾派革命党人往游勇中宣传革命思想，争取他们参加反清斗争，并取得了一些成果。9月，他又委派王和顺为镇南关都督，前往桂边那模村，同早与革命有联系的凭祥土司李佑卿联系，议定了攻取镇南关的计划。但李佑卿所部游勇不服从绿林出身的王和顺调动。王和顺无奈，不得已折返河内。

稍后，孙中山又改命游勇首领黄明堂为都督，以李佑卿为副都督，继续筹划起义。

黄明堂（1870—1938年），广东钦州人，壮族。他因愤于清政府腐败，投身会党，曾聚游勇数百人，呼啸山林，多次击败清军，其名不胫而走。自受命于孙中山后，进行顺利，迅速与镇南关炮台守兵联络成熟了。

这次名震中外的镇南关起义，孙中山、黄兴、胡汉民更是直接投入了战斗。

12月2日，黎明前的黑暗时刻，黄明堂和另一游勇首领关仁甫迎着刺骨的山风，率领广西那模村游勇80多人，携带快枪42支，由镇南关背面小路摸索着前进，向镇南关炮台迂回偷袭。他们攀登断涧危崖，直趋第三炮台，正在睡梦中的一百多名清兵，还没有弄清是怎么一回事，就成了俘虏。

游勇一鼓作气，加上内应守军配合，清军猝不及防，纷纷投降，相继又夺取了第二炮台。起义军占领了镇南、镇中、镇北三座山巅炮台。

阴霾的云雾终于被驱散了，淡淡的阳光从一条隙缝中照耀着高山，山下的清兵远远望见青天白日的旗帜在山顶上迎风飘扬，才知道镇南关最险要的三座炮台，已经落入革命军手中。

12月3日上午6时，孙中山偕黄兴、胡汉民、胡毅生、日人池亨吉和法国退职炮兵大尉狄氏一行十余人，即从河内搭火车北上，奔赴前敌，赶来参战。

孙中山自从离开日本到了河内，清政府便悬赏白银20万两索取他的脑袋，或以云南一省作为报酬要求法国政府逮捕、引渡孙中山。这样，在过去的二百多天里，孙中山一直幽居隐所，足不出户。今日，他对能亲临战场杀敌，深感欢欣。虽然这里山高林密，荆棘丛生，攀登时相当吃力，他依然兴高采烈地巡视起义军占领的炮台，受到起义官兵列队热烈欢迎。孙中山和起义军战士一一握手交谈，并发表了热情洋溢的讲话："感谢大家此次奋勇举旗起义，我们要同全国同胞一起把清朝皇帝、民贼推翻，建立新的富强的共和国，四万万同胞都成为国家主人翁，享受独立自由之幸福。外国人不敢欺侮我地（按，我地系粤语，即我们）了，大家都有田地耕种了。同志们，我们就要直下南宁、广州，北出长江来和全国同胞打到北京去！革命军是救国救民的军队，是最得民心的军队，到处都有人民来帮助，力量最大，贼军必败，我们必胜！兄弟此次入关，是和大家一起奋斗，把革命革到成功！”[1]

孙中山在阵地上，时而开枪射击敌人，时而蹲在战士身旁，鼓励战士奋力作战，时而又跑去给战士递送枪弹，或者亲自动手发炮。他非常感慨地说：“我反对清政府二十余年，今日得亲手发炮轰击清军耳！”[2]

当时，还有一座炮台仍在敌人手里，清兵向起义军开枪放炮，起义军的阵地上一时枪弹呼啸，硝烟弥漫，震天动地。突然，一颗炮弹打断了一位炮兵手指。站在这位战士身旁的孙中山，连忙替伤员包扎伤口。

同时，孙中山又访问了炮台附近壮族聚居的弄尧村，向当地农民宣传革命，非常和蔼地对他们说：“炮台现在是我们的了，大家可以上去玩玩。我们不久一定能够推翻满清，那时大家就可以自由自在，不受压迫欺负了。”[3]

这次战役，起义军很快控制了镇南关，获得大小炮 14 门，步枪 400 多支。他们以寡敌众，和几千敌人进行昼夜血战，打死清兵几百人。后来，因清军大批增援部队继续开到，而起义军不仅人数少，弹药也缺乏，实难长久支持。孙中山等审察形势，便决定下山，返回越南办理接济和增援事宜。

正当孙中山在河内洽谈借兵和准备购置军械时，起义军却在几天后经过浴血奋战失利，被迫于 9 日撤离镇南关，退往越南境内燕子大山去了。

---

①郑惠琪等口述：《镇南关起义见闻》，《辛亥革命回忆录》第二册，文史资料出版社 1963 年版，第 435 页。

②《胡汉民自传》，《革命文献》第三辑，台湾 1955 年版，第 395 页。

③郑惠琪等口述：《镇南关起义见闻》，《辛亥革命回忆录》第二册，文史资料出版社 1963 年版，第 435 页。

1908 年 1 月，孙中山与黄兴等在越南河内合影

1908 年 3 月，受命担任中华国民军南军总司令的黄兴

（五）钦州、廉州、上思之役

孙中山“于离河内之际，一面令黄兴筹备再入钦、廉，以图集合该地同志；一面令黄明堂窥取河口，以图进取云南，以为根据之地”。他认为钦、廉会党勇气可用，决定命黄兴为总司令，统领镇南关及十万大山余众，再次在钦、廉地区发动起义，并命黄明堂等规划进取云南河口。因而，又有同年 3 月的钦州马笃山起义。

黄兴奉命后，在河内购得法商盒子炮百数十支，由冯自由在香港购买子弹，并函约钦州统领郭人漳接济弹药相机响应。黄兴率黎仲实、梁少庭、梁建葵、刘梅卿、李文光等及越南华侨同盟会员二百多人，于 3 月 27 日开向钦州，队伍过东兴附近的大路村，四处张贴“中华国民军南路军”总司令黄兴告示，乡民燃爆竹欢迎。

革命军于 3 月 29 日至小峰，清军管带杨某率 600 名清兵抵御，革命军从山上田垄间，突然出击，打得敌军四处逃窜。4 月初，革命军在马笃山一战获得大捷，以后转战钦州、廉州、上思一带。队伍扩大到六百余人，转战四十余日，后因弹尽援绝失利。郭人漳因部下多次接济弹药时，误受革命军攻击，对革命军顿生恶感，不但不再接济，反怀敌意，当革命军准备向广州宣化县进发时，因弹药不济，不能再战，只好令队伍分途解散，潜入十万大山，黄兴、黎仲实等先后回到河内。

此次起义，黄兴率数百人转战一个多月，所向皆捷，屡败清军，但队伍始终未能再扩大，是一支游离于人民群众之外的孤军。最后，因弹尽援绝，不得不率队退回越南。

（六）河口之役

河口地处中越边界，有滇越铁路经过，北可达昆明，清政府在此地建有炮台四座，重兵防守。孙中山的机关部设在河内，计划在云南发动起义，河口是必争之地。

云南河口起义的准备工作是与广西镇南关同时进行的。1908 年

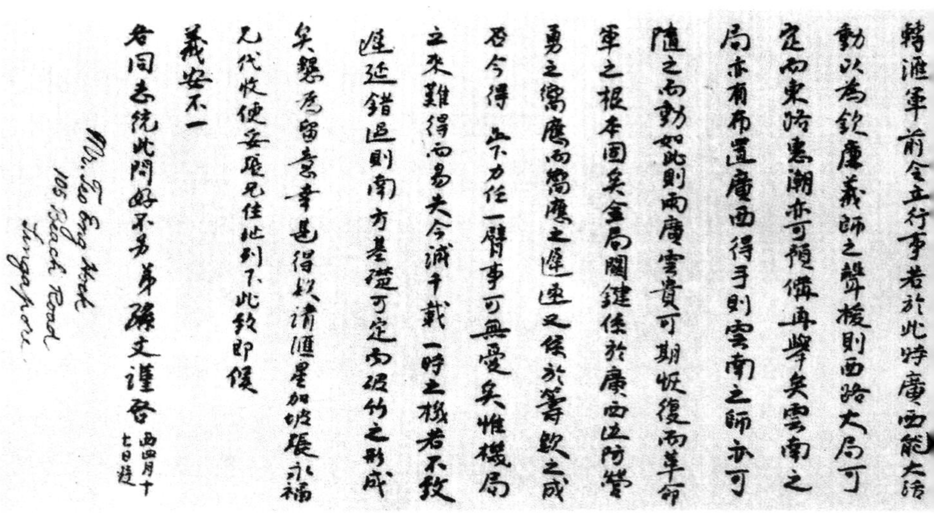

轉滙軍前令立行事者於此時廣西能大活
動以為欽廉義師之聲援則西路大局可
定而東路惠潮亦可預備再舉矣雲南之
局亦有布置廣西得手則雲南之師亦可
隨之而動如此則兩廣雲貴可期恢復而革命
軍之根本固矣全局關鍵係於廣西邊防營
勇之響應而響應之遲速又係於籌款之成
否今得吾人力任一臂事可無憂矣惟機局
之來難得而易失今誠千載一時之機若不致
遲延錯過則南方基礎可定而破竹之形成
矣懇為留意幸甚得以請滙星加坡張永福
兄代收便妥覆見佳此列下此致即候
義安不一
各同志統此問好不另 弟孫文謹啓 西四月十七日

Mr. Teo Eng Hock
105 Beach Road
Singapore

1908 年 4 月 17 日，孙中山为请筹款支持钦廉上思起义事致邓泽如函

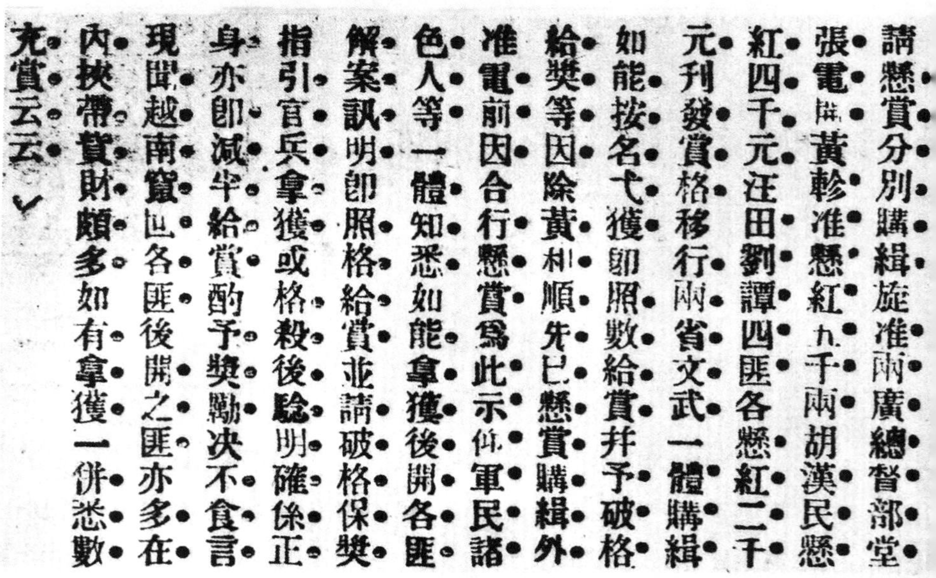

請懸賞分別購緝旋准兩廣總督部堂
張電開黃軫准懸紅九千兩胡漢民懸
紅四千元汪田劉譚四匪各懸紅二千
元刊發賞格移行兩省文武一體購緝
如能按名弋獲即照數給賞并予破格
給獎等因除黃和順先已懸賞購緝外
准電前因合行懸賞爲此示仰軍民諸
色人等一體知悉如能拿獲後開各匪
解案訊明即照格給賞並請破格保獎
指引官兵拿獲或格殺後驗明確係正
身亦即減半給賞酌予獎勵决不食言
現聞越南竄匪各匪後開之匪亦多在
內挾帶貲財頗多如有拿獲一併悉數
充賞云云

1908 年上海报纸刊载的清廷悬拿钦廉上思起义革命党人的赏格

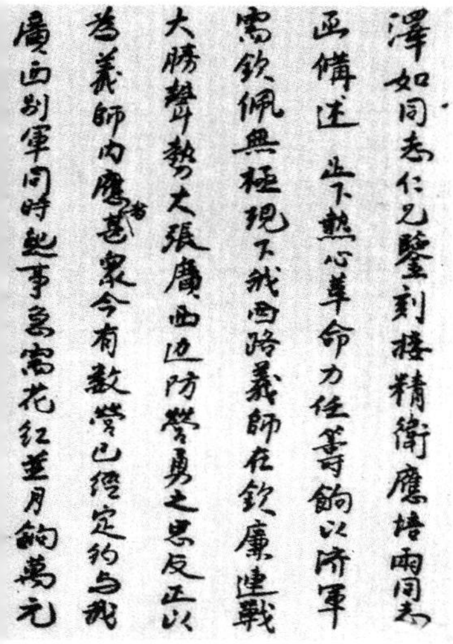
澤如同志仁兄鑒刻接精衛應培兩同志函備述 公下熱心革命力任籌餉以濟軍需欽佩無極現下我西路義師在欽廉連戰大勝聲勢大張廣西边防營勇之思反正以為義師內應者甚衆今有數營已經定約与我廣西別軍同時起事急需花紅並月餉萬元

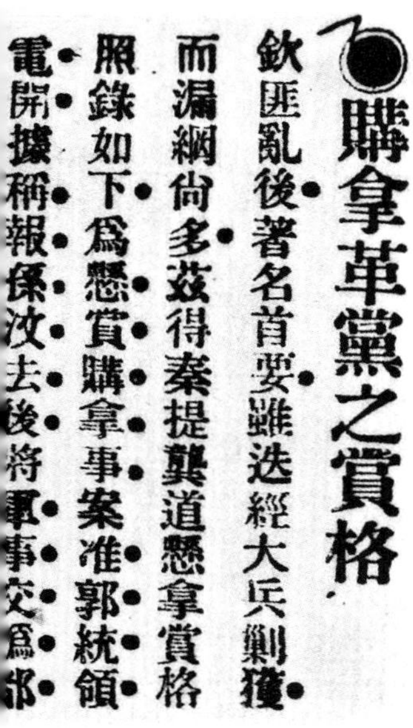
購拿革黨之賞格

欽匪亂後著名首要雖迭經大兵剿獲而漏網尚多茲得秦提龔道懸拿賞格照錄如下為懸賞購拿事案准郭統領電開據稱報係汝去後將軍事交爲部

4月，孙中山任黄明堂主持军事，由王和顺和关仁甫协助。

4月29日夜2点，黄明堂、王和顺、关仁甫率百余人袭取河口，清军防营一队全体士兵400人反正，合并起来约500人，向城里发起进攻，发动了云南河口起义。

起义军在当天凌晨4点，占领河口城，城内警兵也相继反正。清防务处督办官王玉帆率两营人据半山的炮台死守，并派人密赴老街向法国防营统领求援。法军统领答复：“此次起事，乃革命党，并非盗贼，不能如命。”革命军奋力攻山，清军有的投降，有的反戈助战。河口四座炮台都被革命军占领，得枪千余支，子弹20万发。他们以中华国民军南军都督黄明堂名义发出安民布告，“居民悦服，远近归附者络绎不绝，数日内增加至千余人，声势大振”。革命军又分兵出击，先后占领南溪、新街等地。

孙中山在新加坡闻讯后，即电委黄兴为云南国民军总司令前往指挥。5月7日早，黄兴乘车到老街赴前敌督师，计划沿铁路督军进攻昆明。他到了河口后，见士兵疲惫不堪，又于11日返回河内，计划召集钦、廉党军200人赴河口参加战斗。因为阻于投诚清军不听调度和对黄明堂、王和顺等又指挥失灵，被迫又折回河内。

云南总督锡良见革命军声势日盛，大为恐慌。调临安道增厚、开广镇总兵白金桂督兵南下救援，并电奏清廷告急。清政府从各省调集重兵进行围攻，法国殖民当局又禁阻起义人员和武器、粮食，从越南增援云南，使起义军陷入困境。他们坚持战斗了近一个月，终于失败。最后，黄明堂率领六百多名起义战士突围撤入越南境内，被法国当局解除武装，强行押送到新加坡遣散。

至此，孙中山在中国西南部亲自领导的六次起义都失败了。

自从1907年5月至1908年4月不到一年的时间里，孙中山接连在两广和云南三省所发动的这六次起义，并没有从根本上威胁到清政府的生存，也没有在更大的范围内扩大革命的政治影响，却使部分革命党人因革命的连续失败而产生了沮丧情绪，加深了他们对孙中山领导的怀疑和不满，成为了同盟会上层涣散和分裂的重要原因之一。不过，孙中山依然是败而不馁，一如既往，继续领导着革命派勇往直前地进行武装斗争。

四、广州新军之役

通过西南六次起义之后，孙中山等总结经验教训。他认识到过去偏重会党、战斗力不强的不当，便转而侧重于新军的策反工作，准备继续组织反清武装起义。

同盟会在广州新军中的活动，1908年时已逐步展开。同盟会员倪映典（1885—1910年），字炳章，安徽合肥人，岳王会会员，与熊成基先后同学于安徽武备学堂和江南炮兵速成学堂，后任新军第九镇炮兵队官。1908年倪映典在安徽任炮兵管带，曾与熊成基计

倪映典

划在安庆运动军队起义，旋因避端方拘捕，南下广州，任新军炮兵排长。当时，广州新军中有一种演说历史故事的集会，名为“讲古仔”。倪映典就利用这一形式讲述岳飞、韩世忠、满清入关、扬州十日等史事。倪映典刻苦耐劳而又长于鼓动，“言至愤际，拍案几烂”。同时，朱执信也常只身潜入新军串联。他背后拖着一条大辫子，穿着父亲遗留下来的服装，宽袍大袖，招摇过市，无人怀疑其为革命党。他便以此为掩护，通过张醁村、姚雨平等在广东陆军中学、小学、讲武堂等处发展了不少同盟会员。到1909年春，广东新军步、炮、工、辎各营次第建立，成为一支可观的军事力量。赵声、朱执信、倪映典等决计以运动新军为第一步，在广州发动起义。

1909年5月，孙中山离开南洋赴欧洲筹募起义资金，将南洋党务委托给胡汉民，将军事策划委托给黄兴。其后，胡汉民赴港，嘱邹鲁等在广州界中策动起事。同年夏，倪映典、朱执信等在白云山能仁寺集会，举定干事员，分头运动，并于天官里寄园五号设立机关，专门联络新军弁目。由于各方面的积极努力，经过几个月的工作，广州新军加入同盟会人数已达三千余人。

10月，同盟会南方支部在香港成立，以胡汉民为支部长，倪映典为运动新军总主任。同时派姚雨平、张醁村运动广州附近的巡防营，朱执信、胡毅生运动番禺、南海、顺德一带的会党。1909年1月，倪映典到香港向南方支部报告，新军起义条件已经成熟，要求定于夏历正月十五元宵节前后发难。南方支部电告远在美国的孙中山，要求筹汇两万元应急，同时电邀黄兴、谭人凤、赵声等来港主持。不久，孙中山复电，表示款可筹足，并嘱进行勿馁。黄兴、赵声等亦相继抵港。当时，孙武亦来港。孙表示，湖北已有共进会，如广东起义，湖北一定响应。此后，同盟会员、香港商人李海云捐献存款两万元，经费问题顺利解决。

正在弦满待发之际，一标三营队官罗嗣广查获士兵参加同盟会的证书，粤督袁树勋下令于2月8日将协司令部及各标、营子弹15万发暗运入城。次日，又发生了意外事件。

2月9日为夏历除夕，下午5时，二标士兵吴英元等因取订刻的名戳，与城隍庙绣文斋书店发生争执。警察出面干涉，于是发生互殴。警察逮捕士兵一人，另一人逃回报讯。新军百数十人持械入城，包围巡警一局，索回被捕士兵。当日夜，倪映典急至香港报告。黄兴、赵声、胡汉民等计议终宵，决定提前至2月15日（正月初六）起义。

次日春节，二标士兵数百人又执械入城，遇警兵即打，捣毁警局数处。袁树勋闻变，下令弹压。同日，协统张哲培等率宪兵到二标。一面召集士兵训话；一面命令队官卸去枪机，连同子弹一起运入城内。并传令各标，初二不准放假，初三阅操。同日夜，倪映典赶回广州，见到一发而不可收的局面，决定起事。2月11日（初二）晨，一标士兵得悉不准放假，全体大哗，夺门而出。后又传言宪兵攻营，纷纷闯入军械房，取械出防。下午，新军学兵营管带黄士龙在入城时被守城旗兵射伤，新军更为愤激。倪映典、谭瀛、黄洪昆等乘机鼓动士兵争往协司令部、讲武堂及各营夺取枪械子弹。倪映典并表示："此等机会，虽有钱亦买不来"，"只管放心放手做事，香港即时就有接济。"12日（初三）晨，倪映典进入炮、工、辎营，全军欢呼。8时，管带齐汝汉演说，要士兵勿受诱惑。倪映典连击三枪，齐汝汉倒地。另一队长也被倪映典击毙。其他两个队长惊惧自杀。于是，倪映典宣布起义，被推为总司令，率领起义军一千多人经沙河进攻东门。经过一年多的沉寂后，广州新军起义爆发了。

同日晨，李准、吴宗禹率防营两千余人向起义军进攻，在牛王庙一带布防。倪映典身穿蓝袍，手持红旗，驰驱往来。进至横枝冈，被吴部管带李景濂以磋商反正条件为名诱入营中。李景濂为同盟会员，倪映典不疑有他，在出营时被乱枪击中。倪映典牺牲后，起义军勇猛前进，激战一时许，牺牲百余人。因子弹年前即已被缴，起义时每人只分得七粒，迅速打光，不得已向燕塘退却。当夜，一标步营起火。起义军以声东击西之法向吴军直扑，但被击败。

2月13日（初四），新军退守白云山一带，清军四出搜剿，起义军被俘百余人。另百余人在乡民掩护下，逃亡香港。

当新军起事时，城内宜安里等机关曾纵火响应，旋被扑灭。附城大塘、乐从各乡会党原拟同时发动，因事起仓促，新军已败，只得暂停进行。

在广州新军起义失败时，孙中山正在美国旧金山。1910年2月，他在该地华侨群众大会上发表演说，认为满清政府已成"破屋漏舟"，"不可救药"，号召人们克服畏难心理，"速立志以实行革命"。[①] 同年3月，为了解决财政困难，他在洛杉矶（Los Angeles）曾与美人荷马里和布思举行多次会谈，制订了武装起义计划，委任布思为中国同盟会驻国外全权财务代办，通过布思向纽约财团洽商

①新加坡《星洲日报》，1910年4月18、19日。

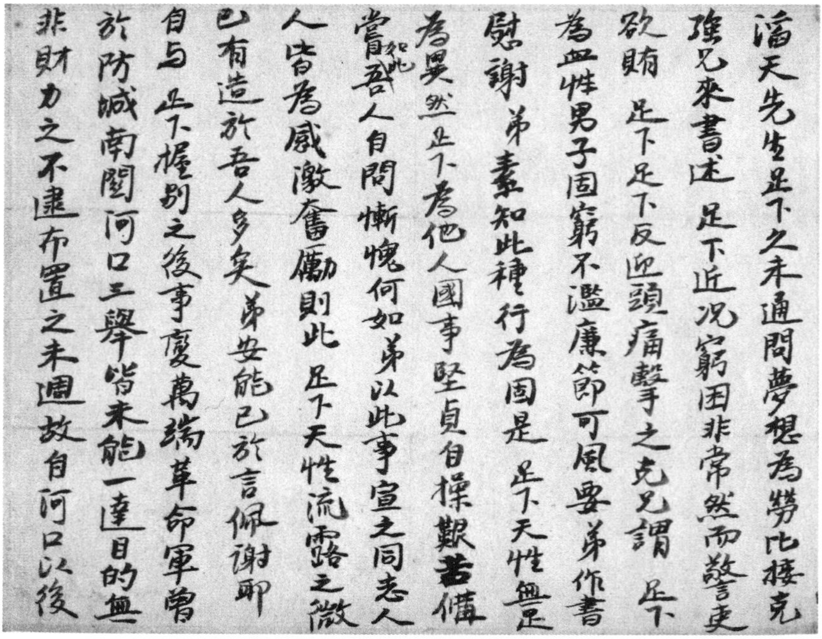

滔天先生足下久未通問夢想為勞比接克强兄來書述 足下近況窮困非常然而警吏欲賄 足下足下反迎頭痛擊之克兄謂 足下為血性男子固窮不濫廉節可風要弟作書慰謝弟素知此種行為固是 足下天性無足為異然 足下為他人國事堅貞自操艱苦備嘗知此吾人自問慚愧何如弟以此事宣之同志人人皆為感激奮勵則此 足下天性流露之微已有造於吾人多矣弟安能已於言佩謝耶自與 足下握別之後事變萬端革命軍曾於防城南關河口三舉皆未能一達目的無非財力之不逮布置之未周故自河口以後

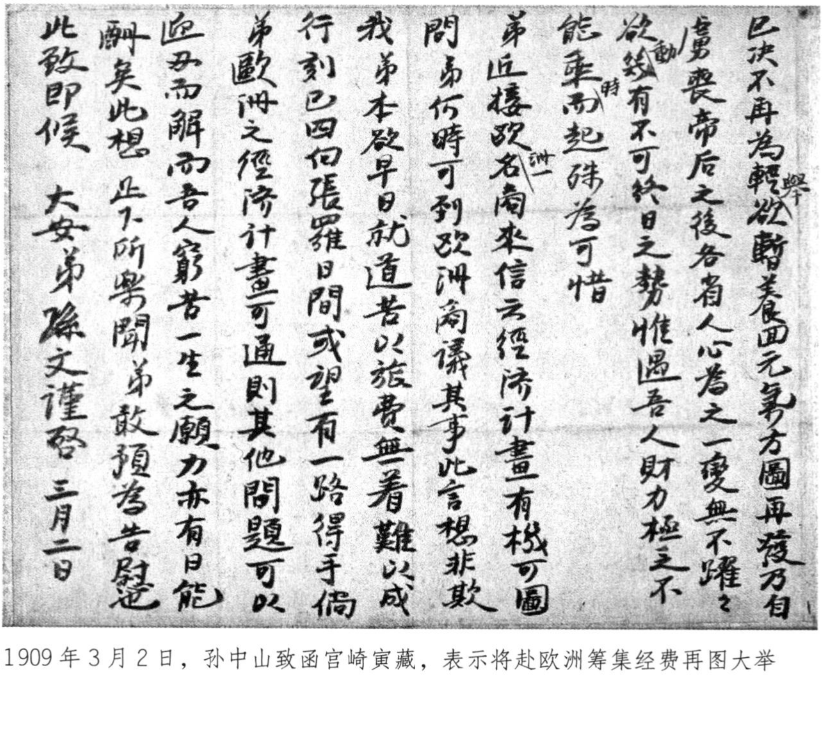

已決不再為輕舉欲暫養回元氣方圖再發乃自虜喪帝后之後各省人心為之一變無不躍躍欲動幾有不可終日之勢惟遇吾人財力極乏不能乘時而起殊為可惜

弟近接歐洲一名商來信云經濟計畫有機可圖問弟何時可到歐洲商議其事此言想非欺我弟本欲早日就道苦以旅費無着難以成行刻已四向張羅日間或望有一路得手倘弟歐洲之經濟計畫可通則其他問題可以迎刃而解而吾人窮苦一生之願力亦有日能酬矣此想 足下所樂聞弟敢預為告慰此致即候

大安弟孫文謹啓 三月二日

1909 年 3 月 2 日，孙中山致函宫崎寅藏，表示将赴欧洲筹集经费再图大举

《时事画报》刊登反映新军起义的漫画

贷款 350 万美元（此项贷款后未实现），以组织军队，训练军官，充实革命实力。

与此同时，孙中山连续发电报和长信给在香港的黄兴，提出在广东再次发动起义的计划。不久，当在香港的革命党人接读电报时，“靡不欢跃之至”。[①] 之后，孙中山又到了檀香山各埠发表演说，鼓吹再次起义。到 5 月末，孙中山离开檀香山，准备东返，就近领导国内的武装起义。在 6 月中旬行经日本时，曾化装秘密潜往东京，会见黄兴、赵声和各省在东京的部分革命党人，商议设立秘密机关，统一各省革命团体的行动。[②] 后来，迫于日本政府不准停留，便于 25 日离开东京经香港前往南洋。

孙中山抵达庇能（即槟榔屿、槟城，在马来西亚北部）之后，

---

① 《黄克强先生上总理书》，1933 年影印版。

② 《致檀香山同盟会员函》，《孙中山全集》第四卷，人民出版社 2015 年版，第 162 页。

先后致函南洋各地革命党人，认为“机局大有可为，不可不乘时图大举”，并嘱告各地党人努力募集10万元作为经费。[①] 同时，又函约黄兴、胡汉民等到南洋来，“以商卷土重来之计划”。[②]

新军起义失败后，一些革命党人产生了悲观失望情绪，“举目前途，众有忧色”，有的忧郁成疾，有的急躁冲动，企图用暗杀方式和敌人拼个死活。孙中山于1910年11月13日，在英国海峡殖民地（今马来西亚）庇能（即槟榔屿）特为召集同盟会的重要骨干和国内外的代表，举行秘密会议，鼓舞大家的斗志，部署下一次武装起义。黄兴、赵声、胡汉民及庇能、怡保、芙蓉和国内东南各省代表出席。

孙中山在会前和会议中，针对一些革命党人因西南多次起义——特别广州新军起义失败而情绪低落，对革命前途丧失信心的情况，豪迈地表示“一败何足馁”，他指出过去屡遭失败，“几为举世所弃，比之今日，其困难实百倍”，而当前“革命之风潮已盛，华侨之思想已开，从今而后只虑吾人之无计划、无勇气耳”！他激励大家“鼓其勇气，乘此良机，重谋大举”，并表示：“如果众志不衰，则财用一层，吾当力任设法。”[③]强调只要做“充分的筹备”，革命一定会胜利的。会议经过充分的讨论，打消了一些革命党人的顾虑，统一了思想之后，决定仍从海外华侨中募集巨款，集中全党人力，在广州举行一次更大规模的起义。

会后，孙中山以通信方式运动各地同盟会组织及个人募捐经费，派赵声往香港联络广州新军，黄兴、胡汉民、邓泽如等分赴南洋各埠募款，还派人到各资本主义国家中购买武器，积极进行起义的准备工作。

同月中旬，孙中山又召集了槟榔屿的同盟会员和爱国侨胞开会，动员大家为革命捐款。他在会上发表演说，坚决表示要“尽倾吾党

①邓泽如编：《中国国民党二十年史迹》，上海正中书局1948年版，第76—77页。

②③《建国方略》，《孙中山全集》第一卷，人民出版社2015年版，第86页。

人材、物力以赴之”，“无论如何险阻，破釜沉舟，成败利钝，实在此一举”。号召大家“踊跃输将”，以尽“救国之责任”。[①] 即席认捐了八千余元。

不料，会后有人将他的演说内容向南洋英国殖民当局告密，英殖民当局便以“妨碍地方治安”为名，勒令孙中山出境。

自萍、浏、醴之役以来，孙中山不但在国内无法立足，在国外也没有安身之处。不仅槟榔屿各处禁止他停留，其他各地帝国主义或殖民当局也都禁止他入境，凡是邻近中国的地方，如日本、越南、南洋等地均不许他居留，正像孙中山自己所说的那样：“东亚大陆之广，南洋岛屿之多，竟无一寸为予立足之地”。[②] 迫不得已，孙中山只好委托黄兴去香港成立机关，主持广州起义的筹备工作；而他本人则于 12 月 6 日离开庇能，再度远涉重洋，前往美洲。

1911 年春天，孙中山不辞劳苦地奔走于美国纽约、旧金山和加拿大的温哥华等地，向华侨宣传革命，积极募集款项。仅是这年 3 月份，在加拿大各埠就筹集了军饷达港币七万多元，占募捐总数的一半，居各地华侨为广州起义捐款的第一位。

---

①杨权翔自述：《纪总理庚戌在槟城关于筹划广州举义之演说》，《建国月刊》第三卷第一期。

②《建国方略》，《孙中山全集》第一卷，人民出版社 2015 年版，第 87 页。

第八节　可歌可泣的广州“三二九”起义

一、起义的准备工作

同盟会领导的历次武装起义中，最重要、影响最大的，无疑是1911年4月27日（农历三月二十九日）的广州起义，也就是通常所说的“黄花岗起义”，或称“三二九之役”。孙中山说过：“是役也，集各省革命党之精英，与彼虏为最后之一搏。事虽不成，而黄花岗七十二烈士轰轰烈烈之概已震动全球，而国内革命之时势实以之造成矣。”①

这次起义，某种程度上可以说是1910年广州新军起义的继续。

在广州新军起义失败后的一年里，客观政治局势发展得很快。国内各种社会矛盾正在迅速激化，革命时机日趋成熟。但当时许多革命者对这一点的认识却十分不足。由于多次起义的失败，特别是广州新军起义的失败，他们沉浸在一片悲观失望之中。谭人凤说：

① 《建国方略》，《孙中山全集》第一卷，人民出版社2015年版，第87页。

“时在东同志概灰心，党事已无人过问。宋钝初亦拟避人避世，遁迹烟霞”，[①] 可是，孙中山却遇挫弥坚，毫不灰心。他号召人们克服危难心理，“速立志以实行革命”。他在 1910 年 10 月 16 日的信中，敏锐地指出了客观形势中有利因素的增长，提出再接再厉、重新组织起义的任务。他说：“乃者时机日逼，外而高丽既灭，满洲亦分，中国命运悬于一线；内而有钉门牌、收粱税，民心大变，时有反抗。吾等新军之运动，已普及于云南、广西、三江、两湖，时局已算成熟。”[②] 应该说，孙中山这种判断是正确的，也是难能可贵的。

11 月 13 日，孙中山到了槟榔屿，约集黄兴、赵声、胡汉民等举行会议，商量卷土重来的计划。当时不少人因起义失败，心情沮丧。加上新军亡命南来的很多，招待安插已弄得焦头烂额，进一步行动的费用又难以为继。这些严重的困扰更使他们堕于灰心丧气之中。孙中山却仍然从容镇定，满怀信心。如上节中所述，他热情地鼓励着大家，从而促使他的信念强烈地感染和鼓舞了大家。黄兴、赵声等都积极支持孙中山的主张。

再度发难的地点选择在哪里？这次会议前曾经过反复的斟酌，最后确定在广州，主要的着眼点仍是认为革命党人在广州新军中有着较好的基础。尽管广州新军起义失败后第一标和炮、工、辎等营都被解散，但赵声担任过标统的新军第二标以及第三标的一营并没有牵及，力量依然保持着，巡防队中也有一些革命党人。因此，在他们看来，在广州发难所能依靠的力量要比其他地区更为雄厚。

这年 3 月 14 日，孙中山曾从美国洛杉矶致电黄兴，28 日又从檀香山给黄兴写了一封长信，提议在广东再次发动武装起义。5 月 13 日。黄兴复信中就明确提出，起义地点仍应定在广州。他说：

---

①谭人凤：《石叟牌词叙录》，《近代史资料》，1956 年第 3 期。

②《致檀香山同盟会员函》，《孙中山全集》第四卷，人民出版社 2015 年版，第 184 页。

1910 年，孙中山委托黄兴在庇能怡保决醒园召集各地同盟会会长举行会议，筹划在广州发动起义

1910年11月10日，孙中山在马来西亚槟榔屿召集同盟会负责人会议，决定再次在广州发动起义。图为会议地址

弟与伯先意，以为广东必可由省城下手，且必能由军队下手。此次新军之败，解散者虽有一标及炮（二营）、工、辎四营之多，然二标及三标之一营皆未变动。现虽有议移高州之说，恐一时尚不能实行。而巡防队兵卒之表同情于此次反正者甚众。

故图广东之事，不必于边远，而可于省会。边远虽起乃败（以我不能交通而彼得交通故），省会一得必成。事大相悬，不可不择（此次新军之败，乃在例外）。

省城一得，兵众械足，无事不可为。①

9月4日，孙中山致书布思，催促他加快筹款，要求先支付五万美元，并且说："我党在广州新军中的地位已有所恢复，且在极短期内将较前增强。清廷所有其他军队的态度亦相同，皆急切期待发起总行动的信号。"第二天，他又致函荷马里："我确信，起事一开始即可先攻取广州。因为，自城内发起突击可以随时占领该城，此即能避免为准备起事后从城外进攻所引起的种种麻烦。夺取广州后，我们至少可获得十万支新式步枪、充足的弹药、数百门新式大炮以及兵工厂。此外，还可获得大量现款和物资补给。大多数领导人皆主张一开始即攻取广州，而极不愿意采其他行动。我亦认为此城自始即为我们进攻的主要目标，而且先攻此城比之后来攻取将远为容易。"

到11月13日的槟榔屿会议上，把在广州组织发动这个打算正式确定了下来。会上还决定：起义仍以新军为主要力量，另择革命党人500名作为先锋。计划在占领广州后，由黄兴率一军出湖南以趋湖北，赵声率一军出江西以趋南京，长江流域各省乘此举兵响应，会师北伐。

---

①黄兴：《复孙中山书》，《黄兴集》，中华书局1981年版，第17—18页。

1911 年 1 月 18 日，黄兴抵达香港，受孙中山的委托主持这次起义的筹备工作。月底，成立了作为起义领导机构的统筹部，以黄兴为部长，赵声为副部长。下分八课：（一）调度课，负责运动新旧军队，由姚雨平任课长；（二）交通课，负责联络江、浙、皖、鄂、湘、桂、闽、滇各路，赵声兼课长；（三）储备课，负责购运军械，胡毅生为课长；（四）编制课，负责草定规则，陈炯明为课长；（五）秘书课，负责文件，胡汉民为课长；（六）出纳课，负责出纳财政，李海云为课长；（七）调查课，负责侦察敌情，罗炽扬为课长；（八）总务课，负责其他杂务，洪承点为课长。

于是，广州起义的具体准备工作犹如紧锣密鼓般地进行着。

关于筹款工作进行的情况是：

槟榔屿会议前夕，孙中山就从槟榔屿分别致函布思、荷马里，委托他们在美国募款。会议结束后，黄兴更亲自奔走新加坡、暹罗、芙蓉、吉隆坡、怡保、霹雳、金宝等地，到处演说，进行筹款活动。胡汉民、邓泽如、姚雨乎、谢良牧等也都分头从事筹款。美洲方面，则由陈耀垣、冯自由、黄芸苏等负责。

当时，筹款的工作相当艰难。邓泽如到马六甲向巨商谭佑初运动，“语革命事，极赞成。语筹饷，则以近状窘，不肯应。其他巨商多同”。在马六甲这样一个大埠只募得 333 元。黄兴因筹款所得与槟榔屿会议的要求相差太远，十分焦急，说：“现在事势已迫。如英属不能筹足预定之额，则全局瓦解。”“言毕泪下。”①

后经多方奔走，才募得 157213 元，其中美洲 77000 元，英属南洋 47663 元，荷属南洋 32550 元。革命党人一无所有，单凭口舌向各方面动以大义，募集如此巨款，其艰难可想而知。

关于起义力量的准备问题，黄兴在起义失败后所写的报告中有

①邹鲁：《广州三月二十九革命史》，上海民智书局 1926 年版，第 9—10 页。

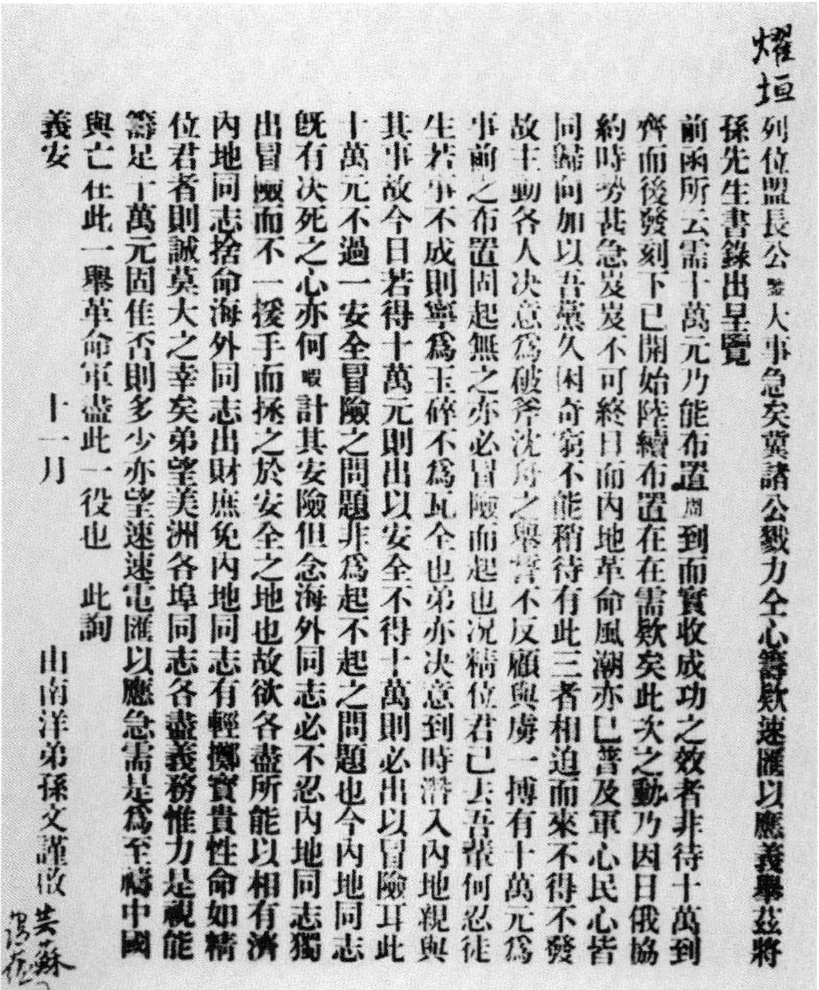

燿垣

列位盟長公鑒大事急矣冀諸公勠力全心籌欵速匯以應義舉茲將

孫先生書錄出呈覽

前函所云需十萬元乃能布置周到而實收成功之效者非待十萬到齊而後發刻下已開始陸續布置在在需欵矣此次之動乃因日俄協約時勢甚急岌岌不可終日而內地革命風潮亦已普及軍心民心皆同歸向加以吾黨久困奇窮不能稍待有此三者相迫而來不得不發故主動各人決意爲破斧沈舟之舉誓不反顧與虜一搏有十萬元爲事前之布置固起無之亦必冒險而起也況精位君已去吾輩何忍徒生若事不成則寧爲玉碎不爲瓦全也弟亦決意到時潛入內地親與其事故今日若得十萬元則出以安全不得十萬則必出以冒險耳此十萬元不過一安全冒險之問題非爲起不起之問題也今內地同志既有決死之心亦何暇計其安險但念海外同志必不忍內地同志獨出冒險而不一援手而拯之於安全之地也故欲各盡所能以相有濟內地同志捨命海外同志出財庶免內地同志有輕擲實貴性命如精位君者則誠莫大之幸矣弟望美洲各埠同志各盡義務惟力是視能籌足十萬元固佳否則多少亦望速速電匯以應急需是爲至禱中國與亡在此一舉革命軍盡此一役也 此詢

義安

十一月 由南洋弟孫文謹啟

1910 年 11 月，槟榔屿会议后，孙中山发往各地的筹款通知

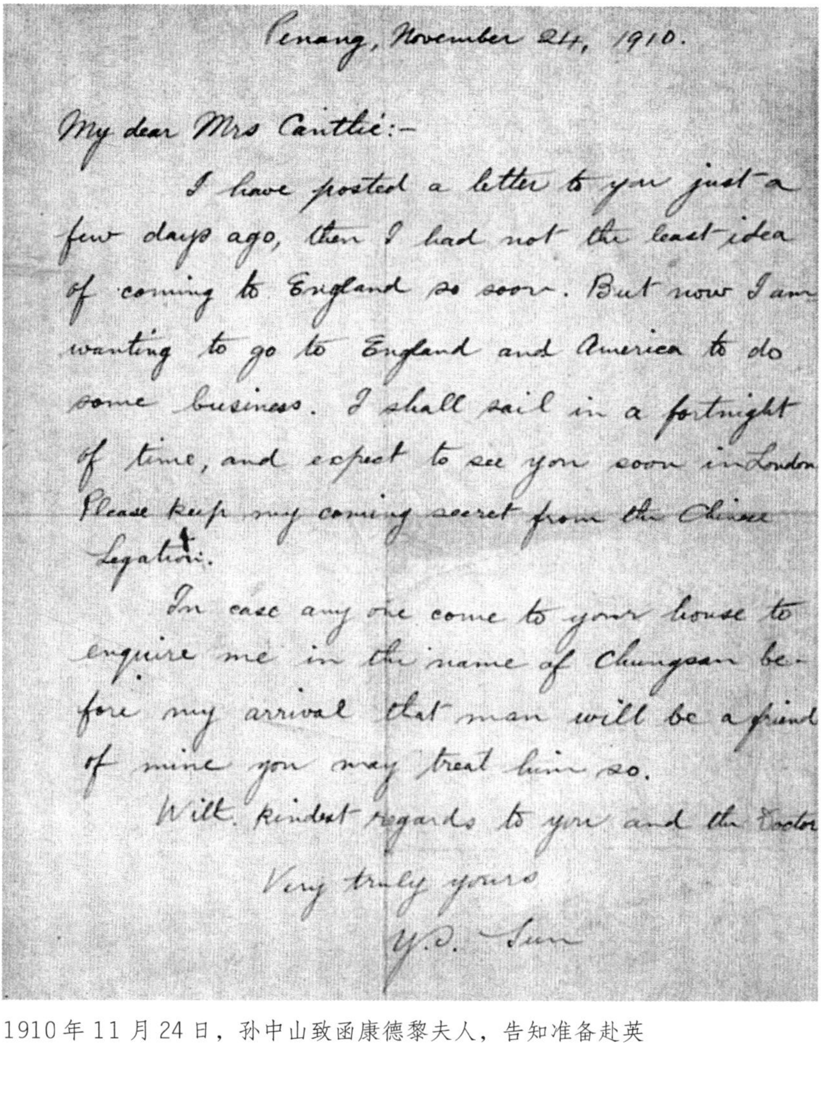

Penang, November 24, 1910.

My dear Mrs Cantlie:-

I have posted a letter to you just a few days ago, then I had not the least idea of coming to England so soon. But now I am wanting to go to England and America to do some business. I shall sail in a fortnight of time, and expect to see you soon in London. Please keep my coming secret from the Chinese Legation.

In case any one come to your house to enquire me in the name of Chungsan before my arrival that man will be a friend of mine you may treat him so.

With kindest regards to you and the Doctor

Very truly yours

Y. S. Sun

1910年11月24日，孙中山致函康德黎夫人，告知准备赴英一段很扼要的叙述："发动计策，原以军界为主要。从前运动在新军，此次调度处之设，则兼及巡防营、警察。但警察无战斗力，巡防营自正月举办清乡，驻省不常，故仍倚新军为主。新军有枪无弹，所有仅备操时数响之用。则必先有死士数百发难于城内，破坏满清在省之重要行政机关，占领其军械，开城门以延新军入，然后可为完全占领省会之计。"[①]

新军自1910年春节起义失败后，伤亡很多。但第二标因事先枪机全部被卸，没有参加这次起义，力量得以保存下来。这次计划既以新军为骨干，联络工作分三期进行：第一期，检核旧有同盟会员和各人情况，分别授予任务；第二期，调查官员中确有新思想和性质良好的，吸收他们加入同盟会；第三期对目兵中性质较好的，也吸收他们加入同盟会，并且选出其中热心勇敢的为主动员，每队至少20人。这项工作由统筹部调度课长姚雨平负责。"时军纪甚严，官长兵士非例假及差遣不能外出。故联络接洽以星期日为最多。往往一日中一机关接洽者多至百数十人，势不能全引至机关中，故大队接洽之惟一地点为各茶楼与城隍庙。其有较重要之人须引入机关者，亦必先易外衣，以避耳目。入党手续，原只签盟单。此次联络军队，另每人给一元，令其影相存部，以坚其心。并云统将盟单相片寄存港中总部，实则恐防泄漏，随收随焚。"[②]

作为配合力量的，有巡防营、警察、民军等。巡防营的发动，也由姚雨平负责。"其运动方法：（一）选干练人员运动其毕业于讲武堂者；（二）运动其乡里族戚，促其倾心；（三）运动其失意将弁，动以利害。"其中尤以吴宗禹所统三营为重点。姚雨平曾亲自同该部哨官温带雄、陈辅臣、范秀山、范锦垄、哨长罗灿等商议举义。警察方面发动的重点是巡警教练所，因为该所有学生二百多人，集中

①黄兴：《与胡汉民致谭德栋等书》，《黄兴集》，中华书局1981年版，第45页。
②邹鲁：《广州三月二十九革命史》，上海民智书局1926年版，第28页。

黄兴

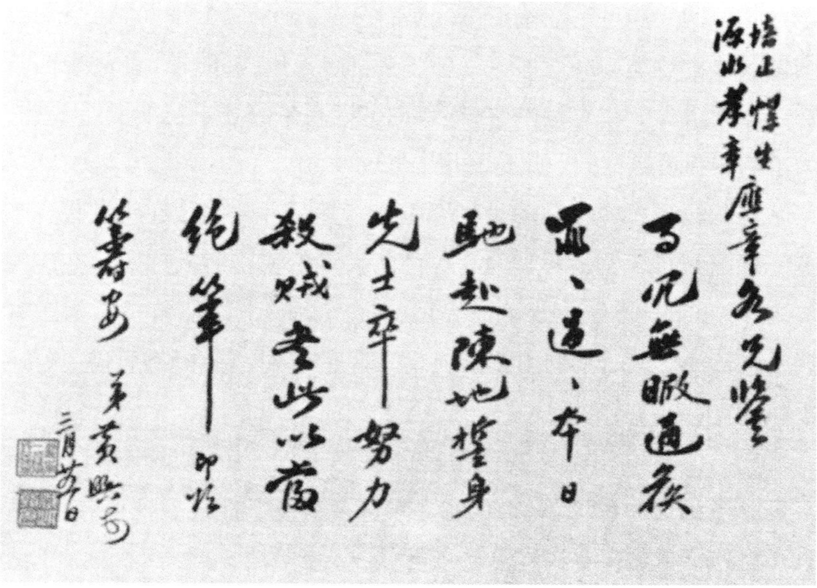

黄兴在起义前写给同志的绝命书

一处，枪支也较多，可在发难时作为策应。民军方面，则由朱执信、胡毅生负责，联络对象有番禺的李福林等、南海的陆领等、三水的陆兰清等、顺德的谭义等。准备和省城同时发难，从四郊进攻广州，作为响应。

和以前几次不同的地方是：考虑到以往历次起义中，临时联络的军队、会党等常常不能听从指挥，所以这次又精选了一批能由起义领导机关直接掌握的骨干队伍，作为发难的先锋，称为“选锋”。人数最初定为500人，后来又增加到800人。其中包括：黄兴所部闽籍、川籍留学生，如林文（时塽）、方声洞、林觉民、喻培伦（云纪）、熊克武等；赵声所部皖籍党人，如宋玉琳等。起义前夕，这些选锋绝大多数已到香港、广州。他们的任务是要首先发难，打乱清朝在广州的指挥机构，夺取军械库，打开城门，引入驻在城外的新军，一举占领广州。这是整个计划中的一部分，并不是想单靠这支人数不多的小队伍的突然袭击来取得成功。

至于购买并运送枪械工作，他们事先估计“以有800人之选锋，则最少要有枪械600”，所以，在日本购买枪械628支，在越南西贡购买160余支，在香港购买30余支，姚雨平等还自已购买了一些。为了购买和运送枪械子弹，共用去65984元。

这些枪械子弹先从各地运至香港。然后，分别藏在头发包、米包、外国颜料罐头、嫁娶礼物等中，大量地秘密运入广州。在广州城内设立的作储存枪械子弹等用的秘密机关，据邹鲁《广州三月二十九革命史》一书的不完全记载，不下38处（临时寄居借用处还不在内）。

还有，对广州以外其他地区的联络工作，1910年5月13日黄兴复孙中山信中说：“联络他省之军队及会党，此最宜注意者。”并且还提到了东北、浙江、湖北、湖南、云南等地。

对湖北的新军，他更给予很大的重视。这以前，谭人凤、赵声、

邹鲁编撰、胡汉民题书的《广州三月二十九革命史》封面

林文、宋教仁、邹永成、刘承烈等曾经酝酿过成立中部同盟会的问题，后来因为“苦无款进行”而告停顿。1911年1月间，黄兴、赵声从香港函招谭人凤和林文去港。谭人凤“以两湖当冲要，非先示机宜不可，黄、赵韪之，乃于次日带2000金还”。黄兴还嘱以“湖北方面，居正可负责任”。并托他和刘承烈带信给居正说：“吾党举事，须先取得海岸交通线，以供输入武器之便。现钦、廉虽失败，而广州大有可为，不久发动。望兄在武汉主持，结合新军，速起响应。”[①] 谭人凤到湖北后，给了居正活动经费600元，又给了孙武活动经费200元。接着，谭、刘两人又到湖南。当时焦达峰不在长

①黄兴：《致居正书》，《黄兴集》，中华书局1981年版，第34页。

沙。刘承烈的弟弟刘文锦在第二年回忆道:“去岁二月间,家兄承烈随谭人凤君来湘,召集同志在路边井日本旅馆开会。”“谭人凤君报告,黄先生将于三月间在广东起事,湖南当力谋响应。时文锦任马队排长,军界运动由文锦担任。绅学界运动由文君斐、曾君杰等担任。”①

此外,他们还派了郑赞臣在上海设立办事机关,与江苏、浙江、安徽的革命党人联系;派方君瑛等前往桂林,与广西新军军官中的革命党人方声涛、耿毅、何遂、赵正平、刘建藩等商议响应,以便连成一气。

可见,黄兴等在这次起义前对各方面的具体准备工作是考虑得比较周到,做得比较认真的,与以往历次起义相比有了很大的进步。

二、“碧血横飞,浩气四塞”

1911年4月8日(农历三月初十),各项准备接近就绪。在黄兴主持下,召开了统筹部的发难会议,决定十路进攻计划。确定由赵声为总司令,黄兴为副司令,这是因为赵声曾任新军标统,有着更丰富的军事学识和指挥经验。据曹亚伯记载:

> 辛亥三月十日开发难会议于总机关部,列席者数十人,议决十路进攻。计划于下:一、黄兴率南洋及闽省同志百人攻总督署。二、赵声率苏皖同志百人攻水师行台。三、徐维扬、莫纪彭率北江同志百人攻督练公所。四、陈炯明、胡毅生率民军及东江同志百余人防截旗满界及占领归德、大北两城楼。五、

① 《长沙日报》,1912年11月14日,转引自毛注青:《黄兴年谱》,湖南人民出版社1980年版,第114页。

广州三二九起义指挥部旧址——广州越华路小东营 5 号

黄侠毅、梁起率东莞同志百人攻警察署、广中协署，兼守大南门。六、姚雨平率所部百人占领飞来庙，攻小北门，延新军入。七、李文甫率五十人攻旗界石马槽军械局。八、张六村率五十人占龙王庙。九、洪承点率五十人破西槐二巷炮营。十、罗仲霍率五十人破坏电信局。此外，加设放火委员，入旗界租界九处，以备临时放火，扰其军心。其总司令则为赵声，副之者黄兴。[①]

发难日期原定在 4 月 13 日，但后来发生了两个情况：一个是美洲和荷属的大宗款项尚未到齐，从日本、越南购运的军械也大部没有及时送达；另一个是 8 日突然发生了同盟会会员温生才自发地刺杀广州将军孚琦的事件，使清方严密设防。因此，几经周折，一再改期，原来的部署被打乱，参加起义的人数大减，使预定的作战计

①曹亚伯：《武昌革命真史》前编，中华书局 1927 年版，第 295 页。

划无法付诸实施，被迫不得不放弃原定的进兵计划，又将发动起义的计划推迟到 26 日。

同盟会吸取了上一年广州新军起义时临事无人在现场指挥的教训，而赵声在广州认识的人又很多，不便过早露面，于是决定由黄兴在 4 月 23 日先进入广州。是日清晨，黄兴致书梅培臣等："事冗，无暇通候，罪过罪过！本日驰赴阵地，誓身先士卒，努力杀贼。书此以当绝笔。"当晚，黄兴到达广州，在越华街小东营五号设立起义总指挥部。

黄兴到达广州后，将起义时间改定为 4 月 27 日（农历三月二十九日）。确定这个日期的原因是："预计日本、安南之械此日方能运到分配，不能不展缓一日。其次则各路选锋齐集广州，若过迟延，非特四月初有新军二标退伍之讯，即机关秘密亦恐难保；经费支持，亦恐不继。此间既不能速、又不能迟之间，消息至微，所以决定三月二十九日也。"①

黄兴一到，广州起义机关中的空气顿时更加紧张起来。大家都明白，起义即将在这几天之内进行了。这时，党人对起义的胜利还抱着热切的期望，心情十分兴奋，行动也更加缜密。原希望这一次能一举成功。但就在这时，整个环境却突然出人意料地恶化了。

4 月 25、26 日，像晴天霹雳一样，从新军驻地突然传来消息：清方下令将新军的枪机全部缴去。军中本来就有枪少弹，现在连枪机也没有了，枪支成了废铁。同时，天字码头等处连续驶来的长头蓝布篷船中，都载着陆续调来省城的陆路提督秦炳直所部清兵。传来的消息越来越坏。很明显，起义的打算已被泄露，敌人已经做了严密的戒备。

这时，起义领导机关陷于进退两难的困境。起义的一切准备本

①曹亚伯：《武昌革命真史》前编，中华书局 1927 年版，第 302 页。

赵声

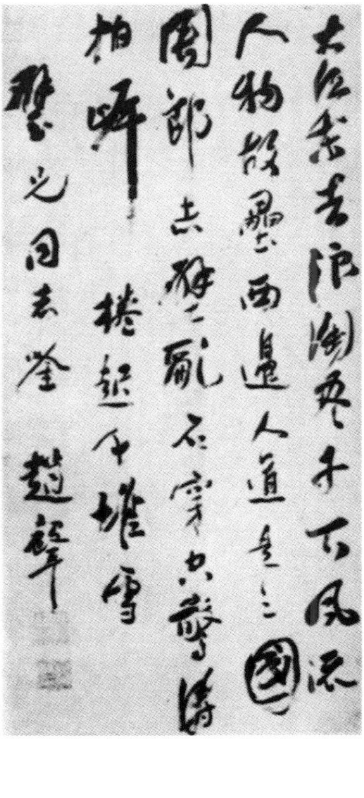

赵声遗墨

已如箭在弦上，难以住手。现在，敌人显然有备，已经张开罗网，等候革命党人投入。原定的计划一下子全被打乱了。不少人认为：如果冒昧发动，无异自投罗网，已难取得预期的胜利。而这一切，又都来得那样突然。

当时坐镇城中、肩负指挥重任的黄兴已十分彷徨，而局势却还在继续恶化。“其后，城中站岗警察亦俱佩戴武装而大索城内住户。‘党人已遍布城中’等等流言，几于尽人皆知。一两日来之风云，转瞬剧变。凄惨气象，已垂罩四城。到此确认吾党中必有侦探，已将事情告清吏矣。改期之说，已在一般同志考虑中。”[①] 接着，始平书院、三眼井等储存手枪、炸药等的重要据点相继遭到清方军警的袭击和破坏。有一次老喻（培伦）搬炸药入屋，李应生之弟闻警察自相语云：“此物想又是那东西。”陈炯明、胡毅生、朱执信以及赵声的代表宋玉琳等也都主张缓期再举。

正是在这种极端危急的情况下，黄兴被迫在 4 月 26 日晨决定改期再举，“令各部即速解散，以免搜捕之祸。”随即致电香港总部：“省城疫发，儿女勿回家。”暗示速即停止将在香港集合待命的大批党人继续派来广州。当天，城中数十秘密机关陆续收束，已经到达广州的选锋也开始分批撤回香港。

但是，黄兴的内心是异常矛盾、异常痛苦的。为了准备这次起义，动员人这样多，牵涉面这样广，大量军械弹药都已运入城内。所谓改期，其实何异取消？原先一切努力，至此全部付诸东流。特别是，在黄兴看来，以往起义的多次失败已使革命党人在海外募款的信用日益不佳。这次起义前后用款达十数万元。如果一无成效就自行解散，以后还有何面目去对这些资助革命的海外华侨？“人将疑其诳骗，是绝后来筹款之路也。”

---

①陈春生：《广州三月二十九发难决定之经过》，载《革命之倡导与发展》中《中国同盟会(四)》，第 144 页。

1911 年 2 月，孙中山在加拿大筹款时与同志在温哥华士丹利公园合影

1911 年 2 月，孙中山在加拿大首都温哥华为广州起义筹款时与致公堂部分成员合影

因此，在势成骑虎的情况下，他决心拼个人的一死，来酬答一切。当改期的决定一作，他就对人说："我既入五羊城，不能再出去。余人可迈步出五羊城，惟我克强一人必死于此矣。"但是，抱有这种思想的不是黄兴一人。如林文（时塽）虽明知事机败露，难望有成，但看到黄兴的决心后，也表示："大举不成，尽可做一场大暗杀。克强既决志，吾人拢在一起同拼命耳。"喻培伦（云纪）也表示："非干不可，彼一人亦干。"参加选锋的人中，不少人远历重洋，潜返内地，本来就抱着必死的决心，不作生还的打算，这时也极力赞成。加上又传来消息：清方调来广州的巡防营中，也潜有党人，准备响应。于是，当天晚间，黄兴决心率领留剩在广州的一部分选锋孤注一掷，仍按原计划进攻两广总督衙门，并分兵一部分准备攻占大北门，接应驻扎在城外的新军入城。这时，"诸同志热度可沸，认定此处为大暗杀，非复为军事布置，人数多寡不必计算，临时能拾回多少便算一回事耳"。[①]

4月27日（阴历三月二十九日）傍晚5时许，黄兴率领一百二十余名"选锋"（即敢死队）举事，全力攻两广总督署，广州起义（即黄花岗之役）爆发。

当时，黄兴一面电港促党人进省，一面因留在广州的人数已大减，只得将原定十路进攻的计划改为四路：黄兴攻两广总督署；姚雨平攻小北门，占飞来庙，迎新军与防营入城；陈炯明攻巡警教练所；胡毅生以二十余人守大南门。但香港总部得电，已来不及在举义前率众赶到；姚雨平、陈炯明、胡毅生三路又都没有动。结果，只剩下了黄兴一路孤军奋战。

黄兴担任进攻督署，所部主要是四川、福建、广东花县和华侨党人。是日发难时队员以白布缠臂为标志，足着黑面树胶鞋，以吹

①陈春生：《广州三月二十九发难决定之经过》，载《革命之倡导与发展》中《中国同盟会（四）》，第146—147页。

螺角为号。下午4时多，黄兴集众动员，随即发给每人大饼一个，毛巾一方和枪械炸弹，装束起来。朱执信本来有其他任务，正好来到，就剪去长衫下半截参加。谭人凤从香港到广州，见到黄兴装束已定，正在分发子弹。他立刻告诉黄兴：香港党人来不及赶到，要求他缓期发动。黄兴顿足说："老先生毋乱军心。我不击人，人将击我矣！"谭人凤记述当时情形说："余乃整装向克强索枪。克强忽平心静气曰：'先生年老，后事尚需人办。此是决死队，愿毋往。'余曰：'群等敢死，余独怕死耶？'克强知余志不易夺，乃以两枪与之。误触机子，发一响。克强将枪夺去，连声曰：'先生不行，先生不行！'即派人送余返竞存（陈炯明）家。余时惭愧已极，盖恐事由我败也。"

下午5时30分，黄兴率队从越华路小东营指挥部出发，直扑两广总督衙门。林文等手执螺角司号，"一时呜呜声动，风起云涌，直扑而前"。

这几乎是一场处于绝望的战斗，而遭遇的却比想象中最坏的情况还要坏。当黄兴亲率一百二十多人扑入两广总督衙门时，等待着他们的只是一座早经有备、撤退一空的房屋。"死多人以攻入督署，空洞无一人。观其情形，有如二三日前去者。报纸所云藩司、学司适在开审查会者，皆是捏词。如两司在，必有轿及仪仗各物。今一切皆无，此中非又有一最密切之侦探报告，不能有如是之灵活。"撤出衙署时，林文看见开来的巡防营，以为是预先约定前来响应的，上去招呼，反被击毙。以后又开来一支巡防营，"见其并无相应之号，且举枪相向"，方声洞急发手枪，打死的却是据说事前有联系的军官温带雄，而负责联系巡防营的姚雨平等这时却不知道跑到哪里去了。

黄兴原来把最大的希望寄托在城外的新军身上。在冲出两广督署后，他从人数已很少的队伍中还抽出徐维扬率领花县党人40人去进攻小北门，想接引城外的新军入城。万万没有想到：新军中的革命党人根本就没有接到何时起义的通知，根本没有做响应起义的行动准备。据新军中的党人回忆：“至发难围攻督署时，吾等军中同志犹未知之。及知之，而北门城墙上八旗兵已满布枪炮口，且瞄准向吾军营房矣。吾军中平时不发弹药，此时望穿秋水，又不见接济到来，以是各同志只得袖手旁观，相对疾首而已。”不少人听到起义已发动的消息时，只能“相率登高探望火势，略大为之色喜，略减为之不悦，如此数次，火竟低灭，各皆丧气，而回至平地”。“双方失了联络：选锋同志在城内望燕塘，新军同志在燕塘望城内！”这是何等可悲的状况！其他原先联络的民军等也因宣布改期后已经遣散，没有来得及再集合起来。

结果，就成了一百多个“选锋”在城里左冲右突，孤军奋斗。许多人临事表现得十分勇敢。“朱执信兄攻督署时，奋勇争先，迥非平日文弱之态。在二门，为后列误伤肩际，仍偕克（黄兴）攻出大南门，遇敌相失，幸遇其门生家人，易服走出。”黄兴冲出督署时，右手两个手指被敌人击断，仍领着队伍奋勇杀敌，且战且走，后在激战中同大队走失，回顾已不见一人，才避入一家小店，换了衣服，避至广州河南女同志徐宗汉所在的秘密机关。一臂已废的喻培伦胸前挂着满满的一筐炸弹，奋勇地向清军投去，敌人见之，无不丧胆。“其他队尚有五六十人成一队，熊克武、但懋辛、喻培伦、林尹民、林觉民等均在焉。比拟攻督练公所，未觅得其处，转攻观音山，三次扑上，终以人数太少而退。由是三五分离，彻夜巷战，或饮弹，或被擒，存者遂寥寥无几。”

香港总部接到黄兴仍决定发动的来电后，立刻由赵声、胡汉民率领在港党人二百余人乘夜轮赶去。4 月 28 日早晨到达广州，分头上岸，才知道起义已在上一夜失败，广州的城门也已紧闭，无法再入城内，只得分别折回。赵声迷路，摸到河南的秘密机关，同黄兴

1911 年 5 月 3 日，孙中山在芝加哥召开会议，讨论善后事宜及再谋大举问题

1911 年 6 月，孙中山在旧金山留影

相见。

这次起义失败时被捕的党人，已知的有31人。其中有林觉民、喻培伦、宋玉琳、陈可均、李文甫等。他们在敌人审讯时，都表现得十分英勇，不屈就义。现仅以林觉民烈士为例：

林觉民，字意洞，福建闽县人。1900年入高等学堂，后曾在家乡与人开设小学和阅报所。1906年去日本自费留学。第二年，入庆应大学，专攻文科，并熟练地掌握了英、德两国语言。1911年接到黄兴、赵声等准备在广州发难的信后，离日赴港。4月23日晚，与林文、陈可均等入广州。25日，他对同行的同志推心置腹地说："此举若败，死者必多，定能感动同胞。今日同胞非不知革命为救国惟一之手段，不可一日缓，特畏首畏尾，未能断绝家庭情爱耳。今试以余论，家非有龙钟老父庶母幼弟少妇稚儿者耶？顾肯从容就死，心之摧割，肠之寸断，木石有知，亦当为我坠泪，况人耶？推之诸君，家族情况莫不类此，甚且身死而父母兄弟妻子不免冻馁者亦有之。故谓吾辈死而同胞尚不醒者，吾决不信也。嗟呼，使吾同胞一旦尽奋而起，克复神州，重兴祖国，则吾辈虽死之日，犹生之年也。宁有憾哉？"赴义前，他又给妻子陈意映写了一封足垂千古的绝笔书：

"意映卿卿如晤：吾今以此书与汝永别矣。吾作此书时尚是世中一人。汝看此书时，吾已成为阴间一鬼。吾作此书，泪珠和笔墨齐下，不能竟书而欲搁笔，又恐汝不察吾衷，谓吾忍舍汝而死，谓吾不知汝之不欲吾死也，故遂忍悲为汝言之。吾至爱汝。即此爱汝一念，使吾勇于就死也。吾自遇汝以来，常愿天下有情人都成眷属，然遍地腥云，满街狼犬，称心快意，几家能够？""吾诚愿与汝相守以死，第以今日事势观之，天灾可以死，盗贼可以死，瓜分之日可以死，奸官污吏虐民可以死。吾辈处今日之中国，国中无地无时不可以死。""今旧吾与汝幸双健，天下人人不当死而死与不愿离而离者不可数计，钟情如我辈者能忍之乎？此吾所以敢率性就死不顾汝也。”“汝幸而遇我，又何不幸而生今日之中国，吾幸而得汝，又何不幸而生今日之中国，卒不忍独善其身。嗟夫，巾短情长，所未尽者尚有万千，汝可以模拟得之。”①

这些和血和泪写成的文字中所表达的爱国的热忱、高尚的情操、革命豪迈决心，直到几十年后，依然能那样强烈地扣动着每个读者的心弦，给后人以深刻的教育和有力的鼓舞。

被捕后，林觉民的表现也异常英勇坚定。张鸣岐、李准等审讯他时，他侃侃而谈，“在堂上演说，至时局悲观处捶胸顿足，劝清吏洗心革面，献身为国，革除暴政，建立共和，能使将来国家安强，汉族巩结，则吾死瞑目矣”。最后，从容就义，年仅 24 岁。②

这是何等的英雄气概！而当时像这样的又何止林觉民一人。像林文、方声洞、喻培伦、陈可均等殉难的情节虽各有不同，但他们所表现的崇高的爱国思想和革命精神是相同的。在这次起义中，先后牺牲的共 86 人。这是孙中山所领导的第十次武装起义。

事后，收殓在战斗中牺牲和慷慨就义的 72 具尸体，由革命党人潘达微营葬在广州城外东北郊白云山麓的红花岗（潘改名为黄花岗），这就是中国近代史上著名的“黄花岗七十二烈士”。

这次起义集中了同盟会的精英，付出了惨重代价，虽告失败但其英勇事迹却极大地激励了中国人民，震动全国，影响很大。

孙中山在美国芝加哥得悉起义失败的不幸消息后，积极评价了这次起义，认为它使“革命之声威从此愈振，而人心更奋发矣”。③

---

①林觉民：《与妻书》，萧平编：《辛亥革命烈士诗文集》，中华书局 1962 年版，第 171 页。

②郑烈：《林觉民传》，《广州三月二十九革命史》，上海民智书局 1926 年版，第 125—130 页。

③《复谢秋函》，《孙中山全集》第四卷，人民出版社 2015 年版，第 214 页。

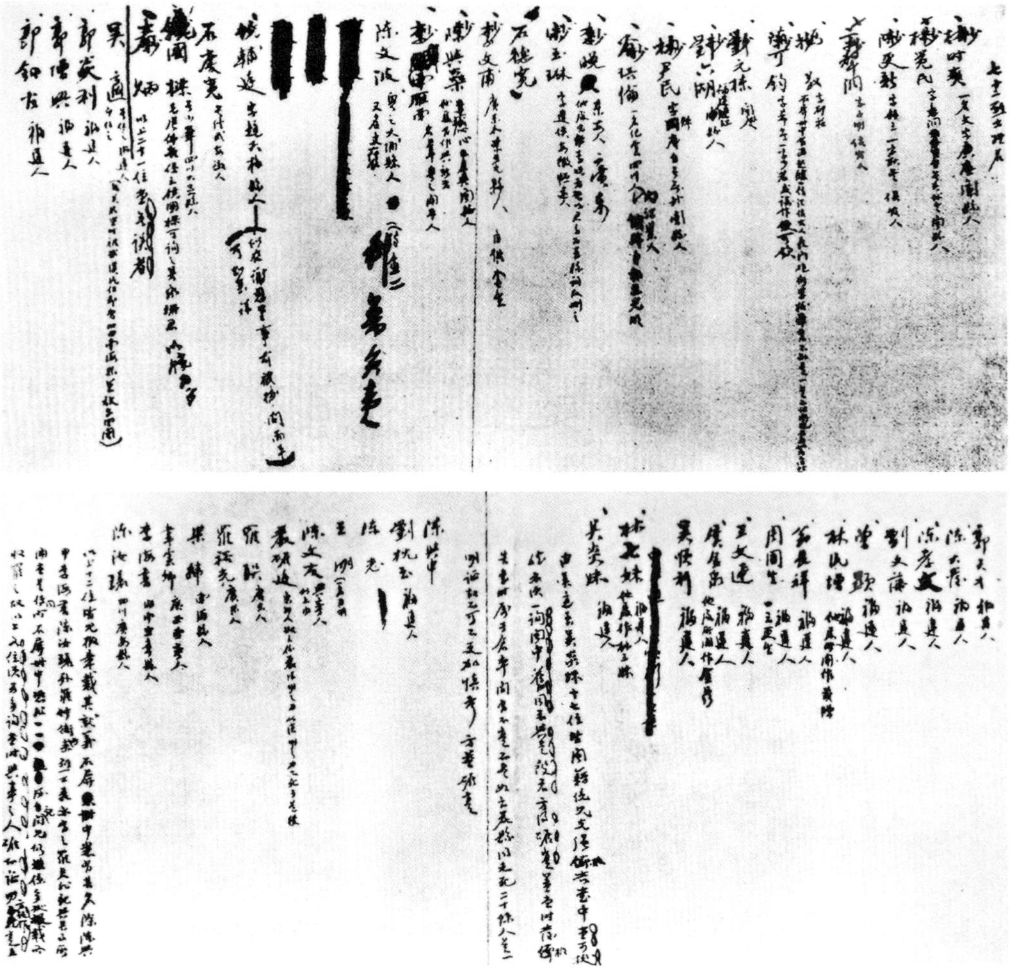

审查黄花岗七十二烈士姓名原稿及附记

后来，他还作过进一步的评价，指出：“是役也，碧血横飞，浩气四塞，草木为之含悲，风云因而变色，全国久蛰之人心，乃大兴奋，怨愤所积，如怒涛排壑不可遏抑，不半载而武昌之大革命以成。则斯役之价值，直可惊天地泣鬼神，与武昌革命之役并寿。”① 又说：“是役也，集各省革命党之精英，与彼虏为最后之一搏。事虽不成，而黄花岗七十二烈士轰轰烈烈之概已震动全球，而国内革命之时势实以之造成矣。”② 由此可见，黄花岗之役和革命形势的高涨以及辛亥革命的爆发有着密切的关系。

自然，当时的革命者不是没有弱点的：他们还没有实行同工农的结合，因而力量是薄弱的；在起义的准备和组织中，也有许多不严密和不周全的地方。但是，当中华民族的生死存亡处在千钧一发时，尽管革命的力量一时还很小，他们却毅然决然、义无反顾地投入到了起义的准备和发动中。在起义前，相当认真地考虑了事情的各个方面，做了他们自以为能做的一切。而当起义即将发动、局势突然发生事先完全没有预料到的急遽恶化时，尽管起义的胜利已难以实现，他们仍然以大无畏的必死的决心进行发难，用自己的鲜血来鼓舞大众继续奋斗。对这样的革命者，我们是尊敬的，是深受感动的。至于他们的弱点和错误，“这是要从历史的条件加以说明，使人理解，不可以苛求于前人的”。

这次起义经过激烈战斗后，终因敌我力量的对比过于悬殊而失败了。但是烈士们所表现的崇高思想和英雄事迹迅速传遍全国。他们中不少人是留日学生，为了拯救祖国，不惜牺牲自己的一切，从容赴难，更对人们起了巨大的激励作用。

在同盟会和孙中山的影响下，其他革命党人在安徽、浙江、四川各地也先后发动了武装起义。主要的有：1907 年 7 月，同盟会会

① 《〈黄花岗烈士事略〉序》，《孙中山全集》第二卷，人民出版社 2015 年版，第 296 页。
② 《建国方略》，《孙中山全集》第一卷，人民出版社 2015 年版，第 87 页。

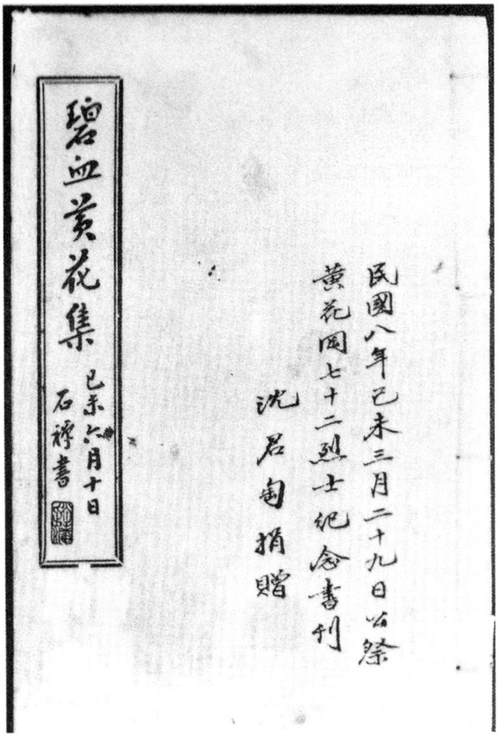

民國八年己未三月二十九日公祭
黄花岡七十二烈士紀念書刊
沈君匋捐贈
碧血黄花集
己未六月十日
石禅書

为纪念黄花岗起义烈士，1919年林森编撰的《碧血黄花集》纪念书

黄花岗七十二烈士墓

员（兼为光复会会员）秋瑾、光复会会员徐锡麟在安徽举行的安庆起义；同年 11 月间，同盟会会员余英、熊克武等在四川泸州、成都、叙府发动的起义；1908 年 11 月 19 日，光复会会员、新军队官熊成基在安徽安庆城郊率马、炮两营士兵千余人举行的起义。他们或者遭到了失败，或者未待发动即夭折，均未能成功。

孙中山直接或间接领导的这些武装起义虽然先后都归于失败，但革命烈士的鲜血终究没有白流，每次起义都在政治上、精神上给清朝政府以沉重打击，并使革命党的政治影响不断扩大，动员和鼓舞了广大人民群众，激发了革命热情，对全国范围内不断高涨的革命形势起了很大的促进作用。全国的人心从聪明俊达的青年学子赴汤蹈火的英勇行动中，无不感到震惊和兴奋，渴望着再举革命的早日来临，从而为武昌起义的爆发和清朝统治的覆灭准备了条件。

革命必须团结各方面的力量，尤其要依靠广大工农群众的力量，否则必然会招致失败。孙中山所组织和领导的多次革命起义，都不是以发动群众为基础的。有的是利用会党力量和借助于当地人民群众自发的反抗斗争，派人前往领导，给予经济和军火的援助。如潮州、惠州、钦州、防城等各次起义。以孙中山为首的革命党人只是利用会党，把它当作单纯军事冒险的工具，很少对它进行改造，加上一部分会党的领导权掌握在地主分子手里，更没有通过它去发动群众、联系群众。有的则是组织小型敢死队，武装夺取个别战略据点。云南河口的起义，就是孙中山召集几百名革命者和会党群众进行的。黄花岗起义基本上也是这样。还有的是联系清朝政府的新军，单纯的军事暴动，与当地的群众没有联系。如黄兴等发动的广州新军起义。

1938年8月，宋庆龄在广州向黄花岗七十二烈士墓敬献花圈

时间	名称	主要指挥者
1895 年 10 月	广州起义	孙中山
1900 年 10 月	惠州三洲田起义	郑士良
1907 年 5 月	潮州黄冈起义	陈涌波、余既成
1907 年 6 月	惠州七女湖起义	邓子瑜
1907 年 9 月	钦州、廉州、防城起义	王和顺
1907 年 12 月	镇南关起义	黄明堂
1908 年 3 月	钦州、廉州、上思起义	黄兴
1908 年 4 月	河口起义	黄明堂、王和顺
1910 年 2 月	广州新军起义	倪映典
1911 年 4 月	广州三二九起义	黄兴

孙中山发动和领导的十次武装反清起义简表

总之，尽管发动这些起义的类型不一样，却有一个共同的特点，就是没有广泛发动和组织广大群众。孙中山等既没有建立起一支强大的、群众基础雄厚的革命军，也不知道军事斗争要和群众斗争并进的道理，不懂得去发动民主革命的主力军——农民，只是进行单纯的军事冒险。也正因为这样，起义的规模不大，群众基础不广，所以一经敌人调集兵力反扑，就形成众寡悬殊的不利形势，常常使自己处于孤军奋战的境地，结果都因寡不敌众而相继遭到失败。这不能不说是一个深刻的教训。

传记文库

特立，不独行

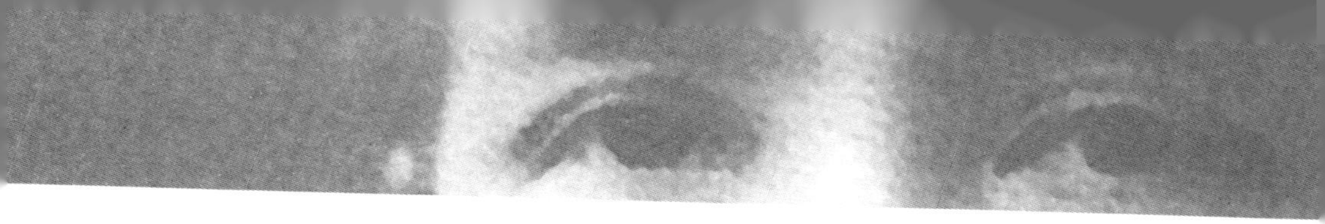

孙中山图文全传

Biography of Sun Yat-sen

（中）

尚明轩 著

新 星 出 版 社　NEW STAR PRESS

目　录

（中册）

第三章

中国第一个总统

（1911—1912 年）

同生照相
上海北四川路
H. T. Thompson.

第一节　辛亥革命

一、四川保路运动

孙中山领导的武装起义虽然连续遭到失败，但是在孙中山领导各次武装起义的同时，各地劳动群众由于不堪清朝政府的剥削和压迫，自发地进行反抗斗争和农民起义，此起彼伏，革命形势继续高涨。

1907 年至 1910 年这一时期，长江中下游的湖南、湖北、江西、安徽和江苏等省的许多州县，先后发生饥民暴动。据不完全统计，大小共九十多起，影响较大的是 1910 年长沙的“抢米”风潮。湖南在前一年曾遭到水涝干旱，粮食歉收。但官绅富商以及外国洋行却乘机囤积居奇，哄抬粮价，以致米价由往年每升二十文左右飞涨到八十多文。这种被内外反动派扩大了的饥荒威胁，使得长沙市城郊的劳动人民以及外地流入的灾民，无法继续生活下去。4 月初，成千上万饥民聚集起来，把全市一百多家米店的粮食通通抢光，放火烧毁了清朝巡抚衙门、帝国主义的教堂和洋行等。长沙以外的许多州县也相继发生抢米风潮。这一行动震动了全国。

1909 年至 1910 年，全国各省普遍发生了反抗捐税的群众运动，“官逼民反”、“绅逼民变”的情况到处皆是，其中以 1910 年山东莱阳的抗捐斗争规模最大。五六万起义群众在联庄会首领、塾师曲诗文的领导下，组织武装，四处捉拿一贯横行乡里、强征暴敛的土豪劣绅。这个反抗的怒火，很快就延烧到附近的几个县。

当时，革命党人虽然没有自觉地去领导这些群众反抗斗争，但这种遍及全国城乡各地的人民反抗斗争，与孙中山领导的武装起义在客观上相互配合，彼此呼应，斗争烈火，燃烧不息，形成了迅猛发展的革命形势，把清朝皇帝的宝座推向火山口上。

武装起义不仅动摇了清朝政府的反动统治，也极大地鼓舞了人民群众。许多工人、农民和知识分子，在历次起义斗争中英勇奋战和敢于牺牲的精神，博得了人民的敬仰和信赖，进一步激发了人民群众的革命情绪。当时陕西民间盛传这样的歌谣：“不用掐，不用算，宣统不过二年半。今年猪吃羊，① 明年种田不纳粮。”这说明人民要求推翻封建剥削制度的愿望，和对革命的胜利抱着无限的信心。可以看出，一个全国性规模的革命风暴已经到来了。

在 20 世纪初年以后，为了对付日益高涨的革命洪流，清政府使用了反革命的两种手段：一面极力加强专制统治，增练新军，更加残暴地镇压人民；一面导演“预备立宪”丑剧，欺骗人民，抵制革命。但这种假立宪没有骗了人民群众，却使资产阶级改良派欢欣若狂。以江苏大资本家张謇为代表的各省资产阶级上层分子和地方官绅，相继纠合，组成“预备立宪公会”等社团，一再向清政府请愿，要求早日赐予宪政。远在海外的康有为、梁启超等更喜出望外，把保皇会改称为国民宪政会，同国内的立宪社团一唱一和。他们反对

---

① 1911 年（清宣统三年）是旧历辛亥年。按旧说，亥属猪。羊是洋的谐音。“今年猪吃羊”，意思是辛亥年驱逐外国殖民者。

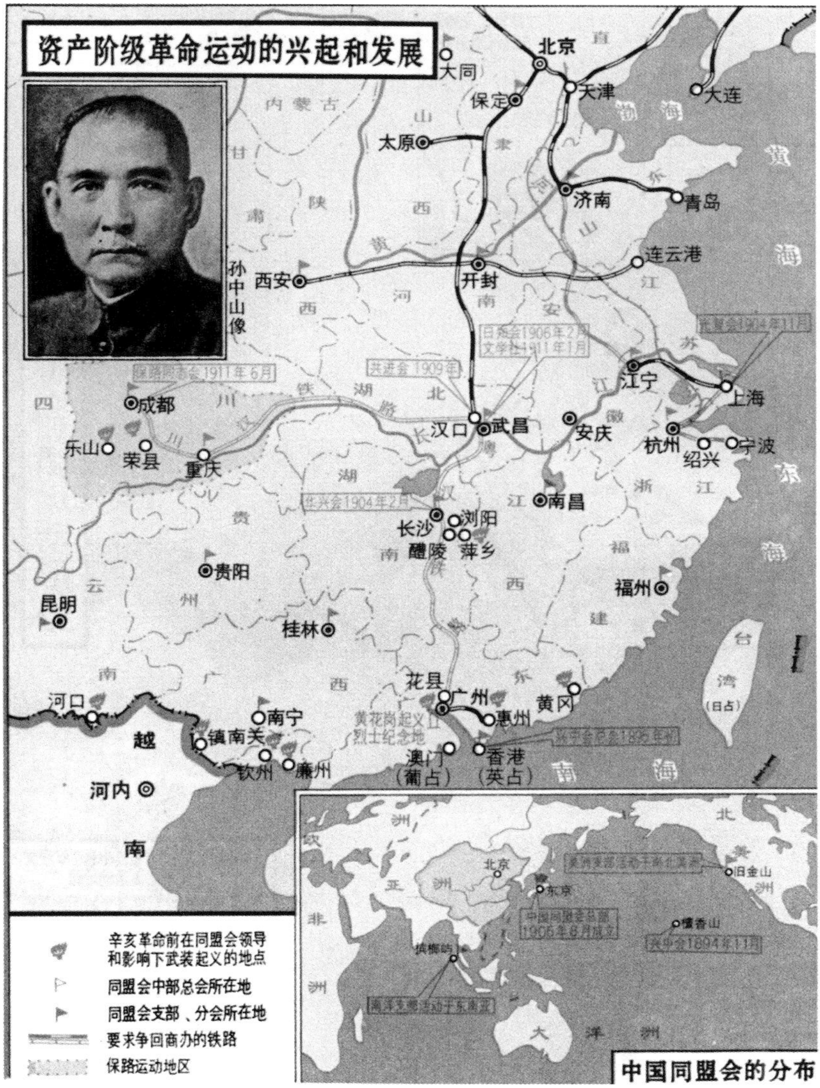

辛亥革命前革命运动形势图

革命，主张君主立宪，因此被人们称为立宪派。尽管立宪派再三发起请愿活动，叩头乞求开国会，成立责任内阁，但清政府却不肯交出丝毫的权力。1911 年 5 月，清王朝组成了“皇族内阁”，将所有军政大权集中在皇室和贵族手中，所谓“立宪”完全是骗局。立宪派这才发现自己受骗和被愚弄，因而对清政府也产生了愤懑的情绪。

当中国社会内部的各种矛盾已经积累到一触即发的地步，只要有一个引发，大雪崩很快就会开始。四川保路运动，便成为这场大革命到来的导火线。

日暮途穷的清朝政府，越来越腐朽无耻。统治者大量出卖矿山和铁路的主权，以换取外国主子的欢心和支持。各地人民坚决反对这种卖国行为，纷纷要求收回权利。直隶省人民争回了开滦煤矿，山东省和云南省的人民也争回了本省的矿权。湖南、湖北、江苏、浙江、安徽、山西、河南和四川等省都争回和保住了一些铁路和矿山的权利。这场收回路矿运动是以反对帝国主义侵略为内容、具有相当群众规模的爱国运动。参加这个运动的社会阶层是比较广泛的。运动虽没有完全达到预期的效果，但也取得了一定程度的胜利。这大大激发了人们的爱国热情，使人们逐渐认识到：要救国，不能一味信赖政府，还要靠群众自己起来抵抗。这可以说是四川保路运动的前奏。

粤汉、川汉两条铁路，清朝政府本来已答应由政府监督、人民自办，并且从人民身上搜刮了大量的“股金”。1911 年 5 月 9 日，离广州“三二九”起义只有 20 天，清政府悍然下令将各省已准交商办的铁路干线一律收归“国有”，企图用这一手段把全国铁路主权一股脑儿拍卖给帝国主义。这严重损害了民族资产阶级和地方士绅的利益。这一政策一宣布，就遭到湖南、湖北、广东和四川等省人民的坚决反对。资产阶级立宪派，利用人民的反帝、反封建要求，发起了保路运动，向清朝政府叩头请愿，乞求“收回成命”。

此股單照定章不得轉售或抵押與非中國人如不遵章此單即作廢紙

NOTICE.

In accordance with the printed regulations this Certificate is neither negotiable nor transferable to any person or persons other than Chinese; if these conditions be not observed this Certificate shall become null and void.

川汉铁路股票

粤汉、川汉这两条铁路直接涉及的有湖北、湖南、四川、广东四省。它在广东境内的路程较短，因此，两湖和四川的反应更为强烈。后来，四川保路运动的规模和激烈程度又大大超过两湖地区，这有几个原因：第一，当时各省铁路公司的集股中，四川的实收股额占第一位，是湖南的两倍半、湖北的近八倍。清政府将铁路收归国有后，又要将各省铁路公司已收的股金强行夺去。它在经济上给四川人民的打击远比其他任何一省更大。第二，从铁路股金的来源看，川汉铁路主要是靠“租股”，也就是在该年实收的租米中抽取百分之三，而且是强制性的。此外，如盐商、茶商等则由盐茶道劝导“认购”，其实也是摊派性的。因此，全省各界社会阶层几乎都同铁路有经济上的联系。“七千万人皆在股东之数，此种觖望之举，万心齐决，必至不可收拾，非少数人所能解譬”。[①] 这就使四川保路运动有着特别广泛的群众基础。第三，在宣布铁路收归国有后，最初坚持原商办铁路公司已收的股本一律不再发还，不久对广东允许发还，对湖南允许酌还，四川和湖北却不允发还，而湖北所收铁路股金额只及四川的八分之一，这就使四川民众更加感到不公和愤懑。此外，还有熊克武等多年努力，同盟会和遍布全省各县的哥老会（俗称“袍哥”）不少首领间早已建立联系。保路运动兴起后，会党分子大批参加保路同志会。同志军起义时，它的成员大多是会党分子，更加使清朝地方当局深感棘手。

与此同时，各省的广大人民突破请愿运动的形式，纷纷罢工、罢市、罢课和游行，掀起了激烈的反抗斗争。这次人民保路风潮以四川最为激烈。6 月间，成都等地各阶层人民组织保路同志会，提出了“打倒卖国贼”，“打倒卖国机关”的口号。8 月，成都举行数万人的保路大会，散发传单，号召罢市、罢课、停纳捐税以示抗议，各

①秦枬：《蜀辛》，《四川辛亥革命史料》（上），四川人民出版社 1982 年版，第 369 页。

赵尔丰

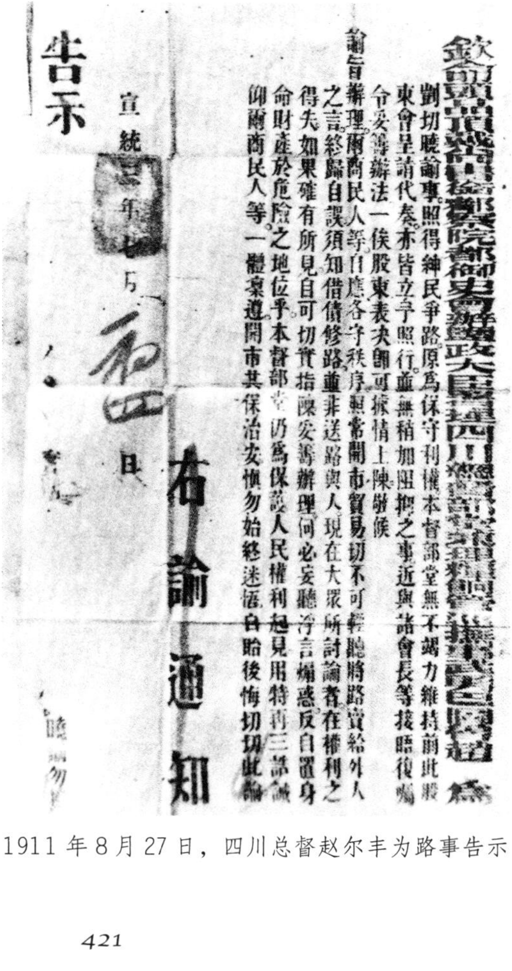

欽命頭品頂戴……四川總督部堂……趙 為

剴切曉諭事照得紳民爭路原為保守利權本督部堂無不竭力維持前此股
東會呈請代奏亦皆立予照行並無稍加阻抑之事近與諸會長等接晤復囑
令妥籌辦法一俟股東表决即可據情上陳敬候
諭旨辦理爾商民人等自應各守秩序照常開市貿易切不可輕聽將路賣給外人
之言終歸自誤須知借債修路並非送路與人現在大眾所討論者在權利之
得失如果確有所見自可切實指陳妥籌辦理何必妄聽浮言煽惑反自置身
命財產於危險之地位乎本督部堂仍為保護人民權利起見用特再三誥誡
仰爾商民人等一體凜遵開市共保治安慎勿始終迷惑自貽後悔切切此諭

宣統三年七月初四日

布諭通知

告示

1911 年 8 月 27 日，四川总督赵尔丰为路事告示地人民闻风纷纷响应。9 月 7 日，署理四川总督赵尔丰把保路同志会代表罗纶、蒲殿俊、颜楷、张澜、彭芬等人骗进督署，加以逮捕。这一无耻行为，立即激起了全城广大人民的愤怒。成都成千上万人民自发地前往督署抗议，要求释放各代表。号称“屠夫”的赵尔丰竟下令军警向手无寸铁的群众开枪，死难者有姓名可查的 26 人，受伤的人数就难以统计了。从城郊赶来支援的农民也有数十人被杀。整个成都陷入白色恐怖之中。

但是，在赵尔丰的疯狂镇压下，人民并没有屈服，斗争反而扩大了。本来，四川人民的愤怒已经日趋白热化，这样的大血案一发生，人们的愤怒再也无法抑制，革命党又乘此鼓动，促使整个四川都沸腾起来，各县人民纷纷举行武装行动，形成了波澜壮阔的全省规模的起义，猛烈冲击清朝政府在四川的统治。同时，国内各地群众反对清朝政府的斗争也不断高涨，1910 到 1911 年间，人民抗捐抗税和其他斗争就有二百多起，斗争的规模更大，范围更广，中国人民和清朝政府的矛盾空前激化，“山雨欲来风满楼”，革命有一触即发之势。

成都血案发生后，同盟会会员龙鸣剑、朱国琛、曹笃等立刻抓紧时机到城南农事试验场裁成木板数百片，上写“赵尔丰先捕蒲、罗诸公，后剿四川各地，同志速起自救”①21 字。然后将木板涂以桐油，包上油纸，投入河中。这就是人们所乐道的“水电报”。这些“水电报”顺着河流向四面八方漂去，下游的人知道了成都发难的消息，纷纷揭竿而起。② 而清军巡防营出城，肆行枪杀，蹂躏不堪，更迫使城外数十里各处纷纷起来自卫。

成都血案发生的第二天起，来自成都附近各县同志军开始包围

---

①熊克武等：《蜀党史稿》，《辛亥革命史丛刊》第二辑，上海人民出版社 1957 年版，第 169 页。

②吴玉章：《从甲午战争到辛亥革命的回忆》，《吴玉章回忆录》，人民出版社 1969 年版，第 66—67 页。

成都。先是成都城南的华阳秦载赓等部，于9月8日早晨就开抵成都东门外。与此同时，成都西南的新津侯宝斋等部，在9月8日挺进成都南郊，和清军激战于红牌楼。接着，成都西北的郫县张达三等部也随着开抵成都西门外。此外，成都东北的广汉侯桔园（留日学生，同盟会会员）、绵竹的侯国治（哥老会首领，曾参加罗泉井会议）等起义后，切断了成都经剑阁、广元同陕西相联结的交通线。从而形成了对成都的四面包围，迅速发展到很大的规模。

9月25日，从日本归国的同盟会会员吴永珊（玉章）和王天杰在荣县宣布独立，建立第一个县级的革命政权，成为成都东南农民军的中心，这件事比武昌起义还早半个月。

四川保路运动的发生，可以说是全国性危机的产物，人们对清政府的愤慨已经到了极点，整个局势一触即发。有人在9月16日给盛宣怀的私信中说："盖近年人心思乱，多因他政所召，不过借路发端。彼乱民志固不在争路，而争路诸人当奋争时，初亦不料乌合之众遂至于不可收拾也。"离开这个大背景，单就四川保路运动本身来考察，很难说清楚它为什么会这样发展并产生如此巨大的影响。而这次运动反过来又对全国的革命形势起了巨大的推动作用。在20世纪初年的中国，最能强烈地扣动人们心弦的是中华民族的生死存亡问题。保护铁路权益，是全国人民瞩目的异常敏感的问题。清政府偏要在这个问题上一味倒行逆施，把人们逼到别无他路可走的绝境。

四川是西南政治、经济、文化的中心。四川保路运动发展到大规模武装起义的地步，对全国的震动是巨大的。它成了一个突破口，使国内本已十分紧张的政治空气陡然更加紧张起来，直接成为武昌起义的导火线。

湖北的武汉，素有"九省通衢"之称，交通便捷，是资本主义工商业和近代新式教育比较发达的地区。人们无论是对时局的了解，还是对新思想的接受，都能得风气之先。湖北的新军有第八镇和第

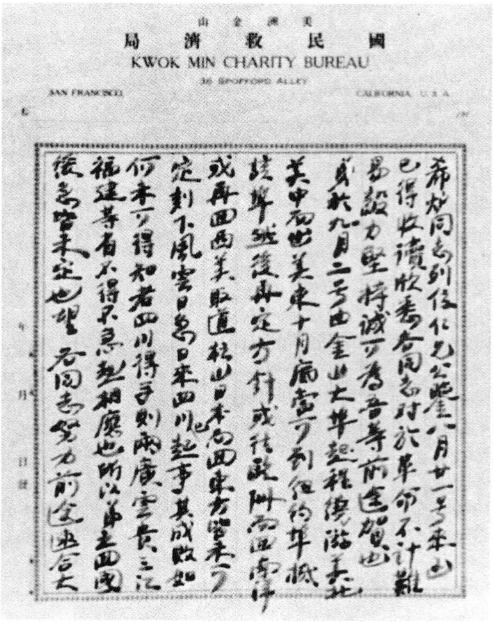

美洲金山
國民救濟局
KWOK MIN CHARITY BUREAU
36 SPOFFORD ALLEY
SAN FRANCISCO CALIFORNIA U.S.A.

希炉同志列位仁兄公鉴：八月廿一号來函已得收讀，欣悉各同志對於革命不計艱易，毅力堅持，誠可為吾等前途賀也。弟於九月二号由金山大埠起程，游美北、美中而出美東，十月底當可到紐約埠，抵埠然後再定方針，或往歐洲而回南洋，或再回西美，取道檀山、日本而回東方，皆未可定。刻下風雲日急，日來四川起事，其成敗如何，未可得知。若四川得手，則兩廣、雲、貴、三江、福建等省不得不急起相應也。所以弟去回國後急，皆未定也。望各同志努力前進，速合大

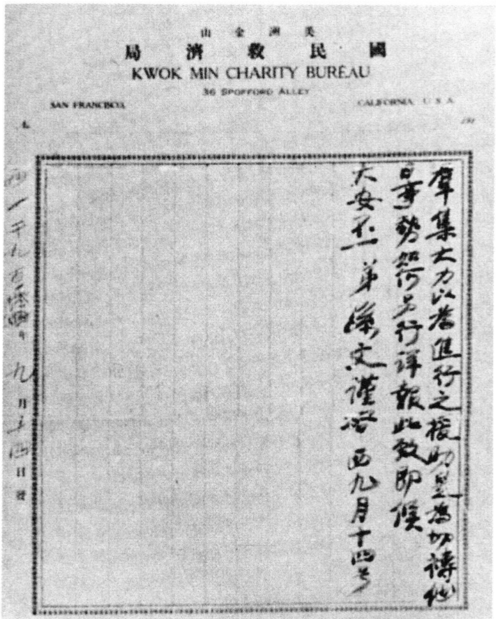

美洲金山
國民救濟局
KWOK MIN CHARITY BUREAU
36 SPOFFORD ALLEY
SAN FRANCISCO CALIFORNIA U.S.A.

羣，集大力，以為進行之援助，至為切禱。他日事勢如何，另行詳報。此致，即候
大安不一 弟孫文謹啓 西九月十四号

1911年9月14日，孙中山致函檀香山希炉同志，告四川发生保路运动等事

二十一混成协，由于原湖广总督张之洞对它的重视，成了南方各省新军中最精锐的一支。

这些新军是以西法操练的，其成员的文化程度比较高，家境比较贫穷，军队中的生活又很艰苦，容易受到革命思想的影响。此外，在起义前夕，由于长江中游连年水灾和铁路收归国有的刺激，湖北社会本已处在极度的动荡不稳之中。更为重要的是，在主观方面，湖北革命党人多年来在新军中的工作做得比较切实而深入。他们进行了长期艰苦的革命宣传和组织工作，掌握军队，积蓄力量，做好起义的准备。

湖北革命党人的活动在20世纪初年便已开始，最初出现的是一些革命小团体，如科学补习所、群学社、日知会等。这些组织虽然屡遭破坏，但革命志士们仍前仆后继，奋进不已。以后又先后成立军队同盟会、群治学社、振武学社等二十多个革命组织。到武昌起义前夜，逐渐会合成文学社和共进会（它们的主要领导人几乎全是同盟会会员）两大革命团体。

文学社和共进会的革命目标是一致的，又都在新军中秘密地发展革命力量，宣传革命道理和进行组织活动，工作都做得很深入，新军受到革命宣传的影响很大，不少人倾向革命。他们一个一个地夺取了阵地，在一万六千多人的湖北新军中，约有三分之一的士兵和一些下级军官加入了这个革命组织。武昌起义前夜，文学社和共进会的会员就达到五千多人，加上同情者已处于优势的地位，从而为武昌起义奠定了扎实的基础。军队中同革命为敌的不过一千多人。这支反动当局用来镇压人民的武装力量，终于悄悄地变成一支准备推翻反动统治的革命力量。当然，由于客观和主观方面的种种原因，士兵群众中本来有着不同程度的潜在革命要求。但如果没有革命党人这样艰苦长期的工作，如果不是采取了这切合实际的做法，也不可能出现湖北新军普遍革命化的重大结果。

武昌胭脂巷 11 号胡祖舜寓所。1911 年 9 月 24 日，共进会和文学社联席会议即在此召开，并制订了起义方略

同年 9 月 14 日，文学社和共进会举行联席会议，讨论了两团体实行联合，在武昌共同举义等事，决定取消原来的各自组织和负责人名义，实行统一行动。之后，立刻派居正等为代表赴上海同盟会中部总会，请同盟会领导人黄兴、宋教仁、谭人凤来武汉主持起义活动。但当时黄兴还在香港、谭人凤因病住院、宋教仁因故犹豫不决，他们三人一时都不能前来，而形势的发展已难以等待。9 月 24 日，双方再次举行联席会议，一致决议于 10 月 6 日（阴历八月十五日）发动起义，并成立了领导起义的统一机构——军事总指挥部，推选文学社领导人蒋翊武为军事总指挥，专管军事；共进会领导人孙武为军政部长，专管军事行政；刘公为总理，专管民政。制定了起义新军各部的进攻目标和作战计划，总指挥部设于武昌小朝街 85 号文学社总机关部，着手草拟文告，制定旗帜，并负责将来建立革

蒋翊武

孙武

刘公

命军政府的工作。

第二天，他们立即召开各部队近一百人的代表大会。文学社和共进会的重要分子几乎都参加了。会上，除通过军政府的重要组织成员外，还讨论了军事行动计划。刘复基根据武汉三镇地形和敌我双方力量配置，提出总动员计划的方案，大家讨论后通过。它的主要内容是：工程营首先发难，占领楚望台军械所；炮兵第八标从中和门入城，攻击总督衙门；对其他部队也规定了明确的行动目标和路线。

事出意外，在第二次联席会议当天，南湖炮队士兵与官长因一件小事发生冲突，险酿暴动，经此事变，发难日期的消息竟被传开，从而引起清方惊恐，湖广总督瑞澂下令严密戒备，收缴士兵枪弹。黄兴传信要求起义推迟至10月底，以便十一省同时发动。湖南焦达峰亦称时间迫促准备不及，总指挥部只得决定起义延期。

10月9日下午，孙武等人在汉口俄租界宝善里机关配制炸弹时不慎引爆炸药，孙武烧成重伤送入医院。俄国巡捕闻声赶来，在室内搜得大批革命文件、炸药等，还捕获刘公的弟弟刘同。蒋翊武得到消息后，感到情况紧急，立即在下午5时发出命令：在当晚12时

刘复基

彭楚藩

举义；各军听到南湖炮声后，按规定目标发起进攻。命令中规定的各部队行动目标和刘复基在9月25日宣布的计划大体相同。可是不幸的事情相继发生：负责通知炮队的邓玉麟没有将命令及时送到，南湖炮队在午夜12时没有发炮为号，其他各部队无法行动起来；刘同被捕后，又将小朝街军事总指挥部地点供出，清政府在武汉三镇大肆搜捕革命党人，刘复基、彭楚藩等33人被捕。蒋翊武被迫在混乱中逃离武汉，孙武受伤住进医院，其他领导骨干或隐蔽或逃亡，武昌的起义活动顿时失去了总的指挥枢纽。

清政府在捕获刘复基等后，连夜审讯。彭楚藩、刘复基、杨宏胜三人都表现得十分英勇，坦然自称是“革命党”，并且痛斥审讯的清吏道：“好！只管杀，我只怕你们也有这一日呢！”他们在审讯法庭上，慷慨陈词，坚贞不屈，怒斥清政府倒行逆施，祸国殃民。他们高呼“民国万岁！”、“孙中山和未死同志万岁！”口号，表现了革命党人的凛然正气。到10月10日清晨，三人相继被害，始终没有

杨洪胜

就义前的杨洪胜

透露出一点起义的具体行动计划。

10 月 10 日那一天，武昌城内城外的空气异常紧张。三烈士英勇就义的消息不胫而走。清政府军警继续进行搜捕。社会上还传闻革命党人名册已被搜去，将要按名捕拿，使新军内的革命党人处于人人自危的状态。如果再不坚决行动，无异坐以待毙。这天中午，工程第八营代表熊秉坤前往第二十九、第三十标等进行联络。其他各标、营的革命党人都跃跃欲试，纷纷秘密从事准备。清政府的镇压和恐怖手段，激起了革命党人的强烈反抗，就直接推动了这次起义的爆发。

二、武昌首义与各省响应

1911 年 10 月 10 日，震撼中外的武昌起义（时为中国旧历辛亥年，所以又叫“辛亥革命”）爆发。

武昌起义是以士兵为主体的湖北新军的起义。平日被人轻视或忽视的小人物——新军士兵们，在历史的关键时刻挺身而出，演出了这样一场改变历史面貌的威武雄壮的活剧。

担当发难任务的是工程第八营。起义的时间定在晚上。

10 月 10 日晚 7 时许，准备发难的紧张气氛已经笼罩营内。后队二排长陶启胜听到风声，去该排三棚巡查，看到革命党人金兆龙正在手擦步枪，便厉声喝问：“哼！你们要造反？”金兆龙毫不畏惧，大声说：“造反就造反！”回答得十分干脆。陶启胜上前扭住金兆龙呵斥，金急呼同志动手，士兵程定国以枪托猛击陶头部，陶负痛外逃，程举枪击中陶的腰部。营内人声嘈杂，官长纷纷逃避。工程营总代表熊秉坤闻声赶到，立即率工程营士兵起义。他们鸣笛集合四十余人，把清政府发的肩章撕掉，臂缠白布，在熊秉坤、金兆龙的率领下，冲出营房。楚望台离工程营驻地只有一千多米，声息相通。这时，左队的马荣、罗炳顺等送来消息：楚望台党人听到工程营驻地的枪声后立刻起来响应，军械库已经得手。于是，局面便急转直下了。

熊秉坤率领一部分起义士兵进驻楚望台后，就在 8 时 20 分以总代表兼大队长的名义发布命令，规定起义部队称湖北革命军，以湖广总督督署为最大作战目标，分三路攻击总督督署。这是“因为参加革命的同志都知道，若不攻克督署都要杀头的，所以革命党人那时候只想要胜利”。[①] 并且一定要在天明前把总督衙门打下来。他们最初以工程营为主力，分两路向督署进攻。但督署正面是一条狭窄的巷道，守军以机枪扫射，起义军进攻兵力难以展开，火力也不足，所以屡攻不克。炮八标入城后，立刻分据城门和蛇山等阵地，向督

①朱峙山藏札 · 鲁祖轸的信，《湖北文史资料》第 4 辑，第 171 页。

熊秉坤

金兆龙

署发炮轰击。蔡济民等又洽商乾记衣庄，将所存衣被用煤油浇灌后加以燃烧，顿时火光冲天，督署目标明显，方便炮队瞄准，威力大增，督署被排炮轰成一片废墟。湖广总督瑞澂、提督张彪等清朝官员仓皇登上停泊江面的楚豫号军舰潜逃，第八镇统制张彪率辎重营残部渡江退守。经过一夜激战，武昌清政府势力已基本被消灭，起义军完全控制了局势。11日，“武昌已别成一世界。满城兵士皆袖缠白巾，威风抖擞”。[①] 在这一天，革命党人和湖北咨议局组织了中华民国军政府鄂军政府，推二十一混成协协统（相当于旅长）黎元洪为都督，湖北咨议局议长汤化龙为民政总长，想借助他们的“名望”以号召民众；并以黎元洪名义颁发布告，宣布成立中华民国军政府。

12日，同武昌隔江相对的汉阳和汉口随即光复。这里的驻军是新军第四十二标的第一营和第二营。文学社在这个标内有很大的力量，并建有文学社阳夏支部。他们一行动，汉阳和汉口便很顺利地光复了。汉阳有储存着大量军械和弹药、对局势举足轻重的汉阳兵工厂。再过一天，又攻占繁华的商业城市汉口。武汉三镇连成一片。

①胡石庵：《湖北革命闻见记》，《辛亥革命在湖北史料选辑》，第15页。

黎元洪

汤化龙

它们的相继光复，进一步扩大了武昌首义的成果。在汉口还成立了军政分府，由刚出狱的文学社重要成员詹大悲任主任。

军政府成立之初，组织松懈无序，黎元洪出任都督之初亦态度消极，革命派和立宪派都力图在军政府占据主导地位，或明或暗地展开争权夺利的斗争。10 月 14 日，汤化龙草拟了《中华民国军政府暂行条例》，这一条例赋予都督权力最大，下分军政、民政两部。按照这个条例，汤化龙为首的立宪派掌握了政事大权，引起了革命党人的不满。10 月 25 日，在孙武、刘公、张振武等提议下，对条例进行修改，军政府共设九部，均直辖于都督；限制了都督的权力，取消了汤化龙掌握政事权，大大增强了革命党人在军政府中的权力。

革命的根本问题是政权问题。如果单有武装起义的胜利而没有建立起牢牢掌握在革命党人手中的革命政权，革命胜利了也是不巩固的。湖北的革命党人当时还没有这样的认识。他们的认识比较简单，认为所要推翻的只是那个清朝政府，只要把它推翻，凡是表示赞成民国的汉人似乎都是一家人了。于是，在他们看来，在新军高级军官中比较开明的黎元洪具有号召力，借助他的“名望”号召民众，可以起到安定人心的作用，所以在 10 月 11 日革命党人到谘议

武昌起义
辎重二十一队
汉阳
龟山
长
江
武胜门
清军败逃
汉阳门
武
蛇
山
军政府
三十一标
文昌门
昌
四十一标
清督署驻地
工程八营
通湘门
楚望台
军械库
晒
湖
中和门
起义门
三十二标
炮八标
马八标
南湖
清军各标营驻地
起义部队炮台
参加起义部队驻地
起义部队进攻路线

武昌起义地图

局商议建立军政机构时，便推举黎元洪来当都督，并且得到多数人的同意。以致后来造成黎元洪利用职权大干坏事。他利用扩军的机会，大量起用旧军官，逐步排挤革命党人，又挑拨和扩大革命党人的内部矛盾，用共进会打击文学社，用孙武逐走蒋翊武、刺杀张廷辅，又利用共进会内部的黄申芗逐走孙武，把湖北军政府的权力逐步集中到他自己手里，武昌起义在湖北取得的成果终于被断送掉了。这是十分惨痛的教训。

武昌起义时，孙中山虽然远在美国进行宣传和筹款等革命活动，湖北军政府为着稳定局势、安抚人心，仍然以孙中山的名义发布了《中华民国军政府大总统孙布告》，刊发在机关报《中华民国公报》上。布告中写道：希望"我各省民军代表，同心戮力，率众前驱，效诸葛一生惟谨慎之行，守吕端大事不糊涂之旨。运筹宜决而密，用兵贵速而神，自能唾手燕云，复仇报国，直抵黄龙府与同胞痛饮。策励建立共和国，使异族贴耳俯首，此固本总统中心之所切切，而群策群力，实所望于同胞者"①。

"革命党举义成功"的捷报，立即飞传中国大地，震撼了大江南北。10月13日，上海的《民立报》上发表于右任所写的短论说："秋风起兮马肥，兵刃接兮血飞，蜀鹃啼血兮鬼哭神愁，黄鹤楼头兮忽竖革命旗！""呜呼，蜀江潮接汉江潮，波浪弥天矣。吾昨日登吴淞江口而俯视长流滚滚者皆血水也。此三日间，天地为之变色矣。噫！革命党者，万恶政府下之产儿，故有倒行逆施之政府，欲求天下不乱而不得。"次日该报的第一版上又刊出"黎元洪小照"和"黎元洪小史"。武昌顿时成为全国万众瞩目的革命中心。

随之，散布在各地的革命党人以及和同盟会有联系的革命小团体，接着便乘胜在各省领导或积极发动新军、会党起义，促使革命

① 《中华民国公报》1911年10月31日。中山大学孙中山纪念馆藏原件。

黃帝紀元四千六百零九年

本館開設武昌省城內 每日弍大張

中華民國公報

黃帝紀元四千

中華民國軍政府大總統孫 為

布告大漢同胞事昔我皇祖黃帝軒轅氏伐有中土建國萬區必先南討蚩尤北逐獯鬻作弧矢以威四裔用能保我子孫黎民少昊高陽繼之以至唐虞亦先分北三苗時乃黎民於變若夫鬼方逆命商則征之獫狁南侵周實逐之句奴羌胡內寇如秦如漢討而滅之由是以觀可知夷狄大防我歷代聖人之必嚴且厲者誠以神明之

賞格

如能取瑞澂臚昌以及張彪

首級來獻者賞銀一萬兩

黃帝紀元四千六百零九年九月日示

中華民國公報（號六十第）（日十初月九年九

陸軍第二病院成立

陸軍第二病院已奉飭組織現今設立三佛閣內銀元局街第八號大宅以便病傷軍士就診特此廣告 院長王家楨白

中華民國軍政府鄂軍都督黎 為

鄂军都督府机关报《中华民国公报》

黃帝紀元四千六百零九年九月十五日（第二十一號）●中華民國公報●陽曆一千九

中華民國軍政府大總統孫為

布告大漢同胞事昔我皇祖帝軒轅氏奄有中土建國萬區必先南討蚩尤北逐獯鬻作弧矢以威四裔用能保我子孫黎民少昊高陽纘之以至唐虞亦先分北三苗蒔乃黎民於變若夫鬼方逆命商則征之玁狁南侵周實逐之匈奴羌胡內寇如秦如漢討而滅之由是以觀可知夷狄大防我歷代聖人之必嚴且屬者諄以神明之裔禮教之邦實與犬羊異等此所以遺遺然禁彼腥臭不使之壞我絕好河山也夫體繼繩繩端賴後賢之不忘祖烈使我中國季漢以來之君主謹守先代聖人成法則我中國雖至今金甌無缺可矣其奈禍為何如哉胡天不念風降鞠凶晉室不綱首先啟胡戎以禍我華族次則唐謀不善措盜興戎宋繼其衰歷遼金遂之毒胡元乘間于是我中國始為亡國之禍嗟矣嗟夫我黃帝子孫何罪竟令彼時受異族之荼虐且千餘年不能睹一化日光天凡有血氣之倫誰不憤怒此本總統之所以嘆息痛恨于晉唐與宋時也往者天牖華衷明祖勃然震怒放逐元虜宅都於燕漢室江山金甌故主亦云快矣又誰意孽滿洲鼠我國家多故竟竊據我國土屠戮我城邑奴隸我同胞剝我脂膏損失我權利之至于如此耶蔑凡可以壓制倒奪吾民之術蓋無所不用其極而未易一一為我同胞泣訴者也夫天下事圖之立足未牢之際則易得手圖之根本既固之日則難從心彼吳三桂始則冒昧乞師李乃遲疑遷延而始發脫帽有胆智何難驅羣醜而立復神皋所惜有時有勢而無志無才此其所以不能濟事也造後耿精忠倡義于越鄭成功繼起于台而李光地為虎作倀甘殘同類洪楊憤興于粵賴張響應于豫復有曾國藩為奴作僕忘我同胞嗟夫彼吳三桂固卑卑不足道若耿鄭洪楊賴張之倫李曾諸民賊苟勿破壞則吾漢族子孫早已安居乾淨土何至多受此數十年黑暗苦哉每一興言未嘗一刻不錐胸疾首也往年本總統以民族主義提倡我中華全部達至損棄家人沈淪異域投艱蹈險雖屢瀕於死而大聲疾呼之氣不少衰然當時之應而和者只會黨一部分餘則猶尚酣睡沈醉而未醒曾不幾時民族主義之進步日速一日今則統中國皆國民矣我鄂軍代表竟首舉義旗矣我各省同胞竟同聲響附殆無不認革命為現今必要之舉動矣同胞同胞何幸而文明若此也此必我黃帝列聖在天之靈佑助我同胞故能成此興漢之奇功蓋可以決滿賊之必無噍類矣雖然本總統竊有不能已于言者夫人無遠慮必有近憂事不圖終易危有情偏行事或遺頭鼠尾而存心復狼顧狐疑或生猜忌之私自相魚肉或萌退縮之志坐失事機則[illegible]所以者欲圖大事而往往功敗于垂成者其遺誤大都如是也今特布告我大漢同胞共勵前車牢持來軫再接再厲全始全終勿畏葸勿偷安勿事徘徊勿相推諉縱使百戰百勝而勿驕即令小敗小傷而勿餒凡我各省義軍代表同心戮力率衆前驅效諸葛一生惟謹慎之行守呂端大事不糊塗之旨運籌宜決而密用兵貴速而神自能垂手燕雲復仇報國直抵黃龍府與同胞痛飲策勳建立共和國使異族帖耳俯首此固本總統中心之所切切而基賓塞力實所望于同胞此告

黃帝紀元四千六百有九年　月　日

鄂军都督府托名孙中山发布的布告

形势在全国范围内飞速发展。在10月10日之后，仅仅九天之内，先后宣告独立的就有湖南、陕西、江西、山西、云南五省，简直使人目不暇接。

在10月间宣布独立的六个省中，湖北、湖南、江西三省连成一块，山西、陕西两省也连成一块。如果加上同志军声势日盛的四川，七个省便彼此连接，在南方凝聚成一股巨大的力量。湖北首义不再是孤立的。其他各省闻风后也正跃跃欲试。清政府已处在风雨飘摇之中。接着，革命的浪潮就向华东和华南迅猛扩展了。

到11月下旬，仅一个多月，全国24个省区中已有14个省先后宣布独立、光复，脱离了清王朝的统治，其他各省区的反清斗争也在激烈地进行。革命浪潮以不可遏制的强大威力将清王朝的反动统治顿时冲成了土崩瓦解的局面。

辛亥革命，这次以士兵为主体的湖北新军的起义，成为了在短时间内席卷全国的革命大风暴。这场大风暴，为中国的进步打开了闸门，使反动统治秩序再也无法稳定下来，从而对中华民族解放运动产生了深远影响，极大地改变了中国历史的面貌，开辟了民族民主革命的新纪元。谚云："事过百年而后定。"在辛亥革命已过百年之际，我们应当实事求是地追念辛亥革命及其领导人孙中山的伟绩和功业，予以公允的评价。

三、辛亥革命的世界意义

孙中山领导的辛亥革命，是中国民主革命时期的一次具有伟大历史意义的革命运动，是20世纪中国的一个伟大事件，是中国政治现代化——民主政治的源头。它在中华民族振兴的进程中，具有不可磨灭的历史功绩。

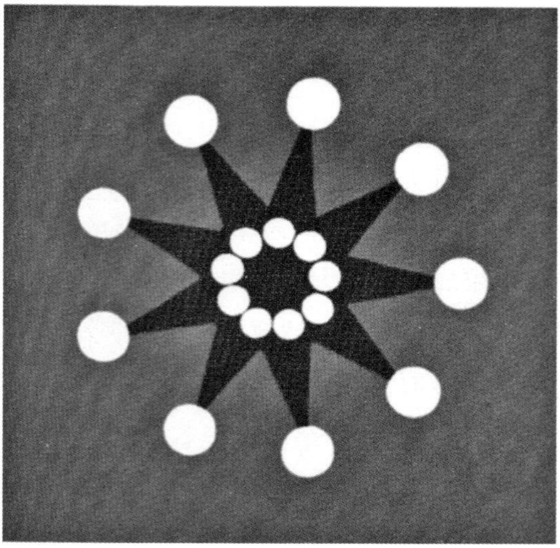

武昌起义十八星旗

1912年3月，孙中山为南京粤军殉难烈士墓题书碑额

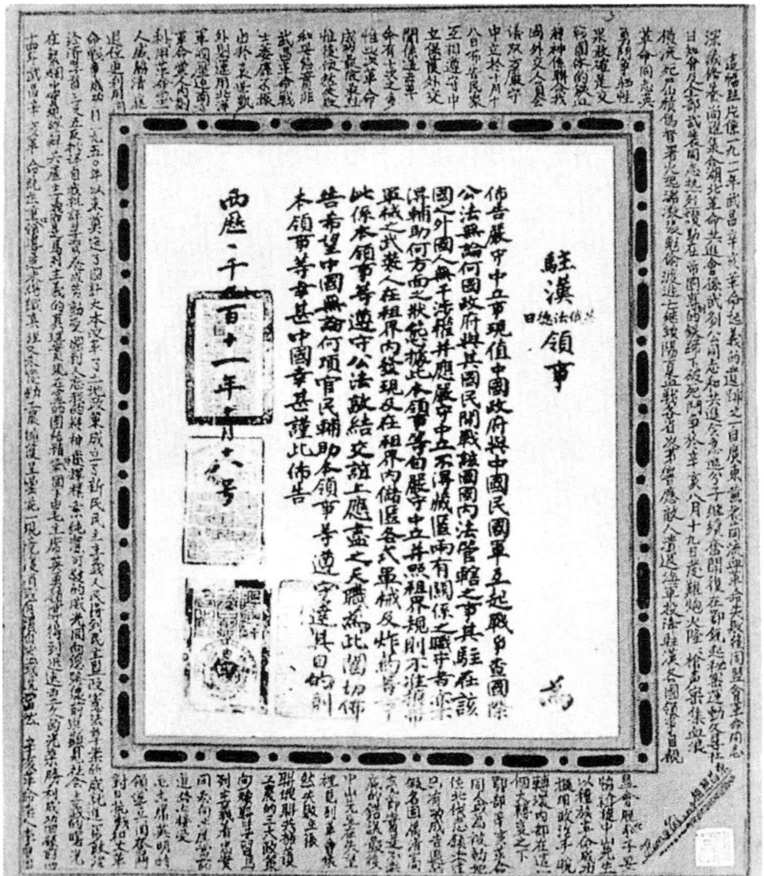

駐漢英俄法德日領事　為

佈告嚴守中立事現值中國政府與中國民國軍互起戰爭查國際公法無論何國政府與其國民開戰按照國內法管轄之事其駐在該國之外國人無干涉權并應嚴守中立不得藏匿兩有關係之職守者來淆輔助何方面之狀態據此本領事等自應嚴守中立并照租界規則不准携帶軍械之武裝人在租界內發現及在租界內備匿各式軍械及炸藥等此係本領事等遵守公法敦結交誼上應盡之天職為此闡切佈告希望中國無論何項官民輔助本領事等遵守達其目的則本領事等幸甚中國幸甚謹此佈告

西歷一千九百十一年十月十八号

武昌起义发生后，1911 年 10月 18日，驻汉口的英、俄、法、德、日领事发布的《严守中立布告》

这场革命，不但推翻了清政府，埋葬了在中国绵延两千多年的封建君主制度，实现了中国国家体制的一次重大变革，破天荒地建立了一个民主共和国；同时，也大大提高了中国人民的民主主义觉悟，促进了民主精神的高涨，为中国民族资本主义的发展创造了条件。虽然由于时代条件的限制和资产阶级的软弱，它没有完成反对帝国主义、反对封建主义的任务，又是一次不彻底的革命，但它的胜利和失败，给此后的新民主主义革命提供了经验教训，开辟了前进的道路。

辛亥革命是标志中国历史发展转折的一座里程碑，是中华民族历史发展的一个新开端。

列宁对辛亥革命和孙中山曾给予很高的评价。他将孙中山和西方资产阶级的代表人物作了鲜明的对比，将帝国主义国家的资产阶级和被压迫国家的民族资产阶级严格区分开来，确切地指出了20世纪初中国民族资产阶级的进步作用。他说："人们自然可以把亚洲这个野蛮的、死气沉沉的中国的临时大总统与欧美各先进文明国家的总统比较一下。那里的共和国总统都是资产阶级的奴仆、走狗或傀儡，那里的资产阶级已经腐朽透顶，从头到脚都沾满了脏污和鲜血——不是皇帝们的鲜血，而是为了进步和文明在罢工中被枪杀的工人的鲜血。那里的总统是资产阶级的代表，那里的资产阶级则早已抛弃了青年时代的一切理想，已经彻头彻尾娼妓化了，已经完全把自己卖给百万富翁、亿万富翁和资产阶级化了的封建主等等了。这里的亚洲的共和国临时大总统是充满着崇高精神和英雄气概的革命的民主主义者，这种精神和气概是这样一个阶级所固有的：这个阶级不是在衰弱下去，而是在向上发展；它不是惧怕未来，而是相信未来，奋不顾身地为未来而斗争；它憎恨过去，善于抛弃死去了的和窒息一切生命的腐朽东西，决不是为了维护自己的特权而硬要保存和恢复过去的东西。"他高度赞扬孙中山是"不愧为法国十八世纪末叶的伟大宣传家和伟大活动家的同志”。[①]

1911 年爆发的辛亥革命，距今已过 105 年。回眸返思，这场革命不仅是中国历史的重大转折点，它推倒封建帝制，建立民主共和，开辟了民族民主革命的新纪元，而且它“给亚洲带来解放，使欧洲资产阶级的统治遭到破坏”，[②] 是在世界历史发展进程中占有重要地位的历史事件，即对世界的历史也有其独特地位和伟大贡献。

首先，辛亥革命是中国和亚洲历史上一场真正的革命。

在中国和亚洲历史上，真正以革命手段变革社会制度和社会生产方式的伟大斗争，是从孙中山领导的辛亥革命开始的。在辛亥革命以前，任何其他阶级以及其革命斗争，都不具备社会制度和社会生产方式发生根本变革的革命意义，只是从辛亥革命开始才出现严格意义的两大社会经济——资本主义经济与封建地主经济，两大社会制度——民主共和制度与封建君主专制制度的生死大搏斗。辛亥革命推翻了清王朝的反动统治，结束了延续两千一百多年的封建帝制，建立了资产阶级民主共和的中华民国，是中国近代史上的一次飞跃，立下了前所未有的丰功伟绩，奠立了伟大的历史丰碑。

辛亥革命有别于此前中国历史上的其他革命运动，它以全新的姿态开始了改天换地的斗争。这首先表现于这场革命是由先进阶级所领导的。当时，中国民族资产阶级作为新的社会生产方式的政治代表和独立的政治领导力量登上历史舞台，成为全国各革命势力的领导中心，决定着近代中国的历史进程，这是中国历史上所没有过的大变化。其次，同盟会作为一个新型的、统一的、全国性的政党而出现，掌握了革命的领导权。政党是近代资本主义经济和政治发展的反映，同盟会代表着人民大众要求扩大国内统一市场、建立共

---

①《中国的民主主义和民粹主义》，《列宁选集》第二卷，人民出版社 1972 年版，第 424—425 页。

②《新生的中国》，《列宁全集》第十八卷，人民出版社 1972 年版，第 395 页。

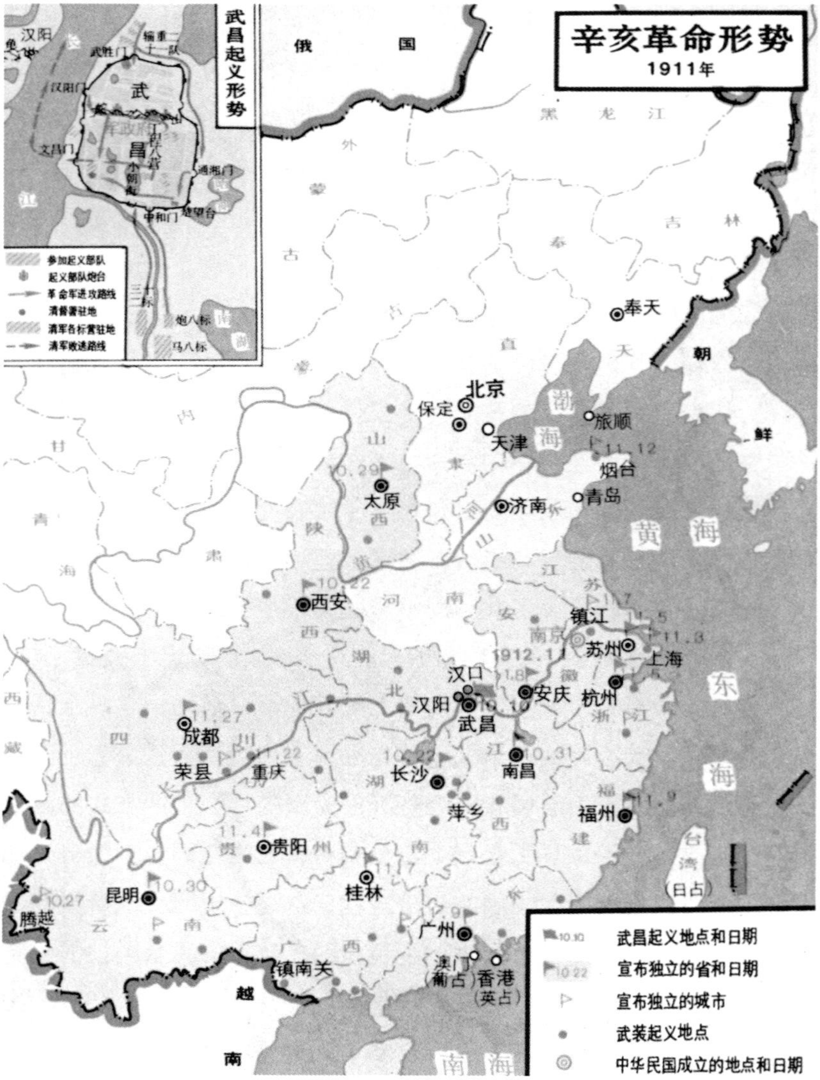
辛亥革命形势
1911年
武昌起义形势
参加起义部队
起义部队炮台
革命军进攻路线
清督署驻地
清军各标营驻地
清军败逃路线
武昌起义地点和日期
宣布独立的省和日期
宣布独立的城市
武装起义地点
中华民国成立的地点和日期
北京
天津
奉天
旅顺
烟台
青岛
济南
太原
西安
汉口
汉阳
武昌
安庆
南昌
镇江
苏州
上海
杭州
福州
成都
重庆
荣县
长沙
萍乡
贵阳
桂林
昆明
腾越
广州
镇南关
澳门
(葡占)
香港
(英占)
(日占)
黄海
东海
南海

辛亥革命形势图

和国的最高利益，成为革命的领导核心，这与狭隘的封建行帮组织和农民的会党组织有着明显的区别。再次，三民主义——民族、民权、民生主义作为一个比较明确、比较完整的民主革命纲领而出现。它不仅要求彻底推翻清王朝，而且要在这个基础上建立全新的、议会制的民主共和国，发展资本主义大工业，变半殖民地半封建的旧中国为独立自由的新中国。这是历史的巨大进步。

在中国近代史上，曾经出现过诸如太平天国、戊戌变法、义和团运动等颇有影响的革命斗争和革新运动，但就其历史地位来讲，都难以与辛亥革命相提并论。

由农民阶级领导的太平天国革命运动，坚持斗争 14 年，纵横 18 省，光复六百多个城市，控制了大半个中国。它还建立了农民的革命政权——太平天国，颁布过《天朝田亩制度》，主张“有饭同食，有衣同穿，有钱同使，无处不均匀，无人不饱暖”；抗击了外国资本主义强盗与本国封建主义的反动联盟，有力地冲击了半殖民地和封建的统治秩序，取得了中国旧式农民战争所能达到的最高成就。太平天国所取得的丰功伟绩，在世界农民运动史上也有很高的历史地位。可是，太平天国运动毕竟是一次单纯的、缺乏先进阶级领导的旧式农民战争，处于小生产地位的农民阶级，无从认识社会发展的客观规律，无从提出科学的革命理论，无从制定以先进的社会制度取代落后反动的社会制度的革命纲领，因此，也就无从反映时代的需要，无法将革命引向真正的胜利。其最后的归宿，或则黄袍加身，自成帝王；或则为他人利用，成为改朝换代的工具，革命终归以失败而告终。

由资产阶级维新派领导的、具有比较明显的近代斗争格局的戊戌变法运动，为了挽救民族危机、谋求国家独立和资本主义的发展，维新志士们努力学习西方，传播近代自然科学知识和社会政治学说，仿效日本、德国、英国的君主立宪模式，努力改造中国，反映了在中国刚刚出现的新的资本主义经济和新的资产阶级的利益和愿望，在当时的历史条件下，具有进步意义。但是，不成熟的经济形态和不成熟的阶级力量，决定了这场革新运动只能在封建统治阶级所允许的狭小范围内进行，资产阶级（这里主要是指由地主、商人转化而来的资产阶级上层）渴望分享政权，却又想继续维持皇统；要求发展资本主义，又不敢触动封建土地所有制；亟呼救亡图存，又不敢公开反对帝国主义侵略者；企求社会各阶级的支持，却又与农民阶级和其他革命势力处于对立地位。总之，只求有限的改良，而反对任何政治的、经济的、思想的革命。结果，地主阶级顽固派稍一反击，戊戌六君子就被送上了断头台，康有为、梁启超等维新派领袖被迫出逃，百日维新终归昙花一现而彻底失败。

义和团运动是一次以农民为主体的反帝爱国斗争，英勇抗击了包括英、法、德、日、俄、美、意、奥在内的八国联军的侵略，沉重打击了殖民主义者瓜分中国的狂妄野心，充分表现出中国人民不可侮的反抗精神，为中华民族获得解放奠定了一块重要基石。但是，义和团运动在反对外来侵略的同时，排斥一切西方文明和科学技术，盲目地打出“扶清灭洋”的旗帜而被封建统治者所利用。这种近似愚昧而有违历史发展的做法，终于招致彻底的失败。

从上述比较中可以看出，在中国共产党出世以前的近代中国，只有辛亥革命才是一场真正的社会、政治和思想大革命。辛亥革命敢于把神圣不可侵犯的皇帝拉下马，把反动的封建帝制扫进历史垃圾堆，这是中国历史上开天辟地的革命壮举。中国人民为了打倒皇帝斗争了两千多年，只是到了孙中山和革命党人手上才得以实现，这是十分了不起的历史功业。辛亥革命所开创的民主共和道路，为时代发展所必需，任何逆历史潮流而动的帝制小丑，都将被历史车轮碾得粉碎。辛亥革命是旧民主主义革命发展的最高峰，它将彪炳千秋，永垂史册，而享有崇高的历史地位。值得指出的是，辛亥革

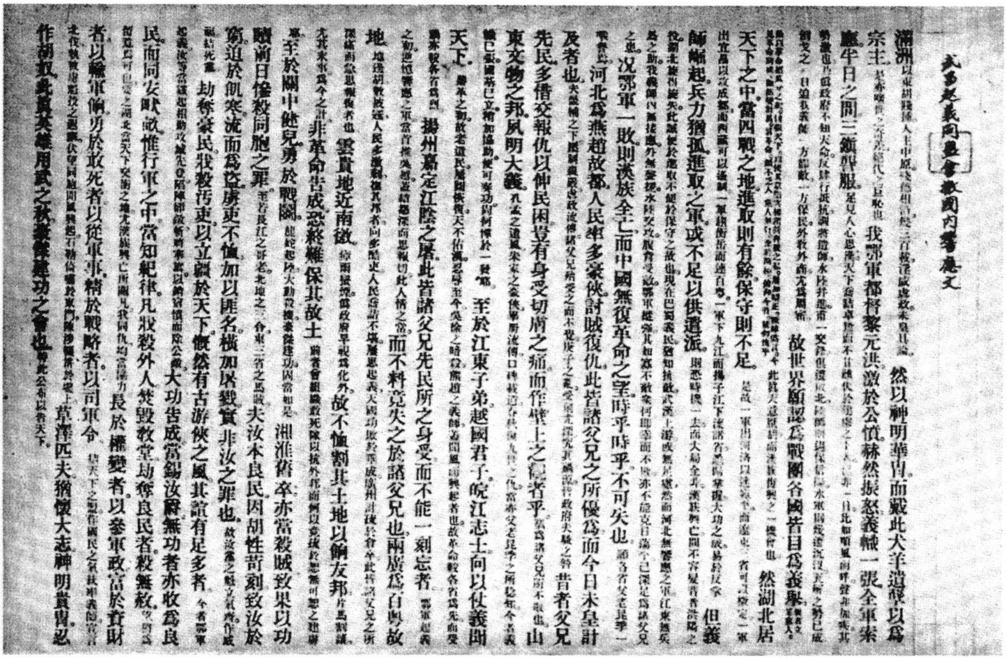

武昌起義同盟會敬國內警告文

滿洲以東胡賤種入主中原……然以神明華胄而戴此犬羊遺孽以爲宗主……我鄂軍都督黎元洪激於公憤赫然振怒義幟一張全軍雲應半日之間三鎮懾服……故世界願認爲戰團各國皆目爲義舉……然湖北居天下之中當四戰之地進取則有餘保守則不足……但義師崛起兵力獨孤進取之軍或不足以供遣派……況鄂軍一敗則漢族全亡而中國無復革命之望時乎時乎不可失也……河北爲燕趙故都人民率多豪俠討賊復仇此皆諸父兄之所優爲而今日未皇計及者也……昔者父兄先民多借交報仇以伸民困豈有身受切膚之痛而作壁上之觀者乎……山東文物之邦夙明大義……天下……至於江東子弟越國君子皖江志士向以仗義聞天下……揚州嘉定江陰之屠此皆諸父兄先民所之身受而不能一刻忘者……而不料竟失之於諸父兄也兩廣爲首興故地……雲貴地近南徼……故不恤割其土地以餉友邦……非革命告成恐終難保其故土……至於關中健兒勇於戰鬬……湘淮舊卒亦嘗殺賊致果以功蹟前日慘殺同胞之罪……夫汝本良民因胡性苛刻致汝於窮迫於飢寒流而爲盜虜吏不恤加以匪名橫加屠戮實非汝之罪也……劫奪豪民戕殺污吏以立嗣於天下儼然有古游俠之風其誼有足多者……大功告成當錫汝爵無功者亦收爲良民而同安畎畝惟行軍之中當知紀律凡戕殺外人焚毀教堂劫奪良民者殺無赦……長於權變者以參軍政富於資財者以餉軍偷勇於敢死者以從軍事精於戰略者以司軍令……草澤匹夫猶懷大志神明貴胄忍作湖奴此誠英雄用武之秋豪傑建功之會也……

革命党人散发的号召全国各地响应武昌起义的传单

命是在世界上人口最多的、惨遭所有殖民帝国蹂躏的国度里爆发，它不仅摧毁了中国的封建帝制，同时冲击了殖民地半殖民地的统治秩序，敲响了帝国主义奴役被压迫民族的丧钟。因此，辛亥革命的枪声，不仅震惊了受帝国主义奴役的大众，也震动了寰球16万万的全人类。辛亥革命是继英、法资产阶级革命之后，世界历史上最伟大的历史事件。

其次，辛亥革命是殖民地半殖民地国家民族民主革命的伟大先导。如同孙中山是革命的伟大先行者一样，辛亥革命也是中国和殖民地半殖民地国家民族民主革命的伟大先导。这种先导作用全面体现于政治、经济、思想文化各个方面，它的成功与失败的历史经验和教训，至今仍然激励和鞭策着中国人民和经济欠发达地区人民前进，并为后人的革命斗争提供历史借鉴，成为人类的宝贵遗产。

在政治方面，辛亥革命创造了不少成功的经验，诸如通过政党来组织阶级队伍，建立革命的领导核心；创造阶级的主义（革命理论）和制定革命纲领，以明确革命方向和指导革命斗争；引进西方革命学说，大造革命舆论，以宣传新制度的优越性，批判旧制度的落后性；坚持暴力斗争，用武装的革命反对武装的反革命；等等。辛亥革命以后，孙中山组织了资产阶级内阁，建立了国会——临时参议院，颁布了《临时约法》，创立了中华民国，开创了民主共和的政治新局面。所有这些，不但保证了革命的顺利发展，而且给中国人民和世界被压迫民族以巨大影响。从某种意义上讲，中国和“第三世界”革命党人的革命本领很多都是从孙中山那儿学来的。辛亥革命所开辟的为争取民族独立和人民民主的革命方向，顺应历史潮流，合乎人民需要，始终激励着中国人民和世界劳苦大众。凡是孙中山革命事业的继承者，都十分尊重辛亥革命的开创作用，并将沿着孙中山所开辟的反帝反封建的革命道路，努力实现民族独立和人民民主。孙中山所梦寐以求的“天下为公”、“世界大同”的局面，必将在全世界逐步实现。

在经济方面，辛亥革命开创了中国近代化的第一次腾飞，把一个贫穷落后的农业国家引向近代工业化的发展道路。大家都熟知，革命的最终目的是为了最大限度地解放生产力，发展社会生产，以满足广大人民更高层次的生活需要。孙中山发展社会经济的伟大抱负及其所做的不懈努力，将愈来愈受到后人的尊重，并愈来愈具有重大的现实意义。

早在19世纪末兴中会成立时，孙中山就响亮地提出了“振兴中华”的口号，指出“是会之设，专为振兴中华，维持国体起见”，“以申民志，而扶国宗”。“兴中会”取名亦寓意于此。同盟会纲领进一步提出民生主义，充分认识到解决土地问题是资本主义发展的关键，把经济建设与变革国体摆到同样重要的地位。南京临时政府成立后，孙中山颁布了一系列奖励工商业发展的规章制度，鼓励人民兴办实业，从事农垦；奖励华侨回国投资；要求各省成立实业公司，鼓励民间成立实业团体。在革命政府的奖励、推动下，一个兴办近代工业的热潮迅速在全国范围内兴起。

孙中山怀抱对人民疾苦的深切同情，以“拯斯民于水火”为己任，把人民的吃饭、穿衣问题，列为改革民生的首要课题。为此目的，孙中山进而提出“耕者有其田”、“节制资本”的口号，并为造就“十万人以上之大资本家”和“数十个上海”大工业城市，实现工业近代化和成为世界“第一大国”而做出不懈的努力。在孙中山亲自制定的《实业计划》蓝图中，其规模之宏大，计划之周详，实在令人钦佩。它以发展交通为重点，提出建造中央、东南、西北、西南、东北、高原六大铁路干线，包括近百条铁路线，总计长10万英里；同时修建公路100万英里，疏通现有运河两条，新开运河两条；在中国中部、北部、南部新建三大港口。计划通过这些交通线，把沿海港口和内地重镇、工业区和农业区、原料产地和工业城市、

孙中山《实业计划图》

边疆和内陆统统联结起来，使中国成为一个交通发达、经济繁荣的强大国家。此外，还具体规划实现农业近代化，广泛采用农业机械和先进农业生产技术；发展近代采矿业、钢铁业、机器制造业和各种轻工业。孙中山所制定的《实业计划》，是改造中国小农经济、实现中国工业化的伟大蓝图，是“振兴中华”之希望。

为了实现这一计划，孙中山锐意改革，在坚持独立自主、不失主权、不用抵押的原则下，主张对外实行“开放主义”，利用外国资本、人才和方法，输进外国机器的科学技术，以“造成中国之社会主义”，即发展中国机器大工业，“突驾”欧美日本。孙中山的伟大构想和抱负，尽管由于客观条件的限制和主观上存在不少不切实际之处，最终未实现，但他那种为了摆脱帝国主义奴役而亟求自立于世界民族之林的炽热的爱国情怀，那种为广大人民生计而勇于开拓的不屈不挠的战斗精神，以及为振兴祖国而大胆进行经济改革所开创的工业近代化的建设道路，无不反映了人民的愿望和民族的需要，深深地影响着当时和后世，具有不可估量的生命力。事实证明，孙中山所确立的“扶助农工”，发展经济的道路，是世界被压迫民族求得解放的必由之路。

在文化思想和社会风尚方面，辛亥革命开创了一代新风，资产阶级的自由、平等、博爱新思想，开始吹拂古老的中国大地。近代新文化冲破“忠君尽道”的封建专制文化的桎梏，人们开始用新的道德观念和新的价值观念思考问题和认识社会，封建道德日益为人们所遗弃。南京临时政府三令五申，宣布政府官员都是“人民公仆”，革除等级森严的“大人”、“老爷”称谓，改以“先生”、“同志”相称。通令剪除发辫，废除跪拜礼而改以握手和敬礼……处处体现出自由、平等、民主的精神，反映了新时代的精神风貌。

总之，辛亥革命所开启的政治民主化和经济近代化的斗争，不仅是中国历史上的伟大壮举，同时也是世界物质文明和精神文明不断进步的重要表现。

第三，辛亥革命是亚洲民族解放运动的典范。

孙中山是真诚的爱国者，同时也是亚洲民族解放运动的伟大旗手和世界被压迫民族的精神领袖。从他投身革命的那一天起，就把中国革命与亚洲乃至世界被压迫民族的解放斗争紧密地联系在一起。早在1897年，当孙中山首次与日本志士宫崎滔天畅谈革命旨趣时，即“显示出深山虎啸的气概”，赢得宫崎的景仰。孙中山表示，他之所以兴起革命，既是为了“拯救中国四亿的苍生”，更是为了“雪除东亚黄种人的耻辱，恢复和维护世界的和平和人道”，是为中国、为亚洲、为全人类的解放而抗争。宫崎大为折服，认为孙中山的革命主义，已“接近真纯的境地”。孙中山是无与伦比的“东洋的珍宝”。① 以后，孙中山进而提出“亚洲门罗主义”的口号和“大亚洲主义”的主张，呼号亚洲人民团结起来，为民族的独立解放共同斗争。为此目的，孙中山奔走于亚洲各地，与日本、菲律宾、越南、朝鲜、印度、马来亚、缅甸、泰国的革命志士建立普遍的联系，宣传革命主张，组建各种反殖民主义的联合团体，支援各国民族民主革命运动。所有这些，在亚洲各国产生了极其广泛和深远的影响，赢得了亚洲人民的尊重和崇仰，公认他是“东方被压迫革命民众的首领”、“东方民族解放之父”和“世界被压迫民族、世界被压迫阶级的救主”。

孙中山还深深知道，中国革命的成功，是东方被压迫民族解放的关键。为此，他屡败屡起，致力革命，为亚洲人民做出榜样。辛亥革命的胜利，不仅标志着中国历史上一个前所未有的新时代到来，也标志着亚洲和世界历史上结束殖民统治、获得民族独立的新曙光的出现。诚如孙中山在1904年《中国问题的真解决》一文中所预

---

①参见［日］宫崎滔天著、林启彦改译：《三十三年之梦》，花城出版社、香港三联书店1985年版。

言：“一旦我们革新中国的伟大目标得以完成，不但在我们的美丽的国家将会出现新纪元的曙光，整个人类也将得以共享更为光明的前景。普遍和平必将随中国的新生接踵而至，一个从来也梦想不到的宏伟场所，将要向文明世界的社会经济活动而敞开。”孙中山的期望，现在已在亚洲和世界上开花结果而日益成为现实了。

我们还应看到，辛亥革命本身在近代亚洲民族解放运动中所具有的崇高历史地位。从1905年开始，亚洲各国先后掀起具有资产阶级性质的民族解放运动，其中影响较大的有1905—1911年的波斯革命、1905—1908年的印度反英斗争、1908—1909年土耳其革命、1908—1913年的印度尼西亚革命民主运动等，所有这些斗争都在不同程度上具有反抗外来侵略、要求民主改革的民族民主运动的性质。但是，只要稍加比较就不难看出，这些斗争无论从革命的发展程度或它所取得的成就来看，都无法与辛亥革命相比拟。

我们说辛亥革命是亚洲民族解放运动发展的最高峰，例如在政治纲领上，别的国家只一般地提出反对封建专制的口号，而同盟会所揭示的三民主义则要激进得多，具有较高的民主性，又直接与建立资产阶级民主共和国相联系。再如在革命政党的建设上，亚洲各国大多未建立严格意义的资产阶级统一政党，而同盟会则要成熟得多，同时涌现了像孙中山、黄兴等具有很高威望的革命领袖人物。在斗争手段和规模上，亚洲各国大多采取和平请愿方式，而中国同盟会则发动了十次武装大起义，形成了全国规模的革命运动，并最终以革命手段推翻了清王朝。在革命成果方面，亚洲个别国家虽然早于19世纪末就建立过资产阶级共和国和颁布过宪法，但它很快遭到镇压而沦为帝国主义的殖民地，革命领导人亦随之屈服，革命成果烟消云散。而更多国家的民族解放斗争，则处于以争取社会改良、实行君主立宪的低级发展阶段。在亚洲，唯有孙中山领导的辛亥革命进入了革命的高层次，取得了结束封建帝制、建立中华民国、颁布《临时约法》的重大胜利，从而具有划时代的世界性意义。对此，列宁高度评价说："中国人民的革命斗争具有世界意义，因为它将给亚洲带来解放，使欧洲资产阶级的统治遭到破坏。"在20世纪初叶，以辛亥革命为代表的亚洲觉醒，以及欧洲无产阶级革命的蓬勃开展，标志着世界历史进入了一个新的阶段。

毋庸讳言，辛亥革命最终还是失败了，革命的成果全部被中外反动派所破坏，中国的民族独立和人民民主并没有出现，反帝反封建的革命任务没有完成，中华民国只不过是一块空招牌。失败的原因是多方面的，诸如中外反动派的力量过于强大，资产阶级力量过于软弱，加之革命党本身不够坚强有力，主义不够完善等等。辛亥革命后，孙中山几经努力，领导和发动"二次革命"、开展护国、护法斗争，但由于对工农发动不够，流于单纯的军事冒险，结果屡遭挫折，直到最后转而寻求工农的支持，实行联俄、容共，重新解释三民主义，国民革命才出现新的转机。不幸的是，由于孙中山的过早病逝，中国的革命大业，未能由他亲手实现，因此而抱终天之恨。所幸孙中山的后继者，十分尊重孙中山和辛亥革命的开创和先导作用，秉承"革命尚未成功，同志仍须努力"的遗志，将革命进行到底，取得了令世人瞩目的一个又一个的重大胜利。

我们是历史主义者，承认历史的客观存在。中国近代史有如一根链条，链链相联结，链链相互影响和推动着，不断把改造旧社会建设新社会的任务向前推进。而辛亥革命则是这一历史链条中不可分割的重要组成部分，起着承前启后的巨大作用。可以毫不夸张地说，没有辛亥革命的成功与失败，中国社会不会发生以后的根本性的变化，也就不可能有今天的新中国，也就不可能有今天的"中国民族得自由独立于世界"的国际地位。

1911 年 5 月，孙中山在美国筹款时与同志合影

1911 年 7 月，孙中山和黄芸苏（右）在美国委林陌埠筹款时与廖莆田（左）合影

第二节 “革命时代的政府”

一、就任临时大总统

武昌起义爆发的时候，孙中山正在美国北部科罗拉多（Colorado）州辛劳地进行宣传革命和筹募革命经费等活动，对武昌起义并无预闻。途中，曾接到黄兴由香港发来的密电，因密电码本与行李另行托运，无法及时译出。10月11日晚抵达科罗拉多州之丹佛市后，即取出密电码本，译出黄兴电文是：“居正从武汉到港，报告新军必动，请速汇款应急。”但此时已经夜深，复电未及时发出。次日，孙中山从美国报纸上欣然得悉“武昌为革命党占领”的意外成功消息后，心情非常欣喜和激动，立即中止了在美国各埠继续演说筹款的计划。

当时，孙中山本想由太平洋回国，亲自指挥革命战争，“以快生平之志”。可是，考虑到成立共和国将要碰到外交、财政等方面的困难，尤其担心帝国主义某些国家可能联合起来干涉革命，所以他认为当时最主要的工作，不在“疆场之上”，而在“樽俎之间”，应该周旋于列强各国，办理外交，以断绝清政府的后援。所以，他要黄兴赶赴汉口主持军事，自己则暂留国外，致力于外交活动。

孙中山天真地设想中国革命能够争取帝国主义的同情，得到帝国主义的帮助。在他看来，当时“列强之与中国最有关系者有六焉：美、法二国，则当表同情革命者也；德、俄二国，则当反对革命者也；日本则民间表同情，而其政府反对者也；英国则民间同情，而其政府未定者也。是故吾之外交关键，可以举足轻重为我成败存亡所系者，厥为英国。倘使英国右我，则日本不能为患矣。”[①] 因此，他把外交重点放在英国，同时也努力争取其他列强对中国革命的支持。所以，便决定径往纽约转赴英国进行外交活动，争取外国的同情和帮助，而不再同清廷发生关系。他要等这一问题得到解决后回国。

孙中山在往纽约途中，10 月 14 日，曾写信给英国金融界代表，呼吁伦敦、纽约、旧金山、新加坡、西贡和马来亚等地财政金融资本家给予中国革命以财政上的支持。同时表示：“共和国承认满洲政府给予外国人的一切特权和租让权。”[②] 20 日，到达纽约。他向美国的一些政界和财界人士介绍了中国革命宗旨，争取他们的同情和帮助。[③] 他还托人转告日本驻美代理大使埴原，希望日本能同情中国革命，不要支持清政府。

11 月 11 日，孙中山从纽约抵达伦敦。他在伦敦积极地进行了一系列外交活动。先通过美国人荷马里介绍，与四国（英、美、法、德）银行团主任会晤，就停止对清政府贷款问题进行商谈，未获结果。又委托维加炮厂经理道森（A．T．Dawson）就此问题向英国外交大臣葛雷（E．Grey）进行交涉，要求英政府：“一、止绝清廷一切借款；二、制止日本援助清廷；三、取消各处英属政府之放逐令，

①《建国方略》，《孙中山全集》第一卷，人民出版社 2015 年版，第 89 页。

②《俄罗斯报》，1911 年 10 月 18 日，转引自《中国辛亥革命论文集》，第 260—261 页。

③廖单子：《辛亥前美洲之革命运动》，转引自《中华民国开国五十年文献》第一编，第 12 册、第 482—483 页。

"MY REMINISCENCES."

By SUN YAT SEN.

Whatever career the future has in store for the celebrated Sun Yat Sen, as President of the Republic of China, none can deny his claim to be considered one of the most remarkable men in the world and the organizer of the greatest revolution, considering the numbers involved, that history can record.

The following article, taken down from Sun Yat Sen's own lips for "The Strand Magazine" and signed by him, is the first complete statement of his career up to the time of his last leaving England that has ever been published. It will serve to correct many errors and misstatements concerning him which have appeared in the Press of two Continents.

Up to the year 1885, when I was eighteen years of age, I had led the life of any Chinese youth of my class, except that from my father's conversion to Christianity and his employment by the London Missionary Society I had greater opportunities of coming into contact with English and American missionaries in Canton. An English lady became interested in me, and I learnt eventually to speak English. Dr. Kerr, of the Anglo-American Mission, found employment for me, and allowed me to pick up a great deal about medicine, for which I had a liking. I believed I had a brilliant career before me as a physician amongst my countrymen, and no sooner had I heard that a College of Medicine was to be opened at Hong-Kong than I instantly presented myself before the Dean, Dr. James Cantlie, and enrolled my name as a student.

There I spent five happy years of my life, and in 1892 I obtained a licentiate's diploma entitling me to practise in medicine and surgery. I cast about for a place in which I could go and settle, and at last decided to try my fortunes in the Portuguese Colony of Macao, in the Canton River. Up to this time I cannot say I had taken any special interest in politics; but it was while I was struggling to establish myself at Macao — and my struggles were desperate, owing to the prejudices of the Portuguese doctors — that I received a visit one night from a young merchant about my own age, who asked me if I had heard the news from Peking — that the Japanese were coming. I said I had heard little of it, except from the English.

"We are all kept in such ignorance. It is a great pity," I added; "the Emperor should trust the people more."

"*Tien* [illegible]," ("The divine right does not last for ever,") said my friend.

"True," I rejoined, "and 'Heaven hears

SUN YAT SEN.

1911 年 11 月，孙中山在伦敦接受《滨海杂志》采访，并发表《我的回忆》

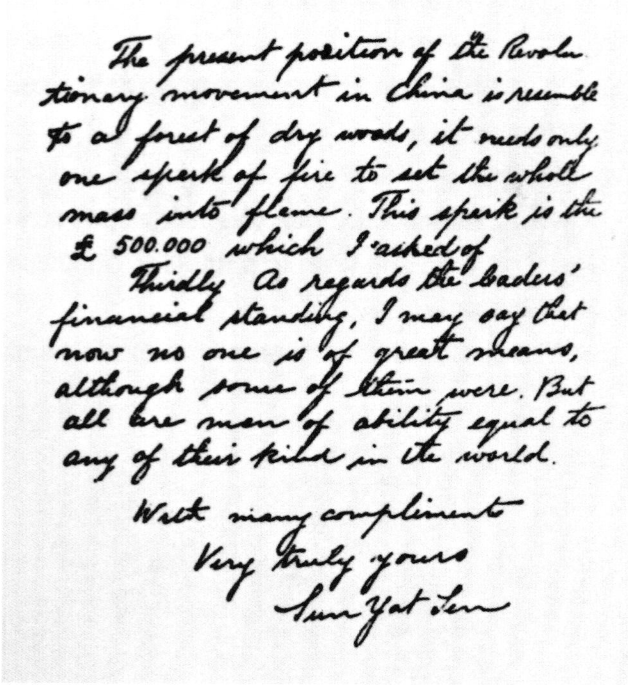

The present position of the Revolu
tionary movement in China is resemble
to a forest of dry woods, it needs only
one spark of fire to set the whole
mass into flame. This spark is the
£ 500.000 which I asked of
Thirdly As regards the leaders'
financial standing, I may say that
now no one is of great means,
although some of them were. But
all are men of ability equal to
any of their kind in the world.
With many compliment
Very truly yours
Sun Yat Sen

孙中山 1911 年 11 月在伦敦用英文草拟的《对外宣言稿》残稿

以便予取道回国。”英国政府对于这三项要求，在口头上表示同意，实际上不过是表面应付。孙中山还以革命政府的名义，分别与四国银行团和英国汇丰银行代表商洽贷款，他们以未曾建立“正式政府”为理由，都拒绝了。

孙中山在英国进行了上述外交活动后，感到“个人所能尽义务已尽于此矣”，便于 11 月中旬，自伦敦取道巴黎归国。同月 21 日到巴黎后，他分别拜访了法国参议员、前外交部长毕盛（S.Pichon）和众议院一些议员，表达要求法国政府承认中华民国的愿望。还与法国东方汇理银行总裁西蒙（S.Simon）举行会谈，提出“重新掌握海关及其税收”、“取消厘金”等主张，并要求能贷款给中国革命政府，遭到了拒绝。他又谋求与当时正在巴黎的俄国外交部长萨佐苏诺夫晤面，也被拒绝。

在此期间，国内革命形势有了飞跃发展，同时也出现了复杂的情况。一方面，随着武昌起义成功后，宣布独立、响应起义的地区越来越多，光复各省都督府准备举行代表会议，商讨组织民国临时政府，在酝酿过程中发生了争权夺利的现象；另一方面，清政府组成了新内阁，在向南方用兵的同时放出和谈气球。南方的立宪派和旧官僚则极力从革命内部攫取权力，并与清政府新内阁暗中勾结。在这历史转变的重要关头，孙中山在接到国内一再敦促他速回的电报后，便匆匆离开巴黎，于同月 24 日从马赛港乘丹佛轮东归，途径槟城、新加坡，改乘“地云夏”英邮船于 12 月 21 日抵达香港，以求力解危局，早奠国基。

12 月 25 日，孙中山在经历了 16 年的海外流亡生活和艰苦斗争之后，回到祖国，到达了上海。

由于孙中山为革命做出巨大贡献，在革命党人和全国人民群众心中享有崇高的威望和影响，他的归来受到黄兴、陈其美、黄宗仰、汪精卫等革命党人和各界人士的热烈欢迎。当时，中外许多报纸都盛传他带有大批款项并购了军舰回国，所以各报记者纷纷对此进行采访。《大陆报》主笔问：“君带有巨款来沪供革命军乎？”孙大笑：“何故问此？”主笔说：“世人皆谓革命军之成败，须观军饷之充足与否，故问此。”孙答道：“革命不在金钱，而全在热心。吾此次回国，未带金钱，所带者精神而已。”[①] 他坦然告诉中外记者说：“予不名一钱也，所带回者，革命精神耳。”[②] 并指出，“从前种种困难虽幸破除，而来日大难尤甚于昔。今日非我同人持一真精神、真

---

①《与上海〈大陆报〉主笔的谈话》，《孙中山全集》第八卷，人民出版社 2015 年版，第 152 页。

②《建国方略》，《孙中山全集》第一卷，人民出版社 2015 年版，第 90 页。

1911 年 12 月 21 日，孙中山返抵香港时在船上与欢迎者合影

1911 年 12 月 25 日，孙中山到达上海时的情景

力量以与此困难战，则过去之辛劳将归于无效。”

孙中山从遥远的海外归来，给革命带来了一股朝气，激发起新的热情，也使革命派的声势大振。许多团体都纷纷致电南京各省代表团，要求选举孙中山为大总统，“以救国民”，表示这是“兆众一志，全体欢迎。”[①] 同盟会上层领导人黄兴等，更是一致同意由孙中山出任总统。各省代表们为了组织临时政府、选举大总统，曾从上海到武汉，又从武汉到南京，一直争论不休。孙中山的到来，使围绕总统人选问题展开的各种议论一扫而光，纷争戛然停息，他成了众望所归的合适的总统人选。

12 月 29 日（农历十月初一日），各省代表会议在南京开会，以无记名投票正式选举临时大总统。到会者共 17 省 45 人。由浙江省代表汤尔和为主席，广东省代表王宠惠为副主席，江苏省代表袁希洛为书记。会议首先将头天晚上预备投票结果揭晓，有候选资格的为孙中山、黄兴、黎元洪三人。选举以每省一票为原则，共 17 票。按临时政府组织大纲第一条规定，满投票人数三分之二以上的当选。选举结果，孙中山得 16 票，黄兴得一票。孙中山以超过投票总数的三分之二以上，当选为临时大总统。

中国有了一个共和政权的大总统，这在中国几千年文明史上是一件破天荒的大事，是中国历史发展进程中一次重大飞跃。它标志着在中国延续两千多年的封建君主专制制度的终结和民主共和制度的诞生。这是以孙中山为代表的革命党人十多年来前仆后继英勇奋斗结出的硕果。孙中山成为了中国第一个大总统，许多革命党和人民群众都沉浸在欢乐之中，并对祖国的前途产生无限的期望。

各省代表会选出临时大总统后，立即决议，由各省代表特派汤尔和、王宠惠、陈陶怡三人去上海欢迎孙中山到南京就职。孙中山

---

①《民立报》，1911 年 12 月 28 日。

1911年12月30日，孙中山在上海出席广东旅沪各团体庆祝他荣任临时大总统时的合影

1912 年 1 月 1 日，孙中山离上海赴南京任职。图为孙中山离开上海火车站时的情景

得知当选的消息后，即电各省代表会表示接受。消息传出后，国内各界人士和团体及海外华侨，纷纷发来贺电，各地军民举行集会庆祝和提灯游行。

1912 年 1 月 1 日上午 10 时，身穿黄色呢质军服、戴军帽的孙中山，由南京各省代表会临时正副议长汤尔和、王宠惠陪同，偕随行人员乘坐专车离开上海，前往南京就任中华民国第一任临时大总统。事前，孙中山嘱咐陈其美准备一切，并告诉他："我辈革命党，全不采仪式，只一车足矣。"上海一万多人到车站送行。市民纷纷麇集车站附近来瞻仰大总统风采。当天下午 5 时，车抵南京下关，受到各省代表及驻南京各国领事和广大群众热烈欢迎，礼炮齐鸣，"共和万岁"之声响彻云霄。专车随即由下关入城。城内万人空巷，欢声雷动。"人们为欢迎他而做了许多准备，部队排列在自火车站至总督衙门全程为六英里的道路两旁，大街小巷悬灯结彩，如同节日一样。但新总统没有下火车改乘汽车，而是把他的车厢调到通往城内的铁轨上，坐火车前往总督衙门。”下午6时15分专车到达总督衙门车站，孙中山等下车后就前往设在长江路的前两江总督署（原太平天国天王府）的临时大总统府，由黄兴、陈其美和海军代表护送他入府。

当晚10时，举行庄严而朴素的大总统就职典礼，出席典礼者除各省代表外，还有驻南京革命军各部队团长以上和各机关科长以上人员，由徐绍桢担任司仪员。典礼开始时，鸣礼炮21响。代表会公推景耀月致颂词。孙中山宣读《临时大总统誓词》：

> 倾覆满洲专制政府，巩固中华民国，图谋民生幸福，此国民之公意，文实遵之，以忠于国，为众服务。至专制政府既倒，国内无变乱，民国卓立于世界，为列邦公认，斯时文当解大总统之职。谨以此誓于民国。
>
> 孙文①

孙中山正式就任临时大总统的当天，就发布《临时大总统就职宣言》和《告全国同胞书》。宣言明确地指出：“临时政府，革命时代之政府也。”它的任务是：“尽扫专制之流毒，确定共和，普利民生，以达革命之宗旨，完国民之志愿。”规定对内的方针：“民族之统一”、“领土之统一”、“军政之统一”、“内政之统一”、“财政之统一。”对外的方针是：“满清时代辱国之举措，与排外之心理，务一洗而去之。与我友邦益增谊，持和平主义，将使中国见重于国际社会，且将使世界渐趋于大同。”②

宣言发布后，孙中山下令定国号为“中华民国”。并且在1月

---

① 《临时大总统誓词》，《孙中山全集》第三卷，人民出版社2015年版，第330页。

② 《临时大总统宣言书》，《孙中山全集》第三卷，人民出版社2015年版，第23页。

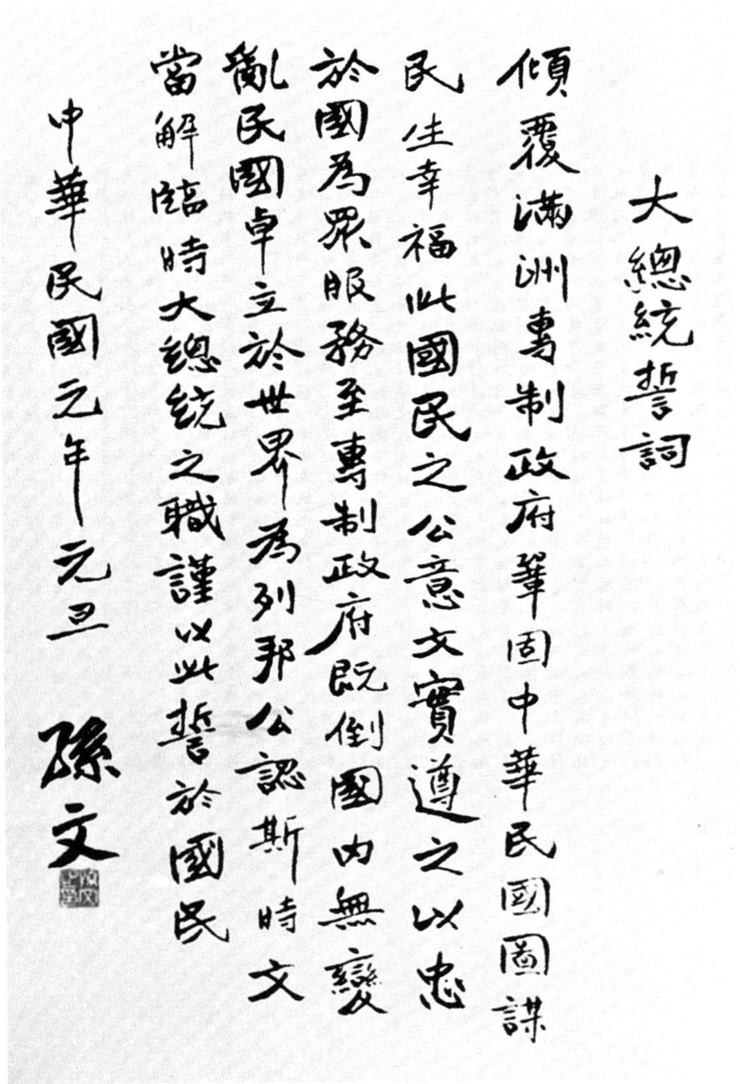

大總統誓詞

傾覆滿洲專制政府鞏固中華民國圖謀民生幸福此國民之公意文實遵之以忠於國為眾服務至專制政府既倒國內無變亂民國卓立於世界為列邦公認斯時文當解臨時大總統之職謹以此誓於國民

中華民國元年元旦

孫文

1912年1月1日，孙中山在就职仪式上宣读《大总统誓词》

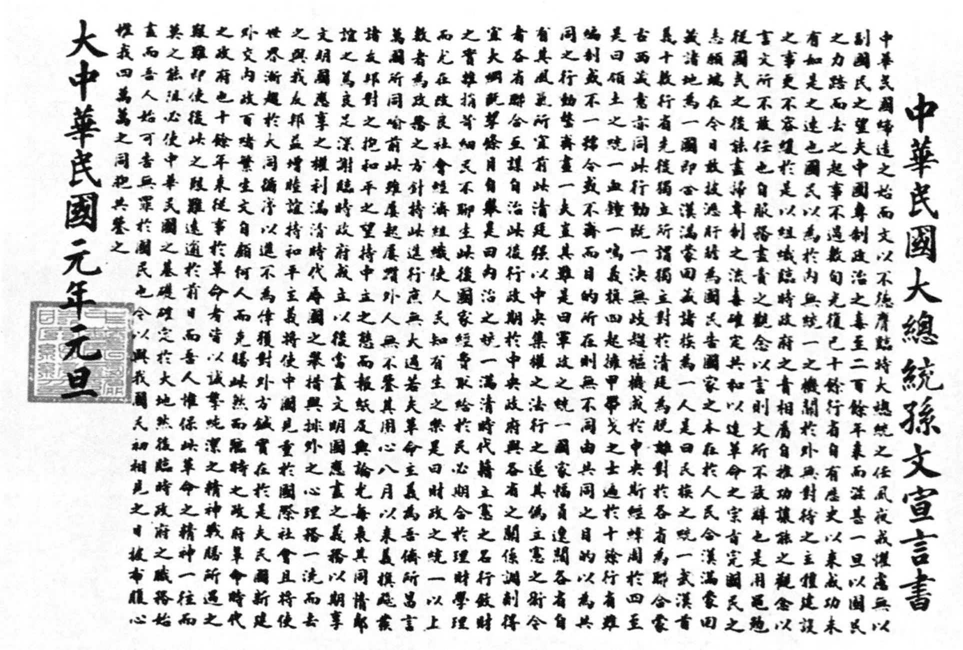

中華民國大總統孫文宣言書

中華民國締造之始而文以不德膺臨時大總統之任夙夜戒懼慮無以副國民之望夫中國專制政治之毒至二百餘年來而滋甚一旦以國民之力踣而去之起事不過數旬光復已十餘行省自有歷史以來成功未有如是之速也國民以為於內無統一之機關於外無對待之主體建設之事更不容緩於是以組織臨時政府之責相屬自推功讓能之觀念以言文所不敢任也自服務盡責之觀念以言則文所不敢辭也是用黽勉從國民之後能盡掃專制之流毒確定共和以達革命之宗旨完國民之志願端在今日敢披瀝肝膽為國民告國家之本在於人民合漢滿蒙回藏諸地為一國即合漢滿蒙回藏諸族為一人是曰民族之統一武漢首義十數行省先後獨立所謂獨立對於清廷為脫離對於各省為聯合蒙古西藏意亦同此行動既一決無歧趨樞機成於中央斯經緯周於四至是曰領土之統一血鐘一鳴義旗四起擁甲帶戈之士遍於十餘行省雖編制或不一號令或不齊而目的所在則無不同由共同之目的以為共同之行動整齊畫一夫豈其難是曰軍政之統一國家幅員遼闊各省自有其風氣所宜前此清廷強以中央集權之法行之遂其偽立憲之術今者各省聯合互謀自治此後行政期於中央政府與各省之關係調劑得宜大綱既挈條目自舉是曰內治之統一滿清時代藉立憲之名行斂財之實雜捐苛細民不聊生此後國家經費取給於民必期合於理財學理而尤在改良社會經濟組織使人民知有生之樂是曰財政之統一以上數者為政務之方針持此進行庶無大過若夫革命主義為吾儕所昌言萬國所同喻前此雖屢起屢躓外人無不鑒其用心八月以來義旗飆發諸友邦對之抱和平之望持中立之態而報紙及輿論尤每表其同情鄰誼之篤良足深謝臨時政府成立以後當盡文明國應盡之義務以期享文明國應享之權利滿清時代辱國之舉措與排外之心理務一洗而去之與我友邦益增睦誼持和平主義將使中國見重於國際社會且將使世界漸趨於大同循序以進不為倖獲對外方針實在於是夫民國新建外交內政百緒繁生文自顧何人而克膺斯重然而臨時之政府革命時代之政府也十餘年來從事於革命者皆以誠摯純潔之精神戰勝所遇之艱難即使後此之艱難遠逾於前日而吾人惟保此革命之精神一往而莫之能阻必使中華民國之基礎確定於大地然後臨時政府之職務始盡而吾人始可告無罪於國民也今以與我國民初相見之日披布腹心惟我四萬萬之同胞共鑒之

大中華民國元年元旦

《临时大总统宣言书》

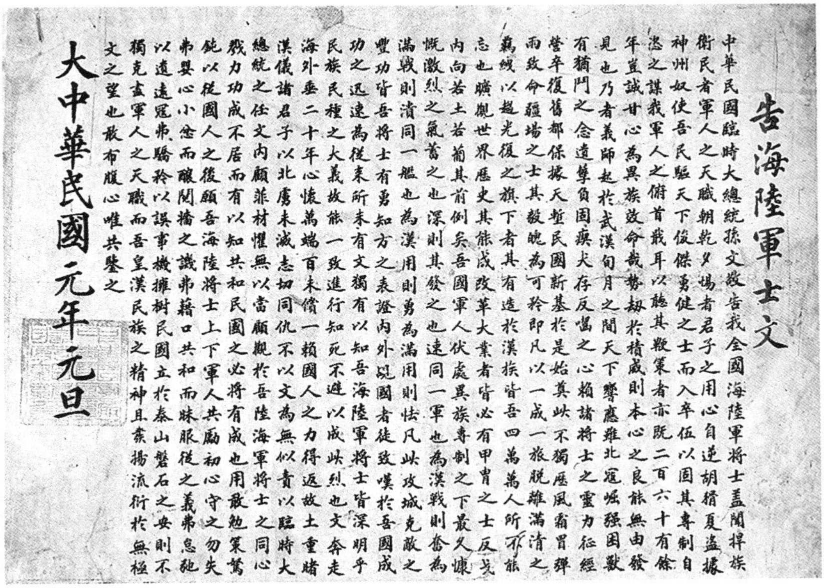

告海陸軍士文

中華民國臨時大總統孫文敬告我全國海陸軍將士蓋聞捍族
衛民者軍人之天職朝乾夕惕者君子之用心自逆胡猾夏盜據
神州奴使吾民駈天下俊傑勇健之士而入卒伍以固其專制自
恣之謀我軍人之俯首戢耳以聽其鞭策者亦既二百六十有餘
年豈誠甘心為異族效命哉勢劫於積威則本心之良無由發
見也乃者義師起於武漢旬月之間天下響應雖北寇蝨強困獸
有猶鬥之念遺孽負固癡火存反噬之心賴諸將士之靈力征經
營卒復舊都保據天塹民國新基於是始奠此不獨歷風霜冒彈
雨致命疆場之士其毅魄為可矜即凡以一成一旅脫離滿清之
羈絏以趨光復之旗下者其有造於漢族皆吾四萬萬人所不能
忘也曠觀世界歷史其能成改革大業者皆必有甲胄之士反戈
內向若土葡其前例矣吾國軍人伏處異族專制之下最久慷
慨激烈之氣蓄之也深則其發之也速同一軍也為漢戰則奮為
滿戰則潰同一艦也為漢用則勇為滿用則怯凡此攻城克敵之
豐功皆吾將士有勇知方之表證內外觀國者徒致嘆於吾國成
功之迅速為從來所未有文獨有以知吾海陸軍將士皆深明乎
民族民權之大義故能一致進行知死不避以成此烈也文奔走
海外垂二十年心懷萬端百未償一賴國人之力得返故土重睹
漢儀諸君子以北虜未滅志切同仇不以文為無似責以臨時大
總統之任文內顧菲材懼無以當顧觀於吾陸海軍將士之同心
戮力功成不居而有以知共和民國之必將有成也用敢勉策駑
鈍以從國人之後願吾海陸將士上下軍人共勵初心守之勿失
弗嬰心小忿而釀鬩牆之識弗藉口共和而昧服從之義弗怠弛
以遺遠寇弗驕矜以誤事機擁樹民國立於泰山磐石之安則不
獨克盡軍人之天職而吾皇漢民族之精神且發揚流衍於無極
文之望也敢布腹心唯共鑒之

大中華民國元年元旦

《通告海陆军将士文》

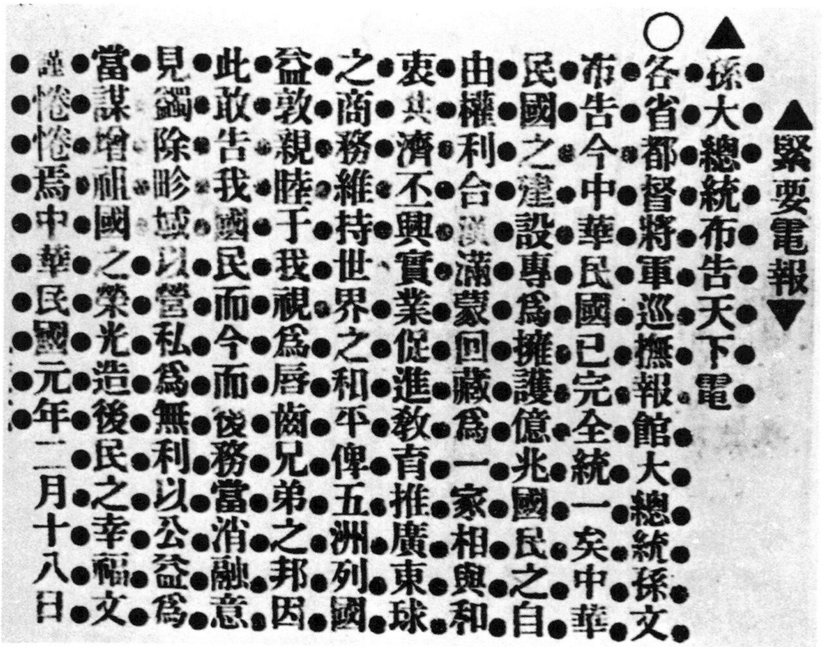

▲緊要電報▼

▲孫大總統布告天下電
○各省都督將軍巡撫報館大總統孫文
布告今中華民國已完全統一矣中華
民國之建設專爲擁護億兆國民之自
由權利合漢滿蒙回藏爲一家相與和
衷共濟丕興實業促進教育推廣東球
之商務維持世界之和平俾五洲列國
益敦親睦于我視爲脣齒兄弟之邦因
此敢告我國民而今而後務當消融意
見蠲除畛域以營私爲無利以公益爲
當謀增祖國之榮光造後民之幸福文
謹惓惓爲中華民國元年二月十八日

《布告国民文》

中华民国临时大总统印

2 日发布《改历改元通电》，规定中华民国改用阳历，以黄帝纪元四千六百九年即辛亥十一月十三日，为中华民国元年元旦。

孙中山任临时大总统后立即开展组织政府的工作。但原来《临时政府组织大纲》中只规定设大总统，而没有副总统；行政部门只设外交、内务、财政、军务、交通五部，不能适应客观形势的要求。于是，又根据宋教仁的提议于 1 月 2 日修正中华民国临时组织大纲，在大总统以外加设副总统，而对行政各部不加限制。

成立政府需要设立参议院作为立法机关。因此，通电各省根据临时政府组织大纲第八条“参议院以各省都督府所派之参议员组织之”和第九条“参议员每省以三人为限，其派遣方法，由各省都督自定之”的规定，抓紧成立参议院。同时，根据临时政府组织大纲第十七条“参议院未成立以前，暂由各省都督代表代行职权”的规定，选举赵士北、马君武为临时正、副议长。1 月 3 日，由各省都督代表组成的临时参议院举行副总统选举会，黎元洪以全票当选。孙中山出席了这次会议，并提出中央行政设立各部及其权限案，在获得通过后立即提出国务员九人的名单由会议审查。孙中山最初所提九人的名单是：

陆军总长	黄　兴	海军总长	黄钟瑛
外交总长	王宠惠	司法总长	伍廷芳
财政总长	陈锦涛	内务总长	宋教仁
教育总长	章太炎	实业总长	张　謇
交通总长	程德全		

这个名单中，虽然重要各部都由同盟会会员担任，但也安排了立宪派人和旧官僚占有不少席位。名单提出后，一部分代表反对宋教仁、王宠惠、章太炎，也有人主张改任伍廷芳为外交总长的。根

据讨论情况，黄兴与孙中山相商，“以钝初（宋教仁）主张初组政府，须全用革命党，不用旧官僚，理由甚充足。但在今日情势下，新旧交替，而代表会又坚持反对钝初掌内务，计不如部长取名，次长取实，改为程德全长内务，蔡元培掌教育，秩庸（伍廷芳）与亮畴（王宠惠）对调”。[①] 孙中山不完全同意黄兴的意见，说：“内政、教育两部依兄议，外交问题，我欲直接，秩老（伍廷芳）长者，诸多不便，故用亮畴（王宠惠），可以随时指示，我意甚决。”黄兴根据孙中山的意见再同代表会商，得到代表会的一致同意票。接着，又任命胡汉民为总统府秘书长，黄兴兼参谋总长，并委任了各部次长。这样，内阁的最后名单就确定了下来：

陆军总长	黄　兴	次长	蒋作宾
海军总长	黄钟瑛	次长	汤芗铭
外交总长	王宠惠	次长	魏宸组
内务总长	程德全	次长	居　正
财政总长	陈锦涛	次长	王鸿猷
司法总长	伍廷芳	次长	吕志伊
教育总长	蔡元培	次长	景耀月
实业总长	张　謇	次长	马君武
交通总长	汤寿潜	次长	于右任

这个名单，从形式上来看，各部总长名额的分配是革命派、立宪派、旧官僚三种势力的联合，由同盟会会员任总长的只有陆军、外交、教育三个部；但“部长取名，次长取实”，各部次长除汤芗铭外都是同盟会的重要骨干，实权主要掌握在革命党人手中。它是一

①居正：《梅川日记》，大东书局1947年版，第72页。

1912年1月5日，孙中山与部分内阁成员合影

1912年1月9日，孙中山、黄兴与参谋部人员合影

个以革命派为主体的政权。各部的实际情况是："张、汤仅一度就职，与参加各部会议，即往住上海租界。程固于租界卧病。伍以议和代表不能管部务，故五部悉由次长代理，部长负责者黄、王、蔡耳。"所以，从实质上看，南京临时政府是一个由革命派居于主导地位的民主共和政府。

代表会议还选举黎元洪为临时副总统。稍后，各省代表会改组为临时参议院，推举林森为议长。

南京临时政府的成立，是孙中山领导人民多年奋斗的结果，是中国历史上第一个共和国政府，它在中国近代史上是具有重大意义的历史事件。同年 2 月 12 日清朝皇帝溥仪在全国革命怒涛中，被迫写下退位诏书，宣布退位。专制、卖国的清帝国终于被推翻，自秦始皇以来绵延二千一百多年的君主专制制度也就最后结束。从此，打开了民主共和的大门，世界的东方升起了第一面民主共和国的旗帜。古老的中国开始了历史的新纪元。

二、临时政府的立法建制和除旧布新

立法建制是南京临时政府成立后的一项艰巨和重要任务，因为这不仅是奠定民主共和国政治体制的根本大计，而且也是健全革命和民主性质的临时政府以争取最后埋葬清王朝所必不可少的保证。因此，以孙中山为首的南京临时政府成立后，在一面与袁世凯进行议和，一面准备北伐的同时，也抓紧进行立法建制工作。

南京临时政府的立法建制工作，首先是通过立法程序，用法律形式，把民主共和国的国体和政体确立起来，以固国基，以防后患。1 月，制定了《修正中华民国临时政府组织大纲》和《中华民国临时政府中央行政各部及其权限》，明确规定南京临时政府的构成

宣告退位时的溥仪和摄政王载沣

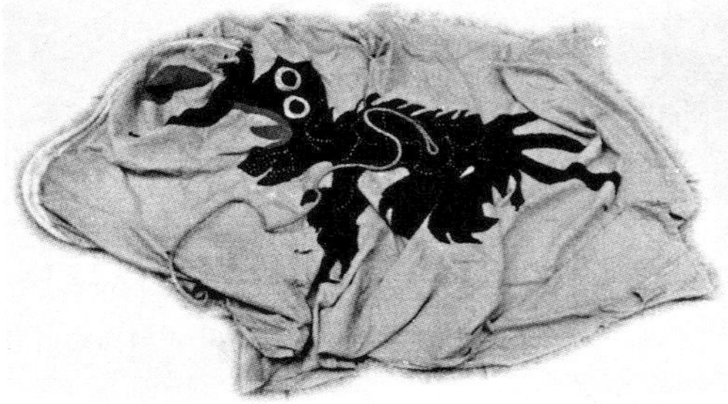

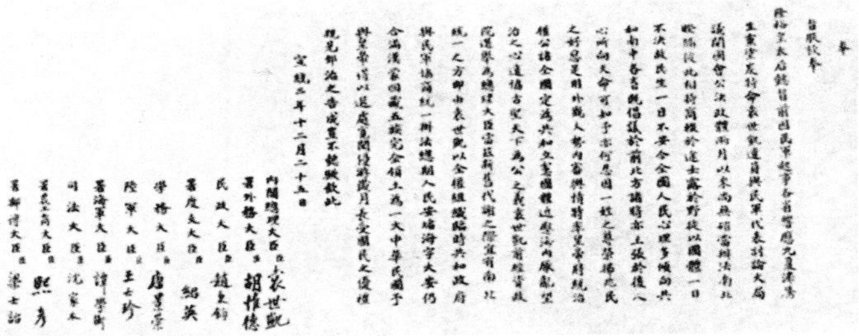

奉
旨朕欽奉
隆裕皇太后懿旨前因民軍起事各省響應九夏沸騰
生靈塗炭特命袁世凱遣員與民軍代表討論大局
議開國會公決政體兩月以來尚無確當辦法南北
暌隔彼此相持商輟於途士露於野徒以國體一日
不決故民生一日不安今全國人民心理多傾向共
和南中各省既倡議於前北方諸將亦主張於後人
心所向天命可知予亦何忍因一姓之尊榮拂兆民
之好惡是用外觀大勢內審輿情特率皇帝將統治
權公諸全國定為共和立憲國體近慰海內厭亂望
治之心遠協古聖天下為公之義袁世凱前經資政
院選舉為總理大臣當茲新舊代謝之際宜有南北
統一之方即由袁世凱以全權組織臨時共和政府
與民軍協商統一辦法總期人民安堵海宇乂安仍
合滿漢蒙回藏五族完全領土為一大中華民國予
與皇帝得以退處寬閒優游歲月長受國民之優禮
親見郅治之告成豈不懿歟欽此
宣統三年十二月二十五日
內閣總理大臣 臣 袁世凱
署外務大臣 臣 胡惟德
民政大臣 臣 趙秉鈞
署度支大臣 臣 紹英
學務大臣 臣 唐景崇
陸軍大臣 臣 王士珍
署海軍大臣 臣 譚學衡
司法大臣 臣 沈家本
署農工商大臣 臣 熙彥
署郵傳大臣 臣 梁士詒

清廷的龙旗和退位诏书

1912年1月21日，孙中山召开首次国务会议

1912年，孙中山自题勉词

中华民国临时大总统纪念章

形式，确立了这个政体的民主共和国性质。在《修正中华国临时政府组织大纲》中，规定南京临时政府是由立法机关参议院和行政机关——临时大总统、副总统和国务员组成。临时大总统由参议院选举产生，对参议院负责，是临时政府的首脑。

在《中华民国临时政府中央行政各部及其权限》中，具体地规定中央行政共设陆军、海军、外交、司法、财政、内务、教育、实业、交通等九个部，各部设总长一人，次长一人；次长由大总统简任，次长以下各员由各部总长按事之繁简酌定人数；各部局以下各员，均由各部总长，分别荐任、委任。各部由临时大总统统辖，对临时大总统负责。

为了健全临时政府的法制，在南京临时政府成立后，在各部之外，设置了法制局（后改称法制院），由宋教仁任局长，负责法制的编订工作。南京临时政府为宣布法令，发布中央及地方政事，又设置公报局，以但焘为局长，负责编印《临时政府公报》。《公报》每日出一期，并规定政府对各地所发出的令示，或宣布法律，凡登《公报》者，公文未到，以《公报》到后有效；凡各官署皆有购阅公报之义务。《临时政府公报》自 1912 年 1 月 29 日创刊，很少间断，共出版了 58 号，最后一号在 4 月 5 日出版。它的出版，在临时大总统的南京临时政府内部各部门、各省都督府，起指导工作和互通情报的作用。

《中华民国临时政府中央行政各部及其权限》，虽然规定了中央行政机构应设哪些部门及其权限，但并未规定各部的具体官制及官吏任免手续。为了加强各部的行政建设，孙中山责成法制局拟就“各部官制通则”二十一条与各部的“官制”各若干条，咨参议院议决。同时又要求法制局“拟定任官状纸及任官规则”，颁布施行。

由于孙中山对各部的行政建设极为重视，要求十分具体，所以南京临时政府各部门工作人员虽然很少，但各项工作都井井有条，

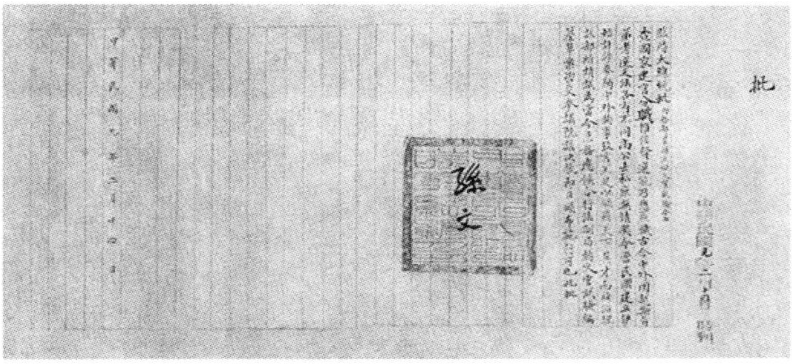
批

孫文

1912年2月14日，临时大总统孙中山批准内务部速颁建官分职令

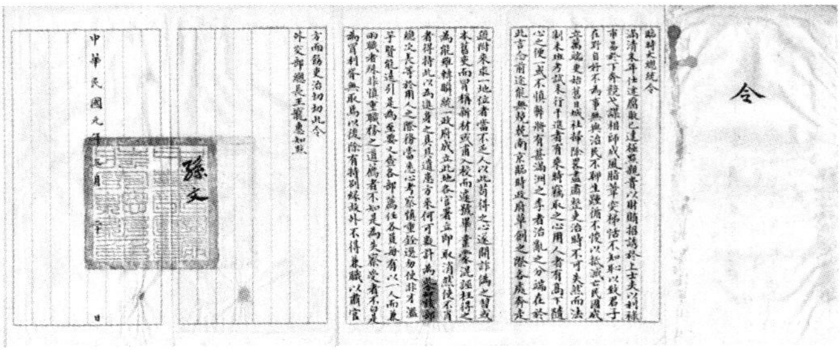
令

臨時大總統令

孫文

1912年3月20日，临时大总统孙中山颁布《令外交部慎重用人文》

效率很高。

建立健全的各级行政机构是完善行政领导的一个重要方面，但行政体制确立后还有一个如何选拔各级官吏的问题。孙中山领导下的南京临时政府认识到这一问题的重要性，努力想做到任人唯贤。孙中山将法制局汇总拟出的“文官考试委员官职令”、“文官考试令”、“外交官及领事官考试委员官职令”、“外交官及领事官考试令”各草案，立速咨参议院“提前议决，以便颁布施行”。在咨文中，孙中山说：“任官授职，必赖贤能；尚公去私，厥维考试。兹当缔造之始，必定铨选之程。”又说：“昨据内务部函称，各处待用之士，荟萃金陵，而各省办事人才，反觉缺乏，则文官考试实难再缓等语。

委任狀
令委任吳振南為海軍部
參事官此狀
中華民國臨時大總統
孫文
中華民國元年元月十七日

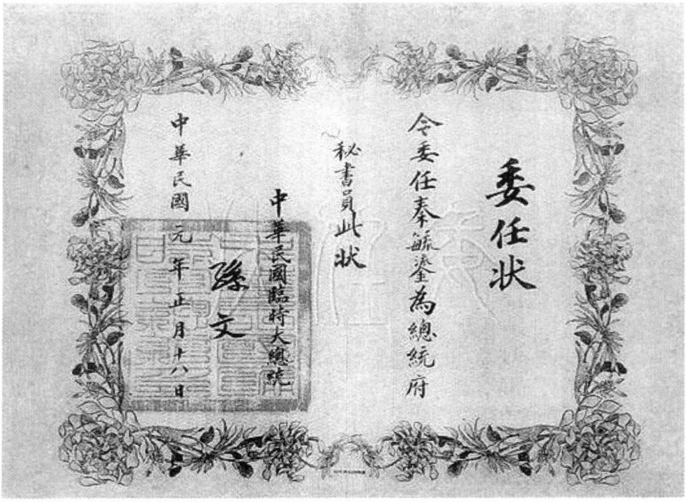
委任狀
令委任秦毓鎏為總統府
秘書員此狀
中華民國臨時大總統
孫文
中華民國元年正月十八日

临时大总统孙中山颁发的委任状

按之现在情形，诚如该部所云。”可见，孙中山领导下的南京临时政府对改革官制，选拔人才，十分重视。但当时孙中山已经辞职，袁世凯已窃取临时大总统的职位，一个月之后，孙中山解职，临时政府北迁，这些法令，自然也就不可能施行。

其次，孙中山在就任临时大总统后，为了捍卫革命的胜利果实，建立一个基础牢固的民主主义的共和国，保证新生共和国的革命和民主的性质，在短短三个月时间里，他领导南京临时政府曾接二连三地制定和颁布了有利于民主政治和发展经济的法律和政令达三十多件，并推行有关措施，努力清除封建专制余毒，保障民主政治，维护人民权利，促进社会生产力和发展资本主义。

这些法律和法令，包括的范围甚广，现仅就其主要的方面予以概述：

首先，在整饬武装力量方面。

当时，南京各军云集，成分庞杂，在外滋扰不少。1912 年 1 月 16 日，临时大总统发布严加约束士兵的命令说：“江宁光复以来，秩序紊乱，至今尚未就理。顷闻城乡内外，盗贼充斥，宵小横行，夜则拦路夺物，昼则街头卖赃，或有不肖兵士，借稽查为名，私入人家，擅行劫掠，以至行者为之戒途。此皆兵士约束不严，警察诘奸不力所致。”同一天，孙中山又直接命令陆军部“迅切颁行军令，责成各军司令官以下将校切实奉行”。

为了整饬军队，建立起首都的革命秩序，孙中山下令设立南京卫戍总督，直隶于临时大总统，并任命徐绍桢为卫戍司令。1 月 15 日，颁布《南京卫戍条例》，规定卫戍总督的任务是：“任卫戍上之警备，并监视卫戍地内陆军之秩序风纪及保护陆军诸建筑物。”为了完成上述任务，驻屯在南京卫戍地的宪兵，南京卫戍进内的要塞，均归南京卫戍总督管辖；所有驻南京卫戍地的军队，如果出于卫戍勤务的需要，卫戍总督得加以指挥。“南京卫戍总督，当卫戍线内，

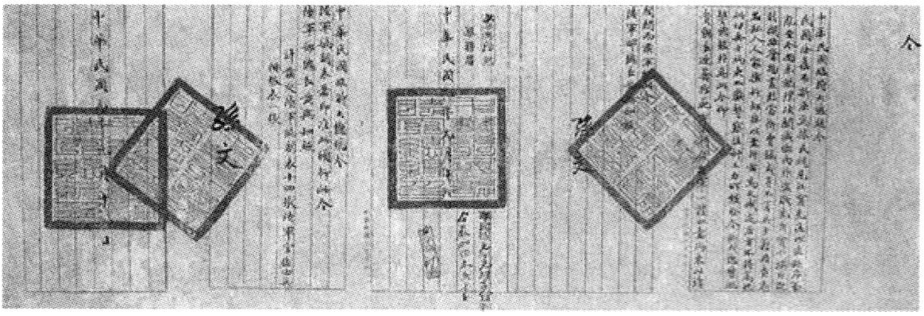

临时大总统孙中山颁布整顿军纪、统一名称、统一组织的军队编制表令

若有骚乱，不及通告陆军部参谋部时，得以兵力便宜行事。”在卫戍总督府下，分区设立司令官，负责保卫治安，维持秩序。

1月30日，南京卫戍总督徐绍桢会同在南京各军司令官，包括浙军第一师长朱瑞、铁血军总司令范光启、沪军先锋队司令官洪承点、光复军司令李燮和、南京宪兵司令茅迺封、粤军司令姚雨平、江宁警察总监吴忠信和卫戍总督府下所辖各分区司令官等20人开会议决维持治安办法，并发布告示，颁行军律若干款。2月4日，陆军部又颁行维持地方治安临时军律12条，规定任意掳掠、强奸妇女、焚杀良民、擅封民屋财产、硬搬良民箱笼及银钱者枪毙；勒索强买、私斗伤人者抵罪；私入民宅、行窃、赌博、纵酒行凶者罚。

南京卫戍总督的设置，陆军部维持地方治安临时军律12条的颁布和执行，大大有助于南京革命秩序的建立。南京临时政府在整肃军队纪律的同时，也注意加强军政的统一领导和部队本身的建设。临时政府除设陆、海军部之外，为加强北伐的准备，又由临时大总统简任黄兴兼大本营兵站总监和参谋部总长，钮永建为参谋部次长兼大本营兵站次监，蓝天蔚为关外都督兼北伐第二军总司令，谭人凤为北伐招讨使。为健全军队建设，临时政府颁布了一系列的条例和章程，如《南京卫戍分区司令官条例》《陆军部军衡局关于人员职守及办事细则暂行章程》《陆军部陆军军官学校教育方针》《陆军暂行给予令》《宪兵暂行服务规则》《勋章章程》《陆军军官暂行条例》

《陆军编制表》《陆军人员补官任职令》《陆军人员免职令》等，力图使军队建设有章可循。

整编军队，是南京临时政府面临的严重任务。当时云集南京的部队，不仅有浙军、沪军、光复军、苏军、粤军、赣军、海军陆战队，而且还有革命党人组织的各种名目的敢死队、义勇队，如范光启的铁血军、林宗云的女子国民军等，人数不下30万众。要整编这样一支庞杂的军队，是件很不容易的事情。但是，黄兴领导下的陆军部克服了种种困难，终于把这支涣散纷乱的军队整编成为“悉符章制”的21个师。应该说，临时政府在这方面做出了很大的成绩。

可以说，南京临时政府在整顿军队方面，进行了艰巨的工作，取得了很大的成绩。诚然，这支队伍，随着南京临时政府的结束除保留下了少数的编制（如第八师）外，多数被遣散，但这并不影响说明南京临时政府在这方面表现出来的不畏艰难、积极进取的革命精神和组织才能。

其次，建立参议院工作。

参议院为立法机关，在南京临时政府中占有极重要的地位。南京临时政府成立后，立即着手临时参议院的建立。根据《修正中华民国临时政府组织大纲》的规定，“参议院以各省都督府所派之参议员组织之”，“参议员每省以三人为限，其派遣方法，由各省都督自定之”。所以，在各省代表会选出临时大总统后，即致电各省都督府说：“临时政府依次成立，代表责任已毕，立须组织参议院。据临时政府组织大纲，参议院由每省都督派遣参议员三人组织之，即请从速派参议员三人，付与正式委任状，克日来宁。参议员未至之前，每省暂留代表一人以至三人，驻宁代理其职权。”①

可是，事实上各省派遣的参议员，由于道路睽隔，并不能如期

① 《民立报》，1911年12月31日。

1912年1月28日，孙中山出席临时参议院成立典礼后留影。前排右三起：胡汉民、魏宸组、赵士北、孙中山、黄兴、蔡元培

到宁。“而会议事件，不容延搁，乃先由各省代表员暂行代理。除星期停议及特别开议外，每日会议两小时。其后各省所派参议员陆续抵宁，乃于1月28日正式成立开会。次日选举林森为正议长，陈陶怡为副议长。然仍有数省未到者。计已到者为广东、湖北、湖南、浙江、江苏、安徽、江西、山西、福建、广西10省，共参议员30人。未到会以代表员代理者，为贵州、云南、陕西、四川、奉天、直隶、河南七省，共代理12人。”①

临时参议院正式成立时，议员到会的计17省38人。在四十多名参议员中，同盟会籍的参议员占三十余人，即占四分之三以上。临时参议院的正式成立，加强了南京临时政府的立法机构，它对于临时政府立法建制工作起了积极作用。不过，由于同盟会本身的解体，尽管同盟会籍参议员在临时参议院占绝对多数，可是他们其中不少人不但没能起议会党团作用，反而在许多问题上同孙中山为首的南京临时政府作难。

临时参议院正式成立时，孙中山率各行政官员莅会，并致祝词，说明了他对临时参议院的期望：

> 呜呼！破坏之难，各省志士先之矣；建设之难，则自今日以往，诸君子与文所黾勉仔肩而弗敢推谢者也。矧为北虏未灭，战云方急，立法事业，在在与戎机相待为用。破坏、建设之二难，毕萃于兹。诸君子勉哉！各尽乃智，竭乃力，以固民国之始基，以扬我族之大烈，则不徒文一人之颂祷，其四万万人实嘉赖之。②

第三，关于司法制度方面。

---

①《东方杂志》，1912年第12号《临时政府成立记》。

②《祝参议院开院文》，《孙中山全集》第二卷，人民出版社2015年版，第343页。

改革旧的并建立新的司法制度，是南京临时政府立法建制中的一项重要任务。关于这方面的工作，首先是从废止刑讯体罚入手的。刑讯是一种封建性的残暴野蛮的方法。3月初，孙中山命令内务、司法两部通饬所属禁止刑讯。在命令中，他有力地揭露并谴责了清朝统治者刑讯的残暴。指出“刑罚之目的是维持国权、保护公安”，而“非快私人报复己私，无非以示惩创，使为后来相戒”。他申明“对于亡清虐政”，“于刑讯一端，尤深恶痛绝，中夜以思，情逾剥肤”。为此，他命令内政、司法两部转饬所属，“不论司法、行政各官署，及何种案件，一概不准刑讯”。[1]

根据孙中山的命令，内务部除令京内所属官厅照办外，即咨请司法部速令各审判厅一律遵令办理。要求：“无论行政司法，一律停止刑讯，以重人权，而免冤谳。”接着，司法部也咨各省都督停止一切刑讯，传达孙中山的命令，要求“转饬所属府厅州县行政、司法各官吏，嗣后不论何种案件，一概不准刑讯”。

几天以后，孙中山听到“上海南市裁判所审讯案件，犹用戒责，且施之妇女”，认为“上海开通最早、四方观听所系之地”，尚且如此，其他各地官吏可想而知。于是再次命令内政、司法二部通饬所属禁止体罚。他指出：“近世各国刑罚，对于罪人或夺其自由，或绝其生命，从未有滥加刑威，虐及身体，如体罚之甚者。盖民事案件，有赔偿损害、回复原状之条，刑事案件，有罚金、拘留、禁锢、大辟之律，称情以施，方得其平。”贪图迅速结案，逾越法律，擅用职权，乱施体罚，造成冤狱，是司法人员所不应采取的错误办法。并指出，体罚制度早已为世界各国所摒弃，中外所讥评。前清末叶，对体罚虽亦悬为禁令，但徒具虚文。今民国虽已成立，难保各级官吏在审讯时不“犹踵故习”，乱施体罚。为此，他命令迅速通饬“不

①《令内务司法两部通饬所属禁止刑讯文》，《孙中山全集》第九卷，人民出版社2015年版，第74—75页。

论司法行政各官署，不准再用笞杖、枷号及其他不法刑具，其罪当笞杖、枷号者，悉改科罚金、拘留”。

孙中山在一再下令禁止刑讯的同时，对于改革司法官制也十分重视。由于这些都牵涉到人民的生命财产和权利，所以采取非常慎重的态度。这可从他批示宋教仁转呈江西南昌地方检察长郭翰所拟各省审检厅暂行大纲的请文中看得十分清楚。他说：“查司法官制与中央地方官制相辅而行，现在中央地方官制尚未颁布，关于名称细节，不必遽拟更张。且所改审厅检厅各名目，尚欠妥协。四级三审之制，较为完备，不能以前清曾经采用，遂尔鄙弃。该检察长拟于轻案采取二审制度，不知以案情之轻重，定审级之繁简，殊非慎重人民生命财产之道。且上诉权为人民权利之一种。关于权利存废问题，岂可率尔解决。应候将该检察长所拟大纲清折发交司法部，于编订司法官制草案时借备参考可也。此批。”①

3月，司法部拟出“临时中央裁判所官职令草案”上报总统府，孙中山转令法制局审定。同时，内务部警务局局长孙润宇也拟出《律师法草案》，呈请孙中山批示。孙润宇在呈文中指出：“自光复以后，苏沪各处，渐有律师公会之组织，于都督府领凭注册，出庭辩护，人民称便，足为民国司法界放一线之光明。然以国家尚无一定之法律巩固其地位，往往依都督之意向，可以存废。故各处已设之律师机关，非但信用不昭，且复危如巢幕。”孙中山对此极为重视，在批示中说：“查律师制度与司法独立相辅为用，夙为文明各国所通行。现各处纷纷设立律师公会，尤应亟定法律，俾资依据。”

司法的健全与否，与司法人员的质量是有极大关系的。3月26日，孙中山曾咨请参议院议决法制局所拟定的《法官考试委员官职令》和《法官考试令》，坚持主张“所有司法人员，必须应法官考试合格

①政协广东省文史资料委员会编：《辛亥革命资料》，广东新华书店1962年版，第266页。

人员，方能任用”。

由上可见，孙中山领导的南京临时政府，对于改革旧的与建立新的司法制度、制定各种法律都是十分重视的。

南京临时政府在司法制度上所做的这些改革虽只是初步的，但它表现出来的法制观念和主张，具有革命性与民主性，客观上有助于保护人民的某些权益。

第四，关于保护人民权利和革除社会恶习。

孙中山在就任临时大总统后，根据资产阶级“自由、平等、博爱”和“天赋人权”的原则，先后发布了许多关于保护人民权利和革除社会恶习方面的法令，力图使人民能够从封建旧制度的桎梏下解脱出来。在保护人民权利方面，孙中山多次发布命令，宣布所有人民享有国家社会的一切权利，私权如私人财产所有权、居住、言论、出版、集会、结社、信教的自由；公权如选举权、参政权等。

2月3日，内务部根据孙中山的命令发布了“通饬保护人民财产令”五条。并由居正签发通电各省都督认真执行。这五条的头两条是：“（一）凡在民国势力范围之人民，所有一切私产，均应归人民享有；（二）前为清政府官产，现入民国势力范围者，应归民国政府享有。”其余三条规定对清朝政府官吏的财产视其政治态度而区别情况给予保护或没收。3月28日，孙中山解职前夕，根据“各省光复以来，各地方行政长官及带兵将领，良莠不齐，每每凭借权势，凌轹乡里”，抢夺财物，甚至任意捕人，谋害人命的情况，再次致电各省都督保护人民的生命财产。要求“一面出示晓谕，人民有受前项疾苦者，许其按照临时约法来中央平政院陈诉，或就近向都督府控告。一经调查确实，立予尽法惩治，并将罪状宣示天下，发昭儆戒”。

为了保护民权，2月底，孙中山还命令内务部严禁贩卖人口。命令说：

“自法兰西人权宣言书出后，自由博爱平等之义，昭若日星。”“今查民国开国之始，凡属国人咸属平等。背此大义，与众共弃。为此令仰该部遵照，迅即编定暂行条例，通饬所属，嗣后不得再有买卖人口情事，违者罚如令。其从前所结买卖契约，悉与解除，视为雇主雇人之关系，并不得再有主奴名分。此令。”①

孙中山久居海外，深知海外华侨的状况，特别对国内穷苦同胞被西方殖民主义者贱价买去做苦工的非人生活，痛心疾首。为了禁止贩卖“猪仔”，保护华侨，他在3月19日，一面命令广东都督严禁再有买卖“猪仔”的事情发生，指出对奸徒拐贩，“本总统痛心疾首，殷念不忘”。“禁止‘猪仔’出口，尤为刻不容缓之事。”一面命令外交部妥筹禁绝贩卖“猪仔”及保护华侨的办法。在事实上，当时孙中山领导下的南京临时政府在实践上已在“实力推行”努力保护华侨的外交政策了。

1912年2月19日（农历正月初二），荷属爪哇岛泗水华侨集会升旗鸣炮庆祝中华民国的成立，遭到荷兰殖民主义者派马队武装干涉，强迫下旗，撕烂国旗无数，并当场有三人被击毙，十余人受伤，百余人被捕，书报社被封，外埠来电被截。华侨罢市抗议，荷兰政府出动军警强迫华侨开市，又逮捕四百余人，华侨先后被捕者达两千余人。事情发生后，荷属巴达维亚、泗水华侨急电南京临时政府，要求迅速同荷兰政府严重交涉，“存国体以慰华侨”。

在社会各界的愤怒声援下，南京临时政府外交总长王宠惠于2月26日“电荷兰外交部，要求赔偿损失，辞极激昂”。

---

①《令内务部禁止买卖人口文》，《孙中山全集》第九卷，人民出版社2015年版，第74页。

经过反复交涉，荷兰政府不得不接受惩办凶手、礼葬死亡华侨并抚恤其家属、医治受伤华侨、赔偿华侨财产损失、对华侨与荷兰人同等待遇等条件。

自从鸦片战争以来，历次对外交涉，清朝政府一向屈辱忍让，残民卖国。这次对外交涉能取得较好的结局，实在是民国成立后在外交上的重要成果。

为了保护民权，孙中山还通令改变所谓“贱民”身份，允许他们享受一切公私权利。通令说：

> 天赋人权，胥属平等。自专制者设为种种无理之法制，以凌轹斯民，而自张其毒焰，于是人民之阶级以生。前清沿数千年专制之秕政，变本加厉，抑又甚焉。若闽粤之疍户，浙之惰民，豫之丐户，及所谓发功臣暨披甲家为奴，即俗所称义民者，又若薙发者并优倡隶卒等，均有特别限制，使不得与平民齿。一人蒙垢，辱及子孙，蹂躏人权，莫此为甚。当兹共和告成，人道彰明之际，岂容此等苛令久存，为民国玷。为此特申令示，凡以上所述各种人民，对于国家社会之一切权利，公权若选举、参政等，私权若居住、言论、出版、集会、信教之自由等，均许一体享有，毋稍歧异，以重人权而彰公理。[①]

在保护人权方面，南京政府还宣布赋予广大妇女以同男子完全平等的各项权利。晚清以来，妇女自求解放的运动本已经迅速地开展起来。武昌起义以后，许多妇女更加积极地起来参加社会政治生活。她们有的组织“女子后援会”、“女界协赞会”、“女子募饷团”，为革命军筹募军饷；有的组织“劝募手工业御寒品会”，为革命军劝

---

①政协广东省文史资料委员会编：《辛亥革命资料》，广东新华书店 1962 年版，第 302 页。

孙中山为《神州女报》创刊号题词两幅

募手工御寒品；有的参加红十字会；有的组织妇女军事团体，如女子国民军、女子北伐光复军、女子军事团等；有的组织政治团体，如女子参政会、中华女子共和协进会、神州女界共和协济会等组织，有的还上书临时大总统孙中山要求参政。对于广大妇女的这种男女平权的要求，孙中山极力加以支持。1912 年 3 月 4 日，他在复“女界共和协济会”的信中说：“来书具悉。天赋人权，男女本非悬殊，平等大公，心同此理。自共和民国成立，将合全国以一致进行。女界多才，其入同盟会，奔走国事，百折不回者，已与各省志士媲美。至若勇往从戎，同仇北伐，或投身赤十字会，不辞艰险；或慷慨助饷，鼓吹舆论，振起国民精神，更彰彰在人耳目。女子将来之有参政权，盖所必致。”据此，临时参议院通过了女子有参政权的议案，破天荒地宣布赋予几千年来备受歧视的妇女以参加各级政权的权利。尽管由于封建传统观念的影响，妇女参政问题未能实现，但南京临时政府的民主精神也于此可见。

在除旧布新方面，南京临时政府发布了许多改革社会恶习的政令。这些政令有：(1) 严禁鸦片。2 月底，孙中山发布了严禁鸦片的命令，号召“各团体讲演诸会，随分劝导，不惮勤劳，务使利害大明，趋就知向，屏绝恶习，共作新民，永雪亚东病夫之耻，长保中夏清明之风”。接着，又于 3 月 6 日命令内务部，“著该部悉心筹划，拟一暂行条例，颁饬遵行”。同时，孙中山深知鸦片祸华的根源在于英国通过中英《南京条约》使鸦片贸易合法化。中英既订有条约，不能单独禁止售卖。要严禁吸食鸦片，必须同时禁种、禁吸、禁运、禁售，否则无效。为此，孙中山在解职后仍为禁烟问题致电伦敦各报表示“予切愿以人道与真理的名义”，希望英国能“停止不仁之贸易”。

(2) 改变称呼。2 月底，孙中山致内务部令，说：“官厅为治事之机关，职员乃人民之公仆，本非特殊之阶级，何取非分之名称。

1912年所摄小男孩给小伙伴剪辫照

查前清官厅，视官等之高下，有大人、老爷等名称，受之者增惭，施之者失体，义无取焉。光复以后，闻中央地方各官厅，漫不加察，仍沿旧称，殊为共和政治之玷。嗣后各官厅人员相称，咸以官职，民间普通称呼则曰先生、曰君，不得再沿前清官厅恶称。”[①]

孙中山一向认为官吏应该是人民的“公仆”，自称是“为众服务”的公仆，自然不能容忍在建立民国后仍让人民用“大人”、“老爷”来称呼官吏。自称是“为众服务”的公仆，用官职来相称，比起带有强烈封建气味的“大人”、“老爷”的称谓还是要进步一些。

(3) 限期剪辫。“编发之制”是清朝反动统治的一个重要象征。清初入关时，为建立自己的统治，曾颁布薙发令，强迫汉族人民遵从。“留头不留发，留发不留头。”许多人曾为此丧生。这种野蛮落后的习俗，不仅形象丑陋，“腾笑五洲”，且“易萃霉菌，足滋疾病之媒”。因此，武昌起义以后，各地人民纷纷自动剪辫。孙中山当选

① 《令内务部通知革除前清官厅称呼文》，《孙中山全集》第九卷，人民出版社2015年版，第52—53页。

临时大总统之日，南京不少市民曾剪去辫子，以表祝贺。孙中山就职临时大总统后，在3月5日发布剪辫的命令：“凡未去辫者，于令到之日，限二十日，一律剪除净尽，有不遵者，（以）违法论。该地方官毋稍容隐，致干国纪。”①

（4）禁止赌博。3月5日，临时政府内务部曾分咨各部及各省都督，指出“赌博为巧取人财，既背人道主义，尤为现时民生多所妨害，亟应严切禁止，为我共和国民祛除污点”。要求“无论何项赌博，一体禁除。凡人民宴会游饮集合各场所，一概不准重蹈赌博旧习。其店铺中有售卖各种赌具者，即著自行销毁，嗣后永远不准出售。责任各该地方巡警严密稽查。倘有违犯，各按现行律科罪，以绝赌风而肃民纪”。

（5）禁止缠足。3月11日，孙中山命令内务部通饬各省劝禁缠足。内务部根据孙中山的命令，在通饬各省咨文中，曾提出下列要求：“已缠者，令其必放，未缠者，毋许再缠。倘乡僻愚民，仍执迷不悟，则或编为另户，以激其羞恶之心，或削其公权，以生其向隅之感。”有的人并拟出妇女缠足收税章程呈报财政部，要求对缠者课以重税。由此可见人们当时对缠足的深恶痛绝。

（6）废止跪拜。跪拜之礼是一种封建落后的礼节，反映了封建主义的长幼尊卑之序，同资产阶级的人权学说是不相容的。南京临时政府虽然没有公开发布命令废除这种礼节，但孙中山在当选临时大总统时曾向各省代表会议提出废止跪拜礼，普通相见时一鞠躬，最敬礼为三鞠躬，当经全体决议通过。从这以后，行鞠躬礼逐渐通行。

（7）树立新风。中国人民长期饱受封建主义统治的苦难。临时政府成立后，孙中山力图树立起廉洁奉公的新风。孙中山一生奔走

①《命内务部晓示人民一律剪辫令》，《孙中山全集》第九卷，人民出版社2015年版，第81页。

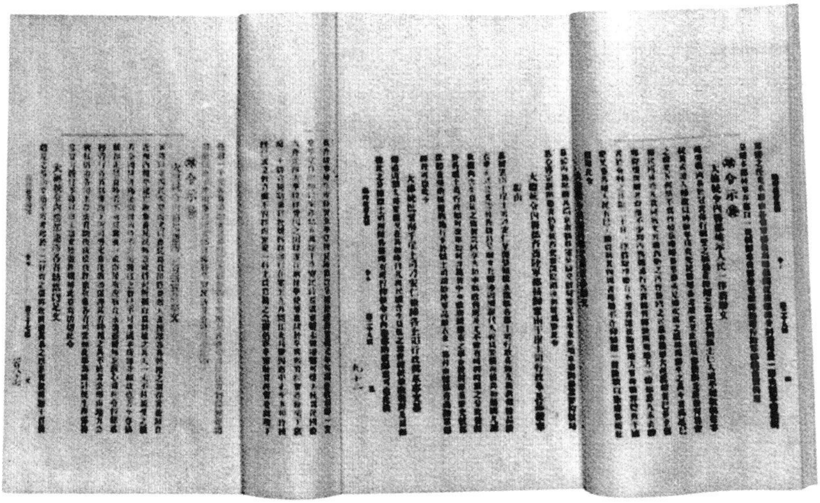

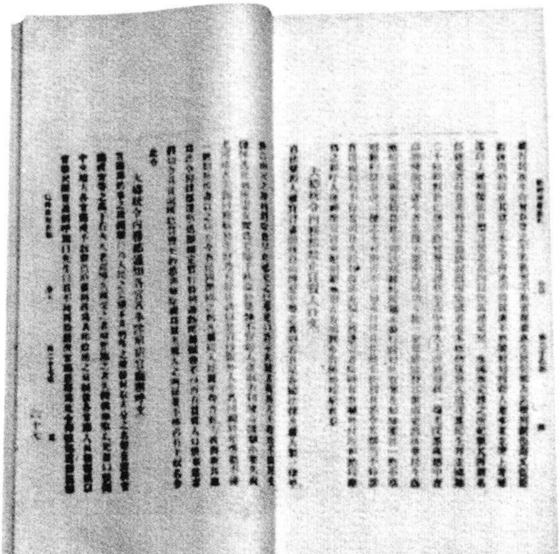

孙中山发布的关于剪辫、禁止买卖人口、禁止缠足令

革命，生活极为俭朴。在他的倡导下，临时政府上至大总统下至一般职员，都实行低薪制，每人只领军用券30元。食宿全由政府提供，“亦一律齐等，满清官僚习气，扫荡无遗”。临时政府还“扫除了中国旧官场讲排场、摆架子的恶习，也减除了一些官僚式的繁文缛节，无论官阶大小都着同样制服”。孙中山十分重视培养民主的作风，处处以平等待人。这种例证，不胜列举。例如，某日，年过八旬的萧姓盐商为了瞻仰大总统的风采，专程从扬州到南京总统府求见，传达室不予通报，老人坚持不走。孙中山知道后，立即召见。老人至，孙中山含笑起立相迎，正准备同他握手，老人突然放下手杖，行三跪九叩首的拜见君主的大礼。孙中山连忙将他扶起，请他坐下，亲切地和他谈话。告诉他：“总统在职一天，就是国民的公仆，是为全国人民服务的。”老人问道：“总统若是离职后呢？”孙中山回答说：“总统离职以后，就和老百姓一样。”老人告辞时，孙中山亲自送到门口。这时，老人高兴极了，笑着说：“今天我总算见到民主了。”

传统和习俗是一种巨大的历史惰力。即使是一种陋习，一旦形成，要革除它，也很不容易，往往需要经过很长的时间，多次的冲击，直到社会生活条件发生根本的变化，才能彻底改变。例如，缠足这种恶习，尽管在戊戌维新运动时康有为等已组织过“放足会”，许多先进的人们不断地提倡，南京临时政府曾明令禁止缠足，可是，直到抗日战争时期，在一些偏僻地区，中国共产党所领导下的抗日根据地民主政权还不得不签署禁止缠足的命令，并组织放足队，宣传动员放足。

但尽管如此，南京临时政府在除旧布新方面所公布的各项政令，提倡的廉洁奉公、平等待人的新风，还是有力地触动了封建社会的陋习，具有解放思想、移风易俗的作用，对以后历史的发展有着深远的影响。

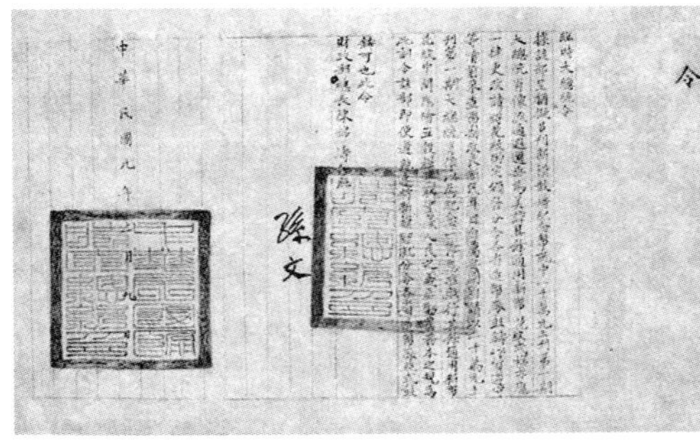

临时大总统令财政部鼓铸纪念币和拟定通用货币的花纹式样令

第五，关于财政制度方面。

南京临时政府一成立，便面临极为严重的财政困难。孙中山在《临时大总统宣言书》中说："此后国家经费，取给于民，必期合于理财学理，而尤在改良社会经济组织，使人民知有生之乐。是曰财政之统一。"所以，尽管遇到极大的困难，但临时政府还是努力来这样做的。

首先，临时政府坚持货币制度的统一。1月下旬，南京江南造币总理余成烈、协理林景上书临时大总统孙中山，提出请厘定币制，明确南京造币厂为"全国鼓铸之总机关"，应归财政部管理。孙中山肯定了南京造币厂应归财政部直辖的建议，以财政部名义，正式委任余成烈、林景二人分别为总理、协理。

此外，3月9日，孙中山批准了临时政府为改良币制，还准备创造条件，"采取本位之成法"。并为"新吾民之耳目"计，还拟另刊新模，鼓铸纪念币。

为了统一财政，临时政府在中央发行公债后不允许地方再发行地方公债。当中央公债发行后上海都督府仍刊登发行公债广告时，孙中山当即批示："中央公债票既发行，上海公债票应即停止，自是正办。为此令仰该都督，即行转饬上海财政司，将上海公债票即日停止发行。”

为了健全财政制度，财政部在2月下旬咨各省都督划分收支命令机关和现金出纳机关的权限。并实行财政预算制度，十分认真地按法律手续办事。

南京临时政府始终为财政所困，财政部在三个月的东张西罗的处境中，仍能努力制定出许多财政法规，他们的进取精神实在值得称赞。这些财政法规，袁世凯上台后虽未认真施行，但对后人却有借鉴意义。

第六，关于发展实业工作。

制定并颁行一系列保护并促进农工商业发展的章程、则例，以促进社会生产的发展，是南京临时政府立法建制的又一个重要方面。临时政府特设实业部，负责管理农工、商矿、渔林、牧猎及度量衡事务，监督所辖各官署。并要求各省迅速建立实业司，负责推动全省实业的发展。

3月初，实业部制定了商业注册章程颁行全国，由实业部负责办理注册手续。制定这个商业注册章程的目的是“恤商”，革除清朝政府对商民敲骨吸髓的弊政，“减其征额”，注重公司的财产，保障其权利，“上以裕国课之支艰，下以顺商户之吁恳”。章程规定，除准许集资公司注册外，对独资的商号，也准许自由注册，以期“与共和政体宗旨不悖”。

临时政府为了鼓励民间工业的发展，还直接推动发起组织“中华民国工业建设会”。并且对于有利于国计民生的工矿企业，一经申请，无不予以批准立案。其中包括煤矿、铁路、航运、银行、军械制造、保险公司、各种类型的工厂如缝工、皮工、铁工、鞋工、磨面、轧米、榨油、工艺、屯垦、渔业等。如有侵夺私产、破坏营业的事件发生，立即命令有关部门，认真查处，妥为解决。

在大力提倡发展工商业的同时，临时政府对农业的恢复和发展

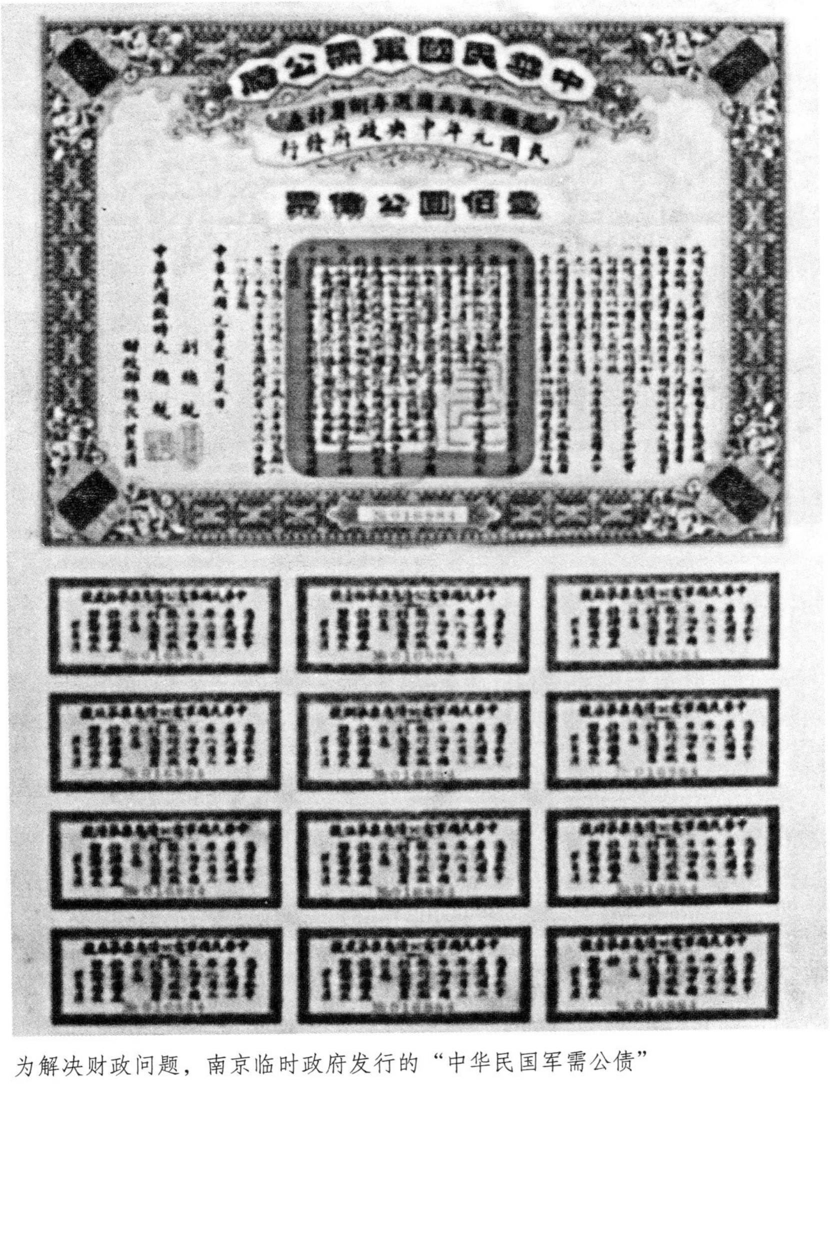

为解决财政问题，南京临时政府发行的“中华民国军需公债”

也很重视。3月13日，孙中山曾令内务部通饬各省慎重农事。命令说：

“军兴以来，四民失业，而尤以农民为最。”“国本所关，非细故也。方今春阳载和，正届农时，若不亟为筹划，一或懈豫，众庶艰食，永怀忧虑，无忘厥心。为此令仰（该）部迅即咨行各省都督，饬下所司，劳来农民，严加保护。其有耕种之具不给者，公田由地方公款、私田由各田主设法资助，俟秋成后计数取偿。各有司当知此事为国计民生所系，务当实力体行，不得以虚文塞责，勉尽厥职，称此意焉。”①

此外，临时政府还提倡垦殖事业，对申请垦辟荒地者予以批准，并加以鼓励。

可见，临时政府虽为时短暂，处境极为困难，但它在恢复和发展农工商业方面还是全力以赴的。

第七，关于文化教育方面。

南京临时政府成立时，正值战争期间，各地学校大多停办。因此，如何改革旧的教育制度和教学内容，使它们适合共和制度，并让各级学校有所依据，迅速开学上课，便成为一项急不可缓的任务。

蔡元培任教育总长后，认真研究各国教育制度，结合中国的具体情况，制定并在1月19日颁布《普通教育暂行办法》14条，又在2月1日颁布《普通教育暂行课程标准》11条，规定学堂改称学校，监督堂长一律改称校长；各科教学内容必须合乎共和民国的宗旨；禁止小学读经、废除旧时的奖励出身。并且，规定小学、中学、师范学校各种暂行课程表，令各校遵行。其中规定，“初等小学校之学科目，为修身、国文、算术、游戏”；“师范学校之学科目，为修

---

①《令内各部通饬各省慎重农事文》，《孙中山全集》第九卷，人民出版社2015年版，第104页。

身、教育、国文、外国语、历史、地理、数学、博物、理化、法制、经济、习字、图画、手工、音乐、体操。女子加家政、裁缝。视地方情形得加设农工商业之一科目”。同时，对高等教育的改革也很注意。废止《大清会典》《大清律例》《皇朝掌故》《国朝事实》及其他有碍民国精神暨非各学校应授之科目；前清御批等书，一律禁止滥用。

为了普及教育，临时政府还极力提倡社会教育，在拟订教育部官制时，特设立社会教育司，同普通教育司、专门教育司并立，使社会教育第一次在教育行政上有了专门的机构。2月2日教育部通电各省要求推行社会教育，并指出社会教育当今的急务，应从宣讲形势入手。宣讲标准，大致应专注此次革新的事实，共和国民之权利义务及尚武实业诸端，而尤注重于公民之道德。

为了推行社会教育，清除封建积习，蔡元培和李石曾、刘冠雄、黄恺元、汪精卫、宋教仁、钮永建、蔡席东、戴天仇、魏宸组、曾昭文、范熙绩、王正廷等26人，在1912年2月23日发起组织“社会改良会”，并发表宣言，要求人们具备共和思想要素。宣言说：“尚公德，尊人权，贵贱平等，而无所骄谄，意志自由，而无所谓徼幸，不以法律所不及而自恣，不以势力所能达而妄行，是皆共和思想之要素，而人之所当自勉者也。”宣言还指出：“数千年君权、神权之影响，迄今未沫，其与共和思想抵触者颇多”，主张“以人道主义去君权之专制，以科学知识去神权之迷信”；“互相策励，期以保持共和国民之人格，而力求进步”。

“社会改良会”的章程规定，它的宗旨是“以人道主义及科学知识为标准而改良现今社会之条件”。它列举需要革除的社会种种恶习共36条，诸如不狎妓；不置婢妾；实行男女平等；提倡废止早婚；承认离婚、再嫁之自由；不得歧视私生子；提倡少生儿女；禁止对于儿童之体罚；不赌博；在官时不受馈赠；提倡以私财或遗产补助公益善举；婚、丧、祭等事不作奢华迷信等举动；养成清洁之习惯；日常行动不得妨碍公共卫生（如随地吐痰及随意抛掷污秽等事）；不可有辱骂、喧闹、粗暴之行为；戒除有碍风化之广告（如卖春药、打胎等）及各种印刷品（如卖春画、淫书等）等等。

临时政府成立后，为了巩固新的共和制度，冲击旧的封建习惯势力，转变社会风气，树立精神文明，自然是十分必要的。蔡元培等人所发起的“社会改良会”，正是适应了这种客观历史要求。对于根深蒂固的旧习惯势力，仅凭少数人的号召，自然不可能产生多少实际效果，但它毕竟表现了革命党人的革新精神，对旧的愚昧落后的社会习惯势力，起了一定的冲击作用。

最后，尤为重要的是关于国家的根本大法的制定和颁布。

制定和颁布《中华民国临时约法》，是南京临时政府在立法建制方面最重要的成就。它是辛亥革命的一项积极成果，也是中国历史上的一个创举，在中国宪政史上具有划时代的意义。

《临时约法》由参议院主持制定，自1912年2月7日至3月8日，经过一个多月的紧张讨论，通过二读、三读手续，最后通过，由孙中山以临时大总统的名义于3月11日正式颁布。

《临时约法》全文分七章，共56条，除在总纲中规定“中华民国之主权，属于国民全体”外，并通过具体条文保证人民应享的民主权利，如“中华民国人民，一律平等，无种族、阶级、宗教之区别”；人民有人身、居住、财产、言论、出版、集会、结社、通信、信仰等的自由，有请愿、选举和被选举等项权利。还规定“中华民国以参议院、临时大总统、国务员、法院，行使其统治权。”建立了资产阶级民主共和制度，确立了立法、行政、司法三权分立制和实行责任内阁制。从实质内容来看，这部约法是要通过法律形式，确保在中国建立一个实行议会民主和责任内阁制的民主共和国。

这部《临时约法》和前述的临时政府组织法相比，有一个很大的不同，即不是采取总统制，而是采取内阁制。《临时约法》在参议院、大总统、国务员三者的关系中规定，参议院有广泛的权力，国务员负有实际的责任，而临时大总统的权力则受到多方面的限制。孙中山原来是反对内阁制、主张总统制的，这时他同意《临时约法》将总统制改为内阁制，显然是出于限制袁世凯专权以保障民国的目的。

从《临时约法》各章各项的规定，可以明显地看出它是根据美、法等资本主义国家的立法、行政、司法“三权分立”，“代议政治”等原则而订立的。《临时约法》的精髓在于它通过立法程序，确立了资产阶级共和国的国家政治制度和政权的组织形式，以及人民的民主权利。《临时约法》宣告民主共和原则的正义性和中华民国的合法性，彻底判决中国两千多年来封建君主专制制度的死刑，开创了中国民主政治的新局面，在中国近代政治史上有着划时代的意义。同时，《临时约法》关于人民权利和自由的一系列的规定，对于促进人民的觉醒，使民主共和的观念深入人心，鼓舞人民起来为维护自己的权利而斗争，也有着极其重要的作用。

这部约法虽然有不少缺点和不够完善的地方，但毫无疑问，它是带有革命性和民主性的国家根本大法，在那个时期是一个比较好的法规。它是资产阶级共和国的标志，是以孙中山为首的民族民主革命党人心目中的一面旗帜。从此，在广大人民群众的头脑里确立了民主共和国的观念，曾自称为“天子”的皇帝在人民心目中成了非法的东西。以后，围绕着对《临时约法》是贯彻施行，还是破坏和废除这一根本问题，孙中山为首的革命党人同袁世凯及其后继者之间，开展了长达多年的错综复杂的斗争，使任何帝制复辟都只能是一出短命的丑剧。

孙中山领导的南京临时政府在处境极为困难的短短的三个月，由于时间短暂，难以施展抱负、留下了很多遗憾，但他却做出了许

1912年3月，孙中山颁布由临时参议院通过的、具有临时宪法性质的《中华民国临时约法》，规定“中华民国之主权属于国民全体”

多前人没有做过的事，做出了超常的贡献。他以极大的热情，努力立法建制，制定了许多法律和制度，力图做到有法可依、有章可循、坚持法治；并采取了许多具体措施，除旧布新，进行改革。这是很值得称赞的。尽管南京临时政府采取的这些政策，大多未能贯彻实行，但它仍有重要的历史意义和借鉴作用。孙中山的公仆意识和总统业绩也不会因其任期之短暂而暗淡。

三、平民总统

孙中山以实际行动表明，他所主持的南京临时政府是一个崭新的清明廉洁政府。

当时，孙中山日夜萦怀的是国家的统一、富强和人民的幸福安乐，丝毫没有考虑个人的权势和享受。他信守所有大小官员都是国民的公仆，深深思虑如何才能不负国民之所望。他廉洁奉公，不谋私利，自己的言行活动均同往昔，仍和普通人民一样，没有任何特殊的地方，被人们赞誉为可敬的平民总统。

在刷新吏治方面，孙中山决心要扫除封建帝王奢华铺张和官吏贪污腐败的陋习，并以身作则，作出了很好的榜样。他力主崇尚简朴廉洁，不讲排场，早在其被选举为临时大总统之初，在与上海英文《大陆报》记者谈话中，就强调艰苦朴素，说南京新政府不需要建筑华丽的宫殿，如无适当的房子，搭盖棚厂也没有什么不可以的。当时临时大总统府及他的官邸，就利用南京旧两江总督衙门（曾为太平天国天王府）老屋，不再新添建筑；他在西部一座黄色平房内办公，西花园东北角一座简陋的小楼房内居住。他衣着朴素，穿的是一件粗陋的呢大衣（现保存在广东中山市翠亨村故居纪念馆），饮食节俭，不抽烟、不喝酒，在平日视察市政、访问民众以及近途开

1912 年 2 月 15 日，孙中山、黄兴率全体将士到明太祖朱元璋陵墓祭奠

1912 年 2 月 15 日，孙中山、黄兴率全体将士离开明太祖朱元璋陵墓时的情景

会，喜欢便装步行，不愿乘车或骑马，处处以人民公仆自居，厌恶旧官吏讲排场摆架子和一些繁文缛节的陈规陋习。他出席各种会议时，不特置台上座位，仅坐在会场前列。张继追忆说："诸同志仍呼为'先生'，甚少呼大总统者，气度使然，并非有人教之也。""他与平民在一起，从来不摆官架子，没有官僚脾气。他做了大总统后，华侨仍可当面直呼其名——孙文，而不以为忤，依旧亲切地招待他们。华侨们偶有争议，在大庭广众之前，可以放大炮，而他处之泰然，让他们心中有话，和盘托出。其所以如此，因为他一切举措都是公而无私。"

孙中山认为搞革命必须论功以赏，用人"唯才能是称"，[①] 坚决反对用人唯亲，不徇私情，拒绝安排乡亲和私人朋友出来做官。他哥哥孙眉在孙中山爱国主义精神影响下，过去几乎把家中全部资产献出，是位对革命有功的人。1912 年 2 月，广东都督一职空缺时，广东党军及社会团体纷纷向孙中山发出一百多封电报，推荐孙眉继任广东省都督。广东教育厅长蔡元培也热心支持此议。而孙中山非常了解自己哥哥所具有的优秀条件，认为："家兄质直过人，而素不娴于政治，一登舞台，人易欺以其方。粤督任重，才浅肆应，决非此宜。"认为孙眉不适宜担任此职，坚决不同意授予官职，并于同年 2 月 21 日亲自致电孙眉劝阻。稍后，老兴中会员、幼年同乡好友杨鹤龄以对革命做出过贡献之功，再次函请谋求官职，孙中山在批复来信中说："真革命党，志在国家，必不屑于升官发财，彼能升官发财者，悉属伪革命党。"恳切地开导这位昔年"四大寇"之一的挚友抛掉急功近利的情绪。

孙中山"不治家产"，了无积蓄，清贫度日，也不为家人谋取特权。在临时大总统府内，从总统、总长到一般职员，无论官职大小，

---

①孙中山：《复蔡元培函》（1912 年 1 月 12 日），原件南京中国第二历史档案馆藏。

1912 年 1 月，临时大总统孙中山在南京总统府内的照片

待遇一律平等，除了食宿由政府供给外，每人每月都只领津贴费 30 元军用票，不准特殊。[①]

当时在总统府内，一般人每餐菜金都在三元以上，而孙中山吃的是四角钱左右的豆芽之类的素菜。一天，南北议和代表伍廷芳、唐绍仪到总统府谒见，商谈国事直至夜间。在留伍、唐二人用膳的桌上，除了几碟普通的菜外，别无佳肴。唐绍仪生活奢费，每日仅烟酒费二三十元，乍见此粗劣菜食，无法下筷，又不好意思退席，托辞对伍廷芳说："今天是我吃斋日，不能吃荤，只可陪食。"孙中山随吃随谈，也不强让。就连教育总长蔡元培也是自己洗衣服。[②]财政总长陈锦涛曾对人说："余为部长，不如前清之司员华贵多矣。"[③]孙中山常常对同志进行民主精神教育，书写"自由"、"平等"、"博爱"等横幅送人。他和一些担任重要职务的革命党人，工作极为繁重，生活都十分简朴。

同年 3 月初，同盟会在南京召开大会，孙中山准备到会讲话。因为他是便装步行去的，被门前警卫拦住，告知："今天孙大总统来这里，别人不让进去。"孙中山说："孙大总统不也是一个普通人吗？他只不过是众百姓的公仆。"说完把名片拿出来。那个士兵惊吓得不知所措，孙中山却点头微笑着走进了会场。

在总统府内有外国朋友送给总统的 13 匹马，编为 13 个号；还有友人送的一辆黑色汽车；侍从队有 24 辆自行车，备总统外出时卫士使用。一天早上，孙中山与总统府建筑科长唐斌及随从七人，骑着洋马到中华门外雨花台视察炮台。孙中山骑的是性格驯良的七号马，他穿着普通制服，出城时市民没发现，可是出城后被大家知道了，人们便立即在马路上、店门口、城楼上挂满了旗帜。唐斌陪孙

---

①任鸿隽：《记南京临时政府及其他》，《辛亥革命回忆录》（一），中华书局 1960 年版，第 431 页。

②《蔡元培向校役脱帽鞠躬》，香港《大公报》，1980 年 3 月 7 日。

③《胡汉民自传》，《革命文献》第三辑，台湾 1955 年版，第 438 页。

1912年2月，孙中山与总统府职员合影

中山走上雨花台，想去看一座前清遗留下来的炮台，但那里也聚集了许多群众。孙中山不愿惊动大家，回头就走。他从雨花台上往下一看，见城里挂满了旗帜，便勒住马，指着城内问唐斌："这是干什么？"唐斌回答说："说是欢迎总统的。"孙中山感慨地说："我个人的行踪不必去惊扰众人，我们还是改道走吧。"看完炮台，准备进城，到了中华门外的郭家花园（明初郭子兴的花园），被群众发现，一齐拥过来，将他团团围住。群众频频点头行礼。这时，城外的警察分局姚局长和王巡官率人赶来维持秩序，王巡官拔出指挥刀挥舞要驱散群众。孙中山当即叫护卫队长郭汉章去制止王巡官，并告诉他说："对待老百姓不能这样。"围观的群众越来越多，齐呼"大总统万岁，万万岁！"孙中山看到老百姓对自己是这样热烈爱戴，知道一时不容易从中华门进城，便轻声地用广东话对郭汉章说："我们能不能从旁的城门进城。"郭汉章随即在马上对群众说："请让开一条路，大总统还到制造局去看看。"随即群众让出一条路，他们就绕道从通济门进城回到了总统府。

凡此种种充分说明，孙中山确是充满着民主精神的革命民主主义者，不愧为一位体现国民公意的好总统。南京临时政府也正因为有孙中山为首的一批革命党人在其中承担重任，才出现了以前中国历史上任何一个政权从未有过的新气象，表现出鲜明的革命民主的性质。孙中山所表现的为国为民的革命精神和廉洁奉公、不谋私利的崇高品质，委实令人钦佩，值得人们崇敬和学习。

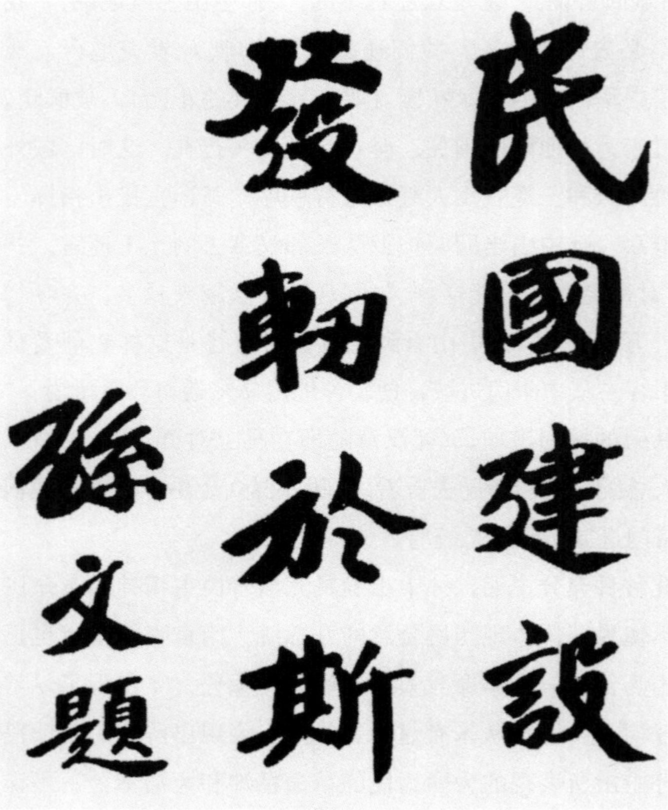

孙中山题词

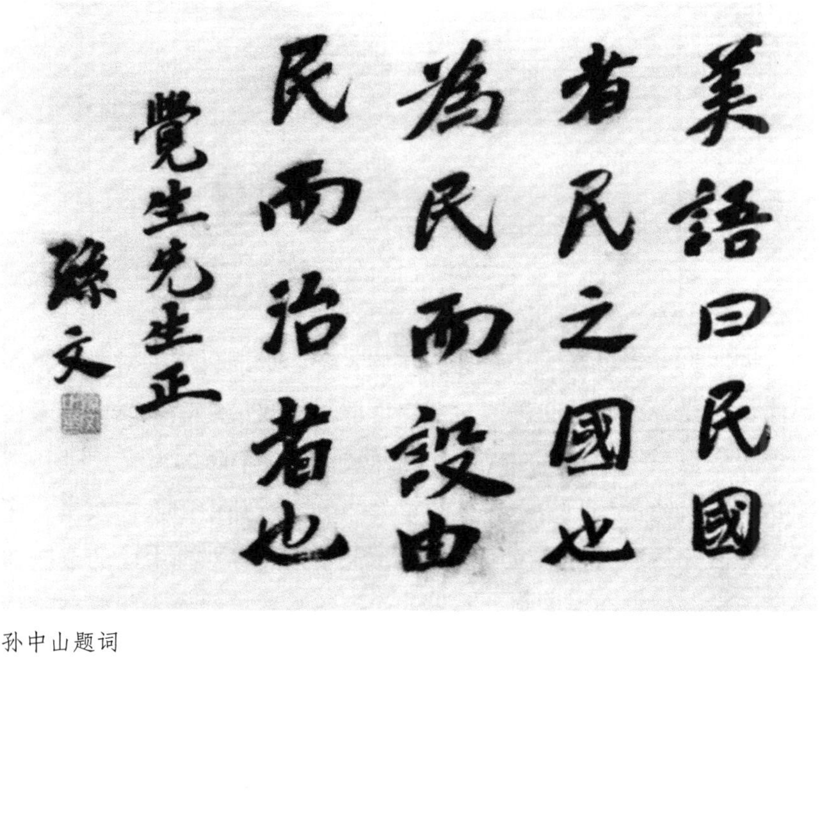
美語曰民國
者民之國也
為民而設由
民而治者也
覺生先生正
孫文

孙中山题词

第三节　被迫让位

一、同盟会的涣散

同盟会本来就是一个松懈的团体，它自成立以来，对于“驱除鞑虏，恢复中华，创立民国，平均地权”的政治纲领，就一直未达到思想认识上的一致，出现了政见分歧、争执不断的情况。到1907年初，又因经费问题，光复会的章太炎等人对孙中山大加攻击，并要求免去孙的职务。风波虽被劝止，但章太炎等对孙中山的攻击却有增无减。光复会中原来就有人（如徐锡麟）拒绝加入同盟会而分裂出去。他们另树光复会的旗帜，表明同盟会早已开始分裂。到武昌起义之后，同盟会的组织由于妥协和各种遭遇，以及内外敌人的拉拢、瓦解活动，很快走向涣散，处于四分五裂，各自为政的状态。例如，同盟会四川支部不经本部同意，径自改为“共和党”；孙武、刘成禺等联合一些旧官僚和立宪党人发起组织了“民社”；景耀月、欧阳振声等，联络“国民共进会”等组织成了“统一共和党”等等。

特别是章太炎在武昌起义后，于11月间回到上海，12月1日发表宣言，“承认武昌为临时政府”，并认为不必等孙中山归国，说什么“有欲待孙君归国始正名号者，此无异儿童之见”。他并且“倡言若举总统，以功则黄兴，以才则宋教仁，以德则汪精卫”，极力贬斥孙中山。

当时，黄兴在汉阳，曾就扩大同盟会问题征求章太炎的意见，章太炎则回信以“革命军起，革命党消”告之。接着，12月8日，刘揆一又发表了同盟会、宪政分会、宪友会、辛亥俱乐部一律取消的主张，这就更加速了同盟会的解体。

1912年1月3日，南京临时政府刚成立，章太炎即正式脱离同盟会，在上海组织中华民国联合会（后又改名为统一党）。章太炎自任会长，以程德全为副会长，接着又推张謇为“特务干事”。[①] 章太炎在联合会第一次大会讲演中说：“中国本因旧之国，非新辟之国，其良法美俗，应保存者，则存留之，不能事事更张也。”[②] 4日，他创办《大共和日报》，并在发刊词中宣扬“专制非无良规，共和非无秕政”。南京临时政府已经公布自1912年起改用阳历，他却在《大共和日报》第2号上以“本社社长”的名义，发表《宣言》说：“今日南北未一，观听互殊，岂容遽改正朔。况此次参事会，大半即各省都督府代表之变名，既非国民公选，何有决议改历之权。故在议员未选，历书未颁，对于此等少数空言，断难遵行，愿全国人民审思之，愿各代表反省之。”

1月14日，陈其美指使蒋介石在上海广慈医院暗杀光复会领袖陶成章，从而促使章太炎和同盟会的矛盾更加扩大。章太炎在3月时又将中华民国联合会改名为统一党，并在改党大会的演说词中说：“本党宗旨，不取急躁，不重保守，惟以稳健为第一要义。”[③] 还

---

①章太炎说：“特务干事，即领袖之异名，国有大疑，即当咨访。”见《与张季直先生书》，载《大共和日报》第2号，1912年1月5日。

②《大共和日报》第2号，1912年1月5日。

③《大共和日报》第53号，1912年3月3日。

在统一党发表的《宣言书》中声称："本党本集革命、宪政、中立诸党而成，无故无新，惟善是一。只求主义不涉危险，立论不近偏枯，行事不趋狂暴，在官不闻贪佞者，皆愿相互提携。"

章太炎还在《自定年谱》中讲述当时建立统一政党时的情况说："初，同盟会著籍者不过二千人，自南都建立，一日附者率数千。武昌诸将，同盟会、共进会分处其半，以与南府不合，复立民社，与同盟会新附者竞。余亦暂集人士为统一党。"当联合会改为统一党时，其组织力量是："本部会员，现已达七百余人，南方各省，大抵皆已设支部，北方亦可渐次扩充。"

总之，章太炎在辛亥革命后已明显右倾。因此，他对南京临时政府的许多改革措施，无不加以反对。孙中山主张建都南京以牵制袁世凯，章太炎也极力反对。他公然为袁张目说："逊位以后，组织新政府者，当为袁氏，若迫令南来，则北方失所观望"；[①]"袁公已被选为大总统，大总统之所在，而百僚联袂归之，此自事理亦然"；"袁公既被举为临时大总统，则名实自归之矣，何必移统一政府于金陵"。3 月下旬，在南京的四川籍革命党人召开四川革命烈士追悼会，孙中山亲往参加，而章炳麟却送来了一副对联，其中上联是"群盗鼠窃狗偷，死者不瞑目"，"但当时鼠窃狗偷的大半还是立宪党人，而章炳麟不正是和他们沆瀣一气吗？他反对建都南京，认为南京并非龙盘虎踞，难道北京果真就是龙盘虎踞的地方吗？很明显，章炳麟为了反对孙中山先生，已经实际上站到袁世凯那方面去了"。[②]

早在武昌起义后不久，立宪派与同盟会就展开了新的竞争。

当时，湖北、湖南、贵州等独立省份相继出现立宪派与革命派争夺领导权的事件。张謇、赵凤昌、汤寿潜等江浙立宪派阴谋在上海组织一个由他们控制的"专为对付独立各省"的临时中央政府。

---

①《致南京参议会书》，《时报》，1812 年 2 月 13 日。

②吴玉章：《辛亥革命》，人民出版社 1969 年版，第 152 页。

与此同时，在舆论上，他们群起攻击同盟会“执政权而家天下”，并与同盟会的分裂派联为一气，掀起一股解散同盟会的浪潮。1911 年 12 月 12 日，章太炎针对在鄂同盟会员谭人风等电请各省同盟会主要负责人前往武昌组织临时政府的主张，极端错误地提出一个“革命军起，革命党消”的口号，说什么“革命军起，革命党消，天下为公，乃克有济”。又说：“以革命党人召集革命党人，是欲以一党组织政府，若守此见，人心解体矣。诸君能战即战，不能战，弗以党见破坏大局。”此论一出，全国的立宪派分子和旧官僚们如获至宝，竞相传播，恨不得同盟会的解散，即刻见诸事实。张謇致函黄兴说：“统一最要之前提，则章太炎所主张销去党名为第一，此须与中山先生早及之。”那个从床底下拉出来当了湖北都督的黎元洪更是推波助澜，大加发挥，进一步提出了“革命党消”的要求。于是，在这片喧嚣声中，同盟会面临着一场新的严峻的考验。

当时，同盟会多数领导者和同盟会员的头脑是不清醒的，认识是错误的。他们所注意的只是争取立宪派乃至旧官僚参加革命，而对如何巩固和加强同盟会的革命领导作用则缺乏起码的认识和重视。上海的陈其美就是这方面的代表。他在张謇等人的拉拢和影响下，成了立宪派的亲密合作者。宋教仁虽然主张保证革命党人的领导地位，但由于他与赵凤昌、张謇、熊希龄等人“相结纳”，其结果亦不能不与主观愿望相反。特别是，对于“革命军起，革命党消”的叫嚣，黄兴固然拒绝采纳，却抵制不力，而宋教仁则随声附和，声言他“将选择同盟会中稳健分子，集为政党，变名更署，与同盟会分离”。张继、景耀月等同盟会重要活动分子更是“主张甚力”。景耀月公开表示：“凡他之团体或个人其奔走社会、在各方面竭诚运动者，皆寄托共和建设之健全分子”，因此同盟会应“易名改组”，“以招纳热心革命与运动共和之贤豪者”。谭人凤这时也态度一变，说什么“同盟会于未革命以前极为重要，今既革命，凡属国民皆应一体致力于国家，不必各立党派，各存党见”。同盟会的机关报《民立报》甚至公开鼓吹说：只有解散同盟会，才能“拯救党派分歧的中国”。这些事实说明：在立宪派和旧官僚的进攻面前，同盟会已濒于总崩溃的边缘。

当然，这不是说同盟会内部没有不同意见。比如，对拥戴黎元洪为都督的问题，就有人提出应改由同盟会员担任。居正、田桐等为解决两湖地区最高领导权的问题，还邀请一般同志开秘密会议，由居正提议，拟公推黄兴为湖北、湖南大都督。其中有同盟会员极力附和，等等。但是，这种不同意见仅仅是局部的、分散的，而且由于得不到大多数革命党人的支持，它始终没有在同盟会内部取得支配地位。

此外，革命党人既害怕群众，又不相信自己的力量，企图依靠立宪派头面人物的“威望”来进行“有秩序”的革命，这也是原因之一。胡汉民在谈到黄兴这时的政治倾向时，就曾说道：黄“未尝治经济、政治之学，骤与立宪派人遇，即歉然自以为不如。还视同党，尤觉暴烈者之只堪破坏，难与建设”。又说：“既引进张（謇）、汤（寿潜），为收缙绅之望，杨度、汤化龙、林长民等方有反革命嫌疑，亦受克强庇护，而克强之政见，亦日以右倾。”黄兴这一思想演变，在很大程度上也反映了革命党人当时的精神状况。

还有，由于武昌起义的胜利，同盟会内居功骄傲、争权夺利的思想急剧地膨胀起来，内部矛盾日趋尖锐。他们为了取得某种地位，拿原则做交易，以求得立宪派、旧官僚的支持，就是势所必然的了。宋教仁为了达到当总理的目的，到处奔走，甚至要章太炎为他公开鼓吹。胡瑛被委任营口都督后，竟“对镜顾影自豪，喃喃说道：周公瑾年少膺都督，我胡经武今日亦足比拟，何让前贤！”就是一般会员，也有的认为“河山由我光复，权利自应我享”，有的“借同盟会三字铺叫声势，冀可因利乘便”。这就不仅为立宪派和旧官僚提供了攻击的口实，更为其拉拢、利用提供了可乘之机。正如孙中山后来所说：“维时官僚之势力渐张，而党人之朝气渐馁，只图保守既得之地位，而骤减冒险之精神；又多喜官僚之奉迎阿谀，而渐被同化矣！”

不过，孙中山这时还是比较清醒的。12月25日，他从国外回到上海后，目睹同盟会被人利用的严重事实，愤然表示：“革命之目的不达，无和议之可言。”并强调指出：“本会持三大主义倡导于世，今民族主义、民权主义二者虽已将达而欲告成功，尚需多人之努力。况民生主义至今未少着手，今后之中国首须在此处着力。”随之，为了整顿同盟会，他召开了有旅沪各省分会部分负责人出席的本部临时会议，改订了同盟会暂行章程，发表了宣言。宣言分析了当时的形势，着重指出：由于同盟会内部不统一，“贪夫败类，乘其间隙，遂作莠言，以为鼓簧，汉奸满奴则又冒托虚声，混迹机要，在临时政府组织之际其祸乃大著”。同盟会“灵敏机关，剔其败类”，实为“今日之急务”。为此革命党人必须“先自结合，以成坚固不拔之群”，然后“广益其结纳，罗致硕人，以闳其力”。宣言还特别批判了“革命军起，革命党消”的论调，指出：“此不特不明乎利害之势，于本会所持之主义而亦懵之，是儒生闻茸之言，无一粲之值。”最后重申：革命党人的责任，决不限于推翻清政府，即“不卒之于民族主义，而卒之于民权、民生主义”，“必完全贯彻此三大主义而无遗”。

孙中山这次整顿同盟会的努力，形式上收到了一定效果。宋教仁、张继等人放弃了“变名更署”的主张，表示继续留在同盟会内。张继还在给章太炎的复信中说：“同盟会之变名更署，钝初主张甚力，后乃悟名目上之问题特朝三暮四之术耳。吾隶于同盟会，学从其朔，在我个人顾名思义或藉可保持革命精神。”但是，整个说来，对于同盟会怎样造成“灵敏机关”，革命党人如何成为“坚固不拔之

1911 年 12 月 26 日，孙中山在上海召开同盟会本部临时会议时与同志合影

群”，除在组织上决定暂时停止吸收会员外，孙中山并没有提出更有力的措施。这样，同盟会固然保住了它的形体，却未能从根本上发生新的转机。

首先，在组织南京临时政府的过程中，同盟会上层领导人的意见仍极不一致。宋教仁不顾孙中山的反对，坚持主张责任制。选举临时总统时，作为湖南代表的谭人凤拒绝投孙中山的票。同时，对于孙中山主张继续北伐的正确意见，黄兴、胡汉民特别是汪精卫都极力反对，最终迫使孙中山妥协，以“虚位以待之心”，企望通过袁世凯迫使清帝退位，达到“和平之目的”。

其次，同盟会内各行其是的状况丝毫没有改变。如同盟会四川支部不经本部同意，径自改为“共和党”，又如在定都问题的激烈争论中，李烈钧、孙毓筠、蒋尊簋等无视孙中山建都南京的提议，联电主张定都北京。而南京临时参议院，“固多同盟会会员，而与政府终不免形格势禁”。这种情况，多年后孙中山仍为之愤慨不已，说：“予为民国总统时之主张，反不若为革命领袖时之有效而见之施行矣。”

最后，组织上的分裂有增无减。孙武、刘成禺、时功玖等因在南京临时政府中未得到安排，对黄兴有意见，便纠合一些旧官僚和立宪党人于 1912 年 1 月 20 日发起组织“民社”，推黎元洪为首领，主张建都武昌，公开与南京临时政府相对抗。与此同时，景耀月一面拒绝就任教育次长，一面与欧阳振声、殷汝骊等以“共和统一会”为中心，联络“国民共进会”、“政治谈话会”合组成“统一共和党”，宣称“以巩固全国统一，建设完美共和政治，循世界之趋势，力图进步为宗旨”。此外，云南支部张儒澜、李金木等一部分会员，也发起成立了“中华民国联合会”云南分会，与同盟会相分离。

同盟会在南京临时政府期间所以益形分崩离析，除了政见分歧、地域观念、宗派思想和权力分配不均等种种因素外，仍与革命党人的思想认识密切相关。孙中山曾说过：“自己已执政权，倘又立刻组织同盟会，岂不是全国俱系同盟会，而又复似专制？”同盟会著名的政论家徐血儿在回顾这段历史时，也说：“当时同盟会以天之骄子，首执国政，有组织政党内阁之势与组织政党内阁之力而不为者，非弗善政党内阁也，不欲以政权私于一党，而博揽群贤以共治也。”正因为这样，孙中山想依靠南京临时政府来推行同盟会的革命方略，在实际上也就只能成为一句空话。

革命形势的迅速发展，要求革命政党加强统一领导，以适应千变万化的复杂局面。同盟会却恰恰相反，在革命紧要关头更加涣散了。

1911 年武昌起义后不久，同盟会本部发表宣言，虽然指出了“元凶尚在，华夏未清”，应“长驱河朔”，以“建立民国”，但却表白革命党人将于“功成事遂”之后引退，“散处朝市或悠悠林野”。[①]同年 12 月，同盟会本部在上海召开临时会议，旅沪各省分会负责人也参加。如上所述，这次会议事实上并没有阻止“意见不相统属，言论歧为万途”的现象继续发展，相反，却更加严重了。

黄兴是同盟会中的军事领袖。他在南京临时政府期间，和孙中山配合得基本上是不错的。在许多重大问题上，他都支持了孙中山。他在临时政府中，任陆军部总长，“兼参谋总长，军事全权，集于一身，虽无内阁之名。实各部之领袖也”。但是，这样一个重要领导人，在民国建立初却有了功成隐退的思想，他在一个致袁世凯的电文中说：“吾辈十余年兢兢业业以求者，真正之和平，圆满之幸福。今目的已达，掉臂林泉，所得多矣。”[②]他在 1912 年 39 岁生日时写的诗中，也道出了这种心情：“三九年知四十非，大风歌罢不如

① 《同盟会本部宣言书》，《民立报》，1911 年 11 月 24 日。

② 《临时政府公报》第二十四号《附录》。

归。”[①] 在黄兴看来，只要把满人统治换成汉人统治，革命就算达到目的，就可以“大风歌罢不如归”了。这样，当然就失去了对袁世凯的戒备。在孙中山主持南京政府期间，他是力主和袁世凯妥协的。南北议和，政权“统一”于袁世凯手中，黄兴负有一定的责任。

在对待袁世凯的问题上，孙中山后来在思想上也很混乱。2 月 17 日，他在复谭人凤及《民立报》馆的电中，解释让位于袁世凯的原因时说：“吾党不必身揽政权”；又说：“总统不过国民公仆，当守宪法，从舆论。文前兹所誓忠于国民者，项城亦不能改。”遵守民主制度，把自己视为“公仆”，这是对的；但是，认为任何人，包括袁世凯，也能像自己一样“守宪法，从舆论”，这就大错特错了。

综上所述，同盟会在辛亥革命后已处于四分五裂、十分涣散的状态，而孙中山也无力改变这种状态。处于这种状态的革命党，当然不可能制定坚定的反帝政策、土地政策和镇反（镇压反革命）政策，因而也就不可能领导南京临时政府走向胜利。

孙中山在后来解释这段历史时曾沉痛地说：“局外人不察，多怪弟之退让。然弟不退让，则求今日假共和，犹未可得也。盖当时党人已大有争权夺利之思想，其势将不可压。弟恐生出自相残杀之战争，是以退让，以期风化当时，而听国民之自然进化也。”[②]

太平天国农民起义失败于领导集团的内讧，辛亥革命失败于同盟会组织的涣散。同样，都是领导问题。这些深刻的教训，对孙中山后来的转变是有教益的。

---

①黄一欧：《回忆先君克强先生》，《辛亥革命回忆录》（一），中华书局 1961 年版，第 137 页。

②《致邓泽如函》，《孙中山全集》第四卷，人民出版社 2015 年版，第 350 页。

二、让位袁世凯

孙中山担任临时大总统后，面临的斗争任务非常艰巨。其中，解决临时政府的财政危机，是很紧迫的问题。武昌起义爆发后，一贯敌视中国革命的外国帝国主义，借口保障外债偿付，乘机完全攫夺了中国海关税收，不让有一文钱供临时政府支配。各省地方税收，为数不多，供应各地军政府尚嫌不够，更谈不上接济中央革命政府了。依靠华侨赠款和国内民众的捐助，数目毕竟有限，不能最终解决问题。所以，临时政府刚成立，就迅速出现巨大的财政需要和严重的财政困难。他们面对严重的财政危机，不仅难以支付下属十余万部队的军饷，连临时政府本身的日常开支也无法保证，一度竟出现了财政部金库只剩下 10 元钱的危急局面，时刻面临着军队解散和政府崩溃的危险。

比财政危机更使孙中山难以招架的，是对付来自各方面的要他把总统职位让给袁世凯的强大压力。武昌起义爆发后，清政府为了挽救它的颓势，在帝国主义的授意下，被迫起用一度解职在家的袁世凯，任命他担任了掌握军、政大权的内阁总理，负责镇压革命。野心勃勃的袁世凯，在帝国主义的支持下，乘机大施诡计。他一方面借革命力量的声势，逼清王室退位；一方面派重兵直逼武汉三镇；同时又放出和谈的口风，逼迫革命派妥协，企图一箭双雕，既夺得清朝政府的最高权力，又迫使革命派屈服。

在袁世凯软硬兼施的进攻面前，又加上立宪派人和一部分旧官僚的鼓动下，有些革命党人堕入了迷雾。他们错误地把袁世凯看作是可以争取的力量，同意如袁世凯帮助推翻清王朝，就推举他担任共和国大总统，以求尽快结束战争，换取革命的早日“成功”；并在 1911 年 11 月 30 日至 12 月 3 日在汉口举行的独立各省代表会议上，通过了相应的正式决议。紧接着，又在上海开始了南北和议。这样，当孙中山从欧洲回到国内，就发现自己被置于一个十分被动的境地，一方面他被各省代表推举为南京临时政府的领袖；另一方面又被作为过渡阶段的政府首脑看待。各省代表原先通过的正式决议依然有效，孙中山暂时只是“虚位以待”，只要袁世凯反戈倒清，总统职位仍将由袁世凯担任。

袁世凯（1859—1916 年）是近代中国反动的封建买办势力的代表人物之一。他出身于河南项城的一个大官僚地主家庭。他的伯祖父、父亲、叔父都是镇压捻军农民起义的刽子手。在 1895 年，他接受清朝政府的命令训练反革命武装——“新建陆军”，从而逐步掌握了军权。后来，他要弄卑劣的两面派手法，破坏了资产阶级改良主义的戊戌变法，又依靠新式的反革命武装，在山东勾结德国侵略军，血腥地镇压反帝爱国的义和团运动。他还利用职权，将津浦、苏杭甬铁路出卖给德国、英国，进行种种卖国活动，成为帝国主义的忠实走狗。

袁世凯因镇压义和团反帝爱国运动有“功”，被清廷拔擢为直隶总督、北洋大臣，主持编练北洋常备军（简称“北洋军”），成为清政府中最有实力的人物。1908 年，光绪、慈禧太后相继死去，次年袁世凯被逐回原籍“养病”。武昌起义爆发后，清朝政府为了挽救它的颓势，在帝国主义列强的公使团授意下，起用袁世凯为湖广总督，“兼办剿抚事宜”。接着，帝国主义又配合袁世凯，迫使清政府再三让步，任命他为内阁总理，向他交出一切军政大权。

孙中山对袁世凯的印象素来不好，觉得此人“狡猾嬗变”，“可能迟滞革命行动”，[①] 甚至认为他是一个“巨奸大慝”，[②] 是一个靠不住的危险人物，他很不赞成将革命政权拱手让给这样一个阴险的人。

①陈三井：《法文资料中所见的孙中山先生》，载黄季陆：《研究中山先生的史料与史学》，台北 1950 年版，第 284 页。

②全国政协文史资料委员会编：《辛亥革命回忆录》（一），中华书局 1960 年版，第 200 页。

袁世凯戎装照

回国之初，他曾明确表示要把革命进行到底，决不中途妥协退让，并且还积极着手组织北伐。但是，当时的客观形势已不是孙中山所能左右了。他所面对的，是拥有强大的武装又有丰富统治经验的袁世凯。早在武昌起义前，袁世凯就已形成了自己的政治和军事势力，他不仅控制着清政府赖以统治的支柱——北洋六镇新军，手下有一批为其效劳的满洲贵族和汉族官僚，具有极其狡猾的政治手腕，而且得到帝国主义的欣赏。

辛亥革命爆发后，帝国主义列强看到清朝政府难以再维持下去，便决定采取“换马”的办法，抛弃清政府，扶持袁世凯作为他们统治中国的新的代理人。帝国主义的这种态度，终于迫使载沣不得不违心地起用袁世凯，使其得以东山再起。在这以后，帝国主义不仅在整个南北议和过程中暗中为袁世凯出谋划策，而且公开告诉革命党人，只有让袁世凯当大总统才能得到他们的认可。

与此同时，资产阶级立宪派见武昌起义后革命的风暴迅速发展，清政府的覆灭已不可挽回。为了阻止革命的深入发展，和革命派争夺权力，也愿意支持袁世凯出来控制局面，以造成有利于自己的形势。

上述情况对资产阶级革命派造成很大压力，特别是帝国主义对袁世凯的支持，对革命派的压力最大。因为自中日甲午战争以来，帝国主义与中华民族的矛盾一直在发展着。帝国主义随时可能瓜分中国这一可怕的阴影，时时笼罩在所有爱国者的心头。资产阶级革命派在武装推翻清王朝的斗争中，十分害怕帝国主义干涉中国革命。武昌起义爆发后，湖北军政府发布的一份文告，就曾告诫人们不要冒犯洋人，认为“若是害了外人，各国都来与我们为敌，那就不得了呢”。这样，在人们普遍害怕帝国主义干涉中国革命，希望尽快地建立共和政府，并取得帝国主义承认的情况下，帝国主义明白表示只有袁世凯做总统才会得到他们的承认，这也造成了孙中山回国后，就被置于十分被动境地的局面。再加上当时同盟会的涣散状态，也对孙中山极为不利。

武昌起义前夕，由于一连串起义的失败，同盟会的力量损失很大，内部团结也趋于涣散，对武昌起义的爆发，思想准备不足，再加上革命党人对起义后迅速发展的革命形势缺乏应付的经验，没有能够牢牢地掌握住革命的主动权。相反，企图通过让位袁世凯，以求早日结束战争，使革命早日“成功”，以换取革命的廉价胜利的想法，在革命阵营内部占据了上风。“当时南京政府从中央到地方，从派系到政界，差不多都是坐南向北，认为只有利用袁世凯推翻清政府于革命有利。”有人甚至这样逼问孙中山：“你不赞成和议，难道是舍不得总统这个职位吗？”

当时的形势，确实使孙中山除了同意向袁世凯妥协，没有其他选择的余地。况且孙中山本人也在一定程度上存在着害怕帝国主义干涉的恐惧心理。他在美国听到武昌起义的消息后，不是立即回国领导革命，而是先赴欧洲从事外交活动，认为对英国外交的成败，将决定革命的存亡，一个重要原因就是因为他害怕中国革命会因帝国主义的干涉，而遭受太平天国那样的失败。回国以后，他的这种担心并未消除。与此同时，孙中山对袁世凯的反革命的真实面目当时还缺乏足够的认识，他又想到利用袁世凯，“使推翻二百六十余年贵族专制的满洲，则贤于用兵十万”，[①] 而避免流血，结束战争。加上孙中山对袁世凯这个“汉人”也抱有一些幻想，认为“贼（袁世凯）本汉族，人情必思宗国，而总统复非帝王万世之比，俯与迁就，冀其自新”。[②] 从这样考虑出发，孙中山主观上并不怎么反对通过议和，利用袁世凯迫使清廷退位，来达到“建立民国”这一目标。加上当时的形势，他敌不住来自各方面的压力，终于被迫同意如果清王室退位和宣布共和，他将把总统职位让给袁世凯。

---

①《胡汉民自传》，《革命文献》第三辑，台北 1955 年版，第 426 页。

②《中华革命党革命方略》，《孙中山全集》第三卷，人民出版社 2015 年版，第 480 页。

1912年2月13日，孙中山提交辞呈后留影

1912年2月12日，迫于革命形势和在袁世凯的催逼下，清王朝颁布了退位诏书，宣告了这个统治中国二百六十多年的封建王朝的覆灭。接着，袁世凯向南京临时政府虚伪地宣布，他承认共和制度，保证“永不使君主政体再行于中国”。13日，孙中山履行自己的诺言，向临时参议院提出辞职。14日，得到临时参议院的批准。

孙中山虽然被迫同意将总统职位让给袁世凯，但他仍抱有戒心。为了防备袁世凯撕毁协议，背叛共和，他在提出辞职的同时，附加了三项条件：“（一）临时政府地点设于南京，为各省代表所议定，不能更改；（二）辞职后，俟参议院举定新总统亲到南京就任之时，大总统及国务各员乃行解职；（三）临时政府约法为参议院所制定，新总统必须遵守颁布之一切法制章程。”[①] 孙中山的目的，是想通过这些条件，把袁世凯调离经营多年的京津老巢，迫使他到革命力量相对集中的南京就任，并用《临时约法》来加以约束，以防止袁世凯上台后，推翻民主共和，实行专制独裁。

奸诈的袁世凯当然知道孙中山的用意，他一面推三托四，迟迟不肯南下，一面暗中指使亲信在北京制造“兵变”，乘机散布自己一旦南下，北方必定发生大乱的论调，作为他不去南京就职的借口。帝国主义也再次公开出面支持袁世凯，纷纷以保护使馆为名，调兵入京，故意制造紧张空气，对孙中山施加压力。许多立宪派人和旧官僚也都为袁世凯帮腔，连一些革命党人也随声附和，主张允许袁世凯在北京就职。孙中山又一次陷于孤立被动境地，不得不再次让步。3月10日，袁世凯在北京宣誓就任临时大总统。4月1日，孙中山正式辞去临时总统职务。第二天，临时参议院又通过了将临时政府迁往北京的决议。这样，辛亥革命的胜利成果——南京临时政府，仅仅存在了三个月就不幸夭折。

---

① 《临时大总统咨参议院辞职文》，《临时政府公报》第17号，1912年2月20日。

袁世凯就任临时大总统后与外国公使合影

1912年3月，孙中山与袁世凯任命的内阁总理唐绍仪在南京总统府前合影

1912年3月25日，孙中山与唐绍仪及南京总统府职员合影

辛亥革命的果实，被大野心家袁世凯篡窃后，意味着大地主大资产阶级的独裁统治又在中国开始建立起来。“中华民国”成为一块空招牌，新瓶装旧酒，“内骨子是依旧的”，中国的半殖民地半封建社会并没有改变，帝国主义和封建主义这两座大山依旧沉重地压在中国人民头上。

辛亥革命并没有出现孙中山所预想的“中华民国将永久存在”，[①]“此后社会当以工商实业为竞点，为新中国开一新局面”[②]的美妙情景。它没有能解决中国社会的两大主要矛盾，整个中国仍然处在帝国主义和封建主义的压迫之下，没有完成反帝反封建的革命任务，没有给中国带来独立、民主和富强。

辛亥革命之所以得此结果，既是时代条件所局限，也是由于中国民主革命者在经济上和政治上的软弱。他们缺乏反对帝国主义、反对封建主义的足够的勇气，不敢也不能提出明确的反帝、反封建的战斗纲领，甚至幻想与革命敌人妥协来实现中国的民主政治。当时孙中山并没有认识到帝国主义的阶级本性是不会改变的，因此对帝国主义抱有幻想，常常向这个或那个外国垄断资本集团寻求友谊，呼吁援助。软弱的中国民主主义革命者在辛亥革命时期的对外宣言中，总是表示承认帝国主义在华既得利益，期望以此换取帝国主义的“中立”以至“援助”。他们又与农村中的封建剥削阶级有着千丝万缕的联系，非常害怕并且极力压制农民群众起来革命。孙中山虽然提出了“平均地权”，但是，在他掌握政权的时候并没有主动地实行过土地制度的改革。南京临时政府成立之后，不仅没有发布分配土地的命令，反而三令五申保护地主阶级，让他们参加各级政权。有些地方的革命党人，甚至利用暂时掌握的政权，严令禁止并且出

①孙中山：《中华民国》（*The Chinese Republic*），纽约《独立杂志》1912年9月英文版。特引自陈福霖：《美国〈独立杂志〉所刊孙中山先生的三篇著作》，《研究孙中山先生的史料与史学》，台北1975年版，第334页。

②《致民国军政府电》，《孙中山全集》第六卷，人民出版社2015年版，第11页。

1912 年 3 月 29 日，孙中山出席各部门饯别会时与欢送人员合影

1912年4月1日，孙中山与内阁成员赴参议院举行正式解职礼时合影

动军队镇压贫苦农民的抗租斗争，极力维护封建剥削制度的根基。国民革命需要一个大的农村变革。辛亥革命没有实现这个变革。

此外，他们在武昌起义后大讲“咸与维新”，对混入革命阵营里的大批反革命分子，缺乏警惕；对打着“共和”旗号，钻进革命政权内部摘桃子的改良派，居然不念旧恶，握手言欢；即令像袁世凯这样的反动头子，仅只口头上承认共和，便可以化敌为友，甚至把大总统的位置让给他。这样，自然就不能真正发动广大的人民群众——首先是农民群众，进行革命斗争。因此，在国内外反动势力猖狂反扑面前，他们没有可以依靠的力量，最后只有退却和妥协，丧失了政权。

应该指出的是，辛亥革命的悲剧性结局，是由于当时的历史环境和时代条件所决定的，而在形成孙中山终于“让位”给袁世凯的这一历史事件中，有许多不利的条件，却是由于革命党人主观认识上的错误，思想上、组织上准备不足和缺乏实践经验造成的。从武昌起义到孙中山“让位”这段历史为时不到半年，但它的内容却极为丰富。其中有着丰富的经验教训可以总结。

第四章

殚精竭虑捍卫革命果实

（1912—1919 年）

第一节　致力于建设事业

一、宣传民生主义和实业救国

辛亥革命失败后，反动的逆流重新泛滥起来。在袁世凯及其继承者大大小小的军阀统治下，中国的情况一天比一天黑暗，人们看不见中国的出路在哪里。

面对这样艰难的情况，孙中山没有后退，他以坚韧不拔的革命精神，继续为谋求中国的自由平等而战斗，在斗争实践中寻求救国真理。他领导了讨伐南北封建军阀的斗争，又经历了一段艰难曲折、苦闷、失望和探索的漫长过程。

1912 年 4 月 1 日，孙中山辞去了临时大总统一职的时候，他并没有意识到革命已经遭到失败，相反，还认为他所领导的革命已经取得了很大的胜利。《在南京参议院解职辞》中，他说："三月以来，南北统一，战事告终，造成完全无缺之中华民国，此皆中国国民及全国军人之力所致。在本大总统受职之初，亦不料有此种之好结果。

令示

臨時大總統咨參議院辭職文

前後和議情形並昨日伍代表得北京一電本處又接北京一電又接唐紹儀電均經咨明貴院在案本總統以為我國民之志在建設共和傾覆專制義師大起全國景從清帝鑒於大勢知保全君位必然無效遂有退位之議今既宣布退位贊成共和承認中華民國從此帝制永不留存於中國之內民國目的亦已達到當締造民國之始本總統被選為公僕宣言誓書實以傾覆專制鞏固民國圖謀民生幸福為任誓至專制政府既倒國內無變亂民國卓立於世界為列邦公認本總統即行解職現在清帝退位專制已除南北一心更無變亂民國為各國承認旦夕可期本總統當踐誓言辭職引退為此咨告貴院應代表國民之公意速舉賢能來南京接事以便解職附辦法條件如左

一臨時政府地點設於南京為各省代表所議定不能更改

一辭職後俟參議院舉定新總統親到南京受任之時大總統及國務各員乃行辭職

一臨時政府約法為參議院所制定新總統必須遵守頒布之一切法制章程此咨

《临时大总统咨参议院辞职文》

1912年4月1日，辞去临时大总统职的孙中山

1912年4月3日，孙中山乘车离开总统府时的情景

亦不料以极短之时期，而能建立如此之大事业。”[①] 并充满信心地认为：“在我们的前头，还有无限的工作，务须成全，俾得与列国并驾齐驱。”[②] 因此，就想以在野之身，从事实业建设，使祖国臻于富强之境。他在一封复章太炎的信中就明确指出：“文于国事，只知有役务，不知有权位，故于进退之际，行其当然，不假勉强。”[③]

孙中山表示“并非功成身退”，而要致力于社会改革，振兴实业，发展社会经济，“从中华民国国民之地位，与四万万国民协力造成中华民国之巩固之基础”。他放弃临时总统的职务，并没有放弃为巩固和建设共和国理想的斗争。

早在孙中山就任临时总统之前，他就认为：“满清时代权势利禄之争，吾人必久厌薄。此后社会当以工商实业为竞点，为新中国开一新局面。”“民生主义至今未少着手，今后之中国首须在此着力。”就在他解职的前一天，在南京同盟会会员为他举行的饯别会上发表演说时，又向同盟会会员们明确表示：他的“解职不是不办事”，而是致力于“比政治紧要的”“民生主义”事业，并提出了今后准备全力以赴的奋斗目标。这篇演说，是孙中山处在一个新的历史阶段开始时，经过深思熟虑后发表的带有纲领性的讲话。他在这一演说中，错误地认为民族、民权两主义已“因清廷退位而付之实现”，“惟有民生主义尚未着手”，当前的要务是“社会革命”——实行民生主义。他重申社会革命的主要内容是“平均地权”，“若能将平均地权做到，那么社会革命已成七八分了”。并再次比过去更为明确地阐述了“平均地权”的必要性和方法。此外，他还提出“借外债以兴实业”和修筑铁路，与防止资本家垄断的主张。认为“国家欲兴大事业，而苦无资本，则不能不借外债”，“借外债以营不生产之事则有害，借

① 《在南京参议院解职辞》，《孙中山全集》第七卷，人民出版社 2015 年版，第 47 页。
② 《致康德黎夫人函》，《孙中山全集》第四卷，人民出版社 2015 年版，第 270 页。
③ 《复章太炎函》，《孙中山全集》第四卷，人民出版社 2015 年版，第 264 页。

外债以营生产之事则有利”。他对兴办实业充满信心，认为“从前为清政府所制，欲开发则不能，今共和告成，措施自由，产业勃兴，盖可预卜。”[①] 所以，他声明将以民国国民的身份，在未来的岁月中，专门从事社会实业建设活动。

孙中山认为，民国初建，“国基未固，势力衰微，是犹大病之后，不宜遽投剧剂”。[②] 因此，孙中山让权时就对袁世凯以“小康期之”，希望政局“无大故”，使民国逐步得到巩固和进步。1912 年 8 月间，孙中山去北京前致宋教仁的信，最能说明这时他的思想和主张：“民国大局，此时无论何人执政，皆不能大有设施。盖内力日竭，外患日逼，断非一时所能解决。若只从政治方面下手，必至日弄日纷，每况愈下而已。必先从根本下手，发展物力，使民生充裕，国势不摇，而政治乃能活动。弟刻欲舍政事而专志于铁路之建筑。”[③]

正是为了这一目的，孙中山从解职总统后第三天，4 月 3 日，就兴致勃勃地开始周游各省，进行有关民生主义和“社会主义”的宣传活动。他不辞劳苦地率领胡汉民等人到处奔走，从南京先赴上海，继往武汉，再至福州、广州，最后又去华北各地，走遍半个中国，到过许多城市和农村，进行调查访问和参观。他在大江南北、黄河上下、珠江口岸，走到哪里都反复宣传他的民生主义和“社会革命”的主张，以及建设国家的设想，阐述“平均地权”和兴办实业、发展铁路及引进外资等政策问题，并提出一些在中国实现经济

① 《在南京同盟会会员饯别会的演说》，《孙中山全集》第七卷，人民出版社 2015 年版，第 36—40 页。孙中山的这篇演说很重要，它的前半部分后被译成法文，同年 7 月 11 日载于比利时工人党机关报——布鲁塞尔《人民报》(*Le peuple*)；又被译成英文，7 月 13 日载于纽约《独立》杂志（*The Independent*)，题为《中国的下一步》(*China's Next Step*)；又被从法文转译成俄文，7 月 15 日载于俄国布尔什维克报纸《涅瓦明星报》第 17 号，题为《中国革命的社会意义》。《涅瓦明星报》第 17 号同时还发表了列宁的《中国的民主主义和民粹主义》一文，对孙中山的这篇作品进行评论。

② 《致南洋同志书》，《孙中山全集》第四卷，人民出版社 2015 年版，第 286 页。

③ 《致宋教仁函》，《孙中山全集》第四卷，人民出版社 2015 年版，第 282 页。

1912年4月3日，孙中山赴上海前与南京留守黄兴等合影。前排左一黄兴、左二唐绍仪、左三孙中山

1912年4月6日，孙中山在上海哈同花园出席统一党举行的欢迎会时与哈同等合影。前排左起：孙婉、孙中山、孙婉、哈同；后排：黄宗仰、端纳、宋蔼龄

1912年4月10日，孙中山与副总统黎元洪在武汉合影

1912年4月10日，孙中山与湖北军政人员合影

1912年4月下旬，孙中山与女儿孙娫（左）、孙婉（右）在赴粤船上合影

大发展和资本主义现代化的具体主张，希望中国能够富强起来，赶上和超过欧美国家；同时号召军民精诚团结，万众一心，建设新民国，使人民免除痛苦，得到幸福。

有人统计，孙中山在1912至1913年初，共发表过58次讲演，其中专讲民生主义或涉及这个问题的就有33次。[①] 仅在1912年4月到该年年底九个月时间，孙中山在各地总共40多次演讲、谈话中，有关民生主义、社会主义、实业建设等问题就不少于25次之多。正如孙中山同年7月中下旬接见纽约《独立杂志》特约代表李佳白（R.G.Reid）所表示的那样，他当时正集中思想与精力，“从社会、实业与商务几个方面重建我们的国家”，“希望看到人民大众的生活状况获得改善，而不愿帮助少数人增植他们的势力，直至成为财阀”。[②]

当时，孙中山关于民生主义的演讲，在国外激进人士中引起热烈回应。他的演说部分内容被翻译为法文，又由法文译成俄文，并分别载于同年7月11日比利时工人党机关报——布鲁塞尔《人民报》和俄国布尔什维克报纸《涅瓦明星报》上。

同年4月中旬，孙中山在武昌各界民众露天大会的演说中，还建议建造长江大桥或凿通隧道，使武汉三镇连成一片。他越来越认为，振兴中国的唯一出路是发展实业，而建筑铁路则是“发展中国财源第一要策”，因为“实业之范围甚广，农工商矿，繁然待举，而不能废者，指不胜屈。然负之而可举者，其作始为资本，助之而必成者，其归结为交通”。但在交通中，若“无铁道，转运无术，工商皆废”。“故交通为实业之母，铁道又为交通之母。”[③] 因此，他决定

---

①王德昭：《孙中山先生革命思想的分析研究》，载《中国现代史丛刊》第二册，第201页。

②孙中山：《中华民国》（*The Chinese Republic*），纽约《独立杂志》1912年9月英文版。转引自陈福霖：《美国〈独立杂志〉所刊孙中山先生的三篇著作》，《研究孙中山先生的史料和文学》，第332页。

③《总理遗教》，中国国民党中央党部宣传委员会编印，第18—19页。

首先就要抓交通建设，特别是从修筑铁路入手，来实现社会革命的愿望。

为完成这一设想，6月中旬，孙中山又专程去了上海，就这件事情同黄兴讨论和磋商，并且亲自草拟了一份修筑铁路的计划。在计划中，他为中国精心绘制了一幅雄伟的铁路建设蓝图，预定修筑南路（自南海至天山之南）、中路（自扬子江口达伊犁）和北路（自秦皇岛达蒙古乌梁海）三条沟通全国的主要铁路干线。

当时，孙中山真诚地相信“振兴实业”、“发展交通”等是从根本上下手，大有益于民国的巩固。这些活动体现了孙中山促使祖国臻于富强的美好愿望，但是在当时的历史条件下是没有付之实行的条件的。

1912年夏，孙中山还准备到北京去一趟，“以觇人心之趋向”，并争取他的铁路建筑计划取得“参议院之赞同，政府之特许”。[①] 这时，老奸巨猾的袁世凯为了麻痹革命党人，巩固和扩大自己的权力，又再三邀请他北上会商国家的内政纲领。因此，孙中山在8月18日，自上海乘轮船经天津赴北京。

孙中山同月24日抵京后，袁世凯故意隆重地按国家元首的待遇接待，并对他百般地曲意奉承和推崇，极尽拉拢欺骗之能事。孙中山认为既将政权让与袁世凯，且“民国大局，此时无论何人执政，皆不能大有设施”，主张“尽可使之负责”。在思想上准备加以支持，也就不再对袁世凯有所警惕。他与袁世凯刚会谈过两次，就对袁世凯大生好感，并以国家大局为重，立即发电报给上海的黄兴，认为对袁世凯“绝无可疑之余地”，敦促黄兴“千万先来此一行”，以实现南北“统一”。[②] 这样，黄兴也在9月11日来到北京。

孙中山这次在北京逗留将近一个月（25天），他同袁世凯晤谈

---

① 《致宋教仁函》，《孙中山全集》第四卷，人民出版社2015年版，第283页。

② 《孙中山致黄克强电》，《民立报》，1912年9月6日。

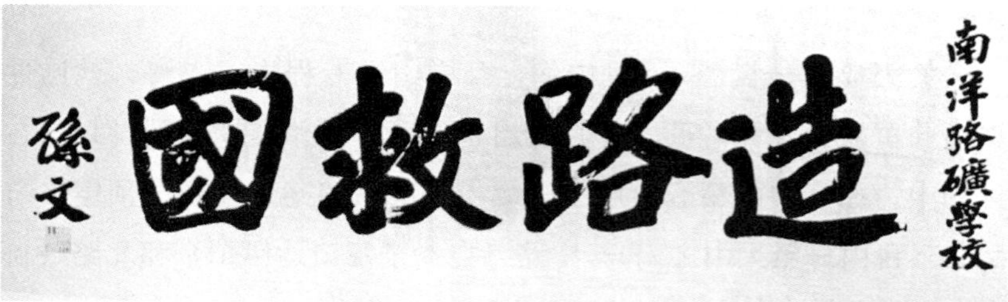

1912年，孙中山给南洋路矿学校的题词

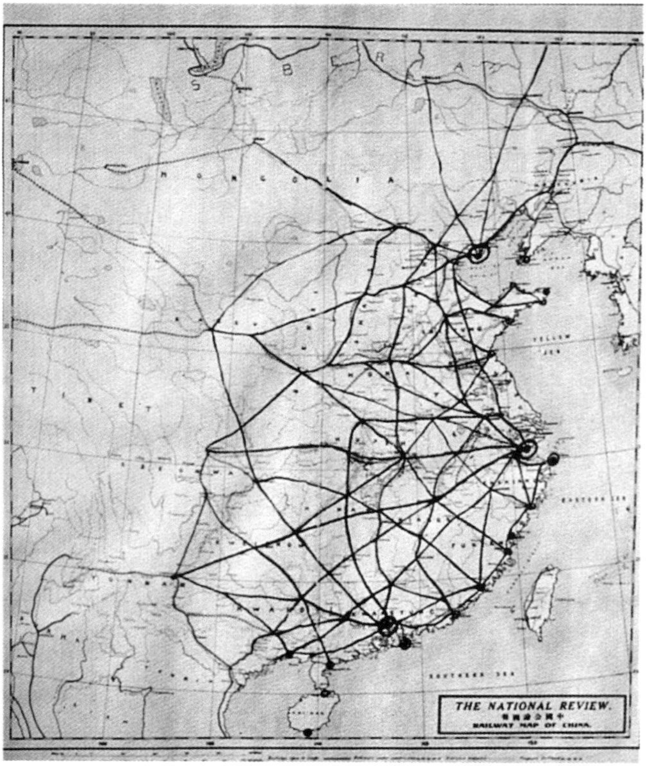

1912年，孙中山在上海勾画的铁路建设规划图

了12次，且多为密谈，有时仅有袁世凯的秘书长等一二人在座。每次谈话自下午4时至晚10时或12时，有时一直谈到次晨两点钟。谈得非常融洽。

所谈皆国家大事，包括铁路、实业、外交、军事等问题。袁世凯口口声声“以国家和人民为念”，对孙中山提出的每一项主张，几乎无不表示同意。

孙中山对于袁世凯的会谈甚为满意，被袁满口“民主”、“共和”的漂亮言词所迷惑，完全信赖了他。孙中山甚至天真地对袁世凯表示，支持袁世凯当10年总统，练精兵100万，声明自己辞去正式大总统候选人，不再投身政界，打算“10年不预政治”，“专求在社会上作成一种事业”，即建筑铁路的事业，以增强国力。袁世凯一听，正中下怀，兴奋地高呼：“中山先生万岁！”

孙中山一心为建设国家着想，舍弃了党派利益，不大过问同盟会的活动。掌握南方革命军军权的黄兴也认为南北既已统一，没有必要再保留大批军队，便于同年6月自动撤销自己担任的南京留守职务，强行遣散南京临时政府的军队，表示诚心拥护袁世凯。

随后，孙中山担任了全国铁路协会名誉会长，并在9月初正式接受袁政府授给的“筹画全国铁路全权”的任命，立志要在10年内修筑10万公里铁路，“使中国全境，四通八达”，成为“全球第一强国”。不久，黄兴也接受袁政府委任的川粤汉铁路督办职务。

孙中山的铁路建设思想，早在1894年的《上李鸿章书》中已见端倪。他辞去临时大总统职后，将其作为实现民主主义的一部分，曾多次向外界宣讲筹划全国铁路的必要性及诸多益处。这时孙中山担任了中华民国铁道协会会长，又接受了袁世凯授予的督办全国铁路的任命，就更加认真地投入了筹建铁路的工作。他“不敢稍懈”，不辞辛苦地继续向全国各界宣传他的修筑铁路主张，并着手筹建组织机构。

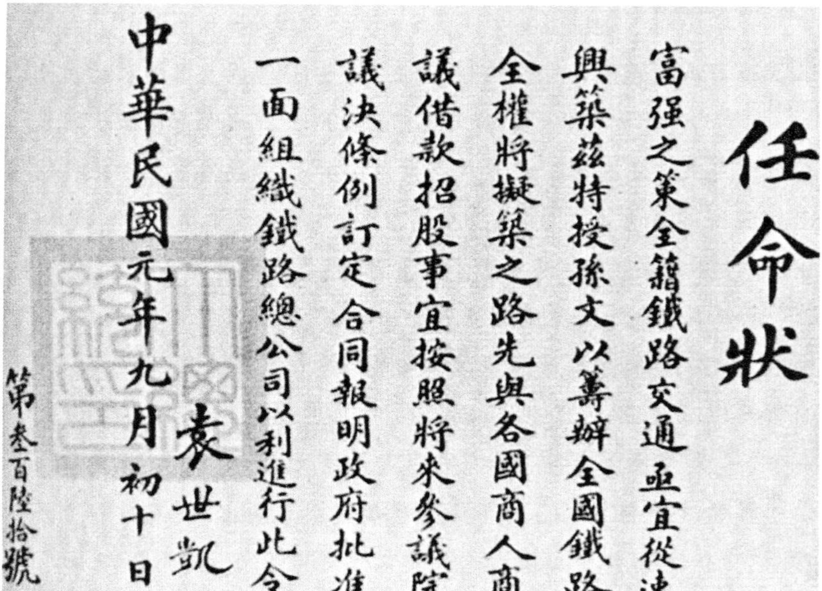
任命狀

富强之策全籍鐵路交通亟宜從速
興築茲特授孫文以籌辦全國鐵路
全權將擬築之路先與各國商人商
議借款招股事宜按照將來參議院
議決條例訂定合同報明政府批准
一面組織鐵路總公司以利進行此令

袁世凱

中華民國元年九月初十日

第叁百陸拾號

袁世凯任命孙中山“筹画全国铁路全权”任命状

为了专门从事社会实业活动，孙中山兴致勃勃地先后考察了华北、华中的北宁、津浦和胶济等铁路线，完成了全国各地铁路干线分布的设计工作。10月初回到上海，11月14日正式成立中国铁路总公司，又设立了铁路督办办事处，进行统筹安排，并着手筹措经费，积极进行统筹安排全国铁路的修建工作。

按照孙中山的设想，筹措资金可采取三种方式：一是与外国订立合同贷款，自行修筑；二是订立招股章程，成立中外合办公司，招股修筑；三是批给外国人修筑，期满或一定期限后，由我方采取有偿或无偿方式赎回，收归国有。同时，特别提出借款要以维护国家主权为前提，规定了三条原则：“一、不失主权，二、不用抵押，三、利息甚轻。”① 他曾就借款和招股工作做过一些努力，但未见成效。孙中山认为，由于我国的资金、人才、技术都很不足，不能不利用外资、外国人才和外国方法，即引进先进技术，所以，以第三种方式最为适宜。② 可是，他的这种主张得不到舆论的支持，甚至遭到责难。

在1912年年底，孙中山在杭州特别欢迎会上，正式提出了“节制资本”一词。他把“平均地权”、“节制资本”、“铁路国有”、“教育普及”列为民生主义的“四大纲”。这比同盟会时期又有所前进。在他看来，只要实行这“四大纲”，“我中华民国之国家”，就会“一变而为社会主义之国家”。关于铁路建设，孙中山大胆地提出：在不损害主权的条件下，借60亿元外债，兴建10万公里的铁路计划。当时民初名记者黄远庸讽刺孙中山是中国“第一个乐天派”。孙中山的确是乐观的，他说：“今日共和造成，措施自由，产业勃兴，盖可预卜。”他相当乐观地预期，“凡此所云，将来必有达此期望之日”，那时国强民富，“家给人乐，中国之文明，不止与欧美并驾齐

① 《胡汉民自传》，《革命文献》第三辑，台湾1955年版，第61页。

②参见居觉生（居正）：《辛亥札礼梅川日记合刊》，台湾1956年版，第80、105页。

1912年9月2日，孙中山在北京出席铁道协会北京分会欢迎会时合影

1912年9月6日，孙中山在张家口考察京张铁路时，在月台上与欢迎者合影

驱而已！”

孙中山是伟大的民主主义者，又是主观社会主义者，把他的民生主义说成社会主义。他认为，“英美诸国社会革命，或须用武力；而中国社会革命则不需用武力”。中国没有出现垄断资本家和工人阶级尖锐对立，实行“社会革命”要容易得多。孙中山主观上认为，“一方面国家富强，一方面当防资本家垄断之流弊”。他认为他的民生主义就是“富强”、“防弊”的政策，又叫作“社会主义”或“国家社会主义政策”。他在上海、武汉讲演中说：“并非反对资本，只反对资本家而已”，“资本家者，无良心者也”。他一方面表示了对社会主义和贫苦群众的真挚同情，另一方面又表现出对垄断资本家的恐惧和仇视。他既要使中国富强起来，又企图避免欧美那样激烈的阶级对抗和革命，而要预防大资本家的垄断。

孙中山主张的社会主义，实际上是国家资本主义。他说：“改良今日社会之组织”，“集产社会主义，实为今日惟一之要图”。“凡属生利之土地、铁路收归国有”，收益归公，“则大资本大公司尽为公有之社会事业，可免为少数资本家所垄断专制矣”。在他看来，“国为民国，国有何异于民有”。实行他的民生主义或“社会主义”，中国就变为“社会主义国家”了。

孙中山早在欧美时期曾对各派社会主义学说做过一番苦心研究。辛亥革命时回国，他带回“欧美最新社会主义名著多种”，要“广为鼓吹”。解职临时总统后，他被社会党聘请为名誉领袖，并应社会党邀请，在中国资本主义经济最发达、工人群众最集中的上海，连续三天演讲社会主义各派学说。他高度评价了马克思的《资本论》，高度评价了“工人者——人类之功臣”，但他仍主张亨利·乔治的单一税制，认为它是社会主义“精确不磨之论”。孙中山不仅向社会党，而且向各行各业宣传民生主义与社会主义。十分有趣的是，他正如列宁说的以“独特的少女般的天真”，向资本家、商会和中国最反动势力的代表者袁世凯也宣传他的民生主义和社会主义。当时，他还不懂得只有在正确的政治改革和土地改革中，尽量发展农民群众的自动性、坚决性，才能寻找中国更新的途径。相反，孙中山放弃了革命手段和政治斗争，脱离了广大劳动群众，幻想与北洋军阀合作从事经济建设，“间接使政治基础臻于完固”。这当然是无法成功的。但是，孙中山在经过革命取得共和制之后，要想从事艰巨的社会经济改革，寻找中国“复兴”的道路，实现中国近代化，却表现了他忠诚谋国的苦心。孙中山不愧为一个伟大的民主主义革命家，他对苦难大众的深切同情，对改变中国社会经济落后面貌的急切心情，对“社会主义”的热切向往，都是可贵的高尚的思想。

孙中山在这一段时间中，为着“巩固中华民国，图谋民生幸福”而到处奔走呼吁，这和他在临时大总统任上没有一次谈到平均地权、民生主义成鲜明对照。这是孙中山一生宣传民生主义、社会主义最多的时期，也是他在推翻清王朝、建立共和后，幻想致力于和平建设的时期。

尽管如此，孙中山毫不气馁，为了进行民生主义等的宣传活动，他在短短的半年多的时间里，周游了大半个中国，先后到达保定、石家庄、太原、唐山、天津、山海关、济南、青岛、上海、江阴、镇江、安庆、九江、南昌、芜湖、杭州、松江等地，不辞辛劳地向各界宣传自己的筑路及国家建设主张。

从根本上说来，孙中山辞职后专注于经济建设的做法，是一个错误。因为鸦片战争以来的历史已经证明，没有一个安定的政治局面，没有一个独立、自由、民主和统一的中国，就不能发展工业，不可能有中国的工业化和富强，也就不可能有共和国的巩固。在半殖民地半封建的旧中国，在袁世凯这样的大买办、大地主的政治代表控制着政权的情况下，不首先以革命手段推翻这种反动统治，以为用退让可以换得一个平静、安定的环境来发展实业，这必然是一

1912年9月19日，孙中山在太原与山西都督阎锡山合影

1912年9月17日，孙中山在石家庄火车站与欢送者合影

1912年12月8日，孙中山与中华民国铁道协会浙江分会的欢迎者在车站合影

种幻想。孙中山“舍政事，而只专心致志于铁路之建筑”的想法和做法，只能是善良的愿望而已。

不过，孙中山的这些努力，也在一定程度上促进了中国资本主义的发展。辛亥革命后中国一度出现的兴办实业的热潮，是与孙中山的积极提倡和支持分不开的。

二、组建国民党

早在辛亥革命后，同盟会的组织由于妥协和各种遭遇，以及内外敌人的拉拢、瓦解活动，很快走向涣散，并发生了分裂，处于各自为政的状态。孙中山辞去临时大总统后，就不大过问同盟会的活动。由于中华民国成立，民主气氛高涨，“政党政治”一时成为热潮。当时作为同盟会实际负责人之一的宋教仁和部分同盟会员也热衷于实行政党政治和责任内阁，借以钳制袁世凯，在中国实行民主政治。为此，他们征得党魁，也就是政党政治赞同者孙中山和黄兴的同意，另组一个公开从事合法活动的新党，建立政党内阁。

长期以来，几乎所有论著中对1912年至1913年间国民党的组建与活动，都信之不疑地认为与孙中山无关，或说孙中山对这次组党“并不满意”，或言他仅是“勉强认诺”而已，对党事活动并未过问。然而，在对有关史料的整理中，却发现并非如此。国民党的组建与孙中山是颇有关系的。它实际上应视作是孙中山一生建党活动中的一个环节。

这次国民党从建立到另组中华革命党，总共存在不足两年。它在孙中山生平的组党活动以及整个中国国民党史中，虽然时间非常短暂，却也具有不可忽视的地位，既在一些方面反映了孙中山关于建党的思想，又明显地暴露了民主革命派领导革命斗争的弱点。

孙中山对组建国民党的态度、认识及领导作用等，究竟如何呢？

首先，组建国民党是历史发展的必然，孙中山审时度势而顺潮应势赞同改组。

近现代历史发展中的一个特点，是特定的阶级或阶层通过组织政党进行政治斗争，即“政党政治”。辛亥革命爆发后，在新的历史条件下，人们普遍认为此后中国也将像西方一样实行“政党政治”，因此，各个阶级、阶层、集团或个人纷纷表态，各种政治思想及主张杂然并陈，兴起了一股设会组党的热潮，先后成立了各式各样党派达三百有余，其中有明确纲领较为正式者也有三四十个之多。中国社会出现了历史上仅有的政党林立的局面。这些政党的组织者，绝大多数为旧官僚、政客、立宪派或实力派军人，他们网罗一些同类和同盟会内右翼或失意分子等，表面标榜着为统一中国、建设共和谋取人民福利而立党，实际上是利用组党作为达到拥护袁世凯的手段，与同盟会竞逐政权。

在这种政党蜂起的新形势下，孙中山和他领导的革命党人，为了巩固和建设新生的共和国，在 1912 年 3 月 3 日对同盟会进行了改组，从一个进行革命（即武装暴动）的秘密组织改变为从事合法的政治活动的公开“政党”。

同盟会改组后，由于规定的入会条件极宽，“凡国人已经成年，具普通知识，得为本会会员”，大批官僚政客、立宪党人纷纷涌入，虽使组织人数增加不少，但内部思想的混乱和严重的分裂情况有增无减，活动上大有江河日下之势，仍难以适应新的形势需要。在同年 5 月 1 日临时参议院议长的选举中，在袁世凯的分化下，偏右的共和党和统一共和党达成协议，导致同盟会的候选人张耀曾落选失败。与此同时，统一党与民社、国民协进会、民国公会、国民共进会等几个偏右政党，由于袁世凯的拉拢，于 5 月 9 日组成了共和党，提出“保持全国统一，采取国家主义”、“以国家权力扶持国民进步”和“以和平实利救国”的口号，竭力拥护袁世凯的“统一”，实际上依附于袁世凯，以对抗同盟会。共和党在议会拥有相当政治实力，并拉拢统一共和党人一起，处处对同盟会采取敌视态度，致使同盟会的主张经常遭到阻扼，对其活动和地位构成严重威胁。

面对袁世凯专政倾向日趋明朗化以及中间党派同袁世凯合流的严峻形势，以孙中山为首的革命党人为了避免“独裁之弊”，要完成民主共和政治，就必须集结队伍，重新组合，建立一个较大政党，通过实行“政党内阁”，与反动势力正面抗争，来维护和巩固民主共和国。

孙中山解除临时大总统职务后，一度沉耽在建设祖国的美梦，热衷于实业，醉心于铁路建设的筹划和奔走，而对政治斗争没有寄予应有的关注，对于袁世凯迈向窃国专制和反动势力日益增强的局势也缺乏清醒的认识。但是，也并非像后来所说的那样反对建立国民党，忽视“政党政治”的重要和作用，反之，他对政治运动的实际指导，亦是极力主张在中国建立政党政治的。从他当时倡导和鼓吹“政党政治”的情形考察，他赞同和支持组建国民党也是很自然的事情。

孙中山在1912年4月至1913年3月的一年间，曾就“政党政治”的种种问题发表了许多言论。

早在1912年4月初，孙中山就指出：“当此共和时代。无论政党民党，有互相监督、互相扶持之责。政府善则扶持之，不善则推翻之。然现在我民党之势力，尚甚薄弱，恐未能达此目的。惟既具此心，不可不互相勉励，各谋进行，对于今后民国前途，获益匪浅。”[①] 并说：“今日政党过多，亟谋联合，鄙人对于自由党极愿商榷

① 《在上海自由党公宴上的演说》，《孙中山全集》第七卷，人民出版社2015年版，第50页。

政见。”[①] 7月间，他又明确提出：“中国和所有其他的国家一样，不管政府是民主的或是君主的，政党是经常存在的，而且政府转变的方向是从此一党到彼一党。”孙中山认为：“政党间的竞争也无可避免，……中国的党、社已经太多，最好他们能联合为两个或三个有力的大党。”[②] 到国民党组成后，他更是大讲政党政治，强调“第一应研究者，即为政党内阁问题”。

孙中山认识到要建立民主共和政治不可以没有政党，指出：世界上的民主立宪国或君主立宪国，“无不赖政党以成立”。“政党者，所以巩固国家，即所以代表人民心理，能使国家巩固，社会安宁。”因此，“今日欲巩固中华民国，政党最为紧要”。认为政党的基础巩固，则民国的基础自然巩固。他并把“政党政治”视为不但是革命党人所应追求的最高政治目标，而且也应该是一个标准的资产阶级共和国所要奉行的唯一的政治制度，说：“是故政党政治，虽为政治的极则，而在国民主权之国，则未有不赖之为惟一之常轨者。”

他针对当时社会上一时掀起的组党热潮，提出搞政党政治，认为两党制较多党制更具有优越性，“一国政党之兴，只宜两大对峙，不宜小群分立”。因此，同盟会与其他六党合并，是为了使中国政党只存“进步、保守”派别，“以便政党竞争”，认为只有造成两党对峙，方利于竞争。

孙中山特别羡慕英、美的政党制度，称赞他们的政党政治是“世界上最完全政党之国”。他希望中国能“以英、美先进国之〔为〕模范”，实行两党制。在孙中山看来，“天下事非以竞争不能进步”，政治也是如此。因此，他赞成政党间进行政治竞争。视政党竞争是“绝好之事”，提出“一国之政治，必赖有党争（按：即政党竞争），

---

①《在上海自由党公宴上的演说》，《孙中山全集》第七卷，人民出版社2015年版，第50—51页。

②《与〈独立杂志〉李佳白的谈话》，《孙中山全集》第八卷，人民出版社2015年版，第206页。

始有进步。”

如何进行党争？孙中山认为党争是有条件的，须在政见上争，不可在意见上争。即参加党争的政党都必须以国家利益为重，不论“或处于行政地位，或处于监督地位，总以国利民富〔福〕为前提”。他驳斥了党争为国家“不祥事”的谬论，指出政党之争不同于清朝末年的革命党、保皇党视若仇敌的斗争，“今各党之争，皆维持民国。以民国为前提，以民国为基础”，是促进国家政治进步的必要手段。此外他还主张建设好的政党组织，说：“欲求有完全民国，必先有完全议院，必先有完全政党。”提出要“讲求政党应有之道德，研究政党应用之方针”等等。

甚至到了“宋案”发生后两月余的1913年6月，他对日本驻香港总领事今井谈话时，还依然提出实行议会政治的主张，说：“现在这时候，国民党应该做的手段是争取议会，但选举大总统的时候比平时比较容易变质的议员多，结果我党之胜算极少。但袁世凯如果没有金钱的话什么也做不到的。而我党虽然贫乏，但志在千里，最后之胜利归于我党。”①如此种种，表明孙中山在这一问题上，尽管认识和推行程度有异，却和黄兴、宋教仁同样是赞同甚至热衷于政党政治的。

这些论述，表明孙中山为使中国逐步进入近代民主政治轨道中所做的努力，它不仅对于民国初年防止和反对袁世凯专制独裁的实际斗争，促进中国政治的进步具有积极意义，而且还为丰富中国近代资产阶级政党理论做出了重要贡献。

孙中山正是基于对政党内涵和本旨以及政党政治的认识，并适乎当时客观形势的变化，从开始便赞成并支持组建国民党的。当同盟会为着实现“政党内阁”改组为国民党时，孙中山说：“今则共和

①日本外务省档案5—312、315，“支那南北冲突关系”卷。

成立，我同盟会目的已达，并不能再言破坏。凡赞成共和者皆我良友，故须广为联合，以巩固共和；若仍坚持同盟会以前手段，是为守旧。故改组一事，今日为必要之事。”他与多数革命党人一样，当时把组建国民党视作是“时势所趋，不得不然”，并不存在“勉强认诺”或“并不满意”的情况。

国民党的组建，是当时政治形势的需要，是从事国家建设、巩固共和制度的需要，是历史发展的必然。黄兴当时对此所讲的话是符合实际的：“今所以与各党合并而改称国民党者，盖将应时势之要求，为解决建设问题之研究，自然之归结也。”[①] 孙中山正是顺应了这种潮流和趋势。

孙中山是组建国民党的发起人和支持者。

同盟会组建为国民党的实际工作，无疑是由宋教仁负责的。当时，孙中山的主要精力正放在他视为“比党务与政治问题更有兴趣”的“实业建国”方面，脱离政治活动，“无暇顾及党务”，而同盟会本部于 4 月 25 日迁到北京后，由担任北京政府农林总长的宋教仁（7 月 21 日接替汪精卫任同盟会总务部主任干事）主持日常工作。宋教仁热衷于政党政治，他借此机会联络新旧各方，得以对党事做全面的考虑，因此，领导组建国民党的任务落到了宋教仁等人的肩上。

宋教仁一直醉心于欧美的议会政治，想通过议会道路在中国建设资产阶级共和国。他认为只要组织一个“强大真正之政党”造成两大党对峙的局面，通过参加竞选取得参议院的多数席位，建成实行民主政治的内阁，掌握政府的实权，就能够除去袁世凯的把持权力，将其引向宪政轨道，达到建设独立富强的资产阶级共和国的目的。因此，他为着组建一个“强大真正之政党”，全力投入了“纵横联合，扩充党务”的活动，“对于他党之赞助本会者极力联络之”。

---

① 《在国民党鄂支部欢迎会上的演讲》，《黄兴集》，中华书局 1981 年版，第 288 页。

1912年12月发行的邮票

经过他的奔波联络，终于和政见相近的一些小党派洽商成功，为国民党的组建工作做了许多事情，实际上也就成为这项工作的主持者。仅就这方面来说，国民党的成立是由宋教仁促成的，也是符合实际的。但是，孙中山在这次建党活动中的作用是不能低估的。

（一）这次建党的发起人是孙中山。早在国民党组建前，孙中山、黄兴即电告北京同盟会本部宋教仁“提议改组”，“命与他党合并”；并函电磋商“与他党谋合并之方”。说明改组一事系孙、黄发起，由孙、黄、宋共同做出决策的。基于这样的事实，宋教仁当时便在《致各报馆书》中声明：“此次国民党之合并成立，全出于孙、黄二公之发意，鄙人等不过执行之。”[①] 孙中山在 1914 年另组中华革命党时，也仍以“国民党理事长”名义明确宣称：“新旧两党皆文发起。”[②]

（二）从同盟会与他党合并过程的事实考察，可以窥见孙中山在组建国民党活动中的关键性作用。

同盟会组建政党之议，始于 1912 年 5 月间。最早与同盟会商议合并事的是“全国联合进行会”，是在 1912 年 5 月中旬。全国联合进行会以“建设强固有力的中央政府及统一全国”为目的，由于感到其政纲与同盟会相似，遂与同盟会议定合并，除部分成员加入同盟会外，一切会员行动均置于同盟会宗旨、政纲及议决案范围之内。其时，孙中山在广州准备北上，他申明赴北京的原因之一，就是进行“调停党派”之事，说明他是在关注着组建政党的活动。

组建政党被正式写入议程，是 7 月 16 日同盟会本部举行的全体职员大会。会上，代理总务部主任干事魏宸组报告拟出的《改定名称组织完全政党案》，由于遭到许多人反对，决定提交全体会员大会讨论。五天后（即 21 日），同盟会召开夏季大会（全体会员大会）

① 《致各报馆书》，《民立报》，1912 年 9 月 10 日。

② 《致坝罗同志函》，《孙中山全集》第四卷，人民出版社 2015 年版，第 362 页。

商议了改组政党，并选举宋教仁为总务部主任干事。当时，国内政治风云日趋紧张，北京出现了内阁风潮，宋教仁等人为掌握议会多数，更加积极联络友党以扩大党事，他们遂与在临时参议院拥有多数席位的统一共和党商议合并事宜。在谈判中，统一共和党提出合并三条件：(1) 变更同盟会名义；(2) 废去民生主义；(3) 改良内部组织。宋教仁“将此三条件征得孙中山及黄兴之许可”，然后由同盟会本部政事部主任干事张耀曾拟出党名、党纲及组织草案，于8月5日与统一共和党（国民公党亦参加）正式谈判。7日，三党代表开会，就党名、党纲达成最后协议。他们共同议定：改名国民党，以“巩固共和，实行平民政治”为宗旨；党纲为“保持政治统一、发展地方自治、厉行种族同化、采用民生政策、维持国际和平”五条；采用理事会议制，设理事七人，互选一人为理事长，并拟定孙中山、黄兴、岑春煊、蔡锷、吴景濂、张凤翙及宋教仁七人为理事。嗣国民共进会和共和实进会愿意加入合并，理事人选由七人增至九人，政纲不变。接着，北京同盟会本部于8月10日召开全体职员、评价员联席会议，听取宋教仁报告会商经过及合并条件，由于得到同盟会议员集团的广泛支持，合并组党问题以与会者绝大多数赞同而通过。宋教仁等立即在当天以同盟会本部名义将通过情况报告给孙中山和黄兴，请他们做最后的决定。

孙、黄接到电报后，均明确表示对改组“深为赞成”，并于8月13日联名通电同盟会各支部征求意见：“文等以上列各条（按：指合并条件），与本会宗旨毫不相背，又得此多数政团同心协力，将吾党素所抱者见诸实行，此非独同人之幸，亦民国前途之福也。文等深为赞成。……特此通电贵支部，务求同意，以便正式发表。”[①]

8月11日，宋教仁等同合并各党召开筹备会议，商定了组党

① 《致同盟会各支部电》，《孙中山全集》第六卷，人民出版社2015年版，第122页。

的组织细则等。13 日，以中国同盟会等五党本部名义发布了组党的《国民党宣言》（稍后全国联合进行会也加入宣言）。至此合并工作基本完成，专等孙中山来北京主持成立大会。

孙中山于 8 月 18 日离上海乘“平安”轮北上，他途经烟台时在该地同盟会、社会党欢迎会上宣布：“北京同盟会本部归并五党，宗旨相同，遂联络合并改组为国民党，以资进行政策”；并强调指出：“此次同盟会与各党合并，即欲使国中只存二党，以便政界竞争。”当他 24 日抵京后，翌日国民党即正式举行成立大会。这一天，孙中山不顾旅途劳累连续参加了两个大会。他上午在同盟会本部欢迎会上再次阐述了组建国民党的目的，号召同盟会员对会外人应本“一视同仁，互相亲爱之宗旨，以巩固中华民国”。下午出席国民党成立大会，又发表了《解决民生问题》的演说，高度评价国民党的组建说：“今日合五大政党为一国民党，势力甚为伟大，以之促进民国政治之进行，当有莫大之效果。”并把成立国民党视为“中华民国富强之嚆矢”，① 充分肯定了同盟会改组国民党的积极意义。

稍后，孙中山又进一步赞誉国民党的组建，认为“其功与南北统一同”。② 并满怀喜悦地期望：“同盟会破坏于先，国民党建设于后，改数千年之旧惯，辟二十四〔世〕纪之新国，抚今思昔，最快平生。”③ 他还要求党员应该“以当年经营革命之精神，用温和和稳健之手段共谋建设民国之事业”。

（三）从国民党组建后孙中山所给予的实际支持考察，亦表明他是在力所能及地关注着党的活动。

孙中山与黄兴、宋教仁等九人在国民党成立大会上被选举为理事，9 月 3 日，黄兴、宋教仁等七人推举孙中山为理事长。孙中山由

---

①《在国民党成立大会上的演说》，《孙中山全集》第七卷，人民出版社 2015 年版，第 94 页。

②《在上海国民党欢迎会上的演说》，《孙中山全集》第七卷，人民出版社 2015 年版，第 150 页。

③孙中山：《致国民党诸先生函》，北京《民主报》，1912 年 10 月 14 日。

1912年8月25日，孙中山在北京湖广会馆成立国民党大会时留影，孙中山在会上被举为理事长

1912年8月21日，孙中山北上途经烟台时在饭店与各界欢迎者合影

于一直将注意力放在“从事实业”方面，又“行止无定”，不能长期留住国民党本部所在地的北京，不愿担任理事长一职，经过宋教仁等力劝坚留，始行就职。他15日公开宣称：“承诸君不弃，又推鄙人为理事长，鄙人即感且惭。因一经任理事长，对于党中有许多义务，不能不尽。但路事甚为紧要，若双方并进，诚恐照料不周，推辞至再。后经党中在职诸君再三强劝，鄙人即不敢再辞。但党中事务纷繁，非一人力量所能办，尚望党中诸君合力担任。”孙中山在当天晚上，便以理事长身份召集国民党议员、理事、参议举行联席会议，商讨北京政府外交总长的人选问题，至深夜始散。16日，他又召开国民党理事会，就国民党的财政问题和对北京政府应采取何种态度等问题，与理事们进行了商议讨论。

孙中山在9月17日离开北京忙于铁路建设事业后，虽委托宋教仁代理理事长，他自己对于国民党事并非“一切不问，纯然放任”，也非“仅仅停留在口头上”的支持，而是依然关注着党务工作。他在晋、鲁等地考察铁路和矿务结束返抵上海，10月4日立即就党务工作给北京国民党本部的领导人发一指示专函，强调指出：“政党作用，捐弃私人之小嫌，努力国家之要政，不尊一时之大权，而筹百年之安策。甚望诸公以立国之大计划、立法之大规模，与政务研究会切实讨论，发为政策，为议员之后盾，各省之模范，使天下人民知吾党谋国之深远，民心向顺，共和巩固矣。”并告知：“华侨同盟会对于本党改组，共襄赞成”，要求“本部时与通讯，报告一切情况，勿使海外同志与内地相扞格，致生觖望之心，将来于党中经济不无补益。”对于国民党的组建工作，孙中山则或者通过讲演、谈话要求同盟会改组（如山西等地），或者用函电敦促同盟会改名（如南洋、上海等地），以推动国民党各地方支分部的建立。当上海国民党交通部由于职员选举发生问题使组建工作遭阻时，孙中山就“特依三党（按：指前同盟会、统一共和党和国民公党）之请，指定办事人 30 员，以谋党事之进行”，稍后又委任陈其美等为名誉总干事，杨谱生等为名誉交际干事，迅速扭转了筹组僵局，组成了上海国民党交通部，并积极开展工作，成为了当时党务活动成绩卓著的地区。与此同时，孙中山闻悉国民党特派员于德坤返黔组党惨遭杀害，立即一日数电，分致袁世凯和唐继尧等，要求“彻底根究，公平处决”，表示了国民党理事长对党的斗争“不能漠视”的声援。

孙中山在国民党组建以后的言论，主要是宣传他的兴办实业这一重要主张，但他对国民党的思想建设也经常发表意见。他认为：“凡一政党欲求发达，求长久，必须党员明白党义，遵守党德，不可以用欺骗手段逸出范围之外。”提出：“政党出与人争，有必具之要素：一党纲，一党员之行为正当。”因此，要求在党争中注意党德，明确指出：“政党之竞争，以道德为前提，所有政策，一秉公理，然后以之谋国，其国以强，以之谋党，其党以昌；若兢兢于势力之盛衰，则前清政府之势力，较诸革命党相去奚翅万万，而革命党卒告成者，公理所在也。”并告诫说：“政党之争，在大端而不在细节，……今吾国政争，淆公私为一途，不顾舆论，不论是非。其事之出于他党也，虽至良之策，而反对维力；其事而出于本党也，虽极恶之政，而拥护维谨。甚至政见不合，波及私交，攻讦谗害，无所不为，党德至是，扫地以尽，前之以党救国者，今乃以党亡国矣。”[①] 他大力号召党员“此后更当以党事为己事，以国事为己事”。即使出国在日本访问期间，孙中山也仍然以国民党理事长身份论述党务，告诫国民党人“注意党纲党德”。这些意见，对刚刚建成的国民党的思想建设，必然起着重要的指导作用。

对于国民党本部的经费，党员方面仅有“入党须纳入党员费一元”的规定，收入有限，主要是靠领导人和担任行政主管的国民党

---

①《在杭州共和民主两党浙支部欢迎会上的演说》，《孙中山全集》第七卷，人民出版社 2015 年版，第 200 页。

员筹措。孙中山在筹措党的活动经费方面也煞费苦心，曾多次与战友等一起筹措设法接济或者托请他人给予赞助。他 1912 年冬致电黄兴说："近得北京本部消息，存款将尽。弟处将无从为力，望兄设法接济，以速进行。"黄复电云："弟处亦无法筹措，仍请密电梁燕孙再拨前款数万两接济。"梁士诒虽系袁世凯的党羽，却也是孙中山的同乡，孙中山前曾利用乡谊之情请其资助过国民党经费，这次又电请"转拨五万两交国民党本部收用"。仅就此来往的电文而论，显示出了孙中山对国民党经费问题的关注和支持。

1913 年初国民党国会在议员选举中独占鳌头，获得重大胜利。孙中山虽在反不反袁的问题上和宋教仁存有颇大差异，却也感到十分欢欣和兴奋，认为"胜利归于我党"。他宣布政见要首先研究政党内阁问题，要首先研究好宪法，在其足迹所到之处，不论国内或在日本访问，都极力宣传"政党内阁"的主张，实际上有力地配合和支持了宋教仁角逐政权的政治活动。

当然，上述孙中山的诸项工作和活动，虽说明是支持国民党，但做的是远远不够的。孙中山在《中国革命史》中总结过去的斗争经验时把"立党"置于革命事业中荦荦大者之首位，而在作为国民党的党魁时期，并没有认识到将党事放在压倒一切的重要地位，给予充分的重视。孙中山后来谈到对国民党的党事"一切不问"，而是"置身事外"的说法，从他在党中并未负起实际责任，尤其是对领导政争这一当时党务的重点几乎没有做什么工作而言，是符合实际的；若从他的支持国民党的活动和作用来说，则并非如此。

第三，孙中山一生的建党活动凡五次。在这五次之中，人们对组建国民党贬者甚多，尤其对国民党的党员成分和党纲有不少的批评。

孙中山这次所建者，乃不是"政党"的政党，而其他者都是革命党，不是政党。国民党只是为了扩张"党势"，争取多数，不择手段地广为吸收党员和发展地方势力，来者必纳，当时凡国会议员、

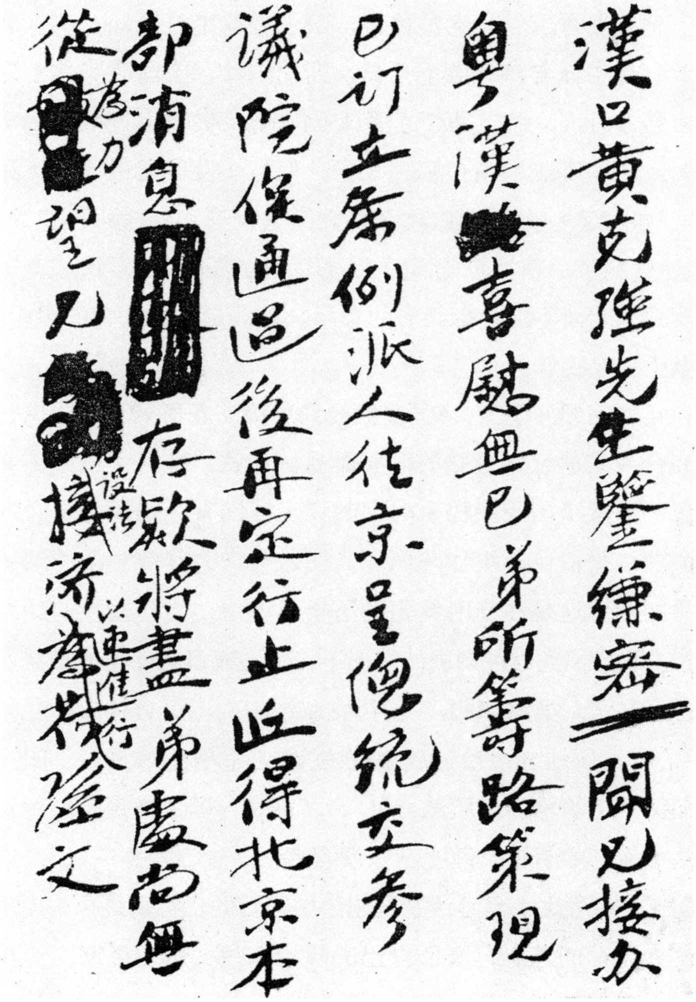

漢口黃克強先生鑒：鎌密。聞兄接辦粵漢[redacted]喜慰無已。弟所籌路策現已訂立條例，派人往京呈總統，交參議院復通過後再定行止。近得北京本部消息[redacted]存款將盡，弟處尚無從[redacted]為力，望兄[redacted]設法接濟，以速進行。孫文

1912年12月，孙中山致电黄兴，望接济国民党本部经费

内阁人员、各省代表和官员，大都挂名党籍，而挂名党籍者都无不在干事之列。例如，江苏省区“入党者旬月之间七八千人”；组织机构方面，本部职员近千人，各地交通部及分支部职员从数十人到数百人不等。当时全党的党员数目，限于资料难以确知，从“部分资料显示，有些分支部有数千党员，据此估计，全国应有数十万人。”这就从形式而言，确实是“范围日见扩张，势力固征膨胀”，声势十分浩大，并一度成为国会第一大党。但是，发展党员“不计品流之纯糅”，吸收了一大批官僚政客、立宪党人等，“龌龊败类，混迹其间”，使党的革命精神较比同盟会时代大为减退，甚至造成党人翻云覆雨及阋于墙而不能外御其侮的恶果，诚然是潜伏着党的组织解体、革命事业失败的危机。

在党的纲领问题上，《国民党规约》第二条所列五项党纲，显然只顾迎合与其他五党合并的需要而妥协迁就，抛弃了三民主义的革命思想，消除了同盟会秘密时期的“土地国有”的民生主义，削弱了革命性，妥协色彩更加浓厚了，使之与当时其他党派的纲领并无显著的区别。这是在当时特定的历史环境中，当同盟会的势力日益削弱，不联合他党难以制胜的情况下，为适应议会斗争的形势而采取的不得已办法。虽然如此，“国民党政纲中的‘厉行种族同化’属民族主义，‘发展地方自治’属民权主义，‘采用民本政策’属民生主义，三民主义的轮廓仍厘然可见”。尤其在《国民党宣言》中对“采用民生主义”的解释，说明它并没有真正“废去民生主义”。这表明国民党在一定程度上是延续着同盟会的宗旨的。特别是孙中山本人并没有放弃自己的理想，降低自己的政治纲领，这一时期，他在公众场合多次宣讲民生主义，并夙夜匪懈地通过办实业、筑铁路的途径，要使中国日臻富强，是坚持了原则的。孙中山对国民党几次嬗递所秉持的宗旨主义有个总的估价，他说：“吾党名称虽有因革，规则虽有损益，而主义则始终一贯，无或稍改。”[①] 事实上，兴中会以后包括国民党的各次改组，都显示了阶段性的历史意义，都程度不同地承袭着三民主义的宗旨，也都为中国革命做出了大小不一的贡献。

孙中山在这次建党中之所以积极倡导“政党政治”，是希望通过政党政治使中国走上“民主政治”的道路。这一主观愿望确实是良好的。但是，现实的中国又没有为这一理论提供政治、社会基础，并不具备建立政党政治的主客观条件。

国民党跃居优势的时间极为短暂。孙中山为首的革命党人从“宋案”的枪声中认清了袁世凯反革命的狰狞面目，决定诉之武力，以期先发制人。但孙中山发动“二次革命”所依靠的基本力量，仅是南方的国民党人，而国民党作为党的组织功能并未能发生任何作用，在整个革命过程中也没有显现党的组织力量。这次革命，由于发难地区偏于东南一隅，特别是国民党内部危机的爆发，在袁世凯的军事政治双重压力下，以讨袁为中心的“二次革命”不及两月以惨败而告终。孙中山被迫流亡日本。国民党同年 11 月遭袁世凯命令解散。

应该说，组建国民党是孙中山一生建党活动中失败的记录。孙中山在“二次革命”失败后，回顾了这段组建国民党的经历，经过深刻地反思，他接受了对国民党缺乏实施有效领导遭致一败涂地的教训，认识到在党的组织上必须重新下工夫，就决心从整顿党务入手，“发起重新党帜，为卷土重来之计”。孙中山说：“我鉴于这个失败，所以就另行组织中华革命党，以便实行我们所抱负的主义。”不过，孙中山在总结教训时把失败过多地归于党的组织涣散和毫无纪律，于组建新党中采取立誓约、按指印等一系列形式主义的手段，却又走到了另一个极端，倒向了民主的反面，给新党发展带来重大

① 《中国国民党宣言》，《孙中山全集》第三卷，人民出版社 2015 年版，第 132 页。

阻碍，致使其成为了一个狭隘的小团体。这也许是孙中山非始料之所及的。

三、建设美梦的破灭

孙中山为实现他的社会改革和经济建设的理想，于1913年2月11日，作为前总统、“全国铁路督办”偕同夫人卢慕贞、英文秘书宋蔼龄及随行人员马君武、戴季陶、宋嘉树、何天炯、袁华选等，乘“山城丸”号轮离开上海赴日本，进行访问考察。

在日本，孙中山受到“国宾”规格的盛大欢迎和接待。在四十来天的访问考察中，他先后到过神户、东京、名古屋、京都、奈良、大阪、福田、熊本等许多城市，参观考察了工厂、铁路、学校，并同日本的政治家、企业家、留日学生等进行了广泛的交流和会谈，并拟争取日本在经济和技术上给予支持和帮助。

2月14日，在随行的日本大阪《每日新闻》社记者与孙中山谈到将来还会被选为中国大总统时，孙中山说：“即使我被推选为大总统，也将辞，不就任。较之于就任总统，我更愿倾全力创建伊始之铁路建设事业。”他还兴致勃勃地向这位日本记者谈到了他筑造铁路的计划：“中华全国之铁路，应以粤汉为干线，而使其及早开通，然后及于其他。此乃发展之程序也。”

3月初，孙中山曾专门致电北京政府，请设立铁道院，以利于所从事的铁路建设事业。他说：“中国铁路公司设于上海，系为招资及筹备全国铁路临时之设立，刻晤欧亚资本家对于中国20万里铁路，多表同情，自应正式设立机关，以便进行。查欧美各国在交通专署外，设有铁道院，属于国务总理，此项机关应迅速筹备以为发展全国经济之先导。”

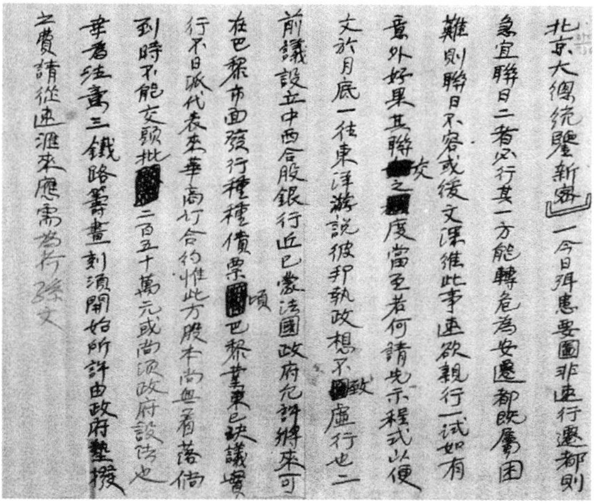

北京大總統鑒新密 一今日拜惠要圖非速行遷都則
急宜聯日二者必行其一方能轉危為安遷都既屬困
難則聯日不容或緩文深維此事速欲親行一試如有
意外好果其聯[redacted]決之[redacted]度當至若何請先示程式以便
文於月底一往東洋游說彼邦執政想不[redacted]致虛行也二
前議設立中西合股銀行近已蒙法國政府允許將來可
在巴黎市面發行種種債票[redacted]頃巴黎業東已決議實
行不日派代表來華商訂合約惟此方股本尚無着落倘
到時不能交頭批[redacted]二百五十萬元或尚須政府設法也
華南三鐵路籌畫刻須開始所許由政府墊撥
之費請從速匯來應需為荷 孫文

1912年底，孙中山致袁世凯电，告将赴日考察请速汇铁路开办费

1913年2月14日，孙中山等人抵达日本东京下火车时的情景（右一宋嘉树、右三马君武、右四孙中山）

1913 年 2 月 16 日，孙中山在东京与日本友人在红叶馆合影

1913 年 2 月 17 日，孙中山在东京出席东邦协会午餐会上挥毫题词时的情景

1913年3月11日，孙中山出席大阪经济会在界卯楼举行的欢迎宴会。左起：何天炯、马君武、戴季陶、孙中山

1913年3月11日，孙中山出席大阪经济会在界卯楼举行的欢迎宴会后留影。前排左起：宋嘉树、孙中山、本山彦一、戴季陶；后排左起：山田纯三郎、对马健之助、菊池良一

1913年3月12日，孙中山出席中国国民党大阪支部举行的欢迎会时合影

1913年3月13日，孙中山出席神户华侨在中华会馆举行的欢迎会时合影

1913年3月14日，孙中山在神户同文学校参观时与学生合影

1913年3月14日，孙中山与川崎造船所的欢迎者合影

孙中山从日本经济的高速发展情况中，看到中国的未来。他计划着如何学习日本，并赶超日本、欧美先进国家。

当时，孙中山以在野的身份，运用自己个人的影响和号召力，专心致志地投身到建设国家活动中。他要“从事于社会革命”，实现“民生主义”理想，认为“如果不进行社会革命，则大多数人依然得不到生活的快乐和幸福”，“欲谋国利民富，其进行之方针，惟实行提倡民生主义”。他为此重大之事务“正操劳着，出国来到日本，筹办修筑铁路经费、引进外资发展实业、参观矿业教育军工等”，信心百倍的为实现“民生主义”富强民国而奔走。

可是，辛亥革命后同盟会内以宋教仁为代表的稳健派虽然也主张从事建设，但他和孙中山所说的教育和经济建设不同。他心目中的建设，主要是政治建设，即完善民国的议会民主制度。宋教仁在武昌起义之后，不顾严酷的斗争环境，急于实施议会民主制度，尤其是责任内阁制。在宋教仁的政治思想中，不具有孙中山那种以军事专政巩固新生政权的思想，而是积极主张政党内阁。他于 7 月 21 日接替汪精卫出任同盟会总务部主任干事。由于孙中山、黄兴实际上不管党务，因此，宋教仁负有实际指挥同盟会本部工作的重任。宋教仁认为“同盟会分子复杂，本非政党组织，前此勉强改为政党，原非余之本意；且同盟会多有感情用事之举，尤非政党所宜出”。因此，他一度打算“另求同志，更组织一党”。[①] 后来，宋教仁虽然没有离开同盟会，但他一直企图甩掉党内的激烈派，改组同盟会，使之放弃武装革命时的组织方式，适应议会政治的要求，成为从事议会活动的政党。

宋教仁以为只要通过政党的合法活动，在国会里争取多数，就可以掌握实际权力，就能够实现民主共和国的方案。他鉴于当时同

① 《与〈亚细亚日报〉记者之谈话》，《宋教仁集》下册，中华书局 1981 年版，第 394 页。

中国的议会。1913年2月1日，法国某报关于中华民国的报道插图

盟会在参议院中力量的削弱，以及着眼于未来的国会选举，又“图政治手腕制胜，力联他党为合组大党之计”，以便与共和党从事正常的议会政治竞争，争取政党内阁主张的贯彻。为此，他乘在陆徵祥组阁风潮中与统一共和党形成的政治联盟，着手与统一共和党、国民公党、国民共进会、共和实进会、全国联合进行会等谈判合组大党事宜。

当时的中国，存在着根深蒂固的封建专制体制，在全无民主经验和训练的条件下，并不具备民主制的社会条件。民初的议会民主制度，只是一种弥补政治真空的暂时组合方式。而被评论为“议会迷”的宋教仁却热衷于西方议会民主、多党选举制度，鼓吹政党内阁、责任内阁，要在中国实行民主政治。他以为凭借这个新组建的国民党，就可以掌握议会多数，就可以和袁世凯争夺政权。为此，宋教仁在1913年初，奔波于长沙、武汉、上海、南京等地，发表演说，批评时政，大力宣传责任内阁制。他断然拒绝袁世凯用名利的拉拢和利诱，宣扬将总统改为没有实权的虚位领袖。宋教仁当时只有32岁，年轻气盛，言辞激烈，全身心地为成立政党内阁积极准备舆论，是一位年轻有为的政治家。

而袁世凯在窃国以后，进一步投靠帝国主义，并在“民国”这块招牌的掩护下，日益扩充他的反革命实力，加强反动官僚机构，制定反动法令；又在“统一”的幌子下，实行个人独裁，打击革命力量，解散一些地方革命武装，排挤和镇压一些革命党人。

1913年初，第一次国会举行选举时，国民党在众议院和参议院所得的议席占了绝对的多数，大获全胜，而袁世凯和几个御用政党则遭到惨败。从而使宋教仁政治前途如日初升，所到之处，欢迎会上无不人山人海。他满以为可以运用议会多数，制定一部采用内阁制的宪法，自己就可以出任内阁总理，掌握行政实权。

宋教仁一心一意埋头于议会运动，毫无应变的准备。他一直抱着政党内阁的理想，希望使民国的政治制度沿着议会民主的轨道完善起来。为了这一目的，他组织了国民党；也为了这一目的，他效法欧美日本资产阶级政客的手腕，周旋于各派政治力量之间，即使是与袁世凯的亲信赵秉钧，他也过从甚密，经常促膝长谈。他以为用这种稳健的手段，就可以达到自己的政治目的。宋教仁于1912年10月18日离京南下，一方面回家探望已近十年未见的老母，一方面部署国民党竞选事宜。他雄心勃勃地力争议会选举的胜利，以便把政权掌握在自己的手里。在长沙复选的前夕，他在国民党湘支部欢迎会上强调指出了国民党应负的政治责任：“为今之计，须亟组织完善政府，欲政府完善，须有政党内阁。今国民党即处此地位，选举事若得势力，自然成一国民党政府。兄弟非小视他党，因恐他党不能胜任，故不得不责之国民党员。”

当各地国民党议会选举获胜的消息不断传来，肩负着与袁世凯争夺政权重任的宋教仁，竟被这种表面的胜利冲昏了头脑。他得意洋洋地着手部署组织国民党内阁。他在与湘督谭延闿、湖南民政司长仇鳌的谈话中表示，国民党在议会选举中已经取得了胜利，政党责任内阁制一定可以获得成功，他约请谭延闿出任新阁内务总长，并请仇鳌出任湖南代理都督。已经参加国民党的谭延闿当即表示同

宋教仁遗墨

宋教仁

意。当时，程潜向宋教仁指出，国民党内部复杂，精神涣散，袁世凯依靠武力，专横独裁，“欲实行责任内阁制，不能无疑”。也有人提醒宋教仁要注意安全，但他都并不在意。

1月29日，宋教仁自长沙起程赴鄂，准备沿江赴沪，与黄兴商量国家大事后转赴北京。他在湖北除联络黎元洪和民社派之外，更安然进行“光天化日之政客竞争”。在汉口嘉宾楼关于中国国家前途和国民党的责任的演说中，他指出：“自民国成立，迄今二载，纵观国事，几无一善状可述。”公开抨击了现政府，指责政府财政无计划，在外交危机中“歌舞太平”。效法欧美，抨击政敌，为自己的竞选制造舆论。对于宋教仁这种不符合中国实际政情的竞选活动，在武汉时谭人凤曾告诫他说：“责任内阁现时难望成功，劝权养晦，无急于觊觎总理。”谭人凤告诉宋教仁，他获得秘密报告，会党头目应夔丞（即桂馨）在北京直接与政府交涉，领有中央巨款，要宋注意戒备。然而，宋教仁对这位革命老人的忠告并不在意，他说：“责任内阁实应时势之必要，未便变其主张也。戒备之说，前在湖南，亦有以此言相勖者，实则蛇影杯弓之事也，请毋虑。”仍然没有提高警惕。2月12日，宋教仁离鄂南下，经浔、皖，于15日抵达上海，又出游杭、宁。他一路上发表演说，抨击时政，发扬政见，他把这个假共和的局面看得和真的一样，竟大模大样地进行公开的政治竞选活动，看不到幕后剑拔弩张的紧张局势。九江地区密布的战争乌云也没有能使他清醒过来。

老奸巨猾的袁世凯密切注视着国民党的动向，尤其是对于宋教仁。袁世凯并不是依靠议会来和宋教仁争权，而是采取直截了当的卑鄙办法，收买一些流氓特务一直跟踪着他。2月19日，宋教仁在国民党上海交通部的欢迎会上发表演说，再次抨击了袁世凯政府的外交政策和财政政策，指责这个政府是“不良政府”。他表示要延聘医生来进行挽救，而“延聘医生之责任，则在吾国民党也”，重申国民党决心实施政党内阁的政治体制，以便保证“将来建设一良好政府，与施行良好政策”。

上海是当时国民党政治势力汇集的中心地区，宋教仁在上海的演说，引起了袁世凯方面的特别注意。他们不能再沉默了。袁世凯政府中有人用匿名方式著论批驳宋教仁演说，投稿北京各报，为袁世凯政府辩护。匿名氏公然指责国民党说：“库约（指俄蒙协约——引者）问题，实误于国民党。临时政府初成，国民党人实揽国务，总理以次，多半党员，凡诸施设，咨而后行。……一年以来，外交关系，悉国民党中主持。”匿名氏把财政问题的责任也归咎于南京临时政府要求巨款和同盟会以国民捐抵制外债的政策。匿名氏利用同盟会的参政和同盟会成员的复杂成分，来搅混水，要国民党承担行政责任。确实，同盟会——国民党表面上的参政，导致了混淆自己的政治面目的恶果。匿名氏以大地主大买办阶级特有的专横独裁思想，猛烈地诋毁宋教仁个人竞争总理的民主权利，他说：“谓与总统有意见乎？吾见其运动内阁，当时媚事总统，惟恐勿至，水乳相溶，已无间隙。谓与现在执政有宿怨乎？吾见其运动内阁，当时款宴访问，几无虚夕。钝初交际能名，轰传流辈，声气相投，已无隔膜。然则其太息痛恨，力诋狂詈，正自有故……一以发泄旧愤，一以排挤旧人，夫然后目的可偿，总理可望。其手段奇，其用心苦矣！”[①]显然，袁世凯方面对国民党竞争政权的活动再也不能容忍了。

月晕而风，础润而雨。宋教仁本应见微而知著，何况袁世凯方面的种种阴谋诡计，早已露出端倪，但他并没有觉悟过来，依然在用“堂堂之阵，正正之旗”，与匿名氏公开论战。一天，于右任、陈其美、杨思义在宋教仁处聚谈，据杨思义回忆，于右任对宋教仁说：“这几天不再见有匿名氏的反驳了。”宋教仁靠在沙发上，仰天

①转引自宋教仁：《答匿名氏驳词》，《民立报》，1913年3月15日。

大笑着说："从此南人不复反矣。"语后，又狂笑不止。陈英士便插嘴说："钝初，你不要快活，仔细他们会用暗杀的手段来对付你的。"宋教仁更加狂笑地说："只有我们革命党人会暗杀人，哪里还怕他们来暗杀我们呢？"[①] 许多朋友来信告诉他有人尾随其后企图行刺，劝他多多注意安全。但宋教仁泰然处之，漫不经心，他认为："吾意异党及官僚中人未必有此，此特谣言耳。"然而，毫无信义的敌人，马上就要动手了。

当时，议会选举已经基本结束，袁世凯于 3 月 19 日发布命令，规定 4 月 8 日行民国国会开幕礼，议员遂纷纷北上集中。鉴于政局即将更新，袁世凯也多次派人到上海请宋教仁进京商讨国事。时值津浦铁路南北段新近接轨通车，宋教仁正好乘火车应召赴京。3 月 20 日，宋教仁临行前兴致勃勃至《民立报》社话别。徐血儿鉴于政权决斗在即，请宋教仁"慎重防卫"。宋教仁心地坦然，自信地说："无妨。吾此行统一全局，调和南北，正正堂堂，何足畏惧，国家之事，虽有危害，仍当并力赴之。"

是日夜 10 时，宋教仁在国民党人要人黄兴、于右任、廖仲恺陪同下，前往沪宁车站。宋教仁在候车室稍憩后，即前往剪票口准备进站。10 时 40 分左右，宋教仁走向站口剪票口，车票尚未剪即响起枪声，他腰部中弹，大喊："我中枪了，快捉凶手！"这时有三四个人狂奔出逃，其中一个因鞋滑跌倒，旋又跃起，遁入租界不知去向。于右任急忙叫车把宋教仁护送到了附近的铁路医院进行抢救。宋教仁自觉伤重难愈，嘱黄兴代笔，致电袁世凯，望袁世凯"开诚心，布公道，竭力保障民权，俾国家得确定不拔之宪法，则虽死之日，犹生之年"。延至 22 日凌晨，终因伤重不治逝世。临终前，他痛苦地感叹说："我调和南北的苦心，世人不谅，死不瞑目矣！"这就是

---

①杨思义：《宋案见闻》，《辛亥革命回忆录》第八集，中华书局 1982 年版，第 579 页。

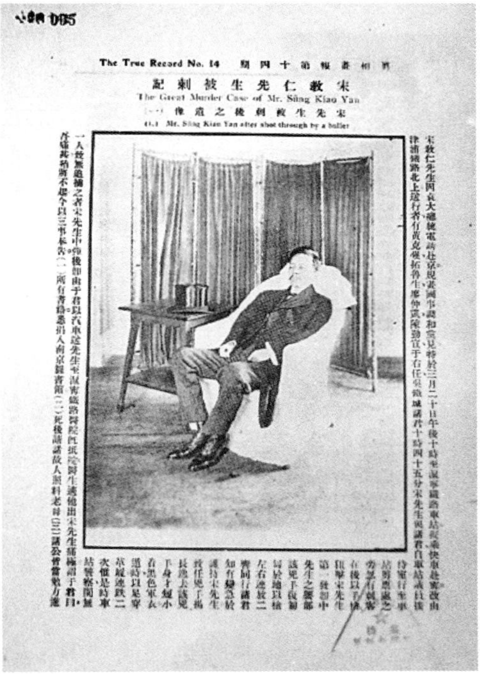

The True Record No. 14　真相畫報第十四期

宋教仁先生被刺記

The Great Murder Case of Mr. Sūng Kiao Yan

（一）宋先生被刺後之遺像

(1.) Mr. Sūng Kiao Yan after shot through by a bullet

《真相画报》刊登的宋教仁遇刺照片

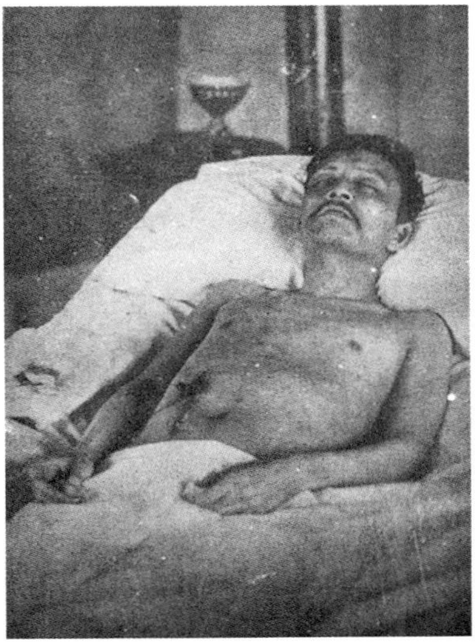

宋教仁遗照

当时震动全国的“宋案”。

宋教仁之死，是一幕历史的悲剧。但这不是一幕慷慨壮烈的悲剧，而是一幕哀怨凄凉的悲剧。宋教仁之所以陷入这样一幕悲剧之中，是因为他既要与袁世凯争夺政权，又不敢于动用甚至不敢于去认真思索动用革命暴力的必要性和不可避免性，因而把胜利的希望单纯地寄托在合法的议会运动上，从而陷入了自我麻醉的状态。

至于中国民主革命中的稳健派的理论思想的错误还在于，他们不顾中国社会根本不存在实施议会政治的条件，试图照搬照抄西方胜利了的资产阶级国家的议会民主制度。他们教条式地从议会民主的抽象原理出发，而不顾斗争的实际形势。他们把民国、共和这些纸面上的、徒有其表的东西，当作实际的东西，再从这样一个错误的大前提出发，进行简单的形式逻辑推理，以此来指导自己的行动，这就使他们不了解敌情，分不清敌我。

宋教仁的被害，激起了全国人民的无比愤慨，也促使很多革命党人从“议会政治”或“实业救国”的幻梦中惊醒过来。孙中山则是最早从建设美梦破灭中破除幻想的一个。当时孙中山在日本的考察访问已经结束，正准备从长崎回国，在他于3月23日即将踏上“天洋”号海轮回国的时候，接到宋教仁被害的电报。他那振奋的面容立即变为悲痛。宋教仁被刺的枪声震动了孙中山，把他从埋头实业建设的幻想中惊醒过来。他对袁世凯的所作所为非常愤怒，“始幡然悟彼奸人，非恒情可测”。孙中山从血的教训中猛醒过来，彻底认识了袁世凯口蜜腹剑、阴险狡诈的凶恶嘴脸，认为其人真“不是个东西”。

第二节　艰难的“二次革命”

一、“宋案”黑幕的侦破

1913年3月22日，宋教仁因勃朗宁手枪子弹弹毒发作，不幸逝世。事隔一天，上海公共租界巡捕房就在迎春坊、文元坊等处缉获主使刺宋的应桂馨及凶手武士英等人，并搜获凶器及其他罪证一批，很快使“宋案”的真相大白于天下。

一般说来，暗杀案件不易侦破，尤其是政治谋杀案更是如此，而“宋案”何以破案如此迅速呢?

原因一是，国民党人重视并竭力进行侦破；二是，取得了上海公共租界捕房和闸北警察局的协助。

国民党领导人十分重视“宋案”的侦破一事，他们在宋教仁逝世的当日，黄兴、陈其美就立即联名致函上海公共租界总巡捕卜罗斯和闸北警察局长龚玉辉，请协助缉拿刺宋真凶，应允“如能拿获正凶，即赏银一万元，以为酬劳”，“查清全案，即刻给银，决不食言”。陈其美还专门委派国民党员陈惠生等参加“宋案”的侦破缉凶

(民立報)(西曆一千九百十三年)(星期日)(民國二年四月念七日)

新聞四

▲注意！注意!!注意!!!

看看民賊的手段

▲宋案證據之披露（二）

▲程應通電之訂正

布之證據……據洪應兩犯往來函電詞意均有所屬」此中主名二十六字下方接必須徹底訊究云云接於此

▲孫黃兩先生通電

昨日孫中山黃克強兩先生通電各省議會各政團各報館云 宋案移交內地以後經蘇程都督應民政長會同檢查證據完畢凡關於應夔丞洪述祖趙總理往來函電已於有日摘要報告中央並通電各省都督在案 此案關係重大爲中外人士所注目一月以來探詢究竟者無時不有 今幸發表大略望即就近向都督府取閱原電諸公有鞏固民國維持人道之責想必能嚴究主名同伸公憤也特此奉聞孫文黃興宥

▲黃克強先生致袁世凱電

大總統鈞鑒宋案自……程督旋即實力進行擬在滬組織特別法庭並呈請任命主任……司法總長拘執法理拒絕副署……反對甚力……

1913年4月27日，上海《民立报》刊登孙中山、黄兴“严究主名，同伸公愤”的通电

工作。赏格一出，租界总巡捕房和闸北警察局迅即分派多名得力侦探，进行认真的查缉。

就在同一天，国民党人张秀泉报告了一个极为重要的情况：他的卫兵邓文斌在案发前数天曾被收买行刺某人，邓文斌没有答应。经了解，原来邓文斌与演戏的小连胜及字画商王阿发相熟。某日，王阿发告邓谓：刺杀一个人可得千元，又有官做，如万一被捕入班房，他们还保证不会出事，并征询邓愿。根据这些情况，巡捕房等，立即布置追查王阿发，以便进一步弄清全部案情。

3月23日晨，邓文斌在法租界马德里609号找到王阿发后，假邀王晚上到三马路一旅馆中叙事。下午5时许，王阿发依约来到，张秀泉、陈惠生等说明原委，并晓以利害关系，劝说其认清形势，说明详情。王阿发受国民党人启发后，认识到宋教仁是爱国的革命党人，愿意说明事情的原委，并表示可以出来作证明人。据王说，上个月他到文元坊应公馆去做字画生意时，有位“应大人”问他是否认识有大胆的朋友，若有的话可以带来相见。王于是带了邓文斌去应公馆。其时，“应大人”取出一照片，说要刺杀这个人，问邓敢

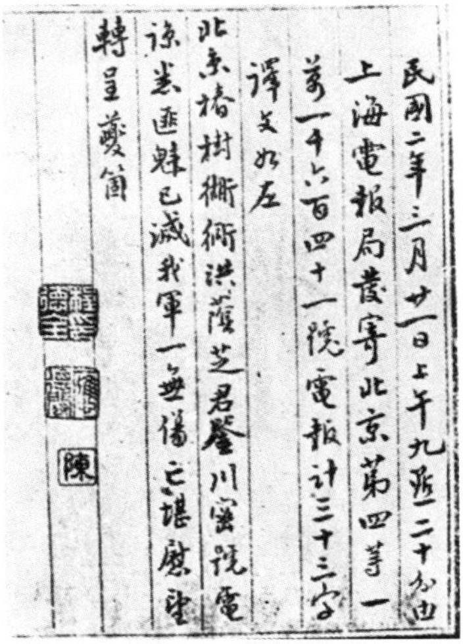

民國二年三月廿一日上午九點二十分由
上海電報局發寄北京第四等一
萬一千六百四十一號電報計三十三字
譯文如左
北京椿樹衚衕洪蔭芝君鑒川密號電
諒悉匪魁已滅我軍一無傷亡堪慰望
轉呈夔箇

1913年3月21日，应夔丞（桂馨）报告任务完成之密电

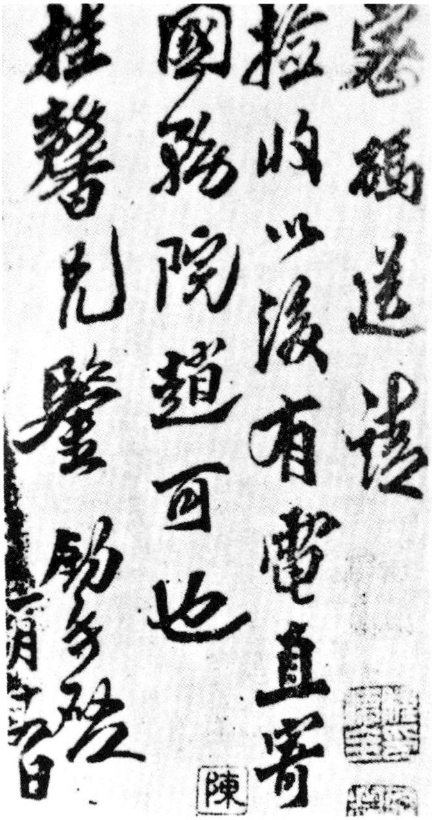

密碼送請
檢收以後有電直寄
國務院趙可也
桂馨兄鑒　鈞手啟
二月十四日

1913年3月14日，赵秉钧给应夔丞（桂馨）密电码

不敢去干。当邓表示不敢干后，应立即厉声交待说：“你不干，但不许说出去，如果说了就要你的命。”王阿发还说记得那张照片背后有用铅笔写的三个字：宋渔父。

上海公共租界巡捕卜罗斯得知这些情况后，即电告法捕房于当晚派出巡捕同国民党人陈惠生等，赶到文元坊应公馆进行搜查。该公馆的主人就是王阿发所说的“应大人”应桂馨。此人系清末上海一大流氓，捐官候补知县。清廷垮台后，他一度混入上海军政府当谍报科长，又到南京临时政府卫队混过。后因行为不端被革职，返沪组织流氓团体共进会，投靠袁世凯，由内务部秘书洪述祖保荐，当上了江苏巡查长。当时，应桂馨不在家中，依照其家人透露的去向，一部分巡警在迎春坊妓院，捉住了正陪某少将饮酒作乐的应桂馨。武士英当时不知应公馆出事，急忙回来报信，一进公馆即被扣下。陈惠生等人在应公馆搜查中，搜到手枪两支、函电等文字罪证多件。他们遂将应家嫌疑人犯16人带回法租界嵩山路捕房收押候审。稍后，其他几个同案犯也相继落网。

“宋案”正凶缉获后，案情真相很快大白。经审讯，武士英对受应桂馨指派、带凶徒四人至车站行刺宋教仁一事，供认不讳。应公馆搜获的大量密函密电，证明应桂馨是坐镇上海组织暗杀宋教仁的主使者，而从其与袁世凯北京政府内务总长赵秉钧、秘书洪述祖等人的来往电中，进一步证明“宋案”最大的主谋元凶是赵秉钧和袁世凯。这样，袁世凯这个大阴谋家的狰狞面目就彻底暴露了。

“宋案”的侦破，其意义远不止惩办正凶以祭宋教仁在天之灵，更主要的在于通过公布“宋案”真相的七八件罪证函，给国民党人和全国人民上了生动的一课，彻底将袁世凯奸诈凶残和贼喊捉贼的丑恶面目公诸于天下。

正是以“宋案”为契机，大多数国民党人从“胜利”和“南北合作”以及“政党内阁”与“议会政治”的幻梦中震醒过来。以孙中山为代表的国民党革命派从此消除了对袁氏的幻想与妥协心理，重新组织力量，拿起武器，进行反对袁世凯专制统治的斗争。从此，孙中山又踏上了坚决武装讨袁的战斗历程。从这点来看，“宋案”的侦破起了警钟木铎的作用，它唤醒国民党人为捍卫共和而战，以竟辛亥革命未完之功。

謀殺宋教仁先生之關係者

1913年4月，经过调查，确认“宋案”的主谋为袁世凯。图为当时的报道

二、“二次革命”的爆发和失败

刺杀宋教仁是袁世凯发动内战的信号。“宋案”发生后，袁世凯便秘密下动员令和大借外债，决心以反革命武力消灭南方的国民党力量。袁世凯和一切反动派一样，“自己首先使用暴力，发动内战，‘把刺刀提到议事日程上来’”。

在北洋军队急剧膨胀的同时，黄兴却致电袁世凯极力表白无意“恋据要津”、“拥兵自卫”，说什么“吾辈十余年，兢兢业业以求者，真正之和平，圆满之幸福。今目的已达，掉臂林泉，所得多矣”，大裁民军，只剩下三万军队。而袁世凯敢于发动内战，也是大得帝国主义财政支持的。4 月 26 日袁世凯不惜出卖国家权益，以盐税和海关税担保，向英、法、德、日、俄五国银行团签了 2500 万镑的所谓“善后大借款”合同，以扩充反动军队，准备对国民党用兵，镇压革命。

关于这次借款，列宁曾指出：“中国的新借款被用于反对中国的民主派：‘欧洲’拥护准备实行军事独裁的袁世凯。”“整个欧洲的当权势力，整个欧洲的资产阶级，都是与中国所有一切反动势力和中世纪势力实行联盟的。”“先进的”欧洲，掠夺中国，“帮助中国民主、自由的敌人”！①

“宋案”调查和袁世凯备战期间，中华民国第一届正式国会于 1913 年 4 月 8 日在北京召开了。国民党议员占了压倒优势，参议院正副议长张继、王正廷和众议院委员长林森都是国民党人。资产阶级右翼议员、老立宪派汤化龙、陈国祥占据了众议院正副议长的席位。全部议员大多是三十几岁年轻人，四十几岁的较少，五十岁以上的更少，六十岁的只有三人。他们大多数被称为“新派”人物。袁世凯认真对付了这些“新派”议员，一方面授意梁启超、汤化龙

---

①《落后的欧洲和先进的亚洲》，《列宁选集》第二卷，人民出版社 1972 年版，第 450 页。

The Chinese Government Reorganization Loan Agreement

中國政府善後借款合同

袁世凯签订的“善后大借款合同”

中華民國二年五月二十一日　星期三　（申報）

◉孫逸仙之懇阻借欵書

五月三日路透電傳倫敦消息謂孫逸仙氏投書倫敦各報籲請世界之人阻止五國借欵蓋政府當消耗此金於國內戰爭云云今悉此書當時乃致日本會社總理狄哇西博士其原文由倫敦每日郵報載出用特譯錄於下

各外國政府及國民公鑒國民黨領袖宋教仁在滬遇害一案經政府派員澈查之後北京政府與聞此事已有明證故國民極形忿怒大局岌岌且夕恐將發生風潮危劇當為歷來所未有政府自知作奸犯科失信全國民怨沸騰位難久保乃弁髦憲章突與五國銀行團訂成借欵英金二千五百萬磅雖經在京全國代表竭力反對置若罔聞宋案之公憤未平復有此專制違法之舉動故民心益忿今乃達於極點激烈之騷動似幾不免余嘗不辭勞瘁規謀統一恢復和平融洽意見企圖昌盛且推舉袁世凱以任總統蓋信若此經營則全國易臻統一而可早見和平昌盛之日也厥後復盡余能力增進和平治安脫政府於顛沛之中余固極願維持全國之和平惟資本家今如以欵濟助北京政府則政府或即以此與民抗敵而余之苦心將付東流矣北京政府如無金錢則尚可有與國民調和之望如供以巨欵則或即因此促成慘劇之戰禍人道為文明國所尊重余為此故特懇君等竭力阻止五國銀行團付欵北京政府蓋該政府今必利用此金以充戰費也　孫逸仙謹啓

1913 年 5 月 21 日，上海《申报》刊登的《孙逸仙之恳阻借款书》

宋教仁追悼会会场照片

等老君主立宪派等组成进步党，形成对抗国民党的国会中第二大党；另一方面对国民党议员采取分化政策，金钱收买和武力威吓是他两大手段。

未经国会通过的非法大借款案和政治谋杀的“宋案”真相发表后，国民党议员无不愤慨，纷纷攻击袁世凯政府。和国民党议会斗争相配合，4 月 13 日国民党上海交通部于味莼园召开了宋教仁追悼大会，上下午参加者达四万人。会上许多人愤怒地痛斥反动残暴的“官僚派”，其中吴永珊（吴玉章）指出：“政治革命非引起全国民之注意，不能成功。宋先生之被害，实为刺激国民政治革命之精神之机会。”追悼宋教仁的悲壮行动，形成一个颇有声势的抗议斗争。

但是，从整个局势看来，一向妥协的国民党，已经不能有力回击北洋军阀集团了。国会内进步党议员则站在袁世凯一边，提出对时局的主张：一、拥袁世凯为正式大总统唯一候选人；二、大借款不能反对，只可监督用途；三、“宋案”靠法律解决。国会内部有袁世凯的御用进步党的破坏，国民党议员又相当多的是贪图利禄权势之辈，这使国会不可能有所作为。梁启超在《国会之自杀》一文中说：“八百员颅，攒动如蚁，汹汹扰扰，莫如所事。……法定人数之缺，日有所闻，休会逃席之举，实成故实。幸而开会，则村妪骂邻，顽童闹学，框攘拉杂，销此半日之光阴，则相率鸟兽散而已。国家大计，百不一及。”他的那位尊师康有为，身在国会之外，也著文《国会叹》攻击国会，“议长逃于室，议员闹于堂，哗笑类小儿，乱暴类无赖”。他们固然是从侧面恶意攻击，但多少也暴露了“议会政治”的破产。国民党在议会中没有能成为钳制袁世凯的重大力量。在袁世凯种种利诱、威吓和打击下，张继、王正廷等一部分议员逃往南方，大部分国民党议员被分化和收买，国民党第一大党的作用几乎全部消失。在京国民党议员相继组织了政友会俱乐部、相友会、癸丑同志会、国会商榷会等小团体，他们借口“法律倒袁”，赖在北京国会里，希望在北洋军阀刺刀下与进步党分沾一些利益。国会已完全被袁世凯控制了。

袁世凯和一切反动头子一样，是革命者不可缺少的反面教员。在 1913 年 3 月 25 日，孙中山从日本赶回到上海的当晚，就在黄兴寓所及时召集国民党一些骨干开会，商讨对策。他认为“事已至此，只有起兵。因为袁世凯是总统，总统指使暗杀，则断非法律所能解决。所能解决者，只有武力”。[①] 他提出采取“先发制人”的手段，在南方各省组织讨袁军，立即兴师讨伐，保卫新生的共和国。同时又揭露了袁企图通过借款发动反革命内战的阴谋，宣布借款违法，中国人民绝对不予承认。他还准备组织全国公民大会，提出救亡口号。很多报纸、省议会和群众团体亦群起响应，组织拒债会，反对袁世凯独裁卖国的勾当。国民党地方实力派江西都督李烈钧、安徽都督柏文蔚、广东都督胡汉民以及湖南都督谭延闿也致电反对大借款、抨击“宋案”。孙中山决心立即兴兵讨袁，重新举起民主革命的旗帜，挽救垂危的“民国”。

但是，孙中山坚决以武力讨伐袁世凯的主张，遇到了国民党反袁军事准备未完成的不利情况，因而开始时并没有得到国民党上层领导人的普遍赞同。黄兴与大部分与会者则对武装讨袁缺乏信心，坚持要通过法律程序，查明真相，黄兴对孙中山说：“民国已经成立，法律非无效力”，主张“法律解决”；[②] 胡汉民又以“时机未至”拒绝首先在广东宣布独立；陈其美等也以没有海军防守，“上海地方小，难与抗”，反对先在上海举兵独立。这时，在讨袁问题上，不仅国民党主要领导人之间存在严重分歧，就是国民党各省实力派也各怀心腹事，无法统一起来。所以，尽管孙中山一再敦促，多数革命党人仍犹豫不决。他们的迟疑不决和忍辱退让，使袁世凯的气焰益

---

① 《在广州大本营对国民党的演说》，《孙中山全集》第七卷，人民出版社 2015 年版，第 483 页。

② 《致黄兴函》，《孙中山全集》第四卷，人民出版社 2015 年版，第 381 页。

1913年3月25日，孙中山从日本回到上海，当晚与黄兴等人商讨处理“宋案”及发动“二次革命”问题

发嚣张。就在国民党内意见分歧、逡巡不进之时，袁世凯依仗着手中的军事实力和帝国主义的支持，于5月6日竟以政府名义下了一道“除暴安良”令，矛头直指国民党。北洋将领张牙舞爪，纷纷通电，诬蔑国民党“危害民国”，表示已“枕戈待命”。一切准备妥当，20日袁发表“传语国民党人”的长电：“现在看透孙、黄除捣乱外无本领。左又是捣乱，右又是捣乱。我受四万万人民付托之重，不能以四万万人之财产生命听人捣乱。自信政治军事经验、外交信用不下于人……彼等若敢另行组织政府，我即敢举兵征伐之。”① 果然，6月9日袁借口李烈钧反对借款，不“服从政府”，免其江西都督职。接着又解除了胡汉民、柏文蔚的广东、安徽两省都督职务，并调集兵力，向南方的国民党人发起武装进攻，进逼九江，妄图一举消灭国民党人。

南方革命党人在袁世凯的北洋军已把屠刀架到脖子上，为大势所迫，才接受孙中山武力讨袁的正确主张，不得不起兵应战。

7月上旬，“宋案”发生已经三个多月以后，孙中山在上海召开国民党会议，才最后决定兴师讨袁，发动“二次革命”。柏文蔚“当时意志消沉，未到上海参加”。12日李烈钧奉孙中山命，由上海转回江西，在湖口宣布起义，组织讨袁军，发布《讨袁檄文》。为保民主权利的“二次革命”（又称赣宁之役、癸丑之役）爆发了。

江西首先起义后，各省先后响应。7月18日广东、安徽两省宣布独立，20日福建宣布独立，22日上海国民党组织讨袁军，25日湖南宣布独立，8月4日重庆宣布独立。这些省份虽然宣布独立，但各省内部意见不一。江苏都督程德全、福建都督孙道仁、湖南都督谭延闿本身就不主张独立，只是迫于形势，而不得不宣布的；彼此之间互不统属，没有统一的领导与部署，大都缺乏实力。孙中山在促

---

①白焦：《袁世凯与中华民国》，上海人文月刊社1936年版，第49—50页。

1913年7月12日，江西都督李烈钧率先在湖口起兵讨袁，“二次革命”爆发

民立報　（第九百九十二號）　一千九百十三年

言論之部 一

孫中山先生宣言

當南北統一之際，僕推薦袁世凱於參議院，原望其開誠布公，盡忠民國，以慰四萬萬人之望。自是以來，僕於權利所在，則為引避；危疑之交，則為襄助；雖激昂之士，對於袁氏時有責言，僕之初衷，未嘗少易。不意宋案發生，袁氏陰謀，一旦盡揭；僕於當時，已將反對袁氏之心，宣布天下；使袁氏果知公義自在，輿論難誣，爾時即應辭職，以謝國民；何圖袁氏專為私謀，倒行不已，以致東南人民，荷戈而起，旬日之內，相連並發；大勢如此，國家安危，人民生死，胥繫於袁氏一人之去留；為公僕者，不以國利民福為懷，反欲犧牲國家與人民，以爭一己之位置；中華民國豈容開此先例；願全體國民一致主張令袁氏辭職，以息戰禍，庶可以挽國危而慰民望，無任翹企之至。

敬告全國同胞

（蔡）子民

兵凶戰危，吾儕安分良民，對於不正當之戰爭，決無有贊成之者；其正當之戰爭，為保護吾儕安全幸福之間接作用，則吾儕不特不肯反對，且相率而助成之；其或吾儕雖不必加入戰爭，而確於戰爭以外，尚有可以致力之處，使吾儕之安全幸福，由此而保存，而且使間接作用之戰爭，由此而截止，則尤吾儕所當引以為己任者矣。

一年以來，政府之失德，雖吾儕擊愛之者，決不能為之諱；至於恣行暗殺，擅借外款，不復留吾儕以承認政府之餘地，吾儕中之一部份所謂民黨也者，攻擊政府為激烈之主張，何嘗不公認為必不得已之舉，徒以兵亂初歇，瘡痍未起，苟於平和解決一方面，尚有幾希之望，則姑示誠民黨，而強抑制之，雖然政府之播惡也，乃變本而加厲，且以是

1913年7月22日，孙中山在上海发表的讨袁宣言

令各地急起响应外，一再致电袁世凯，敦促其辞职，若“必欲残民以逞，善言不入……必以前此反对君主专制之决心”，坚决征讨之，“义无反顾”。

袁世凯派三路大军南下：第一路为段芝贵部，由京汉线南下进攻江西；第二路为冯国璋部，以张勋为先锋由津浦路直攻南京；第三路为倪嗣冲部，由汴梁经颍州、正阳关及太湖攻安庆。讨袁军方面，武汉及九江上游由李烈钧负责；津浦线方面由黄兴负责；颍州、正阳关、太湖方面柏文蔚负责。是时湖南程潜部亦集中进窥武汉，使敌人不敢长驱东下。战事并非绝对不可为的。

但是，战争打响后，战场的形势对革命党人非常不利。投入战争的各省革命军队，既是仓促上阵，又无统一的部署指挥，在咄咄逼人、攻势猛烈的北洋军队进攻面前，明显处于劣势。另外，帝国主义者又积极支持袁世凯。德国还派了军官，出动了军舰，帮助北洋军作战。至于国民党，原本就缺乏讨袁的决心和准备，这时更加处于涣散的状态。他们没有也不可能去广泛地发动和组织群众投入这次革命战争。所以，南方各省讨袁军同实力比自己强的北洋军乍一交火，就处于被动挨打的境地，难以招架北洋军的反扑。7 月 25 日湖口失陷，8 月 18 日南昌失陷。黄兴于 7 月 29 日由于前方兵败而出走。9 月 1 日，南京被依附袁世凯的封建军阀张勋攻陷。其他独立各省份情况更差：上海方面组织起来的讨袁军不久瓦解；江苏都督程德全在宣布独立后便溜往苏州，通电反对讨袁；8 月 6 日安徽师长胡万泰被袁世凯收买倒戈，宣布取消独立；8 月 9 日，福建取消独立。8 月 12 日、9 月 12 日，湖南、四川也先后宣布取消独立，先后一一陷落于军阀之手。至此，“二次革命”从起兵不到两个月就完全失败了。资产阶级革命派掌握的地方政权全部丧失，北洋军阀势力则进一步扩张到整个长江流域。

1913 年的讨袁战斗，孙中山等人所谓的“二次革命”，虽然远远说不上是真正的革命，没有得到广大群众的支持，但它是民国成立后的第一次南北战争，是维护民主共和国的第一次武装反袁斗争，实际上可以说是辛亥革命的继续。曾几何时，领导过一次伟大的辛亥革命，在亚洲第一个建立共和制国家的资产阶级革命派，遭到了彻底失败。袁世凯的武力统一政策一时取得了成功。除桂、黔、川、滇四省尚为地方军阀盘踞外，南方其他各省都成了北洋军及其附庸的征服地。全国进入了北洋军阀最黑暗的统治时期。

“二次革命”是孙中山策动和组织的，他重新举起革命民主派的旗帜，“为巩固共和战，为表示国民反对专制战”。这是保卫辛亥革命的成果，抵抗北洋军阀反革命暴力镇压的义战。从这个意义上说，“二次革命”是辛亥革命的继续。任何革命都不能一下子就取得最后胜利，往往第一次革命成功，至少要第二次革命胜利来巩固。

辛亥革命和“二次革命”的亲历者何遂在回忆录中反映他那时痛苦的心情：“我们一行人出发东渡了。当轮船缓缓地开出吴淞口外，我回首望苦难深重的祖国，依然风雨如晦。多少年梦寐系之的一次革命，就这样失败了。”① 这不也正是民国的缔造者竟在民国无立足之地的孙中山的心情吗？

不过，从孙中山个人来说，自他就任临时大总统到二次革命失败的这段时间，是他革命生涯中经历复杂、大起大落的一个阶段，既有胜利的喜悦，也有失败的懊恼。在这期间，他曾有过事后令他痛悔不已的“一个巨大的政治错误”——将临时政府的领导权让给了袁世凯。以后又埋头实业建设，对袁世凯建立独裁政治的罪恶企图，缺乏应有的警惕，使革命再次遭受挫折。应该指出，由于主客观的原因，一个人的一生之中，要一点不犯错误几乎是不可能的，尤其是领导一场伟大的革命运动，难免会有些失误，问题在于一旦

---

①何遂：《辛亥革命亲历纪实》，《辛亥革命回忆录》第一卷，中华书局 1962 年版，第 496 页。

发现自己犯了错误，能否及时醒悟和纠正。孙中山的伟大，正是体现在他始终站在时代的前列，敢于正视错误，能够不断地总结经验，吸取教训，改正缺点，坚持不懈地为实现自己明确的革命目标勇往直前。“宋案”发生后，他是革命阵营中，第一个从对袁世凯的幻想中清醒过来的，又第一个提出了武力讨袁的正确主张。在“二次革命”失败后，虽然革命阵营内部弥漫着一片失败的情绪，但孙中山仍毫不气馁，对革命前途依然充满信心。

三、成立中华革命党

1913 年 7 月 29 日，黄兴因战事失败，南京取消独立。8 月 2 日，孙中山偕胡汉民乘轮离开上海，希望前往广东坚持战斗。但广东内部不稳，广东都督陈炯明派人于半道劝阻，孙中山被迫转道再次流亡日本。

“二次革命”失败后，同年 11 月，袁世凯悍然下令解散国民党，革命党在国内已无法进行合法活动，一时无力再举义旗。战败亡命的革命党人，一些不坚定的慑于袁世凯淫威，看不到革命的前途，在国内者脱离党籍，转投他党或卖身于袁世凯；逃亡国外者受不了困苦颠连，变志他图。以黄兴为代表的一部分革命者，虽然仍要反袁，但认为目前袁势高涨，须暂时忍耐，伺机再动，但言十年后再图革命。这种思潮在流亡者中很有影响。总之，他们的处境十分困窘，反袁惨败给他们心理上罩上了一层厚厚的阴云。

当时的情形，正如孙中山在《中华革命党成立通告》中所述：革命党人“意见分歧，或缄口不谈革命，或期革命以十年，种种灰心，互相诟谇”。[①] 但是，面对着垂头丧气的革命党人和中外反动势力，

---

①《中华革命党成立通告》，《孙中山全集》第三卷，人民出版社 2015 年版，第 54 页。

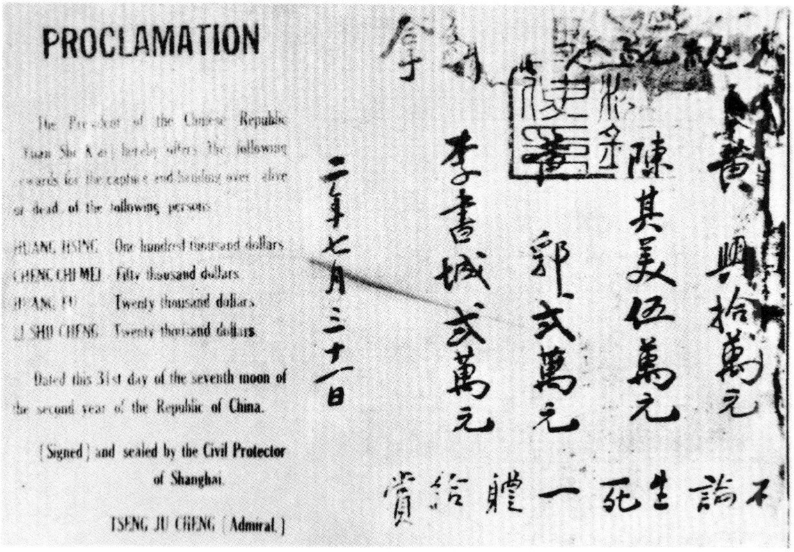

PROCLAMATION

The President of the Chinese Republic Yuan Shi Kai hereby offers the following rewards for the capture and handing over alive or dead of the following persons:

HUANG HSING One hundred thousand dollars.
CHENG CHI MEI Fifty thousand dollars.
HUANG FU Twenty thousand dollars.
LI SHU CHENG Twenty thousand dollars.

Dated this 31st day of the seventh moon of the second year of the Republic of China.

(Signed) and sealed by the Civil Protector of Shanghai.

TSENG JU CHENG (Admiral.)

黃興拾萬元
陳其美伍萬元
郛貳萬元
李書城貳萬元
二年七月三十一日
不論生死一體給賞

安徽省警察厅下达的袁世凯关于孙中山、黄兴、陈其美、李烈钧、柏文蔚等人的通缉令

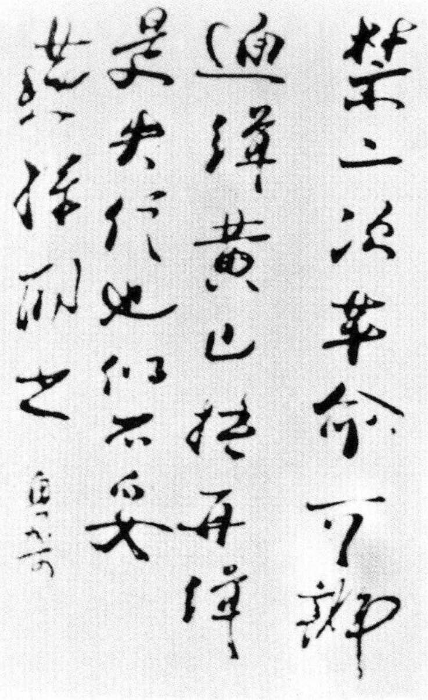

袁世凯就通缉革命党人给梁士诒（燕孙）的手谕

節畧

本國此次內亂、實由孫文黃興胡漢民等煽惑主使、以致本國民商損失產業甚鉅、即各國商務在長江流域者、亦頗受影響、本國人民莫不痛心切齒於該亂黨等、現聞孫文黃興胡漢民等已赴貴國、恐以留寓、距本國一葦可航、難保不藉為根據、再因倡亂、在貴國篤念邦交、自當有防範之法、但本國人民少多憂慮猜疑、恐生誤會、懇請貴大臣轉達貴政府、以東亞和平為務、籌正當切實辦法、以弭禍亂、而息猜疑、因不徒本國人民之幸也、并乞見復為荷、

外交部啟

MT 1614 1 1723

袁世凯外交部照会日本政府，要求制止孙中山等人在日本“捣乱”

孙中山毫不气馁，对革命前途仍充满信心。他耐心地鼓励革命党人振作起来，恢复同盟会时期百折不挠、屡仆屡起的革命精神，继续为革命事业而奋斗。

这年年底，孙中山又专函通告南洋的革命党人，鼓起勇气，再往直前，并慨然表示：作为革命者“虽石烂海枯，而此身尚存，此心不死，既不可以失败而灰心，亦不能以困难而缩步”，只要精神贯注，猛力向前，“应乎世界进步之潮流，合乎善恶消长之天理，则终有最后成功之一日”。[①] 他眼光远大，信心百倍，坚定地认为，即使己身一生不能完成革命，四亿中国人民也必然会闻风兴起，把革命伟业进行到彻底胜利。

在如何度过当前困难，去迎接胜利的问题上，孙中山对辛亥革命的道路进行了反思。他认为最大的教训是缺乏一个足以担当革命征途的政党。他说：“曩同盟会、国民党之组织，徒凭主义号召同志，但求主义之相同，不计品流之纯糅。故当时党员虽众，声势虽大，而内部分子意见分歧，步骤凌乱，既无团结自治之精神，复无奉令承教之美德，致党魁则等于傀儡，党员则有类散沙。迨夫外侮之来，立见摧败，患难之际，疏如路人。”基于这种情况，他决志“纠合同志，宣立誓约，组织机关，再图革命。蕲以牺牲之精神，尽救国之天职”。就是说，要组织一个有统一意志、严格纪律、坚持革命的政党。

1913 年 9 月，孙中山在日本开始筹备组织政党的工作。经过半年多的积极筹划，建立新党的工作基本完成。

中华革命党突出“革命”二字，是孙中山身处逆境而革命精神仍然昂扬的表现。1903 年，孙中山在保皇党势焰披猖、必须奋起争夺檀香山阵地时，曾将重建的革命组织取名“中华革命军”；同盟会

---

①邓泽如编：《孙中山先生二十年来手札》卷二，广州述志公司 1927 年影印版。

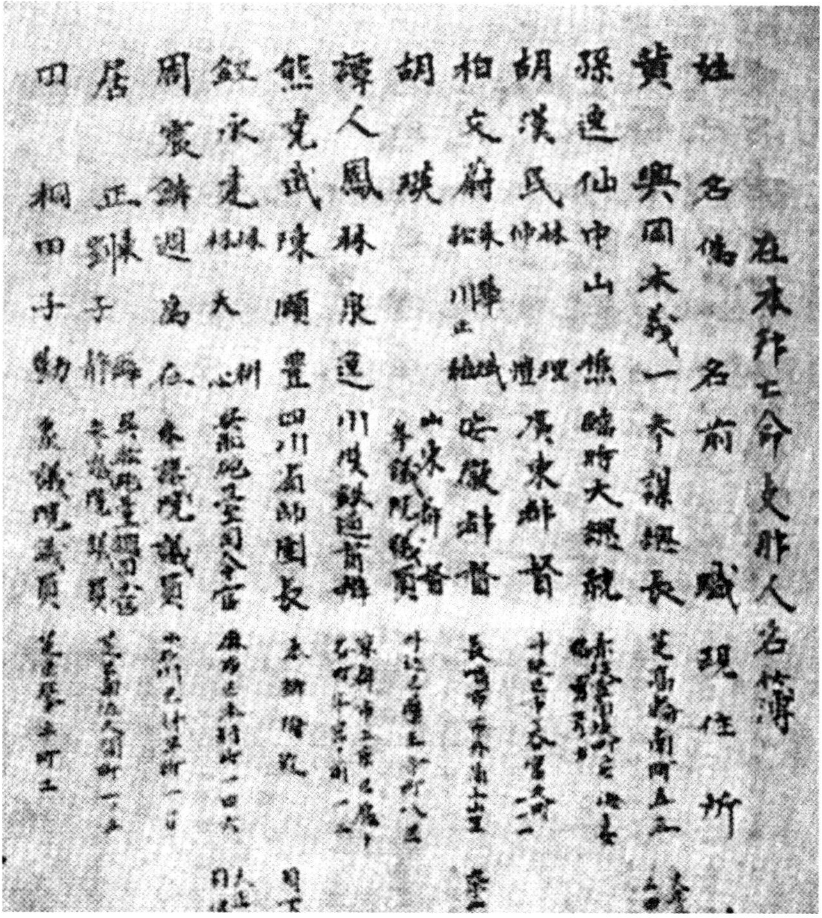

在本邦亡命支那人名簿

姓名	偽名	前職	現住所
黄興	岡本義一	參謀總長	[illegible]
孫逸仙	中山樵	臨時大總統	[illegible]
胡漢民	[illegible]	廣東都督	[illegible]
柏文蔚	[illegible]	安徽都督	[illegible]
胡瑛		山東都督 參議院議員	[illegible]
譚人鳳	林泉逸	川漢鐵道督辦	[illegible]
熊克武	陳顯豐	四川師團長	[illegible]
鈕永建	[illegible]	[illegible]	[illegible]
周震鱗	週為仁	衆議院議員	[illegible]
居正	[illegible]	衆議院議員	[illegible]
田桐	田子勤	衆議院議員	[illegible]

日本警方掌握的流亡日本革命党人名单

成立时，孙中山曾提议在同盟会之前冠以“革命”二字；1908年，同盟会内部闹分裂，他又曾愤而准备另组“中华革命党”以取代涣散的同盟会。到此时，正式以此命名新党，其目的就是鉴于袁世凯“将拨专制之死灰而负民国之负托”；而国民党已四分五裂，再无法承担反袁重任，因而寄望于新建的党，以扬辛亥革命时期推翻清朝封建专制政府的精神，以“雪癸丑之耻，竟辛亥革命之功”。无疑，这是必要的、正确的。它显示了孙中山对既定革命目标的坚定不移和为它的实现而百折不挠的革命意志。

1913年9月27日，即许多革命党人还在国内奋斗或在亡命途中，逃亡海外党人也喘息未定之际，孙中山就在东京吸收了第一批党员，他们只有五个人，即：王统、黄元秀、朱卓文、陆惠生、马素。1913年10月，陈其美、戴季陶等22人在东京宣誓入党，张人杰（静江）、蒋介石在上海宣誓入党；11月，邓铿等57人，12月，夏重民等113人在东京入党，陈德出等六人在大连入党。途经日本赴美的林森及海外人士也陆续入党。

1914年6月22日，在东京召开了中华革命党第一次党员大会，到会者有八省逃亡日本的党人，孙中山被选为总理。7月8日，中华革命党在东京筑地精养轩召开成立大会，正式宣告成立。到会者三百余人。孙中山在会上宣誓加盟，正式就任总理职务，并发布《中华革命党成立通告》，号召党员“协力同心，共图三次革命”。

接着，他公布了手书的《中华革命党总章》，规定党的宗旨为“实行民权、民生两主义”，以“扫除专制政治，建设完全民国”，并以反袁作为革命的目标。在宪法颁布前，“一切军国庶政，悉归本党党员完全负责”。并规定按入党时间的先后，将党员分为首义、协助和普通三种，各有不同的政治权利，即在起义以后到宪法颁布的时期内，首义党员有参政执政的优先权利，协助党员有选举权和被选举权，普通党员只有选举权。入党者都要按指印、立誓纸，绝对服

1913年12月，孙中山的题词

中华革命党党证

中华革命党本部之印和中华革命党总理之印

从总理。他要以自己为中心建立一个绝对服从自己指挥的战斗的党，最终为在中国建立五权宪法的民主国家开辟道路。许多革命党人因反对这个规定而拒绝加入。

中华革命党本部之组织，分为总务、党务、财政、军事和政治五部，总务部长为陈其美，党务部长为居正，军务部正副部长为许崇智、邓铿，政治部正副部长为胡汉民、杨庶堪，财政部正副部长为张静江、廖仲恺。设支部于国内外各地，国内支部专事组织武装讨袁，海外支部负责筹款。中华革命党坚持武装斗争，把在国内的军事活动作为主要工作内容。

孙中山在极端艰难的情况下，力图集中力量清除积弊，重组新党，再举革命，当然是正确的。但是，他没有把袁世凯的反动和他赖以生存的帝国主义和封建主义基础联系起来，没有认识到帝国主义和封建主义是中国人民最主要的敌人，因而把政治纲领和斗争目标仅仅局限在“反袁”和实现“共和”这种比较表面的层次上，没有提出反对帝国主义和封建主义的彻底纲领。在当时民族危机深重（特别是日本帝国主义的疯狂侵略）的情况下，仅仅把斗争局限于“反袁”，只是为了恢复辛亥革命以后建立起来的那种极不彻底的“共和”制度，就会掩没了救亡的旗帜，把真正的民族敌人——帝国主义轻轻地放过去了。而帝国主义便利用孙中山及其革命党人不敢反帝的弱点，不遗余力地支持袁世凯政府继续镇压革命运动，使得革命党人的斗争处处惨遭失败。

特别是在组织工作中有严重缺点，建党所执行的组织要求和办法，充满封建行帮结社的气息，而缺少革命政党的活力。比如，错误地按入党时间先后，在党员中划分三种等级，并各享有不同的政治待遇的规定，使党员脱离普通群众，形成特殊阶层。又比如，要入党者宣誓服从孙中山个人，并为强调要依靠对他一人的忠诚，而采取了在誓约上加按指模等形式主义的手段，显然是违背了自由、

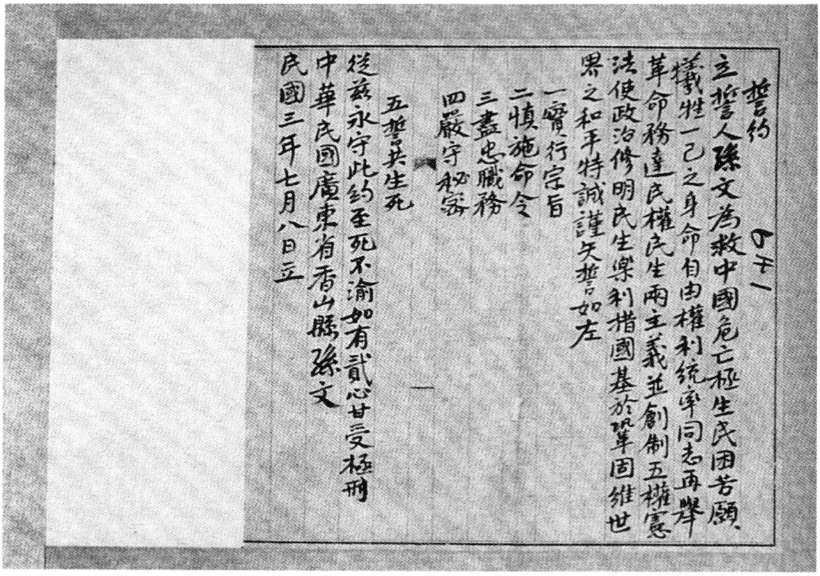
誓約
立誓人孫文為救中國危亡拯生民困苦願
犧牲一己之身命自由權利統率同志再舉
革命務達民權民生兩主義並創制五權憲
法使政治修明民生樂利措國基於鞏固維世
界之和平特誠謹矢誓如左
一實行宗旨
二慎施命令
三盡忠職務
四嚴守秘密
五誓共生死
從茲永守此約至死不渝如有貳心甘受極刑
中華民國廣東省香山縣孫文
民國三年七月八日立

1914年孙中山加入中华革命党的誓约书

平等的原则，近似专制的家长制。这些都与孙中山所主张的自由平等精神相违背。

黄兴对此提出异议，希望孙中山改正要求党员在誓约上按指模的做法，而且不要“以权利相号召”，不要依据入党先后，把党员分成“首义”、“协助”、“普通”三等，分别定为“元勋”、“有功”、“先进”公民。许多革命党人对孙中山的组党主张提出了不同意见，对孙中山草拟的章程提出了修改意见。黄兴曾劝告孙中山：誓约上“附从孙先生再举革命”一词和盖指模一事，“前者不够平等，后者迹近侮辱”，恳切地期望纠正过来。

笃实的黄兴，是“一个党一个领袖”论者。他始终认为中国革命党只有一个领袖，领袖就是孙中山。但当孙中山主张中华革命党只有一个“党魁”，党员必须绝对服从“党魁”的时候，反对最力的又是黄兴自己。

黄兴致函孙中山，陈述整顿党务意见说："若徒以人为治，慕袁氏之所为，窃恐功未成而人已攻其后，况更以权利相号召乎？……弟窃思以后革命，原求政治之改良，此乃个人之天职，非为一公司之权利可相让渡可能包办者比。"他建议"从根本上做去"，认真总结，分清是非，"尽披露于国民之前，庶吾党之信用渐次可以恢复。又宜宽宏其量，受壤纳流，使异党之有爱国之心者有所归向。夫然后合吾党坚忍不拔之士，……组织干部，计划久远，分道进行，事有不统一者未之有也"。不能不承认，黄兴的批评与建议，有许多是合理的。

孙中山仍然坚持己见。6 月 3 日，孙中山在给黄兴的信中又说："弟终以为欲建设一完善民国，非有弟之志，非行弟之法不可。兄所以既异，不肯附从，以再图第三次之革命，则弟甚望兄能静养两年，俾弟一试吾法。若兄分途并进，以行暗杀，则殊碍吾事也……此后彼此万不谈公事，但私交上兄实为我良友，切勿以公事不投而间之也。"

战友间的不和，既是自我损耗的开始，也是敌人进攻的良机。正直的革命党人十分忧伤，日本友人也为解决他们之间的矛盾，多次奔走调停，但都没有成功。

萱野长知在《中华民国革命秘籍》一书中写道："孙中山提议组织绝对服从领袖的党，黄兴则反对领袖专政，他们之间发生了冲突。萱野想调停一下矛盾，跟孙中山一齐访问黄兴，那时黄兴一步也不相让，两人感情所激，有时高声惊动四壁。晚餐后再激论，直至夜深，争论最后几乎变为争吵而破裂。"

其结果，使这个新党成为具有宗派色彩的人数寥寥的小团体。据中华革命党原始党员名册的不完全统计，从 1913 年 9 月至 1914 年 7 月，党员仅有 692 人，严重地脱离了人民群众。正像孙中山后来总结改建中华革命党的教训时所说："从前在日本，曾经想改组，未能成功，就是因为没有办法。”[①]

孙中山通过总结“二次革命”的失败，进一步明确了掌握军队的重要，他指出：“国事未定，则吾人须有不可侮之实力，质言之，即是武力”；要“以武力去彼（按：指袁世凯）凶残”。[②] 中华革命党本部组成后，孙中山着重抓武装斗争的工作，同年9月，他仿照1905年亲自为同盟会制定军事规章办法，又亲自为中华革命党拟定了《革命方略》，并花费两个半月的时间同廖仲恺、胡汉民、田桐、居正等讨论组织革命军等问题。但他实际上又没有去组织军队，反袁的主要方式是采取局部暴动。

1915年夏末，孙中山举行了本部各部长会议，决定组织中华革命军，先后派出了各省区的军事负责人，并令陈其美、居正、胡汉民、于右任分别组成中华革命军东南军（上海）、东北军（青岛）、西南军（广州）、西北军（陕西三原）四个总司令部，分派干部到江苏、浙江、广东、山东、陕西等地区去组织反袁斗争。

1914年至1916年，中华革命党在反对袁世凯复辟帝制的斗争中是比较坚决的力量，也积极组织了一些小规模的武装斗争，曾经一次接一次地点燃起反袁的烽火，百折不挠地进行坚决的艰苦奋战。到1915年10月以后，反袁的武装起义更进入高潮，上海、广东、山东等地出现了不少不惜抛头颅、洒热血的英勇斗争事迹。他们起到了当时反袁斗争的先锋作用，唤醒人们为冲破袁世凯黑暗专制统治而起来斗争。不过，在这些反袁的实际行动中，这部分人的所谓军事行动，也只是在各地联络旧军队，收买退伍军人和土匪，组织暴动，或进行暗杀，也就是说系通过金钱的作用，“利用土匪，运动军队去打倒袁氏”，走的仍然是辛亥革命前不发动广大人民群众、单

①《关于列宁逝世的演说》，《孙中山全集》第七卷，人民出版社2015年版，第558页。
②《致邓泽如及南洋同志书》，载邓泽如编：《孙中山先生年来手札》卷三，广州述志公司1927年印版。

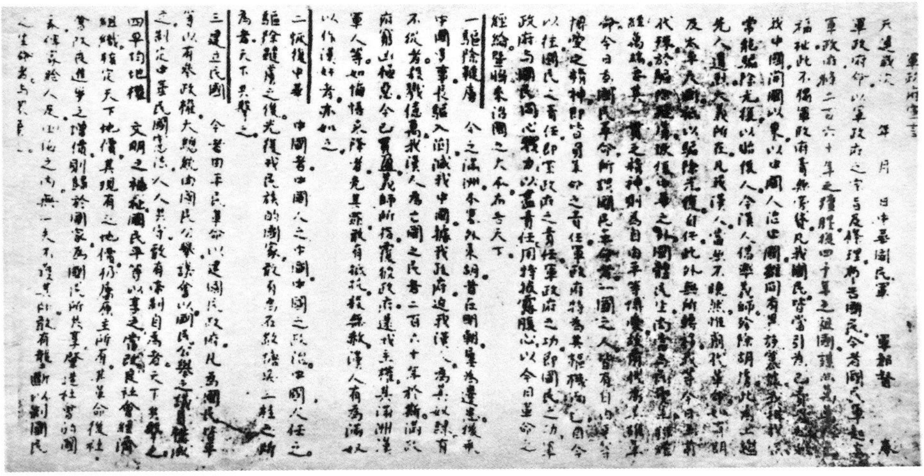

孙中山主导起草的《革命方略》之《军政府宣言》

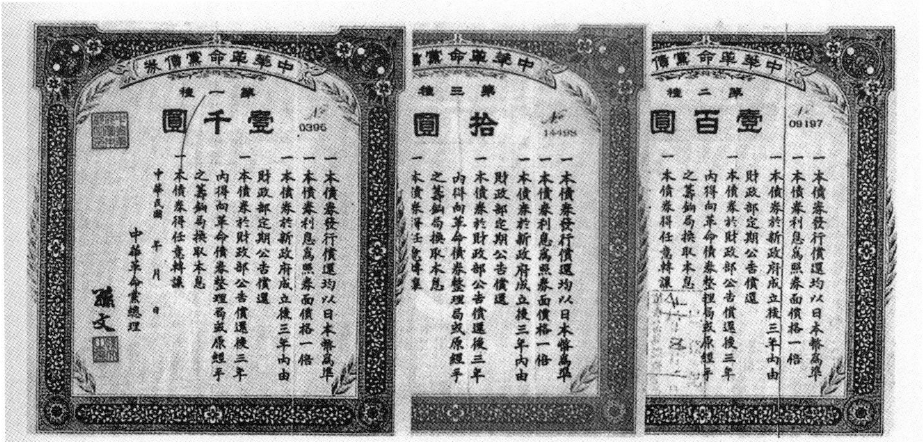

中华革命党债券

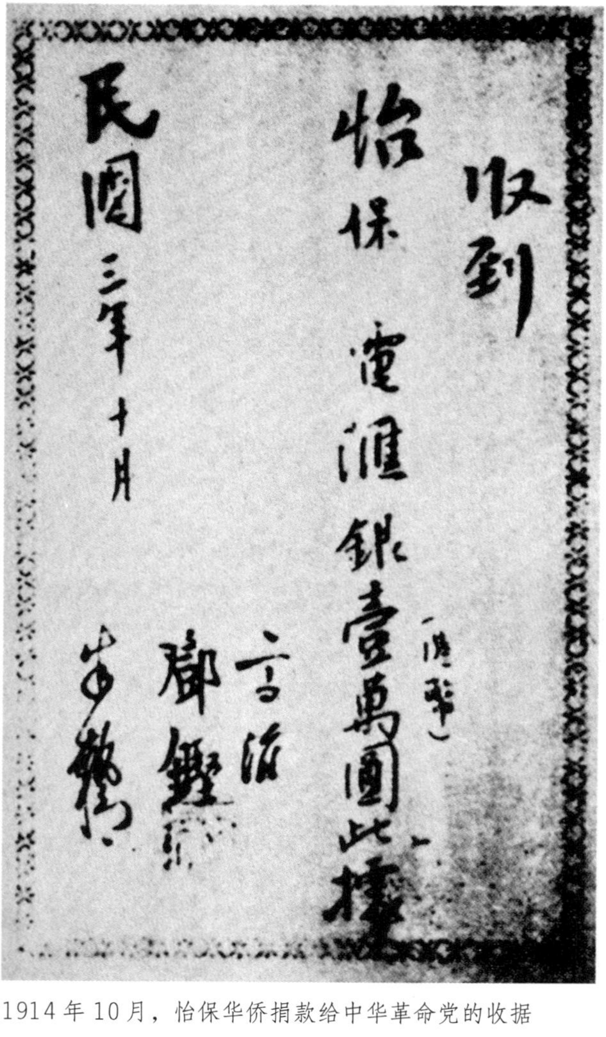

1914 年 10 月，怡保华侨捐款给中华革命党的收据

纯军事冒险的老路。所以，他们在反袁的斗争中虽仍很坚决，但先后在湖南、江苏、浙江、广东等省各地所组织的一些小规模的武装起义没有什么大的成效，并相继以失败告终。

中华革命党虽由于主客观不利因素，没有得到很大的发展，但它仍算是一个全国性的民主政党。从 1914 年 4 月至 1916 年 4 月 28 日，孙中山共发出委任状 79 次，受任干部 830 多人。党员确数虽无统计，有人估算，起码在两三千人以上。南洋和欧美华人聚居较多的大埠原国民党支部，大都遵令改为中华革命党支部，或者接受中华革命党本部意旨办事。初步统计，计有 43 个支部、164 个分部。在内地，赣、粤、鄂、滇、苏、豫、皖、陕、浙、桂、湘、甘、鲁、东三省、黔、闽、川各省也先后建立了支部或分部。孙中山自称该党乃秘密结社性质，而非政党，当系指结党方式。而究其主义、纲领系承同盟会之绪，并补国民党之不足，体现了民主革命的要求，更体现着反袁大方向，是当时唯一揭举并坚持武装反袁旗帜的政党。而其成员有一定数量，分布地区又相当广，影响也较大，实际上已充当各地反袁斗争的先锋。所以袁世凯把孙中山和中华革命党人作为必须铲除的首敌，对内三令五申，厉行防范和镇压；对外反复交涉，不惜出卖国家主权，图谋驱除和消灭革命党人。

孙中山定的中华革命党党章，确实缺乏足以动员广大群众奋起反袁的内容，中华革命党人也未能深入发动群众。但是，这个党纲毕竟恢复了同盟会原有而后被国民党忽略的实现民权、民生主义的革命主张，制定了前所未有的详尽的《革命方略》，这对于一些热心民主革命的革命者是有吸引力的。1914 年 1 月，湖南国民党人邹永成、王道于日本东京发起组织的以锄除专制、巩固共和为宗旨的“民义社”，于 7 月在湖南郴县举事，失败后其志未夺，集体加入了中华革命党。就是农民起义首领白朗，有如前述，也推崇孙中山，假孙中山名义号召群众，并在自己的布告中，痛斥“袁世凯狼子野

1914年夏，孙中山在日本的留影

心，以己意为法律，仍欲以帝制自为”，显示了孙中山等革命党人所给予的民主革命影响和革命人民的一种思想趋向。

孙中山领导中华革命党反对袁世凯的斗争，艰苦备尝，一再陷入巨大的困境之中。但是，孙中山和中华革命党的组建及其武装反袁斗争，具有着重大的积极意义。首先，它结束了“二次革命”失败后国民党的混乱崩解状况，重新形成捍卫共和制度的阵线，从而把反袁斗争推进到新的阶段。其次，在只有两年多时间的战斗历程中，中华革命党进行了革命的宣传鼓动工作，策划了多次武装起义，从政治上、军事上打击了袁世凯的反动统治，在中国大地上掀起一阵阵波澜，带动和推进了反袁斗争高潮的到来。

但是，反袁活动的结果并未争得真正的共和制度，“无量金钱无量血，可怜换得假共和”。辛亥革命前后的风暴飙起飚落，令人困惑不解，共和的精神在哪里？怎样才能取得胜利？革命的迭遭失败，使孙中山经受了强烈的震动。

第三节　传奇的爱情故事

一、从崇拜英雄到相爱

来之不易的辛亥革命的果实，竟落入专权卖国的袁世凯这个奸人之手；中华革命党所组织的反袁武装斗争，又接二连三地惨遭失败，使流亡日本的孙中山深受打击，备尝艰辛，再度陷入危难逆境之中。一种很少有过的孤独感，像阴云一样笼罩在他的心头。就在这种“艰难顿挫”的岁月里，正处在这非常危难和孤独的时刻，一位年轻美貌又聪慧绝人的姑娘走进了孙中山的生活，表示“我愿意这样献身于革命”。她就中国 20 世纪的伟大女性宋庆龄。

孙中山与宋庆龄是怎么结合的？为什么宋庆龄以双十初度的芳龄，甘愿爱上年龄比自己年龄大一倍多且正在过着流亡艰苦生活的孙中山？

宋庆龄与孙中山的结识，得缘于她的父亲宋嘉树。宋嘉树(1864—1918 年)，原名韩乔荪，别名耀如，教名查理 · 琼斯，海南文昌人，是孙中山早年进行革命活动的同志和朋友。宋嘉树与孙中

宋庆龄在中西女塾就读期间，在学校排演的话剧中扮演角色

山的交往，过去一般认为是开始在1894年春季，即孙中山为了谋求民富国强，偕陆皓东北上上书李鸿章时，途经上海而结识的。然而，孙中山在1912年4月16日《致李晓生函》中云：宋嘉树乃是“二十年前曾与陆烈士皓东及弟初谈革命者，二十年来始终不变……弟今解职来上海，得再见故人，不禁感慨当年与陆皓东三人屡作终夕谈之事”。[①] 据此，再结合1892年陆皓东曾到广州与一些人有过交往，宋嘉树到广州有可能通过陆皓东与孙中山联系的推断，他们二人结识的时间要比1894年为早，应是在1892年间前后。

当时，宋嘉树虽在担负传教士和实业方面的工作，但他同情民主革命事业，是国内最早一批聆听孙中山宣传革命道理者之一，并开始从事革命的活动。他在1895年，曾致电孙中山，劝其回国组织武装起义。1903年夏，又积极支持过反帝爱国的拒俄运动。据《苏报》记载：当上海教会进行拒俄活动时，“在美华书馆演说者以宋君耀如为最著，大旨谓耶教救国有自由之权，今俄人夺我之地，我欲自保，并非夺人之地也。教友能结团体，如日方新，有蒸蒸直上之势云云”。[②] 此外，他对孙中山的革命活动也给予过物质上和精神上的支持和援助。稍后，他就被孙中山吸收加入了中国同盟会，参加了民主革命运动，并成为孙中山的热情支持者和挚友，被孙中山赞誉为革命的“隐君子”。

在宋庆龄童年时代受孙中山的影响的问题上，有的著作中记载说：当时孙中山经常访问宋庆龄的父亲，共同探索救国道路，畅谈反清革命，同她们姐妹和弟弟们也常常见面，“孙每每来到上海，都住在宋家。孩子们把他看作自己家中的一员”，“当作叔叔来看待”。[③] 并说，正是通过一些谈话和日常的接触，孙中山的为人和革命精神，

---

① 《致李晓生函》，《孙中山全集》第四卷，人民出版社2015年版，第274—275页。

② 《苏报》，1903年5月25日。

③ ［美］项美丽（Emily Hahn）：《宋氏姐妹》（*The Soong Sisters*），香港1941年英文版，第38—39页。

宋庆龄的父亲宋嘉树

宋庆龄的母亲倪桂珍

在宋庆龄幼小的心灵里留下了深刻的印象，她深受孙中山革命思想的影响等等。从目前已公开的资料来看，这些说法却是缺乏史料的支撑，它显然是不可信的，实际上是不可能的事。据《中国革命运动二十六年组织史》《兴中会革命史要》等书中所述，孙中山为着上书李鸿章，于 1894 年春偕陆皓东离广州经湖南由长江东下，到达上海。他在上海期间，就上书李鸿章事走访郑观应、王韬等后，于 6 月间便离开上海到达了天津。就目前所见各种历史资料来看，孙中山从 1893 年 1 月宋庆龄出生之日起，至辛亥革命后 1912 年自国外返回祖国止这段时间中，他到达上海共有两次。这第一次到上海，他是专门为着疏通投谒李鸿章的门径之事，并且停留的时间不是很久；再一次是 1900 年 8 月 28 日，他从日本横滨抵上海，于翌日上岸，寄寓于日本人经营之旭馆。当时孙中山曾往访英国驻沪领事，由于上海方受自立军失败之影响，戒备甚严，英领事劝其速离去；孙中山也深感在上海难以活动，即离岸登船，并于 9 月 1 日离开上海返日本。他在岸上时间总共不过两三天。所以，这两次孙中山也不可能到宋嘉树家中许多次，因之，不会发生“孙每每来到上海，都住在宋家”之事；而且，当时宋庆龄还仅仅是个一岁多的婴儿和七岁幼小的儿童，焉能同孙中山有多少谈话和接触，并在她幼小的心灵里对孙中山留下深刻的印象呢？某些与史实相左的戏剧性的描述是不可据之立论的。

实事求是地说，少年时代宋庆龄所以有进步和爱国思想，基本上是得之于宋嘉树的教诲，间接受到了孙中山的影响，是孙中山留给宋嘉树的影响移植在宋庆龄身上开花结果，而不是直接受孙中山影响之所致，实则是通过父辈们的言谈活动对孩子们的情感和思想产生深刻影响而来。宋庆龄除在幼年时见过孙中山这一位不凡的来访者，随着她的成长，孙中山始终是宋家言谈中的英雄。这样，孙中山的为人和革命精神便逐步在其心灵中留下深刻的印象。后

1913年，孙中山与宋嘉树（前排右四）、戴季陶（前排右一）等在日本大阪参观每日新闻社

来，进一步发展到宋庆龄对孙中山非常爱戴和仰慕，视为了不起的革命英雄，并深受他革命思想的影响，常对人说要像孙中山那样生活。美人斯宾塞在《三姐妹——中国宋氏家族的故事》一书中这样的记述：宋庆龄曾经说过，"我一想起孙先生所讲的话来，就忘了一切——家庭、学校等等。我一点也不为自己担心，我却担心着中国"。[①] 还说，不能忘记中国，也不能忘记孙中山所说的那些话，"如果忘记了，人生就失去意义"。这说明孙中山对宋庆龄成长中的思想影响是颇深的。

---

① ［美］斯宾塞（C.Spencer）：《三姐妹——中国宋氏家族的故事》（*Three Sisters: The story of the Soong Family of China*），纽约1939年英文版，第22页。

1912年初，中华民国临时政府成立后，热情洋溢的爱国者宋庆龄正在美国求学。她对孙中山领导的辛亥革命的胜利，感到由衷的高兴，在收到她父亲寄来的新国旗——五色旗时，立即撕掉学校中的清朝龙旗，踩在脚下，然后把新的旗帜挂在墙上，并高呼“打倒专制！高举共和的旗帜！”欢庆辛亥革命的胜利。同年4月，她在威斯里安女子学院校刊上发表《二十世纪最伟大的事件》一文，高度评价辛亥革命的伟大意义。文章说：辛亥革命“这一非常光辉的业绩意味着四万万人民从君主专制制度的奴役下解放了出来，这一制度已持续了四千多年；在它的统治下，人民毫无‘生活、自由和对幸福的追求’可言。这一业绩也标志着一个王朝的覆灭，这个王朝所进行的残酷的剥削和自私自利，使得一度兴盛的国家，沦于极度贫困。推翻满清政府就是铲除了一个充斥野蛮的习俗道德败坏的朝廷”。还明确指出：“革命已给中国带来了自由和平等——每个人的两项不可剥夺的权利，为争取它们，许多高尚英勇之士献出了生命。”①

但是，辛亥革命的胜利果实，很快被反动的封建买办势力的代表袁世凯篡窃了。孙中山发动武装讨袁的“二次革命”失败以后，袁世凯下令通缉孙中山、黄兴、廖仲恺、谭人凤等，大肆搜捕革命党人。孙中山被迫于1913年8月初东走日本。当时，宋嘉树夫妇和宋霭龄（担任孙中山的英文秘书）随同孙中山也流亡到了日本。宋嘉树协助孙中山进行革命活动，并参加了帮助处理英文信件的工作。

这年的春季，宋庆龄在美国威斯里安女子学院毕业。6月，她结束学生生活，满怀革命理想离美归国。为了探望父母亲，也为了会见孙中山，决定在回国途中路过日本。她离开美国前在给她的老师的信中说：“我们不久就要踏上归国的旅途了。此地有一位崇拜孙

① 《二十世纪最伟大的事件》，《宋庆龄选集》上卷，人民出版社1992年版，第1—3页。

1913年，宋庆龄在威斯里安女子学院毕业，获文学学士学位。图为她的大学毕业照

博士的人士托我带给他一盒加利福尼亚的水果。而且，我还将作为一个幸运的使者，带给他一封私人信件。”

1913 年 8 月 29 日，满怀革命激情的宋庆龄抵达日本横滨。父亲宋嘉树到码头迎接。

她是这年 6 月离开梅肯城北上，经波士顿，横穿美国大陆到达加利福尼亚的旧金山，然后假道檀香山赴日本的。为什么用了这么长时间呢？

原来，她本拟回上海探亲，到了加利福尼亚伯克利时，收到父亲来电，要她“推迟行期”，因为宋嘉树要追随孙中山流亡日本。宋庆龄就在伯克利耽搁了两周，住在姨丈温秉忠的一个大学时的朋友家里。这个朋友是当时中国驻旧金山的代理公使。于是，在主人的热情安排下，宋庆龄大大享受了一番“高等华人”优裕的生活乐趣，“到处观光，也去舞会和剧场”，并作为“主宾”出席中国学生招待会等等。在檀香山，她又驱车到山区观光，尽情领略了热带海岛上美丽的风土人情。她说：“真美，那些树木和鲜花我从未见过。我还吃了极好吃的水果，它的名字听起来很怪。土著人很肥胖，穿着胸衣似的衣服……”

总之，她对友人说这些日子她过得“很愉快”，但她并非乐而忘忧，而是时刻惦记着苦难中的祖国人民。她向往的是献身于祖国的解放事业，虽然她已经感觉到这种生活将是十分艰苦的，如她在上述谈到旅途愉快生活的同一封信中所写：“国内的局势变得严重起来，我们也许得在日本逗留一段时间，因为连‘不许插手’的上海也乱了。”但是她表示自己有这个思想准备，说“我不在乎这个”！

必须指出，在当时，宋庆龄若要躲避国内动乱而又艰苦的生活，留恋西方优裕舒适的环境，而在美国找一个工作，并在那里长期居住下来，是件轻而易举的事（当时不少高等华人正迁居美国），而且宋庆龄本来也有继续在美国再读一两年书的打算。但是，她却选择了回国的道路。这是何等崇高的情怀！在她漫长的人生道路上，第一次表现了她“富贵不能淫，贫贱不能移”的高贵品质。

她原以为因国内政局动乱，父亲及全家是特地到日本来迎接她的，在日本逗留的时间不会很长，因此让友人回信的地址写“上海余杭东路 628 号 C”。当时她怎么也没有想到，她竟在日本一住就是两年多，而且在那里坚实地打下了她一生奋斗的基础：献身革命，并与孙中山结合。

1913 年 8 月 29 日，满怀革命理想的宋庆龄在日本横滨登陆。第二天晚上 9 时 50 分，就由父亲和姐姐陪同到孙中山寓所拜访。这是宋庆龄成年后与孙中山的第一次见面。她怀着仰慕和崇敬的心情，激动地向孙中山致意，并将所带的一箱革命同情者送的加利福尼亚水果和一封私人信件面交给他。

当时，孙中山领导的革命事业正处于困境，许多革命党人或者意志消沉，或者投降分裂，跟随在身边的同志不多，宋嘉树虽然正患肾病，却仍坚持为孙中山处理英文信件。宋嘉树由于不宜像日本方式那样长时间盘腿席地而坐写作，就让宋庆龄帮助他，并且很快就教会女儿协助孙中山工作。

9 月 16 日以后，宋庆龄在父亲和姐姐的陪同下频繁出入孙中山的寓所。据日本外务省档案记载，到 25 日的十天中，共有八次之多，并与国民党要人张继、马素等接触。显然，宋庆龄正在熟悉为孙中山担任秘书的工作。

1914 年 3 月 27 日，孙中山腹痛，宋庆龄与宋蔼龄曾到寓所进行护理。5 月 24 日开始宋庆龄单独前往，两姐妹同去的次数日渐减少。6 月以后，宋蔼龄因为准备与孔祥熙结婚，宋庆龄开始为孙中山承担更多的秘书工作，几乎天天都去孙中山的寓所。9 月，由于宋蔼龄回上海结婚离开了工作岗位，经孙中山同意，宋庆龄正式接替姐姐，担任他的英文秘书。

这期间，孙中山总结“二次革命”的失败教训，正重新进行扎扎实实的工作：在东京创办《民国》杂志，鼓吹反袁；设立政治学校，培养干部；召开中华革命党第一次大会，加强革命领导机关。另外，孙中山还频繁地致函或派遣干部与国内及海外各地革命党联系，指导党务，建立武装及筹措经费、军械等各项事宜；在江苏、浙江、广东、山东、江西等地发动了一些武装起义和暗杀活动。由于没有发动广大人民群众，只是由少数人去进行军事冒险，因此这些小规模的反袁武装斗争，都接二连三地失败了。孙中山在革命征途中，再度陷于逆境，处在非常艰难困苦的时刻。

在这危难的时候，孙中山得到了宋庆龄的巨大支持和鼓舞。她积极地帮助孙中山工作，把所有整理文件、处理函电、提供资料、经管革命经费以及其他许多繁重的日常工作，都担负起来，并且完成得很出色，逐步成为孙中山革命事业上离不开的助手。孙中山对她非常信赖，把所有机要的通讯密码统统交她保管，还将一切对外联络工作也让她承担。他们在繁重的革命的工作中，配合甚为默契。通过同孙中山频繁的工作接触，宋庆龄进一步受到他高尚品德和革命精神的感召和熏陶，提高了对中国革命的许多现实问题和理论问题的认识，大大增强了革命的信心和积极性。她与孙中山在一起工作时，常常感到心中燃烧着一种火热的激情。她意识到自己正在献身于一个历史性的伟大目标。她当时的心情，正像她写给在美国读书的宋美龄的信中所表述的：“我从没有这样快活过。我想，这类事就是我从小姑娘的时候起就想做的。我真的接近了革命运动的中心。”① 她还曾默默地自言自语说：“我能帮助中国，我也能帮助孙先生，他需要我。”② 而孙中山在武装反袁斗争中不断遭受的挫折和流亡海外的痛苦和孤寂，也从宋庆龄的帮助和照顾中得到鼓舞和安慰。

---

①［美］斯宾塞：《三姐妹——中国宋氏家族的故事》，纽约 1939 年英文版，第 151 页。

②［美］斯宾塞：《三姐妹——中国宋氏家族的故事》，纽约 1939 年英文版，第 157 页。

1914 年，孙中山和梅屋庄吉夫妇合影

热爱祖国和献身革命事业的共同理想，使他们在患难中建立了深厚的战友情谊，并且开始默默地相爱。

宋庆龄在东京工作了一段时间后，就回上海探视因病已回国的双亲。此后，她曾几次来往于东京和上海。1915 年初，在一次准备归国时，她和孙中山谈到他们的结合问题。孙中山对此十分慎重，要她多考虑一些时候，并征得父母亲的同意后再作决定。宋庆龄表示，要是不为一件伟大的事业而生存，生命是没有意义的；她就梦想着有一天能和他生活在一起，献身于革命事业。她坚定地对孙中山说："经过长期、慎重的考虑，深知除了为你、为革命服务，再没有任何比这更使我愉快的事。……我愿意这样献身于革命。"[1] 宋庆

① [美] 斯宾塞：《三姐妹——中国宋氏家族的故事》，纽约 1939 年英文版，第 159 页。

龄对个人的婚姻问题有胆有识，完全是自己做主，决心要和孙中山一起生活和工作。

对于宋庆龄来说，爱慕孙中山主要是为了革命，崇拜英雄，爱情是次要的。

后来，美国记者斯诺在与宋庆龄有了多年友谊后，曾问她："你能确切告诉我吗？你是怎样爱上孙博士的。"

"我当时并不是爱上他，"她慢条斯理地说，"而是出于对英雄的景仰。我偷跑出去协助他工作，是出于少女的罗曼蒂克的念头——但这是一个好念头。我想为拯救中国出力，而孙博士是一位能够拯救中国的人，所以，我想帮助他。"①

除了志同道合之外，在生活上，他俩在一起的时候也是融洽而愉快的。孙中山的房东梅屋庄吉的义女冈本梅子回忆他俩在她家生活情况时说：

"晚饭以后，大家都到客厅里。我弹起钢琴，母亲演奏小提琴。"

"宋庆龄也弹钢琴，而且一边弹，一边用漂亮的女高音独唱。"

"在她独唱的时候，当时还是小孩子的妹妹千势子在屋里来回走动。"

"孙文先生叫着'小孩'，便把妹妹抱起，把手指放在嘴上'嘘……'，示意别出声，一边认真地注视着宋庆龄的脸。"②

1915年6月，宋庆龄特地为自己的婚事回上海征求家人的意见。但这件事却在宋家引起了轩然大波，遭到全家的强烈反对。她的母亲倪桂珍更感到惊异。他们一致认为这门亲事是极不合适的，并提出了双方年龄差距过大、孙中山家中有妻子卢慕贞和三个子女等种种"理由"加以反对。他们众口一词地劝说宋庆龄放弃这个不切实际的念头，并对她施加压力，将她软禁在家中，不许和外人见

① ［美］埃德加·斯诺：《复始之旅》，新华出版社1984年8月版，第103—104页。
② ［日］车田让治：《国父孙文与梅屋庄吉》，日本东京六兴出版社1975年版，第285页。

面。宋庆龄毫不为亲人们的意见和压力所动摇，她坚定不移地陈述自己的意见，指出孙中山伟大的革命事业需要自己，她愿意和他生活在一起，帮助他工作。她在写给宋美龄和宋子文的信中，明确地说："自己仅有的欢乐，只有和孙博士在一起工作时才能获得。我情愿为他做一切需要我去做的事情，付出一切代价和牺牲！"①

使宋庆龄尤其不能容忍的是，全家不仅反对她与孙中山结合而软禁她，还为她匆匆忙忙地另择门婿，企图包办她的婚姻。为此，宋庆龄不得不断然采取了离家私奔的激烈行动来对抗。这件事，后来她曾向安娜·路易斯·斯特朗亲口讲述过。1927 年 5 月，斯特朗在武汉与宋庆龄相处了一段时间，她回忆：有一次宋庆龄笑着告诉我，她是怎样反抗家庭包办的婚姻，从而震动了上海的上流社会——"因为像我这种家庭的女孩子是从来不解除婚约的，并且私奔到日本，和孙博士结合"。②

二、第一次"知道了恋爱的苦乐"

"二次革命"后孙中山流亡日本，处境相当艰难。日本政府先是千方百计拒绝他入境居留，后来虽然勉强同意孙中山居留，但却派巡查跟踪，日夜监视。孙中山住处不准"出户庭一步"，"户门紧闭，中国人往谒者，概行谢绝"。日本的特务、警察四处跟踪、盯梢。孙中山的一举一动都在他们的严密控制下，不仅革命活动无法开展，而且连简单的生活也难以维持。孙中山在致函邓泽如及南洋国民党人中谈到当时在日窘境："不特目前无进行之款，即同志中衣食亦多不能顾者"。在如此艰难困苦的条件下，宋庆龄来到孙中山身边，给

①［美］斯宾塞：《三姐妹——中国宋氏家族的故事》，纽约 1939 年英文版，第 179 页。

②李寿葆、施如璋主编：《斯特朗在中国》，三联书店 1985 年版，第 15 页。

孙中山以巨大的支持和帮助。她积极为孙中山起草文件、处理函电、提供资料、管理经费，以及从事革命党人的联络工作，成为孙中山的得力助手。艰苦的生活磨炼人的意志，朝夕相伴、思想交流滋生了感情，两人默默相爱了。他们是那样心心相印，情投意合。孙中山也发现自己已经离不开宋庆龄了。

当宋庆龄回国后，孙中山完全变了样，经常陷入沉思状态。他原是个爱读书的人，现在则经常打开着书本，眼睛却凝视别处，心猿意马，甚至不思饮食。

房东梅屋夫人很担心，问他是不是身体不舒服？饭菜不喜欢吃？他只是回答："您别在意！"房东觉得这样下去怎么行？索性直率地问孙中山："您是不是患了相思病了吧！"他沉默一会儿回答说："事情是这样的，我忘不了庆龄，遇到她以后，我感到有生以来第一次遇到爱，知道了恋爱的苦乐。"

他向她透露了心中的矛盾和苦闷。他说到因为自己为革命奔走、长期亡命在外而与之分居的卢夫人时，觉得她为了养育孩子，付出了辛劳，自己不应该有那种心情。但是，他又无法扑灭胸中燃烧着的对宋庆龄的爱情。梅屋夫人为孙中山那种青年人般的热情所惊奇。

孙中山最后终于下决心与妻子卢慕贞分离，与宋庆龄结婚。梅屋夫人提醒他，与年龄相差如同父女的宋庆龄结婚，会折寿的。他却说："不，如果能与她结婚，即使第二天死去也不后悔。"梅屋夫人被孙中山的真诚所感动，于是决定帮助他操办婚事。

1915 年 3 月，孙中山把原配夫人卢慕贞从澳门接到东京，协商办理分离手续。

当时孙中山是采取分居协议办法处理这件事的，名曰分居，实为离婚。此后，卢慕贞独居澳门，孙科等子女仍奉养一切。应该说这在当时历史条件下，是为顾全卢慕贞的社会地位而采取的一种较为妥善的办法。因为当时中国的社会习俗，丈夫主动与妻子分离名曰“休妻”，妻子便被一般人视为“弃妇”而丧失社会地位。孙中山在致康德黎函中，用“divorce”（脱离、分离）一词，也说明他与宋庆龄结婚前便已与前妻离婚。孙中山处理这一问题的态度是严肃、负责的。

三、有情人终成眷属

孙中山与卢慕贞离婚后，就积极着手准备与宋庆龄的婚事。一方面由梅屋夫人陪同到商店采购家具；另一方面特请香山县同乡朱卓文和他的女儿慕菲雅（Muphia，宋庆龄童年时的好友）去上海迎接宋庆龄。

10月中旬，宋庆龄会见了朱卓文父女，阅读了他们带来的孙中山的急信。信中请宋庆龄与朱氏父女立返东京，面谈要事。朱卓文还向她口述了孙中山与卢慕贞协议分离的经过，出示了二人签署的离婚协议书，还说他是离婚的证明人之一。

宋庆龄为此深受感动，如她后来所回忆：起先我“不知道他已经办了离婚手续，并且想同我结婚。他解释他担心不这么做，我就被称作他的妾，这个丑闻就会损害革命，我同意了。我从未反悔。”①

就这样，宋庆龄不顾家庭的反对和朋友们的劝阻，也毫不考虑与家庭决裂的后果，欣然接受孙中山的函邀，毅然离家出走，偕同朱卓文父女一同潜赴日本，回到孙中山身边。用她自己的话来说，那天晚上，“我从窗户里爬了出来，在女佣的帮助下逃了出来”。②

10月24日下午1时10分，孙中山怀着激动的心情亲自开着汽车到东京车站迎接宋庆龄。

---

①② ［美］埃德加·斯诺：《复始之旅》，新华出版社1984年版，第104页。

1915年10月25日，孙中山和宋庆龄在梅屋庄吉家里举行婚礼，梅屋夫妇担任他们的证婚人。图为当年梅屋庄吉家外景

第二天上午，宋庆龄与孙中山十分愉快地到牛込区袋町五番地日本著名律师和田瑞家中办理手续，在挚友廖仲恺和山田纯三郎等数人前举行结婚仪式。[①] 他们委托和田瑞到东京市政厅办理了结婚登记，并由这位律师主持签订了婚姻《誓约书》。宋庆龄的见证人是朱卓文和他的女儿慕菲雅；孙中山的见证人有和田瑞博士和他的夫人、头山满先生和夫人、梅屋庄吉先生和夫人。该书原文是日文，译文如下：

誓约书

此次孙文与宋庆琳之间缔结婚约，并订立以下诸誓约：

一、尽速办理符合中国法律的正式婚姻手续。

二、将来永远保持夫妇关系，共同努力增进相互间之幸福。

三、万一发生违反誓约之行为，即使受到法律上、社会上的任何制裁，亦不得有任何异议；而且为了保持各自之名声，即使任何一方之亲属采取何等措施，亦不得有任何怨言。

上述诸条誓约，均系在见证人和田瑞面前各自的誓言，誓约之履行亦系和田瑞从中之协助督促。

本誓约书制成三份：誓约者各持一份，另一份存于见证人手中。

誓约人　孙　文（章）

同　上　宋庆琳

见证人　和田瑞（章）

千九百十五年十月二十六日[②]

1962年，中国历史博物馆从私人手中征集到这份《誓约书》的

①宋庆龄1981年1月审阅尚明轩著《孙中山传》二稿所书内容。

②原件藏国家博物馆，影印件及译文载《文物天地》1981年第2期。

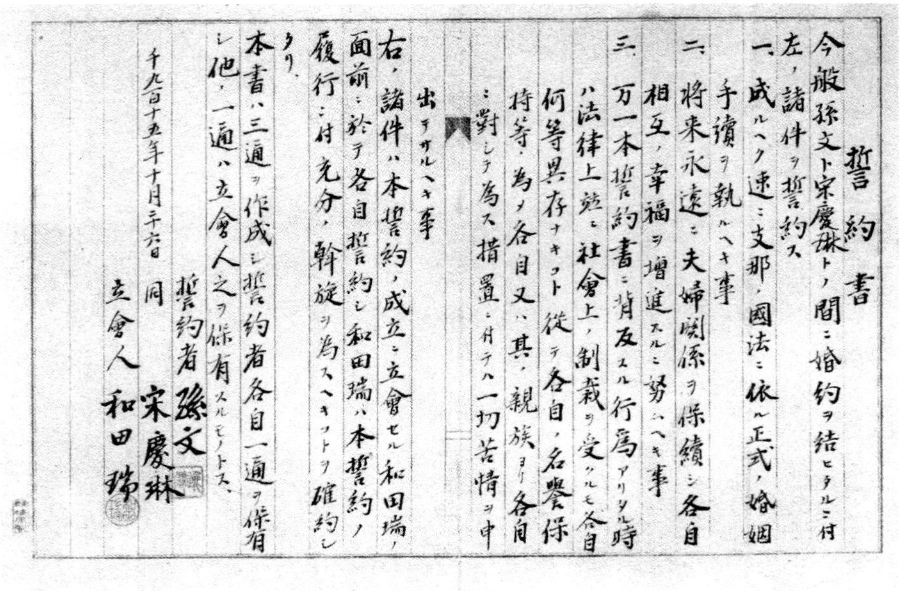

誓約書

今般孫文ト宋慶琳トノ間ニ婚約ヲ結ヒタルニ付
左ノ諸件ヲ誓約ス
一、成ルヘク速ニ支那ノ國法ニ依ル正式ノ婚姻
手續ヲ執ルヘキ事
二、将来永遠ニ夫婦關係ヲ保續シ各自
相互ノ幸福ヲ増進スルニ努ムヘキ事
三、万一本誓約書ニ背反スル行爲アリタル時
ハ法律上竝ニ社會上ノ制裁ヲ受クルモ各自
何等異存ナキコト從テ各自ノ名譽保
持等ノ為メ各自又ハ其ノ親族ヨリ各自
ニ對シテ為ス措置ニ付テハ一切苦情ヲ申
出テサルヘキ事
右ノ諸件ハ本誓約ノ成立ニ立會セル和田瑞ノ
面前ニ於テ各自誓約シ和田瑞ハ本誓約ノ
履行ニ付充分ノ斡旋ヲ為スヘキコトヲ確約シ
タリ
本書ハ三通ヲ作成シ誓約者各自一通ヲ保有
シ他ノ一通ハ立會人之ヲ保有スルモノトス

千九百十五年十月二十六日

同

誓約者 孫文
宋慶琳

立會人 和田瑞

孙中山和宋庆龄的结婚誓约书

1916 年 4 月，孙中山与宋庆龄在东京合影

原件，请宋庆龄亲自鉴定。她当时通过秘书作了口头答复，加以肯定。1980 年 3 月 18 日，宋庆龄又亲笔签署："此系真品。"并作了几点说明：

第一，誓约书上日期为 10 月 26 日，是按照日本当时风俗以双日吉利而写的。结婚日期实为 10 月 25 日。

第二，由日本名律师和田瑞到东京市政府办理登记手续后所签法律上的誓约书。

第三，在誓约书上用"琳"字，是因为"琳"字较"龄"字书写容易。

第四，当时宋庆龄没有刻图章，所以誓约书上未盖章。

第五，抗日战争时，存在于上海孙中山故居的孙中山与宋庆龄的婚姻誓约书两份，已为日本军阀掠去，可能这份就是其中之一。

孙中山与宋庆龄签订婚姻《誓约书》、办完法律手续后，当天下午，就到大久保百人町 350 番地（即今新宿区百人町二丁目 23 号）的梅屋庄吉家举行茶点宴会，作为公开的结婚典礼。

结婚典礼在梅屋家的二楼大房间举行。在正面二间的壁龛前面，八折金凤屏风，辉煌耀眼。左右两边是中国造的红木高低架，架上的青瓷大花瓶里插着盛开的菊花。

午后，客人相继来到，总共有五六十人。其中有执掌日本政权的政界人士，有真诚地同情和支持中国革命的日本志士，也有当时表示同情孙中山、却企图在中国革命的进程中实现各自目的的人物。他们是：犬养毅、宫崎寅藏、萱野长知、头山满、内田良平、古岛一雄、小川平吉、杉山茂丸、寺尾亨、佐佐木安五郎等等。接着，孙中山和宋庆龄坐汽车到来。

宋庆龄戴着大花边帽，穿着一件粉红和淡绿花图案的裙子，衬裙透出白色，手里拿着一束花，显得十分俏丽动人。孙中山和她手拉着手进门来到达中庭，由等待在那里的照相馆的摄影师从各个角

1916 年 4 月，孙中山、宋庆龄与梅屋庄吉夫人在东京合影

度摄下他们的倩影。

客人们走过来，向他们表示祝贺，然后大家围坐在新婚夫妇的两侧，接着就举行婚礼。由房东梅屋夫妇充当媒人，新郎、新娘喝了梅屋夫人斟的交杯酒后，犬养毅唱了《祝福歌》。这以后，头山满站在中间，孙中山和梅屋、宋庆龄和梅屋夫人，分别喝了结为义兄弟、义姐妹的交杯酒后，酒宴开始了。

11 月 5 日，头山满在上野精养轩主持有十多人参加的招待会，宣布了孙中山与宋庆龄结婚的消息，招待会上展示了结婚仪式上客人围着新郎、新娘所摄的照片。孙中山一些真诚支持中国革命的日本朋友，为孙、宋的结合感到由衷的高兴。

但这桩婚事，却遭到孙中山的亲朋和战友中大多数人的反对。他们议论纷纷，都认为很不妥当。早在他们结婚之前，孙中山的朋友们曾开会讨论，并派一个“代表”去说服他。但这个“代表”会见孙中山之后，竟一时说不出话来。孙中山问这个朋友，你有什么苦恼？这个朋友未发一言，就借故告辞了。中华革命党中的战友们，曾派遣代表、发出书信，对孙中山进行“说服”，胡汉民、朱执信还当面向孙中山“诤谏”，要求他取消这个打算。孙中山毫不客气地对他们说：“展堂、执信！我是同你们商量国家大事的，不是请你们来商量我家庭的私事。”[①] 所以孙、宋结婚时，除廖仲恺、何香凝和陈其美外，中华革命党人都没有出席他们的婚礼。

对于各方面的阻挠和反对的舆论，孙中山毫不理睬，他坦率地对一些反对他同宋庆龄结婚的同志说：“我不是神，我是人”；“我是革命者，我不能受社会恶习惯所支配。”他义无反顾地表示：“我爱我国，我爱我妻。”[②] 这些肺腑之言，表示了一个革命者对待爱情、婚姻的光明磊落和坚贞负责的态度。

孙中山、宋庆龄在十分孤立的情况下，只有廖仲恺夫妇热诚地支持并衷心地祝愿他们幸福。廖仲恺、何香凝在孙、宋结婚时，曾领着儿女梦醒和承志，全家一起登门贺喜。说明孙、廖这两家人深厚的战友情谊，他们无论在革命或生活上都是相通的。廖氏姐弟是第一次见到宋庆龄，从此宋庆龄对待他俩一直亲如子侄。

非难还来自宗教方面。孙中山与宋庆龄都是基督徒，基督徒们认为他俩违背了基督教的婚姻观。“据说，他俩结婚以后，基督徒们都不太高兴。但没有同他俩断绝关系，也没有阻止他们参加基督徒的集会。过去基督徒们常常拿孙中山做宣传，鼓励人们信教；此后则很少提到他的名字了。”[③]

其实，基督徒是无理指责孙中山的这桩婚事的，正如美国学者雷脱里克（H.Restarick）在《孙逸仙，中国的解放者》中指出的：

---

① B．马丁（Martin）：《孙逸仙传记》。转引自傅启学：《国父孙中山先生传》，台北中央文物供应社 1983 年版，第 347—848 页、第 345 页。

② 《孙中山轶事集》，三民出版公司 1926 年版，第 167 页。

③傅启学：《国父孙中山先生传》，台北中央文物供应社 1983 年版，第 348 页。

"从人性说，他对于曾受高等教育、有完善性格、又了解他的女子发生爱情，是一件人人易知的事……就事实观察，他的再婚，同基督教美国千千万万男女的行为，在本质上并没有差异。"①

当然，反对最强烈的自然是宋庆龄的父母了。宋嘉树发现女儿逃跑后，立即和妻子倪桂珍怒气冲冲地乘坐太平洋邮船公司的客轮追赶到日本。可是，已经晚了，孙中山与宋庆龄的婚礼已举行完毕。

后来宋庆龄向斯诺谈到她与孙中山结婚问题时说："我父亲到了日本，狠狠地说了他（孙中山），企图解除婚姻，理由是我尚未成年，又未征得父母的同意。他失败了，于是就与孙博士绝交，并和我脱离了父女关系！"②

孙中山在东京的住所房东梅屋庄吉的女儿千势子回忆那天的情景是：宋嘉树站在大门口，气势汹汹地叫喊："我要见抢走我女儿的总理！"梅屋庄吉夫妇很担心，他们刚要走出去劝解宋嘉树，孙中山挡住他们说："不，这是我的事情。"说着走向门口。梅屋庄吉还是不放心，就跟在孙中山的后面。孙中山慢悠悠地走到大门口的台阶上站着，稳稳地说："请问，找我有什么事？"突然，暴怒着的宋嘉树"刷"地跪在地上说："我的不懂规矩的女儿，就拜托给你了，请千万多关照！"然后在门口的三合土上磕了几个头，头都快蹭到地上了。就这样，他回去了。③ 宋嘉树回国后便病倒在青岛。这时他十分痛苦和孤独，宋子文、宋美龄在美国，宋蔼龄在山西生孩子，只得把女婿孔祥熙叫去作陪。

几个月后，宋嘉树同他的老朋友传教士步惠廉谈到这件事时，用一句话发泄了他的极度痛苦："比尔，我一生中从来没有这么伤心过，是我自己的女儿和我的最好的朋友给害的。"

---

①傅启学：《国父孙中山先生传》，台北中央文物供应社 1983 年版，第 348 页。

② ［美］埃德加·斯诺：《复始之旅》，新华出版社 1984 年版，第 104—105 页。

③参见［日］车田让治：《国父孙文与梅屋庄吉》，日本东京六兴出版社 1975 年版，第 293 页。

然而，宋庆龄的父母毕竟是受过西方民主精神熏陶、有见识明事理的人。当他们看到孙、宋已经结婚而无可挽回时，就只好承认事实，与女儿、女婿和解了，至少在表面上是如此。如埃米莉·哈恩所说："宋氏一家尽管对此非常恼火，但他们并未张扬出去。姐妹之间曾经一度互不理睬，宋夫人也未停止横加指责，然而局外人士对此却一无所知。宋嘉树并没有因为女儿的行动而动摇了自己的信仰，他仍然一如既往地为孙中山、为祖国的未来尽心尽力。"罗比·尤恩森也说："宋耀如当了自己的老朋友和同辈人的岳父，感到难为情，但他还是孙中山的朋友，继续在政治上同他共事。"所以，宋嘉树说同孙中山和他的党"断绝一切关系"，以及同宋庆龄"脱离父女关系"，只是一时的气话而已。

事实上，宋嘉树夫妇回国后，还为女儿结婚补送了一套古朴的家具和百子图缎绣被面的嫁妆。这一份嫁妆，被宋庆龄视为最珍贵的纪念物，一直珍藏在身边，保存得十分完好。

宋庆龄十分热爱父亲，因为婚事而不得不违抗父亲，使她一直感到内疚和痛苦。晚年她对人提起此事还说："我爱父亲，也爱孙文。今天想起来还难过，心中十分沉痛。"

然而，国内的许多年轻人却对孙、宋婚事非常赞成。这个消息甚至传到了地处大西南的四川。当地拥护孙中山的学生"为自己的领袖娶了这样一位非凡的姑娘而热烈欢呼"。他们一致认为，宋庆龄能够帮助孙中山制定进步纲领，同时还能协助他进行改革。在饱受几千年封建礼教之苦的年轻人眼中，甚至还把孙、宋的结合看成是对旧礼教习俗的挑战和追求个性解放的象征。这种完全符合西方人观念的习俗，在四年后五四运动中成为一种时髦。许多有文化的男女青年都因不满家庭包办的婚姻而重结良缘。所以王安娜后来在她写的《中国——我的第二故乡》中评论说：孙、宋结合，使年轻一代"深为感动"，"庆龄成了新的自由和理想的化身，成了中国妇女

宋庆龄珍藏的嫁妆之一——红地金花被

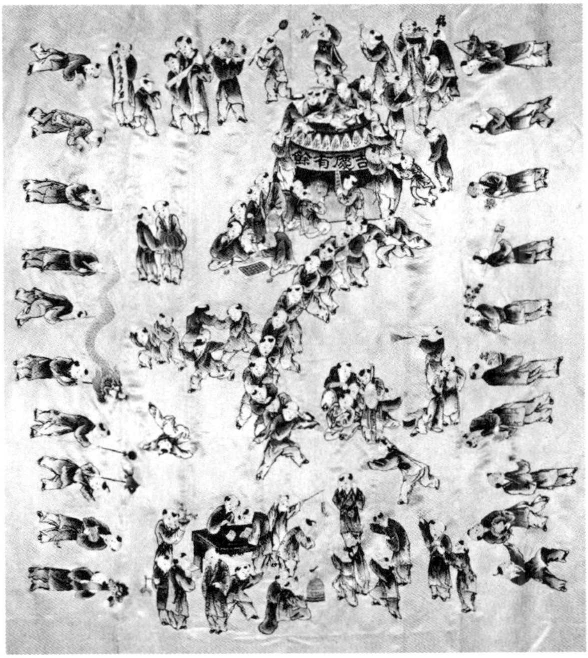

宋庆龄珍藏的嫁妆之二——苏绣“百子图”

亲友送给孙中山的结婚礼物——银碗

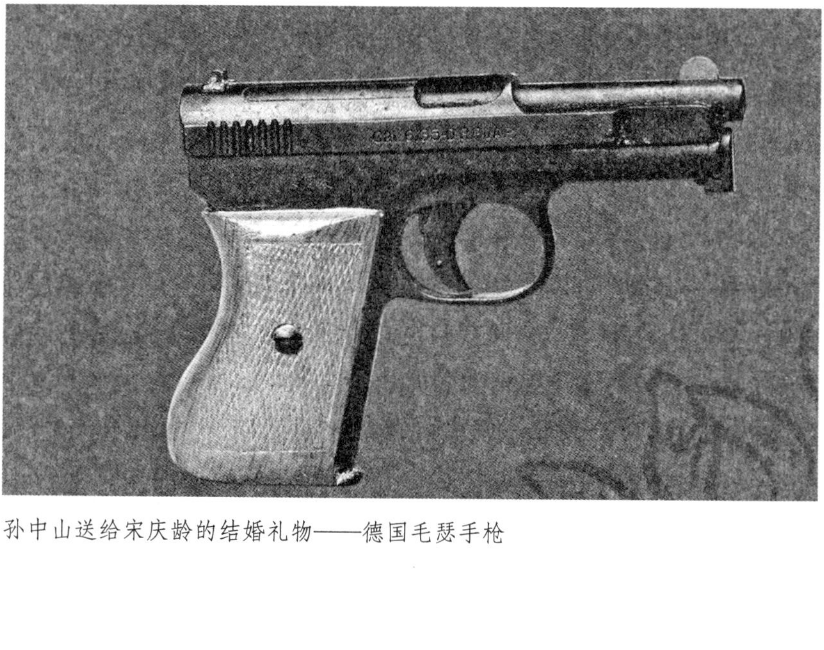

孙中山送给宋庆龄的结婚礼物——德国毛瑟手枪

解放的先驱”。

不管人们的毁誉褒贬，孙中山与宋庆龄婚后的生活是幸福的。从此，他们并肩走过了十年风风雨雨的历程。孙中山对她起了引导的作用，而她也为孙中山晚年的进步给予积极的支持和巨大奉献。

婚后，宋庆龄继续担任孙中山的私人秘书，成了孙中山工作上的亲密伙伴。为了帮助丈夫做更多的工作，她不仅学习了法语，而且开始学习密码。宋庆龄在婚后不久给美国同学安德逊（A.Anderson）的一封信中，曾充分表述了她同孙中山结婚的欢乐心情，信中说：“婚礼是尽可能的简单，因为我俩都不喜欢繁文缛节。我是幸福的。我想尽量帮助我的丈夫处理英文信件。我的法文已大有进步，现在能够阅读法文报纸，并直接加以翻译。对我来说，结婚就好像是进了学校一样。不过，没有烦人的考试罢了。”[①] 不久，她负责处理孙中山所有的密码和译码工作。

同样，孙中山也对婚后的生活极为满意。三年以后，即 1918 年 10 月 17 日，他在给自己的老师英人詹姆斯·康德黎（Cantlie）夫人的信中这样写道：“我的妻子，是受过美国大学教育的女性，是我的最早合作者和朋友的女儿。我开始了一种新的生活。这是我过去从未享受过的真正的家庭生活。我能与自己的知心朋友和助手生活在一起，我是多么幸福！”[②]

宋庆龄和孙中山的结合，是中国近代革命史上的一个重要事件，它对宋、孙二人的革命生涯都产生了重大影响。此后的岁月证明，这桩婚事对孙中山最后十年的革命活动具有积极而深远的意义；而对于宋庆龄革命的一生来说，则始终是一个巨大的推动力。这一对夫妇，实在可以称为伟大的革命伴侣。

宋庆龄一直极为珍视她与孙中山结婚的日子，甚至在六十多年

---

① [美] 项美丽（Emily Hahn）：《宋氏姐妹》，香港 1941 年英文版，第 97—98 页。

② 《致康德黎夫人函》，《孙中山全集》第五卷，人民出版社 2015 年版，第 44 页。

1918年3月，孙中山与宋庆龄在广州大元帅府合影

1921 年 7 月 24 日，孙中山与宋庆龄在广州“出征军人慰劳会”开会前留影

之后，回忆起这一天的时候，仍激动地说："10 月 25 日，在我的生活中，这一天是比我的生日更重要的日子。"[①]

宋庆龄与孙中山的结合，是一对理想一致、心灵相通的佳偶的结合，双方都获得了真正的幸福。

根据心理学家的研究，一个人如果在正常的情况下经历了完整的爱情的所有自然阶段，则只有一届青春期，不可能或很难再次产生爱情。但爱情的发展受到扭曲，则可以产生第二届青春期。

对孙中山来说，他早年与卢夫人的结合，乃是"父母之命，媒妁之言"的婚姻，根本谈不上爱情。他长期流亡国外，从来没有体验过真挚的爱情生活。突然，年轻、活泼、端庄的宋庆龄出现了，她把整个身心都奉献给孙中山，对他的事业寄予无限热情，尤其是深切地理解他的宏图大略、愿望和理想，并情愿与他同甘共苦。宋庆龄的到来，像一颗火星点燃了孙中山的生命之火。他"感到有生以来第一次遇到爱，知道了恋爱的苦乐"。过去那种寂寞无奈的生活一去不复返了。革命挫折、心灵创伤、生活艰难等等，都可能从宋庆龄的帮助和抚慰下得到补偿。正如一位外国人所指出的："孙中山有了宋庆龄这样的革命事业上的杰出助手做终身伴侣，这使他有了新的活力和新的希望。这位新夫人，尽了她最大的努力，千方百计减轻丈夫的负担，实际上她一直担当着他的秘书的重任，她慢慢了解到他们结婚的幸福，从前的不满也烟消云散了。"[②] 孙中山也掩藏不住自己幸福的心情，坦率地说他从此"开始了一种新的生活。这是我过去从未享受过的真正家庭生活。我能与自己知心朋友和助手生活在一起，我是多么幸福"。

孙中山仿佛找回了逝去的青春岁月，与宋庆龄的结合成为推动他振奋的动力之一。他举起"反袁"和护法的旗帜，三次在广东建

---

① ［日］仁木富美子：日文版《宋庆龄选集》译后记。

② ［美］林百克著、徐植仁译：《孙逸仙传论》，上海三民公司 1926 年版，第 58 页。

宋庆龄

立革命政权。他撰写了一部全面论述中国经济建设的专著——《实业计划》，为灾难深重的中华民族制订了一个宏伟的实现中国近代化的建设方案。他晚年毅然改组国民党，提出了“联俄、容共、扶助农工”三大政策，实现了第一次国共合作，推动了北伐，促进了第一次国内革命高潮，为中国人民的民族解放事业建立了不朽的光荣业绩。

对宋庆龄来说，她与一位伟大领袖结成伴侣，终于找到了人生的归宿。从此，她抛弃了优裕、舒适、安定的生活，过着艰难困苦而又动荡不安的日子，走上了献身革命的道路。她盼了好多年，终于实现了自己的愿望——“真的接近革命运动的中心”，并把革命目标同“亿万群众的幸福”联系在一起。她把整个身心都投入到革命斗争中去。袁世凯复辟帝制，她协助孙中山起草《第二次讨袁宣言》，进行口诛笔伐。十月革命胜利后，她遵循孙中山的指示，加紧学习俄文和德文，为联系苏俄及学习十月革命的经验打下基础。她与朱执信一起帮助孙中山起草了致列宁和苏维埃的电文，终于打通了这两位巨人的沟通渠道。五四运动爆发，她代孙中山起草了学生无罪的援救电报，要求释放被捕学生和工商界代表。陈炯明叛变，她“再三婉求”孙中山先行撤退，自己留下掩护，随时准备牺牲。国民党改组期间，有些右派分子以为宋庆龄年轻可欺，对她软硬兼施，妄想通过她来影响孙中山，当即遭到宋庆龄的“义正词严的拒绝”。凡此种种说明了，孙中山每一个重大革命行动，宋庆龄都追随其后，并始终成为他的坚决支持者和忠实执行者。

还有，需要特别提出的是，关于孙、宋二人间的关系，决非是一方面的，而是密切地双向关系，双向影响。孙中山是宋庆龄的导师、战友、同志和丈夫，给宋庆龄以最初的严格意义的政治启蒙，引导她进入民主革命的激流；宋庆龄则是孙中山的学生、助手、同志和妻子，对他的思想和实践也予以积极的影响。孙中山之所以能

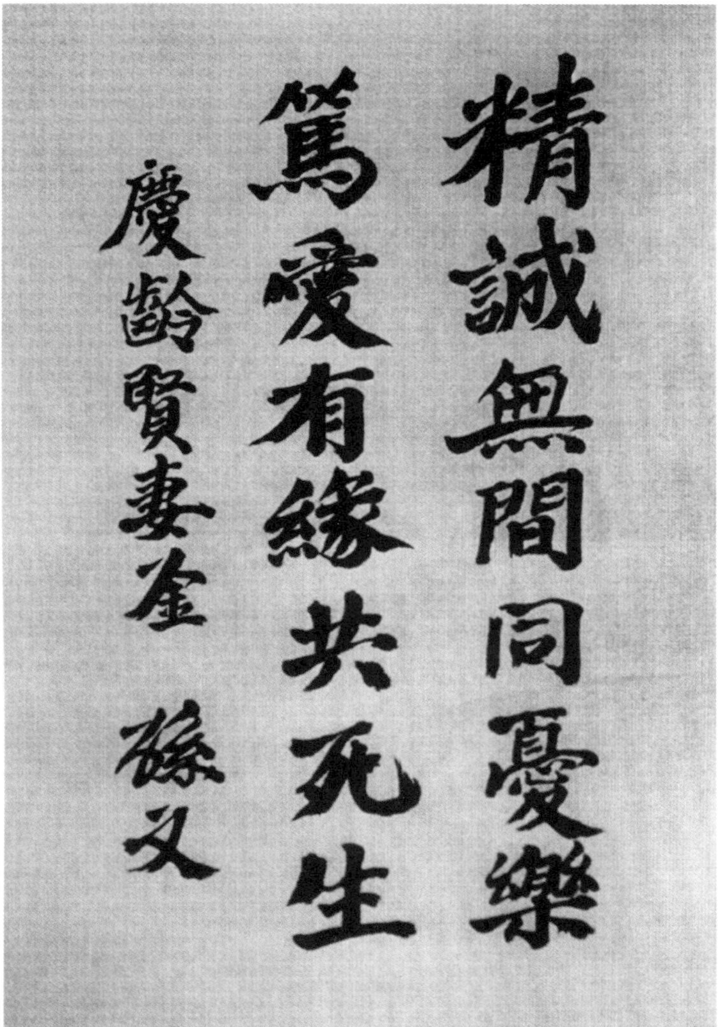

1922年秋，孙中山给宋庆龄的题词

够在“艰难顿挫”中“屡仆屡起”，在捍卫共和国的复杂艰巨政治斗争中，特别是在晚年改组国民党，向新三民主义转变的重大发展中，宋庆龄的作用，是不容忽视的。

宋庆龄以“孙夫人”的特殊身份，参与了孙中山最后十年的革命实践活动，与其并肩战斗，相互影响和促进；孙中山逝世后，她继承和发展了孙中山的事业和原则，使它与新的历史进程融会贯通，赋予孙中山思想以时代精神，使孙中山的旗帜长期蕴涵着生命力和凝聚力。在宋庆龄单独生活的 56 年间，一直活跃在中国近现代政治舞台上，她是第一、第二次国共合作的积极支持者和推动者，又是联系和团结中国各种不同政治力量的桥梁。在崎岖坎坷的革命道路上，她威武不屈，富贵不淫，贫贱不移，紧随着历史潮流勇猛前进，成为新中国缔造者之一，并奋力投身于新中国的建设事业。在争取世界和平以及妇女儿童事业上的成就，更是举世赞誉，做出了不可磨灭的贡献。

第四节　袁世凯的败亡

一、孙、黄分裂与复合

孙中山和黄兴从1905年结识后，成为了多年并肩奋斗的革命战友。他们之间真诚合作，极力维护革命党人的团结，领导人民推翻帝制，成为共和国的缔造者。孙中山与黄兴，虽然存在出身、经历、性格和气质的差异，但他们互相尊重，合作共事，尤其是黄兴十分尊重孙中山的革命领袖地位，在长期斗争中他们结下深厚的友谊。正如1915年3月孙中山致黄兴函中所说："二十年间，文与公奔走海外，流离播迁，同气之应，匪伊朝夕。"[①] 从同盟会成立时起，经过多次武装起义，到南京临时政府成立，黄兴都是孙中山的最得力助手。显然他们之间并不存在什么路线斗争和重大政治分歧。

1913年"二次革命"失败后，孙、黄之间由于产生重大分歧而分手了。这到底是什么原因造成的呢？

① 《致黄兴函》，《孙中山全集》第四卷，人民出版社2015年版，第382页。

首先，是出于所谓“理想家”与“实际家”的消极舆论的影响。早在武昌起义前，同盟会内部如谭人凤、宋教仁等就有“孙氏理想，黄氏实行”而推崇黄兴的看法。辛亥革命的高潮中，这种舆论已经相当普遍地传播到同盟会内外，动摇着、危害着孙中山的威信。反动势力和资产阶级立宪派借此挑拨孙、黄关系，打击孙中山。陈其美在孙、黄分裂后，致黄兴的一封长信中指出：“夫谓足下为革命实行家，则海内无贤无愚莫不异口同声，于足下无所损。惟谓中山先生倾予理想，此语一入吾人脑际，遂使中山先生一切政见不易见诸施行。迨至今日，犹有持此言以反对中山先生者也。”① 应该承认，“孙氏理想，黄氏实行”，反映了一定的实际情况。也正因为如此，他们在过去的斗争中，由于互相合作，取长补短，发挥了领导革命的重大作用。“不图革命初成”，这种“理想”与“实际”的舆论恶性发展起来，大多数革命党人赞成黄兴的“实际”，而排斥孙中山的“理想”，认为孙中山“理想太高，不适中国之用”。南京临时政府时期，竟达到“众口铄金，一时风靡”的程度。孙中山后来说：“是以予为民国总统时之主张，反不若革命领袖时之有效而见之施行矣。”孙中山任临时大总统时，黄兴作为主要助手做了大量工作，所谓“诸事皆克强做主”是事实。孙中山一向主张的“革命方略”没有实行，在与袁世凯的斗争中被迫一再妥协，不断受挫，他更感到“忝为总统，乃同木偶”。他痛恨许多革命党人不听他的主张，也就不免迁怒于大多数革命党人所拥护、赞赏的黄兴，这就埋下了分裂的种子。

其次，是由于同盟会改组为国民党与实行“政党政治”的分歧。孙中山解职总统时，在政治上是较为悲观的，认为“革命主义，无由贯彻”，对袁世凯期以“小康”，主张退为在野党，从事社会改革，

---

①陈其美：《致黄兴书》，《中国国民党史稿》第一篇，商务印书馆 1944 年增订版，第 266 页。

经营实业，对同盟会改组为国民党，进行“政党政治”，组织“责任内阁”是比较消极的。而宋教仁一派则相信资产阶级议会政治，坚持成立“责任内阁”，因此积极推行同盟会合并其他中间党派，建立国民党。孙中山虽然被推为国民党的理事长，但同盟会时的总理制改变了，他的民生主义被抛弃了，他的思想指导地位和领袖地位实际上被否定了。孙中山以“理想派”而在党内失势，日益孤立。对宋教仁等的这一切活动，孙中山是消极被动的，而黄兴则是支持的态度。这显然加大了孙、黄之间的潜在分歧。

第三，就是所谓“武力讨袁”与“法律解决”的公开分歧。宋教仁被刺的真相大白，孙中山从日本回国立即主张兴兵讨袁。黄兴手中已无军事实力，“动摇于战与和之间”。他周围的国民党将领“皆主慎重，以避袁氏凶风”，对黄兴影响甚大。黄兴认为“南方武力不足恃”，主张“法律解决”。孙中山明确指出：“总统指使暗杀，则断非法律所能解决。所能解决者，只有武力。”经过多次会议，反复争论，意见仍然不能统一起来。孙中山十分气愤党内这种严重右倾和缺乏起兵讨袁的勇气。国民党内和主要领导人之间的严重分歧公开了。

总结“二次革命”失败的原因，孙中山认为“非袁氏兵力之强，实因党人心之涣散”，尤其是“当时颇以公（指黄兴）言为不然，公之不听”。1915 年 3 月孙中山致黄兴信中指责说：

> 文以此时本拟亲统六师，观兵建康，公忽投袂而起，以为文不善戎伍，措置稍乖，贻祸匪浅。文雅不欲于兵戈扰攘之秋，启兄弟同室之阋，乃退而任公。公去几日，冯张之兵联翩南下。夫以金陵帝王之都，龙盘虎踞，苟得效死以守，则大江南北，决不致闻风瓦解。……乃公以饷绌之故，贸然一走，三军无主，

卒以失败。[①]

孙中山对黄兴先是坚持“法律解决”，继而反对他亲赴南京指挥军事，后又“贸然一走”，置三军于不顾，“非常失望”。因此，孙、黄等先后抵日本，战友重逢，检讨“二次革命”失败原因时，意见分歧。黄兴认为“失败之主因……乃正义为金钱权力一时所摧毁，非真正之失败”。孙中山则认为，“由于党员不听命令”而失败，并“意指克强，刻责无已”。

孙中山愤恨“同党人心之涣散”而遭惨败的心情是可以理解的。但他对黄兴“刻责无已”显然过分了，不利于分清是非，团结同志，吸取应有的教训。

平心而论，在当时的情况下，无论孙中山还是黄兴，都无法改变“二次革命”的结局。这次失败无非是辛亥革命失败的继续，是革命党人一再妥协、涣散以至力量瓦解的必然结果。不过，孙中山主张“‘宋案’发生之日，立即动兵”与黄兴幻想“法律解决”相比较，显然是高出一筹，正确得多。如果按孙中山立即兴兵讨袁的主张，“宋案”和大借款案激起的群众反袁情绪显然是对讨袁的有利因素，而且“海军也，上海制造（局）也，上海也，九江也，犹未落袁氏之手。况此时动兵，大借款必无成功，[②] 则袁氏断不能收买议员，收买军队，收买报馆……及借款已成，大事（势）已去，四都督已革……”就被动多了，失败更加迅速了。[③]

“二次革命”及其后对失败原因检讨，成为孙、黄两派分裂的主要原因。

最后，在孙中山坚决抛弃国民党，建立中华革命党时，要求党

---

①《致黄兴书》，《孙中山全集》第四卷，人民出版社 2015 年版，第 381 页。

②这一点孙中山的判断未必正确，也表明他对帝国主义存在幻想。

③毛注青：《黄兴年谱》，湖南人民出版社 1980 年版，第 247 页。

员绝对服从“党魁”个人，并在誓约上加盖指模，最终地使这两位多年战友分手了。他们的许多同志和宫崎寅藏等日本友人，多次奔走调停，都没有成功。黄兴周围的原同盟会、国民党军事将领都拒绝参加中华革命党。其中一部分人组织“欧事研究会”，“拟公推克强为领袖”，同孙中山公开分裂。黄兴对“加入中华革命党要打指模印，无论如何不能同意”，但“为避免党内纠纷，决计到美游历”。6月27日，黄兴宴请孙中山叙别，孙中山赠联：“安危他日终须仗，甘苦来时要共尝。”

孙、黄分道扬镳了。这对孙中山领导反袁斗争是一个重大损失，也使他苦心经营起来的中华革命党失去一大批较有实力和社会影响的同志。

后来，随着革命形势的发展，孙、黄两人又重新联合在一起了。

当时，以孙中山为代表的革命党人面对袁世凯的倒行逆施，及时并尖锐地揭露了袁世凯这个巨奸大憝的专制复辟和卖国面目，从而进一步警醒了世人、唤起革命人民奋起反袁的热潮。

从1914年起，孙中山屡颁文告，揭露袁世凯背弃国会、约法，“窃国拥兵，帝制自雄”；号召革命者加入中华革命党，“协力同心，共图三次革命”。1914年5月，孙中山在东京创办《民国》杂志，主要是宣传反袁。当袁世凯掀起尊孔、复古、称帝的逆流时，孙中山也约略感到思想建设的重要性和迫切性。他在1914年秋制定的《中华革命军大元帅檄》严厉谴责袁世凯大肆屠杀革命党人的同时，“祭天祀孔，议及冕旒”；指出“袁贼妄称天威神武之日，即吾民降作奴隶牛马之时”。当袁世凯以承认“二十一条”来换取日本对他称帝的支持时，孙中山等革命党人又多次发通告、写文章，以各种方式对袁世凯的卖国勾当和复辟帝制的阴谋进行揭露，指出袁世凯承认“二十一条”后必将称帝，日本政府亦趋向袁世凯，中国革命更处于存亡关头；强调“以救国为前提者，要以舍去夫己氏（按指袁世凯）

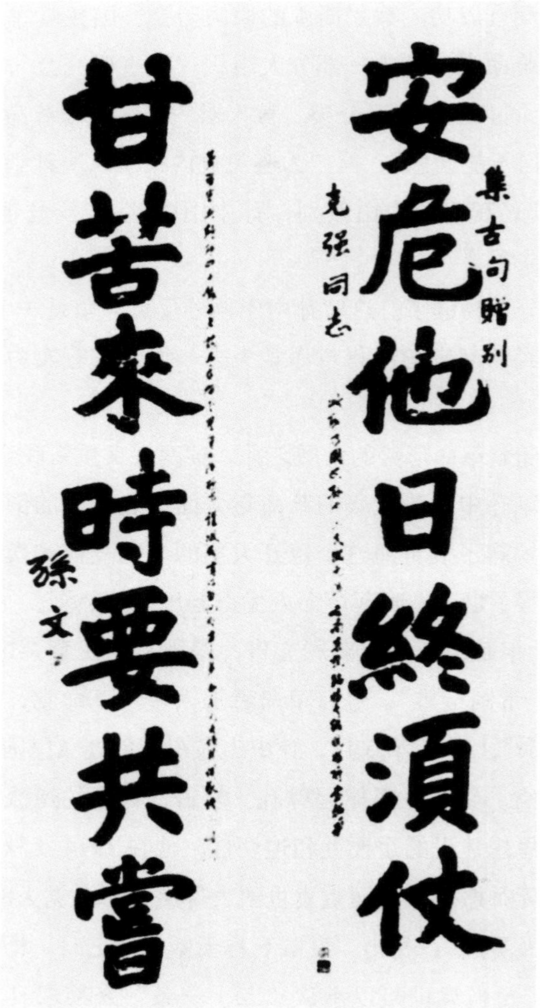

1914 年 6 月 27 日，孙中山集古句赠黄兴联

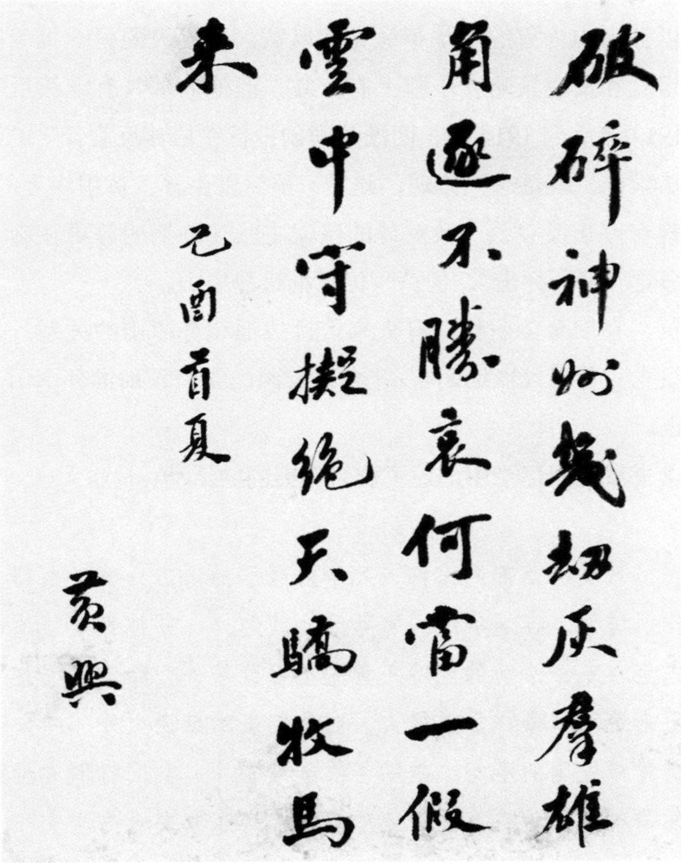

1916年，黄兴亲笔书诗一首

之外而别无方法”。孙中山等的上述宣传，对于澄清人们糊涂观念、进行反袁斗争是有积极作用的。

孙中山的武装反袁，以及袁世凯的进一步倒行逆施，促进了各阶层反袁力量的聚结，有利于反袁联合战线的形成。

以孙中山为首的中华革命党和以黄兴为代表的另一批老同盟会员在组党和反袁策略、步骤上有分歧，但他们都具有继续反袁的要求。1913 年底到 1914 初，两派共同创设旨在培养反袁骨干的浩然庐和政法学校，就是这一体现。此后，虽然发生孙、黄组织上的分裂，黄派曾有停止反袁，一致对外的错误主张，陈炯明等更在南洋对中华革命党“多所抨击”，但黄兴仍然推崇孙中山。

黄兴在旧金山时候，有人来信挑拨他和孙中山的关系，怂恿他另行组党。黄兴气愤地回答：“党只有国民党，领袖惟孙中山，其他不知也。”

李书城在回忆录中记述了黄兴在美国的活动：

> 从美国西部到东部，凡华侨聚居的地方，黄先生都被邀去作了访问。各地华侨同胞除开会欢迎外，并拟筹集款项送给黄先生作革命活动的经费。黄先生每到一处，除了说明旅外侨胞历来帮助革命，贡献很大，向他们表示感谢之外，并评述袁世凯背叛民国的事实，鼓励华侨继续奋斗，共同打倒袁世凯。他并嘱华侨同胞将筹集的款项直接汇寄东京交孙先生支配，声明他自己这次是来美暂居，不需要侨胞资助。他每与侨胞谈及孙先生时，都表示很尊敬孙先生，从未讲及他自己与孙先生在党的改组问题上的意见分歧，因为他惟恐因此使侨胞热爱祖国的情绪受到影响。

黄兴始终都在揭露和反对袁世凯，而且认识到反袁政治革命

“应乎时”、“顺乎人”，势在必行。不过，黄兴尚不赞同立即进行武装讨袁。所以孙中山于1915年3月函责黄兴所持徘徊、观望、缓进的态度。黄对孙的批评仍保持缄默，未作答复。随着袁世凯承认“二十一条”、并加紧称帝步伐之后，黄派也猛然悔悟，赞成立即武装讨袁。在南洋和美洲的同志如冯自由、林森、张继、叶独醒等都为孙、黄两派的重新合作而进行工作。孙对此深为嘉许。他在1915年7月8日给林森、黄兴等主持和参加的美洲国民党恳亲大会的贺电，以“亲仁善群”勖勉。8月，他在给南洋革命党人叶独醒的信中也指出：“吾人于此，惟有一致猛向前进。党内手足，岂复有意见之可言。足下能见其大，力予消融，竟收良果甚可喜也。”他还派人到东美“联络同志，协力救国”。

1916年5月20日，孙中山给从美国到了日本的黄兴写了一封长信，请宫崎滔天转达。他在信中阐述了最近的国情和自己的主张，委托黄兴在日本借款购买军械，期望他早日回国共商国是：“兄与弟有十余年最深关系之历史，未尝一日相迕之感情，弟信兄爱我助我，无殊曩日，此一成否，关系全局……望兄以全力图之。事有把握，仍企来沪一行，共商进行各事。”

这正是黄兴所盼望的。

两年来，黄兴身在美国，内心却无时无刻不惦记着中国革命。为了使革命党人互相支持，互通信息，他在日本马关设立办事处，传递昆明、东京、美国之间的消息。1915年9月底，黄兴接到蔡锷将赴西南发难的密信，认为反袁的时机已经成熟，立即与各派反袁势力联系，要求互相支持，确定联络唐继尧作为实现各派团结的基础。他对唐继尧说：“蔡锷来滇，只借滇军讨袁，不为都督，不留滇，到即率兵出发。”

与孙中山相应和，黄兴也派遣或敦促本派同志回国武装讨袁。10月，他派长子黄一欧回国参加起义，并写信给孙中山表示：“三次革命的发难时机已届成熟，如有所命，亟愿效力。”到这时，包括陈炯明在内的大部分原革命党人都赞同并投入反袁武装斗争。他们纷纷潜回滇、川、黔、桂、粤等省进行活动。居正奉孙中山之命到山东举义时，鉴于“他党并起，有如乱麻”，请黄兴回国出任指挥，黄兴虽未行，但表示：“兴虽衰废，当竭力所能及，以图补助。”实际上，两派尽管还有矛盾，但军事合作在1916年后已在一些地方以不同形式出现了。1916年1月，中华革命党人朱执信，与打着护国军旗号的陈炯明所部，几乎在惠州等地同时揭竿而起，并肩反袁；陈其美和钮永建在上海也在同谋起义。李烈钧、章士钊、覃振等还先后加入中华革命党。

1916年5月9日，黄兴从美国抵达日本。当天致电袁世凯，斥责其称帝叛国罪行，敦促他悔过引退。12日，黄兴又通电全国各界，指出“此次讨逆，出于全国人心，理无党派意见，更无南北区域之可言。今既谊切同仇，务希协力策进，贯彻主张，速去凶顽，共趋天轨。”

孙中山和黄兴经过一段暂时的分手，这一对革命老战友又重新携起手来了。

孙、黄的重新联合，当然是对民主革命事业大有好处的佳话。它为当时反袁形势所必需的更广泛的联合提供了基础。在当时普天同愤的各爱国民主阶层人士中，由以稳健、温和为其特点的黄兴一派出面联系各种较为保守的反袁势力，比孙中山一派更易着手。欧事研究会在袁世凯称帝活动加剧时，已加紧与被袁世凯驱散的国内国民党温和派相结合，已然成为反帝制的一种势力，并由此与进步党和西南实力派携手，还和因权力之争与袁世凯离异的段祺瑞、冯国璋等北洋将领达成某种默契，形成了一个比较广泛的反对袁世凯帝制自为的联合阵线，因而就很快地掀起了反袁护国运动的高潮。

二、护国战争的爆发

孙中山的婚事一告结束，他便更紧张地投入了反对袁世凯复辟的斗争。

早在孙中山在日本逐步展开反袁斗争时，袁世凯在国内就已大力加强他的独裁统治。1913 年 10 月，以暴力胁迫国会选举他为正式大总统。1914 年 5 月，他废除《临时约法》，颁布了一部新“约法”，又进一步把自己变成终身大总统。可是他的野心还不满足，一心想当皇帝，梦想恢复封建君主专制制度。为了取得日本侵略者的支持，他大量出卖国家主权，于 1915 年 5 月公然按受日本提出的旨在灭亡中国的“二十一条”，投靠帝国主义。之后，他在 1915 年 12 月 12 日便公然宣布恢复君主制度，自称为“皇帝”，还恬不知耻地说什么：“民之所欲，天必从之。”接着，他便在居仁堂接受文武百官的朝贺，大封群臣，把北洋将领都封以公、侯、伯、子、男等爵位，改总统府为“新华宫”，把民国五年改为“洪宪”元年，又刻了五颗金印，做了两件龙袍，将封建的卿、大夫、士的等级制度以及清朝的仪式、礼节大规模地恢复了起来，准备在 1916 年元旦正式“登基”做皇帝。

袁世凯把自己讲的“拥护共和政体，反对君主专制”的诺言，一笔勾销，甚至连“中华民国”的空招牌也一脚踢开，公然改称“中华帝国”。

但是，凡属倒退行为，结果都和主持者的原来的愿望相反。当袁世凯和他的爪牙们，正在忙着筹备“登基”大典的时候，愤怒了的全国军民发出了怒吼，迅猛地兴起了反袁护国的浪潮。

孙中山早在袁世凯指使党羽组织“筹安会”搞帝制活动时，就在号召和组织革命力量讨伐袁世凯方面进行了一系列的工作。

1915 年夏，孙中山委派吕志伊（字天民，原同盟会评议员，中

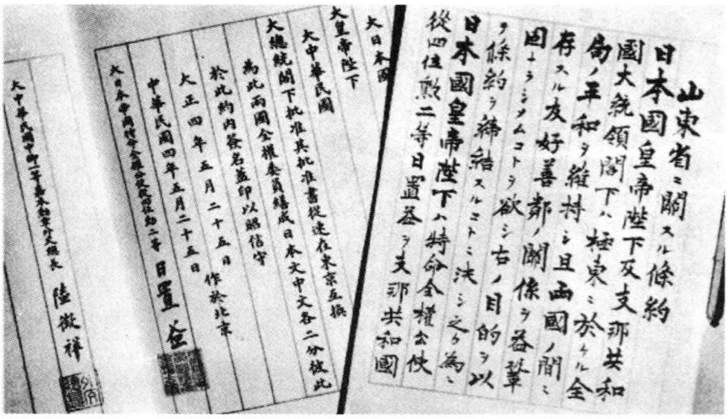

“二十一条”中日文约本

中日两国代表签约“二十一条”时情景

身着龙袍的袁世凯

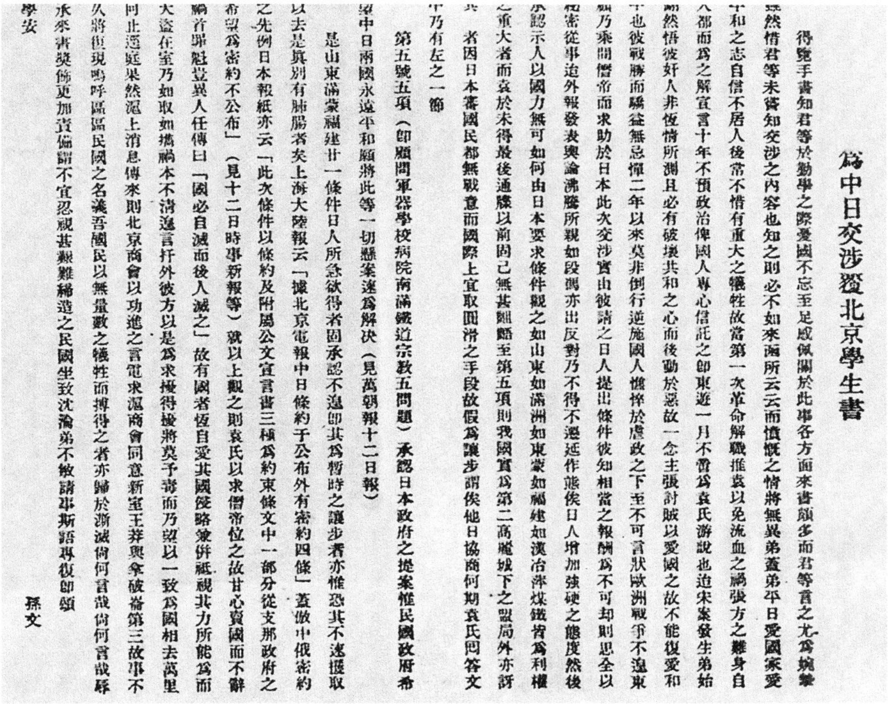

爲中日交涉覆北京學生書

得魏手書知君等於勤學之際憂國不忘至足感佩關於此事各方面來書頗多而君等言之尤爲婉摯雖然惜君等未嘗知交涉之內容也知之則必不如來函所云云而憤慨之情將無異弟蓋弟平日愛國家愛和平和之志自信不居人後常不惜有重大之犧牲故當第一次革命解職推袁以免流血之禍張方之難身自入都而爲之解宣言十年不預政治俾國人專心信託之即東遊一月不嘗爲袁氏游說也迨宋案發生弟始幡然悟彼奸人非恆情所測且必有破壞共和之心而後勤於惡故一念主張討賊以愛國之故不能復愛和平也彼戰勝而驕益無忌憚二年以來莫非倒行逆施國人憔悴於虐政之下至不可言狀歐洲戰爭不遑東顧乃乘間僭帝而求助於日本此次交涉實由彼請之日人提出條件彼知相當之報酬爲不可却則思全以秘密從事迨外報發表輿論沸騰所親如段馮亦出反對乃不得不遷延作態俟日人增加強硬之態度然後承認示人以國力無可如何由日本要求條件觀之如山東如滿洲如東蒙如福建如漢冶萍煤鐵皆爲利權之重大者而袁於未得最後通牒以前固己無甚齟齬至第五項則我國實爲第二高麗城下之盟局外亦訝其　者因日本審國民都無戰意而國際上宜取圓滑之手段故假爲讓步謂俟他日協商何期袁氏回答文中乃有左之一節

第五號五項（即顧問軍器學校病院南滿鐵道宗教五問題）承認日本政府之提案惟民國政府希望中日兩國永遠平和願將此等一切懸案速爲解決（見萬朝報十二日報）

是山東滿蒙福建廿一條件日人所急欲得者固承認不遑即其爲暫時之讓步者亦惟恐其不速攫取以去是眞別有肺腸者矣上海大陸報云「據北京電報中日條約于公布外有密約四條」蓋倣中俄密約之先例日本報紙亦云「此次條件以條約及附屬公文宣言書三種爲約束條文中一部分從支那政府之希望爲密約不公布」（見十二日時事新報等）就以上觀之則袁氏以求僭帝位之故甘心賣國而不辭禍首罪魁豈異人任傳曰「國必自滅而後人滅之」故有國者恆自愛其國侵略兼併祇視其力所能爲而大盜在室乃如取如攜禍本不淸遑言扞外彼方以是爲求援得援將奠予毒而乃望以一致爲國相去萬里何止遷延果然滬上消息傳來則北京商會以功進之言電求滬商會同意新室王莽輿夅破斧第三故事不久將復現嗚呼區區民國之名義吾國民以無量數之犧牲而博得之者亦歸於澌滅尚何言哉尙何言哉辱承來書獎飾更加責備謂不宜忍視甚艱難締造之民國坐致沈淪弟不敏請奉斯語再復即頌

學安

孫文

北京学生为反对中日密约，致函在日流亡的孙中山，孙中山在复函中表达了反对中日签订条约的坚决态度华革命党领导成员之一）“由日回滇，秘密运动军队”，策划反袁；[①]9月1日，他亲自领导中华革命党人在东京集会，声讨袁世凯，反对复辟帝制；同月18日，又指示中华革命党党务部发布第10号通告，再次揭露袁世凯复辟帝制的罪恶行径，并派人赴南洋各地筹措讨袁经费；1914年5月，发表了《讨袁檄文》，痛斥袁世凯“背弃前盟，暴行帝制”的种种罪行，坚决表示“誓死戮此民贼，以拯吾民”，呼吁一切“爱国之豪杰共图之”；[②]1916年5月，又发表了《讨袁宣言》，再次揭露袁世凯“伪造民意，强迫劝进”，竟“推翻民国，以一姓之尊而奴视五族”，并号召全国人民起来进行反袁斗争，粉碎帝制复辟，重建民国。[③]

与此同时，孙中山还致电各省讨贼义军协同作战，要“各方同志，取一致行动”，“集群力，猛向前进，决不使危害民国如袁逆者，生息于国内”。[④]

孙中山领导着中华革命党在各地联络军队，组织暴动，部署起义，坚决地讨伐独夫民贼袁世凯。但是，如前所述，他只进行了一些零散的军事冒险活动，而没有在人民的反袁、反复辟的斗争中起组织和领导作用。

当时，西南地区的新军阀唐继尧（同盟会员，后堕落为滇系军阀头子），在滇军广大反袁官兵坚决反袁的推动下，秘密进行着反袁的筹备工作。

护国讨袁战争，是从云南护国军开始的，而云南的护国军，又是在孙中山亲自部署并派得力干部发动下建立起来的。在整个护国反袁斗争中，孙中山除向全国人民及时发出讨袁宣言和通电檄文，

①邹鲁编著：《中国国民党史稿》第四册，中华书局1960年版，第1058页。

②《讨袁檄文》，《孙中山全集》第三卷，人民出版社2015年版，第52—53页。

③《讨袁宣言》，《孙中山全集》第三卷，人民出版社2015年版，第69—70页。

④邹鲁编著：《中国国民党史稿》第四册，中华书局1960年版，第1065—1066页。

1916年4月9日，孙中山在日本友人田中昂寓所举行“帝政取消一笑会”时合影

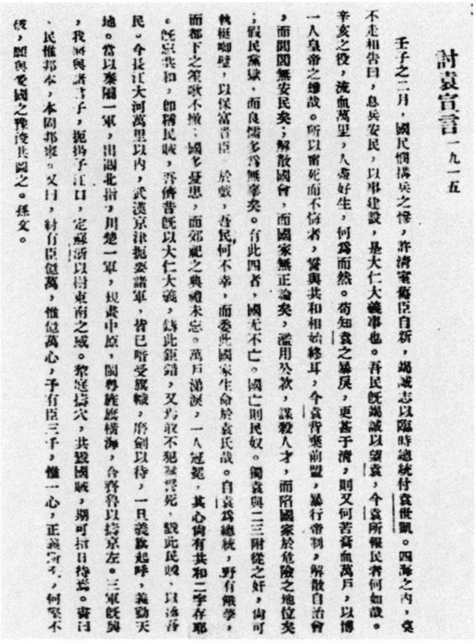

討袁宣言一九一五

壬子之二月，國民惕于兵之慘，許清室舊臣自新，竭誠志以臨時總統付袁世凱。四海之內，奚不走相告曰，息兵安民，以事建設，是大仁大義事也。吾民既竭誠以望袁，今袁所報民者何如哉。辛亥之役，流血萬里，人盡好生，何爲而然。苟知袁之暴戾，更甚于清，則又何苦賫血萬戶，以博一人皇帝之娛哉。所以甯死而不悔者，賢與共和相始終耳，今袁背棄前盟，暴行帝制，解散自治會，而閭閻無安民矣；解散國會，而國家無正論矣，濫用公款，謀殺人才，而陷國家於危險之地位矣；假民黨獄，而良儒多爲無辜矣。有此四者，國无不亡。國亡則民奴。獨袁與二三附從之奸，尚可執梃蜘壁，以保富貴臣 於敷，吾民何不幸，而委此國家生命於袁氏哉。自袁爲總統，野有餓莩，而都下之笙歌不撤；國多憂患，而郊祀之典禮未忘。萬戶涕淚，一人冠冕，其心尚有共和二字存耶。既竊其扣，即稱民賊，吾儕昔既以大仁大義，鑄此鉅錯，又豈敢不犯冒死，戮此民賊，以拯吾民。今長江大河萬里以內，武漢京津扼要諸軍，皆已暗受旗幟，磨劍以待，一旦義旗起呼，義動天地。當以秦隴一軍，出湖北指，川楚一軍，規畫中原，閩粵旌旗橫海，合齊魯以搗京左。三軍既與，我將與諸君子，扼揚子江口，定蘇浙以樹東南之威。犁庭掃穴，共戮國賊，期可指日待焉。書曰、民惟邦本，本固邦寧。又曰，紂有臣億萬，惟億萬心，予有臣三千，惟一心，正義所在，何堅不摧，願與愛國之豫俊共圖之。孫文。

孙中山《讨袁宣言》

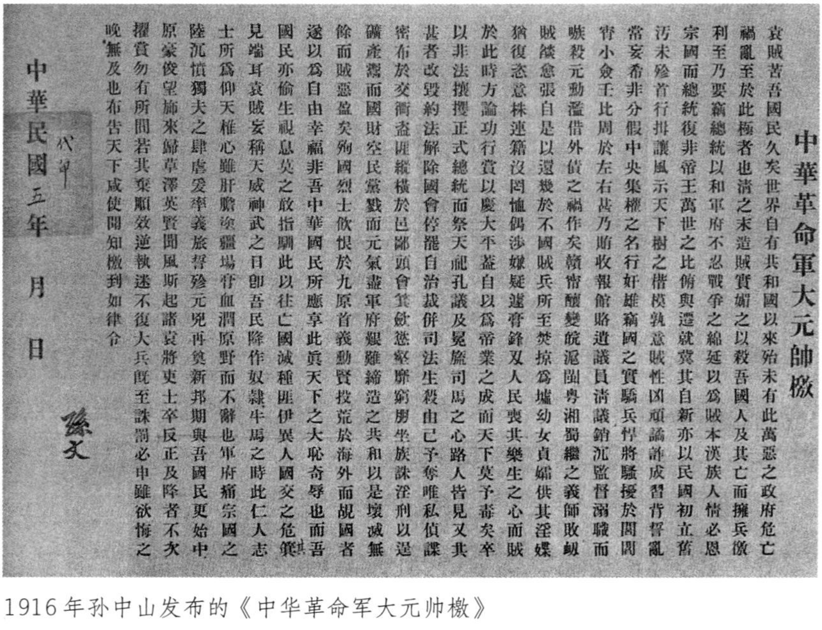

中華革命軍大元帥檄

袁賊苦吾國民久矣世界自有共和國以來殆未有此萬惡之政府危亡禍亂至於此極者也清之末造賊實媚之以殺吾國人及其亡而擁兵儌利至乃要竊總統以和軍府不忍戰爭之綿延以爲賊本漢族人情必思宗國而總統復非帝王萬世之比倘與遷就冀其自新亦以民國初立舊汚未殄首行揖讓風示天下樹之楷模孰意賊性凶頑譎詐成習背誓亂常妄希非分假中央集權之名行奸雄竊國之實驕兵悍將騷擾於閭閻宵小僉壬比周於左右甚乃賄收報館賂遺議員淸議銷沉監督溺職而暗殺元勳濫借外債之禍作矣贛甯釀變皖滬閩粵湘蜀繼之義師敗衄賊燄愈張自是以還幾於不國賊兵所至焚掠爲墟幼女貞婦供其淫媟猶復恣意株連籍沒罔恤偶涉嫌疑遽膏鋒刃人民喪其樂生之心而賊於此時方論功行賞以慶大平蓋自以爲帝業之成而天下莫予毒矣卒以非法攘攫正式總統而祭天祀孔議及冕旒司馬之心路人皆見又其甚者改毁約法解除國會停罷自治裁併司法生殺由己予奪唯私偵諜密布於交衢盜匪縱橫於邑鄙頭會箕斂慾壑靡窮朋坐族誅淫刑以逞礦產鬻而國財空民黨戮而元氣盡軍府艱難締造之共和以是壞滅無餘而賊惡盈矣殉國烈士飲恨於九原首義勳賢投荒於海外而覘國者遂以爲自由幸福非吾中華國民所應享此眞天下之大恥奇辱也而吾國民亦偷生視息莫之敢指馴此以往亡國滅種匪伊異人國交之危巽其見端耳袁賊妄稱天威神武之日即吾民降作奴隸牛馬之時此仁人志士所爲仰天椎心雖肝腦塗疆場膏血潤原野而不辭也軍府痛宗國之陸沉憤獨夫之肆虐爰率義旅誓殄元兇再奠新邦期與吾國民更始中原豪俊望旆來歸草澤英賢聞風斯起諸袁將吏士卒反正及降者不次擢賞勿有所問若其棄順效逆執迷不復大兵旣至誅罰必申雖欲悔之晚無及也布告天下咸使聞知檄到如律令

中華民國五年　月　日

代印

孫文

1916年孙中山发布的《中华革命军大元帅檄》

揭露袁世凯恢复帝制的阴谋，指明斗争的目标，还具体组织和领导中华革命党人在鲁、豫、苏、浙、闽、粤、赣、湘、鄂、川、陕、滇等省不断发动起义，掀起了轰轰烈烈的三次革命（孙中山称二次讨袁战争是三次革命）的高潮。所以，讨袁斗争的胜利，是与孙中山坚持斗争，进行艰苦的组织和发动工作分不开的。

在这一时期革命党人组织发动工作，要数云南的发动工作最有成效。这里的军政骨干，多数参加过辛亥革命，富于革命思想，有较浓的民主共和意识，对袁世凯的复辟活动疾恶如仇，早就在酝酿着反袁斗争。中华革命党云南支部负责人吕志伊受孙中山的派遣，到云南秘密从事反袁的组织发动工作。他在云南军政界发展了一批中华革命党党员，为云南护国起义做了思想上、组织上、干部上的准备。吕志伊给孙中山的报告中说："时滇中反对帝制最激烈者……秘密在余处会议数次，决定四项办法：一、要求唐氏（指云南将军唐继尧）表示态度……"

12 月 17 日，奉孙中山之命，前江西都督李烈钧偕同熊克武、方声涛、但懋辛等革命党人潜抵昆明，策动起兵讨袁。护国战争酝酿阶段孙中山已派李华英从东京前往北京与蔡锷联系，动员蔡锷南下反袁；同时，又通过革命党人张孝准以老同学身份与蔡锷联系，希望他到东京共商讨袁计划。

蔡锷（1882—1916 年），原名艮寅，字松坡，湖南宝庆人，是一个具有民主革命情愫的爱国将领。他毕业于日本士官学校，于 1904 年回国后，先后在广西、云南新军中任职，对革命党人的活动表示同情并予以赞助。武昌起义爆发后，他参加重九昆明起义，被推选为云南军政府都督。但由于他思想上的尚武精神，以及他在辛亥革命后期待"建造一强固有力之国家"，主张大权"收集中央"，曾一度拥戴袁世凯，支持镇压二次革命。后来筹安会的出笼，使蔡锷完全看清了袁世凯复辟帝制的狰狞面目，下定了反对帝制复辟的

唐继尧

蔡锷

决心："袁氏叛逆，以致强邻生心，内乱潜滋。在这千钧一发之际，我们不得不负重而行了。"他在筹安会发表成立宣言的第二天，设计乔装搭乘晚班火车离开北京，历经艰险回到昆明。

云南的民众和中下军官是拥护反袁的，但唐继尧和一些高级将领却犹豫不决。经过蔡锷的大力宣传和劝导，照亮了坚定者的眼睛，鼓舞了中立者的斗志，扫除了犹豫者的徘徊气氛，将领们终于表示一致反袁，挽救共和。

1915 年 12 月 25 日，云南首先宣布独立，爆发了蔡锷领导的、以具有民主革命情绪的中下层军官为骨干的护国战争（也称"护国运动"），讨伐袁世凯。他们以反对袁氏复辟帝制、捍卫共和制国体为宗旨，组织"护国军"，以唐继尧为都督，以蔡锷、李烈钧（革命党人）、唐继尧分任一、二、三军总司令，分兵三路向四川、贵州、广西进军，讨伐袁世凯。

在全国人民热烈支持下，护国军和各地反袁军经过艰苦战斗，击败了北洋军。贵州、广西、广东、浙江、湖南、四川、陕西等省相继响应，纷纷起义，参加护国讨袁。接着，全国各地及海外华侨也纷纷发表宣言、通电，进行声讨，宣布袁贼"叛逆罪恶，已不容诛"，护国烈火在全国熊熊燃烧，迅速形成一个声势浩大的讨袁运动。

在这种情势下，袁世凯的心腹将领也开始分裂。1916 年 5 月 22 日和 29 日，四川的陈宧和湖南的汤芗铭先后宣布独立。袁世凯这才感到大事不好，"无可奈何花落去"，在举国群起的反对下，他早在 3 月 22 日已经被迫下令取消帝制，妄想依靠北洋军队保持总统权位。护国军坚持要他下台，并联合滇、黔、两广等省反袁势力，于 5 月 1 日成立两广护国军都司令部，岑春煊为都司令，梁启超为都参谋，李根源为副都参谋。8 日成立军务院，独立各省军事长官为抚军，唐继尧为抚军长，岑春煊为抚军副长，梁启超为政务委员长。

1916年，袁世凯的葬礼

军务院是大地主大资产阶级改良派、西南军阀与一部分资产阶级右翼、国民党军人联合反袁组织，它宣布“指挥全国军政”，在政治上起了同袁世凯政权相对抗的作用。

这个由唐继尧、岑春煊、梁启超为首的军务院完全排斥了孙中山及其中华革命党。孙中山这时还只能提出“维持约法”以“维持民国”，没有提出明确的革命纲领。他领导的中华革命党在广东、山东、上海等地开展坚决的反袁武装斗争，继续为中国独立民主而奋斗，但严重脱离群众，不能肩负起反袁斗争的领导责任，只充当了配角。

袁世凯的倒行逆施，外受帝国主义各国之警告，内遭全国人民之唾弃，终于招致众叛亲离，天怒人怨，楚歌四起，在举国亿万人民一片讨伐声中，于1916年6月6日羞愤地黯然而死，结束了他复杂的一生。袁世凯复辟帝制的失败和最后的垮台，是全国人民反抗斗争的结果。他代表着反动腐朽阶级的利益，所作所为极不得人心，逆历史潮流而动，必然为人民所唾弃。

孙中山领导的辛亥革命，促成民主思想的高涨，在反袁斗争中仍有其积极影响。他在反袁斗争中提出的“誓殄元凶”的志愿终于实现。

在孙中山的号召下，由中华革命党参与发动的护国运动，反映人民群众的要求，得到广大群众的支持，取得了粉碎袁世凯复辟帝制的胜利，使辛亥革命创立的中华民国得以复生，具有进步的历史意义。但是，这个运动只以打倒袁世凯而告终，只是共和制度的形式恢复了。但是代之袁世凯而起的段祺瑞统治，仍是帝国主义支配下的封建军阀专制统治，并没有丝毫改变中国半封建半殖民地的境况。护国运动之后，在中国形成了北洋军阀控制中央政府和西南军阀实行割据的局面，中华民国仍然是空有其名。从旧民主主义革命整个过程来看，孙中山的所谓“第三次革命”仍然是一次失败。

为什么孙中山的中华革命军起义最早，反袁最坚决，而成为配角，蔡锷的护国军起义较晚，内部派系复杂，反而成为反袁的主流呢？

首先，是护国军提出一个简单而鲜明的口号——“护国”，维护辛亥革命由孙中山手创的共和国，反对袁世凯窃国、卖国、复辟，代表了人民的意愿。正是人心向背起了决定性作用。而孙中山的中华革命党，还是那一套的“实行民权、民生两主义”，没有鲜明的旗帜和具体的内容，号召力是不大的。其次，护国军建立了广泛反袁统一战线，实现了一切反袁力量的大联合，包括暂时的和动摇的势力。护国将领中，以蔡锷为中心，包括前同盟会、国民党、进步党和反袁军阀官僚，在反袁这一点上是一致的。而孙中山及其中华革命党存在严重的宗派主义排他性，他的许多老战友、追随者如李烈钧等大都参加了护国军，与蔡锷合作。最后，护国军有地盘有军队，拥有一定实力并扩而大之，产生重大影响。而孙中山在国内无立足之处，在各地发动的十几次暴动，大多失败。山东的中华革命军是成绩最好的，袁世凯死后交出二千多支枪，被北洋军阀改编了。孙

1916年4月，孙中山在东京留影

中山指示中华革命党发出通告："袁贼自毙，黎大总统依法就职"，"推翻专制，重造民国"的目的已经达到，各地起义军的军事行动一律结束。孙中山两袖清风，没有保留一点军事力量。

旧国会和民元约法恢复了，孙中山又认为"现在民族、民权已达到目的"，准备实行民生主义了。在革命征途中取得一个正确的认识是不易的，在孙中山的奋斗史上，难免还要走一段曲折的道路。他在以后的岁月中，继续展开了同封建军阀的斗争，为建立一个名副其实的共和国而奋斗不息。

三、再度专心搞实业建设

袁世凯死后，帝国主义各国为了争夺中国，划分势力范围，于是各自扶植一部分军阀充当自己的代理人，中国政治上出现了极端混乱的局面。

北洋系统的军阀是清朝末年由袁世凯建立的封建、买办性的反革命武装政治集团，在袁世凯死后，它分裂成许多派系。其中主要的有：皖系、直系、奉系三大派系。袁世凯编练北洋新军的重要助手、在新军中历任三、四、六镇统制的段祺瑞（字芝泉），是安徽合肥人，以他为头子的军阀集团，被称为"皖"系，控制了北京的中央政权，投靠的是日本帝国主义；历任北洋新军要职，着重督练北洋军事学堂的冯国璋（字华甫），是直隶（今河北）河间人，以他为头子（冯死后以曹锟、吴佩孚为头子）的军阀集团，被称为"直系"，盘踞长江流域，投靠的是英、美帝国主义；担任奉天督军兼省长的张作霖（字雨亭），是奉天（今辽宁）海城人，以他为头子的军阀集团，被称为"奉系"，成为东北三省的土皇帝，投靠的也是日本帝国主义。西南地区一些参加护国战争的将领蜕化为新军阀；在南方的军阀中，势力较大的有滇系军阀唐继尧、桂系军阀陆荣廷。此外，还有山西的阎锡山、徐州一带的张勋等小军阀。同时，各省、各地区涌现出大大小小的地方军阀，利用中国分散的农业经济，各自割据一方，分别投靠不同的帝国主义国家，彼此厮杀，互相争夺，“政事兵乱，无年无之”。因此，捍卫共和国的斗争并没有结束。

这时候，孙中山已经50岁了。他及其追随者便根据形势的发展，又展开了对封建军阀的斗争。不过，他虽然觉察到混乱的中国帝制余孽还十分嚣张，隐忧未息，但他手中经费困难，革命派的力量十分薄弱，并且内部意见分歧，组织分散，无法与北洋政府相对抗，加上各界都期望和平，没有办法突破辛亥以来的运动方式。孙中山领导的运动陷入了困境和停滞状态。只有陈独秀等少数比较年青的革命者开始注意真正的广泛的国民运动，企图摆脱老一辈革命者的英雄模式，发动了新文化运动。

孙中山的理想，是建设独立富强的民主共和国，他称之为第二、第三次革命，就是为着恢复辛亥革命在中国开创的民主共和制度，其斗争目标则仅仅是局限在反对袁氏一人。他强调“国家安危，人民生死，胥系于袁氏一人之去留”。并提出：“除以武力取彼凶残外，凡百可本之约法以为解决。”认为推翻了袁世凯，一切均可迎刃而解，民主共和国也就能够顺利建立起来。

当时国民党的许多人，包括黄兴在内，以及护国军务院的唐继尧、陆荣廷、岑春煊等，均认为只要恢复约法和国会就可以万事大吉。当然，唐继尧等还有一个军阀割据的思想，约法、国会云云，并非其最后目的。孙中山同他们是有所不同，但他当时看得也是不高的。孙中山在此前一直非常重视总统、国会、宪法这些资产阶级共和国的象征，把《临时约法》和旧国会视为“民国”的重要标志，认为它们是辛亥革命胜利的产物，是民国的保证和“命脉”。后来，他还说过这样的话：“国于天地，必有与立，民主政治赖以维系不敝

1916年8月19日，孙中山在绍兴祭奠陶成章时与“陶社”成员合影

1916年8月22日，孙中山在宁波与欢迎人士合影

者，其根本存于法律，而机杼在于国会。必全国有共同遵守之大法，斯政治之举措有常轨；必国会能自由行使其职权，斯法律之效力能永固。”① 孙中山对民主共和制度，对议会政治，确实到了非常崇信的地步。所以，在《临时约法》和旧国会恢复以后的措施，就几乎和辛亥革命后让位给袁世凯时的情况相同。他又认为“现在民族、民权已达目的”，决定“不争政权”，极力倡导“地方自治”，准备着手搞实业等，以实行民生主义。

孙中山在袁世凯自毙后的次日，便充满信心对上海某记者说：“吾对于今日之时局，颇具乐观。”明确指出：“袁死之后，中国果然可以大治否？果然可以不乱否？若今后南北各执政者能一秉至公，尊重约法，拥护共和，去其争权夺位之私心，革其武人干政之恶习，以爱国之真诚，和平之精神，致力于奠定国基，建设国政之事业，则袁死而中国真可大治。此实吾国民在历史上、世界上之惟一光荣，使世界各国认识我中华民族，为爱国的文明民族，使国内政治上执权者，皆知为恶必无善果，而树一国民道德、政治道德之规范，更为中国永久的幸福也。”② 正是基于如此的认识。孙中山主张迅速恢复《临时约法》与旧国会，以解决国事。他于6月9日发表了《规复约法宣言》，指出与袁非有私怨，“为其坏约法，叛民国，是用讨之”；“今袁氏则既自毙矣，凡百罪孽，宜与首恶之身俱尽”。因此，当前拯救时局之道无他，“规复约法，尊重民意机关，则惟一无二之方”。③ 同时，电请黎元洪刻不容缓地恢复约法，尊重国会，“与国民共事建设”。

当时，孙中山视为“最迫切的愿望，是和平与秩序的恢复”。所以，他集中精力从各方面为实现此一愿望而努力。

---

①《辞大元帅职临行通电》，《孙中山全集》第三卷，人民出版社2015年版，第222页。

②《某民党首领之谈片》，上海《民国日报》，1916年6月8日。

③上海《民国日报》，1916年6月9日。

首先，他命令各地革命党人罢兵息战，“为诸军倡”，其他一切依法律解决，以实现国内的和平。在此后的两个多月中，孙中山连续向山东、广东、福建、四川等省及香港、东京等地的中华革命军领导人或将领，如居正、朱执信、吴大洲、薄子明、石青阳、陈中孚、朱霁青、吕子人、尹锡武、赵中玉等人发出电报、通告或函札达 15 件之多。这些函电的内容，主要分为三类：一是通知袁死，“内外情势大变”，命令各省起义军应即停止一切军事行动，政治问题静候黎元洪解决。二是通知“推翻专制，重建民国”之目的已经达到，催促早日结束军事，解散武装，转而从事生产建设，“以昭信义，固国本”。并提出“破坏既终，建设方始，革命名义，已不复存”，今后“对于政府，国民监督指导，则其责任有不容诿避者”。三是为了表示恢复和平的真诚，对不赞同解散革命军队的将领进行训诫说服工作。指出：“典兵者要当以大局为念，急图收束、解散，以轻负担而安地方”；“不得固执己见，与政府再生冲突，致贻扰乱争权之诮”。甚至电告居正：“各军如不依令解散，即脱离关系。”

对孙中山解散各省中华革命军命令，当时许多中华革命军将领和从军华侨队战士持有异议，他们不赞同轻易地放下武器，自行解除武装。为此，孙中山除一再发布“急办收束”命令，强行解散外，并通过演说及函电进行解释动员。他说：“今者袁死黎继，我辈革命之目的物不存，则革命军亦无从继续”，“解散之事，实出于万不得已”。针对反对解散者指出：“人多以为各省当袁氏死时，我革命军尚有多数军队，何不留之以为维持共和制之和，而解散之？此实由于顺应国民心理。苟执政者已赞成共和，我军自应解散。若谓解散之后，恐共和亦随之而倒，此则逆料执政者之不诚，今日我辈不能如是也。惟有顺大势之所趋，暂为监视，不必虑各省军队已散，将来难集也。”又说：“假如今日不解散，其数不过十万，华侨队不过千数百人，其力未必能谓之无敌。惟以心力护此共和，则效力远胜

1916年11月24日，孙中山在上海哈同花园留影

1916 年 9 月 28 日，孙中山在上海徐园招待美、加华侨义勇团时合影

于武力。”他甚至反对很多侨胞提出仍留军籍学习军事的要求，认为在这种新的形势下，“我党不争政权”，学习军事实已无用，力促他们早日返回侨居地去。正是根据孙中山的命令，居正、吴大洲于8月5日专赴济南，与山东将军张怀芝代表商定军队改编问题。12月中旬，中华革命军东北军在山东潍县、高密、昌乐等县部队，交出枪支被北洋军阀编遣，并通告取消了东北军名义。至于广东、福建等省的革命军，也都先后结束和解散。孙中山没有保留一点军事实力。

孙中山希冀放下武器，以换得和平和秩序的恢复。而结果只是鼓励并便利了北洋军阀扑灭革命的力量，造成他无一兵一卒、两手空空的局面。

其次，宣布中华革命党停止活动，表明个人将以在野身份专门从事建设事业。孙中山指出：“今者共和再造，建设之事，不容再缓”，今后应该尽国民一分子的义务，“与国人共谋建设”。他决定：“一方面结合在野同志，取监督政府主义；一方面筹措工商事业，以图国利民富。”①

孙中山7月间指示中华革命党本部发出的通告中，已指示下属“一切党务亦应停止”，认为中华革命党也不需要再存在了。此后，他批答友人来函时，对取消革命党事阐述得非常明确，如：“中华革命党自袁氏一死之后，约法恢复，国会召集，即行取消矣。今后国中无大变乱，弟则决意不问国事。盖今后想无有野心家矣，则维持现状，以使政理从渐而进，国内大有人也。”② 又如，“袁（死）之后，本党已将余款解散党人，并取消本党名义，此后已无共同之约束”，③ 等等。至于今后怎样整顿党务工作，孙中山并无通盘安排的考虑，只是笼统指出“将来如何改组，有何办法，应征求海内外各支、分部

①孙中山：《致美洲中华会馆函》，《中央党务月刊》第四期。

②《批某某函》，《孙中山全集》第九卷，人民出版社2015年版，第241—242页。

③《批某某函》，《孙中山全集》第九卷，人民出版社2015年版，第246页。

之意见”后再定，造成中华革命党本部及所属机构在相当一段时间中工作停顿，组织松散，不再是领导革命事业的核心力量。

在从事建设事业方面，孙中山在1916年10月自述道：“自宣布罢兵以后，即拟着手实业，以期振兴国产，杜绝漏卮。初念先办银行，以为各种实业倡，惟兹事体大，资本须巨，章程须备，规模又须宽敞，现正在计划中。”他为创办银行及农垦诸事，曾呕心沥血地进行过许多工作，如向国内外征集资金、搜集财经资料、规划方案及向北洋政府请拨北方土地等，但均未能收到预期的效果。

第三，本着息事宁人态度，与北洋政府黎元洪、段祺瑞合作。孙中山赞同黎元洪继袁担任大总统，视此事“良为国庆”。他对段祺瑞也抱有幻想，认为：“曩者段曾为逆党所不容，此时或能与民军相互提携，亦未可料。”因此不反对其担任国务总理，称颂段祺瑞可担任起“扶危定倾”、“经武图强”事业，寄望他“翊赞当机，不为莠言所惑，重陷天下于纷纠”。为表示支持与合作，特应他们的电邀，于6月中旬委肖萱、叶夏声二人为代表，派到北京共同筹商善后问题。还一反辛亥革命后坚辞袁世凯授予大勋位的做法，接受黎元洪为笼络他而颁授的大勋位，并于1917年1月16日在上海正式举行了大勋位证书授予仪式。

当时，孙中山和全国人民都在庆幸胜利之余喁喁望治，渴望有个稳定的政治局势，能过安居乐业的和平日子。所以，他认为社会动荡和战争的时代将告结束，国家必将步入和平建设阶段，从而殷切期望真正的民主共和，使祖国臻于太平盛世的境地。

在发表的《规复约法宣言》中，孙中山阐明对于时局的主张，并提出了今后的奋斗目标。指出：“文志在共和，终始不二。曩者以袁氏叛乱，故誓为民国翦灭巨凶，今兹障碍既除，我国人当能同德一心，共趋致治之正轨，文亦将尽国民一分子之义务，为献替之刍荛。若夫曩日宣言，所谓袁氏未去，当与国民共任讨贼之事；袁氏

1916年11月24日，孙中山在上海哈同花园留影

既去，当与国民共荷监督之责，不使谋危民国者复生于国内。则今犹是志，亦愿与国人共勉之也。”这篇宣言所阐述的此一内容，可以说，是支配孙中山此后实际行动的指导思想。孙中山从护国运动结束到护法运动发生前的全部活动，基本上是在这种思想指导下的产物。

从袁世凯自毙以后，孙中山在1916年7月中旬后的40天里，于其足迹所到的上海、杭州、绍兴、宁波、江浙各地，对参、众两院议员及各界名流、新闻记者、商会职员等人们，连续发表了九次演说，宣传民生主义，特别侧重讲述地方自治、直接民权问题，大力提倡地方自治，将其作为今后的“建设方针”。

孙中山所找到的救国方案，是早已过时的美、法资产阶级民主政治的模式。他认为按照这一模式便能够使中华民国名实相符，所以，极力主张学习他们建立地方自治。指出：“法、美两国能日臻强盛，要以注意地方自治为根本。回忆欧州〔洲〕人，初至美州〔洲〕，即在大西洋沿岸组织自治团体，建设自治机关。如现在之侨寓上海者，亦有各种自治的局所。迨脱离英国范围后，即组织联邦国家。法国自拿破仑被放圣希列拿岛后，几经破坏。建筑共和国家后，亦极注意地方自治。可见人民欲筑国家，须先将地方自治建设完备。”① 而“民国建设后，政治尚未完善，政治之所以不完善，实地方自治未发达。若地方自治既完备，国家即可巩固”。并郑重地说：“地方自治者，国之础石也。础不坚则国不固，观五年来之现象可以知之。”他强调“民为邦本”，认为要打算建立一个“永不倾仆”的中华民国，就“必筑地盘于人民之身上”；然后，再群策群力，“努力向前，拆去破屋，改筑新屋，庶几可享安乐”。

孙中山多次提出“以地方自治为建国基础”，他说：“欲民国之巩固，必先建其基础。基础不必外求，当求诸全国国民之心中。国

①孙中山：《在浙江省议会的演说》，上海《民国日报》，1916年8月20日。

1916年7月17日，孙中山在上海张园举行的茶话会上演说民权主义时的情景（右二为黄兴）

民而身受民权之庇护，识其为无上光荣，则自必出死力以卫民权，虽有拿破仑在国中，亦莫吾毒也。然如何而能使国民知民权为无上之光荣乎？……其道必自以县为民权之单位始也。”① 为此，“今后当注全力于地方自治”，而“至自治已有成绩，乃可行直接民权之制”。他在演说中，以美国、瑞士的地方自治及直接民权为例，作了理论的阐述，并详细说明了推行地方自治的办法，指出如“欲行此制，先定规模。首立地方自治学校，各县皆选人入学，一两年学成后，归为地方任事。次定自治制度，一调查户口，二清理地亩，三平治道路，四广兴学校”，② 等等。

孙中山关于地方自治的探索，说明他愈来愈意识到“代议制”的缺点，希图在民主共和政体中，找到一种能够弥补代议制缺点的政治制度，用来达到建立真正的中华民国。

在倡导地方自治的同时，孙中山又专门从事《民权初步》（原名《会议通则》）的撰述。他在该书自序中，说明著书目的在于“教吾国人行民权第一步之方法”，借此“团结人心，纠合群力”，以建设民国。

孙中山认为：“共和建国，虽已五稔，所以中经离乱几至复坠者，类由人民玩视国体，如秦越人之视肥瘠，漠不相关。”③ 正由于过去“民权未张，是以野心家竟欲覆民政而复帝制”。④ 因此，他提出“今后民国前途的安危若何，则全视民权之发达如何耳”。至于民权如何能够发达，认为须“从团结人心，纠合群力始；而欲团结人心，纠合群力，又非从集会不为功。是集会者，实为民权发达之第一步”。在他看来，“倘此第一步能行，行之能稳，则逐步前进，民

①孙中山：《在沪尚贤堂茶话会上的演说》，上海《民国日报》，1916 年 7 月 16 日。
②孙中山：《在沪举办茶话会上的演说》，上海《民国日报》，1916 年 7 月 18 日。
③孙中山：《致美洲中华会馆函》，《中央党务月刊》第 4 期。
④《建国方略》，《孙中山全集》第一卷，人民出版社 2015 年版，第 237—239 页。

1916年8月18日，孙中山为浙江省议会题词

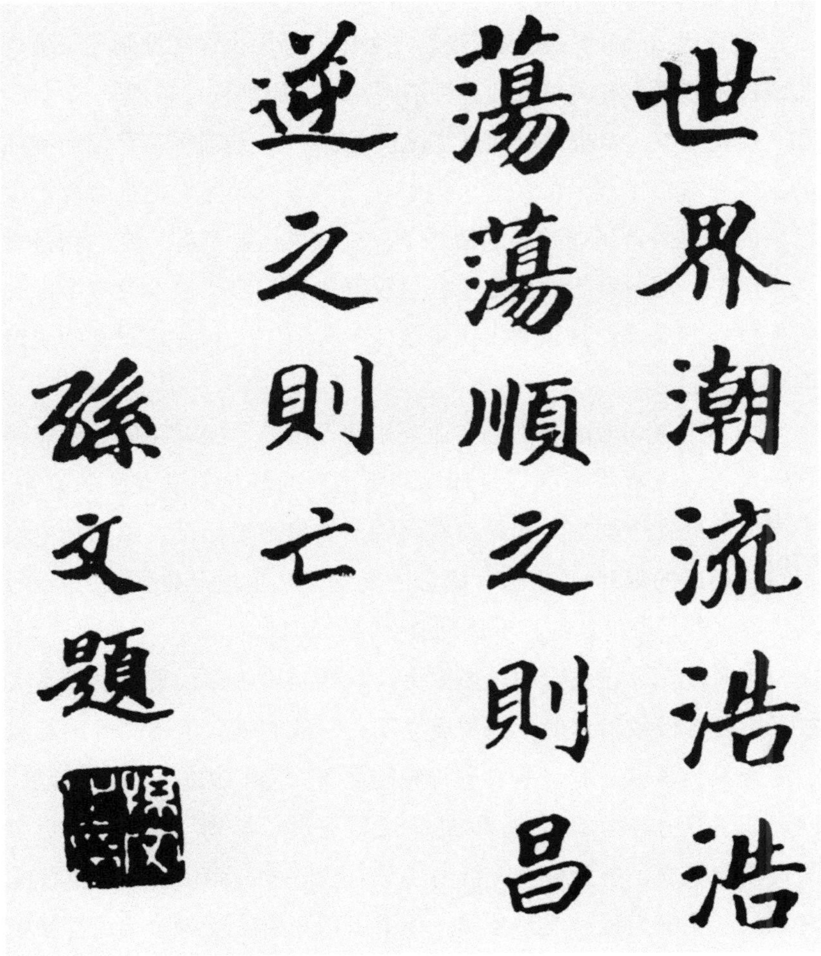

1916年9月，孙中山题词

权之发达必有登峰造极之一日……苟人人熟习此书，则人心自结，民力自固”，从而国家必可富强，“十年之后必能凌驾欧美之上之也”。[①]

在长达20章的《民权初步》一书中，孙中山详细地阐述了资产阶级民主制度中有关集会的种种细则，如“原则”、“条理”、“习惯”和“经验”等，希望借以促进“民权之发达”，建设国家。他所阐述的这些并非民主政治的关键，但它在当时军阀政客们把社会政治生活中的民主因素剥夺殆尽的情势下，应该说还是具有一定的积极意义。但是，他所设想的仅是一些“议学”知识等，根本没有考虑到如何依靠群众推翻真正妨害民主政治的帝国主义和封建军阀的统治问题。

孙中山急切地准备举办实业等来建设国家，但袁死后并未能建立一个可以发展生产的安定环境，所出现的却是非常混乱的政局。中国依然处在帝国主义和封建军阀统治的黑暗局面下。正如孙中山稍后所指出的那样：“夫去一满洲之专制，转生出无数强盗之专制，其为毒之烈，较前尤甚。于是民愈不聊生矣！”

当时，在北洋政府中总揽中央大权的是段祺瑞，黎元洪没有实权又不甘心做政治傀儡。内阁成立不久，他们就各以不同的国际势力为背景，争权夺利，演成了“府院之争”。到1917年春，“参战”问题成了双方斗争的焦点。段祺瑞希望通过“参战”取得日本更多的贷款和军火，扩张势力，极力主张对德宣战；而依靠国会支持的黎元洪以美国为援，反对参战。孙中山自开始就反对参战，主张中国保持中立立场，以免使国家“投之不测之渊”。他多次向参众两院、国民党国会议员及段祺瑞等发出函电，反对参战，并为明辨利害，造成反对参战的舆论，还于2月口授要点给朱执信，着其撰成

① 《建国方略》，《孙中山全集》第一卷，人民出版社2015年版，第237—239页。

《中国存亡问题》一书。该书分为十部分，从国家与战争的关系、战争的性质、参战的利害、中国自身的地位和实力以及外交得失和帝国主义的对华政策诸方面，来论述中国为要救亡图存，决不应该参战；至于加入协约国的条件可自外交斗争去取得，也不必参战，必须“以独立不挠的精神，维持严正之中立”。当段祺瑞派王宠惠持函到上海会见孙中山，企图疏通他改变对参战的态度时，孙中山复函重申参战的弊害，坚决反对加入战团，警告段要“悬崖勒马”。

到 5 月初，当国会讨论对德宣战案时，段祺瑞效法袁世凯故技，唆使暴徒组成的“公民团”胁迫国会必须通过参战提案，激起国会停议此案。段祺瑞便纠合以皖系军人为骨干的督军团逼迫黎元洪解散国会，黎元洪在亲英美各派支持下罢免了段的总理职务。随后，段祺瑞又在日本的支持和策动下，积极反扑，于同年 7 月导演了一幕为期仅 12 天的张勋复辟丑剧。当段祺瑞再次担任国务总理以后，承袭了袁世凯的全部反动政策，大量出卖国家主权，并公然抛弃《临时约法》和旧国会，另行成立了由各省军阀代表组成的临时参议院。

国会遭到破坏、张勋复辟及段祺瑞等的种种倒行逆施，造成国家的情况一天比一天坏。孙中山建设国家的良好愿望，随着接踵而来的这些事实而落空。他对封建军阀的认识，也随着段祺瑞独裁面目的日益暴露而逐渐明晰。孙中山在幻想破灭后，对国内政局开始有了清醒的认识，明确指出：“今日法律已失制裁之力，非以武力声罪致讨，歼灭群逆，不足以清乱源，定大局。”

孙中山特别不能容忍的，是段祺瑞解散国会、废弃约法，认为这是对民国的最大背叛，如果听之任之，“则数十年革命事业之成绩，固全被推翻，而将来国家根本之宪法，亦无从制定”。因此，他决心为捍卫共和和维持约法，同毁法横行的北洋军阀与复辟势力进行坚决的斗争。

段祺瑞

张勋

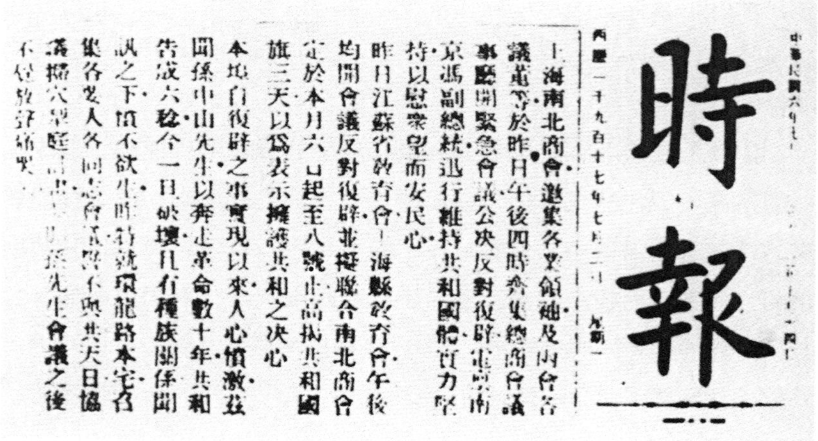

時報

西曆一千九百十七年七月二日 星期一

上海南北商會邀集各業領袖及兩會各議董等於昨日午後四時齊集總商會議事廳開緊急會議公決反對復辟電京南京馮副總統迅行維持共和國體實力堅持以慰衆望而安民心

昨日江蘇省教育會上海縣教育會午後均開會議反對復辟並擬聯合南北商會定於本月六日起至八號止高揭共和國旗三天以為表示擁護共和之決心

本埠自復辟之事實現以來人心憤激茲聞孫中山先生以奔走革命數十年共和告成六稔今一旦破壞凡有種族關係聞訊之下憤不欲生昨特就環龍路本宅召集各友人各同志會議誓不與共天日協議[illegible]孫先生會議之後不日[illegible]

1917 年 7 月 2 日，上海《时报》刊登的有关孙中山及各界反对复辟活动的消息

1916年12月，孙中山在上海环龙路寓所与朱执信（前排左二）、陈炯明（前排左四）、胡汉民（前排右四）等合影

1916年12月24日，孙中山在上海哈同花园与前来吊唁黄兴的友人合影

从护国运动结束到护法运动发生，时间仅仅一年。但是对孙中山来说，仍是一个不容轻视的重要阶段。在这一阶段，孙中山通过曲折、艰辛的实践总结教训，醒悟到在争取和维护民主共和的事业上，幻想依靠北洋军阀是不切实际的，需要继续采用暴力革命的方式，推翻祸国殃民的军阀统治，建立起巩固的政权，才能贯彻救国救民的初衷。

四、首次护法运动

如前节所述，护国运动只推倒了一个袁世凯，作为资产阶级上层的政治代表进步党倒向了北洋军阀，掌实权的段祺瑞在假共和的招牌下实行的是新军阀统治。

孙中山对北洋军阀嚣张、跋扈、破坏民国的行径，表示了强烈的不满，要坚决维护共和的制度。早在 1916 年 5 月，他对国内政局已有清醒的认识，提出斗争“不徒以去袁为毕事”，要反对一切“谋危民国者”，现在他目击袁氏死后的国家又变乱迭生，虎狼遍地，国不成国，激起了极大的义愤。他经过苦心的摸索，醒悟到在争取和维护民主共和的事业上，幻想依靠北洋军阀是不切实际的，需要继续采用暴力革命的方式，推翻祸国殃民的军阀统治，建立起巩固的政权，才能贯彻救国救民的初衷。因此，当 1917 年 7 月段祺瑞重新窃夺中央政权并公然抛弃《临时约法》和旧国会时，他立即高举护法斗争的旗帜，决心“荷戈援枹，为士卒先，与天下共击破坏共和者”，正式踏上了用武装斗争的形式反对封建军阀的道路。

当孙中山决定对北洋军阀进行武力讨伐之后，首先提出建立护法基地和组织新政权的斗争形式和策略。

早在 1917 年 6 月间，孙中山多次与当时在上海的海军总长程

1917年春，孙中山在上海寓所同日本友人合影

1917年春，孙中山在上海寓所留影

璧光磋商，运动海军参加斗争，并为其筹措经费30万元充作护法军饷，从而得到海军的赞助。海军必须有它所凭借的基地。孙中山原想用海军“谋取江、浙沿海地方为根据，始谋上海，不果；继谋宁波，亦不果。”又亲赴舟山，“谋与镇守使顾乃斌据舟山，……议不协”。迨张勋复辟事件发生，一度考虑设护法基地于上海，曾与唐绍仪、程璧光、章太炎等会商，议定迁“民国政府”至上海，请黎元洪南下继续行使总统职权，督促全国讨逆，但江苏督军冯国璋公开声称不得以上海作为海军讨伐民国叛逆的根据地，淞沪护军使卢永祥、浙江督军杨善德甚至严密监视程璧光和海军的行动；并且上海是帝国主义势力集中之地，外交动辄受制，护法力量难以立足，也非理想之地。而当时，西南的滇、桂系军阀为维护个人的统治也反对段祺瑞解散国会、废弃《临时约法》，同桂系发生矛盾的广东省长朱庆澜派人邀请孙中山去粤组织政府，驻粤滇军中的民主革命派将领张开儒也通电赞同护法，力求迁都广州。孙中山经考虑再三，“默观时势，江河流域已为荆棘之区，惟西南诸省，拥护共和，欢迎国会”，“为民国干净土”，有利于护法运动的发展，因此，决定“托根广州”，返回他过去曾长期从事革命活动的故乡，而选择了广东作为护法根据地。

为了筹建新的护法基地和政权，孙中山先生两次派出代表胡汉民等到广州、南宁诸地联络讨逆护法力量，同西南诸省军政首领磋商护法大计，又发电邀请国会两院议员“全体南下，自由集会，以存正气，以振国纪”，并决定亲自南下接洽。他于7月6日偕廖仲恺、朱执信、何香凝、章太炎等人乘海琛号军舰由上海启程，途经汕头、虎门等地，于17日抵广州后，不辞劳苦地进行了大量的联络和组织工作，树起了护法的旗帜，呼吁各界奋起共同为拥护约法而斗争。

在孙中山的护法号召下，程璧光首先发表拥护约法宣言，提出

“拥护约法，恢复国会，惩办祸首”的三项主张，宣告海军独立，并率领海军第一舰队九艘军舰自吴淞口开赴广东，8月5日全部抵黄埔。接着，滞留在天津、上海的国会议员相继南下，至8月中旬抵广州者已达150余人。海军和国会议员的南下，壮大了护法运动的声势，鼓舞了人们的斗志，促使孙中山加紧组建政府的工作。他提出采用“国会非常会议”的名称以弥补到粤国会议员不足法定人数的规定，并于8月25日至9月1日召开了国会非常会议。在会议所通过的《中华民国军政府组织大纲》中规定：组织军政府的目的“为戡定叛乱，恢复《临时约法》”，宣布“《临时约法》效力未完全恢复之前，中华民国行政权由大元帅行使；大元帅对外代表中华民国”。并选举孙中山为大元帅，唐继尧、陆荣廷为元帅，负责行使军政府职权。

9月10日，孙中山在广州河南士敏土厂就中华民国陆海军大元帅职，发表宣言和就职布告，表示要誓志“攘除奸凶，恢复约法，以竟元年未尽之责，雪数岁无功之耻”。① 护法军政府的成立，是孙中山联络各界护法力量的初步成果，标志着建立起了一个同北方段祺瑞卖国反动政权针锋相对的新政权，开始了此后孙中山领导的长达五六年之久的护法运动。

护法运动要达到什么目的？孙中山在7月南下后的两个多月中，于连续发表的13件宣言、命令、通电、演说和谈话里，对这一问题分别作了详略不一的阐明。其内容集中起来，主要有以下两点：

（一）坚决维护“主权在民”的最高原则，坚持民主法治，反对军阀“以个人私欲代替法律”的“人治”。

孙中山指出：“正式国会成立之后，民国之主权已确定属于人民全体，而革命乃告厥成功，即国体始能卓立。”“中华民国之约法，

① 《军政府公报》第一号，广州1917年印本。

1917年8月6日，孙中山在广州欢迎程璧光等南下护法海军将士时合影。二排右六孙中山，右七程璧光

1917年9月10日，孙中山就任中华民国海陆军大元帅。图为就任典礼上的合影。这是孙中山第一次在广州建立政权

明定主权在人民全体。”并指出：昔在帝制专重君权，今改共和专尊民意。民意之不可抗，犹过于君权之莫敢违。皇皇国会，为全国人民之代表。国会曰可，即主权者之所可；国会曰否，即主权者之所否。所以，“国是之定于共和，主权之属于人民”，是神圣不可侵犯的。但是，辛亥革命后六年以来，袁世凯、段祺瑞这些军阀，“虽号称共和，而心实不承认人民为主权者”，推行的却是封建独裁统治，结果造成“民不聊生，国无宁岁”。他认为“推原祸始，皆执政者营私乱法之所致”，所以特别强调“国家治乱一系于法”。孙中山痛斥段祺瑞“等法律于弁髦，视国事如儿戏”，“阳托反对帝制，而阴行反对约法”，借此“以天下自私”，“实为共和之蟊贼，人民之大憝，此而不讨，国何以存？”并明确提出：“吾人今日之所争者，非为攘夺政权也，实为拥护民国根本之约法。”他宣称进行护法，就是要“剪除暴逆，纳举国之人于法轨，以自进于文明”；就是要“讨灭伪政府，还我约法，还我国会，即还我人民主权为职志”。[①] 并号召全国人民奋起，共同拥护已完全享有之主权，为争取“民主”、“法治”而斗争。

（二）要求实现真共和，反对假共和。

由于辛亥革命后，在广大人民群众的头脑里确立了民主共和国的观念，曾自称为“天子”的皇帝在人民心目中成了非法的东西，逼得共和国的敌人，也装扮成共和制度的拥护者，在假共和的招牌下推行专制主义。因此，护法运动实际上是民主与专制之战，亦即孙中山所说的“真共和与假共和之争”。孙中山指出：共和政治已成为时代潮流，是任何力量都不能抵挡的，至于“中国共和垂六年，国民未有享过共和幸福，非共和之罪也；执共和国政之人，以假共和之面孔，行真专制之手段也”。所以，“今日变乱，非帝政与

① 《明正段祺瑞乱国盗权罪通令》，《孙中山全集》第三卷，人民出版社 2015 年版，第 78 页。

1917 年 9 月 10 日，孙中山就任海陆军大元帅时留影

中華民國海陸軍大元帥孫　布告

昔胡清失道人心思漢文與海內志士合謀征討武昌倡義黃陂實爲主帥江南旣定共和初造則南都武昌爲中區焉以虜運告終授之袁氏文雖自甘退讓而推薦非人終于反噬南方塗炭元勲殺戮國會解散恣睢五稔僭號稱帝賴西南豪傑出師致屆兵未渡江元凶殂殞黃陂以副貳之位依法繼任然後知神器不可以力競民意不可以橫誣也徒以除惡未盡權奸當道帝孽縱而不治元勲抑而不用快快之威上陵元首詐取之謀南暨吳粵僭約法宣戰媾和之權侵國會神聖立法之地旣被罷黜賊興戎以挈解散國會之禍小腆乘之應機復辟民國根本掃地無餘猶幸共和大義浹于人心舉國同聲誓殲元惡張紹曾丁槐等實受黃陂密命倡義討逆師期漏洩爲凶人所掩乘闌擾竊飾功取威旣濫厚胡亦以是黜黃陂之命數道徂擊適迫歸寢糾合無賴劫奪印璽以自成僞政府嗾爾朱榮高歡輩互爲首尾盜取國柄其罪均也文於是時身在海隅兵符不屬乃與海軍總長程璧光第一艦隊司令林葆懌共商大計旣遣兵輪赴秦皇島奉迎黃陂亦不能致猶謂人心思順必有投袂而起者遷延旬月寂然無聞是用崎嶇奔走躬赴廣州所賴海軍守正南紀扶義知民權之不可泯沒元首之不可棄遺奸回篡竊之不可無對抗國際交涉之不可無代表也於是申請國會集於斯地開闢議以文爲海陸軍大元帥責以戡定內亂恢復約法奉迎元首之事文忝爲首建之人謬膺澄清之責敢謂神州之廣無有豪傑先我而起哉徒以身與共和死生相係黃陂爲同建民國之人於義猶一體也生命傷而手足折何痛如之艱難之際不敢以謙讓自潔卽於六年九月十日就職冀二三君子同德協力共赴大義文雖駑鈍猶當荷戈援枹爲士卒先與天下共擊破壞共和者

中華民國六年九月十一日

1917 年 9 月 11 日，孙中山以海陆军大元帅名义发布的布告

任命狀

任命潘乃德爲

大元帥府參議　此狀

中華民國海陸軍大元帥　孫文

中華民國六年十月四日

1917 年 10 月 4 日，孙中山以海陆军大元帅名义发布的任命状

民政之争，非新旧潮流之争，非南北意见之争，实真共和与假共和之争”。[①] 他一再揭露段祺瑞假共和的真面目，指出其“以伪共和易真复辟，其名则美，其实尤𤸫”，它的祸害是“犹甚于真复辟”的。并指出：这些“戴上假面目的”之“假共和”，与“吾侪之真共和相混，致人民不能判别”，故此辈最为可恨。他要求人们“认定真共和与假共和，若不分真假，以后万无进步……今日国民责任是在拥护共和，有一分子责任，即尽一分子力，要除尽假共和，才有真共和出现，才有幸福可享”。[②]

应该说，孙中山为了改变当时“军阀之专横”，“国势之日蹙”的局面，坚持“主权在民”的最高原则，提倡真正的共和政治，藉以为国民求生路和为国家谋独立富强，这种良好的愿望和动机，是应该肯定的。他在 1917 年中国旧民主主义革命即将结束、新民主主义革命尚未开始的特定历史条件下，能够提出“假共和”的问题，并不惜和假共和者决裂，倡导“护法”，以约法和国会为武器，用资产阶级民主法制、共和精神，反对北洋军阀的独裁专制统治，拥护《临时约法》并为其能发生法律效力而斗争，是具有进步意义的，而且是必要的一场斗争。这场斗争，实质上是中国走复辟封建专制还是建立民主共和道路的问题，它关系着国家民主与专制命运的大事。“护法”，在中国旧民主主义革命尚在进行之时，不失为一面进步的民主旗帜，因而能够得到一切进步力量的拥护和支持，使护法斗争的烽火在短短几个月内发展到中国西南的一些省份，影响颇大。但是，孙中山把一切祸患均归之约法和国会不存在所致，没有能找到真正的社会祸根；他组建新政权的目标，也仅是“戡定叛乱，恢复《临时约法》”，以“约法效力完全恢复、国会完全行使职权时废止”，没有更多的政治内容，即没有进一步提出当时广大人民群众的迫切

① 《在广州黄埔欢迎会的演说》，《孙中山全集》第七卷，人民出版社 2015 年版，第 276 页。
② 《在汕头各界欢迎会的演说》，《孙中山全集》第七卷，人民出版社 2015 年版，第 276 页。

要求，缺乏鲜明的彻底的反帝反封建内容。而《临时约法》在北洋军阀几年来的任意践踏下，已不被人们所重视，所谓“国会”，已成为政客们争逐名利、卖身分赃的活动场所，在全国人民中声名狼藉。“护法”已经不是一面鲜明的旗帜，它不能鼓动人心，不为人所重视，也起不到动员广大革命人民的作用，所以得不到人民群众的积极参加和支持，结果只能成为一个孤立的政治运动。

不仅如此，孙中山要采用暴力革命方式进行护法运动，却面临着诸多的困难：

首先，他缺乏可信赖的依靠力量。早在护国运动结束时，孙中山已经命令各地中华革命军先后结束和解散，使其在讨袁斗争中聚结起来的一些军事力量丧失殆尽，他手中没能保留一点军事实力。因此，孙中山认为：“欲争回真共和以求福利者，必须有二大伟力，其一为陆军，其二为海军。鄙人密查大势，确知非得强大之海陆军为国民争回真共和，则无以贯彻吾人救国救民之宗旨。”因此，他在争得海军总长程璧光和第一舰队司令林葆怿率海军第一舰队南下后，便把主要精力用于联合西南各省宣布“自主”的军阀，以求争取到陆军力量的支持来进行护法。

孙中山把西南最强的实力派滇系唐继尧和桂系陆荣廷的部队视为“义师”，倚为护法的力量。9月1日，国会非常会议选举孙中山为大元帅，唐继尧、陆荣廷为元帅。孙中山“冀二三君子同德协力，共赴大义”。孰知这伙“君子”们是一些具有强烈地方性的封建军事集团，他们从来不尊重民意和法律，心目中无所谓约法与国会，根本不明白什么是大义。他们和孙中山所坚持的护法主张大相径庭，表面上所以附和护法主张，不过是“项庄舞剑”，真正用意只是为了维护各自的地盘和权利，或者企图利用孙中山作为沽名钓誉的幌子，借以增大其“自主”的声势，便于同北洋政府进行权位交易，达到割据的目的。唐继尧所梦寐以求的是吞并四川，将川、滇、黔三省据为自己的势力范围，坐稳“西南王”的宝座；陆荣廷的本意则在把粤、桂、湘、闽四省据为自己的“独立王国”。但段祺瑞要坚持用“武力统一”西南诸省，动员北洋军队向湘、川进军，挑拨川军攻击滇军，这就侵犯了他们的利益。唐继尧以段祺瑞相欺太甚，陆荣廷亦有唇亡齿寒之惧，这样才出现了共同对抗段祺瑞和以拥护约法为名的局面。他们并非真正为护法而反对段祺瑞，陆荣廷更不愿自己头上有一个护法军政府，受孙中山的节制。正如孙中山后来认识到的：“盖近时号称护法诸军，其名称虽极正大，实则皆为权利之争。”

貌合神离的唐继尧、陆荣廷，对孙中山领导的护法运动，一开始就离心离德，多方进行抵制和破坏。早在孙中山刚刚揭举起护法旗帜时，依附桂系的岑春煊就图谋阻挠和破坏海军参加护法，幸得孙中山及时地排除掉这个障碍；当孙中山在广州筹建军政府时，陆荣廷、陈炳焜等又不断耍弄阴谋诡计，将拥护孙中山的广东省长朱庆澜排挤出省，破坏广东省议会省长选举，甚至连孙中山选定士敏土厂作为大元帅府都予阻挠，使其不能及时有办公地点。但孙中山挺然不屈，坚持在广州成立了军政府。在军政府成立后，陆荣廷公开反对另组政府，主张“总统复职”，并通电全国声明，“以后广东无论发生何种问题，概不负责”。陈炳焜则明确表示：广东“不能担负军政府和非常国会的经费开支”。唐继尧也通电拒绝接受元帅职。孙中山为促进局面的开展，一再让步，委曲求全，多次派专使分别赴滇、桂劝驾，迭发函电敦促“义师”支持，并加委唐继尧为川、滇、黔三省靖国军总司令，也始终没有打动唐某之心。军政府任命的六个各部总长及参谋总长，除陆军总长张开儒外，都因与滇、桂系的关系，而逡巡不肯就职。最高领导机关实际成为一个空架子，只靠孙中山独立撑持。当时就有人指出：“不先谋兵力，何军政之可言？不先执财政，何兵力之可集？试问空空洞洞一军政府之名义，岂可以号召天下耶？……今欲以孤立无与之身，借联络手握财

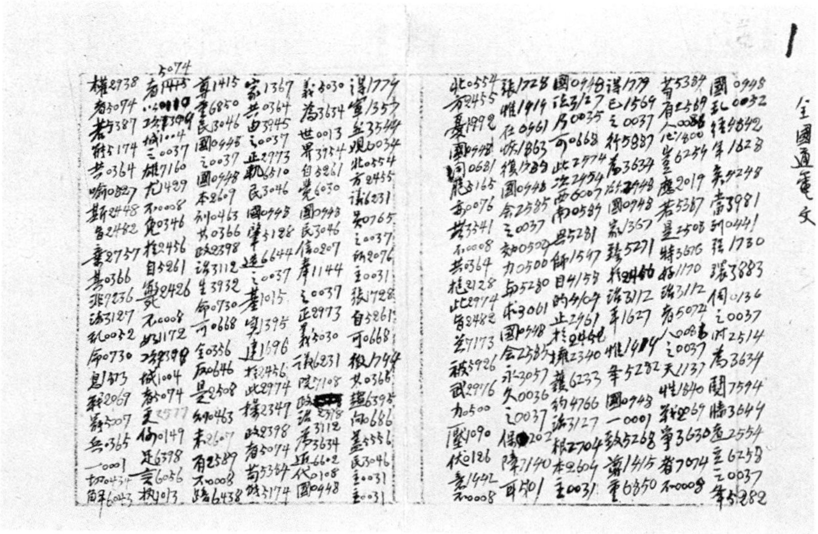

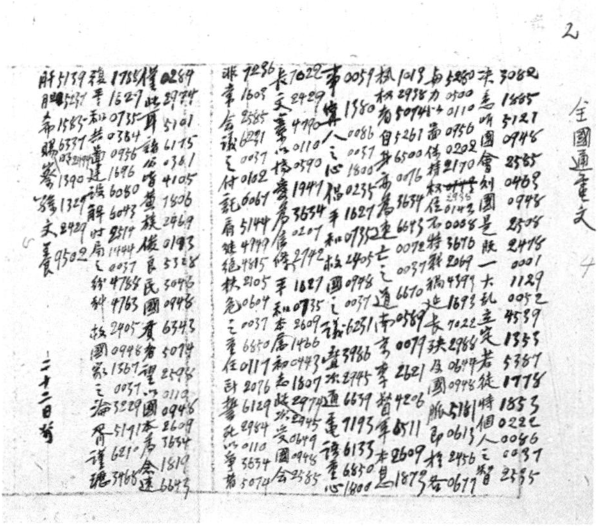

1918年2月22日，孙中山《通告全国各界主张和平尊重国会电》

政、兵权之骄将而统一之，直理想而已。”[①] 事实正是如此，桂系军阀陆荣廷盘踞广东，“握两粤全部之实力”，他专横跋扈，极力排挤其他异己势力，根本不把在法律居于其上的军政府放在眼里。孙中山名为军政府大元帅，实际上军政大权操于桂系之手。曾任军政府参军的吴铁城追忆当时的情况说：“那时候以广东来说，客军麇集，膨胀他们的部队，至少扩大他的编制和番号；没有地盘的觊觎地盘、抢地盘，有地盘的保守地盘、扩大地盘，至少是刮地盘之皮。而无所不用其极。豺狼一群，不听指挥。”[②] 造成军政府有“政府”而无“军”，成了一个寄人篱下的“空头政府”。在当时各种发言权与发言力量，几乎全与实力的强弱成正比例的情况下，军政府力量单薄，它“既无实力，无以发言”。孙中山局促在广州一隅，无饷无兵，无械无地，且“权日蹙，命令不能出府门”，陷于俯仰随人的困境。

其次，财政上所遭受的困难，也是护法军政府面临的最大难题之一。孙中山原以为财政经费没有问题，曾乐观地说：“款项筹措，不必过虑；况各省原有缴解中央之额，政府成立，当然照常解交应用，而外洋华侨亦皆乐于赞助。故兄弟以为财政问题，甚易解决也。”事实上，广东及西南护法诸省的当政者均明确表示，不愿解交原送北京的税款转交给军政府，也不另外拨给活动经费。军政府本身既无经济来源，为谋自存，孙中山不得不千方百计进行筹款。他拟有《军事国内公债条例》及《承购公债奖励办法》，经国会非常会议通过，派人到各地和华侨中募捐，但由于军政府活动范围有限，收获不大；还曾计划向外国借款以应付财政困难，但广东省各种资源均被桂系控制，不愿交给军政府作为抵押，也无法实现；又曾向驻粤的海关税务司交涉和力争，领取到数目不多的盐税余款，充作国会经费；唯一所恃者仅靠华侨捐款，财政极为竭蹶。因此，军政

---

① 《夏寿华致孙中山书》，《夏思痛先生遗著》，抄件第一号。

② 《吴铁城先生回忆录》，台北 1957 年版，第 52—53 页。

府内部一切经费开支只有百端节省，从孙中山到大小职员，每月仅有的“零用 20 元”，也难以保证。

孙中山处在非常恶劣的困境中，备尝艰辛，深感护法事业之艰难，然而为国民争回真共和的信念毫不动摇，毅然坚持要讨伐北洋军阀。9 月间，他支持和推动粤、桂、湘三省组成联军，以广西督军谭浩明任总司令。10 月 6 日，他组织了一次颇有声势的北伐，联军和北洋军鏖战于湖南衡山、宝庆一带，护法战争开始。此后，双方互有胜负，不久即处于相持状态。当时，孙中山受到各地护法军纷纷兴起的鼓舞，曾制定了一个粤、桂、湘、黔、川诸路军队同时出动，会师中原，直捣北洋军阀巢穴的计划。由于滇、桂军阀的阻挠和破坏，北伐计划无法实现。

当孙中山被桂系军阀威逼得喘不过气来时，逐步认识到有军则有权这个严酷的现实，决定建立一支真正属于自己的军队，作为军政府的支柱。他为建立一支革命军队，从 8 月下旬起，以极大努力同桂系军阀进行了许多回合的斗争，直到 12 月初，艰难交涉达三个多月之久，最后才从陈炳焜手中争到省长公署的二十营警卫军约八千人，但又以不能驻在广州为条件。孙中山总算建立起一支粤军，任命陈炯明统率，以“护法援闽”名义开入闽南。由于这支粤军远在闽南，所以对军政府来说，还是等于没有武力。

孙中山决心编练一支军政府直接管辖的部队，他以军政府的名义建立了“招抚局”，派专人到各地招募“绿林豪杰”和“退伍兵丁”。陆荣廷对此“大怒，以孙干涉军政，着莫（荣新）立函孙取消该局，否则强硬对付”。莫荣新更是阴险狠毒，“所派至各地之募兵委员，多为莫荣新所驱逐逮捕，甚至杀害”；此外，他在 1918 年 1 月 2 日，还诬蔑担任大元帅府警卫的连排长多人，“概指为匪，遽行枪决”。孙中山对桂系军阀的放肆迫害愤慨至极，忍无可忍，于 1 月 3 日晚，不顾艰危，登上炮舰，亲自指挥海军炮轰观音山广东督署，

1918 年 3 月，孙中山、宋庆龄与大元帅府职员合影

给了莫荣新一次严重警告。这次行动，虽然由于没有得到程璧光及陈炯明、李福林等部的支持和配合，未能给莫荣新以致命打击，但是却重挫了桂系军阀的反动气焰，表现了孙中山为保卫民主政治而敢于斗争的大无畏革命精神。

正是由于桂、滇系军阀的破坏，财政上的困窘，以及政党组织工作和外交工作上得不到帝国主义国家的承认为合法政府，不予支援的弱点等，造成孙中山忍辱负重、苦心经营的护法运动，对外一筹莫展。而在炮击督军署事件后，内部和桂系军阀的矛盾更是日益尖锐和加深。桂系军阀于 1918 年 1 月进行策划要成立“中华民国护法各省联合会”，取代军政府。这一阴谋由于孙中山及各方面人士的反对，虽未能得逞，但已经正式发出了赶走孙中山的信号。之后，陆荣廷、唐继尧等西南军阀加紧策划推翻孙中山和军政府活动，并同直系军阀沆瀣一气，更积极地酝酿南北停战议和。孙中山坚决反对南北议和，曾庄严宣称："舍恢复约法及旧国会外，断无磋商之余地。"他为坚持护法的原则，同西南军阀的议和活动虽进行了不懈的斗争，也无力扭转大局。4 月 10 日，国会非常会议第十七次会议通过改组军政府的《中华民国军政府组织大纲修正案》，把军政府大元帅制改为总裁合议制，进一步剥夺了孙中山的职权，使他无立足之地。稍后，选举唐绍仪、唐继尧、孙中山、伍廷芳、林葆怿、陆荣廷、岑春煊七人为总裁，并以政学系头子岑春煊为"主席总裁"。军政府成为了西南军阀的政治交易所。对此，孙中山愤怒至极，当 5 月 4 日国会非常会议悍然通过改组军政府决议的会议散会后，孙中山极为忧虑地叹道："数也，复何言。"他既痛恨西南军阀的专横跋扈，而本身又无力反击，"为维持个人人格计，为保卫国家正气计"，便决然立即向国会非常会议提出辞去大元帅职的咨文，并于同月 21 日，怀着"时变亟矣"、"国将不国"的沉重心情，黯然离粤赴沪，结束了他的首次护法运动。

首次护法运动的失败，使孙中山感到非常悲愤和痛苦。他费了很大气力进行的反段护法斗争，只勉强支撑了不足一年，历尽坎坷，由于孤立无援，"徒为亲厚所痛，仇雠所快"，使他终于不得不退出当时的军政府。

事实的教育，使孙中山认识到西南军阀和北洋军阀与人民革命相敌对的共同本质，他们都是护法运动的大敌，"其所以治兵西南者，迹彼用心，只欲分中央专制全国之权，俾彼得专制于二三行省。"[①] 从而使他得出这样一个结论："吾国之大患，莫大于武人之争雄。南与北如一丘之貉。"[②] 所有大小封建军阀都是革命的敌人，绝不可能帮助革命党人实现共和国的理想。

这次护法运动，自 1917 年 7 月孙中山离沪南下筹组中华民国军

---

①《通告海内外革命党人书》，《孙中山全集》第五卷，人民出版社 2015 年版，第 40 页。

②《辞大元帅职通电》，《孙中山全集》第三卷，人民出版社 2015 年版，第 221 页。

辭大元帥職通電

百萬火急。廣東省議會、莫督軍、李省長、伍秩庸先生，海軍林總司令、魏總司令，各報館，汕頭陳總司令、方總指揮、張總長，高州、柳州探送李、劉、沈、劉忠司令，南寧省議會、陸巡閱使、陳代督軍、李省長，雲南省議會、劉代督軍、唐衛戍總司令，畢節唐元帥，貴陽省議會、劉督軍、王總司令，成都省議會、熊督軍、呂衛戍總司令，重慶黃代省長，章太炎先生、顧、趙各總司令、盧副司令、夏宣慰使，順慶石總司令，保寧顏總司令、陳副司令並轉大章陳總司令，寧遠郭軍長，永州譚聯軍總司令、程、趙、馬、陸、韋各總司令、劉鎮守使、林旅長、林民政處長，歸州黎總司令，常德張總司令，三原縣胡、曾、郭、竇各總司令，上海孫伯蘭、汪精衞、王儒堂、張敬輿、岑雲階先生，民國日報館及各報、各省省議會、各報館均鑒：溯自國會非法解散之中，更復辟之變，民國久無依法成立之政府，使馮、段兩氏，果有悔禍之心，雖爭個人權利，苟能取消非法解散國會命令，使國會繼續開會，則與一言興邦何異？夫誰得而議其後者，及必因以北洋兵力征服全國，遂致釁啓川、湘，而全國之統一以督其時。滇桂之師皆由地方問題而起，而所謂宣告自主者，其態度猶屬曖昧，似尚置根本大法於不問。泯泯棼棼，莫知底止，文不忍坐視此義下後魚爛於茲。上與民國諸老創議護法，民軍將士亦有宣言，相率南來。粵省議會乃有請國會議員來粵開會之決議。由是，發生國會非常會議於中華民國六年八月三十一日公布軍政府組織大綱，不才被舉爲大元帥。雖自知弗能勝此重任，然國家多難，匹夫有責。文忝在手造民國之列，不能視大陸之淪亡而不顧，是用不遜險艱，不辭勞瘁，以爲護法討逆，倡使吾國及友邦之人，咸曉然於軍政府之職志。至於成敗利鈍，匪所逆睹，凡以存民國之正氣於天壤間而已。自是厥後，粵、桂、滇、黔、湘、川莫不一致宣言護法，始以恢復非法解散之國會爲共同之目的。於是，地方之爭，一變而爲國會之爭。軍政府雖無天地之憑藉，而此志已範圍乎六省。而其他表同情而思附義者，尚復所在多有，均在醞釀發難之中，不得不謂護法之助。告之中心者，靡所不至。今自岳長累敗以來，十省始悟：分則俱傷，合則全美。然後，知有組織統一機關之必要，並知有以非常會議爲護法中心之必要。及今圖之，爲期未晚。而文之力，固已勉於是矣。計自提取鹽稅存款以充國會正式會議經費，預定六月十號則一牛矣。顧吾國之大弊，莫大於武人之爭雄。南與北如一丘之貉，雖號稱護法之省，亦莫肯俯首於法律及民國之下。故軍政府雖成立，而後舉之人，多人就職。卽對於非常會議爲莫肯明示其尊重之意，內不能謀各省之統一，外何以得友邦之承認。文於瘏口曉音，以新各省之覺悟，蓋已力竭聲嘶，而莫由取信。知我者，謂我心憂；不知我者，謂我何求，斯之謂矣。然，個人之去就，其義小；國家之存亡，其義大。文之所以忍辛負重，以托於今者，良以任責無人，非得已也。凡文之所以謀計各省尊重非常會議爲護法、爲開會之期，文之效忠於國會，任務本已將盡。乃者，非常會議議決改組軍政府，以應各省之要求。今而後庶可齊羣策羣力，以光榮護法之大業，而告厥成功，豈非民國之幸。文本匹夫，無拳無勇，所以用其全力以擁護非常會議者，其效果既已任是，庶乎可告無罪於國人。茲仍願以匹夫有責之身，立於個人地位，以著其扶助民國之天職。僅略述顛末，向國會非常會議辭大元帥之職，幸惟公鑒。孫文。支。印。

1918 年 5 月 4 日，孙中山《辞大元帅职通电》

政府，正式揭起“护法”义旗始，至1918年5月孙中山被西南军阀排挤，辞职离粤北上止，时仅10个月。尽管如此，孙中山在这段时间里同北洋政府以及护法队伍中的南方军阀进行了英勇的斗争，还是沉重打击了北洋的统治，是一场关系到国家民主与专制命运的斗争，是有进步意义的。这场斗争，在当时情况下，也是必要的。并且，这场运动促使孙中山在复杂的斗争中加深了对中国社会和中国社会力量的认识，加深了对帝国主义的认识，积累了有益的知识，为此后他的思想变化做了初步准备。孙中山正是在正反两方面的经验教训中，不断吸取革命的思想养分，才逐渐形成了后来的三大革命政策的思想，完成了一生中的伟大的转变。

第五节　求索，再求索

一、著书立说，规划建国宏图

民国初年到首次护法运动失败这段时期，在中国近代史上正处在一个新旧交替而又青黄不接的转折关头，历史现象异常错杂复杂。控制中央政府的反动军阀像走马灯一样不停地更换，地方军阀势力各自称雄一方，为所欲为。

这时，南北大小军阀在各自的帝国主义指使下，互相攻击，争夺地盘。自1912年以后，几乎年年有战争。全国烽烟遍地，到处响着军阀混战的枪声。连年内战，使国家经济遭受严重破坏，给人民带来无穷的灾难。1914年，全国陆军45.7万人，到1918年增加到85万人，五年间扩军近一倍。北京军阀政府为了支付庞大的军费，任意增加赋税，横征暴敛，敲骨吸髓地压榨人民。从1912年到1919年，盐税和烟酒税增加了三倍，印花税增加了六倍。许多地方预征田赋，如四川某些县竟预征到二三十年之后。人民的财产生命遭受到极为残暴的掠夺和蹂躏。1917年，南北军阀在湖南大混战，皖系的湖南督军傅良佐发布戒严令，剥夺人民群众集会、结社、居住、通讯等一切自由，宣布交战时可以随意破坏“人民的动产、不动产”。皖系军阀张敬尧在1918年进入湖南平江城后，野蛮地屠杀人民，宣布“三日不封刀”。至于直系、桂系等军阀对人民所进行的迫害，也同样残酷。这次南北军阀在湖南的大混战，双方动员几十万兵员，打了一年多，战区人民经过南北两军轮番烧杀，被焚掠一空，造成百里无人烟。其他如四川、广东等地人民因军阀战争所遭受的祸害，同样也是惨重的。在封建军阀统治下，广大中国人民，挨冻受饿，朝不保夕，苦难重重，无法生活下去。

孙中山回到上海后，住在环龙路（今南昌路）63号，两个多月后迁到华侨集资购赠的莫利爱路29号（今香山路7号，孙中山故居纪念馆）住宅。当时，他的处境十分孤立，陷入了极大的苦闷之中。孙中山目睹国家情况一天比一天坏，大小军阀混战不已，人民生活痛苦不堪；又看到黄浦江上横行无阻的是帝国主义的军舰和轮船，马路上耀武扬威的是帝国主义的军队和警察，矗立着的许多高楼大厦都是帝国主义或军阀们的商行，外滩公园（今黄浦公园）门口一块“中国人、狗和自行车不准入内”的帝国主义侮辱中国人民的牌子。他面对着此情此景，忧心如焚，实在有说不出的痛苦。

孙中山为革命奋斗几十年，其结果却如他自己所说的：“革命主义未行，革命目的未达，仅有民国之名，而无民国之实。”这时，孙中山同北方军阀决裂了，同南方军阀也分道了。他一心追求的是救国真理，要在中国建立民主政治。但是，要实现这个理想，应该怎么办呢？应该依靠什么人？联合什么？走什么样的新道路呢？特别是过去几十年一再遭受失败的原因何在？应该如何去总结失败的经验教训以利前进呢？孙中山感到苦闷，也感到孤独。他开始了艰难的探索。

上海莫利爱路29号，位于法租界的一条宁静的马路，路边植着

1918年6月26日，孙中山摄于上海

绿叶茂密的法国梧桐。在这马路的东头路南的第三个门就是29号。这是一座西式花园别墅，进大门走过庭院是一幢深灰色的两层楼房。外墙上布满了爬山虎、紫藤。楼向阳处，是一片正方形草坪，三面围绕着四季常青的常青、香樟及玉兰等树木和花圃。楼下，一间是会客厅，一间是餐室。楼上，有藏书室、兼办公用的读书室、卧室、浴室和招待客人的住室。书室内，四壁图书琳琅满目，中外政治、经济、历史、地理、法律书籍，应有尽有，就连楼梯角下、过道旁也放有书橱和书籍。这是一所最适于俭朴生活的孙中山与宋庆龄居住的精致而不华贵的住宅。有一位菲律宾友人拜访孙中山夫妇后，描述其中陈设是“半为中式，半为西式，惟出于孙夫人之美术的布置，颇觉中西折中，幽美可观。客厅中置一钢琴，盖示其家主妇之雅好音乐也”。

在这所房子里，孙中山静坐深思，为了使自己在政治上能够紧随时代潮流，适应革命的需要，决心从理论和实践上再进行新的探索，以总结革命几经周折的经验和教训，寻找引导中国革命胜利、求得民族解放，以及使中国在国际上取得平等地位的道路。

联合、依靠西南军阀进行护法斗争的失败，给孙中山上了重要的一课。自辛亥革命以来，孙中山先后进行了“二次革命”、护国战争、护法运动等重大斗争，结果完全落空，每况愈下。他怀着痛苦的心情，回顾民国以来的七年历史说：“夫去一满洲之专制，转生出无数强盗之专制，其为毒之烈，较前尤甚。于是而民愈不聊生矣！溯夫吾党革命之初心，本以救国救种为志，欲出斯民于水火之中，而登衽席之上也；今乃反令之陷水益深，陷火益热，与革命初衷大相违背者，……午夜思维，不胜痛心疾首！”①

①《建国方略》，《孙中山全集》第一卷，人民出版社2015年版，第14—15页。

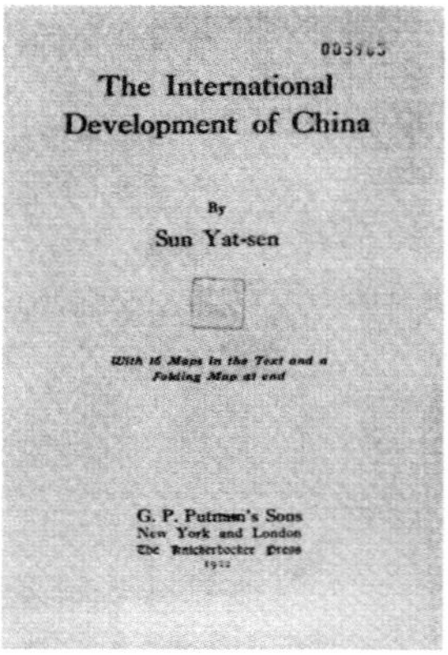

《建国方略》的三部分

在南北军阀的黑暗统治下，割据混战，“国家的情况一天比一天坏，环境使人们活不下去。”孙中山感到未来渺茫，“孑然无助”，承认自己“对于时局问题，实无具体解决办法”，只能“杜门养晦，聊以著述自娱”，几乎完全陷于绝望。他只希望专心著书，来“启发国民”，“唤醒社会”。

从1918年5月至1920年11月这一段时间里，孙中山深居简出，苦心研究，发愤闭门著书。他试图从理论上总结几十年革命的经验教训，并进而写出个人新设想的建设祖国的宏伟蓝图和远景规划，写成了《孙文学说》和《实业计划》两书，连同1917年写成的《民权初步》合为《建国方略》这部重要著作。① 此外又写了《〈建设〉杂志发刊辞》《八年今日》和《〈战后太平洋问题〉序》等多篇文章。这时是孙中山从事著述的最集中、最重要的时期。《建国方略》和他的《三民主义》讲演，同是孙中山在思想方面的贡献，也是研究他的思想的最主要文献。

① 《民权初步》《孙文学说》《实业计划》鼎足而立，构成《建国方略》。《民权初步》是译自《西国议学之书》的《会议通则》，孙中山以此教人民集会的方法。

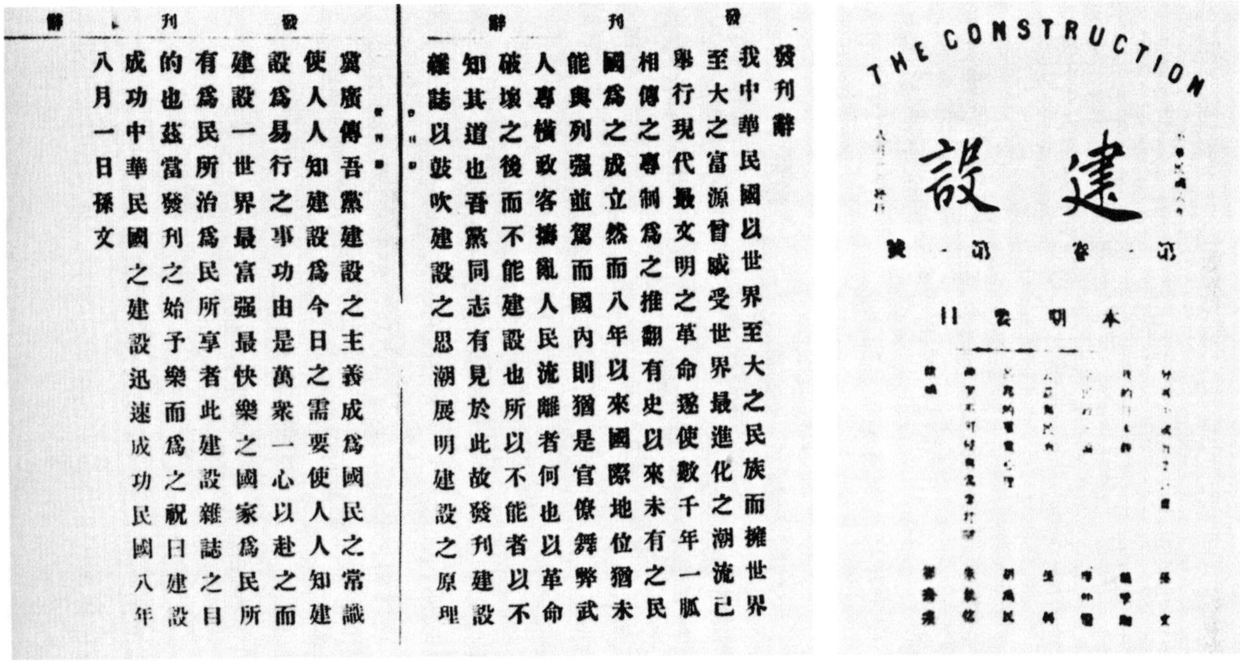

發刊辭

我中華民國以世界至大之民族而擁世界至大之富源曾受世界最進化之潮流已舉行現代最文明之革命遂使數千年一脈相傳之專制爲之推翻有史以來未有之民國爲之成立然而八年以來國際地位猶未能與列強並駕而國內則猶是官僚舞弊武人專橫政客搗亂人民流離者何也以革命破壞之後而不能建設也所以不能者以不知其道也吾黨同志有見於此故發刊建設雜誌以鼓吹建設之思潮展明建設之原理冀廣傳吾黨建設之主義成爲國民之常識使人人知建設爲今日之需要使人人知建設爲易行之事功由是萬衆一心以赴之而建設一世界最富強最快樂之國家爲民所有爲民所治爲民所享者此建設雜誌之目的也茲當發刊之始予樂而爲之祝曰建設成功中華民國之建設迅速成功民國八年八月一日孫文

《建设》杂志及孙中山撰《发刊词》

孙中山毕生奋斗的最高目标就是振兴中华。他是因爱国而革命，革命则是为着建设新的国家。他所倡导的革命建设，有社会、物质和心理三方面的建设，总的体现在他撰写的《建国方略》这部巨著里。这部书是孙中山的重要代表作之一，是他关于政治、经济、哲学思想方面的力作，也是他提出的一部关于中国近代化事业的重要巨著。

《民权初步》，最早名称叫《会议通则》(即《建国方略》之三"社会建设")。孙中山在1916年即着手撰写此书，1917年2月21日写成。同年4月由上海中华书局出版单行本。这是一本介绍民主政治的初阶的启蒙读物，全书分5卷20章158节，内容很丰富。首冠"自序"，书后附"结论"及"章程并规则之模范"。

孙中山在"自序"中指出，撰书目的在于"教吾国人行民权第一步之方法"。认为中国人民的"一盘散沙"状态并非"天生使然"，乃是"专制有以致之也"，即"集会有禁，文字成狱，偶语弃世"所造成的。至于袁世凯的复辟，根本原因在于"民权未张"。显然，这是对封建专制主义的抨击。

孙中山指出："今后民国之安危如何，则全视民权之发达如何耳。民权何由而发达？则从固结人心，纠合群力始；而欲固结人心，纠合群力，又非从集会不为功。是集会者，实民权发达之第一步。""倘此第一步能行，行之能稳，则逐步前进，民权之发达，必有登峰造极之一日。苟人人熟悉此书，则人心自结，民力自固。"① 在该书中详尽地论述了有关集会的"原则"、"条理"、"习惯"和"经验"，以及集会、结社、议事、动议、讨论、选择、表决等秩序和操作细则，这些虽只是涉及民主社会建设的纯粹技术性环节，却实是程序民主中实体民主的前提和条件。孙中山希望借此促进"民

① 《建国方略》，《孙中山全集》第一卷，人民出版社2015年版，第237—239页。

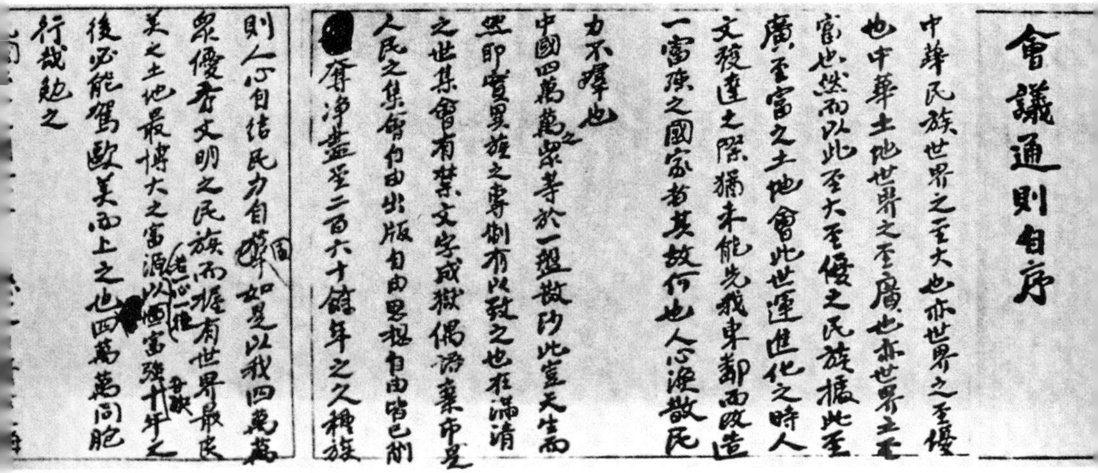
會議通則自序

中華民族世界之至大也亦世界之至優
也中華土地世界之至廣也亦世界之至
富也然而以此至大至優之民族據此至
廣至富之土地會此世界進化之時人
文發達之際猶未能先我東鄰而改造
一富強之國家者其故何也人心渙散民
力不凝也
中國四萬萬之衆等於一盤散沙此豈天生而
然耶實異族之專制有以致之也在滿清
之世集會有禁文字成獄偶語棄市是
人民之集會自由出版自由思想自由皆已削
奪淨盡至二百六十餘年之久種族
則人心自結民力自固如是以我四萬萬
衆優秀文明之民族而握有世界最良
美之土地最博大之富源以圖富強數十年之
後必能駕歐美而上之也四萬萬同胞
行哉勉之

《会议通则》自序

权之发达”，建设国家。他所阐述的这些，虽非民主政治的关键，但对长期“受集会之厉禁”的中国人民来说，也具有一定的启蒙作用。特别是他根据中国的情况，而把国民民主政治意识的养成与社会进步、国家富强问题紧密联系起来的思路，是很可贵的。

过去长期以来，对《民权初步》一书缺乏恰如其分的评价。其实，它并非毫无实际意义的繁琐哲学，在当时军阀官僚们把社会政治生活中的民主因素剥夺殆尽的情势下，是具有一定积极意义的，是改造国民性的初步尝试。它集中体现了民权主义中“主权在民”的基本原则和民主自治的基本精神。它是针对国民长期处于封建专制主义之下，从无民主参政议事、民主集会结社意识可言的落后状况，为广大民众即将进入民主参政议事所必须具备的基本规范的精心建构。这只是孙中山的民主政治思想的雏形。

孙中山希望通过践行《民权初步》，养成民主参政集会结社的自治意识和文明习惯，促进人的现代化。它虽具有积极意义，也产生了一定的社会影响，但限于当时的时局要彻底贯彻实行是不可能的，若以此作为改造社会现状的手法，更是一种过于简单化的空想。实际上真正妨害民主政治的并非是人们缺乏“议学”知识，而是帝国主义和封建势力的统治。

《孙文学说》，又名《知难行易的学说》（即《建国方略》之一的“心理建设”），写于1918年，出版于1919年春夏间。是孙中山著述中最近于纯哲学著作。它比较集中地论述了认识论（知、行关系）的问题。孙中山以“能知必能行”、“不知亦能行”为命题，归结为“知难行易”，“有志竟成”。全书以大量篇幅着力于打破中国几千年来“知之非艰，行之维艰”的传统观念，全面论证“行之非艰，知之维艰”的科学性。书中以饮食、用钱、作文、建屋、造船、筑城、开河、电学、化学、进化等十事为例，证明了人们的实践具有广泛的可能性，“行艰”是错误的。《孙文学说》中所举的例证并不完全正确，但他试图从理论上探索以往失败的原因，批判了“知之非艰，行之维艰”的保守、退缩等消极思想。为什么“当满清之世，予之主张革命也，犹能日起有功，进行不已；惟自民国成立之日，则予之主张建设，反致半筹莫展，一败涂地”？“不能乎？不行乎？不知乎？”孙中山的结论是：“吾知其非不能也，不行也；亦非不行也，不知也；倘能知之，则建设事业，亦不过反掌折枝耳。”[①] 孙中山认为，行在先而知在后，知是从行中得来的，所以行易知难。人生下来就会吃，无须教就能行；但关于饮食烹调的学问，则必须经过长期实践才能获得。这种行先知后、知由行中获得的观点，显然是唯物主义的。他还认为“不知亦能行”，要敢于实践，敢于革命和建设，把知行学说作为鼓舞人们努力奋斗的思想武器，是具有重大的进步意义的。

孙中山的知难行易学说，毕竟和马克思主义认识论不同。他过

① 《建国方略》，《孙中山全集》第一卷，人民出版社2015年版，第14—15页。

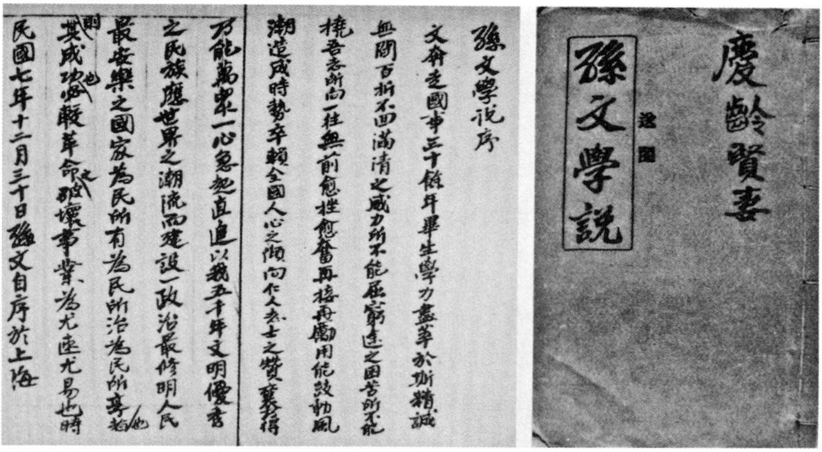
孫文學說序
文奔走國事三十餘年畢生學力盡萃於斯精誠
無間百折不回滿清之威力所不能屈窮途之困苦所不能
撓吾志所向一往無前愈挫愈奮再接再勵用能鼓動風
潮造成時勢卒賴全國人心之傾向仁人志士之贊襄乃得
乃能萬衆一心急起直追以我五千年文明優秀
之民族應世界之潮流而建設一政治最修明人民
最安樂之國家為民所有為民所治為民所享
其成功必較革命之破壞事業為尤速尤易也
民國七年十二月三十日孫文自序於上海

《孙文学说》序

分强调知难，抬高知而贬低行，割裂了知行本身的辩证关系，不能不终于倒向唯心主义。他反复强调改造心理的重要，夸大人的心理作用，把革命成败归结于“心之为用”，“心”是“万事之本源”。他说：“满清之颠覆者，此心成之也；民国之建设，此心败之也。”这就不可能正确总结过去胜利和失败的原因和经验教训。因而，既不能认清中外反动派的本质，也看不到广大人民群众的巨大的物质力量。他把人分成“先知先觉”、“后知后觉”和“不知不觉”三等，强调先觉者的作用是必要的，但轻视广大人民的实践，把群众视为“阿斗”是十分错误的。“先知先觉者”脱离广大人民群众，不能不是孙中山无数次失败的根源。

在《孙文学说》中，他说：“先知先觉者，为创造发明”；“后知后觉者，为仿效推行”；“不知不觉者，为竭力乐成”。这是孙中山一贯思想的概括，关于“知”的思想贯彻于他的全部学说和主张。他以先知先觉者对“知”的自信，而要施行“训政”，要求对他个人的服从；服从他和他的主义，就是服从他主张的革命。但是，他作为一“先知先觉者”，却有很强的责任感，这使他虽屡遭挫折而不丧失进取精神。

《孙文学说》全书——特别是第八章“有志竟成”中，对过去的革命经验教训——尤其是辛亥革命失败的教训，按照他当时的认识和理解做了比较系统的总结，从而为以后的思想发展提供了积极因素。

《孙文学说》连同孙中山后来的《军人精神教育》（阐述对于哲学基本问题——物质与精神的看法）和《民权主义》（提到世界起源论和人类起源论的问题）等著作和讲演，集中反映了孙中山的哲学思想。在这些著述中，孙中山热情地宣传了达尔文的进化论思想，并以大量的自然科学知识为依据，较为详细地阐述了他的唯物主义哲学思想。物质派生精神，行先知后，是孙中山唯物主义哲学思想的基石，科学进化论则是他的哲学思想的理论基础。孙中山的哲学思想是丰富的，他的唯物主义哲学体系基本上是完整的。然而，他的社会历史观，即“民生史观”，则是二元论和唯心论的。

孙中山的哲学思想，是与他的革命斗争密切联系着的，是为他所领导的民族民主革命提供理论根据的。孙中山的唯物主义哲学思想，在中国哲学史上占有重要的地位，是我们要批判继承的一份优秀遗产。

《实业计划》（即《建国方略》）之二的“物质建设”），集中地代表了孙中山的经济建设思想，是一部十分重要的著作。它最为系统地阐述了孙中山关于中国在经济上走向现代化的总体构想。孙中山从中国国情出发，怀着彻底改变中国落后面貌，跻身于世界近代强国之林的斗志豪情，通过摸索、调查并参照外国经验，根据中国的具体情况，制定了使国家富强的宏伟蓝图。孙中山终极目的，是要建设以大工业为中心的全面现代化的新中国。

《实业计划》开始写于1918年，完稿于1919年，用英文写成，原名《*The International Development of China*》。书中阐述了开发中国实业的途径、原则和计划。孙中山深感中国要富强起来，必须改变当时落后的经济状况，因此就要花很大的力气开发中国的富源，发展中国的实业，进行“工业革命”。他把这个问题视为“此后中国存亡之关键”。书中提出了十项庞大建设计划：一、交通之开发；二、商港之开辟；三、建设全国铁路系统和新式街市；四、水利之发展；五、设立冶铁、制钢、造士敏土三大工厂；六、矿业之发展；七、农业之发展；八、蒙古、新疆之灌溉；九、于中国北部及中部建造森林；十、移民于东北、蒙古、新疆、青海、西藏。他在所设计的建设新国家的大计划中，把铁路和公路的建设、水路的修治、商港和市政建设放在首位，作为优先发展的部分。计划修建10万英里（即16万公里）的铁路，提出以七大铁路系统，共计106条路线的规划，把中国的沿海、内地和边疆连接起来；修建遍布全国的公路网，建成100万英里的公路；在中国北、中及南部沿海，各修建一个“如纽约港”那样世界水平的大海港：北方大港、东方大港及南方大港以及许多新的商埠；开凿、整修全国的水道和运河，治理内河交通和兴修水力、电力事业，大力发展农、林、牧业；建立和发展包括钢铁、煤炭、石油、电力、机械制造、有色金属、水泥等在内的大工厂、大企业，并把垦荒、采矿、冶铁、炼钢等放在突出的地位，全面开采煤、铁、石油、有色金属和非金属矿产；大力倡导用机器和科学方法改良耕地，实现农业生产的现代化，并且大规模移民开垦边疆，提出了化兵为工的意见，主张将裁撤的兵士，“以为筑港建路及开发长城的沿线地方之先驱者”；还要建立和发展纺织，食品加工等多种轻工业等等。

孙中山认为：“中国实业之开发，应分两路进行：一、个人企业；二、国家经营是也。凡夫事物之可以委诸个人，或其较国家经营为适宜者，应任个人为之，由国家奖励，而以法律保护之……至

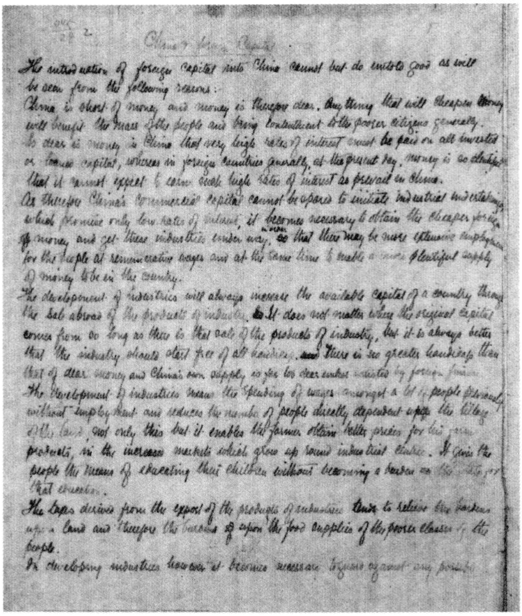

China's Foreign Capital

The introduction of foreign capital into China cannot but do untold good as will be seen from the following reasons:

China is short of money and money is therefore dear. Anything that will cheapen money will benefit the mass of the people and bring contentment to the poorer citizens generally.

So dear is money in China that very high rates of interest must be paid on all invested or loaned capital, whereas in foreign countries generally, at the present day, money is so cheap that it cannot expect to earn such high rates of interest as prevail in China.

As therefore China's commercial capital cannot be spared to initiate industrial undertakings which promise only low rates of interest, it becomes necessary to obtain the cheaper foreign money and get these industries under way, so that there may be more extensive employment for the people at remunerative wages and at the same time to enable a more plentiful supply of money to be in the country.

The development of industries will always increase the available capital of a country through the sale abroad of the products of industry. It does not matter where the original capital comes from so long as there be that sale of the products of industry, but it is always better that the industry should start free of all handicap. There is no greater handicap than that of dear money and China's own supply is far too dear unless assisted by foreign finance.

The development of industries means the spreading of wages amongst a lot of people previously without employment and reduces the number of people directly dependent upon the tillage of the land, not only this but it enables the farmer obtain better prices for his farm products, in the increased markets which grow up round industrial centres. It gives the people the means of educating their children without becoming a burden on the State for that education.

The taxes derived from the export of the products of industries tend to relieve the burdens upon land and therefore the burdens upon the food supplies of the poorer classes of the people.

In developing industries however it becomes necessary to guard against any possible

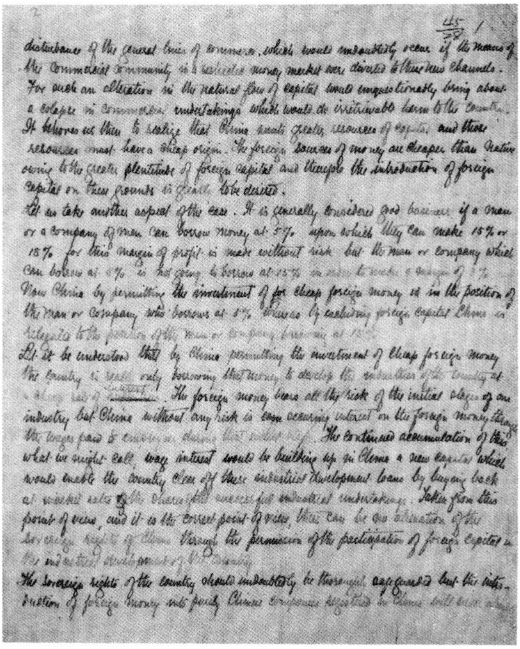

45/38 1

disturbance of the general lines of commerce, which would undoubtedly occur if the means of the commercial community in a restricted money market were diverted to these new channels. For such an alteration in the natural flow of capital would unquestionably bring about a collapse in commercial undertakings which would do irretrievable harm to the country.

It behooves us then to realize that China needs greater resources of capital and those resources must have a cheap origin. The foreign sources of money are cheaper than native owing to the greater plentitude of foreign capital and therefore the introduction of foreign capital on these grounds is greatly to be desired.

Let us take another aspect of the case. It is generally considered good business if a man or a company of men can borrow money at 5% upon which they can make 15% or 18% for this margin of profit is made without risk but the man or company which can borrow at 5% is not going to borrow at 15% in order to make a margin of 3%.

Now China by permitting the investment of cheap foreign money is in the position of the man or company who borrows at 5% whereas by excluding foreign capital China is relegated to the position of the man or company borrowing at 15%.

Let it be understood that by China permitting the investment of cheap foreign money the country is really only borrowing that money to develop the industries of the country at a cheap rate of interest. The foreign money bears all the risk of the initial stages of an industry but China without any risk is earning interest on the foreign money through the wages paid to employees during that initial stage. The continued accumulation of this what we might call wage interest would be building up in China a new capital which would enable the country clear off these industrial development loans by buying back at market rates the shares of the various industrial undertakings. Taken from this point of view, and it is the correct point of view, there can be no alienation of the sovereign rights of China through the permission of the participation of foreign capital in the industrial development of the country.

The sovereign rights of the country should undoubtedly be thoroughly safeguarded but the introduction of foreign money into purely Chinese companies registered in China will never [illegible]

《实业计划》英文手稿

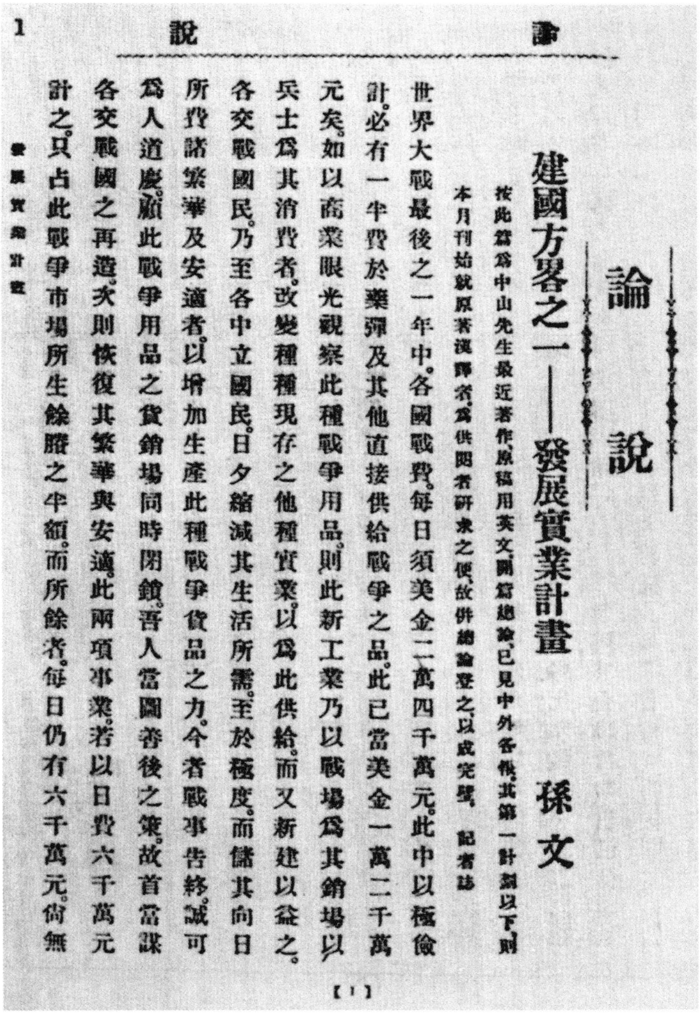

論說

建國方畧之一——發展實業計畫

孫文

按此篇爲中山先生最近著作，原稿用英文，開篇總論，已見中外各報，其第一計劃以下，則本月刊始就原著漢譯者，爲供閱者研求之便，故併總論登之，以成完璧。　記者誌

世界大戰最後之一年中。各國戰費。每日須美金二萬四千萬元。此中以極儉計。必有一半費於藥彈及其他直接供給戰爭之品。此已當美金一萬二千萬元矣。如以商業眼光觀察此種戰爭用品。則此新工業乃以戰場爲其銷場以兵士爲其消費者。改變種種現存之他種實業。以爲此供給。而又新建以益之。各交戰國民。乃至各中立國民。日夕縮減其生活所需。至於極度。而儲其向日所費諸繁華及安適者。以增加生產此種戰爭貨品之力。今者戰事告終。誠可爲人道慶。顧此戰爭用品之貨銷場同時閉鎖。吾人當圖吾後之策。故首當謀各交戰國之再造。次則恢復其繁華與安適。此兩項事業。若以日費六千萬元計之。只占此戰爭市場所生餘賸之半額。而所餘者。每日仍有六千萬元。尚無

《建设杂志》连载《实业计划》译文

其不能委诸个人及有独占性质者，应由国家经营之。”其意图是要建立以国家资本为主，私人资本为辅的经济体制模式。而其发展的原则是：“（一）必选最有利之途，以吸外资；（二）必应国民之所最需要；（三）必期抵抗之至少；（四）必择地位之适宜。”[①]

要实现如此宏大的计划，所需要的资金、人才、方法从哪里来？早在民国初建，他在北京记者招待会上的演讲就说：“我无资本，利用外资”；“我无人才，利用外国人才”；“我无良好方法，利用外人方法”。在《实业计划》中他进一步提出吸收外资：“凡诸工业国，其资本有余者，中国能尽数吸收之。”此外，他还提出了化兵为工的意见，主张将裁撤的兵士，“以为筑港建路及开发长城以外沿线地方之先驱者”。

稍后，1920年，孙中山在另一篇关于实业计划的文章中说：

吾国既具有天然之富源，无量之工人，极大之市场，倘能借此时会，而引用欧美战后之机器与人才，则数年之后，吾国实业之发达，必能并驾欧美矣。

惟所防者，则私人之垄断，渐变成资本之专制，致生社会之阶级，贫富之不均耳。防之之道为何？即凡天然之富源，如煤、铁、水利、石油等，及社会之恩惠，如城市之土地、交通之要点等，与夫一切垄断性质之事业，悉当归国家经营，以所获利益，归之国家公用。如是，则凡现今之种种苛捐杂税，概当免除，而实业陆续发达，收益日多，则教育、养老、救灾、治病及夫改良社会，励进文明，皆由实业发展之利益举办，以国家实业所获之利，归之国民所享，庶不致再蹈欧美今日之覆辙，甫经实业发达，即孕育社会革命也。此即吾党所主张民生主义

① 《建国方略》，《孙中山全集》第一卷，人民出版社2015年版，第97—98页。

之实业政策也。凡欲真正国利民福之目的者，非行此不可也。

孙中山详细探讨了利用外资、外才和外国技术过程中带有技术性的问题，特别强调主权必须操在中国人手里，不旁落于帝国主义者手中。他说：“惟发展之权，操之在我则存，操之在人则亡。”①

《实业计划》是一个以国家工业化为中心的，使中国人民经济全面现代化的大规模建设规划。它气魄宏伟，包含着孙中山关于经济建设的一系列理论观点、方针政策和步骤方法，其目的是要把贫穷落后的半封建、半殖民地的中国，改造为资本主义强国。

孙中山对于中国经济向现代化发展的思考，早在1894年他在《上李鸿章书》中就已开始，到民国建立以后便进行了更为具体而实际的筹划。在第一次世界大战结束后他着手制定《实业计划》时，对这一问题至少已认真研究了四分之一个世纪。

该书实际上是孙中山经过大量理论与实际调查材料的精心准备，对世界各国特别是中国自身经济发展的经验教训反复思考和积极探索，将自己长期以来形成的对外开放、利用外资、振兴实业、发展国民经济的认真总结的结晶。它最为系统地阐述了孙中山关于中国在经济上走向现代化的总体构想。再联系到孙中山在辛亥革命前后所倡导的改革开放、自主创新、鼓励留学生创业等言论和思想，可归纳为五个方面，即（1）对外开放；（2）利用外资；（3）独立规划；（4）主权在我；（5）创造精神。

孙中山的这些主张，显然是第一次世界大战前后中国民族资产阶级希望加速实现经济现代化，促使中国富强起来的反映。它是符合当时中国社会生产力发展的客观要求，是有进步作用的。当然，孙中山所追求的经济现代化是属于资本主义现代化范畴，但是，它

① 《建国方略》，《孙中山全集》第一卷，人民出版社2015年版，第93页。

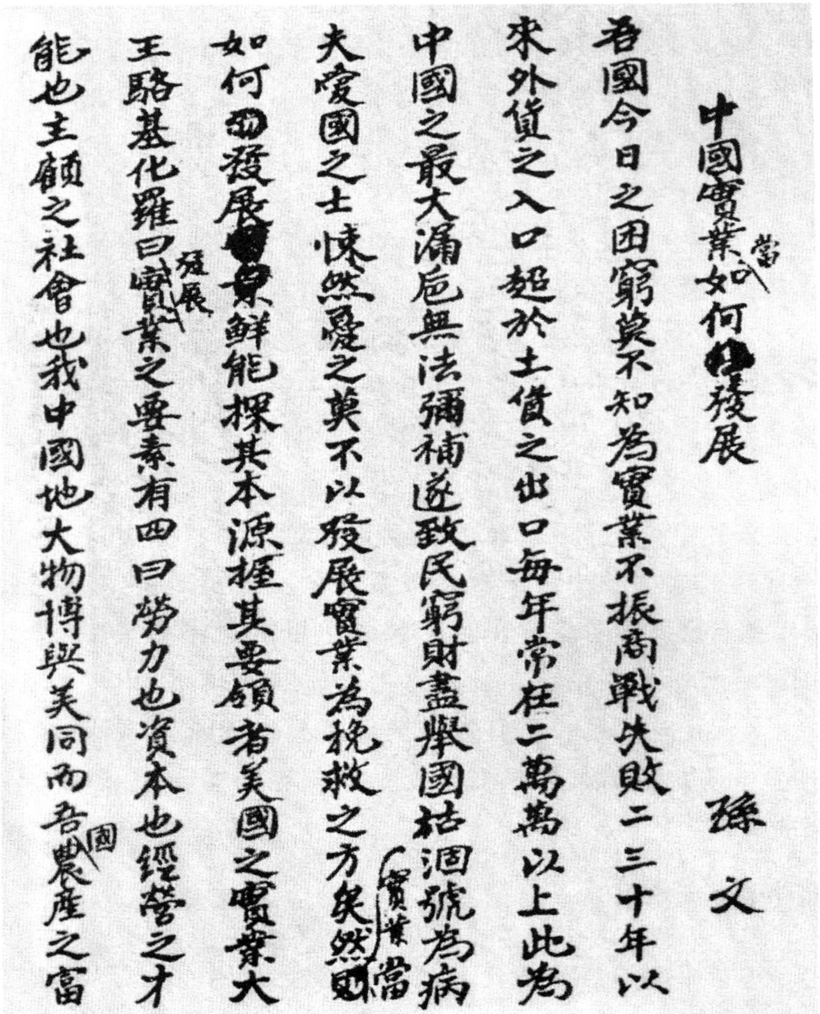

中國實業當如何發展

孫文

吾國今日之困窮莫不知為實業不振商戰失敗二三十年以來外貨之入口超於土貨之出口每年常在二萬萬以上此為中國之最大漏卮無法彌補遂致民窮財盡舉國枯涸號為病夫愛國之士憮然憂之莫不以發展實業為挽救之方矣然實業當如何發展鮮能探其本源握其要領者美國之實業大王駱基化羅曰發展實業之要素有四曰勞力也資本也經營之才能也主顧之社會也我中國地大物博與美同而吾國農產之富

孙中山撰《中国实业当如何发展》（1919年10月10日）

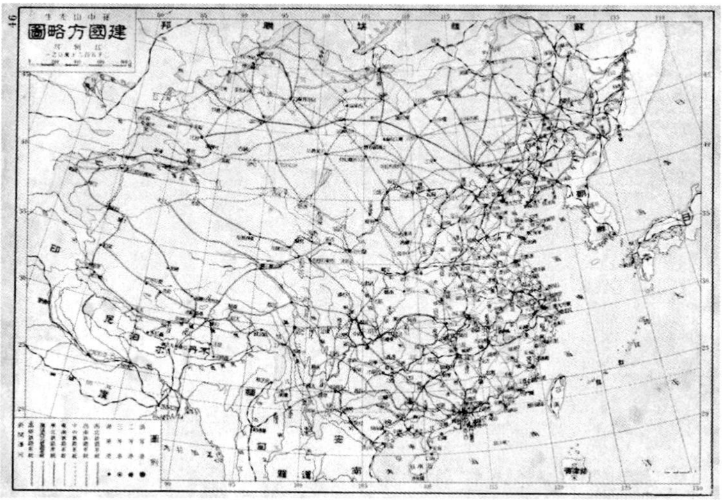

建国方略图

却是结合中国国情的、具有中国特色的资本主义现代化，而不是对西方资本主义工业化的生搬硬套。改革开放30年来，中国由于实行了开放政策，积极吸引外资，使这部著作早就提出的类似主张被发掘出来，并获得肯定的评价。

孙中山的《实业计划》，只是“实业计划之大方针，国家经济之大政策而已”，其上述的这些构思、议论和设想，尽管其中还有脱离实际之处，有颇大比重的理想化或空想的部分，但是，更值得人们惊异的是他对经济发展中许多重大的关系关键问题的洞见。因此，就既非梦想，亦非全是空想，只不过当时的社会历史条件不允许把它付诸实践罢了。实践有力地证明，孙中山发展国民经济的思想，是符合当时中国社会生产力发展的客观要求的，是有进步作用的，它不仅给后人留下了一份富有价值的启示和激励，而且在今天对于我们仍具有重要的启发和借鉴作用。

孙中山主观上把实现他的现代化看为“社会主义”，造福全国

1919年4月25日，孙中山偕宋庆龄等游览杭州西湖时合影

人民，实际只能是资本主义的现代化，资本主义的国有化，资本主义经济的发展。但是，他在经历了无数挫败之后，仍然为祖国富强、改善人民生活、改变中国的落后状况而呕心沥血，精心设计，顽强奋斗，这是伟大爱国者的十分可贵的思想。

总的来说，孙中山在上述的这些著述里，试图从理论上总结几十年革命的经验教训，并进而写出自己所设想的建设祖国的宏伟蓝图、远景规划，提出了一整套建立民主共和国的理论、方针和策略。这表现出孙中山不断追求真理的革命实践精神和对中国民主化、工业化的强烈愿望。其中他还满怀信心地说明了中国必然会随着时代潮流而进步，一跃而走上富强之路。孙中山说："以此至大至优之民族，据此至广至富之土地"，"中国人经受数世纪之压迫，现已醒觉，将起而随世界之进步，现已在行程中矣"。并且豪迈地断言：中国"千百年前已尝为世界之雄矣！……是中国今日欲富强则富强矣，几有不待一跃之功也。"当然，孙中山这个时期的著述，尽管主观上是力图变革现状，探索出中国的新的途径，但由于种种局限，在他的书中也有不够正确或消极的东西。

孙中山领导的旧民主主义革命，经过三十多年的实践，终于陷入绝境的事实，恰好证明在帝国主义时代的半殖民地半封建国家里，从西方学来的资产阶级民主主义思想武器，已经不可能引导任何真正的革命走向胜利。旧民主主义的道路在中国是行不通的，建立资产阶级共和国，只是一种幻想。

孙中山沉痛地回顾着辛亥革命以来一再遭受的挫折和失败，摸索着继续前进的方向和道路。

二、改组中华革命党为中国国民党

为了更好地适应潮流，争取革命胜利，孙中山隐约地觉察到过去的革命方式不能适应当前的革命形势，所以他在五四运动发生的同年10月，将中华革命党正式改组为中国国民党（加上“中国”二字，以表示有别于1912年的国民党），使该党由秘密而公开，以适应五四运动后的国内急剧变化的形势，接纳当时的爱国青年入党。

早在第一次护法运动失败后，1918年6月孙中山抵达上海时，为了把国民党的主力从海外转移到国内，他便开始筹划扩张党务，重订党章，以促党务的发展。8月30日，他在《通告海外革命党人书》中说：“归沪而后，益感救亡之策，必先事吾党之扩张，故亟重订党章，以促党务之发达。”至此，中华革命党在国内的影响已经微弱到了极点，孙中山不得不向原国民党的各派势力妥协，以求团结更多的力量。于是，宣布恢复国民党的名义。事实上，中华革命党恢复国民党名义后，国民党作为一个政党的活动很少。

1919年10月10日，中华革命党正式定名为中国国民党，并公布新党章《中国国民党规约》。在这之前，国民党的名称在国内并不统一，除有中华革命党、国民党、中国国民党等名称外，还有的地方称中华国民党，而且党章不一。所以，1919年10月10日颁布该党规约时，才明确“从前所有中华革命党总章及各支部通则，一律废止。所有印章、图记，一律照本规约所定，改用中国国民党名义，以昭统一，而便进行”。[①] 民国元年国民党是由中国同盟会等五个党合并而成的；中国国民党则由中华革命党演变而来。因此，除原中华革命党的党员外，新入党的党员，仍须依据《中国国民党规约》履行手续。

当时，中国国民党“设本部于上海，总理全党事务”，本部设总

---

①《中国国民党通告及规约》，《孙中山全集》第三卷，人民出版社2015年版，第513页。

1919 年冬，孙中山与章太炎等在上海合影

1919 年 12 月 20 日，孙中山和章太炎为南洋商业学校自治讲习所讲演《自治精义》后合影

务、党务、财政三部。孙中山委任居正为总务主任，谢持为党务主任，廖仲恺为财务主任。

《中国国民党规约》共八章32条，在第一章《总纲》中明确规定："本党以巩固共和、实行三民主义为政纲"。这是一个重大的变化。三民主义是民族主义、民权主义和民生主义的总称，它是孙中山针对19世纪末、20世纪初，中国社会所面临的民族解放、民主革命、社会变革三个历史任务，并着力于解决这三项任务而提出来的民主革命的政治思想纲领。但是，除《中国同盟会总章》提出的"本会以驱除鞑虏，恢复中华，创立民国，平均地权为宗旨"，已经含有三民主义内容外，其他时期的党章，比如在国民党和中华革命党的章程中，均未明确提出实行三民主义这个宗旨。辛亥革命成功之后，在国民党内普遍存在这样一种观点，认为清朝统治已经被推翻，民族问题已经得到解决，因而今后只解决民权、民生两个主义就行了，在政治纲领中不必再提民族主义了。基于这样一种错误认识，在《国民党规约》《中华革命党总章》中，均不提民族主义。

辛亥革命后，还要不要再提解决民族主义的任务？孙中山本人也曾一度认为民族主义"因清廷退位而付之实现"，革命党的主要任务只剩下民权、民生主义，所以担任了"全国铁路督办"。后来，他认识到没有民主，没有真正的共和，国家不可能富强起来，于是又提出为民争权的任务。所以，1914年，他亲手制定的《中华革命党总章》，只提"以实行民权、民生两主义为宗旨"，没有提民族主义。然而，孙中山的思想是随着时代潮流的发展而前进的，为了民族利益，国家的前途，总是在追求真理，修正错误。这一点，在他的革命斗争实践中是显而易见的。而且越是到他的晚年，这个特点越突出。他在所代表的那个阶级利益许可的范围内，做了很大的努力，力求冲破资产阶级的局限，找到救国救民的道路。

辛亥革命后，孙中山面临十分困难、十分复杂的局面。由于袁

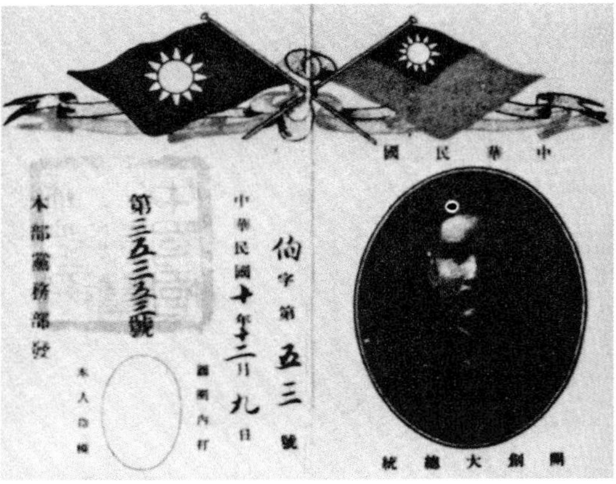

中国国民党党证

中国国民党本部之印

中国国民党总理孙中山所用各种印章文字

世凯窃夺政权后，中华民国名存实亡，使民族问题呈现出异常惨淡的景象：帝国主义列强依然骑在中国人民头上，残酷地榨取广大群众的血汗；封建军阀政府则实施大汉族主义的反动民族压迫政策，少数民族仍旧受着歧视和排斥。为了巩固共和政体，孙中山在苦闷彷徨中，同帝国主义支持下的军阀独裁集团，进行了长期的艰苦的斗争。在长期失败的教训中，他更加认识到思想必须适应新的形势。这个变化表现在他对国内外重大事件的态度上，而国内外的重大事件也给他思想上的转变以很大的促进。俄国十月社会主义革命的胜利和中国五四运动的爆发，使孙中山在“孑然无助”的困境中，看到了光明的未来。他赞扬十月革命的胜利，钦佩列宁领导的成功，早在1918年初，他在致列宁的贺电中说：“十分钦佩，并愿中俄两国革命党团结共同斗争。”他支持五四运动，认为以青年学生为发轫的这场运动定会为“最有价值之事”。这时，孙中山寓居上海从事《建国方略》的著述，总结过去的经验和教训。尽管在长时间里他没有完全认清帝国主义的反动本质和真面目，进而旗帜鲜明地提出反对帝国主义的响亮口号，并使民族主义发展为指导民族解放运动的政治纲领，但他毕竟对民族主义的理论和实践做出初步的检验，明确提出反帝主张，并将这方面的成果体现在《中国国民党规约》中。他说：“当初同盟会还只明白民族主义，拼命去做；……其实民族主义也没有做完。”所以如此，是因为认识上出现偏差：“有人说：‘清室推翻以后，民族主义可以不要。’这话实在错了。即如我们所住的租界，外国人就要把治外法权来压制中国人，这还是前清造成的恶因。现在清室虽不能压制我们，但各国还是要压制的，所以我们还要积极的抵制。”这里，孙中山在否定先前一度持有的民族主义“因清廷退位而实现”的片面认识的同时，表明他日益认清帝国主义是中华民族的大敌，开始产生反对帝国主义的思想，并写入党章。毋庸置疑，这个观念变化虽然是肤浅的，但是非常可贵的。

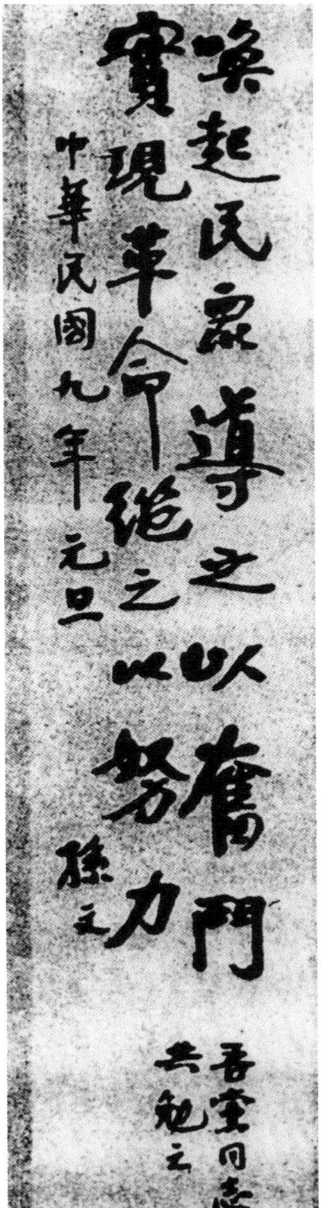

1920 年 1 月 1 日，孙中山给全体国民党党员题写的勉词

中华革命党改组为中国国民党以后，孙中山多次强调提高对党的认识，明确党的任务，发展壮大党的力量，加强党的思想建设和提高党的素质的重大意义。他突出强调党的巨大作用首先在于创建民主国家，没有中国同盟会就没有中华民国。他说：“中华民国何以成？以有同盟会。故从前同盟会开始不过数十人，一两年后就发展到若干万人，所以到了辛亥年，一举就成功了一个中华民国。但是那年武昌起义后，十二月间我到上海，有一种很可怪的空气，此空气为何？即是一班官僚某某等及革命党某某等人所倡言的‘革命军起，革命党消’是也。当时这样言论的空气充塞四周，一倡百和，牢不可破。我实在是莫名其妙，无论如何大声疾呼，总唤不醒。所以后来革命党的失败，都是在这句话上面，这是我们大家不可不彻底觉悟的。”① 孙中山号召全党认真总结辛亥革命后失败的教训，以提高对党的作用的认识，增加党的观念，彻底肃清“革命军起，革命党消”的消极影响。

孙中山明确提出中国国民党还要继续革命，打倒旧官僚军阀，为建立一个真正共和国而奋斗。并且重申革命的目标在于：“服膺于革命主义，黾勉力行，以达革命的目的，而建设一为民所有，为民所治，为民所享之国家。”② 他说：“现在的中华民国只有一块假招牌，以后应再有一番大革命，才能够做成一个真中华民国。”所以“我们的责任，以后就在造成一个真中华民国”。“真中华民国由何发生？就是要以革命党为根本。根本永远存在，才能希望无穷的发展……我们中华民国算是一棵大树，我们革命党就是这树的根本，所以我们要格外留意，将根本好好培植。”“党事为革命源起事业，革命未成功时要以党为生命，成功后仍绝对用党来维持。所以办党比无

①《在上海中国国民党本部的演说》，《孙中山全集》第七卷，人民出版社 2015 年版，第 317 页。

②邹鲁：《中国国民党史稿》第一篇，中华书局 1960 年版，第 287 页。

论何事都要重要。我常劝人要立志做大事，不要立志做大官。”[①] 孙中山强调的“大事”，就是实现三民主义，创建一个真正的共和国。

为了完成党所肩负的重任，孙中山接着指出，必须加强思想建设。他说：“党所重的是有一定的主义；为要行一定的主义，就不能不重在人。”“我们要造法治国家，只靠我们同党人的心理。党之能够团结发达，必要有两个作用：一是感情作用，二是主义作用。”“诸君切勿以为党事无足轻重，诸君如将党办得坚固，中华民国亦就坚固了。”“现在办事要义：第一，须知党事为重，遇事就要办理，万不可稍有延滞，因为光阴比什么都贵。一件事早一刻办，就早一刻收效果。第二，形式与精神并重，形式完备后，才能振起精神……第三，我们以后要注意培养人才与延揽人才，将来种种事业，非有多数的人才莫可。”[②]

那么，怎样才能把国民党建设好呢？孙中山强调指出，必须实行以三民主义为宗旨。他说：“我们造一个党，是因为要把我们的主义和目的贯彻到底。”“所以我党就要以三民主义为宗旨、五权宪法为目的，合拢这两条来做革命。”“三民主义缺一不可。这是确定不能改易的。”[③]

孙中山关于政党的意义和任务以及健全党务方面的言论，充分体现了民主主义政治观念，作为反对封建专制的产物，在当时的社会政治思想领域当然有着不容忽视的进步意义和积极作用。

总之，在十月革命和五四运动以后，孙中山对许多问题开始有新的认识，思想比以前有所进步。特别是他从多次失败的教训中，深刻地意识到过去自己所凭借的军阀力量是根本靠不住的，并且看到“大多数人又起而革此少数人之命”，已是当时“不可抑遏”的世

---

①②《在上海中国国民党本部的演说》，《孙中山全集》第七卷，人民出版社 2015 年版，第 317 页。

③《在上海中国国民党本部的演说》，《孙中山全集》第七卷，人民出版社 2015 年版，第 325、327、328 页。

界潮流。因而他相信，将来“必致政权归于平民而后已”。于是，他认为要拯救中国，一方面要组织力量坚持“护法”斗争，“恢复合法国会”，实现真正共和政体；另一方面，更重要的是“重新开始革命事业，以求根本改革”。根本改革怎样去做呢？他说：“南北新旧国会，一概不要它，同时把那些腐败官僚、跋扈武人、作恶政客，完完全全扫干净它”，“从新创造一个国民所有的新国家”。在这段时间的演讲中，他还放弃了一些曾经主张过的，比如“教育救国”、“实业救国”、“地方自治”等不完全符合实际的思想，明确提出：今后“改造中国的第一步只有革命”，只有通过革命才能建造出“比现在的共和国家还好得多”的共和国。这是中国民族资产阶级的杰出代表在俄国十月革命和中国五四运动后作出的难能可贵的反应。

三、二次护法运动

五四运动后高涨的革命形势，不仅在思想上促进了孙中山新的觉醒，而且在行动上坚定了他再度南征，重建广东革命根据地的信念。

当 1918 年 6 月孙中山离粤回到上海时，护法军政府在桂系军阀把持下，虽已无护法之实，但广东这块地方却被他们盘踞着。孙中山一心要在中国建立民主政治，为了继续护法反对北洋军阀的罪恶统治，便决定首先摧垮桂系军阀，夺取和巩固广东这块民主革命的根据地，进而完成民主革命事业。

这一次，孙中山把打倒桂系的希望寄托在他亲手培植起来的“援闽”粤军身上，对“此军实行护法，再造共和，实所厚望”。这支有两万多人的军队的总司令陈炯明，也是他任命的。孙中山期望这支军队能打开一个局面，为他撑腰争气。

陈炯明

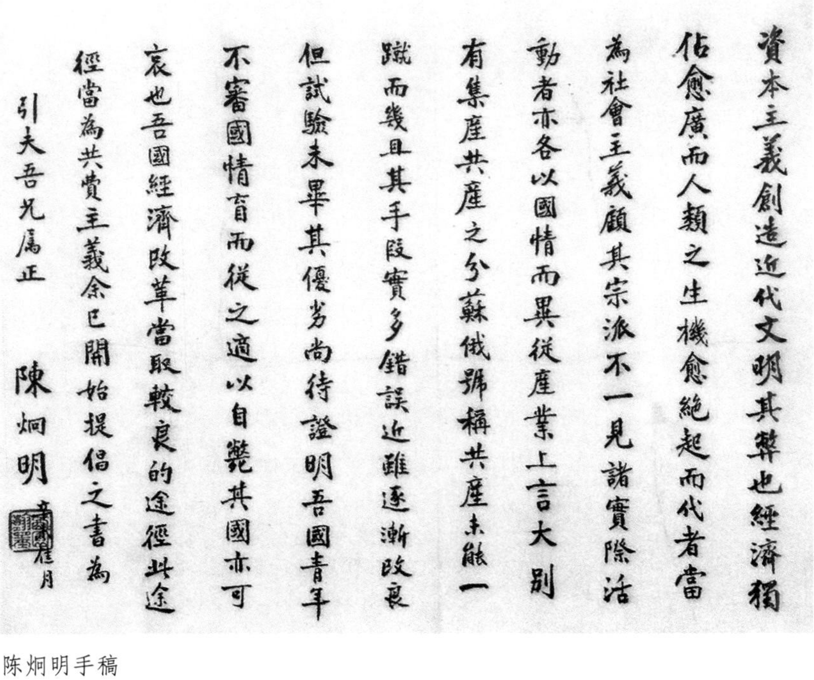

資本主義創造近代文明其弊也經濟獨佔愈廣而人類之生機愈絕起而代者當為社會主義顧其宗派不一見諸實際活動者亦各以國情而異從產業上言大別有集產共產之分蘇俄號稱共產未能一蹴而幾且其手段實多錯誤近雖逐漸改良但試驗未畢其優劣尚待證明吾國青年不審國情盲而從之適以自斃其國亦可哀也吾國經濟改革當取較良的途徑此途經當為共貴主義余已開始提倡之書為

引夫吾兄屬正　陳炯明

陈炯明手稿

在“首次护法运动”一节中，曾提及“援闽”粤军，是孙中山1917年底，以极大努力从粤督陈炳焜等手中争到省长公署的二十营警卫军为基础建立起来的。那时他在广州受桂系军阀威逼，深感必须有自己的军队，便任命陈炯明为总司令，并抽调一些党员和军事干部分任各级领导。开始约八千人，以护法援闽名义开入闽南，向福建方向求生存和发展，后来发展到两万余人。

长期以来，出于诸多原因，陈炯明在中国近现代史上是一位充满争议的人物。历史资料说明，陈炯明是个颇具民主思想的人，其所作所为有异于一般军阀。他在辛亥革命后主政广东时期，曾推行严禁烟赌、改革教育及发展经济等措施，提倡新文化运动，支持中共领导的工会组织和所办的机关报《广东群报》，推行地方自治，致力于要把广东建设成为全国的模范省。但另一方面，他主张保境安民，推行地方自治，反对广东介入军阀内战；还倡导联省自治，反对中央集权和武力统一。这些就与孙中山的建立护法政府和联合奉皖军阀北伐直系军阀的策略存有分歧，二者完全背道而驰，致最终酿成政争升级而兵戎相见。

而当时，孙中山是把这支部队视为最可靠的革命武力，对陈炯明也认为是“可资依靠”的“革命将领”。他倾全力装备这支部队，并将国民党的军事人才如邓铿、许崇智等配备在这里，甚至批准全体官兵均宣誓加入国民党，期望他们成为革命军。他要倚靠它达到革命的目的。

1920年六七月间，孙中山特派朱执信、廖仲恺等前赴漳州敦促陈炯明回粤讨伐桂系，但陈迟疑不决。后在桂系准备向闽进犯，使援闽军受到直接威胁时，陈炯明才于8月12日誓师回粤，分兵三路出发进攻桂军。在孙中山的大力支援和广东民军纷纷响应下，仅经过两个多月的战斗，就打败盘踞广东的桂系军阀，驱逐了岑春煊、陆荣廷等，全面攻克广东。

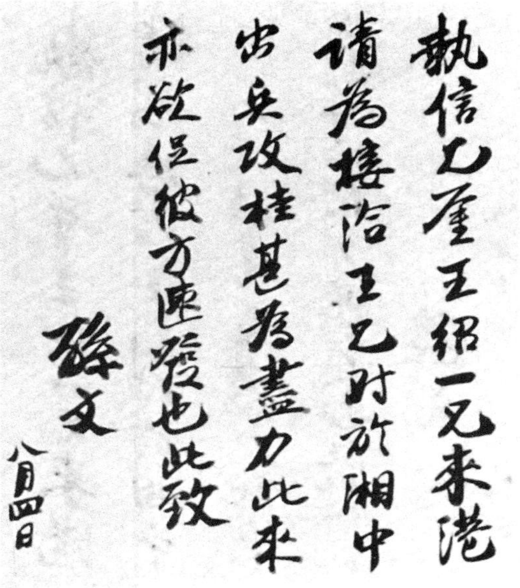

執信兄鑒王紹一兄來港
請為接洽王兄對於湘中
出兵攻桂甚為盡力此來
亦欲促彼方速發也此致
孫文
八月四日

孙中山于1920年8月4日写给朱执信的信

广州各界集会游行欢庆孙中山就任非常大总统

11 月 25 日，孙中山应粤军许崇智的请求，偕伍廷芳、唐绍仪等离开上海重返广州。29 日，他在广东军民欢迎声中，重新组成军政府，宣布继续执行护法职务。过去因受压迫而离粤的部分国会议员，经过国会迁滇、迁渝等颠沛流离后，纷纷响应孙中山的倡议，也于此时相继返粤，准备重新召开国会非常会议。

这时，孙中山并不满足偏安一隅。他已认识到光举起护法旗帜，"断断不能解决根本问题"，不可能实现真正的民主共和。说明他在艰苦奋斗中其思想又向前迈进了一步——主张建立正式政府。因为"护法不过矫正北政府之非法行为，即达目的，于中华民国亦无何裨益。况护法乃国内一部分问题，对内仍承认北京政府为中央政府，对外亦不发生国际上地位之效力"。[①] 所以，要达到"完全成功，要平定西南，巩固民国基础，必须建立正式政府"。因此，孙中山建议国会议员迅速组织正式政府，以取代北洋军阀控制下的北京政府，并号召广东军民给予赞助。

1921 年 1 月 1 日，孙中山在军政府演讲时说："此次军政府回粤，其责任固在继续护法，但余观察现在大势，护法断断不能解决根本问题。吾人从今日起，不可不拿定方针，开一新纪元，巩固中华民国基础，削平变乱。方针维何？即建立正式政府是也。"所以他主张：应"仿南京政府办法在广东设立一正式政府，以为对内外之总机关"。1 月 12 日，国会在广州召开。孙中山在会上建议，取消总裁合议制的军政府，选举总统，建立正式政府。

与此同时，国内外要求成立正式政府及选举总统的呼声也越来越高。英属、美属、荷属各埠华侨纷纷以国民党名义拍发电报，请求选举总统；国内各社团则召开国民大会，拥护组织正式政府。

1921 年 4 月 7 日，国会非常会议参众两院联合会在广州举行，

---

①上海《民国日报》，1921 年 1 月 11 日、3 月 8 日。

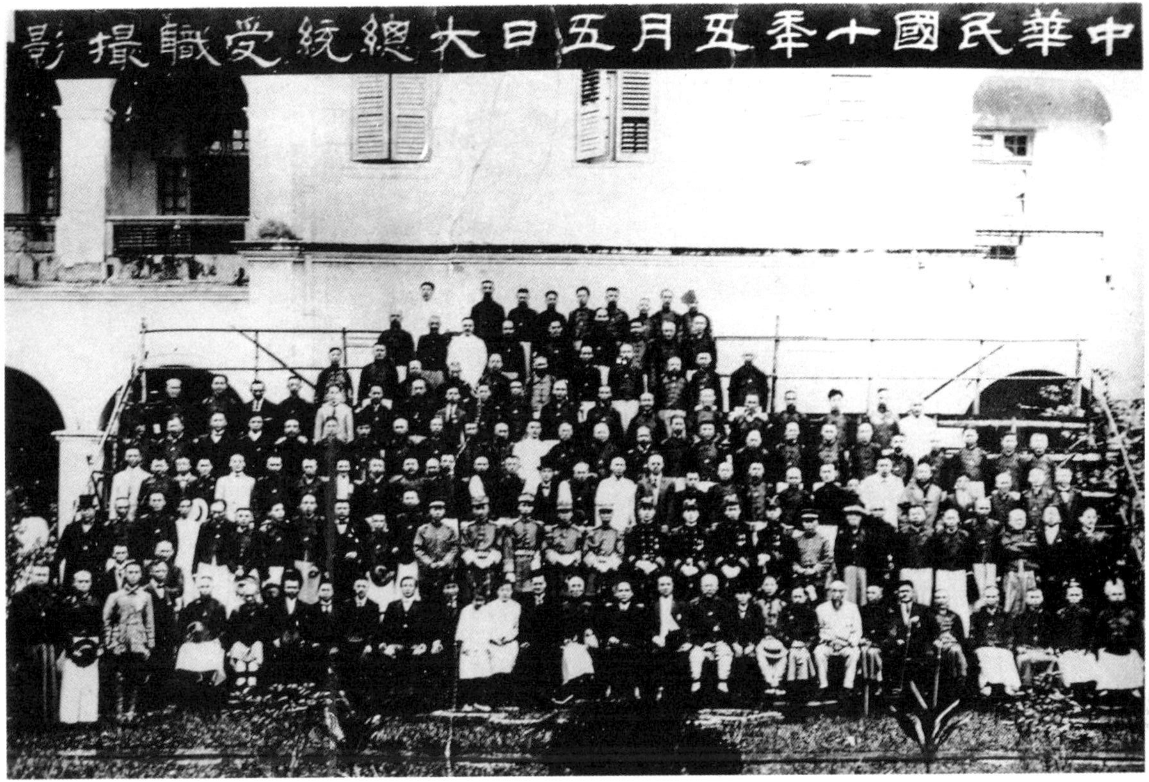

中華民國十年五月五日大總統受職撮影

1921 年 5 月 5 日，孙中山就任非常大总统时与军政人员合影

出席会议的议员共220人，通过《中华民国政府组织大纲》，并选举孙中山为非常大总统。接着，撤销了军政府，孙中山于5月5日宣誓就任中华民国非常大总统职，准备要用一个权威的政府将革命进行到底。这是孙中山第二次在广东建立政权。

孙中山就任非常大总统当天，发表《对外宣言》，指出："北京政府已不为国人所公认，彼之幸存，不过据有历古建立之国都，因而得外国之承认，1913年，国会组织之民国政府，曾经友邦之承认，本政府亦为此国会所组织者，应请各友邦政府援此先例，承认为中华民国惟一之政府。"并明确广州政府对外方针是"抱开放门户主义，欢迎外国之资本及技术"。并及时致电北京政府的傀儡总统徐世昌，促其"即日引退，以谢国人"。

孙中山就职后，任陈炯明为内务总长兼陆军总长，伍廷芳为外交总长，唐绍仪为财政总长，汤廷光为海军总长，李烈钧为参谋总长，马君武为总统府秘书长，廖仲恺为财政次长，伍朝枢为外交次长，徐谦为司法部长。他在《就大总统职宣言》中指出："际此拨乱返治之始，事业万端"，希望全国人民"各尽所能，协力合作"，共同来促进国家的繁荣富强。他阐述了今后的建设方针，表示要"竭志尽诚以救民国，破除障碍，促成统一，巩固共和基础"。①

当时，孙中山感觉前景光明起来，便着手整顿内政。他制定颁布了一系列改革吏治、保障人民权利、发展经济的法令和措施。例如：他鉴于广东"财力疲困"，主张裁员减政，号召大家"少做官，多做事"；②并制订了文武官吏任职宣誓条例，要求官员正直供职，不得受贿，希图借以形成廉俭风尚。又命令废止袁世凯时期遗留下来的镇压人民的有关刑法及《治安警察条例》，颁布了工会法，承认

---

①上海《民国日报》，1921年5月21日。

②上海《民国日报》，1921年4月16日。

1921 年 7 月 24 日，孙中山与宋庆龄在广州“出征军人慰劳会”会场前留影

1921 年 10 月 26 日，孙中山与旅居南宁的粤东会馆人员合影

胡漢民

何

1922年元旦，孙中山在桂林大本营同军政人员合影

劳动者有集会结社权、同盟罢工权、团体的契约缔结权等；[①] 并支持工会，对广东的工人运动采取优先赞助的态度，明确指出民生主义应恢复工人人格和增进工界幸福。[②] 还声援被北京政府迫害的北京八校教职员和学生，支持知识分子对北洋军阀的斗争，[③] 并饬令外交部向英国交涉，保护南洋华侨教育等等。

不过，孙中山当时的主要目标，是要进行北伐，即用武力打倒军阀，"削平变乱"，统一全国，以便实现民主共和。为了这一目的，就须首先消灭在广西的桂系残余势力，以免它为患广东，成为北伐的后顾之忧。因此，他于6月27日，命令粤、赣、滇、黔各军出兵讨

①李大钊等：《为革命的德莫克拉西提案》，《少年中国》第三卷第十一号，第78页。

②上海《民国日报》，1921年4月19日。

③上海《民国日报》，1921年6月8日。

伐陆荣廷等，并任命陈炯明为“援桂”总司令，分兵三路攻袭桂军。

当时，宋庆龄和何香凝都参加了这次讨桂战争。她们在广州发动妇女组织“出征军人慰劳会”（会址设在总统府内），宋为会长，何香凝担任总干事。广东、广州各界妇女团体报名参加的十分踊跃。她们率领会员们四处奔走，向社会各界筹集经费和慰劳员；并带领慰劳队到一些伤兵医院慰问伤兵，还亲赴广西梧州前线进行慰问讨桂部队，给了官兵很大鼓舞，增强了战斗力，并在早期的中国妇女运动中，为妇女参加社会工作，支持革命战斗部队树立了榜样。

由于孙中山亲自督师，将士用命，百姓支持，讨桂战争捷报频传。8 月 4 日，粤军攻占了广西首府南宁。13 日，攻克了桂林。9 月 30 日，夺下了桂系军阀的最后据点龙州。陆荣廷、谭浩明逃往越南河内。桂军多半投降，广西回归护法政府的管辖范围。在短短三个月来时间，出征军队统一了两广。

统一两广后，孙中山决定出师北伐，实现统一全国的计划。1921年10月8日他提请非常国会通过了北伐案，15日即乘军舰巡视广西，准备北伐。北伐军共三万余人也同日出发。12月4日到达桂林，孙中山立即着手组建北伐大本营，派廖仲恺负责筹划财务，邓铿负责组织警卫部队，派陈炯明回广州筹办后勤供应，计划先取湖南，再大举北上。

孙中山把北伐大本营设在桂林独秀峰山麓的王城。这里是元、明两朝藩王的故宫，也是清代乡试的贡院和民国初年的省议会（今广西师范大学院内）。这里有一座钢材建筑的大礼堂，是桂林当时唯一的一座礼堂，市民称它“铁房子”。孙中山利用空余时间，还在这座礼堂里连续对各界群众作了三民主义的讲演和关于“知难行易”哲学的阐述，受到桂林人民的热烈赞誉。

1922年1月间，孙中山把北伐军组成七个军团，共四万余人，并基本编制完成，待命出发。2月3日，他以大元帅名义颁发动员令，命令各军分路出师北伐。由李烈钧率领滇、黔、赣各军为第一路，兼攻赣南和鄂东；由许崇智率领本部粤军为第二路，联合湘军直攻武汉。不过10天时间，北伐军前锋部队已经分别进入湖南境内。

这时，北方政权已落在直系军阀曹锟、吴佩孚的手里，而由于军阀间的利害矛盾，奉、皖两系又形成了密约联盟共同倒直的局面。在这种情势下，孙中山便联系段祺瑞和张作霖，企图借助他们的力量配合讨伐直系军阀，“以成戡乱之功，完护法之愿”。

可是，留守广东的陈炯明对孙中山的北伐命令，不但阳奉阴违，并和湖南督军赵恒惕结成反对孙中山的联盟，宣称保境息民，避免战乱，公开拒绝北伐假道，使入湘计划受阻。孙中山被迫于4月8日回师广东，改设大本营于韶关，准备改道北伐。

5月4日，孙中山在广州下令北伐，表示将“亲履行间，扫除

1922年5月，孙中山偕宋庆龄在韶关督师时的情景

政治上之黑暗与罪恶，俾国家统一，民治发达”。

5月6日，孙中山离开广州亲赴韶关督师。宋庆龄偕红十字会员多人同行。8日，孙中山任命李烈钧为北伐军总司令，许崇智为总指挥，并发布总攻击令。纪律严明的北伐军随即分为三路，一直向江西进击，沿途秋毫无犯。江西是直系在华南统治力量最薄弱的省份，一经北伐军进攻，即迅速溃败。6月13日，北伐军攻占了江西南部的重镇赣州，直系军阀陈光远弃职逃蹿。

接着，北伐军乘破竹之势，前锋又进至吉安，威胁省会南昌，整个江西指日可以平定。此时，革命军的声势大振，革命形势非常好。

但是，历史的进展常常不能尽如人意。也就在革命形势大好之际，由于孙中山、陈炯明二人政见矛盾的日趋激化，加上处理上失于理智，双方的火药味越来越浓，终使矛盾升级，关系崩溃。陈炯明做出了“冒天下大不韪之举”，在广东内部竟发生了叛乱。

陈炯明虽然是个老革命党人，也有些新思想、新作风，但他所依托的军队，其素质和其他军队并无多少区别。他早在率领“援闽”粤军回到广州后，就成为广东军政大权的实际控制者。他一心一意要经营这块地盘，大谈“联省自治”，宣传“保境息民”，反对孙中山组织正式政府，反对选举总统，认为孙中山的北伐是孤注一掷、盲目冒进之举，更是强烈地予以反对。他想方设法处处阻挠、破坏孙中山的革命活动，千方百计地将孙中山架空。保存既得利益，是辛亥革命以后，许多国民党人官僚化、军阀化的基本原因。

1922年初，孙中山的北伐计划屡受挫折。因为陈炯明反对北伐，也就是缺乏后勤的可靠保障，孙中山不得不督师回粤，下令罢免陈炯明的广东省长兼粤军总司令等职，孙、陈矛盾进一步激化。之后，陈炯明更进而同英帝国主义和直系军阀曹锟、吴佩孚勾结，从暗中反对革命发展到公开叛乱。

6月间，当孙中山从韶关前线回到广州后，陈炯明于3月21日用卑鄙手段在广九车站暗杀了坚决拥护孙中山的粤军第一师师长邓铿；6 月 14 日，又以“领欵”和“有要事相商”为名，电邀廖仲恺去惠州；廖刚步入东莞县石龙就被陈炯明逮捕扣押。接着其部属叶举、熊略召开军事会议商讨迫害孙中山的军事部署，并于 16 日清晨 2 时突然发动武装叛乱，以 4000 人围攻总统府（在观音山麓前，原为清新军督练公所，今广州中山纪念堂），并悬重赏 20 万元擒杀孙中山。他们先在全城密布岗哨，断绝交通，占领各要害机关；然后将孙中山在观音山住所粤秀楼团团围住，准备用大炮、机关枪一起轰击。

16 日凌晨 1 时，粤秀楼上已听到远处有集合号音；不久，连部队的嘈杂声都能听到了。孙中山从卧室出来，命卫士准备防范。林树巍、林直勉和陆志云三人又急速跑来，力劝孙中山离开粤秀楼。孙中山说：“竟存胆敢作乱，我便要负平乱之责。如力不足，惟有一死，以谢我四万万同胞。”林直勉等见事态危急，又知孙中山决不肯躲避，遂由几个人用力强挽着孙中山离开粤秀楼。马湘和黄惠龙请求跟随保卫。孙中山说：“你们不必跟随，什么危险我都不怕。你们要坚守粤秀楼。明天我若不回来，马湘带夫人到家中暂避。”说毕，孙中山就被林树巍、林直勉、陆志云拥着离开了粤秀楼。后来马湘护卫宋庆龄到黄埔才知道孙中山脱险的经过是这样的：孙中山离开粤秀楼后，他们穿过叛军包围，由小路到达德宣路，即见有许多陈炯明部队向总统府进发。当走到惠爱路，正欲横过马路入桂香街时，被陈军的哨兵拦阻，不准通过。林直勉指着孙中山对他们说：“我的母亲患了重病，所以不得不深夜请来这位医生到家里诊治。”但他们仍不许通过。林直勉又说：“我们住在高第街，你们如不信，就请一齐和我们到家里看看。”哨兵看见孙中山穿了一件白夏布长衫，戴一副墨黑眼镜，十足像个医生，就让他们通过了。及到靖海路，又遇陈部叛军，孙中山态度非常从容镇定，叛军没有怀疑，便又安然通过了。从此一直沿长堤走到海珠海军总司令部，再乘小电船到了黄埔，

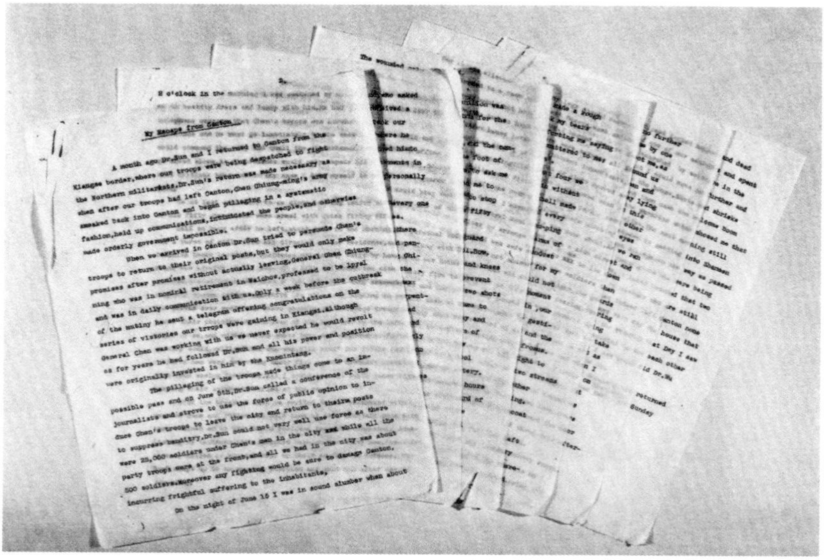

宋庆龄脱险抵达上海后，撰写了《广州脱险》一文。图为该文英文原稿

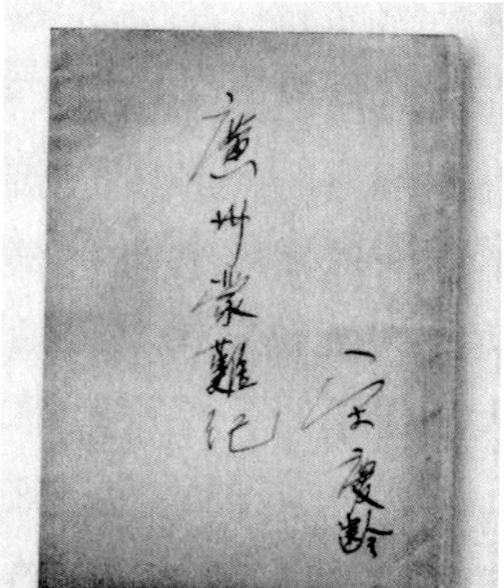

宋庆龄亲笔书写的《广州蒙难记》封皮

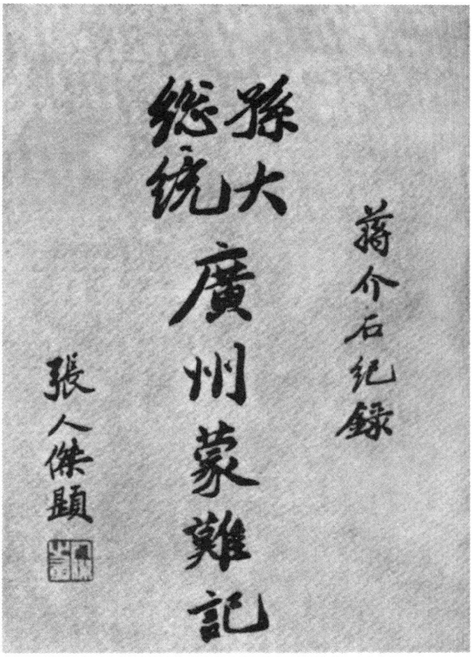

蒋介石撰《孙大总统广州蒙难记》

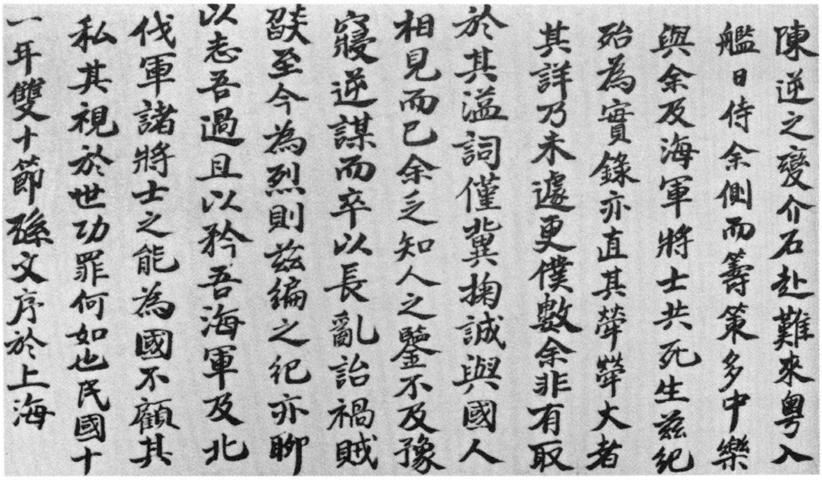

陳逆之變介石赴難來粵入艦日侍余側而籌策多中樂與余及海軍將士共死生茲紀殆為實錄亦直其犖犖大者其詳乃未遑更僕數余非有取於其溢詞僅冀掬誠與國人相見而已余之知人之鑒不及豫寢逆謀而卒以長亂詒禍賊跌至今為烈則茲編之紀亦聊以志吾過且以矜吾海軍及北伐軍諸將士之能為國不顧其私其視於世功罪何如也民國十一年雙十節孫文序於上海

孙中山为蒋介石撰写的《孙大总统广州蒙难记》一书所作序言

随即走到停泊在长堤天字码头附近的楚豫舰避难。他的许多著述手稿及同列宁通电、通信的宝贵的底稿，和其他来往函电，仓促中遭到毁弃。孙中山在军舰上手拟电稿，号召各军讨平陈逆。稍后，移驻永翔舰。当天下午，卫士马湘等护卫着宋庆龄冒着密集的弹雨炮火，也化装逃出了总统府，并于18日转赴黄埔登上军舰与孙中山会见。

第二天，孙中山转登永丰舰（后改名为中山号），召集舰队官兵，号召讨伐叛逆，决定“由舰队先发炮，攻击在省叛军，以示正义之不屈，政府威信之犹在”；然后“还驻黄埔，以俟北伐诸军之旋师来援，水陆并进，以歼叛军”。于是，他率领海军各舰由黄埔向广州进发，经车歪炮台驶至白鹅潭，命令各舰发炮向大沙头、沙河、观音山等处射击，叛军纷纷逃蹿。但因魏邦平所部旅长陈章甫受叛军收买，未能遵照孙中山的命令策应海军，以致失去时机，各舰只好仍驶回黄埔。

6月29日，在宁波家中接到孙中山电报的蒋介石，到达广州，登上永丰舰，与孙中山会面。孙、蒋两人“谈近日事及各方情况，至夜分乃已”。蒋介石随即接受了孙中山交付的海上指挥权。正是通过此次与孙中山的共同战斗，蒋介石从此成为孙中山最信任的助手之一。

在永丰舰上，孙中山一直随舰移动于珠江上长达55天，盛暑鏖战，精神体力消耗极大，然而临危不惧，坚定勇敢，亲自率领各舰和部分陆军讨伐叛逆，向陈炯明叛军进击。6月19日，他还电令李烈钧、许崇智等入赣的北伐部队迅速班师回粤，镇压叛乱；并派副官马湘赴香港，筹措粮食、燃料及军费，准备坚持战斗到底。

陈炯明叛乱后，先是悬重赏捉拿孙中山；随后，又多次密谋杀害孙中山。这些阴谋失败后，他在帝国主义和直系军阀的指使下，还发出通电要孙中山下野。7月间，处于责难声中的陈炯明一再委托负责广州卫戍任务的魏邦平和岭南大学校长钟荣光等出来调解，要

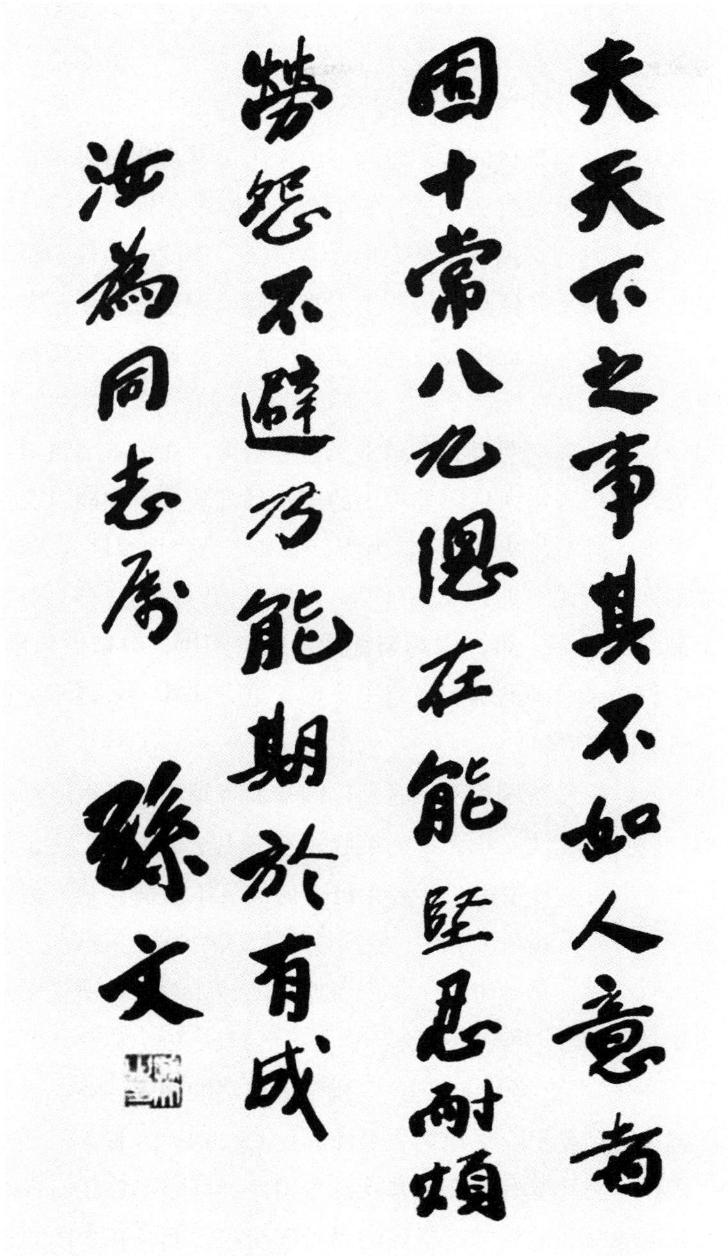
夫天下之事其不如人意者
固十常八九總在能堅忍耐煩
勞怨不避乃能期於有成
汝為同志屬
孫文

孙中山为许崇智题词

求“和解”，都被孙中山凛然拒之。孙中山立场坚定，严词拒绝，始终不向叛军妥协，他表示“宁为玉碎，不愿瓦全”，坚持要斗争到底，讨平叛乱。

陈炯明叛乱消息传出后，激起了广大人民群众和海外正直人士的义愤，纷纷表示反对和声讨。海军全体官兵发出通电，讨伐陈炯明；广州黄埔附近农民一千余人组成义勇队，协同海军保卫黄埔；广州电力、自来水和铁路等行业工人举行联合罢工，要求叛军撤出广州；旅居美国、古巴和曼谷等地华侨先后发出通电，声援孙中山讨伐叛逆。陈炯明的叛逆行为非常不得人心。

但是，由于陈炯明得到帝国主义者的帮助，在军事力量对比上占着优势，他用鱼雷大炮向孙中山的座舰猛烈攻击；同时，又使用大量金钱收买海军，结果海圻、海深、肇和三只大型军舰升火起锚，离黄埔港悄悄开走。北伐军回师后，从 7 月 10 日至 29 日，与叛军激战于韶关和翁源一带，因长期征战，疲惫不堪，弹粮供给困难，在陈炯明和直系军阀的前后夹攻下，遭受重大挫折，不得不分途向江西、湖南边境退却。

孙中山在反击叛军近两个月后，闻知北伐军回师援救受挫，孤军无援，讨陈已无法支撑，认为继续留在海上于事无补，决定离粤赴沪。他于 8 月 9 日午后，怀着无可奈何的沉重心情，乘英舰摩轩号离开广州，经香港再到上海。他领导的第二次护法运动又告失败。

陈炯明叛乱，是孙中山一生中所遭受的最惨重的一次失败。他过去历次的失败，毕竟是失败于敌人；而这次失败，完全想不到“祸患生于肘腋，干戈起于肺腑”，相从十余年的部属，竟要置他于死地，而且其手段阴险狠毒更胜于外部敌人。9 月 18 日，他在上海发表《就陈炯明兵变始末及未来计画告国民党同志书》中，详尽地陈述了陈炯明叛乱的经过，将陈的罪行向全国说明。孙中山心情沉重地说：“我率领同志为民国而奋斗，已三十年了。中间出死入生，

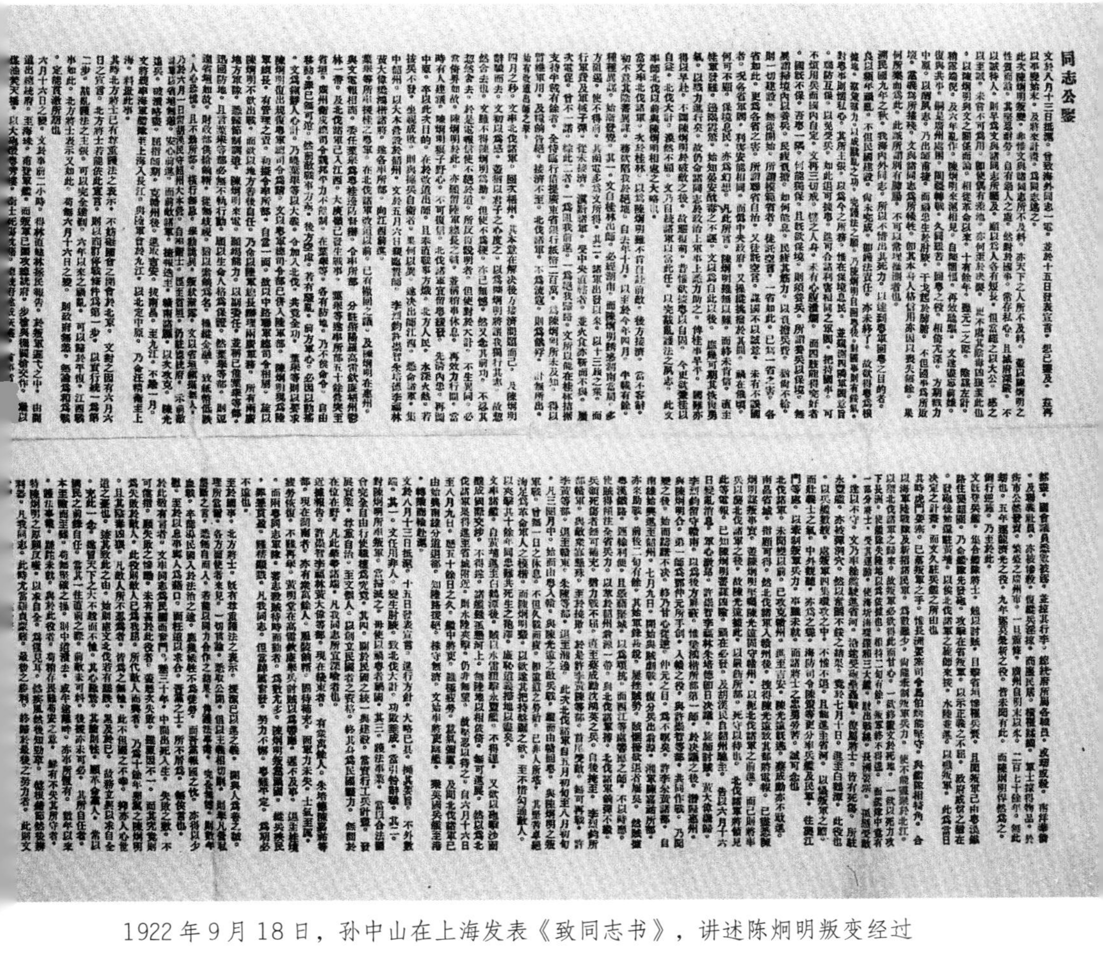

同志公鑒

1922年9月18日，孙中山在上海发表《致同志书》，讲述陈炯明叛变经过失败次数甚多。但失败之惨酷，没有大于这次的！”当时，他还认识不到军阀产生的根源以及他遭受失败的真正原因，以为只是“任用非人”所造成的。他自我检讨说：“我缺乏知人之明，没有能及早察觉陈贼的叛逆，最后造成了大的祸害。”

孙中山为革命奋斗三十多年，其结果却如他自己所说的：“革命主义未行，革命目的未达，仅有民国之名，而无民国之实。”第一次护法运动，同北方军阀决裂，也同南方军阀分道；第二次护法运动，祸生肘腋，亲手扶植的部属变成新军阀，从内部下毒手。两次护法运动的结局——特别是后一次的惨败，给了孙中山极大的教训。他痛定思痛，对过去的道路作更多的回顾和反省。孙中山觉悟到要实现救国救民的理想，只有依靠真正的革命力量，过去单纯地利用一个军阀去打倒另一个军阀，是一条惨痛失败的道路；老办法应当彻底改变，必须寻求新的力量，走新的道路。

但是，应该怎么办呢？拯救中国的道路在哪里？应该依靠什么人？联合什么人？走什么样的新道路呢？孙中山需要找寻答案。

传
记
文
库

特立，不独行

孙中山图文全传

Biography of Sun Yat-sen

（下）

尚明轩 著

新 星 出 版 社 NEW STAR PRESS

目　录

（下册）

第五章

掀起国民革命高潮

（1919—1925 年）

第一节　历史的转折

一、十月革命、五四运动的影响

正当孙中山沉痛地回顾辛亥革命以来一再遭受挫折和失败，发愤专心著书，苦苦地寻求新出路的时候，国际国内形势发生了重大变化。

俄国十月革命以后，列强共同控制中国的局面被打破了，对中国革命十分有利。1919 年震惊中外的“五四”反帝反封建爱国运动，包括了学生、城市资产阶级和小资产阶级、工人阶级等广泛的社会阶层都参加到行列中，显示着中国人民的觉醒，表明了辛亥之后中国社会的进步，国民革命的条件正在趋于成熟。

1921 年 7 月，中国历史上发生了另一件意义深远的大事——中国共产党宣告成立，从此中国革命有了正确的组织者和领导者，更把中国革命引向了新的时期。

孙中山怀抱着救国救民的凌云壮志，长期从事民主革命运动，又对社会主义学说，特别是对马克思主义及各国社会主义运动有相当深刻的了解，所以，他满腔热情地欢迎对革命有利的新变化。他迅速地对列宁领导的俄国社会主义革命表示真切同情和热烈支持，并以深邃的政治远见，从十月革命中看到了新世纪的曙光，从而给自己带来了“大希望”。苏维埃国家诞生初期极其艰难的历程，显示着自身确是被压迫民族革命运动可以信赖的盟友。他真诚地欢迎和向往这次革命，把它看成人类伟大希望的诞生，渴望从那里找到推进中国革命的办法。而对于五四运动，孙中山敏锐地发现这个运动具有不同于辛亥革命的新特点，更有力地启迪、鼓舞和推动着他往前迈进的步伐。

1917 年 11 月 9 日，即十月革命爆发的第三天，在孙中山指导下的《民国日报》，就用大字标题率先做了报道，还不断刊载赞扬和积极评价十月革命的文章。1918 年元旦，又发表了欢迎十月革命胜利的社论，把这次革命视为希望所在。

孙中山站在民族主义者的立场上欢迎十月革命，希望革命后的俄国成为中国民族解放事业的真诚同盟者。尽管当时他对十月革命的性质和成就还缺乏深刻的理解，但对列宁及其人民顽强的斗争精神和胜利由衷钦佩。

当时，孙中山密切注视着苏维埃国家的内外情况。他为了开辟革命新局面，开始考虑和苏俄建立联系，1918 年 1 月就曾指出：“此后我国形势应注重于西北，若俄国现在之革命政府能稳固，则我可于彼方期大发展也。”① 3 月时，又以同样意图嘱咐四川靖国军总司令、代省长黄复生，指出：“将来对俄关系，不可不预注意于西北边。”② 指示他出师西北，以打通便于和苏俄取得联系的通道。同年夏季，正当世界上各种反动势力一致诅咒和诬蔑年轻的苏维埃国家的时候，孙中山在上海却代表南方国会亲自给列宁与苏维埃国家发

①邵元仲：《广州护法日志》，《建国月刊》第十二卷第六期，1935 年 6 月。

②《致黄复生电》，《孙中山全集》第六卷，人民出版社 2015 年版，第 344 页。

去贺电，祝贺十月革命胜利，表示对俄国革命党所进行的斗争“十分钦佩，并愿中俄两党团结共同斗争”。[①] 这份贺电表达了中国人民对苏俄人民的友好和祝贺的心意，也表明了中国人民的觉醒和孙中山的进步。列宁见信后，高兴地赞誉这封信为“东方的曙光”，他委托苏俄外交人民委员会委员齐契林复信给孙中山，感谢他的贺电，向孙中山这位“中国革命的领袖”致敬，并强调共同进行斗争的必要性。[②]

孙中山的拥护者朱执信，对俄国十月革命的成功，也怀着向往的心情，对中国革命增加了胜利信心。他连续写了多篇政论文章，如《革命党应该如何?》《匈俄苏域政府的兵》《兵的改造与其心理》等，站在资产阶级民主主义者立场上，热情地赞颂列宁、布尔什维克和赤卫军，并希望以当时苏俄的劳动军为榜样，建立一支“有主义”的部队。为此，他特地翻译了列宁颁布的苏俄《劳动军法规》，进行宣传，还准备认真钻研列宁的革命理论。

1919 年 5 月 4 日，由北京学生为“外争国权、内惩国贼”抗议巴黎和会继续瓜分中国而爆发的五四爱国运动，震惊中外，它不仅埋葬了巴黎和会与威尔逊之流所宣扬的“公理”、“永久和平”之类的谎言，也给正在进行的南北和议一个致命的打击，南北军阀此呼彼应地镇压爱国学生运动，更进一步暴露了他们卖国虐民的嘴脸，扩大了他们同人民在争取和平统一问题上的根本分歧。而孙中山则深受鼓舞和启发，表示真诚的同情和支持。他盛赞爱国青年“激发天良，誓死为爱国之运动”，并“以革命思想为将来革命新事业之预备”，“实为最有价值之事”，热烈地相信它“倘能继长增高，其将来收效之伟大且久远者，可无疑也”。

---

① ［苏］叶尔马舍夫：《孙逸仙》，莫斯科 1964 年俄文版，第 211 页。

②孙剑晨译：《与孙中山交换的外交信件》，《史学译丛》1958 年第 3 期，原载苏联《国际生活》1957 年第 11 册。

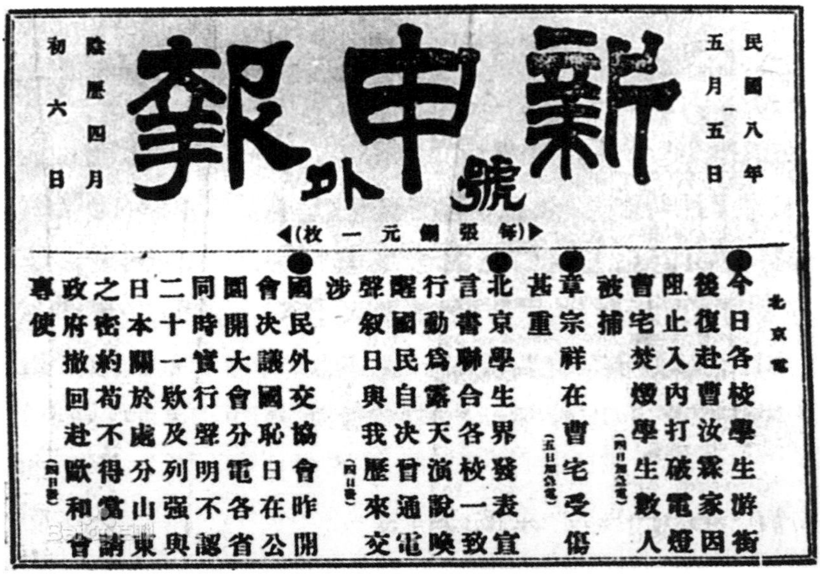

民國八年五月五日

新申報 號外

陰歷四月初六日

每張銅元一枚

北京電

今日各校學生遊街後復赴曹汝霖家因阻止入內打破電燈曹宅焚燬學生數人被捕

章宗祥在曹宅受傷甚重

北京學生界發表宣言書聯合各校一致行動爲露天演說喚醒國民自決誓通電聲叙日與我歷來交涉（四日發）

國民外交協會昨開會決議國恥日在公園開大會分電各省同時實行聲明不認二十一欵及列強與日本關於處分山東之密約苟不得當請政府撤回赴歐和會專使（四日發）

《新申报》报道巴黎和会事宜

五四期间，学生的示威游行队伍

当五四运动爆发时，正值孙中山第一次护法运动失败后，避居上海，闭门埋头著书立说，试图从思想理论上启发民智，唤醒多数人民。但他同时也关心社会政治现状，指导国民党人鼓动、组织民众爱国运动。5月初，在上海民众中正努力工作的国民党人陈汉明函告孙中山说，南京华侨学生代表大会议决：电请各方争回青岛，维持国权，请予赞助。孙中山见信后批示："由邵元冲代答奖励：此间有一分之力当尽一分之力也。"据目前能见到的史料看，这是孙中山最早表述的要全力赞助五四运动的明确态度。

5月12日，孙中山的秘书给陈汉明写了回信。按照孙中山的意图，首先赞扬了北京学生的爱国举动，同时鼓励陈汉明等国民党人说："此次外交急迫，北政府媚外丧权，甘心卖国，凡我国民，同深愤慨。幸北京各学校诸君奋起于先，沪上复得诸君共为后盾，大声疾呼，足挽垂死之人心而使之觉醒"，此举最有价值。接着，信中阐明了孙中山的态度："中山先生同属国民一分子，对诸君爱国热忱，极表同情，当尽能力之所及以为诸君后盾。日来亦屡以此意提携同人，一致进行。"信的最后又明确指示说："尚望诸君乘此时机，坚持不懈，再接再厉，唤醒国魂。民族存亡，在此一举，幸诸君勉力图之！"① 这封复信，不仅明确表述了孙中山的态度，而且阐述了国民党要人的主张，显示出当时国民党内对五四运动态度的高度一致性。这对众多国民党党员来说，无疑将产生很大影响。

孙中山深深受到五四爱国运动爆发的鼓舞，他在上海多次接见全国学生联合会代表，热烈支持和鼓励学生们的斗争，并参加了上海爱国学生的集会，在会上发表了热情赞助学生运动的演说，还写信给天津学生联合会，赞扬青年学生的正义行动。

孙中山打电报给南北军阀控制的政府，积极营救因参加爱国运

① 《复陈汉明函》，《孙中山全集》第五卷，人民出版社2015年版，第111页。

动而受迫害的学生和被捕的工、学界代表，对群众的革命斗争采取欢迎和支持的态度。他及时营救遭北京政府逮捕的学生，在第一时间里打电报给段祺瑞，要求“释放被捕学生”。[①] 由于孙中山的努力和其他各界人士的支持，特别是广大群众的团结斗争，北京政府被迫于5月7日释放全部被捕学生。7月中旬，孙中山又通电广东政府，要求立即释放被捕工人、学生代表，并指出：“盖民气以愈激而愈烈，若专持威力，横事摧残，不惟粤人之所共愤，亦即全国之所不容也。”[②] 谴责桂系军阀支配下的广东政府镇压革命群众运动。

在一次群众大会上，一个北京大学的学生在发言中，指名批评说：“孙中山先生的革命，算不上革命。他的革命仅仅是把大清门的牌匾换作中华门，这样的革命不算彻底，我们这次要作彻底的革命。”与会的孙中山听了不但没有生气，而且带头热烈鼓掌。会后，他还向该学生恳切地说：“我所领导的革命，倘早有你们这样的同志参加，定能得到成功。”[③] 五四后，北京等地学生纷纷成立学生联合会，各地学生代表相继集会于上海筹备成立全国学生联合会，孙中山赞同学生组织起来，扩大学生运动。全国学生联合会在上海正式成立，孙中山给予经济上支持，并应邀到学生联合会讲演，他帮助学生分析巴黎和会，介绍十月革命情况，鼓励青年斗争。这一时期，他还多次邀请学生代表到他的寓所谈话，热情地接见他们，赞扬青年的爱国热忱，并对他们寄予莫大的希望。他曾语重心长地对代表讲：“中国的希望就寄托在你们这般青年人的身上。”11月10日，全国各界联合会在上海成立，孙中山又派代表出席讲话，支持群众的爱国斗争。

特别值得提出的是，孙中山对五四运动和新文化运动给予高度

---

①许德珩：《纪念与回忆》，《人民日报》，1956年11月11日。

②《致广东军政府电》，《孙中山全集》第六卷，人民出版社2015年版，第402页。

③金毓黻：《五四运动琐记》，载中国社会科学院近代史研究所编：《五四运动回忆录》（上），中国社会科学出版社1979年版，第331页。

中華民國八年五月四日北京學界遊街大會被拘留之北京高師愛國學生七日返校時攝影

1919 年 5 月 7 日，北京高校学生欢迎获释同学情景

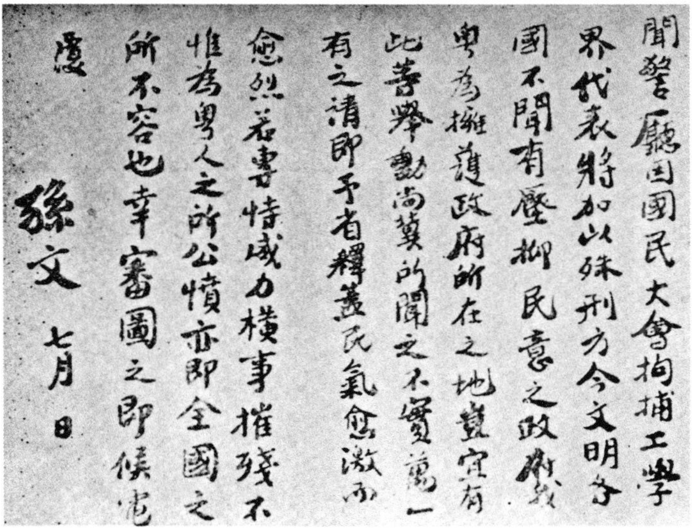

聞警廳因國民大會拘捕工學界代表將加以殊刑方今文明各國不聞有壓抑民意之政府况粵為擁護政府所在之地豈宜有此等舉動尚冀所聞之不實萬一有之請即予省釋蓋民氣愈激而愈烈若專恃威力橫事摧殘不惟為粵人之所公憤亦即全國之所不容也幸審圖之即候電覆

孫文 七月 日

1919 年 7 月，孙中山致电广东政府，要求立即释放因参加爱国运动被捕的工人和学界代表

评价。他在五四运动一个多月后，即6月18日，就提出：“试观此数月来全国学生之奋起，何莫非新思想鼓荡陶镕之功！”[①] 次年，即1920年，他专向全党发出以下的号召：

“自北京大学学生发生五四运动以来，一般爱国青年，无不以革命新思想为将来革新事业之预备。于是蓬蓬勃勃，发抒言论。国内各界舆论，一致倡同。各种新出版物，为热心青年所举办者，纷纷应时而出。扬葩吐艳，各极其致，社会遂蒙受绝大之影响。虽以顽劣之伪政府，犹且不敢撄其锋。此种新文化运动，在我国今日，诚思想界空前之大变动……倘能继长增高，其将来收效之伟大且久远者，可无疑也。”“故此种新文化运动，实为最有价值之事。”[②]

在中国，如此迅速地高度评价五四运动和新文化运动，孙中山应是第一人。而这也就是他后来重新考虑革命的道路和重新解释三民主义以引起党人思想变化的新契机。

孙中山充分肯定和赞扬五四学生运动和新文化运动，并给予热情地支持，除他本人的言论、文字反映他的态度外，1919年至1920年间，他领导的如《民国日报》等报刊的许多言论，也代表了他的意见和主张。尤其在“三罢”开始后的6月8日，戴季陶、沈玄庐、孙棣三等国民党人创办了《星期评论》周刊；同时，孙中山又委派朱执信、廖仲恺、胡汉民等国民党要人开始筹办《建设》杂志，创刊号于8月1日问世。上述两大刊物，较多地宣传马克思主义的部分观点和全民政治理论，影响之大，进步之程度，都是当时中国社会上不多见的。尤其是《星期评论》，创刊于“三罢”斗争中，注重鼓吹工农民众的实际运动，对五四运动的深入发展和取胜，有直接推动作用。罗家伦在《五四的真精神》一文中说，孙中山“对时代的适应和把握到底比别人高明而有魄力。所以新文化运动一发动，

① 《复蔡冰若函》，《孙中山全集》第五卷，人民出版社2015年版，第116页。

② 《致海外同志书》，《孙中山全集》第五卷，人民出版社2015年版，第166页。

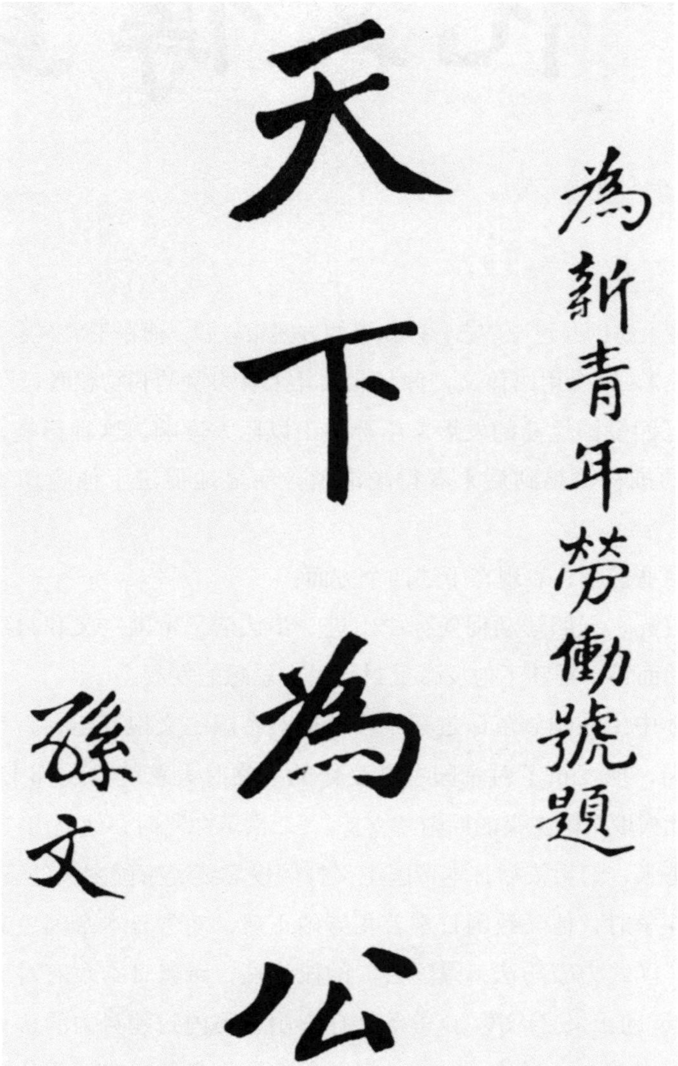

1920 年 5 月 1 日，孙中山为《新青年》劳动节纪念专号题词

孙中山于 1920 年题词

他就在上海创办建设杂志，以积极的方案相号召，而令干部同志办《星期评论》，完全用语体文，俾与北大几个有力量的刊物相呼应”。[①]

五四爱国运动的发展，给孙中山以巨大影响。这种影响，随着时间的推移，越到后来看得越清楚，明显地促进了他晚期思想的变化。

这些影响，表现在下述四个方面：

首先，五四运动促使孙中山进一步认清了帝国主义和封建军阀的反动面目，推动了他反帝反封建民主思想的发展。

孙中山在领导革命过程中，长期对帝国主义抱有幻想。辛亥革命时期，他发布了对帝国主义妥协的《临时大总统告友邦书》，希望以此换取帝国主义的同情和支持。“二次革命”时，他提出“联日”反袁主张，幻想依靠日本帝国主义打倒投靠英美帝国主义的袁世凯。护法斗争时，他又致函日本首相寺内正毅，劝告日本帝国主义不要支持“以武力破约法、毁国会”的段祺瑞，希望日本政府对中国能“表示援助正义之态度”，等等。孙中山对国内封建势力的认识，也是不明确的。辛亥革命时期，把斗争的矛头仅仅指向清王朝，而没有看到它所代表的整个地主阶级，因此把革命果实让给了袁世凯。

①转引自王德昭：《孙中山先生革命思想的分析研究》。

袁世凯死后，又幻想通过与北洋军阀政府谈判维护约法，恢复国会，实现共和政治，以及依靠一部分军阀反对另一部分封建军阀进行护法斗争。护法战争失败后，孙中山被迫由广州回到上海，这时他思想虽然十分苦闷，但他的“救国之心，未尝少懈”。他开始专心著书，致力于革命理论的研究，总结经验教训，企图从失败中探索救国救民的新道路。他在《孙文学说》自序中回顾了民国以来的革命斗争，虽然认识到加强革命理论宣传对于推行革命运动的重要作用，但是他并没有总结出革命一再失败的根本原因。在改造中国的问题上，仍然认为护法斗争是唯一可行的道路。1919 年 5 月，他在《护法宣言》中说：“须知国内纷争，皆因大法不立。在法律，国会本不能解散，若不使国会复得完全自由行使其职权，则法律已失其力……今日言和平救国之法，惟有恢复国会完全自由行使职权一途。”

可是，在北洋军阀统治下，《临时约法》早已被践踏，所谓“国会”也已被摧残，在这种形势下，设想通过维护约法，恢复国会以实现“真共和”，岂不是与虎谋皮！

正当孙中山在探求救国真理的迂回艰巨进程中，五四运动爆发了。五四运动揭露了帝国主义的侵略本质和反动军阀的媚外卖国罪行，尤其是对日本帝国主义在山东问题上狰狞面目的揭露和巴黎和会骗局的戳穿，激起了全国人民对帝国主义和封建军阀的无比义愤，使人们认识到帝国主义和封建军阀是中华民族和中国人民最凶恶的敌人。五四运动使孙中山在总结不断受挫的经历的基础上，进一步认清了帝国主义和军阀的反动面目。他开始抛弃对日本帝国主义的幻想，认为日本帝国主义是侵略中国和东亚的罪魁祸首。他说日本政府“深忌中国之强，尤畏民党得志而碍其蚕食之谋，故屡助官僚以抑民党，必期中国永久愚弱以遂彼野心”。① 他谴责日本政府“专

① 1915 年 5 月 20 日《孙文学说》出版时该书所附《陈英士致黄克强书》的按语。

以援助反动党排除民主主义为事”，明确地指出：“此后吾党之患，仍在日本军阀政策。”因此，他提出必须同日本帝国主义进行坚决的斗争。他说，中国问题“解决的关键”就是“废除二十一条款”。他极力反对中日直接交涉山东问题，主张必须以“抵制日货及其他断绝经济关系之法”，对付日本。他号召革命党人“一定要打到一个人不剩，或者二十一条款废除了，才歇手”。这充分表现了孙中山与日本帝国主义斗争到底的决心和勇气。这一时期在他领导下的《星期评论》等刊物上，也对巴黎和会进行了猛烈的抨击。认为和会是“强国的会议”，所标榜的“自由”、“正义”、“人道”、“民权自决”等等，都是“虚伪的宣示”，指出那些强国政治家的根本观念，仍旧不外乎“强权即正义”，因此，靠“国际联盟”来改造世界，则是“一种空想”。

孙中山对国内封建势力的认识，也有明显的进步。“五四”后，他连续发表了《改造中国之第一步只有革命》《救国之急务》《八年今日》等讲演和文章。从这些言论中，我们可以看到他开始认识到中国革命的敌人不单是清朝皇帝、袁世凯、段祺瑞等几个反动头子，而是一个集团。他在批判过去革命的不彻底时说：“八年以来的中华民国，政治不良到这个地位，实因为单破坏地面，而没有掘地底陈土的缘故。”他说这些陈土就是官僚、军阀和政客。他沉痛地追述了辛亥革命以来的中国现实社会是破坏“一专制政治”，而“有三专制政治起而代之”。他进而指出：中国祸乱的根源在于政客、官僚和军阀的“捣乱”，“政客不死，祸乱不止”。“要建筑灿烂庄严的民国，须搬去这三种陈土，才能建立坚固的基础来。”他把斗争的矛头直接指向了中国反动政治集团。孙中山认识到中国革命的敌人是一个反动集团，这是他反封建民主思想发展过程的一个飞跃。

基于上述认识，他提出“根本解决”中国问题的办法是革命。关于如何救中国，孙中山在一次对学生讲演中分析了流行一时的

1920 年 10 月，孙中山在上海留影

“教育救国”、“实业救国”和“地方自治”等主张，他认为不打倒腐败的官僚统治，想从教育、实业以及地方自治入手改造中国是办不到的。对于“教育救国”，他说：“假使我们培养一个青年，费巨额金钱，俾受一种完全教育，官吏有时竟因嫉视新人物的心理置诸死地”，因此，“教育救国”不行。兴办实业也不行，他说：“辛亥以后，多数华侨，热心回国经营实业，因官吏索贿过重，致中途灰心。从这点看，从实业上改造起，也是没有希望的。”至于“地方自治”，更不行。他指出：“现在官僚，何尝愿意人民有自治的能力？大家只需看地方自治经费，统被他们挥霍尽净，致自治不能举办。”他认为“以上三种，固是改造中国的要件，但不能认为是第一步的方法”，第一步的方法，“只有革命”。即“南北新旧国会一概不要它，同时把那些腐败官僚、跋扈武人、作恶政客完完全全扫干净它……重新创造一个国民所有的新国家，比现在的共和国家还好得多”。孙中山此时开始改变救国的方法只有“护法”一途的观点，认为救国“所可采者惟有两途”：一为“维持现状”，即恢复合法国会，“令它自由行使职权”；一为“根本解决”，即“重行革命”。并且他逐渐对“护法”产生怀疑。他说：“护法一途，已有步步荆棘之象”。而且“护法断断不能解决根本问题。”因为“护法不过矫正北政府之非法行为，即达目的，于中华民国亦无若何裨益。况护法乃国内一部分问题，对内仍承认北京政府为中央政府，对外亦不发生国际上地位之效力”。他因此努力建立“正式政府”，重新开始革命事业，以求根本改革。

五四运动促使孙中山开始认识到帝国主义与封建统治集团互相勾结的密切关系。辛亥革命前，孙中山虽然已经清楚地看到中国所面临的“强邻环列，虎视鹰瞵”的危险局面，他却把这种局面的出现完全归罪于清王朝统治的无能。他认为如果中国人“发奋自雄”，打倒腐败清王朝统治，“西人将见好于我不暇，遑敢图我。”可是清王朝被推翻后，中国的形势并没有好转，而且比清朝时更坏。正如孙中山所说：“夫去一满洲之专制，转生出无数强盗之专制，其为毒之烈，较前尤甚。”他对这种局面感到十分痛心，但是却没有认识到这正是帝国主义分裂政策的结果，是帝国主义勾结中国的封建势力联合统治中国造成的。五四运动后，由于群众对帝国主义本质和军阀卖国罪行的揭露，孙中山在总结革命多次失败的基础上，逐渐认识到北京政府完全是被帝国主义控制的卖国政权。他说：“此等军阀已完全为要求此卖国条约之势力所支配。”而且这个政权无论在政治上、经济上都得到帝国主义的支持，他们之间是“主子”和“奴才”的关系。他说：“列强仍然在政治上和财政上支持一些土皇帝和军阀。其中有一个是过去的胡匪头子，叫张作霖。他名义上是满洲军队的统帅和督军，但实际上是北京‘政府’所听命的主子。而他本人却又在一切重大的、与日本有关的事情上听命于东京。因此，可以正确地断言：在与日本切身利益有关的一切重大政策问题上，北京实际上是东京的工具。”[①]

由上可见，孙中山此时虽然还没能从本质上认清帝国主义和中国的封建势力，因而没有也不可能提出反帝反封建的纲领，然而，五四运动却使他对中国革命的某些基本问题产生了新认识，这些都为他后来接受共产党的帮助，抛弃对帝国主义的幻想，走上坚决反帝反封建的革命道路准备了条件。

其次，五四运动促使孙中山开始改变他的群众观。

孙中山长期以来进行革命活动的主要方式是在有限的群众范围内搞单纯的军事暴动。和所有的资产阶级革命家一样，他不能依靠广大劳动群众，认为他们都是“不知不觉的人”，是只能做“最简单的事”的“阿斗”。因此，他从来没有想以劳动人民为主体进行革命

---

①《复契切林函》，《孙中山全集》第五卷，人民出版社 2015 年版，第 279 页。

张作霖戎装照

斗争，他所依靠的是少数“先觉之士”。辛亥革命运动中，虽然也曾发动和联系过会党和新军，这也只是因为“先知先觉之士”的“发明”必须有“不知不觉者”的“竭力乐成”，“才能够做成功”。因此，武昌起义成功后，各地普遍发生了鲁迅通过阿Q所说的“革命党人不准人民革命”的事情。“二次革命”、护国反袁战争中，由于单纯军事暴动不断遭到失败，他又依靠西南军阀进行护法斗争。可是，在半殖民地、半封建的中国，不依靠广大工农群众，是无法打倒奴役中华民族、推行封建专制政治的帝国主义和封建势力的。正如列宁所说：“要革命，但又不进行‘群众性的革命斗争’，这是不可能的。”孙中山就是既不能发动广大劳动群众，又要建立独立、民主、自由的中国，这就成了他所领导的革命一再失败的根本原因。直到五四前，他曾多方面总结过失败的原因，但始终没有认识到脱离广大工农群众是使革命屡遭失败的根本原因。

五四运动中，英勇的青年学生和工人群众走上街头，他们以新的方式、新的规模向帝国主义和封建势力展开了坚决的斗争，形成了全国规模的反帝反封建的革命风暴。尤其是工人阶级的罢工斗争，显示了巨大的革命威力，震撼了帝国主义和封建军阀的统治，迫使反动政府不得不罢免三个卖国贼的官职，拒绝在巴黎和会上签字。群众运动的革命浪潮激荡着整个中国，也给孙中山以很大震动。他从群众坚决反帝反封建斗争中受到鼓舞，看到了人民群众的力量，他开始重视群众性的政治斗争。“六五”上海工人大罢工，立即引起孙中山的注视。6月22日，他和戴季陶的谈话中虽然说“工人没有知识”，但要用“三民主义的精神”去“指导他们”，“要做指导社会的工夫”。1920年11月，他应邀出席上海机器工会成立大会，并发表讲演，鼓动工人“欲贯彻民生主义，非在官僚手中夺回民权不可”。对青年学生运动，尤为重视。他说：“试观今次学生运动，不过因被激而兴，而于此甚短之期间，收绝伦之巨果，可知结合者即强也。如使诸君即时以正当方法结合，要求在国会政治之下，回复诸君自己之权，吾敢断言诸君之必成功也。”① 他从学生运动中看到了组织起来的强大力量，并进而想借助群众运动的力量来实现自己的政治主张。他说：“若诸君于此举足轻重之际，来助我主张，予信北京政府从此不能更拒绝吾人也。”② 1921 年，孙中山第二次回广州重组政府后，更注意推行保障人民权利的政策，1 月 23 日，广东军政府下令废止镇压人民的《治安警察条例》。孙中山对广东工人运动表示赞助。4 月 18 日，他在广东教育会对工人发表演说，阐明民生主义应恢复工人人格及增进工界幸福。由于孙中山的同情和支持，广东一时成为全国工人运动最活跃的地区，1922 年 5 月 1 日，中国劳动组合书记部得以在广州召开第一次全国劳动大会。这一时期，他对被北京政府迫害的教师表示十分同情。1921 年 6 月 7 日，他致函北京八校被迫辞职的教职员，指出：“在伪政府之下，决无教育发展希望，况复摧残至此”，并欢迎全体来粤。事实表明，五四运动促使孙中山对待群众和群众运动的态度开始有了可贵的转变。

值得提出的是，在孙中山的战友中，朱执信比当时一般资产阶级革命派看得更远一些，他不但提出了“国家之中最有力者为人民，人民所归向者，始谓之实力”③ 这一卓越的见解，而且随着时代革命思潮的影响，逐渐认识到来自下层革命群众的力量。他说：“我以为中国的革命是难免的。工人的力量是一天增加一天。”又说：“离了农工的帮助，学界也没有真正的力量。”④ 他把日益增长的“工人的力量”，视为中国革命“难免”的因素。他发出“运动乡下人爱国才有用”的呼声，鼓励青年学生到农村发动农民参加爱国运动。他还赞扬当时革命知识分子参加“打倒孔家店”的斗争。当然，他用以

---

①② 《在上海寰球中国学生会的演说》，《孙中山全集》第七卷，人民出版社 2015 年版，第 307 页。

③ 《所谓实力派之和平》，《朱执信集》下册，上海建设社 1921 年版，第 541 页。

④ 《野心家和劳动阶级》，《朱执信集》下册，上海建设社 1921 年版，第 666 页。

1919年冬，孙中山与朱执信等人在上海合影。前排左起：孙中山、章太炎、胡汉民；后排右起：朱执信、古应芬、汪精卫

1922年孙中山题朱执信墓碑

观察和论述社会问题的基本观点，仍然没有超越民主主义思想体系。

孙中山对朱执信是极为赞佩的，长期倚为重要助手。朱执信的这些进步的思想言论，对于孙中山的群众观自然也会产生一些积极影响。

再次，五四运动推动孙中山更重视革命理论宣传工作。

“五四”前，孙中山在《孙文学说》自序中，已经阐明了加强革命理论宣传的重要性。他认为民国以来的建设“所以一无成就”，重要原因之一是革命党人于“革命宗旨，革命方略”，“信仰不笃，奉行不利”，受了“知易行难”错误理论的影响。他说：“知易行难”之说，“予生平之大敌也！其威力万倍于满清。夫满清之威力，不过只能杀吾人之身耳，而不能夺吾人之志也。乃此敌之威力，则不惟能夺吾人之志，且足以迷亿兆人之心也。”他认为正是这种错误思想作祟，瓦解了人们的斗志，从而使革命后的建设事业“一败涂地”。因此他在第一次护法失败后，奋笔疾书，批判“知易行难”理论，提出“知难行易”学说与之相对立，期望以此学说武装人们头脑，“以破此心理之大敌，而出国人思想迷津”，“清除革命党人畏难情绪，振奋革命精神，建设一政治最修明、人民最安乐之国家”。

五四运动爆发，促进了他这一思想的发展。孙中山没有认识到五四运动发生的深刻的经济、政治背景，而认为运动之所以爆发，完全是由于新思想作用的结果。他说：“此数月来全国学生之奋起，何莫非新思想鼓荡陶镕之功？”[①] 进而提出：“吾党欲收革命之成功，必有赖于思想之变化。”这种看法固然是片面的，然而他看到了新思想的宣传对社会发展的促进作用，则是一大进步。因此，孙中山在五四后，一方面坚持撰写《建国方略》，希望以革命理论“启发国民”，建设真正的民治国家；另一方面则积极创办刊物。如前所述，

---

①《孙中山年谱》，中华书局 1980 年版，第 243 页。

1919年6月间，他派戴季陶、沈玄庐等人创办《星期评论》、《民国日报》副刊《觉悟》，和北京出版的战斗性很强的《每周评论》等期刊相呼应。8月，又派朱执信、廖仲恺等创办《建设》杂志。孙中山还亲自为《建设》杂志写《发刊词》指出："八年以来，国际地位犹未能与列强并驾，而国内则犹是官僚舞弊，武人专横，政客捣乱，人民流离者，何也？以革命破坏之后，而不能建设也……故发刊'建设杂志'，以鼓吹建设之思潮，展明建设之原理，冀广传吾党建设之主义，成为国民之常识。"① 五四运动，推进了孙中山进一步重视思想理论宣传工作。

最后，五四运动促进孙中山对社会主义苏联的向往。

五四运动，是在俄国十月革命影响下爆发的。十月革命的胜利，给世界被压迫人民和被压迫民族指明了解放的道路。十月革命后的第二天，苏维埃政权就宣布废除帝俄时代同被压迫国家签订的一切不平等条约；1918年2月，又宣布废除中俄不平等条约。这些政策给一向被帝国主义奴役压迫的中国人民以极大的鼓舞，也给正在寻求民族解放的孙中山以巨大影响。

五四运动后，先进的知识分子广泛传播马列主义和十月革命的经验。也正是十月革命经验在中国的流传以及苏俄政府对中国人民革命的支持和援助，则从正面给孙中山以启示，使他更向往社会主义苏联，并终于形成了孙中山关于中国革命必须"以俄为师"的观念。

总之，五四运动对孙中山的影响是巨大的，集中于一点就是开始动摇了他在中国建立西方资产阶级共和国的信念。如果说1924年，他在总结多年革命经验教训的基础上，由于共产党和苏联的帮助，终于丢掉了对帝国主义和封建势力的幻想，抛弃了西方资产阶级共和国的方案，找到了新的革命道路，实现了他一生中伟大的转

① 《建设》，中华书局1962年版，第一卷第一号。

变，那么，五四运动则是他这一转变的最初起点。

孙中山从五四运动受到深刻影响开始，到实现三民主义的新发展，说明了“伟大人物之所以伟大……而是因为他所具备的特点使他最能为当时在一般原因和特殊原因影响下产生的伟大社会需要服务”。[①] 这也完全符合孙中山主观的愿望和努力，“顺乎天理应乎人情，合乎世界之潮流，本乎人群之需要”。

孙中山的思想所发生的这些新变化，实际上正是他在反思和探索中对自己过去革命活动的缺陷的发现和抛弃。他就是这样自觉地接受实践的检验，并从而改进和提高自己的。孙中山继续前进了。

二、革命思想的重要发展

陈炯明的叛变，促使孙中山总结第二次护法斗争的经历，进一步思考了中国革命的途径、目标等重要问题，并在已有认识的基础上又有前进。孙中山对依靠少数人再走护法的老路不再抱有希望。同时，在北洋军阀的支持下，旧国会在天津重新召集会议，公开为北洋军阀帮腔的举动，也使孙中山下决心抛弃护法主张，改用革命手段解决国内问题。

孙中山对帝国主义及其与中国革命的关系，也有了新的认识。第一次护法失败时，孙中山已看到反动军阀是中国的祸患，但他对站在军阀势力背后的更大祸害——帝国主义，看得仍不那么清楚。五四运动发生后，群众强烈的反帝情绪，感染了孙中山，他对帝国主义侵略中国的野心和他们与中国反动势力的关系，已有比较清楚的认识，态度也变得强硬起来，但这主要还只是限于日本。对英、

---

① ［俄］普列汉诺夫著，王荫庭译：《论个人在历史上的作用问题》，北京商务印书馆 2010 年版，第 55 页。

美等国，孙中山扔抱有幻想。但以后的现实，却使孙中山大失所望。当他就任非常大总统时，港英当局竟然阻挠群众集会庆祝和捐款支持新政府。英、美等国拒绝承认孙中山领导的广州政府。而在段祺瑞之后控制了北京政府、继续与孙中山为敌的以曹锟、吴佩孚为首的直系军阀，却受到英、美的多方支持。为了解决北伐军所需费用，孙中山曾要求列强将粤海关关余（指扣除偿付赔款、外债后的关税余款）拨付广州军政府，但外国驻华使团以孙中山领导的军政府权力只及广东为借口，予以拒绝，并将保管的关余二百五十万两划归北洋政府。孙中山针锋相对地做出反应，准备收回海关。港英当局闻讯，公然派遣炮舰抵粤巡弋，以武力相威胁。与孙中山离心离德的陈炯明部，则袖手旁观，拒不听从孙中山的领导，致使这次关余之争不了了之。这些严酷的现实，促使孙中山对英、美的认识有所转变。总的说来，这一时期孙中山对帝国主义与中国革命关系的认识，基本上还处于感性认识阶段，对公开支持北洋政府与革命力量为敌的日本政府，孙中山的认识已相当深刻；而对敌对立场尚不那么明显的英、美等国，孙中山的认识还是比较模糊的。尽管孙中山对帝国主义的本质还缺乏全面的认识，还没有清楚地意识到要拯救中国，首先必须推翻帝国主义在中国的统治，但是他在当时的一些言行，特别是他对日本帝国主义的揭露与抨击，表明他在帝国主义与中国革命关系的认识上，已经有了很大的前进，随着斗争的开展和英、美等国政府破坏中国革命真实面目的日益暴露，孙中山的认识在继续提高。

孙中山对学习苏维埃俄国和争取得到苏俄的帮助，以推进中国革命开展的态度更加坚定。十月革命发生后，孙中山立刻表示了深切的同情，但对它的了解还很少。到 1920 年，情况有所变化。一是年初外国干涉十月革命的军队在俄国人民的抗击下，被迫从西伯利亚撤退，远东共和国在赤塔成立，改变了苏俄同中国原来那种阻隔

马林

张太雷

的状态，使孙中山有可能对苏俄的真实情况有更多的了解。二是这年的9月27日，中国收到了苏俄的第二次对华宣言，郑重宣布放弃沙俄政府在中国攫取的一切侵略权益。这对极端憎恨外国帝国主义把不平等条约强加给中国的孙中山，自然有巨大的吸引力，使他对苏俄产生更多的亲近感。1921年12月，共产国际代表马林在中国共产党人张太雷陪同下，在桂林与孙中山进行了三次长谈，向孙中山较详细地介绍了苏俄的情况，其中包括从战时共产主义到新经济政策的重大转变。这使孙中山对苏俄的了解，更加深了一步。不久，他明确表示打算与苏俄建立关系。但苏俄距离广东毕竟太远，而华南和长江流域却是英帝国主义的势力范围，孙中山顾虑过早与苏俄建立关系会激怒英国，于革命不利，打算待北伐军占领汉口后再正式承认苏俄。以后，当孙中山对英、美等国政府尚存的一点幻想一破灭，他便坚定地公开地做出了联俄的决定。

孙中山在革命斗争中，开始注意发挥人民群众特别是工人群众的力量。过去，孙中山的追随者中也有不少工人，但他对中国的工人运动却没有表现出多少热情。这一方面固然由于独立的工人运动还没有发展起来，另一方面也是因为孙中山对下层群众政治觉悟的保守估计。1922 年初掀起的规模空前的香港海员大罢工，引起孙中山的重视。这次大罢工最初虽由增加工资、改善待遇等经济要求所引起，但很快就把斗争的矛头集中指向外国帝国主义。当时正在桂林准备北伐的孙中山，积极给予了支持，并要廖仲恺在广州筹款支援。同年 5 月 1 日，许多共产党员参加的第一次全国劳动大会在广州召开，并举行了有广州数万工人参加的大游行。这些都对孙中山的思想产生了影响。在马林同孙中山的会见中，两人曾讨论了群众运动和在工人群众中进行宣传的必要性等问题。说明这个问题在孙中山思想上逐渐占有重要的位置。孙中山因陈炯明叛变而抵沪后，曾有 31 个工会团体的代表前往拜访，表示声援，两者间的关系进一步密切。

孙中山思想的这些引人注目的发展，是继十月革命、五四运动以后他对中国革命一系列重要问题重新认识、思考的结果，也反映了他对革命实践的及时总结。同时，这些发展也得到他周围一些国民党人的推动，实际上也反映了廖仲恺、朱执信等相当一部分居于领导地位的国民党人的思想发展历程。基于上述认识，孙中山等人对 1921 年成立后即积极组织人民群众开展反帝反封建斗争的中国共产党人抱有好感，并开始考虑通过采取国共合作的方式，恢复和增强国民党的活力。孙中山在桂林时，曾与陪同马林前往的中国共产党人张太雷详细讨论了如何动员中国广大青年更加积极地参加革命运动的问题，希望在这项工作中能得到中国共产党人的帮助，表示了愿与中国共产党人合作的积极态度。

正是经过了较长时间的了解、比较和思索，在十月革命和五四运动的影响和推动下，以孙中山为代表的一批国民党人，开始树立了改变以往的斗争方式，走新的革命道路的愿望。陈炯明的叛变和第二次护法运动的失败，促使他们最终下了决心。与此同时，苏俄、共产国际和中国共产党在经过一段曲折后，对孙中山和他所领导的中国国民党，也有了符合实际的正确认识。于是，苏俄及共产国际与孙中山的接触开始增多。1922 年，中国共产党也做出了国共合作的决议。

中国共产党成立伊始，对中国国情和中国革命一些基本问题的认识，还是相当幼稚的。1921 的党的第一份决议中，曾规定“只维护无产阶级的利益，不同其他党派建立任何关系”。但孙中山等民主革命派的救国热忱和不懈努力，以及苏俄及共产国际与孙中山的日益接近，促使中国共产党对中国革命有了新的认识。1922 年 6 月 15 日，共产党的中央执行委员会发表对于时局的主张，认为“依中国政治经济的现状，依历史进化的过程，无产阶级在目前最切要的工作，还应该联络民主派共同对封建式的军阀革命，以达到军阀覆灭、能够建设民主政治为止”。陈炯明叛变事件发生后，中国共产党对孙中山更明确地表示了支持的态度。7 月发表的中国共产党的“二大”宣言明确指出：“只有无产阶级的革命势力和民主主义的革命势力合同动作，才能使真正民主主义革命格外迅速成功。”8 月下旬，中共中央在杭州西湖举行特别会议，通过了国共合作的有关决定。

也是在 8 月下旬，孙中山在上海会见了李大钊，就怎样开创中国革命新局面的问题，进行了多次深入的讨论。孙中山非常感谢中国共产党人的真诚帮助，对李大钊丰富的学识和关于中国革命的卓越见解十分钦佩。两人“畅谈不倦，几乎忘食”。一天，送走李大钊后，孙中山兴奋地对宋庆龄说，共产党人是他的真正的革命同志，在今后的革命斗争中他能够依靠他们的明确的思想和无畏的勇气。他诚挚地希望李大钊加入国民党，帮助他一起完成通过振兴国民党

李大钊

来振兴中国革命的任务。在孙中山的热情邀请下，李大钊、陈独秀、蔡和森和张太雷等一批中国共产党人，先后以个人名义加入了国民党，为实现第一次国共合作，提供了条件。孙中山的革命生涯，进入了一个崭新的阶段。

三、完善三民主义

1919年，孙中山根据革命形势的发展和需要，对所倡导的三民主义的内容予以丰富和发展。他撰写的《三民主义》一文，虽仅是一个概要，内容却简明扼要，是他第一次对三民主义作了较前更深入系统的理论说明和界定，进一步完善了“三民主义”。

三民主义是孙中山的革命理论，也是他在民主革命阶段政治思想的基本内容。民族主义所宣布的目标，在辛亥革命前，是要通过武装斗争，推翻腐朽卖国的满清贵族集团所把持的清朝反动统治，重建汉族人当权的政府。也就是说它的主要内容就是反满，因此被人称之为“反满民族主义”。经过民国建立后的多次挫折，孙中山对民族主义有了新的理解与认识，那就是对外民族自求解放，摆脱列强的瓜分和统治，对内中国境内各民族则一律平等。他提倡种族融合以形成近代国家的大民族的问题，并举美国为例，说明由多民族融合而成为一个国家的民族，是民族发展的必然。他认为，中国“汉族当牺牲其血统、历史与夫自尊自大之名称，而与满、蒙、回、藏之人民相见以诚，合为一炉而冶之”，也应实行民族大融合，“以成中华民族之新主义”。只有如此，方是达到“民族主义的积极目的”。[①]

民权主义是三民主义思想的核心内容，它所宣布的目标，在辛

① 《三民主义》，《孙中山全集》第二卷，人民出版社2015年版，第154页。

孙中山“五权宪法”专题演说记录稿

亥革命前，是要铲除封建君主专制政治制度，建立民主共和国。经过十多年在欧美诸国参观访问的丰富阅历，孙中山在总结革命经验时对民权主义理论的阐述，随之进一步深入。他说：“民权者，民众之主权也。”指出人民享有主人应有的权力，民权日益发达，乃是“世界进化之潮流，而非人力所能抵抗者”。他十分赞同美国林肯所说的：“为民而有、为民而治、为民而享者，斯乃人民之政府也。”认为“有如此之政府，而民者始真为一国之主也”。[①]

孙中山自创了行政权、立法权、司法权、考试权和监察权的“五权宪法”，又参照瑞士的“直接以行民政”的宪法，提出“国民有选举之权，有复决之权，有创制之权，有罢官之权，此所谓四大民权也。人民而有此四大权也，乃能任用官吏，役使官吏，驾驭官吏，防范官吏，然后始得称为一国之主而无愧色也”。[②]

① 《三民主义》，《孙中山全集》第二卷，人民出版社 2015 年版，第 155 页。
② 《三民主义》，《孙中山全集》第二卷，人民出版社 2015 年版，第 156 页。

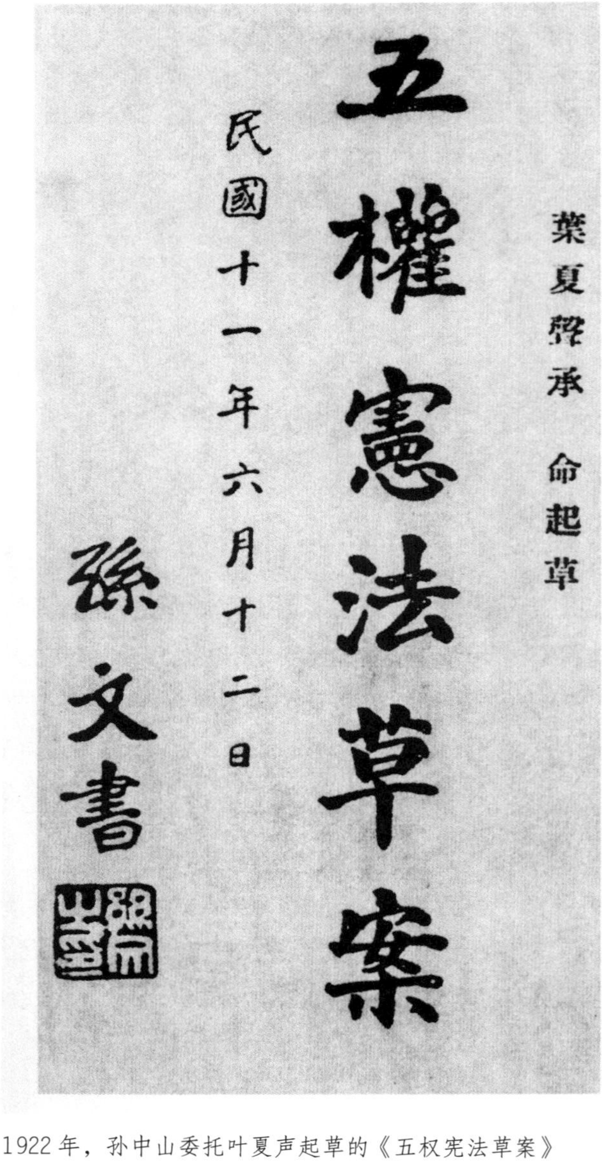
葉夏聲承 命起草

五權憲法草案

民國十一年六月十二日

孫文書

1922 年，孙中山委托叶夏声起草的《五权宪法草案》

民生主义是三民主义的归宿。孙中山认为民生问题，“就是人民的生活，社会的生存，国民的生计”，因此它就是社会问题。在辛亥革命前，它所宣布的目标，是用“平均地权”的办法，以防止资本主义制度下贫富分化的对立。到 1919 年时，孙中山对贫富日益悬殊的根源，认识更为深刻，进一步强调“中国之行民生主义，即所以消社会革命于未然也”。并提出中国革命的思想预防的办法是：“防止少数人之垄断土地、资本二者。”[①]

孙中山的主义和理想的最终目的，是要建设成为一个强盛发达的中国，进而促使人类成为一个大同世界。

---

①《三民主义》，《孙中山全集》第二卷，人民出版社 2015 年版，第 159 页。

第二节　开辟国共合作之路

一、联合苏俄

多年来，孙中山和中国共产党人及共产国际代表建立了联系和交往，苏俄革命成功和国内群众运动的发展，使孙中山深受鼓舞，也促使他从深深反省过去一再失败的经验和教训后，看到了新的希望。

早在辛亥革命后不久，列宁曾在《涅瓦明星报》及《真理报》上，连续发表有关孙中山和中国辛亥革命的文章：1912 年发表过《中国的民主主义与民粹主义》和《新生的中国》两文；1913 年发表了《中华民国的巨大胜利》《中国党派的斗争》和《落后的欧洲和先进的亚洲》诸文，赞扬和高度评价孙中山和他领导的革命运动，说孙中山的思想“是真正伟大人民的伟大思想”，他所领导的辛亥革命的胜利说明“四亿落后的亚洲人已经从酣睡中清醒，走向光明、运动和斗争了”。这些，曾对中国民主革命起了有益的推动和鼓舞作用。

俄国十月革命后不久，1917 年 12 月，苏俄政府就宣告废除沙皇与其他各国缔结的一切不平等条约，放弃在外国的一切特权，表示了对一切被压迫民族的友好态度。1919 年 7 月 25 日和 1920 年 9 月 27 日，又先后两次发表对华宣言，一再重申沙俄、临时政府对外签订的不平等条约、密约“立即作废”，无代价地放弃沙俄夺取的在华权益，还提议在完全平等和互相尊重的基础上正式恢复两国人民的友谊，互相提携，“为自由而战”。

如前所述，孙中山很早就向往十月革命，希望学习俄国的经验。这时，又受到苏俄连续发表对华宣言的鼓舞，他迅速地把企望的目光转向苏俄，更日益密切地注视和研究十月革命的发展及苏维埃政权的各项政策，还准备派廖仲恺、朱执信、李章达去苏俄学习，并曾特为他们请了俄语教师学习俄文。

孙中山的联合苏俄主张以及学习苏俄的愿望，通过此后的与苏俄代表、记者和使节们的通信、会晤和恳谈，就逐渐萌发了。

1920 年秋，经陈独秀介绍，孙中山在上海会见了共产国际远东局派到中国来的第一个使者维金斯基（1893—1953 年，中文名字吴庭康，有时使用“魏琴”的笔名），这是共产国际使者同孙中山的第一次会见。维金斯基后来回忆说：“孙中山在自己的书房里接见了我们。孙中山没有搞那套中国的习惯性礼节，他立即请我们在桌子后坐下，接着便开始询问关于俄国和俄国革命的情况。”维金斯基对这些一一作了介绍。孙中山“对一个问题极感兴趣，那就是：如何将刚刚从盘踞广州的反动桂军手里解放出来的华南斗争与遥远的俄国的斗争结合起来”？孙中山抱怨说：“广东的地理位置无法使我们同俄国建立联系。”他要求与苏俄建立电台联系，“一直询问是否能在符拉迪沃斯托克（即海参崴）或满洲里建立一个你们可以与广州联系的大功率电台”，从而使苏俄能够同广州通讯。孙中山还说，他希望通过中国南部军事胜利，在中部、北部各省发展革命运动。

在孙中山被非常国会推举为非常大总统后，1921 年 4 月的中、

维金斯基

陈独秀

下旬，他在广州接见远东共和国通讯社（简称“远东社”）驻广州记者斯达扬诺维奇和俄罗斯通讯社、远东社北京分社社长霍多罗夫·A，表述了对苏维埃俄国的所有问题的关注。这是孙中山唯一的一次同苏俄记者的谈话。

斯达扬诺维奇和霍多罗夫·A在事后写的一篇《和孙中山的一次谈话》中这样记载：“孙中山博士体格健壮，身材匀称……他举止文雅，镇定自若，使人觉得他是一位坚强的人，是一位对自己的一言一行都很自信的人。孙中山个子不高，容貌整洁，圆脸庞，身穿着一件很普通的灰色短上衣。”孙中山在回答他们的问题时说：“中国人民对连绵不断的纷争和内战早已厌倦，并深恶痛绝。他们坚决要求停止这些纷争，将中国成为一个统一、完整的国家。因而，我们正在尽力完成赋予我们的这一艰巨的历史使命。”并指出：“中国人民再也不能容忍别人瓜分自己的国家，他们希望统一，成为一个

孙中山 1922 年 11 月 15 日在上海摄影，后成为孙中山的标准像

强大的和不可动摇的民族。”孙中山在谈到苏俄问题时，明确说：“我对俄国和远东发生的事情很感兴趣。请问，苏维埃俄国与远东共和国不同之处何在？远东共和国到底是什么样的国家？”采访者写道：“俄国各阶层人民在‘不许干涉’的口号下团结一致，给孙中山留下了非常深刻的印象。孙中山对有关远东共和国的所有问题都极为关注。”

孙中山在加紧进行北伐准备工作的同时，也加强了同苏俄的联系，并注意研究十月革命后苏俄成功的经验。1921 年 8 月 28 日，他在答复俄罗斯苏维埃共和国外交人民委员齐契林的信件中，介绍了自辛亥革命以来中国政治情况和自己的艰难遭遇，切盼加强接触，同这个新生的社会主义国家取得联系，以便了解它在政治、军事、教育等方面的经验。他恳切地说：“我希望与您及莫斯科的其他友人获得私人的接触。我非常注意你们的事业，特别是你们苏维埃的组织、你们军队和教育的组织。”在信中他向“列宁以及所有为了人类自由事业而有许多成就的友人们致敬”，还提出今后通信联系的意见。这封信，表达了孙中山要同苏俄建立联系的愿望。

同年 6 月 3 日，列宁指派共产国际代表马林来到上海，会见了张继，同国民党总部建立了联系。之后，他在年底由张太雷陪同到广西桂林会见了孙中山。

孙中山和马林进行了三次长谈，谈了有关十月革命和中国的情况，双方讨论了中俄联盟的可能性。据马林回忆说：“我与孙讨论了群众运动和在工人阶级中进行宣传的必要性等等。我告诉他爪哇民族主义性质的群众组织——伊斯兰教联盟的发展；孙则向我讲述了国民党的策略、它的历史、袁世凯时期在国外的非法活动、与太平洋各国华侨的联系和他们对国民党的帮助。”孙中山对苏俄实行新经济政策特别感兴趣，并把这种政策同他的民生主义政策误解为一体。

事后，孙中山在给廖仲恺和汪精卫的电报中谈到这一问题时说："苏俄革命后实行马克思之共产主义，余甚滋疑。以现世界正在资本主义旺盛时代，俄国工商业不甚发达，共产主义不能单独成功，其去实行之期尚远。今闻马林言，始悉苏俄行共产主义后，以深感困难，乃改行新经济政策。此种新经济政策，其精神与余所主张之民生主义，不谋而合。余深信苏俄能先实行与余之主义相符之政策，益信余之主义切合实行，终必能成功也。"尽管这是一种误解，但正是从这个基本点出发，孙中山萌发了联合苏维埃俄国的念头。

当时，马林研究了中国政局，认为香港英国政府一定不允许广州革命政府发展，陈炯明与孙中山也不能相容。他还向孙中山提出了关于中国革命问题的两点建议："第一，要进行中国革命，就要有好的政党，这个政党要联合各界人民，特别是工农大众。第二，要有革命的武装核心，要办军官学校。"这几句话正说到孙中山的心坎里。经过多少次革命的失败，孙中山的确也感到这两个问题的重要。他所领导的革命党，经过几次改组，名称换了好几个，最后叫作中国国民党。但是这个政党的力量很薄弱，起的作用不大。他曾经联络过南方地方军阀的军队，但是一再被利用和被驱逐。因此，孙中山十分赞同这两点建议，深感这次会见使他"心上非常高兴"。

1922 年 3 月，少共国际代表 C．A．达林到达上海，随即被任命为苏俄政府全权代表同孙中山谈判。4 月 27 日，他在瞿秋白、张太雷的陪同下，由上海到广州会见了孙中山。据达林记述：从 4 月 27 日至 6 月 16 日，孙中山同达林每周至少会谈两次，每次会谈都有两小时左右。孙中山向达林介绍了华南情形，并了解了苏俄的情况，对红军的规模、组织和政治教育很感兴趣。孙中山充分表达了自己"对苏俄的友好感情"，并"说明他打算与苏俄建立联系"。

通过上述这些活动，孙中山对苏俄有了进一步的认识，从而考虑以俄国为榜样来促进中国革命的发展，并希望在今后的革命事业中能够得到苏俄的帮助，从此，他决意要走联俄师俄的道路。

二、容纳中共

1922年，由于陈炯明的叛乱，使心情十分沉重的孙中山重新思索革命的出路，寻找新的同盟者。当孙中山在这一年8月14日再次回到上海时，中国共产党已于6月15日发表了《第一次对于时局主张》，又于7月在上海举行了第二次全国代表大会。《第一次对于时局主张》向人民指出，中国祸乱的根本原因，在于帝国主义与封建军阀。提出了“打倒帝国主义”、“打倒军阀”的革命口号。它对孙中山领导的中国国民党作了公正的评价，同时也坦率地批评了国民党的错误，指出：“中国现存的各政党，只有国民党比较是革命的民主派，比较是真正的民主派”，但是“他们党内往往有不一致的行动及对外有亲近一派帝国主义的倾向，对内两次与北洋军阀携手……这种动摇不定的政策，实有改变的必要”。并表明中国共产党愿与孙中山联合。还提出了和国民党民主派及其他革命团体建立民主主义的联合战线，向帝国主义和封建军阀作坚决斗争的具体主张。

中国共产党第二次代表大会发表的宣言中，对中国社会的基本政治、经济状况和当前的革命任务等问题，作了详细的阐述，规定了党的最高纲领和最低纲领。指出中国人民革命的当前的基本任务是：“（一）消除内乱，打倒军阀，建设国内和平；（二）推翻国际帝国主义的压迫，达到中华民族完全独立；（三）统一中国……为真正民主共和国。”代表大会还明确提出同国民党及其他社会组织建立联合战线的主张，并作出了《关于“民主联合战线”的决议案》，指出殖民地国家的无产阶级“必须暂时联合民主派才能够打倒公共的敌人——本国的封建军阀及国际帝国主义——之压迫”。

这些文件中提出的中国民主革命的内容及对国民党的批评和建议，对于正处在苦闷彷徨中的孙中山是有力的帮助，使他对时局有了更清楚的认识。他回顾自己多年来和封建军阀斗争的亲身经历，开始认识到南北军阀的背后，有帝国主义在那里操纵，逐渐体会到中国共产党的反帝反封建革命口号提得正确。

早在 1922 年初，马林经过调查认为孙中山的国民党是一个在中国可以联合的革命党后，便向中国共产党中央提出同国民党联合的建议，并主张共产党员和社会主义青年团员以个人身份加入国民党，同国民党建立党内联合的统一战线。在共产国际的指导下，同年 8 月下旬中国共产党中央在杭州西湖召开特别会议（即西湖会议），做出了部分共产党人加入国民党的决议。同月 25 日，马林在上海法租界孙中山住所再次会见了孙中山，向孙中山介绍了共产国际关于中国共产党人加入国民党的决定，积极促成国共合作。他还劝告孙中山不要单靠军事行动去收复广州，而要以上海为基地开展群众性的宣传活动。与此同时，陈独秀和李大钊等分别拜会孙中山，对他表示慰问和支持；还同张继就两党合作问题交换了意见，直接给孙中山等国民党领导人以积极影响和帮助。

当时，中共早期领导者李大钊为促成第一次国共合作做出了重要的贡献，他在参加西湖会议之后，于 8 月底到上海莫利爱路孙中山寓所和孙中山进行多次交谈，讨论了“振兴国民党以便进而振兴中国”的“种种问题”。有一次，他们专门就振兴中国问题畅谈了好几个小时。孙中山对这种真诚的帮助感到非常兴奋，和李大钊“畅谈不厌，几乎忘食”。并当即提议李大钊加入国民党。当李大钊表示自己是第三国际的一个党员时，孙中山回答说：“这不打紧，你尽管一面做第三国际的党员，尽管加入本党帮助我。”明确地表达了党内合作的愿望。此为国民党容纳共产党员之始。

孙中山对李大钊十分尊敬，“他认为这些人是他的真正的革命同志。他知道，在斗争中他能依靠他们的明确的思想和无畏的勇气”。李大钊也常到孙中山家里去做客，就革命工作交换意见。李大钊根据中共的提示，同意了孙中山的提议，他由张继介绍、孙中山主盟

1922年8月，李大钊到上海与孙中山进行了多次交谈，商谈了国共合作的问题。图为油画，现存于李大钊烈士纪念馆

最先加入国民党。这也为此后的中共党人加入国民党开了先河。接着，有陈独秀、蔡和森、张太雷、张国焘等一批共产党员以个人身份陆续加入国民党。孙中山进一步得到了中国共产党人的帮助。

为了促进国共合作统一战线的实现，中国共产党还通过同年9月创刊的机关报《向导》周报发表文章，对孙中山提出善意的批评和忠告。

例如蔡和森的文章就指出：如果一味依靠帝国主义与封建军阀，进行纵横捭阖，用这个办法来抵抗暴力，将会失掉革命的生命。要使革命成功，便要一面“与民众为亲切的结合”，一面与列宁的苏维埃俄国携手，“大着胆子明白地反抗……两种恶势力（按：指帝国主义和封建势力）”。又如，在《国民运动、革命军和革命宣传》一文中，指出孙中山“只是时常依靠别的有力分子对他的感情为转移，那些有力分子昨天还是他的好朋友，今天能够翻脸，明天或成仇敌”。对他幻想利用军阀力量，企图从联络一派打倒一派中取得胜利的严重错误，提出了善意的批评。要他依靠民众，组织真正革命的军队。再如，在《羞见国民的中国国民党》一文中，针对国民党历来偏重于军事活动，忽视对群众的宣传工作与组织工作的缺点，指出：这是国民党自辛亥革命以来十二年奋斗一无所成的最主要原因。李大钊还在《普遍全国的国民党》一文中，呼吁：“中国现在很需要一个普遍全国的国民党，国民党应该有适应这种需要努力于普遍全国的组织和宣传的觉悟。”

同年8月，苏俄政府为与北京政府商谈外交、商务关系，特命副外长越飞以全权大使身份来华。越飞在北京一面进行紧张的外交活动，一面于同月下旬派代表携函到上海与孙中山接洽。孙中山与越飞的代表进行了会晤，回答了所问的“远东大局问题及解决方法”，并请其先派与越飞同行的军事工作者到上海来，以便详细了解军事问题。这一会晤更加强了孙中山前进的决心，他满怀喜悦地认

越飞

为："从此彼此（已）通讯，凡事当易商量矣。"又在致蒋介石函中说："兄前有志于西图。吾近日在沪已代兄行之矣。吾幸得彼津梁，从此可日相接近。"

接着，孙中山同越飞直接通讯联系，商讨有关革命的各种迫切问题。在1922年8—12月间，他们曾往来信件七次（越飞写信四封，孙中山复信三封）。在通信中，越飞向孙中山介绍了苏维埃共和国的国内与国际的状况，介绍了他与北京当局就同中国建交问题而进行的谈判和他所遇到的困难。孙中山也向越飞介绍了中国内部的政治形势，讲述了自己的政治、军事计划，尖锐地批评了北京政府，说它是"某个外国的代理人"。孙中山写道："这个评语用在同苏俄的谈判上和关系上是特别正确的。十分清楚，有些国家不愿中国和俄国达成协议，除非它们先从莫斯科得到经济投降的条件。与此同时，它们也不欢迎我们两国有达成能促进中国摆脱它们的政治和经济压制的任何协定的前途。”通过信函的不断来往，孙中山与越飞之间的关系日益密切。同年12月，孙中山又派张继去北京会见越飞，商谈他要与越飞亲自会晤的问题。

当时蓬勃发展的工农群众运动，对于孙中山的思想的转变，也起了促进作用。

中国共产党成立不久，在各地先后建立起领导工人斗争的各种组织；很快地掀起了轰轰烈烈的1922年1月至1923年2月的中国第一次工人运动高潮。在一年多的时间内，全国各大城市和工业中心，有三十多万工人进行了多次的罢工。1922年1月香港六万多海员为反抗英国资本家的压迫，要求增加工资，举行了坚持八个星期之久的大罢工。支持这一斗争的，遍及香港全市的所有工人，参加斗争的达十多万人。在毛泽东领导下，湖南地区到1922年秋，就建立了二十多个工会，会员有四万余人，先后举行了著名的安源路矿（安源煤矿和株萍铁路）工人、粤汉铁路工人、长沙泥木工人、水口山铅锌矿工人等十多次罢工斗争。在斗争胜利后，于11月成立了湖南全省工团联合会。1923年初爆发了震动中外的京汉铁路工人“二七”大罢工。

与此同时，中国共产党领导的农民运动也发展起来了。1923年，在毛泽东领导下，湖南衡山县成立了岳北农工会。同年1月，广东海丰县成立起总农会，会员达十万人，对地主阶级进行了减租斗争。接着广东各地农民也组织起来，不少县成立了农会，会员增加到二十多万人，形成了一支强大的农民革命队伍。还有很多地区的农民反抗统治阶级的自发斗争，也风起云涌，绵延不绝。

孙中山从这些工人、农民群众运动中，特别是从香港海员大罢工和“二七”罢工的伟大斗争中，受到了深刻的教育和启发。他逐步觉察到工农阶级和中国共产党的伟大革命力量，从而促使他在思想上和革命实践上的重大转变，在迂回曲折的革命进程中走出了死胡同，找到了正确的出路。从此，孙中山迈上了联俄容共的崭新大道。

孙中山虚心接受中国共产党和苏俄代表所提出的建议，决心采取联合共产党的政策，对国民党进行改组，使它成为国共合作的统一战线的组织形式。

三、筹备改组中国国民党

广州革命政权重新建立和广东革命根基地基本稳固之后，孙中山在整军北伐的同时，积极进行改组中国国民党的准备工作。在中国共产党和国际无产阶级的真诚帮助下，孙中山很快完成了中国国民党改组的一切准备。

中华革命党改组为中国国民党以来，内忧外患，国无宁日。客观形势的发展对资产阶级革命党的要求越来越高，然而中国国民党的组织状况远远不能适应革命发展的要求，除少数党员尚能以三民主义为行动指南，跟随孙中山奔走革命，屡仆屡起外，大多数党员放任自由，没有指导。由于缺乏坚强的组织和统一的领导，虽有数十万党员，但不能收到统一行动的效果。孙中山认为只有重新组党才是补救之策。他为着改善国民党存在的“组织未备、训练未周”①、“本党分子此刻过于复杂、党内的人格太不齐”②的现状，孙中山在共产国际和中国共产党的帮助下，从 1922 年 9 月开始进行改组国民党的准备工作，为实现国共合作创造条件。

---

①《在广州中国国民党恳亲大会的演说》，《孙中山全集》第七卷，人民出版社 2015 年版，第 458 页。

②《中国国民党改组宣言》，《孙中山全集》第三卷，人民出版社 2015 年版，第 146 页。

9 月 4 日，孙中山在上海召开了研究改进国民党计划的首次会议，与会者有张继等 53 人。孙中山即席解释了联俄容共政策。马林应邀参加并讲了话。会议一致赞同孙中山改组国民党的主张，并初步成立了改组工作的机构。9 月 6 日，孙中山指定茅祖权、覃振、丁惟汾、张秋白、吕志伊、田桐、陈独秀、陈树人和管鹏九人为中国国民党改进案起草委员会委员，陈独秀为党务改进计划起草委员。①不久，起草委员会起草的改进案初稿完成。11 月 15 日，孙中山又召集国民党代表 59 人开会，审议经过修订的中国国民党改进案，并推胡汉民为宣言起草员。至 12 月 16 日，他再次召集各省代表 65 人开会，讨论修改已起草的中国国民党改进案宣言以及党纲党章。正如孙中山稍后在答复山西国民党人陆世益的信中所表示的那样，他是在积极地进行着“改组党务”的工作。②

中国共产党采取了许多实际步骤帮助孙中山，如派代表参与研究国民党改组计划，草拟宣言和党纲、党章，并接受孙中山的邀请，派出共产党人以个人身份加入国民党，以增强国民党的进步力量，同时帮助他建立组织，开展工作，从而使这个衰老的政党由于得到新鲜的革命血液而有了生机。

所有这些，说明孙中山确已迈开了前进的步伐，踏上了革命的新征途了。

在上述三次改进国民党会议的基础上，1923 年 1 月 1 日，孙中山发表了《中国国民党宣言》。宣言中强调今后革命必须依靠民众力量，提出：“今日革命则立于民众之地位，而为之向导。”革命事业应“由民众发之，亦由民众成之”。并且“依三民五权之原则”，提出了“国家建设计划及现所采用之政策”。民族主义方面：由于中国

①王章陵：《中国共产主义青年团史论（1920—1927）》，台北：黎明文化事业公司 1973 年版，第 89 页。

②陆世益：《孙中山先生兵工政策论》，上海北新书局 1929 年版，第 135 页。

1922年9月，孙中山、宋庆龄在上海寓所接见美国记者希尔等人时的情景

1922年9月，孙中山在上海与党内重要干部杨庶堪（前排右一）、胡汉民（中排右五）、张继（中排右六）、廖仲恺（中排右七）等及日本友人合影

1922年9月，孙中山在上海寓所留影

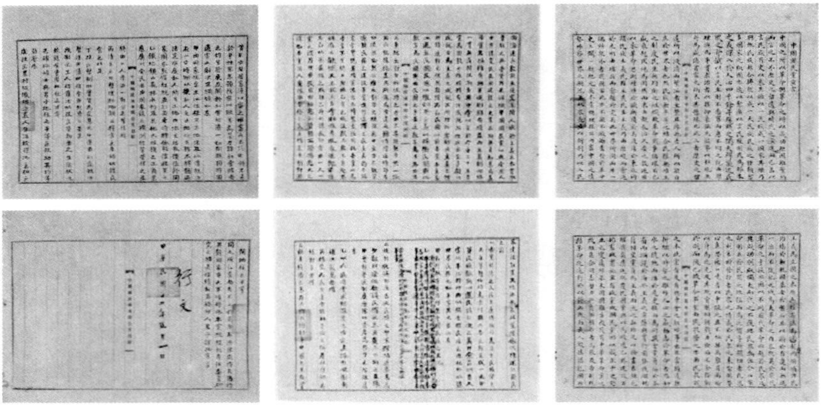

1923 年 1 月 1 日，孙中山手改的《中国国民党宣言》原稿

仍然“陷于为列强殖民之地位”，所以，必须“内以促进全国民族之进化，外以谋世界民族之平等”。要求“厉行普及教育，增进全国民族之文化”；“力图改正条约，恢复我国国际上自由平等地位”。这是第一次提出了修改不平等条约的纲领。民权主义方面：鉴于“现代代议制度，已成民权主义之弩末，阶级选举，易为少数操纵”，因此，应当“实行普选制度”，使群众“直接行使创制、复决、选举、罢免各权”，并“确定人民有集会、结社、言论、出版、居住、信仰之绝对自由权”。民生主义方面：“由国家规定土地法、使用土地法及地价税法”；“铁路、矿山、森林、水利及其他大规模之工商业、应归于全民者，由国家经营管理，并得由工人参与一部分之管理权”。此外，还包括“制订工人保护法”，“改良农村组织，增进农人生活”[①]，等等。从这里可以看出，孙中山的思想正由于接受共产党人对他的影响而发生明显的变化。

《中国国民党宣言》的发表，标志着国民党政策上有了重大的转

①上海《民国日报》，1923 年 1 月 1 日增刊版。

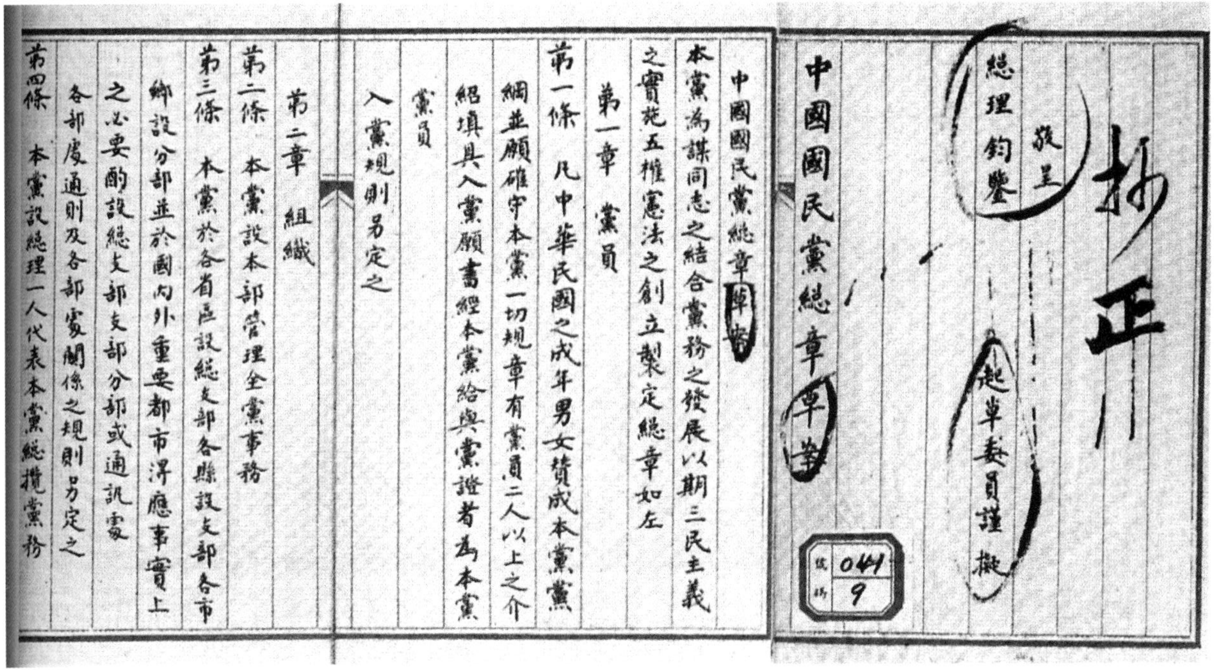

抄正

中國國民黨總章草案

敬呈

總理鈞鑒

起草委員謹擬

0441

9

中國國民黨總章

本黨為謀同志之結合黨務之發展以期三民主義之實施五權憲法之創立製定總章如左

第一章 黨員

第一條 凡中華民國之成年男女贊成本黨黨綱並願確守本黨一切規章有黨員二人以上之介紹填具入黨願書經本黨給與黨證者為本黨黨員

入黨規則另定之

第二章 組織

第二條 本黨設本部管理全黨事務

第三條 本黨於各省區設總支部各縣設支部各市鄉設分部並於國內外重要都市埠應事實上之必要酌設總支部支部分部或通訊處

各部處通則及各部處關係之規則另定之

第四條 本黨設總理一人代表本黨總攬黨務

经孙中山批改的《中国国民党党纲草案》

变，成为国民党改组的先声。接着，孙中山又于2日召开中国国民党改进大会，公布了《中国国民党党纲》；3日，公布了《中国国民党总章》。同月下旬，他还以总理名义任命了国民党本部各部部长：总务部正副部长是彭素民、林祖涵（伯渠）；党务部正副部长是陈树人、孙镜；财务部正副部长是林业明、周佩箴；宣传部正副部长是叶楚伧、茅祖权；交际部正副部长是张秋白、周颂西。又任命廖仲恺、陈独秀等21人为参议。军事委员会委员、本部干事、书记及国内总支部、分部成员，也一律重新委任。

与此同时，由于马林、张继等人的斡旋，终于促成了孙中山与越飞的直接会晤。这年1月17日，越飞由北京南下到了上海，翌日即到莫利爱路29号和孙中山会见。他们接连举行多次会谈，李大钊、宋庆龄等也参加，进一步商讨了中共加入国民党、改组国民党与建立军队，以及苏联①与共产国际援助中国革命和反对帝国主义等问题。

1月26日，孙中山与越飞在上海签订了著名的《孙文越飞宣言》。这是孙中山联俄政策的重要文件，它标志着孙中山联俄政策的正式确立。宣言中声明："中国最要最急之问题，乃在民国的统一之成功，与完全国家的独立之获得。""关于此项大事业……中国当得俄国国民最挚热之同情，且可以俄国援助为依赖也。""俄国政府准备且愿意根据俄国抛弃帝政时代中俄条约（连同中东铁路等合同在内）之基础，另行开始中俄交涉。"它以平等互助的精神，规定了中苏两国人民间的关系。②这个宣言，体现了苏联对中国革命的关怀和对孙中山的友谊；反映出孙中山丢掉对帝国主义的幻想，转而寻求国际革命势力援助的愿望。

在宣言签订后，孙中山又指派廖仲恺到日本和越飞继续进行细节商谈，以便把中俄联合的问题具体化。廖仲恺同越飞在热海地方

① 1922年12月30日，苏维埃社会主义共和国联盟正式成立，苏俄改称苏联。

② 《孙越宣言全文与国共联合》，《外交月报》第二卷第一期。

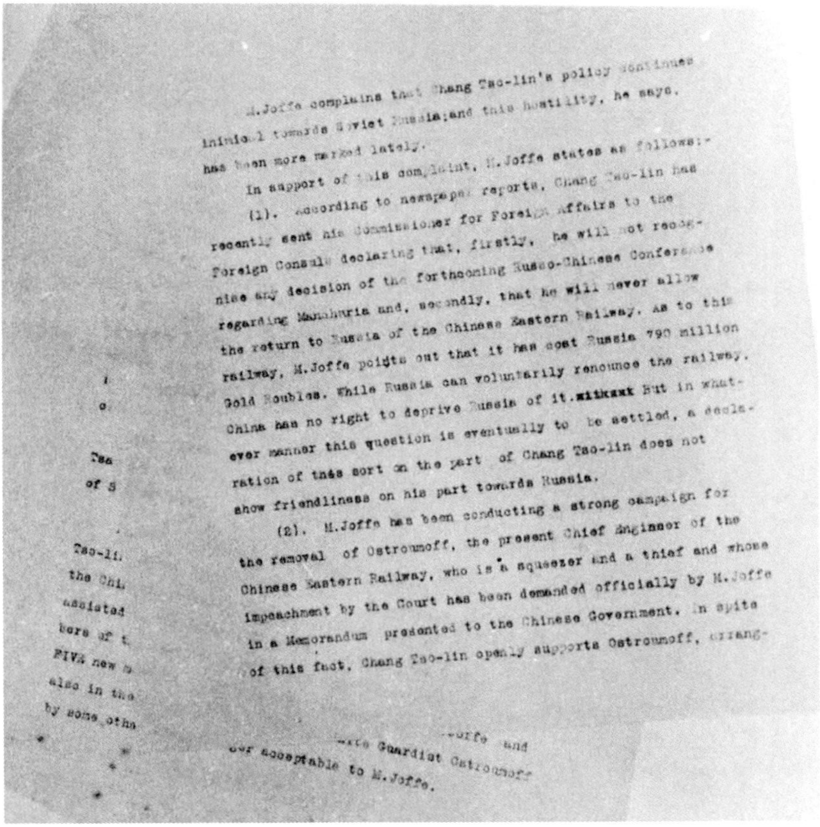

M.Joffe complains that Chang Tso-lin's policy continues inimical towards Soviet Russia;and this hostility, he says, has been more marked lately.

In support of this complaint, M.Joffe states as follows:-

(1). According to newspaper reports, Chang Tso-lin has recently sent his Commissioner for Foreign Affairs to the Foreign Consuls declaring that, firstly, he will not recognise any decision of the forthcoming Russo-Chinese Conference regarding Manchuria and, secondly, that he will never allow the return to Russia of the Chinese Eastern Railway. As to this railway, M.Joffe points out that it has cost Russia 790 million Gold Roubles. While Russia can voluntarily renounce the railway, China has no right to deprive Russia of it. ~~mitkaxt~~ But in whatever manner this question is eventually to be settled, a declaration of this sort on the part of Chang Tso-lin does not show friendliness on his part towards Russia.

(2). M.Joffe has been conducting a strong campaign for the removal of Ostroumoff, the present Chief Engineer of the Chinese Eastern Railway, who is a squeezer and a thief and whose impeachment by the Court has been demanded officially by M.Joffe in a Memorandum presented to the Chinese Government. In spite of this fact, Chang Tso-lin openly supports Ostroumoff, arrang-

...offe and ...ite Guardist Ostroumoff ...er acceptable to M.Joffe.

1923年1月26日发表的《孙文越飞联合宣言》的英文打字稿

孫中山先生與蘇俄特命全權大使越飛聯合宣言

孫逸仙博士與蘇俄派至中國特命全權大使越飛發表下記宣言。在越飛君留上海時，與孫逸仙博士爲數度之談話，關於中俄間關係，披瀝其許多意見，對以下各點，尤爲注意。

一、孫逸仙博士以爲共產組織，甚至蘇維埃制度，事實上均不能引用於中國，因中國並無使此項共產制度或蘇維埃制度可以成功之情況也。此項見解，越飛君完全同感。且以爲中國最要最急之問題，乃在民國的統一之成功，與完全國家的獨立之獲得。關於此項大事業，越飛君並確告孫博士，中國當得俄國國民最摯熱之同情，且可以俄國援助爲依賴也。

二、爲明瞭此等地位起見，孫逸仙博士要求越飛君再度切實聲明一九二〇年九月二十七日俄國對中國通牒列舉之原則。越飛君因此向孫博士重行宣言，即俄國政府準備且願意根據俄國拋棄帝政時代中俄條約（連同中東鐵路等合同在內）之基礎，另行開始中俄交涉。

三、因承認全部中東鐵路問題，祗能於適當之中俄會議解決，故孫逸仙博士以爲現在中東鐵路之管理，事實上現在祗能維特現況。且與越飛同意現行鐵路管理法，祗能由中俄兩政府不加成見，以雙方實際之利益與權利適時改組。同時孫逸仙博士以爲此點應與張作霖將軍商洽。

四、越飛君正式向孫博士宣稱，俄國現政府決無亦從無意思與目的，在外蒙古實施帝國主義之政策，或使其與中國分立。孫博士因此以爲俄國軍隊不必立時由外蒙古撤退，緣爲中國實際利益與必要計，中國北京現政府無力防止因俄兵撤退後白俄反對赤俄之陰謀與敵抗行爲之發生，以及釀成較現在尤爲嚴重之局面。

越飛君與孫博士以最親摯有禮之情形相別。彼將於離日本之際，再來中國南部，然後赴北京。

一九二三年一月二十六日上海。孫逸仙、越飛簽字。

《孙文越飞联合宣言》中文全文

会谈了一个月左右的时间，就学习俄国革命经验，改组国民党和建立革命军队等问题，进一步详细地交换了意见。也正是通过和越飞的相处恳谈，使廖仲恺对苏俄有了进一步了解，开始明确中国革命的一些基本问题，从而使他此后竭诚拥护和全力支持孙中山改组国民党的革命政策。

在这期间，孙中山谋划的另一个重要战斗任务，是致力于收复广东，重建革命根据地。他认为，要使革命成功，“根本之办法，必在吾人稍有凭藉，乃能有所措施”，“欲得凭藉，则非恢复广东不可”，否则，“我不过为一租界之亡命客耳，奚足轻重”。[①] 所以，孙中山在 1922 年 10 月将驻扎福建的北伐军改名为讨贼军，任命许崇智为东路讨贼军总司令；又于同年冬季联络驻留广西的滇军杨希闵、桂军刘震寰和梧州及西江的部分粤军，组成了西路讨贼军。然后，于 1923 年 1 月 4 日，发出通电讨伐陈炯明，命令讨贼军奋勇杀敌，“为国家除叛逆，为广东去凶残”。[②] 西路讨贼军随即出师梧州沿西江东下，发动了对陈炯明的进攻。

由于粤军第一、三师等的起义响应，陈家军土崩瓦解，迅速溃败。1 月 16 日，陈炯明被逐出广州，退往惠州。

2 月 21 日，孙中山由上海又返回广州，第三次在广州建立政权。为了争取与北方的和平统一，孙中山决定不复任总统，以避各方面的猜忌，当即重新成立了大元帅府，就陆海军大元帅职，并委以廖仲恺、伍朝枢和谭延闿开分任财政、外交、内务三部部长。

广州革命政权重建之后，孙中山继续积极进行改组国民党的准备工作。他在 4 月 1 日指令正式恢复中国国民党广东支部；8 月 16 日应苏联的邀请派出了蒋介石、沈定一、王登云和共产党人张太雷四人组成的“孙逸仙博士代表团”赴苏联考察军事、政治和党务以

①毛思诚编：《民国十五年以前之蒋介石先生》（四），第六编，1937 年版，第 58—59 页。

②上海《民国日报》，1923 年 1 月 5 日。

陆海军大元帅印印文

1923 年 2 月 21 日，孙中山在广州就任中华民国陆海军大元帅时在广州东校场检阅军队的情景

舊曆壬戌年　民國日報　一月五日

要聞

孫大總統討陳炯明電

▲宣布陳逆叛國罪惡　▲痛闢逆軍散布流言

廣州汕頭香港各報館轉廣東全省人民公鑒。陳逆炯明。叛國之罪。擢髮難數。半載以來。倒行逆施。紀綱蕩然。驕兵悍將。貪官污吏。以百姓爲魚肉。尤復陰弛賭禁。操縱金融。以致民生憔悴。不可終日。禍粵之罪。更不容誅。近更野心不戢。肆毒鄰省。西則對於駐桂滇軍及桂軍。竭極挑撥離間之技。誘使相攻。以爲得計。東則對於福建。居心吞噬。不惜勾引籐兵。以施行夾攻計畫。窮凶極惡。實爲國民所同憤。文自昨年八月離去廣州。即分命諸路將士。同心討賊。茲據西路討賊諸軍報告。滇軍總司令楊希閔。會同桂軍總指揮劉震寰。於昨年十二月二十七日。克滕縣。隨於二十八日會同粵軍第三四師克梧州。整軍東下。直指肇慶。並得沈總司令鴻英協同動作。軍威遠振。賊勢不支。聞報之餘。深爲嘉慰。諸軍將士。奮勇殺賊。爲民除害。凡我粵人。務宜敵愾同仇。以成撥亂反正之功。近聞賊軍散布流言。詆客軍入境。亡省可虞。此等謠言。出於賊軍之口。乃其平日譸張爲幻之慣習。不足深辯。須知此次討賊諸軍。深明大義。恪從命令。爲國家除叛逆。爲廣東去兇殘。純以人道國法爲依歸。絕無部落拘墟之見。討賊功成。諸軍各有任務。或鞏固國防。或服務鄉土。奉公守法。惟日且不暇給。豈屑如陳逆等之惟知盤踞地方以土豪自命乎。我廣東全省人民既備受陳逆之荼害。必深知陳逆之詐僞。際此義師奮發。叛徒喪膽。當急起直前。以人心爲士氣之後盾。俾膚功早奏。四境乂安。有厚望焉。孫文支。

1923年1月4日，孙中山在上海发出的讨伐陈炯明的通电

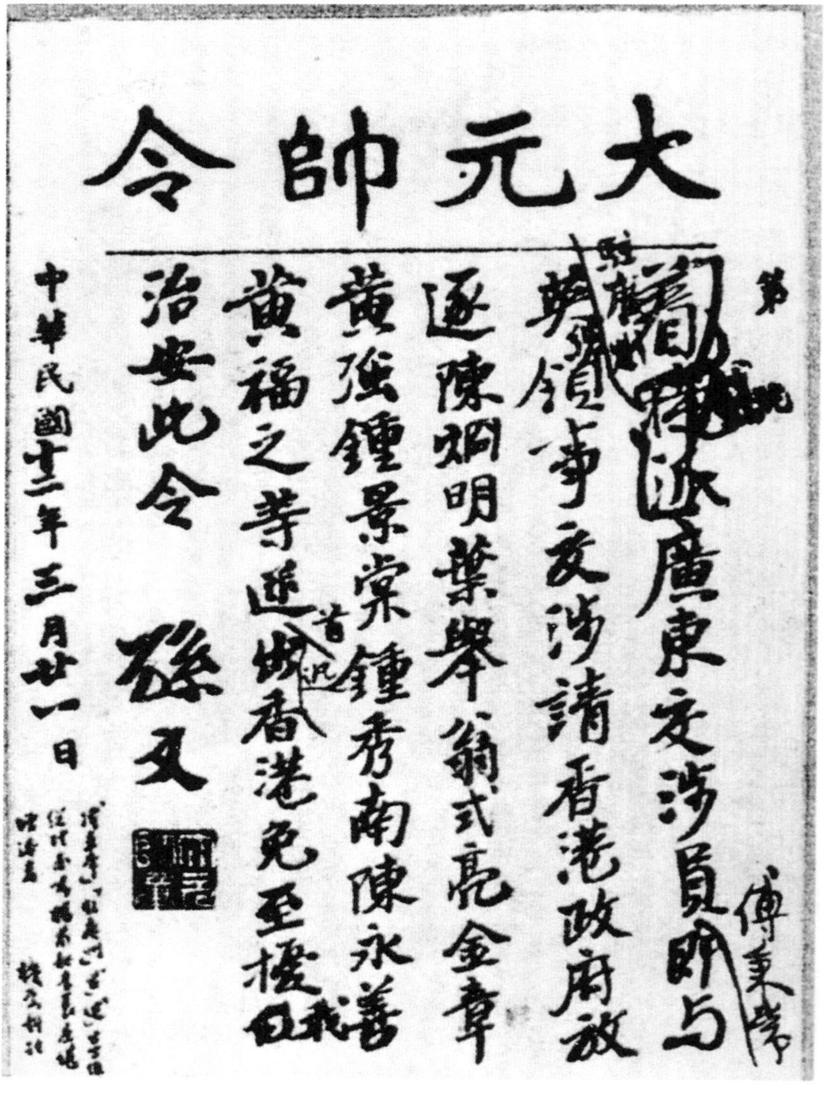
大元帥令

第　號

着派廣東交涉員傅秉常即与英領事交涉請香港政府放逐陳炯明葉舉翁式亮金章黃強鍾景棠鍾秀南陳永善黃福之等逐出香港免至擾亂我治安此令

孫文

中華民國十二年三月廿一日

1923 年 3 月 21 日，孙中山派傅秉常与驻广州英领事交涉驱逐陈炯明出境的手令及洽谈苏联援助问题；还邀请苏联的政治和军事顾问来广州，帮助他进行革命工作。10月6日，苏联政府应邀派出的驻广州常设代表鲍罗庭[①] 到达广州，被孙中山聘请为国民党组织教练员，具体指导和帮助国民党改组。孙中山毅然采取这一行动后，中国国民党的改组工作大大加快了进度。

孙中山这些勇敢的步伐，使他晚期的政治生命大放异彩。

早在1923年1月，共产国际已通过了关于国共合作的决议。5月，马林带来共产国际给中国共产党中央的指示，要求中国共产党进一步加强同国民党的合作。[②]6月，中国共产党在广州举行第三次全国代表大会，专门讨论了关于全体共产党员加入国民党、和孙中山的国民党建立统一战线的问题。

在讨论中，曾出现了两种错误倾向：以陈独秀为代表的右倾机会主义认为，民主革命应当由资产阶级领导，“一切工作归国民党”。这实质上是看不清共产党在国民革命中的领导责任。以张国焘为代表的“左”倾关门主义，则否认无产阶级需要有同盟军，反对全体共产党员加入国民党，特别是反对产业工人加入国民党。这实质上是不懂得无产阶级帮助同盟军的重要性。大会经过激烈争论，批判了“左”的和“右”的两种错误倾向，正确地估计了孙中山的民主主义立场和把国民党改造成为革命联盟的必要性和可能性。为了联合革命力量，会议通过了《关于国民运动及国民党问题的决议案》，正式接受共产国际关于同国民党合作的训令，确立了和国民党合作的方针。决定全体共产党员以个人身份加入国民党，同时保持共产

①鲍罗庭（1884—1951年），俄国威特比斯克省人，1903年加入俄国社会民主工党，1918年在莫斯科从事党的工作。1923年10月应孙中山的邀请到达广州，先后被聘为国民党的组织教练员、国民党中央政治委员会高等顾问和革命委员会顾问等职。在1927年7月汪精卫叛变革命以前，他一直担任国民党的顾问工作。他在帮助国民党改组和创办黄埔军校方面，起了重要的作用。

②道夫·宾：《斯内扶利特和初期的中国共产党》，载《马林在中国的有关资料》，人民出版社1984年版，第45页。

党在政治上、思想上和组织上的独立性。决议指出："我们须努力扩大国民党的组织于全国，使全中国革命分子集中于国民党，以应目前中国国民革命的需要。""我们加入国民党，但仍旧保存我们的组织，并须努力从各个工人团体中，从国民党左派中，吸收其有阶级觉悟的革命分子，渐渐扩大我们的组织，谨严我们的纪律，以立强大的群众共产党之基础。"

同年12月25日，中国共产党为帮助国民党改组，发出了《中国共产党中央委员会第十三号通告》，要求全体党员积极参加国民党的改组工作，并具体部署各地党组织保证改组工作的顺利进行。

在中国共产党和国际无产阶级真诚有力的帮助下，孙中山很快完成了国民党改组的一切准备工作。1923年10月19日，他委派廖仲恺、李大钊、汪精卫、张继、戴季陶五人为国民党改组委员，负责筹备改组事宜。24日，又委托廖仲恺和邓泽如召开国民党特别会议，商议改组问题；孙中山特派廖仲恺、胡汉民、林森、邓泽如、杨庶堪、陈树人、谭平山、孙科、吴铁城九人为临时执行委员，李大钊、汪精卫、谢英伯、古应芬、许崇清五人为候补执行委员（同年11月8日，又加派林云陔、冯自由、徐苏中、林直勉、谢良牧五人为候补执行委员），组成新的国民党临时中央执行委员会，作为筹备改组工作的中央机关。

同月25日，中国国民党改组特别会议在广州财政厅举行，讨论改组的必要性和计划。参加者约一百余人，由廖仲恺主持。与会者经过认真讨论后，一致赞同按照所拟定的计划进行改组，并聘请鲍罗庭为政治顾问。这次会议是国民党改组的起点。

三天之后，即28日，临时中央执行委员会正式成立。它自11月1日起，为加快改组的进程，连续召开了多次会议，讨论改组中的若干具体问题，并着手起草宣言、党纲、章程草案。11月12日，临时中央执行委员会发表《中国国民党改组宣言》，宣言中提出：

鲍罗庭

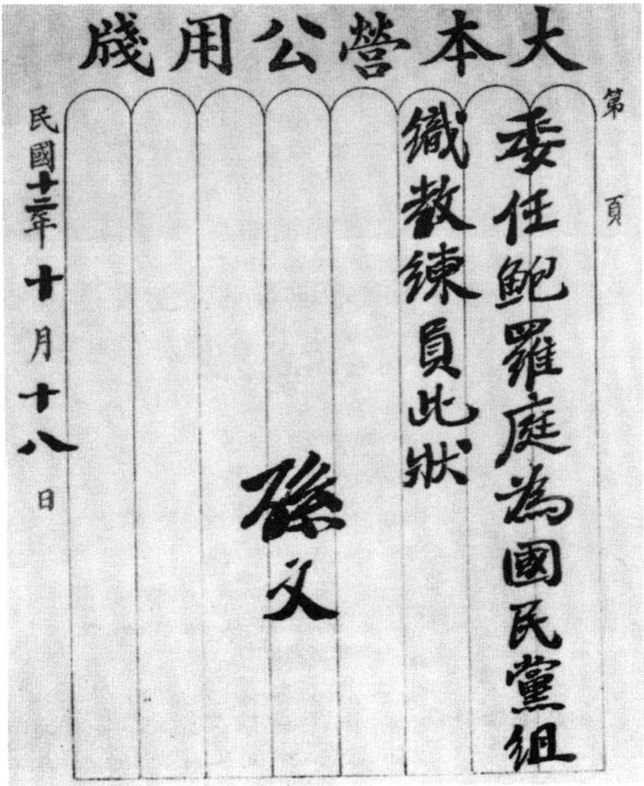

大本營公用牋

第　頁

委任鮑羅庭為國民黨組
織教練員此狀

孫文

民國十二年十月十八日

1923年10月18日，孙中山委任鲍罗庭为国民党组织教练员

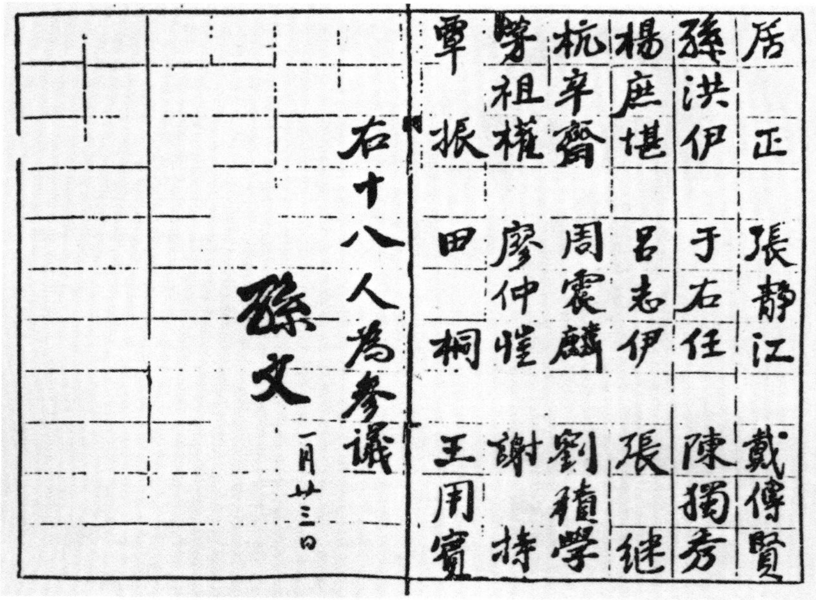

居正　張靜江　戴傳賢
孫洪伊　于右任　陳獨秀
楊庶堪　呂志伊　張繼
杭辛齋　周震麟　劉積學
茅祖權　廖仲愷　謝持
覃振　田桐　王用賓
右十八人為參議
孫文
一月廿三日

1923年1月23日，孙中山任命包括共产党人在内的国民党参议人员名单

1923年10月9日，孙中山在大元帅府宴请鲍罗庭等苏联朋友时的情景

“窃以中国今日政治不修，经济破产，瓦解土崩之势已兆，贫困剥削之病已深。欲起沉疴，必赖乎有主义、有组织、有训练之政治团体，本其历史的使命，依民众之热望，为之指导奋斗，而达其所抱政治上之目的。否则民众蠕蠕，不知所向，惟有陷为军阀之牛马、外国经济的帝国主义之牺牲而已。国中政党，言之可羞：暮楚朝秦，宗旨靡定；权利是猎，臣妾可为。凡此派流，不足齿数。而吾党本其三民主义而奋斗者历有年所，中间虽迭更称号，然宗旨主义未尝或离；顾其所以久而不能成功者，则以组织未备、训练未周之故。夫意志不明，运用不灵，虽有大军，无以取胜。吾党有见于此，本其自知之明，自决之勇，发为改组之宣言，以示其必要。先由总理委任九人，组织临时中央执行委员会，以始其事；行将召集海内外全党代表会议，以资讨论。关于党纲章程之草定，务求主义详明，政策切实，而符民众所渴望。而于组织训练之点，则务使上下逮通，有指臂之用；分子淘汰，去恶留良。吾党奋斗之成功，将系乎此，愿与同志共勉之！”①

改组宣言发表后，迅速进行改组事宜。在广州开始党员重新登记。整顿了市党部、区党部、区分部的组织；调查农民、工人，以及城市各阶层人民的状况；合并大本营党务处、大本营直辖委员会、广东宣传局，统一于临时执行委员会，加强宣传机构，大力开展改组前的宣传工作。为此，对外联络全国同情革命的报社，扩大宣传；对内严格限制党员任意对外发表有关党务的言论和意见。为了对党员干部从严训练，设立讲习所，以培训各区分部的执行委员。还制定召开代表大会议事纲要，推举了说明人；指导大会代表的选举；分别召开党务会议和党员大会，讨论筹备改组的有关事宜；等等。

同时，临时中央执行委员会还决定翌年 1 月在广州召开第一次

① 《中国国民党改组宣言》，《孙中山全集》第八卷，人民出版社 2015 年版，第 146 页。

1923年10月16日，孙中山在广州大元帅府主持召开国民党党务讨论会时同与会者合影

全国代表大会。并决定每省代表名额为六人（各省党员推举三人，孙中山指派三人），海外总支部、支部代表约12人。

临时中央执行委员会在正常情况下，每周开会两次。当时由于盘踞在东江、潮梅一带的陈炯明叛军不断向广州进攻，孙中山把大元帅大本营移驻东江前线，以便亲身督战，但他有时仍赶回广州主持会议；而经常主持会议的，是孙中山最得力的助手廖仲恺。该会自成立之日起，至国民党一次代表大会召开前夕止，在两个多月的时间内共开会28次，议决各种案件四百余件，为国民党改组做了大量的工作。

同年11月12日，临时中央执行委员会发表了《中国国民党改组宣言》，同时公布了《中国国民党党纲草案》和《中国国民党章程草案》。

稍后，李大钊也应邀由北京到达广州，积极帮助孙中山完成改组国民党和召开第一次全国代表大会的准备事项。

11月29日，孙中山还委派廖仲恺、胡汉民赴上海与各省支部商讨改组问题，并传达国民党改组的意义及措施，统一大家的认识。他们到上海后，立即召开中央干部会议，出席会议的有谢持、张继、吕志伊、居正、丁惟汾、戴传贤（即戴季陶）等15人，由廖仲恺说明改组的原因在于“党的主张无力”，“本党自同盟会以来，即无精密组织”，“改造中国之责即在吾党，倘非从下层多做工夫，而徒拘泥于上层之干部，必不足以负此伟大责任”。之后，成立了上海临时执行委员会，负责上海的改组工作。

在11、12月间，孙中山曾连续对国民党员作了三次讲演，表示他改组国民党和学习苏联的决心。他认为：“盖以兵力战斗而成功是不足靠的，以党员力量奋斗而成功是足靠的。质而言之，靠兵力不得谓之成功，靠党员方是成功。即以兵力打胜仗非真成功，以党员

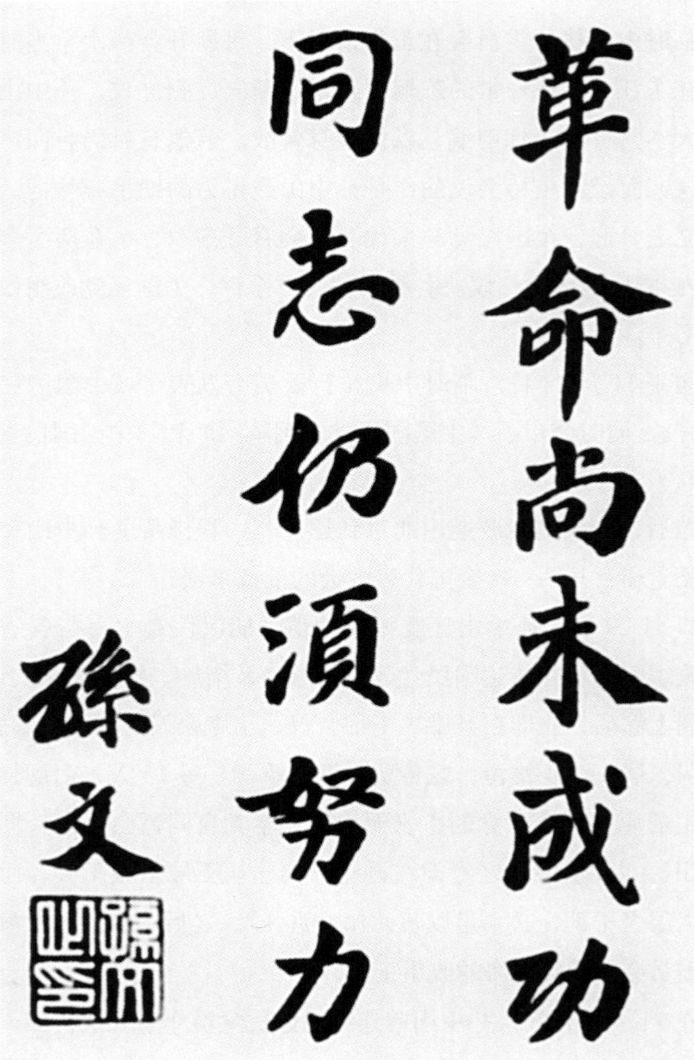

1923年10月，为国民党党员恳亲大会题词

打胜仗方是真成功。”[①] 并指出：“吾党欲求真正的成功，从今以后不单独专靠军队，要吾党同志各尽能力，努力奋斗。而且今后吾党同志的奋斗，不要仍守着旧日人自为战的奋斗，要努力有组织、有系统、有纪律的奋斗。”[②] 还说：“吾等欲革命成功，要学俄国的方法、组织和训练，方有成功的希望。”[③] 并明确指出：“吾党之改组，乃以苏俄为模范。”[④]

经过了不断的挫折和失败，吸取了无数的经验和教训，在十月革命和五四运动的影响下，在工农群众运动的推动下，在中国共产党的帮助下，忠实于革命民主主义的孙中山终于找到了朋友，找到了真理，找到了革命的唯一出路。

---

①《在广州大本营对国民党员的演说》，《孙中山全集》第七卷，人民出版社 2015 年版，第 481 页。

②《在广州大本营对国民党员的演说》，《孙中山全集》第七卷，人民出版社 2015 年版，第 485 页。

③《在广州大本营对国民党员的演说》，《孙中山全集》第七卷，人民出版社 2015 年版，第 486 页。

④《在广州大本营对国民党员的演说》，《孙中山全集》第七卷，人民出版社 2015 年版，第 498 页。

第三节　首次国共合作

一、中国国民党第一次全国代表大会

1924年1月20日上午9时，以“改组”为中心内容的中国国民党第一次全国代表大会，在广州珠江南岸国立高等师范学校（1926年7月改名中山大学）礼堂里隆重正式开幕了。这是孙中山在40年奋斗中最能展示其革命抱负的一次大会。

大会的海内外男女代表总数196人，实际出席165人。临时中央执行委员会委员六人也列席了会议。每省的代表中有三人是孙中山指定的，有三人是由各省推选的。海外代表多数由各支部推选。指派陈璧君、何香凝、唐允恭为妇女代表。

大会主席是总理孙中山。在由各省推选和由孙中山指派的代表中，有26名中国共产党人，出席这次大会的有李大钊、毛泽东、瞿秋白、林祖涵（伯渠）、张国焘、李立三、于树德、夏曦和罗迈（李维汉）等24人，李大钊被孙中山指定为大会五人主席团成员之一（另四人是胡汉民、汪精卫、林森、谢持）和章程、宣言、宣传三个

1924年1月20日，中国国民党第一次全国代表大会在广州召开。图为大会会址广州国立高等师范学校礼堂

审查委员会的委员。大会的几个审查委员会中，也都有共产党员在其中发挥积极作用。

代表大会开幕后，孙中山首先致开幕词，他指出："从今天起，要把以前的革命精神恢复起来，改组国民党。"宣称"此次国民党改组，有两件事：第一件……要把国民党再来组织成一个有力量有具体的政党；第二件就是用政党的力量去改造国家"。同时，还揭示了一条教训，就是"从前本党不能巩固的地方，不是由什么敌人用大力量来打破我们，完全是由于我们自己破坏自己"。要求大家加以提防、警戒，此后再"不可以以无意识的问题来挑拨意见……生出无谓的争论"。[①] 当天下午，孙中山又作了《中国现状及国民党改组问题》的报告，强调指出，"现在的问题，是国民党改组问题"。认为"此次改组，就是从今天起，重新做过……将十三年种种可宝贵最难得的教训和经验，来办以后的事。以前有种种力量来创设民国，以后便有种种力量改造政府"。[②]

孙中山为大会的顺利进行倾注了全部心力，他在大会期间作过《关于组织国民政府案之说明》《欢宴国民党各省代表及蒙古代表的演说》《关于民生主义之说明》等八次重要讲演。在讲演中，总结了1911年后的历史经验，再次提到因为没有正确的革命方法，革命也就没有成功。他所说的革命方法，就是革命政策，即"联俄、容共、扶助农工"三大政策。[③] 孙中山又指出，国民党的组织散漫，党内分子不纯，"反对革命之人，均变成赞成革命之人"。因此，他提出改组国民党的组织原则是：淘汰不纯分子，吸收革命分子。

---

①②刘芷芬编：《孙总理在中国国民党第一次全国代表大会演说词》，大会秘书处1924年2月印本。

③在孙中山的著述和国民党"一大"文件中，没有"联俄、容共、扶助农工"三大政策这一概念和提法。但是，由于这一概念所包括的三个方面的内容都是来源于孙中山，所以，它是在特定的历史环境下，从特定的角度对孙中山晚年思想和主张的较为精炼的概括。孙中山口头或函文中曾多次提到"容纳共产党"或"容共"一词，如1924年8月21日《在国民党最后一次中央委员会上的谈话》和同年《与张继的谈话》等。

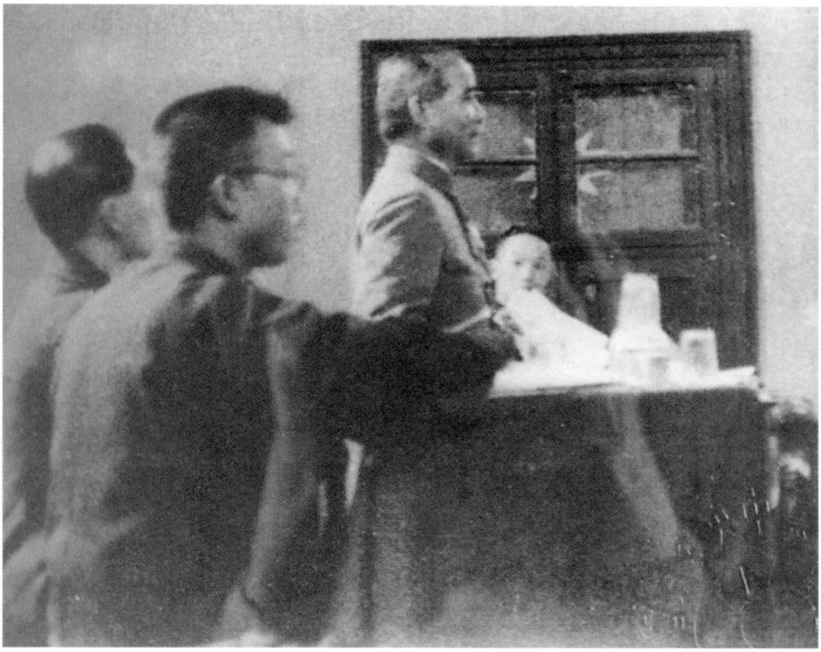

孙中山在“一大”主席台上讲话的情景

孙中山把混进国民党内的军阀、官僚和腐败分子，斥责为党内“最卑鄙”的人，主张必须加以淘汰，清除出去。他曾不止一次对宋庆龄说：“国民党里有中国最优秀的人，也有最卑鄙的人。最优秀的人为了党的理想与目的而参加党，最卑鄙的人把党当成升官的踏脚石而加入我们这一边。假如我们不能清除这些寄生虫，国民党又有什么用处呢？”

同时，孙中山又坚决主张吸收新的分子，接收共产党人和工农分子加入。并决定首先在广州举行党员登记，分头调查广州工人、农民和城市小资产阶级状况。还决定统一宣传机关，限制党员对外发表关于党务的意见；设立讲习所，用以训练基层干部。

在《关于民生主义之说明》中，孙中山针对一些人对联俄、容共持有不同意见，阐明了自己的观点。他说：“俄国既为各国所承认，故就利害而言，本党与之联合，将来必能得到中俄互助之益。”“此为海外同志所宜放心者也。”孙中山还按照自己的理解，阐述了民生主义与社会主义的关系。他说：“本党既服从民生主义，则所渭‘社会主义’、‘共产主义’与‘集体主义’，均包括其中。”“俄国今日所行之政策”，“不过为解民生问题之政策而已。本党同志于此便可十分了解共产主义与民生主义毫无冲突，不过范围有大小耳”。[①] 毫无疑义，这是孙中山对社会主义、共产主义的误解，但这在当时对于说服人们接受他的联俄、容共、扶助农工等重大政策却起了积极作用。

在代表大会上，谭平山代表临时中央执行委员会作了报告，柏文蔚作了军事报告，各地代表作了党务状况报告。大会通过了《中国国民党全国代表大会宣言》《中国国民党章程》《组织国民政府之必要案》《出版及宣传问题案》等重要的议案，还通过了改组国民

---

①《关于民生主义之说明》，《孙中山全集》第七卷，人民出版社 2015 年版，第 551—552 页。

1924年1月，孙中山赠给国民党“一大”代表的纪念章

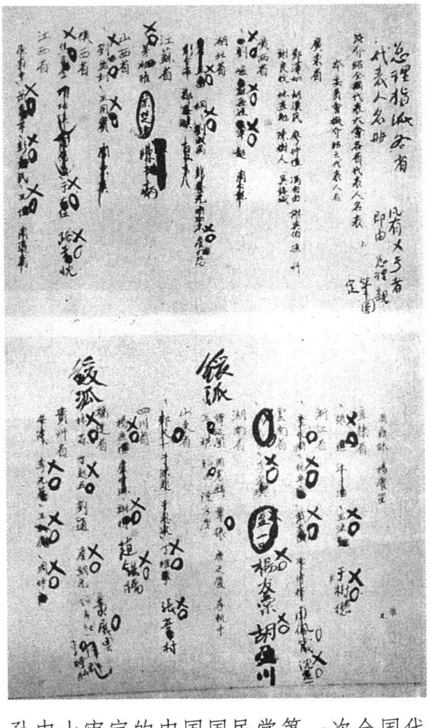
總理指派各省
代表人名册

孙中山审定的中国国民党第一次全国代表大会部分代表名单

党使之革命化的各种具体办法。

大会议程，除安排中央和地方关于党务的重要报告外，还要通过下列五项重要决议：

一、中国国民党章程；

二、中国国民党第一次代表大会宣言；

三、组织国民政府之必要案；

四、选举中央执行委员会和候补委员；

五、选举中央监察委员会和候补委员。

大会选举出中央执行委员会和监察委员。委员名单是由多数同志推举、孙中山审定后提交大会通过的。选出 24 名中央执行委员，他们是：胡汉民、汪精卫、张静江、廖仲恺、李烈钧、居正、戴季陶、林森、柏文蔚、丁惟汾、石瑛、邹鲁、谭延闿、覃振、谭平山、石青阳、熊克武、李守常（李大钊）、恩克巴图、王法勤、于右任、杨希闵、叶楚伧、于树德。选出 17 名候补中央执行委员，他们是：邵元冲、邓家彦、沈定一、林伯渠、茅祖权、李宗黄、白云梯、张知本、彭素民、毛泽东、傅汝霖、于方舟、张苇村、瞿秋白、张秋白、韩麟符、张国焘。中共党人李守常（李大钊）、谭平山、毛泽东、瞿秋白、林伯渠、于树德、沈定一、于方舟、韩麟符和张国焘十人，被选入中央执行委员会。选出监察委员五人，他们是：邓泽如、吴稚晖、李石曾、张继、谢持。候补监察委员五人，他们是：蔡元培、许崇智、刘震寰、樊钟秀、杨庶堪。大会在保留“总理”的名义下，将选出的领导机构采取委员制。大会于 30 日闭幕，孙中山致闭幕词。他指出：这次大会“重新来研究国家的现状，重新来解释三民主义，重新来改组国民党”。改组国民党的主要成果，孙中山认为是革命有了“办法”。孙中山所说的革命“办法”，就是革命政策，即联俄、容共、扶助农工等。所以，孙中山在大会闭幕时满怀信心地说：“我们从前革命因为没有好办法，所以成功与失败各有

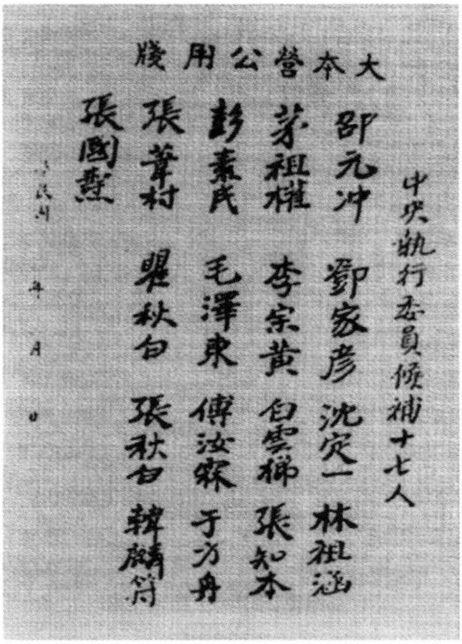
大本營公用牋

中央執行委員候補十七人

邵元冲 鄧家彥 沈定一 林祖涵
茅祖權 李宗黃 白雲梯 張知本
彭素民 毛澤東 傅汝霖 于方舟
張葦村 瞿秋白 張秋白 韓麟符
張國燾

中華民國 年 月 日

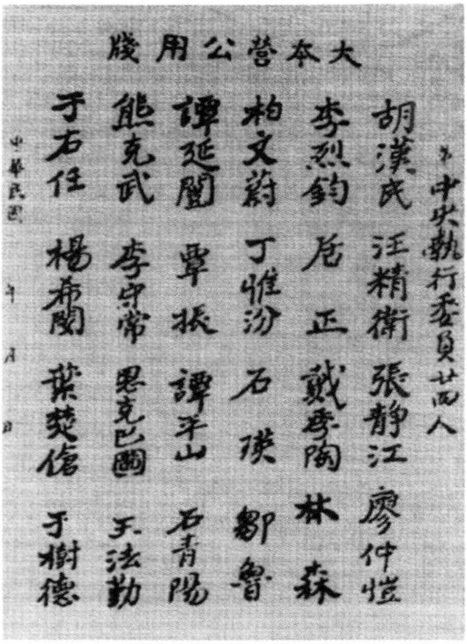
大本營公用牋

中央執行委員廿四人

胡漢民 汪精衛 張靜江 廖仲愷
李烈鈞 居正 戴季陶 林森
柏文蔚 丁惟汾 石瑛 鄒魯
譚延闓 覃振 譚平山 石青陽
熊克武 李守常 恩克巴圖 王法勤
于右任 楊希閔 葉楚傖 于樹德

中華民國 年 月 日

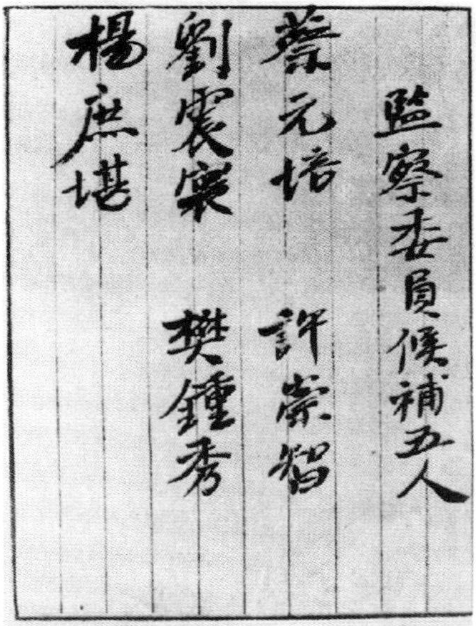
監察委員候補五人

蔡元培 許崇智
劉震寰 樊鍾秀
楊庶堪

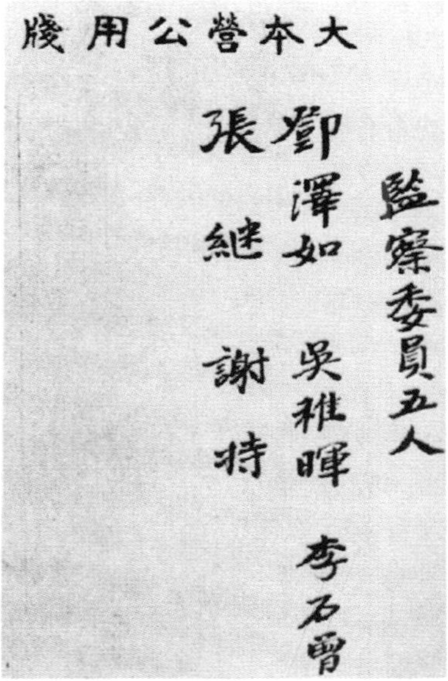
大本營公用牋

監察委員五人

鄧澤如 吳稚暉 李石曾
張繼 謝持

中国国民党第一届中央执行委员名单及中国国民党第一届中央监察委员名单

一半；从今以后拿了好办法去革命，便可一往无前，有胜无败，天天成功。”他要求大家散会以后“分散到各地方，便要希望一致去奋斗”。[①]

大会进行期间，传来列宁逝世的噩耗。在孙中山的提议下，大会致电莫斯科，表示深切哀悼，并决定休会三天以示悼念，同时宣传列宁的生平及事业。不久，孙中山又出席了中国国民党在广州举行的追悼列宁大会，亲笔书写了“国友人师”祭帐，并致悼词，再次表示深切哀悼。

这次大会是一次具有重大历史意义的会议。在这次大会上，三民主义有了新的发展，制定出一个反帝反军阀的革命纲领，并在共产党员和国民党员左派的共同努力下，经过与国民党右派分子的辩论和斗争，确定了孙中山提出的“联俄、容共、扶助农工”等重大革命政策，承认共产党员和共产主义青年团员以个人资格加入中国国民党，改组中国国民党为工人、农民、小资产阶级和民族资产阶级四个阶级联盟的统一战线的组织形式。这次大会标志着第一次国共合作统一战线的正式建立。它的胜利召开，国共首次合作的实现，以及大会宣言的发表，是孙中山革命生涯的一个新的里程碑，标志着他的革命思想的发展达到了一个新的高峰。

然而，围绕着这个重大转折展开的斗争也是非常激烈的。早在1923年11月29日，也就是发布中国国民党改组宣言的同一天，国民党右翼势力的代表邓泽如、林直勉等11人向孙中山联名提出反对“容共”政策的书面报告，妄图破坏国共合作。孙中山的立场是坚定的，据林伯渠的记述，孙中山当即“斥责坚决反共的顽固分子说：‘你们不同共产党合作，我就解散国民党，加入共产党。’他向那些顽固分子说：‘你们仍旧反对同共产党合作吗？’顽固分子回答说，

①《中国国民党第一次全国代表大会闭幕词》，《孙中山全集》第七卷，中华书局1986年版，第562—564页。

1924年2月24日，孙中山悼列宁祭幛

1924年2月24日，中国国民党在广州第一公园举行追悼列宁大会时孙中山在主席台上主祭及宣读悼词的情景

他们不肯放弃自己的主张。孙中山就毫不迟疑地对他们说：‘那么好，开除你们的党籍！’”[①] 孙中山的态度是十分坚定的。在这次大会期间，在1月22日通过《中国国民党章程》时，仍有少数人反对国共合作，制造障碍，以致推迟了章程的讨论表决。1月28日，又有人提出应明文规定“本党党员不得加入他党”的提案，[②] 其用意是反对共产党员以个人身份加入国民党。对此，李大钊发表《意见书》说：“兄弟深不愿在本党改造的新运动中，潜植下猜疑与不安的种子”，“我等之加入本党，是为有所贡献于本党，以贡献于国民革命事业而来的，断乎不是为巧取讨便宜”。“所以我们来参加本党而兼跨固有的党籍，是光明正大的行为，不是阴谋鬼祟的举动。”对此若“猜疑防制，实为本党发展前途的障碍，断断乎不可不于本党改造之日明揭而扫除之”。[③] 国民党左派人士廖仲恺等纷纷发表声明，支持李大钊的发言，认为共产党人加入国民党“是本党一个新生命”，是国民革命所必须的。大会否决了国民党员不得跨党的提案，通过了新党章。

这次大会以后，各省、市的国民党部大部分也以共产党员和国民党左派为骨干进行了改组。

中国国民党第一次全国代表大会闭幕的第二天，1月31日，孙中山主持召开了中国国民党中央执行委员会和监察委员会第一次全体会议。会议推定廖仲恺、谭平山、戴季陶为常务委员，组成秘书处，负责处理中央的日常事务，并决定了中央党部的组织机构。2月4日推定了以下各部部长：组织部长谭平山，宣传部长戴季陶，青年部长邹鲁，工人部长廖仲恺，农民部长林祖涵（伯渠），军事部长

---

①林伯渠：《在北京纪念孙中山诞生九十周年大会中的讲话》，1956年11月12日。

②国民党中央执行委员会档案，《中国国民党第一次全国代表大会会议录》第五号，中国第二历史档案馆藏。

③国民党中央党史史料编纂委员会编：《革命文献》第九辑，台北1958年版，总第1234—1236页。

1924 年 1 月，孙中山在广州大元帅府留影

许崇智。随后，中央党部会议再推定妇女部长曾醒、海外部长林森。后来增设商民部，部长为伍朝枢；增设军事委员会，蒋介石等为委员。会议考虑到上海、北京、汉口、哈尔滨、四川等地远离广州中央，当地的政治环境比较复杂，决定派遣中央执行委员前往组成执行部，指挥、监督这些省、市党务的开展。随后分别成立了北京、上海、汉口三个特别区的执行部。

国民党"一大"会议，是一次具有重大历史意义的会议。它制定了一个反帝反军阀的三民主义纲领，并在共产党员和国民党左派的共同积极努力下，通过与国民党右派势力的辩论和斗争，确定了推进革命的政策，确认了共产党员和社会主义青年团员以个人资格加入国民党，从而完成了国共合作的组织形式。从此，孙中山的联俄、容共、扶助农工的三大政策得到确立。

会后，各省、市的国民党部大部分也以共产党员和国民党左派为骨干进行了改组。

国民党第一次全国代表大会在1月30日[①]通过的著名的《中国国民党第一次全国代表大会宣言》，是在孙中山亲自主持下，由国民党员汪精卫、胡汉民、廖仲恺及苏联顾问鲍罗庭、加入国民党的中共党员瞿秋白参与起草。因此，可以这样说：这一宣言是由中国国民党、中国共产党与共产国际代表共同制定的。宣言草案经专门委员会审查修改后，于23日大会表决通过。24日又由孙中山委托汪精卫提出增加宣言中"对内政策"第五条的动议，经大会表决通过。30日又由孙中山授意廖仲恺提出增订"对外政策"内容的动议，经大会表决同意，委托孙中山修正有关文字条款。

大会宣言总结了过去革命斗争的经验（特别是辛亥革命的教训），分析和批判了当时社会上流行的各种错误的、反动的政治流

---

①此据代表大会对宣言最后一次表决日期而定。

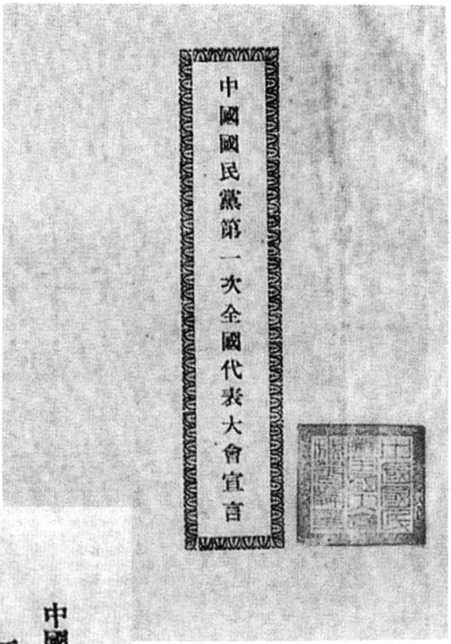

中國國民黨第一次全國代表大會宣言

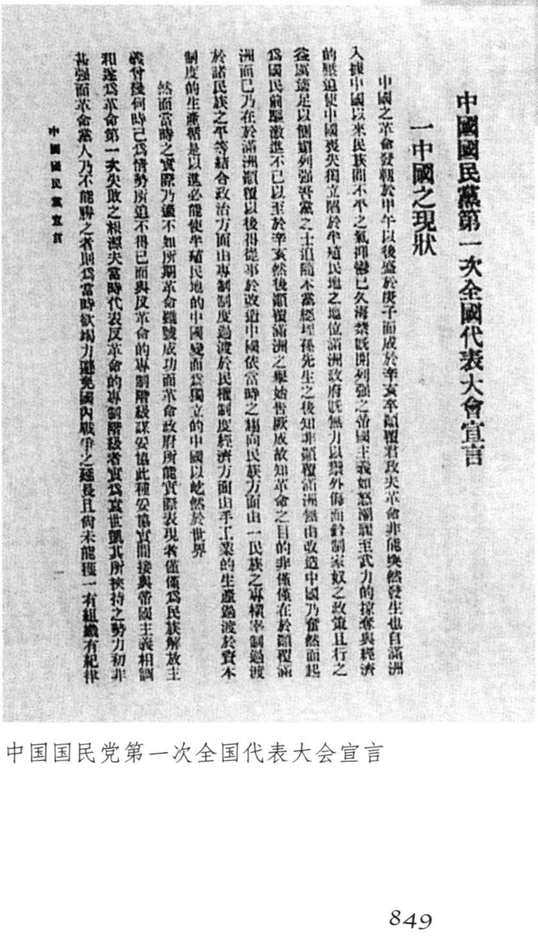

中國國民黨第一次全國代表大會宣言

一 中國之現狀

中國之革命發軔於甲午以後盛於庚子而成於辛亥卒顛覆君政夫革命非能突然發生也自滿洲入據中國以來民族間不平之氣抑鬱已久海禁既開列強之帝國主義如怒潮驟至武力的掠奪與經濟的壓迫使中國喪失獨立陷於半殖民地之地位滿洲政府既無力以禦外侮而鉗制家奴之政策且行之益厲適足以側媚列強吾黨之士追隨本黨總理孫先生之後知非顛覆滿洲無由改造中國乃奮然而起為國民前驅激進不已以至於辛亥然後顛覆滿洲之舉始告厥成故知革命之目的非僅僅在於顛覆滿洲而已乃在於滿洲顛覆以後得從事於改造中國依當時之趨向民族方面由一民族之專橫宰制過渡於諸民族之平等結合政治方面由專制制度過渡於民權制度經濟方面由手工業的生產過渡於資本制度的生產循是以進必能使半殖民地的中國變而為獨立的中國以屹然於世界

然而當時之實際乃適不如所期革命雖號成功而革命政府所能實際表現者僅僅為民族解放主義曾幾何時已為情勢所迫不得已而與反革命的專制階級謀妥協此種妥協實間接與帝國主義相調和遂為革命第一次失敗之根源夫當時代表反革命的專制階級者實為袁世凱其所挾持之勢力初非甚強而革命黨人乃不能勝之者則為當時欲竭力避免國內戰爭之延長且尚未能獲一有組織有紀律

中國國民黨宣言　一

中国国民党第一次全国代表大会宣言

派——立宪派、联省自治派、和平会议派及商人政府派，认为那不过是“空谈”或“恶意的讥评”。指出只有实行国民革命和三民主义，才是中国的“惟一出路”。确定了民主革命的纲领，以打倒帝国主义、打倒军阀作为奋斗的目标。还提出了取消不平等条约，废除军阀所借的外债和确定人民的自由权利，改善人民生活等为主要内容的内政外交政策，作为国民党的政纲。并决定欢迎农民工人参加国民党，“相与为不断之努力，以促进国民革命运动之进行”。

这样，改组以后和共产党合作的国民党，就改变了原来的面貌，不再是一个单纯的资产阶级政党，而基本上成为工人、农民、小资产阶级和民族资产阶级的民主革命联盟。《中国国民党第一次全国代表大会宣言》就成为这个统一战线的共同纲领。

在这次大会上，三民主义有了新的发展，制定出一个反帝反封建的革命纲领，并在共产党员和国民党左派的共同努力下，经过与国民党右派分子的辩论和斗争，确定了孙中山提出的“联俄、容共、扶助农工”等重大革命政策，承认共产党员和社会主义青年团员以个人资格加入中国国民党，改组中国国民党为工人、农民、小资产阶级和民族资产阶级四个阶级联盟的统一战线的组织形式。这次大会标志第一次国共合作统一战线的正式建立。它的胜利召开，国共首次合作的实现，以及大会宣言的发表，是孙中山革命生涯的一个新的里程碑，标志着他的革命思想的发展达到了一个新高峰。

从此，中国革命迅速出现新的高潮，兴起了中国近代民主革命历史上空前的反帝反封建的大革命。正是这样，才使孙中山“致力国民革命凡四十年还未能完成的革命事业，在仅仅两三年之内，获得了巨大的成就”。

二、发展三民主义

1924年1月27日至8月24日期间，孙中山在广州文明路国立高等师范学校亲自开辟了一个系统讲述三民主义的讲座。据他在《民族主义》自序中说，“兹值国民党改组，同志决心从事攻心奋斗，亟需三民主义之奥义、五权宪法之要旨为宣传之资”，才专门安排这个系列讲座的。演讲在学校礼堂，党、政、军人员和学校教职员学生等都来参加，鲍罗庭和苏联顾问也来参加。每次演讲，黄昌谷做笔录，邹鲁读校。

孙中山原定民族、民权、民生每个主义六讲，共18讲，但从1924年1月27日至8月24日一共只作16讲，8月24日以后，因对付广州商团叛乱及准备北伐而中辍，民生主义部分未讲完。从河南省士敏土厂大元帅府到广东高师，往返路程有五华里。开始时，孙中山是乘三部汽车，后来孙中山问过庶务，知道每次往返车费需15元。他嫌花费太多，以后每次都是率领着副官卫士步行前往。

孙中山的演讲笔记稿经他本人多次校改，并且，每讲完一个主义后，再经他本人修改审定记录稿，初于国民党中央机关刊物《中国国民党周刊》逐讲发表，继由国民党中央于同年分三册陆续编辑印行，年底又出版了合订本，作为对党员和民众“宣传之课本”。很显然，孙中山在国民党“一大”宣言通过后即作系统的三民主义讲演，他的目的是要国民党员正确理解他的学说和思想，按照他的思想路线去从事实践，当然也包含有澄清社会上一些人对他实行联俄、容共、扶助农工三大政策，建立国共首次合作的误解有关系。

三民主义是孙中山在19世纪末年走向革命后逐步形成的革命思想，是孙中山最重要的革命学说和政治纲领。自从1905年10月在《〈民报〉发刊词》提出“民族、民权、民生”三大主义后，便正式开始了三民主义思想发展史。在漫长的斗争岁月里，孙中山根据客

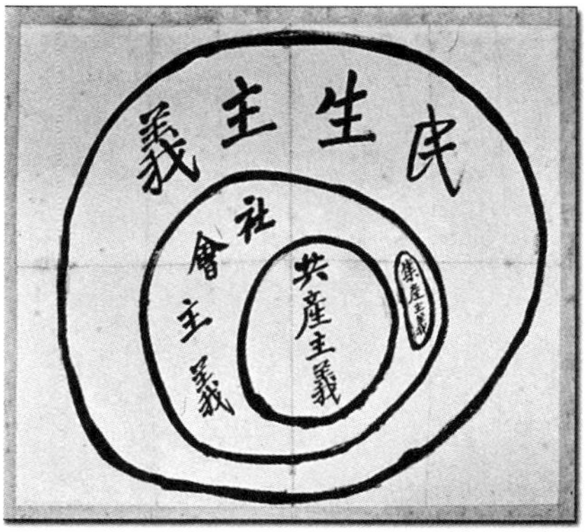

孙中山所绘画的三民主义手稿

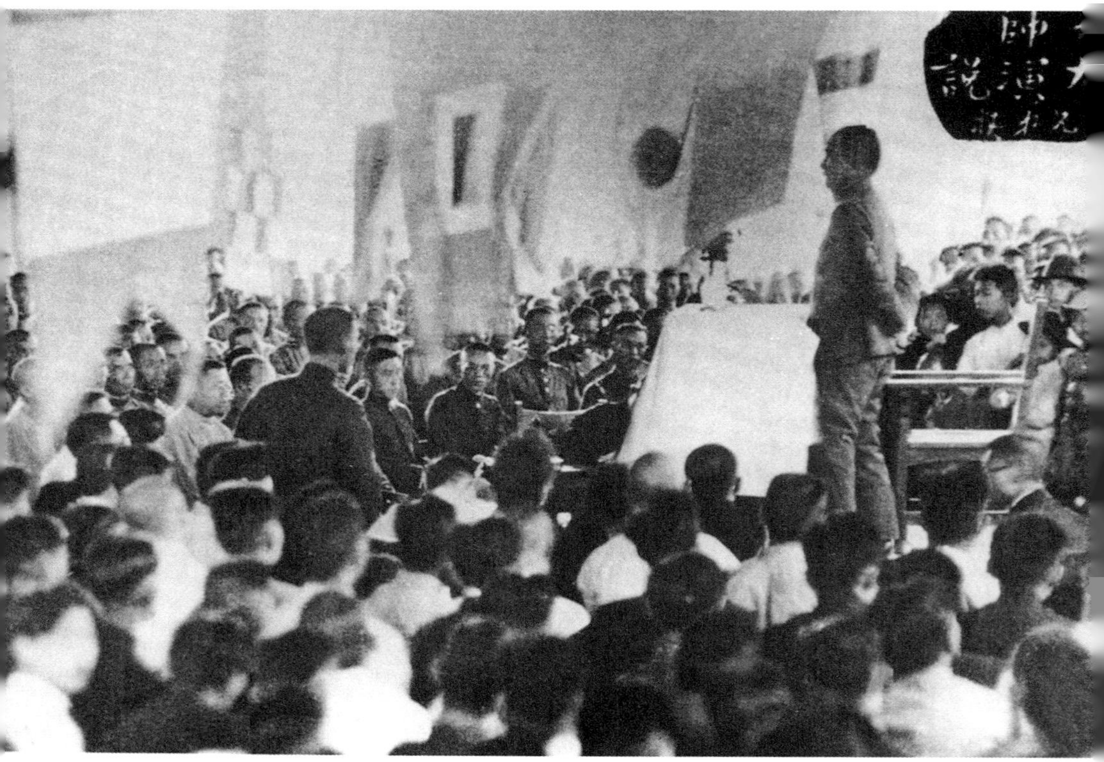

1924 年 3 月至 8 月，孙中山在广州做了连续演讲，系统阐述了三民主义的内容和涵义。图为孙中山演讲时的情景

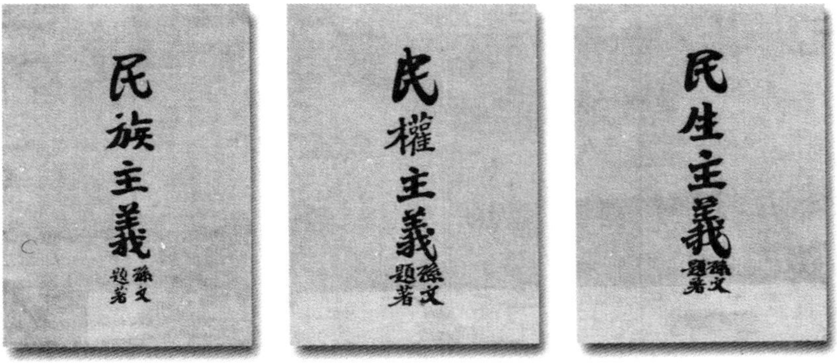

孙中山的“三民主义”演讲稿出版时的封面

孙中山《三民主义》合订本

观形势的变化及其本人认识的提高，曾经多次对它的内涵作过阐释。这次演讲词，是孙中山历来阐述三民主义中最系统、最详尽和篇幅最大的一种。孙中山感到以前所讲的三民主义，不够明确，也不够彻底。在这次演讲中——特别在同一时期发表的《中国国民党第一次全国代表大会宣言》中，孙中山根据当时中国的历史条件，“适乎世界之潮流，合乎人群之需要”，对拯救中国和改造中国社会提出了新的认识，重新解释了三民主义，使三民主义有了发展，注入了反帝反封建的新内容，使它在新的历史时期获得新的革命内容。使它对当时的中国政治产生了深刻影响。它成为中国民族民主革命统一战线的政治基础和共同纲领。中国民主革命的胜利，在一定意义上也可以说是革命的新民主主义的三民主义的胜利。

国民党“一大”宣言重新加以解释的三民主义，克服了原三民主义的根本弱点，以与前不同的崭新面貌出现。

发展后的三民主义中的民族主义是反对帝国主义的民族主义。国民党“一大”宣言说：“国民党之民族主义，有两方面之意义：一则中国民族自求解放；二则中国境内各民族一律平等。”“中国民族自求解放”就是要从帝国主义的压迫和奴役下解放出来，摆脱半殖民地的地位，争得独立自由。而“中国境内各民族一律平等”也只有推翻帝国主义及大地主大资产阶级的统治才能实现。

原三民主义的民族主义并非不包含反帝的内容。孙中山和他的同志反复强调，只有推翻卖国的清朝政府，才能避免列强瓜分的厄运。但是，旧的民族主义只有反清口号，没有反帝口号，没有正面提出反对帝国主义的任务。革命派以为推翻清朝，中国自强起来，帝国主义也就会刮目相待了，这自然是个幻想，殊不知帝国主义决不允许一个独立而强大的中国存在。新三民主义的民族主义则摆脱了这种幻想。它指明帝国主义是中国革命的最主要的敌人，“中国内乱，实有造于列强”，因此确定“民族解放之斗争，对于多数之民

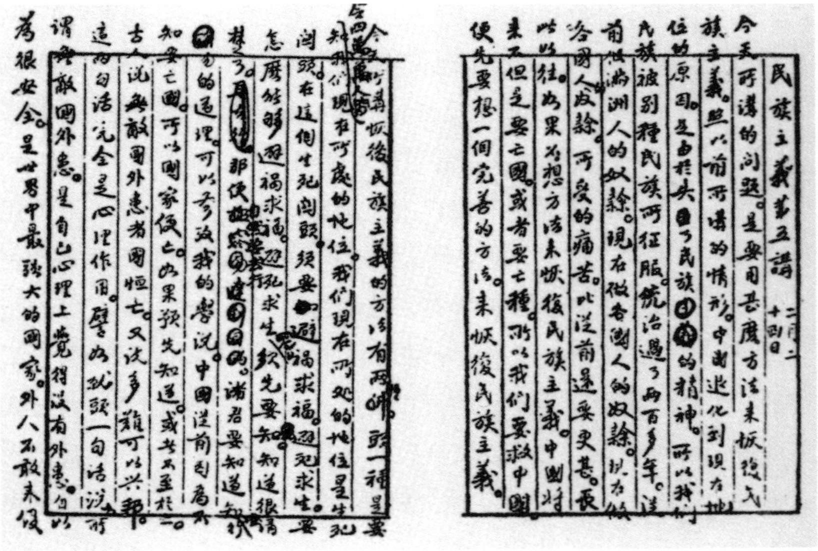

孙中山校订的《民族主义》演讲记录稿（局部）

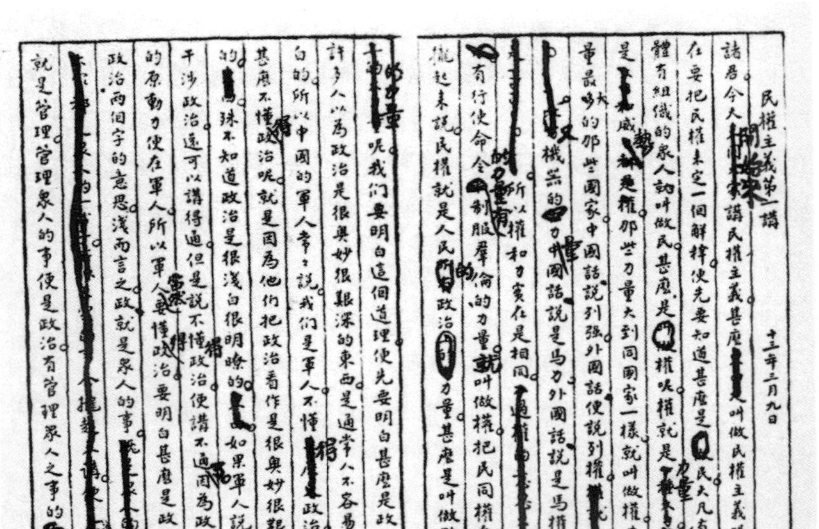

由孙中山校订的《民权主义》演讲记录稿（局部）

众，其目标皆不外反帝国主义而已”。在1924年的《北伐宣言》中，孙中山还强调说：“此战之目的不仅在推倒军阀，尤在推倒军阀所赖以生存之帝国主义。”[①] 他把反帝看作革命的首要目的。正因为具备了这种认识，新的民族主义举起了反对帝国主义的旗帜。

发展后的三民主义中的民权主义是反对地主资产阶级专政的民权主义。国民党“一大”宣言规定了这样的原则：“近世各国所谓民权制度，往往为资产阶级所专有，适成为压迫平民之工具。若国民党之民权主义，则为一般平民所共有，非少数者所得而私也。”这里说的“为资产阶级所专有”的民权制度，指的是欧美的资产阶级民主即资产阶级专政，它是在资产阶级世界革命中兴起的，旧民主主义追求的“国民的国家”，实质上就是这种模式的国家。但是半殖民地半封建的历史条件决定了中国资产阶级不可能建立自己的专政，资产阶级如果要抛弃其革命盟友，只能和帝国主义、封建势力联合，造成大地主大资产阶级的专政，也就是说使革命前功尽弃。无产阶级领导的新民主主义革命兴起后，更不允许这种情况出现。孙中山看到这一点，因而强调：我们“所主张的民权，是和欧美的民权不同……不是要学欧美，步他们的后尘”。他主张建立一个“最新式的共和国”。按照民权“为一般平民所共有，非少数者所得而私”原则建立的共和国，实际上是一个各革命阶级联合专政的国家。在这种专政下，“凡真正反对帝国主义之个人及团体，均得享有一切自由及权利；而凡卖国罔民以效忠于帝国主义及军阀者，无论其为团体或个人，皆不得享有此等自由及权利。”新的民权主义作为建立各革命阶级联合专政的新型共和国的理论虽然还不完备，却无疑是反对地主资产阶级专政的有力武器。

发展后的三民主义中的民生主义是反对地主资本家“操纵国民

① 《中国国民党北伐宣言》，《孙中山全集》第三卷，人民出版社2015年版，第191页。

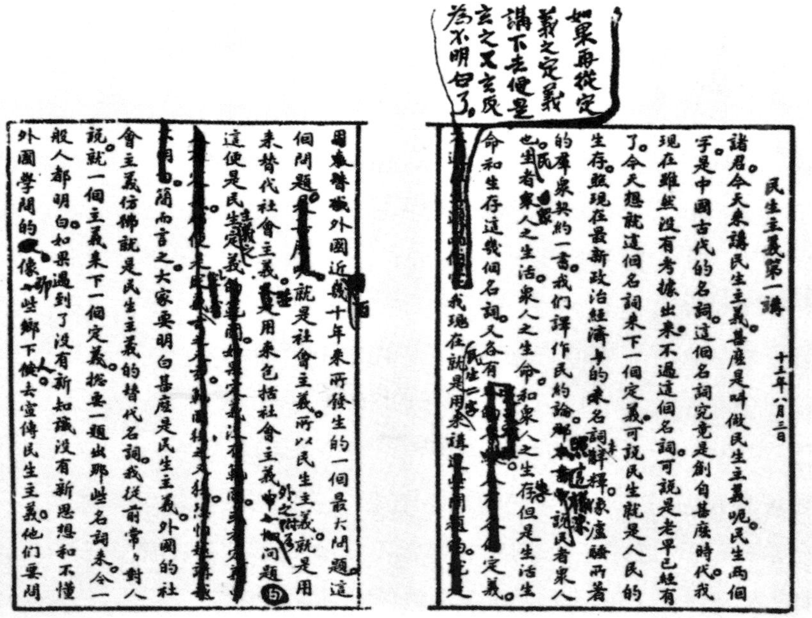

民生主義第一講　十三年八月三日

諸君。今天來講民生主義。甚麼是叫做民生主義呢。民生兩個字是中國古代的名詞。這個名詞究竟是創自甚麼時代。我現在雖然沒有考據出來不過這個名詞。可說是老早已經有了。今天想就這個名詞來下一個定義。可說民生就是人民的生存。照現在最新政治經濟學的名詞詮釋。[illegible]象盧騷所著的群衆契約一書。我们譯作民約論。[illegible]說民者衆人也。生者衆人之生活。衆人之生命。和衆人之生存。但是生活生命和生存這幾個名詞。又各有[illegible]定義。[illegible]我現在就是用來講[illegible]

如果再從定義之定義講下去便是玄之又玄民衆不明白了。

用來譬喻外國近幾十年來所發生的一個最大問題。這個問題[illegible]就是社會主義。所以民生主義。就是用來替代社會主義[illegible]用來包括社會主義中[illegible]問題[illegible]這便是民生[illegible]

[illegible]簡而言之。大家要明白甚麼是民生主義。外國的社會主義彷彿就是民生主義的替代名詞。我從前常常對人說。就一個主義來下一個定義。恐要一題出那些名詞來。令一般人都明白。如果遇到了沒有新知識。沒有新思想和不懂外國學問的人。像那些鄉下佬去宣傳民生主義。他们要聞

由孙中山校订的《民生主义》演讲记录稿（局部）

生计”的民生主义。国民党“一大”宣言说：“国民党之民生主义，其最要之原则不外二者：一曰平均地权；二曰节制资本。”“平均地权”针对地主“操纵国民生计”，“节制资本”针对资本家“操纵国民生计”。

“平均地权”是在原来三民主义的民生主义中提出的口号。前后三民主义都认为“酿成经济组织之不平均者，莫大于土地权之为少数人所操纵”。这一认识如果指的封建、半封建社会则是正确的，如果指的资本主义社会则不符事实，因为那里“酿成经济组织之不平均者”是少数资本家占有大部分生产资料，而工人阶级则被剥夺了一切生产资料，不仅土地。旧民生主义的“平均地权”所针对的是资本主义制度下利润、利息与地租的分割。孙中山有鉴于欧美“社

会革命其将不远”，企图补以“平均地权”，通过将资本主义制度下土地所有者独占的地租收归国有的办法，调节资本与土地私有权的矛盾。他自以为这样做，可以“举政治革命、社会革命毕其功于一役”，这纯然是主观社会主义的幻想。旧“平均地权”提倡的核定地价、增价归公，针对着从属于资本主义生产的地主土地所有权，因而消灭不了中国的封建土地所有制，所以说，旧三民主义没有消灭封建土地所有制的纲领。新三民主义的“平均地权”提出了新的方针，即“宣言”所说“农民之缺乏田地沦为佃户者，国家当给以土地，资其耕作”。这一方针，孙中山后来又将其归纳为“耕者有其田”。他指出，“农民问题真是要完全解决，是要‘耕者有其田’，那才算是我们对于农民问题的最终结果”。“如果耕者没有田地，每年还是要田租，那还是不彻底的革命。”[①] 确定了“耕者有其田”的方针，三民主义才有了消灭封建土地制度的纲领。

“节制资本”的“要旨”是：“凡本国人及外国人之企业，或有独占的性质，或规模过大为私人之力所不能办者，如银行、铁道、航路之属，由国家经营管理之，使私有资本制度不能操纵国民之生计。”“节制资本”并不反对“不能操纵国民生计”的私人资本主义的发展，但要用“国家资本”来掌握“国民生计”的发展方向。“国家资本”性质当然取决于国家政权的性质和社会基本生产关系的性质，如果将三民主义作统一的理解，国家是“为一般平民所共有，非少数人所得而私”的国家，执政党是联俄、容共、扶助农工的党，其“国家资本”当然具有进步的性质，它将能够防止私有资本制度操纵国民之生计，也就是说将使革命的前景不是资本主义的社会。

从上述三民主义的基本内容来看，我们不能不认为它是三民主义的重大发展，是孙中山思想的重大发展。这种发展，概括起来，

---

① 《在广州农民运动讲习所第一届毕业礼的演说》，《孙中山全集》第七卷，人民出版社 2015 年版，第 650 页。

集中在两个方面：第一，由于提出“反对帝国主义”和“耕者有其田”的口号，使新三民主义有了比较完整的反帝反封建的政治纲领。第二，由于提出民权“为一般平民所共有，非少数者所得而私”和“节制资本”的内容，发展了的三民主义对旧的资产阶级世界革命，对原来三民主义建立资本主义社会和资产阶级专政的理想，采取了批判的态度。正因为有这两方面的发展，使前后期的三民主义有了根本区别。

总之，孙中山的三民主义思想有一个从不完善到逐渐完善，并不断发展的深化过程，作为一种思想体系，孙中山的三民主义前后期都没有发生实质性的变化，但就其涵盖的内容来看，后期的三民主义具有明确的反帝内容，对以工农为主体的劳动人民在社会变革中的作用和地位有明确的解说。所以，孙中山前后期的三民主义的内容是不完全一样，是有前后期之别的。也就是说，二者都统称“三民主义”，具有延续性。然而，它们又有着明显的质的区别。原三民主义，从属于旧民主主义革命范畴，而发展了的三民主义，则从属于新民主主义革命范畴，这就是二者本质区别之所在。

中国反帝反封建的资产阶级民主主义革命，从1840年开始到1949年胜利，110年中经历了两个不同的历史时期，即旧民主主义革命时期和新民主主义革命时期。旧民主主义革命是以建立资本主义社会和资产阶级专政为目的的革命，它是资产阶级世界革命的一部分。新民主主义革命是不破坏任何尚能参加反帝反封建的资本主义成分，但其目标不是建立资本主义社会和资产阶级专政。这个革命将建立无产阶级领导的各革命阶级的联合专政，即人民民主专政，为社会主义革命完成必要的准备。新民主主义革命乃是无产阶级世界革命的一部分。三民主义的两个历史时代正适应着中国民主主义革命两个不同时期的历史需要。孙中山把三民主义发展了，使他的思想实现了从旧民主主义到新民主主义的飞跃。

发展了的三民主义，按其基本性质来说，是一个新民主主义的纲领，这首先表现于它是坚决反对帝国主义和封建主义的三民主义，它是要求消灭封建土地所有制的三民主义，它是主张建立各革命阶级联合专政而避免建立资产阶级专政国家的三民主义。但美好的理想、明确的目标，还不足以决定事物的全部本质。理想的实现，目标的坚持，有赖于正确的政策。发展了的三民主义之所以具有新民主主义革命性质，就是因为它有联俄、容共、扶助农工三大政策为其成功的基本保证。

孙中山重新解释三民主义，就是在确定实行联俄、容共、扶助农工三大革命政策的基础上进行的。这三大革命政策是三民主义不可分割的部分，决定着三民主义的社会内容和阶级内容，决定着三民主义究竟能否真正实行。如果不把三民主义的新解释同三大革命政策联系起来做统一理解，就不可能认识到发展了的三民主义是新民主主义的三民主义。因此，三民主义的新与旧之争，真与假之争，革命与反革命之争，向来都集中于对三大革命政策的态度上。一切仍然想打“三民主义”招牌的三民主义的叛徒，都千方百计地割裂三大革命政策和三民主义的本质联系。后来成为民族败类的汪精卫在其背叛革命时就制造了一个理论，说什么三大政策是“为应付时代与环境的一种政策，不能与三民主义有同样长久的时间性”。这完全是掩饰其叛徒面目的诡辩。一切愿为三民主义彻底实现而奋斗的革命者，都坚持三大革命政策与三民主义的本质联系。

三大政策在三民主义中之所以具有如此重要的地位，不是偶然的。

发展了的三民主义是坚决反对帝国主义的，它必然为帝国主义所不容，而只能得到社会主义国家（当时只有苏联一个）、国际无产阶级和被压迫民族的同情和支援。对此，孙中山最后有了清醒的认识。他指出：“我国革命，向为各国所不乐闻，故尝助反对我者以扑

形成反帝國主義聯合戰線！

孫文大有列寧氣燄

告世界弱小民族書

尊關事件，現時仍在相持之中，孫文之態度，依然強硬不屈，除分電各關係國之政府，直接抗議外，復于前日發表宣言一則，請世界各弱小民族，起爲援助，藉以抵抗八國之壓擾，宣言原文，照誌於次：

世界弱小民族諸君·兄弟·姊妹！我等同在弱小民族之中，我等當共同奮鬥，反抗帝國主義國家之掠奪與壓迫·帝國主義國家，形成帝國主義聯合戰線，不但爲壓制中國自由運動及國民運動而奮鬥，亦不但爲壓制亞洲弱小民族自由運動及國民運動而奮鬥，且亦爲壓迫世界弱小民族自由運動，及國民運動奮鬥·帝國主義之英，美，法，日，意，各皆竭心毅力，與中國少部份著名的封建督軍，破落的官僚，投機的政客，此三種人形成中國之軍閥政客，買賣中國矣·彼等又助力反革命派，完成地方封建政治矣·彼等又將把持革命政府所應有之關係，來將革命政府手足，使不能爲人民謀利益，反抗軍閥而奮鬥矣，彼等又以前所以壓迫汝等之方法，壓迫中國之革命派矣·彼等又援濟殺工人，殺學生，殺代表，對於貧及不利于民之事，無所不爲之北京政府，以金錢槍械延長中國內亂之生命矣·彼等又口頭和平，實則時程挑戰矣·彼等又將毀害之殺而具，打得粉碎矣·彼等又伸出野心之手矣·彼等又掠奪矣，廣州政府現正與帝國主義國家相見，非以和平態度，而以劇烈態度，美英日法意之戰艦，已駐廣州省河，武裝示威·汝等爲中國正義而奮鬥之時期已到矣·起！起！速起！形成反帝國主義聯合戰線！

1924年1月6日，孙中山发表《告世界弱小民族书》，呼吁世界各弱小民族建立起反帝国主义联合战线灭吾党。故资本国家，断无表同情于吾党。”只有“俄国及受屈之国家、受屈之人民”，方才是中国革命真正可靠的朋友。为此，他确定了联俄的政策，要求“联合世界上以平等待我之民族共同奋斗”，要求在“完成其由帝国主义制度解放中国及其他被侵略国之历史的工作”中同苏联密切合作，要求中苏两国“在争世界被压迫民族自由之大战中，携手并进以取得胜利”。联俄政策的确定与坚持，表明了孙中山是如何努力使中国革命同世界无产阶级社会主义革命及世界各被压迫民族的解放斗争联合起来。这正是新三民主义得以实现的一个基本的国际条件。

“所谓新民主主义的革命，就是在无产阶级领导之下的人民大众的反帝反封建的革命。”这里，决定性的因素是无产阶级的领导。近代历史已经证明，中国革命如果没有无产阶级的领导，就不能取得胜利。自从中国无产阶级登上政治舞台，无产阶级的政党——中国共产党诞生后，领导中国新民主主义革命和无产阶级社会主义革命的双重使命便落在了中国无产阶级和中国共产党身上。中国共产党成立后，便在列宁关于民族和殖民地革命理论的指导下，从中国实际出发，自觉地投入民主主义革命斗争并承担起领导责任。孙中山倡导并坚持容共政策，将实现新三民主义的希望寄托于中国共产党这一“新鲜血液”，尽管他本人思想上并没有意识到，他的实践正适应了由中国共产党承担起领导民主革命职责这一历史性的转折。我们不能忘记这一历史事实：《中国国民党第一次全国代表大会宣言》这一国民党发展史上划时代的文献，便是由中国共产党著名理论家瞿秋白同国民党“左派”代表廖仲恺及国民党顾问鲍罗庭等人，参照共产国际执委会提供的一个俄文草稿共同拟定的。共产党人的帮助和孙中山自身认识的飞跃，二者的结合和统一，产生了后期的三民主义。没有国内国际无产阶级的直接的具体的帮助，就没有新三民主义。当时，国民党内的右派以此为口实，企图推翻这个宣言，

1924 年 3 月，孙中山摄于大元帅府

孙中山立即批驳了他们，确认这一宣言“我加审定”，告诫他们“切不可疑神疑鬼”。他并在演说中明确指出：“此宣言将国民党之精神、主义、政纲完全发表，并应使之实现。”这是孙中山在实践中接受中国共产党帮助与适应中国共产党对中国革命的领导的突出表现。事实表明，孙中山在思想上、组织上都正是依靠了中国共产党人的帮助，才完成了国民党“一大”的历史任务，实现了国民党的改组，方才使得国民党在思想上、政治上、组织上获得新生，成为工人、农民、小资产阶级、民族资产阶级的统一战线组织。

“容共”在三大政策中是一个关键。三大政策是统一不可分的。没有“容共”、“联俄”便将失去其与世界无产阶级社会主义革命和世界各被压迫民族的解放斗争相联合的本质。没有“容共”，便不可能做到“扶助农工”。只有“容共”，反帝反封建才能坚决彻底。只有“容共”，才能使“为一般平民所共有，非少数者所得而私”的民权主义，由一般平民享有民主权利的问题，上升为“国体”问题，上升为国家政权的阶级结构问题，从而使三民主义同决定中国民主革命前途的社会主义因素的发展联系在一起。因此，没有“容共”政策，三民主义的性质就会改变，其实现也只能徒托空言。

国民党“一大”宣言在解释三民主义的民族主义时写道：反对帝国主义、以求中国民族之解放，“其所恃为后盾者，实为多数之民众，若知识阶级、若农夫、若工人、若商人是已”。这里所说的实际上是工人、农民、小资产阶级和民族资产阶级四个阶级。民族解放斗争的本质上也是阶级斗争，这里将这四个阶级看作反帝斗争的主要阶级基础，显示了这一斗争的新的社会内涵。“宣言”在说明民权主义时，特别强调了国家权力“为一般平民所共有”，在说明民生主义时，特别强调了“反抗不利于农夫、工人之特殊阶级，以谋农夫、工人之解放”，并宣布“为农夫、工人而奋斗，亦即农夫、工人为自身而奋斗”，目的都是一个，即动员最广大的工农群众起来为完成中国革命而奋斗，并使这一革命真正能给广大工农带来解放，使这一革命的内容和前途不为民族资产阶级一个阶级所决定。“宣言”的这些规定，以及孙中山重视工农力量，给工农运动以积极支持的实际行动，使新三民主义的实现获得了广大的群众基础和强大的动力，而这又正是新三民主义之所具有新民主主义性质的又一个重要标志。

孙中山对三民主义的解释，他的实际行动，以及三民主义实践的历史，都证明了这样一个真理：“这种新时期的革命的三民主义，新三民主义或真三民主义，是联俄、联共、扶助农工三大政策的三民主义。没有三大政策，或三大政策缺一，在新时期中，就都是伪三民主义，或半三民主义。”①

新民主主义革命与旧民主主义革命相比，有一个极为重要的特点，这就是它所完成的虽然只是资产阶级民主主义革命任务，但它同时又在给社会主义创造前提，并以社会主义革命为其必然趋势。孙中山的新三民主义在这一点上同中国共产党的革命纲领有着显著不同，它没有建立社会主义和共产主义的纲领，就民主革命纲领而言，也没有中国共产党的纲领那么彻底。这是孙中山作为一个伟大的革命民主派，由历史所造成的局限，我们不能苛求。然而，尽管如此，新三民主义由于它是三大革命政策的三民主义，由于它因三大政策而与无产阶级世界革命和中国共产党领导的新民主主义革命联系在一起，因而它的实现，在客观实践中，也不可避免地会为中国避免资本主义的前途，实现社会主义的前途，提供极大的可能性。这是已经获得证明的不以人们意志为转移的历史真理。

三民主义的发展，是孙中山的丰功伟绩，也是中国共产党和中国国民党经过国民党第一次全国代表大会而共同做出的决定。

革命的三民主义，即新民主主义的三民主义，因其政治原则和

---

①毛泽东：《新民主主义论》，《毛泽东选集》第二卷，人民出版社 1991 年 12 月版，第 690 页。

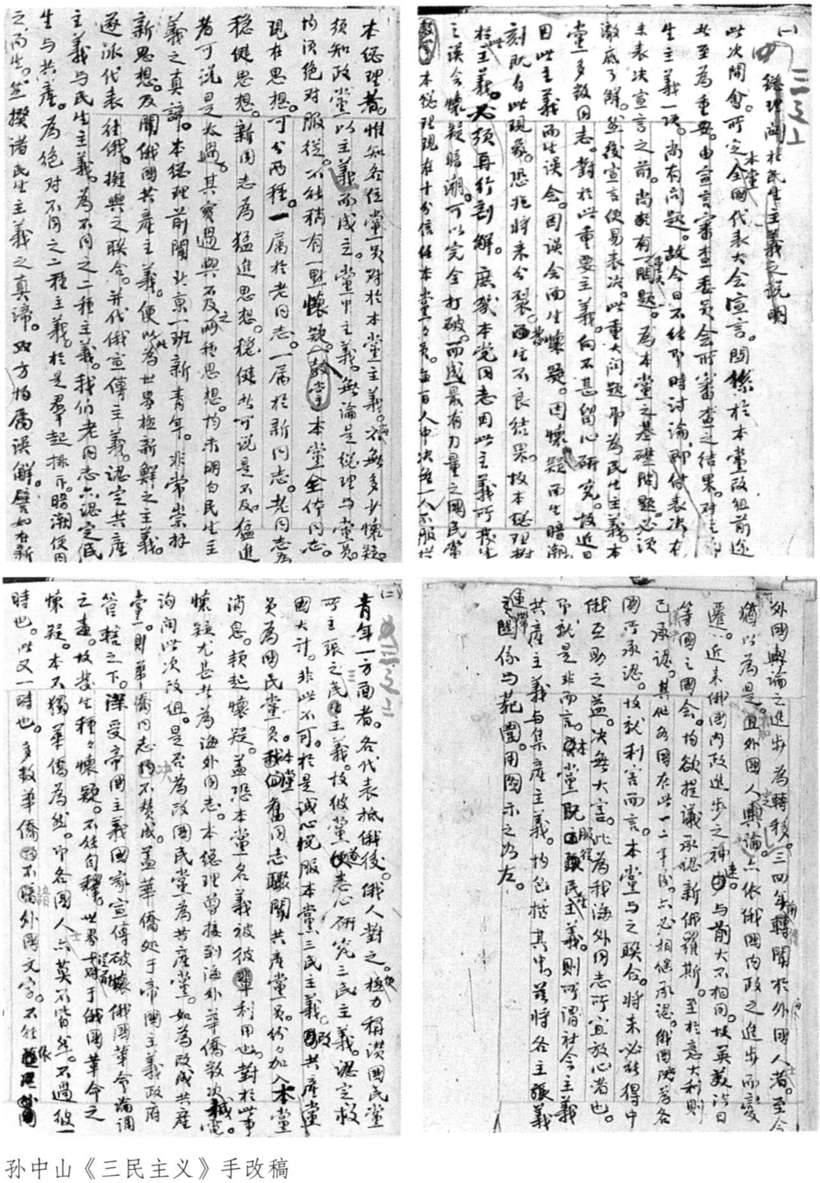

孙中山《三民主义》手改稿

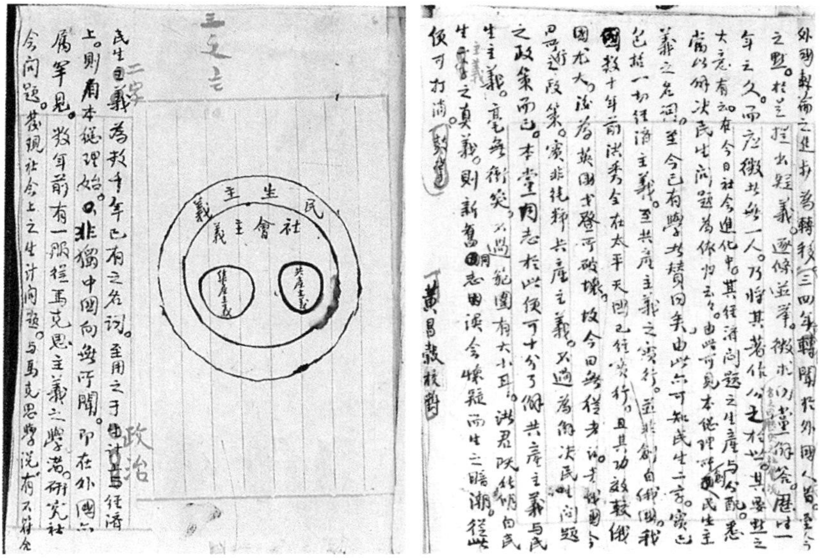

孙中山《三民主义》手改稿

中国共产党的最低纲领基本相同，被正在领导人民大众进行民主革命的中国共产党宣布为民族民主统一战线的政治基础，并以自己的实践为其彻底实现而奋斗。廖仲恺、宋庆龄、邓演达、何香凝、柳亚子、彭泽民等忠实于孙中山革命事业的国民党左派人士，为了实现发展了的三民主义，同中国共产党人并肩进行了战斗。国共两党共同努力，发动了 1924 年至 1927 年的大革命，使新三民主义逐步被推广到民众之中，在全国很大一部分地区得以实行。

发展了的三民主义的目标是推翻帝国主义、封建主义在中国的统治，改变中国半殖民地、半封建社会的性质，它从一产生起，就被帝国主义和中国的大地主大资产阶级所仇视。他们在国民党内外的代表人物从一开始就或者公开地、或者隐蔽地反对对三民主义的重新解释。1927 年，正当在革命行将胜利之时，一部分国民党人便公然背叛革命的三民主义，破坏了国共合作，使革命遭到了失败。

自从那时以来，中国共产党人、中国人民和国民党内孙中山的忠实追随者同大地主大资产阶级，围绕着信仰不信仰、实行不实行革命的三民主义这一问题，进行了长时期的斗争。十年内战时期，国民党当局把三民主义变成了一个抽象的概念，在实践中完全反对实行国民党“一大”宣言所解释的三民主义，结果建立了大地主大资产阶级新军阀统治，招致外患乘机而入。这时，只有中国共产党，根据马克思主义的原则，继续坚持并发展了革命的三民主义。日本帝国主义悍然发动旨在灭亡中国的侵华战争后，在中国共产党、中国人民和国民党内有识之士的推动下，实现了国共两党的第二次合作。当时全国人民、中国共产党人和其他民主党派，都对国民党政府寄予极大的希望，就是说，希望它乘此民族艰危、人心振奋的时机，厉行民主改革，将孙中山先生的革命三民主义付诸实施。可是，这个希望是落空了。在解放区内，中国共产党忠实地实践了“孙中山先生的三民主义为中国今日之必须，本党愿为其彻底实现而奋斗”的宣言，而在国民党统治区，国民党内的主要统治集团则顽固地同革命三民主义反其道而行之，坚持独裁统治，继续反共反人民，并在抗日战争胜利后，不惜发动反革命的内战。他们终于自食其果。

历史发展充分证明了一个真理：“中国共产党人是革命三民主义的最忠诚最彻底的实现者。”为了建立一个革命三民主义性质的独立、自由、民主、统一和富强的新中国，中国共产党人领导广大的中国人民，包括忠实于孙中山革命三民主义的那些国民党人在内，英勇奋斗，许多先烈为此而付出了自己的鲜血和生命。在孙中山死后中国革命继续发展过程中，中国共产党新民主主义革命的理论、纲领及其实践，有了极大的丰富与发展，这正是中国人民解放事业获得成功的可靠保证。

三、向往社会主义

孙中山是一位伟大的民主主义者，同时又是一位大力宣传社会主义的社会主义先行者。

孙中山毕生都在学习西方，博采众长，早期仿效西方共和政治，晚年主张以俄为师，他的思想志趣，是吸纳世界一切先进的思想为我所用。他对社会主义的向往表现得尤为显著。

根据历史资料的记载，早在 1903 年 12 月，孙中山就提出走社会主义道路的问题，企盼建设中国式社会主义。之后，他终其一生向往并大力宣传社会主义，还曾努力号召以社会主义理想建设国家。

什么是社会主义呢？孙中山一再声称：他的“民生主义就是社会主义，又名共产主义，即是大同主义”。① 又指出“社会主义的范围，是研究社会经济和人类生活的问题，就是研究人民生计问题”。他认识到马克思对社会问题研究得“最透彻和最有心得”，“专从事实与历史方面用功，原原本本把社会问题的经济变迁，阐发无遗”，“集几千年人类思想之大成”，把社会主义从空想变成了科学，因而叫“科学社会主义”。但是他不赞同马克思以“物质为历史的中心”，而认为美国学者摩里斯 · 威廉所称：“社会问题才是历史的重心，而社会问题又以生存为重心”，才和他的主义“若合符节”。孙中山说，民生主义的“大目的，就是要众人能够共产”。他的三民主义的意思，“就是国家是人民所共有，政治是人民所共管，利益是人民所共享”。即“人民对于国家不只是共产，一切事权都是要共的。这才是真正的民生主义，就是孔子所希望的大同世界”。②

这里，孙中山正确地理解了中外古今的社会主义理想中的共同特征，即“共产”，亦即实行政治、经济、文化所有权和分配的平

① 《三民主义》，《孙中山全集》第一卷，人民出版社 2015 年版，第 474 页。
② 《三民主义》，《孙中山全集》第一卷，人民出版社 2015 年版，第 506 页。

等，特别是实行“土地公有”和“资本公有”，即实行主宰国民经济命脉的土地、森林、矿山、铁路、电气、邮政等部门和主要企业的国有制，在这一基础上实行“分配之社会化，就是合作社”，以“消灭商人的垄断”。[①] 他认为这是马克思的“资本公有”和亨利·乔治“土地公有”二者的综合，以补救欧美社会因未及早解决土地问题而生的日后财富垄断之弊。他赞赏欧洲空想社会主义、中国黄老所说的华胥氏之国和太平天国领袖洪秀全有过的共产主义理想，但那时没有力量去改良社会，“所以只好说理想上的空话”，因此他强调当今之世必须大力发展生产，搞近代化，谋求“社会的文明的发达，经济组织的改良和道德进步”，走“社会进化”、国强民富的路。他认为民生主义“不但是最高的理想，并且是社会的原动力”，通过它，“社会问题才可以解决”，“人类才可以享很大的幸福”。[②] 这里，仅就上述理想本身而言，应该说是高出于中外乌托邦理想，其中实行公有制、发展社会生产力是实现社会主义理想的必备条件，尤中肯綮。他所提出的以社会经济发展程度来决定能否实行社会主义的论点，也发人深思。

如何实行社会主义呢？

孙中山是不赞成马克思的“阶级战争是社会进化的原动力”的理论，“我们主张解决民生问题的方法，不是先提出一种毫不合时用的剧烈办法，再等到实业发达以求适用；是要用一种‘思患于未然’的预防办法来阻止私人的大资本，防备将来贫富不均的大毛病”。[③] 孙中山主张分阶段采取不同的方针和办法，即主张用革命手段解决政治问题，用和平手段来解决经济问题，“改良社会”。应该说，这一想法是颇具匠心和卓识的。

---

①《三民主义》，《孙中山全集》第一卷，人民出版社 2015 年版，第 493、485 页。

②《三民主义》，《孙中山全集》第一卷，人民出版社 2015 年版，第 478、499、495 页。

③《三民主义》，《孙中山全集》第一卷，人民出版社 2015 年版，第 505 页。

孙中山之所以能有如此深刻的认识，绝非偶然。它既与 20 世纪初的思潮特点和资本主义周期性经济危机有着联系，又是他经过长时期学习和研究的结果。

孙中山早在 1897 年在伦敦时，就着手“研究了马克思、乔治、穆勒、孟德斯鸠以及其他人”。[①] 曾对各派社会主义学说做过一番苦心研究。孙中山曾自称此时“始知徒致国家富强、民权发达如欧洲列强者，犹未能登斯民于极乐之乡也；是以欧洲志士，犹有社会革命之运动也”。[②] 之后，孙中山在 1897 年至 1903 年旅居日本期间，与社会主义思潮有了更多的接触。他在国际社会主义运动的强烈刺激下，开始了解到什么是阶级斗争，什么是社会革命，对社会主义及马克思主义进一步有了一些认识。

1902 年，孙中山旅居日本时，在与章太炎讨论为何改革中国土地制度时，还曾批驳社会主义者的主张，说：“彼工商废居有巧拙，而欲均贫富者，此天下之大愚也。”[③] 其后，随着对社会主义学说了解渐多，特别是通过“与日本平民社领导人幸德秋水交往，就社会主义的实行问题交换意见”。[④] 1903 年 9 月，孙中山离日赴檀香山；同年 12 月，他从那里致函国内，明确表示他对社会主义的态度，提出了走社会主义道路的问题。他说：“所询社会主义，乃弟所极思不能须臾忘者……欧美之富者富可敌国，贫者贫无立锥……夫欧美演此悬绝之惨境，他日必有大冲突，以图适剂于平。盖天下万事万物无不为平均而设，为教育，改以平均知识，宫室衣服，所以平均身体的热度，推之万事，莫不皆然。则欧美今日之不平均，他时必有大冲突，以趋剂于平均，可断言也。然则今日吾国言改革，何故不

① ［美］史扶邻著，丘权政等译：《孙中山与中国革命的起源》，中国社会科学出版社 1981 年版，第 119 页。

② 《建国方略》，《孙中山全集》第一卷，人民出版社 2015 年版，第 78 页。

③章太炎：《定版籍》，《訄书》修订本。

④ 《孙中山年谱》（中华民国史资料丛稿），中华书局 1980 年版，第 59 页。

为贫富不均斗，而留此一重罪业，以待他日更衍惨境乎？此固仁者所不忍出也。故弟欲于革命时一起做起。”[①] 之后，他还曾努力号召以社会主义理想建设国家，呼吁国际社会党执行局协助他“把中国建立成全世界第一个社会主义国家”。

1905 年初，孙中山由美抵欧在中国留学生中从事革命宣传组织活动。同年 2 月，他曾在布鲁塞尔专程到第二国际书记处访问社会党国际局主席王德威尔德和书记胡斯曼，要求加入第二国际。孙中山在与他们谈话中曾反复表示，“中国社会主义者要采用欧洲的生产方式，使用机器，但要避免其种种弊端”。中国要吸收西方文明的精华，而决不成为它的糟糕的牺牲品，这样，“中世纪的生产方式将直接过渡到社会主义的生产阶段，而工人不必经受被资本家剥削的痛苦”。孙中山说：他要与第二国际社会党的原则“更趋一致，防止往往一个阶级剥削另一个阶级，如像欧洲国家曾发生过的那样”。[②]

孙中山是为着救国而虚心向外国学习，力图适应世界新潮流，而外国繁多的社会主义流派又各有长短；并且中国近代社会特别是五四运动前后所具有的多种经济成分、多个阶级、多种思想、多条道路并存的过渡社会特征又特别显著，有如孙中山深切感受的：当时各种新思潮、新出版物“纷纷应时而出。扬葩吐艳，各极其致，社会遂蒙绝大之影响”。[③] 孙中山从来以人民全体的代表自任，这时更提出“全民政治”的政治观，因而更重视当时在中国有影响的一些社会主义流派的思想，以便容纳更广泛的主张，争取更多的人支持自己的事业。

孙中山从西方的社会主义思潮中接受了哪些影响？

按照孙中山的说法，他已知道有关世界各国的社会主义派别起

① 《警钟日报》，1904 年 4 月 26 日。

② 伯纳尔：《孙中山访问第二国际书记处》，《近代史资料》1979 年第三期。

③ 《致海外同志书》，《孙中山全集》第五卷，人民出版社 2015 年版，第 166 页。

码有57种之多，研究学者有千百家，出版的研究著作也有千百种，而当时“普通人对社会主义无所适从”。

孙中山对马克思主义诚然有不少误解，但他不仅对它有所了解，而且确因涉猎过其他一些社会主义学说，并且对各种名目的共产党、社会党进行了比较、分析和研究。比如：他对出现于社会主义运动初期的“均产派”提出的“合贫富各有之资财而均分之”的主张并不赞同，认为它虽激烈却很粗浅，“于事理上即未能行，而徒然肇攘夺变乱之”。他也不赞成“乌托邦派”，说他们都是一些悲天悯人的道德家，只寄托于子虚乌有的安乐世界，讲些“理想上的空话”，而丝毫没有提出“消灭人类的痛苦”的具体方法。应该说这对于极“左”和无政府主义的认识是很到位的。孙中山最为推崇的是马克思的“科学派”，即“科学的社会主义”，认为马克思是“社会主义中的圣人”，“专从科学方法去研究社会问题之解决，所著的书和所发明的学说是集几千年来人类思想的大成”，各国社会主义学者“都是信仰他”，“岌岌提倡麦克司（即马克思）之学说，主张平均分配，求根本和平之解决”。①

他对感兴趣的各种社会主义理论并未全部照搬，而是有所取舍增删。例如他曾强调“以俄为师”，但不赞成俄国用革命手段来解决经济问题。他欣然引美国学者摩里斯·威廉的《社会史观》为其民生史观的同调，并把其消费论纳入民生主义的范围，但他并未像威廉那样采取反马克思主义的立场。他读过柯尔等宣扬基尔特社会主义、费边主义、工团主义的论著，并称赞罗素为深知中国的大哲学家。他们的某些思想资料，也被孙中山用于适应国际和中国劳工运动的新变化，把革命运动与工农运动直接联系，但他不赞成基尔特的“产业自治制”，坚持节制私人资本、发展国家资本的主张。他

①《在上海中国社会党的演说》，《孙中山全集》第七卷，人民出版社2015年版，第171页。

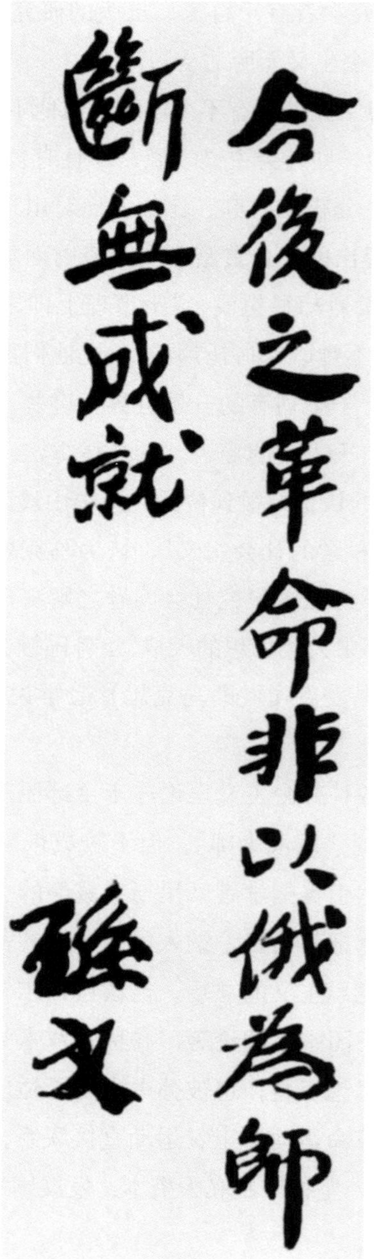

孙中山 1924 年 10 月 9 日题词

肯定俾斯麦的国家社会主义经济政策，但他认为俾斯麦使用铁血的手腕是世界民权的大障碍，而以在民主政体下实行社会主义为得当。他不满足于“悲天悯人的道德家”恢复古代的共产制度的愿望，而是追求在“工业发达，机器创出”、物质财富日增、“人与人争的极剧烈时代”产生能消除不平的“新共产时代”。

1911 年，孙中山在辛亥革命胜利回国时，专门带回了多种“欧美最新社会主义名著”，准备要“广为鼓吹”。1912 年孙中山辞去临时大总统职后，曾应社会党邀请，在中国资本主义经济最发达、工人阶级最集中的上海，连续三天演讲社会主义各派学说。他不仅向社会党，而且向各行各业群众宣传民生主义和社会主义。这是孙中山一生宣传民生主义、社会主义最多的时期。1924 年，他在广州所作《民生主义》演讲，则是他再度谈论社会主义最多也是最后的一次。

孙中山一再告诫国民党人：“我们对于共产主义，不但不能说是和民生主义相冲突，并且是一个好朋友”。[①] 这既是出于对世界社会主义运动有较好的了解的肺腑之言，也是确实适合中国人民的需要和世界潮流发展的至理名言。

当然，孙中山向往的社会主义及其实现办法，具有不少空想的成分，它本身也存有矛盾及与现实的差距，它同今天中国大陆的中国特色的社会主义也有差别。但是，要求生产力高度发展，政府对国民经济进行宏观控制，国家经营的事业居于主导地位，生产的成果为全体民众所共享等等，都表现了同西方自由资本主义或垄断资本主义不一样的发展路线和发展方向。孙中山看到了中国在建设具有自身特点的现代化时，自觉地吸收和利用外国资本主义既有物质生产成果的必要性和可能性，这就为解决所遇到的难题开辟了一条新的道路。孙中山是为谋求中国现代化和社会主义相连接的工作做

① 《三民主义》，《孙中山全集》第一卷，人民出版社 2015 年版，第 500 页。

出最多、最可贵探索的杰出先进人物。

孙中山对社会主义的热切向往，大力宣传，完全是出于对苦难大众的深切同情和实现祖国现代化的善良愿望。毫无疑问，这是非常可贵的思想和活动，值得人们学习和研究。

四、黄埔建军

武装斗争是革命斗争的最高形式。在半殖民地半封建社会的旧中国，帝国主义及其走狗都握有庞大的反革命武装，人民大众要达到革命的目的，就必须建立自己的军队，采取武装斗争的形式，这是马克思列宁主义的国家学说里早已指明了的普遍真理。

走武装革命斗争之路，必须有一个基本条件，那就是要有一支强有力的物质力量——军队。孙中山对依靠什么性质的武力进行武装斗争，不仅在辛亥革命前分辨不清，并且在辛亥革命后也是教训至深的。他从事武装斗争的中前期，是依靠联络会党、吸收绿林势力和改造、利用旧有的军队。后来，又把军阀武装当作依靠力量。结果事与愿违，遭遇到一次比一次惨重的失败。

利用军阀的结果，反为军阀所利用。客观形势表明必须有坚强的革命武力，才能挽救革命政权被颠覆的危险。现实的惨痛教训，促使孙中山深感组织革命军队的特殊意义及其极端的重要性。他认真总结了过去的斗争，认为革命没有成功的原因之一是“党基未固”；进而明确指出：“党之基础何在，在于军队。”并举苏俄共产党为例，说明他们能在“三数年间将内乱外患依第勘定者”，就因为有为主义而战斗的革命军队的缘故。强调“应效法俄人”。稍后，他还说：“大凡建设一个新国家，革命军是万不可少的。有了革命军，我们的革命事业，便可以成功；如果没有好革命军，中国的革命永远还是要失败。”[①] 由于有了这样的认识，孙中山在1924年国共合作前后，便毫不犹豫地采取苏俄红军的经验，着手开办军校，创建自己的革命武装力量。

黄埔军校的原名是“中国国民党陆军军官学校”，1926年1月改名“中央军事政治学校”。它是孙中山在中国共产党以及列宁、斯大林派遣的顾问人员帮助下，国共合作创办的为培养革命军事干部建立起来的军事政治学校。校址设在广州市南二十多公里的黄埔岛上的长洲岛。小岛方圆约10平方公里，依山傍水，树木葱茏，岛上要塞炮台环列周围，如一道天然的屏障。

这里，原先是清朝水师学堂旧址，后曾经办过广东陆军学校和海军学校。黄埔长洲岛四面环水，进退自如，地当枢要，不失为军事要地。孙中山认为，在这里兴学讲武，可谓闹中取静。便指定该地为陆军军官学校校址。因为校址始设于黄埔岛上，一般通称为黄埔军校。

早在1923年8月，孙中山就决定，组成“孙逸仙博士代表团”，赴苏联考察军事、政治和党务。孙中山指派该代表团由蒋介石、沈定一、张太雷、王登云、李章达等组成，蒋介石任团长。其中沈定一、张太雷、王登云为共产党人。该代表团在苏联考察了三个多月，参观了苏联红军和各种军事学校，学习了赤卫军的训练和组织，了解到建军的一些经验。于11月29日离开苏联，12月中旬回到上海。

1923年10月15日，国民党党务讨论会通过了“设陆军讲武堂于广州”的提案。接着，办理国民党改组工作的临时中央执行委员会批准了这个方案，决定命名为“国民党军官学校”，呈请孙中山亲任校长。孙中山毫不犹豫地决心采纳苏联红军的经验，着手建设自己的武装力量。指派廖仲恺和鲍罗庭一起具体筹划开办学校和选定

---

① 《孙总理讲演录》，广州国民书局1927年版，第3—4页。

教职人员。

1924 年 1 月，国民党第一次全国代表大会召开期间，孙中山便下令筹办中国国民党陆军军官学校，指派蒋介石为筹备委员会委员长，委员有邓演达、王柏龄、沈应时、林振雄、俞飞鹏、张家瑞、宋荣昌七人。

孙中山又在会议闭幕后，于百忙中约见鲍罗庭和苏联顾问，告知："我们的首先任务是按照苏联式样建立一支军队，准备好北伐的根据地。"

大会结束后一周，2 月 6 日，孙中山下令于广州设立黄埔军校筹备处，积极进行具体的筹建工作。

孙中山把办好黄埔军校视为大事，并为此做了大量有效的工作。他原决定亲自担任校长，负责领导工作，后来另派蒋介石专任校长职务，自兼军校总理。[①] 任廖仲恺为驻校的国民党代表。

为了使黄埔军校的各项工作尽快落实，孙中山一方面请马坤等人向英、美、加各国聘请教官，一方面打电报给驻北京的苏联大使，请他协助延聘苏联顾问。当时，列强各国只承认北京军阀政权，不承认孙中山先生的革命政权，因此，从英、美等国招聘教官很困难，只有鲍罗庭率领了一批苏联顾问来到了广州。

从军校筹备处成立到开学，历时三个多月，先后召开了 32 次会议，议定了计划、编教材、布置校舍、制定校章、任命教员、进行招生等工作。

关于军校的招生工作，廖仲恺明确提出，选拔学生要特别注意，"要其人明白本党主义，且诚实可靠，能做事，方可入选"。当时，除广东可以公开招生外，其他各省都在军阀控制下，只能秘密招生或动员青年到广州投考。中国共产党和共产主义青年团的各地组织

① 《临时中央执行委员会报告概要》，《中国国民党第一次全国代表大会纪事录》，广州 1924 年印本，第 53 页。

也注意选送党、团员和进步青年投考。北京、上海、武汉、长沙、济南等地区的党组织，介绍了大批党团员和青年工人前来投考，其人数之多，占了应考生的一大部分。

3月27日，各地前来报考的考生集中在广东高等师范学校参加总复试。4月28日揭晓，在1200多名考生中，录取正取生350人，备取生120人。稍后，四川省继续送来20人，军政部长程潜办的讲武堂又来了100多名学生。

5月5日，军校正式开学上课。6月16日，军校举行了隆重的开学典礼。是日清晨6时，孙中山偕夫人乘江团号炮舰由江汉号军舰护卫从大本营出发，前往黄埔，参加军校开学典礼。

整个黄埔洋溢在一片欢乐的气氛中，当孙中山、宋庆龄款款地登上长洲岛时，恭候已久的全体师生，早已列队在校门两旁奉迎。学生们一律穿着中山装式的黄色咔叽布军装，一个个精神饱满，朝气蓬勃。孙中山、宋庆龄在校长蒋介石、党代表廖仲恺的陪同下兴致勃勃地参观了教室、宿舍、办公室、图书馆，接见了各队教官及队长。11时，举行开学典礼，宋庆龄陪同孙中山登上主席台，旁边是蒋介石和廖仲恺。

开学典礼在操场举行，主席台上放着一张铺着白布的长方桌，国民党党旗和中华民国国旗交叉竖立在主席台正面，正中央挂着军校校训："亲爱精诚"。两边的对联是："养天地正气"、"法古今完人"。身穿白色中山装的黄埔军校总理孙中山亲自主持开学典礼。先请党旗、校旗就位，大家向党旗三鞠躬后，兴致勃勃地一起唱校歌。歌词曰：

莘莘学生，亲爱精诚，三民主义，是我革命先声。革命英雄，国民先锋，再接再厉，继续先烈成功。同学同道，乐遵教导，终始生死，毋忘今日本校。以血洒花，以校作家，卧薪尝胆，

1924 年 6 月 16 日，孙中山、蒋介石、廖仲恺、宋庆龄在黄埔军校开学典礼上

1924 年 6 月 16 日，孙中山主持黄埔军校开学典礼时的情景

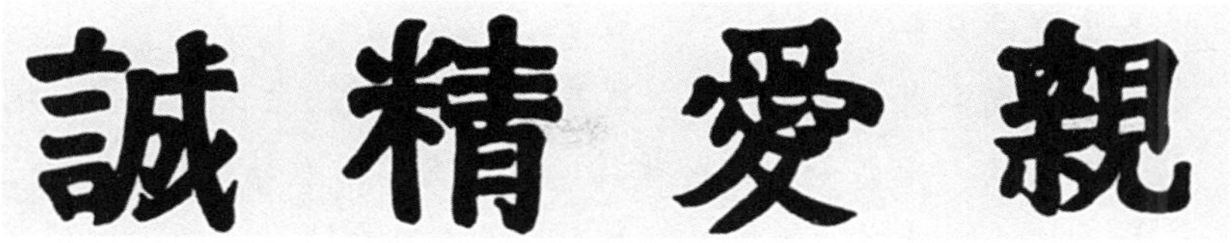

1924 年 6 月，孙中山题黄埔陆军军官学校校训

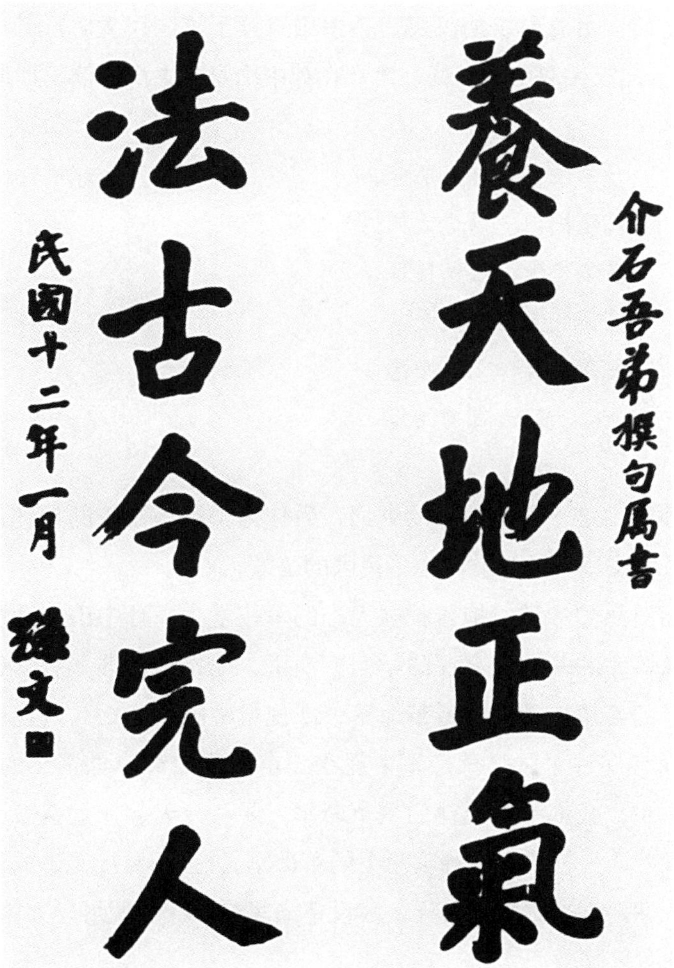

1923 年 1 月，孙中山为蒋介石题联

努力建设中华。

怒潮澎湃，党旗飞舞，这是革命的黄埔！主义须贯彻，纪律莫放松，预备做奋斗的先锋！打条血路，引导被压迫民众。携着手，向前行；路不远，莫在惊。亲爱精诚，继续永守，发扬本校精神，发扬本校精神。

之后，由总参议胡汉民代孙中山宣读了“国民党总理孙中山的训词”。胡汉民双手捧训词，肃立在孙中山身边大声宣读。训词曰：

三民主义，吾党所宗。
以建民国，以进大同。
咨尔多士，为民前锋。
夙夜匪懈，主义是从。
矢勤矢勇，必信必忠。
一心一德，贯彻始终。

孙中山这一黄埔军校的训词，后作为了黄埔军校的校训，后来又成了为国民党的党歌和中华民国的国歌。

面对热烈赤诚、抱着救国大志的军校学生，孙中山充满激情地做了《革命的基础在高深的学问》演讲。他指出创办军官学校“独一无二的希望，就是创造革命军，来挽救中国的危亡”。“在这十三年中没有一种军队是革命军！现在广东同我们革命党奋斗的军队，本来不少，我都不敢说他们是革命军。要从今天起，重新来创造革命的基础，另外成立一种理想上的革命军。”强调要接受俄国革命的经验教训，学习苏联的榜样，建设革命军队，我们便可以大告成功，中国便可以挽救。

演说中，孙中山特别要求学生要有高深的学问做根本，“造就高

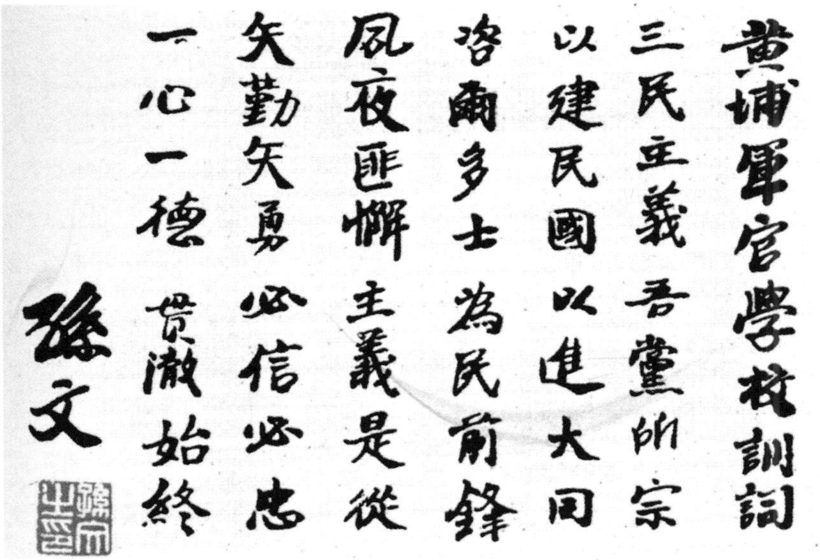

黃埔軍官學校訓詞
三民主義　吾黨所宗
以建民國　以進大同
咨爾多士　為民前鋒
夙夜匪懈　主義是從
矢勤矢勇　必信必忠
一心一德　貫徹始終
孫文

孙中山手书黄埔军校校训

深学问的方法，不但是每日在讲堂之内，要学先生所教的学问，还要举一隅而三隅反，自己去推广。在讲堂之外，更须注重自修的功夫，把关于军事学和革命道理的各种书籍及一切杂志报章，都要参考研究。研究有了心得之后，一旦融会贯通，自然可以发扬革命的精神，继续先烈的志愿，舍身流血，造成中华民国的基础，使三民主义完全实现。革命大告成功，像俄国一样，我们中国才可以同世界各国并驾齐驱，中国的民族才可以永远的生存于人类”。

苏联政府按照孙中山的请求，也先后派遣了数十名军事干部组成顾问团到黄埔军校工作。第一批应邀到黄埔军校工作的苏联军事顾问小组成员有：捷列沙托夫、捷尔曼、波良克、契列帕诺夫。1924 年初，他们由鲍罗庭介绍给孙中山。据契列帕诺夫的回忆，当时孙中山坐在沙发椅上，手杖放在两膝间，双手交叉，正在和军事部长谈话，当苏联军事顾问小组的成员走进屋时，孙中山站了起来，他没有任何“中国礼节”，而是像慈父一样简单地向大家问好。孙中山在接见苏联军事顾问小组成员时十分高兴，他说：“我们要按照苏维埃的军事制度来组织革命军队。要在南方建立北伐战略基地。你们在从国内驱逐帝国主义及其走狗的斗争中得到了丰富的经验，我们希望，你们能够把这些经验传授给我们的学员——革命军队未来的军官们。”之后，苏联的军事顾问们以他们丰富的作战实践经验和军事理论，积极开展了教学活动。

黄埔军校早期的编制，设总理、校长和党代表，组成校本部。总理是学校最高领导，统理一切。校长在总理之下处理校务事项。党代表对学校实行监督和指导，务使学校人员遵守革命政策，凡属学校书文、命令，没有党代表附署一律无效，从而保证党的主义和政策得到了贯彻。后来党代表和政治制度一起推行到国民革命军各级部队中去，成为国民革命军区别于过去一切旧军队的主要标志。同时，也是使部队能够有旺盛的战斗精神，并能同工农群众打成一片，深得群众拥护的一个重要因素。

军校总理孙中山，校长蒋介石，副校长李济深，党代表廖仲恺。政治部主任戴季陶（不久离广州，邵元冲代理），副主任周恩来（1925 年 3 月擢升主任兼军校军法处长），政治秘书聂荣臻、鲁易。教练部主任李济深，副主任邓演达。教授部主任王柏龄，副主任叶剑英。军事总教官何应钦，学生队总队长邓演达，副总队长张治中。政治教官有恽代英、萧楚女、包惠僧、周逸群、韩麟符、熊雄、胡公冕、高语罕等。国民党政治总顾问鲍罗庭、军事总顾问加伦将军也参加军校的工作。军校总顾问是契列帕诺夫，政治顾问是喀夫觉夫，步兵顾问是白里别列夫，炮兵顾问是加列里，工兵顾问是互林。他们都是苏联派来的政治、军事干部。

孙中山、何香凝、鲍罗庭、毛泽东、刘少奇、邓中夏、苏兆征、吴玉章等都曾到军校讲演，向学生进行反帝反封建民主革命思想教育。

黄埔军校的创立，在中国历史上是第一次出现的新事物。早在 19 世纪 60 年代，中国就出现了仿效外国方法培养近代军事人才的学校。与黄埔军校同时，几乎较大的南北军阀都有自己的军校，如北方的保定军官学校和南方的云南讲武堂等，但是黄埔军校的办学宗旨和其他军校有着根本的不同。孙中山说："北方的官僚军阀老早便办得有保定军官学校和北京陆军大学。用我们这个学校和他们的学校比较，他们之位，都是比他们差得远"；可是，旧式的军队、军校的官兵"不是为升官发财，就是为吃饭穿衣，丝毫没有救国救民的思想和革命的志气"。孙中山的这番话明确地指出了黄埔军校区别于其他军校的根本所在。黄埔军校和其他旧的军事学校有本质的不同，它是中国历史上的第一个革命军事学校，是国民党和共产党同心协力的国共合作的产物。它的创设，为建立革命军队打下了基础。

黄埔军校的特点，是吸取了列宁建立红军的经验，贯彻执行政

1924年6月16日，黄埔军校总理孙中山与校长蒋介石在军校办公楼的走廊合影

1924年7月，孙中山任命周恩来为广州黄埔军校政治部副主任，同年9月升为主任

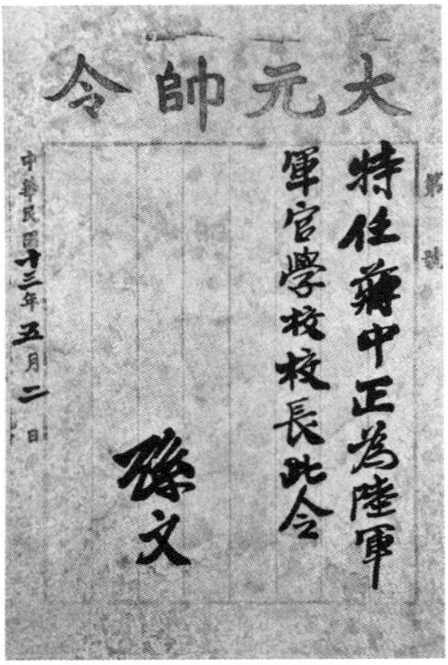

大元帥令

第　號

特任蔣中正為陸軍軍官學校校長此令

孫文

中華民國十三年五月二日

1924年5月，孙中山任命蒋介石为黄埔军校校长手令

治与军事并重、理论与实践相结合的方针，政治课程有三民主义、社会主义、苏联研究、社会发展史、各国政党史、各国革命史、帝国主义侵略中国史、工人运动、农民运动、政治学、经济学、军队政治工作等26门政治教育的目的，是使学生确定革命的观点，不仅知道枪是怎样放法，而且知道枪要向什么人放。

军事教育方面，黄埔军校作了较大的革新。缩短了学习时限，除了借鉴日本士官学校的教练方法，参合保定军校的经验，主要讲授苏联红军经验的新战术。军校的军事教官有保定军校毕业的，有从日本士官学校毕业的，还有苏联的军事顾问。学生的教材都是从日本、德国、法国翻译过来的军事理论和军事技术。

孙中山认真研究了苏联的革命经验，认为建设军校，必须有革命的制度，所以在黄埔军校中实行了党代表制度，建立了军队的政治工作制度，形成了孙中山在那个年代的比较完备的建军思想。

黄埔军校成立后，军校枪支很少，只够守卫学校用。在这种情况下，苏联顾问团电请苏联政府赠送一批军械。

1924年，苏联政府派遣一艘六千吨级的由商船改装的巡洋舰，装满了弹药武器，为了避免帝国主义的耳目，绕道来中国，进入珠江，停泊在学校附近江面。当军校师生们听说苏联赠送的军械来了，无不欢欣雀跃。

为了办好军校，孙中山竭尽全力。当时，黄埔军校的学生学费、宿费、伙食费，甚至连服装费、书籍文具费用，都是政府供给，而这些经费的筹措，成了孙中山和廖仲恺最棘手的问题。因为广东财政部和广东兵工厂，都在滇系军阀杨希闵手中。杨希闵表面上虽然接受孙中山指挥，实际上把持财政，多方面阻挠黄埔军校的创建。为了军校的经费，廖仲恺不得不与广东军阀周旋。他为黄埔军校倾注了大量心血。黄埔军校，正是在这样艰难困苦的条件下，成长起来的。

1924 年 6 月 16 日，孙中山在黄埔军校办公楼的走廊留影

1924 年 10 月，黄埔军校根据孙中山“兵员当向广东之农团、工团并各省之坚心革命同志召集，用黄埔学生为骨干”的指示，设立了军校教导队共两个团。教导队如黄埔军校一样实行党代表制。至此，创建革命军的工作粗具规模。据曾经担任过孙中山的上校副官、加拿大人马坤回忆：黄埔军校创办的时候，广州流传着这样一句话：“一个滇军抵得两三个粤军。”可是，当黄埔军校训练出来的军官分配到各营团去担任教官之后，人们看法就改变了，开始传颂“一个粤军抵得两三个滇军了”。

黄埔军校，不仅仅是把一个普通人训练成了一名军官或士兵，还在于它对士官们进行了有关军人职责以及为什么作战的政治教育。第一期不分科，学制为六个月，第二期以后分步兵、工兵、炮兵、辎重、政治等科。正式学制分别是 6—9 个月。

黄埔军校第一期学生共 645 人，同年 11 月毕业后，孙中山以他们为骨干组织革命军队，规定部队的所有成员要从“广东的农团、工团并各省之忠心革命同志中召集，用黄埔学生为骨干”。① 这是一支以共产党员为核心的部队，每连的军官中有近半数是共产党员。②这支部队，后来逐步发展为国民革命军，成为后来统一广东革命根据地和进行北伐战争的基本力量。

黄埔军校在广州共办了四期，培养学生近五千人。他们大都成了创建和壮大国民革命军的中坚力量，有的后来成为中国共产党军队的领导人。

综上所述，概括言之，孙中山这次黄埔建军有三个突出的特点：

首先，是在学校建立革命的政治工作，设立了党代表和政治工作制度，并于 5 月 7 日委派廖仲恺为驻黄埔学校的国民党代表，周恩来、叶剑英、恽代英、萧楚女、聂荣臻等先后在该校负责政治工

---

①《致蒋介石函》，《孙中山全集》第五卷，人民出版社 2015 年版，第 545 页。

②覃异之：《黄埔建军》，《文史资料选辑》第二辑，第 11 页。

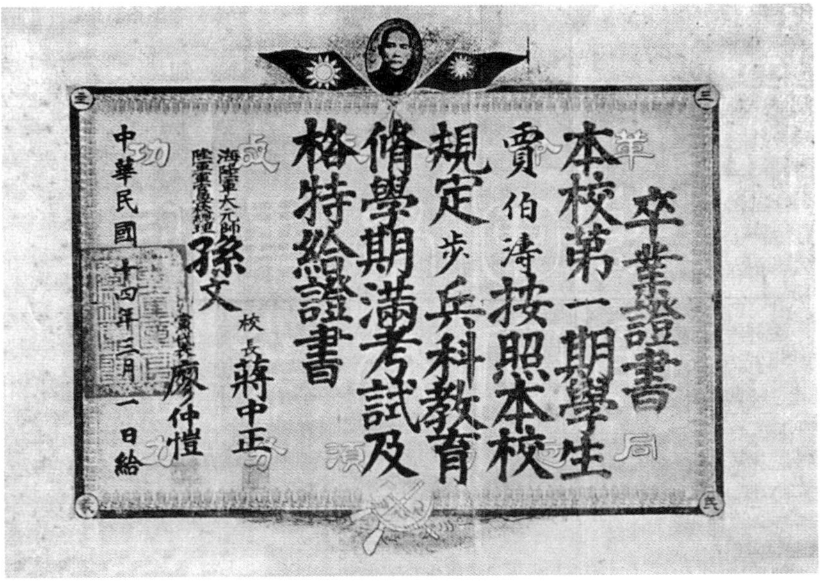
卒業證書
本校第一期學生
賈伯濤按照本校
規定步兵科教育
修學期滿考試及
格特給證書
校長 蔣中正
海陸軍大元帥 孫文
黨代表 廖仲愷
中華民國十四年三月一日給

黄埔军校毕业证书

作和担任其他重要职务，以革命精神培养了大批革命骨干。后来党代表和政治工作制度一起推行到国民革命军各级部队中去，成为国民革命军区别于过去一切旧军队的主要标志。

其次，教学内容的改变是军校的另一个突出特点。它“是军事和政治的训练并重，目的在使武力为主义所驱使，而妨碍（止）脱离群众的弊病”。[①] 在中国共产党的帮助下，军校极其重视对学生的政治思想教育，除正式课程外，经常举行各种内容的讲演会，努力提高学生的政治觉悟和战斗意志。正如当时一个军校干部所说的：“革命军必拥护工农利益——最大多数被压迫民众的利益，必须打倒帝国主义。必须打倒军阀！革命的策略，必须唤起民众，联合世界

①《陆军军官学校特别党部复驻比支部信》，广东黄埔陆军军官学校特别党部编：《革命军》第九期，1925 年 10 月 25 日，第 107 页。

上以平等待我之民族——苏俄、各国无产阶级及被压迫民族，共同奋斗。我们每天讨论的问题，都不外工农问题，联合战线问题，党的组织问题。”[①] 当时讲演者除孙中山、廖仲恺外，周恩来、恽代英、萧楚女、张太雷等共产党人最受学生欢迎。在军事教育上，遵循红军建军的经验，安排各项军事科目的进度和日程，定出详细实施办法，重新编订了典、范、令和战术、兵器，筑城、地形及交通通讯等教程，要求军事训练后“能够有充分作战的能力，为党的主义有切实把握能杀敌致果”。[②]

第三，学生阶级成分和政治质量的大变化是军校的又一突出特点。它选拔学生的要求是严格的，“要其人明白本党主义，且诚实可靠，能做事”；[③] 文化程度上，“投考资格是限中学毕业，身体强壮的，而大学专门生是很多，日、德、法的留学生也有”。[④] 当时，全国各省都在军阀势力控制下，招生工作除广州外，只能秘密地进行。中国共产党和社会主义青年团的各地组织，对这一工作起了很大作用。应考者大部分是共产党的北京、上海、武汉、长沙、济南等地区组织所遴选介绍的党团员和青年工人、学生。1924 年入学的第一、第二、第三期学生共 2259 人，他们多是农民、工人的儿子，穷苦的中学生、大学生，被压迫而跑上革命道路的知识分子。并且，其中的中国共产党员和共产主义青年团员占相当大的比重，如第一期学生六百来人中就有共产党员八十多人。[⑤] 当时蒋介石也承认：“在事实上说，共产分子是本校本军为最多。”

上述诸特点使黄埔军校和其他旧的军事学校有根本性质的不同，它是中国历史上的第一个革命军事学校，是共产党出力很多的国共

①懋廷：《引言》，黄埔军民联欢大会编：《武力与民众》，第 112 页。
②恽代英：《党纪与军纪》，《革命军》第十期，1926 年 2 月 20 日，第 20 页。
③《中国国民党第一次代表大会会议录》，广州 1924 年印本，第 99 页。
④《革命军》第九期，第 107 页。
⑤覃异之：《黄埔建军》，《文史资料选辑》第二辑，第 9 页。

合作的产物。它的创设，为建立革命军队打下了基础。在1924年6月黄埔军校举行的开学典礼上，孙中山指出，创办军官学校“独一无二的希望，就是创造革命军，将来挽救中国的危亡”。当军校第一期学生毕业后，便以他们为骨干正式组织革命军队，规定部队的所有成员要从“广东之农团、工团并各省之坚心革命同志召集，用黄埔学生为骨干”。这是一支以共产党员为核心的部队，每连的军官中有近半数是共产党员。① 这支部队，逐步发展为国民革命军，成为后来统一广东革命根据地和进行北伐战争的基本力量。

历史证明，黄埔军校，以首创了崭新的革命制度，建立了反帝反封建的赫赫战功，培养了大量的军事政治人才，以及校内存在着国民党与共产党的两种思想和势力的激烈斗争，而扬名中外。它在我国近现代革命史上占有重要地位，产生过深远的影响。②

与此同时，孙中山还注意改造旧有军队的工作。他认识到“良好之农民化而为强暴之兵匪”的根源，是中国“近代受经济的帝国主义之压迫及国内军阀官僚之剥削，遂致失业日多，饥寒所迫，或行劫掠，以图苟全，或入行伍，以求幸存”。③ 所以，主张要以全力对游民土匪及军队宣传革命的主义。国民党第一次代表大会对此问题通过了专案，要求“努力宣传于一切军队中，使了解于其（自）身之地位，变反动之兵力为革命的兵力”。④

在改造旧有军队具体措施上，先整顿军纪，限制扩充军队和取缔有名无实的军队番号。在1923年一年中，解散广州市内挂牌的各路司令、支队六十余处。1924年2月，又命令未被核准的各种名目（如游击、别动、挺进、梯团、支队等）的部队，统统予以整编。

由于孙中山当时没有完全放弃“来者不拒”的收编军阀部队的

---

①覃异之：《黄埔建军》，《文史资料选辑》第二辑，第11页。

②黄埔军校从第五期随北伐军迁至武汉。1927年蒋介石发动“四一二”政变后，1928年3月，黄埔军校又迁至南京，改名“中央陆军军官学校”。

③④《中国国民党第一次全国代表大会会议录》，广州1924年印本，第84—85页。

1924 年 7 月 9 日，孙中山在黄埔军校留影

老办法，因此，拥挤在广州的部队达20万人之多，他们名为革命政府下的军队，实则各自为政。为使这些军队变成革命队伍，孙中山于同年7月命令设立军事训练委员会，加强部队的军事和政治训练工作。并亲自对各军官兵讲演三民主义及救国救民的道理，进行了大量的宣传工作。但是，他还没有派遣革命的骨干力量去作深入的政治工作和细致的组织工作。后来，在中国共产党的帮助下，各军中都派去党代表，设立政治部，许多共产党人在各军政治工作中担任重要职务，对改造旧军队起到了一定的作用。但由于国民党右派的阻挠破坏，也未能从根本上改变那些旧军队的素质。

五、首次国共合作的积极捍卫者

国民党内部的成员颇为复杂，思想有激进、保守的明显分歧，特别是一些资深党员更是反对国共合作，反对孙中山的革命政策。所以，在推行国共合作和“联俄、容共、扶助农工”三大政策上，并不是一帆风顺的。

在国民党改组前后，党内积极拥护和赞助孙中山的干部，只有廖仲恺、宋庆龄、何香凝等一部分极少数左派。而反对这一主张的却为数甚多，有冯自由、邹鲁、张继、邓泽如、胡汉民等右派势力的代表人物。他们极力反对国民党的革命化，反对国共合作。

这些右派分子是要把中国引向资本主义道路（实际上是殖民地半殖民地道路）的。他们不顾孙中山的多次告诫，在各地蓄意制造矛盾，兴风作浪。这批人，有的是公开反对，使用无理取闹、联名上书、组织小集团、制造反革命舆论、争夺代表席位等种种卑劣手法，进行阻挠和破坏；有的则阳奉阴违，消极怠工，表面随和，暗中反对。这批右派在国民党内有相当影响，并且包围着孙中山。孙中山每前进一步，都要经过艰巨的努力。

孙中山不愧为一个站在时代前列的伟大人物，他一旦认清了什么是正确的潮流，就坚定不移地顺着潮流前进，其革命的决心并没有因此而动摇。他和国民党右派势力进行了激烈、尖锐的斗争。

当右派分子提出反对联合共产党的主张时，孙中山指责他们说：你们“站在革命队伍的后面，革命的青年前面去了，你们还在说他们什么呢！”[①] 他容共的主张既诚恳又坚定。1924 年 1 月，在回答宋庆龄提出“为什么需要共产党加入国民党”的问题时，他明确地指出：“国民党正在堕落中死亡，因此要救活它，就需要新血液。”[②] 他坚决主张吸收革命分子，欢迎中共党人大批加入广州革命根据地的党政军机关工作。当右派分子以退党来要挟孙中山取消决定时，孙中山勃然大怒，厉声说道：“你们不赞成改组，可以退出国民党！”

孙中山充分认识到要救治正在堕落中的国民党就需要新血液。在他看来，共产党人就是使国民党起死回生以推进国民革命的新血液，所以孙中山视国共合作如生命，用一切办法来维护国共之间的团结，捍卫两党的革命联盟。

早在国共合作酝酿的过程中，孙中山对右派分子曾多次进行批评。1923 年 11 月间，他就对邓泽如、林直勉等 11 人弹劾共产党的上书作了批示，说明了国民党改组和联合苏联的必要，告诫他们“切不可疑神疑鬼”。[③] 后来，又发表了《致全体党员书》，详细解释联俄、容共的必要和重要性，指出那些散布谰言的人，“不是出于敌人破坏的行为，就是属于毫无意识的疑虑”。[④] 为了排除右派顽固势

---

①恽代英：《孙中山先生逝世与中国》（1925 年 3 月 14 日），载《孙中山先生与中国》，民智印刷所 1925 年 5 月版，第 27 页。

②《儒教与现代中国》，《宋庆龄选集》上卷，人民出版社 1966 年版，第 109 页。

③邓泽如：《中国国民党二十年史迹》，上海正中书局 1948 年版，第 301—308 页。

④孙中山：《致全体党员书》，上海《国民日报》，1924 年 3 月 16 日。

力的干扰，在代表大会前夕，孙中山除严厉驳斥了他们的反动谬论外，并且把阻挠改组、在会议上无理取闹的张继驱逐出会场，加以囚禁；代表大会后，又把破坏联共政策的代表人物冯自由等开除出党。

在国民党第一次代表大会之后，右派仍然顽固不化，不断挑起事端，以致斗争一直持续不断。1924 年 6 月 1 日，黄季陆、孙科向中央党部递交提案，要求“制裁”共产党。18 日，曾受孙中山严厉斥责而有所收敛的邓泽如，违背大会决议，伙同张继等人以监察委员名义，向孙中山和中央执行委员会提出“弹劾书”，攻击共产党并要求“从速严重处分”，掀起了一次反共恶浪。接着，8 月 1 日，上海有一批国民党员致电孙中山，请求“命令该共产党员全数退出本党，并予倾向共产党者以严重制裁”。在此期间，上海、北京、武汉、广州、香港、澳门等地右派分子，相继提交“弹劾”共产党的议案达一百余件，并印发了反对国共合作的《护党特刊》；广州《民国日报》《民权旬报》及北京《民生周报》等报刊上，也纷纷出现“清党”文章。国民党中央监委会 1924 年提交中央执委会的十件议案中，竟有四件是反对国共合作的。

孙中山为解决容共政策所引起的各种误解、反对和纠纷，曾经多次坚定表明要维护国共合作的决策。

早在 1924 年 3 月初，孙中山就发表《通告党员解释本党改组意见书》，指出国民党和共产党“彼此既志同道合，则团体以内无新旧分子之别，在党言党，惟有视能否为本党、为主义负责奋斗而定其优劣耳”。到 7 月初，又发表《中国国民党关于党务宣言》，再次重申容共主张，郑重声明：“本党既负有中国革命之使命，即有集中全国革命分子之必要，故对于规范党员，不问其平日属何派别，惟以其言论行动能否一依本党之主义政纲及党章为断。”明确指出要“推诚延纳”一切革命分子，要求全体党员“摒除疑惑”。

在 8 月间，孙中山还当众训斥了主张解除国共合作的张继，甚至断言说："我们的同志，还有我们的军队，只有当命令对他们有利时才服从，反之往往拒绝服从。如果所有的国民党员都这样，那我将抛弃整个国民党，自己去加入共产党。"① 在同月中旬，他还特别召开国民党一届二中全会，专门讨论维护国共合作问题，并审定和发表了《中国国民党中央执行委员会全体会议对于全体党员之训令》。《训令》中再次肯定了代表大会决定的容共政策，明确指出：国民党容纳共产党是为了团结和集中革命的势力，共产党员加入国民党也是为了团结和集中革命的势力；国共两党都是为着完成国民革命事业、目标一致而合作的；所谓"因为共产党员之加入，而本党主义遂以变更者"，是极端错误的。他告诫全体国民党员应当对于"前此争议，付之淡忘，惟相与努力于将来以完成国民革命的工作"。

这一时期，孙中山再三强调说明三民主义与共产主义是好朋友，国民党员不能反对共产党员。他清楚地认识到共产党人加入国民党是国民革命的迫切需要，也是完全符合各族人民共同愿望的。因此，他坚定地维护国民党的革命方针，维护国共两党的合作，在同国民党右派势力进行斗争中，态度鲜明，毫不动摇。孙中山多次对宋庆龄说："国民党里有中国最优秀的人，也有最卑鄙的人……最卑鄙的人为了党是升官的踏脚石而加入我们这一边，假如我们不能清除这些寄生虫，国民党又有什么用处呢？"这些话反映了孙中山反对右派分子和其他败类的坚定立场。

孙中山还针对右派队伍的复杂情况，利用历史的渊源、自己的威望和政治经验，采取了区别对待的办法，以利于争取团结和分化。从而使一些矛盾得以缓和，一些斗争暂不激化，遏止了右派势力的猖狂进攻。

也正是孙中山对革命的坚定信念和在党内长期形成的权威，在

---

①中共中央党史研究室第一研究室译：《苏联（布）、共产国际与中国国民革命运动》（1920—1925），第一卷，北京图书馆出版社 1997 年版，第 526 页。

1924年10月1日，苏联军舰“沃罗夫斯基”号抵广州访问。图为10月10日孙中山在韶关接见该舰舰长马克西莫夫时合影

复杂的斗争中，维系着左右派之间的平衡，从而指导国民革命能在惊涛骇浪中向前推进，保证国共合作得以顺利向前推进。

孙中山的国共合作主张，在当时得到了许多国民党人的拥护。廖仲恺在这一场激烈斗争中，竭力协助孙中山，同国民党右派势力进行了不断的斗争。他“很勇敢很坚决地去干”，毫不妥协与动摇，在国民党改组的整个过程中，“是始终赞助最力的一人”，[①] 堪称国民党改组的坚强支柱。

廖仲恺曾理直气壮地说：“应该懂得只有联合其他革命政党的力量，我们才能实现革命！”并宣称：为了国家，“无论何人反对，我都不怕，就是击我杀我，也在所不惜”。[②] 他竭力促成并忠实执行孙中山的联俄政策，歌颂列宁“是打破帝国主义的实行家”，“他所做的事都是为被压迫民族奋斗，为无产阶级奋斗”；[③] 并亲切地接待苏联派来帮助中国革命工作的友人，诚恳地和他们共事。同时，他坚决执行孙中山的容共政策，排除掉右派顽固势力的种种诬陷和破坏，真诚地和共产党人维系着良好的合作关系，全力推行国民党第一次全国代表大会所决定的政纲。

当时，宋庆龄、何香凝、柳亚子等，都深知国共合作是中国革命所必需，因而坚决拥护，大力赞助。宋庆龄为帮助孙中山推行三大政策，真诚地对待中国共产党人和苏联友人。鲍罗庭夫人鲍罗庭娜非常赞扬宋庆龄对苏联友人的真诚和热情。她这样追忆说：“孙中山的妻子宋庆龄对我们以及对所有的苏联同志很热情友好，她一直积极参加她丈夫的政治活动。我们与她来往同样也可不用翻译，因为她的英文相当好。宋庆龄向我讲述了很多关于中国妇女的饶有趣味的事情，介绍我认识了社会各阶层的很多女代表，我后来曾不止

---

①邹鲁编：《中国国民党史稿》第六册，中华书局 1960 年版，第 1590 页。

②何香凝：《在粤军追悼廖陈二公大会演说词》，《廖仲恺先生纪念集》，1927 年版，第 17 页。

③《追悼列宁大会演说词》，《廖仲恺集》，中华书局 1963 年版，第 241 页。

1924年7月23日，孙中山、宋庆龄与鲍罗庭夫人（前左二）、鲍罗庭（前左五）等在广州天字码头目送因公殉职的巴甫洛夫将军遗体运往火葬场的情景

1924年11月7日，孙中山、廖仲恺、胡汉民等在广州第一公园参加庆祝俄国十月革命胜利七周年纪念活动

一次与她们见过面。”[①] 历史证明，宋、廖、何、柳等是坚定的国民党左派。

此外，还有不少人，眼见国民党处在危难之中，如果没有来自国内和国外革命的支援，确实难以有所作为，因而在某种意义和角度上（如希图外援）也都赞成孙中山的容共政策。

至于在反对国民党改组、抗拒三大政策的人当中，也有不少人接受了孙中山的教导，承认错误，赞成三大政策。只有那些虽经孙中山反复理喻，却死硬到底的人，后来才跟着蒋介石公开走上了背叛人民、背叛革命的道路，最终导致第一次国共合作统一战线的破裂。

这次国共合作，标志着国共第一次合作的正式建立，它极大地鼓舞了全国人民的革命热情，凝聚了革命力量，开创了国民革命的局面，不仅推动了革命的大发展，实现了北伐大业，还为此后的中国革命和建设树立了一面两党并肩战斗的旗帜，成为后继者借鉴的楷模。

1937 年，在日本帝国主义入侵之时，中国国民党和中国共产党再次携手，从而实现了抗日救国大业，有力地促进了民族的进步。

今天，当亿万炎黄子孙正在为完成祖国统一、振兴中华大业而奋斗的事业中，首次国共合作的经验与教训，依然有着重要的现实意义。国共两党合作，共谋祖国统一和中华民族的伟大振兴，乃是今天的大势所趋，人心所向。所有热爱祖国的人，都应当学习孙中山，继承和发扬他的国共合作思想，积极谋求尽早实现统一祖国、振兴中华的大业，以完成历史赋予我们的使命。

首次国共合作，还是半殖民地半封建国家中的无产阶级政党和资产阶级革命民主派结成统一战线的最早的范例之一。它在世界的

---

① Ф．С．鲍罗庭娜：《孙中山的顾问》，载《孙中山诞生一百周年纪念（1866—1966）论文、回忆录和资料记编》，莫斯科 1966 年俄文版。

革命人民中也产生了强烈的反响，特别是为许多世纪以来遭受着同中国类似的苦难，进行着类似的斗争的亚、非、拉的广大人民，提供了可供参考的经验与教训。

第六章

呕心沥血献身国家和平统一

（1924 年前后）

第一节 “永绝反革命的根株”

一、国共合作后的胜利斗争

国民党的改组，国共合作的建立，不仅推动了国民党的革命化，而且为中共公开组织领导工农运动创造了条件，促进了全国各地工农组织和革命群众运动的迅速发展，促进了全国革命形势的高涨，中国革命运动随之出现崭新的局面。

在孙中山的领导下，国民党工人部和广州革命政府发布了一些有利于开展工人运动，建立工人组织的法令。在扶助农工的政策指导下，1924 年 5 月上旬，召开了广州工人代表会，会上通过 12 个决议，成立了广州工人代表会执行委员会。7 月 15 日，中国共产党领导沙面工人举行大罢工，参加罢工的工人达数千人，此次工人罢工完全是政治性的，是由于英、法帝国主义不许中国工人自由出入沙面租界的所谓新警律而引起的。工人罢工后，中国籍的巡捕也罢了岗。罢工坚持一个多月，迫使英、法帝国主义取消了新警律，罢工取得了胜利，打击了帝国主义在中国横行霸道的嚣张气焰。这个胜利，鼓舞了全国工人阶级的斗志，推动了各地工人运动的进展。到1925年2月7日，也就是“二七惨案”两周年纪念日，在郑州召开了全国铁路工会第二次代表大会，有十二路的代表共45人参加，响亮地提出工人阶级参加国民革命、参加国民会议运动等口号，恢复了被封闭的京汉铁路总工会。3月1日，各地工会派代表参加了国共合作后在北京召开的国民会议促成会。

沙面和郑州工人运动的高潮，促进了上海、唐山、杭州、武汉、北京、淮南、青岛、广东等地工人运动的高涨。

在工人运动迅速发展的同时，农民运动也积极开展起来。在国民党改组后短短的一年里，国民党农民部在共产党员林伯渠主持下，派出彭湃、阮啸仙等人于1924年7月在广州创办农民运动讲习所，培训农民运动的骨干力量，很快在广东省有22个县成立了农会组织，有组织的农民多达21万人以上。继沙面事件成立广州工团军后，广州郊区农民也组织起自卫军。其他各县也有农民自卫武装的出现。1925年5月1日，广东省召开了第一次农民代表大会，成立了省农民协会。其他各县也有农民自卫武装的出现。

工人运动和农民运动的蓬勃发展，进一步推动了孙中山的进步。他从国共合作后革命力量的显著增长上，更加坚定地认识到工农是革命的基础，坚定地实行扶助农工政策。1924年“五一”劳动节时，他在广州工人代表大会和广州工人庆祝国际劳动节大会上说：中国工人“要担任提高国家地位的责任”，“做全国人民的指导，做国民的先锋，在最前线的阵地上去奋斗”。① 同年7月28日，国民党中央执行委员会农民部召集广州近郊农民一千余人和军界代表共两千余人在广东大学礼堂举行农民联欢会，孙中山出席了这次盛会并发表演说。当孙中山看到许多农民穿着破旧衣服，携带箩筐和扁担，打

①《在广州市工人代表会的演说》，《孙中山全集》第七卷，人民出版社2015年版，第614页。

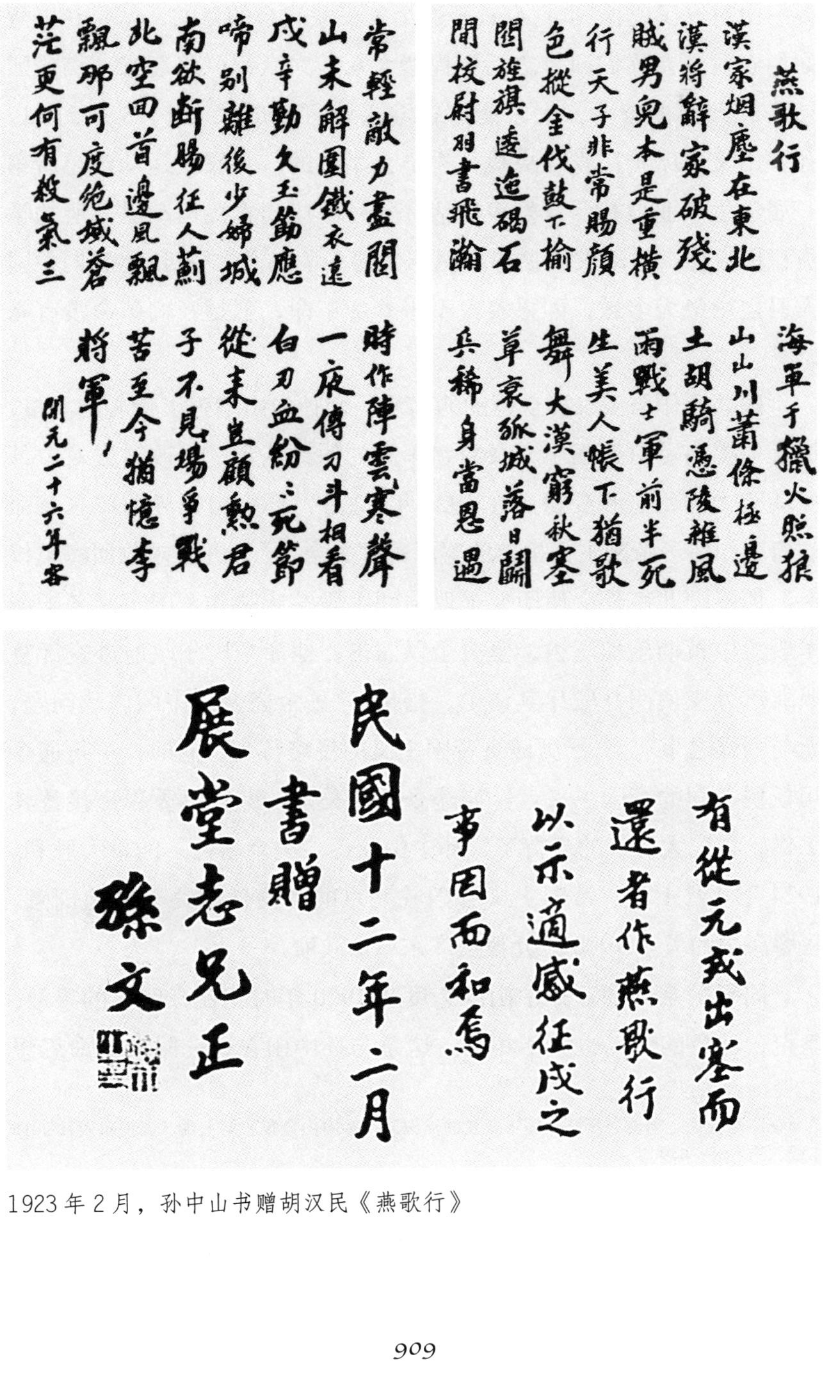
燕歌行
漢家烟塵在東北
漢將辭家破殘
賊男兒本是重橫
行天子非常賜顏
色摐金伐鼓下榆
關旌旗逶迤碣石
間校尉羽書飛瀚
海單于獵火照狼
山山川蕭條極邊
土胡騎憑陵雜風
雨戰士軍前半死
生美人帳下猶歌
舞大漠窮秋塞
草衰孤城落日鬬
兵稀身當恩遇
常輕敵力盡關
山未解圍鐵衣遠
戍辛勤久玉箸應
啼別離後少婦城
南欲斷腸征人薊
北空回首邊風飄
飄那可度絕域蒼
茫更何有殺氣三
時作陣雲寒聲
一夜傳刁斗相看
白刃血紛紛死節
從來豈顧勳君
子不見場爭戰
苦至今猶憶李
將軍
開元二十六年客
有從元戎出塞而
還者作燕歌行
以示適感征戍之
事因而和焉
民國十二年二月
書贈
展堂吾兄正
孫文

1923年2月，孙中山书赠胡汉民《燕歌行》

着赤脚来到会场，深受感动地对宋庆龄说：“这是革命成功的起点。”孙中山对农民说：“本党今日开这个农民联欢会的目的，就是在提醒你们农民，要你们回乡之后更提醒大众，大众都联络起来，结成团结”，“大家去奋斗。大家能够奋斗，就可以成大功！”8 月 21 日，孙中山又出席国民党中央执行委员会举办的广州农民运动讲习所第一届学生毕业典礼，并发表讲话。他号召广州农民运动讲习所的学员积极宣传、发动农民参加国民革命的斗争，说：“农民是我们中国人民之中最大多数，如果农民不来参加革命，就是我们革命没有基础。”①

国共合作与工农群众运动的高涨，使孙中山增强了信心和力量，加上他提高了对帝国主义及封建军阀的深刻认识，一改过去对中外反动势力的幻想和妥协。在 1923 年 12 月，孙中山领导的广东革命政府就扣留了帝国主义把持的粤海关“关余”②，并要求收回海关权益。他不顾北京外交使团要采取强硬手段的威胁和帝国主义各国派军舰集中黄埔施加压力，坚决予以回击。他命令广州政府外交部复照北京外交使团并驳斥其谬论，指出：“关余完全是中国内政问题，无与列强之事”，③ 严厉谴责帝国主义的侵略行为。同时，一再通令担任税务司的帝国主义者：如违令不交关余，即行另委税吏接替其工作。在广大群众的支持下，孙中山取得“关余事件”的重大胜利。1924 年 4 月 1 日，帝国主义各国驻北京的外交使团终于被迫同意，将粤海关的关余 1000 万元拨交广东革命政府。

同是关余问题，孙中山的态度与 1920 年时相比，明显的果敢、坚定，斗争的结局也大不相同。这是与孙中山在这一时期革命思想

---

①《在广州农民运动讲习所第一届毕业礼的演说》，《孙中山全集》第七卷，人民出版社 2015 年版，第 648—649 页。

②关税余款。指帝国主义控制中国海关，在将大部分关税收入截留为抵付赔款后，才分给中国当局的剩余部分。

③《关于海关问题之宣言》，《孙中山全集》第三卷，人民出版社 2015 年版，第 151 页。

所经历的重要发展直接联系在一起的，也是和华南政治局势的变化密切相关的。1920 年，孙中山在领导第二次护法运动时所依靠的力量，主要是陈炯明的粤军，与人民群众还相当疏远。而他的收回关余的要求，并没有得到居心叵测的陈炯明的支持，终于不敌帝国主义的武力恫吓而告失败。而 1923 年的情景就大不一样。这时，孙中山已决定采取联俄、容共、扶助农工的方针，并且得到人民群众和中俄两国共产党人的有力支持，成为他的坚强后盾，终于取得了斗争的胜利。

在工农运动空前高涨的形势下，孙中山决定先讨伐盘踞在广东省东江一带的陈炯明叛军，巩固国民党广东革命根据地，然后再挥师北伐，消灭曹锟、吴佩孚直系军阀。1924 年 9 月，孙中山在广州召开北伐第五次军务会议，决定国民党所能指挥的滇、桂、湘、豫、山、陕各军于两周内一律出师北伐。这时，孙中山亲临部队检阅，鼓舞士气，发表讲演，勉励全体官兵成为一支坚强的革命军，要“为三民主义去牺牲，不要为金钱去牺牲”，肩负起救国救民的重任。此时，有人建议孙中山宽恕陈炯明，允许他悔过自新，出师北伐，将功补过。孙中山采纳这个建议，于 9 月 13 日以大元帅名义，令东江叛军陈炯明悔悟自新。汪精卫执意规劝陈逆归来。于是，他派其妻陈璧君赴沪请吴稚晖出面从中斡旋，说服陈炯明出兵福建一致北伐。吴稚晖对孙中山说明此意，但孙中山坚持要陈炯明写悔过书，承认所犯罪行。吴稚晖赶赴汕头见陈炯明，然而陈炯明执迷不悟，虽说服再三，仍为敌到底。

这时，北京政府仍由曹锟、吴佩孚所控制。1923 年 10 月，曹锟贿选总统；孙中山同月通电全国，宣言讨曹。曹锟就任总统后，浙江卢永祥通电宣告不承认曹锟为总统；汪精卫、姜登选带头以各省联席会议代表的名义宣布反曹通电。一些没有参与贿选的议员和黎元洪派的政客群集广州、上海，拟在杭州拥黎另组政府，以卢永

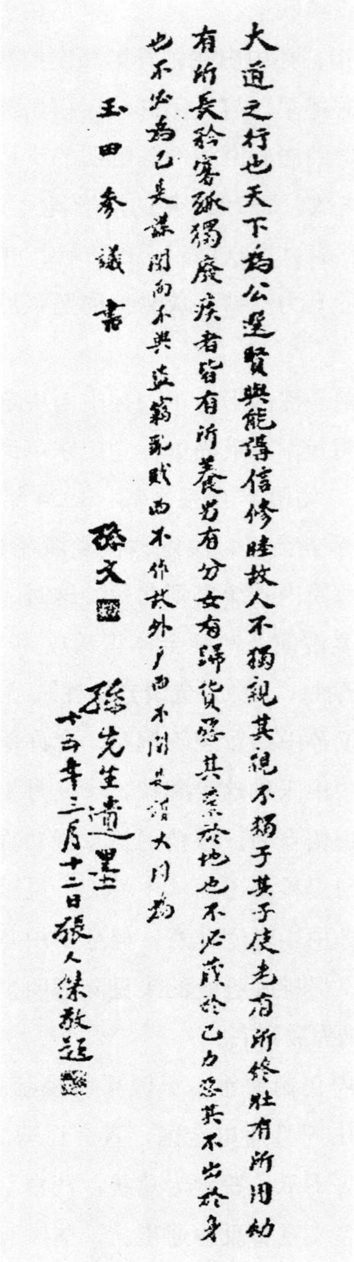

大道之行也天下為公選賢與能講信修睦故人不獨親其親不獨子其子使老有所終壯有所用幼

有所長矜寡孤獨廢疾者皆有所養男有分女有歸貨惡其棄於地也不必藏於己力惡其不出於身

也不必為己是故謀閉而不興盜竊亂賊而不作故外戶而不閉是謂大同為

玉田參議書　孫文

孫先生遺墨

十四年三月十二日張人傑敬題

孙中山为玉田书《礼运·大同篇》

祥为反直中心。这时，孙中山认为革命事业已经发展到一个新的阶段，不宜再用“护法”作号召，更不宜再拥戴黎元洪当总统，应该彻底打倒北洋军阀。

他决定遵守先前他为推翻直系军阀吴佩孚、曹锟的统治，与奉系军阀张作霖、皖系军阀段祺瑞所达成的三角联盟协议，出师北伐，“与天下共讨曹、吴诸贼”。

孙中山与奉系、皖系军阀之间的三角联盟关系，有一个发展、演变的过程。

第一次护法运动后期，桂系军阀架空孙中山，与直系军阀暗中联络，酝酿南北议和；而直系军阀不满于段祺瑞的排斥，企图通过与桂系军阀的勾结，加强与皖系抗衡的实力，并进一步打击孙中山。段祺瑞为减轻直、桂军阀联合的压力，有意与孙中山接触。在这种情况下，受西南军阀排挤愤然离粤的孙中山，于1919年秋电召革命党人宁武到上海，指示说：“我们要分化北方军阀，利用直系与皖系的利害冲突，联络段祺瑞，特别是关外实力派张作霖，三方合作声讨曹（锟）、吴（佩孚）。”他具体要求宁武利用东北籍贯的身份，“回去做张作霖的工作”。宁武领命后，北上游说张作霖。正欲经营关内的张作霖，表示愿意考虑。到了1921年间，孙中山逐走桂系势力，在广州第二次建立起了革命政权，并积极准备北伐，“以武力声罪致讨，歼灭群逆”。为了对付把持北京政府的直系军阀，孙中山也希望继续利用北洋军阀的内部矛盾，争取北伐成功。只是由于滇桂军阀的阻挠，这次北伐未能付诸实施。到国民党“一大”前后，当孙中山刚把桂系陆荣廷的势力赶出广西，后方稳固之时，认为这是完成他的北伐夙愿的大好时机，遂立即着手筹备北伐事宜。

当时，孙中山对北伐是抓得很紧的。他在9月3日宴请北伐将领时，发表了“统一中国，非出师北伐不为功”[①] 的演说；9 月 10 日，召开国民党政治委员会会议，研究北伐问题；接着，又召集政务、军事联合会议，任命唐继尧为副元帅，并电促唐就职，率师北伐。18 日，以中国国民党名义发表《北伐宣言》。

在《北伐宣言》中，孙中山明确指出：

> 革命政府已下明令出师北向，与天下共讨曹锟、吴佩孚诸贼。于此有当郑重为国民告且为友军告者：此战之目的，不在覆灭曹吴，尤在曹吴覆灭之后永无同样继起之人，以持续反革命之恶势；换言之，此战之目的不仅在推倒军阀，尤其推倒军阀所赖以生存之帝国主义。[②]

9 月 20 日，孙中山在韶关举行北伐誓师典礼。秋高气爽，军容威壮，孙中山发布帅令道：

> 民国存亡，决于此战，其间绝无中立之地，亦绝无可以旁观之人！凡我各省将帅，平时薄物细故，悉当弃置，集其精力，从事破贼。露布一到，即当克期会师。[③]

各军随即分两路向湘、赣出发。之后，孙中山又到处奔走，为北伐军筹措军费、枪械，并勉励各军将士，尽早出师，指出这次北伐，是“重新筹备革命，完成过去斗争未了之功”。孙中山对于北洋军阀的罪恶统治，已深恶痛绝。

---

①《在广州宴请北伐军将领时的演说》，《孙中山全集》第七卷，人民出版社 2015 年版，第 375 页。

②《中国国民党北伐宣言》，《孙中山全集》第三卷，人民出版社 2015 年版，第 190—191 页。

③胡去非：《孙中山先生传》，商务印书馆 1937 年版，第 153 页。

1924 年 9 月 12 日，孙中山在广州燕塘检阅粤军时对官兵讲话的情景

1924 年 9 月 20 日，孙中山在韶关北伐军誓师典礼主席台上

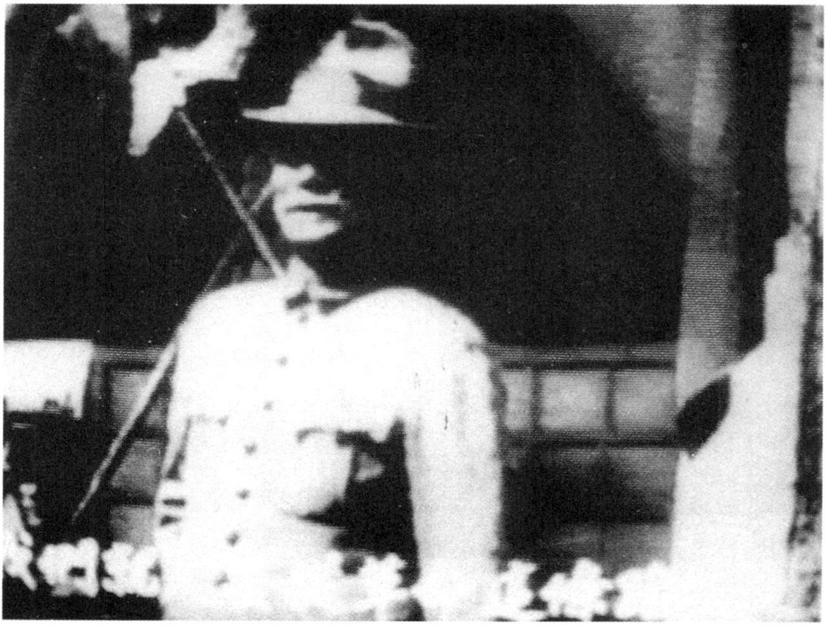

1924年9月20日，孙中山在韶关北伐军誓师典礼主席台上讲话的情景

1924年9月20日，孙中山在韶关北伐军誓师典礼后检阅部队的情景

二、平定广州商团叛乱

收回“关余”风暴过后不久，孙中山平定了商团叛乱。这是孙中山又一次坚决反帝、反军阀的光辉业绩。

从1924年开始，中国的新民主主义革命进入了第一次国内革命战争阶段。在孙中山所主持的革命政府所在地——广东，酝酿着一场大革命的风暴。这场波澜壮阔的反帝反封建革命运动，当时还处于萌发状态。

事出有因。它是源于孙中山在1923年初重返广州第三次建立政权时期的作为，使得广东成为当时的革命策源地，全国革命形势随之出现澎湃发展的高潮。广东革命形势的大发展，必然引起国内外一切反动势力的不安、阻挠和破坏。作为中国民主革命的主要敌人，帝国主义——首先是英帝国主义伸出了反革命的触角。这是完全合乎逻辑的，因为“……广东接近香港，差不多什么都受英国的支配”。广东地区的革命化，不仅意味着它对这个富饶和重要的省份丧失了控制权，同时，也威胁到了它侵略中国和亚洲的重要据点之一的香港。所以，英帝国主义积极支持窜踞东江地区的陈炯明，“从香港暗输军械给陈炯明，以香港为陈炯明阴谋密探的中心地，想颠覆广州革命政府”。同时，又加紧勾结和利用依附于它的广东买办阶级，把他们控制的商团、商团军变成一支反革命别动队，以便在革命策源地的心脏——广州策动反革命叛乱。

广州商团，原本是广东商人为自卫而组织的武装，它早在1911年夏季便在省城广州组织建立。后来成为了英帝国主义、国民党右派和乡村地主勾结在一起的一支反革命别动队。商团军共有10个分团，连同后备力量，约达6000人。团长陈廉伯是英国汇丰银行广州分行的买办。少数商团则同豪绅充当头目，佛山商团团长陈恭受是曾担任过省警察厅秘书长的恶霸地主。从20年代初（特别是陈炯明

广州商团团长陈廉伯

被逐出广州后），英帝国主义便积极扶植并控制商团。原有商团多以“自卫”为名大加扩充。他们不仅配备着长短枪，而且还置办了机枪。他们反对孙中山制定的革命的三大政策，攻击“联俄”、“容共”是“赤化”，污蔑“扶助农工的政策是挑起工人和资产阶级的恶感，来坐收渔人之利”。商团头子听命于港英政府，英帝国主义分子曾经教唆陈廉伯说：“如果你能够运动商团从中反对政府，我们英国便帮你组织商人政府，你陈廉伯就是中国的华盛顿。”他们还同反动军阀狼狈为奸，“北通曹吴，东连陈炯明”。此外，他们又与国民党右派相勾结。尽管孙中山和廖仲恺曾经对商团进行过教育和争取，但其领导人的反动本质促使这个组织走上“与帝国主义列强军阀相勾结，直接阻止国民革命之进行”的反革命道路。总之，这个反动武装集团，依靠英帝国主义和国民党内部反动力量，图谋在革命根据地广州发动反革命军事叛乱，颠覆还处在摇篮中的广州革命政府。

他们擅自在广州成立全省商团联防总部，以陈廉伯为总长，邓

仲愷兄鑒：截得販械商船私運軍械事，今晚着鄧彥華率同江固艦來長洲之後，更約英國兵船來黃埔協助，如遇有事，可協商英同一致行動可也。

八月九晚 文白

1924 年 8 月 9 日，孙中山关于广州商团私运军火事给廖仲恺的信

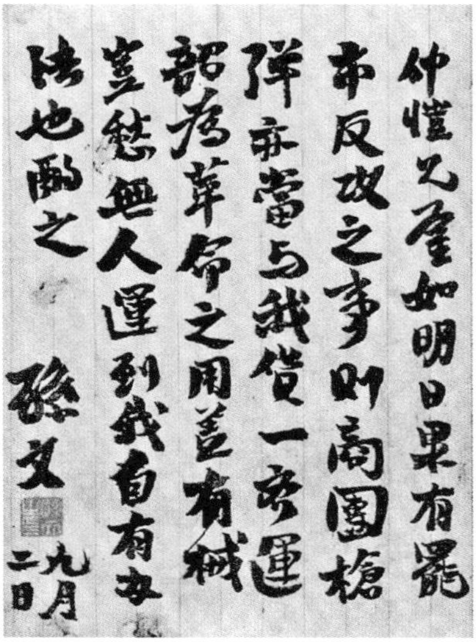

仲愷兄鑒：如明日果有罷市反攻之事，則商團槍彈亦當與我借一齊運韶，為革命之用，並有械莫愁無人運到，我自有安法也。酌之

孫文 九月二日

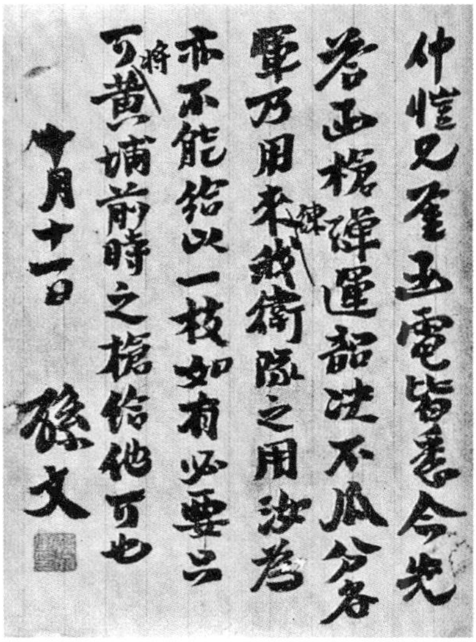

仲愷兄鑒：函電皆悉。今先答函槍彈運韶法不成，分各軍乃用來械我衛隊之用，汝為亦不能給以一枝，如有必要，亦可將黃埔前時之槍給他可也。

十月十一日 孫文

1924 年 9 月和 10 月，孙中山致廖仲恺的信

介石和陈恭受为副总长。他们还私自向香港南利洋行定购近万支枪支和三百余万发子弹，企图通过欺骗手段运进广州，发动叛乱。

1924 年 8 月 10 日，当偷运这批军火的悬挂着挪威旗的丹麦商船“哈佛”号驶进广州时，就被广州革命政府的军舰截获，全部军火被扣留，“扣械潮”就此引发。

当时，蓄意叛乱的商团，遂以此为借口出动了两千多名团丁包围了孙中山的大元帅府，叫嚣发还枪械，进行捣乱。他们大肆散发反动传单，叫嚣什么“赤化亡党”、“共产在即”，千方百计扩大事态，并一方面同军阀和国民党右派勾结，加紧策划武装暴动；一方面又煽动和胁迫商民罢市。在他们的威逼和煽惑下，广州商人掀起罢市风潮，反对革命政府，动乱陆续蔓延到全省各城镇一百多处。

变生肘腋的商团叛乱，对孙中山和他主持的广州革命政府无疑是一场严峻的考验。作为革命民主派的领袖，孙中山经受了斗争的磨砺。在中国共产党的积极帮助下，在广大工农群众和革命军人的推动下，在国民党左派的支持下，孙中山对商团采取了坚决的态度。虽然，他在这场尖锐复杂的斗争过程中曾经有过犹豫和动摇，甚至一度做出过失误的北伐决策——这主要是国民党右派、中派对他实行包围和施加压力的结果。然而，重要的是孙中山及时克服了这些消极因素，在关键时刻接受了中国共产党和革命人民的主张，对商团叛乱进行了镇压，巩固和发展了革命策源地，从而，为北伐战争根据地的巩固做出了贡献。

孙中山对商团叛乱采取了坚决的态度和手段，决不是偶然的。这反映了他后期思想的深刻变化和发展，也体现了中国共产党和广大工农群众、革命军人对他的支持和促进。还在商团叛迹初露的时候，共产党人就指出不可“姑息养奸”，“对广东政府对待商团的优柔政策，老早就表示警告”；认为“革命政府军事计划，第一步是解散商团军”。在后来的事变进程中，共产党人多次要求孙中山排除

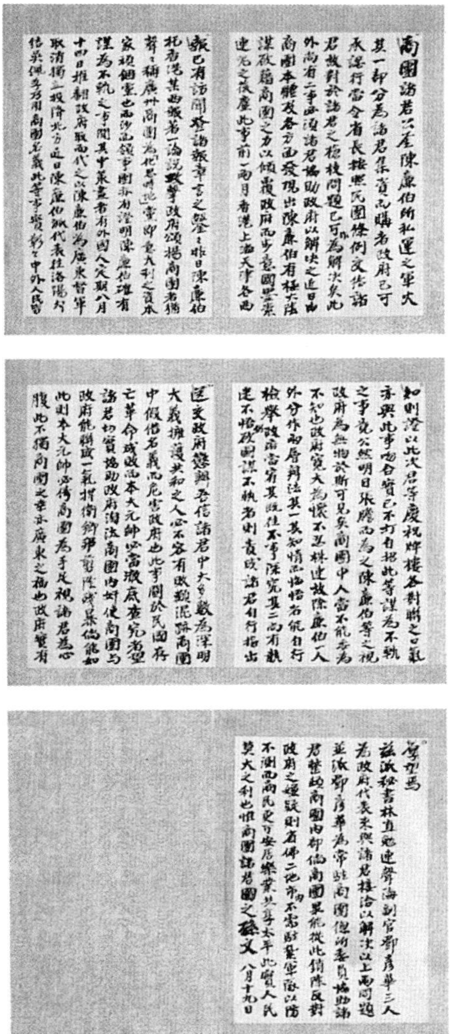

商團諸君：以產陳廉伯所私運之軍火，其一部分爲諸君集資而購者，政府已可承認，行當令省長按照民團條例，發給諸君，故對於諸君之槍枝問題，已可作爲解決矣。此外尚有一事，必須諸君協助政府以解決之。近日由商團本體及各方面發現出陳廉伯有極大陰謀，欲藉商團之力，以傾覆政府，而步意國黑衫黨之後塵。此事前一兩月香港上海天津各西報已有訪聞登諸報章，言之鑿鑿。昨日陳廉伯托香港某西報著一論說，攻擊政府，頌揚商團者猶稱稱廣州商團爲「[illegible]」，即意大利之資本家組織也，而沙面領事團亦有證明陳廉伯確有謀爲不軌之事。聞其中策畫者有外國人。又聞八月十四日推翻政府，取而代之，以陳廉伯爲廣東督軍，取消獨立，投降北方。近日陳廉伯派代表往洛陽，於吳佩孚乃用商團名義。此等事實彰彰，中外人民皆知，則陰以此次君等慶祝燈樓各對聯之口氣亦與此事吻合，實已不打自招此等謀爲不軌之事。竟公然明日張膽而爲之，陳廉伯等之視政府爲無物，於斯可見矣。商團中人當不能委爲不知也。政府寬大爲懷，不忍株連，故除陳廉伯一人外，分作兩層辦法：其一，其知情而悔悟者，能自行檢舉，政府當宥其既往，不事深究；其二，而有執迷不悟，於政府謀不軌者，則責成諸君自行指出，送交政府懲辦。吾信諸君中大多數爲深明大義擁護共和之人，必不容有此類混跡商團中，假借名義而危害政府也。此事關於民國存亡，革命成敗，而本大元帥必當徹底查究。吾望諸君切實協助政府淘汰商團內奸，使商團與政府能聯成一氣，捍衛鄉邦，[illegible]倘能如此，則本大元帥必倚商團爲手足，視諸君爲心腹。此不獨商團之幸，亦廣東之福也。政府實有厚望焉。茲派秘書林直勉、連聲海、副官鄧彥華三人爲政府代表，來與諸君接洽，以解決以上兩問題，並派鄧彥華爲常駐商團總部委員，協助諸君整頓商團內部，俾商團易能從此消除反對政府之嫌疑，則省佛二地市面不需駐紮軍隊以防不測，而商民更可安居樂業，共享太平，此實人民莫大之利也。惟商團諸君圖之。孫文 八月十九日

1924年8月19日，孙中山致书晓谕商团，勿附和叛逆，并派代表前往接洽

国民党右派的包围和干扰，振奋大无畏的革命精神，对猖獗一时的商团给予迎头痛击！[①] 广大工农群众对商团的倒行逆施义愤填膺，积极支持孙中山的革命行动，决心组织、武装起来，同商团“决一死战”！总工会在罢市开始后，立即发表《劝告商民复业书》，诫以“勿为谣言所惑”，要求“先行复业”。广州工代会在通电中声讨了商团的累累罪行，表示“誓为政府之后盾”，要求将所扣枪械“全数没收，拨为组织工团军农团军之用”。为了发动更多的工人共同向商团斗争，还组织了“劳工同盟救国会”。8月26日，工团军首次进行编制和训练。“人数有300人，直接受工人部的指挥。”广州附近各属农会纷纷组织农民自卫军，配合和参与了反商团斗争。这支同反动乡团相抗衡的农民武装，共有枪3000支。广东农民运动讲习所的学员也建立了农民自卫军，警卫廖仲恺主持的省长公署。工团军和农民自卫军八百余人在29日向孙中山请愿，要求明令讨伐商团。广州革命政府掌握和影响的四所军官学校的二千余名学员们大都斗志昂扬，特别是黄埔学生军更为爱憎分明，扣械事发后，“全体学生表决将其扣留，并准备与商团作战”。广州的市民则组织了平粜委员会，准备接管粮店和罢市的商铺。广大革命群众纷纷集会游行，支持孙中山对商团的果决措施。8月26日，工农群众还组织宣传队前往佛山。显然，中国共产党和革命群众的积极支持，给予孙中山以力量和信心，促进他对国内外反动派的进攻采取反击的态度。

商团的胁迫并没有吓倒孙中山和广州革命政府，反而激起了群众斗争的新浪潮；陈廉伯之流的处境十分孤立，面临着溃灭的命运。在这种形势下，英帝国主义不得不从后台走到前台，采取传统的炮舰政策，公然出面干涉中国的内政。他们在8月28日，派出九艘军舰集中于白鹅潭，将炮口对准中国军舰进行恫吓。当天晚上，列强

①参阅《向导》第79—92期和一系列相关的论文和述评。

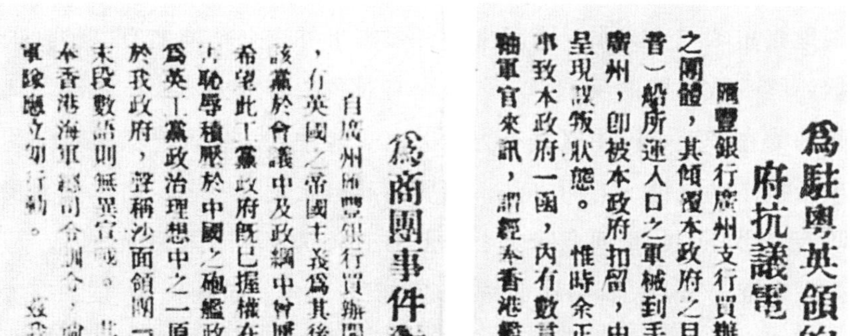

爲駐粵英領的哀的美敦書向麥克唐納爾政府抗議電

滙豐銀行廣州支行買辦（陳廉伯），近組織一所謂中國法西斯蒂黨之團體，其傾覆本政府之目的現已披露，叛黨擬俟由歐洲來粵之哈佛（譯音）船所運入口之軍械到手即將實行之。該哈佛輪已於八月十日行抵廣州，即被本政府扣留，由是叛黨及反革命黨在廣州藉罷市名目，即已呈現謀叛狀態。惟時余正擬適當方法戡定叛亂，不意忽接駐粵英總領事致本政府一函，內有數言如下：「本總領事現接駐粵英國海軍艦隊領袖軍官來訊，謂經奉香港艦隊司令命令，如遇中國當道有向城市開火之

爲商團事件對外宣言

自廣州滙豐銀行買辦開始公然叛抗我政府後，余即疑彼之叛國行動，有英國之帝國主義爲其後盾；但余不欲深信，因英國工黨今方執政，該黨於會議中及政綱中曾屢次表示表同情於被壓迫之民族，故余當時尚希望此工黨政府既已握權在手，或能實行其所表示，至少拋棄從前以碣告恥辱積壓於中國之砲艦政策，而在中國創始一國際公道時代，即相傳爲英工黨政治理想中之一原則者。不意八月二十九日英總領事致公文於我政府，聲稱沙面領團「抗爭對一無防禦的城市開砲之野蠻舉動」，末段數語則無異宣戰。其文曰：「余現接上級英海軍官通告，謂彼已奉香港海軍總司令訓令，倘中國當局對城市開炮，所有一切可用之英海軍隊應立即行動。」

茲我政府拒絕「對一無防禦的城市開炮之野蠻舉

1924年9月1日，孙中山为商团事件发布对外宣言和通电

领事团向广东省长廖仲恺提出“警告”和“抗议”。29日，英国驻广州总领事向大元帅府发出最后通牒，竟然蛮横地宣称“奉香港舰队司令之命，如遇中国当道有向城市开火时，英国海军即以全力对待之”。[①] 但是，英帝国主义的张牙舞爪并没有达到预期的目的。9月1日，孙中山为抗议英帝国主义支持商团叛乱发表对外宣言，尖锐地指出“二十年来，帝国主义各强国于外交上精神上及以种种借款始终一致的赞助反革命……盖今有对我政府之公然叛抗举动，其领袖为在华英帝国主义最有力机关之一代理人。我政府谋施对付此项叛抗举动之惟一有力办法，而所谓英国工党政府者，乃作打倒我政府之恐吓！此是何意味乎！盖帝国主义欲毁坏之国民党政府，乃我国中惟一努力图保持革命精神之政府，乃惟一抗拒反革命之中心，故英国之炮欲对之而发射”。明确表示：“从前有一时期，为努力推翻满清；今将开始一时期，为努力推翻帝国主义之干涉中国，扫除完成革命之历史的工作之最大障碍。”[②] 同时，对英国麦克唐纳政府“干涉中国内政提出严重抗议”。在这期间，孙中山还在同外国记者的谈话中重申：“帝国主义……不仅是我们走向独立自由的道路上的主要障碍，而且是我国的反革命中最强有力的因素。”[③] 孙中山义正词严的声明维护了中华民族的尊严，体现了广大人民反帝的意愿，因而，也赢得了国际无产阶级和世界人民的支持。在不屈的革命人民面前，英帝国主义的政治恫吓和军事讹诈遭到破产。

在整个商团叛乱过程中，国民党右派充当了商团的内应。他们之间或是勾勾搭搭，或是“心有灵犀一点通”。“扣械潮”起，右派政客就反对孙中山对商团采取的果决手段，要求“和平审慎”，鼓

---

①《广州英领事致傅交涉员函》（8月29日），香港《华字日报》编：《广东扣械潮》，卷二（文件），1924年印本，第91页。

②《为广州商团事件对外宣言》，《孙中山全集》第三卷，人民出版社2015年版，第178—179页。

③《广州公报》，1924年9月8日。

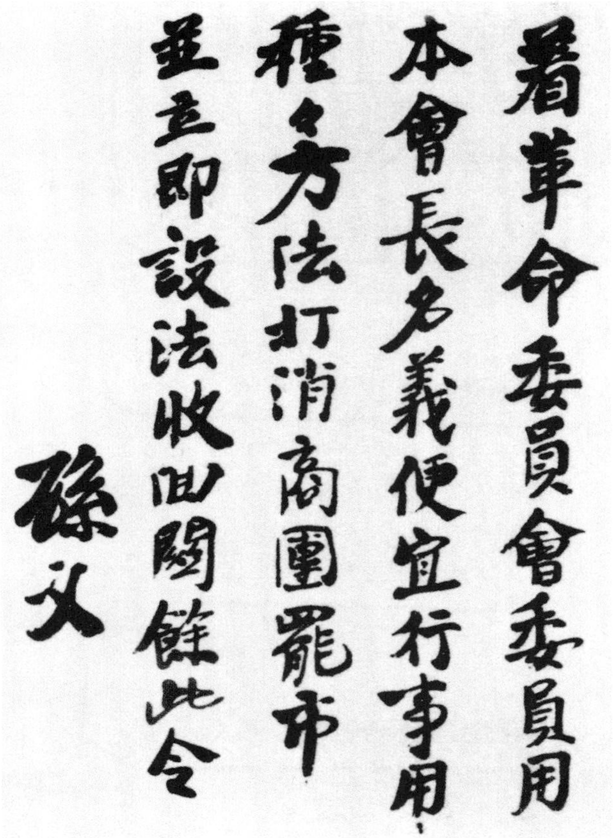

着革命委員會委員用
本會長名義便宜行事用、
種々方法打消商團罷市
並立即設法收回關餘此令
孫文

1924年10月11日，孙中山授权革命委员会取缔商团罢市及收回关余。图为孙中山的手令

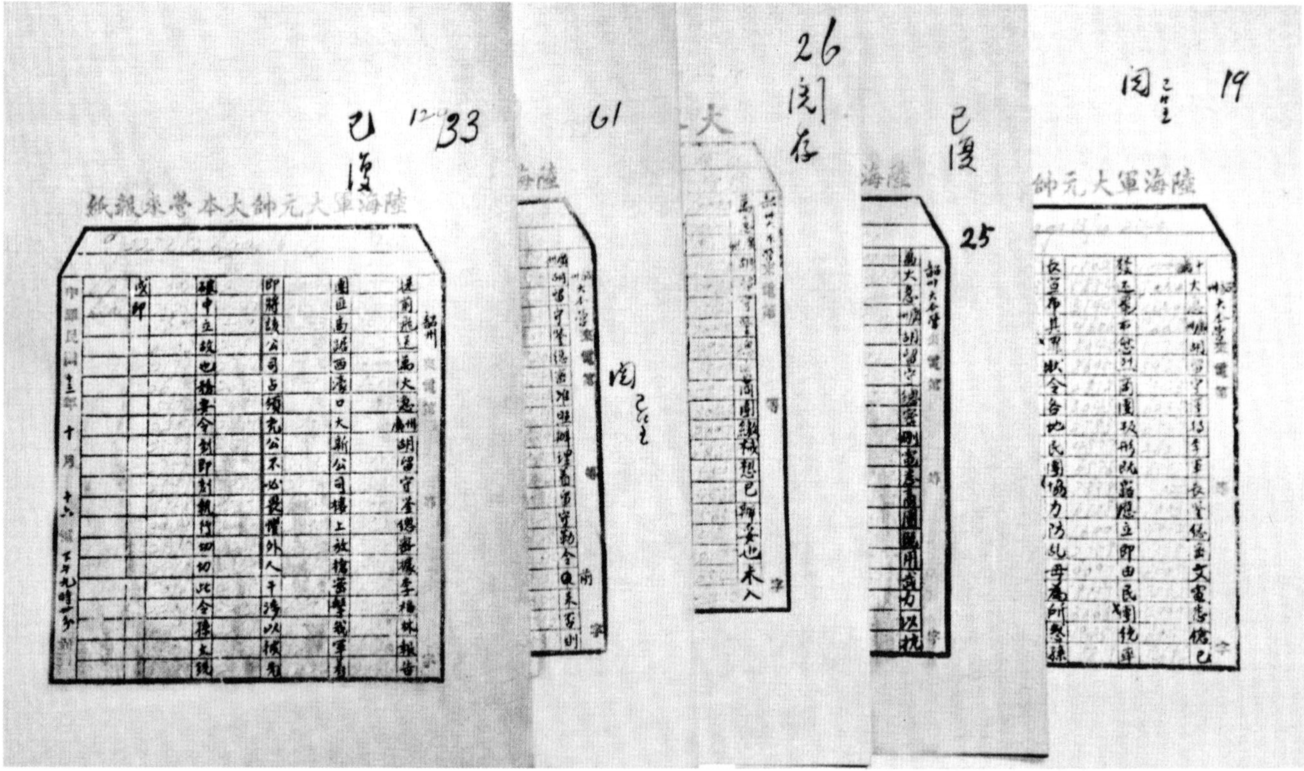

孙中山为取缔广州商团发出的急电

吹“和平解决”。伍朝枢等还阻止工团军、农民自卫军的建立，不同意群众革命组织或省署接管粮食贸易商店而罢市。握有兵权的右派——驻在广州的滇系军阀范石生、廖行超和盘踞广州河南地区的李福林等，更直接同商团相勾结，借“调解”为名，向革命政府施加压力。驻扎广州地区的范石生部（第二军）和廖行超部（第二师），则是滇军的主力。他们联合盘踞河南地区的李福林部，成为广州的军事统治者。除警卫军、豫军和许崇智部外，各军大都不听孙中山的调遣。他们“假革命之名，以行盗贼之实”，以致“革命政府不特不能资以为用，且受其牵制，使一切革命政策无由实行”，右派军阀在商团叛乱中的作为，完全属于这种性质。

正在这时，成为奉系、皖系军阀联合反对直系的军阀大战先声的江浙战争于 9 月 3 日爆发。卢永祥在浙江发难，揭开反直战争的序幕。9 月 17 日，直奉战争开始。由于孙中山同皖系、奉系订立过反直联盟，所以决定参与讨直战争。他发表了讨伐曹吴宣言，积极出师北伐。

在当时的形势下，孙中山的北伐决策无疑是缺乏积极因素的。显而易见，这是右派包围和影响的结果。“右派因为恐怕孙中山与英国帝国主义冲突而打破他们的巢穴，因为要成功与陈炯明的调和以巩固他们与左派对抗的武装势力，因为要讨好段、张、唐继尧等军阀以遂其蝇营狗苟奔走南北升官发财的勾当。”所以，他们竭力怂恿孙中山北伐。这项决策的制定不仅是仓促的，而且具有“孤注一掷”的性质：“急撤东江防军，不惜舍弃广州要地。”中国共产党当然不能赞同北伐的决策，并且对这种战略部署作了详尽的分析，说明不可通过北伐实现“推倒军阀”及其“所赖以生存的帝国主义”，而只会给当前的反帝反封建斗争带来严重的消极后果。

从北伐战争本身说来，这次军事行动不可能具有鲜明的反帝反封建性质。北伐是为讨直，盟友则是皖系、奉系军阀和唐继尧等西南军阀。然而，直、皖、奉和西南军阀之间的争端，不过是为了地盘和权力的角逐，并且反映了帝国主义之间的在华矛盾。孙中山固然是为了反对封建军阀和帝国主义而参战，但并没有真正的“革命军”作为基本力量，所以不能从根本上改变战争的性质，却在相当程度上削弱了自身的革命影响。甚至，在某种意义上“只能助日本帝国主义及反直军阀张目呐喊”。至于战争的结果，也是可以预期的。不论何方胜利，窃踞北京政府首脑的只能是军权在握的“武人”。辛亥革命后十余年的政治、军事史，已经明显地昭示了这条规律。孙中山希望“此次一出”，“中原可为我有”，“百年治安大计，从此开始”，显然是难以实现的幻想。可以断言，孙中山的北伐本身是不会获得什么积极成果的。

需要着重指出的是：北伐加剧了广州局势的逆转。孙中山在离开广州前，向广东人民宣告实行三项重大措施，除北伐外，其他两项是广东“自治”（包括广州市长“民选”）和免除“一切苛杂捐税”。他希望由此得以“改弦更张，以求与人民合作”。但是，三项措施并未改善广州的形势。孙中山计划“悉调各军，实行北伐”，实际上只有警卫军、湘军、豫军和朱培德部的直属滇军随行。滇、桂军和李福林部继续盘踞广州，扰害人民，与商团相勾结。以广州市长“付之民选”作为“全省自治之先导”，也是没有实际意义的。李福林和范石生、廖行超已经控制了广州的军政大权，“自治”、“民选”完全有名无实。归根结底，“一切改组商团民选市长等条例便在他们手里”。因此，“所谓以广东还诸广东人民便是以广东还诸英帝国主义的走狗陈炯明及买办阶级”。至于免除“苛杂捐税”，则是根本行不通的。尽管孙中山三令五申，廖仲恺积极“整顿财政”，但“……饷源在握的各军长不但不能遵令取消，且更借北伐巧立名目，加抽各种捐税。滇军军阀如是，粤军、桂军、湘军等军阀亦莫不如是”。9 月 17 日，廖仲恺被迫辞去军需总监、财政部长和财政厅长等职。可见，孙中山离穗前的措施未能稳定、改善广州的局势。反之，由于孙中山“全力用于毫无结果的军事行动上面，党务以及在民众间的发展完全因此停止”。

更为严重的问题是商团本身。北伐并未打消其反革命叛乱的谋划。恰恰相反，这种决策所包含的回避、退让和妥协的因素在客观上纵容了商团头子们。事实上，孙中山在右派、中派的包围和影响下高估了帝国主义和国内反动派的力量，以为广州“不能一刻再居”，原因有三：“英国的压迫”；“东江敌人之反攻”；“客军专横，造成种种犯孽”。结论则是“宜速舍去一切，另谋生路”，而“现在之生路，则以北伐为最善”。正是在这种思想状态下，孙中山把他认为十分棘手的商团问题交由胡汉民、汪精卫处理，因为他们“长于调和现状”，“现在之不生不死局面，有此二人，当易于维持”。孙中山在此期间对有关商团问题也做出一系列不明确的乃至前后矛盾的指示——时而认为商团接受“民团条例”、报效北伐军费后可以发还扣械，时而又命令以部分扣械武装北伐部队。至于留守广州的右派和中派，对于商团更是采取纵容的政策。9 月 18 日，胡汉民派代表偕同商团头子前往黄埔军校察看扣械。20 日，政府取消了对陈廉伯等的通缉令。30 日，范石生、李福林将部分扣械从黄埔运回广州，存放江防司令部，准备发还商团。只是在获悉商团接济陈炯明军费并唆使其进攻广州的消息后，才暂中止。

广州当局的这种“柔软”态度，招致了商团的益发猖獗。9 月 14 日，商团散发反动传单，叫嚣“赤化亡党”、“共产在即”，并酝酿第二次罢市。10 月初，商团以扣械未还作为扩大事态的借口。4 日，全省 188 个商团在佛山开会，决定举行大规模罢市和停止纳税，准备以“直捷手段”对付革命派和广大群众。在此前后，地主阶级、买办阶级和各种反动势力纷纷出笼，建立形形色色的组织，大造反革命声势。“广东商业联合会”通电海外，煽惑华侨反对孙中山。买办豪绅们拼凑的“广东省临时大会”甚至乞怜于国联，控告孙中山为“破坏国际善意之叛徒”。9日，商团发出了总罢市的通牒。一场反革命叛乱，已经迫在眉睫。

10月10日，中共广东区委发动广州的革命群众在第一公园举行武昌起义纪念大会。

与会者有工人、农民、革命军人、学生和市民。会场上高悬着“打倒帝国主义”、“打倒军阀”等标语。群众团体的代表们在发言中声讨了帝国主义和封建军阀的罪行，揭露了商团的反革命面目，共产党人周恩来代表民族解放协会讲话，强调指出“团结起全中国的革命民众向反革命派进攻，也就是团结起今日到会的工人、农民、兵士、学生、商人向四周围的反革命派进攻”，就能够实现“真正独立。真正共和”。会后，数千群众举行了示威游行。当队伍行至太平路时，预伏的商团突然开枪扫射，前后夹击，四面追袭，甚至凌辱被难者的尸体，残暴地斩首剖心。革命群众当场死伤数十人，落水失踪者为数甚多。现场正是李福林和廖行超所部的防区，在场的福军竟然会同商团兜捕游行群众。帝国主义走狗一手制造的血淋淋的惨案，就在光天化日之下发生在革命策源地的心脏！

“双十”惨案的枪声，立即激起了革命人民的极大义愤。中国共产党广州地方执委会和中国社会主义青年团广东区执委会发表《告民众书》，号召人们进一步认清反革命势力的狰狞面目，团结起来，彻底革命，“抗军阀，抗帝国主义，抗一切反革命派”。并且要求国民党“扫除向日妥协的空气”，积极领导广大群众英勇奋斗，“解除商团武装，实行国民革命”。参加10月10日游行的16个团体组织了工农兵学革命大联盟，坚决要求解散商团，严惩凶手。并在宣言中指出“双十”惨案是英帝国主义、买办阶级、商团军、陈炯明以及广州反动军阀制造的，号召群众“与反革命决以最后死战”。广大工农群众和革命军人一致要求以严厉手段镇压商团。甚至小商人也起来反对商团“胁迫”罢市，要求“打倒陈逆”。

在中国共产党的帮助下，在广大革命群众的推动下，孙中山面对反革命叛乱的严重威胁，终于下定了镇压商团的决心。10月10日，孙中山在给胡汉民和各军司令的电报中指出：“商人罢市，与敌反攻（指陈炯明部的蠢动——引者），同时并举，叛迹显露。”所以“万难再事姑息”，“惟有当机立断”，“切勿犹豫，以召自杀”。同日，孙中山成立了镇压商团叛乱的革命委员会，作为镇压反革命叛乱的权力机构，以取代广州当局，孙中山担任会长，以鲍罗庭为顾问，特派廖仲恺、谭平山等人为全权委员。11日，孙中山在获悉“双十”惨案的消息后，当即电饬胡汉民“立即宣布戒严，并将政府全权付托于革命委员会，以对付此非常之变，由其便宜行事以戡乱”。致电广州四十余个群众团体，告以“已令省长、许总司令、民团统率处处长严行查办”。在批示蒋介石来电中，重申对商团“严行查办”。但是，孙中山当时还没有认识到必须回师讨逆，仍然以为“北伐重要，不能回省戡乱”。他指示蒋介石收束军校，将扣械和苏联支援的武器运韶。

然而，广州形势急剧地恶化。右派和中派虽然对事态的发展也感到震动，不愿意商人政府和陈炯明取代现在的广州当局，但依旧“奔走调停”，以为“双十”的屠杀是什么“误会”，公然警告革命群众“不得借端生事”，否则“定必按法严惩”。这种对策助长了商团的气焰。他们继续罢市，张贴“驱除孙文”、“打倒孙政府”的传单和标语，封锁市区，构筑工事，沿街布防，武装巡行。12日，商团发出最后通牒。13日，陈廉伯指使其弟陈廉仲在沙面召集商团头子开会，策划扩大叛乱，决定“新老城团友一律于14日下午5时，集中西关待命”，以便“15日拂晓开始行动，收复省署、公安局及各财政机关”。陈廉伯则在香港策动陈炯明进攻广州，要求英帝国主义出面干预。与此同时，陈炯明部驱使石龙土匪进窥石滩。大局的趋

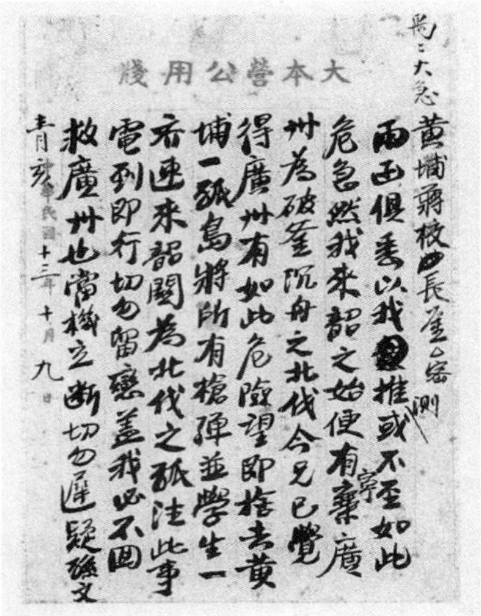

大本营公用笺
马上大急
黄埔蒋校长鉴：密
两函俱悉，以我意推，或不至如此危急，然我来韶之始，便有弃广州为破釜沉舟之北伐，今兄已觉得广州有如此危险，望即舍去黄埔一孤岛，将所有枪弹并学生一齐速来韶关，为北伐之孤注。此事电到即行，切勿留恋，盖我必不回救广州也。当机立断，切勿迟疑。孙文
民国十三年十月九日

1924年10月9日，因商团煽动罢市，广州形势险恶，孙中山密电蒋介石放弃黄埔岛，将所有枪弹并军校速移往韶关，参加北伐

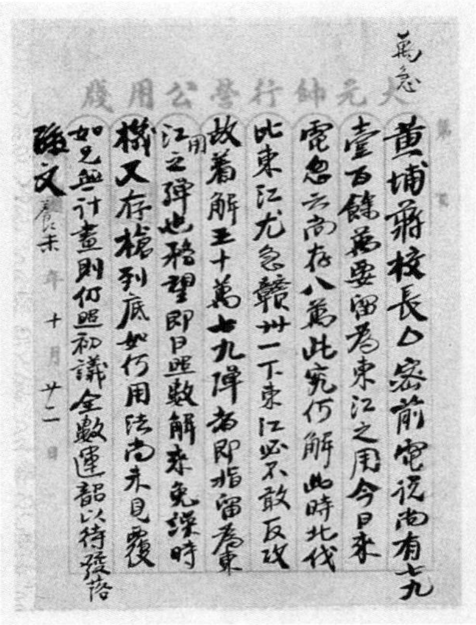

大元帅行营公用笺
马急
黄埔蒋校长鉴：密。前电谓尚有七九壹百余万要留为东江之用，今日来电忽云尚存八万，此究何解？此时北伐比东江尤急，赣州一下，东江必不敢反攻，故着解五十万七九弹者，即指留为东江之弹也。务望即日照数解来，免误时机。又存枪到底如何用法，尚未见覆，如无计划，则仍照初议全数运韶，以待发落。孙文
年十月廿二日

1924年10月22日，孙中山再次致函蒋介石，询问存枪如何用法，如无计划，嘱速将枪弹全数移往韶关，以待发落

势已经十分明显："不出两途：一是政府塌台，一是商团解散，绝对没有妥协的余地。"① 孙中山面临着最后的抉择——或是回师广州，全力扑灭商团叛乱；或是放弃广州，使煞费心血经营的革命策源地毁于一旦。形势要求立即作出答案，容不得任何犹豫和拖延。

中国共产党的态度是非常鲜明的，在这紧要的关头更是主张当机立断："立即以少数可靠的革命军力向一切反革命的商团和军阀下总攻击，以决最后的死战。"② 工农群众和工团军、农民自卫军斗志昂扬。黄埔军校学员"全体决议出发广州作战"，决心"与帝国主义者和军阀拼一个你死我活"。国民党左派则是一贯支持孙中山对商团采取果决手段的。正是在这种情势下，孙中山下了极大的决心：坚

①惠仙：《广州革命派与反革命派的大激战》，《向导》第八十九期。
②伍豪：《最近二月广州政象之概观》，《向导》第九十二期。

决消灭反革命商团，保卫革命策源地。12日，他命令黄埔军校当局“立即起义杀贼，绝无反顾”；“必尽灭省中之奸兵奸商，以维持革命之地盘”。13日，根据孙中山的手令，革命委员会饬令胡汉民解散广州商团机关，并将商团军缴械。同时，警卫军及湘、粤军各一部连夜回师广州。14日，再次电令胡汉民及驻广州各军迅速“收缴商团枪支”。15日凌晨，商团首先向警卫军射击。警卫军还击，工团军、农民自卫军、黄埔学生军以及粤、湘、桂、赣军纷纷投入战斗。滇军的范石生、廖行超部迫于形势，也不得不向商团开火。各军分五路将商团麇集的西关区团团包围起来，勒令商团缴械。商团凭借铁木栅栏和高楼抵抗，各军于是分头进攻。在工团军、农民自卫军和广大人民积极支持下，疾风扫落叶，仅仅经过几个小时的战斗，就以摧枯拉朽之势一举把耀武扬威的商团军全部歼灭。少数流窜郊区，也未逃脱覆亡的命运。叛乱的头子则狼狈地逃进了英国租界。

商团事件的解决，粉碎了英帝国主义和军阀、右派的颠覆阴谋，消除了广州革命政府的心腹之患，同时，也意味着对英帝国主义和军阀、右派的沉重打击，显示了广州革命政府的决心和力量，使国民革命的主要根据地得以巩固和发展，并为广东地区的统一创造了条件。孙中山对此十分欣悦，更增长了对革命事业必胜的信心，从而进一步推动了国民革命运动的蓬勃发展。

三、废除不平等条约

1840年中英鸦片战争后，帝国主义列强通过战争威胁或政治讹诈，迫使清政府签订了各种名目的一系列不平等条约。[①] 这些数百计

①据研究者统计，1840—1949年的109年中，中国同21个国家签订了745个不平等条约。这在世界殖民主义历史上可以说是绝无仅有的怪事。参见高放：《近现代中国不平等条约透视》。

1923年12月21日，孙中山前往岭南大学参观。图孙中山、宋庆龄离码头往学校步行时的情景

1923年12月21日，孙中山、宋庆龄与岭南大学学生在一起

的不平等条约，几如重重枷锁，紧紧地束缚着中国，使其失去了独立和统一。因此，反对帝国主义的侵略和欺凌，修改或废除奴役中国的不平等条约（以下简称“废约”），成为中国走向国家统一和独立于世界强国之林的一项重要任务。

孙中山毕生为中华民族的振兴和富强而奋斗，他始终强烈反对不平等条约，并把它视为自己谋求祖国独立和统一斗争中一个不可或缺的活动。但是，在“废约”问题上呈现的是一个颇为曲折、复杂和矛盾的逐渐推移过程，有着明显的演进阶段。

孙中山生活的1866年至1925年间，正是帝国主义侵略中国最酷烈的年代。从1884年中法战争中国“不败而败”的《中法新约》，到1901年八国联军践踏北京的《辛丑条约》，一个个丧权辱国的不平等条约，犹如台风所引起的割地、赔款的狂潮，将中华民族推向苦难深渊的同时也摧醒了广大中国人民——特别是部分先进的爱国志士投身到反抗斗争中。

面临着国家权益被列强分割、祖国陷于灭亡的局面，孙中山在19世纪酝酿民族主义时，就知道中国是受着“五洲列强”各种不平等条约的束缚，中国在国际上是处于“奴隶”的不平等地位。正是在这种帝国主义侵略所造成的民族屈辱和苦难、国家的贫弱和残破的激发下，促使他走上挽救祖国危亡的道路，所以当其革命活动开始后，就揭露和抨击帝国主义列强利用不平等条约对中国进行的侵略及其危害。1894年11月，孙中山在《檀香山兴中会宣言》中指出：“中国积弱，非一日矣”，大声惊呼：“方今强邻环列，虎视鹰瞵，久垂涎于中华五金之富、物产之饶，蚕食鲸吞，已效尤于接踵；瓜分豆剖，实堪虑于目前。”① 从反抗帝国主义侵略、实现祖国的独立富强为出发点，他提出了“专为振兴中华、维持国体起

① 《檀香山兴中会宣言》，《孙中山全集》第三卷，人民出版社2015年版，第3页。

见”，[①] 而组织起革命团体兴中会，以求摆脱中国在国际上处于“半独立国”的不平等地位，从外国侵略、压迫下解放出来。

甲午中日战后，帝国主义侵略一步步加紧的现实，使孙中山反对帝国主义侵略的意识更加明确，他揭露和谴责帝国主义侵略中国和破坏中国革命的阴谋活动，驳斥帝国主义的侵略论调，警告帝国主义者如胆敢瓜分中国，中国人民定会“同仇敌忾”，奋起“自卫其乡族，自保其身家”，使它们“无安枕之时”。[②] 他联络爱国志士，“合成大团”，要立志“拯斯民于水火”，“扶大厦之将倾”。孙中山的炽热爱国和坚决反侵略思想，为他以后“废约”思想的形成和发展提供了最直接的主观条件。

在进行革命斗争实践中，随着革命斗争的深入，孙中山进一步认识到不平等条约是帝国主义用以干涉中国内政、破坏中国革命的主要工具，指出：“数十年来，中国与外国所结条约，皆陷于分割中国主权及利益之厄境。”[③] 他基于对不平等条约的切肤之痛，明确地表示了对清政府与列强签订的不平等条约的愤慨和批判。他说：“今有满清政府为之鹰犬，则彼外国者欲取我土地，有予取予携之便”，使其能“今日签一约割山东，明日押一约卖两广”，[④] 造成了中华民族陷于任人宰割的悲惨命运。孙中山称喻不平等条约为“卖身契”、“铁锁链”，他在探析国家民众危机严重的原因时，便与不平等条约联系起来，认识到是各国的不平等条约使中国落到“半独立国”、“次殖民地”的境地。因此，他将“外邦逼之”和“异种残之”二者，并列为欲实行民族主义“殆不可须臾缓”[⑤] 的内容。可以看出，孙中山甫踏上民主革命的征途，即对帝国主义列强对华侵略的危害

---

① 《檀香山兴中会宣言》，《孙中山全集》第三卷，人民出版社 2015 年版，第 3 页。

② 《支那保全分割合论》，《孙中山全集》第二卷，人民出版社 2015 年版，第 52 页。

③ 《中国国民党对中俄协定宣言》，《孙中山全集》第三卷，人民出版社 2015 年版，第 168 页。

④ 《驳保皇报书》，《孙中山全集》第二卷，中华书局 1984 年版，第 54 页。

⑤ 《〈民报〉发刊词》，《孙中山全集》第二卷，中华书局 1984 年版，第 69 页。

性具有一定的认识，表示出要求国家独立自主的愿望，对不平等条约是甚为不满，欲以去之而后快。

孙中山的“废约”反帝思想究竟始于何时?

往昔论者多认为产生在20年代，即1923年以后。从现有史料来考察，我认为孙中山在辛亥革命时期已具有“废约”思想是符合实际的。

在辛亥革命时期，孙中山曾接连发表了一些反对不平等条约和列强在华特权的言论，他进一步痛切地指出：“中国向来与外人所订条约不良，丧失主权”，[①] 致使其“外交之棘手，系因条约”。基于国家独立自主的原则，孙中山提出了反对不平等条约和“除去”列强在华特权的要求，并宣称将要求各国同意重订海关税则，取消治外法权，收回租界，以“得世界各邦敦平等之睦谊”。迨辛亥革命既起，孙中山对于中国国际地位的前途，怀着十分乐观的希望。国家过去屈辱既因清廷的腐败积弱自招其祸，则推翻清廷后一个新的中华民国自然要独立自主于世界之林。他在辛亥年返国前，11月23日，与法国东方汇理银行总裁谈话中，明确指出：要“重新掌握海关及其税收”，实现近代中国“早想抹掉的屈辱历史。”[②] 中华民国甫告成立，孙中山在《临时大总统宣言书》中提出：务要“一洗而去”“满清时代辱国之举措”。[③] 南京临时政府外交部曾对“废约”问题进行了研讨，商议如何进行的对策。它在发布的《中华民国对于租界应守的规则》中，针对列强根据不平等条约在中国租界内强行设立审判机关会审公堂一事，提出了要求收回管理权，以维护司法主权独立的主张。[④] 1912年1月6日，孙中山在答复南京《大陆

---

①《在东京实业家联合欢迎会的演说》，《孙中山全集》第七卷，人民出版社2015年版，第215页。

②《与西蒙的谈话》，《孙中山全集》第八卷，人民出版社2015年版，第142页。

③《临时大总统宣言书》，《孙中山全集》第三卷，人民出版社2015年版，第23页。

④《中华民国史档案资料汇编》第二辑，江苏人民出版社1981年版，第10—11页。

报》记者问及“领事裁判权其将撤废乎？”时，毫不犹豫地决断指出：“自当撤废，一俟改革既定，即须实行此事。”[①] 他已认识到中国之所以至今仍为“半独立国”，“盖以中国现在尚未收回领事裁判权也”[②]，提出在“各种改革完成时，政府当立即取消领事裁判权”。他还强调要除去通商口岸、收回租界，严词拒绝了外国在上海扩张租界的企图，认为“此乃华人之意志，谓吾人必要独立者，更不愿在中国而归洋人统辖也……洋人欲拓上海租界，惟吾人不允，此乃当然之理也”。[③]

值得提出的是，1912 年 3 月，孙中山又以“力谋国际平等”作为《同盟会总章》中政纲之一，积极的谋求摆脱中国在世界上所处的不平等地位。他还多次要求废除侵略者在华特权和不平等条约，一再强调：“将条约修正，将治外法权收回”；[④]“中国政府将取消各口岸（之租界）”；“吾人将取法日本。日本所有之外国人，皆受日本管辖”。[⑤]

与此同时，孙中山 1911 年冬在上海与外报记者谈话，1912 年 8 月 9 日在北京与报馆记者谈话，同年 9 月 29 日在济南与报馆记者谈话等，均有类似争取国家权益的要求。

上述种种表明，孙中山在辛亥革命时期，从总体上看，对帝国主义侵略本质有了初步认识，对修改、废除不平等条约问题是作了考虑，打算俟革命成功之后进行“废约”之事。当时，尽管他尚未明确提出“废约”这一概念，但是他萌发了除掉不平等条约的初步

① 《与上海〈大陆报〉记者的谈话》，《孙中山全集》第八卷，人民出版社 2015 年版，第 160 页。
② 《在上海报界公会欢迎会的演说》，《孙中山全集》第七卷，人民出版社 2015 年版，第 156 页。
③ 《与〈南清早报〉记者威路臣的谈话》，《孙中山全集》第八卷，人民出版社 2015 年版，第 204 页。
④ 《在上海中华实业联合会欢迎会的演说》，《孙中山全集》第七卷，人民出版社 2015 年版，第 62 页。
⑤ 《在香港与〈士蔑西报〉记者的谈话》，《孙中山全集》第七卷，人民出版社 2015 年版，第 194 页。

设想，并提出了一些收回国家权益的具体主张，冀求逐步砸碎列强套在中国人民脖子上的“铁锁链”。这虽然只能说是孙中山“废约”思想的萌芽阶段，却已明确地显示出他的“废约”思想初露端倪，从而为后来提出成熟的“废约”主张奠定了思想基础。

后来，在20世纪初，随着民族危机的更加深重，孙中山对于不平等条约的危害认识日渐深刻，处处表现出切肤之痛，政治态度日趋明朗。照常理推论，他在南京登上中华民国的舞台后，本应为中国废除不平等条约带来希望，有所作为。但是，当时政局极不稳定，南京临时政府时期列强都未承认中华民国，在清帝退位后它们也仍只承认与袁世凯发生事实上的外交关系，孙中山所预期的借款和取消不平等条约的谈判，自然无法进行，客观形势使他也无暇顾及“改约”和“废约”的设想。

不仅如此，当时孙中山不但未能提出反帝“废约”口号，却反其道而行之，出现言行差距甚大，认识与行动相互矛盾的情况。

1912年1月5日，孙中山在发表的《对外宣言书》中公开声明：革命前清政府与各国“缔结之条约”、“所借之外债及所承认之赔款”、“让与各国国家或各国个人种种之权利”，“民国均认为有效”，“亦照旧尊重之”，并“承认偿还之责，不变更其条件”。[①] 实际上，早在《中国同盟会革命方略》中，他便明确宣布：“所有中国前此与各国缔结的条约，皆继续有效”；“所有外人之既得权利，一体保护”。[②] 迨辛亥革命爆发后，又通过《通告全国书》等方式，表示：“满政府于我军起事以前与各国所有之条约，皆作为有效”；“所借外债，一概承认偿还”；“各国租界，一律保全……”[③] 在就任临时大总统之后，他不过是重申前义而已。

---

①《对外宣言书》，《孙中山全集》第三卷，人民出版社2015年版，第26—27页。

②《中国同盟会革命方略》，《孙中山全集》第三卷，人民出版社2015年版，第319页。

③《通告全国书》，《孙中山全集》第三卷，人民出版社2015年版，第14页。

孙中山辞去临时大总统后，在不平等条约问题上，思想仍是矛盾的，具有两面性。1912年5月，他曾提出取消各通商口岸的租界，这自然是中国主权独立完整的合理性要求。然而，6月他在提出废除通商口岸制度时，又表示愿以“开放中国各方”来作为代价实现这一要求。他说：废除通商口岸制度，“此乃华人之志意，谓吾人必要独立者，更不愿在中国而归洋人统辖也。然吾人将必开放中国各方，以为酬偿”。并说：“此事非欲即行，吾人将必先行自立妥善，使欧洲诸国满意，然后请其裁去口岸。”① 这里，虽仅只涉及不平等条约的一个局部问题，孙中山的态度也是软弱无力，毫无显示出坚强的原则立场。与此同时，在公开的宣言和讲演中，再也见不到孙中山反帝“废约”的激烈文字，而代之的是妥协退让的言论了。

对于孙中山出现的这种仓皇反复、认识与行动相互矛盾的现象应该怎样理解？

过去，许多论者指出是由于孙中山对帝国主义本质缺乏认识，以及资产阶级的软弱性所使然。毋庸讳言，孙中山承认不平等条约，固然包含有他的妥协软弱和对帝国主义的幻想，但仅此笼统的解释，既不够全面，也难以对事实的原委阐释清楚。我认为，若将这一矛盾变化过程，置于具体的历史背景上进行考察，对辨析孙中山的这种现象产生的原因及其真正动机是有帮助的。

参阅孙中山一生的革命奋斗史，可以看出：他在相当长时间的革命活动中，一直没有将主要精力放在发动和组织国内人民的斗争上，同时也找不到怎样才能把广大人民群众唤醒并组织起来的方法，而是过于重视列强诸国对待中国革命的态度。所以，从他革命活动一开始，就不断想方设法地寻求和争取外国朋友和组织的支持及援助，并且得到过日、英、美等国进步势力和人士的较大援助，

①《与〈南清早报〉记者威路臣的谈话》，《孙中山全集》第八卷，人民出版社2015年版，第204页。

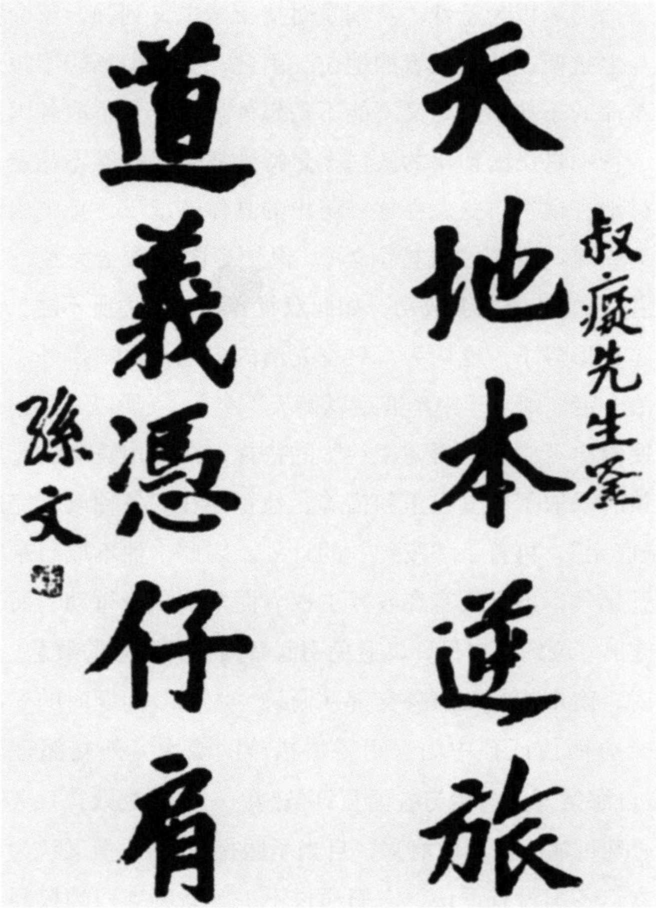

孙中山 1914 年前后题词

但他不能把这些进步势力同这些国家的反动的帝国主义政府及其实行的反动政策区别开来，甚至对待后者还寄予着种种不切实际的幻想，期盼凭借帝国主义的支援和谅解来取得革命的胜利和民国的建立，来完成自己拯救祖国的重任。而事实上，在辛亥革命时期，革命与反革命力量极为悬殊，特别是对待帝国主义列强，革命势力根本不能与之抗衡，处于弱者的地位。因此，孙中山不能不担忧列强对中国革命的干涉，同时又不能不幻想外援，以及争取各国的支持和承认。特别是民国初年的政局，是特殊复杂和极端不稳定，亟须千方百计地去谋求自立。在这一历史的具体情况下，孙中山面对现实，思绪纷繁，既要“维持国体”，保护祖国的领土完整，又要使“艰难顿挫”的革命能够成功，如此双管齐下显然力所不逮，难以兼顾。在这种形势下，他认为，只有先清内自立，再图御外“废约”，待“内治一定，则以一中华亦足以衡天下矣”。[①] 所以，孙中山权衡利弊，便做出了先自立再“废约”的抉择，而使用克制的态度，在制定政策时采取了应变政策和措施。他企图在“各种改革完成时”，“俟大局底定”，再着手“废约”的计划。因此，他不敢与帝国主义列强公开抗争，不仅没有在收复主权方面采取积极行动，而且也不敢明确提出“废约”口号，以避免引起帝国主义列强的敌意。

当时，南京临时政府外交部在商议“废约”问题时的态度，可以从一个方面佐证孙中山采用妥协措施的缘由。外交部官员们指出：“查自海禁开后，始与各国互订条约……各种失败，日久变成例案，言之殊可痛心。新政府兴，自当亟图挽救。”[②] 但又认为，新政府刚成立，各国没有承认，它们通过不平等条约夺取的权利“我们倘宣布取消，它就完全帮助清方，我恐怕就站不住了”。并明智地认识到：“对于废约或修正，总须国家完全统一，国内有相当办法。”

①《与宫崎寅藏笔谈残稿》，《孙中山全集》第八卷，人民出版社 2015 年版，第 41 页。

②《中华民国史档案资料汇编》第二辑，江苏古籍出版社 1986 年版，第 9—10 页。

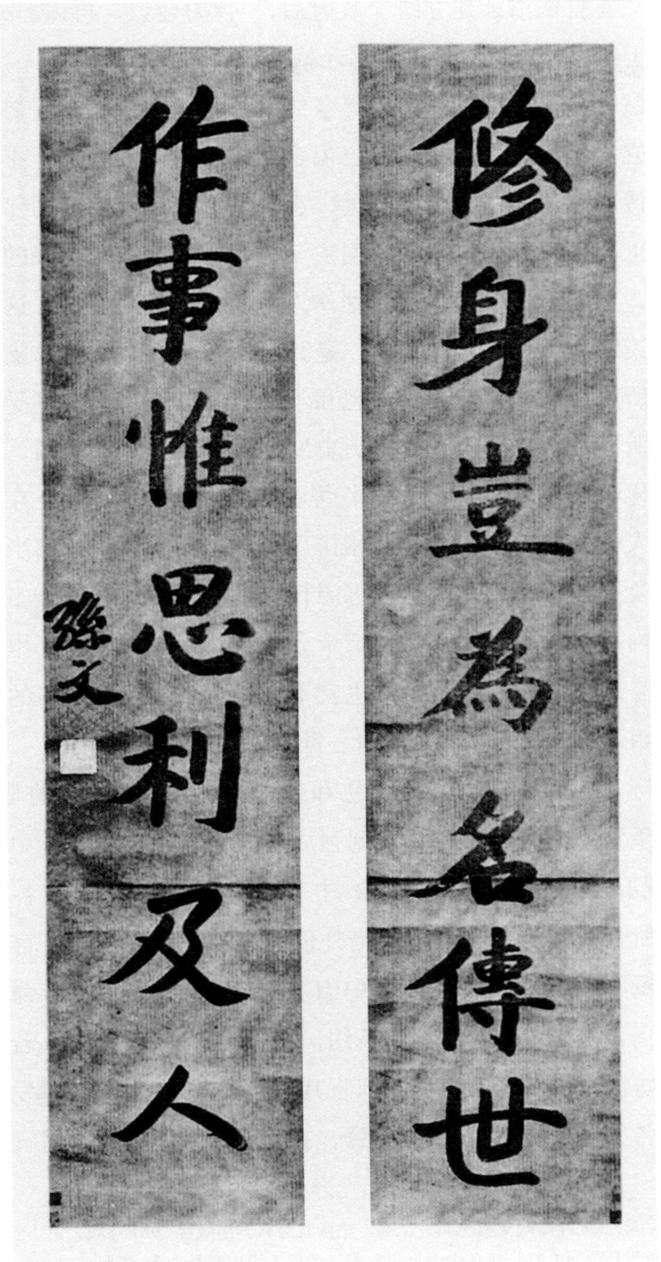

孙中山 1919 年题词

所以，只有打倒清廷建立统一政府后，“合力建设，再谋对外”。当前“对于各国外交，不得不容忍迁就”。[①]

当然，孙中山用承认不平等条约及列强既得权利的妥协，以求达到自立目的的行为，与他自己倡言的维护祖国的领土、主权完整和“维持国体”的愿望相去甚远，它既偏离了拯救祖国的伟大奋斗目标，也同当时中国人民从帝国主义枷锁下迅速解放出来的迫切愿望相悖，不利于调动而且可能挫伤人民的积极性。但是，这种具有明显的策略意义的妥协和退让，是孙中山在没有找到可靠支持力量情况下所产生的一些迷误、幻想和不适当的策略运用，是受当时历史条件所制约的。众所周知，历史发展本身就充满着矛盾，经常呈现着多样性和复杂性，而人本来也是复杂和矛盾的，甚至在某些问题上一人一身同时就包含着互相排斥的对立面，因而人们当处于客观形势复杂多变之时，他们的思想行动一时间出现了复杂多变——特别是内心世界十分丰富、感情十分敏锐、阅历不凡的孙中山，在思想上呈现出多元性和矛盾性也就不足为奇了。依据具体的历史背景，阐明矛盾变化的原委及其内心世界，是可以理解的。

实际上，孙中山的这种妥协和退让，也是有条件、有限度的。他宣布承认不平等条约，是以列强放弃支持清廷、不干涉中国革命为前提的。同盟会《对外宣言》中声明：“所有清政府与各国所立条约、所许各国权利与各国所借外债，其事件成立于此宣言之后者军政府概不承认。”[②] 1908 年孙中山发动云南河口起义，革命军向各国发表宣言，表示承认已有的条约，但同时声明：“外国人若有援助清政府妨害革命军者，革命军即将其认作敌国。”[③] 起义爆发后，以孙中山名义发布的《通告各国书》，在表示条约有效的同时宣布清政

---

①杜春和等编：《北洋军阀史料选辑》上册，中国社会科学出版社 1981 年版，第 146 页。

②《中国同盟会革命方略》，《孙中山全集》第三卷，人民出版社 2015 年版，第 319 页。

③《革命文献》六十七辑，台北 1974 年版，第 63 页。

府于革命军起义以后与各国所之条约、租界及借款，“一概永不承认”；各国如有助清政府以攻革命军者，“即视同敌人”。南京临时政府成立后发表的《对外宣言书》中孙中山也表示了同样的态度，申明条约“认为有效，至于条件期满为止”，以及其他诸条“都含有不是完全承认的意旨”。从这里可以清楚看出，孙中山虽然出于策略需要而承认了不平等条约，但他却根据形势发展灵活应变，既有妥协又有斗争，防止外人与清廷的勾结，以尽量减少对中国革命的危害。

概而言之，孙中山在辛亥革命时期的“废约”思想和行动，在认识上具有正确与失误并存，坚强性与软弱性兼备的两重性，而尤以失误与软弱占主导。他这样做，尽管是出于策略上的考虑，企图用“忍让”、“妥协”的办法，来作为摆脱当时困境的出路，是不得已而为之，但这一策略明显地具有着严重的缺陷。孙中山自视到力量不足与列强相抗衡，但却意识不到若宣布代表人民心声的“废约”主张，将会激起多么巨大的一股反帝力量。“妥协”、“忍让”的结果，自然事与愿违，使他的美好愿望始终不能成为现实。

在辛亥革命后的十年中，孙中山经历了一段艰难的斗争、苦闷和探索的坎坷旅程。他的“废约”思想也是在曲折中向前发展的。

从“二次革命”到护法斗争，孙中山在承受挫折和极大痛苦中，曾不遗余力为争取列强的外援而多方活动。然而，对于他争取外援的呼声，帝国主义各国政府反应十分冷淡，孙中山得到的只是一次次的嘲弄、轻侮和吃亏上当。相反，列强还支持袁世凯篡权和极力扶持南北军阀。正是在中外反动势力的相互勾结、共同绞杀下，辛亥革命的果实丧失殆尽，中国出现了军阀割据、长期混战的局面。随着痛苦教训的积多，和当时国际国内形势的变化（或者说时代的变化）的助力，诸如 1917 年俄国十月革命的成功、1919 年中国五四爱国运动的爆发和 1921 年中国共产党的成立，都给了孙中山以积极的影响。孙中山从不断地接受新思想中，促使他的思想跟着迅速发生变化，对列强和人民的认识和态度逐渐明朗，认清了帝国主义的真面目，看到了人民群众力量的伟大，从而对敌友我三方面力量对比的认识逐步提高，开始改变过去对列强不敢抗衡和对群众不信任、不依靠的态度，增强了斗争的信心和决心。也正是在这一认识和态度逐步提高后，孙中山随之转变了对“废约”的态度，最终形成和提出了自己的“废约”主张。

早在1918年夏季，孙中山开始对废除不平等条约一事提高了认识，已流露出要废除一切不平等条约的意向，他曾断然宣称：“救国，须救到无条件收回青岛及其他一切领土主权为止。”[①] 并于翌年初嘱告参加巴黎和会的国民党人说：在和会上“宜提出取消中国与列强所订之一切不平等条约，收回被侵掠之各地”。[②] 同年5月的《护法宣言》中，孙中山就明确提出了要解除“一切有损主权危及国脉之条约”。1920年12月，孙中山再次严正宣告：“对外必须使卖国条件悉行废。”[③] 在中共党人积极帮助和人民群众运动的推动下，1923年1月发表的《中国国民党宣言》中，他第一次公开以宣言的形式提出“废约”的主张，宣布对外要“力图改正条约，恢复我国国际上自由平等之地位”。[④]“废约”这一振奋人心口号的提出，标志着孙中山对“废约”问题认识和态度的重大转折。

1924年1月，孙中山在国民党“一大”宣言里，以纲领形式重申坚决废除不平等条约的主张，认为“盖民族主义，对于任何阶级，其意义皆不外免除帝国主义之侵略”，[⑤] 在所通过制定的七条《对外政策》中，主要的前五条都与“废约”有关，明确宣布要废弃列强

---

①中国第二历史档案馆编：《中华民国史档案资料汇编》第四辑（上），江苏古籍出版社1986年版，第7页。

②蒋永敬：《胡汉民先生年谱》，中国国民党中央党史委员会1978年版，第232页。

③《与王正廷等的谈话》，《孙中山全集》第八卷，人民出版社2015年版，第841页。

④《民国日报》，1923年1月1日增刊。

⑤《中国国民党第一次全国代表大会宣言》，《孙中山全集》第一卷，人民出版社2015年版，第320页。

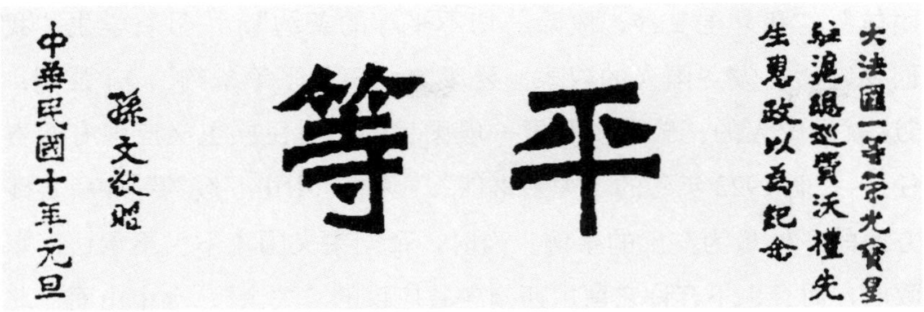

1921 年 1 月 1 日，孙中山为法国费沃礼题词

在华一切特权和不平等条约。这表明孙中山“顺应时代潮流，适乎人群需要”，对帝国主义本质和对不平等条约的认识出现了历史性的飞跃，已达到了一个光辉的高度。他的“废约”思想作为一个完整的政治概念，至此已经正式形成。

孙中山的“废约”活动，不仅限于言论上的一般理论批判和道义上的谴责、反对，以及积极地提出“废约”的要求；而且，又进一步将其发展为“废约”的口号，坚决地将其作为政纲之一列入国民党“一大”宣言之中。与此同时，他还勇敢地转入了采取进行斗争的实际行动，并以此为中心组织和发动千百万人民群众掀起了广泛的“废约”运动的高潮。

在实际行动中，孙中山先是积极地参加了反对“二十一条”的斗争，他在 1920 年 8 月的一次谈话中说：“我已经看出了如何才能够停止中国现在的混乱。这个问题的关键，就是废除二十一条款。”并坚定表示：“我们革命党，一定要打到一个人也不剩，或者‘二十一条款’废除了，才歇手”；[①] 之后，他又多次深入人民群众之中，号召群众参加“废约”的斗争。孙中山号召工人组成一个“大

① 《在上海欢迎美国议员团时的演说》，《孙中山全集》第七卷，人民出版社 2015 年版，第 321、324 页。

团体”，“和外国交涉，废除一切不平等的条约”；[①] 号召学生“我们要以后不做各国人的奴隶，要废除一切不平等条约”，并强调：“这就是做人的、做学生和做一般国民的，对民族主义应该有的责任。”[②] 而1923年冬的“关余事件”，则是孙中山“废约”斗争实践方面的一件最为突出的事例。当时，帝国主义国家不仅不承认广东政府，而且也不容许它留用西南各省应得的“关余”。孙中山面对北京外交使团扬言将以强硬手段对付，甚至还派出二十余艘外国军舰集结广州威胁恫吓而毫不动摇，他针锋相对的宣告：“中国海关始终为中国国家机关，本政府辖境内各海关，自应遵守本政府命令”；所采取截留关余的行动，乃“完全中国内政问题，无与列强之事”。[③] 由于孙中山毅然给予坚决回击，以及全国人民的合力抗争，终于使外交使团被迫做出将海关关余拨给广东政府的决定，打击了美、英、法、意、日、葡等帝国主义的反动气焰。斗争实践进而促使孙中山懂得了只有坚决进行“废约”斗争，才可能“除去”帝国主义横加给中国人民的“卖身契”，清算历史的旧账，挽救中国的危亡。

孙中山为着完成自己的“废约”夙愿，进行了艰苦不懈的斗争，堪称殚精竭虑，鞠躬尽瘁；直到他生命弥留之际，还特别将其作为政治遗训，语重心长地嘱告国人：对于“废除不平等条约，尤须于最短期间，促其实现”。[④]

怎样认识孙中山的“废约”思想与实践的作用，它对当时及后来的影响如何？

过去，在一段时期中，我们对于孙中山思想的科学性和实践的先进性，欠缺了恰如其分的评价，以致未能充分认识到它的历史地

---

①《在广州市工人代表会的演说》，《孙中山全集》第七卷，人民出版社2015年版，第613页。

②《在广东第一女子师范学校校庆纪念会的演说》，《孙中山全集》第七卷，人民出版社2015年版，第598页。

③《关于海关问题之宣言》，《孙中山全集》第三卷，人民出版社2015年版，第151页。

④《国事遗嘱》，《孙中山全集》第二卷，人民出版社2015年版，第425页。

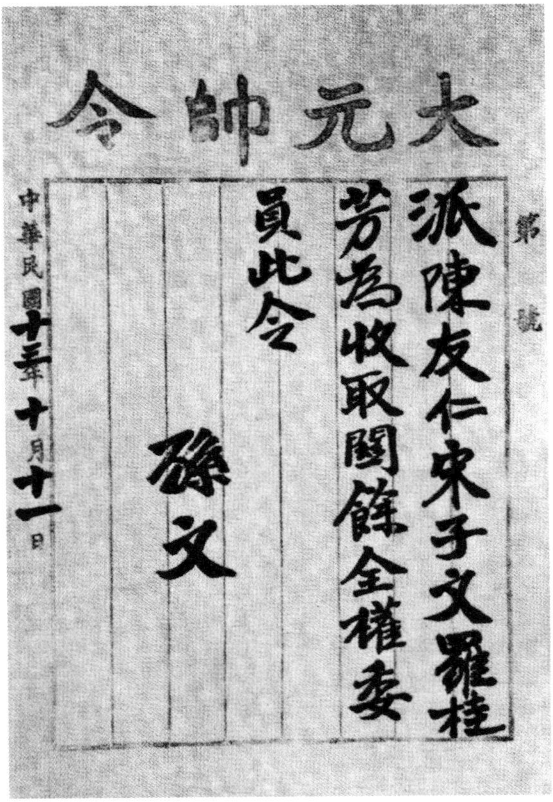

大元帥令

第 號

派陳友仁宋子文羅桂芳為收取關餘全權委員此令

孫文

中華民國十三年十月十一日

1924 年 10 月 11 日，孙中山任命陈友仁、宋子文为收取关余全权委员的手令位和作用。孙中山与“废约”之事同样存在着这个问题。实事求是的考察，斯事的主要作用和影响是清楚的：

首先，孙中山的“废约”思想和实践，超过了他的前人和同时代人。在旧民主主义革命阶段的早期改良派，对于不平等条约的认识往往都停留在感性阶段，所做的批判缺乏理论高度，较为肤浅或存有谬误。如改良派代表人物王韬曾将领事裁判权说成是“时势所逼，未尝不可”。[①] 何启等则称赞英人把持控制下的中国海关“颇有成效”，“无可疵议”，甚至还说“未有洋人，虚耗实多；既用洋人，虚耗则少”。[②] 维新派梁启超曾提出：愿“将全国之地尽为通商口岸”，“即与各国订约通商”，并“保持西人洋行教堂”，[③] 等等。并且，他们对于不平等条约，企图以和平方式或寄希望于利用列强之间的矛盾来解决问题，对“废约”之事并无高明对策，很少甚至没有采取过任何“废约”的具体行动。就是孙中山同时代的某些人，如邓泽如、胡汉民等，也竟提出收回租界、海关和“废约”等内容，不要“太明显的提出来”，不列入国民党的政纲，免得影响国民党自身的地位。[④] 而孙中山的“废约”主张和态度，则是大大高明于早期改良派和他同时代的民主革命派人物，达到了旧民主主义革命时期反对不平等条约的最高水平。

其次，孙中山的“废约”思想与实践，经过曲折演进臻于完整成熟，不仅留给了后人一份值得继承的珍贵遗产，而且它揭开了中国新民主主义阶段“废约”斗争的第一页，是新民主主义时期“废约”斗争的开端，并对当时和以后的中国人民的“废约”反帝斗争有着很大的影响。

---

①王韬：《韬園文录外编》。

②何启、胡礼垣：《曾论书后》。

③丁文江等编：《梁启超年谱长编》，上海人民出版社 1983 年版，第 124 页。

④黄季陆：《划时代的民国十三年》，载香港《掌故》，第 41—42 期。

孙中山晚年对“废约”的主张和行动，益发坚定和勇敢，他果决地抛弃了对帝国主义的幻想，改变了以往的软弱态度，敢于和西方列强进行面对面的坚决斗争。他明确提出要尽一切力量收回租界、海关和领事裁判权，废除中外一切不平等条约，“中国人民早已不能忍耐外国侨民在中国领土上飞扬跋扈”。[①] 1924 年 11 月，他在《北上宣言》中郑重宣布，召集国民会议和废除不平等条约是自己到北京去的主要任务。这一主张，表达了全国人民的迫切愿望，因而得到包括中共党人在内的全国各阶层人民的热烈欢迎和响应。正是在他的号召之下，一场轰轰烈烈的“废约”运动在全国范围内迅速掀起。以后，又在此基础上，开始了以打倒帝国主义和军阀反对并阻挠“废约”为目的的北伐战争。

孙中山的“废约”思想与实践，为中国人民艰辛的“废约”斗争开了一个好头，提供了经验及教训的警策和启迪，并促进和推动了以后的“废约”斗争的发展。近代中国的“废约”斗争，经历着一个艰难坎坷且又长期、渐进的过程，是随中国人民和国家力量的愈益强大而逐步完成的。在孙中山辞世后的长达八十余年的时间里，他的“废约”的“未竟之业”，在中华民国时期，不论一直以孙中山继承者自居的南京国民政府，还是具有更大妥协性的北京政府，都对“废约”工作进行过不断努力，逐渐收回了一些丧失的国家主权；之后，是孙中山事业名副其实的继承者、以坚决反帝而著称的中华人民共和国政府，担当起了彻底扫除近代一切不平等条约的历史重任。1997 年和 1999 年，香港、澳门的相继回归，标志着毕其全功，圆满地实现了长期以来几代中国人收回领土、挣脱全部枷锁的共同愿望，洗雪掉百年国耻，最终圆了国家民族统一的跨世纪的美梦。

---

①广州《民国日报》，1924 年 11 月 19 日。

第二节 为谋和平统一离粤北上

一、北京政变

商团叛乱被平定后，广东依然阴霾重重，形势并无根本的好转。陈炯明仍盘踞东江，虎视眈眈，滇、桂军对北伐态度消极，而且北伐军费仍是很大的问题。在孙中山发布北伐令后，身为大本营财政部长兼军需总监的廖仲恺曾要求滇、桂等军核实兵额，交还财权，但均无效，廖仲恺遂被迫辞职。因此，尽管孙中山决定督师北伐，积极地进行部署，但仍然困难重重，举步维艰。孙中山这时虽然已认识到依靠工农群众开展革命斗争的重要性，但对他来说，具体怎样去做，还是较生疏的，也还没有来得及去认真地考虑，而他面对国内战乱频仍、百业凋敝的严酷现实，早日实现全国和平统一的愿望又特别强烈，就在这时传来直系将领冯玉祥反戈，在北京发生政变的消息。

原来，当孙中山回师广州镇压商团暴乱的时候，直皖江浙战争很快结束，皖系军阀卢永祥被直系军阀齐燮元、孙传芳击败，于

1924年10月12日通电下野，与何丰林等逃亡日本。第二次直奉战争于同年9月开始，是奉系军阀张作霖为响应皖系而发动的。第一次直奉战争失败后，张作霖撤回东北，苦心经营，以谋再起，同时与浙江卢永祥、广东孙中山结为同盟，待机共伐直系军阀曹锟、吴佩孚。江浙战争开始后，张作霖起兵入关，于是在热河、冀东一带第二次直奉战争正式开始。

战事初开时，直系军阀吴佩孚自任总司令，冯玉祥、彭寿莘、王怀庆分别任三个军的总司令，于9月18日发布讨伐张作霖令。正当直奉两军在榆关一带激战的时候，在孙中山的革命思想和国民党新的方针、政策影响下，直系军阀内部发生分化，冯玉祥突然由前线兼程回京，于10月23日发动了北京政变，推翻了曹锟、吴佩孚控制的北京政府。

北京政变是冯玉祥联络胡景翼、孙岳（二人均系国民党员）等人发动的。冯玉祥原是吴佩孚的部属，在第一次直奉战争后被北京政府任命为河南督军，由于驻防洛阳的吴佩孚反对，免去豫督要职，改任有名无实的陆军检阅使。当时正值革命统一战线建立，全国革命形势高涨，反对曹、吴的呼声响遍南北，冯玉祥在这种形势的推动下，开始倾向孙中山领导的革命运动。于是，冯玉祥与驻喜峰口的直系辖军第二路司令、陕西军第一师师长胡景翼，联合京畿副司令孙岳，秘密计划倒戈反曹驱吴。10月19日，冯玉祥率部队由古北口回北京，23日凌晨到达，立即占据北京城内城外各重要据点和交通通讯机关，接管北京城防，派兵包围总统府，软禁曹锟。北京政变成功后，冯玉祥、胡景翼、孙岳、米振标（热河都督）及所属师长、旅长等，立即联名通电全国，主张和平停战，表示同“弄兵好战，殃吾民而祸吾国者”相周旋。24日，曹锟被迫下令：停止战争；撤销讨逆军副总司令等职衔；免去吴佩孚本兼各职，改任为青海屯垦督办。

冯玉祥戎装照

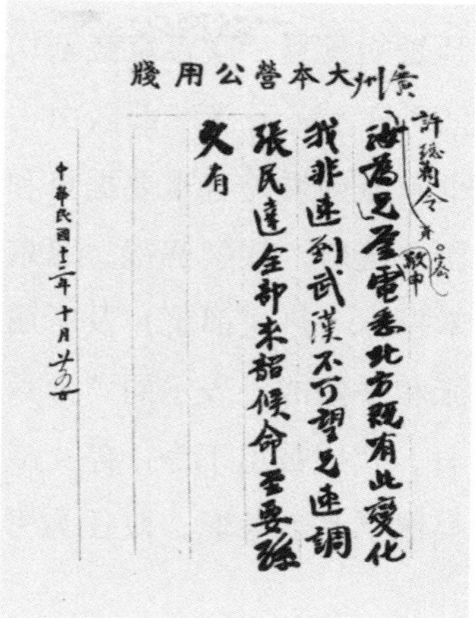

廣州大本營公用牋

許總司令 密

馮已歷電表北方既有此變化我非速到武漢不可望至速調張民達全部來韶候命至要

孫文 有

中華民國十三年十月廿五日

北京政变发生后，孙中山致许崇智之密电

冯玉祥发动北京政变，直军士气一蹶不振。吴佩孚原想以全力对奉作最后一战，但因未能挽回败局，乃于10月25日在秦皇岛通电讨冯。此时日本天津驻屯军司令官吉冈显作通知直军不得使用秦皇岛码头，吴佩孚只得将军队集中于天津一带，企图回救北京，同时电苏、浙、鄂等省求援。但直军在北被奉军张宗昌部所截，几乎全军覆灭；在南苏、浙、鄂直军齐燮元、孙传芳、肖耀南等部因鲁督郑士琦宣布武装中立，不允许直军过境。此时，阎锡山派兵抢占石家庄，截断京汉路交通，湖北、河南直军不得北上。吴佩孚讨冯计划落空，11月3日，当奉军进逼天津时，不得不率残部自塘沽入海南下，直系军阀迅速溃败。国内局势发生变化。这样，孙中山挥师北伐的目标——曹锟、吴佩孚，因北京政变已不复存在。

北京政变后，冯玉祥将部队改称国民军，以此表示他拥护孙中山领导的广州革命政府，并于10月25日通电全国：中华民国国民军会议公举冯玉祥为总司令兼第一军军长；胡景翼为副司令兼第二军军长；孙岳为副司令兼第三军军长。31日，曹锟等待吴佩孚率军入卫的希望破灭，按冯玉祥的意图成立以冯系为中心临时内阁后，于11月2日宣布下台。黄郛内阁取代颜惠庆内阁。

北京政变后，冯玉祥、胡景翼、孙岳、续相溪、刘守中、蒯定煜、凌毅、李石曾、李含芳、岳维峻、张之江、李鸣钟、鹿钟麟、邓宝珊等29人，联名电邀孙中山北上指导，共商国是。电报中说："辛亥革命未竟全功，致令先生政策无由施展。今幸偕友军，戡定首都，此后一切建设大计仍希先生指示。万望速驾北来，俾亲教诲是祷！"

对冯玉祥，孙中山并不陌生。据冯玉祥回忆，北京政变之前，他与国民党人就有来往；孙中山还曾托人将自己撰写的《建国大纲》赠予冯玉祥。所以，当孙中山接到联名的邀电后，觉得这不失为一个实现自己和平统一全国夙愿的好机会，便很快做出了积极的响应，

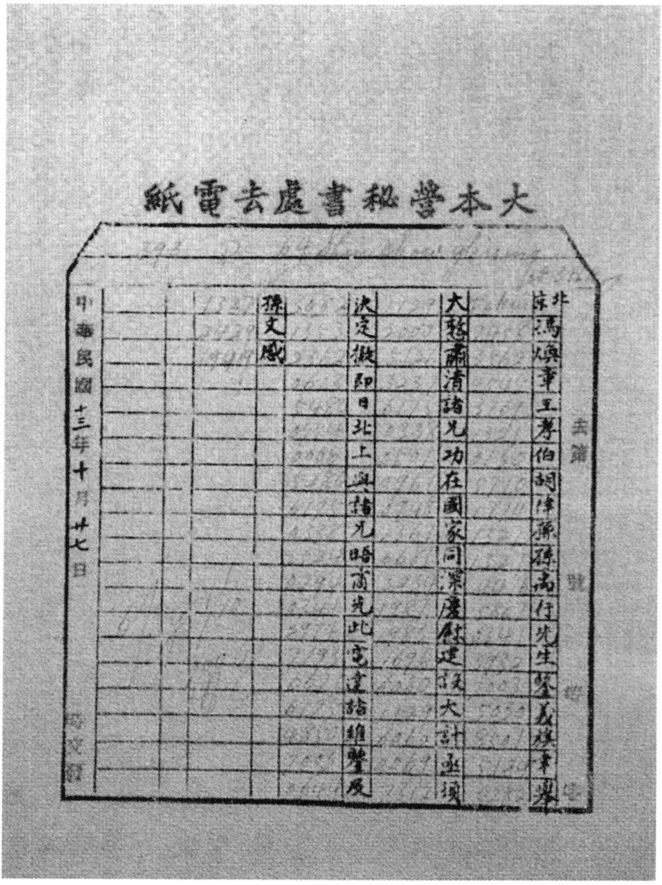

大本營秘書處去電紙

北京馮煥章王孝伯胡笠僧孫禹行先生鑒義旗聿舉
大憝肅清諸兄功在國家同深慶慰建設大計亟須
決定擬即日北上與諸兄晤商先此電達諸維鑒照
孫文感

中華民國十三年十月廿七日

北京政变后，冯玉祥电邀孙中山北上。图为 1924 年 10 月 27 日孙中山致冯玉祥接受邀请的电文在韶关复电冯玉祥等人，表示愿意北上。当时与孙中山仍存在联盟关系的张作霖、段祺瑞亦电邀孙中山北上。

孙中山在10月27日分别复冯玉祥、段祺瑞的电中说："义旗聿举，大憝肃清。诸兄功在国家，同深庆幸。建设大计亟应决定，拟即日北上，与诸兄晤商。"[①] 10月30日，孙中山回到广州，在大元帅府召开会议，讨论处理北方局势的具体办法。一致认为，直系军阀虽然溃败，但绝不可因此而以为全国将和平统一，以致动摇北伐的决心和放弃必要的准备。为此，中国国民党中央执行委员会特向全党发出通告说："总理北上，乃应北方各同志之要求，期于北方党务之进行，有所发展，并非转与各派求妥协。盖关于建国北伐之举，政府既有命令及宣言，并建国大纲二十五条之颁布；本党复有北伐目的之宣布；方针既定，决不游移，惟当悉力以求贯彻。但目前本党势力，尚未充足；掌握政权，贯彻党纲，尚须有待。凡我同志，当及时努力以宣传组织，以期团体日固，势力日充，万不可以时局小变，致摇素志。尤当随时留心总理之言论行动，得所师承；并随时遵依党令，为主义而奋斗，毋蹈分歧零乱之习，是为至要。"

孙中山为了实现全国的和平统一，不顾个人安危，毅然决定应邀北上。然而，北京的政局，在冯玉祥、张作霖、段祺瑞三方共同支配下，却充满矛盾和斗争。为揭露段祺瑞政府的阴谋诡计，宣传孙中山应邀北上的政治目的和革命主张，中国共产党对当时在北京出现的复杂形势，于1924年11月发表了《第四次对时局的主张》，再次明确指出召开国民会议的必要。召开国民会议，反映了广大人民的要求，这是中共在1923年7月发表的《第二次对时局的主张》中提出来的，如说："由负有国民革命使命的国民党，出来号召全国商会、工会、农会、学生及其他职业团体推举多数代表在适当地

---

① 《致冯玉祥等电》，《孙中山全集》第六卷，人民出版社2015年版，第656页。

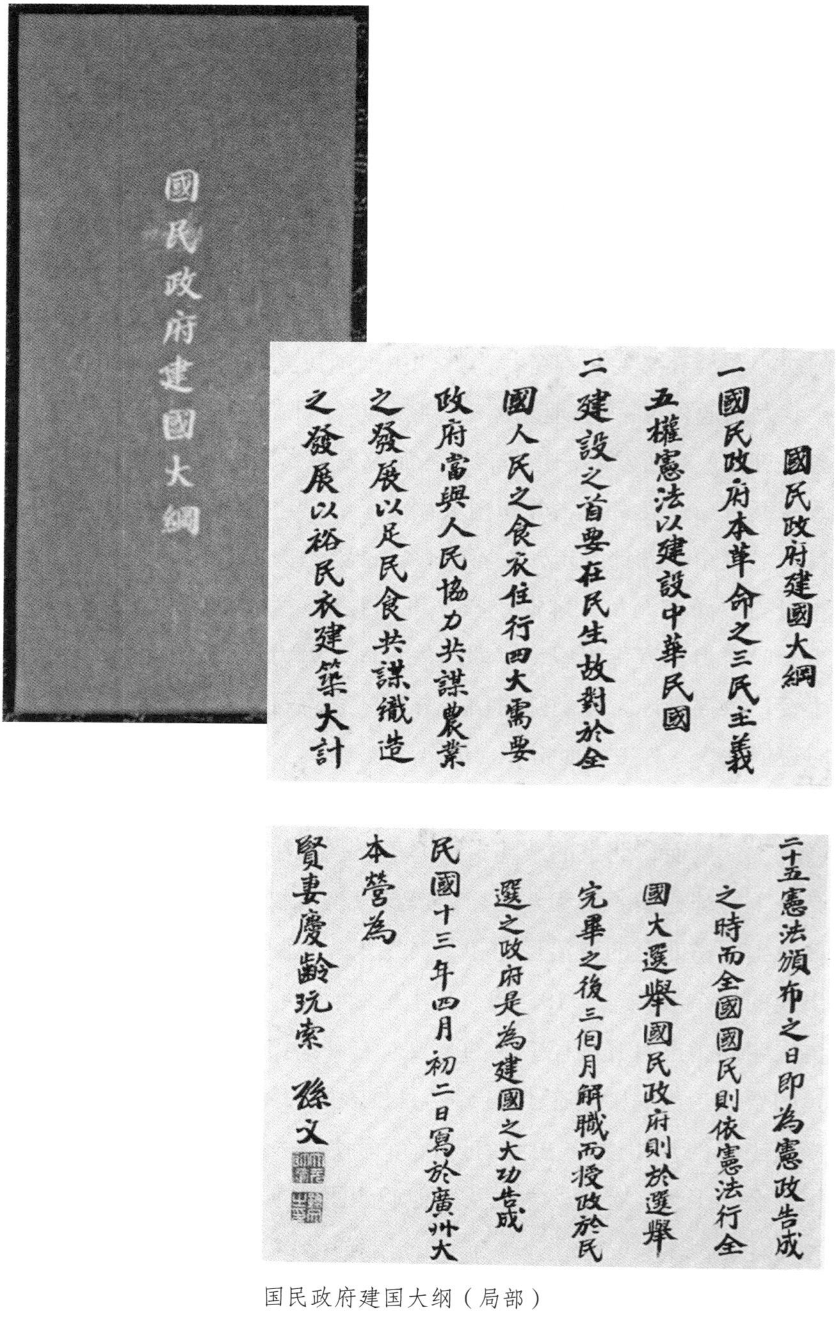

國民政府建國大綱

國民政府建國大綱
一國民政府本革命之三民主義
五權憲法以建設中華民國
二建設之首要在民生故對於全
國人民之食衣住行四大需要
政府當與人民協力共謀農業
之發展以足民食共謀織造
之發展以裕民衣建築大計

二十五憲法頒布之日即為憲政告成
之時而全國國民則依憲法行全
國大選舉國民政府則於選舉
完畢之後三個月解職而授政於民
選之政府是為建國之大功告成
民國十三年四月初二日寫於廣州大
本營為
賢妻慶齡玩索 孫文

国民政府建国大纲（局部）

点，开一国民会议”，“只有国民会议才真能代表国民，才能够制定宪法，才能够建设新政府统一中国”。就是说，辛亥革命后，孙中山提出以资产阶级国会制度代替封建君主专制制度，并于1913年4月在北京正式成立的国会，随着袁世凯的篡权早已变成了军阀践踏民主、统治人民的工具，根本不能代表人民的利益。“在北京之国会已成封建军阀的傀儡，国民否认其代表资格。”中国共产党的主张立即得到孙中山的赞同。事实上，孙中山在长期的斗争实践中已经认识到，原来的国会制度已经失去人民的信任，所以他在《北上宣言》中，欣然采纳中共的建议，明确提出北上的目的是“召集国民会议谋求中国之统一与建设”。为此，孙中山提出召集国民会议以前，先召集由现代实业团体和反对曹、吴的各军及政党、社、团等的代表组成的预备会议，“决定国民会议之基础条件及召集日期、选举方法等”。中国共产党和孙中山提出的主张，得到全国人民的热烈拥护，很快在全国掀起对内要求成立民主共和政权，结束军阀统治；对外要求废除不平等条约，反对帝国主义侵略的群众运动。从1924年底开始，正当各系军阀混战的时候，上海、南京、广州、北京、天津等城市人民团体纷纷发表宣言、电报，拥护中国共产党和孙中山的主张，支持孙中山北上召开国民会议，并分别成立国民会议促成会，参加的人员达几十万人之多。孙中山是在国民革命高涨的形势下起程北上的。

二、抱病北上

为了迅速实现全国的和平统一，同时也为了“拿革命主义去宣传”，孙中山于1924年11月20日毅然决定接受了冯玉祥等人的邀请北上。

1924 年 11 月 3 日，孙中山视察黄埔军校时留影

1924年11月3日，孙中山在黄埔军校作北上前的临别演说

1924年11月7日，孙中山等在广州第一公园参加庆祝俄国十月革命胜利纪念活动

国家的和平统一是孙中山努力追求的崇高目标。他反复地强调说："对于中国时局的主张，我都是主张中国和平统一"[①]，而当前谋求和平统一"是十三年以来一个最难得的机会"[②]。孙中山认识到当前"根本之图，尤在速谋统一"，之后，方能"从事建设。庶几分崩离析之局，得以收拾；长治久安之策，得以实施"。所以经过"权衡轻重"，决定"单骑到北京，就是以极诚恳的意思，去同全国人民谋和平统一"[③]。

此时，孙中山已略感身体不适，但是，为了国家的统一和人民的幸福，他决心不惜牺牲个人的一切，抱病北上，尽个人的最大努力。在决定于北上的次日，他便到黄埔军校辞别，并发表讲话论述北上目的，认为"从前革命，都是在各省，效力很小，要在首都革命，那个效力才大"。并指出北京政变后，政权不是在革命党之手，还是在一般官僚军人之手，同时并无革命的迹象。既然如此，自己为什么还要北上呢？孙中山解释说，这主要是为了扩大革命的宣传，将革命的种子传播到北方，壮大革命的力量，着眼于将来，为"一个大规模的中央革命"做准备。他强调，此行的结果究竟怎样，尚难预料，但为革命前途发展考虑，仍应北上。这些话，说明孙中山对政变后的北京政局，是有清醒认识的，对这次北上能否实现自己的目的，并不抱盲目乐观的态度。

鉴于张作霖、段祺瑞等人反复无常、居心叵测，有一些国民党人担心孙中山北上的安全，劝他取消此行。但孙中山向来以民族利益为重，早把个人安危置之度外，他既然觉得北上对革命事业有利，就不管有多大的风险也决定前行。他对周围的人说："我这次赴京，明知异常危险，将来能否归来尚不一定，但我之所以北上，是为革

① 《在神户欢迎会的演说》，《孙中山全集》第七卷，人民出版社 2015 年版，第 691 页。
② 《在上海招待新闻记者的演说》，《孙中山全集》第七卷，人民出版社 2015 年版，第 676 页。
③ 《在上海招待新闻记者的演说》，《孙中山全集》第七卷，人民出版社 2015 年版，第 675 页。

命，是为救国救民而奋斗，又怕什么危险呢？”

同时，孙中山并未因决定北上而停止北伐的军事部署。他指派胡汉民留守广州代行大元帅职权，谭延闿为北伐联军总司令，负责大本营事务，驻守韶关，主持北伐军事。11月初，进入江西的北伐军接连攻占大庾及赣州，并向吉安推进。

11月12日，孙中山出席广州各界欢送会，发表演说，再次阐述他对北方时局的认识和对这次北上的考虑，表示尽管道路坎坷，他仍决定到北京去，“拿革命主义去宣传”，推进革命的发展。并勉励大家“同心协力把广东的基础弄得巩固，做一个革命的好策源地”。

同年11月13日，孙中山偕宋庆龄及随行人员李烈钧、邵元冲、黄昌谷、朱和中、马超俊等二十余人，乘永丰舰离开广州，踏上了北上的旅途。这时，孙中山有了中国共产党和广大革命群众的支持，革命坚定性进一步加强。在当前局势问题上，他主张对内赶快召集有各界人民团体、反对曹、吴的各军及政党参加的国民会议，结束军阀统治，解决中国的统一和人民的自由问题；对外废除一切不平等条约，赶走支持封建军阀的帝国主义，实现中国的民族独立。这些主张，都是中国共产党提出而为孙中山接受的。他在北上前，对外国记者谈话说：“帝国主义……不仅是我们走向独立自由的道路上的主要障碍，而且是我国的反革命中最强有力的因素。”公开和明确地宣布了他坚决反帝的立场。离开广州前三日，他又以国民党总理的名义，发表了《北上宣言》，重申反对帝国主义和军阀的主张，指出：“对外要消灭帝国主义在中国的势力，使国家独立自由可保；对内要消灭军阀势力，使民治之基础莫能动摇。”要求“召集国民会议，以谋中国之统一和建设”。他在宣言的结尾写道：“本党于此，敢以热诚告于国民曰：国民之命运，在于国民之自决，本党若能得国民之援助，则中国之独立自由统一诸目的，必能依于奋斗而完全

1924 年 11 月 10 日，孙中山在广州大元帅府与工作人员合影

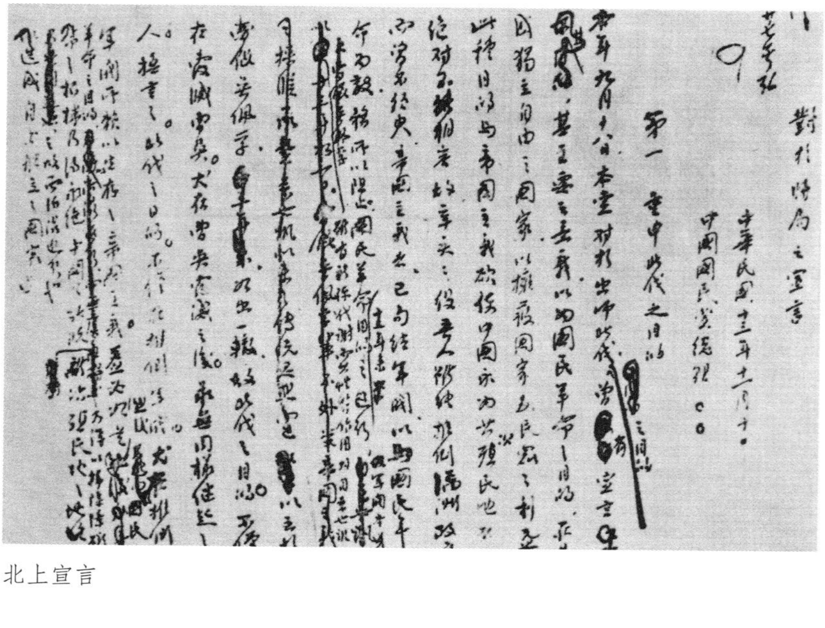

對於時局之宣言

中華民國十三年十一月十

中國國民黨總理 〇〇

第一 重申此行之目的

北上宣言

达到。”这个宣言，表达了全国人民的迫切愿望，受到全国人民的热烈欢迎。

当永丰舰于下午三时抵达黄埔时，他再次视察了自己亲手创建并寄予无限深情和殷切希望的军事学校。孙中山到校后巡视一周，并检阅第一、第二期全体学员实战演习，然后乘舰赴香港。行前，孙中山对蒋介石说：“余此次赴京，明知其异常危险，将来能否归来尚不一定。然余之北上，是为革命，是为救国救民而奋斗，又何危险之可言耶？况余年已五十九岁矣，虽死亦可安心矣！”蒋介石听罢说：“先生今日何突作此言耶？”孙中山又说：“余盖有所感而言也。余所提倡之主义，冀能早日实行，今观黄埔军校学生，能忍苦耐劳，努力奋斗如此，必能继吾之革命事业，必能继续我之生命，实行我之主义。凡人总有一死，只要死得其所。”“今有学生诸君，可完成吾未竟之业，则可以死矣！”①

汪精卫先一日到港，由港改乘日轮“春阳丸”一并起程。

孙中山离开香港经过上海，取道日本到北京。同月 17 日途经上海时，帝国主义者出于对孙中山领导革命的仇恨和畏惧，妄图阻挠他在上海的活动。孙中山到达上海的前一天，英国的《字林西报》发表一篇短论，竟然叫嚷：“上海不需要孙中山，应阻止他登岸。”胡说什么：“孙中山是广州大本营的大元帅，一举一动，都负有政治上的任务。上海租界之内，完全是商务性质，负有政治任务的大元帅，住在这样地方，是不是相宜？”英国的《大陆报》更发出恶毒的叫嚣：“要驱逐孙中山出上海”，“绝不要理睬孙中山所提出的废除不平等条约的要求”，等等。上海群众结队欢迎孙中山时，竟被法租界捕房阻止并捕去指挥者四人。对于帝国主义的这种蛮横干涉我国内政的卑劣行径，孙中山立即给予坚决的回击，指出：“上海为中国

① 《与蒋介石的谈话》第八卷，人民出版社 2015 年版，第 712—713 页。

1924年11月13日，孙中山由广州出发至香港，然后转乘“春阳丸”北上。图为孙中山偕宋庆龄登上“春阳丸”的场景

之领土，吾人分明居主人之地位。住在上海的那些外国人，都是客人。主人在自己的领土之内，无论干什么，客人完全不能干涉。”提出要尽一切力量收回租界，“中国人民早已不能忍耐外国侨民在中国领土之飞扬跋扈”。第二天，他在莫利爱路寓所对新闻记者谈话中再次指出：“中国现在祸乱的根本，就是在军阀和那援助军阀的帝国主义者。”他说：“我们这次来解决中国问题，在国民会议席上，第一点就要打破军阀，第二点就要打破援助军阀的帝国主义者。打破了这两个东西，中国才可以和平统一，才可以长治久安。”又说：军阀与帝国主义“和我们人民的福利，是永远不能并立的！……我这次往北方去，所主张的办法，一定是和他们（按：指帝国主义和军阀）的利益相冲突，大家可以料得我很有危险；但是我为救全国同胞，求和平统一，开国民会议，去冒这种危险”。他宣布决不与北方军阀相妥协，要求全国人民做他的后盾。

同年11月22日，孙中山携宋庆龄等一行乘“上海丸”转道日本北上。途经日本时，11月23日，在与长崎新闻记者谈话中指出：帝国主义“共管中国之说，是外国人做梦”！中国人民有能力来解决自己国家的一切大事。25日，他在神户东方饭店国民党欢迎会上的讲演中，还列举了许多具体事实，说明中国革命所以没有成功，是因为反革命的军阀力量太大，并提出解决中国问题的首要条件是打倒帝国主义。他说：“为什么军阀有这么大力量呢？因为军阀背后，有帝国主义的援助。”“要中国从此以后，不再发生军阀，国民能够自由来解决国事，中国永久是和平统一，根本上便是使在中国捣乱的帝国主义不能活动，便是要消灭在中国的帝国主义。”孙中山指出：“革命的力量，无论在古今中外的哪一国，一经发动之后，不走到底，不做成功，都是没有止境的。”“要废除中外不平等的条约，还是要开国民会议；要开国民会议，还是要靠国民的大家奋斗，一致去要求。”号召大家支持他北上的革命主张。他立场坚定，旗帜鲜

1924年11月19日，孙中山在上海寓所留影

1924 年 11 月 19 日，孙中山在上海寓所接待来访的新闻记者

1924 年 11 月 22 日，孙中山偕宋庆龄等一行乘“上海丸”转道日本赴天津时在“上海丸”上

1924年11月22日，孙中山在“上海丸”上与宋子文（左）、戴季陶（中）、李烈钧（右）合影

明，与段祺瑞、张作霖的反革命意图尖锐对立。

孙中山在北上途中，到处受到人民的极大欢迎。在上海码头，欢迎的群众有万余人，齐声高呼“打倒帝国主义”、“打倒军阀”等口号，此起彼伏的热烈的欢呼声震荡着黄浦江畔。路过日本各地，有成千上万的爱国华侨和日本人民，锣鼓喧天地欢迎他。到达天津时，码头上迎接的群众达两万人。很多市民自动为他悬灯结彩，燃放鞭炮。在北京的火车站上，参加欢迎的各界群众有十万人之多，达到空前的规模。孙中山没有辜负人民群众的希望，沿途屡次发表反对帝国主义、反对军阀，谋求全国真正统一的重要言论，反复申述必须废除一切不平等条约、收回租界、消灭帝国主义在中国的势力，并坚信中国人民“有能力来解决全国一切大事”。

中国共产党于孙中山北上的同时，在全国发起了一个召集国民会议和废除不平等条约的人民运动，各地区、各阶层纷纷成立国民会议促成会组织，积极展开斗争，为孙中山北上作后盾。但在孙中山北上途中，北京已成立了以段祺瑞为首的临时执政府。冯玉祥一派受到排斥，力量薄弱。旧的反动统治去了，新的反动统治又产生了。孙中山即将面临的对手，仍旧是八年前的那个“谋危民国者”的段祺瑞。本来，段祺瑞和张作霖邀孙中山北上，是企图利用孙中山来转移全国人民的斗争目标，缓和正在各地展开的国民会议运动，同时也想软化和收买他，使他参加军阀集团，做他们的傀儡。现在孙中山沿途宣传一定要段祺瑞和张作霖服从他的主张，并因此受到全国人民的热烈拥护，这是对这些军阀的阴谋诡计的当头一击。这时段祺瑞集团便索性扯下假面目，公然于 12 月 6 日发表致外国使团书，说什么“外崇国信”，就是要尊重历史和各帝国主义所订的一切不平等条约，以此获得主子的欢心，巩固自己的统治地位。为了反对中国共产党和孙中山的主张，同月 24 日又正式公布，将召开什么“善后会议”，来解决国家大事，以此反对召开国民会议。这个“善

1924年11月23日，孙中山在“上海丸”上会见日本记者发表讲话时的情景

1924年11月24日，孙中山转道日本时在神户与日本朋友的合影

1924年11月25日，孙中山在日本神户的东方饭店出席东京、神户、大阪各部国民党支部联合举行的欢迎会时同与会者合影

1924 年 11 月 17 日，孙中山在上海外滩码头受到上海各界人士欢迎的情景

1924 年 11 月 17 日，孙中山、宋庆龄抵达上海，受到热烈欢迎，图为他们同拍摄欢迎活动的新大陆影片公司的摄影人员在莫利哀路寓所合影

后会议”是一个代表军阀官僚利益的会议，是军阀官僚进行政治分赃和利益合作的会议，其目的在于抵制国民会议。根据《善后会议条例》，参加会议人员分为四类：“大有勋劳于国家者二人”（指孙中山和黎元洪）；“讨伐贿选及制止内乱之军事领袖”；“各省区及蒙、藏、青海军事长官”；“有特殊学识、资望、经验者，由临时执政聘请或委派之（不超过 30 人）”。这样，出席这个会议的代表，几乎都是由段祺瑞政府指派的军阀、土匪、买办、土豪、劣绅和他们的狗腿子，连叛徒陈炯明的名字也列上了。人民团体的代表，一个也不能参加。帝国主义豢养的段祺瑞集团的这些倒行逆施，引起了全国人民的强烈反对。

由于多年艰苦的革命工作，孙中山积劳成疾，已患有胆囊腺癌。他这次是带病北上的。

12 月间到达天津时，段祺瑞政府派了叶恭绰、许世英二人为代表到天津假意迎接，孙中山在病榻上接见了他们。当他得知段祺瑞要“外崇国信”和召开“善后会议”时，极为愤慨，怒斥了段祺瑞政府的那些屈膝于帝国主义的荒谬主张，并立即对着两个代表厉声斥责说：“我在外面要废除那些不平等条约，你们在北京，偏偏要尊重那些不平等条约，这是什么道理呢！？你们要升官发财，怕那些外国人，要尊重他们，为什么还来欢迎我呢？”① 在孙中山的凛然正义面前，叶、许二人不敢作声，好久，才又腼颜地劝孙中山不要太过“激烈”，免得激怒了东交民巷的“洋大人”，引起帝国主义干涉。孙中山气愤地回答：“假如不打倒帝国主义，我就不革命了！”孙中山的病因此更加恶化了。

1924 年除夕那天，孙中山带病到了北京，随即一再重申了取消不平等条约和谋求国家统一以救中国的意愿。

---

①《与许世英叶恭绰的谈话》，《孙中山全集》第八卷，人民出版社 2015 年版，第 767 页。

1924年11月30日，孙中山、宋庆龄离神户前往天津时与随行人员在“北岭丸”上合影。后排右一戴季陶、右二李烈钧、右三山田纯三郎

1924年12月4日，孙中山抵达天津下船时向欢迎者招手致意

1924年12月4日，孙中山在天津张园门前与各界欢迎者代表合影

1924年12月4日，孙中山在天津张园留影

1924年12月4日，孙中山在天津张园向各界人士致辞时的情景

三、国家统一思想

中国是一个统一的多民族国家。千百年来，中国历史发展的主流和中国人民意向之所趋，就是反对国家分裂，谋求和维护国家的统一。中华民族在几千年的历程中已具备一种统一的胶合力和凝聚力，是能够团结一致的。任何其他内外势力想分裂这个民族，可能在某个时期或某个阶段得逞于一时，但最终定是排除分裂，归于统一。

孙中山的一生中，热诚地追求中国的统一，竭力反对分裂。他为维护祖国的统一进行了不懈的斗争。他谋求和维护国家统一的思想，是其政治思想宝库中的一个重要部分，迄今仍有现实意义，总结和继承这一思想有助于推动现代中国的和平统一伟业。

当孙中山踏上民主革命征途时，中国面临的是帝国主义列强的“瓜分豆剖”、“蚕食鲸吞”的严重的局势。在辛亥革命后，帝国主义各国的矛盾和争夺，在中国划分势力范围，各自扶植军阀充当代理人，割据一方，彼此厮杀，战乱频繁，中国依旧是四分五裂的局面。反对国家分裂，维护国家的完整统一，成了孙中山进行革命斗争的一项首要而迫切的任务。他始终把争取民族独立和捍卫祖国统一紧紧联结在一起，梦寐以求并为之奋斗不懈的就是国家的独立、民主和完整统一。

在1903年至1924年的二十多年中，孙中山先生在《支那保全分割合论》《三民主义与中华民族前途》《临时大总统宣言书》《民权主义》《中国国民党第一次全国代表大会宣言》《和平统一宣言》等专文、宣言、讲演和书牍里，依据当时的斗争形势，作过很多次的论述和阐释。他抨击“分割”中国领土的妄言，反对帝国主义分裂中国。明确指出：“支那国土统一已数千年”，“支那民族有统一之形，无分裂之势”；中华民族是不允许列强“分割此风俗齐一、性质相同”之民族，不允许买办阶级、封建军阀分裂中国。义正词严地说："为什么要把向来统一的国家再来分裂呢？提倡分裂中国的人一定是野心家"，并严厉斥责分裂中国的谬论是"卑劣之言"，痛谴制造分裂中国论调者是"中国之仇敌"。他针对某些人主张中国要照搬美国联邦制的谬论，阐明这种联省"学说"不适于中国，"不是有利于中国的"，"中国原来既是统一的，便不应把各省再来分开"；并驳斥："这种见解和思想，真是谬误到极点！"

近代中国社会的动荡和变化，反映在革命党成员之思想中也是错综复杂的。为防止革命党内的分歧和分裂，孙中山又提出建立共和政治，把国家导向独立、民主和统一。他说："今日中国，正是万国眈眈虎视的时候，如果革命家自己相争，四分五裂，岂不是自亡其国？近来志士都怕外人瓜分中国，兄弟的见解却是两样。外人断不能瓜分中国，只怕中国人自己瓜分起来，那就不可救了！"谆谆告诫革命党人警惕"兄弟阋于墙"给国家统一造成的危害。

孙中山把是否维护国家统一的问题作为衡量人们爱国与否的一个标准，又把国家统一与否视为人民能否安居乐业的必要条件。他说："'统一'是中国全体国民的希望。能够统一，全国人民便享福，不能统一便要受害。"他还把政治上的统一和经济上的富强紧密结合在一起。并反复论证了"统一之时就是治，不统一之时就是乱"的道理，把统一作为富强的前提，强调："统一成而后一切兴革乃有可言。"

对造成中国分裂的根源及国家统一的最大障碍，在孙中山早年是认识不清的，曾对帝国主义存在着不切实际的幻想。但是，经过曲折跌宕，到晚年时，对帝国主义有了深刻的认识，了然帝国主义所扶植的封建军阀割据就是列强"想用中国人来瓜分中国"，从而明确了帝国主义和封建军阀是国家不统一的罪魁祸首。在国家统一的思想上，有着鲜明的反帝反封建的特征。1924 年，在《中国内乱之原因》一文中指出："我们中国革命十三年，每每被反革命的力量所

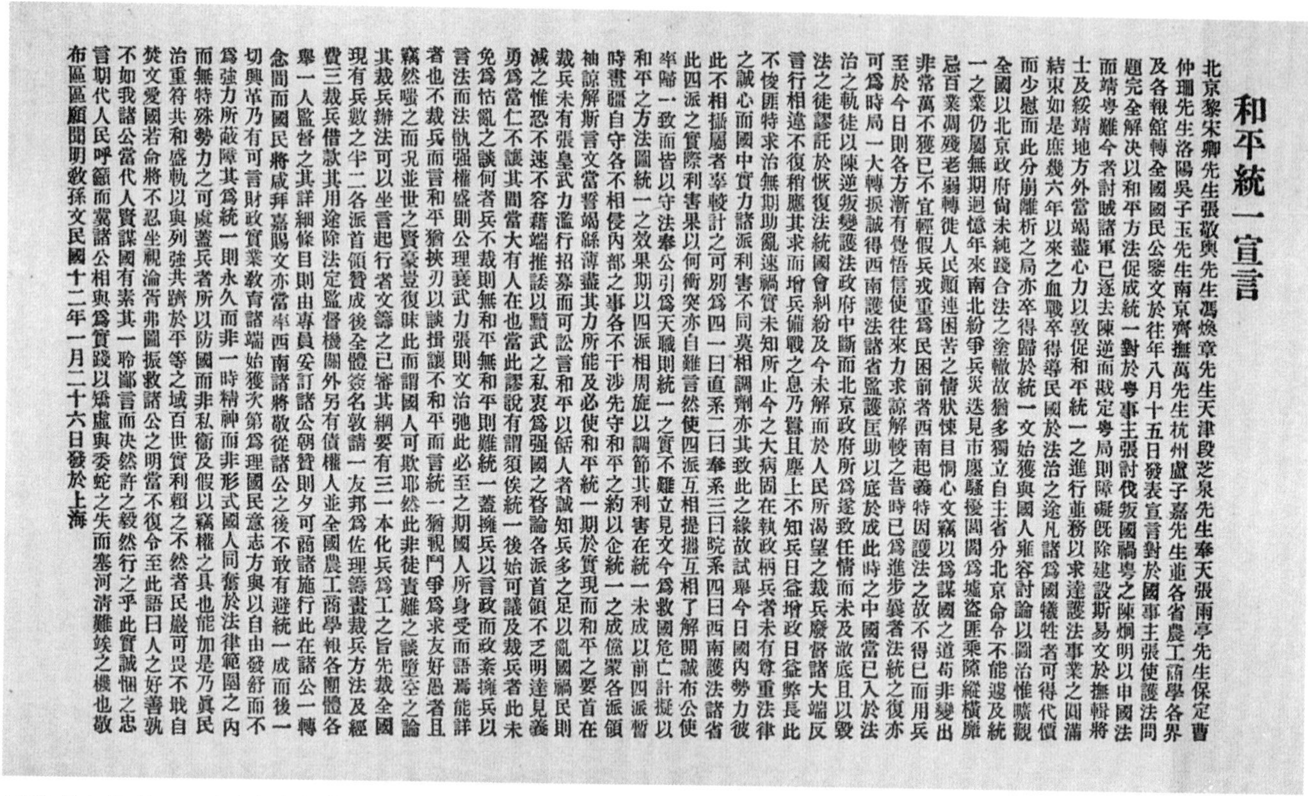

和平統一宣言

北京黎宋卿先生張敬輿先生馮煥章先生天津段芝泉先生奉天張雨亭先生保定曹仲珊先生洛陽吳子玉先生南京齊撫萬先生杭州盧子嘉先生並各省農工商學各界及各報館轉全國國民公鑒文於往年八月十五日發表宣言對於國事主張使護法問題完全解決以和平方法促成統一對於粵事主張討伐叛國禍粵之陳炯明以申國法而靖粵難今者討賊諸軍已逐去陳逆而戡定粵局則障礙既除建設斯易文於撫輯將士及綏靖地方外當竭盡心力以敦促和平統一之進行並務以求達護法事業之圓滿結束如是庶幾六年以來之血戰卒得導民國於法治之途凡諸爲國犧牲者可得代價而少慰而此分崩離析之局亦卒得歸於統一文始獲與國人雍容討論以圖治惟曠觀全國以北京政府尚未純踐合法之塗轍故猶多獨立自主省分北京命令不能遠及統一之業仍屬無期迴憶年來南北紛爭兵災迭見市廛騷擾閭閻爲墟盜匪乘隙縱橫靡忌百業凋殘老弱轉徙人民顚連困苦之情狀怵目惻心文竊以爲謀國之道苟非變出非常萬不獲已不宜輕假兵戎重爲民困前者西南起義特因護法之故不得已而用兵至於今日則各方漸有覺悟信使往來力求諒解較之昔時已爲進步曩者法統之復亦可爲時局一大轉捩誠得西南護法諸省監護匡助以底於成此時之中國當已入於法治之軌徒以陳逆叛變護法政府中斷而北京政府所爲遂致任情而未及澈底且以毀法之徒謬託於恢復法統國會糾紛及今未解而於人民所渴望之裁兵廢督諸大端反言行相違不復稍應其求而增兵備戰之息乃囂且塵上不知兵日益增政日益弊長此不悛匪特求治無期助亂速禍實未知所止今之大病固在執政柄兵者未有尊重法律之誠心而國中實力諸派利害不同莫相調劑亦其致此之緣故試舉今日國內勢力彼此不相攝屬者率較計之可別爲四一曰直系二曰奉系三曰皖系四曰西南護法諸省此四派之實際利害果以何術突亦自難言然使四派互相提攜互相了解開誠布公使率歸一致而皆以守法奉公引爲天職則統一之實不難立見文今爲救國危亡計擬以和平之方法圖統一之效果期以四派相周旋以調節其利害在統一未成以前四派暫時畫疆自守各不相侵內部之事各不干涉先守和平之約以企統一之成儻蒙各派領袖諒解斯言文當誓竭綿薄盡其力所能及必使和平統一期於實現而和平之要首在裁兵未有張皇武力濫行招募而可訟言和平以餂人者誠知兵多之足以亂國禍民則減之惟恐不速不容藉端推諉以黷武之私衷爲強國之眘論各派首領不乏明達見義勇爲當仁不讓其間當大有人在也當此謬說有謂須俟統一後始可議及裁兵者此未免爲怙亂之談何者兵不裁則無和平無和平則難統一蓋擁兵以言政而政紊擁兵以言法而法毀強權盛則公理衰武力張則文治弛此必至之期國人所身受而語焉能詳者也不裁兵而言和平猶挾刃以談揖讓不和平而言統一猶鬩門爭爲求友好愚者且竊然嗤之而況並世之賢豪豈復昧此而謂國人可欺耶然此非徒責難之談墮空之論其裁兵辦法可以坐言起行者文籌之已審其綱要有三一本化兵爲工之旨先裁全國現有兵數之半二各派首領贊成後全體簽名敦請一友邦爲佐理籌畫裁兵方法及經費三裁兵借款其用途除法定監督機關外另有債權人並全國農工商學報各團體各舉一人監督之其詳細條目則由專員妥訂諸公朝贊則夕可商諸施行此在諸公一轉念間而國民將咸拜嘉賜文亦當率西南諸將敬從諸公之後不敢有避統一成而後一切興革乃有可言財政實業教育諸端始獲次第爲理國民意志方與以自由發舒而不爲強力所蔽障其爲統一則永久而非一時精神而非形式國人同奮於法律範圍之內而無特殊勢力之可虞蓋兵者所以防國而非私衞及假以竊權之具也能加是乃眞民治重符共和盛軌以與列強共躋於平等之域百世實利賴之不然者民巖可畏不戢自焚文愛國若命將不忍坐視淪胥弗圖振救諸公之明當不復令至此語曰人之好善孰不如我諸公當代人賢謀國有素其一聆鄙言而決然許之毅然行之乎此實誠悃之忠言期代人民呼籲而冀諸公相與爲實踐以矯虛與委蛇之失而塞河淸難俟之機也敬布區區顧聞明教孫文民國十二年一月二十六日發於上海

1923年1月26日，孙中山发表《和平统一宣言》，主张“以和平方法促成统一”

阻止，所以不能进行，做到彻底成功。这种反革命的力量，就是军阀。为什么军阀有这个大力量呢？因为军阀背后，有帝国主义的援助。这种力量，向来都没有人知道要打破，所以革命十三年，至今还不能成功。”他认为，中国内乱的总祸根在各个帝国主义国家，因此，反封建首先必须反帝。中国四分五裂的根源在帝国主义，此一祸根不除，则中国的统一无望。同年，他在上海招待新闻记者时也曾说过同样的话：“中国现在祸乱的根本，就是在军阀和那援助军阀的帝国。我们这次来解决中国问题……第一点就要打破军阀，第二点就要打破援助军阀的帝国；打破了这两个东西，中国才可以和平统一。”

随着对帝国主义和封建军阀阻挠、破坏国家统一认识的加深，提高了对人民力量的认识。在五四运动后，孙中山敏锐地感触到工农是“新的力量源泉”，逐渐明确了工农大众为国民革命之主力，转向同民众结合，“合成一大力量”来谋求建立统一的新国家了。要达到国家统一的目的，必须和强大的帝国主义、封建军阀的联盟军作战，必须和国内民主革命力量，特别是工农力量携手合作；必须联合世界上以平等待我之民族共同奋斗。把谋求和维护国家的统一，不仅看作是中国的内政，还看作是中国人民奋斗的目标，并同反帝斗争紧密联系了起来。这就把中国人民争取国家统一的斗争纳入了世界被压迫民族争取独立的斗争范畴之中，这是孙中山对中国革命和世界革命理论的一大贡献。

这些新思想的发展，是伴随世界潮流和人民的需要而产生的，体现了历史发展的必然和中国人民的根本利益。它的主要观点，已和中国共产党人观察和处理当时国家命运的观念基本趋于一致，从而成为实现第一次国共合作的思想基础之一，从一个方面有力地促进了国共两党合作的实现。

孙中山是既有理想抱负，又注重实践的伟大革命家，为实现国家统一的主张，进行了不懈的艰苦奋斗。自19世纪90年代起，迈开了探索的脚步，屡仆屡起地进行武装革命，推翻了卖国、专制的清政府，创建了南京临时政府。他在就临时大总统职的宣言中，规定对内施政方针是要实行民族、领土、军政、内政和财政五大统一，要用共和制统一中国，坚决反对任何分裂中国的政治方案。他严正地抨击了当时帝国主义妄图“划中国为二，限制共和政府于江南”的谬论，坚决抵制列强以“把国家划分为二”作为外交承认的条件，果断地驳斥说：“不，那不行。我国人民的情绪是一致的。”他在1917年和1921年进行的两次护法运动，系针对国家四分五裂的局势，打倒军阀，削平叛乱，统一中国，实行民主政治。他一再表示，要“竭志尽诚，以救民国，破除障碍，促成统一，巩固共和基础”。“中国人民再也不能容忍别人瓜分自己的国家，他们希望统一，成为一个强大的和不可动摇的民族。”“我们正在尽力完成赋予我们的这一艰巨的历史使命。”稍后，他又曾豪迈地宣称：“中国是一个统一的国家，这一点已牢牢地印在我国历史意识之中，正是这种意识，才使我们能作为一个国家而被保存下来，尽管它遇到了许多破坏的力量。”

对维护国家统一的途径，孙中山既致力于革命的武力统一，也从未放弃谋求和平统一中国的努力。发动武装斗争也是为和平统一创造条件。他深切了解“中国人民对连绵不断的纷争和内战早已厌倦，并深恶痛绝。他们坚决要求停止这种纷争，使中国成为一个统一、完整的国家”。从国家长治久安的根本大局出发，他于1912年毅然辞去总统职位“为共和”北上，所希图的是换取和平统一的局面；1924年冯玉祥发动北京政变后，他毅然带病再次北上，仍旧是促进迅速实现全国的统一。

他为祖国的统一，呕心沥血，鞠躬尽瘁。

孙中山曾认为：“中国眼前一时不能统一，是暂时的现象”，最后终归是要统一的。当前，统一祖国，实现民族团结，乃是人民的企盼，一股不可阻挡的历史洪流。凡炎黄子孙都应当深思孙中山在世时所揭示的真理，为祖国和平统一和振兴中华民族做出积极的贡献。

第三节 巨星陨落

一、生命的最后时刻

由于长期颠沛流离、艰难困苦的斗争生活，孙中山积劳成疾，患有严重的胆囊腺癌。他离开广州时，身体就觉得不适，但为了谋求中国的统一，毅然勉支病躯北上，与段祺瑞等交锋。一路长途跋涉，风浪颠簸，又是严冬季节，促使病情加重，开始恶化，身体极度虚弱。而这时，如上节所述，北京政局又发生了变化，段祺瑞出任临时执政，产生了一个新的反动统治。

当时，段祺瑞一再表示反对孙中山召开国民会议的反帝救国主张，而是要单方面决定召集军阀、政客们谋求权力分赃的"善后会议"，并声称承认与各帝国主义签订的一切不平等条约的"外崇国信"的主张。这与孙中山北上的预期目的，完全背道而驰，更激起了孙中山的愤慨，怒不可遏地痛斥段祺瑞的谬误。至此，和平统一祖国已不可能，孙中山决定抵制"善后会议"，以拯救中国。

1924 年除夕那天，孙中山为着践行对国人的承诺，带着重病离开天津于下午乘专车入京。北京市民听到孙中山到北京的消息，顿时活跃起来。虽是朔风凛冽的冬季，各街道在早晨已悬旗如林，从前门车站以北到东长安街，欢迎的群众有北京各界二百余团体约三万多人，车站附近更是拥挤得水泄不通。欢迎群众人人手执红、绿小旗，上面写着“欢迎首倡三民主义、开创民国元勋、中国革命领袖孙中山先生”等字样，还有写着“欢迎民国元勋、革命领袖孙中山先生”、“北京各团体联合欢迎孙中山先生”的大幅标语，在人群中迎风招展、鲜明耀目。

当时负责警卫工作的北京警备总司令鹿钟麟看到学生和教职员等挤满了站台，担心秩序难以维持，便驱车来到永定门车站，想请孙中山在永定门提前下车免得在东站发生意外。当火车在永定门车站停下来时，鹿钟麟上车谒见孙中山，见面容憔悴的孙中山手里还拿着书在看。握手后，鹿钟麟报告了东站的情况，请求孙中山在永定门站下车。孙中山回答说：“在永定门下车那可使不得，我是为学生为群众而来的，我要见他们。请不必担心，学生们即使挤着了我，也不要紧的。”鹿钟麟只好随车到了东站。出乎意料，当专车入站时，“学生们的秩序，立时就自动整理好了。每个人都严肃而恭敬地站在那里。没有一个人乱动，也没有一个人说话，只听得欢迎他的许多小旗在风中瑟瑟地响”。孙中山亲切地和欢迎者谈了话。鹿钟麟看到的是：“学生和民众，是如何地爱他，他也是如何地爱青年爱民众。”北京国民党支部迎接小组马叙伦等，上车把孙中山搭上了一张藤椅抬下了车，群众的情绪一下激动起来，肃穆的东站立刻呼声震天，欢呼声和口号声持续不断。孙中山命随从人员向欢迎群众散发了所携带的宣言书，全文如下：

文此次来京，曾有宣言，非争地位权利，乃为救国。十三年前，余负推倒满洲政府，使国民得享自由、平等之

1924 年 12 月 31 日，孙中山抵达北京，受到各界 200 余团体 10 万人欢迎

责任。惟满清虽倒，而国民之自由平等早被其售与各国，故吾人今日仍处帝国主义各国殖民地之地位。因而吾人救国之责，尤不容缓。

至于救国之道多端，当向诸君缕述。惟今以抱恙，不得不稍俟异日。

中华民国十三年十二月三十一日

孙文[1]

之后，为方便治疗和避免访员终日不绝之烦扰，孙中山径入北京饭店三楼309号下榻，而让随行部分人员进驻段祺瑞执政为孙中山安排的行辕——铁狮子胡同原顾维钧邸宅。

孙中山在病中，段祺瑞操纵的善后会议更加快了步伐。孙中山入京的第二天，1925年1月1日，段祺瑞就邀他出席会议。段祺瑞急于利用善后会议窃取总统的地位，这与袁世凯想利用筹安会称帝一样。他的野心在全国人民中已昭然若揭，全国人民反对善后会议，要求召开国民会议的运动日益高涨。

孙中山入京后，先在北京饭店延医诊病，由六七位外国医生每日诊视一次，治肝药试验多种都不见效。德国克利大夫建议他去东交民巷的德国医院治疗，孙中山却因东交民巷是外国使馆区而拒绝。德国医院院长特派护士何芬到北京饭店为他进行护理。

孙中山在病重期间，仍然坚持斗争，一刻不放松革命工作。他在天津的病榻上拟订了召开国民会议的草案，派遣干部到各省宣传国民会议，发表声明，接见来访客人，处理公文；到北京后，先后发表了书面谈话和《入京宣言》，经常考虑对付“善后会议”的问题，他虽然遵医嘱宜不会客、不谈话，但由于政局的动荡，使他无

① 《入京宣言》，《孙中山全集》第三卷，人民出版社2015年版，第205页。

段祺瑞

北京铁狮子胡同行辕门前

法减少思虑。1月17日，他为反对包办善后会议致电段祺瑞："去年11月13日文在广州曾对于时局发表宣言，主张以国民会议为和平统一之方法，而以预备会议谋国民会议之产生。"但段祺瑞却在他北上途中，"于11月21日发表召集善后会议及国民代表会议的主张"，善后会议"于诞生国民代表之外，尚兼及于财政、军事之整理，其权限有较预备会议为宽，而构成分子，则预备会议所列人民团体无一得与"。善后会议"与六年之督军会议，八年之南北会议"，没有什么区别。"会议构成分子，皆为政府所指派，而国民对于会议无过问之权。"因此，善后会议必须做两项改变：一、"善后会议能兼纳人民团体代表，如所云现代实业团体、商会、教育会、大学、各省学生联合会、工商农会等"；二、"会议事项，虽可涉及军政财政，而最后决定之权，不能不让之国民会议"。电文还指出："民国以人民为主人，政府官吏及军人不过人民之公仆……当令人民回复主人之地位，而使一切公仆各尽所能，以为人民服役，然后民国乃得名副其实。"

1月20日以后，孙中山的病势急剧恶化，医生建议住院治疗。当天下午三时由北京饭店医院移至协和医院。医生诊后，告知须立刻施行手术治疗。当天下午六时半，开始进行手术。参加手术的医生有协和医院院长、外科主任邵乐安、德国医生克利以及俄国医生等。腹腔打开后，只见肝部已坚硬如木，一眼就知患的是肝癌，而且已到晚期，无法救治，医生只得含泪将刀口重新缝合。切片化验结果，证明孙中山病症的起源，"远因在十年以上，近因也有两三年之久"，属于晚期癌症。

孙中山病房的病床上装配有病人看书看报用的悬架，病床右角是一个梳洗台，左角放一个小衣柜。面对着病床的右角，摆一张小桌。320号是孙夫人宋庆龄住的房间。

身患绝症的孙中山，因癌病变已蔓延到整个腹腔，引起饮食及大小便困难，全身黄疸，皮肤发痒且有极度的疼痛，但他以极大的毅力尽力忍受。他在与病魔顽强抗争的同时，念念不忘救国大业，床边桌上放了各种书报，精神稍好就随时阅读，并经常召集有关人士，商谈国事。来访的客人向他探询病情时，孙中山多不解释，只谈有关革命事业的问题。在他的心目中没有比拯救祖国更为重要的了。

1月29日，段祺瑞在给孙中山的答复中，借口“时机已晚，只能变通办理”，拒绝了孙中山的两项主张。

1月30日，孙中山决定国民党拒绝与段祺瑞的黑暗势力妥协，拒绝参加“善后会议”，并积极筹备召开国民会议。国民党中央执委会根据孙中山的指示，及时向全党发出国民党员拒绝参加善后会议的通知。同一天，在中国共产党直接领导下的上海国民会议促成会做出了几项决定：（一）力争人民代表参加；（二）人民代表人数应占全体代表三分之二以上；（三）人民代表须由人民团体直接选派；（四）全国国民会议促成会亦应选派代表参加。

在中国共产党帮助下，国民会议促成会全体代表大会于3月1日在北举行，代表20个省120个委员会200名代表出席，极力反对“善后会议”。孙中山在他一生的最后时刻，斗志益发坚定了。

当时，有一种用镭锭疗法医治癌症的试验，但疗效甚微，只有千分之一的希望。自2月份开始，孙中山隔日用镭锭疗治。当时的医学试验证明，用镭锭疗治肝癌，疗程过了50小时还无效果，那就是完全绝望了。到2月16日，孙中山用镭锭疗治已近45小时，对于病症除稍微减少痛苦外，根本上没有一点功效。

2月18日，由宋庆龄、俄国医生、护士何芬和马湘四人护陪，用十字车送至铁狮子胡同11号（顾维钧宅，今地安门东大街23号），改由中医治疗。施今墨大夫用黄芪、党参等药补气，用排水消肿药治疗，也都无效。孙中山曾是一个精通医术的医生，明白自己病势已恶化，他以超人的毅力抑制着病痛，仍然保持着“分明的理智和坚定的意志”。每天还要坚持阅读报纸，后来自己不能读了，就由夫人宋庆龄念给他听。其时，宋庆龄在病榻前，日夜侍病，几乎没有正常睡过觉，有时见先生睡着了，她才在沙发上合合眼。先生一醒来立刻侍奉汤水。亲自嘱咐厨房要给先生准备可口的饭菜，不辞劳苦的尽心，大家很受感动。何香凝说：“孙夫人日夜地侍病，从没有正常睡过，真使我感动。”

在广州的革命同志，得知孙中山病情已重，焦急万分。廖仲恺因党政军务无法分身，特叫何香凝到北京参加护理。苏联顾问鲍罗庭也到了北京，陪侍左右，体现了中苏两国人民革命的深情厚谊。先后到北京参加侍病的还有汪精卫、孔祥熙、李石曾、宋子文、孙科、张继、邵元冲、陈友仁、张静江、宋蔼龄等，共数十人。

由于肝脏已完全毁坏，孙中山全身的浮肿一天比一天严重，“百药罔效，群医束手”，孙中山的生命，已走到尽头。但即使在这种时候，他仍然念念不忘革命工作。他特让何香凝转告廖仲恺，不要为他的病情分心，并说：“广东现时十分重要，仲恺万不能离开广东。”

3 月 10 日，他逝世前两天，病势危殆，但当获悉广东讨伐陈炯明的东征军① 在黄埔军校的学生和东江农民军的配合下，打垮陈炯明叛军，克服潮安、汕头，获得节节胜利后，十分欣慰，立即指示电告广东留守府代行大元帅职权的胡汉民要军队遵纪爱民，“不可扰乱百姓”。他逝世前一天，还强调“开国民会议及废除不平等条约，尤须于最短期间促其实现”。孙中山全心全意地为了革命工作，为着国家和人民，殚精竭虑，鞠躬尽瘁，耗尽了毕生精力。

1912 年 3 月 12 日上午 9 时 30 分。孙中山在临近最后闭上他那渴望中国革命胜利的眼睛时，虽不能连续说出完整语言，仍用断

---

① 1925 年初，帝国主义、国内反动派乘孙中山北上在北京患病之机，怂恿和支持盘踞在广东东江一带的军阀陈炯明进攻广州，阴谋推翻广东革命政府。于是，广东革命政府组织了东征军，举行东征。

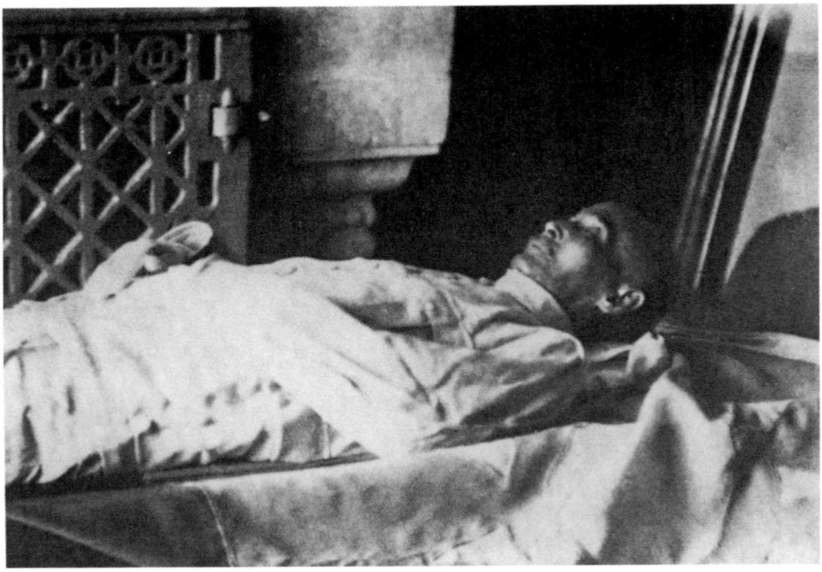

1925 年 3 月 12 日，孙中山逝世时的遗容

断续续的声音，轻轻呼喊着“和平”、“奋斗”、“救中国”、“国民会议”、“同志奋斗”等数语，声至朦胧，几不可辨。他在弥留之际，依然在激励后人，继续前进。

他临终时，夫人宋庆龄、孙科夫妇、汪精卫、戴季陶、李烈钧、林森、李石曾、石青阳、于右任、杨庶堪、邹鲁、邵元冲、叶恭绰、黄昌谷等，以及日本友人山田纯三郎、菊池良一、萱野长知、井上谦吉侍立床侧守护。延至 9 时 30 分，一代伟人孙中山终因胆囊腺癌晚期[①] 已转移到肝、肺、结肠等处，医治无效，心脏停止了跳动，闭上了他那渴望看到祖国独立富强的眼睛，离开了他所热爱的世界，

①长期以来，一些史书都认为孙中山是因为患肝癌而逝。近年协和医院组织医生通过复查孙中山病案中他的尸体解剖的病理证实，原发并不是肝癌。实际上是胆囊腺癌，然后因胆囊有梗阻，转移到肝、肺、结肠等地方，是胆囊腺癌转移到肝部而逝世的。

1925年3月，孙中山临终时由夫人宋庆龄亲笔签名在孙中山本人的一张大照片上，送给女儿（孙婉）、女婿（戴恩赛）作为留念

孙中山遗体刚刚被抬走时的宋庆龄

在北京东城区铁狮子胡同（今地安门东大街23号“孙中山逝世纪念室”）住处溘然长逝。终年59岁。

孙中山壮志未酬，身先逝。在黑暗的中国上空，一颗巨星划出一道灿烂夺目的光彩后陨落了。天凄海咽，地黯天愁，海内共泣，寰宇同悲。这是中华民族的重大损失，也是全世界一切爱好和平的国家和民族的重大损失。中国各族人民无限悲痛。举国上下，大江南北，长城内外，人们深切哀悼这位为着中国的独立、民主、统一和富强而奋斗不息的伟大革命家。

二、三个遗嘱

一代巨人孙中山在临终时，发出了“革命尚未成功，同志仍须努力”的号召，激励后人，继续前进。还给革命同志留下了遗嘱，谆谆教育人们继续奋斗，希望他的革命主张能坚持下去、革命主义得到实现。早在孙中山住进协和医院时，为了应付时局，汪精卫、陈友仁等在北京设立了国民党中央政治委员会。政治委员会曾多次开会研究过孙中山遗嘱的草稿。2月24日诵读征得孙中山同意。3月11日晚9时，宋庆龄含泪抬起了孙中山颤得不能自持的手腕执钢笔在遗嘱书上签了字。孙中山口授的遗嘱中，原来是“联合世界上被压迫民族，共同奋斗”。担任笔记的汪精卫因段祺瑞代表许世英曾来劝说不要得罪帝国主义，竟把这句话篡改为“联合世界上以平等待我之民族”。《遗嘱》的全文是：

余致力国民革命凡四十年，其目的在求中国之自由平等。积四十年之经验，深知欲达到此目的，必须唤起民众，及联合世界上以平等待我之民族，共同奋斗。

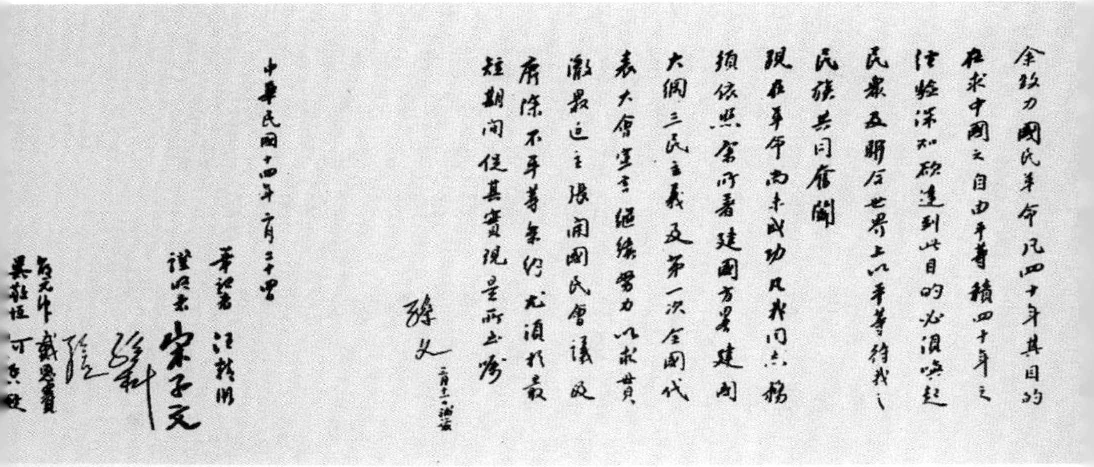
余致力國民革命凡四十年其目的在求中國之自由平等積四十年之經驗深知欲達到此目的必須喚起民衆及聯合世界上以平等待我之民族共同奮鬬
現在革命尚未成功凡我同志務須依照余所著建國方畧建國大綱三民主義及第一次全國代表大會宣言繼續努力以求貫徹最近主張開國民會議及廢除不平等條約尤須於最短期間促其實現是所至囑
孫文
三月十一日補簽
中華民國十四年二月二十四日
筆記者 汪精衛
證明者 宋子文 孫科

国事遗嘱

现在革命尚未成功。凡我同志，务须依照余所著《建国方略》《建国大纲》《三民主义》及《第一次全国代表大会宣言》，继续努力，以求贯彻。最近主张开国民会议及废除不平等条约，尤须于最短期间，促其实现。是所至嘱！

孙文

孙中山在《遗嘱》里指出的："必须唤起民众，及联合世界上以平等待我之民族，共同奋斗"，是孙中山一生革命斗争的经验总结，也是一位真诚的爱国者，在长期革命实践中，经过反复、认真探索，不断前进而得出的正确结论，是孙中山留给中国人民的宝贵历史遗产。它直到今天，从某种意义上来说，对于那些正在为维护本国民族独立和自由，而与帝国主义和殖民主义进行英勇斗争的亚洲、非洲和拉丁美洲革命人民，仍有着重大的现实意义。

孙中山在特意留给苏维埃社会主义共和国联盟中央执行委员会的遗书中，也阐明他实行三大政策的坚定信念。表示"希望不久即将破晓，斯时苏联以良友及盟国而欢迎强盛独立之中国；两国在争世界被压迫民族自由之大战中，携手并进以取得胜利”。同时，要求宋庆龄代替他访问莫斯科，以实现他的未遂愿望。《致苏联遗书》系在孙中山病危期间由陈友仁、鲍罗庭等用英文起草，3 月 11 日孙中山亲笔在遗书上签署英文名字。《致苏联遗书》[①] 的全文是：

苏维埃社会主义共和国大联合[②] 中央执行委员会亲爱的同志：

我在此身患不治之症，我的心念此时转向于你们，转向于我党及我国的将来。

你们是自由的共和国大联合之首领。此自由的共和国大联合，是不朽的列宁遗与被压迫民族的世界之真遗产。帝国主义下的难民，将借此以保卫其自由，从以古代奴役战争偏私为基础之国际制度中谋解放。

我遗下的是国民党。我希望国民党在完成其由帝国主义制度解放中国及其他被侵略国之历史的工作中，与你们合力共作。命运使我必须放下我未竟之业，移交于彼谨守国民党主义与教训而组织我真正同志之人。故我已嘱咐国民党进行民族革命运动之工作，俾中国可免帝国主义加诸中国的半殖民地状况之羁缚。为达到此项目的起见，我已命国民党长此继续与你们提携。我深信：你们政府亦必继续前此予我国之援助。

亲爱的同志，当此与你们诀别之际，我愿表示我热烈的希望，希望不久即将破晓，斯时苏联以良友及盟国而欢迎强盛独立之中国；两国在争世界被压迫民族自由之大战中，携手并进以取得胜利。

①此遗书系同月 14 日在莫斯科《真理报》译成俄文发表。当时《向导》周报（杭州）和《真光》（广州）、《新民国》（北京）等刊物所载同一中译文皆本文。此据《孙中山全集》第二卷，人民出版社 2015 年版，第 426—427 页。

②“苏维埃社会主义共和国大联合”，今译“苏维埃社会主义共和国联盟”，简称“苏联”。

致蘇聯遺書

蘇維埃社會主義共和國大聯合中央執行委員會親愛的同志，我在此身患不治之症，我的心念，此時轉向於你們，轉向於我黨及我國的將來。你們是自由的共和國大聯合之首領，此自由的共和國大聯合，是不朽的列甯遺與被壓迫民族的世界之眞遺產，帝國主義下的難民，將藉此以保衛其自由，從以古代奴役戰爭偏私爲基礎之國際制度中謀解放。

我遺下的是國民黨，我希望國民黨在完成其由帝國主義制度解放中國及其他被侵略國之歷史的工作中，與你們合力共作。命運使我必須放下我未竟之業，移交與彼謹守國民黨主義與教訓而組織我眞正同志之人。故我已囑咐國民黨進行民族革命運動之工作，俾中國可免帝國主義加諸中國的半殖民地狀況之覊縛。爲達到此項目的起見，我已命國民黨長此繼續與你們提攜。我深信你們政府亦必繼續前此予我國之援助。

親愛的同志，當此與你們訣別之際，我願表示我熱烈的希望，希望不久即將破曉，斯時蘇聯以良友及盟國而欣迎強盛獨立之中國。兩國在爭世界被壓迫民族自由之大戰中，攜手並進以取得勝利。謹以兄弟之誼祝你們平安。孫逸仙（簽字）。

致苏联遗书

谨以兄弟之谊祝你们平安！

孙逸仙

孙中山的《遗嘱》和《致苏联遗书》，显示了孙中山爱国反帝，坚持三大政策的革命精神。它具有强烈的号召力，不仅在当时产生了积极的政治作用，在以后还成为中国人民反击背叛孙中山革命事业的叛徒们的重要武器。

此外，孙中山还给家人留下了遗嘱，说明将遗物留给夫人庆龄作为纪念，要求儿女们“各自爱”，继承他的革命遗志。《家事遗嘱》的全文是：

余因尽瘁国事，不治家产。其所遗之书籍、衣物、住宅等，一切均付吾妻宋庆龄，以为纪念。余之儿女已长成，能自立，望各自爱，以继余志。此嘱。

孙文

孙中山把自己的一切都献给了祖国和人民，除了一些书籍和简单衣物，自己一无所有。有人统计过，就物质来说，孙中山所遗给宋庆龄的“一切”，只有两千多本书，一所有五个房间的住宅和一些还未用完的日用品。就连在上海的这所住宅，也是由海外华侨集资捐助的。为了革命的需要，这所房子曾先后典当过三次，最后才赎了回来。

孙中山身后不名一文，这件事，震动了当年中外各界人士。一家报纸惊呼：“近从事政事者，孰不以金钱为鹄？一县知事，一税所长，且面团团作富家翁。督军省长，又遑论乎？先生民国元勋，久膺大政，设欲聚敛，宁患无术？而竟身后萧条，不名一文。”孙中山一生艰苦朴素，廉洁奉公，不谋私利，一心为国的优秀品质，从其

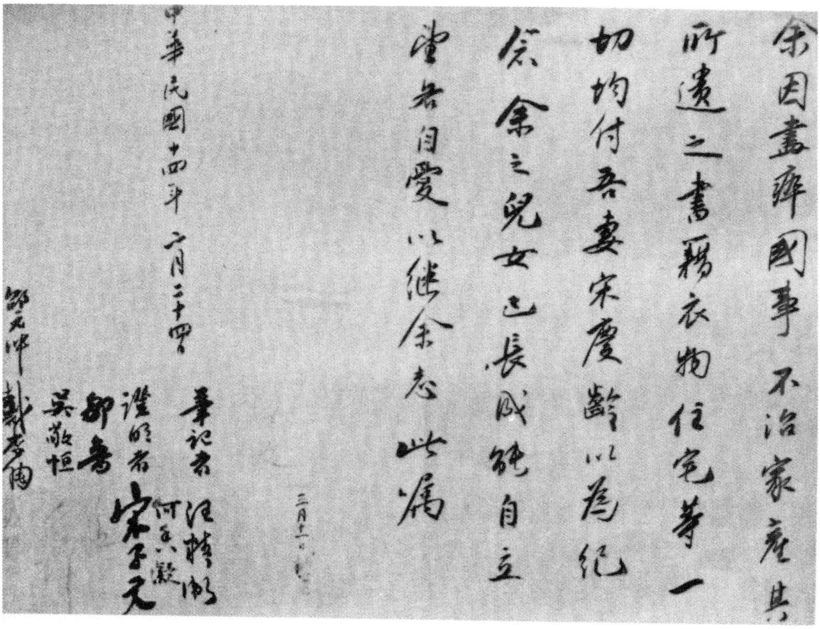

余因盡瘁國事，不治家產。其所遺之書籍、衣物、住宅等，一切均付吾妻宋慶齡，以為紀念。余之兒女已長成，能自立，望各自愛，以繼余志。此囑。

三月十一日

中華民國十四年二月二十四日

筆記者 汪精衛

證明者 宋子文 何香凝 鄒魯 吳敬恒 邵元冲 戴季陶

家事遗嘱

身后遗产亦可昭揭明白。

孙中山为了拯救和发展祖国，奔走革命凡四十年，一生艰苦朴素，廉洁奉公，不谋私利，一心为国，从不治办家产；所留下的是他的深邃思想、他的超前和启导未来以及崇高的人格品德伟大精神，以及“天下为公”、“世界大同”与“博爱”的高尚理想和情怀。这是他给中国人民留下的弥足珍贵的政治思想遗产和革命精神遗产。这笔遗产给中华民族的鼓舞和全人类的启迪，都是无价的和用之不尽的巨大财富。后继者和寰球人民认真继承、发扬这笔遗产，必将会成为世界上最为富有的人。这些对于我们今天建设和谐、幸福、美满和文明社会，实现经济发达，科学技术和文化教育先进，以及中华民族的伟大复兴，都有重要学术价值和现实意义。

三、举世哀悼

孙中山为民族的解放事业，为国家的富强和统一，数十年中始终奋斗不息，直到生命的最后一刻。他逝世的噩耗传出，全国人民万分悲痛。所有炎黄子孙不分政治派别、不分阶级地位、不分信仰主张，除一撮反动分子外，同感悲痛，举国致哀。全世界进步人士也为中国失去这位伟大的思想家、政治家、革命家而深切哀悼。

孙中山逝世当日，段祺瑞政府即宣布下半旗致哀，并决议拨专款作为孙中山先生的葬费。此后数日，苏联驻京大使加拉罕，以及德、法、比、丹、英、荷、西、瑞典、葡等国公使均亲临吊唁。

中国共产党和各界人民群众，都先后纷纷发来唁电，举行集会，深切哀悼，无限缅怀。苏联的劳动群众和旅居海外各地的华侨，也以各种方式，表达他们的哀思。

中外各报纸纷纷发表悼念文章。诸如：北京《明天时报》评论

訃告

中國國民黨總理孫中山先生於三月十二日上午九時三十分在北京行館逝世除另定追悼及開弔日期外哀此訃告

中國國民黨中央執行委員會上海執行部 哀啓

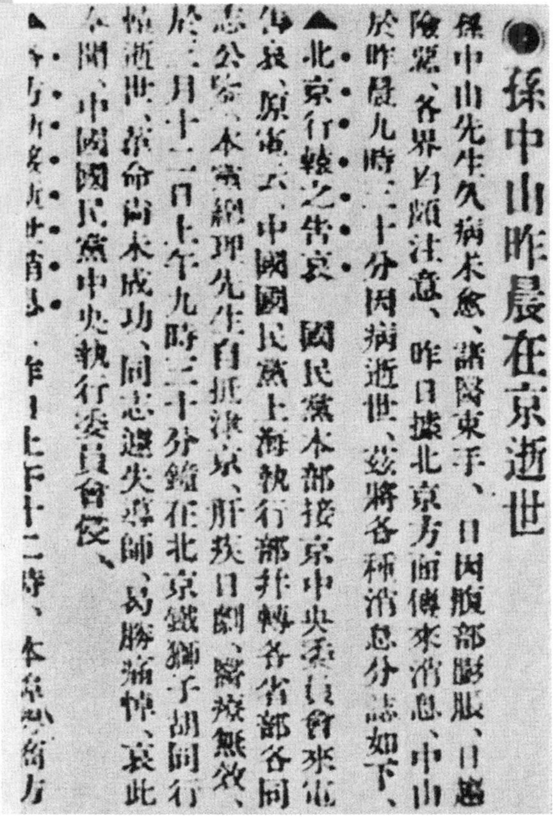

孫中山昨晨在京逝世

孫中山先生久病未愈、諸醫束手、日因腹部膨脹、日趨險惡、各界均頗注意、昨日據北京方面傳來消息、中山於昨晨九時三十分因病逝世、茲將各種消息分誌如下、

▲北京行轅之告哀　國民黨本部接京中央委員會來電告哀、原電云、中國國民黨上海執行部并轉各省部各同志公鑒、本黨總理先生自抵津京、肝疾日劇、醫療無效、於三月十二日上午九時三十分鐘在北京鐵獅子胡同行轅逝世、革命尚未成功、同志遽失導師、曷勝痛悼、哀此奉聞、中國國民黨中央執行委員會佼、

▲・・・・・・

▲[illegible]、昨[illegible]上下十二時、本[illegible]

中国国民党中央委员会为孙中山逝世发布的《讣告》

说："先生之于中国全体，其影响也至大。其于政治影响之重大无伦矣，即一般社会亦靡不受其极巨之影响；以先生之名，无异新中国创造之纪念碑也。窃以先生之去世，其为国民党一大损失定论矣；然此非必为吾人之所介意者；其能唤起吾人注意之处，在一般政界及一般社会受损失是也。何则？与其视先生为国民党之总理，转不若视中山为新中国创造伟人之为适当。"上海《申报》评论说："中国数十年来为主义而奋斗者，中山先生一人而已。中国政界中之人格，不屈不变，始终如一者，中山先生一人而已。中山先生真爱国者也；不顾成败，不问毁不问誉，可谓勇往之实行者。"上海《商报》评论说：先生"不知有身，不知有家，不知有敌人，不知有危害，不知艰难，恕于待人而严于责己，敏于观事而忍以图功。寝馈食息，必于救国；造次颠沛，不忘奋斗。"等等。

在国外，美国有报刊评论说："三十年来，孙逸仙博士之声名，一经报章不断显扬，再经华侨狂热之崇拜，世界留心时事之人，几已无不认孙逸仙博士为近代民族自决运动史上，独一无二之突出人物。"英国有报刊评论说："凡熟知孙逸仙博士艰难多故之生涯者，对于孙氏如此失败以终，必掬诚哀惜之。"日本有报刊评论说："孙氏为一近代杰出之革命思想家。其革命主义，不仅是法兰西式之政治革命，且进一步以达到经济的社会革命之路。今不幸而逝，民国前途，将起波涛乎？抑暂时安堵乎？此不得不令人忧虑者也。孙氏晚年之主张，绝对反抗英美帝国主义。"

孙中山的逝世，更激起人民群众反对军阀及帝国主义统治的决心。3 月 15 日，中国共产党中央委员会在《中国共产党为孙中山之死告中国民众书》里沉痛而庄严地指出："为中国民族自由而战的孙中山先生死了，自然是中国民族自由运动一大损失，然而这个运动是决不会随孙中山先生之死而停止"，号召"全国民众，因为中山先生的死所给予我们的绝大刺激，大家更要加倍努力，一方面猛烈地

The Guide Weekly

嚮導週報

第一百〇七期

每星期三出版

中國共產黨爲孫中山之死告中國民衆

爲中國民族自由而戰的孫中山先生死了，自然是中國民族自由運動一大損失，然而這個運動是決不會隨中山先生之死而停止的。

自外國資本帝國主義在中國之侵略日甚一日，中國的農業經濟及手工工業經濟之破壞隨之日甚一日，因此全國農工大羣衆，在客觀上都早有了民族運動的要求；最近英美日法等帝國主義者侵略中國之方式，不但壟斷中國的商業航業礦業金融海關等，更進一步紛紛在中國設廠製造并墾殖土地，直接壓迫中國的工人農民，直接排擠中國的工業，在事實上逼得中國的工人農民及愛國的知識分子都自然有了民族自衛的覺悟，這就是現在中國民衆一致奮起參加反帝國主義和廢除不平等條約運動之唯一原因。

這個民族運動，明明是由於客觀的事實逼得中國的工人農民及愛國的知識階級等廣大民衆，爲自己生存計不得不出此一途。爲民族自由而戰的中山先生，他的民族運動之主張與戰略，完全是隨着這些事實上的要求而發展的，決不是因爲有了中山先生民族運動之主張與戰略才有這些事實發生。因此，我們應該知道從起中國民族運動的這些事實存在一天，就是沒有了中山先生，這個運動也是一天不會停止的。

在這方面的民族運動中，失了一個有力的領袖，自然，很大的損失，然而這也不成大的問題。因爲中山先生所創造的國民黨仍舊存在；這個黨，尤其是其中的革命分子，必然遵守大會宣言，必然遵守中山先生的遺囑，依照中山先生的主張與戰略——打倒軍閥必須打倒帝國主義——領導中國的民族自由運動和中山先生生時一樣，

中國民族是被全世界資本帝國主義壓迫者之一，所以我們的民族自由運動，不是孤獨的一個民族運動，而是和全世界被壓迫的階級及被壓迫的民族自由運動互相聯結

孫中山特刊

中国共产党为孙中山逝世发布《告中国民众书》

继续国民会议及废除不平等条约的运动，反抗帝国主义工具段祺瑞、张作霖在北方对于这些运动的进攻；一方面保卫南方的根据地——广东，肃清陈炯明、林虎、唐继尧等及其所勾结之买办地主的反动势力。因为这些都是廓清目前横在我们自由之路所必去的障碍”。[①]同一天，中共中央又向国民党发出唁电，要求革命阵营内部加强团结，防止敌人的分裂阴谋。电文指出：“内部的统一，是孙中山死后防御敌人进攻的必要保证。然而这种统一必须是不违背中山主义或修改中山主义的统一，而是真正建立在中山革命主义之上的统一；也必须这样的统一，才是防御敌人进攻的真正担保和完成中山志愿的真正前提。”

国际工人阶级政党对孙中山的逝世也表示深切的哀悼。斯大林以苏联共产党（布）中央委员会名义于13日发来唁电说：“孙中山的伟大事业是不会随着孙中山一同死去的，孙中山的事业将铭记在中国工人、农民心中，永远使中国人民的敌人望而生畏。”

苏联《真理报》3月14日刊登了孙中山逝世的消息并发表悼念文章，说：“孙氏生命之伟大，在其不断前进，百折不挠，好学不倦。”“（他在）一切被压迫人民心中，永不遗忘。”

北京市民和学生获悉孙中山逝世消息，深为悲痛，不少人悲伤落泪，有的失声痛哭。治丧委员会决定在送殡时，请北京大学学生执花圈，当该校总务处贴出布告后，自愿报名的就有1500人，女生全部报名。

早在孙中山逝世当日，以汪精卫、孙祥熙、李烈钧分领的秘书股、事务股、招待股的“孙中山先生北京治丧处”宣告成立。他们积极地进行着大殓仪式和各项工作。同时，国民党中央执行委员会向全国发出了关于孙中山逝世的通告。当时，孙中山遗体经过施行

---

① 《向导》周报，第一〇七期，1925年3月15日。

Цена отдельного номера в Москве, в провинции и на ст. жел. дор. 5 коп.

Российская Коммунистическая Партия (больш.).

ПРАВДА

Орг. Центральн. Ком. и Московск. Ком. Р. К. П. (больш.).

№ 60 (2991). Суббота, 14 марта 1925 г.

мерть вождя китайской революции.

Умер Сун-Ят-Сен.

Политическое завещание Сун-Ят-Сен.

К РКП(б)—ЦИК Гоминдана.

1925 年 3 月 14 日，苏联《真理报》刊登孙中山逝世的消息防腐手术后，尚在协和医院。治丧处决定 3 月 19 日移灵中央公园（后改名为中山公园）。是日上午 9 时半，由家属及部分特邀人士举行祈祷仪式。11 时 15 分开始移灵，由黄惠龙、马超俊等八人，将遗榇抬出。向社稷坛移灵时，不用杠夫，而由先生的亲属和国民党的党政军政府官员轮班举送。分成三组：第一组为汪精卫、张继、孔祥熙、林森、石青阳、宋子文、喻毓西、石蘅青等；第二组为于右任、李大钊、陈友仁、白云梯、邹鲁、戴季陶、邵元冲、钮永健等；第三组为李烈钧、姚雨平、郭夏初、焦易堂、邓彦华、朱卓文、蒋雨岩（作宾）、林伯渠等。

移灵时，东单三条、帅府园交通断绝。王府井人山人海。从王府井、东长安街、天安门到中央公园社稷坛灵堂，两旁站立恭迎的群众有 12 万人。遗榇经过的地方，许多群众争着向前靠近，摸一摸灵柩，不少人流着眼泪哀泣。在前门以西的城墙马道上，由警卫司令部鸣放礼炮，以志哀悼。灵车到中央公园入口处时，宋庆龄从车上走下来，她“头上罩着黑纱，全身丧服，穿着白珠镶边的旗袍，黑鞋黑袜黑手套。透过黑纱看到她面色苍白，紧闭着嘴，微低着头”。当时在公园大门口执行勤务的女师大学生陆晶清回忆当时情形：“当她由两个人搀扶着慢步朝社稷坛走去时，偌大的公园里，只听到风声和隐隐啜泣声，成千上万双泪眼直送孙夫人走进灵堂。”

治丧处决定，孙中山灵柩从 3 月 24 日开始公祭。首先有几千学生和市民至灵堂志哀。北京临时政府文武官员一百多人前来致祭。

公祭期间，每天到灵堂吊唁的机关团体、各界群众、外国友好人士，从早到晚络绎不绝，大学、中学、小学学生队伍延续不断。北京大学学生抬着花圈走在群众队伍的前列，向伟大的革命家孙中山告别。驻京苏联大使加拉罕，以及德、英、比、丹、法、荷、西、瑞典、葡等国公使，均亲临吊唁，不少国家的政府或友好人士发来唁电。从五色土到停灵的拜殿道路两侧和灵堂内外，布满了挽联和

宋庆龄和孙科、孙治平（孙中山长孙）在北京行辕灵堂

移灵前孙中山亲属在社稷坛大殿灵堂合影留念，以示哀悼。右起：孔祥熙、宋子文、孙科、戴恩赛（孙中山之婿）、宋庆龄、孙治平（孙科长子）、孔令仪（孔祥熙长女）、孙治强（孙科次子）、宋美龄、宋蔼龄

载有孙中山遗像的灵车

送殡大学生队列

花圈，吊唁者进灵堂先向孙先生的遗体行三鞠躬礼，然后瞻仰遗容绕棺一周。孙中山的遗体安详地躺在水晶棺内，面容慈祥，神态栩栩。留分头，八字短须，身着黑色西式大礼服，系黑色蝴蝶结。棺下部覆盖五色国旗。灵前是遗像。两侧是“革命尚未成功，同志仍须努力”的孙中山遗言，横额是“天下为公”。夫人宋庆龄身穿黑礼服，佩戴黑纱，几乎每天守在灵前。从24日到31日，前来吊唁的人们仅签名者就有七万四千人之多。各界赠送的挽联、哀词、祭文横幅达十一万余件。

北京中国共产党和社会主义青年团组织在李大钊领导下，发动了三十多万人参加悼念活动，并印发了三千多份《政治生活特刊》，宣传孙中山的三民主义等政治主张，把群众悼念孙中山的悲痛心情转化为反帝反军阀的动力，掀起反对段祺瑞的善后会议的新高潮。

4月2日公祭礼成。上午11时，孙中山遗体由中央公园拜殿移往北京香山碧云寺。

灵柩用汽车运送，亲属等乘马车随灵车后行，经过西华门段祺瑞的善后会议会址时，悲愤的送殡群众将善后会议牌子砸毁，全副武装的反动军警也不敢撄其锋。经西长安街、西单牌楼；出西直门，北京市民、工人、学生、士兵30万人步行送至西直门。他们沿途高呼：“打倒军阀”、“打倒帝国主义”、“中山主义万岁”、“国民革命万岁”等口号。有两万多人步行数十里，一直将孙中山的灵柩送到碧云寺。灵车所经过的道路两旁成千上万的群众停立志哀。下午4时25分，灵车到达碧云寺。宋庆龄身穿黑色衣服，面罩黑纱，下车走在送殡人群的前头。她“没有哭泣，没有眼泪，而是更加坚强，显示出内在的毅力”，“脸上流露出无限悲痛而又坚定刚毅的神色”。使人们确信：“孙中山先生虽然死了，还有孙夫人在，还有忠实于中山遗教的革命党人在，中山先生的旗帜不会倒下，中国的革命不会中断。”5时30分举行公祭，之后将灵柩厝置寺内最高处的金刚宝塔的

1925年3月19日，孙中山的灵柩由协和医院移往中央公园社稷坛，各界群众齐集协和医院门前哀悼

1925 年萧友梅为悼念孙中山所作《哀悼进行曲》

石龛中。是日北京各机关一律下半旗志哀。

在宝塔下的普明觉妙殿（今孙中山纪念堂）设立了灵堂。灵堂正中高悬孙中山遗像，上方挂着“有志竟成”的横幅，两旁是孙中山“革命尚未成功，同志仍须努力”的遗言。碧云寺大门口竖起高大牌坊，横额是“天下为公”，楹联是“人群进化”、“世界大同”。二重门的牌坊上写着“赤手创共和，生死不渝三主义”；“大名垂宇宙，英灵常耀两香山”。

宋庆龄不顾数月来在榻前侍病和操办丧事的疲劳，多次坚持在这里守灵。亲属宋子文、宋蔼龄、孔祥熙、孙科、陈淑英、戴恩赛等也陪同守灵。

广州、南京、杭州、上海、武汉、桂林、昆明、成都、福州、开封、安庆、长沙、天津、青岛、南昌、保定、石家庄、济南等全国各大、中、小城市的群众，在共产党、国民党左派和拥护孙中山革命主张的进步人士组织下，都先后举行了悼念活动，印发悼念刊物，形成一次全国性的广泛深入的政治宣传活动。

当时还处于外国殖民主义统治下的台湾台胞，更是悲痛万分。各界群众不顾日本统治者的压制，纷纷举行追悼集会。

3 月 24 日夜间，在台北，台湾文化协会举行的追悼大会，有五千人参加。悼词中有这样沉痛的语词："消息传处，我岛人五内俱裂，如失魂魄。北望中原，禁不住泪泉滔滔。"当时报纸报道了这个情况："台湾人民被清廷所弃，至今已 30 年了……可是台湾人民眷恋祖国之心，实在日甚一日，这次孙中山先生讣音传来，台湾岛人尽皆失色落胆，稍有关心进事的人，没有不暗暗洒泪。3 月 24 日，在台湾文化协会开追悼大会，是夜大雨淋漓，街道泥泞不能行，可到会者有 5000 人之多，会场只能容 3000 人，于是不得入会场，在场外敬礼叹嗟者，实有 2000 人之多。"台北的《台湾民报》在悼念文章中说："呜呼！中山先生逝灵！民国的元勋，汉民族的领袖，东亚的大明星，世界的伟人，这是孙先生可享的荣誉。这回孙先生的讣音传出，中外人莫不神恸心伤，争吊伟人于千古。"

在香港华工工团总会举行的追悼大会上，有一百多个工会团体 15 万工人参加。在追悼会举行的当天，工厂商店停工、停业一天，以志哀悼。

可以说，在全国中，不论上上下下和男女老幼，对孙中山的病逝都表示沉痛的哀悼，虔诚祝愿其开创事业不朽。这些追悼活动，很快在全国形成一个广泛、深入又规模宏大的政治宣传运动。

与此同时，3 月 13 日苏共中央和第三国际还分别给中国国民党发来唁电及发布告中国民众书，对孙中山的病逝表示哀悼，愿先生开创的事业不朽。此后数日，德、英、比、丹、法、荷等国公使亲临吊唁。在孙中山战斗过的东京、横滨、伦敦、纽约、巴黎、旧金山、新加坡等世界许多地方的华侨和国际友人，也先后举行了追悼大会或进行了追悼活动，追思孙中山为中国革命立下的丰功伟绩，

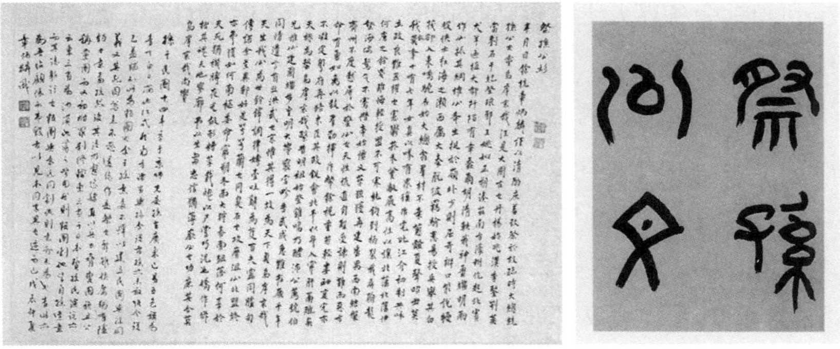

章太炎《祭孙公文》

孙中山逝世后出版的《哀思录》

深深地怀念这位卓著功勋的伟大革命家。

孙中山的去世，正如《孙中山评论集》一书的《弁言》所述："无中外亲疏，莫不同声哀悼，叹为中国莫大的损失。"国内外各大报刊和社会各界人士，包括与孙中山政见有异的敌对者，都给予孙中山极高的评价。

共产党人陈独秀评论说："我们没有了为国家为民族刻苦奋斗四十年如一日的中山先生了！……是我们极大的损失。"① 李大钊在长达 248 个字的挽联中盛赞孙中山："四十余年，殚心瘁力，誓以青天白日，一色红旗，唤起自由独立之精神，诚为人间留正气"。②

站在孙中山对立面的章太炎评论说："（孙）先生做事，抱奋斗精神，坚苦卓绝，确为吾党健者。"③ 梁启超也承认："孙君是一位历史上大人物，这是无论何人不能不公认的事实。我对于他最钦佩的：第一是意志力坚强，经历多少风波，始终未尝挫折。第二是临事机警，长于应变，尤其对群众心理，最善观察，最善利用。第三是操守廉洁，最少他自己本人不肯胡乱弄钱，便弄钱也绝不为个人目的。"④

美国一家报纸更将孙中山称赞为"世界现代五大杰之先知先觉者"，把他与印度的甘地、土耳其的凯末尔、俄国的列宁和美国的威尔逊一道，列为世界当时的五大杰人。⑤

自孙中山逝世到 4 月 1 日的 20 天内，"北京治丧处共收到花圈 7000 余个，挽联 59000 余副，横额 500 余件"。⑥ 至于全国各地，以及海外举行追悼孙中山的挽联更是无法统计。这些挽联等都是表达

①伍达光编：《孙中山评论集》，1927 年 6 月再版，第 79 页。

②伍达光编：《孙中山评论集》，第 825 页；参见萧超然：《北京大学与近现代中国》，中国社会科学出版社 2005 年版，第 484 页。

③伍达光编：《孙中山评论集》，1927 年 6 月再版，第 92 页。

④伍达光编：《孙中山评论集》，1927 年 6 月再版，第 93 页。

⑤伍达光编：《孙中山评论集》，1927 年 6 月再版，第 9 页。

⑥参见刘作忠选编《挽孙中山先生联选》，陕西高校联合出版 1994 年版。

中央公园内的花圈队

国人和海外友好人士对孙中山革命主张、爱国情怀和丰功伟绩的颂扬，表达对逝者的崇敬、缅怀和悼念的情意。在这些挽联和横幅中，对孙中山进行了种种评论和认定，其中有五副具有较大的代表性和典型性：

其一，“只手创共和，勋劳不让华盛顿；主义标民生，学理精通马克思。”

其二，“推翻专制历史，独为革命导师，伟烈丰功，直驾秦皇明祖而上；扶持弱小民族，抵抗帝国主义，平等博爱，当在列宁林肯之间。”

其三，“横览太平洋，宪法五权，补华盛顿所不足；纵谈新社会，民生主义，较马克思为尤精。”

其四，“树弱小民族解放先声，列宁而还，公真继者；与帝国主义奋斗救世，斯人已往，谁其嗣之。”

其五，“继往开来，道统直承孔子；吊民伐罪，功业并美列宁。”

上述五联，分别出于武昌师范大学学生和张轸、熊希龄、柳亚子、戴季陶之手，既有一般的学人民庶，也有官僚士大夫和社会贤达，还有同盟会、国民党的三朝元老，可谓囊括了近世中国上、中、下等社会方方面面的人士，他们的评论，在一定程度上具有“全民”的意义。五联的内涵，虽然各有所侧重，有所偏颇，研究者见仁见智，可以做出不同的诠释，但如果求同存异，确可看出存在不少共通之处，如肯定了孙中山推翻封建帝制、建立民主共和的丰功伟绩、讴歌了孙中山反抗帝国主义、扶持弱小民族的国际意义，特别是共同论定了孙中山的重要历史地位，即在中国历史上高于秦始皇、明太祖之上，是首屈一指的伟大民族英雄；在世界历史上，则处于马克思、列宁和华盛顿、林肯之间，孙中山在无产阶级和资产阶级的两大主义之中，融合创新，自成一统，确立三民主义，成为世界上被压迫民族的一面旗帜。

孙中山的业绩之所以得到了广泛认同，能赢得众多人们对他的无限敬仰与怀念，既因为他为国家和民族立了丰功伟绩，救国救民；还因为他有着高尚的道德和伟大的人格。孙中山在其一生中，洁身自好，艰苦朴素，廉洁奉公，不谋私利，甚至在平易近人等处事待人方面，也堪称世人的楷模和表率。

总之，从孙中山的远大理想与革命实践中，充分说明孙中山是对近代中国与世界做出过伟大贡献、产生过巨大影响的历史人物，是一位伟大的杰出人物，是中华民族的真正英雄。全国人民都应该为伟大的祖国造就了伟大的孙中山而自豪和骄傲。

1925 年 4 月 11 日，回到上海的宋庆龄

四、永恒纪念

1929年春，耗资百万，费时三载余，坐落在南京郊外紫金山麓的墓地中山陵竣工。这个墓地是孙中山生前亲自选定的：“吾死之后，可葬于南塞紫金山麓，因南京为临时政府成立之地，所以不可忘辛亥革命也。”

紫金山原称金陵山、钟山。由于它主要由紫色页岩所构成，在阳光照射下，紫色页岩便能放射出紫色光芒，故称紫金山。

紫金山三峰并峙，蜿蜒如龙，林海浩瀚，气势雄伟。主峰中矛山，海拔448.9米。中山陵就坐落在主峰的南麓，海拔158米，坐北朝南，占地面积两千多亩，四周树木葱茏，景象万千。陵园建设，依山势向上排列，布局整齐，庄严肃穆。它由南往北，逐段升高，共392级石阶。拾级而上，依次建有中国传统民族风格的牌坊、陵门、碑亭，一直延伸到山的半腰，最上面是结构新颖、气势磅礴的祭堂和墓室，给人以高山仰止之感，使人不禁涌现出缅怀这位伟大的革命先行者的绵绵情思。

在祭堂墓室的前面建有高大的陵门，它是中山陵陵区的大门，陵门上镌刻着“天下为公”四个字。“天下为公”是孙中山毕生无私奉献革命的基础，他革命的一生也正是身体力行“天下为公”思想的光辉典范。这陵门上孙中山亲手书写的“天下为公”四个大字端庄朴实，雄迈俊逸，发出耀眼的光芒，使“天下为公”的浩然正气升华云天，具有启迪思想，鼓舞精神，净化感情的巨大感召力。

祭堂中间为孙中山石雕全身坐像，展现出他当年推倒帝制，创建共和的勃勃英姿。祭堂后面是球状结构的墓室，正中是大理石矿，中间是长方形墓穴，置有大理石棺一具，棺盖上镌有由当时捷克著名雕刻家高崎所精制的孙中山长眠卧像，庄严肃穆，一代伟人居高临下，长眠在这位于海拔158米的墓穴之中。

国民党所立孙中山遗体安葬位置石碑

整个陵园，苍松翠柏，漫山碧绿，前临平川，背拥青峰，布局严谨，气势磅礴，显示孙中山敢于推倒统治中国几千年的封建王朝，首创民国的凛然正气和非凡胆魄。这座陵墓完全是中国民族风格，庄严，雄伟，独具特色。整个陵墓的外形设计为钟形，取暮鼓晨钟，发人深省之意，让全体国民牢记孙中山“革命尚未成功，同志仍须努力”的著名遗训。形意谐和，意味深长。它是当代所有伟人的陵墓中最宏伟的一座。它既是永垂史册的革命纪念胜地，又是举世公认的建筑艺术的瑰宝。

当时，孙中山遗体由于防腐处理不及时，不宜用水晶棺加以保存，只好实行土葬。虽说是“土葬”，但并不沾土，墓室底部用花岗石铺垫，周围有隔墙，墓室的四周和顶部全部用钢筋混凝土和花岗石为主要材料做成，安放孙中山遗体的石圹深入地下 1.6 米，外面用很厚的钢筋水泥密封，非常坚固，即使发生地震等自然灾害毁坏了墓室，地下的孙中山遗体也仍然不会受到任何损坏。抗日战争初期南京沦陷前和解放战争时期南京解放前，蒋介石国民党曾想把孙中山遗体迁到重庆和台湾，由于墓圹外面包着一层很厚的钢筋水泥，要把遗体取出来，除用爆破法炸开别无他法，一爆破很可能会使棺柩、遗体受到破坏，所以经过慎重讨论和听取专家意见以后，只好作罢。所以从 1929 年 6 月 1 日举行奉安大典，将孙中山遗体安葬在紫金山以后，一直完好地保存在庄严、坚实的陵墓里。

中山陵落成后按照孙中山生前的遗愿，孙中山灵柩于 1929 年 5 月 26 日自北京西山起运南下，28 日抵南京，30 日举行公祭，6 月 1 日安葬在中山陵。从此，这位中国历史上的一代天骄就长眠于中山陵园，他的英名永远和祖国的山河同在。这座庄严宏伟的陵墓，便也永远成为人民瞻仰、纪念的圣地。

中山陵自建成以来，接待了无数前往瞻仰的中外政要、各界知名人士。新中国成立后，孙中山的陵寝一直受到中共中央和各级政

南京紫金山中山陵园全景

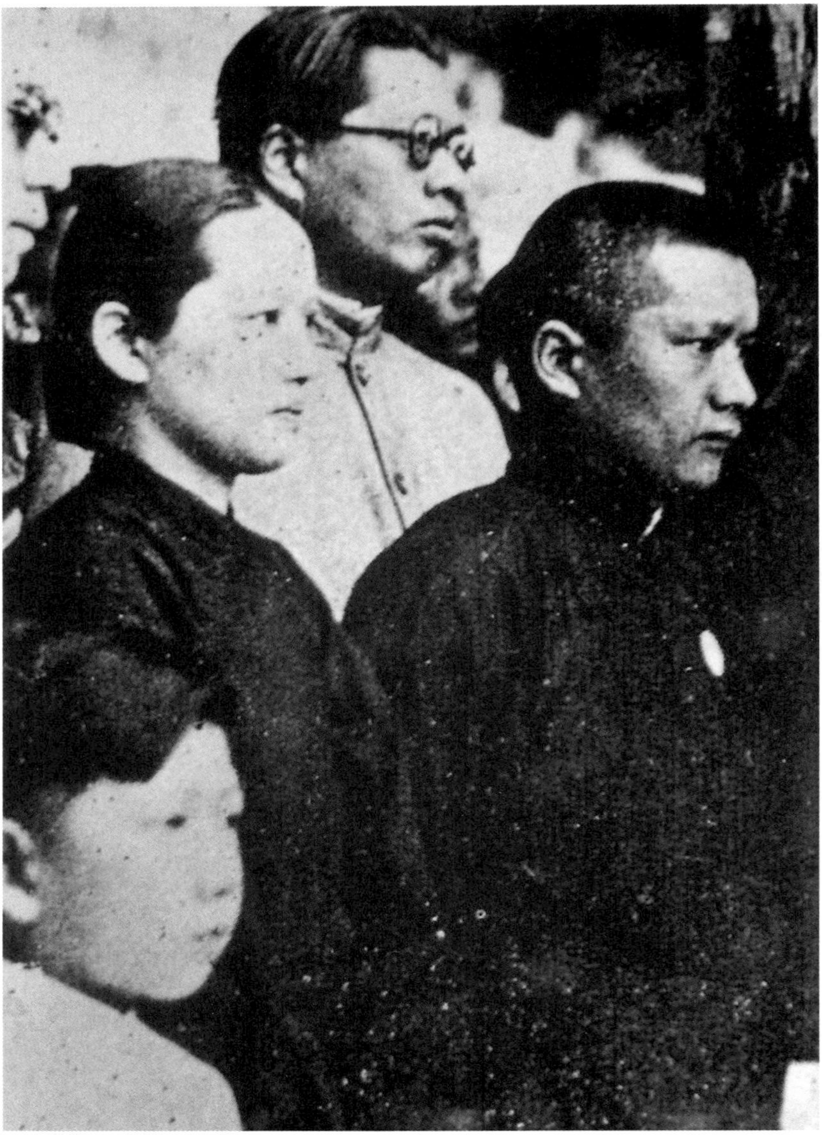

1929 年 5 月 28 日，宋庆龄在南京浦口车站迎接孙中山灵柩

《总理奉安哀辞》

恭送灵梓至中山陵安葬途中的海军代表行列

“中国七七抗战五周年纪念邮票”邮票上的孙中山与林肯

孙中山纪念邮票

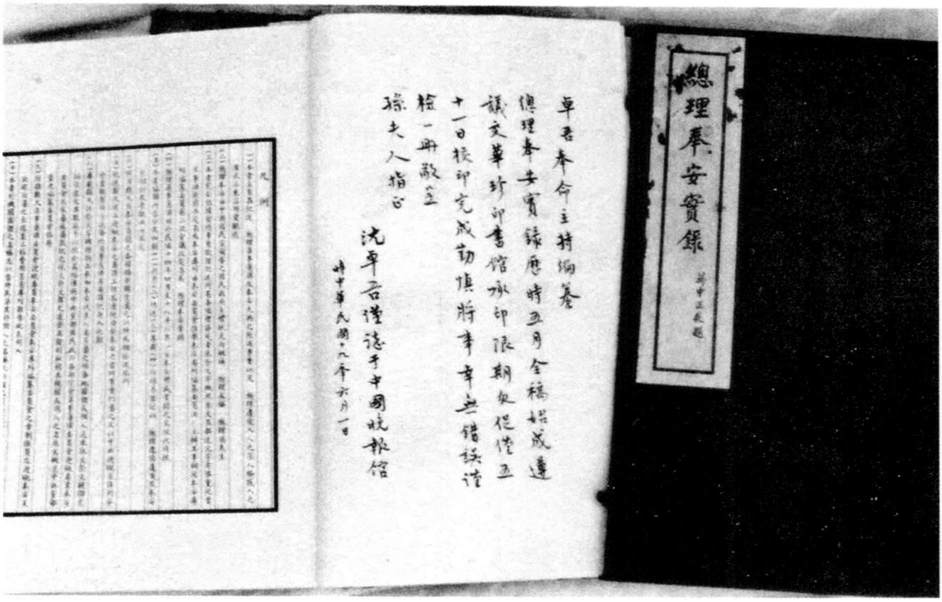

《总理奉安实录》详细记载了孙中山奉安情况

府的高度重视和妥善的保护。现在的钟山，山峦起伏，林涛似海。加上经过多次拨款修缮陵园，扩建墓地，中山陵更加雄伟壮观、气势磅礴。

1929 年，当移葬新陵时，将孙中山易换下来的衣服、鞋袜等，放入原来用的美国楠木玻璃棺内，被封入北京西山碧云寺石塔中，成为孙中山“衣冠冢”。

由于广州市人民和旅居美洲、南洋等地的华侨对孙中山感情极为深厚，惊闻孙中山逝世的噩耗悲痛万分。他们在哀悼之余，募集到资金 300 万银圆，为孙中山在广州观音山（今越秀山）麓建造了纪念堂，立牌作为永恒纪念。该纪念堂在 1929 年建成，即今广州中山纪念堂。

为着永久性地纪念孙中山，中国国民党中央委员会于 1925 年 3 月 21 日，决定将永丰舰改名中山舰，将香山县改名为中山县（4 月 16 日正式改名）；5 月 16 日，国民党一届三中全会决定接受孙中山遗嘱，并发表宣言。在中国共产党人和国际无产阶级的帮助下，孙中山首创的国民党曾一度继承孙中山遗志，完成了统一广东及北伐大业。1940 年 4 月 1 日，国民政府通令全国“尊崇孙中山为中华民国国父”。①

中国人民怀着崇敬的心情，深深地怀念着孙中山这位伟大的革命者。他去世后，先后在国内北京、南京、上海、天津、广州、福州、武汉、台北、翠亨村等一百二十多市、县、镇、村分别建立了孙中山的纪念馆、纪念堂、纪念室、竖立纪念塑像；并以其名命名大、中、小学校、纪念公园和纪念路等，不时地举行展览和各种形式的纪念活动。

新中国建立后，每逢他的诞辰和忌辰，从中央到地方，人民群

①孙锡祺主编：《孙中山年谱长编》下册，中华书局 1991 年版，第 2134—2135 页。

北京中山公园内的中山堂

台北国父纪念馆全景

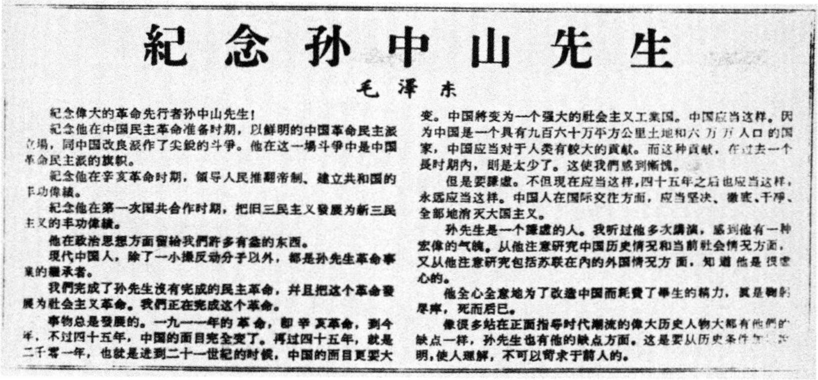

紀念孙中山先生

毛泽东

紀念偉大的革命先行者孙中山先生！

紀念他在中国民主革命准备时期，以鮮明的中国革命民主派立場，同中国改良派作了尖銳的斗爭。他在这一場斗爭中是中国革命民主派的旗帜。

紀念他在辛亥革命时期，領导人民推翻帝制、建立共和国的丰功偉績。

紀念他在第一次国共合作时期，把旧三民主义發展为新三民主义的丰功偉績。

他在政治思想方面留給我們許多有益的东西。

現代中国人，除了一小撮反动分子以外，都是孙先生革命事業的繼承者。

我們完成了孙先生沒有完成的民主革命，并且把这个革命發展为社会主义革命。我們正在完成这个革命。

事物总是發展的。一九一一年的革命，即辛亥革命，到今年，不过四十五年，中国的面目完全变了。再过四十五年，就是二千零一年，也就是进到二十一世紀的时候，中国的面目更要大变。中国將变为一个强大的社会主义工業国。中国应当这样。因为中国是一个具有九百六十万平方公里土地和六万万人口的国家，中国应当对于人类有較大的貢献。而这种貢献，在过去一个長时期内，則是太少了。这使我們感到慚愧。

但是要謙虛。不但現在应当这样，四十五年之后也应当这样，永远应当这样。中国人在国际交往方面，应当坚决、徹底、干淨、全部地消灭大国主义。

孙先生是一个謙虛的人。我听过他多次講演，感到他有一种宏偉的气魄。从他注意研究中国历史情况和当前社会情况方面，又从他注意研究包括苏联在內的外国情况方面，知道他是很虛心的。

他全心全意地为了改造中国而耗費了畢生的精力，真是鞠躬尽瘁，死而后已。

像很多站在正面指导时代潮流的偉大历史人物大都有他們的缺点一样，孙先生也有他的缺点方面。这是要从历史条件加以說明，使人理解，不可以苛求于前人的。

1956年11月12日，为纪念孙中山诞辰九十周年，毛泽东在《人民日报》上发表《纪念孙中山先生》一文。

北京西山碧云寺孙中山纪念堂

众都举行隆重集会或纪念活动；每年欢度国庆节以及其他重大节日的时候，中国政府将孙中山的巨幅遗像竖立在北京天安门广场人民英雄纪念碑前，供人瞻仰，借以表达对他的缅怀和思念。

世界各国人民怀着敬仰之情，也以不同形式来表达他们对孙中山的缅怀之情。据不完全统计，从孙中山逝世后起，截至2004年10月，全球设有纪念孙中山的旧址、纪念地及纪念馆、纪念堂等设施共有615处，其中在日本、美国、英国、新加坡、越南、马来西亚等11个国家和地区就设有53处纪念设施。[①] 孙中山是20世纪名副其实的世界伟人。

正是由于孙中山的思想和革命活动，不仅关系到中国，而且具有世界意义，因此，对他一生的探究也就成为了中外学者、亿万人民潜心研究的一个重要课题，也是近代历史人物研究中最具特色、开拓面最宽、成果最多的一个领域。

在中国，无论是大陆还是台、港、澳，孙中山研究都受到重视，在不少地方或单位设立了孙中山研究所、研究室、研究学会、研究中心等专门研究机构，汇集了众多研究人员，并发表和出版了大批论著和资料。在世界上，有日本、美国、俄国、波兰、法国、德国、澳大利亚、朝鲜、越南、菲律宾、印度及以色列等十多个国家，都有数量不等的学者长年对孙中山进行研究，有的学者还写出学术水平相当高的论著。孙中山研究成为一门显学，它实际上已经形成了一个独立的史学分支学科——“孙学”（或曰“中山学”）。

中外学者从孙中山的生平、思想和革命实践等各个方面，都对其进行了研究和探讨，成果也极为可观。据粗略统计，1949年新中国成立后，仅大陆出版的有关孙中山的研究专著、译著、资料汇编和相关的图录等，就有六百多本，发表在报刊上的文章、资料等已

①广东省地方志编委会编：《广东省志 · 孙中山志》，广东人民出版社2004年版，第237页。

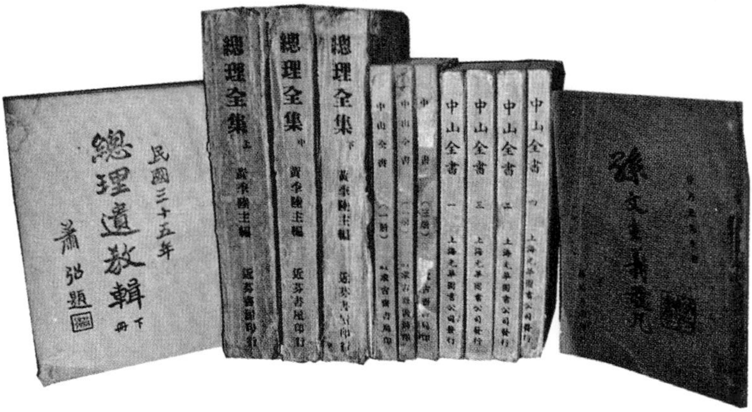

部分 1949 年前出版的孙中山著作

部分 1949 年前出版的孙中山研究成果

由本书著者尚明轩主编的《孙中山全集》（人民出版社 2015 年版）

有一万多篇。在中国近代史、中国近现代史概论、中国近代哲学史、中国近代思想史、中华民国史、辛亥革命史等方面的著作中，对孙中山都有专章专节的论述。研究成果的质量在逐步提高，研究的深度和广度有着明显的加深和扩大，目前正在向进一步深化拓展的方面发展。

孙中山的著述为数甚多，如《三民主义》《建国方略》《建国大纲》等，这些著述，在其逝世后多被结集出版，各种文集、选集或全集、丛书等有八十多种不同的版本，1949 年以来就有中国社会科学院近代史研究所等合编、北京中华书局 1986 年初版、2006 年再次印刷的 11 卷本《孙中山全集》，台北秦孝仪等主编、近代中国出版社等 1965、1973、1985、1989 年出版的《国父全集》12 册，和尚明轩主编的人民出版社 2015 年版的 16 卷本《孙中山全集》等。有的著述，被外国译为日、英、法、俄等文出版。

孙中山将永远受到中国人民的崇敬和怀念。他的名字和成就，已载入史册，永远为中国人民和世界人民所追慕。

真正的伟人属于全人类，孙中山就是这样的伟人。他的千秋功业和崇高思想将被世世代代传颂。

结语

一

孙中山先生是我国民主革命的伟大先驱，是杰出的爱国主义者和民族英雄，是对近代中国的历史发展起过巨大推动作用的革命家，是中国历史上值得充分和深入研究的伟大人物之一。对他的研究，既可按生平的不同阶段去探讨，又可对其革命思想与实践活动的各个方面进行剖析，领域宽广而内容丰富；然而，研究来研究去，所有研究课题综合、集中的结果，则应是有一部比较成熟、近于理想并和孙中山身份相称的全传。

重视人物传记研究，是我国历史学的一个优良传统。从古代司马迁的《史记》起，诸如本纪、世家、列传等，涉及历史人物的传记和对历史人物的评价，无不占有很大的比例。近年来，在我国出版的史学著作和有关史学刊物中，涉及历史人物生平研究的也占有相当篇幅。这说明了历史学家们都十分重视人物传记的研究。至于世纪伟人孙中山，由于是海内外所有中国人共同尊敬的历史人物，在世界上亦享有巨大的声誉；他的革命思想和活动同中国人民的苦难和胜利紧密相连，并在政治思想方面也留给后继者许多有益的东西。通过对他的探究作传，能够使人们深刻地认识近一百年来中国人民争取解放的复杂斗争过程，并从中吸取有益的经验和不断进步的革命精神，从而为实现祖国的统一和促进中国特色的社会主义现代化建设贡献力量，因而不少史学工作者满怀浓厚的兴趣相继不断地撰写他的传记。但是，它又比较难写，是一项相当繁难艰巨的工作。

传记本来是不易为的。因为既需要充分了解传主的生平、思想和事业，还需要清楚传主所处时代与环境，以及彼比间的相互影响等等。它责任大，头绪纷繁，实在不易。据我个人的切身体会，撰写孙中山的传记尤其是较为艰巨。这是由于孙中山是代表中国一个历史时代的伟人，他为振兴中华鞠躬尽瘁的一生，反映了一代中国人在最黑暗时代的奋斗历程。他的一生虽只有 59 年，而在时间和空间上的影响都极为深广，几乎联系着中国近代史的整个过程。他这 59 年内中国的社会经济、政治、思想文化等各方面都发生了巨大的变化，他处在中国革命已不仅是中国一个国家之事情的时代。他曾和不同地区和国家的数以千计的人士打过交道。因此，写他的传记则须涉及很多方面，涉及很多各种不同类型的人物，内容丰富，头绪纷繁，几乎等于整理一部综合性的中国近代史，要处理恰如其当和评价恰如其分确非易事；并且，还需要在认真进行各个专题研究的基础上，方能写出新意和水平。所以，从 20 世纪 20 年代以来，已出版的篇幅不一的孙中山传记和传记性著作多达数十种，其中具有其特色和独见者也不少，并且有的部分写得也很精彩，但迄未见到一部具有较高学术水平、富有创见又全书都很精彩成熟之作；特别是提高与普及相结合，学术性与可读性相结合，能够适合一般读者口味的、大众化的全传作品，更不多见，因此都还不能反映应有学术水平和满足读者的需要。

近数十年来，我先后写过多本孙中山传记类的书籍，或限于简明通俗，或出于深度不足，分量不够，均难以达到预期的要求水准。后来，我将二三十多年前出版的旧稿《孙中山传》《民国之父孙中山》《孙中山的历程》《晚清风云人物孙中山》等书，进行颇大的修订、增补，力求能够成为一本较好的传记新书，于2013年由西苑出版社出版了上下卷凡80万字的《孙中山传》增订版。

今年是孙中山先生诞辰150周年，作为学人理应有新成果作为纪念。因此，再次将增订版《孙中山传》进行增补修订并增添了照片、墨迹和文物资料，与正文相互对照，成为了图文兼备的一部全传。

全书按历史顺序阐释孙中山的思想及其生平事业，涉及其一生活动的各个时期和各个方面，举凡他的家世、生活、思想、行为、交往、战斗等包罗无遗。希冀读后能使人深刻而形象地了解到孙中山的革命活动和精神世界，并能从中反映出这位历史巨人毕生主要言行的方方面面，以及其愈挫愈勇、百折不挠的奋斗业绩，从中有所裨益。

二

我们在融会孙中山思想的深刻内涵，梳理过孙中山的丰功伟绩之后，抚案沉思，展望百年来无数英烈与帝国主义、封建势力英勇搏斗的壮丽画卷，孙中山赫然站在最前列，当属第一人。

孙中山仅有59年的一生，是生活在帝国主义侵略中国最酷烈的年代，经历了动荡不宁、颠沛流离的斗争生涯。当他走上中国历史舞台时（即19世纪末20世纪初），中国正在一个历史转换的特别时代，那就是古老的中世纪的中国正在死亡，新生的近代化的中国将要诞生。在这一特别时代中，孙中山怀着巨大的爱国热忱和强烈的救国愿望，以澎湃的爱国激情，呕心沥血从事政治活动，最初带有改良主义的倾向，通过实践，逐渐摆脱了改良主义思想的影响，勇敢地举起了革命的大旗。他振臂高呼“振兴中华”这一振奋人心而且影响深远的口号，号召人们起来为摆脱中国的贫穷落后，尽快地从中世纪走到世界先进国家的行列。

孙中山经历了中国民主革命的两个阶段——旧民主主义革命和新民主主义革命的初期。

在前一阶段中，他几乎是孑身一人，从西方文化中引进了共和的火种，领导建立了民主革命团体——兴中会、同盟会，提出和宣传民主革命纲领——三民主义，站在鲜明的革命民主派的立场上，同保皇派进行了坚决的斗争，成为中国革命民主派一面旗帜；并且领导和发动了十多次武装起义，从而划破了黑暗长空，燃起了辛亥革命的烈火，不仅推翻了清王朝，而且结束了中国的两千多年的君主专制制度，创建了新生的民主共和国，开创了一个新纪元；辛亥革命之后，他以坚韧不拔的革命精神，为维护民主政治，又领导了“二次革命”和护法运动，进行了讨伐北洋军阀的斗争。

在后一阶段中，他果敢地吸取历次革命斗争失败的教训，抛弃某些过时的观念，欢迎共产国际和中国共产党对他的帮助，接受中国共产党所提出的关于中国革命的主张，毅然改组国民党，采取了“联俄、容共、扶助农工”三大政策，把过时的三民主义丰富、发展为适合时代要求的崭新的三民主义，开辟国共合作之路，同中国共产党结成反帝、反封建的统一战线，实现了首次国共合作，昭示了新民主主义革命的曙光，促使中国革命走向新的高潮。

孙中山从一个爱国和热衷于社会变革的青年，成长为民族英雄和民主革命领袖，一生经历了近四十年漫长而曲折的革命斗争道路。他在国际国内空前深刻的历史转变过程中，不断总结经验教训，发展自己的革命思想，使思想和行动能够“适乎世界之潮流，合乎人群之需要”，紧随时代潮流不断奋进。形形色色的法规戒律，一切条条框框、桎梏思想的樊篱，他都以大无畏的英雄气概，勇敢地冲破之、粉碎之、朝着“振兴中华”之路迅跑。

孙中山领导的革命运动，推动了中国近代社会的进步和发展，为中国社会开拓了前进的道路。他是开辟中国进入现代化的先驱，是对中国现代化进行总体规划的开山祖。他所探求和绘制的中国现代化的道路和方案，如和平发展、改革创新、实行开放主义、学习外国的一切先进经验和长处及与世界接轨等思想和策略，以及利用资本主义国家资本、技术、人才以成就中国社会主义事业的战略，既反映近代中国历史发展的客观趋势，反映全国人民的衷心愿望，同时也表达他放眼世界的博大胸怀。此外需要特别指出的是：我们可以通过检视孙中山的思想，发现它同后来历史形成的中国新民主主义及中国特色社会主义的理论实践之间，存在着明显的相通相应的内在脉络。

孙中山是一个真正的爱国者，是中国人民伟大的儿子，为了实现“求吾民真正之幸福”的崇高理想，他不惜失“谋生之地位”，去“固有之资财”，弄得倾家荡产，长期亡命异国他乡。在个人生活上，他也是一贯以淡泊自持，“简单朴素”，廉洁奉公，是当之无愧的中国民族、民主革命的伟大先驱。正像鲁迅先生所称颂的：“孙中山先生的一生历史具在，站出世间来就是革命，失败还是革命；中华民国成立之后，也没有满足过，没有安逸过，仍然继续着进向近于完全的革命工作。”“他是一个全体、永远的革命者，无论所做的哪一件，全都是革命。”[①] 他的这种为国为民和不断进步的革命精神，是值得人们学习的。

---

①鲁迅：《孙中山先生逝世一周年》，《鲁迅全集》（七），人民文学出版社 1973 年版，第 713 页。

还要提出的是，孙中山之所以伟大，主要源于他把自己的一生同国家的前途、民族的命运联系在一起，自觉地担负救亡图存和振兴中华的重任。为了实现国家的独立、民主、统一和富强，实现中国的现代化，他忘我地奋斗了一生。他用行动证明，他不仅仅是中国民主革命的先驱，而且也是一个不断追求时代前进的步伐、具有强烈民族意识和爱国主义思想的伟大政治家和思想家。孙中山遗留给我们的精神遗产是多方面的，应该全面地理解，正确地继承。只有理解才能继承，也只有正确的继承才能发扬他的精神实质，使我们聪明，更好地为实现中国现代化服务。

孙中山既是中国的世纪伟人，也是世界伟人。他“振兴中华”的着眼点不仅仅局限于中国，而是把中国革命置于整个历史时代，置于世界大势中，把中国革命与世界革命紧密地联系在一起。他把自己从事和领导的革命，与整个世界政局的变化以及亚洲各民族解放联系起来，不仅使其思想和活动对亚洲各民族解放运动产生了重大而深远的影响，而且使中华民族的独立与解放，从此带有直接的世界意义。孙中山早在 1903 年就提出了走社会主义道路的问题，企盼建设中国式的社会主义；之后，他还曾努力号召以社会主义理想建设中国，使其成为世界第一个社会主义国家。孙中山在 1911 年 11 月的《欧洲的演说》中，还明白地提出了发展工业，对外实行开放，充分利用外资，加速国民经济发展的问题。他把引进外资比喻为是“水之就壑”，是顺理成章之举。随后，他又提出在维护国家主权前提下实行开放主义，把“吸收外资”和“主权在我”联系在一起的英明决策，等等。

不仅如此，孙中山所领导的革命，是亚洲东方各国乃至世界被压迫民族解放运动的重要组成部分，具有着代表和象征意义。正是时代的变化、个人周游世界的阅历和斗争的需求，使孙中山具有超越前辈和同时代人更加广阔的眼界，使他在毕生的革命生涯中，始终满怀热忱地关注世界大势的发展。他把自己从事和领导的革命，融入世界范围内的进步潮流，与整个世界政局的变化以及亚洲各民族的解放事业联系起来，不但使其思想和活动对亚洲民族解放运动产生了重大而深远的影响，促进和推动了诸如越南的潘佩珠、菲律宾的彭西及日本、印度等亚洲一些国家爱国志士的觉醒和民族解放事业的发展，而且使中华民族的独立和解放从此带有直接的世界意义。

孙中山曾多次阐述过，中国与世界的相互关系是双向的。在“世界潮流”中涌现的独立、民主和富强的中国，定将促进世界和平、繁荣和幸福。他认为，遭受西方列强侵凌的贫困、落后和分裂的中国，显然是亚洲和世界的不安定的根源之一。而中国革命和建设的胜利，对亚洲和世界都是最大的积极因素。早在 1904 年 10 月，他就满怀信心地预言：“一旦我们革新中国的伟大目标得以完成，不但在我们美丽的国家将会出现新纪元的曙光，整个人类也将得以共享更为光明的前景。普遍和平必将随中国的新生接踵而至，一个从来也梦想不到的宏伟场所，将要向文明世界的社会经济活动而敞开。”① 他确信摆脱了噩梦般过去的中国将会对世界承担责任，“使地球上人类最大之幸福，由中国人保障之，最光荣之伟绩，由中国人建树之，不止维持一族一国利益，并维持全世界全人类之利益焉”！② 所以如此，是因为革命后的中国，不仅继承爱好和平的传统，更要“倾弱扶倾”。他坚信“中国人本质上是一个爱好和平而不是好战的民族”，③ 一直是崇尚和平的。

孙中山坚决反对“强权”和“霸道”，他提倡中华民族传统的“王道文化”，反对“霸道文化”，强调“物质文明”与“心性文明”

---

①《中国问题的真解决》，《孙中山选集》上卷，人民出版社 1956 年版。

②《在北京五族共和合进会与西北协进会的演说》，《孙中山全集》第七卷，人民出版社 2015 年版，第 115 页。

③《与林奇的谈话》，《孙中山全集》第八卷，人民出版社 2015 年版，第 67 页。

相待发展，提出了人类文化发展的哲学思辨。他称颂社会互助、呼吁国际互动，主张阶级斗争又倡行阶级调和，他一方面认同资本家、地主剥削工农，一方面又组织工会、农会反抗暴行剥削，即主张对立面在非对抗条件下共容，在某种程度上揭示了调和社会矛盾与和平世界的和谐社会理念。他提出了民族独立，和平外交政策，和平发展等思想；他强调世界不可分性，洞察全球的大趋势，摒弃“荒岛孤人”式的故步自封，主张必须开放又定要“走自己的路”，提出世界和平的前提应是中、日、美合作的战略远见，与亚、欧、美三大洲一些国家的政府和友好人士保持密切交往。凡此等等，均具重要又深刻的理论与实际意义。这些，都将会有助于推动我们建设具有中国特色社会主义和谐社会、统一祖国和促进世界和平与发展事业的前进。

正因如此，孙中山获得了全球不同社会制度和发展层次国家的人们的广泛认同，被称为世界的公民、维护人道和促进人类进步的杰出战士，在世界上亦享有巨大的声誉，受到普遍的敬仰、尊崇和缅怀。

三

孙中山为振兴中华鞠躬尽瘁的一生，他的40年的政治活动，集中反映了一代中国人在最黑暗时代的奋斗历程。他一生走过的道路，代表了整整一代先进分子为使国家摆脱贫穷、落后、受人欺凌的悲惨境遇，为实现中国现代化所做的不屈不挠的努力。正因孙中山是联系着中国现代化整个过程的历史人物，认识他走过的曲折道路，回顾中国的昨天，能够使我们深刻地认识近一百多年来中国人民争取解放的复杂斗争过程，有助于认识那个时代的中国和它的发展，有助于了解今天的中国国情。

虽然孙中山领导的革命没有及身而成，并且他离开人世已 90 余年了，但是，孙中山的英名，一直震撼九州大地，受到各界人民的普遍崇敬。人们或尊之为新时代的圣贤天子——“民辟”，[①] 或誉之为近世中国革命的“初祖”和指引航向的“北辰”，[②] 或仰之为“中华第一伟人”，[③] 或赞之为“中国民主革命的先行者”，[④] 等等。特别是，孙中山的思想与实践对后来中国历史的发展和中外关系都产生了重要影响；并且，他在政治思想和理论上也留给后人许多值得回味和思考的宝贵历史遗产。因此，其光辉形象并没有在时光流逝中淡化，直到今天，他的影响依然存在，我们仍然能够感觉到他在中国现实政治生活中的巨大影响力。

孙中山的光辉的名字，鼓舞了不止一代的志士仁人。所有爱国的中国人都是他的事业的继承者。孙中山以其丰功伟绩、杰出思想及高尚道德奠定了自己的历史地位。他的英名已成为中华民族精神的一个伟大象征和增强中华民族凝聚力的一面旗帜。只要是炎黄子孙，不管居住在世界什么地方，也不管政治信仰如何，很少有不崇敬、不尊重孙中山的；孙中山同时也获得世界上不同社会制度和发展层次国家的人们的广泛认同，像他这样受到普遍尊崇的历史人物，确实不多见。

同时，还应该看到，孙中山既是中国的世纪伟人和世界的伟人，但归根结底也是一个凡人，是中国公民中的一员，他同样是血肉之躯，同样是奔流热血的普通生命。孙中山也有自己的喜怒哀乐和鲜明的性格特点，是位深深根植于普通人之中的一位“大写的人”。他

---

①章炳麟：《孙逸仙 · 序》，黄中黄（章士钊）译编：《孙逸仙》，光绪二十九年（1903 年）刊行。

②黄中黄：《孙逸仙 · 自序》，载黄中黄译编：《孙逸仙》，光绪二十九年（1903 年）刊行。

③张肖鹄：《中华民国大总统当推孙逸仙论》，《中华民国公报》，1911 年 10 月 29 日。

④《纪念孙中山先生》，《毛泽东选集》第五卷，人民出版社 1977 年版，第 312 页。

和任何伟大人物一样，也有他自己的思想和认识的发展过程，也有个人和历史的局限性。不能把他神化或偶像化，更不能供奉到神灵的殿堂。应该抛掉一向把伟人视为完人、圣人，并为尊者讳的习惯思维方式，平心静气地、客观地检讨其思想的新旧、政治的得失，把他置于社会的、个人的矛盾旋涡中进行如实的剖析，理性地评价孙中山这一历史人物的方方面面。

孙中山是一个革命民主主义者，没有能够正确阐述近代中国社会性质以及中国革命的各种根本问题，没有能够科学地概括出中国革命的基本任务，因而，无法给中国人民指出取得彻底胜利的道路，像历史上许多站在正面指导时代潮流的伟大历史人物大都有他们的缺点一样，孙中山在他的前进的过程中，也有他的缺点。这主要是由于时代的局限性和历史条件的制约，是无法避免的。对此，我们应当正确对待，是不能也不应苛求他十全十美的。世界上任何伟大历史人物（包括“至圣先师”孔夫子在内）都不是十全十美的。

孙中山逝世后，中国和世界在半个多世纪中发生了巨大的变化。中国人民在中国共产党的领导下，经过长期的艰苦卓绝的斗争，终于推翻了帝国主义和封建主义的统治，在1949年取得了民主革命的胜利，完成了孙中山未竟的事业。孙中山的光辉事业为后来者所继承和发展了。

当前，在我们继续肩负着“振兴中华”的历史使命和面临着21世纪的挑战，正在努力实现中华民族伟大复兴的“中国梦”而奋斗之际，我再次强调：认真地继承和发扬孙中山的爱国主义和革命思想，学习他的与时俱进、不断进步精神，吸取他的思想中的精华，深思他在世时为使中国走向富强所揭示的真理，必将会有助于我们为祖国的统一大业，为建设中国特色的社会主义和谐社会，以及促进世界的和平与发展做出积极的贡献。对此，我愿意与读者们一起朝这方面努力并共勉之。

附录一　孙中山年谱简编

说明：

（一）按年、月、日顺序，逐条记事。每年先记与民主革命运动有关或直接间接有影响的国际、国内重要事件，次记孙中山及其有关的重要事迹。所有记事，同一日首条标明时间，其余各条用△标示。

（二）凡在1911年以前需记明日期者，皆附以阴历。国际重要事件则不附记阴历。

1866年（清同治五年　丙寅）诞生

2月7日（清同治四年十二月二十二日），太平军余部谭体元据守的嘉应州（今梅县）失陷，长江以南的太平军完全被清政府镇压下去。

10月20日（九月十二日），捻军在河南陈留、杞县分成东西两支，东捻军转战中原地区，西捻军向陕甘进军。

11月12日（十月初六日），出生于广东省香山县大字都（今中山市南朗镇）翠亨村一个贫苦的农民家庭。

1869年（清同治八年 己巳）3岁

10月9日（九月初五日）祖母黄氏病逝。

是年，兄孙眉到邻乡南蓢村的地主程名桂家做长工。

1871年（清同治十年 辛未）5岁

3月18日（辛未年正月二十八日），法国工人阶级建立历史上第一个无产阶级专政的政权巴黎公社，至5月28日失败。

7月（五月），沙俄侵占我国新疆绥定，旋即宣布永远占据伊犁九城。

9月3日（七月十九日），妹秋绮（1871—1912年）生。

是年，孙眉赴檀香山，先后在乡人的菜园和农牧场做雇工。

1872年（清同治十一年 壬申）6岁

4月（三月），坚持斗争17年的贵州苗族人民起义失败，首领张秀眉被俘牺牲。

8月11日（七月初八日），清廷派第一批学生梁敦彦、詹天佑等30人赴美留学，是为近代中国首批官费留洋学生。

12月23日（十一月二十三日），清直隶总督李鸿章奏请在上海试办轮船招商局，翌年1月正式开局，是为官督商办之近代航运企业。

是年，开始在田间参加农业劳动。主要是上山打柴草，或是到塘边捞“塘飘”做猪饲料。稍长，下田除草、挑水和放牛。

1873年（清同治十二年 癸酉）7岁

是年，西方资本主义世界爆发深刻的经济危机，此后，自由资本主义迅速向垄断资本主义过渡。

是年，侨商陈启源在广东南海县创办继昌隆缫丝厂，民族资本主义近代工业开始出现。

是年，听婶母程氏讲述停泊在金海门海峡（离翠亨村不远）外轮洋人的情况，因而常想“既然洋人使人不安，他一定有什么可以值得研究的事情”。

1874年（清同治十三年 甲戌）8岁

5月8日（三月二十三日），日本派兵侵略台湾。

是年，在游戏中反抗别人的无故欺凌。

1875年（清光绪元年 乙亥）9岁

1月12日（同治十三年十二月初五日），清爱新觉罗·载湉即帝位，改元光绪。15日，东、西太后再度垂帘听政。（慈禧太后1861年起垂帘听政）

是年，继续参加家中的农业劳动。

1876年（清光绪二年 丙子）10岁

9月13日（七月二十六日），中英《烟台条约》签订。

秋，入村塾读书。期间，常与同学杨帝贺等到邻村观看三合会练武。

是年，接孙眉来信，兴出洋之志。

△开始对种种黑暗现象不满，反对给妹妹缠足。

△喜听村内参加过太平军战士讲述太平天国故事，对太平天国革命产生了朦胧的景仰心情。

1877年（**清光绪三年 丁丑**）11**岁**

6月，孙眉回翠亨村完婚。9月返檀香山。

是年，在村塾继续读儒书。对一味背诵旧的封建传统教学方式产生怀疑。曾经向教师发问：读这些书一点也不懂，有什么意思？

1878年（**清光绪四年 戊寅**）12**岁**

春，继续在村塾读书。4月结束在村塾之学业。

△对社会上一些封建陋习表示不满。反对缠足；反对乡中的蓄奴现象；反对赌博。

1879年（**清光绪五年 己卯**）13**岁**

6月（五月），第一次离开家乡，随同母亲经澳门到香港乘轮船赴檀香山。

夏秋间，到孙眉在茂宜岛茄荷蕾埠开设的商店帮助店务。不久，入盘罗河学校补习算术等科。

9月中旬（七八月间），入火奴鲁鲁（即檀香山正埠）英基督教监理会主办的意奥兰尼学校（男子中学）就读。此后，生活和学习费用多仰赖孙眉供给。

1880年（**清光绪六年 庚辰**）14**岁**

是年，继续就读于意奥兰尼学校，课余学习国学，喜读华盛顿、林肯等资产阶级革命家的传记。

1881 年（清光绪七年 辛巳）15 岁

2 月 24 日（正月二十六日），与俄国签订《中俄伊犁条约》和《中俄改订陆路通商章程》。

是年，继续就读于意奥兰尼学校，开始学习军事体操。目睹国内外的不同情景，产生了改造祖国的愿望。

1882 年（清光绪八年 壬午）16 岁

4 月 25 日（三月初八日），法军侵占越南河内。

7 月 23 日（六月初九日），朝鲜发生“壬午政变”。

7 月 27 日（六月十三日），在意奥兰尼学校毕业。旋到茄荷蕾埠孙眉经营的商店协理店务数月。

秋，入火奴鲁鲁美基督教公理会设立的奥阿厚书院（高级中学）读书。

1883 年（清光绪九年 癸未）17 岁

3 月 14 日（癸未年二月初六日），卡尔 · 马克思逝世。

5 月 19 日（四月十三日），刘永福黑旗军在越南纸桥大败法军，击毙法将李威利。

12 月（十一月），法军进攻驻守越南北部的清军，中法战争爆发。

7 月（六月），因欲受洗入基督教，孙眉着令其回国。回乡途中反对清朝官吏勒索，并向同行乘客宣传中国政治改造之必要。

夏秋，在乡居住，其间除在家自修、参加一些农业劳动外，开始宣传社会变革，向村民指摘清政府的腐败，并着手某些村政改良措施，如修路、防盗等事宜。

秋，为破除封建迷信，与陆皓东捣毁村庙的神像。被迫赴香港。

11—12月（十月至十一月），入英基督教圣公会所办的拔萃书室（男子中学）读书。

年底，在香港和陆皓东等由美公理会传教士喜嘉理行洗礼，加入基督教。

1884年（**清光绪十年 甲申**）18岁

10月（八月），法军进攻台湾侵占基隆，攻袭福建马江的水师，清政府下诏对法宣战。

8月至10月（六月至九月），中国各省人民掀起反法国侵略的斗争热潮，给予孙中山极大鼓舞。

10月（九月），为抗议法国侵略，香港船坞工人拒修法国兵舰，各行业工人也纷纷罢工，商人罢市。

4月（三月），转入香港英国当局所办的域多利书院（中等学校，1887年改名皇仁书院）读书。

秋，从广大群众、特别是香港工人反法爱国斗争中受到鼓舞，深感中国人民“已经有相当觉悟”。

11月（九月至十月），接孙眉函召，在香港辍学再赴檀香山。后到茄荷蕾埠商店当店员。

1885年（**清光绪十一年 乙酉**）19岁

6月（四月），清政府与法国订立屈辱的《中法新约》。中法战争结束。

10 月（九月），清政府决定福建省属台湾府改建行省。

4 月（三月），自檀香山经日本回国。

5 月 26 日（四月十三日），在翠亨村与同县外壆村人卢慕贞（1867—1952 年）结婚（后于 1915 年协议离婚）。

8 月（七月），去香港域多利书院复学。对当时清政府向法国屈膝求和，感到非常愤恨，变革现实的意愿更加强烈。

1886 年（清光绪十二年 丙戌）20 岁

7 月 24 日（六月二十三），中英签订《缅甸条约》，法政府承认英国对缅甸的占领。

夏，入美基督教长老会所办的广州博济医院附设南华医学堂（今中山大学第二附属医院前身）读书。课余，经常对人抒发热爱祖国的情怀和革新政治的抱负。

是年，曾以洪秀全自命，并在同学中结识了与会党关系密切的郑士良和尢列等。

1887 年（清光绪十三年 丁亥）21 岁

9 月（七月至八月）转学香港议政局议员何启新创办的西医书院（即香港大学医学院前身）。在校有五年时间，勤奋学习。除正课外，广泛研读西方国家有关“新学”的各类书籍。在政治思想上，受到何启等所鼓吹的改良主义的一些影响。

△入学后，结识了该校英籍教务长康德黎，师生关系甚为密切。

冬，父孙达成病危，孙中山及孙眉回乡奉侍。

1888 年（清光绪十四年　戊子）22 岁

2 月（正月），西太后挪用建设海军的巨款修造颐和园，10 月（九月）康有为在北京第一次上书清光绪帝，告言时局危急，提出“变成法”、“通下情”、“慎左右”。上书因中梗未达。

3 月 24 日（二月十二日），父孙达成病逝。

8 月 6—10 日（六月廿九日至七月初三日），在香港西医书院通过第一学年考试，在全级同学 13 人中名列第三。

1889 年（清光绪十五年　己丑）23 岁

7 月 14 日（六月十七日），巴黎举行国际社会主义者代表大会，第二国际成立。

夏，在香港西医书院通过第二学年考试，成绩列全级 9 人中之冠。

秋，开始第三年课程，学科渐减，实习增加。

是年，结识陈少白。

1890 年（清光绪十六年　庚寅）24 岁

夏，在香港西医书院第三学年学习结束。秋季时开始第四学年课程。

是年，上书已退职的香山县籍洋务派官僚郑藻如，就农业、禁烟、教育等问题提出建议，主张效法西方，进行改良。

△课余常往来于广州、澳门等地，发表反清言论，与陈少白、尢列、杨鹤龄等经常聚谈革新抱负及反清言论，表示“勿敬朝廷”，被人称为“四大寇”。

1891年（清光绪十七年 辛卯）25岁

是年，全国掀起反洋教斗争的风暴，遍及19个省区。

3月27日（二月十八日），参加创立教友少年会。

7月（六月），在香港西医书院通过第四学年考试，成绩列全级五人中第一。

10月14日（九月十八日），长子孙科（号哲生，1891—1973年）出生。

是年，课余曾写稿投寄港、沪各地报刊，鼓吹改造中国政治。

△结识招商局职员，后来的“辅仁文社”社长杨衢云，经常交换爱国图强的意见。

1892年（清光绪十八年 壬辰）26岁

年初，孙眉寄款回翠亨村兴建新居，返乡设计新居图样。

3月13日（二月十五日），杨衢云等16人，在香港成立爱国小团体辅仁文社。

7月23日（六月三十日），在香港西医书院毕业，成绩优异，为全校之冠。获医科硕士学位（一说开业执照）。

秋，在澳门镜湖医院行医。因医术高明，态度认真，甚受群众欢迎，声名鹊起。

12月18日（十月三十日），在澳门开设“中西药局”。

是年，在翠亨村试验炸药，炸裂村口闸门“瑞接长庚”石匾。

△郑观应《盛世危言》编成（于次年刊行），其中所刊《农功》一文系孙中山早期的改良主义文章。

1893年（清光绪十九年 癸巳）27岁

是年，遭澳门葡籍医生排挤，转至广州继续行医。在广州和石岐开设“东西药局”和支店，对贫民一概施医赠药。

冬初，常与陆皓东、郑士良、陈少白等聚议，首次倡议组织团体，以“驱除鞑虏，恢复华夏”为宗旨，但未正式成立组织。

1894年（清光绪二十年 甲午）28岁

7月25日（六月二十三日），中日甲午战争爆发。

中国民族资本创办的近代工矿企业已达七八十家。

1—2月（癸巳年十二月末至甲午年正月初），在翠亨村草拟上清直隶总督兼北洋通商大臣李鸿章的书稿。

2月15日（正月初十日），携上李鸿章书稿从翠亨村返回广州，继续在东西药局开诊。

春夏间，偕陆皓东由粤赴上海，走访《盛世危言》的作者郑观应，并结识另一位维新志士王韬，找寻上书李鸿章之门径。得到郑观应和盛宙怀写给盛宣怀的介绍信。

6月下旬（五月中下旬），由沪抵天津，上书李鸿章，建议变法图强，主张效仿西方国家，发展工农业生产，改革教育制度和选拔人才，使国家臻于独立和富强。未被李鸿章接见。

7月（六月），游历京津，以窥清廷之虚实，深入武汉，以窥长江之形势。

秋，从上海经日本抵檀香山，以海外为基地，在华侨中宣传革命，开展反清斗争。

11月24日（十月二十七日），在檀香山创建近代中国第一个资产阶级民主派革命团体——兴中会，在成立会议上通过所起草的《兴中会章程》。提出振兴中华，挽救危局；以“驱除鞑虏，恢复中国，创立合众政府”为秘密誓词，此一誓词比较鲜明地揭示了该团体的斗争纲领。

冬，组织部分华侨兴中会员从事军训操练，为日后归国举义做准备。

△派人到茄荷蕾、百衣等地，发展会员，建立兴中会分会。

年底，决定归国实行起义，得孙眉、邓萌南等捐助经费。

1895年（清光绪二十一年 乙未）29岁

4月17日（三月二十三日），清政府与日本签订《马关条约》。

5月2日（四月初八日）康有为联合各省入京会试举人一千三百余人，上书清帝，要求“拒和”、“迁都”、“变法”，史称“公车上书”。资产阶级改良派开始登上政治舞台。

1月下旬（约十一月末正月初），由檀香山经横滨返香港，与郑士良、陆皓东、陈少白等人商议，联合革命志士，扩大兴中会组织，准备策划武装起义。

2月21日（正月二十七日），在香港成立兴中会总机关，并修订了《兴中会章程》。设会所于香港中环士丹敦街13号，以“乾亨行”名义作掩护。

3月13日（二月十七日），与杨衢云等在香港连续开会，筹划在广州发动武装起义。

3月下旬（二月末至三月初），偕陆皓东、郑士良等到广州建立兴中会分会，联络会党、绿林、游勇、防营、水师等。

8月下旬，制定了武装起义的方案。

10月27日（九月初十日），第一次武装起义——广州起义因谋事不密，遭到流产，陆皓东等殉难。脱险后，经香港逃亡日本。

11月13日（九月二十七日），抵日本横滨，旋组建兴中会分会。

12月中旬，断发改装。随后赴檀香山。

是年，长女金琰（另作娫，1894—1913年）出生。

1896年（清光绪二十二年 丙申）30岁

6月（四月），清全权大臣李鸿章与沙俄政府签订《御敌互相援助条约》（即“中俄密约”）。沙俄势力进一步进入东北。

春，在檀香山以《檀山新报》馆内为据点进行联络活动，并组织兴中会员进行军事操练。

6月18日（五月初八日），从檀香山抵达旧金山，于该地设立兴中会分会。之后，又赴纽约，沿途鼓吹革命。9月下旬，由纽约赴英国利物浦，旋即赴伦敦。

10月11日（九月初五日），在伦敦被清驻英使馆人员设计，遭囚禁。羁囚12天，通过康德黎等积极营救，在伦敦市民和英政府压力下，于10月23日获释出禁。孙中山的名字从此传遍世界。

11月，应英国剑桥大学汉学家翟理斯（H.A.Giles）的请求，开始撰写自传。

冬，为揭露被绑架事件的真相，开始撰写《伦敦被难记》。又应英格兰医学会之请，译成英国柯士宾著《赤十字会救伤第一法》。

1897年（清光绪二十三年 丁酉）31岁

11月（十月初七日），山东发生钜野教案。14日德国强占胶州湾。

帝国主义列强纷纷效法，掀起瓜分狂潮。

12月，沙俄侵略军强占旅顺。

1月21日（十二月十九日），《伦敦被难记》英文本出版。

1至7月，居伦敦，经常到大英博物院图书馆读书，并考察资本主义社会的政治、经济、社会状况。民生主义观念初步形成。

春，复函英国翟理斯，应其所请写成一篇自传。

2月，在伦敦《双周论坛》发表《中国的现在和未来》一文，揭露清朝的黑暗统治，宣传从根本上改造中国的革命主张。

7月至9月，离开英国，先后赴加拿大和日本横滨、东京等地。结识日人宫崎寅藏、犬养毅等，在同宫崎寅藏的谈话中，认为“人民自治为政治之极则，故于政治之精神，执共和主义”。

1898年（清光绪二十四年 戊戌）32岁

3月6日，清政府被迫与德国订立《胶澳租界条约》。

3月27日，清政府与沙俄签订《旅大租地条约》。

5月9日（四月二十日），清政府与英国签订《中英拓展香港界址专案》，将九龙半岛租与英国，租期为99年。

6月11日（四月二十三日），清帝颁布“明定国是”诏令。“百日维新”开始。9月21日戊戌变法失败。

7月21日（五月十三日），清政府与英国订立《租借威海卫专条》。

10月，直隶、山东两省边境地区出现反帝爱国武装——义和团，声势甚盛。

春，在东京进行革命活动，并赴长崎、神户、马关等地吸收一些华侨参加兴中会。

6月，在东京会晤菲律宾起义军代表马利亚诺·彭西，热情支援菲律宾人民的民族解放斗争。

8月下旬（七月上旬），由东京移居横滨。

秋至冬，和亡命日本的梁启超就联合反清问题，进行多次会谈，未获结果。

冬，清政府分别由驻日公使李盛铎通过日本人士、驻美公使伍廷芳通过孙眉、两广督署通过绅商刘学询，以高官厚禄诱孙中山归顺，均被断然拒绝。

1899 年（清光绪二十五年 己亥）33 岁

9 月 6 日（八月初二日），美国国务卿海约翰（John Hay）提出对中国的“门户开放”政策。

是年，资本主义世界经济危机爆发。

3 月，山东义和团朱红灯部起义。

11 月，清政府与法国签订《广州湾租界条约》。

是年，张謇创办大生纱厂于江苏南通。

春至夏，在日本东京、横滨、长崎等地，做各种联络和策动工作，准备再次武装起义。

2 月（戊戌年十二月间），与彭西会晤，为其代购军械。后所购到的大批军械，租用日轮“存引丸”运菲，该轮于 7 月 21 日在浙江海面触礁沉没。

夏秋之交，与梁启超等在横滨继续就合作反清问题进行多次会谈，与维新派积极联络结盟合作问题，仍无结果。秋，派陈少白去香港筹办《中国日报》，并于次年 1 月正式出版。又命郑士良等在香港设立联络会党的机关，与广东三合会取得联系。

10 月 11 日（九月初七日），兴中会、哥老会及三合会首领在香港成立兴汉会，被公推为总会长。

12 月 22 日（十一月二十日），为亲绘的《支那现势地图》注文。（是图 1900 年 2 月在香港发行、7 月在东京发行。）秋冬间，再为菲律宾独立军购械，未果。

1900年（清光绪二十六年 庚子）34岁

春，义和团主力由山东向直隶转移。随后进入京、津。6月，反帝爱国运动发展到最高峰。

8月15日（七月二十七日），英、法、德、奥、俄、美、日、意等帝国主义八国联军攻陷北京，西太后挟光绪逃往西安。

1月20日（十二月二十日），被迫停止为菲律宾起义军运送军械。

6月，先后到香港、西贡、新加坡等地，积极组织武装起义。同时，偕宫崎寅藏等人拟同李鸿章商谈“合作”，幻想运动李鸿章在华南组织“独立”政府；7月20日（六月二十四日），偕宫崎寅藏等乘“佐渡丸”离香港赴日本。先后在神户、横滨等地谋划起义，并寻求后援。

8月，在日本东京创办青山革命军事学校，修改兴中会誓词。

8月24日（闰八月初二日），由日本赴台湾。嗣在台北建立起义指挥部，并与日本驻台湾总督儿玉源太郎接触。

10月8日（闰八月十五日），命郑士良等于惠州三洲田起义。后因外援无着，弹尽援绝，起义军于10月22日被迫解散。

10月28日（九月初六日），史坚如为策应惠州起义，谋炸粤督德寿未遂，11月9日就义。

冬，研究军事，总结起义失败教训，“对日本朋友和他们的援助大感失望”。

1901年（清光绪二十七年 辛丑）35岁

1月29日，清政府在西安下诏宣布“变法”。

9月7日，清政府与德、奥、比、西、美、法、英、意、日、荷、俄十一国公使签订《辛丑条约》。

1月10日（十一月二十日），杨衢云在香港为清吏所派刺客击伤，次日卒于医院。同月下旬，在横滨为杨衢云开追悼会。

春，在横滨赞助留日粤籍学生郑贯一、冯自由等组织广东独立协会。

6月（五月），为秦力山、沈翔云等在东京创办《国民报》月刊捐助出版费1000元。该刊为中国留学生中革命报刊的先驱。

1902年（清光绪二十八年 壬寅）36岁

4月23日（三月十六日），景廷宾以“扫清灭洋”为斗争旗帜，在直隶（河北）巨鹿举行农民起义。

4月27日（三月二十日），自横滨到东京，参加章炳麟等倡议举行的“支那亡国二百四十二周年纪念会”，因日本政府阻挠，纪念会未开成。返横滨后，仍补行纪念会。

8月（七月），应宫崎寅藏之请，为其所著《三十三年落花梦》单行本作序。

12月（十一月），自日本到香港，旋赴越南河内，在华侨中宣传革命，建立兴中会分会，并与法国印支政府官员会晤。

1903年（清光绪二十九年 癸卯）37岁

4月，沙俄背约拒从我国东北撤兵，并向清政府提出七项新要求，妄图永久霸占东北。上海各界在张园召开拒俄大会，通电反对沙俄背约。东京中国留日学生反对沙俄侵占东北，组织拒俄义勇队。

春，化名杜嘉偌，漫游越南、暹罗（今泰国）等地。7月底，抵日本横滨。

5月（四月），邹容著《革命军》一书在上海出版。秋至冬，陈天华著《猛回头》、《警世钟》二书在东京相继出版。

8至9月（约六七月间），在东京青山练兵场附近创设军事训练班，训练干部。入学誓词是“驱除鞑虏，恢复中华，创立民国，平均地权”。

9月21日（八月初一日），撰《支那保全分割合论》一文，发表于东京《江苏》杂志第6期。

9月26日（八月初六日），“为扫除保皇邪说”和“规复革命机关”，离日本赴檀香山。

9月，接待来访的留日学生廖仲恺、何香凝夫妇和马君武等，畅论革命救国的道理和方法。并嘱廖在留学生中物色志士，“结为团体，以任国事”。

10月15日（八月十五日），抵檀香山。旋赴希炉宣传革命，与保皇派开展斗争。

11月（九月中下旬至十月上旬），前往希炉，组织中华革命军。旋由希炉返火奴鲁鲁，到各戏院发表演说，力驳保皇谬论，并改组《檀山新报》作为革命喉舌，亲撰《敬告同乡书》等文，揭露康梁党徒们“假革命”、“真保皇”的面目，与保皇党展开论战。

11月4日（九月十六日），黄兴等在湖南长沙创立华兴会。

1904年（清光绪三十年 甲辰）38岁

2月8日（十二月二十三日），日俄战争在中国领土上爆发，清政府于12日宣布“局外中立”。

是年，广西农民起义达到高潮，控制数十州县，并分兵三路向广东、贵州、湖南进军。

1月11日（癸卯年十一月二十四日），在檀香山致公堂国安会馆加入洪门，并接受“洪棍”（元帅）之职。

1 月（十二月），在檀香山组织中华革命军。

△在《檀山新报》上发表《驳保皇报》一文，批驳保皇党谬论。

4 月 6 日（二月二十一日），离檀香山抵美国旧金山。旋多次发表演说，发动华侨，刊行《革命军》，改组《大同日报》，与保皇派展开论战。

5—9 月，为美洲致公堂重订章程要义，注入民主革命的精神，对其进行整顿改造。随后，偕其首领黄三德赴美国各地，对会众进行注册宣传活动。

8 月 31 日（七月二十一日），在纽约报纸上发表《中国问题之真解决》一文，指出清帝国如同“一座即将倒塌的房屋”，断言“全国革命的时机现已成熟”；呼吁欧美国家对中国革命给予道义上、物质上的支援。

12 月 14 日（十一月初八日），离纽约赴英国伦敦。

冬，章炳麟、蔡元培等在上海成立光复会。

1905 年（**清光绪三十一年　乙巳**）39 岁

1 月 4 日，列宁在《前进报》上发表《旅顺口的陷落》一文，揭露日俄侵略中国的罪行。

8 月，中美双方签订《收回粤汉铁路美国合兴公司售让合同》，中国人民胜利收回粤汉铁路。

是年，中国民族资本主义企业已达 228 家，资本额共 421090 万元。

春至夏，抵比利时首都布鲁塞尔，与中国留比学生就革命方略和依靠力量等问题反复讨论，并组织了革命团体。访问了第二国际书记处，阐明了自己的革命主张，表示了对社会主义的诚挚同情。

宣称今后将“采用欧洲的生产方式，使用机器，但要避免其种种弊端”。随后，自英赴德、法等国，向中国留学生宣传革命主张，组织革命团体。

6月3日（五月初一日），宋教仁、程家柽等在日本东京创办《二十世纪之支那》杂志，宣传反清革命。

7月19日（六月十七日），自法国抵日本横滨。旋赴东京分别与黄兴、宋教仁、邓家彦等会晤，建议联合起来，筹建同盟会。

7月30日（六月二十八日），邀约各省有志革命的留学生和旅日华侨共七十余人，在东京召开中国同盟会筹备会议，讨论了结成新团体的名称和宗旨。

8月13日（七月十三日），出席东京留学生举行的欢迎大会，作了长篇演说。他号召到会者摒弃改良主义道路，采取革命手段，推翻清政府，建立民主共和国。

8月20日（七月二十日），中国同盟会在日本东京召开正式成立大会，通过了章程。章程中确定“驱除鞑虏，恢复中华，创立民国，平均地权”十六字纲领为同盟会宗旨。会上并被推举为总理。

9月8日（八月初十日），委派冯自由、李自重二人赴香港、广州、澳门联络同志，并主盟接收会员。

秋，在横滨与越南爱国志士潘佩珠会晤两次，就两国革命的相互支持问题进行了笔谈。

10月7日（九月初九日），自横滨赴越南筹款。在西贡成立了同盟会分会。

11月26日（十月三十日），同盟会机关报《民报》在日本东京创刊。为之撰写《发刊词》，文中首次公开提出“民族”、“民权”、“民生”三大主义，向广大群众发出民族民主革命的号召。

12月，成立广东募债总局，拟向南洋富有侨商募集革命经费。

冬，领导革命派同保皇派之《新民丛报》进行大论战。

1906年（清光绪三十二年 丙午）40岁

9月1日，清政府颁布“预备立宪”。

12月16日（十一月初一日），张謇、汤寿潜等在上海成立预备立宪公会，是为国内立宪派的第一个团体。

1月1日（乙巳年十二月初七日），以总理名义，印制中国革命政府债券。

2月（一月），自西贡抵新加坡，建立同盟会分会。刘静庵在湖北武昌正式建立日知会，孙武、张难先等百余人入会。

3—6月，先往欧洲，次由欧洲经南洋到日本，后由日本再赴南洋，进行革命活动。

4月28日（四月初五日），《民报》第三号发行号外，列举《民报》和《新民丛报》根本分歧的十二个问题。革命派同改良派的论战更为激烈。

7—9月，先自吉隆坡抵芙蓉，与当地华侨座谈，揭露清政府的假立宪骗局。旋赴槟榔屿建立同盟会分会。其后又到新加坡、西贡，再往日本。

秋冬间，与黄兴、章炳麟等在东京制订同盟会《革命方略》。“方略”包括《军政府宣言》《招军章程》等八个文件，以应国内各地革命党人起义时颁用。

12月2日（十月十七日），在东京举行的《民报》创刊周年庆祝大会上，发表《三民主义与中国民族前途》讲演，系统阐述三民主义的思想，主张制定“五权分立”的宪法。

12月4日（十月十九日），萍（乡）浏（阳）醴（陵）起义爆发（是周下旬失败）。孙中山闻讯分派同盟会员赴苏、皖、湘、粤、赣等省策应接济，未果。

1907 年（清光绪三十三年 丁未）41 岁

3 月上旬—4 月上旬，江苏、浙江、安徽、广东等省一些州县发生“抢米”风潮。

3—5 月，广东钦州（今属广西）、廉州（今属广西）人民在刘恩裕领导下组织“万人会”，举行抗捐起义。

11 月 4—11 日（九月二十九日至十月初六日），江苏、浙江、安徽三省爆发收回筑路权的群众爱国运动。

1 月 11 日（十一月二十七日），拒绝梁启超停止论战的要求，决心把论战进行到底。

3 月（二月），从日本抵越南，在河内设立领导粤、桂、滇三省武装起义的总机关，并在旅越华侨中募集起义经费。

4 月（三月），派胡汉民赴香港，就近策应即将在广东潮、惠、钦、廉四府举行的武装起义。

5 月（四月），派黄兴、胡毅生两次分赴郭人漳、赵声营中鼓吹革命，争取所部新军反正。

5 月 22 日（四月十一日），潮州黄冈起义爆发。27 日失败。

6 月 2 日（四月二十二日），惠州七女湖起义爆发。因寡不敌众，起义队伍自行解散。

7 月 6 日（五月二十六日），光复会员徐锡麟在安庆起义，杀毙皖抚恩铭。事败，徐锡麟被捕遇害。

7 月 13 日（六月初四日），秋瑾谋在绍兴起义，未果，被捕，15 日遇害。

8 月，会党首领张百祥等和与会党有联系的同盟会员焦达峰等近百人，在日本东京成立共进会。

9 月 1 日（七月二十四日），命王和顺起义于钦州王光山。钦州、防城之役爆发。4 月占领防城，至 17 日因给养困难失败。革命军退入两广交界的十万大山。

9—10 月，派同盟会员赴海防、西贡、新加坡、暹罗、槟榔屿、吉隆坡等地，筹集起义经费。

12 月 2 日（十月二十七日），镇南关（今友谊关）之役爆发。3 日，孙中山偕黄兴等离河内赴阵地，亲手发炮打击敌人，并为伤员包扎。革命军血战数昼夜，被迫于 9 日撤离镇南关。

是年，在河内与越南爱国志士所办“东京义塾”成员交往，寻求支持。

几次同义塾教师笔谈，对越南人民反殖民主义的斗争深表同情。

△章太炎、刘师培掀起第一次倒孙风潮。黄兴力排众议，风潮得以平息。

1908 年（清光绪三十四年 戊申）42 岁

11 月 14 日（十月二十一日）清帝光绪（载湉）去世。翌日，西太后那拉氏亦去世。溥仪继帝位，由醇亲王载沣监政。

1 月 27 日（十二月二十四日），离开河内，经西贡抵达新加坡筹款。

3 月 27 日（二月二十五日），指示黄兴在钦州马笃山起义爆发。起义部队转战月余，终因弹尽失败。革命军退往越南。史称钦廉之役。

4 月 1 日（三月初一日），派人至缅甸仰光建立同盟会分会。至年底，分会遍布缅甸各埠。

4 月 30 日（四月初一日），命黄明堂在云南河口起义。起义坚持 20 余日，终于失败，退往越南。此役后，孙中山开始放弃以运动会党为主的方略，转而集中力量运动新军。

7 月（六月），为日人池亨吉所著《支那革命实见记》作序。回顾从潮州之役到河口之役的斗争历程，表示对革命前途充满必胜的信心。

秋，在新加坡设立同盟会南洋支部，统一领导南洋各埠同盟会分会及通信处。

9—10 月，在新加坡《中兴日报》连续发表批判保皇党的文章，亲自领导批判改良主义的斗争。

10—11 月，为加强南洋各地同盟会组织的领导以及筹办军饷，偕胡汉民等自新加坡赴各埠活动，对各地组织进行调查和整顿。

11 月 19 日（十月二十六日），岳王会成员、安庆炮营队官熊成基在安庆率马、炮两营士兵千余人起义。翌日失败。

12 月，赵声、朱执信等策划在广州起义，事泄流产。

1909 年（清宣统元年 己酉）43 岁

11 月，各省议局要求清政府速开国会，并于上海组成国会请愿同志会。

是年，各省群众自发斗争风起云涌。“闹捐抗税”、“抢米”、“教案”不断发生。

1 月间，往来于新加坡及南洋各埠，积极筹募起义经费。

5—10 月，由于受到日本、越南、香港等地当局的驱逐，难以活动，便转到欧洲法、比、英等国，进行筹款及宣传活动。

10 月（九月），中国同盟会南方支部在香港成立，以胡汉民为支部长，着手筹划在广州武装起义。

11—12 月，由伦敦到美洲的纽约、波士顿等地，在华侨中宣传革命和募款。

是年，章太炎、陶成章掀起第二次倒孙风潮。致函同盟会会员王子匡等，对陶成章、章太炎的攻击作出解释，并指出他们这种行为危及“革命前途”。

1910年（清宣统二年 庚戌）44岁

8月29日（七月二十五日），日本正式吞并朝鲜。

4月13—15日（三月初四至初六日），长沙爆发数万饥民抢米风潮，饥民焚毁巡抚衙门、长沙税关、洋行及教堂等。

5月（四月），山东莱阳数万群众发动大规模抗税斗争。

是年，湖南、湖北、江西、安徽、江苏等省相继出现“抢米”风潮。

广西、广东、云南、浙江、江苏、安徽、河南、直隶等省先后爆发抗捐抗税斗争。

2月（正月），由纽约经芝加哥抵旧金山。在华侨中宣传革命，募集款项，并在美洲十多个城市建立了同盟会分会。

2月12日（正月初三日），广州新军起义爆发。旋失败，倪映典牺牲。

是月，光复会在东京成立总部，推章炳麟、陶成章为正副会长。南洋英、荷各埠亦设分会：4月3日（二月二十四日），出席美洲华侨举行的欢迎大会，并发表演说，鼓吹再次起义。

3月，建立“美洲三藩市中国同盟会总会”（通称“美洲同盟会”），以加强对美洲华侨力量的统一领导。多次函电黄兴，提议再次在广东举义的计划。

4月，由旧金山到檀香山，在火奴鲁鲁华侨欢迎会上强调发动新的武装斗争。

5月上旬，致函纽约革命党人，论及月前发生的长沙“抢米事件”，指出“新军亦有附和”，认为“总有利于吾党”。

6月（五月），由檀香山秘密潜入日本，在东京与黄兴、赵声等会见，谋设秘密机关，统一指挥各省革命团体行动。

7月11日（六月初五日），抵新加坡。旋函约各地革命党人前来会商，以便决定今后革命方针。

7月19日（六月十三日），母杨氏病逝于香港，享年83岁。

8—9月（七至八月），在槟榔屿指导南洋地区同盟会组织整顿党务，组织筹款，筹划武装起义。

11月13日（十月十二日），主持在槟榔屿召开同盟会重要骨干和东南各省代表秘密会议。在会上鼓励大家“鼓起勇气，乘此良机，重谋大举”。会议决定积极筹集巨款，集中人力和物力，做好充分准备，在广州再次举行武装起义，然后与长江流域义师会合北伐。

11月中、下旬，派赵声往香港联络广州新军，并派黄兴、胡汉民、邓泽如等分赴南洋各埠募款。

12月6日（十一月初五日），由于日本和南洋的英、法、荷殖民主义者的刁难，不得已离开槟榔屿，再赴欧美各国筹款。

1911年（清宣统三年 辛亥）45岁

5月8日（四月初十日），清政府批准成立“皇族内阁”，由庆亲王奕劻任总理大臣。

5月9日（四月十一日），清政府宣布将川汉、粤汉铁路“收归国有”。

旋将筑路权出卖给帝国主义。湖北、湖南、广东、四川人民纷起反对，掀起保路风潮。

8月24日（七月初一日），成都举行万人保路大会，决议全省罢市、罢课、拒纳捐税。党人杨庶堪筹谋重庆起义。

1月18日（十二月十八日），黄兴抵香港，受孙中山委托主持广州起义筹备工作。月底，成立了统筹部，黄兴为部长，赵声为副部长，统管一切计划，并在广州设秘密机关，运动新军发难。

1 月 30 日（辛亥年正月初一日），同盟会员蒋翊武在武昌成立文学社。社员以新军为主，达八百余人。

1—2 月间，经欧洲到美国纽约、旧金山和加拿大的温哥华等地，积极筹集军饷。

3 月 20 日（二月十九日），离温哥华前往美国东部，沿途在加拿大境内各埠演说、募款。于 4 月 19 日抵达纽约。

4 月 27 日（三月二十九日），黄兴率“选锋”队员 120 余人，攻打两广总督衙门，广州起义爆发。黄兴率队与清军大队人马浴血苦战，死难者甚众，因实力悬殊、计划未周失败。黄兴、朱执信等负伤后化装逃脱。英勇牺牲和慷慨就义的有喻培伦、林时塽、林觉民和方声洞等 80 余人。事后，收殓烈士遗骸 72 具，合葬于黄花岗。

5 月（四月），在美洲积极为广州起义死难烈士筹集善后费用，并决心筹巨款以图再举。

夏，多次致函日本宫崎寅藏、萱野长知等旧友，请设法疏通日本政府准其入境，并希望日本政府能“同情”中国革命。

5—6 月（四至五月），先后在芝加哥、波士顿、华盛顿、洛杉矶和旧金山等地宣传革命，筹措经费，发展组织。

7 月（六月），在旧金山发起成立美洲洪门筹饷局，拟定并颁布筹饷章程。同筹饷局其他成员分赴美国各埠宣传、筹饷。

7 月 31 日（闰六月初六日），宋教仁、谭人凤、陈其美等人在上海成立中国同盟会中部总会。

8 月下旬（约七月上旬），湖北文学社和共进会于武昌举行联席会议，成立统一指挥机构，推举蒋翊武为临时总司令，孙武为参谋长，积极筹划起义。

10 月 10 日（八月十九日），武昌起义爆发。是晚，新军工程第八营首先发难，迅速占领楚望台军械库。其他各营兵士纷纷响应，合力攻打湖广总督署。次日正午，武昌全城为革命军占领。武昌起义瞬即得到了全国各地的积极响应。

10月12日（八月二十一日），在美国科罗拉多州丹佛城从报纸上获悉武昌起义。经过考虑，决意先从外交方面致力，俟此问题解决然后回国。

10月20日（八月二十九日），经圣路易、芝加哥等埠抵纽约。确定今后革命斗争计划。并向美国朝野人士介绍中国革命宗旨，希望博得他们的同情。

10月28（九月初七日），黄兴自香港经沪抵武汉。随即出任革命军总司令。

10月下旬（九月下旬），抵伦敦。经美人咸马里介绍，与英、法、德、美四国银行团主任会谈，商讨停止对清政府借款问题，未获结果。同时，又委托维加炮厂经理就此问题向英国外交大臣格雷（E.Grey）进行交涉。

11月中旬（十月中旬），抵巴黎，会见法国内阁总理克里孟梭（G.Clemenceau）和外长毕恭（S.Pichon），争取其同情中国革命。

11月下旬（十月下旬），由法国乘船回国。行前，致电集会上海讨论中央政府组成的各省代表，表示“早巩固国基”，推举黎元洪或袁世凯任总统亦可，认为“此后社会当以工商实业为竞点”。

12月中旬（十一月中旬），南北和议开始。革命军方面代表伍廷芳和袁世凯委派的代表唐绍仪在上海英租界举行会谈。

12月21日，过香港，与胡汉民、廖仲恺等晤谈，拒绝要求他留在广东的建议，坚持径赴上海、南京。认为“沪宁在前方”而“今之大患在无政府”。

12月25日（十一月六日），抵上海。受到黄兴等的热烈欢迎。在欢迎会上，高举革命旗帜，对和议持否定态度，声言：“予……

带回者革命之精神耳。革命之目的不达，无和议之可言也。”在沪期间，于寓所讨论政府组织问题时主张总统制。认为处此“非常时代”，自己不愿“居于神圣赘疣”，无所作为，“以误革命之大计”。

12月29日（十一月初十日），独立的奉、直、豫、鲁、晋、陕、苏、皖、赣、闽、浙、粤、桂、湘、鄂、川、滇17省代表，开会于南京，当选为中华民国政府首任临时大总统。

12月下旬，以临时大总统名义发布告同胞书，勉励全同人民“再接再厉，全始全终”。

12月30日（十一月十一日），在上海召开中国同盟会本部临时会议，改订同盟会暂订章程，发布《中国同盟会意见书》。决定赴宁就职，不顾“北方将派大军渡江”的流言。

1912年（**中华民国元年　壬子**）46岁

6月（五月），英、美、德、法、日、俄在巴黎会议上决定组成六国银行团，加紧对中国的侵略。

2月12日（辛亥年十二月二十五日），清帝溥仪（宣统）宣告退位。

1月1日（辛亥年十一月十三日），由沪抵宁，宣誓就中华民国临时大总统职。发布《临时大总统就职宣言》和《告全国同胞书》，宣告中华民国成立。

1月2日（辛亥年十一月十四日），通电各省改用阳历，并以临时大总统就职日（即辛亥年十一月十三日）作为中华民国元年元旦。

1月3日，发布各部总长、次长名单，组成内阁。各省代表会改组为临时参议院。

1月4日，电令广东代理都督陈炯明出师北伐。指出“和议无论如何，北伐断不可废”。

1月7日，发布《告友邦书》。宣称“革命军兴”前清政府与各国所订条约、借贷和让与的权利，民国承认。

1月21日，主持临时政府第一次内阁会议。

1月22日，致电伍廷芳，令其将议和的最后解决办法转告袁世凯。内容计五条：清帝退位；袁世凯宣布赞成共和；自己辞职；由参议院举袁为临时总统；借贷和让与的权利，民国承认。

2月13日，向临时参议院辞临时大总统，并荐袁世凯以自代。

2月15日，谒明孝陵，并致祭文。临时参议院按照议和条件选举袁世凯为第二任临时大总统。

3月3日，南京临时政府陆续发布一系列政治改革和社会改革的法令：“解放”疍户、惰民、丐户、义民、薙发者及优、倡、隶、卒等，一律平等；禁绝贩卖猪仔；赈济灾民；严禁官吏违法；鼓励华侨投资，保护工商业；改革教育；等等。总计在主持南京政府的三个月中，发布了30余件有利于民主政治和发展资本主义的法令。

3月3日，中国同盟会本部于南京召开全体会员大会，宣布“巩固中华民国，实行民生主义”的宗旨，并制订政纲九条。会上被举为总理，黄兴、黎元洪为协理。

3月10日，袁世凯在北京就任临时大总统，蔡元培代表孙中山致祝词。

3月11日，在南京颁布《中华民国临时约法》，凡7章56条。申明正式宪法产生前，其效力与宪法相等。对于“约法”的制定，强调了“中华民国主权属于国民全体”的精神。

4月1日，宣告正式解除临时大总统职务。在同盟会会员举行的饯别会上，重申必须进行社会革命，“一面图国家富强，一面当防资本家垄断之流弊”。

4月，离京，先赴沪，继往武汉，后至福州、广州等地访问和视察，并不断发表关于民生主义和“社会主义”的演说。

5 月 15 日，在广州瞻仰黄花岗七十二烈士墓，并致祭文。

5 月 24 日，自香港抵澳门。

5 月 27 日，赴翠亨村，留居三日后返穗。

6 月 14 日，黄兴交卸南京留守职务，南京留守府撤销。

7 月，在比利时《人民报》上发表《中国革命的社会意义》一文，认为民族主义、民权主义“因清廷退位而付之实现”，当前“应该实行经济革命”，实施民生主义。

8 月 18 日，应袁世凯邀请，自上海启程经天津赴北京。于 8 月 24 日抵北京后，在京留居近一月，与袁世凯会谈 13 次。

8 月 25 日，出席国民党成立大会（由同盟会联合统一共和党等四个政团组成），发表《国民党政见宣言》，被推举为理事长。不久，委宋教仁代理。

9 月 3 日，在五族共和合进会与西北协进会讲述“五族共和”的意义。

9 月 9 日，接受袁世凯任命，“筹划全国铁路全权”。此后，孙中山先后视察北宁、津浦北段和胶济等铁路，以及阳泉煤铁矿，多次发表关于修建铁路计划的谈话。

10 月 14 日，在上海致电袁世凯并通电各省都督及议会，告以中国铁路总公司已在上海成立，开始办公。

10 月 14—16 日，应中国社会党本部之请，连续三日发表演说，评论社会主义的学说及其派别，对社会主义表示了诚挚的同情，但并未正确辨别各派社会主义的内涵和本质。

12 月 3 日，发表通电，呼吁政府和全体国民奋起，反对沙俄强迫外蒙签订“俄蒙协约”和“商务专条”。倡议钱币革命对抗俄国侵略。

1913年（中华民国二年 癸丑）47岁

4月26日，袁世凯与五国银行团订立2500万英镑的“善后”大借款，作为对国民党用兵的经费。

10月6日，国会在便衣军警层层包围和胁迫下，被迫选出袁世凯为正式大总统。

1月10日，出席国民党上海交通部恳亲会，在其讲话中指出：“今后立国大计，即首在排去专制时代之种种恶习。”

2月4日，致电袁世凯及北京政府，告以即将赴日访问，“以个人名义，联络两国感想”。

2至3月间，赴日本考察及接洽铁路借款。先后到达长崎、门司、下关、神户、东京等地，同各界人士接触，参观工厂学校，并多次发表中日两国“互为提携”的演说。同时，还同三井物产董事山本条太郎等筹建中国实业公司。

3月20日，袁世凯指使特务暗杀宋教仁于上海车站。

3月23日，得悉宋教仁被刺后，即由长崎启程回国，于25日返抵上海。提出的对策是“联日”、“速战”，主张先发制人。

3月27日，在黄兴寓所商讨对策，申述主张时表示要武力解决，大部分与会者则希望“法律解决”。

3月底至4月间，为兴师讨袁事，与黄兴等反复磋商，策划兴师讨袁。

5月20日，为上海国民党机关刊物《国民》月刊撰写《出世辞》。文中指出：“中华民国成立一年……吾人所抱负之希望，未达其一。”6月，国民党发表宣言，反对袁世凯违法借款。

7月12日，李烈钧在江西湖口举兵讨袁，“二次革命”爆发。

7月22日，在沪发表讨袁宣言和通电，揭露袁世凯的倒行逆施，号召各方促袁辞职，“以息战祸”。

8 月，“二次革命”失败，再次逃亡日本。

8 月 9 日，抵日本神户，在萱野长知等协助下，始得前往东京，继续策划讨袁。

9 月 15 日，与黄兴等同遭袁世凯下令通缉。

11 月 4 日，袁世凯下令解散国民党，并撤销国会中国民党籍议员的资格。

12 月，致函邓泽如等，表示决不因“二次革命”的失败而“灰心”、“缩步”。

1914 年（**中华民国三年　甲寅**）48 岁

7 月 28 日，奥匈帝国向塞尔维亚宣战，第一次世界大战爆发。

5 月 1 日，袁世凯颁布新“约法”，废止民国元年之《临时约法》。

1 月 19 日，派陈其美赴大连设立秘密机关，联络东北各省革命力量进行讨袁。

2 月 4 日，致函南洋革命党人，告以正在策划组党讨袁事宜。

4 月，在日本积极筹划组织中华革命党。

春，流亡东京的中国革命党人研讨国民党失败问题。

5 月 10 日，在日本东京创刊《民国》杂志。后为中华革命党机关刊物。

5 月 11 日，致函日本首相大隈重信，对其支持中国革命，许以优惠条件为酬。

6 月 21 日，中华革命党在东京召开第一次大会，会上被选为总理。

7 月 8 日，中华革命党在东京筑地精养轩举行成立大会，正式就任总理，并公布手书的《中华革命党总章》。

9 月 1 日，发表《中华革命党宣言》通告海内外，宣布中华革命党成立。

9月20日，在东京主持召开关于中华革命党《革命方略》的第一次讨论会。讨论会前后共开17次。

6—10月，中华革命党成立前后，在湖南郴县，江苏南通，奉天本溪，浙江杭州，广东惠州、增城、龙门、博罗、南海、顺德等地，相继发动反袁武装斗争，均告失败。

秋，发布《中华革命军大元帅檄》，痛斥袁窃国、卖国、镇压革命、屠戮革命党人等祸国殃民罪状。

11月16日，朱执信等策动驻防广州观音山（今越秀山）的炮兵内应讨伐龙济光，计划未克实现。

12月30日，致函垻罗及海外各埠国民党支部，要求迅速改组为中华革命党支部。指出国民党“早已失其作用，袁氏即不迫令解散，亦已名存实亡”。

1915年（中华民国四年 乙卯）49岁

5月9日，袁世凯政府向日置益复文，承认日本旨在灭亡中国的“二十一条”。

9月15日，《青年杂志》（1916年二卷一号起改名《新青年》）在上海创刊。

12月12日，袁世凯下令接受“推戴”，允诺帝制。改民国五年为洪宪元年。

1月29日，批准中华革命军司令部通则。

2月11日，兄孙眉在澳门病逝。

3月10日，指示中华革命党党务部发布第八号通告，揭露“二十一条”交涉真相，谴责袁世凯卖国媚外和阴谋复辟，号召党人坚决进行反袁斗争。

是月，致书黄兴，分析“二次革命”失败原因，对其昔日未能坚持南京讨袁等事颇多指责，希望其归国参与反袁斗争。

夏末，召集廖仲恺等举行本部部长会议，决定组建大地区中华革命军。同时，密令陈其美、居正、胡汉民和于右任等，在上海、青岛、广州和陕西三原筹设中华革命军东南、东北、西南及西北军总司令部。

9 月，派朱执信、胡汉民、邓铿等分赴南洋等地，筹措讨袁军饷。

10 月 25 日，与宋庆龄在东京结婚。

12 月 17 日，李烈钧奉孙中山命，偕熊克武等由香港抵昆明，酝酿起兵讨袁。

12 月 25 日，唐继尧、蔡锷等通电各省，宣告云南独立，并组织护国军出兵讨袁。“护国战争”爆发。

△闻云南起义，立即加紧部署国内起义。此后连续致电旧金山、上海、火奴鲁鲁、香港等地革命党人速起讨袁。

12 月，发表讨袁宣言，痛斥袁世凯“暴行帝制”的累累罪行，表示“誓死戮此民贼，以拯吾民”。

1916 年（**中华民国五年 丙辰**）50 岁

3 月 22 日，袁世凯被迫撤销帝制。次日下令取消洪宪年号。6 月 6 日在众叛亲离中愤恚死去。

1 月 6 日，朱执信、陈炯明等率中华革命军在惠州淡水、白芒花等地起义讨袁。11 日失败。

2 月 8 日，中华革命军东北军在山东起义讨袁。一周内连克昌乐、安邱、高密等六城。

2 月 18 日，革命党人蔡济民等于武昌南湖策动马队起义，失败。

3月6—7日，广东中华革命军在黄埔进袭肇和舰，受挫。

4月9日，偕宋庆龄出席在日人田中昂宅举行的小型声讨袁世凯集会，又称帝制取消一笑会。

4月27日，偕廖仲恺、戴季陶等由日本启程返沪。

5月9日，在上海发表《第二次讨袁宣言》。指出：此次斗争“不徒以去袁为毕事”，决不允许“谋危民国者，复生于国内”。

5—6月，中华革命军东北军两次袭击济南。廖仲恺奉孙中山委派到青岛，慰问中华革命军东北军。

6月9日，发表规复约法的宣言，要求“规复约法，尊重民意机关”。

8月中旬，由上海到杭州、绍兴、宁波、舟山群岛等地访问、视察，出席欢迎会，多次发表实施民生主义及建设国家等问题的演说。

9月8日，派廖仲恺、胡汉民北上入京，同黎元洪、段祺瑞商讨国事。

9月30日，在上海慰问并欢宴全体华侨讨袁敢死先锋队，并发表演说，指出“心坚则不畏大敌”。

10月30日，到寓所探望病危的黄兴。次日，黄兴病逝。

11月1日，为悼念黄兴逝世发表通告，表彰这位亲密战友的革命业绩。12月中下旬孙中山主持黄兴丧务，并三次致祭黄兴。

11月8日，蔡锷在日本病逝。

1917年（**中华民国六年　丁巳**）51岁

3月12日，俄国二月革命，推翻沙皇专制政体。

11月7日，俄国十月社会主义革命爆发。10—11日，上海《民国日报》《申报》《时报》相继登载有关消息。

7月1日，张勋等在北京拥戴溥仪复辟。仅12日即告失败。

2月21日，在上海写成《会议通则》(又名《民权初步》)。书中阐述了民主制度有关会议的各项细则，目的在“教吾国人行民权之第一步”。

3月，分电北京参、众两院和英国首相劳合·乔治(D.L.George)，反对中国参加欧战，以免为“利害之争”而“自驱入阱”。

5月，口授朱执信撰成《中国存亡问题》一书，并印发各地。书中从国家与战争的关系等方面，论述中国绝不能参战。

6月19日，《实业计划》一书的“第一计划”发表。书中阐述了开发中国实业的途径、原则和计划。

5月底—6月，在沪积极运动海军护法。6月23日与南下抵沪的海军总长程璧光等商讨海军参与护法事宜。

7月6日，偕廖仲恺、朱执信、章太炎和何香凝等由上海乘军舰赴广州，举起护法运动的旗帜。

7月上旬，就张勋复辟发表《讨逆宣言》，指出：“此次讨逆之战，匪特为民国争生存，且为全民族反抗武力之奋斗。”

7月17日，抵广州。随即发表护法演说，指出这次斗争为“真共和与假共和之争”。希望海军早日南下，迅速召开国会，并望黎元洪来粤“执行职务”。

7月21日，在广东全省学界欢迎会上发表题为《行之非艰知之维艰》的演说，论述巩固共和与富强之策，强调了“行”的广泛可行性及其重大意义。

8月25日，国会非常会议在广州开幕，通过《国会非常会议组织大纲》《中华民国军政府组织大纲》，决议组织军政府，以戡平叛乱和恢复临时约法。

9月10日，军政府成立。就任中华民国军政府海陆军大元帅职，发布受任宣言和就职宣言，表示“当竭股肱之力，攘除奸凶，恢复约法”。

10月，通电斥责段祺瑞把持的北京政府，命令各军出师北伐。南北军鏖战于湖南衡山、宝庆一带。护法战争开始。

11月18日，发出对于时局通电和伸张讨逆护法令。反对南北调和，指出：“舍恢复约法及旧国会外，断无磋商之余地。”

12月2日，复函谭人凤，讲述军政府的经济困窘情况。

1918年（**中华民国七年 戊午**）52岁

11月11日，协约国与德国签订停战条约，第一次世界大战结束。

2月，苏俄政府公告废除中俄不平等条约。

3月，日本政府为反对新生的苏维埃政权，和段祺瑞政府互换《中日共同防敌军事协定》公文。

5月，北京大专院校学生2000余人游行示威，反对中日“共同防敌”协定。

11月，徐世昌发布停战令。广州军政府也下令停战。双方商定在上海进行南北议和谈判。

1月上旬，下令炮击据粤的桂系军阀、代理广东督军莫荣新。同时，揭露陈炳焜等扼制军政府的行径。

1月28日，在广州一次宴会上指出：俄国革命的巩固会给予中国革命以积极影响，应当注意与苏俄接壤的西北地区，“若俄国现在之革命政府能巩固，则我可于彼方期大发展也。”

2月18日，咨请国会非常会议设立大理院，以“克尽保护人民之责任，为人民谋享受法律之幸福”。

2月22日，宴请广东商界人士，阐明革命的目的是“欲使中国为世界最强之国，最富之国，又政治最良之国”。

2月，为力促西南各省继续护法和争取各方支持，向刘显世、谭延闿等迭发函电。

3月9日，发布《鼓励义军作战电》，勖勉护法各军一致讨伐北方“非法政府”。

4月，揭露西南军阀和政客官僚为改组军政府所进行的种种勾当，一再致函、电给陈炯明、唐继尧等，促其阻止非法改组军政府的活动。

5月4日，因桂系军阀操纵国会、决议改组军政府，宣布向非常国会辞大元帅职并发表通电。

5月21日，偕朱执信等离粤赴汕头，并发布《辞大元帅职临行通电》和《留别粤中父老昆弟电》。

夏，致电列宁和苏维埃政府，祝贺十月革命，并表示“愿中俄两党团结共同斗争”。

8月1日，列宁委托苏俄外交人民委员齐契林复函孙中山，对孙中山的贺电表示感谢，并希望共同进行斗争。

8月30日，通告海外革命党人，表示坚持救国主旨，“重订党章，以促党务之发达”。

11月，就美国政府通过驻广州领事对南方政府施加压力，促其与北方妥协事，致电美国总统威尔逊，申明坚持护法立场，告以中国南北“唯一无二之议和条件，即民国国会享有完全自由行使其正当职权是也”，恳予支持。

12月30日，撰成《孙文学说》自序。指出“知之非艰，行之惟艰”的学说起着“懈志”的消极作用，必须“破此心理之大敌”。

1919年（中华民国八年 己未）53岁

1月18日，帝国主义分赃的巴黎和会开幕。会议只准中国派代表二人出席。和会于6月28日闭幕。

3月2—6日，共产国际第一次代表大会在莫斯科举行，宣告列宁领导的第三国际（共产国际）在莫斯科成立。

4月29日，巴黎和会非法决定将德国在山东的权利让予日本。

7月25日，苏俄政府发表第一次对华宣言，放弃在华一切特权。

5月4日，北京大学等校学生举行示威游行，反帝反封建的“五四”爱国运动爆发。

6月3日，上海工人开始大罢工，“五四”运动进入新阶段。

7月10日，广东人民举行国民大会，并罢工、罢市、罢课，要求废除对外秘约和反对桂系统治。

2月4日，复函陈炯明告知和议难成，粤军应整顿内部，充实军力。

3月7日，在上海《民国日报》发表《国际共同发展中国实业计划书》。

春，《孙文学说》卷一“知难行易”（后编为《建国方略》之一，题名《心理建设》）定稿。后于5月20日付印。

5月28日，在沪发表《护法宣言》。认为：“今日言和平救国之法，惟有恢复国会完全自由行使职权一途。”

6月，指派朱执信、戴季陶、沈玄庐、孙棣三创办的《民国日报》附刊《星期评论》，在上海出版。后于1920年6月4日宣布停刊，共出53期。

7月18日，致电广东军政府，要求立即释放被捕工、学界代表。

8月1日，指派朱执信、廖仲恺、胡汉民等创办的《建设》杂志在上海出版。并亲撰《发刊词》，说明创办的目的是阐发“建设之主义”。该刊为月刊，共出 13 期，1920 年 12 月停刊。

8 月 7 日，致电广州非常国会，正式辞政务总裁职。

8 月底—9 月中旬，先后致函廖凤书、于右任、唐继尧等，告以闭门专事著述，期“以学识唤醒社会”和“以主义普及国民”。

9 月 22 日，接见北方和议总代表王揖唐，告以必须恢复旧国会，否则和议“无可商量”。

10 月 8 日，在上海青年会举行的武昌起义八周年纪念会上发表演说，指出改造中国的第一步方法“只有革命”。

10 月 10 日，宣布改组中华革命党为中国国民党，并公布规约 32 条，确定党的宗旨为“巩固共和，实行三民主义”。

10 月 18 日，在上海寰球中国学生会发表“救国之急务”的演说。说明此次五四运动具有重大意义，“于此甚短之期间，收绝伦之巨果”。

11 月 10 日，派代表出席全国各界联合会成立大会。与会各团体代表共 697 人。

1920 年（中华民国九年 庚申）54 岁

7 月 19 日—8 月 7 日，共产国际在莫斯科举行第二次代表大会，确定关于民族和殖民地问题的方针。

9 月 27 日，苏俄政府发布第二次对华宣言，重申了第一次宣言的原则，表示将竭力促成中俄友谊条约的缔结。

5 月 1 日，北京、上海、广州等地分别庆祝国际劳动节，广州有 50000 工人参加集会。

7 月 11 日，直皖战争爆发。皖系旋即失败。

1月26日，同《益世报》记者谈话，反对日本政府提出的关于日中直接交涉山东问题的通牒。

1月29日，致函海外国民党人，促请发动华侨捐款筹办英文杂志及印刷机关。

3月12日，所著《地方自治开始实行法》在上海发表。认为地方自治“当以实行民权、民生两主义为目的”。

5月1日，为《新青年》杂志“劳动纪念专号”题词“天下为公”。

5月16日，在上海国民党本部作“要造成真正中华民国”的讲演，认为“现在的中华民国，只有一块假招牌，以后应再有一番大革命，才能够做成一个真中华民国。”

6月3日，与唐绍仪、伍廷芳、唐继尧四总裁联合发表宣言，指责岑春煊、陆荣廷等“假护法之名，行害民之实”，私自与北京议和，牺牲护法主张，并声明将军政府及国会移往云南。

6月11日，接见《字林西报》记者，表示反对损害中国主权的英日军事政治同盟续盟。

6月29日，派朱执信、廖仲恺到漳州，敦促粤军陈炯明率师返粤驱逐桂系军阀。

7月28日，再次与唐绍仪、伍廷芳、唐继尧发表宣言，重申护法救国主张。

9月21日，朱执信为调停虎门驻军与东莞民军的冲突，在虎门遇难牺牲。

10月5日，复函日本友人宫崎寅藏，谴责日本军阀的侵华政策。

10月31日，苏俄外交人民委员齐契林致函孙中山，建议苏俄和中国恢复贸易往来。

11月20日前后，在上海会见共产国际远东局使者维金斯基，要求同苏俄建立电台联系。

11 月 4 日，召集在沪国民党人，说明修改中国国民党总章及海外总支部章程意义。指出：帝国主义还在“压制”我们，三民主义尚未实现，批驳了“民族主义可以不要”的谬论。

11 月 8 日，与上海通讯社记者谈话，提出取消“二十一条款”有关外交方面的问题，并表示支持朝鲜独立。

11 月 25 日，因粤军攻克广州，乃偕伍廷芳、唐绍仪、宋庆龄等离开上海往广州。

11 月 28 日，因粤军已克省城，乃离沪抵广州。旋重组军政府，发表《军政府建设宣言》，重申厉行自治、普及教育、发展实业、整理财政及废督裁兵。

12 月 21 日，与客人谈关税问题，指责帝国主义控制的中国海关制度和税则。

是年，撰写《中国实业如何发展》一文，主张利用“欧美战后之机器与人才”，发展中国实业。

1921 年（中华民国十年 辛酉）55 岁

11 月 12 日，美帝国主义发起的太平洋会议在华盛顿开幕。

7 月 6 日，中国劳动组合书记部成立，并发表宣言。

7 月 23 日晚 8 时，中国共产党第一次代表大会在上海法租界开幕。

7 月 31 日移到浙江嘉兴南湖进行。中国共产党宣告成立。

1 月 19 日，参加朱执信葬礼。

1 月 21 日，军政府发布命令，声明收回海关管理权。

3 月 6 日，在中国国民党广州特设办事处演讲，论述三民主义的内容。

3月，在广州会见苏俄代表阿列格谢夫，交谈相互合作关系以及发动革命运动等问题。

4月7日，广州非常国会通过成立中华民国正式政府，制定政府组织大纲。被选为非常大总统。

4月28日，在广州接见苏俄记者斯达扬诺维奇和霍多罗夫，表述了对苏俄的所有问题的关注。

5月5日，就任中华民国政府非常大总统，民国政府正式成立。发表就职宣言及对外宣言，阐述建设方针，“抱开放门户主义”，并希望各国承认广州政府。

5月13日，广州政府外交部就港英当局阻挠群众集会庆祝非常大总统就职和捐款支援广州新政府一事，向英驻粤领事提出抗议。26日，港督道歉。

5月28日，命粤、赣、滇、黔各军准备讨伐桂系军阀陆荣廷。6月27日，正式下达讨伐令。

6月7日，致电北京八院校被迫辞职教职员，欢迎全体来粤。

7月20日，派廖仲恺、何香凝赴梧州劳军。

7月，在广东教育会对中等以上学校教职员讲述三民主义，勉以立志救国，并称赞苏俄“社会革命成功，已成为农工兵国”。

8月10日，国会非常会议通过出师北伐案。

8月28日，复函苏俄外交人民委员齐契林，陈述中国近情及通商问题，希望同齐契林和“莫斯科的其他友人获得私人的接触”。

10月15日，乘军舰出巡广西，准备北伐。北伐军3万人也于是日开拔。

10月中上旬，在广州接见“韩国临时政府”专使申圭植，表示支持朝鲜人民争取民族独立的斗争。稍后，又接受专使呈递的国书。

10月24日，抵南宁，与陈炯明会晤，反复说明北伐意义，希望陈勿再阻挠。

12 月 4 日，抵桂林，受到群众热烈欢迎。并立即成立北伐军大本营于桂王府。

12 月 23 日，在桂林会见了经共产党人李大钊介绍、张太雷陪同前来的共产国际代表马林。双方商谈三次，讨论了中国国民党同苏俄和中国共产党的关系问题。马林提出关于中国革命问题的两项建议：组织一个能联合各阶层尤其是工农群众的政党；建立革命的武装核心，应先创办军官学校以培养革命骨干。孙中山十分赞同这些建议。参与会晤者还有胡汉民、许崇智、陈少白、曹亚伯等。这次会晤为半年多以后孙俄谈判合作奠定了基础。

是年，用英文写成《实业计划》在纽约出版。后译为汉文印行。

1922 年（中华民国十一年 壬戌）56 岁

1 月 13 日，香港中国海员为反对外国资本家的压榨开始举行大罢工。

5 月 1 日，第一次全国劳动大会在广州举行。

5 月，第一次直奉战争爆发。5 月 5 日奉军败退军粮城。

7 月 16—23 日，中国共产党在上海召开第二次全国代表大会，发表了重要宣言。

秋，安源路矿工人、粤汉铁路工人、长沙泥木工人、水口山铅锌矿工人连续发生十多次罢工斗争。

11 月，湖南全省工团联合会成立。

1 月 4 日，在桂林广东同乡会上讲话，要求大家在思想上破旧立新，表示要“造成一最新式共和国”，而“今日惟俄国为新式的”。

1 月 9 日，以大总统名义发布通告，宣布徐世昌、梁士诒罪状并下令通缉，号召全国人民“共诛危害民国者”。

2 月 3 日，以大元帅名义颁发动员令，率各军分路出师北伐。

13 日，北伐军前锋部队分别进入湘境，抵湘南。

3 月 26 日，在大本营召开紧急军事会议，鉴于赵恒惕拒绝北伐过湘，决定变更原定计划，督师回粤。

4 月 8 日，大本营由桂迁粤，决定改道北伐。16 日抵梧州，召开扩大军事会议，决定“出师江西”，将大本营设于韶州。

4 月 12 日，陈炯明调动军队和军舰回省，图阻北伐军回师广州。

4 月 18 日，派廖仲恺等由梧回广州会晤陈炯明，劝其赴梧州与孙中山面商北伐问题。陈拒不前往，并电辞本兼各职。

4 月 21 日，下令免除陈炯明广东省长兼粤军总司令及内务部长职，专任陆军部长。陈炯明当晚退居惠州。

4 月 22 日，在广州会见来华帮助召开社会主义青年团第一次全国代表大会的少共国际代表达林。自是日至 6 月 16 日，孙中山同达林接触有五六次之多，每次会谈约两小时左右。双方就中国国民党与中国共产党联合的形式交换意见。孙中山希望采取共产党员、青年团员以个人身份加入中国国民党的方式实现合作。

5 月 6 日，亲赴韶关督师北伐。宋庆龄率领红十字会人员随行。旋即在大本营发布总攻击令，北伐军分三路向江西进攻。

6 月 1 日，自韶关返回广州。发表《徐世昌退职后对外宣言》，警告帝国主义勿再扶植北洋军阀势力，干涉中国内政。

6 月 12 日，举行记者招待会，希望以舆论压力迫使陈炯明退往东江地区。当时驻扎省城的陈部约 2.5 万人。总统府直辖的武装力量仅 500 人。

6 月 14 日，廖仲恺应陈炯明电邀前往惠州，甫抵石龙即被扣留。旋被押送到石井兵工厂，囚禁达 62 天之久。

6 月 16 日，陈炯明指使部属在广州叛变，炮击总统府及孙中山住所粤秀楼。孙中山间道出走至海珠，登楚豫舰，次日转登永丰舰，亲率海军舰队讨伐叛军。

6月19日，电令李烈钧等入赣，北伐军迅速班师回粤，讨平叛逆27日，北伐军班师回粤。

7月10日，亲率永丰等舰队攻击车歪炮台，冲越叛军炮火封锁后进驻白鹅潭（在广州市区内）。

△抗议粤海关英国税务司的干涉行为，严词驳斥其妄图以白鹅潭为通商港口和毗邻沙面为借口，迫使讨逆舰队离开白鹅潭。指出："此为我之领土，我可往来自由。"

8月9日，由于回师广东的北伐军失利，孙中山离粤经香港赴上海。

8月15日，在上海发表宣言，宣布陈炯明叛乱始末及解决国事主张，重申为共和国而斗争到底的决心。

8月23日，在上海同参加了西湖会议后的李大钊会晤，和他进行多次交谈，讨论"振兴国民党以振兴中国"的"种种问题"。同时为李大钊主盟加入中国国民党，是国民党容纳共产党员之始。

8月25日，在上海寓所与苏俄全权大使越飞的代表会晤（李大钊、林伯渠、宋庆龄等在座），就当时远东局势和中国革命等问题进行了商讨。随后，指派廖仲恺和苏俄代表到日本进一步会谈。

9月4日，在上海召开研究国民党改组计划的会议，与会者有50余人。会议赞同改组国民党的主张。6日，指定了中国国民党章程案起草委员会委员九人，内有共产党人参加。

9月13日，李大钊在北京接受记者访问，转述孙中山关于解决时局的主张。

9月18日，发表《致国民党员书》，详述陈炯明叛变经过，表示决心继续斗争。

11月5日，派张继持函赴京会见越飞，交换意见并安排同越飞的会谈。

11月15日，在上海召开会议，审议中国国民党改进案。

12月16—18日，再次在上海召集有国民党各省代表参加的会议，审议国民党改进案宣言，并审核党纲和党章。

12月30日，苏维埃社会主义共和国联盟正式成立。

1923年（**中华民国十二年 癸亥**）57岁

1月1日，苏维埃社会主义共和国联盟正式成立。

1月，共产国际作出关于中国共产党和孙中山领导的中国国民党合作的决议。

2月7日，吴佩孚屠杀京汉铁路工人，酿成“二七”惨案。

3月，全国各地人民举行反日集会游行，要求取消“二十一条”及收回旅大。

6月10日，中国共产党在广州召开第三次全国代表大会，确定了和国民党建立统一战线的方针。

9月2日，苏联政府代表加拉罕抵北京。翌日，发表第三次对华宣言，重申前两次对华宣言的原则。

1月1日，在上海发表《中国国民党宣言》，指出革命事业“由民众发之，亦由民众成之”，并“依三民五权之原则”，提出“国家建设计划”和目前“采用之政策”，宣布建国主张。

1月2日，召集会议，公布《中国国民党党纲》和《中国国民党总章》。

1月4日，通电广东人民，声讨陈炯明的罪行。

1月9日，通电广州、汕头、香港各报馆转广东全省人民，讨伐陈炯明，宣布陈逆叛国罪恶，痛辟逆军散布流言。

1月21日，以总理名义任命中国国民党本部各部部长。23日，又任命廖仲恺等21人为参议（其中有共产党人）。

1月26日，与苏联代表越飞联名发表宣言——《孙文越飞宣言》，奠定了孙中山联俄的政治基础。随即又指派廖仲恺到日本和越飞进行中苏联合的细节商谈。

1月29日，所著《中国革命史》完稿。全文共六节，概述三民主义的基本内容、革命方略及从兴中会成立到护法运动的斗争史。

1月，托越飞致函苏联政府，希望得到声援、支持和帮助。

2月15日，因滇桂联军驱逐了陈炯明，乃偕陈友仁等离开上海返回广州。21日抵广州后，当天即重建大元帅府，就陆海军大元帅职。

2月中旬，在香港大学讲演，忆述了自己革命思想产生的过程。

4月2日，接见广州学生反日游行代表，勉励学生“唤醒国民精神”。并指出“盖直接与北方军阀战，间接即与欺凌我国之帝国主义而战”。

5—6月，为讨伐叛军沈鸿英部和陈炯明部，先后赴清远县源潭、三水县河口、英德博罗、惠州、虎门等地，进行巡视和劳军，并亲临东江前线指挥。

7月20日，批准中国国民党总支部、支部、分部及海外总支部、支部等通则。

夏，邀请李大钊来粤商讨有关外交政策。

8月16日，所派遣的“孙逸仙博士代表团”启程赴苏联考察。在苏联活动三个多月，与苏党、军负责人讨论援助中国革命的问题。

8月23日，迁大本营于石龙，亲自督战，东征陈炯明。

10月1日，在广州大元帅府召开讨论筹饷会议，决定设立筹饷局。

10月6日，欢迎苏联代表鲍罗庭到达广州，详细询问苏联与列宁的情况。旋聘其为国民党组织教练员、政治顾问。

10月7日，中国国民党发表申讨曹锟贿选窃位总统的宣言，号召全国群起讨伐。

10月8日，在大元帅府召开会议，决定下令讨伐曹锟，通缉贿选议员；并通告各国使团不得承认伪总统。

10月11日，在国民党广东支部党务讨论会上发表演说，总结过去失败的原因，强调今后应“以党治国，应效法俄人”。

△改组中国国民党本部。

10月19日，致电国民党上海事务所，请孙洪伊密电北京李大钊赴沪会商国民党改组问题。

10月21日，偕苏联顾问及宋庆龄等，由广州赴虎门要塞巡视威远炮台。

10月24日，函告国民党员，说明委派廖仲恺、邓泽如召集国民党特别会议“商量本党改组问题”。

10月25日，在广州召开国民党改组特别会议，委任廖仲恺、谭平山等九人组成新的国民党临时中央执行委员会，负责筹备改组国民党的工作。28日，临时中央执行委员会正式成立，着手办理国民党改组事宜。为国民党的第一次全国代表大会的召开作了具体准备。聘苏联政府驻广州代表鲍罗庭为国民党特别顾问。

10月30日，赴石滩督战。后移行营于该地。

11月12日，发表《中国国民党改组宣言》。同时，公布了《中国国民党党纲草案》和《中国国民党章程草案》。确立了联俄容共政策。

11月16日，致函进入日本内阁的首相犬养毅，批评日本对华政策，劝告日本“当毅然决然以助中国之革命成功”，并“首先承认苏俄政府”。

11月19日，亲自指挥各军奋勇抵御陈炯明分四路反扑广州省城的叛军，击退陈军进攻，取得省城防卫战的胜利。广州转危为安。

11月25日，在广州大本营对国民党员发表演说，阐明国民党改组的重大意义，指出革命当以人民之心力做基础；强调学习“俄国的方法、组织及训练，方有成功的希望”。

11月29日，批驳国民党右派分子邓泽如、林直勉等11人以国民党广东支部名义“弹劾”共产党的上书。同时，还对共产党员加入国民党的问题作了解释。指派廖仲恺赴沪，与各省支部商讨改组问题。

12月5日，命外交部复照北京外交团驳斥其干涉广州政府截用“关余”的谬论，指出这是“中国内政问题”。

12月9日，在广州大本营对国民党员发表演说，说明“此次改组，乃以苏俄为模范”，“用党员协同军队来奋斗”，要用党义战胜，达到“根本的革命成功”。

12月24日，以中华民国军政府名义发表《关于粤海关关余问题宣言》，抗议美、英干涉中国内政的行动，详述交涉始末，重申收回关余之理由。

12月30日，在广州对国民党员发表演讲，强调此次改组将变更奋斗方法，注重宣传，要求党员“注重宣传的奋斗，不要单注重兵力的奋斗”。

年底，李大钊到达广州，积极帮助孙中山完成国民党的改组和召开第一次全国代表大会的准备工作。

1924年（中华民国十三年 甲子）58岁

1月21日，列宁逝世。

7月，广州沙面工人为反对英帝国主义的新警律，举行大罢工。

9月10日，中国共产党发表第三次对时局主张，号召反对帝国主义，推翻直系军阀统治。

9月17日，第二次直奉战争爆发。

10月23日，直系将领冯玉祥发动北京政变，囚禁总统曹锟，推翻北京直系政府，并发出和平解决国事通电。

11月19日，中国共产党发表对于时局宣言，支持孙中山关于召开国民会议以解决国事的主张。

1月1日，主持颁奖大会，给陈炯明叛乱时防守观音山的卫士发授奖牌，并在讲话中宣称今年当“扫除军阀，统一民国”。

1月3日，接见美国驻华公使舒尔曼，指责列强阻挠广州政府收回关税余款的正当主权行动，“实则不干涉内政其名，外交团控制中国为一殖民地则事实也”。

1月4日，在大本营召开会议，决定成立中华民国政府并出师北伐。

1月20—30日，在广州召开中国国民党第一次全国代表大会。以总理身份担任主席。到会代表160多人，其中，共产党员约占14%，李大钊被指令为会议主席团成员。大会通过著名的《中国国民党第一次代表大会宣言》；通过共产党员和社会主义青年团员以个人资格加入国民党；通过《中国国民党章程草案》。选出中央领导机构，在中央执行委员中有李大钊、候补中央执行委员中有毛泽东和林伯渠等共产党人。

1月21日，在大会上作了关于民生主义问题的说明。针对右派分子反对国民党改组和部分党员对民生主义缺乏了解的情况，重申了联俄、容共的重要意义。

1月24日，签发复苏联驻北京代表加拉罕电，说明“本会目的，在继续辛亥革命事业，以底于完成”。并向列宁领导的苏维埃国家致谢，表示两国人民必需并肩战斗。

1月24日，在国民党代表大会期间，下令筹办陆军军官学校，委派蒋介石为陆军军官学校筹备委员会委员长。28日，勘定以黄埔岛原有广东陆军学校及海军学校旧址为陆军军官学校校址。后通称黄埔军官学校。

1月25日，为哀悼列宁逝世，建议电唁苏联致哀，并在发表的讲话中赞扬列宁为“革命中之圣人”。代表大会决定休会三天，以志哀悼。

1月27日，在广东高师学堂开始系统讲述三民主义。此后，每周一次，迄于8月24日，共十六讲。计民族主义六讲，民权主义六讲，民生主义四讲。这一讲述，比较全面详尽地阐明了三民主义思想体系，并在阐发民生主义时表述了社会历史观点——民生史观。

1月31日，《中国国民党第一次全国代表大会宣言》正式发表。

2月6日，下令设立黄埔军校筹备处。指令蒋介石负责筹办。

2月22日，在大元帅府召集重要军务会议，商定东江作战方案，决定限期肃清东、北江残敌，以便北伐。

2月23日，蒋介石呈请辞去黄埔军校筹备委员长职。派廖仲恺代理黄埔军校筹备委员会委员长，负责建校，并开始办理招生事宜。

2月24日，在中国国民党举行的追悼列宁大会上，担任主祭并致悼词。坛上高悬着亲手书写的“国友人师”祭帐。

3月9日，发表告国民党员书，指出“俄共产党六年成功，足为吾党借镜之资”。

3月21日，何香凝主持国民党中央妇女部召开的妇女党员大会，议定组织贫民妇女医院和创办妇女劳工学校。

4月12日，完成《建国大纲》，全文25条。

4月，国民党中央农民部制定农民运动计划，规定组织各种农民团体，积极开展农民运动。

5月1日，在“五一”节广州工人代表大会上，发表《中国工人所受不平等条约之害》的演说，号召工人组织大团体，学习俄国工人，做国民的先锋。

5月上旬，任蒋介石为黄埔军校校长，廖仲恺为国民党代表。

5月20日，移居白云山养病。

6月16日，主持黄埔陆军军官学校开学典礼，并发表演说。讲述创办该军校之目的与希望，强调接受俄国革命的经验教训，学习苏联的榜样，建设革命的军队。稍后，共产党人周恩来担任该校政治部主任，恽代英等担任教官。

6月，对国民党右派邓泽如、张继等提出的反对容共案，严加驳斥，坚持三大政策。

7月3日，创办的广州农民运动讲习所开学，共产党人彭湃为主任。

7月7日，国民党中央执委会发表《党务宣言》，指斥党内右派的反共活动，认为党内某些成员对已加入国民党的共产党员产生怀疑及误会，是由于“反对派肆意挑拨”。重申对党员之要求和容纳共产党人的原则。

7月15日，下令设立军事训练委员会，加强部队军事和政治训练工作。

7月21日，广州工人团体为实行自卫筹组工团军。

7月28日，在国民党农民党员联欢会上，发表题为《农民大联合》的演说。勉励农民组织起来同革命政府合作，做国家的主人翁。对赤脚农民参加联欢会，视为“革命成功的起点”。

8月10日，饬令黄埔军校当局，扣留英国汇丰银行买办陈廉伯为武装商团叛乱秘运广州的大量枪弹。

8月20日，主持国民党中央政治委员会第六次会议，通过《国共合作草案》及《国民党与世界革命运动草案》。前一草案驳斥了所谓联共使国民党“分裂”、“主义遂已变更”的谬论，指出“证之本党改组以后发展情况，益可以无疑。”

8月23日，出席农民运动讲习所第一期结业礼，并发表演说，阐述了“耕者有其田”的主张。

8月24日，调兵入省并宣布广州戒严，以对付商团酝酿的叛乱。

9月1日，为抗议英帝国主义支持商团叛乱，发表对外宣言。同日，又对英国麦克唐纳政府“干涉中国内政”提出严重抗议。

9月4日，由于江浙战争爆发，在大元帅府召开筹备北伐会议，决定出师北伐计划及后方留守问题。次日，发布《讨贼宣言》，表示“刻移师北指，与天下共讨曹（锟）吴（佩孚）诸贼”。

9月18日，中国国民党发表《北伐宣言》。申明北伐的目的，“不仅在覆灭曹吴……尤在推倒军阀所赖以生存之帝国主义”，并列举政纲六条，作为“实行三民主义之第一步”。

9月20日，移大本营于韶关，亲往督师，并在韶关举行北伐誓师典礼。湘、赣、豫、滇、粤北伐各军，随即分两路向湘、赣挺进。

10月1日，《向导》周报发表评论，主张对商团采取严厉措施，以消除“政府真正心腹之患”。并号召工农群众赞助政府，解除商团军的武装。

10月9日，鉴于广州形势的恶化，手谕蒋介石，立即在广州成立革命委员会，并指出中国革命应以俄为师。

10月10日，革命委员会在广州成立。自任会长，特派廖仲恺、谭平山等为全权委员，后又委任鲍罗庭为顾问。

10月11—12日，指示蒋介石对商团叛乱采取严厉镇压政策。

10月13日，革命委员会遵照孙中山手令，命胡汉民将商团机关一律解散缴械。北伐军也回师广州戡乱。15日，在工农群众积极支持下，经数小时战斗，迅速平定了商团叛乱。

10月17日，任命罗桂芳为粤海关监督，并派其接收粤海关。

10月25日，冯玉祥等在北京政变成功后，举行军事政治会议，决定电请孙中山北上主持大计。10月27日，分别致电冯玉祥和段祺瑞等，祝贺北京政变成功，告拟即日北上入京，议定“建设大计”。

11 月 10 日，发表《北上宣言》。重申反对帝国主义和反对军阀的政治立场。认为实现国民革命的关键在于人民掌握武装，提出废除不平等条约和召开国民会，以谋国家之统一与建设。

11 月上旬，以大元帅名义公布有关条例，扶助工人运动。

11 月 12 日，出席广州各界欢迎会，发表演说。表示决意到北京去，“拿革命主义去宣传”。翌日，偕宋庆龄等乘永丰舰离粤北上。

11 月 17 日，抵上海，受到群众万余人的热烈欢迎。旋接见各界人士，宣传召集国民会议及废除不平等条约的主张，同时，斥责了帝国主义干涉中国内政的行径。

11 月 21 日，乘船离沪，取道日本赴天津。

11 月 23 日，抵日本长崎。在船中分别接见新闻记者和中国留学生。指出：帝国主义“共管中国之说，是外国人做梦”！坚信中国人民“有能力来解决全国一切大事”，并把召开国民会议视作实现统一的“第一步的方法”。

11 月 28 日，出席神户各商业团体和旅日华侨欢迎宴会，并作了题为“大亚洲主义”的演说，强调大亚洲主义的精神，在于“为被压迫的民族来打不平”而“要完全收回我们的权利，便要行诸武力”。并指出“日本真有诚意来和中国亲善，便先要帮助中国废除不平等条约”。同日，宋庆龄应神户县立高等女校的邀请，发表关于妇女解放问题的演说。

11 月 30 日，乘船离神户北上。

12 月 4 日，抵天津，受到群众两万人的热烈欢迎。旋即往访张作霖。当晚，胆囊腺病发作。

12 月 18 日，在天津病榻上接见段祺瑞代表，怒斥段祺瑞政府承认的卖国媚外方针。当日，病情加剧。

12 月 19 日，指示北京国民党执行部派员分赴各省，推进全国各大城市掀起的促成国民会议运动。

12月31日，由津扶病入京，受到北京各界10万群众的热烈欢迎。在北京车站发表书面谈话和《入京宣言》，呼吁大家共同“救国”。

1925年（**中华民国十四年 乙丑**）59岁

1月，中国共产党在上海举行第四次全国代表大会，确定关于开展和领导各项群众运动的方针，并决定加强宣传、组织工作。

2月1日，段祺瑞包办的“善后会议”在北京开场。

1月上旬，延医诊治。病中仍考虑如何对待段祺瑞所炮制的“善后会议”方案。

1月17日，在病榻上复电段祺瑞，指责其包办“善后会议”的行径，并提出补救办法，要求“善后会议”兼纳“人民团体代表”和不具有“最后决定之权”。

1月20日，广东国民会议促成会组织十万人游行，反对“善后会议”。

1月26日，病势加重，入协和医院施行手术。确诊为肝癌（后经过复查病历，所患之病系胆囊腺癌）。

1月31日，由于段祺瑞决意举行善后会议，决定国民党员拒绝参加“善后会议”。指示国民党中央执行委员会立即向全党下达抵制“善后会议”的通知。

2月1日，广东革命政府发布总动员令，并作东征陈炯明的部署。各军相继出发，第一次东征开始。

2月18日，以镭锭医治无效，自医院移居铁狮子胡同行馆。改聘中医治疗。

2月24日，病危，与汪精卫等谈话。口授《国事遗嘱》《家事遗嘱》和《致苏联遗书》。

3月1日，国民会议促成会全国代表大会在北京开幕，对抗

“善后会议”。

3月7日，东征军克复潮安、汕头。陈炯明逃往香港。

3月10日，病状危殆，犹念念不忘革命工作。在获悉东征军克复潮、汕后，颇感欣慰，并指示电告胡汉民“不可扰乱百姓”。

3月11日，在《国事遗嘱》《家事遗嘱》及《致苏联遗书》上签字。

3月12日，上午9时30分病逝于北京铁狮子胡同行辕。终年59岁。海内共泣，寰宇同悲。1929年6月遗体奉安葬于南京东郊紫金山。衣冠葬于北京西郊香山碧云寺。

附录二　征引和参考主要书目

一、孙中山著作

中国社会科学院近代史研究所中华民国史研究室、广东省社会科学院历史研究室、中山大学历史系孙中山研究室合编：《孙中山全集》（十一卷），中华书局 1981—1986 年版。

尚明轩主编：《孙中山全集》（十六卷），人民出版社 2015 年 6 月第 1 版。

邓泽如编：《孙中山先生廿年来手札》，广州述志公司 1927 年影印版。

佚名编：《总理遗墨》影印本，广东省社会科学院藏。

孙中山著述、甘永龙编译：《伦敦被难记》，商务印书馆 1912

年版。

吼生笔记：《孙逸仙演说》（1905 年 8 月 13 日），东京中国留学生欢迎会 1905 年 9 月印本。

《孙中山先生在寰球学生会演说辞》（1927 年 4 月 1 日），上海 1919 年印本。

刘芷芬编：《孙总理在中国国民党第一次全国代表大会演说词》，中国国民党第一次全国代表大会秘书处 1924 年 2 月印本。

《中国国民党第一次全国代表大会宣言》（1924 年 1 月 23 日），中国国民党第一次全国代表大会秘书处 1924 年 2 月印本。

《孙中山先生由上海过日本之言论》，上海民智书局 1925 年版。

中国社科院近代史所编：《陆海军大元帅大本营公报选编》，中国社科出版社 1981 年版。

黄昌谷编：《孙中山先生演说集》，上海民智书局 1925 年版。

甘乃光编：《孙中山先生文集》，广州孙文主义研究社 1925 年版。

《孙总理讲演集》，黄埔军校政治部 1926 年印本。

《总理遗教谈话》，中国国民党中央党部宣传委员会编印。

胡汉民编：《总理全集》，上海民智书局 1930 年版。

陆达节编：《孙中山轶文集》，广州中山大学 1943 年版。

中国国民党中央委员会党史委员会编：《总理全书》，台北 1951 年版。

吴拯寰编：《孙中山全集》，上海三民公司，1927 年。

谭延闿编：《总理遗墨》，第一至三集，1928—1930 年影印版。

黄季陆编：《总理全集》（上、中、下册），成都近芬书屋 1944 年版。

《孙中山选集》（上、下卷），人民出版社 1956 年版。

张其昀主编：《国父全集》（八册），台北 1963 年版。

秦孝仪主编：《国父全集》（十二册），台北 1989 年版。

陈旭麓等主编：《孙中山集外集》，上海人民出版社 1990 年版。

郝盛潮主编：《孙中山集外集补编》，上海人民出版社 1994 年版。

黄彦编：《孙文选集》（上、中、下册），广东人民出版社 2006 年版。

张磊等编：《孙中山文粹》，广东人民出版社 1996 年版。

二、其他书籍、报刊、资料

罗香林：《国父之大学时代》，重庆独立出版社 1945 年版。

胡绳：《孙中山革命奋斗小史》，香港海洋书屋 1948 年版。

陈锡祺主编：《孙中山年谱长编》（上、下册），中华书局 1991 年版。

冯自由：《中国革命运动二十六年组织史》，商务印书馆 1946 年版。

《中山陵档案史料选编》，江苏古籍出版社 1986 年版。

邹鲁编：《中国国民党史稿》，中华书局 1960 年版。

罗家伦：《中山先生伦敦被难史料考订》，商务印书馆 1930 年版。

黄昌谷讲演：《孙中山先生北上与逝世后详情》，上海民智书局 1926 年版。

郑东梦编：《檀山华侨》，檀香山 1929 年版。

［日］品川仁三郎：《孙文先生东游纪念写真帖》，日本神户，日本新报社 1913 年版。

宋教仁：《我之历史》，石印本，湖南桃源，三育乙种农校，1920 年版。

周聿峨、陈红民：《胡汉民评传》，广东人民出版社 1989 年版。

中国孙中山研究学会编：《孙中山与他的时代》（“孙中山与他的时代国际学术讨论会”文集），中华书局 1989 年版。

莫世祥：《护法运动史》，广西人民出版社 1991 年版。

王德昭：《从改良到革命》，中华书局 1987 年版。

罗刚：《中华民国国父实录》，台北中正书局 1988 年版。

林家有、周兴樑：《孙中山与国共第一次合作》，四川人民出版社 1989 年版。

胡去非：《总理事略》，商务印书馆 1937 年版。

《孙中山轶事集》，上海三民公司 1926 年编印。

广东省地方志编委会编：《广东省志 · 孙中山志》，广东人民出版社 2004 年版。

吴相湘：《孙逸仙先生》第一册，台北 1970 年版。

《国父九十诞辰纪念论文集》（一），台北 1955 年版。

陆世益编：《孙中山先生兵工政策论》，上海北新书局 1927 年版。

黄季陆等：《研究中山先生的史料与史学》，台北 1975 年版。

郑东梦编：《檀山华侨》，檀香山 1929 年版。

冯自由：《革命逸史》初集至第五集，商务印书馆 1945—1947 年版。

郑观应：《盛世危言》，1894 年刻本。

《吴稚晖言行录》，上海广益书局 1929 年版。

广东文物展览会编：《广东文物》，香港中国文化协进会 1941 年版。

冯自由：《中华民国开国前革命史》，上海中国文化服务社 1929 年版。

冯自由：《华侨革命开国史》，商务印书馆 1946 年版。

黄大兴编：《兴中会各同志革命工作史略》，广州南洋华侨真相剧社 1929 年版。

《毛泽东选集》（第一至五卷），人民出版社 1967、1977 年版。

《列宁全集》第十七、十八卷，人民出版社 1958、1959 年版。

《列宁选集》第 2 卷，人民出版社 1972 年版。

《斯大林全集》第七卷，人民出版社 1958 年版。

《鲁迅全集》第七卷，人民文学出版社 1973 年版。

宋庆龄：《为新中国奋斗》，人民出版社 1952 年版。

《宋庆龄选集》，人民出版社 1966 年版；1992 年版。

刘大年：《中国近代史问题》，人民出版社 1975 年版。

李大钊：《守常文集》，上海北新书局 1949 年版。

尚明轩、唐宝林：《宋庆龄传》（增订本，上、下卷），西苑出版社 2013 年版。

尚明轩主编：《宋庆龄年谱长编（1893—1981）》（上、下卷），社会科学文献出版社 2009 年版。

陈锡祺：《孙中山与辛亥革命论集》（增订本），中山大学出版社 1992 年第二版。

沈渭滨：《孙中山与辛亥革命》，上海人民出版社 1993 年版。

宋士堂：《孙中山、宋庆龄社会主义思想论》，红旗出版社 1994 年版。

庄政：《孙中山的大学生涯》，台北“中央日报社”1995 年版。

李吉奎：《孙中山与日本》，广东人民出版社 1996 年版。

贺渊：《三民主义与中国政治》，社会科学文献出版社 1998 年版。

林家有：《孙中山与中国近代化道路研究》，广东教育出版社 1999 年版。

林家有：《孙中山与近代中国的觉醒》，中山大学出版社 2000

年版。

茅家琦：《孙中山评传》，南京大学出版社 2001 年版。

林家有、张磊主编：《孙中山评传》（上、下册），广东人民出版社 2014 年版。

张宪文等：《中华民国史》（1—4 卷），南京大学出版社 2005 年版。

尚明轩、魏秀堂：《宋庆龄的后半生》，人民文学出版社 2012 年第 3 次印刷。

《辛亥革命史丛刊》编辑组编：《辛亥革命史丛刊》第二辑，中华书局 1981 年版。

尚明轩主编：《孙中山的历程》（增订版），解放军文艺出版社 2004 年第 4 版。

广东《孙中山年谱新编》（五册），打印稿。

尚明轩、王学庄、陈崧编：《孙中山先生生平事业追忆录》，人民出版社 1986 年版。

章开沅、林增平主编：《辛亥革命史》（三卷本），人民出版社 1980 年版。

徐宗勉、黄春生编：《黎澍集外集》，社会科学文献出版社 2003 年版。

尚明轩：《孙中山传》（增订版，上、下卷），西苑出版社 2013 年版。

尚明轩：《孙中山及辛亥人物论丛》，东方红书社 2001 年版。

丁文江编：《梁任公先生年谱长编初稿》油印本。

白蕉：《袁世凯与中华民国》，上海人文月刊 1936 年版。

张永福：《南洋与创立民国》，中华书局 1933 年版。

宋教仁：《我之历史》，湖南桃源三育乙种农校 1920 年石印本。

李观森编：《中国之命运与孙总理》，中华福音台全国总会 1946

年版。

胡绳武、金冲及：《从辛亥革命到五四运动》，湖南人民出版社1983年版。

中国科学院哲学研究所中国哲学史组编：《中国哲学史资料选编》（近代之部），中华书局1959年版。

孙逸仙博士医学院筹备委员会编：《总理开始学医与革命运动五十周年纪念史略》，广州岭南大学1935年版。

《黄克强先生上总理书》，1933年影印版。

邓泽如编：《中国国民党二十年史迹》，上海正中书局1948年版。

居觉生（居正）：《辛亥札记梅川日记合刊》，台北1956年版。

吴玉章：《辛亥革命》，人民出版社1969年版。

胡去非编：《总理事略》，商务印书馆1937年版。

凤岗及门弟子（岑学吕）编：《三水梁燕荪先生年谱》，上海1939年版。

陈楚楠：《晚晴园与革命史略》，新加坡南洋报社有限公司1940年版。

罗香林：《国父家世源流考》，重庆商务印书馆1945年版。

薛君度著，杨慎之译：《黄兴与中国革命》，湖南人民出版社1980年版。

黄宇和：《三十岁前的孙中山》，生活·读书·新知三联书店2012年版。

胡绳武、金冲及：《从辛亥革命到五四》，山西人民出版社2010年版。

陈金尤：《继承与超越——毛泽东与孙中山比较研究》，广东教育出版社1998年版。

张玉法：《清季的革命团体》，北京大学出版社2011年版。

金冲及：《二十世纪中国史纲》，社会科学文献出版社 2009 年版。

恽代英：《中国民族革命运动史》，上海泰东图书局 1927 年版。

《张溥泉先生全集》，台北 1951 年版。

邹佩从编著：《孙中山家世之史料考述与说法辨析》，山西人民出版社 2011 年版。

王章陵：《中国共产主义青年团史论（1921—1927）》，台北 1973 年版。

恽代英：《孙中山先生与中国》，民智印刷所 1925 年版。

《朱执信集》，上海建设社 1921 年版。

鲁直之等编：《陈炯明叛国史》，上海 1922 年版。

毛思诚编：《民国十五年以前之蒋介石先生》，1937 年版。

中国现代史资料丛刊：《马林在中国的有关资料》，人民出版社 1980 年版。

中国科学院广州哲学社会科学研究所编：《廖仲恺集》，中华书局 1963 年版。

段云章等编：《陈炯明集》，中山大学出版社 1998 年版。

蔡尚思等：《论清末民初中国社会》，复旦大学出版社 1983 年版。

《廖仲恺先生纪念册》，1927 年版。

段云章、邱捷：《孙中山与中国近代军阀》，四川人民出版社 1990 年版。

金冲及：《二十世纪中国史纲》（四卷），社会科学文献出版社 2009 年版。

李湄：《梦醒——母亲廖梦醒百年祭》，中国工人出版社 2004 年版。

段云章：《孙文与陈炯明史事编年》（增订本），广东人民出版社

2012年版。

段云章：《放眼世界的孙中山》，中山大学出版社1996年版。

香港《华字日报》编：《广东扣械潮》，1924年印本。

政协全国委员会文史资料研究委员会编：《辛亥革命回忆录》第一、二、六集，中华书局1962—1965年版。

国家档案局明清档案馆编：《义和团档案史料》，中华书局1959年版。

陈旭麓：《近代史思辨录》，广东人民出版社1984年版。

吴达光编：《孙中山评论集》，1927年6月第2版。

[美] 史扶邻著，丘权政等译：《孙中山与中国革命的起源》，北京中国社会科学出版社1981年版。

吴相湘：《孙逸仙先生传》，台北远东图书公司1982年版。

丁文江、赵丰田编：《梁启超年谱》，上海人民出版社1983年版。

金冲及主编：《孙中山研究论文集（1949—1984）》，四川人民出版社1986年版。

[美] 韦慕庭著，杨慎之译：《孙中山——壮志未酬的爱国者》，广州中山大学出版社1986年版。

《中华民国开国五十年文献》第一编第十一、十二、十五册，台北1963—1965年版。

政协广东省委员会文史资料研究委员会编：《广东辛亥革命史料》，广东新华书店1962年版。

中国近代史资料丛刊：《辛亥革命》（一）、（二）、（四）、（八），上海人民出版社1956—1957年版。

中国社会科学院近代史研究所编：《五四运动回忆录》（上），中国社会科学出版社1979年版。

陈旭麓主编：《宋教仁集》，中华书局1981年版。

《临时政府公报》，南京大总统府印铸局1912年编印。

《军政府公报》，广州 1917 年印本。

吴相湘：《中国现代史丛刊》第二册，台北 1958 年版。

陈真、姚洛：《中国近代工业史资料》第一辑。

《中国国民党第一次全国代表大会纪事录》，广州 1924 年印本。

纪念孙中山诞辰 130 周年论文集《孙中山与中国近代化》，人民出版社 1999 年版。

纪念孙中山先生诞辰 140 周年学术研讨会《论文集》（上、下），会议 2006 年印刷本。

中国史学会编：《辛亥革命与二十世纪的中国》（上、中、下），中央文献出版社 2002 年版。

《中国国民党第一次全国代表大会会议录》，广州 1924 年印本。

中共中央党史研究室第一研究部译：《苏联（布）、共产国际与中国革命运动》（1920—1925），第一卷，北京图书馆出版社 1997 年版。

中华民国史资料丛稿：《孙中山年谱》，中华书局 1980 年版。

[美] 林百克（P.Linebarger）著，徐植仁译：《孙逸仙传记记》（*Sun Yat-sen and the Chinese Republic*），上海三民图书公司 1926 年版。

[日] 鹈崎熊吉：《犬养毅传》，东京 1932 年日文版。

[日] 宫崎寅藏著，P.Y.校刊：《三十三年落花梦》，上海出版合作社 1933 年版。

[美] 詹逊（M.B.Jansen），《日本人和孙逸仙》（*The Japanese and Sun Yat-sen*），美国哈佛大学 1954 年英文版。

[美] 亨利·雷斯塔里克（Henry B.Resfarick）：《孙逸仙——中国的解放者》（*Sun Yat-sen : Liberator of China*），美国耶鲁大学 1931 年英文版。

[美] 沙曼（L.Sharman）：《孙逸仙的生平及其意义（评

传)》(*Sun Yat-sen, His Life and its Meaning, a Critical Biography*)，纽约 1934 年英文版。

[苏] 叶尔马舍夫：《孙逸仙》，莫斯科 1964 年俄文版。

[苏] C．A．达林：《中国回忆录（1921—1927)》，中国社会科学出版社 1981 年版。

《中国辛亥革命论文集》，莫斯科 1962 年俄文版。

[苏] 齐赫文斯基主编：《孙中山诞生一百周年（1866—1966 年）论文、回忆录和资料汇编》，莫斯科 1966 年俄文版。

《近代史资料》，1962 年第 1 期。

《文史资料选辑》第二、二十四辑。

《李大钊狱中自述》原件，中国历史博物馆藏。

杨连合：《孙中山先生的童年生活》未刊稿，政协广东省委员会文史资料研究委员会藏。

《革命文献》第三、十六辑，台湾国民党史会 1955、1958 年版。

《万国民报》月刊第六十九、七十期。

《民报》第一、十号。

《新民丛报》第九十二期。

《国民杂志》第一、二号。

香港《中国日报》1907 年 9 月。

新加坡《星洲晨报》1910 年 4 月。

上海《民主报》1911 年 2 月、1912 年 9 月、1913 年 7 月。

香港《大公报》1980 年 3 月。

《中共党务月刊》第十二期。

《中国青年》1956 年第二十一期。

上海《警钟日报》，1904 年 4 月。

《向导周报》，第一、九、二十一、二十九、一〇七、一一〇期。

苏联《历史问题》杂志，1963 年第 12 期。

北京《人民日报》，1952 年 4 月，1956 年 11 月，1957 年。

《逸经》，第四期。

《国史馆馆刊》，第一卷第三号。

《建国月刊》，第一卷三、四期，第二卷一期，第五卷四期，第十三卷五、六期。

《濠头月刊》，第十四、十五期合刊。

《史学译丛》，1958 年第 3 期。

上海《民国日报》，1916 年 5 月，1921 年 1、3、4、5、6 月，1923 年 1 月，1924 年 11 月，1925 年 4 月。

苏联《真理报》，1925 年 3 月。

苏联《远东问题》杂志，1974 年第 3 期。

《先驱》，第九号。

《广州公报》，1924 年 9 月。

《广州民国日报》，1924 年 2、11 月。

《中国国民党本部通信》，第六十期。

《三民主义半月刊》，第五卷。

广州《粤报》，1917 年。

《双十特刊》，广州农工旬刊社，1924 年。

《中国国民党周刊》，第 1、2、6—8、10、13、16、19、20、26、35—37、40、42 期。

《建国粤军月刊》，第一期。

图书在版编目（CIP）数据

孙中山图文全传 / 尚明轩著 . -- 北京：新星出版社，2016.11

（传记文库）

ISBN 978-7-5133-2353-6

Ⅰ . ①孙… Ⅱ . ①尚… Ⅲ . ①孙中山（1866-1925）-传记 Ⅳ . ① K827=6

中国版本图书馆 CIP 数据核字（2016）第 241131 号

传记文库

孙中山图文全传

尚明轩 著

策　　划：彭明哲
责任编辑：杨英瑜
特约编辑：孙立英
责任印制：李珊珊
装帧设计：一瓢设计 · 邱特聪

出版发行：新星出版社
出 版 人：谢　刚
社　　址：北京市西城区车公庄大街丙3号楼　100044
网　　址：www.newstarpress.com
电　　话：010-88310888
传　　真：010-65270449
法律顾问：北京市大成律师事务所

读者服务：010-88310811　service@newstarpress.com
邮购地址：北京市西城区车公庄大街丙 3 号楼　100044

印　　刷：北京汇瑞嘉合文化发展有限公司
开　　本：660mm × 970mm　1/16
印　　张：71
字　　数：600千字　图631幅
版　　次：2016年11月第一版　2016年11月第一次印刷
书　　号：ISBN 978-7-5133-2353-6
定　　价：226.00元（全三册）